Heinrich Bornkamm · Martin Luther

HEINRICH BORNKAMM

Martin Luther
in der Mitte seines Lebens

Das Jahrzehnt zwischen dem Wormser
und dem Augsburger Reichstag

Aus dem Nachlaß herausgegeben
von Karin Bornkamm

VANDENHOECK & RUPRECHT
IN GÖTTINGEN

Titelbild: Lukas Cranach d. Ä., Bildnis des Martin Luther.
1525. Auf Buchenholz. Durchmesser 10 cm.
Basel, Kunstmuseum Inv. 177.
Kat. Cranach 1974 Nr. 177 (FR. 159).
Das gleiche Bild wurde für den Schutzumschlag verwendet.

CIP-Kurztitelaufnahme der Deutschen Bibliothek

Bornkamm, Heinrich:
Martin Luther in der Mitte seines Lebens:
d. Jahrzehnt zwischen d. Wormser u. d. Augsburger
Reichstag / Heinrich Bornkamm. Aus d. Nachlaß
hrsg. von Karin Bornkamm. –
Göttingen: Vandenhoeck und Ruprecht, 1979.
    ISBN 3-525-55364-1

Schutzumschlag: Jan Buchholz und Reni Hinsch. – © Vandenhoeck & Ruprecht, Göttingen 1979. – Printed in Germany. Alle Rechte vorbehalten. Ohne ausdrückliche Genehmigung des Verlages ist es nicht gestattet, das Buch oder Teile daraus auf foto- oder akustomechanischem Wege zu vervielfältigen.
Druck: Gulde-Druck, Tübingen. – Bindearbeit: Hubert & Co, Göttingen

Meiner Frau

Inhaltsverzeichnis

Vorwort

Jahrzehntelang hat meinen Vater der Plan einer Lutherbiographie begleitet – im chronologischen Anschluß an Heinrich Boehmers Darstellung „Der junge Luther", die er seinerzeit für eine Neuauflage durchgesehen hatte. Die ersten Vorarbeiten dafür liegen weit zurück. Neben seinen übrigen reformationsgeschichtlichen Veröffentlichungen sind einige Aufsätze in besonderem Zusammenhang mit diesem Plan entstanden: Erasmus und Luther (1958)[1], Luther als Schriftsteller (1964)[2], Luther und sein Vater (1969)[3], Luther und sein Landesherr Friedrich der Weise (1973)[4]. Hinzu kommt der Artikel „Luther, Martin (1483–1546); I. Leben und Schriften" in der RGG (1960)[5], nachträglich erweitert zu dem Aufsatz „Martin Luther, Chronik seines Lebens"[6]. Und bereits 1956 referierte er auf dem 1. Internationalen Lutherforschungskongreß in Aarhus über „Probleme der Lutherbiographie"[7].

Bei der Erörterung der sinnvollen Periodisierung einer Lutherbiographie hatte er damals das Jahr des Nürnberger Anstandes, 1532, als den „entscheidenden Einschnitt in dem Leben Luthers, seit die eigentliche Reformation nach der Rückkehr von der Wartburg begonnen hatte", hervorgehoben. „Luthers ganzes späteres Wirken ruht auf der Basis dieses Friedens."[8] Dementsprechend war die zeitliche Begrenzung des vorliegenden Bandes geplant. Obwohl mein Vater in seinen letzten Jahren – durch andere Verpflichtungen häufig abgehalten und mit schwindenden Kräften – um die Vollendung des Buches rang, wurde sie ihm, auch nach der Einschränkung des Planes bis zum Jahre des Augsburger Reichstages, 1530, nicht gewährt. Auf seinem Schreibtisch fand sich ein Kärtchen mit der handschriftlichen Notiz eines Lutherwortes: „Es will's nicht mehr tun, sehe ich wohl, die Jahr treten herzu."[9] Im letzten Kapitel bricht das Manuskript ab.

---

[1] Luther-Jahrbuch (1958), 1–20; wieder abgedr. in: H. Bornkamm, Das Jahrhundert der Reformation. Gestalten und Kräfte, 2. Aufl. (Göttingen 1966), 36–55.

[2] Sitzungsberichte der Heidelberger Akademie der Wissenschaften (Heidelberg 1965), wieder abgedr. in: H. Bornkamm, Luther. Gestalt und Wirkungen, SVRG 188 (Gütersloh 1975), 39–64.

[3] ZThK 66 (1969), 38–61; wieder abgedr. in: H. Bornkamm, Luther (s. Anm. 2), 11–32.

[4] ARG 64 (1973), 79–85; wieder abgedr. in: H. Bornkamm, Luther (s. Anm. 2), 33–38.

[5] RGG, 3. Aufl., Bd. IV (Tübingen 1960), 480–495.

[6] In: H. Bornkamm, Das Jahrhundert der Reformation (s. Anm. 1), 11–36.

[7] In: Lutherforschung heute. Referate und Berichte des 1. Internationalen Lutherforschungskongresses Aarhus, 18.–23. August 1956 (Berlin 1958), 15–23.

[8] Ebd. 19.

[9] WAB 5; 316, 16f.

Außer dem Abschluß fehlt die vorgesehene Einleitung, die über Rahmen und Methode des Buches Rechenschaft geben sowie den Leser zum 1. Kapitel, das unmittelbar auf der Wartburg einsetzt, hinführen sollte. An ihre Stelle mögen hier die wichtigsten Ausführungen des genannten Referates über „Probleme der Lutherbiographie" treten, das eine Art Kommentar zu Planung und Ausführung des vorliegenden Bandes bildet.

Zunächst wird die Notwendigkeit einer neuen wissenschaftlichen Lutherbiographie begründet. „Wir sind in Gefahr, über der Beschäftigung mit Luthers Theologie den Menschen Luther zu verlieren. So viele Federn sich regen, sein theologisches Denken bis in alle Einzelheiten zu untersuchen, so wenige erforschen heute sein Leben und seine Persönlichkeit. Das ist gewiß ein begreiflicher Rückschlag gegen die Periode des Historismus und gegen eine einseitige Betrachtung Luthers als eines genialen und heroischen Mannes. Es war notwendig, daß das sachliche Interesse an seiner Theologie, seinem kirchlichen, geistigen und politischen Wirken das bloße Interesse an seiner Person verdrängte. Aber recht verstanden, ist es gerade die wirkliche Gestalt Luthers selbst, die aus unserer Betrachtung seiner Persönlichkeit jeden Heroenkult und jede Sentimentalität ausschließt. Theologische und biographische Bemühungen um ihn stehen also nicht im Gegensatz zueinander, sondern in einer Wechselbeziehung. Und die Lutherforschung ist nicht gesund, wenn eine der beiden Aufgaben vernachlässigt wird.

„In welchem Maße das der Fall ist, zeigt die Tatsache, daß die einzige wissenschaftliche, die ganze Lebenswelt Luthers gleichmäßig umfassende Biographie in Deutschland noch immer das Werk von Julius Köstlin in der Neubearbeitung von Gustav Kawerau vom Jahre 1903 ist . . . Unsere Kenntnis von Luthers Leben beruht also auf einem Werk, . . . das in seiner Grundkonzeption lange vor dem Beginn der Weimarer Lutherausgabe entstanden ist." Nicht nur die Auseinandersetzung mit der katholischen Lutherforschung (Denifle, Grisar) fehlt daher, „sondern auch ein halbes Jahrhundert neuer Funde und vor allem intensiver theologischer Arbeit liegen zwischen uns und der Biographie, die heute noch maßgebend ist. Ich verkenne nicht den Wert zahlreicher anderer kürzerer oder mehr populär gehaltener Darstellungen, Teilbiographien oder Einzeluntersuchungen . . . Aber sie können und wollen ja auch die Lücke nicht schließen, unter der die Lutherforschung seit langem leidet und die auszufüllen mit der immer fortschreitenden Anhäufung und Spezialisierung der Literatur immer schwerer wird.

„Dieser Zustand hat bedenkliche Folgen. Wenn die theologische und die biographische Lutherdarstellung so wie heute auseinanderklaffen, so tragen beide Schaden davon. Unsere biographische Kenntnis bleibt positivistisch, anekdotenhaft, heroisierend, erbaulich, sentimental. Es kann uns nicht wundern, daß außerhalb der Theologie und des Luthertums höchst unzureichende, manchmal absurde Vorstellungen von der Gestalt Luthers sich breitmachen, wenn wir selbst nur immer die gleichen, bekannten Fakten und z. T.

schon von Mathesius berichteten Anekdoten zu erzählen haben, statt – vor allem zunächst der wissenschaftlichen Forschung – eine auch den modernen gebildeten Leser fesselnde, umfassende Seelen- und Werkgeschichte Luthers bieten zu können. Und unsere theologische Lutherforschung erweckt schon heute mit ihrer oft rein systematischen und abstrakten Methode, die oft ohne jede Rücksicht auf Entwicklungsstufen und historische Situationen im Leben Luthers arbeitet, den Eindruck, daß es sich bei seiner Botschaft um eine gedachte, nicht um eine erfahrene Theologie handelt. Aber auch der größte Respekt vor seiner Denkleistung kann das genaue Wissen darum, wie diese Theologie aus immer neuer, geschichtlich nachweisbarer Not und schwer errungener Gewißheit erwachsen ist, nicht ersetzen. Und schließlich, wenn gerade der Blick auf den angefochtenen Luther uns verwehrt, einen idealistischen oder nationalen Heldenkult mit ihm zu treiben, so wollen wir uns doch daran erinnern, daß Anfechtung nicht nur aufs Wort, sondern auch aufs Beispiel merken lehrt. Auch die Früchte, die wir aus der Beschäftigung mit der Theologie Luthers gewinnen können, sind ohne eine gute und sachliche Kenntnis seines Lebens und ohne ein rechtes Verstehen seiner Person nicht zu ernten.''

Auf Ausführungen zum Problem einer biographischen Erfassung des jungen Luther folgen methodische Hinweise für eine Darstellung der späteren Jahrzehnte. ,,Sie wird sich hüten müssen, eine Reformationsgeschichte im kleinen zu werden. Obwohl natürlich Luthers Leben, Denken und Handeln ohne ständigen Ausblick auf die große Geschichte des Reichs, der Kirche, der Territorien, der anderen geistigen Bewegungen der Zeit nicht beschrieben werden kann, muß doch der perspektivische Punkt der Darstellung Luther und Wittenberg bleiben. Von dieser Sicht aus muß alles seine Größenordnung und seinen Platz erhalten. Nur durch diese Konzentration auf die eigentlich biographische Aufgabe kann eine Lebensgeschichte Luthers den Dienst tun, den sie im Rahmen einer Gesamt-Reformationsgeschichte zu tun hat. Ebensowenig dürfte eine Lutherbiographie nur eine Geschichte seiner theologischen Entwicklung sein, und erst recht nicht nur eine Geschichte seiner Schriften. So nützlich die zuverlässigen Referate über Luthers Werke sind, die Köstlin-Kawerau in ihrer Biographie bieten, so muß Luthers literarisches Werk doch in seine Lebensgeschichte aufgelöst und eingeordnet und in einer viel lockereren Weise behandelt werden. Als wichtigstes Gesetz ergibt sich, daß die Darstellung sich dem wirklichen Lebensgang so eng wie möglich anzuschmiegen hat. Gewiß werden Schwerpunkte gebildet werden müssen; etwa könnte Luthers Verhältnis zum Humanismus anläßlich der Berührung mit Hutten und Erasmus in größerem Zusammenhange überblickt werden. Aber davon sollte sparsam Gebrauch gemacht werden. Wir sind mit Systematisierungen Luthers überfüttert. Eine Biographie muß energisch versuchen, ein Gegengewicht dagegen zu schaffen und das theologische Material, das sie natürlich voll zu verarbeiten hat, als unabtrennbaren Bestand dieser individuellen Lebensgeschichte und ihrer Stufen sichtbar zu machen. Wie sich eine wirklich lebenstreue Darstellung von bisherigen Versuchen unterscheiden müßte, kann etwa an Köstlin-Kaweraus Schilderung der Wartburgzeit deutlich gemacht werden."[10]

Da mein Vater das Werk unabgeschlossen hinterließ und auch an die bereits fertigen Kapitel nicht mehr selbst abschließend Hand anlegen konnte, fiel mir die Aufgabe zu, das Manuskript für den Druck durchzuarbeiten. Dabei mußten einzelne Hinweise auf die geplante Einarbeitung weiteren Materials bzw. weiterer Literatur unberücksichtigt bleiben. Bei der Durchsicht des Textes habe ich mich auf die Tilgung geringfügiger Versehen beschränkt, einschließlich der sprachlichen Wiedergabe deutscher Luther- und anderer zeitgenössischer Zitate. Für sie gelten die Grundsätze, nach denen mein Vater auch bei seiner Herausgabe von Luthers Vorreden zur Bibel[11] verfahren ist: Der Luthertext wurde „gegenüber der alten Rechtschreibung und Sprachform so überarbeitet, daß er dem heutigen Leser keine unnötigen Sprachschwierigkeiten bieten, aber Luthers Sprache noch so vernehmlich wie möglich hindurchklingen lassen sollte"[12]. Einer gründlichen technischen Überarbeitung bedurften hingegen die Anmerkungen. Alle Luthertexte sind ausschließlich nach der Weimarer Ausgabe (WA) zitiert. Eine Ausnahme machen nur die Schrift De servo arbitrio (s. Kap. XVI), der aus praktischen Gründen die Stellenangaben aus der Bonner Ausgabe von O. Clemen (BoA) zusätzlich beigefügt waren, und die Bibelvorreden Luthers, denen die Fundstellen in der leicht greifbaren Ausgabe meines Vaters ebenfalls beigegeben sind. Auf eine bibliographische Ergänzung der Anmerkungen durch in letzter Zeit erschienene Titel habe ich so gut wie ganz verzichtet, da die Anmerkungen die Funktion eines Nachweises des im Text verarbeiteten Materials erfüllen sollen, nicht die einer vollständigen Bibliographie zu dem jeweils behandelten Thema. In einem gesonderten Verzeichnis sind nur besonders häufig und darum abgekürzt zitierte Quellen und Sekundärliteratur aufgeführt worden. Alle übrigen bibliographischen Angaben sind den Anmerkungen zu entnehmen.

Gern erfülle ich die schöne Pflicht des Dankes. Er gilt vor allem Frau Christa Schönrich, die nicht nur zu Lebzeiten meines Vaters das gesamte Manuskript abgeschrieben, sondern auch danach zur Herausgabe des Buches entscheidend beigetragen hat durch die selbständige Überprüfung, Vereinheitlichung und ggfs. Ergänzung der bibliographischen Angaben in den Anmerkungen sowie die Zusammenstellung der bibliographischen Verzeichnisse. Auch hat sie die Umbruchkorrektur mitgelesen. Ohne ihre unermüdliche und ausgezeichnete Mitarbeit hätte der Band schwerlich schon jetzt erscheinen können. Zu Dank verpflichtet bin ich überdies zwei ehemaligen Famuli

---

[10] AaO. (s. Anm. 7), 15 f. 18 f.
[11] Martin Luthers Vorreden zur Bibel, hg. v. H. Bornkamm (Hamburg 1967).
[12] Ebd. 29.

meines Vaters, die seinerzeit die Anmerkungen überprüft haben: Herr Rainer Vinke in den Kapiteln I, III–VI, VIII–IX, XI–XII, XV–XVIII und Herr Christian Homrichhausen in den Kapiteln II, VII, X, XIII–XIV, XIX–XXIV. Ihre Korrekturen habe ich übernommen, die Zitate Luthers und Müntzers habe ich noch einmal selbst verglichen. Wesentliche Hilfe leistete mir außerdem Herr Eckhard Kruse, der die Fahnenkorrektur mitlas und beide Namenregister verfaßt hat – auch ihm sowie Herrn Professor Dr. Bernd Moeller, der mir diese Hilfe seines Famulus ermöglicht hat, gilt mein herzlicher Dank. Für finanzielle Hilfe habe ich dem Verein für Reformationsgeschichte zu danken, der großzügig einen Teil der Kosten für die erforderlichen Hilfskräfte übernahm, sowie der Vereinigten Evangelisch-Lutherischen Kirche in Deutschland, die durch einen Druckkostenzuschuß den Preis des Bandes etwas herabsetzte.

Die Widmung des Buches bringt den Dank meines Vaters für die ihm widerfahrene Anteilnahme, Geduld und Ermutigung zum Ausdruck.

Bielefeld, Weihnachten 1978   Karin Bornkamm

I. Auf der Wartburg

Als sich am Sonnabend, dem 4. Mai 1521, abends gegen 11 Uhr die Tore der Wartburg hinter Luther geschlossen hatten und er die ihm von dem kurfürstlichen Burghauptmann Hans von Berlepsch zugewiesenen Räume betrat, umfing ihn eine ungewohnte Stille. Mochte sie dem vom langen Ritt Ermüdeten zunächst wohltun, so hatte sie für ihn, der aus Jahren des Kampfes, reicher Tätigkeit in Wittenberg und der großen Anstrengung der Wormser Tage kam, bald etwas Beklemmendes. Er bekam Muße genug, sich mit seiner neuen Lage abzufinden[1]. Sein wohlgesinnter Beschützer hatte ihn in einem der ritterlichen Gefängnisse der Vogtei, seinem eigenen Wohnhause in der Vorburg, untergebracht. Er legte ihm zunächst Stubenarrest in den zwei Wohnräumen, einer Stube und einer schmalen, nördlich anstoßenden Schlafkammer, auf, bis sich der geschorene und glattrasierte Mönch durch krauses Haar, dunklen Bart und ritterliche Kleidung in den Junker Jörg verwandelt hatte. Nur zwei Edelknaben, die ihm morgens und abends Essen und Trinken brachten, bekamen in der ersten Zeit den geheimnisvollen Gast zu sehen. Von den übrigen Burgleuten konnte keiner zu ihm kommen, denn die Treppe zu seinen Räumen führte durch die Diele des Burghauptmanns und wurde bei Nacht mit Ketten hochgezogen und verschlossen. So lebte er wieder in mönchischer Einsamkeit, angewiesen auf die eigenen Gedanken, auf die hebräische Bibel und das griechische Neue Testament, die er beim Überfall am Altenstein noch rasch zu sich gesteckt hatte, und auf die herrliche Landschaft, die sich unter seinen Fenstern ausbreitete[2]. Sein Blick ging nicht auf die alte Jugendstadt Eisenach, sondern nach Westen über die im frischen Maigrün stehenden Kuppen und Täler des Thüringer Waldes und des hessischen Berglandes bis hin zum Hohen Meißner. Die Datierungen seiner ersten Briefe: „Im Reich der Vögel", „Im Reich der Luft", „Unter den Vögeln, die von den Zweigen lieblich singen und Gott aus allen Kräften Tag und Nacht loben" zeigen, wie ihm der Frühling das Herz aufschloß und die schweren Gedanken vertrieb, die ihn immer wieder anfielen[3]. Aber er vermißte bis auf manches gute Gespräch mit seinem Wirt den Umgang mit Menschen. Die ersten Briefe, die er an die Freunde schrieb, mußte er noch zerrei-

---

[1] Für die erste Wartburgzeit vgl. die Briefe vom Mai 1521, WAB 2; 330ff., und WATR 6; Nr. 6816; 209,14ff. H. Nebe, Die Lutherstube auf der Wartburg, in: VLG 11 (1929), 33ff.

[2] Goethe hat den Blick von der Wartburg in seinen Briefen an Charlotte von Stein vom 13.–16. September 1777 herrlich geschildert. Er gedachte auch seines großen Vorgängers: „Ich wohne auf Luthers Pathmos und finde mich da so wohl als er." 28. Sept. 1777 an Kestner.

[3] WAB 2; 333,44. 355,16. 349,101.

15

ßen, da keine sichere Beförderung zu finden war. Doch schon nach acht Tagen kam von Spalatin aus Worms die erste ersehnte Botschaft von außen, die nun durch kurfürstliche Boten zu einem regelmäßigen Austausch mit ihm und den Wittenberger Freunden führte. Wir können dadurch in das Auf und Nieder seiner Empfindungen hineinsehen. Was ihm ganz fern liegt, ist die Sorge um die eigene Zukunft. Im Gegenteil, er hatte, so schreibt er am 12. Mai an Melanchthon[4], nur ungern in die aufgedrungene Verbannung gewilligt und fürchtete, fahnenflüchtig zu erscheinen; er möchte lieber den wütenden Gegnern mit bloßem Halse entgegenspringen. Was ihn quält, sind andere Sorgen. ,,Ich sitze hier den ganzen Tag und stelle mir das Bild der Kirche vor Augen . . . O Gott, welch schrecklicher Spiegel des göttlichen Zorns ist das entsetzliche Reich des römischen Antichrist! Und ich verwünsche meine Hartherzigkeit, daß ich mich nicht ganz in Tränen auflöse.'' Aber er ist nicht trostlos: ,,Gott lebt und regiert in Ewigkeit.'' Und wenn er nicht mitstreiten kann: Gott streitet, während wir schweigen (2.Mose 14,14); und sollte er selbst untergehen, wird's dem Evangelium nichts schaden[5]. Seinen Ausschluß vom Kampfplatz ertrug er ,,mit großem Frieden des Herzens'', denn er hatte Predigt- und Lehramt nie begehrt. So mochte Gott, der ihn berufen hatte, ihn auch beiseitestellen. ,,Ich weiß, der ist kein Lehrer aus Gott, der aus eigenem Willen kommt. Bisher bin ich vor dem Lehramt geflohen. Niemand hoffe, daß ich einmal anderen Sinnes sein werde, ich werde immer davor fliehen. Hätte ich es erstrebt, so hätte ich nie in diese Verbannung gewilligt'', schrieb er am 31. Juli an Spalatin[6]. Was ihm bisher Zuversicht zu seinem Amt gegeben hatte und zeitlebens allein gab, wurde ihm jetzt, als Gott es ihm abnahm, zum Trost. Darum mochte er es auch nicht hören, wenn Melanchthon klagte, sie seien wie irrende Schafe, die keinen Hirten haben. Das ist undankbar gegen Gott, der an Wittenberg so viel getan hat. Freilich, die erzwungene Untätigkeit drückte ihn immer von neuem. Zu den inneren Beschwerden gesellten sich körperliche. Hartnäckige Verdauungsstörungen, unter denen er schon in Worms gelitten hatte, nahmen unter der reichlichen und schweren Kost, mit welcher der Schloßhauptmann seinem Gast mehr Gutes antat, als ihm lieb war, und unter dem Mangel an Bewegung ein Ausmaß an, daß sein Befinden schwer beeinträchtigt wurde. ,,Faul und voll sitze ich den ganzen Tag'', klagt er nach den ersten zehn Tagen der Gefangenschaft[7].

Und doch ist er schon voller Pläne. Zunächst fehlen ihm freilich noch die in Wittenberg begonnenen Arbeiten, um deren Zusendung er bei erster Gelegenheit bittet: die Druckbogen des Magnificat, das Material zur Erklärung des 22. Psalms für die Operationes in Psalmos und die im März 1521 erschie-

---

[4] Abdruck des Briefes mit Kommentar von H. Rückert in BoA 6; 28ff.
[5] WAB 2; 332,10ff. 333,32f.
[6] Ebd. 368,8ff.
[7] Ebd. 337,32.

nene lateinische Postille, die er fortzusetzen gedenkt. Er kann sich zunächst nur damit beschäftigen, die Bibel in den beiden Ursprachen zu lesen. Da gibt ihm der Introitus des Pfingstfestes (19. Mai) aus dem 68. Psalm, dem auch Versikel in der Himmelfahrtsmesse entnommen waren, die Anregung, dieses für ihn und seine Freunde so tröstliche Lied vom Triumph Gottes über seine Feinde auszulegen. Am 26. Mai kann er Melanchthon das fertige kleine Werk zum Druck übersenden. Damit hatte Luther die Schleuse für seine lang angestaute Arbeitslust aufgezogen. Schon am 1. Juni beendete er seine nächste, gewichtigere Schrift: „Von der Beicht, ob die der Papst Macht habe zu gebieten" und führte damit den ersten literarischen Plan aus, der ihm seit dem Betreten der Wartburg gekommen war. Er war daran auch nicht irre geworden, als ihn Spalatin mit einer soeben erschienenen Schrift Oekolampads über denselben Gegenstand überraschte. So innig Luther über den freien und glaubensvollen Geist des ihm nicht mehr unbekannten Bundesgenossen aus dem Brigittenkloster zu Altomünster bei Augsburg erfreut war, so sah er doch, daß daneben für das, was ihm vorschwebte, noch Raum war. Nicht nur, weil Oekolampad ein gelehrtes lateinisches Werk vorlegte, das auch geschichtliches Material und Auseinandersetzungen mit den Scholastikern enthielt, während Luther eine deutsche Schrift beabsichtigt hatte, sondern weil er auch ein etwas anderes Ziel verfolgte. Oekolampad versuchte – das zeigte schon der Titel seiner Schrift: Paradoxon, quod non sit onerosa christianis confessio[8] –, dem katholischen Bußsakrament einen evangelischen Sinn zu geben und es von übertriebenen Forderungen, insbesondere von dem Bekenntnis sämtlicher Sünden, zu befreien, um den Gläubigen für die Erfüllung der kirchlichen Beichtpflicht ein gutes Gewissen zu geben. Luther hatte sich in einer Reihe von früheren Schriften bei allem Widerspruch gegen den römischen Gewissenszwang so positiv über den seelsorgerlichen Wert von Beichte und Absolution ausgesprochen, ohne doch eine Milderung der Praxis zu erreichen, daß er nun bei einer nochmaligen ausführlichen Behandlung aufs Ganze gehen mußte. Daß er „von dem Plan geschupft" war, seine Gegner aber zu triumphieren meinten und, wie Spalatin ihm meldete, den Beichtzwang dazu benutzen wollten, nach seinen Schriften zu fahnden, konnte nur dazu dienen, seiner Schrift die nötige Unerschrockenheit und Schärfe zu geben. „Man muß Gottes Wort mit der bloßen Schneide führen, daß es kräftiglich fresse alle Widerstreiter und Irrtümer."[9] Die Widmung an Franz von Sickingen erhöhte das Gewicht dieses Angriffs auf das Herzstück der katholischen Frömmigkeit und Seelenführung. Luther will die Gewissen von jeder Bindung an das kirchliche Beichtgebot frei machen, denn es ist Menschensatzung. Gottes Wort „will allein sein oder gar nichts sein"[10]. Mit Scharfsinn

---

[8] 64 Bll. 4°. Erschienen in Augsburg am 20. Apr. 1521. Ausführliche Inhaltsangabe bei Staehelin, Lebenswerk Oekolampads, 121 ff. 154.

[9] WA 8; 142,33 ff.

[10] Ebd. 143,35.

17

und gutem Humor zerpflückt er die angeblichen Schriftbeweise für die Ohrenbeichte. Bei den alttestamentlichen Stellen (besonders Sprüche 27,23: „Du sollst mit Fleiß erkennen das Angesicht deines Viehs") haben sie neben ihrer wunderlichen Exegese nicht einmal bedacht, daß es nach ihrer eigenen Lehre im Alten Bunde keine Beichte gegeben hat, sondern daß sie ein Sakrament des Neuen Bundes ist. Und von den neutestamentlichen Stellen nennt Jak. 5,16 („Bekennet einer dem andern eure Sünde") einen „seltsamen Beichtvater": „Alterutrum" („Einander"), der den Papisten gar nicht gefällt. Menschengebot führt nur zu falschem Gewissensfrieden, wenn man es erfüllt hat, und zu falscher Gewissensunruhe, wenn man es nicht erfüllt hat. Darum rät Luther dem, der beichten will, zum Zeichen der Freiheit gerade nicht die vorgeschriebene Osterbeichte zu leisten, sondern es ein andermal zu tun, wenn das Herz ihn dazu treibt. Diese freie Herzensbeichte vor einem Christenbruder, gleichviel ob Priester oder Laien, sollte freilich keiner verschmähen, dem es mit seiner Sünde ernst ist. Denn „einen solchen Trotz und Sicherheit kann der nicht haben, der bei sich allein Gott beichtet"[11]; der Gnadenzuspruch Gottes durch einen anderen Mund ist kräftiger als die Absolution durch das eigene Herz. Luther sieht zugleich geschichtlich richtig, daß die Ohrenbeichte die altkirchliche Gemeindezucht, die auf der öffentlichen Beichte der schweren Sünden beruhte, zerstört hatte. Darum wünscht er – wie er es auch später immer wieder tat, ohne doch eine Form dafür zu finden – eine Erneuerung dieser alten Bußordnung. Damit hat Luther genau den Punkt seines Widerspruchs gegen die katholische Beichtseelsorge bestimmt. Er will die Beichtpflicht nicht erträglich machen, wie Oekolampad, sondern aufheben. Die Beichte als Zwang ist ein schrecklicher Irrtum, als freies Herzensbekenntnis ein kostbarer Trost. Er will sie „aufs allerhöchste preisen . . ., aber niemand dazu dringen"[12]. Damit waren seine Gedanken um die Frage, an welcher der Kampf vor 3 1/2 Jahren entbrannt war, abgeschlossen und der Weg zu einem Neubau frei.

Inzwischen hatte Luther auch die meisten aus Wittenberg erbetenen Bücher erhalten und konnte die unterbrochenen Arbeiten fortsetzen. Rasch führte er in knapper Auslegung, ohne ausführlichere theologische Exkurse, den in Wittenberg schon zu zwei Dritteln behandelten 22. Psalm zu Ende und schloß damit seine großen Operationes in Psalmos ab, die ihn drei Jahre lang begleitet hatten. Die vor allem sprachlich so schwere Aufgabe war ihm längst zur Last geworden, die neben seinen anderen Pflichten kaum zu bewältigen war. Gern hätte er sie einmal zu ruhiger Zeit wieder aufgenommen. Aber die Wartburg, wo er außer dem hebräischen Text aller Hilfsmittel entbehrte, war nicht der Ort dazu. Der ständige Kampf mit Rom hat ihn schließlich dazu gezwungen, seine Harfe „an die Weiden dieses Babel zu hängen";

---

[11] Ebd. 178,23 f.
[12] Ebd. 169,25 f.

er konnte sich nur damit trösten, daß Bugenhagens Auslegung die seine weit besser ersetzt habe[13]. So ist der einzige große wissenschaftliche Kommentar, den Luther neben der glänzenden Galater-Auslegung von 1519 selbst zum Druck brachte, Bruchstück geblieben. Alle späteren mußte er im Drang der Geschäfte nach Nachschriften und von anderen Herausgebern bearbeiten lassen.

Mit reinerer Freude versenkte sich Luther in die andere Aufgabe, die Auslegung des zu einem reichlichen Drittel vollendeten Magnificat, aus der ihn die Berufung nach Worms jäh herausgerissen hatte[14]. Der geliebte Lobgesang der „zarten Gottesmutter" sprach ihm noch einmal zu Herzen wie in den letzten erwartungsschweren Wochen in Wittenberg. Er war ihm wichtig als Zeugnis von der freien Gnade Gottes, der nicht Verdienste, sondern „die Niedrigkeit seiner Magd" angesehen hat. Versteht man sie recht als das größte aller Menschenbeispiele gegen die Werkgerechtigkeit, dann trägt er kein Bedenken, sie anzurufen, „daß Gott durch ihren Willen gebe und tu, was wir bitten". Man muß nur wissen: „Sie tut nichts, Gott tut alle Ding."[15] In seinen Ausführungen über den Gott, der die Gewaltigen vom Stuhl stößt und die Niedrigen erhebt, die diese Schrift zu einer der wichtigsten Quellen seines Geschichtsbildes machen, weht der Atem der geschichtlichen Stunden, die hinter ihm lagen. Wenn je, dann konnte er sich jetzt an den starken Verheißungen des Liedes aufrichten. „Du mußt nicht allein denken und reden von Niedrigung, sondern drein kommen, drin stecken, hilflos werden von jedermann, daß Gott allein da wirken könne."[16] „Er hat abgesetzt die Gewaltigen von ihren Stühlen und er hat erhoben die Niedrigen", so preist Maria in ihrem Psalm den Herrn der Geschichte (Luk. 1,52)[17]. Er handelt auf zweierlei Weise: durch Kreaturen, so daß jedermann sehen kann, wo die Gewalt und wo die Schwäche ist, und man meint: Gott hilft dem Stärksten. Und es gibt ein geschichtliches Handeln Gottes, dessen Werkzeug man nicht sehen kann, „durch seinen Arm". Es bereitet sich in aller Verborgenheit vor. Die Bösen „läßt Gott groß und mächtig sich erheben. Er zieht seine Kraft heraus und läßt sie nur von eigener Kraft sich aufblasen. Denn wo Menschenkraft eingeht, da geht Gottes Kraft aus. Wenn nu die Blase voll ist und jedermann meinet, sie liegen oben, haben gewonnen, und sie selbst nu auch sicher sind und haben's ans Ende bracht, so sticht Gott ein Loch in die Blase, so ist's gar aus."[18] Das heißt nicht, daß Gott für alle Zeit die Macht abschafft

---

[13] WA 5; 7.
[14] Über die Entstehung des Druckes vgl. die Erläuterungen zu dem Brief Luthers vom 31. 3. 1521 an Herzog Johann Friedrich von Sachsen, dem er die Schrift widmete, WAB 2; 295, Anm. 8. Danach sind die Angaben in WA 7; 539, Anm. 1 zu korrigieren.
[15] WA 7; 575, 1. 574, 35.
[16] Ebd. 594,1 ff.
[17] Ebd. 589,13 ff.
[18] Ebd. 585,23 ff. 33 ff. 586,21 ff. Über den Zusammenhang dieser und anderer Stellen des

und die Herrschaftsstühle zerbricht. „Sondern er wirft die Gewaltigen heraus. Spricht auch nit: Er läßt die Niedrigen hinieden, sondern erhebt sie. Denn dieweil die Welt steht, muß Oberkeit, Gewalt und die Stühle bleiben." Die Geschichte besteht aus einem unaufhörlichen Wechsel der Macht, ausgelöst durch ihren Mißbrauch von seiten der jeweils Mächtigen. Es gibt ihnen gegenüber noch eine zweite, entgegengesetzte Komponente im geschichtlichen Ablauf. Gott „zerstört auch nicht Vernunft, Weisheit und Recht. Denn soll die Welt bestehen, muß man Vernunft, Weisheit und Recht haben."[19] An anderer Stelle des Magnificat fügt Luther darum zu der Geschichtstheologie einen „rechten Unterricht des Rechts" hinzu. Er warnt davor, wo man im Recht ist, „mit dem Kopf hindurchzufahren", z. B. etwa gegenüber dem Papst und den Seinen, obwohl es bei ihnen seit langer Zeit „kein Hören, kein Einlenken" gab und „kein Sagen, kein Raten, kein Bitten, kein Drohen half"[20]. Man muß unterscheiden zwischen dem „Bekennen" (Aussprechen) und dem „Gewinnen" seines Rechtes. Fordern darf man sein Recht stets, aber es nicht um den Preis, daß man größeren Schaden anrichtet, durchsetzen wollen[21]. Vor allem Fürsten und Obrigkeiten sollten das bedenken, die um einer, wie sie meinen, gerechten Sache willen „die Welt voll Bluts und Jammers" machen[22]. Das gilt sogar für ihre Schutzpflicht gegenüber ihren Untertanen. Sie dürfen sie nicht so ausüben, daß sie, um einen Löffel aufzuheben, eine Schüssel zertreten[23]. Das Muster für diese Verbindung von „Vernunft, Weisheit und Recht" ist ihm David. „Der sah vielmal durch die Finger, wo er nit kunnt strafen ohn der andern Schaden."[24] Aus der Auslegung dieses unvergleichlich poetischen Stückes des Neuen Testaments hat Luther nicht nur ein schriftstellerisches Meisterwerk gemacht, sondern auch schon die Grundlinien seiner Anschauung von Geschichte, Recht und Obrigkeit angedeutet, die er später in besonderen einzelnen Schriften ausgezogen hat.

Nur widerwillig unterbrach Luther bald darauf die ihm aus dem Herzen kommende Arbeit an der Postille, um eine Verpflichtung zu erfüllen, die ihm von außen aufgenötigt wurde. Es ging um die Auseinandersetzung mit der Löwener Theologischen Fakultät, die unberufen durch einen gemeinsam mit den Kölner Theologen erlassenen, im Februar 1520 erschienenen Verdammungsspruch den Streit vom Zaune gebrochen hatte. Luther hatte postwen-

---

„Magnificat" mit Luthers Geschichtsbild im ganzen vgl. H. Bornkamm, Gott und die Geschichte, in: ders., Luthers geistige Welt, 199 ff.

[19] WA 7; 590,3 ff.
[20] Ebd. 580,20 f. 581,10. 580,7 ff.
[21] Ebd. 582,19 ff.
[22] Ebd. 582,30 ff.
[23] Ebd. 583,18 f. Das Sprichwort „Löffel aufheben, Schüssel zertreten" findet sich auch in Luthers späterer handschriftlicher Sammlung deutscher Sprichwörter. WA 51; 655 (Nr. 276) und 661 (Nr. 477). – Zu Luthers David-Bild s. auch H. Bornkamm, Luther und das Alte Testament, 9 ff. 12.
[24] WA 7; 583,25 f.

dend im März 1520 die Verlautbarungen der beiden Fakultäten auch seinerseits im Druck bekanntgemacht und sie mit Schärfe und derbem Spott abgefertigt. Ihn ergrimmte die leichtfertige, ketzermacherische Methode, eine Reihe von herausgerissenen Sätzen ohne den geringsten Versuch einer Widerlegung zu verurteilen. „Wer kann sich noch vorstellen, daß die heilige Schrift einen Nutzen hat, wenn man unseren Professoren, ohne daß sie mit ihr argumentieren, glauben muß?" Durch solche im Namen der lehrenden Kirche angemaßte Tyrannei werde ihm nur gewisser, daß der Antichrist die Herrschaft angetreten habe oder bald antreten werde[25]. Gedrängt durch ironische Angriffe von Jüngern des Erasmus, der damals in Löwen im ständigen Kleinkrieg mit der ihn als Lutherfreund verdächtigenden Fakultät lebte, hatte sich schließlich eines ihrer Mitglieder, Jakob Latomus, mit einer ausführlichen Streitschrift erneut in die Arena begeben. Sie zeigte schon im Titel an, daß sie den Mangel der Begründung aus Bibel und Kirchenvätern wiedergutzumachen gedachte[26]. Luther war sich, so sehr ihn die Lektüre des ihm von Melanchthon zugesandten, breit und schlecht geschriebenen Buches verdroß, sofort im klaren darüber, daß er antworten müsse. Ging es doch um das Kernstück seiner Theologie, um Sünde und Gnade und um das Wesen des Menschen. So entstand in konzentrierter Arbeit, die durch den immer wieder hervorbrechenden Widerwillen gegen seinen Gegner vorwärtsgetrieben wurde, eine höchst bedeutende Schrift[27]. Sie ersetzt zwar das von Luther oft geplante, aber nie geschriebene Buch De iustificatione nicht, aber sie enthält neben den Römer- und Galatervorlesungen und den Disputationen der dreißiger Jahre die wichtigste Darstellung seiner Rechtfertigungslehre. Freilich durchmißt sie nicht den ganzen Problemkreis. Vielmehr zeigt sie zum ersten Male in großem Stil die unglückliche Form, die fast allen theologischen (nicht-exegetischen) Schriften Luthers anhaftet: Es sind so gut wie nie Bücher nach eigenem Entwurf, sondern Streit- und Antwortschriften, in denen der Gang der Auseinandersetzung durch den Gegner vorgeschrieben ist. Der Kampf geht in ihnen um das biblische Beweismaterial, mit manchen Abschweifungen, wenn ihm die Bibelstellen zuströmen, manchmal belastet

---

[25] WA 6; 181,34 ff.

[26] Articulorum doctrinae Fratris Martini Lutheri per theologos Lovanienses damnatorum Ratio / ex sacris literis et veteribus tractatoribus (Erklärern) per Jacobum Latomum sacrae theologiae professorem. Vgl. WA 8; 36 ff.; dazu P. Kalkoff, Die Anfänge der Gegenreformation in den Niederlanden, Tl. 1, SVRG 79 (Halle 1903), 68 ff. Ders., Die Vermittlungspolitik des Erasmus und sein Anteil an den Flugschriften der ersten Reformationszeit, in: ARG 1 (1903/04), 1 ff. O. Clemen, Der Dialogus bilinguium ac trilinguium, ebd., 355 ff. P. Kalkoff, Erasmus von Rotterdam und seine Schüler Wilhelm Nesen und Nicolaus von Herzogenbusch im Kampfe mit den Löwener Theologen, in: Zwingli, Sämtl. Werke, Bd. 7 (1911), 402 ff.

[27] Rationis Latomianae pro incendiariis Lovaniensis scholae sophistis redditae Lutheriana confutatio (1521), WA 8; 36 ff. (Luthers Widerlegung des Gutachtens, das Latomus zugunsten der brandstiftenden Scholastiker der Löwener Fakultät erstattet hat. – Anspielung auf die Verbrennung von Luthers Schriften in Löwen.) Dt. Übers. von R. Frick, MA Ergänzungsreihe Bd. 6.

durch Mittel der scholastischen Logik, wenn er den Gegner mit seinen eigenen Waffen schlagen will. Daraus entspringen die Schwierigkeiten, daß man die grundsätzlichen Gedanken oft mit einiger Mühe aus den exegetischen Ausführungen herauslösen muß, aber andererseits auch der unerschöpfliche Reichtum der Formulierungen. Luther findet sie nicht im Fortspinnen des eigenen Fadens, sondern als immer neue Griffe, um den Gegner im Ringkampf zu Boden zu werfen, oder er läßt sie sich aus der Ausdrucksfülle der biblischen Texte schenken, mit denen und um die er kämpft. Die Auseinandersetzung mit Latomus spitzt sich auf einige bestimmte Fragen zu und setzt auf Luthers Seite voraus, was er sich in den schweren Jugendjahren bis etwa 1519 errungen hatte: Allein Gottes in Christus dargebotene Gnade erlöst uns von unserer Schuld; unsere Werke sind nie in irgendeiner Weise Grund, sondern immer nur Frucht der Rechtfertigung; der nackte und bloße Glaube ist die einzige Möglichkeit des Menschen, vor dem heiligen Gott zu existieren. Latomus bedrängte Luther nun mit den Folgerungen aus dieser Rechtfertigungslehre, wie es die katholische Theologie immer getan hat: Also ist im Menschen selbst nichts Gutes, also steckt auch in jedem guten Werk Sünde, also sind auch die Heiligen Sünder. Das schien ihm gegen Schrift und Vätertradition zu gehen. Luther gab keinen Schritt nach[28]. Mochte er mit den Kirchenvätern, vielleicht sogar hier und da mit Augustin – er mußte es offen lassen, da dessen Terminologie nicht immer eindeutig war – in Konflikt kommen: Paulus stand ihm dabei zur Seite. Das menschliche Wesen ist in der Tat, so lange wir leben, ganz mit der Sünde durchwoben. Auch bei den Gerechtfertigten darf man sie niemals bloß Unvollkommenheit, Fehler oder sonstwie abschwächend nennen. Sie ist wie ein Sauerteig, der alles durchsäuert. Niemand kann auch in seinen besten Werken der göttlichen Gnade entbehren. Wenn Gott uns in der Taufe und später auf unsere reuige Bitte immer neu unsere Sünde vergibt, so ist sie damit nicht, wie die katholische Tauflehre meint, weggenommen, sondern noch vorhanden und muß mit seiner Hilfe immer von neuem überwunden werden. Er will, „daß wir von Tag zu Tag tiefer in Christus hineingerissen werden, nicht auf dem Empfangenen stehen bleiben, sondern ganz in Christus verwandelt werden"[29]. Der Christ darf fest an die Vergebung aller seiner Sünden glauben und muß doch jedesmal hart um den Sieg kämpfen. Er ist und bleibt bis an seines Lebens Ende, wie Luther seit der Römerbriefvorlesung gesagt hatte, Gerechter und Sünder zugleich. Nicht so, daß man beides an ihm wie mit einer Sonde in bestimmten Handlungen oder Augenblicken scheiden könnte. Vielmehr ist er immer unteilbare Person. Von seiner Sünde her gesehen, d.h. so, wie sich der Mensch von sich selbst aus nur betrachten kann, ist er ganz Sünder. Von der Gnade her gesehen, d.h. so, wie sich der Mensch von Gottes Augen angeschaut wissen darf, ist er ganz

---

[28] S. u. S. 166ff.
[29] WA 8; 111,33ff.

gerechtfertigt. „Wer unter dem Zorn ist, ist ganz unter dem Zorn; wer unter der Gnade ist, ist ganz unter der Gnade, weil Zorn und Gnade auf die Person gehen."[30] Der Mensch kann sich für sein Heil allein auf die Barmherzigkeit Gottes verlassen, nicht auf irgendwelche eigenen Fortschritte und Leistungen. Mit diesem zum ersten Mal in dem Galaterkommentar von 1519 ausführlich entfalteten Bilde des Menschen[31], der im Blick auf Gott hin seine allen inneren Zwiespalt umschließende Personalität empfängt, hatte Luther eine Grundlage seines Denkens von weitreichender Bedeutung geschaffen. Von ihr aus konnte er nicht nur die scholastischen Versuche einer Zweiteilung in Gnadenhaftes und Sündhaftes im Menschen, sondern auch die spätere täuferische und in der Folge davon pietistische Unterscheidung von altem und neuem, unwiedergeborenem und wiedergeborenem Menschen als unmöglich aufdecken. Seine Lehre vom einheitlichen Menschen ist sein stärkster Beitrag zu dem Ringen der Neuzeit um ein vertieftes Menschenbild, auch wenn die von ihm bekämpften Unterscheidungen in vielfacher Verkleidung neu erstanden sind, die täuferisch-pietistische in gewissen Zügen der idealistischen Anthropologie. „Zwei Seelen wohnen, ach, in meiner Brust" – nein, es ist in Wahrheit immer die eine, einzige Seele, die zwischen Himmel und Erde, zwischen Geist und Fleisch hin- und hergerissen wird, wie Paulus es – nach Luthers Augustin folgender Deutung – im 7. Kapitel des Römerbriefes von dem unteilbaren Ich des Menschen erschütternd beschrieben hat. Mit einer Auslegung dieses Kapitels schloß Luther darum auch seine Schrift gegen Latomus ab; froh, sich nun wieder friedlicheren Aufgaben zuwenden zu können[32].

So ging ihm schon in den ersten Wochen seiner Verbannung die Arbeit wieder stürmisch von der Hand. „Ich habe hier viel und gar keine Muße, lerne Griechisch und Hebräisch und schreibe ohne Unterlaß", meldete er am 10. Juni glücklich an Spalatin[33], als er ihm einen tüchtigen Packen Manuskripte zum Druck sandte; zehn Tage später schloß er auch die Schrift gegen Latomus ab. Auch die Fesseln seiner Gefangenschaft hatten sich inzwischen gelockert. Er durfte, begleitet von den beiden Edelknaben, in den Wald gehen und konnte dort bald Erdbeeren suchen, oder er ritt in Begleitung eines Knechtes aus[34]. Seine Begleiter wachten ängstlich darüber, daß er dabei nicht

[30] Ebd. 106,38 f.
[31] WAB 2; 585 f. Näheres s. u. S. 177 ff. und in dem Aufsatz von H. Bornkamm, Äußerer und innerer Mensch bei Luther und den Spiritualisten, in: Imago Dei, Fschr. G. Krüger (Gießen 1932), 85 ff., wieder abgedr. in: ders., Luther, 187 ff.
[32] WA 8; 116, 25–125,17. 128,1 ff. Die Deutung von Röm. 7 ist seit der alten Kirche umstritten; vgl. G. Bonwetsch, Römer 7,14 ff. in der alten Kirche und in Luthers Vorlesungen über den Römerbrief, in: NKZ 30 (1919), 135 ff. sowie P. Althaus, Paulus und Luther über den Menschen, 2. Aufl. (Gütersloh 1951), 21 ff.
[33] WAB 2; 354,22 ff.
[34] WATR 5; Nr. 5353; 82. Nr. 5375d; 103,29 ff. Johannes Mathesius, Ausg. Werke, hg. v. G. Loesche, Bd. 3 (Prag 1906), 74 ff.

entdeckt wurde. Einmal kehrten sie im Kloster Reinhardsbrunn ein und mußten schleunigst wieder abreiten, da er erkannt wurde. Selbst daß Luther gern ein Büchlein in der Tasche trug oder, wenn er in einem Hause etwas Gedrucktes fand, danach griff, schien ihnen für einen Ritter bedenklich, und sie suchten ihm ein Benehmen beizubringen, das seinem Stande entsprach.

Aber die unfreiwillige Gefangenschaft drückte ihn immer von neuem. Der erste schriftstellerische Schwung, der ihm in zwei entscheidenden Punkten: der Beichte, dem Herzstück der katholischen Volksseelsorge, und der Rechtfertigungslehre in diesen Wochen zu abschließender Klärung seiner Gedanken verholfen hatte, erlahmte wieder. Er schrieb seinen Wittenbergern noch ein mitreißendes „Trostbriefle" in Gestalt einer Auslegung des 37. Psalms. „Ich bin von Gottes Gnaden noch so mutig und trotzig, als ich je gewesen bin. Am Leib hab ich ein kleines Gebrechlein überkommen, aber es schadet nicht. Es sollt billig besser mich beißen, wo mir recht geschehen sollt."[35] Aber das „Gebrechlein" setzte ihm bald ärger zu als jemals und warf ihn zusammen mit seiner Einsamkeit und Zwangsmuße Anfang Juli in eine tiefe Depression, so daß er acht Tage lang weder zu arbeiten noch zu beten imstande war[36]. Das faule und fette Leben quälte ihn auch mit sinnlichen Reizungen, über die er sich mit einer entwaffnenden Offenheit bei Melanchthon beklagt; sie ist in allen Äußerungen Luthers über geschlechtliche Dinge das sichere Kennzeichen, daß er hier nichts zu verstecken hatte. Seine körperlichen Beschwerden wuchsen derart, daß er am 13. Juli die Absicht äußerte, nach Erfurt zu reiten und dort ärztliche Hilfe in Anspruch zu nehmen. Eine Gewaltkur mit Pillen, die Spalatin ihm gesandt hatte, brachte ihm zwar bald eine vorübergehende Erleichterung, aber keine dauernde Heilung. Das hartnäckige Leiden verließ ihn erst im Herbst. Hätte ihn nicht Ende Juli die in Erfurt ausgebrochene Pest an der Reise gehindert, so wäre die Zeit auf der Wartburg vielleicht schon zu Ende gegangen. Denn Luther plante, womöglich in Erfurt zu bleiben und wieder öffentlich zu lehren; er wäre dort auf mainzischem Boden seinem Kurfürsten auch nicht zur Last gefallen. So lieb er sein Wittenberg hatte, wenn er nur wieder irgendwo, in Erfurt oder in Köln oder wo sonst, dem Wort eine Tür auftun durfte! Darum freut ihn auch jede gute Nachricht aus Wittenberg, die ihm zeigt, daß er dort nicht nötig ist. Immer wieder muntert er Melanchthon auf, sich dieses Reichtums zu freuen und seine Gaben kräftig zu brauchen, und dringt schließlich Anfang September in die Freunde, Melanchthon ein Predigtamt zu beschaffen.

Luther wußte in Zeiten solcher Depressionen, wie er sie im Juli und später noch mehrmals in einsamen Monaten durchlebte, sehr wohl, woher diese Anfechtungen Leibes und der Seele kamen. Wem anders als dem leibhaftigen Satan konnte daran gelegen sein, ein Werkzeug Gottes äußerlich und inner-

---

[35] WA 8; 240,4 ff.
[36] Zum Folgenden die Briefe aus dem Juli.

lich zu zerstören? Und so verdichteten sich ihm seine inneren Kämpfe zu jenen Erlebnissen von Teufelsspuk, von denen sich Luthers Schüler aufgrund seiner Tischgespräche später grausliche Geschichten erzählten[37]. Es sind, wenn man auf ihren Kern sieht, recht harmlose Erscheinungen: Poltergeräusche, an denen die windumwehte Burg nicht arm gewesen sein wird, die Luther aber vorkamen, als schnelle der Teufel im Tischkasten verwahrte Nüsse an die Decke oder als würden Fässer die Treppe hinabgeworfen, oder ein unbekannter schwarzer Hund, den er eines Abends in seinem Bett fand. Und doch ist in diesen Erzählungen wie in allem, was Luther sonst über Ränke und Taten des Teufels berichtet hat, eine phantastische Realität verborgen: eine plastische Phantasie riesenhaften Ausmaßes und das Wissen um die Realität des großen Gegners, der ihm in tausend Verkleidungen in allen Schlachten seines Lebens gegenüberstand. Freilich, daß er das Tintenfaß gegen ihn geworfen habe, ist eine späte Sage, die in ihren ältesten Formen (1591) sogar umgekehrt berichtet, daß der Teufel sich gegen Luther dieses heimtückischen Wurfgeschosses bedient habe[38]. Der Tintenfleck, der dann nach und nach an den Wänden der verschiedensten Lutherhäuser auftauchte – auf der Wartburg ist er zuerst durch Merians Topographie 1650 bezeugt –, diente offenbar dazu, für fromme Gemüter, die schon etwas von Zweifeln befallen waren, das haarsträubende Ereignis aktenkundig zu machen.

Daß auch Krankheit und Anfechtungen Luther den Humor nicht verschlagen hatten, bewies er noch im Juli mit einer kleinen Antwortschrift an seinen alten Gegner, den Dresdener Hofkaplan Hieronymus Emser. Seit zwei Jahren hatte es zwischen ihnen einen mehrfachen, von Luthers Seite mit überlegenem Spott über den „Steinbock" (Emsers Wappentier) geführten Schriftenwechsel gegeben, so daß Emser jetzt bereits mit einer „Quadruplik" auf den Plan getreten war. Nachdem Luther zunächst daran gedacht hatte, einen der Freunde antworten zu lassen, machte er sich doch selbst daran. Die wenigen Blätter sind eine seiner graziösesten Streitschriften: „Ein Widerspruch (= Widerruf) D. Luthers seines Irrtums, erzwungen durch den allerhochgelehrtesten Priester Gottes Herrn Hieronymus Emser." In äußerst witzig umwickelter Ironie wiederholt er zunächst alle seine Gründe gegen Emsers Versuch, 1.Petr. 2,9 („Ihr seid das königliche Priestertum") nur auf die Kleriker zu beziehen, gibt sich dann von dessen fürchterlichen Gegenargumenten – „er hauet nach mir eine Elle tief in den harten Fels"[39] – scheinbar geschlagen und leistet einen förmlichen Widerruf, um ihn ebenso schnell und unmerklich wieder in eine vollständige Abfuhr des Gegners und die richtige Auslegung des strittigen Textes zu verwandeln. Zu seinem größten Vergnü-

---

[37] WATR 3; Nr. 2885; 50,22 ff. Nr. 3814; 634,8 ff. WATR 5; Nr. 5358b; 87,5 ff. WATR 6; Nr. 6816; 209,14 ff.

[38] J. Luther, Legenden um Luther (Berlin, Leipzig 1933). Vgl. auch den Anhang zu H. Boehmer, Der junge Luther, hg. v. H. Bornkamm, 6. Aufl. (Stuttgart 1971), 353 f.

[39] WA 8; 250,7 f.

gen ging der Steinbock prompt in die Falle und nahm in seiner nächsten Schrift den Widerruf für bare Münze. Luther nutzte den gelungenen Streich nicht weiter aus und würdigte seinen beschränkten Verkläger keines Wortes in dieser Sache mehr.

Grimmiger spielte Luther mit anderen Gegnern, die ernster genommen sein wollten. Nach fast zweijährigem Zögern hatte die Pariser Theologische Fakultät, die nach der Leipziger Disputation von Herzog Georg von Sachsen um ihr Urteil angegangen war, endlich gesprochen. Mit ihrem unter dem 15. April 1521 ergangenen Spruch hatte sie sich nicht, wie manche Freunde Luthers – er selbst freilich nie – erhofft hatten, auf Luthers Seite gestellt, sondern 104 ketzerische Sätze aus seinen Schriften, vor allem aus De captivitate Babylonica, zusammengetragen. Sie hatte ihn in der gewohnten, kräftigen Sprache der kirchlichen Verdammungsurteile als die Wiederverkörperung der Schlangenbrut und des Teufelsgezüchts der alten Ketzer mit ihrem pestbringenden Gift der Christenheit vorgemalt. Diese gottlose Vermessenheit sollte mit Kerker und Bann, ja mit Feuer bezwungen, statt mit Vernunftgründen widerlegt werden. Melanchthon maß der von katholischer, reformatorischer und humanistischer Seite mit größter Spannung erwarteten Äußerung der Pariser Fakultät eine solche Bedeutung zu, daß er sich unverzüglich an eine Gegenschrift setzte, die Luther Mitte Juli fast gleichzeitig mit dem Pariser Urteil erhielt. So war er zu seiner Freude einer Antwort, zu der er auch wenig Lust hatte, enthoben, beschloß aber sofort, das Pariser Machwerk niedriger zu hängen und es mit Melanchthons „meisterlicher" Erwiderung zu verdeutschen. Er wäre nicht Luther gewesen, hätte er nicht, wo Melanchthon die gegnerische Schrift „zu sanft angerührt und mit dem leichten Hobel überlaufen" hatte, die Gelegenheit benutzt, noch etwas „mit der Bauernaxt über die groben Blöcke (zu) kommen und sie recht (zu) waldrechten (behauen), sie fühlen sonst nicht". Aber die Abrechnung mit der berühmtesten theologischen Fakultät war ihm doch mehr als eine Rauferei mit irgendeinem Gegner, in der er nicht minder herzhaft antwortete, als er angegriffen war: Sie ist ihm ein hoffnungsvolles Zeichen für die geschichtliche Stunde. Gott selbst stellt dem Satan so klägliche Helfer gegen das siegreich durchbrechende Gotteswort. „Wie soll der böse Geist zittern, daß er siehet solch groß Licht aufgehen und mags doch nicht dämpfen; und je mehr er dämpft, je heller es wird . . . Ich hoff, der jüngste Tag sei vor der Tür."[40]

Wie immer erfrischten ihn solche Streitigkeiten, und so ging ihm die ihn ständig begleitende Arbeit an der Postille in der ersten Augusthälfte ungewöhnlich rasch von der Hand. Sie wurde kurz unterbrochen, als der unfreiwillige Junker am 12. und 13. August zum ersten Male eine Jagd mitmachte. Er nahm an dem „bittersüßen Vergnügen der Helden" nur mit gemischten Empfindungen teil. So hübsch es anzuschauen war, so sehr schmerzte es

---

[40] Ebd. 292,12 ff. 294,10 ff. Mags = kann's.

doch zugleich sein mitleidiges Herz. Und als gar die Hunde ein Häslein, das er in seinem Ärmel geborgen hatte, entdeckten und durch den Rock hindurch zerbissen, war ihm das ein trauriges Gleichnis dafür, daß Papst und Satan auch die geretteten Seelen verdürben, ohne sich von seiner Mühe hindern zu lassen[41]. Erlebnisse solcher Art werden mit anderem dazu beigetragen haben, daß er sich im Kreise der ritterlichen Genossen immer einsamer fühlte und immer lebhafter nach den Freunden sehnte. Und das um so mehr, als ihn jetzt eine Frage bewegte, über die er mit ihnen und mit sich nicht ins reine kam, die Frage der Mönchsgelübde.

Die priesterliche Ehelosigkeit war ein uraltes Problem der Kirche. Aus den freiwilligen Gelübden einzelner und dem auf dem nicänischen Konzil als geltende Gewohnheit bezeichneten Verbot, daß Priester nach ihrer Weihe noch heirateten, hatte sich in jahrhundertelangen Kämpfen, namentlich durch die Stoßkraft der cluniazensischen und gregorianischen Reform, der Zölibatszwang für jeden, der in den Priesterstand eintrat, herausgebildet. Zu allen Zeiten heftig umstritten, tausendfach durchbrochen, von ernsten Reformern bitter beklagt, in unzähligen Satiren verspottet, gehörte er zu den Themen fast aller kirchlichen Erneuerungsbewegungen. Auch Luther hatte es aufgenommen. Zum ersten Male schlug er es im Februar 1520 in seiner lateinischen Erwiderung auf das Dekret, das der Bischof von Meißen gegen ihn hatte ergehen lassen, kurz an, ausführlicher sodann in der großen Reformschrift an den christlichen Adel[42]. Gestützt auf die neutestamentlichen Zeugnisse (1.Tim. 3,2. Tit.1,6), welche die Ehe bei den Trägern geistlicher Ämter als etwas Selbstverständliches und Makelloses voraussetzen, hatte Luther der Kirche das Recht, den Zölibat aufzuzwingen, bestritten. Er hatte den künftigen Klerikern die Ablegung des Gelübdes widerraten und denen, die in einem Konkubinat lebten, das Gewissen gestärkt, es in eine treue, öffentliche Ehe umzuwandeln. Es erfüllte ihn dann aber doch mit einer fast erstaunten Bewunderung, als der erste aus seinem Freundeskreise, der Kemberger Propst Bartholomäus Bernhardi, in die Ehe zu treten wagte. Er quittierte die Nachricht, die er im Mai erhielt, mit einem Unterton von ernstem Spott: „Gott lenke ihn und mische in seine Freuden bittere Kräuter (2.Mose 12,8), was ja auch ohne mein Gebet geschehen wird."[43] Ein tieferer Ton erklingt, wenn er am 1. November dem jung verheirateten Straßburger Humanisten Nikolaus Gerbel Glück wünscht. Gegenüber dem Ungeheuerlichen, das er ständig an dem elenden Zölibat zu sehen bekomme, halte er „die Ehe für ein Paradies, auch bei der größten Armut"[44]. Der Gedanke, selbst zu heiraten, liegt ihm freilich noch ganz fern. „Mir werden sie kein Weib aufhalsen", schreibt er

---

[41] An Spalatin 15. Aug. 1521, WAB 2; 380,56 ff.
[42] Ad schedulam inhibitionis sub nomine episcopi Misnensis editam. WA 6; 147,27 ff. An den christlichen Adel deutscher Nation, ebd. 440 ff.
[43] WAB 2; 347,31 f.
[44] Ebd. 397,51 ff. (Z. 57 lese ich mit Enders arbitrer).

jetzt am 6. August und nochmals am 18. Dezember: „Ich werde in diesem Gewande und Stande bleiben, wenn die Welt nicht anders wird."[45]

So hätte es ihm keine Schwierigkeiten bereitet, Bernhardi und andere, die ihm bald gefolgt waren, mit guten Gründen zu verteidigen, als ihnen nun das Verfahren vor dem geistlichen Gericht gemacht wurde. Aber man ging in Wittenberg einen Schritt weiter und wollte nicht nur den Priestern, sondern auch den Mönchen und Nonnen die Ehe frei geben. Luther war erschrocken darüber. Er hatte schon in der Adelsschrift scharf zwischen dem Zwangszölibat für den Priesterstand und den freiwillig geleisteten Gelübden der Mönche unterschieden; „haben sie sich selbst Bürden aufgelegt, so tragen sie sie auch"[46]. Es konnte ihn nicht ermutigen, diese Grenze zu überschreiten, als ihm Thesen und eine erläuternde Schrift Karlstadts vorgelegt wurden, mit denen dieser unruhige Kopf in Wittenberg die Führung des Gesprächs über die Gelübdefrage an sich gerissen hatte. Denn was er darin fand, waren Schriftbeweise, die er auf den ersten Blick als windschief erkannte: etwa wenn Karlstadt aus 1.Tim.5, 9ff. folgern wollte, daß es nur verheiratete Priester geben dürfe. Schlimmer noch war der Rat, die geringere Sünde der schwereren vorzuziehen, lieber das Gelübde zu brechen als in Hurerei zu verfallen[47]. Wie konnte darauf eine Sicherheit der Gewissen begründet werden? So lange die Gelübde als Verpflichtung und ihr Bruch als Sünde erscheinen mußten, konnte Luther den Mönchen die Freiheit nicht zusprechen, welche ihm für die Priester gewiß geworden war. Und doch wußte er, wie viele unter dem einmal übernommenen Joch seufzten, und hätte ihnen gern einen Weg gewiesen. „Wenn Christus da wäre, würde er ohne Zweifel diese Fesseln lösen und alle Gelübde aufheben", schreibt er am 3. August an Melanchthon[48]. In den längsten und leidenschaftlichsten Briefen, die er bisher aus seinem Patmos geschrieben hatte, arbeitet er sich an die Lösung heran und ist so heftig in das ständige, antwortlose Gespräch mit den Freunden verwickelt, daß er es kaum noch erträgt und Anfang September ein heimliches Treffen zur Aussprache darüber plant. Im selben Brief vom 9. September konnte er Melanchthon aber auch schon den Punkt zeigen, von dem aus der Knoten sich allein entwirren ließ. Keinesfalls von der Unmöglichkeit aus, das Keuschheitsgelübde zu halten; damit könnte man nicht nur dies von Menschen aufgebrachte Gelübde, sondern auch jedes göttliche Gebot aufheben! Überhaupt nicht mit rationalen oder praktischen Gründen. Es geht um den „Felsen des Gewissens": „Wir suchen den Schriftgrund und das Zeugnis des göttlichen Willens", hatte er schon am 1. August geschrieben[49]. Er zwingt die Freunde, bis zur „Wurzel, dem Sinn des Gelübdes, nicht zu sei-

---

[45] Ebd. 377,4f. 415,25f.
[46] WA 6; 441,23f. WAB 2; 370,2ff.
[47] WAB 2; 371,35ff. 373,5ff.
[48] Ebd. 375,58ff.
[49] Ebd. 371,39ff.

nen Früchten oder Folgen" vorzustoßen[50]. Warum hatten er selbst und die anderen Mönche ihre Gelübde geleistet? Um Gott damit wohlzugefallen. Sie hatten ihre Gerechtigkeit durch asketische Leistungen erhöhen wollen und damit das Evangelium von der rechtfertigenden Gnade verraten. Also war das Gelübde selbst ein Frevel vor Gott, also muß man es abwerfen – oder sich in evangelischer Freiheit neu auferlegen. Denn Luther wußte wohl, daß man sich auch in Freiheit binden kann. Wenn nur kein falscher Gottesdienst daraus gemacht wird wie im Mönchtum! Um den Wittenbergern zur Klarheit zu verhelfen, schickte er mit dem gleichen Brief 139 Thesen für eine Disputation mit, denen ein paar Tage später weitere 141 folgten. Er ordnet darin das Problem der Zölibatsgelübde in größere Zusammenhänge ein: in das paulinische Verständnis von Gesetz und Evangelium, in den religionsgeschichtlichen Zusammenhang mit asketischen Bewegungen außerhalb des Christentums und in eine Reihe mit den übrigen Mönchsgelübden. Denn es ging Luther keineswegs allein um das Gelübde der Ehelosigkeit. So wenig ihn selbst diese Frage aus dem Mönchsstande trieb, so wenig isolierte er sie bei den anderen. Es ging um das ganze Problem des Lebens innerhalb oder außerhalb der Welt. Luthers Gedankengang ist entworfen von der höchsten Norm, die den Sinn aller Bindungen regelt: „Wir können und dürfen nichts wider Gott, sondern alles für Gott." Er zwingt niemanden, aus dem Kloster auszutreten, sondern: „Wie nach Paulus das Gesetz nicht Gesetz ist, wenn du es in Freiheit hältst, so ist das Gelübde nicht Gelübde, wenn du es in Freiheit hältst."[51] Die Schärfe, mit der Luther nach langem Ringen den entscheidenden Punkt getroffen hatte, und die zwingende Kraft seiner Folgerungen machten auf seine Freunde einen gewaltigen Eindruck. Die Thesen trafen in Wittenberg ein, als Melanchthon mit seinen täglichen Tischgenossen beim Mittagsmahl saß. Bugenhagen, der ein halbes Jahr zuvor als gereifter Mann sein Amt als Kanonikus und Schulrektor in Treptow a. d. Rega aufgegeben hatte, um in Wittenberg von neuem zu studieren, nahm sie zur Hand, las sie mehrmals aufmerksam durch und brach nach längerem Nachsinnen in die Worte aus: „Das wird das öffentliche Leben umwandeln, die Lehre vor diesen Thesen hätte es nicht umgewandelt." Melanchthon fügte hinzu: „Das ist der wahre Anfang der Befreiung der Mönche."[52]

Auch außerhalb Wittenbergs begann man wieder auf die Stimme des Verbannten zu hören, die nur für kurze Zeit verstummt war. Schon im Juni war seine mächtige Anklage gegen den päpstlichen Antichrist, die gerade vor der Wormser Reise abgeschlossene Antwort an den Dominikaner Ambrosius Catharinus, erschienen und bald über Deutschlands Grenzen hinaus bekannt geworden. Aleander sandte sie von Brüssel aus an den päpstlichen Vizekanz-

---

[50] Ebd. 383,44f.
[51] WA 8; 326,7. 331,23f.
[52] Ebd. 317.

ler Julius de Medici in Florenz[53]. Daß Luthers Wartburgschriften ihr nicht schneller folgten, lag nicht an ihm, sondern an der Überlastung der Wittenberger Pressen. Luther erwartete mit Ungeduld den Druck und hatte bei Grunenberg auch über die mangelhafte Ausführung zu klagen. Erst im September und Oktober kam der Strom recht in Fluß. Aber schon auf die bloße Nachricht hin, daß eine Schrift Luthers über die Beichte im Druck sei, hatten die Weimarer Franziskaner sich am 15. August an den Kurfürsten um Unterstützung für den ihnen von ihrem Generalkapitel aufgetragenen Kampf gegen Luther gewandt und offenbar im Verlauf dieser Verhandlungen dem Bruder des Kurfürsten, Herzog Johann, der in Weimar Hof hielt, das Wort Jesu an die zehn Aussätzigen: „Gehet hin und zeiget euch den Priestern" (Luk. 17,14) als Schriftbeweis für die pflichtmäßige Ohrenbeichte entgegengehalten. Um über diesen Einwand Klarheit zu erhalten, benutzte der Herzog einen Aufenthalt in Eisenach, um von Luther eine Auslegung dieses Evangeliums zu erbitten. Wie streng Luthers Inkognito gewahrt wurde, erhellt daraus, daß der Herzog erst bei diesem Besuch das Geheimnis erfuhr und sogar das persönliche Zusammentreffen mit ihm auf der Burg vermied, ihm vielmehr seine Bitte durch den Schloßhauptmann übermitteln ließ[54]. Wenn Luther auch mit dieser Perikope des 14. Sonntags nach Trinitatis dem Plan seiner Postille, die er erst bis Epiphanien geführt hatte, weit vorausgreifen mußte, so erfüllte er die Bitte doch gern. Denn er konnte mit dieser Kostprobe einmal „seinen lieben Deutschen die Postille kredenzen mitten aus dem Faß"[55]. Die alberne und willkürliche Allegorie in der üblichen Auslegung machte es ihm leicht, eine wahre Treibjagd von Gründen gegen sie zu veranstalten. Aber er fügte dann eine psychologisch und geistlich so reiche eigene Auslegung hinzu, daß die Predigt ein Kabinettstück für seine Vereinigung von polemischer und religiöser Kraft wurde. Spalatin ließ nicht nur die erbetene Reinschrift für den Herzog anfertigen, sondern gab sie auch in Druck und stellte durch die ihm von Luther dafür überlassene, vom 17. September datierte Widmung an Hugold von Einsiedel, Hans von Dolzig und Bernhard von Hirschfeld zugleich eine weithin sichtbare Verbindung zwischen dem Geächteten und den evangelisch gesinnten Räten des kurfürstlichen Hofes her.

Daß der irgendwo an unbekanntem Ort Verborgene durch seine Schriften schon wieder eine Macht im öffentlichen Leben war, zeigte sich drastisch bei einem Vorgang, der Luther gewaltig in den Harnisch brachte. Der immer geldbedürftige Kardinal Albrecht von Mainz hatte wieder einmal zu dem bewährten und von ihm im Tetzelhandel so erfolgreich benutzten Mittel gegrif-

---

[53] WA 7; 700.
[54] CR 1, 449. Suppl. Mel. 6/1 (1926), 154. MSA 7/1, 129 ff. MBW 160. WAB 2; 391,5. G. Mentz, Johann Friedrich der Großmütige 1503–1554, Bd. 1 (Jena 1903), 33 nimmt an, daß der Herzog Luther gesehen habe. Aber das ist unsicher.
[55] WA 8; 337.

fen, der Ebbe in seiner Kasse durch einen Ablaß abzuhelfen. Er hatte deshalb
auf den 15. September zu einer Ausstellung der staunenswerten Reliquien-
schätze der Stiftskirche in seiner Stadt Halle eingeladen, durch deren andäch-
tigen Besuch man riesenhafte Ablässe gewinnen konnte[56]. Dazu hatte er 1520
einen illustrierten und mit seinem Bilde, einem prächtigen Kupferstich Dürers, geschmückten Katalog herausgeben lassen, der den Pilgern erzählte,
was sie zu erwarten hatten. Von der Erde, aus der Adam erschaffen worden
war, bis zu einer Hose des hl. Thomas (Becket) von Canterbury fand man,
was ein reliquienfrommes Herz nur begehren konnte: Manna, Stücke vom
brennenden Busch des Mose, Milch der Mutter Jesu in mehreren Fläschchen,
zwei Krüge und etwas von dem Wunderwein von der Hochzeit zu Kana,
Knochen und andere Reste von allen Aposteln (von Petrus allein 43 Stück),
den Finger, den Thomas in die Seite des Herrn gelegt hatte, ebenso den Finger, mit dem Johannes der Täufer auf Jesus als das Lamm Gottes gedeutet
hatte, und einen Daumen der hl. Anna, der Großmutter Christi, neun Dornen von der Krone Christi, darunter einen, „der sich selbst voneinander ge-
teilet im Beisein und Gezeugnis vieler Leute", ja sogar den „wahren Fron-
leichnam Christi, welchen er im Tode seinem himmlischen Vater geopfert",
also etwas von dem durch die Wandlung entstandenen Fleisch Christi. Das
ging über alles hinaus, was man sonstwo zu sehen bekam. Summa Summarum berechnete das „Heiligthumsbuch" den Wert der 8933 Partikel und 42
ganzen heiligen Körper auf 39.245.120 Jahre und 220 Tage Ablaß, dazu noch
6.540.000 Quadragenen (Ablaß im Werte einer vierzigtägigen Bußübung).
Diese unverfrorene Erneuerung des alten Übels erregte in der Öffentlichkeit
heftigen Unwillen. Dazu kam, daß Albrecht einige verheiratete Geistliche
gefangengesetzt hatte, obwohl er selbst nichts weniger als einwandfrei lebte
und anderen gegen reichliche Zahlungen die Erlaubnis zu Konkubinaten zu
geben pflegte. Luthers Empörung machte sich in einer von ihm anonym veröffentlichten satirischen Schrift über den neuen Ablaß Luft, die auf Martini
(11. November) dem Kapitel der Stiftskirche die Fehde ansagte: „Werdet ihr
mein Ansinnen verachten, so will ich ein Spiel anfahen, daß euch Halle zu
enge wird."[57] Mochte der frivole, aber ängstliche Kardinal schon darin die
Klaue des Löwen spüren oder packte ihn die Sorge, daß Luther sich auch
noch zum Wort melden werde, jedenfalls sandte er schleunigst zwei wohl-
ausgewählte Mittelsleute nach Wittenberg, um das drohende Unwetter abzuwenden: seinen Domprediger und Kanzler, den Humanisten Wolfgang
Capito, der damals noch unentschieden zwischen Kardinalsdienst und reformatorischen Neigungen hin- und herschwankte, und seinen Leibarzt
Heinrich Stromer von Auerbach, von Luther hochgeschätzt, seit er ihn in
den Tagen der Leipziger Disputation freundlich begrüßt und zu Tisch gebe-

---

[56] A. Wolters, Der Abgott zu Halle 1521–1542 (Bonn 1877). G. v. Térey, Cardinal Albrecht
von Brandenburg und das Halle'sche Heiligthumsbuch von 1520 (Straßburg 1892).
[57] Suppl. Mel. 6/1, 164 f.

ten hatte. Nach langen Umschweifen rückten sie bei ihrem Besuch in Melanchthons Hause am 30. September mit ihrem Auftrag heraus: Er möge auf Luthers Heftigkeit mäßigend einwirken. Sie bekräftigten mit schönen Beispielen und Geschichten des Altertums, daß Luther mit Vorsicht viel eher zu seinen Zielen kommen werde. Melanchthon lehnte, wie er selbst ausführlich an Spalatin berichtet, mit einem entschiedenen Freundesworte ab. Er wisse, wie die Welt darüber urteile; manche hielten Luther für böse, manche für töricht. Ihm sei es unzweifelhaft, daß er seine Sache mit Klugheit und reinem Gewissen führe, zumal er dazu von Gott bestimmt erscheine. Denn nie könne ein einzelner so viele mit sich reißen, wenn er nicht von Gottes Geist getrieben würde. Bisher habe er auch außer einigen Sophisten (d. h. Scholastikern, den Erzfeinden aller Humanisten) niemanden geschmäht. Und wenn es geschehen wäre, so bedürfe diese Zeit des schärfsten Salzes, da, soviel er wisse, niemand außer ihm das Evangelium lehre, ja keiner es seit tausend Jahren mit solchem Segen gelehrt habe. Sie sollten ihn der Führung seines Geistes überlassen und dem Willen Gottes nicht zuwider sein. Diese Sache dürfe nicht nach Menschenweise beurteilt werden, das Evangelium werde dazu gepredigt, daß die Gottlosen daran Anstoß nähmen und die Schafe Israels zur Umkehr gerufen würden. Auf die Bitte der beiden Abgesandten, wenigstens ihren Herrn glimpflich zu behandeln, versprach Melanchthon, sich dafür einzusetzen, wenn der Kardinal nicht seinerseits gegen die reformatorische Bewegung vorgehe, wie er es z. B. durch einen Druck des Wormser Edikts getan habe, den Melanchthon zufällig zur Hand hatte. Auch ein theologisches Gespräch, das er bei Tisch und auf einem Spaziergang mit Capito führte, brachte sie einander nicht näher. Melanchthon spürte richtig, daß Capito in einer unglücklichen Klemme steckte und mehr zum stillen Studium als zur Diplomatie geboren war[58]. Besseren Erfolg hatten die beiden Unterhändler, als sie am folgenden Tage den kurfürstlichen Hof aufsuchten, wo man energisch auf Luther einzuwirken versprach. Ja, auch an den Hof Herzog Johanns nach Weimar sandte Albrecht seinen Leibarzt Dr. Stromer, der in seiner Mission von Simon Pistoris als Abgesandtem Herzog Georgs von Sachsen unterstützt wurde.

Es war ein Glück, daß die kläglichen Schritte, mit denen der Kardinal und des Reiches Erzkanzler den Geächteten und seine Freunde um Schonung bitten ließ, Luther wohl nicht bekannt wurden; ein Glück auch für Capito, daß er einen aus weisen Ratschlägen und Drohungen gemischten Brief offenbar nach seinem Mißerfolg bei Melanchthon nicht absandte[59]. Denn Luther war – wohl auf Berichte hin, ohne das schamlose Reklamebuch selbst schon gesehen zu haben – über das tolle Stück Albrechts aufgebracht genug und erklärte Spalatin am 7. Oktober von vornherein, daß er sich nicht davon abhalten las-

[58] CR 1, 462 ff. Suppl. Mel. 6/1, 164. MSA 7/1, 143 ff. MBW 175.
[59] WAB 2; 393.

sen werde, gegen den „götzendienerischen Mainzer" privat und öffentlich vorzugehen. Da er zugleich auch endlich sein Wohlbefinden wieder erlangt hatte, machte er sich unverdrossen ans Werk und schrieb eine scharfe Flugschrift „Wider den Abgott zu Halle", die er am 1. November versandfertig machte. Ehe sie abging, erhielt er einen Brief Spalatins, in dem dieser ihm das Verbot des Kurfürsten, etwas gegen Albrecht von Mainz zu schreiben, mitteilte. Luther war so verärgert, daß er zunächst überhaupt nicht zu antworten beschloß, ihm dann aber am 11. November das Manuskript mit einem seiner prachtvollen Zornbriefe zusandte: „Lieber werde ich dich und den Kurfürsten selbst und alle Kreatur verderben. Wenn ich seinem (des Kardinals) Schöpfer, dem Papst, widerstanden habe, warum soll ich vor dem Geschöpf weichen? Du meinst sehr schön, der öffentliche Friede dürfe nicht gestört werden, und willst es dulden, daß der ewige Friede Gottes durch seine gottlosen, frevlerischen Verderbensränke gestört wird? Nein, Spalatin, nein, Kurfürst!"[60] Er solle sich ja hüten, das Manuskript zurückzuhalten, was Spalatin freilich, durch das landesherrliche Gebot gebunden, dann doch tat.

Die gleichen Oktoberwochen hatten noch einer anderen, weit bedeutenderen Arbeit gehört. Seit Ende Juli wußte Luther, daß neben den Gelübden noch ein zweites großes Problem der kirchlichen Erneuerung die Wittenberger Gemüter bewegte: die Messe. Es trat ihm zunächst in seiner äußerlichsten Form entgegen in Thesen Karlstadts, über die am 19. Juli bei einer Bakkalaureatspromotion disputiert worden war: Wer in der Kommunion nur das Brot empfange, begehe eine Sünde; es sei darum besser, gar nicht, als nur unter einer Gestalt zu kommunizieren[61]. Luther wies in einem Brief an Melanchthon am 1. August diese übertriebene Forderung Karlstadts sofort zurück. Christus habe das Abendmahl zwar unter beiderlei Gestalt eingesetzt, aber die übliche Form sei nirgends in der Schrift für Sünde erklärt. Wer es darum ohne den Kelch empfange, da er es trotz seines Wunsches anders nicht erhalten könne, tue keine Sünde. Allerdings bekannte er, daß es sein erstes Ziel gewesen sei, dem Abendmahl wieder die von Christus eingesetzte Gestalt zu geben, wenn er von Worms nach Wittenberg hätte zurückkehren dürfen. Mit weit größerer Entschiedenheit sprach er aber zugleich aus, daß er in Ewigkeit keine Privatmessen mehr halten werde, also keine Messen, die nicht für die Gemeinde, sondern zu irgendeinem privaten Zweck, besonders als Totenmessen, gelesen würden und mit denen in der Regel keine Kommunion von Gemeindegliedern verbunden war. Sie wurden rein als Opfer dargebracht und machten das Heer der täglichen Messen aus. Luther legte mit seiner Bemerkung den Ton dorthin, wo er nach seiner Überzeugung in erster Linie hingehörte, auf die Verwandlung der göttlichen Gnadengabe im Abendmahl in das große Versöhnungsopfer. Wenn Luther damit auch die überspitzten

---

[60] Ebd. 402,6 ff.
[61] Barge, Karlstadt, Bd. 1, 290 f.

Folgerungen Karlstadts ablehnte, so wies er doch mit den Äußerungen seines Briefes zur Kelch- und Opferfrage den fortdauernden Erörterungen in Wittenberg die Richtung, und man konnte sich dort zu weiterem Vorgehen ermächtigt fühlen. Über die grundsätzlichen Fragen konnte ja sowieso kein Zweifel mehr sein, seitdem Luther mit wachsender Klarheit seit 1519 die herrschende Meßopferlehre und -praxis angegriffen und vor allem in De captivitate Babylonica das Abendmahl aus seiner Gefangenschaft, insbesondere der Verweigerung des Laienkelches und dem Opferbegriff, befreit hatte. Luther hatte freilich bisher von gottesdienstlichen Änderungen, die sich aus seiner Kritik des Meßopfers ergaben, abgesehen und nur zum rechten Gebrauch der bestehenden Formen angeleitet. Aber es war kein Wunder, daß seine Wittenberger Freunde willig folgten, als einer seiner Genossen aus dem Augustinerkloster, Gabriel Zwilling, in stürmischen Predigten die Abschaffung der bisherigen Messe forderte. Am Michaelstage, Sonntag dem 29. September 1521, nahm Melanchthon mit seinen Schülern zum ersten Male in der Stadtkirche das Abendmahl unter beiderlei Gestalt und versäumte keine von Zwillings Predigten. Der kleine, einäugige Augustiner riß einen großen Teil Wittenbergs, namentlich Studenten, mit sich fort, aber doch nicht nur durch das Feuer seiner von Sonntag zu Sonntag sich steigernden Leidenschaft, sondern auch durch die Folgerichtigkeit, mit der er im wesentlichen Luthers Gedanken nun in die Tat umsetzte. Denn es ging ihm um die Messe selbst, nicht nur um ihre Form. Sie ist nicht ein Opfer, sondern ein Unterpfand unseres Heils und hat daher ihren Sinn darin, daß Brot und Wein als Zeichen der Gnade von der Gemeinde wirklich empfangen werden. Die Privatmessen und die bloße Anbetung der Elemente sind eigentlich Götzendienst und müssen darum beseitigt werden. Die außerordentliche Wirkung des kühnen Eiferers spiegelt sich in dem Brief eines schlesischen Studenten, der am 8. Oktober in seine Heimat schrieb: „Gott hat uns einen zweiten Propheten erweckt, einen Mönch desselben Ordens, der das Evangelium so rein und lauter verkündet, daß er von allen der zweite Martinus genannt wird"; er machte sich großen Kummer darum, daß seine Eltern noch mit der Anbetung des Sakraments Gott zu dienen meinten. Und Melanchthon wandte sich am folgenden Tage sogar an den Generalvikar der deutschen Augustinerkongregation, Luthers alten Freund Wenzeslaus Link in Nürnberg, und beschwor ihn, der Umwandlung der Messe in das Abendmahl der Gemeinde nicht zu widerstreben, sondern wenn möglich zuzustimmen; die Privatmessen erschienen ihm jetzt als bloßes Theater[62]. Er und sein Schülerkreis, aber vermutlich auch andere Wittenberger Bürger feierten von nun an öfter das Abendmahl in seiner neutestamentlichen Form: Die im Meßkanon unhörbar gesprochenen und damit der Gemeinde entzogenen Einsetzungsworte wurden als der sinn-

---

[62] Sebastian Helmann an Johann Heß, 8. Okt. 1521, abgedr. N. Müller, Wittenberger Bewegung, 16 f. – Zu Melanchthon: Ebd. 22 f. Suppl. Mel. 6/1, 163 f. MSA 7/1, 141 ff. MBW 173.

gebende Inhalt der Stiftung Christi laut und wohl deutsch gesprochen und
Brot und Wein ausgeteilt. Andere beobachteten die Vorgänge mit ernster Besorgnis. Der Prior des Augustinerklosters Konrad Helt, von seinen Brüdern
vor die Wahl gestellt, entweder statt der täglichen Meßpflicht aller die Messe
nur noch von zwei oder dreien halten und die anderen unter beiderlei Gestalt
dabei kommunizieren zu lassen oder die Messe abzuschaffen, entschied sich
für das seiner Meinung nach geringere Übel, den Meßgottesdienst bis zum
Entscheid des Kurfürsten und seiner Ordensoberen ganz auszusetzen. Aber
lange vor ihm berichtete schon der kurfürstliche Kanzler Gregor Brück am 8.
Oktober seinem Herrn nach Lochau und teilte ihm als bedrohliches Zeichen
zugleich mit, daß die Boten des Antoniterklosters Lichtenberg bei Prettin bei
einem ihrer gewohnten und wegen ihrer Dreistigkeit wenig beliebten Bettel-
gänge am 5. und 6. Oktober von den Studenten mit Dreck und Steinen beworfen und verspottet worden seien[63]. Der Kurfürst beauftragte umgehend
die Universität und das Kapitel des Allerheiligenstiftes an seiner Schloßkirche, ihm über die Frage der Messe ein Gutachten zu erstatten. Brück hatte
den Ernst der Bewegung unterschätzt, wenn er spottete, die Mönche würden
es bald in Küche und Keller empfinden, wenn sie keine Messe mehr halten
wollten.

Die öffentlichen Erörterungen gingen weiter und erreichten ihren Höhe-
punkt anläßlich einer Disputation am 17. Oktober, von der uns zwei Studenten anschaulich berichtet haben[64]. Wieder hatte Karlstadt als Dekan der Fakultät eine lange Reihe von Thesen aufgestellt, die weithin Luthers Anschauungen aussprachen. Nur legte er erneut das Schwergewicht auf die Form, die
Gewährung des Kelchs an die Laien, während er in der Frage nach dem Recht
der Privatmesse unsicher war. Sie könnte sogar ein Weg sein, um ohne viel
Aufhebens dem Priester und möglichst auch den anwesenden Laien zu der
von ihm unbedingt geforderten Kommunion mit Brot und Wein zu verhelfen. Er machte sich dabei nicht klar, daß diese Privatkommunionen mit den
Privatmessen nicht viel mehr als den Namen gemein hatten, und kam damit in
eine schiefe Stellung zu der von den Augustinern aufgeworfenen Frage. So
waren bei der unter großer Spannung verlaufenden Disputation die Rollen
seltsam vertauscht. Der sonst so reformeifrige Karlstadt widersetzte sich der
Abschaffung der Messe und versprach, vom Katheder weg einen Gulden zu
zahlen, wenn jemand stichhaltige Gründe aus der heiligen Schrift dafür bei-
bringen könne. Jedenfalls dürfe man sich nicht übereilen und nicht ohne
Einwilligung des Rates vorgehen. Dagegen wandte Melanchthon, unterstützt von den Augustinern, ein: Wenn Paulus die Beschneidung abgeschafft

[63] Zum Folgenden N. Müller, Wittenberger Bewegung, 19ff.
[64] Albert Burer an Beatus Rhenanus 19. Okt. 1521 und Felix Ulscenius an Wolfgang Fabricius
Capito 23. Okt. 1521, abgedr. N. Müller, Wittenberger Bewegung, 33f. 47f. Barge, Karlstadt,
Bd. 1, 316ff. 484ff. K. Müller, Luther und Karlstadt, 10ff. Ders., Kirche, Gemeinde und Obrigkeit, 87ff.

habe, dürfe man auch die Messe ändern; es sei in Wittenberg, diesem Kapernaum, genug gepredigt worden, nun sei es Zeit zu handeln. Die Augustiner hätten gut getan, in ihrer eigenen Klosterkirche die Messe einzustellen. Was gehe das den Rat an? Wer die Hand an den Pflug gelegt hat, darf nicht zurückschauen! Die Disputation und die Erörterungen in dem von der Universität und dem Stiftskapitel eingesetzten Ausschuß haben in den nächsten Tagen die Differenzen zwischen den beiden Führern weithin ausgeglichen. Denn in dem Gutachten an den Kurfürsten vom 20. Oktober trat der Ausschuß in allen entscheidenden Punkten auf die Seite der Augustiner und richtete an den Kurfürsten die dringende Bitte, den „Mißbrauch der Messen in E. Kf. G. Landen und Fürstentümern bald und schleunig abzutun"[65]. Nur machte sich der Ausschuß Karlstadts Wunsch zu eigen, daß man Einzelkommunionen der Priester – also Privatmessen der Form, aber nicht dem Wesen nach – um der Schwachen willen noch eine Weile dulden solle, urteilte aber in der Hauptfrage, in der Verwerfung der Messe als eines Opfers und guten Werkes, und in der Forderung nach dem Laienkelch entschieden und einhellig. Allein der Theologieprofessor Johannes Dölsch, nach seinem Heimatort oft Dr. Feldkirch genannt, erstattete, obwohl er auch das Gutachten des Ausschusses unterzeichnet hatte, ein Separatvotum, in dem er von den Augustinern schärfer abrückte und auch den Opfergedanken in einem erweiterten Sinne und die Seelmessen verteidigte. Der Kurfürst zeigte sich zwar durch den eindringlichen Appell der führenden Köpfe seiner Universität an sein Gewissen als christlicher Fürst sichtlich bewegt, konnte sich aber in seiner bedächtigen Art zu einem so raschen Schritt nicht entschließen, sondern wünschte in seinem Reskript vom 25. Oktober, daß an der viele hundert Jahre alten Gottesdienstform nichts übereilt geändert werde, zumal die zahlreichen Meßstiftungen zu den wirtschaftlichen Grundlagen der Kirchen und Klöster gehörten; jeder Zwiespalt sei zu vermeiden. In dieser Sorge konnte es ihn nur bestärken, als sich der Prior des Augustinerklosters Konrad Helt am 30. Oktober mit einer Beschwerde über das Vorgehen seiner Ordensbrüder an ihn wandte und die Mehrzahl der Kanoniker des Allerheiligenstifts im Gegensatz zu dem reformfreudigen Propst Justus Jonas über die Einstellung der Messe durch die Augustiner und nun auch durch einen Teil des Stiftskapitels sowie über scharfe Äußerungen Zwillings gegen das ganze Mönchsleben bittere Klage führte. In der Tat mußte der Prior schon am 12. November berichten, daß bereits dreizehn seiner Brüder das Kloster verlassen und die Kutte abgelegt hätten. So verbanden sich die beiden in Wittenberg heftig erörterten Fragen, Messe und Mönchsgelübde; das Allerheiligenstift war gespalten und das Augustinerkloster in Auflösung.

Luther war natürlich von den Wittenberger Vorgängen bald unterrichtet worden. Sie bewegten ihn aufs tiefste. In der Beseitigung der Messe und dem

---

[65] N. Müller, Wittenberger Bewegung, 35. CR 1, 469. MBW 174.

Verlassen der Klöster reiften die ersten sichtbaren Früchte seiner jahrelangen, zuerst im eigenen Herzen, dann öffentlich vollzogenen Auseinandersetzung mit den Lebensformen der römischen Kirche. Aber würden die Wittenberger Brüder dem, was sie unternommen hatten, auch gewachsen sein? „Es ist gar ein merklich groß Ding, einer solchen langen Gewohnheit und aller Menschen Sinn zu widerstreben, ihre Scheltwort, Urteil und Verdammen geduldiglich leiden und zu solchen Sturmwinden und Wellen unbeweglich stille zu stehen." Die Erinnerungen an die eigenen Gewissensqualen stiegen in ihm auf. „Wie oft hat mein Herz gezappelt, mich gestraft und mir vorgeworfen ihr einig stärkstes Argument: Du bist allein klug? Sollten die andern alle irren und so ein lange Zeit geirrt haben? Wie, wenn du irrest und so viel Leut in Irrtum verführest, welche alle ewiglich verdammt werden?" Und es ging ja nicht nur um die Meinungen von Menschen, sondern um die Rechenschaft vor Gott, um das ruhige Gewissen auch in der Sterbestunde. „Es muß mit solchem gewissen Glauben und Vertrauen gehandelt werden, daß wir nicht allein die Urteile der ganzen Welt als Streu und Spreu achten, sondern daß wir im Tod wider den Teufel und alle seine Macht, auch gegen das Gericht Gottes zu streiten geschickt sind." Würden die jetzt so mutigen Brüder auf die Dauer diesen Stürmen, die sie noch kaum kannten, standhalten? Er hatte ja bisher fast die ganze Gewissenslast allein und für sie mit getragen und wußte aus Erfahrung, was ihm immer wieder allein geholfen hatte: „daß mich Christus mit seinem einigen, gewissen Wort befestigt und bestätiget hat, daß mein Herz nicht mehr zappelt, sondern sich wider die Argumente der Papisten als ein steinern Ufer wider die Wellen auflehnt und ihr Drohen und Stürmen verlachet"[66]! Es ist ungemein kennzeichnend für Luther, daß er zwei Schriften, mit denen er den Katholizismus an so lebensentscheidenden Punkten wie Messe und Mönchtum traf, nicht in polemischer, sondern in dieser seelsorgerlichen Absicht schrieb. Er legte darum auch das Buch De abroganda missa privata, mit dem er seinen Brüdern im Wittenberger Kloster den sicheren Grund für ihre Umwandlung der Messe in das Abendmahl der Gemeinde geben wollte, von vornherein so umfassend an, daß er zunächst noch einmal, wie schon öfter – zuletzt in seiner launigen kleinen Streitschrift gegen Emser –, den unbiblischen Charakter des katholischen Priestertums und Bischofsamtes nachwies. Er sah mit voller Klarheit, daß es im Neuen Testament weder einen Klerus noch ein monarchisches Bischofsamt für einen größeren Kirchenbezirk gab, sondern in den einzelnen Gemeinden eine Mehrheit von „Bischöfen", d.h. Aufsichtführenden, die dasselbe waren, was man sonst als Älteste oder anders bezeichnete. Auf dem breiten Fundament dieser Kritik des ganzen katholischen Kirchenbegriffs führt Luther seinen Angriff gegen die Messe. Er will damit nicht in erster Linie den Widersinn und den unhistorischen Charakter der mit ihr verbundenen Zeremonien

---

[66] WA 8; 411 f. Ich zitiere Luthers eigene Übersetzung, ebd. 482,20 ff. 32 ff. 483,12 ff.

treffen, sondern ihr Wesen selbst, mit dem das Sakrament, wie Christus es eingesetzt hat, in sein Gegenteil verwandelt worden ist: aus Gottes Verheißung in ein Menschenwerk, aus Christi Testament, das wir empfangen dürfen, in ein Opfer, das wir Gott darbringen. Jedes Opfer setzt einen Gott voraus, der noch versöhnt werden muß, während das Abendmahl einen schon versöhnten, gnädigen Gott verkündigt. Und jedes Opfer steht unter der Ungewißheit, ob es Gott angenehm sei oder nicht. Das ist es, was die Messe für die Seelen so hochgefährlich macht. Wir können Gott sein eigenes Testament nicht opfern, sondern nur seine Gnadengabe, die Vergebung der Sünde, dankbar und gläubig annehmen. Und zwar immer nur für uns selbst, nicht für einen anderen, auch nicht, wie in den Privatmessen, für die Toten. Die angeblichen Erscheinungen Verstorbener, die nach dem Bericht so mancher Heiligenlegenden gebeten haben sollen, durch Seelmessen an ihrer Erlösung mitzuhelfen, sind bloßer Teufelsspuk. Wenn man geneigt ist, Luthers Glauben an solche Teufelswirkungen für einen Rest mittelalterlichen Aberglaubens zu halten, so muß man bedenken, daß er geschichtlich gesehen die Befreiung von dem mittelalterlichen – und nicht auch oft modernen? – Aberglauben an Geistererscheinungen durch eine echte religiöse Erkenntnis war. „Versuche dies und erzeige diesen Glauben, so wirst du sehen, daß dieselbigen Geister von Stund an von ihrem Spuk und Narrenwerk werden ablassen."[67] Luther hatte sich über der Verkehrung des Evangeliums in der Messe so in die Hitze geschrieben, daß er noch einmal weiter ausholte und mit einem Ingrimm, wie er ihm bisher selten die Feder geführt hatte, mit dem Papsttum im ganzen abrechnete: Alle zehn Gebote seien dort in ihr Gegenteil verkehrt worden. Aber zur Schärfe seiner Grunderkenntnis stehen seine praktischen Forderungen noch in eigentümlichem Kontrast. Wenn es auch das Sicherste wäre, die Messe ganz aufzugeben und zum Testament Christi in der von ihm gestifteten Form zurückzukehren, so sieht er doch, daß die Zeit für eine allgemeine Umgestaltung noch nicht reif ist. So mögen die Formen zunächst, wo die volle Erkenntnis noch nicht wie bei seinen Wittenberger Ordensbrüdern vorhanden ist, noch bleiben, wenn der einzelne Priester nur aus vergebungshungrigem Herzen, nicht um des Meßstipendiums oder des Amtes willen, kommuniziert und auch bei der Privatmesse möglichst das Brot an andere mit austeilt. Freilich, für sein Wittenberg, dem es vor anderen gegeben worden ist, „das reine und erste Angesicht des Evangeliums zu sehen", kann er sich nur wünschen, daß die Messe ganz aufgegeben wird[68]. Luther wollte mit seiner Schrift, die er in der zweiten Hälfte des November sofort auch ins Deutsche übersetzte, in doppeltem Sinne auf die Wittenberger Bewegung einwirken: klärend und bestärkend auf diejenigen, die für sich selbst aus Überzeugung die Messe verwarfen, aber mäßigend und warnend

---

[67] Ebd. 455,10f. 535,7ff.
[68] Ebd. 475,9ff. 476,18f. 561,7ff. 562,27f.

auf diejenigen, die einen allgemeinen Zwang zur Reform des Kultus daraus machen wollten.

Im gleichen Brief vom 11. November, mit dem Luther das Manuskript von De abroganda missa an Spalatin sandte, teilte er ihm mit, daß er auch das andere der beiden brennenden Probleme, die Mönchsgelübde, in Angriff nehme. Es hatte ihn seit seinem brieflichen Austausch mit Melanchthon und seit seinen Thesen De votis unablässig weiterbeschäftigt. Schon damals, wohl Mitte September, hatte er es erneut aufgenommen in seiner Bearbeitung des Evangeliums zum Epiphanienfest, die er überhaupt mit Angriffen auf die mittelalterliche Kirche und Frömmigkeit vollstopfte, so daß sie ein ganz unförmiges Gebilde, die längste Predigt der Postille, wurde[69]. Und als er am 1. November dem Humanisten Nikolaus Gerbel in Straßburg einen Überblick über seine literarischen Arbeiten der Wartburgzeit und seine Pläne gab, fügte er auch hinzu, daß zwischen ihm und Melanchthon „eine starke Verschwörung" bestehe, die Mönchs- und Priestergelübde zu beseitigen[70]. Aber nun trieben ihn unklare Gerüchte über den Austritt von Brüdern aus dem Wittenberger Kloster zur Eile. Wieder preßte ihm die Sorge, „daß sie es vielleicht nicht mit genügend sicherem Gewissen getan haben", sein Buch ab[71]. Und doch trägt es, mit den rund 120 Seiten der Urausgabe in etwa 10 Tagen entstanden, keine Spur von Notreife. Was Luther jetzt rasch niederschrieb, war die lange vorbereitete Abrechnung mit seiner Jugend und der sorgfältig erwogene Versuch, anderen angefochtenen Seelen einen sicheren Weg in die Freiheit zu weisen. Wie sehr es ein persönliches Buch war, zeigt nichts deutlicher als der Widmungsbrief an seinen Vater, den er am 21. November dem abgeschlossenen Werk beifügte. Er gehört in die Reihe der großen Dokumente aller Zeiten für die Auseinandersetzung zwischen Vätern und Söhnen. War für Luther doch mit seinem Eintritt ins Kloster die Erinnerung an den schmerzlichsten Riß seines Lebens verbunden, da der Vater damals seine Einwilligung zunächst abgelehnt und schließlich nur höchst widerwillig gegeben hatte. Es war ihm unauslöschlich im Gedächtnis geblieben, daß der Vater noch zwei Jahre später bei seiner feierlichen Primiz die Gottesstimme, die Luther im Gewitter zu hören gemeint hatte, als Teufelsblendwerk anzweifelte und ihm die Verletzung des kindlichen Gehorsams nochmals hart vorhielt. „Du trafst mich so geschickt und sicher, daß ich in meinem ganzen Leben kaum ein Wort von einem Menschen gehört habe, das mächtiger in mir geklungen und gehaftet hätte." Jetzt war nach 16 Jahren die Stunde gekommen, dem Vater seine Harthörigkeit von damals öffentlich zu bekennen und doch zugleich mit demütigem Stolz auszusprechen, wieviel Gutes der barmherzige Gott aus seinen Irrungen und Sünden habe hervorgehen lassen. „Möchtest du nicht lieber hundert Söhne verloren als dieses Gute nicht erlebt

[69] WA 10/1/1; 555–728.
[70] WAB 2; 397,47 f.
[71] An Spalatin 22. Nov. 1521, WAB 2; 404,6 ff.

39

haben? Mir scheint, der Satan hat von meiner Jugend an etwas an mir vorausgesehen von dem, was er jetzt zu leiden hat; deshalb hat er mit unglaublichen Ränken gewütet, mich zu verderben und zu hindern, so daß ich mich oft gewundert habe, ob er mich allein unter den Sterblichen aufs Korn genommen habe." Darum kann er auch jetzt die Gewalt des Vaters, wenn er ihn aus dem Mönchsstand herausnehmen und verheiratet sehen möchte, nicht mehr über sich anerkennen. Ein anderer ist ihm zuvorgekommen. „Der, der mich herausgezogen hat; hat ein größeres Recht auf mich denn du." „Er selbst ist, wie man sagt, mein unmittelbarer Bischof, Abt, Prior, Herr, Vater und Lehrer. Einen anderen kenne ich nicht mehr. So hoffe ich, er habe dir einen Sohn genommen, damit er vielen anderen durch mich bei ihren Söhnen zu helfen beginne."[72] Luther empfand den stellvertretenden Sinn seiner Klosterleiden und seines Ringens um die Freiheit von den Gelübden. Das mag die besondere Sorgfalt begreiflich machen, mit der er sein Buch gliederte und mit Gründen untermauerte; er nannte es später das „bestverschanzte" aller seiner Bücher[73]. Er greift die Frage an dem Kardinalpunkte an, auf den er in seinen Briefen und Thesen vom September geführt worden war: Die Mönchsgelübde sind wider den Glauben, auf dem allein unser Verhältnis zu Gott beruhen kann; das ist und bleibt ihm „der Wind, der über das Gras der Gelübde und ihre Blüte wehen und das Gras austrocknen und ihre Blüte verwelken lassen wird"[74]. Aber er verfährt darüber hinaus nach einem breit angelegten Plan. Die Gelübde sind wider das Wort Gottes, das die katholische Unterscheidung von Geboten und bloßen Räten für ein Leben von höherer Vollkommenheit – eben den Mönchsgelübden – nicht kennt. Sie widerstreiten der christlichen Freiheit, nach der es wohl freie, also wieder auflösbare, aber nicht gesetzlich zwingende Gelübde geben kann. Sie verletzen die Gebote Gottes, insbesondere das der Liebe, weil sie dem Mönch die Möglichkeit nehmen, die Pflichten der Liebe gegenüber seinen Eltern oder seinen Nächsten zu erfüllen. Und die Liebe ist die Richterin all unseres Tuns. „Darum können wir das Gelübde halten, müssen es aber nicht, da wir nichts als lieben müssen."[75] Sie sind sinnlos vor der Vernunft, nach welcher tatsächlich unhaltbar gewordene Versprechungen ihre Kraft verlieren. Das gilt für den, dem die Ehelosigkeit zu schwer geworden ist, um so mehr, als er die allen von Gott gebotene Keuschheit dann besser in der Ehe halten kann. So können Gottes Keuschheitsgebot und das Ehelosigkeitsgelübde in einen direkten Widerstreit treten. „Wenn man die Gebote hält und die Gelübde nicht halten kann, muß das Gelübde weichen, damit die Gebote bleiben."[76] Luther denkt

---

[72] WA 8; 574,5ff. 575,23ff. 35. 576,16ff. Zu den Vorgängen von 1505 und 1507: Boehmer, Der junge Luther (s. Anm. 38), 41f. 46.
[73] WA 8; 569 (munitissimus). Zu der Gewalt des Vaters über ihn vgl. H. Bornkamm, Luther und sein Vater, in: ZThK 66 (1969), 38ff., wieder abgedr. in: ders., Luther, 11ff.
[74] WA 8; 595,1f.
[75] Ebd. 664,30.
[76] Ebd. 632,29.

auch jetzt nicht daran, den Bruch der Gelübde zur allgemeinen Regel machen zu wollen. Wer sie halten will und kann, soll sie halten, wie er – „ein Mönch und doch kein Mönch"[77] – es für sich selbst ja auch tat. Wenn nur die Freiheit Christi dabei gewahrt wird: „Das Gelübde der Ehelosigkeit ist um des Menschen willen gemacht, nicht der Mensch um des Gelübdes der Ehelosigkeit willen. Darum ist des Menschen Sohn ein Herr auch des Gelübdes und der Ehelosigkeit."[78] Er selbst erörterte die Frage der Ehelosigkeit, die ihm immer nur ein Teilproblem war, nicht um seinet-, sondern um der anderen willen. Denn er machte, obwohl er mit 38 Jahren wohl an die Gründung eines Hauses hätte denken können, von der erkannten Freiheit zum Heiraten noch auf Jahre hinaus keinen Gebrauch. Was ihn persönlich am Mönchtum am schwersten gedrückt hatte, war etwas anderes. „Ich habe in meinem Mönchsstande ... nichts schmerzlicher ertragen als die Grausamkeit und den Frevel, die Liebe verleugnet zu haben. Und es hat mich nie jemand überzeugen können, daß ich ruhig glauben könnte, dieser Mönchsgehorsam, der so unverschämt gegen die Liebe wütete, sei recht und erlaubt."[79] Daher sein Wunsch, durch die Widmung gerade dieser Schrift die alte Wunde im Herzen des Vaters zu heilen. Und auch er wollte mit seinem Buche in erster Linie einen schuldigen Liebesdienst tun. Es war ein großer öffentlicher Beichtrat, der die Gewissen getrost und fest machen sollte, nicht so sehr für die Auseinandersetzung mit Menschen, sondern für die Anfechtungen in der Stunde des Todes und vor dem Richterstuhl Christi, „wenn die Menschen, mögen sie uns noch so heftig bekämpft haben, uns fahren lassen müssen". Darum schloß er aber auch mit dem ernsten Rat, vor dem Schritt aus dem Kloster das Gewissen gründlich zu prüfen, damit man ihn nicht unternehme, „verlockt durch die Neuheit der Sache oder allein aus Menschenverachtung oder -haß"[80].

In denselben Tagen, in denen Luther seine Schrift über die Mönchsgelübde beendete, brachte er noch ein anderes Werk zum vorläufigen Abschluß, das umfangreichste, das ihn bisher in seiner erzwungenen Muße beschäftigt hatte: den ersten Teil seiner Postille. Sie hatte zu seinen ersten Plänen gehört[81], war aber zunächst durch das Ausbleiben seiner aus Wittenberg erbetenen lateinischen Adventspostille verzögert worden[82]. Statt, wie er beabsichtigt hatte, mit ihrer Übersetzung ins Deutsche beginnen zu können, hatte er sich Anfang Juni den Weihnachtstexten zugewandt und offenbar bis Mitte September die Perikopen bis Epiphanien behandelt. In größeren Abständen waren schon immer Stücke daraus nach Wittenberg abgegangen, ja schließlich sogar

---

[77] Ebd. 575,28 f.
[78] Ebd. 665,10 ff.
[79] Ebd. 625,20 ff.
[80] Ebd. 668,35 ff. 669,5 ff.
[81] S. o. S. 17.
[82] Lat. Postille (Adventsperikopen) WA 7; 463–537.

41

etwa Mitte Oktober in Druck gegeben worden – leider, trotz Luthers dringender Bitte, bei Grunenberg, an dessen Pfuscherei er sich bei seiner Schrift über die Beichte weidlich geärgert hatte. Infolge der drängenden anderen Fragen hatte Luther die Arbeit an der Postille im Herbst, wie es scheint, einige Zeit unterbrechen müssen. Erst am 19. November schreibt er die Widmungsvorrede an Graf Albrecht von Mansfeld, sendet sie Spalatin aber am 22. mit der Bitte zu, sie noch liegen zu lassen, bis er mit dem Rest der Postille fertig sei. Luther wollte also, wie er schon früher geplant hatte, aus der Übersetzung seiner lateinischen Adventspostille und den neu behandelten Weihnachtsperikopen ein Ganzes machen. Die Wittenberger Freunde haben den umfangreichen Band aber schon mit dem vorliegenden Weihnachtsteil abgeschlossen und die Adventsperikopen, die Luther von Ende November bis Ende Februar behandelte, gesondert folgen lassen. Daraus erklärt sich die eigentümliche Tatsache, daß die Weihnachtspostille zuerst, etwa Anfang März 1522, erschien und die Adventspostille rund $1\frac{1}{2}$ Monate später.

Es ist sehr zu bedauern, daß damit Luthers Arbeit an seiner Kirchenpostille bereits endete und er später, von der Tagesarbeit überlastet, für den Rest seine Predigten von anderen bearbeiten lassen mußte. Denn er hat kaum zuviel gesagt, wenn er seine Postille einmal im Jahre 1527 sein bestes Buch genannt hat[83]. Dies Urteil hält auch seiner eigenen späteren Selbstanklage stand, daß sie zu wortreich ausgefallen sei[84]. Das ist gewiß richtig, macht aber auch ihren besonderen Reiz aus. Liest man sie neben den übrigen Wartburgschriften, so gewinnt man den Eindruck, daß sie wie keine andere ein ungenannter Freund für ihn geworden ist, dem er anvertraute, was ihn in seiner ,,Wüste" bewegte, und der darum auch mehr als andere von dem Reichtum seines Herzens empfangen hat. Zwar unterläßt er es wie fast immer in seinen Schriften, unmittelbar von seinen Tageserlebnissen und -kämpfen zu erzählen, aber als Spiegel seiner Gedanken und Beobachtungen, von nahezu allen theologischen Fragen bis hin zur Entdeckung Amerikas oder reizend ausgemalten Bildern aus dem Hühnerhof, ist sie unvergleichlich[85]. In keinem seiner Bücher ist der ganze Luther so enthalten wie in dem von ihm selbst bearbeiteten Teil seiner Kirchenpostille. Da er sie nicht wie die meisten anderen Schriften in überstürzter Eile hatte hinwerfen müssen, liegt über ihr eine Atmosphäre der Ruhe, fast des Behagens. Es war ihm bei der Auslegung der Texte selbst so ergangen, wie er es für das Weihnachtsevangelium forderte: Man muß es sich im Herzen spiegeln lassen wie die Sonne in einem stillen Wasser. ,,Willst du hier auch erleuchtet und warm werden, göttliche Gnade und Wunder sehen, daß dein Herz entbrannt, erleuchtet, andächtig und fröhlich werde, so geh hin, da du stille seiest und das Bild dir tief ins Herz fas-

---

[83] WA 23; 278,13.
[84] WATR 1; Nr. 965; 488,24 ff. An Gerbel 27. Nov. 1535, WAB 7; 329,3 ff. bes. 323,14 ff.
[85] Vgl. W. Koehler in: WA 10/1/1; VII f.

sest, da wirst du finden Wunder über Wunder."[86] Er durfte mit Recht schon am Schluß der Weihnachtspostille hoffen, „es sei in diesen zwölf Episteln und Evangelien ein christlich Leben so reichlich vorgebildet, daß einem Christenmenschen übrig genug gesagt sei, was ihm zur Seligkeit not ist"[87]. Damit deutete Luther zugleich an, was ihm mit seiner Postille vorschwebte. Sie war nicht eine Sammlung von Predigtmustern. Denn sie enthielt gar keine wirklich gehaltenen Predigten, sondern Auslegungen, die nach Art der altkirchlichen Homilien dem Faden des Textes folgten, und war in erster Linie zur privaten Lektüre, sei es der Prediger zu ihrer Anregung, sei es der Gemeinde, bestimmt. Luther nahm damit das Anliegen der spätmittelalterlichen, in Klosterkreisen entstandenen Postillen oder Plenarien auf und verdrängte sie mit seinem großen Wurf. Und doch war ihm seine Auslegung nur ein Weg zu einem höheren Ziel. „O daß Gott wollt, mein und aller Lehrer Auslegung untergingen und ein jeglicher Christ selbst die bloße Schrift und lautere Gotteswort vor sich nähme! Du siehest ja aus diesem meinem Geschwätz, wie unermesslich ungleich sind Gottes Wort gegen aller Menschen Wort, wie gar kein Mensch mag ein einziges Gotteswort genugsam erreichen und erklären mit allen seinen Worten. Es ist ein unendlich Wort und will mit stillem Geist gefasset und betrachtet sein . . . Darum hinein, hinein, lieben Christen, und laßt mein und aller Lehrer Auslegen nur ein Gerüst sein zum rechten Bau, daß wir das bloße, lautere Gotteswort selbst fassen, schmecken und da bleiben."[88]

Nachdem Luther am 25. November auch die deutsche Übersetzung seiner Schrift über die Messe („Vom Mißbrauch der Messe") beendet hatte, mochte ihn ein Gefühl überkommen, an einem Abschluß seiner bisherigen Schriftstellerei zu stehen. Das Programm, das er sich bei seinem Einzug in die Wartburg gestellt hatte, war mit allen Aufgaben, die ihm von draußen her zugewachsen waren, erfüllt. Über entscheidende Gebiete der kirchlichen Praxis: Beichte, Messe, Zölibat und Mönchsgelübde hatte er ein abschließendes Urteil gewonnen und ausgesprochen, die Grundfragen der Rechtfertigungslehre in der Schrift gegen Latomus erneut ausgiebig behandelt. Man wird diese Monate nicht zu den schöpferischen Perioden seines Lebens rechnen, da fast alle Erkenntnisse, die er jetzt niederlegte, schon vorher errungen oder wenigstens vorbereitet waren. Doch das stille halbe Jahr war eine Zeit der Klärung und planmäßigen Aussprache seiner Gedanken. Aber nun, am Anfang des Winters, überfiel ihn erneut die Unruhe. Schon am 1. November schrieb er, daß er in seiner Einsamkeit doch kein Einsiedler sei, sondern mit tausend Teufeln zu kämpfen habe, „die mir, wie man sagt, die Zeit vertreiben, aber übel"[89]. Gerüchte über Wittenberg, die wir nicht kennen, kamen

[86] Ebd. 62,11 ff.
[87] Ebd. 728,6 ff.
[88] Ebd. 728,9 ff.
[89] An Gerbel und Spalatin 1. Nov. 1521, WAB 2; 397,17. 399,9.

dazu und bestimmten ihn zu dem plötzlichen Entschluß, heimlich dorthin zu reisen und sich ein Bild vom Stand der Dinge zu machen[90].

In welcher Stimmung er die Wartburg verließ, zeigt der stolze, kampfentschlossene Brief, den er am 1. Dezember, dem Tage vor seiner Abreise, an Kardinal Albrecht schrieb. Nachdem er ihn schon zweimal (am 31. Oktober 1517 und 4. Februar 1520), wenn auch vergeblich, gewarnt habe, wolle er es, der evangelischen Vorschrift (Matth. 18, 15 ff.) entsprechend, noch ein drittes Mal tun. Der Kurfürst habe den „Abgott", die „Büberei und Trügerei" des Ablaßhandels, von neuem begonnen; er möge das Beispiel des Papstes betrachten, dem Gott schon hart zusetze, „daß man Gottes Werk hierin zu greifen vermag. Derselbig Gott lebet noch, da zweifel nur niemand an, kann auch die Kunst, daß er einem Kardinal zu Mainz widerstehe, wenngleich vier Kaiser über ihm hielten . . . Ew. Kurfürstl. Gnaden denken nur nicht, daß Luther tot sei. Er wird auf den Gott, der den Papst demütiget hat, so frei und fröhlich pochen und ein Spiel mit dem Kardinal von Mainz anfahen, des sich nicht viel versehen . . . Darumb sei Ew. Kurfürstl. Gnaden endlich und schriftlich angesaget: Wo nicht der Abgott wird abgetan, muß ich göttlicher Lehre und christlicher Seligkeit zu gut mir das lassen eine nötige, dringende und unvermeidliche Ursache sein, Ew. Kurfürstl. Gnaden wie den Papst öffentlich anzutasten, solchem Fürnehmen fröhlich einzureden, allen vorigen Greuel des Tetzel auf den Bischof zu Mainz treiben und aller Welt anzeigen den Unterschied zwischen einem Bischof und Wolf. Da mag sich Ew. Kurfürstl. Gnaden nach wissen zu richten und zu halten." Ebenso fordert er ihn auf, die verheirateten Geistlichen in Frieden zu lassen. Es werde sich sonst ein Geschrei erheben, „wie fein es den Bischöfen anstünde, daß sie ihre Balken zuvor aus ihren Augen rissen und billig wäre, daß die Bischöfe zuvor ihre Huren von sich trieben, ehe sie fromme Eheweiber von ihren Ehemännern schieden". Luther wußte, welch wunden Punkt er damit bei Albrecht traf. Er verlangte schließlich eine Antwort binnen 14 Tagen, sonst werde er sein Büchlein wider den Abgott zu Halle ausgehen lassen. Er werde sich daran auch nicht hindern lassen, wenn sein Brief dem Kardinal durch seine Räte vorenthalten würde. „Ratleute sollen treu sein; so soll ein Bischof seinen Hof ordnen, daß vor ihn komme, was vor ihn kommen soll." Mit diesem Brief hatte Luther ein Mittel gefunden, in seinem Kampf gegen den „Abgott" trotz der Bedenken des kurfürstlichen Hofes voranzukommen. Er suchte sein Ziel bei Albrecht auf persönlichem Wege zu erreichen und legte es in die Hand seines Gegners, ob er auch noch öffentlich gegen ihn vorgehen müsse[91].

Mit diesem Ultimatum in der Tasche ritt Luther am 2. Dezember heimlich von der Wartburg hinab. Die Mittagsmahlzeit am 3. Dezember hielt er in Leipzig bei dem Schankwirt Hans Wagner auf dem Brühl, der darüber später

---

[90] An Spalatin 17. Jan. 1522, WAB 2; 444,2f.
[91] WAB 2; 406,25. 407,42f. 51ff. 408,91f. 108f.

auf Veranlassung Herzog Georgs polizeilich befragt wurde[92]. In Wittenberg war ihm das lang entbehrte Zusammensein mit den Freunden bei Melanchthon, der im Hause Amsdorfs wohnte, eine Erquickung. Es machte ihm besonderes Vergnügen, wenn sie den Junker in ritterlicher Tracht, Bart und Haar nicht erkannten, so auch Lukas Cranach, der herbeigerufen wurde, um den fremden Ritter zu malen. Wir verdanken es seinem Ölbilde und dem danach gefertigten Holzschnitt, daß wir uns den Luther der Wartburgzeit lebendig vor Augen stellen können. Das Kloster mied er, um nicht verraten zu werden[93]. Nur „ein Tropfen Wermut" fiel in die Freude dieser Tage. Er mußte feststellen, daß seine an Spalatin gesandten Schriften De votis monasticis, De abroganda missa privata und „Wider den Abgott zu Halle", die er in Wittenberg vorzufinden hoffte, nicht eingetroffen waren[94]. Waren sie verlorengegangen? Oder hatte Spalatin sie zurückgehalten? Er schrieb sofort einen betrübten Brief an ihn und schüchterte ihn durch die Drohung, sein Geist werde ergrimmen und noch viel heftigere Äußerungen über diese brennenden Fragen hervorbringen, dermaßen ein, daß Spalatin wenigstens die beiden ersten Schriften sofort herausrückte. Nur die Schrift „Wider den Abgott" hielt er noch immer zurück und erreichte dazu sogar die Zustimmung Luthers, der freilich um so energischer die Übersendung seines Briefes an Kardinal Albrecht forderte[95].

Auch das, was Luther vom Stand der reformatorischen Bewegung in Wittenberg sah, befriedigte ihn außerordentlich. Er war nicht ohne Besorgnisse gekommen. Unterwegs hatte man ihm verschiedentlich von zügellosem Auftreten solcher, die sich zu seiner Sache rechneten, erzählt, und er hatte beschlossen, sofort nach der Rückkehr in seine Einsiedelei eine öffentliche Vermahnung gegen Aufruhr und Unruhen herauszugeben[96]. Aber in Wittenberg fand er kaum etwas, was ihm diese Besorgnis bestätigte. Zwar hatten sich auch hier die Dinge verschärft. Aber er konnte es ja nicht mißbilligen, wenn inzwischen die meisten Messen abgeschafft waren und statt dessen Gottesdienst mit Predigt und Abendmahl gefeiert wurde, wenn weitere Mönche aus den Klöstern ausgetreten waren, darunter auch Zwilling, der am 30. November das Ordenskleid ausgezogen und die Stadt verlassen hatte, um anderswo das Evangelium zu predigen[97]. Freilich trugen sich in den Tagen, in denen Luther in Wittenberg weilte, auch ärgerliche Dinge zu. Am Morgen des 3. Dezember wurden die Priester in der Pfarrkirche von Bürgern und Studenten gewaltsam am Messelesen gehindert und einige, die an dem dunklen Wintermorgen in die Pfarrkirche gingen, um das Marienoffizium zu sin-

---

[92] Geß, Akten, Bd. 1,273.
[93] An Link 18. Dez. 1521, WAB 2; 415,29f.
[94] An Spalatin ca. 5. Dez. 1521, WAB 2; 409f.
[95] An Spalatin ca. 14. Dez. 1521, WAB 2; 412,1ff.
[96] An Spalatin ca. 5. Dez. 1521, WAB 2; 410,19ff.
[97] Ulscenius an Capito 30. Nov. 1521, abgedr. N. Müller, Wittenberger Bewegung, 71f.

gen, mit Steinen beworfen. Am folgenden Tag fand man einen Anschlag von studentischer Hand am Barfüßerkloster, und eine Studentengruppe verspottete die Patres; ja man fürchtete sogar einen nächtlichen Überfall auf das Kloster. Wir wissen nicht, was Luther von diesen Vorfällen erfahren hat, und werden bei den besorgten Berichten des Rates an den Kurfürsten[98] auch das bedenken müssen, daß Polizeiberichte düstere Farben lieben. Aber ganz verborgen werden die Ereignisse Luther nicht geblieben sein. Er hat sie selbstverständlich nicht gutgeheißen, aber wahrscheinlich so beurteilt wie seinerzeit die Belästigungen der Antoniter auf ihren Bettelgängen: Ihm mißfielen diese Jugendstreiche; aber wie solle man allen überall Zügel anlegen? „Von uns allein wird gefordert, daß sich der Hund nicht muckse . . . Das Evangelium wird nicht daran zugrunde gehen, wenn einige der Unsrigen sich gegen die Bescheidenheit versündigen.‟[99] Auch die Bewegung unter den Studenten trat ihm bei seinem Aufenthalt doch wohl so entgegen, wie wir sie aus dem Munde des schweizerischen Studenten Felix Ulscenius in einem Brief an seinen Freund Capito vom 30. November geschildert hören: „In den Herzen der Wittenberger brennt heute die heißeste Gottes- und Nächstenliebe, so daß sie mit Freuden alles für die Wahrheit Christi erdulden würden.‟[100] Luther sollte es bald selbst merken, daß er schon die ersten kleinen Anzeichen eines tumultuarischen Vorgehens hätte ernster nehmen müssen. Vorläufig blieb ihm, so weit wir sehen, nur das, was er über die unfreundliche Form beim Austritt der Mönche hörte, in unliebsamer Erinnerung[101].

So kehrte er nach etwa sechstägigem Aufenthalt im ganzen recht beruhigt wieder in seine Verbannung zurück. Am Mittag des 10. Dezember stieg er wieder in der gleichen Leipziger Wirtschaft ab und ritt am Abend des 11. auf der Wartburg ein; diesmal viel leichteren Herzens als sieben Monate vorher. Gespräche unterwegs hatten ihm zwar klargemacht, daß er Auswüchsen der Bewegung sofort entgegentreten müsse, aber sein Besuch in Wittenberg hatte ihm „eine überzeugende Anschauung‟ davon gegeben, daß die reformatorische Sache unüberwindlich sei. Er hatte sich nun auch einen festen Termin, das nächste Osterfest, für seinen Aufenthalt auf der Wartburg gesetzt. Und vor allem kehrte er mit einer neuen großen Aufgabe zurück: Die Freunde hatten ihn in Wittenberg um eine deutsche Übersetzung des Neuen Testaments gebeten[102]. Wenn er noch an die Beendigung seiner Adventspostille und andere, kleinere Aufgaben dachte, so war ihm die Arbeit für die kommenden vier Monate reichlich zugemessen.

Er machte sich mit Feuereifer daran. In etwa zwei Tagen schrieb er die „Treue Vermahnung Martini Lutheri zu allen Christen, sich zu hüten vor

[98] Ebd. 73 ff.
[99] An Spalatin 11. Nov. 1521, WAB 2; 402,24 ff.
[100] N. Müller, Wittenberger Bewegung, 72.
[101] An Lang und Link 18. Dez. 1521, WAB 2; 413,3. 415,16 f.
[102] Nach den Briefen an Lang und Link 18. Dez. 1521, WAB 2; 413.

Aufruhr und Empörung", ein großartiges Zeugnis seines erfrischten Geistes. Bilder und Formulierungen strömen aus der kleinen Schrift in dichter Fülle. Sie ist keine Ausgeburt der Sorge, sondern im Gegenteil einer unerhörten Siegeszuversicht. Wer da meint, wo die Obrigkeit zögert oder sich widersetzt, selbst Hand anlegen und den Bau der päpstlichen Kirche gewaltsam abbrechen zu müssen, der hat noch nichts davon gemerkt, daß Gott selbst sein Gericht an ihr begonnen hat. „Ach, Herr Gott, es ist nicht eine solche linde Strafe (wie ein menschlicher Aufruhr) vor der Tür, es ist ein unsäglicher Ernst und Zorn, des kein Ende ist, über sie schon angegangen. Der Himmel ist eisern, die Erde ehern. Es hilft kein Bitten mehr." Menschenhände werden gar nicht mehr dazu kommen, einzugreifen, wenn Gott jetzt in seinem Gericht einen Vorboten des jüngsten Tages geschickt hat. Darum nimmt er die Gefahr eines Aufruhrs gar nicht ernst, aber er will „die Herzen ein wenig unterrichten". Wer Gewalt übt, betreibt des Teufels Geschäft, dem nichts Besseres mehr einfällt, als die ganze Sache des Evangeliums in Verruf zu bringen, „wenn einer der Unsern nicht eitel Geist und Engel ist". „Er ist matt worden, er muß stillhalten, wenn Gott will, weil er solche lahme, lose, faule Anschläge vornimmt." Zugleich sprach Luther seinen tiefen, lebenslang festgehaltenen Widerwillen gegen jede Revolution kategorisch aus: „Aufruhr hat keine Vernunft und gehet gemeiniglich mehr über die Unschuldigen denn über die Schuldigen ... Ich halte und will's allzeit halten mit dem Teil, der Aufruhr leidet, wie unrechte Sache er immer habe, und wider sein dem Teil, der Aufruhr macht, wie rechte Sache er immer habe, darum daß Aufruhr nicht kann ohne unschuldig Blut oder Schaden ergehen." Konnte man sich wundern, wenn Luther einige Jahre später beim Bauernaufstand hielt, was er hier voraussagte? Für das Evangelium ist allein die Waffe des Wortes erlaubt. Und sie ist die stärkste von allen. „Sieh mein Tun an. Hab ich nicht dem Papst, Bischöfen, Pfaffen und Mönchen allein mit dem Mund, ohn allen Schwertschlag, mehr abbrochen, denn ihm bisher alle Kaiser und Könige und Fürsten mit all ihrer Gewalt haben abbrochen?" Aber er hat das ja nicht selbst getan. „Ein ander Mann ist's, der das Rädle treibt, den sehen die Papisten nicht und geben uns schuld." Es wird kommen, wie Daniel (8,25) es geweissagt hat: „ohne Hand" soll der Feind zerbrochen werden[103]. Zum Schluß hat Luther zwei Bitten an die Seinen. Einmal: sich nicht lutherisch, sondern christlich zu nennen. „Was ist Luther? Ist doch die Lehre nicht mein. Ich bin auch für niemand gekreuzigt." Zum andern: So scharf man die Gegner des göttlichen Wortes auch anfassen müsse, doch die schwachen und einfältigen Gemüter liebevoll und geduldig zu behandeln. „Den Wölfen kannst du nicht zu hart sein, den schwachen Schafen kannst du nicht zu weich sein."[104] Die wenigen gewaltigen Blätter enthalten Luthers Programm wider die Revolu-

[103] WA 8; 677,14 ff. 679,22 ff. 681,37. 680,18 ff.32 ff. 683,8 ff.24. 677,22. 683,12.
[104] Ebd. 685,5 ff. 687,13 f.

tion und für eine organische Reformation durch das Evangelium. Sie wird keine geringere, sondern eine größere Umwälzung bringen als ein gewaltsames Vorgehen. Diesem „geistlichen oder seligen Aufruhr" sollen wir „den Mund dargeben". Das ist das, was Christen tun können und sollen. „Siehe, was hats gewirkt allein dies eine Jahr, daß wir haben solche Wahrheit getrieben und geschrieben, wie ist da den Papisten die Decke so kurz und schmal worden! . . . Was will werden, wo solcher Mund Christi noch zwei Jahr mit seinem Geist dreschen wird?" Es ist nicht vermessen, den Mund Christi bei Menschen zu suchen. „Ich bin ja gewiß, daß mein Wort nicht mein, sondern Christus' Wort sei, so muß mein Mund auch des sein, des Wort er redet."[105] Luther wußte den größten Umsturz gerechtfertigt, wenn er allein durch die Predigt des Wortes hervorgerufen ist. Er dachte nicht konservativ, und Ranke hat ihn mißverstanden oder jedenfalls nur eine halbe Wahrheit ausgesprochen, wenn er ihn einen der größten Konservativen nannte, die je gelebt haben[106]. Wohl aber verurteilte Luther schlechterdings jeden gewaltsamen Aufruhr. Er gab den Seinen durch die Jahrhunderte hindurch die Warnung mit, nicht durch Revolution oder Attentate den Gerichten Gottes vorzugreifen. Man kann seine ehern antirevolutionäre Haltung nicht lösen von ihrem religiösen Grunde. Das rationalere westeuropäische Denken, auch das katholische und das calvinistische, hat sich später, wie einst die Antike, die Frage gestellt, ob sich das Volk nicht gegen eine ungerechte Obrigkeit erheben dürfe, und um die Rechtfertigung von Revolution und Tyrannenmord bemüht. Für Luther war diese Frage von vornherein beantwortet. Gottes Tun zur gegebenen Stunde war ihm eine zwar unberechenbare, aber auch unbezweifelbare Wirklichkeit. Darauf zu warten, war ihm nicht passiver Verzicht, wie man es oft empfunden hat, sondern die klare Erkenntnis, daß man nicht große Entscheidungen mit kleinen Mitteln verderben dürfe. Nichts war ihm gewisser, als daß Gott solche geschichtlichen Wenden zu seiner Zeit und weit über alles Menschenmaß hinaus herbeiführen werde. Für die Wahrheit Gottes und damit auch gegen das klar erkannte Unrecht der Obrigkeit mit den Waffen des Wortes zu streiten, bis zur äußersten Gefährdung der eigenen Person, war ihm die einzige verheißungsvolle Form der Revolution, hinter der die Zusage und Macht Gottes stehen[107].

Nachdem Luther seine „Vermahnung" bei erster Gelegenheit zu schleuniger Veröffentlichung an Spalatin abgeschickt hatte, stürzte er sich sofort in die Arbeit an der Adventspostille, die er durch die Wittenberger Reise unterbrochen hatte, und an der Bibelübersetzung. Um die Jahreswende zeigte er noch einmal, was er zu leisten vermochte, wenn sein Geist ergrimmte, wie er von Wittenberg aus drohend an Spalatin geschrieben hatte. In diesen Tagen

---

[105] Ebd. 683,13 ff., 31. 684,9 ff.
[106] L. v. Ranke, Deutsche Geschichte im Zeitalter der Reformation, hg. v. P. Joachimsen, Bd. 4, 2. Aufl. (Meersburg, Leipzig 1933), 4.
[107] WA 8; 682,12–33.

war ihm die berühmte Bulle In coena domini wieder zur Hand gekommen, die ihm auf die Wartburg geschickt worden war. Es war jene anspruchsvolle und doch praktisch wirkungslose Deklamation, in der die Päpste seit dem 13. Jahrhundert alljährlich am Gründonnerstag eine große Anzahl sonderbar ausgewählter Verbrechen verfluchten. An sittlichen und geistlichen enthielt sie nur Häresien aller Art, darunter 1521 zum ersten Male auch Luther und seine Anhänger, dafür um so mehr Vergehen gegen Besitz und Rechte des Kirchenstaats, der Kirche und der Geistlichen und andere unbedeutende Dinge, die kaum wert waren, läßliche Sünden genannt zu werden, wie Luther schon in der Schrift an den Adel festgestellt hatte[108]. Jahrhundertelang vor und nach der Reformation war sie ein Anlaß zu unaufhörlichen Reibungen zwischen dem Apostolischen Stuhl und den Staaten. Luther beschloß, dies Dokument päpstlicher Macht- und Geldgier als Neujahrsgeschenk für den Papst ins Deutsche zu übersetzen, und versah es mit derben und grimmigen Glossen. Er nannte sie die „Bulla vom Abendfressen des allerheiligsten Herrn, des Papstes"; ihr Küchenlatein bezeuge, daß sie an einem trunkenen Abend entstanden sei, „wenn die Zunge auf Stelzen geht und die Vernunft mit halbem Segel fähret". Aber mitten in der Arbeit schlug ihm die Ironie in hellen Zorn um, und er riß den schreienden Gegensatz zwischen der weltlichen Macht des Papstes und dem Christus, der nichts hatte, da er sein Haupt hinlegte, und zum Mantel auch den Rock zu geben geboten hatte, schonungslos auf. Und was hat dies Papsttum noch mit der Nachfolge der Apostel zu tun? „Grüß dich, Peter, König zu Sizilien und Fischer zu Bethsaida!"[109] Der wilde Humor dieser Schrift war nach Diltheys Wort „der Ausdruck des Machtgefühls eines furchtlosen Menschen"[110].

Er konnte sich in dieser Furchtlosigkeit vor den Mächtigen nur bestärkt fühlen, als er Mitte Januar 1522 Antwort von Kardinal Albrecht auf sein Ultimatum erhielt. Sein Triumph konnte, äußerlich gesehen, nicht vollständiger sein. In einem jämmerlichen Brief vom 21. Dezember 1521, den er nicht einmal einem Schreiber zu diktieren gewagt hatte, redete ihn der hart gezüchtigte Kurfürst mit „Lieber Herr Doktor" an und versicherte, daß die Ursache zu Luthers Tadel längst abgestellt sei. Er selbst wolle sich so verhalten, „als einem frommen geistlichen und christlichen Fürsten zusteht". Er sei ein armer sündiger Mensch. „Ich weiß wohl, daß ohne die Gnade Gottes nichts Gutes an mir ist und so wohl ein unnützer, stinkender Kot bin als irgend ein anderer, wo nicht mehr. Das habe ich auf Euer Schreiben gnädiger Wohlmeinung nicht wollen bergen, denn Euch Gnad und Guts um Christus willen zu erzeigen, bin ich williger denn willig. Brüderliche und christliche Strafe kann

---

[108] WA 6; 432,2 ff.
[109] WA 8; 693,8 f. 704,1 ff. 700,6.
[110] W. Dilthey, Ges.Schr., Bd. 2, 6. Aufl. (Stuttgart 1960), 54.

49

ich wohl leiden."[111] War das aufrichtige Reue oder plumpe Heuchelei? Die Entscheidung darüber wurde Luther nicht gerade erleichtert durch einen beigefügten Brief Capitos, der ihm weitläufig auseinandersetzte, wie er mit erasmischer Vorsicht seinen Herrn zu einem besseren Verständnis der reformatorischen Sache zu erziehen bemüht sei, und zwar – trotz so betrüblicher Rückfälle wie mit dem Hallischen Ablaßhandel – nicht ohne Erfolg. „Ich habe – warum soll ich nicht offen sein gegen dich? – schlau, aber fromm gehandelt und menschliche Mühe angewandt, um den Dienst des Glaubens zu verstärken." Er flehte Luther an, die schönen Anfänge nicht durch Schärfe zu zerstören und damit großes Unheil herbeizuführen[112]. Mit ein wenig Menschenkenntnis hätte er sich sagen können, daß Luther nichts verhaßter war als diese halbschlächtige Diplomatie in Glaubensdingen. Aber er fand seinen Meister. Luther antwortete ihm am 17. Januar freundschaftlich, aber sehr ernst. Er setzte Capitos wohlgemeinten Regiekünsten den schlichten Unterschied von Glauben und Liebe entgegen. Zuerst müsse um jeden Preis die Wahrheit gesagt werden, dann könne sich die Liebe des schwachen Bruders geduldig annehmen. Aber Liebe ohne Wahrheit führe nur zur Heuchelei. Ihm war durch den Einblick in die Hintergründe die Freude an Albrechts Bekehrung genommen. Er beschloß daher, ihm nicht zu antworten, bat aber Melanchthon, das Manuskript seiner Schrift wider den Abgott, das Spalatin also inzwischen endlich weitergeleitet hatte, für einen künftigen Fall sorgfältig aufzubewahren. Luther hatte es nicht nötig, diesen zweiten Pfeil abzuschießen[113]. Der erste, sein Brief an den Kardinal vom 1. Dezember, hatte genügt, um dem tollen Treiben in Halle ein Ende zu machen. Freilich lebte 20 Jahre später der Spuk noch einmal auf, als Albrecht 1542 mit dem nach Mainz überführten Reliquienschatz noch einmal den Strom seiner Schulden zu stauen versuchte. Luther führte mit der „Neuen Zeitung vom Rhein Anno 1542" nun wirklich ein Spiel mit dem Kardinal auf, aber jetzt nicht mehr mit dem Ingrimm, den seine Briefe von 1521 atmen, sondern mit dem befreienden Lachen des Siegers, der in dem Ablaßrummel keine ernstliche Gefahr für die Seelen mehr zu fürchten brauchte.

Nach seiner Rückkehr aus Wittenberg hatte sich Luther an die gewaltigste Aufgabe gemacht, die er von dort mitgebracht hatte: die Bibelübersetzung. Es war selbstverständlich, daß er als einzelner und mit den geringen Hilfsmitteln, die er auf der Wartburg hatte, nur die Übertragung des Neuen Testaments ins Auge fassen konnte, nicht die der ganzen Bibel. Ja, wenn er verborgen in Wittenberg leben und die Hilfe der Freunde genießen könnte, dann würde er sofort kommen und von Anfang an übersetzen! Er gibt den Witten-

---

[111] WAB 2; 421. Dazu Capitos Brief an Melanchthon vom 21. Dez. 1521, Suppl.Mel. 6/1, 174 f. MBW 190.

[112] Capito an Luther 20./21. Dez. 1521, WAB 2; 416 ff. 417,31.

[113] Er hat das Manuskript 1522 als Grundlage seiner Schrift „Wider den falsch genannten geistlichen Stand des Bapsts und der Bischofen" benutzt. WA 10/2; 93 ff.

bergern diesen Gedanken zu erwägen: „damit es eine Übersetzung werde, würdig, von den Christen gelesen zu werden. Ich hoffe, wir werden unserem Deutschland eine bessere schenken, als die Lateiner haben."[114] Es war die Liebe zu seinem Volke, die ihm die Feder zu dem großen Werke in die Hand drückte, so wie er am 1. November in einem Brief an Gerbel auch die Reihe seiner deutschen Wartburgschriften begründet hatte: „Meinen Deutschen bin ich geboren, ihnen will ich auch dienen."[115] Aber mehr, seine ganze bisherige Arbeit drängte mit innerer Folgerichtigkeit auf die Bibelübersetzung hin. Allein durch die Bibel war er geworden, was er war. An ihr hatte er die scholastische Theologie überwinden gelernt und den Kern des Evangeliums wiederentdeckt. Sie war der einzige Freund in seinen einsamen Stunden, die einzige Waffe in seinem Kampfe gegen ein tausendjähriges System gewesen. Wenn er glauben durfte, bisher alle literarischen und mündlichen Gefechte siegreich bestanden zu haben, so hatte er es ihr zu verdanken. Mag die Bitte der Wittenberger Freunde den letzten Riegel aufgestoßen haben, er führte doch nur sein opus proprium durch. Er erschloß damit nicht nur seinem Volke die Quelle, aus der er lebte, sondern die Übersetzung der Bibel war auch die umfassendste Rechtfertigung seines bisherigen Handelns. Nun konnte und sollte jeder selbst urteilen und damit die erste Pflicht und das vornehmste Recht des allgemeinen Priestertums ausüben, das Luther eben durch die Schrift als Wesensgrundlage der Kirche wiedergefunden hatte.

Auch wenn Luther sich zunächst nur die Übersetzung des Neuen Testaments vornahm, so war die Aufgabe keineswegs leicht. Er war ja trotz aller Förderung durch die ringsum neubelebten Sprachstudien kein Humanist, sondern scholastisch, im Umgang mit der lateinischen Bibel und Kirchensprache, erzogen. Sie blieb ihm zeitlebens das natürlichere Denkmittel als das Griechische, in dem er zwar unter Melanchthons Anleitung bedeutende Fortschritte gemacht hatte, aber doch nie die volle Souveränität der humanistischen Freunde erreichte. So wäre er den Schwierigkeiten, die das hellenistische Griechisch des Neuen Testaments vielfach bot, nicht gewachsen gewesen, hätte er nicht unter seinem kleinen Bücherbestand auf der Wartburg wenigstens zwei wesentliche Hilfsmittel besessen: die Vulgata, deren Mängel er zwar kannte, die er aber doch zu benutzen gewöhnt war und außerdem aus jahrelangem, leidenschaftlichem Studium größtenteils auswendig im Kopf trug, und das noch weit wichtigere, die lateinische Übersetzung, die Erasmus mit ausführlichen Anmerkungen seiner Ausgabe des griechischen Neuen Testaments beigegeben hatte[116]. Diese ihm von seinen Vorlesungen her wohlvertraute Edition wird in ihrer zweiten Auflage von 1519 bei der Bibelüber-

[114] 13. Jan. 1521 an Amsdorf, WAB 2; 423,48 ff., bes. 53 ff. An Melanchthon ebd. 427,128. MBW 205.

[115] Ebd. 397,34.

[116] Vgl. die Anmerkungen in WADB 6 und 7 sowie H. Dibbelt, Hatte Luthers Verdeutschung des Neuen Testaments den griechischen Text zur Grundlage?, in: ARG 38 (1941), 300 ff.

setzung auf seinem Arbeitstisch gelegen haben. Dagegen hatte er in den ersten Monaten seines Wartburgaufenthaltes offenbar nur Gerbels Nachdruck des Erasmustextes ohne die Übersetzung und die Annotationen zur Hand, den dieser ihm dediziert oder, wie Luther ihm schrieb, als Gattin zugeführt hatte, die ihm Söhne, seine Wartburgschriften, geboren habe[117]. Folgt man Luthers Übersetzung in einer neutestamentlichen Schrift, etwa dem Römerbrief, einmal Satz um Satz, so sieht man, wie er sich der beiden lateinischen Hilfsmittel immer wieder bedient. Bald sind es Ausdrücke oder Satzkonstruktionen der Vulgata, die aus der Erinnerung seine Übertragungen tönen, bald verdankt er Erasmus, vor allem seinen Erklärungen, wichtige Hinweise zum Verständnis. Er benutzt sie in einer Freiheit, die kein System erkennen läßt und dem lebendigen, in lauter wechselnden Einzelentscheidungen verlaufenden Vorgang des Übersetzens entspricht. In der atemlosen Schnelligkeit, mit der er die Übersetzung in der staunenswerten Zeit von rund 11 Wochen fertigstellte, schöpfte er die kritischen Bemerkungen des Erasmus nicht immer aus, sondern blieb manchmal bei gewohnten Auffassungen der Vulgata, wo Erasmus ihn auf deren Fehler hingewiesen hätte. Aber in der weit überwiegenden Zahl der Fälle hat er doch die Erläuterungen des Erasmus dankbar und sorgfältig benutzt. Hin und wieder, nicht immer glücklich, geht er auch gegen seinen bewährten Ratgeber und gegen die Vulgata an Hand des griechischen Textes eigene Wege.

Konnte er für die genaue Erfassung des Urtextes immer wieder die beiden lateinischen Vorgänger zu Rate ziehen, so war er für seine eigentliche Aufgabe, das Neue Testament deutsch nachzuschaffen, auf sich selbst angewiesen. Selbst wenn ihm eine der mittelalterlichen deutschen Bibelübersetzungen zur Hand gewesen wäre, so hätte er davon kaum Nutzen gehabt. Sie ruhten allein auf der Vulgata, also auf einem Text, den er an unzähligen Stellen überwinden mußte, und waren im ganzen zu unbeholfen, zu eng an den Textwortlaut gebunden, um ihm ein Vorbild bieten zu können. So hoch man einzelne der Versuche als Leistungen aus ihrer Zeit heraus zu werten hat, so war doch der Abstand gegenüber dem verfeinerten Sprachempfinden des frühen 16. Jahrhunderts und vor allem gegenüber dem, was Luther Übersetzung nannte, zu groß, um ihnen noch eine lebendige Wirkung zu verleihen. Aber es hat sich auch trotz mancherlei Bemühungen nicht erweisen lassen, daß Luther eine mittelalterliche deutsche Bibel, etwa die bei Günther Zainer in Augsburg um 1475 gedruckte, bei seiner Arbeit auf der Wartburg benutzt hätte[118]. Selbst-

---

[117] 1. Nov. 1521, WAB 2; 397,41ff.

[118] Vgl. H. Bornkamm, Die Vorlagen zu Luthers Übersetzung des Neuen Testaments, in: ders., Luther, 65ff. und G. Bruchmann, Luther als Bibelverdeutscher in seinen Wartburgpostillen, in: LuJ 17 (1935), 111ff. sowie ders., Luthers Bibelverdeutschung auf der Wartburg in ihrem Verhältnis zu den mittelalterlichen Übersetzungen, in: ebd. 18 (1936), 47ff. Vgl. auch Verdeutschung der Evangelien und sonstiger Teile des Neuen Testaments von den ersten Anfängen bis Luther. Beiträge zu ihrer Geschichte, hg. v. H. Vollmer, BDK 5 (Potsdam 1935), 21ff.

verständlich kannte Luther von früher her solche älteren Verdeutschungen. Und aus dem reichlichen Gebrauch, den sie in deutschen Predigten, Plenarien, in Unterricht und Seelsorge fanden, erklärt es sich, daß ihm manche einzelnen Wendungen daraus im Gedächtnis geblieben waren und ihm nun in die Feder flossen. Aber es ist bezeichnend, daß solche Zusammenklänge nicht auf eine einzelne Druckausgabe oder Handschrift, sondern auf die verschiedensten mittelalterlichen Versionen hinführen, also die lebendige Überlieferung der kirchlichen Gebrauchssprache, nicht einen literarischen Zusammenhang offenbaren.

Wenn jeder Vergleich von Luthers Übersetzung mit ihren mittelalterlichen Vorläufern es wie ein Unrecht erscheinen läßt, sie an dem Adlerflug seiner Sprache messen zu wollen, so erweckt es doch fast noch größere Bewunderung, wie er im Wartburgtestament über sich selbst hinausgewachsen ist. Es war ja nicht das erste Mal, daß er Bibeltexte verdeutschte. Sondern seine deutschen Schriften, Predigten und Postillen wimmeln von selbstübersetzten Bibelzitaten. Es ist erstaunlich, wie Luther sich von ihnen, selbst von denen der zeitlich so nahen Weihnachtspostille, freimachte und das ganze Neue Testament aus einem einheitlichen Sprachgeist neu schuf. Hatten seine früheren Versuche oft noch die Farbe der alten, vor allem der lateinischen Sprache getragen, so ist jetzt alles von Grund auf deutsch empfunden. Er erzählt im Imperfektum, nicht mehr im Perfektum, setzt das Prädikat – abgesehen von wohlerwogenen Ausnahmen – an das Satzende, löst Substantivverbindungen in Sätze auf (z. B. Matth. 12,34: Aus Überfluß des Herzens redet der Mund [Postille], Wes das Herz voll ist, des geht der mund über [N. Test.]; Röm. 8,7: Die Weisheit des fleisches ist gottes feind [P.], Denn fleischlich gesinnet sein, ist eine Feindschaft wider Gott [N. T.]), tilgt fast alle Fremdworte usw[119]. Zeigt dies alles eine bewußte und methodische Arbeit, über die er später, vor allem im „Sendbrief vom Dolmetschen", in manchen Einzelheiten Rechnung abgelegt hat, so ist das Wesentliche seiner Leistung doch aus den unbewußten Tiefen eines großen Dichterherzens geboren. Begabt mit einer Sprache, die sich jeder Aufgabe anschmiegt, der Zartheit der Weihnachtsgeschichte wie den Schrecken der Apokalypse, arbeitet er nicht nach Regeln, sondern nach inneren Gesetzen. Die unglaubliche Treffsicherheit, mit der er auf den verborgenen Affekt des Textes anspricht, entstammt nicht nur wacher Überlegung, sondern vielmehr einer überbewußten Hellsichtigkeit. Er hört und sieht die heilige Geschichte wie gegenwärtig und gibt ihren Klang so weiter, daß auch der stille Leser sie als lebendig gesprochenes Wort vernimmt. Durch Satzgliederung und sinnvolle Zeichensetzung macht er aus der Bibel ein Buch zum Hören, nicht zum Lesen. Die poetischen Stücke spürt er mit höchstem Feingefühl heraus und antwortet ihnen mit den dichterischen

---

[119] W. Delle, Luthers Septemberbibel und seine deutschen Zitate aus dem Neuen Testament bis 1522, in: LuJ 6 (1922), 66 ff.

Mitteln der deutschen Sprache, Stabreim und Rhythmus. So kommt es, daß sich viele Verse der Lutherbibel fast von selbst sangen und ihr Geheimnis erst enthüllten, als Bach – hätte Luther das erleben dürfen! – die verborgene Musik in ihnen hörte. Und doch ist hier mehr am Werke als der Genius des Dichters. Die Neuschöpfung des Bibelwortes, zu der es in keiner Übersetzung der Erde einen Vergleich gibt, konnte allein darum gelingen, weil er sich nicht nur mit vollendeter Kunst darein einfühlte, sondern weil es in ungezählten Stunden in sein eigenes Leben eingegangen war. Er las die heiligen Schriften „als wären sie gestern geschrieben"[120], als tröste und mahne Gott darin ihn allein. Ja, erst die staunende Grunderkenntnis seiner Theologie, daß Gott redet und seine Tiefen auftut durch das Mittel des Wortes, gab ihm die volle Freiheit, seine eigene Sprache zu entfalten. Sein Werk entsprang nicht nur dichterischer Intuition, sondern war Geburt des Menschenwortes aus dem Gotteswort. Er hat es in den stillen Wintermonaten auf der Wartburg nicht erzeugt, sondern empfangen.

So konnte es nicht anders sein, als daß es durch und durch aus dem ihm wiedergeschenkten Verständnis des Evangeliums erwuchs. Die tröstende Botschaft von der unverdienten Gnade Gottes schwingt überall als heimlicher Unterton mit. Er tut alles, sie in ihrer Reinheit zu wahren und vor Mißdeutungen zu schützen. Darum übersetzt er den, wie er aus eigener bitterer Erfahrung wußte, so zweideutigen Begriff „Gottesgerechtigkeit" mit „Gerechtigkeit, die vor Gott gilt". Er meißelt den paulinischen Sinn scharf heraus durch die zweimalige Zufügung eines sinngemäßen „allein": „Auf daß er (Gott) alleine gerecht sei" (Röm. 3,26); „daß der Mensch gerechtfertigt werde ohn Zutun der Werk des Gesetzes (seit 1527: ohne des Gesetzes Werk), allein durch den Glauben" (Röm. 3,28). Statt „aus den Werken" setzt er prägnanter „aus Verdienst der Werke" (Röm. 9,12. 32. 11,6). Am deutlichsten aber offenbart sich sein Anliegen, den Klang der evangelischen Botschaft überall rein herauszuhören, in der Sorgfalt, mit der er ein und dasselbe Wort in streng durchgeführten Abwandlungen wiedergibt. So läßt er „gerecht" als Bezeichnung für Menschen nur dort stehen, wo es unmißverständlich von der geschenkten Gnadengerechtigkeit redet; sonst ersetzt er es durch „fromm", für ihn ein Wort mit dem vollen Gehalt des Evangeliums. Die im Neuen Testament häufige griechische Wortgruppe sōzein, sōteria zerlegt er in einer genau durchdachten, in den späteren Revisionen vervollkommneten Arbeit einerseits in Ausdrücke des äußeren Rettens, Helfens, Erhaltens, andererseits in „selig machen", „selig werden", „Seligkeit" und gewinnt für das Hauptwort sōteria noch eine besonders tiefsinnige Unterscheidung: „Heil" für die große Gottestat an der Menschheit, „Seligkeit" für ihre Wirkung an den Herzen in diesem und im ewigen Leben[121]. Das holt er aus einem einzigen Wortstamm heraus. Wohlüberlegt war es auch, daß er

---

[120] WA 12; 444,19f.
[121] E. Hirsch, Luthers deutsche Bibel (München 1928), 56ff.

überall den Begriff „Kirche" vermied und nur „Gemeine" setzte; er wollte damit jede Übertragung der falschen katholischen Kirchenidee auf die urchristliche Zeit verhindern.

Mit seiner Bibelübersetzung schenkte Luther der evangelischen Bewegung die unerschöpfliche Quelle ihrer Verkündigung und zugleich dem deutschen Volke den unversieglichen Brunnen seiner neuen Sprache. Er hat dieses neue Hochdeutsch, das sich seit dem Beginn des 16. Jahrhunderts siegreich über die auseinanderstrebenden nördlichen und südlichen Mundarten legte und zu dem unzerreißbaren Einheitsbande unseres Wesens wurde, nicht geschaffen, sondern trat mit seinem Werk in eine im Fluß befindliche Entwicklung ein. Eine wunderbare Fügung hatte ihn, den größten Bildner der deutschen Sprache, in den Raum geführt, wo längst ein gemeines Deutsch im Werden begriffen war und damals allein wachsen konnte: auf den ostdeutschen Siedlungsboden. Hier hatten Niederdeutsche und Niederländer, Rheinfranken, Mainfranken und Bayern ihr Sprachgut ausgetauscht und unter Vorherrschaft der schon an der Mainstraße erwachsenen Einheit miteinander eine gemeinsame Sprache, das meißnische Deutsch, gefunden. Mit der politischen und wirtschaftlichen Macht des weit ausgreifenden wettinischen Doppelstaates, der kulturell für Deutschland wichtiger war als die mächtigeren, aber am Rande gelegenen habsburgischen Gebiete, strahlte diese verbindende Sprachform auf die meisten übrigen deutschen Stämme aus. Luther kannte diese Entwicklung: „Ich rede nach der sächsischen Kanzlei, welcher alle Fürsten in Deutschland nachfolgen"; er wußte, sie war so jung, daß er das bewußte Bemühen um eine deutsche Spracheinheit in seine Tage, die Zeit Kaiser Maximilians und Kurfürst Friedrichs des Weisen, zu datieren hatte[122]. Wenn er sich dieser ihm natürlichen Sprachform anschloß, konnte er hoffen, der Mehrzahl der Deutschen verständlich zu sein. Aber zugleich stieß er wie kein anderer diesem Hochdeutsch das Tor der Zukunft auf. „Das neue Deutsch gibt der Reformation die Möglichkeit weiter Wirkung, die Reformation dem neuen Deutsch überlandschaftliche Stoßkraft."[123] Luthers Bibelsprache und die aus ihr genährte Predigtsprache der Reformation waren nicht nur darin universal, daß sie den weitesten mundartlichen Spielraum überspannten, sondern auch darin, daß sie die Sprache des ganzen Volkes, von den Gelehrtenstuben bis zu den Hütten, sprachen und dank ihrer unerhörten Verbreitung durch den Druck alle Schichten erreichten. Was Luther von dem östlichen Siedlungsdeutsch in Wort und Lautbestand an Rohstoff empfing, gab er ihm zurück, indem er es zu der gewaltigsten Leistung der deutschen Sprachgeschichte befähigte. Erst durch diese Verbindung von Stoff und Geist wurde das neue Deutsch unverlierbar geprägt. An der Bibel lernte das deutsche Volk seine gemeinsame Sprache sprechen.

[122] WATR 2; Nr. 2758 a und b; 639,7ff.
[123] Th. Frings, Grundlegung einer Geschichte der deutschen Sprache, in: Zs. f. dt. Geisteswiss. 1 (1938/39), 209.

II. Unruhen in Wittenberg und Zwickau –
Luthers Heimkehr

Während Luther an der Übersetzung des Neuen Testaments arbeitete, waren schon längst wieder Nachrichten von draußen zu ihm gedrungen, die ihm zu schaffen machten. Er war von Wittenberg mit beruhigenden Eindrücken in sein Patmos zurückgekehrt. Daran änderten auch die neuen Ereignisse, von denen er hörte, vorerst noch nichts. Noch in den Tagen, als er heimlich zu Hause weilte, war die Universität, vom Kurfürsten zu einer Äußerung über die Frage der Messe aufgefordert, in zwei Lager auseinandergefallen[1]. Biblische und Traditionsgründe, historische Argumente und Gegenargumente, ein ans Schwärmerische grenzendes Sendungsbewußtsein der Reformgruppe unter Karlstadt und Melanchthon – immer habe der kleinste Haufen die Wahrheit vertreten[2] – und die erbauliche Überlieferungstreue der Stiftsherrn warben um die Entscheidung Friedrichs des Weisen. Er konnte aus dem Bündel von Gutachten, das ihm eingereicht wurde, nur schließen, daß die Zeit noch nicht reif sei, und verbot deshalb, Änderungen am Meßgottesdienst vorzunehmen, wohl aber möge man mit christlichem und vernünftigem Maß weiter über die Frage schreiben, predigen und disputieren[3]. Aber Karlstadt ließ sich nicht mehr zügeln. Am Weihnachtstage 1521 hielt er in der Schloßkirche ohne priesterlichen Ornat eine Messe, die vor allem durch den Wegfall der Opfergebete und die deutsch gesprochenen Konsekrationsworte von der überlieferten Liturgie abwich, und gab dabei jedem Kommunikanten Brot und Kelch in die Hand[4]. Erregender noch als die – ganz im Sinne Luthers liegende – Reinigung der Messe vom Opfergedanken wird auf die Gemeinde diese äußere Form gewirkt haben, für die einen ein Zeichen der Freiheit, für die andern des Frevels. Die Stadt war ohnehin in gefährlicher Gärung. Während der Christnachtsmessen hatte Gesindel in den Kirchen randaliert. Und beunruhigender noch: Am 27. Dezember erschienen drei Männer aus Zwickau bei Melanchthon, zwei Tuchmacher, Nikolaus Storch und Thomas Drechsel, und sein einstiger Student Markus Thomae, den er

---

[1] Instruktion des Kurfürsten vom 25. Okt. 1521, abgedr. N. Müller, Wittenberger Bewegung, Nr. 20. Bericht der Universität vom 12. Dez. 1521 mit den Voten der Mitglieder des Senats und des Stiftskapitels, ebd. Nr. 42–45. 48–51. 55. Bericht des kurfürstlichen Rats Dr. Christian Beyer vom 13. Dez. 1521, ebd. Nr. 47.

[2] N. Müller, Wittenberger Bewegung, Nr. 43.

[3] Instruktion vom 19. Dez. 1521, abgedr. N. Müller, Wittenberger Bewegung, Nr. 56.

[4] N. Müller, Wittenberger Bewegung, Nr. 57f. 61. 68. Barge, Karlstadt, Bd. 1, 358ff. K. Müller, Luther und Karlstadt, 43ff.

noch in guter Erinnerung hatte. Durch die persönlichen Offenbarungen, deren sie sich rühmten, vor allem aber durch die Zweifel an der Kindertaufe, die sie ihm vortrugen, stürzten sie ihn in die größte Verlegenheit. Noch am selben Tage schrieb er einen aufgeregten Brief an den Kurfürsten: Hier könne nur noch Luther helfen. Friedrich der Weise bestellte Melanchthon und Amsdorf sofort auf den 1. Januar 1522 zu sich nach Prettin. Er warnte sie dringend, sich mit den Zwickauer Unruhegeistern zu beladen, auch nur mit ihnen zu disputieren, und lehnte eine Rückkehr Luthers nach Wittenberg ab[5].

Damit waren Funken eines Brandes nach Wittenberg übergesprungen, der schon in Zwickau genug Unheil angerichtet hatte. In einem Gebiet, das bis ins späte 15. Jahrhundert von geheimen Waldensergemeinden durchsetzt war und den von Böhmen her eindringenden hussitischen Einflüssen offenstand, war man seit langem neuen religiösen Gedanken zugänglicher als anderswo[6]. Dazu hatte die Stadt durch ihre berühmte Tuchindustrie und vor allem durch die Beteiligung ihrer führenden Familien an dem ungeahnte Erträge abwerfenden Schneeberger Silberbergbau seit mehr als einem halben Jahrhundert einen glänzenden wirtschaftlichen Aufschwung erlebt, der in ihren Bürgern ein stolzes Gefühl der Unabhängigkeit und einen Sinn für feinere Bildung geweckt hatte. Das Stadtbild hatte ein neues Gesicht erhalten. Zu der vielbesuchten Lateinschule war 1519 eine griechische hinzugekommen, die erste in Deutschland. In diesem aufgelockerten Boden schlugen Luthers Gedanken zur Erneuerung der Kirche schnell Wurzel. Seit der Franziskaner Friedrich Myconius 1518 mit der Predigt des Evangeliums im neuen Geiste begonnen hatte, war die glänzendste, bildungsoffenste Stadt des Kurfürstentums zum Musterbeispiel für die rasche Zuwendung der deutschen Städte zur Reformation geworden. Hinter den Kräften, welche die ersten Stöße gegen die alte Kirche, den Klerus, die Mönche, den Ablaß u. a. richteten, lauerte freilich schon eine zweite, radikalere Welle.

Der sie auslöste, war der neue, seit Mai 1520 an der Marienkirche wirkende Prediger Thomas Müntzer. Er war einer der frühesten und leidenschaftlichsten Anhänger des um etwa fünf Jahre älteren Luther, den er als seinen geistlichen Vater verehrte. „Den du durch das Evangelium gezeugt hast" unterschrieb er sich in einem Brief an ihn[7]. Müntzer hatte in Leipzig seit 1506 artes

---

[5] Die Briefe Melanchthons an den Kurfürsten und Spalatin und Spalatins Aufzeichnung über die Verhandlung in Prettin abgedr. N. Müller, Wittenberger Bewegung, Nr. 59. 60. 64 (CR 1, 513 f. 533 ff.). MSA 7/1 (1971), 158 ff. MBW 192.

[6] Zum Folgenden P. Wappler, Thomas Münzer in Zwickau und die „Zwickauer Propheten", SVRG 182 (Gütersloh 1966). H. Boehmer, Die Waldenser in Zwickau und Umgegend, in: NASG 36 (1915), 1 ff.

[7] WAB 2; 141,97 f. Müntzer, Nr. 14; 361. Auch diese Anrede macht es, von anderen Gründen abgesehen, unwahrscheinlich, daß Müntzer 1468 geboren, also 15 Jahre älter gewesen sein soll als Luther, wie G. Franz (RGG Bd. 4, 1960, 1183) im Anschluß an H. Goebke, Neue Forschungen über Thomas Müntzer bis zum Jahre 1520, in: HarzZ 9 (1957), 1 ff., bes. 3, Anm. 5 an-

studiert und war dann einige Jahre als Kollaborator in Aschersleben und Halle tätig. Schon hier bewies er offenbar die Gabe, Menschen an sich zu fesseln: Er habe dort „auch ein Verbundnus gemacht", das sich gegen Erzbischof Ernst (1513) gerichtet habe. So gab er selbst in seinem „Bekenntnis" nach seiner Gefangennahme bei Frankenhausen 1525 an[8]. Sein Studium setzte er 1512 an der Universität Frankfurt a. O. fort, einer ganz jungen (gegr. 1506), stark auf die Pflege des Humanismus gerichteten Hochschule, der es im Gegensatz zu dem vier Jahre älteren Wittenberg noch wenig gelungen war, sich einen Namen zu machen[9]. Von der dort durch Konrad Wimpina mehr praktisch-polemisch als philosophisch vertretenen Scholastik hat Müntzer sich weder bestimmen lassen noch selbsttätig abgesetzt. Er war überhaupt kein eigentlich theologischer Denker, sondern eine merkwürdige Mischung aus einem wissenshungrigen Büchernarren und einem Feuerkopf voll Erlebnistiefe und agitatorischer Leidenschaft. Seine Lektüre bildeten, soweit wir aus seinen Schriften und vor allem aus den bei ihm gefundenen umfangreichen Buchlisten entnehmen können, nicht die Scholastiker, Exegeten oder Aristoteles, sondern Mystiker, antike Schriftsteller, humanistische Novitäten und polemische Reformationsliteratur. Mit viel Gelehrsamkeit und wenig Klarheit oder auch nur konzentrierenden Problemen kam Müntzer 1516 als Magister artium von der Universität und suchte unruhig nach einer Existenz, die es ihm erlaubte, seinen Neigungen nachzugehen. Einige Zeit (zwischen 1516 und 1518) wirkte er als Propst des Nonnenklosters Frose bei Aschersleben. Vielleicht ging er von hier nach Braunschweig, wo es aber Differenzen gab; jedenfalls wurde er bald wieder „vertrieben"[10]. Um die Jahreswende 1518/19 finden wir ihn stellenlos bei einem Leipziger Buchdrucker, bei dem er sich wohl als Gehilfe seinen Unterhalt verdiente. Hier wird auch seine erste Beziehung nach Wittenberg sichtbar. Der angesehene, Luther befreundete Goldschmied und Buchverleger Christian Döring[11] hat-

---

nimmt. H. Boehmer, Studien zu Thomas Müntzer (Leipzig 1922), 12 vermutet 20. oder 21. 12. 1488 oder 1489. So oder ähnlich die übrige Forschung, vgl. A. Zumkeller, Thomas Müntzer – Augustiner?, in: Aug(L) 9 (1959), 380ff., bes. 380, Anm. 3; E. Iserloh, Zur Gestalt und Biographie Thomas Müntzers, in: TThZ 71 (1962), 248f.; Th. Nipperdey, Theologie und Revolution bei Thomas Müntzer, in: ARG 54 (1953), 146, Anm. 11; E. W. Gritsch, Reformer without a Church. The life and thought of Thomas Müntzer 1488 (?) – 1525 (Philadelphia 1967), 1f.; H.-J. Goertz, Innere und äußere Ordnung in der Theologie Thomas Müntzers (Leiden 1967), 20, Anm. 1; S. Bräuer, Zu Müntzers Geburtsjahr, in: LuJ 36 (1969), 80ff. (mit neuem Material). Grundlegende Biographie von Elliger, Thomas Müntzer.

[8] Müntzer, 548f. Ich sehe wie Franz keinen Grund, diese Angabe mit O. Schiff, Thomas Müntzer als Prediger in Halle, in: ARG 23 (1926), 292f. zu bezweifeln. Offenbar ist Müntzer rund zehn Jahre später nochmals kurze Zeit in Halle tätig gewesen. – artes: artistische, einführende Universitätsstudien (artes liberales), RE Bd. 20 (1908), 304f.; LThK Bd. 1 (1957), 909f.

[9] Über Müntzers frühe Tätigkeit und sein Studium, vor allem in Frankfurt/Oder und Frose, vgl. Elliger, Thomas Müntzer, 18ff. 32ff. 39ff.

[10] Nach der Mitteilung von Bernhard Dappe (s. Anm. 14). Müntzer, 561ff.

[11] S. u. S. 85.

te den Propst Bernhardi in Kemberg bei Wittenberg dafür gewonnen, Müntzer als Kaplan bei sich zu beschäftigen. In diese Zeit fällt wohl auch die Predigt, die Nikolaus Hausmann, sein späterer Zwickauer Amtsnachfolger, in Wittenberg von ihm gehört hat[12]. Müntzer nahm die Stelle in Kemberg jedoch offenbar nicht an, sondern folgte der Bitte eines befreundeten Lutherschülers, Franz Günther in Jüterbog[13], ihn zu vertreten, da er wegen eines heftigen Konflikts mit den Franziskanern beim Brandenburger Bischof verklagt worden war. Aus Müntzers Osterpredigten Ende April 1519, über die wir durch Beschwerden der Gegenseite genau unterrichtet sind, geht hervor, daß er den Streit mit mindestens gleicher Schärfe weiterführte. Dabei werden einige seiner Thesen zur Kirchenreform deutlich: Der Papst müsse alle fünf Jahre ein Konzil abhalten; wenn er das versäume, könnten die Bischöfe es auch ohne ihn tun. Der Papst sei überhaupt nur so lange das Haupt der Kirche, als die Bischöfe es duldeten. Allein das Konzil, nicht der Papst könne Kanonisationen vornehmen, wie z. B. des Bonaventura und des Thomas, von denen keiner auch nur einen Ketzer bekehrt habe. Außerdem arbeiteten sie mit Vernunftgründen, und diese „sind alle vom Teufel". Die Hauptpflicht der Bischöfe besteht in der Visitation und Glaubenserziehung, nicht in den „Fledermäusen" von Disziplinarverfügungen bis zur Exkommunikation, die er „Teufelsbriefe nannte". Früher seien die Bischöfe als Väter eingesetzt worden, jetzt als Tyrannen, die ihr eigenes Wohl suchen. Das Evangelium habe 400 Jahre unter der Bank gelegen, und für seine Wiedererweckung müßten noch sehr viele den Hals hinhalten[14]. Das alles war lutherisch, ja großenteils überlutherisch. So weitgehende Forderungen zu den Fragen um Papst, Konzilium und Bischöfe hatte Luther noch nicht gestellt. Schon ein gutes Jahr früher hatte sich der Rektor der Braunschweiger Martinsschule, ein früherer Schüler Müntzers, mit eingehenden Fragen zum Ablaßproblem und einigen anderen in der Luft liegenden Dingen an ihn gewandt[15]. Das war die Welt, in der er damals lebte und nach seiner Weise militant Stellung bezog. Es bedurfte dazu keiner persönlichen Begegnung mit Luther. Sie wird vielleicht,

---

[12] Brief Hausmanns vom 7. Sept. 1521 an Kurfürst Friedrich und Herzog Johann, abgedr. P. Kirn, Friedrich der Weise und die Kirche. Seine Kirchenpolitik vor und nach Luthers Hervortreten im Jahre 1517 (Leipzig, Berlin 1926), 183 ff.

[13] Für die Disputation von Günther am 23. Sept. 1517 hatte Luther seine bedeutsamen Thesen Contra scholasticam theologiam verfaßt. WA 1; 224–228. Über Günther vgl. N. Müller, Wittenberger Bewegung, 376 ff. Elliger, Thomas Müntzer, 49 ff.

[14] Vgl. den Bericht über die Predigten Müntzers in den Beschwerdebriefen des Jüterboger Franziskaners Bernhard Dappe an den bischöflichen Vikar Jakob Gropper und Bischof Scultetus von Brandenburg vom 4. und 5. Mai 1519. Text abgedr. Müntzer, 561 ff. Dazu: M. Bensing und W. Trillitzsch, Bernhard Dappens „Articuli . . . contra Lutheranos". Zur Auseinandersetzung der Jüterboger Franziskaner mit Th. Müntzer und Franz Günther 1519, in: Jb. f. Regionalgesch. 2 (1967), 113 ff. Luther nahm in dem Streit gemäßigt für Müntzer Partei. Vgl. Elliger, Thomas Müntzer, 49 ff.

[15] 1518? (auch dem Inhalt nach wahrscheinlicher als Boehmers Datierung: vor Ende Juni 1517). Müntzer, Nr. 2; 347 f.

wenn nicht schon früher, am Rande der Leipziger Disputation erfolgt sein. Von einem Studium in Wittenberg kann jedenfalls keine Rede sein. Daß aber Luther den gelehrten und angriffslustigen jüngeren Parteigänger schon längere Zeit im Blick hatte, ist nicht zu bezweifeln. Da die Jüterboger Affäre durch den wohl von Eck veranlaßten Druck der franziskanischen Beschwerdeschriften in die breite Öffentlichkeit gekommen war, sah er sich sogar veranlaßt, sich in einem Brief an den Franziskanerkonvent zu Jüterbog vom 15. Mai 1519 vor Müntzer und Günther zu stellen: Was Müntzer gepredigt habe, wisse er nicht. Wenn er generell die kirchlichen Oberen angegriffen habe, so sei das in der Kirche nicht nur erlaubt, sondern sogar durch Christi Vorbild geboten; etwas anderes wäre es, wenn er jemanden mit Namensnennung attackiert hätte[16]. Müntzer fand schließlich wieder eine Tätigkeit, wie er sie – jedenfalls von Zeit zu Zeit – liebte: als Seelsorger in einem Nonnenkloster (Beuditz bei Weißenfels), bei bescheidener Unterkunft mit viel Zeit zum Studieren. Nur daß er viele Bücher, die er brauchte, nicht bekommen konnte, war ihm „im Herrn Jesus noch ein bitteres Kreuz". „Ich forsche nicht für mich, sondern für den Herrn Jesus. Wenn er will, wird er mich senden, wohin ihm beliebt; inzwischen bin ich mit meinem Lose zufrieden."[17] Daß auch die Nonnen mit ihm zufrieden waren und er mit ihnen auch zu scherzen verstand, zeigt ein lustiger Brief, den eine von ihnen ihm in seinen neuen Wirkungsort Zwickau nachsandte[18].

Es war nicht verwunderlich, daß Luther den außergewöhnlich gelehrten und temperamentvollen Mann dem hochgebildeten Pfarrer an der Zwickauer Marienkirche Johannes Sylvius Egranus (eigentlich Johannes Wildenauer aus Eger), der Erasmus und Luther gleichermaßen verbunden war, empfahl[19]. Für die angeregte, lebensvolle Großstadt schien Müntzer gerade der rechte Mann zu sein. Luther sollte sich bitter täuschen. Die wilden Predigten, die Müntzer sofort wieder gegen die Franziskaner und später auch gegen seinen Kollegen Egranus selbst hielt[20], zerrissen die Stadt bald in zwei Parteien, in denen zugleich auch alte soziale Gegensätze aufeinander prallten. Der Schneeberger Silbersegen hatte auch seine Kehrseite gehabt[21]. Manche Familien des alten Tuchmacherpatriziats waren neben den schnell reich gewordenen Grubenbesitzern verarmt, der Wert des Geldes mit dem Ansteigen der im Verkehr befindlichen Menge gesunken, die Preise waren den Löhnen davongelaufen. So gab es ein wachsendes Proletariat der Tuchmacher, arm ge-

---

[16] WAB 1; 392, 107 ff.
[17] Müntzer, Nr. 7; 353,7 ff. Die Briefe tragen in der Ausgabe von Franz dieselben Nummern wie in: Thomas Müntzers Briefwechsel, hg. v. H. Boehmer u. P. Kirn (Leipzig, Berlin 1931).
[18] Ebd. Nr. 11; 356.
[19] Schon gelegentlich eines Zusammentreffens bei der Leipziger Disputation. Vgl. die Rückschau des Egranus an Luther vom 18. Mai 1522 (Konzept), WAB 2; 345 f., Anm. 2. Dazu die Selbstverteidigung Müntzers an Hausmann vom 15. Juni 1521, abgedr. Müntzer, Nr. 25; 371 ff.
[20] Elliger, Thomas Müntzer, 128.
[21] K. Blaschke, Sachsen im Zeitalter der Reformation, SVRG 185 (1970), 39 ff.

wordener Meister und Knappen (Gesellen), das schon bei einem Aufruhr gegen den Rat 1516 das treibende Element gewesen war. In ihnen lebte noch etwas von der waldensischen Armutsforderung an die Kirche und ihren Klerus, den viele überhaupt beseitigt wünschten, da nicht die Priester, sondern geisterfüllte Laien die Führer der wahren Kirche seien. Nikolaus Storch, ein intelligenter, ungewöhnlich in der heiligen Schrift belesener Tuchmachermeister aus alter, verarmter Familie, hatte diese sektiererischen Ideen aus Böhmen mitgebracht und durch Visionen und Offenbarungen, die er von Gott empfangen habe, bekräftigt. Es erregte Müntzer aufs höchste, daß er durch den hageren, glotzäugigen Mann, von dem ein eigentümlicher Bann ausging, als Wahrheit bezeugt fand, was er bei Tauler, Seuse und anderen Mystikern von den Gotteserlebnissen des angefochtenen, gelassenen Herzens gelesen hatte. Er rühmte ihn von der Kanzel als den wahren Geistgelehrten und förderte es, daß Storch geheime Konventikel um sich sammelte und in ihnen die Stufen der mystischen Versenkung lehrte: Verwunderung, Entgrobung, Studierung, Langeweile usw. bis zur „stracken Gerechtigkeit Gottes"[22]. Die Fama machte bald eine regelrechte Sekte daraus, mit einer Aussendung von 12 Aposteln und 72 Jüngern wie einst bei den Waldensern. Müntzers heftige Predigten brachten schließlich den Zündstoff zur Explosion. Am zweiten Weihnachtstage 1520 wurde ein Pfarrer, den er von der Kanzel herab angegriffen hatte, beinahe von der Menge erschlagen[23]. Nachdem der Rat noch einmal die Hand über ihn gehalten hatte, Müntzer aber nur um so ausfälliger wurde, warfen ihm zur Fastnacht 1521 seine Gegner die Fenster ein. Vergeblich griff der Rat mäßigend ein, ebenso mit Briefen die Wittenberger, denen man aus Zwickau berichtet hatte, Müntzer „sinne nur auf Mord und Blut"[24]. Ein neuer Zusammenstoß zu Ostern und ein wüster Kampf mit Schmähgedichten brachten schließlich das Faß zum Überlaufen. Müntzer wurde am 16. April vom Rat kurzerhand entlassen. Als seine Anhänger sich daraufhin zusammenrotteten, wurden 56 Tuchknappen gefangengesetzt. Müntzer, den – nicht zum letzten Mal in seinem Leben – die Angst ankam über das, was er angerichtet hatte, flüchtete noch in derselben Nacht. Fünf Tage später hielt Egran, der sich, um dem Hexenkessel zu entgehen, schon lange um ein anderes Amt beworben hatte, seine Abschiedspredigt. Die Reformation in Zwickau lag in Trümmern, aus denen nur die treue Arbeit von Nikolaus Hausmann, Egrans Nachfolger und Luthers nahem Freunde, ein Neues errichtete. Es kostete noch einen harten Kampf mit den Anhängern Storchs und Müntzers, der von außen weiter mit Briefen ein-

---

[22] Joh. Agricola an Reusch 1525, abgedr. A. Brecher, Neue Beiträge zum Briefwechsel der Reformatoren und ihnen nahestehender Männer, in: ZHTh 42 (1872), 405.
[23] Elliger, Thomas Müntzer, 111.
[24] Joh. Agricola an Müntzer Feb./März 1521, abgedr. Müntzer, Nr. 15; 362. Verlorener Brief Luthers an Müntzer, vgl. dessen Brief an ihn 9. Juli 1523, WAB 3; 104,4 f. u. Müntzer, Nr. 40; 389,19.

griff. So ließ schließlich Herzog Johann, dessen Verwaltung Zwickau unterstand[25], von seinem Vetter, dem wachsamen Herzog Georg, angestachelt, im Dezember 1521 eine Untersuchung durchführen. Storch zog es vor, nicht zu erscheinen, und verließ unter dem Gesang des Liedes „Dreh dich aus, es mocht dir sonst übel bekommen" die Stadt, begleitet von seinen Anhängern Drechsel und Thomae (nach der von seinem Vater betriebenen Badstube Stübner genannt), der einige Monate zuvor mit Müntzer nach Prag gezogen war. Nachdem sie in Zwickau gescheitert waren, suchten die drei sendungsbewußten Propheten ein neues Wirkungsfeld in und um Wittenberg.

Das Jahr 1522 begann für die Mehrheit der Wittenberger mit gespannten Erwartungen und Hoffnungen, für die Altgläubigen mit nicht geringen Sorgen. Karlstadt konnte sich durch die Art, wie sein Vorgehen in der Bürgerschaft aufgenommen wurde, nur zu weiteren Reformen ermutigt fühlen. Am Neujahrstage nahmen etwa tausend Menschen das Abendmahl unter beiderlei Gestalt, von Weihnachten bis Epiphanien fast die ganze Stadt. Das Volk drängte sich zu den Predigten, so daß man daran ging, Wochengottesdienste mit biblischen Auslegungen einzuführen[26]. Das Wittenberger Vorbild zog rasch andere nach sich. In einer Reihe von Städten und Dörfern des Kurkreises wurde die Messe mit dem Laienkelch unter großem Zulauf gefeiert. Vor allem in Eilenburg erschien der leidenschaftliche Gabriel Zwilling, Luthers einstiger Ordens- und Karlstadts Gesinnungsgenosse, und predigte seit Weihnachten das Volk in eine heftige Erregung hinein, die sich in Steinwürfen auf die Fenster des Pfarrers entlud. Am Neujahrstage hielt er in der Schloßkirche den neuen Gottesdienst, an dem die führenden kurfürstlichen Beamten der Stadt teilnahmen. Nachdem Zwilling nach Wittenberg zurückgekehrt war, stürmte – sehr zu seinem Unwillen – ein wilder Haufe am 12. Januar das Haus des Pfarrers, verwüstete es und konnte nur nach einem Handgemenge überwältigt und ins Gefängnis eingeliefert werden[27]. In den einzelnen Orten wichen die neuen gottesdienstlichen Formen noch mannigfach voneinander ab. Doch war ihnen allen die Absicht gemeinsam, die Gläubigen von der magischen Scheu vor der Berührung der eucharistischen Elemente und vom Zwang der vorher zu leistenden Beichte und Genugtuungswerke zu befreien. „Ein neu Leben im Glauben und Lieb üben, von Tag zu Tag darin zuzunehmen", sollte die Frucht des Abendmahlsempfanges

[25] Kirn, Friedrich der Weise (s. Anm. 12), 3, Anm. 4.
[26] N. Müller, Wittenberger Bewegung, Nr. 68. Jonas an Joh. Lang 8. Jan. 1522, ebd. Nr. 69.
[27] J. K. Seidemann, Erläuterungen zur Reformationsgeschichte durch bisher unbekannte Urkunden (Dresden 1844), 35 ff. Georg Helts Briefwechsel, hg. v. O. Clemen, ARG Erg. Bd. 2 (Leipzig 1907), 10 f. N. Müller, Wittenberger Bewegung, Nr. 73. Barge, Karlstadt, Bd. 1, 363. K. Müller, Luther und Karlstadt, 47. K. Pallas, Der Reformationsversuch des Gabriel Didymus in Eilenburg und seine Folgen. 1522–1525, in: ARG 9 (1911/12), 347 ff. sowie ebd. 10 (1913), 51 ff.

sein. So schrieb ein unbekannter Landpfarrer, dem wir einen trefflichen Bericht über diese Wochen verdanken[28].

Die raschen Erfolge stiegen Karlstadt zu Kopfe. Sie bestätigten ihn in dem Gefühl, der Führer einer weit ausgreifenden Bewegung zu sein. Er lud die ganze Universität, den Rat und zahlreiche vornehme Gäste zu seiner Hochzeit am 19. Januar 1522, für die er um ein kleines Vermögen gute Dinge aus Leipzig bestellt hatte, und schickte selbst dem Kurfürsten das allgemeine Einladungsschreiben, in dem mit knapper Not die Bitte um sein persönliches Erscheinen weggelassen war[29]. Die Heirat selbst freilich fand freudige Zustimmung, auch bei Luther[30], und ermunterte andere, den gleichen Schritt zu tun. Der Stiftspropst Justus Jonas und selbst der zur katholischen Gruppe im Kapitel gehörige Johann Dölsch, nach seinem Geburtsort Dr. Feldkirch genannt, folgten ihm[31].

Nicht geringeres Aufsehen erregte es, als gleichzeitig das Augustinerkloster, aus dem schon im November ein Drittel der Brüder ausgetreten war, mit umwälzenden Reformen begann. Ein zu Epiphanien 1522 in Wittenberg tagender Konvent der deutschen Augustinerkongregation gab jedem den Austritt frei und stellte zugleich denen, die im Kloster bleiben wollten, neue Aufgaben. An die Stelle von Bettelgängen, Votivmessen und übermäßigem liturgischem Dienst sollten Predigt, körperliche Arbeit und Hilfe an Leidenden treten[32]. Die Beschlüsse wurden im Druck verbreitet und wirkten in ganz Deutschland als Signal, das viele zum Austritt aus dem Orden bewog. Wenige Tage später aber brach im Kloster, wohl unter Zwillings Einfluß, ein weit radikalerer Geist durch: Die Bilder in der Kirche und das geweihte Krankenöl wurden verbrannt und sämtliche Nebenaltäre beseitigt. Damit war eine kurz zuvor von Karlstadt ausgesprochene Forderung zum ersten Male in die Tat umgesetzt worden[33].

Von den Zwickauer Propheten hatten inzwischen die beiden Tuchmacher so unerwartet, wie sie gekommen waren, die Stadt wieder verlassen. Aber man erzählte sich Wunderdinge von ihren Träumen und Gesichten. Nur Thomae (Stübner) blieb zurück und gab Prophezeiungen von sich: Bald würden die Türken kommen und alle Pfaffen, auch die verheirateten, erschlagen, und nach einem Umsturz in 5–7 Jahren würden nur noch Fromme

[28] N. Müller, Wittenberger Bewegung, Nr. 68, S. 151.
[29] Ebd. S. 159. Die Einladungsschreiben vom 5. u. 6. Jan. 1522, ebd. Nr. 65 u. 66. Dazu K. Schottenloher, Erfurter und Wittenberger Berichte aus den Frühjahren der Reformation nach Tegernseer Überlieferungen, in: Fschr. H. v. Schubert, hg. v. O. Scheel, ARG Erg. Bd. 5 (Leipzig 1929), 88. Karlstadt kaufte für 50 fl. ein, seine gut dotierte Stelle erbrachte außer Naturalien 129 fl. Vgl. das Verzeichnis von 1514 bei Barge, Karlstadt, Bd. 1, 44.
[30] An Amsdorf 13. Jan. 1522, WAB 1; 423,45.
[31] N. Müller, Wittenberger Bewegung, Nr. 101, S. 210. E. Fischer, Zu den Wittenberger Unruhen, in: ZKG 23 (1902), 615ff.
[32] N. Müller, Wittenberger Bewegung, Nr. 67. 70.
[33] Ebd. Nr. 72. 102. Barge, Karlstadt, Bd. 1, 386.

am Leben sein und ein Glaube und eine Taufe herrschen. Melanchthon hatte
ihn gutmütig in sein Haus geladen und nahm ihn gegen den Spott, den er bei
den Studenten erregte, in Schutz. Er mußte freilich selbst lachen, als Thomae,
der einmal mit am Tisch saß, aus einem Schläfchen auffahrend ihm verkündete, er sehe jetzt Johannes Chrysostomus mit traurigem Angesicht im Fegefeuer[34]. Storch dagegen zog inzwischen kreuz und quer durch Deutschland,
ein Agitator von hohen Graden, der den Leuten immer phantastischere
Dinge über sich selbst aufzuschwatzen verstand – der Engel Gabriel sei ihm
erschienen und habe ihm verheißen, er solle auf seinem Thron sitzen – und
zugleich den Samen der Revolution ausstreute, der dann im Bauernkriege
aufging. In dessen Anfängen verliert sich seine Spur.

In dieser verworrenen Lage, wo jeder Pfarrer nach eigenem Ermessen han-
delte und täglich neue Überraschungen zu erwarten waren, begriff der Rat,
daß mit bloßen Verboten nichts mehr geholfen war. Nur ein entschiedener
Schritt vorwärts konnte wieder zur Ordnung führen. So erließ er, von einem
Ausschuß der Universität beraten, am 24. Januar 1522 die „Löbliche Ordnung der fürstlichen Stadt Wittenberg". Nachdem schon Ende 1521 unter
Luthers Einfluß eine „Beutelordnung", die auf eine weit nachwirkende
Weise das Armenwesen regelte[35], erlassen worden war, gab sich hier nun
zum ersten Male eine reformatorisch gesinnte Stadt eine umfassende Sozial-
und Kirchenordnung. Sie diente drei Zielen: 1) dem Kampf gegen die Armut:
Die sämtlichen kirchlichen und karitativen Einkünfte wurden – wie in gerin-
gerem Maße schon in der „Beutelordnung" – zu einem „gemeinen Kasten"
vereinigt, aus dem Notleidende, Schüler, Studenten und ihrer bisherigen
Einkünfte beraubte Priester unterstützt werden und Handwerker oder
schuldlos Verschuldete Darlehen erhalten sollten. Es darf in der Stadt keinen
Bettel mehr geben. Wer sich weigert zu arbeiten, soll aus der Stadt gewiesen
werden. Auch das leidige Betteln der Mönche wird nicht mehr geduldet. 2)
dem Kampf gegen die Unzucht: Dirnen sollen ausgewiesen, Wirte von Frau-
enhäusern schwer bestraft werden. 3) der Neuordnung des Gottesdienstes in
der Stadtkirche: Karlstadts Weihnachtsmesse wird das Muster, das „evangelisch Mahl" unter beiderlei Gestalt die feste Regel, das Zugreifen der Laien
nach den Elementen erlaubt. Die Bilder sollen ganz, die Altäre bis auf drei beseitigt werden. Die Ordnung war ein Triumph Karlstadts, wenn auch zumeist mit den Ideen Luthers. Denn die sozialen und sittenpolizeilichen Maßnahmen stammten fast sämtlich aus Luthers Schriften an den christlichen
Adel und über den Wucher, so wie das neue Verständnis des Gottesdienstes

---

[34] Bericht des Anonymus, abgedr. N. Müller, Wittenberger Bewegung, 160. Camerarius, De
Philippi Melanchthonis ortu totius vitae, curriculo et morte narratio (1566), 50 f. Über die Rolle
Melanchthons in den Wittenberger Unruhen vgl. Maurer, Melanchthon, Bd. 2, 200 ff.
[35] Barge, Karlstadt, Bd. 2, 559 f. Zur Datierung und Bedeutung K. Müller, Luther und Karlstadt, 202 ff. O. Winckelmann, Über die ältesten Armenordnungen der Reformationszeit
(1522–1525), in: HV 17 (1914), 202 ff. 396 ff.

Luthers Lehre und Schriften entnommen war. Die liturgische Form freilich war Karlstadts Werk und der Bilderkampf überhaupt sein geistiges Eigentum. Er begründete ihn unmittelbar darauf in einer besonderen Schrift, in der er das alttestamentliche Bilderverbot radikal erneuerte und es den Wittenbergern mit den Gerichtsdrohungen der Propheten gegen allen Götzenbilderdienst einhämmerte. Aber auch Melanchthon hatte die neue Regelung eifrig betrieben, um dem Chaos Einhalt zu gebieten[36].

Jedoch der Strom war durch diese Dämme nicht mehr aufzuhalten. Karlstadt und Zwilling trieben in wilden Predigten und Schriften über die erreichte Ordnung hinaus. Sie erinnerten die Gemeinde an ihre Souveränität („Selbstherrschung"), die ihr das Recht gebe, bei „Nachlässigkeit der Oberkeit" selbst zu handeln. Und aus der geordneten Beseitigung der Bilder machten sie ein Gottesgericht. So kam es dazu, daß eine Reihe von Bildern von unbefugter Hand zerstört wurde. Der Rat griff zwar sofort ein und strafte die Schuldigen, soweit sie nicht entkamen[37]. Aber mit dem jähen Ausbruch der Leidenschaften war, so schnell er auch abgefangen wurde, zum ersten Male etwas geschehen, was in den nächsten Jahrzehnten noch öfter furchtbare Nachahmung finden sollte. Berichte über diese Vorgänge, über den immer weiter um sich greifenden Bruch der Fastengebote und neuen Streit zwischen den Predigern um die Beichtfrage alarmierten die Regierung. Nachdem persönliche Versuche des evangelisch gesinnten kurfürstlichen Rates Hugold von Einsiedel, auf Karlstadt und Zwilling mäßigend einzuwirken, erfolglos geblieben waren, befahl er sämtliche Beteiligten auf den 13. Februar zur Verantwortung nach Eilenburg und berichtete danach an den Kurfürsten. Der Entscheid Friedrichs vom 17. Februar war ein Ausdruck seiner Ratlosigkeit[38]. Er kann nur „mit beschwertem Gemüt" feststellen, daß sein Verbot, eine neue Gottesdienstordnung einzuführen, nicht befolgt worden war. Aber so wenig er sich früher als Laie zu einer Äußerung über die Messe, die Zwickauer Propheten oder über die Bilderfrage zuständig erklärt hatte[39], wagt er jetzt mit einer bestimmten Weisung einzugreifen. Er verlangt nur, daß auf jeden Fall der Anschein vermieden werde, als habe er der Neuordnung zugestimmt.

Der Bescheid des Kurfürsten schuf in Wittenberg nicht im geringsten Klarheit. Die Dinge strudelten weiter. Eine besonders peinliche Folge der

---

[36] Die Wittenberger und Leisniger Kastenordnung. 1522, 1523, hg. v. H. Lietzmann, Kleine Texte 21 (Bonn 1907). N. Müller, Wittenberger Bewegung, Nr. 74. 75. 93. Über einen vom Druck abweichenden Text von der Hand Stephan Roths vgl. O. Clemen, Miscellen zur Reformationsgeschichte, in: ThStKr 70/4 (1897), 820f. Andreas Karlstadt, Von Abtuhung der Bilder und das keyn Bedtler vnther den Christen seyn sollen, 1522, und die Wittenberger Beutelordnung, hg. v. H. Lietzmann, Kleine Texte 74 (1911).

[37] N. Müller, Wittenberger Bewegung, Nr. 74. 84. 89.

[38] Ebd. Nr. 76–99.

[39] Ebd. S. 52. 141. 191.

Wirrnisse war, daß ein Teil der Studenten Wittenberg verließ[40]. Viele hatten bisher aus dem Betteln um milde Gaben einen Teil ihres Unterhalts bezogen. Das war nun verboten, erschien aber vielen offenbar auch nicht mehr würdig. In allen Reformen stößt man auf den Drang zur Ernährung durch der eigenen Hände Arbeit. Und schließlich, wozu bedurfte es noch der Gelehrsamkeit, wenn es doch nur auf die schlichte Verkündigung des Evangeliums statt auf scholastische Denkübungen ankam? Ein von Gott erleuchteter schlichter Christ konnte sich besser darauf verstehen als ein noch so gelehrter Theologe. Nun vollends, wenn er sich wie die Zwickauer Propheten auf besondere Gottesoffenbarungen berufen konnte. Karlstadt und Zwilling fragten einfache Leute zu deren großem Verwundern, wie sie den einen oder andern Spruch der heiligen Schrift verstünden[41]. Vor allem für humanistische Studien war kein Boden mehr. Es konnte geschehen, daß ein Student mitten in einer Vorlesung Karlstadts den Entschluß faßte, „den Musen Lebewohl zu sagen"[42]. Kein Wunder, daß man sich von Melanchthon und dem Hebraisten Aurogallus erzählte, sie planten ebenfalls, Wittenberg zu verlassen. Jedenfalls erfüllte Melanchthon die bange Sorge, das Licht des Evangeliums, das soeben erst aufgeleuchtet sei, könne wieder von ihnen genommen werden[43]. So sahen er und die besonneneren Elemente der Universität ebenso wie der Rat der Stadt schließlich keinen anderen Ausweg mehr, als Luther zurückzurufen[44].

Luther hatte die Wittenberger Ereignisse aufmerksam verfolgt, anfangs mit großer Ruhe. Die Gottesdienstreform Karlstadts konnte er zunächst nicht mißbilligen. Sie entsprach ja grundsätzlich seiner Auffassung; von den Methoden wußte er offenbar noch nichts. Und die Zwickauer Propheten machten ihm gar keinen Eindruck. Wie konnte ein Mann von so viel Geist und Bildung wie Melanchthon ihnen gegenüber in Zweifel geraten? Er gab ihm in einem langen Brief vom 13. Januar 1522 ein Rezept, wie er sie behandeln sollte: Er solle sie danach fragen, was sie an Gewissensangst durchgemacht hätten. Die Anfechtung ist „der einzige sichere Prüfstein der christlichen Geister". Alle sonstigen angeblichen Offenbarungen zählen nicht. Und

[40] Felix Ulscenius an Capito 24. Jan. 1522, abgedr. N. Müller, Wittenberger Bewegung, 173. Instruktion des Kurfürsten an den Amtmann Joh. Oswald in Eisenach, ca. 26. Feb. 1522, WAB 2; 450,23. Fröschel bei O. Clemen, Beiträge zur Reformationsgeschichte aus Büchern und Handschriften der Zwickauer Ratsschulbibliothek, H. 2 (Berlin 1902), 26 f.

[41] Bericht Sebastian Fröschels in: Das Buch der Reformation, geschrieben von Mitlebenden, hg. v. K. Kaulfuß-Diesch (Leipzig 1917), 289; desgl. in: Clemen, Reformationsgeschichte (s. Anm. 40), H. 2, 26 f.

[42] Philipp Eberbach nach Bericht von Erasmus Alberus. Barge, Karlstadt, Bd. 1, 422, Anm. 233.

[43] Vgl. den Anm. 40 genannten Brief des Ulscenius und Melanchthons Brief an Spalatin, CR 1, 547 (nicht vom 6. Feb. 1522, sondern ca. 20. Nov. 1522, MSA 7/1, 180 ff. MBW 247).

[44] Luther an den Kurfürsten 7. März 1522, WAB 2; 460,22. Melanchthon an Michael Hummelberg 12. März 1522, CR 1, 566. MSA 7/1, 171 f. MBW 220. Reisekostenrechnung der Wittenberger Kämmerei: Enders, Luther-BW, Bd. 3, 298, Anm. 1; WAB 2; 462,4. Überwindung der Wittenberger Krise: Maurer, Melanchthon, Bd. 2, 200 ff.

daß sie die Frage der Kindertaufe aufwarfen, überraschte ihn nicht. „Ich habe immer erwartet, daß der Satan diese Wunde berühren würde; durch die Papisten wollte er es nicht tun. Unter uns selbst und den Unseren reißt er diesen schweren Zwiespalt auf", sprach er vorahnend aus, „aber Christus wird ihn schnell unter unseren Füßen zertreten." In der Sache selbst war er nicht im geringsten ungewiß, obwohl er wußte, daß es dabei um Fragen ging, die nicht zwingend aus der Bibel entschieden werden könnten. Er hielt sich aber an die wunderbare Einheit der Kirche in der Übung der Kindertaufe, die kein Ketzer bisher geleugnet habe und die auch durch das alttestamentliche Vorbild der Beschneidung gestützt sei[45]. Wenn Luther mit dem Gedanken einer baldigen Rückkehr spielte, dann nicht um der neuen Propheten willen, die auch er keinesfalls mit Polizeimitteln bestraft wissen wollte, sondern weil ihn die Schwierigkeit der Bibelübersetzung nach der Hilfe der Freunde ausschauen ließ[46]. Aber erst als er von den Eilenburger Tumulten hörte, faßte er den Plan ernstlicher ins Auge[47]. In diesen Vorgängen, die nach allen Seiten bekannt geworden waren, war der gute Ruf der „Martinianer", wie Luthers Anhänger allgemein hießen, geschändet worden[48]. Offenbar erfuhr er aber, daß das Feuer rasch ausgetreten worden war, und wohl auch, daß man sich in Wittenberg um eine Ordnung bemühte. Als dann freilich der Hilferuf der Stadt eintraf und ihm zugleich die Ratlosigkeit und Bedrängnis des Kurfürsten deutlich wurde, entschloß er sich in größter Eile zur Heimkehr. Er schickte nur mit der Ankündigung seines Kommens seinem Landesherrn einen Brief souveränen Trostes voraus, gemischt, wie so oft, aus Glauben und Humor. Er beglückwünschte ihn, daß er, der Reliquiensammler, jetzt „ohn alle Kosten und Mühe ein ganzes Kreuz mit Nägeln, Speeren und Geißeln" bekomme. „Ew. Fürstl. Gnaden erschreck nur nicht, ja strecke die Arme getrost aus und laß die Nägel tief hineingehen, ja danke und sei fröhlich." Er solle jetzt klug und unverzagt sein und nicht nach der Vernunft oder dem äußeren Anschein urteilen. Das seien „Griffe des Satans", die er – Luther – gar wohl kenne[49].

In der Tat stand der Kurfürst nicht nur in schwerer Sorge um das, was in seinem Land geschehen war, sondern auch unter einem seit Beginn der Wittenberger Unruhen ständig wachsenden politischen Druck. Sein Vetter Herzog Georg setzte ihm unablässig mit Warnungen und Drohungen zu, in denen er ihn beschuldigte, der hussitischen Ketzerei Vorschub zu leisten. Friedrich der Weise beteuerte demgegenüber nicht nur seine stets gewahrte Zurückhaltung, sondern erinnerte auch sehr ernst daran, wohin die blutige

[45] WAB 2; 424 ff., bes. 427,117 ff.
[46] Ebd. 423,51 ff. 427,127 ff.
[47] An Spalatin 17. Jan. 1522, WAB 2; 444,5 ff.
[48] Clemen, Helt-BW (s. Anm. 27), 11. Weitere Berichte über Eilenburg: Wülcker/Virck, Berichte Planitz, 67 f. Geß, Akten, Bd. 1, Nr. 284. 293.
[49] ca. 24. Feb. 1522, WAB 2; 448,7 ff. 449,17.

Bekämpfung der Böhmen in einer so umstrittenen Frage wie der des Laien-kelchs geführt habe[50]. Aber die Eilenburger Vorgänge hatten den Zorn Herzog Georgs von neuem angefacht. Nach heftigen Zusammenstößen mit dem kursächsischen Gesandten beim Reichsregiment in Nürnberg Hans von der Planitz erreichte er, daß am 20. Januar 1522 ein scharfes Mandat des Regiments gegen die Veränderungen an der Messe und die Klosteraustritte erging, das die Landesherrn zum Einschreiten und zur Bestrafung der Übeltäter aufforderte[51]. Friedrich der Weise ließ sich von den Drohungen nicht einschüchtern: Ein nochmaliges zudringliches Schreiben Georgs, er solle sich gegen die ausgetretenen Mönche und abtrünnigen Pfaffen „nicht bezeigen als ein Zweifler, sondern als getreuer, gehorsamer Kurfürst des heiligen Reichs und der christlichen Kirche", fertigte er kühl ab: Er wünsche von ihm nichts zu hören, „was Euer Liebden zu schreiben nicht gebührt". Auch dem Ansinnen der Bischöfe von Meißen und Merseburg, ihnen zum Eingreifen den weltlichen Arm zu leihen, versagte er sich[52].

Wie sehr das Wort vom Zweifler freilich ins Schwarze getroffen hatte, zeigt die in Form einer Instruktion an den Eisenacher Amtmann erteilte Antwort des Kurfürsten auf den Brief, mit dem Luther sein Kommen angekündigt hatte[53]. Er bekennt seinem Untertan, dessen ein wenig weitgehende Anspielungen er ohne Empfindlichkeit, nur durch mehrfaches Zitieren, leise zurechtrückt, mit dem ihm eigenen Freimut seine Ratlosigkeit gegenüber den Wittenberger Geschehnissen. Er wolle Gottes Willen und Wort nicht entgegen sein. Aber die Wittenberger seien ja selbst nicht einig, „und niemand wüßte, wer Koch oder Keller[54] wäre". Er scheue sich auch nicht zu leiden. „Wenn das sollt das recht Kreuz und Heiltum von Gott sein, so hätten S. Kurf. Gnaden kein Entsetzung davor." Gott werde ihm dann auch seine Hilfe dazu leihen. Luther solle ihm schreiben, was er in dieser zwiespältigen Situation tun oder lassen solle. Freilich, daß Luther kommen will, erfüllt ihn mit großer Sorge; er solle es auf keinen Fall oder wenigstens auf einige Zeit noch nicht tun. Sollte der Kaiser davon erfahren und seine Auslieferung verlangen, so könne er ihn kaum schützen; mehr als ein gnädiges Verhör habe er sowieso

---

[50] Geß, Akten, Bd. 1, Nr. 259. 274. 276. 282.

[51] Wülcker/Virck, Berichte Planitz, 59f. 67f. Geß, Akten, Bd. 1, Nr. 288.

[52] Schreiben Georgs vom 1. Feb. 1522, Geß, Akten, Bd. 1, Nr. 293; 262,23. Schreiben Friedrichs d. W. vom 9. März 1522, ebd. Nr. 314; 286,3. Antwort Georgs vom 21. März 1522, ebd. Nr. 321. Schriftwechsel mit dem Bischof von Meißen bei K. Pallas, Briefe und Akten zur Visitationsreise des Bischofs Johann VII. von Meißen im Kurfürstentum Sachsen 1522, in: ARG 5 (1907/08), 217ff. und dem Bischof von Merseburg, in: Förstemann, Neues Urkundenbuch, Bd. 1, 89 sowie bei Clemen, Reformationsgeschichte (s. Anm. 40), H. 2, 4ff.

[53] Instruktion an Joh. Oswald (ca. 26. Feb. 1522), WAB 2; 449–453, bes. 451,35.88ff. 72. Dazu die dort übersehene Auslegung durch K. Müller, Luther und Karlstadt, 95ff. In der Deutung des umstrittenen Schlußsatzes (WAB 2; 452, 110) stimme ich allerdings gegen ihn Kawerau und v. Bezold zu.

[54] Kellermeister.

für ihn nie anstreben können. Schlage er die Auslieferung ab – und es wäre „der größten Beschwerungen eine", wenn Luther Unrecht geschähe, da er ihn nicht für widerlegt halte –, so wisse er nicht, was für sein Land daraus entstehe. Vielleicht bringe der für das Frühjahr ausgeschriebene Reichstag, zu dem Luther ihm schriftliche Ratschläge schicken möge, eine große Veränderung. Der Kurfürst mochte wohl an den neuen Papst Hadrian VI. denken. Aber schließlich stellt er, damit nur ja Gottes Wille und Werk nicht verhindert werde, noch einmal alles in Luthers „Verstand, der dieser hohen Sachen erfahren".

Luther erhielt den Bescheid des Kurfürsten am Abend, bevor er am 1. März die Wartburg verlassen wollte. Die in ihrer gewissenhaften Unentschlossenheit und ihrem Vertrauen rührende Antwort seines Landesherrn konnte ihn darin nicht irre machen, sondern nur bestärken. Jetzt mußte er allein die Verantwortung übernehmen. Er handelte so, wie er es später im Bauernkrieg noch einmal in weit größeren Ausmaßen wiederholte. In welch fröhlicher Sicherheit er heimkehrte, ist uns durch die Erinnerung zweier Schweizer Studenten festgehalten, die ebenfalls auf der Reise nach Wittenberg begriffen waren und ihn am Abend des 3. März im Schwarzen Bären zu Jena antrafen. Er führte ein lustiges Gespräch voll versteckter Anspielungen mit ihnen und zwei Kaufleuten, die seine Kirchenpostille als Reiselektüre bei sich hatten. Den Studenten bezahlte er heimlich das Abendessen und trug ihnen einen Gruß an ihren Schweizer Landsmann Hieronymus Schurff auf: „Der kommen soll, läßt euch grüßen." Später weidete er sich an ihrer Überraschung, als sie ihn bei Schurf wiederfanden[55].

Seinen Kurfürsten konnte er erst am 5. März von Borna aus, im Hause des Geleitsmanns Michael von der Straßen, eines guten Freundes der evangelischen Sache, unterrichten; also unmittelbar bevor er Leipzig und damit ein Gebiet seines Feindes Herzog Georg durchritt. Der Brief – einer der herrlichsten, die er geschrieben hat, – ist der Aufrichtigkeit würdig, mit der der Kurfürst ihm sein Herz offenbart hatte, in seiner hochgemuten Gewißheit ebenso fromm wie der Friedrichs in seiner Demut. Den kleinen, fast unhörbaren Tadel des Landesherrn überhört Luther nicht, läßt aber seine Unruhe darüber gar nicht aufkommen, sondern wandelt sie in ein Wort des Zutrauens, daß „E.K.F.G.[56] mein Herz wohl besser erkennet", als daß er habe sticheln wollen, und in ein warmes Bekenntnis, daß er „ohn alles Heucheln ein Lust und Gefallen allzeit an E.K.F.G. vor allen Fürsten und Oberkeiten gehabt". Was er geschrieben habe, stamme aus der Sorge um die Beschwernis des Kurfürsten durch die häßlichen Wittenberger Händel, die vor Gott und der Welt nicht zu verantworten seien und doch ihm und dem Evangelium auf dem Halse lägen; dagegen seien alle bisherigen Kämpfe nichts gewesen. „Das tut

---

[55] J. Keßler, Sabbata, mit kleineren Schriften und Briefen, hg. v. Hist. Verein des Kantons St. Gallen (St. Gallen 1902), 76ff.
[56] Euer Kurfürstliche Gnaden.

mir von Herzen wehe." Er weiß, soweit menschliche Erfahrung das wissen läßt, daß der Kurfürst es aufs allerbeste mit ihm meint. Daß auch er selbst es gut meint, wenn er dem kurfürstlichen Rat nicht gehorcht, glaubt er „aus höherer denn aus menschlicher Erkundung" zu wissen. Das ist das Thema, das der Brief immer von neuem abwandelt. Von der Höhe gesehen, auf der die eigentliche Schlacht geschlagen wird, werden alle Sorgen und Bedenken des Kurfürsten gegenstandslos. Darum spricht Luther ihn frei von der Pflicht, ihn zu schützen. „E.K.F.G. wisse, ich komme gen Wittenberg in gar viel einem höheren Schutz denn des Kurfürsten. Ich hab's auch nicht im Sinn, von E.K.F.G. Schutz zu begehren. Ja ich halt, ich wolle E.K.F.G. mehr schützen, denn sie mich schützen könnte. Dazu, wenn ich wüßte, daß mich E.K.F.G. könnte und wollte schützen, so wollt ich nicht kommen. Dieser Sachen soll noch kann kein Schwert raten oder helfen, Gott muß hie allein schaffen, ohn alles menschliche Sorgen und Zutun. Darum: wer am meisten glaubt, der wird hie am meisten schützen." Und Luther spricht seinen Landesherrn ebenso frei von jeder Schuld, wenn er gefangen oder getötet wird. Will ihn der Kaiser holen lassen, so soll der Kurfürst keinerlei Widerstand leisten; ihm und dem Lande soll kein Schade geschehen. Vor allem aber zeigt er ihm hinter den Menschen, die an dem Handel beteiligt sind, die verborgenen Spieler des großen Spiels: seinen Herrn Christus, welchen Herzog Georg für einen Mann „aus Stroh geflochten" hält, und den Teufel, der noch ein anderer Mann ist als der Herzog: „Der kennet mich sehr wohl, und ich kenne ihn nicht übel." Aber dieses Spiel sieht man nur mit den Augen des Glaubens. „Wenn E.K.F.G. glaubte, so würde sie Gottes Herrlichkeit sehen; weil sie aber noch nicht glaubt, hat sie auch noch nichts gesehen."[57]

Am 6. März 1522 ritt Luther wieder in Wittenberg ein. Die erste Aufgabe, die ihn erwartete, war, dem Kurfürsten einen neuen Brief zu schreiben. Nicht daß dieser Luthers Schreiben aus Borna übel aufgenommen hätte; im Gegenteil, er ließ ihm durch Vermittlung von Schurff einen gnädigen Gruß bestellen. Aber vorzeigbar war Luthers stolzer Brief nun wirklich nicht. So bestellte Friedrich geheim und in hoher Eile einen anderen von ihm, den er notfalls politisch verwenden konnte. Es gelang Luther nicht im ersten Anlauf, die Form zu finden, die den Kurfürsten befriedigte. Aber er arbeitete ihn bereitwillig nach Korrekturen Spalatins noch einmal um, wobei es ihm keinerlei Beschwer machte, daß er die schriftliche Rückberufung aus Wittenberg verschweigen mußte, wohl aber, daß er den Kaiser seinen „allergnädigsten Herrn" nennen sollte, wo doch alle Welt wußte, daß er Luthers grimmiger Feind war. Aber er wollte sich lieber einer lächerlichen Heuchelei verdächtig machen, als den ängstlichen Kurfürsten vor den Kopf stoßen. Der

[57] Luther an Kurfürst Friedrich 5. März 1522, WAB 2; 453-457, bes. 454,18.19 ff. 32 f. 12 f. 455,75–456,82. 455,66. 456,122. 457,123 ff.

Brief wurde sofort beim Reichsregiment in Nürnberg verbreitet und überzeugte sogar Herzog Georg davon, daß sein Vetter an der Rückkehr Luthers
unschuldig sei[58].

[58] Korrespondenz zwischen dem Kurfürsten, Schurf, Luther und Spalatin 7.–13. März 1522,
WAB 2; 457–473. Wülcker/Virck, Berichte Planitz, 107ff. Geß, Akten, Bd. 1, 303f.

III. Wiederherstellung der Ordnung –
Druck der Bibelübersetzung

1.

Drei Tage nach seiner Ankuft, am Sonntag Invokavit, dem 9. März 1522, stand Luther zum ersten Male wieder auf der Kanzel der Stadtkirche. Wie Gerichtsklänge fielen seine ersten Worte auf die Gemeinde herab. „Wir sind allsamt zu dem Tod gefordert und wird keiner für den andern sterben, sondern ein jeglicher in eigner Person für sich mit dem Tod kämpfen. In die Ohren können wir wohl schreien, aber ein jeglicher muß für sich selber geschickt sein in der Zeit des Tods. Ich werde dann nicht bei dir sein noch du bei mir."[1] Damit riß er die Wittenberger aus dem Massenrausch, dem sie verfallen waren, wieder zurück in die Vereinzelung, die der Glaube erfordert. Gegen seine Gewohnheit hatte er sich, wenigstens für die erste Predigt, schriftlich genau vorbereitet[2]; ein Zeichen, wie ernst er den Augenblick nahm. Aber in der Rede wuchs er rasch darüber hinaus. Er wurde, wie die im nächsten Jahr in mehreren Drucken erschienene Nachschrift im Vergleich zu Luthers Manuskript zeigt, versöhnlicher, schonte Karlstadt und Zwilling und steigerte damit zugleich noch die Eindringlichkeit des einen, immer wiederholten Vorwurfs, der alle traf: Ihr habt die Liebe vergessen, welche mit den Schwachen und Langsamen Geduld hat. Im Glauben wissen sie Bescheid, das will er gern loben. Aber: „Der Glaube ohne die Liebe ist nicht genugsam, ja ist nicht ein Glaube, sondern ein Schein des Glaubens, wie ein Angesicht im Spiegel gesehen ist nicht ein wahrhaftiges Angesicht, sondern nur ein Schein des Angesichts."[3] Glaube und Liebe verhalten sich wie das, was sein muß, und das, was frei ist[4]. Damit hat er am Ende der ersten Predigt den Leitgedanken gefunden, dem er die ganze Woche hindurch folgt. Glaube, rechte Erkenntnis und Verkündigung des Evangeliums müssen sein, ohne Einschränkung. Aber die Liebe läßt den andern in äußeren Dingen frei (Fastengebote halten oder nicht, Abendmahl in zweierlei Gestalt oder nicht, Brot in die Hand nehmen oder nicht); sie verbietet es uns, daraus für irgend jemanden ein Gesetz zu machen. Das hieße Gott ins Handwerk pfuschen, der uns die Wirkung des gepredigten Evangeliums entzogen und sich selbst vorbehalten hat.

---

[1] WA 10/3; 1f.
[2] Ebd. LVII ff.
[3] Ebd. 4,10 ff.
[4] Ebd. 11,4 f.

„Ich kann nicht weiter kommen denn zu den Ohren, ins Herz kann ich nicht kommen. . . . Wir haben wohl das Recht zum Wort, aber nicht die Ausübung."[5] Die „lieblose Freiheit", mit der die Wittenberger Altes beseitigt und Neues geschaffen haben, kann nur zu neuem Zwang führen. Diese Verkehrung seines Werks bis in die Wurzel hinein war es, die Luther von Grund seiner Seele erregte. Wenn sie davon nicht abstünden, brauche ihn kein Kaiser zu verjagen; er werde unvertrieben von ihnen gehen und ihnen dann sagen: „Es hat mich kein Feind, wiewohl sie mir viel Leids haben getan, also getroffen, als ihr mich getroffen habt."[6]

Wenn schon bei den Dingen, die notwendig sind – und die Predigt des Evangeliums, der Kampf gegen die Messe sind ohne Frage notwendig –, um der Liebe willen aller Zwang zu meiden ist, wie viel mehr erst bei dem, was Gott selbst freigestellt hat. Soll man die Bilder aus den Kirchen beseitigen? Gewiß, es wird viel abergläubischer Mißbrauch mit ihnen getrieben. Und doch hat Gott ihre Verwendung freigestellt; so erklärt er in scharfem Gegensatz zu der Meinung Karlstadts, Gott habe die Bilder genauso streng verboten wie Mord, Diebstahl und Ehebruch[7]. Die oströmischen Kaiser, welche einst im 8. Jahrhundert die Verehrung der Bilder verboten haben, und die Päpste, welche sie fordern, haben den gleichen Fehler gemacht. „Sie wollten aus der Freiheit ein ‚Müssen' machen. Das kann Gott nicht leiden."[8] Ja, es ist mit den Bildern eine zwiefach unsichere Sache. Trotz des Verbots, von Gott ein Bildnis zu machen, gibt es Bilder in der Bibel: die eherne Schlange des Mose (4. Mose 21,9), die zwei „Vögel" auf dem „Gnadenstuhl"[9]. Doch sollen nicht sie angebetet werden, sondern allein Gott. Aber wie will man den Gegnern beweisen, daß sie die Bilder angebetet haben? Sie werden es leugnen („wiewohl es doch wahr ist"). „Da kann ich sie denn nicht weiter zwingen, sondern muß meine Pfeife wieder in die Tasche stecken."[10] Die Wittenberger hätten ihren Kampf gegen die Bilder an einem anderen Ende anfangen müssen: nicht mit dem nie beweisbaren Vorwurf des Anbetens, sondern an der Tatsache, die niemand leugnen kann, daß die Bilder und kostbaren Geräte in den Kirchen gestiftet worden sind, weil man meinte, damit Gott einen besonderen Dienst zu tun. Mit dem gleichen Schlüssel hatte Luther das so schwer zu lösende Problem der Mönchsgelübde aufgeschlossen[11]. Daran hatte er ein für allemal den Krebsschaden aller frommen kirchlichen Werke erkannt. Die Bilder selbst geben keinen Anlaß, sie zu beseitigen. „Sie sind

---

[5] Ebd. 15,5 ff. Wir haben wohl ius verbi, aber nicht executionem.

[6] Ebd. 42,9 ff. WA 10/2; 56,8 ff. So hatte er auch schon am 5. März an den Kurfüsten geschrieben, WAB 2; 454,28 ff.

[7] Andreas Karlstadt, Von Abtuhung der Bilder (s. o. S. 65, Anm. 36), 22,9 f.

[8] WA 10/3; 26,11 f.

[9] Die geflügelten Keruben auf der heiligen Lade (2. Mose 25,18 ff.).

[10] WA 10/3; 28,13 f.

[11] S. o. S. 39 ff.

weder gut noch böse, man kann sie haben oder nicht haben."[12] Nur durch unseren eigenen Mißbrauch sind sie uns zum Feind geworden. Aber wollen wir denn auch die Frauen, den Wein, Gold und Silber beseitigen, die so manchen zu Fall gebracht haben? Dann müßten wir uns schließlich selber töten, „denn wir haben keinen schädlicheren Feind als unser Herz".[13] Das ist Luthers Stellung zum Problem der kultischen Bilder, das der Kirche im Lauf ihrer Geschichte so viel Not gemacht hat. Auch er ist ihnen „nicht hold". Es wäre, so wie die Dinge liegen, besser, es gäbe sie nicht. „Wahr ist's", schreibt er in dieser Zeit an den Grafen Ludwig zu Stolberg, „ich wollt, sie wären aus den Kirchen, nicht des Anbetens Fahr (Gefahr) halben, denn ich furcht, man anbete die Heiligen selbs mehr denn die Bilde, sondern umb des falschen Vertrauens willen, daß man meinet, Gott ein gut Werk und Dienst daran zu tun." Aber das heißt nicht, sie mit Gewalt zu entfernen, sondern gegen ihren Mißbrauch zu predigen. „Nu aber die Herzen noch dran hangen mit Unwissen der Fahr, so kann man sie nicht zerreißen, man zerreißet die Herzen auch mit." Die Gründe sowohl seiner Bedenken gegen die Bilder wie seiner Schonung der Bilder sind seelsorgerlicher Art. Seine Stellung zum Bilde überhaupt, das seinem Verlangen nach Anschauung alles Geschaffenen soviel bedeutet, ist davon nicht berührt. Es wäre auch wohl denkbar, daß ein Mensch von den Bildern in den Kirchen den rechten Gebrauch mache[14]. Indem Luther sich von allem Rigorismus schied, der von der einen wie von der anderen Seite vertreten wurde, sicherte er sich damit zugleich die Unbefangenheit, in der seine eigene Freude am Bilde Raum hatte. In der späteren nochmaligen Auseinandersetzung mit Karlstadt hat er sie wesentlich freimütiger zu Worte kommen lassen[15].

---

[12] WA 10/3; 35,8 f.

[13] Ebd. 34,1 f.

[14] Ebd. 26,6 f. Brief an den Grafen zu Stolberg 25. Apr. 1522, WAB 2; 514,20 ff. WA 10/3; 35,10 ff.

[15] Zur erneuten Erörterung des Bilderproblems in: „Wider die himmlischen Propheten" (1524) vgl. u. S. 155 ff., zum Ganzen den schönen, den Gegensatz von Luther und der reformierten Anschauung erhellenden Aufsatz von H. v. Campenhausen, Die Bilderfrage in der Reformation, in: ders., Tradition und Leben. Kräfte der Kirchengeschichte. Aufs. u. Vorträge (Tübingen 1960), 360 ff., bes. 385 ff. Eine bemerkenswerte Behandlung der Sache, welche die Gefahren gegen den religiösen und den ästhetischen Wert der Heiligenbilder abwägt, findet sich in Sickingens Flugschrift an Dieter von Handschuhsheim von Sommer 1522. Die Bilder zu verbrennen, ist Frevel. Die Frage ist, ob der Weg zur Seligkeit dadurch gefördert oder gehindert wird. Wenn sie nicht abgöttisch mißbraucht, sondern das standhafte Leben und der feste Glaube der Heiligen an Christus an ihnen betrachtet würden, „weren sy uns fruchtbar vnd desterbaß zu dulden". Aber es wird meist so sein, daß man die „schöne zierde" ansieht „vnd dadurch das gemüt vnd rechte innerliche betrachtung im gebet vom rechten, hohen, aufsteigenden weg in got abgezogenn werdt". Darum wären die Heiligenbilder in schönen Gemächern besser am Platz als in den Kirchen. E. Kück, Schriftstellernde Adlige der Reformationszeit, H.1: Sickingen und Lantschad, Schulprogramm (Rostock 1899), 18; vgl. u. S. 91 ff. Die Betrachtung steht Bucers Betonung der Indifferenz der Bilder nahe (vgl. seinen Brief an Zwingli vom 19. Apr. 1524, Zwingli, Sämtl. Werke, Bd. 8 [1914], 170 ff.), hat aber einen eigenen mystischen Ton.

Nach dem gleichen Rezept der Liebe und der Freiheit lassen sich auch die anderen Fragen, welche die Wittenberger so seltsam erregt haben, leicht lösen. Darf man die Hostie mit den Händen empfangen? So scharf Luther einst dagegen gepredigt hatte, daß der Klerus sich das um seiner Würde willen vorbehalten hatte, so scharf geht er jetzt mit den Seinen ins Gericht, die schon darum gute Christen zu sein meinen, weil sie es nun auch für sich in Anspruch nehmen und einen Zwang für alle daraus gemacht haben[16]. Selbst den Abendmahlsgenuß unter beiderlei Gestalt – so sehr er sich freut, daß einige mit diesem biblischen Gebrauch wieder begonnen haben – hätten sie nicht durch Gesetz einführen dürfen[17]. Ebenso wenig hätten sie – um der Schwachen willen – den Bruch der Fastengebote zu einem Kennzeichen evangelischer Freiheit erklären und am allerwenigsten die Beichte abschaffen sollen[18]. Sie darf zwar keinesfalls durch kirchliches Gebot erzwungen werden. Aber frei und nach innerem Verlangen geübt, möchte er sie nicht um aller Welt Schätze aufgeben. ,,Denn ich weiß, was Trost und Stärke sie mir gegeben hat. Es weiß niemand, was sie vermag, denn wer mit dem Teufel oft und viel gefochten hat. Ja, ich wäre längst vom Teufel erwürgt, wenn mich nicht die Beichte erhalten hätte.‘‘[19]

Damit erinnerte Luther die Wittenberger am Schluß der Predigtreihe noch einmal an den, ohne den sie ihre Rechnung gemacht hatten. Der Teufel war es, der sie auf das ,,kleine Narrenwerk‘‘ geführt hat, ihren Christenstand durch Anfassen der Hostie, Eier- und Fleischessen usw. statt durch Glauben und Liebe zu beweisen[20]. Da er nicht geradewegs gegen das helle Licht des Evangeliums angehen kann, möchte er gern ,,zu der Seiten einreißen‘‘, so wie er sich gefreut hätte, wenn Luther ein großes Blutvergießen in Deutschland angezettelt hätte. Denn wenn man etwas ,,mit Rumor‘‘ anfängt, dann fällt es zum Schluß von selbst in sich zusammen[21]. Mit ihren törichten Argumenten gegen die Bilder haben die Wittenberger bewiesen, wie wenig sie ihn kennen. Sie haben, um den Teufel schwarz zu machen, Kreide statt Kohle genommen und wissen nun gegenüber seiner gerissenen Dialektik nicht mehr ein noch aus[22]. Weil es um diesen Gegner geht, kann Luther seine Wittenberger Mitarbeiter vor der Gemeinde schonen. Die Überlegenheit, die seine Predigten ausstrahlten, beruhte nicht auf rhetorischen Künsten, auch nicht allein darauf, daß er der erste gewesen sei, ,,den Gott auf diesen Plan gesetzt hat‘‘[23], sondern vor allem darauf, daß er sich mit diesem Widersacher auskannte.

---

[16] WA 10/3; 43,7 ff. 46,9 ff.
[17] Ebd. 45,10 ff.
[18] Ebd. 36,10 ff. 58,23 ff.
[19] Ebd. 61,15 ff.
[20] Ebd. LX. 64 ff.
[21] Ebd. 9,2 ff. 19,3 ff.
[22] Ebd. 36,5 f.
[23] Ebd. 8,5 ff.

„Denn ich wohl ein Stück Salzes oder zwei mit ihm gegessen hab. Ich kenne ihn wohl, er kennt mich auch wohl."[24]

Die Predigten enthalten in knappster Form den Ertrag von Luthers Wartburgschriften. Ohne die monatelange Vorarbeit dort hätte er nicht so einfache, zwingende Antworten auf die Fragen geben können, um die Wittenberg in Aufruhr geraten war. Sie enthalten zugleich sein Reformationsprinzip: „Man soll keine Neuerung aufrichten, das Evangelium sei denn durch und durch gepredigt und erkannt."[25] Fast für keine der Wittenberger Reformen bestritt er die Berechtigung. Nur hielt er die Zeit noch nicht für reif, sie durchzuführen.

Noch die knappen Nachschriften, die wir von den Predigten der Invokavitwoche haben, lassen begreifen, warum sie mit einem Schlage Luther das Herz der Stadt wieder gewannen und dem Spuk der Wittenberger Eiferer ein Ende machten. Nicht nur die Älteren waren froh über die wiederhergestellte Ordnung: Hieronymus Schurff, der soeben noch bittere Klage über das Unwesen geführt hatte, schrieb an den Kurfürsten, „daß sich große Freude und Frohlocken unter Gelehrten und Ungelehrten bei uns aus Doctoris Martini Ankunft und Predigten erhoben und erwachsen, denn er dadurch uns armen, verführten und geärgerten Menschen vermittels göttlicher Hilfe wiederum auf den Weg der Wahrheit täglich weiset mit unwiderfechtlicher Anzeigung unseres Irrtums, darein wir von den eingedrungenen Predigern jämmerlich geführet"[26]. Beweiskräftiger noch für die gewaltige Wirkung sind die Zeugnisse von Studenten, die sich erhalten haben. Mit ähnlich jugendlichem Überschwang und dem gleichen Schuß von humanistischer Rhetorik wie einst Martin Bucer seinem Freund Beatus Rhenanus die Heidelberger Disputation geschildert hatte[27], beschreibt Albert Burer diesem jetzt die Vorgänge in Wittenberg: „Luther ist gekommen, um wieder in Ordnung zu bringen, was Karlstadt und Gabriel (Zwilling) mit ihren mehr als heftigen Predigten durcheinander gebracht haben, indem sie keinerlei Rücksicht auf die Schwachen nahmen, die Martinus nicht anders als Paulus mit Milch zu speisen versteht, bis sie herangewachsen sind . . . Er ist, soviel man seinem Gesicht entnehmen kann, ein gütiger, milder und fröhlicher Mann. Seine Stimme ist freundlich und wohlklingend, und man muß die gewinnende Redegabe des Mannes bewundern. Gar fromm ist, was er sagt, was er lehrt, was er tut, mögen auch seine gottlosen Feinde das Gegenteil behaupten. Wer ihn einmal gehört hat, möchte ihn, wenn er kein Stein ist, wieder und wieder hören, so fest schlägt er seine Nägel in den Geist seiner Zuhörer ein."[28] Noch persönlicher

---

[24] Ebd. 64,14 f.
[25] Ebd. 45,3 f.
[26] 9. u. 15. März 1522, WAB 2; 463 ff. 472,11 ff.
[27] WA 9; 161 ff.
[28] 27. März 1522, WA 10/3; LIII. Briefwechsel des Beatus Rhenanus, hg. v. A. Horawitz u. K. Hartfelder (Leipzig 1886), 303 f.

lautet das reuige Zeugnis des jungen Nürnberger Patriziers Hieronymus Baumgartner, der offenbar den Umtrieben Karlstadts nicht ferngestanden hat: „Du willst wohl wissen, was Luther bewogen hat, zu uns zurückzukehren. Ach, nichts anderes, als daß wir so unbesonnen und überstürzt gehandelt haben, ohne des Skandals zu achten. Die ganze Woche hindurch hat er nichts anderes getan, als das Eingestürzte wieder aufzurichten und uns aufs heftigste zu züchtigen. Kurz, wir haben uns schändlich betragen, so daß wir der ganzen Welt Anstoß gegeben haben. Aber Gott ist treu, der uns nicht länger dem Irrtum überlassen hat."[29]

Aber nicht nur die Wittenberger Gemeinde ging gern und leicht wieder an Luthers sicher geführtem Zügel. Auch die Führer der Neuerungsbewegung widerstanden ihm keinen Augenblick. Melanchthon war froh, die drückende Verantwortung wieder los zu sein, und ordnete sich dem größeren Freunde willig unter. Zwilling sah ein, was er angerichtet hatte, und erschloß sich Luthers Gedanken völlig[30]. Nur Karlstadt grollte. Es war für ihn, den Älteren, auch am schwersten, sich zu fügen. Er empfand Luthers Entscheidungen als ein Stehenbleiben auf halbem Wege. So mußte er sich einige Maßregelungen gefallen lassen. Die Kanzel der Stadtkirche, auf der er unbeauftragt öfters gepredigt hatte, wurde ihm verboten; er wurde auf sein Amt an der Schloßkirche, dem Allerheiligenstift, beschränkt. Und als er eine Rechtfertigungsschrift über die Fragen der vergangenen Monate veröffentlichen wollte, die trotz aller Ableugnung gegen Luthers Vorgehen gerichtet war, griff der Rektor der Universität ein und verhinderte die Ausführung des schon begonnenen Drucks. Luther hatte das nicht betrieben, sondern Karlstadt nur gebeten, auf diese Kontroverse zu verzichten; er werde ihn sonst, wenn auch ungern, ohne Rücksicht auf den öffentlichen Skandal „auf die Hörner nehmen müssen". Dem Drucker wies Luther dann sofort, damit er nicht geschädigt werde, eine eigene Schrift zu. Einen weiteren Traktat über den Heiligen- und Bilderdienst gab Karlstadt danach, wie es scheint, selbst nicht mehr in die Presse[31]. Er hatte diese Demütigungen seiner eigenen Unbesonnenheit und seinem nur unterdrückt weiterschwelenden Geltungsbedürfnis zuzuschreiben. Dadurch daß er ein schlechter Verlierer in einer schlechten Sache war, ist das alte Verhältnis zwischen ihnen nicht mehr wiederhergestellt worden,

---

[29] An Hektor Poemer 18. März 1522, abgedr. H. Bornkamm, Briefe der Reformationszeit aus dem Besitz Johann Valentin Andreäs, in ARG 34 (1937), 148 f. Spätere Zeugnisse WA 10/3; LII ff. Eine studentische Zusammenstellung von Hauptgedanken aus Luthers Predigten: Clemen, Reformationsgeschichte (s. o. S. 66, Anm. 40), H. 1, 30 f.

[30] Schurf an den Kurfürsten 15. März 1522, WAB 2; 472,20 f. Luther an Link 19. März 1522, ebd. 478,6; an den Kurfürsten 8. Mai 1522, ebd. 521,36 ff.

[31] Die Auszüge der Universitätskommission aus Karlstadts Schrift bei Barge, Karlstadt, Bd. 2, 562 ff. Die richtige Deutung bei K. Müller, Luther und Karlstadt, 124 ff. Luther an Spalatin 21. u. 24. Apr. 1522, WAB 2; 509,12 ff. 511,12 f. Melanchthon an Spalatin 6. Mai 1522, CR 1, 570. Suppl. Mel. 6/1, 187. MBW 227. Barge, Karlstadt, Bd. 1, 453 ff.

obwohl Luther ihm weiterhin freundlich entgegentrat[32]. Um so schöner, daß ein anderes Verhältnis gerade jetzt in Ordnung kam, das ebenfalls einer nicht geringen Belastung ausgesetzt gewesen war: Wolfgang Capito, dem Luther vor zwei Monaten so deutlich die Leviten gelesen hatte, kam aus Halle herüber, hörte zwei von Luthers Predigten und war so von ihm gefangen, daß er sich mit ihm versöhnte, bald danach seinen Dienst bei Kardinal Albrecht quittierte und als Prediger des Evangeliums nach Straßburg ging[33].

Daß es mit den Zwickauer Propheten noch einen Tanz geben würde, war nach den Ansprüchen, mit denen sie aufgetreten waren, zu erwarten. Sie hatten das Glück, zur Zeit von Luthers Predigten nicht in Wittenberg zu sein. Er hätte sie gewiß darin nicht geschont. Erst Anfang April erschienen Markus Thomae (Stübner) und der durch ihn gewonnene Magister Cellarius (Borrhaus) bei Luther und suchten ihn von ihren prophetischen Fähigkeiten zu überzeugen. In dieser Unterredung hat Luthers späteres Bild von den enthusiastischen Predigern seine ersten unverwischbaren Umrisse bekommen. Der gewandte Thomae wollte ihm syllogistisch beweisen, daß es keine Erbsünde gebe (denn für Adam, den Gerechten, gebe es nach 1. Tim. 1,9 kein Gesetz, also auch keine Sünde), und nannte ihm das ihm zuteilgewordene „Pfund", d. h. die von ihm erreichte mystische Stufe: Luther stehe jetzt im ersten Grad der Beweglichkeit und werde noch den ersten Grad der Unbeweglichkeit erreichen, auf dem er selbst sich befinde. Als Luther sich davon wenig gerührt zeigte und von ihm Zeichen zum Erweis seines Prophetengeistes forderte, sagte er ihm dreist, er könne seine Gedanken erraten: Luther überlege eben, daß seine Lehre vielleicht wahr sein könne. Luther war so überrascht, daß er es Thomae erst bei einem zweiten Besuch am nächsten Tage zugab. Ihm war das Wort des Propheten Sacharia: „Gott schelte (d. h. richte) dich, Satan" (3,2, durch das nach Judas 9 das Gericht Gott anheimgestellt wird) in den Sinn gekommen. Einen womöglich noch schlechteren Eindruck machte ihm Cellarius. Er hatte zunächst versucht, Luther zu schmeicheln: Er sei mehr als ein Apostel. Als Luther das zurückwies, fing er im weiteren Gespräch statt dessen an, unflätig und ohne daß Luther ein Wort dazwischenbringen konnte, zu schimpfen. Kurzum, Luthers Eindruck war: „Ich hab mit dem Teufel leibhaftig geredet." Er entließ die beiden Flattergeister mit dem eines alttestamentlichen Propheten würdigen Spott: Er verbiete ihrem Gott, gegen den Willen seines Gottes Wunder zu tun[34]. Sie verließen daraufhin die Stadt, ihre Rolle dort war ausgespielt. Daran änderte sich auch nichts, als die beiden anderen Genossen des Zwickauer Triumvirats noch einmal bei Luther auftauchten: Drechsel, der unbeholfenste von ihnen, und sogar der „Propheten-

---

[32] An Speratus 16. Mai 1522, WAB 2; 531,31. An Christoph Hofmann (?) Ende Mai 1522 (?), ebd. 510,11 ff.
[33] S. o. S. 49 f. WAB 2; 435 ff.
[34] An Spalatin 12. Apr. 1522, WAB 2; 493,17 ff. WATR 1; Nr. 362; 153. WATR 2; Nr. 2060; 307,9 ff. WATR 3; Nr. 2837a und b; 13 ff.

fürst" Nikolaus Storch, der sich mit Luther nur über die Kindertaufe unterhielt. Luther spürte instinktiv den leichtfertigen Geist des Schwadroneurs, der kaum selbst ernst nahm, was er dachte[35].

Der Ansturm des Teufels, so empfand Luther, war abgeschlagen. Freilich, was dieser Kampf offenbar gemacht hatte, war nachdenkenswert genug. Luther hatte gesehen, wie leicht die Masse zu verführen war, ja wie schnell selbst seine Freunde in der Beurteilung der Geister unsicher wurden. Aber mehr noch: Er erkannte die Gefahr, daß das Evangelium mißverstanden wurde als ein Freibrief, „etwas nicht mehr zu müssen"[36]. Neben der Lieblosigkeit des Vorgehens ergrimmte ihn nichts mehr als diese Meinung, Fleisch- und Eieressen, Anfassen der Hostie und Empfang des Kelchs seien Zeichen wahren Christenglaubens. Im Gegenteil, es wurde ihm jetzt zum Zeichen ebenso christlicher Freiheit wie christlicher Liebe, von diesen – an sich völlig berechtigten – Reformen vorläufig abzustehen. Daß es Luther gelang, seine Wittenberger davon zu überzeugen und die unberufenen Antreiber abzuschütteln, ist kein geringerer Beweis seiner Macht über die Herzen als die Zustimmung, die er einst in den Jahren des Durchbruchs bei ihnen gefunden hatte. In diesen Märzwochen entschied sich das künftige Schicksal der Reformation. Indem Luther die wilden Schößlinge entschlossen kappte, erhielt er dem Baum die Kraft zu späterem ruhigem Wachstum. Er brachte damit freilich in sein Erneuerungswerk einen eigentümlichen Zug hinein, der dafür kennzeichnend geblieben ist. Die unaufhaltsame Folgerichtigkeit, welche die Kraft anderer Reformatoren, vor allem Zwinglis und Calvins, war, wird bei ihm immer wieder unterbrochen durch ein retardierendes Fragen, ob die Stunde reif und die Motive rein seien. Luthers Erwägungen über Reformen der kirchlichen Ordnung bestehen in Zukunft in einem Doppelten: in dem Versuch, den rechten Augenblick für eine Änderung im großen abzutasten, und in der oft angestellten, aber nie wirklich bejahten Überlegung, ob man nicht die gereifteren Glieder der Gemeinde als einen Vortrupp für künftige, allgemeine Neubildungen sammeln solle.

Für Wittenberg schuf Luther zunächst ein Moratorium. Die sonntäglichen Messen gingen in der Stadtkirche weiter. Die Osterkommunion 1522 wurde nach altem Brauch gehalten: ohne Kelch, in lateinischer Sprache, mit den gewohnten Meßgewändern und sonstigen Riten. Nur der Meßkanon wurde unauffällig von allen Anklängen an den Opfergedanken gereinigt. Daneben wurde denen, die es begehrten, das Abendmahl in besonderer Feier unter beiderlei Gestalt gereicht[37]. Damit war für ein Jahr vorgesorgt. Denn mit Massenkommunionen war nach der kirchlichen Sitte, wenn man nicht be-

---

[35] Drechsel WATR 2; Nr. 2060; 307,17. WATR 3; Nr. 2837a; 14,11. Nr. 2837b; 15,18. WATR 5; Nr. 5568; 249,2. Über Storch an Spalatin 4. Sept. 1522, WAB 2; 597,25ff.

[36] Jakob Burckhardt, Histor. Fragmente aus dem Nachlaß, in: Gesamtausgabe Bd. 7, 314; zit. in H. Bornkamm, Luther im Spiegel der deutschen Geistesgeschichte, 91.

[37] An Nik. Hausmann 26. März 1522, WAB 2; 438,21ff. Von beider Gestalt WA 10/2; 29ff.

sonders dazu aufforderte, erst für die nächste Osterzeit wieder zu rechnen. Inzwischen mochte die Predigt über den rechten Sinn und die rechte Gestalt des Sakraments ihr Werk tun. Die Privatmessen fielen von selbst dahin. Kein Geistlicher hielt, niemand aus der Gemeinde forderte sie mehr. So gab es zunächst auch keine Wochengottesdienste mehr. Nur in der Fastenzeit hat Luther nach der Invokavitreihe noch einmal eine Woche lang (von Okuli bis Lätare) über die zehn Gebote, vielleicht danach auch noch über andere Katechismusstücke gepredigt[38].

Die Wittenberger Vorgänge und Luthers Entscheidungen mußten zum Beispiel für die ganze reformatorische Bewegung werden. Deshalb lag ihm daran, ihre Ergebnisse in einer allgemeinen, überall anwendbaren Form festzuhalten. Er tat es mit der sofort nach der Invokavit-Woche niedergeschriebenen Flugschrift „Von beider Gestalt des Sakraments zu nehmen und anderer Neuerung"[39]. Hatte er in den Predigten als Seelsorger zu seiner Gemeinde gesprochen, so zog er nun daraus die Richtlinien für alle Prediger und Gemeinden, die vor den gleichen Fragen standen. Vor allem: „auf richtiger Straße bleiben", sich von dem Teufel nicht zu weit nach rechts oder nach links treiben lassen. „Vorhin hat er uns allzu päpstisch gemacht, nun will er uns allzu evangelisch machen."[40] Die äußeren kirchlichen Bräuche sind weder gutes Werk noch Sünde, sondern frei. Aber warum ändert man sie dann nicht? Luther stellt die Gegenfrage: „Wo sind die Leute, die dazu tauglich sind, daß sie es anfangen und treiben?"[41] Er erwägt einen Augenblick, es sei vielleicht das Beste, die Leute eine Zeitlang vom Sakrament abzuweisen und ihnen nur das Evangelium und das rechte Verständnis des Sakraments zu predigen; kommt es ja doch tausendmal mehr auf die Worte Christi im Sakrament als auf den Genuß an. Aber wieder: „Woher nehmen wir aber solche Prediger?"[42] Und die Leute sind es nun einmal gewohnt, zum Sakrament zu gehen. Also muß man es um derer willen, die noch nicht auf die alten Formen verzichten können, weiterhin in der üblichen Weise darbieten. Selbst den Priestern, welche Privatmessen („Winkelmessen") halten, soll man es nicht mit Gewalt wehren, sondern nur gegen diesen Mißbrauch predigen. Mit der Zeit mag man die eine oder andere Messe fallen lassen und immer wieder einmal den Gottesdienst in der rechten Gestalt, mit Brot und Kelch, halten. Von diesem Rat, abzuwarten und langsam vorzugehen, macht Luther nur bei einer der strittigen Fragen eine Ausnahme: Er gibt den Priestern klare Antwort, daß es erlaubt sei zu heiraten, wenn einer meint, nicht ohne Weib bleiben zu können. Hier bekommt sein Grundmotiv: Schonung der Gewissen, seine Spitze nach der entgegengesetzten Seite. Hier ist die Gemeinde zur Liebe aufgerufen und schuldig, sich nicht an solchen Priestern zu ärgern[43].

---

[38] WA 10/3; XXXVIII.   [39] WA 10/2; 11–41.
[40] Ebd. 12,1 f.   [41] Ebd. 24,13 f.
[42] Ebd. 27,3 ff. 26. 29,18 ff. 30,5 ff. 32,3 ff.   [43] Ebd. 35 f.

Auch ohne die Wittenberger Unruhen wäre Luther nach Ostern 1522 heimgekehrt. Die große Aufgabe, deren Anfänge er im Sturm bewältigt hatte: die Übersetzung der Bibel, brannte ihm auf der Seele. Aber zu ihrer Fortführung bedurfte er der Wittenberger Hilfsmittel und der Mitarbeit sachkundiger Freunde. Alles, was sich ihm aus der Beilegung der Tumulte an Arbeit ergab und an Pflichten von außen hinzukam, steigerte nur seine Ungeduld, an sein Werk zu kommen. Die Hilfe der Freunde, vor allem Melanchthons, stand ihm nun zur Verfügung. Zunächst überprüften sie gemeinsam noch einmal Luthers Übersetzung des Neuen Testaments. Wo sie sich keinen Rat wußten, holten sie ihn von auswärts ein. Luther erbat sich durch Spalatin Edelsteine aus der kurfürstlichen Schatzkammer, um den Schmuck des himmlischen Jerusalem (Offenb. Joh. 21) richtig wiederzugeben. Melanchthon suchte Auskünfte über den Gegenwartswert von Münzen, die in der Bibel genannt werden, zu erhalten und arbeitete sich dabei mit Vergnügen in das „verzweifelte Gebiet" der antiken Numismatik ein. Er bestellte aus einem Leipziger Antiquariat eine römische Karte von Judäa, die dem Druck beigegeben werden sollte, was freilich nicht gelang. Schwierige Stellen oder Vokabeln wurden dem gelehrten Freunde Spalatin vorgelegt[44]. Diesem schickte Luther auch voll Freude am 10. Mai den ersten Bogen als „Kostprobe". Am 26. Juli meldete er – über den langsamen Fortgang seufzend, obwohl nun drei Pressen täglich ein gewaltiges Quantum erledigten –, daß die Hälfte erreicht sei. Und um den 20. September 1522 war das Buch da[45].

Luther hatte seine Übersetzung für den Druck nicht nur neu durchgearbeitet, sondern noch mit einigen Beigaben ausgestattet. Die wichtigste sind die Vorreden, die er nach dem Vorbilde der Vulgata und zugleich zur Abgrenzung gegen ihr Schriftverständnis zum Neuen Testament im ganzen und zu sämtlichen Schriften außer den Evangelien und der Apostelgeschichte schrieb und später auch den alttestamentlichen und apokryphen Büchern bis zum Abschluß seiner Bibelübersetzung (1534) mitgab. Sie bieten die reichhaltigste

---

[44] Luther an Spalatin 30. März 1522, WAB 2; 490,8 ff. (vgl. auch 10. u. 15. Mai 1522, ebd. 524,6 ff. 527,19 ff.). Melanchthon an Spalatin 30. März 1522, CR 1,567. Suppl. Mel. 6/1, 185. MSA 7/1, 172 ff. MBW 224; an Georg Sturtz 5. Mai 1522, CR 1, 571 f. Suppl. Mel. 6/1, 186. MBW 226; an Spalatin 6. Mai 1522, CR 1, 570. Suppl. Mel. 6/1, 187. MBW 227; Sept. 1522, CR 1, 574 f. Suppl. Mel. 6/1, 195. MSA 7/1, 177 ff. MBW 237; an Cruciger Nov. 1522, CR 1, 583, der mit Otto Albrecht (WADB 6; XLV) und wegen des Anklangs an den vom 25. Feb. (CR 1, 563) wohl in den März 1522 zu setzen ist, nicht in den Sept., Suppl. Mel. 6/1, 194, oder Nov., CR. MSA 7/1, 169 f. MBW 219.
[45] WAB 2; 524,5 ff. 580,19 ff. An Schwarzenberg 21. Sept. 1522, ebd. 601,32. – Ausführliche Angaben zur Geschichte von Luthers Bibelübersetzung finden sich in den Einleitungen zur Ausgabe der Deutschen Bibel in der WA, 12 Bde. (1954–1961). Zum Ganzen W. Walther, Luthers Deutsche Bibel (Berlin 1917) und die Einleitung von H. Volz zu dem Neudruck: Martin Luther, Die gantze Heilige Schrifft Deutsch, Wittenberg 1545 (München 1972), 33 ff.

und lebendigste Einführung in sein Schriftverständnis[46]. Mit seiner einleitenden Vorrede wollte er dem Leser einen Schlüssel in die Hand geben, der ihm das Neue Testament in seiner Einheit wie auch in seiner Vielfältigkeit zugleich erschloß. Es gibt nur ein Evangelium, das macht das Neue Testament zu einem ebenso in sich einheitlichen Buch wie das Gesetz das Alte Testament. Dieses Evangelium ist nicht selbst ein Buch, sondern „ein gute Mär und Geschrei in alle Welt erschollen durch die Apostel von einem rechten David, der mit der Sünde, Tod und Teufel gestritten und überwunden hab". Diese lebendige, mündlich weitergegebene Botschaft ist „neues Testament". Denn Christus hat, so wie auch sonst ein Sterbender sein Testament macht, als letzten Willen hinterlassen, das Evangelium in aller Welt auszubreiten. Gewiß bringen er und die Apostel auch „Gesetz und Lehre", aber doch ganz anders als das Alte Testament, nicht streng gebietend, sondern immer nur freundlich lockend: „Selig sind . . .", „Ich ermahne, ich flehe, ich bitte." Nach dem Gehalt an dieser Botschaft differenzieren sich die neutestamentlichen Schriften. Diejenigen, welche diese „Predigt von den Wohltaten Christi" am stärksten und reinsten bieten, sind „Kern und Mark" des Neuen Testaments: das Evangelium und der erste Brief des Johannes, die Briefe des Paulus und der erste Petrusbrief. In einem besonderen Abschnitt: „Wilchs die rechten und edlisten Bücher des Neuen Testaments sind" begründet Luther diese Hervorhebung. „Das sind die Bücher, die dir Christum zeigen und alles lehren, was dir zu wissen not und selig ist."[47] Weil das Johannesevangelium weit mehr von der Botschaft als von den Werken und Wundertaten Christi spricht, ist es das „einige, zarte, rechte Hauptevangelium"[48] und ebenso wie die Paulus- und Petrusbriefe den anderen Evangelien weit vorzuziehen. Gemessen an der Fülle ihrer Christusverkündigung erweist sich der Jakobusbrief als „eine recht stroherne Epistel, denn sie doch kein evangelisch Art an ihr hat"[49]. Nur im Vergleich mit diesen Kernschriften gilt also Luthers berühmtes Urteil, das er dann in der besonderen Vorrede zum Jakobusbrief noch einmal verdeutlicht. Er lobt den Brief, weil er keine Menschenlehre bringe, sondern „Gottes Gesetz hart treibe" und auch sonst viele gute Sprüche enthalte[50]. Aber er hält ihn nicht für apostolisch, da er des Leidens, der Auferstehung und des Geistes Christi nicht ein einziges Mal gedenke, also

---

[46] Vgl. dazu die Einführung in: H. Bornkamm, Bibelvorreden, 7 ff. Eine ausführliche Untersuchung im Vergleich mit der frühkirchlich-mittelalterlichen Tradition bietet M. E. Schild, Abendländische Bibelvorreden bis zur Lutherbibel, QFRG 39 (Gütersloh 1970). – Vorrede zum Neuen Testament: WADB 6; 3 ff. H. Bornkamm, Bibelvorreden, 135–139. Zum folgenden: WADB 6; 4,4 ff.13. 8,12 f.20 ff. 8,23. 10,12.

[47] WADB 6; 10,7 ff.31 f. H. Bornkamm, Bibelvorreden, 140 f. Der aus dem Schema der Vorreden herausfallende Abschnitt ist später seit der ersten Ausgabe der Gesamtbibel (1534) von Luther weggelassen worden.

[48] WADB 6; 10,25 f. H. Bornkamm, Bibelvorreden, 140.

[49] WADB 6; 10,33 f. H. Bornkamm, Bibelvorreden, 141.

[50] WADB 7; 384,5 f. 386,19. H. Bornkamm, Bibelvorreden, 177.

nicht wie die echten apostolischen Schriften „Christum treibe" (d. h. predige), sondern nur vom allgemeinen Glauben an Gott rede. Zweifel an der Verfasserschaft des Jakobus kannte Luther schon aus einer in der Vulgata wiedergegebenen Bemerkung des Hieronymus und aus den Bedenken, die Erasmus in seinen Annotationes zum Neuen Testament (1516) ausgesprochen hatte. Er folgt ihnen mit einer eigenen historischen Begründung: Der Brief zitiere (4,5 und 5,20) aus dem Galaterbrief (4,5) und 1. Petrusbrief (4,8); darum könne der lange vor diesen hingerichtete Zebedaide Jakobus nicht, wie gewöhnlich angenommen, der Verfasser sein[51]. Das Schreiben mag von einem Apostelschüler stammen, der sich gegen das Mißverständnis, man dürfe sich auf einen Glauben ohne Werke verlassen, wehren wollte, aber der Sache nicht gewachsen war und es mit „Gesetz treiben" versuchte statt wie die Apostel „mit Reizen zur Liebe". Die neutestamentliche Forschung hat Luthers Urteil inzwischen längst bestätigt. Das Gleiche gilt von seinen Nachweisen, daß der Hebräerbrief, der zwar bis auf seine Bußlehre „eine ausbündig gelehrte Epistel" sei, nicht von Paulus stammen und daß der Judasbrief und die Offenbarung Johannis nicht von Aposteln geschrieben sein können. Er beobachtet auch die Unterschiede der visionären Johannes-Offenbarung von der alttestamentlichen Prophetie und stellt sie durch den Vergleich mit dem 4. Esrabuch richtig in den Zusammenhang der spätjüdischen Apokalyptik. Er wußte auch, daß die Zugehörigkeit des Buches zum Kanon in der alten Kirche lange umstritten war. Kurz: „Mein Geist kann sich in das Buch nicht schicken", da es keine klare Erkenntnis Christi biete. „Darum bleibe ich bei den Büchern, die mir Christum hell und rein dargeben." Im Jahre 1530 hat Luther diese Vorrede durch eine andere ersetzt, in der er sich, ohne seinen Zweifel an der Abfassung durch den Apostel Johannes aufzugeben, mit einer eigenen Deutung und Nutzanwendung des vielumrätselten Buches versuchte[52].

Mit den kühnen und freien Anleitungen, die er, ohne den Leser daran zu binden, seiner Bibelübersetzung mitgab, hat Luther dem Protestantismus die Aufgabe der kritischen Schriftforschung in die Wiege gelegt. Kritisch heißt: gemessen am Maßstab des Evangeliums, nicht nur an allgemeinen historischen oder rationalen Echtheits- oder Wahrscheinlichkeitskriterien. Er meinte damit keine zeitliche, sondern die innere Priorität der Verkündigung von Christus vor dem Bericht über seine Taten. Diese Erkenntnis hat sich im Laufe der späteren Erforschung des Neuen Testament auch als eine histori-

---

[51] Aus Hieronymus, De viris illustribus 1 in die Vulgataprologe übernommen, Migne PL 23,639. F. Stummer, Einführung in die lateinische Bibel (Paderborn 1928), 260 f. Schild, Abendländische Bibelvorreden (s. Anm. 46), 62. Erasmus, Annotationes, zit. J. Leipoldt, Geschichte des neutestamentlichen Kanons, Bd. 2 (Leipzig 1908), 19 f., Anm. 1. – Luther: WADB 7; 386,10 ff. H. Bornkamm, Bibelvorreden, 177.
[52] WADB 7; 344,20. 386,22 ff. 404,6 f. 25 f. 29 f. Vorrede von 1530 ebd. 406 ff. H. Bornkamm, Bibelvorreden, 176. 179. 179 f. Vorrede von 1530 ebd. 180–190.

sche Einsicht von höchster Bedeutung erwiesen. Die Berichte der Evangelien sind ohne die vorangehende Christuspredigt nicht zu denken. Nur ist seit Luther das sachliche wie das historische Problem verwickelter geworden. Wenn er damit auskam, den apostolischen Briefen und dem Johannesevangelium grundsätzlich die Führung gegenüber den anderen Evangelien zuzuerkennen, so ist es seitdem – ganz in seinem Sinne – zur Aufgabe geworden, nach dem Evangelium in den Evangelien zu suchen und es, wenn nötig, auch kritisch dem Johannesevangelium oder den apostolischen Briefen gegenüberzustellen. Der Grundsatz Luthers von der Christusbotschaft als dem inneren Kriterium der Schrift bedeutete eine Revolution. Er hob die formale Gleichheit des Kanons auf, ohne ihn zu beseitigen. Wie ernst es ihm damit war, zeigte er drastisch, indem er den Hebräer- und den Jakobusbrief nach hinten vor den Judasbrief und die Offenbarung Johannis stellte und diese vier letzten Bücher des Neuen Testaments im Inhaltsverzeichnis abrückte und nicht wie die andern numerierte, sie also als Schriften von sekundärer Bedeutung kennzeichnete. An diesem Brauch hielt er zeitlebens fest.

In den übrigen Vorreden führte er den Leser durch knappe, lebendige Inhaltsangaben in die jeweilige Variation des Evangeliums in der betreffenden Schrift ein. Nur die Vorrede zum Römerbrief fällt durch Umfang und Bedeutung aus dem Rahmen der andern heraus. Sie ist als letzte fertig geworden und wurde erst unmittelbar vor Abschluß des Druckes auf einem besonderen Bogen eingeschoben[53]. Ähnlich wie es Erasmus in seiner Ausgabe des Neuen Testaments und Melanchthon in gelehrtem Stil in seinen Loci communes (1521) gemacht hatten, gab er darin zunächst eine Einführung in die paulinischen Grundbegriffe, großartig komponiert um den Gedanken des Geistes: Gottes Gesetz will geistlich, d. h. von Herzensgrund, erfüllt werden; des Gesetzes Werke tun und das Gesetz erfüllen, ist zweierlei. Sünde ist Mangel an heiligem Geist, ihr Gegenstück der Glaube, dessen weites Leben Luther hier unvergänglich schildert: ,,Glaube ist ein göttlich Werk in uns, das uns wandelt und neu gebiert aus Gott . . ., eine lebendige, erwegene (wagende) Zuversicht auf Gottes Gnade, so gewiß, daß er tausendmal drüber stürbe. Und solche Zuversicht und Erkenntnis göttlicher Gnade macht fröhlich, trotzig (mutig) und lustig gegen Gott und alle Kreaturen, welches der heilige Geist tut im Glauben. Daher er ohne Zwang willig und lustig wird, jedermann Gutes zu tun, jedermann zu dienen, allerlei zu leiden, Gott zu Liebe und Lob, der ihm solche Gnade erzeigt hat, also daß es unmöglich ist, Werke vom Glauben zu scheiden, ja so unmöglich, als Brennen und Leuchten vom Feuer kann geschieden werden.''[54] Auf die Erläuterung der Begriffe folgt eine genaue Analyse des Briefes von Kapitel zu Kapitel. Die Vorrede ist eine kurze Summe der Theologie Luthers und eine Einführung in den Römerbrief, wie

---

[53] Luthers Briefe an Spalatin kurz vor dem 20. Sept. 1522, WAB 2; 598 f.
[54] WADB 7; 10,6 ff. H. Bornkamm, Bibelvorreden, 148.

es keine zweite gibt. Sie hat, solange sie in den Bibeln stand, vielen dazu gedient. Ihre stärkste Wirkung tat sie 200 Jahre später in England. Das Lesen dieser Vorrede löste 1738 die Bekehrung John Wesleys aus; sie wurde dadurch der Anstoß zu einer weit über den Methodismus hinausgreifenden Erneuerung des englischen Christentums[55].

Außer den Vorreden gab Luther seiner Übersetzung im Druck eine Fülle von Randglossen mit, Erklärungen von Worten oder historischen Angaben, polemische Hinweise auf die römische Auffassung, manchmal auch längere theologische Auslegungen. Das Buch war durch den Drucker Melchior Lotther d. J. mit figürlichen Initialen und von Lukas Cranach d. Ä. mit 21 blattgroßen Holzschnitten geschmückt. Cranach, der Maler und Apotheker, und Christian Döring, der Goldschmied, Fuhrwerks- und Gasthofbesitzer, Verlags- und Sortimentsbuchhändler, zugleich ein homo theologicissimus, wie Luther ihn nannte, waren die Verleger, da kein Wittenberger Drucker das Kapital für das Werk hätte aufbringen können[56]. Alles zeigt, wieviel Luther daran lag, die Bibel zu einem Hausbuch zu machen. Das gelang über Erwarten. Die erste, wohl 3000 Stück betragende Auflage war trotz des hohen Preises von mindestens einem halben Gulden[57] so rasch vergriffen, daß Luther schon im Dezember eine neue, in Kleinigkeiten verbesserte herausgeben mußte.

Noch ehe das Neue Testament gedruckt vorlag, hatte Luther schon die Übersetzung des ersten Teils des Alten Testaments, die fünf Mosebücher, vollendet[58]. Sie gingen Anfang des Jahres 1523 in Druck, bis zum Ende des Jahres bereits in dritter Auflage. Die Erstausgabe wurde schon Mitte des Jahres 1523 in zwei Augsburger Ausgaben nachgedruckt. Bei der Durchsicht seines Manuskripts fand er in Melanchthon und dem Wittenberger Hebraisten Aurogallus kundige Helfer. Luther hatte sich seit seiner Psalmenvorlesung (1513–16) darum bemüht, über die lateinische Bibel, die Vulgata, hinaus zur Meinung des hebräischen Urtextes vorzustoßen. Seine eigenen Sprach-

---

[55] The Journal of the Rev. John Wesley, A. M., ed. N. Curnock, 2nd ed., vol. 1 (London 1938), 475f. M. Schmidt, Die Bedeutung Luthers für John Wesleys Bekehrung, in: LuJ 20 (1938), 125ff. 138f. Ders., John Wesley, Bd. 1 (Zürich, Frankfurt 1953), 232f. Die große Wirkungsgeschichte im deutschen Pietismus hat M. Schmidt in dem Aufsatz „Luthers Vorrede zum Römerbrief im Pietismus" untersucht in: ders., Wiedergeburt und neuer Mensch. Ges. Studien z. Gesch. d. Pietismus, AGP Bd. 2 (Witten 1969), 299ff.

[56] WADB 6; XLV. H. Volz, Hundert Jahre Wittenberger Bibeldruck 1522–1626 (Göttingen 1954), 15ff. Die Bilder bei: A. Schramm, Die Illustration der Lutherbibel (Leipzig 1923) und Ph. Schmidt, Die Illustration der Lutherbibel 1522–1700 (Basel 1962). – Zu Döring WADB 8; XLVIII, Anm. 11. N. Müller, Wittenberger Bewegung, 126ff. Luthers Bemerkung über ihn WAB 1; 96,22.

[57] Die Angaben schwanken zwischen $\frac{1}{2}$, 1 und $1\frac{1}{2}$ fl. WADB 6; XLIII. Dazu ebd. XLVI, Anm. 1 und Volz, Bibeldruck, 19. Der Preis von $\frac{1}{2}$ fl. galt für das Exemplar, wie es aus der Druckerei kam, ohne Initialenschmuck. G. Buchwald, Lutherana. Notizen aus Rechnungsbüchern des Thüringischen Staatsarchivs zu Weimar, in: ARG 25 (1928), 26.

[58] Brief Luthers an Link 19. Dez. 1522, WAB 2; 633,48.

kenntnisse hätten dazu nicht ausgereicht. Abgesehen von Juden waren nur einige Humanisten, in Deutschland vor allem Reuchlin, hinreichend mit dem Hebräischen vertraut. Aber es gab Hilfsmittel, die den Urtext lateinisch wiedergaben und erläuterten. Dazu gehörte vor allem die wortgetreue Übersetzung der Psalmen durch Hieronymus, die Luther aus dem Psalterium Quincuplex des französischen Humanisten Faber Stapulensis, einer Zusammenstellung von fünf Übertragungen, kannte. Lexikalische und grammatische Belehrung bot ihm Reuchlins 1506 erschienene Einleitung in die hebräische Sprache (De rudimentis linguae Hebraicae), die er sich vielleicht schon in seiner Erfurter Studienzeit gekauft hat[59]. Mit diesen Hilfen und anderen Übersetzungen suchte er zu ergründen, was der hebräische Text sagte und meinte, ohne daß er darum die auf der griechischen Übersetzung des Alten Testaments beruhende Vulgata ganz beiseite schob[60].

Wie dem Neuen Testament im ganzen und seinen einzelnen Büchern gab Luther schon der Übersetzung der Mosebücher eine Einleitung in das gesamte Alte Testament mit. Da er sie auf das Verhältnis von Altem und Neuem Bund aufbaute, ist sie seine wichtigste knappe Einführung in das Ganze der Heiligen Schrift. Er will dieses Ganze nicht dadurch erfassen, daß er das Alte Testament seiner Selbständigkeit beraubt und es in einen „geistlichen", allegorischen Sinn auflöst, wie es Origenes, Hieronymus u. a. getan haben. Es muß in seiner Geschichtlichkeit verstanden werden, freilich so, wie sie aus dem Rückblick vom Neuen Testament her sichtbar wird. Die eschatologische Erwartung, die das Alte Testament durchzieht, hat in Christus ihr Ziel gefunden. Der Gesetzescharakter, den es überall trägt, wird in seinem wahren Wesen und dem Zusammenhang aller seiner Aussagen erst vom Evangelium Christi her wirklich erkannt. In ihm wird das Gesetz in seinem Erlösungscharakter aufgehoben, in seinem Gesetzescharakter bestätigt. Gerade in seiner ungeordneten Vielfalt, die nicht weltliche und geistliche Gebote sondert, ist es echtes Gesetz. Dies Durcheinander entspricht dem menschlichen Leben und dem Handeln Gottes. „Gott regiert alle Gesetze untereinander, wie die Sterne am Himmel und die Blumen auf dem Felde stehen, daß der Mensch muß alle Stunde zu jeglichem bereit sein und tun, welches ihm am ersten vor die Hand kommt."[61] Und doch haben alle Gesetze, die Gott den Menschen gegeben hat, eine innere Einheit: „den Glauben an Gott und die

---

[59] So vermutlich nach seinem Brief vom 29. Mai 1522 an Johann Lang, der ihm bei den hebräischen Studien geholfen hatte, WAB 2; 547,2 ff. Lang schenkte ihm die Institutiuncula in Hebraicam Linguam von Wolfgang Faber (Basel 1516). WA 9; 115.

[60] Eingehende Bestandsaufnahme der hebräischen Kenntnisse Luthers in seiner Frühzeit bis 1516 bei S. Raeder, Das Hebräische bei Luther untersucht bis zum Ende der ersten Psalmenvorlesung, BHTh 31 (Tübingen 1961). Dazu auch K. A. Meißinger, Luthers Exegese in der Frühzeit (Leipzig 1911), 55 ff. O. Scheel, Martin Luther. Vom Katholizismus zur Reformation, Bd. 2, 3. u. 4. Aufl. (Tübingen 1930), 413 ff.

[61] WADB 8; 18,31–20,5. H. Bornkamm, Bibelvorreden, 37.

Liebe zum Nächsten; denn dahin langen (zielen) alle Gesetze Gottes."[62] In dieser Tiefe verstanden verlangt das Gesetz nicht nur das Tun des Menschen, sondern auch sein Herz. „So muß (kann) aber der ja nicht fromm noch guten Herzens sein, der solch gut Gesetz nicht hält oder ungerne hält."[63] Und Christus ist nicht nur gekommen, das Gesetz neu einzuschärfen, sondern es zur Sache des Herzens zu machen. „Denn durch die Gnade Christi das Herz nu gut worden und dem Gesetz hold ist und ihm gnug tut, daß es Moses Ampt nicht mehr kann strafen und zu Sunden machen, als hätte es die Gepot nicht gehalten und wäre des Todes wirdig, wie es tät fur der Gnad und ehe denn Christus da war."[64]

Mit dem gleichen Eifer, mit dem Luther noch während des Druckes des Neuen Testaments den ersten Teil des Alten zu übersetzen begonnen hatte, ging er sofort zum zweiten über, den historischen Büchern (von Josua bis Esther). Schon am 4. Dezember 1523 meldete er seinem Freunde Nikolaus Hausmann in Zwickau den Abschluß der Arbeit. Das Erscheinen des Bandes, das er für Weihnachten ankündigte, verzögerte sich noch bis zum Februar 1524. Zugleich schrieb er, er wolle sich nun dem 3. Teil, den poetischen Büchern (Hiob, Psalter, Salomo-Bücher, Propheten), zuwenden: „dem schwierigsten und größten"[65]. Er behielt recht damit. Die mühsame Arbeit erforderte einen Einschnitt, wenn sich nicht das Ganze allzu sehr verzögern und der Verleger dadurch Schaden erleiden sollte. Im Herbst 1524 erschien nur eine Teilausgabe; die Propheten mußten zurückgestellt werden[66]. Luther verband die Arbeit an ihnen dann mit seinen Prophetenvorlesungen. Mit dem Buche Hosea nahm er nach dreijähriger Unterbrechung im Mai 1524 seine akademische Lehrtätigkeit wieder auf[67]. Die Arbeitslast dieser Jahre – die Auseinandersetzungen mit den „Schwärmern", den Bauern und Erasmus – veranlaßte Luther dann, zunächst einzelne Propheten übersetzt und erläutert herauszugeben. Damit begann ein neuer Eifer in der Übersetzungstätigkeit, aus dem schließlich Gesamtausgaben der Propheten (1532) und der ganzen Bibel (1534) erwuchsen.

---

[62] WADB 8; 14,34. H. Bornkamm, Bibelvorreden, 34.
[63] WADB 8; 24,15 f. H. Bornkamm, Bibelvorreden, 40.
[64] WADB 8; 24,25 ff. Seit der Ausgabe von 1536 formuliert Luther vorsichtiger: „Denn durch Christum ist die Sünde vergeben, Gott versühnet und das Herz hat angefangen, dem Gesetz hold zu sein, daß es Moses Ampt . . .", ebd. 25,25. H. Bornkamm, Bibelvorreden, 41.
[65] WAB 3; 199,11 f.
[66] WADB 10/2; XV.
[67] WADB 11/2; IX, Anm. 2. Er hatte seine Vorlesungen vor der Reise nach Worms am 29. März eingestellt und zögerte auch jetzt noch mit Rücksicht auf die Bibelübersetzung, sie wieder aufzunehmen. An Kurfürst Friedrich 23. März 1524, WAB 3; 258,10. Er fand sich durch die biblischen Vorlesungen Melanchthons hinreichend ersetzt, – ganz im Gegensatz zu diesem selbst, der sich dieser Aufgabe keineswegs gewachsen fühlte. Maurer, Melanchthon, Bd. 2, 421 f.

IV. Wachstum der evangelischen Bewegung

Für Luther begann ein glückliches Jahr. Der Friede in Wittenberg war wiederhergestellt. „Hier ist nichts mehr denn Lieb und Freundschaft."[1] Und was seine Gemeinde ihm zunächst an Verständnis für den Kern seiner Botschaft schuldig geblieben war, wurde durch die von allen Seiten kommenden Nachrichten über den Fortgang der evangelischen Verkündigung ausgeglichen. Wohl noch von der Wartburg hatte er ein Schreiben mitgebracht und in Wittenberg abgeschlossen[2], mit dem er dem Ritter Hartmut von Kronberg (im Taunus) tief bewegt seine Freude darüber aussprach, daß er sich mit zwei Schriften zur Sache des Evangeliums bekannt habe. Der Ritter war ihm schon im Mai 1521 aufgefallen, als er nach dem Erlaß des Wormser Edikts ein bisher vom Kaiser bezogenes Jahrgeld zurückgewiesen hatte[3]. Jetzt, wo Luther sich vom bösen Feind durch seine Wittenberger so hart getroffen fühlt „und mich der Rauch übel in die Augen beisset"[4], außerdem die Verfolger wie Herzog Georg von Sachsen dem Evangelium drohen, ist es ihm ein Trost und eine Stärkung, an Kronberg zu sehen, wie „ein Mensch die zarte Wahrheit fahet und preiset"[5]. Ein enttäuschtes Verlangen nach Gemeinschaft findet hier aus der Ferne Erfüllung. Denn es gehört zum Glauben, daß er reden muß, „bis daß wir jedermann in uns drücken und leiben und einen Kuchen mit uns machen, wo es möglich wäre"[6]. Luther öffnet dem unbekannten Freunde sein Herz – voller Sorgen um die Zukunft Deutschlands, das die Boten Gottes verfolgt und tötet, und doch zugleich voll trotziger Zuversicht zu der „allmächtigen Auferstehung Christi", an der alle Feinde zuschanden werden[7]. Kronberg antwortete ihm sofort mit einem seelsorgerlichen Zuspruch, wie Luther ihn selten empfangen hatte. Er ist wohl einig mit ihm im Jammer um ihr Volk, weist ihn aber doch auf die großen Tröstungen: auf das Wort der Wahrheit, das Gott der deutschen Nation jetzt mehr als andern offenbart hat, auf die Druckerkunst („in deutschem Land erstlich erfunden"), durch die er es in Luthers Übersetzung „in gutem, klarem Deutsch" ausbreiten läßt, und auf den himmlischen Lehrmeister, den heiligen Geist, der jedem verheißen

---

[1] An Spalatin 10. Mai 1522, WAB 2; 524,13.
[2] WA 10/2; 53 ff.
[3] An Melanchthon 12. Mai 1521, WAB 2; 333,29 f. MBW 139.
[4] WA 10/2; 56,8 ff.
[5] Ebd. 53,27.
[6] Ebd. 54,16 ff.
[7] WA 10/2; 55,19 ff.

ist, welcher um ihn bittet[8]. Luther hat sich daran ebenso aufgerichtet wie an Kronbergs späterer Mitteilung: „Das Wort Gottes nimmt ziemlicher Maß an etlichen Orten bei uns zu."[9]

Die gleiche Nachricht kam von allen möglichen Seiten. Eine Reihe von Städten hatte sofort um seinen Besuch gebeten. Gleich nach Ostern (20. April 1522) trat Luther die Reise an, die für ihn, den Geächteten, nicht ganz ungefährlich war, da sie mehrfach durch das Gebiet Herzog Georgs führte. Er ritt deshalb einmal des Nachts in weltlicher Kleidung und durch ein Geleit gesichert[10]. Vom 27. April bis zum 6. Mai predigte er elfmal in Borna, Altenburg, Zwickau, Eilenburg und Torgau, meist über Glauben und gute Werke, um der Nachrede, er halte nichts von diesen, entgegenzutreten; in Zwickau auch über die Kindertaufe[11]. Die von Müntzer und den Schwarmgeistern aufgewühlte Stadt strömte herbei, so daß die große Marienkirche die Hörer nicht fassen konnte und Luther noch einmal auf dem Markt vom Rathause herab und auf dem Schloß predigen mußte. Dem Rat von Altenburg, der ihn nach einem Prediger gefragt hatte, empfahl er den reuigen Unruhestifter Zwilling. Ein großzügiger, aber nicht gerade diplomatischer Vorschlag, zumal um die Pfarrstelle ein heftiger Rechtsstreit entbrannt war, der uns in anderem Zusammenhange noch beschäftigen wird. Der um die Entscheidung angerufene Kurfürst konnte Zwilling die Eilenburger und Wittenberger Wirrnisse nicht vergessen und verweigerte seine Zustimmung[12]. Auch aus Eilenburg und Erfurt erbat man Prediger oder Ratschläge. Aus Schlesien begehrte der Herzog Karl von Münsterberg, ein Enkel des utraquistischen Böhmenkönigs Georg Podiebrad, von ihm eine Schrift über die biblische Begründung für den Empfang des Abendmahls unter beiderlei Gestalt und hatte Luthers und Melanchthons Freund Johann Heß zu seinem Hofprediger in Öls gemacht[13]. Der aus Würzburg, dann aus Wien vertriebene, nun in Iglau in Mähren wirkende Paul Speratus schickte ein treffliches Büchlein über die Mönchsgelübde (seine im Wiener Stephansdom gehaltene Predigt); der Luther seit fast zwei Jahren befreundete Ritter Silvester von Schaumberg eines über das Glaubensbekenntnis. Luther jubelte: „Die Steine fangen zu schreien an, wenn die Apostel mundtot gemacht werden"[14]; und nochmals, nachdem ihn der könig-

---

[8] 14. Apr. 1522, WAB 2; 500,104 ff.

[9] 14. Aug. 1522, ebd. 588,14 f.

[10] 3. Mai 1522. R. Hofmann, Bilder aus einer sächsischen Stadt im Reformationszeitalter, in: NASG 15 (1904), 56.

[11] WA 10/3; 86 ff. WAB 2; 516, Anm. 1.

[12] Briefwechsel zwischen dem Rat, Luther und dem Kurfürsten ca. 15., 17. Apr., 6., 8., 22. Mai u. Brief Luthers an Zwilling 27. Mai 1522, WAB 2; 502 ff. Vgl. o. S. 62.

[13] Der Brief des Herzogs (etwa 20. März 1522) wohl mit dem unter dem 29. Juni 1522 überlieferten identisch, WAB 2; 569 ff. Luther u. Melanchthon an Heß 25. März 1522, ebd. 482. CR 1, 566 f. MBW 222.

[14] An Spalatin 15. Mai 1522, WAB 2; 527,50 ff. Schaumbergs erster Brief an Luther 11. Juni 1520, ebd. 121 f.

lich-polnische Geheimsekretär Ludwig Dietz (Decius) aus Krakau, ein vielgewandter Elsässer, aufgesucht hatte: „Überall dürstet man nach dem Evangelium, von überall her bittet man uns um Prediger."[15]

Besonders glücklich war Luther, als mit Graf Georg von Wertheim zum ersten Male ein Reichsfürst mit dieser Bitte an ihn herantrat. Optimum exemplum, schrieb er an Spalatin. Der Graf hatte zu dem kleinen Ausschuß des Wormser Reichstags gehört, vor dem Luther sich am 24. April 1521 verantworten mußte. Der Eindruck, den der Graf dabei von Luther empfing, hatte ihn gewonnen. Wie gut er ihn verstanden hatte, zeigte sich jetzt beim ersten Experiment. Luther empfahl ihm den seit einigen Monaten in Wittenberg immatrikulierten einstigen Dominikanermönch Jakob Strauß, der aufgrund seiner erfolgreichen evangelischen Predigt aus Hall in Tirol vertrieben worden war und sich soeben in einer Flugschrift als Gesinnungsgenossen der Wittenberger bekannt hatte. In Wertheim zeigte sich freilich bald, daß er mehr ein Mann vom Schlage Karlstadts als Luthers war. Er drängte auf landesherrliche Befehle zur schnellen Änderung der äußeren Kirchengebräuche, während der Graf einen Prediger des Evangeliums suchte, der das Wort wirken ließ. Er gab ihm daher schon nach zwei Monaten wieder den Abschied. Luther stimmte ihm ganz bei, zumal er inzwischen weitere Erfahrungen dieser Art gemacht hatte: „D. Strauß hat seinen Kopf und machts itzt zu Eisenach auch, wie er kann, und läßt uns sagen und schreiben." Dem Nachfolger, den der Graf ihm zur Unterweisung zusandte, dem in Nürnberg als Prediger geschätzten einstigen Karthäuser Franz Kolb, setzte er noch einmal sein Verständnis von Reformation auseinander: „Daß er zuvor das Wort wohl treibe, ehe man etwas ändere, bis man sehe, wie der Glaube und die Liebe zunimpt im Volk."[16] Aber auch Kolb befriedigte der mittlere Weg, den Luther in den Gottesdienstreformen verfolgte, nicht lange. In einem Brief vom 27. August 1524 voll Verehrung für seinen Grafen und Luther bat er ihn inständig und bescheiden – als apostolorum minimus – um eine öffentliche Anleitung in den Zeremonienfragen, daß man ja nichts zum einfachen Wort Christi hinzutue. Da er sich zugleich auch zur Abendmahlslehre Zwinglis bekannte, mußte Luther das Gefühl haben, daß er auch ihn an Karlstadt – das war für ihn die gleiche Gruppe – verloren habe. Graf Georg entließ ihn dieser Lehrdifferenz wegen Anfang 1525. In der Führung der Berner Reformation fand er später den Platz, der seinem Wesen entsprach[17].

---

[15] An Spalatin 26. Juli 1522, WAB 2; 580,5f.

[16] Luther an Spalatin 4. Sept. 1522, WAB 2; 597,31 ff. Graf Georg von Wertheim in Worms, WA 7; 843,13. Luther beklagte 1530 seinen Tod, WATR 1; 44. – Zu Strauß: H. Barge, Jakob Strauß. Ein Kämpfer für das Evangelium in Tirol, Thüringen und Süddeutschland, SVRG 162 (Leipzig 1937), 31 ff. J. Rogge, Der Beitrag des Predigers Jakob Strauß zur frühen Reformationsgeschichte (Berlin 1957), 21 ff. 31 ff. Luther an Graf Georg 17. Juni 1523, WAB 3; 88 f.

[17] L. Eissenlöffel, Franz Kolb, ein Reformator Wertheims, Nürnbergs und Berns. Sein Leben und Wirken (Diss. Erlangen 1893), 21 ff. Über Kolb als Prediger in Nürnberg vgl. Bericht Planitz an Kurfürst Friedrich vom 2. Jan. 1523, abgedr. Wülcker/Virck, Berichte Planitz, 304,32.

Daß das Wort sichtbar zunehme, hatte Kronberg im August 1522 mit einem Zeugnis bekräftigt, das Luther hochwillkommen sein mußte: einer Flugschrift, in der Franz von Sickingen einen Verwandten, Dieter von Handschuhsheim, davon zu überzeugen suchte, daß die römische Abendmahls- und Meßopferlehre, das Mönchtum und die Anrufung der Heiligen nicht der Meinung Christi entsprächen. Wie Kronberg berichtete, werde jetzt täglich auf der Ebernburg in der Messe das Evangelium und die Epistel und danach ein Stück aus den Propheten deutsch gelesen. Seine Begeisterung verstieg sich zu dem Ausruf: ,,Der Geist Gottes und die Gerechtigkeit haben lange Zeit und vor zehen Jahren zu Ebernberg in Franzens Haus gehauset, des bin ich gewiß.''[18] Luther war von Sickingens Wohlwollen längst unterrichtet. Im Jahre 1520 hatte der Reichsritter ihm mehrmals durch Hutten Zuflucht auf einer seiner Burgen angeboten. Luther hatte sich mit dem Dank dafür nicht beeilt, da er nicht ernstlich daran dachte, die Einladung anzunehmen. Aber das Bewußtsein, so mächtige Beschützer zu haben, hatte ihm doch in seiner Bedrängnis wohlgetan, wenngleich er solchen Trost auch in die richtigen Dimensionen rückte: ,,Denk daran'', schrieb er am 17. Juli 1520 an Spalatin, ,,daß wir für's Wort leiden müssen. Denn wenn mich schon Silvester Schaumberg und Franziskus Sickingen gegen Menschenfurcht sicher gemacht haben, so muß doch der Ansturm der Dämonen noch folgen. Der letzte wird dann gekommen sein, wenn ich mir selbst zur Last sein werde.''[19]

Kolb an Luther 27. Aug. 1524, WAB 3; 329 ff. H. Waldenmaier, Die Entstehung der evangelischen Gottesdienstordnungen Süddeutschlands im Zeitalter der Reformation, SVRG 125/26 (Leipzig 1916), 41. Köhler, Zwingli und Luther, Bd. 1, 178 f. Als Luther endlich 1526 selbst eine Gottesdienstordnung in der ,,Deutschen Messe'' vorgelegt hatte, folgte ihm Graf Georg mit seinem neuen Prediger bald nach. F. Kobe, Die erste lutherische Kirchenordnung in der Grafschaft Wertheim. Aus der Zeit von 1526–1530 (Lahr 1933), 14.

[18] 14. Aug. 1522, WAB 2; 587, 7 ff. Die Flugschrift bei Kück, Schriftstellernde Adlige (s. o. S. 74, Anm. 15), 11 ff. Sickingen wird das geschickt formulierte, mit einer großen Reihe treffender Bibelstellen ausgestattete Büchlein schwerlich selbst geschrieben haben. Es faßt offenbar die auf der Ebernburg unter seiner Beteiligung geführten theologischen Gespräche zusammen, von denen Joh. Schwebel in der Vorrede vom 30. Juni 1522 dem Junker Georg Lutrummer in Pforzheim berichtet: ,,Ich wolt, das euer vest (Anrede des Ritters) etwan bey mir wer und horte die Euangelisch christlich red, so von vnderlaß bey uns gebrauchtt wirdt'' (11). Schwebel hat wohl auch die Niederschrift besorgt. H. Ulmann, Franz von Sickingen (Leipzig 1872), 174 f. P. Kalkoff, Ulrich von Hutten und die Reformation. Eine kritische Geschichte seiner wichtigsten Lebenszeit und der Entscheidungsjahre der Reformation (1517–1523), QFRG 4 (Leipzig 1920), 144, Anm. 4. Luther mußte darin auch die maßvolle Behandlung der Bilderfrage sympathisch sein. Die vorsichtigen Gottesdienstreformen auf der Ebernburg hatte der damalige Schloßkaplan Oekolampad durchgeführt. Staehelin, Lebenswerk Oekolampads, 163 ff.

[19] Novissimus erit, cum mihi ipsi gravis ero (Anspielung auf Hiob 7,20), WAB 2; 145,40 ff. Vgl. auch 20. Juli 1520 an Link u. 3. Aug. 1520 an Joh. Voigt, ebd. 146,8 ff. 162,10 ff. Silvester von Schaumberg hatte ihm auf das Gerücht, daß Luther bedroht sei und nach Böhmen flüchten müsse, den Schutz von hundert fränkischen Adligen angekündigt, 11. Juni 1520, ebd. 121 f. Von Sickingen als Beschützer Reuchlins hatte Luther schon im Dez. 1519 gehört, WAB 1; 572, Anm. 2; ausführlich von Bucer 23. Jan. 1520, ebd. 616,79 ff. Wie lebhaft der Briefwechsel im ersten Halbjahr 1520 war, zeigt die Übersicht über das, was über das Hilfsangebot Sickingens an

Sickingens Gunst war für Luther um so wertvoller, als der mächtige und gefürchtete Ritter, der lange Zeit die mittelalterliche Rechtsübung der Fehde trotz des Verbots durch den Landfrieden von 1495 erfolgreich wahrgenommen hatte, seit einem Jahr in den Dienst Karls V. getreten war und bei der Kaiserwahl (28. Juni 1519) mit seiner Beteiligung an der Truppendemonstration vor Frankfurt eine wichtige Rolle gespielt hatte[20]. Als Luther in seinem „Erbieten" von Ende August 1520 den Kaiser um Schutz und Gehör bat, wandte er sich daher zugleich auch an Sickingen, der ihm freundlich „Förderung und Gunst" zusagte[21]. Freilich, als er zum ersten Male davon hätte Gebrauch machen können, schlug Luther sie aus. Hutten und Sickingen ließen sich von dem kaiserlichen Kämmerer Armstorff und dem Beichtvater des Kaisers Glapion mit dem Hinweis auf die Gefahren, die Luther in Worms erwarteten, einschüchtern und auf den Abweg einer geheimen Unterredung auf der sicheren Ebernburg verlocken. Wäre die List gelungen, so hätte sie Luther die letzten Tage seines freien Geleits gekostet. Aber er lehnte die ihm von Bucer in Oppenheim übermittelte Einladung mit sicherem Instinkt („in purer Einfalt", wie er es später nannte) ab[22]. In den stundenlangen Unterhaltungen mit Glapion hatte sich Sickingen als guter Kenner der deutschen Schriften Luthers erwiesen – Latein beherrschte er nicht – und sich feurig zu ihm bekannt, soweit er die notwendige große Reformation der Kirche herbeiführen wolle; werde er der Glaubensketzerei überführt, so werde er als erster diese Schriften ins Feuer werfen[23]. Wie sehr er als Beschützer Luthers galt, zeigt das nach dem Reichstag verbreitete Gerücht, er beherberge den Verschwundenen auf einem seiner Schlösser nahe der französischen Grenze[24]. Was Sickingens Hilfsbereitschaft ihm in dem Jahr der Bannung und

---

Luther heute noch nachweisbar ist: Hutten an Melanchthon 20. Jan. u. 28. Febr., CR 1, 131 f. 147 f. MBW 72. 74; Crotus Rubeanus an Luther, WAB 2; 91,150 ff.; ca. 30. Apr. Luther an Hutten (verloren), vgl. ebd. 94,30. 98,5 f.; Luther an Sickingen u. Hutten (verloren), vgl. ebd. 111,4; Hutten an Luther 4. Juni, ebd. 117,36 f.; Luther an Sickingen 30. Juni (verloren), vgl. ebd. 131,15.

[20] Ulmann, Franz von Sickingen (s. Anm. 18), 157 ff. 161 ff. K. Brandi, Kaiser Karl V. Werden und Schicksal einer Persönlichkeit und eines Weltreiches, 3. Aufl. (München 1937), 90.

[21] Luther sandte seine Briefe an den Kaiser und Sickingen am 31. Aug. 1520 an Spalatin zur Weiterbeförderung, WAB 2; 179,8 f. (vgl. ebd. 174). Sickingen antwortete am 3. Nov. 1520, ebd. 208.

[22] WATR 3; Nr. 3357 b; 285,13. Vgl. auch WATR 4; Nr. 5107; 667,5; WATR 5; Nr. 5342 b; 69,4 ff. u. Nr. 5375 b; 101,10 ff. Einen ähnlichen vergeblichen Versuch, die Sache geheim zu erledigen, hatte Glapion schon im Feb. 1521 über den Kanzler Brück bei Kurfürst Friedrich unternommen. Förstemann, Neues Urkundenbuch, 48 ff. 52 ff.

[23] Aleander (15. Apr. 1521) nach dem Bericht Glapions, abgedr. in: Die Depeschen des Nuntius Aleander vom Wormser Reichstage 1521, übers. v. P. Kalkoff, 2. umgearb. u. erg. Aufl. (Halle 1897), 158. Zur Kritik H. Delekat, Ulrich von Huttens Charakter und Bedeutung im Lichte seiner inneren Entwicklung, in: LuJ 5 (1923), 81. Ulmann, Franz von Sickingen (s. Anm. 18), 178 ff.

[24] So berichtet Herzog Johann, der nicht in den Wartburgplan eingeweiht war, am 30. Mai 1521 von der Coburg an seinen Bruder. Ulmann, Franz von Sickingen (s. Anm. 18), 182, Anm. 2

Ächtung bedeutet hatte, bezeugte Luther mit der Widmung seiner Schrift „Von der Beicht", „wilch ich alhie mit uberschick Eur Gestrengheit, mein williges Gemüt und Dankbarkeit zu erzeigen auf vielfältige eur Trostung und Erbieten mir Unwirdigen geschehen"[25]. Als er ein Jahr später Kronbergs Brief erhielt, konnte er ihn als Zeichen nehmen, daß inzwischen die evangelische Saat im Territorium seines Beschützers aufgegangen war. Daß Sickingen schon nach wenigen Monaten politische Wege einschlagen würde, die seiner Mahnung an die Christen, „sich zu hüten vor Aufruhr und Empörung", aufs tiefste zuwider waren, war damals nicht vorauszusehen[26].

Tiefer als bei Sickingen war die Zuwendung zum reformatorischen Glauben bei dem alten Ritter Hans Landschad zu Neckarsteinach begründet. Der „stolze Kerlin", als der er während eines bewegten Lebens im Türkenkrieg und im kurpfälzischen Verwaltungsdienst gegolten, lag seit Jahren gelähmt darnieder und hatte Muße zum Lesen und Grübeln über die religiösen Fragen der Zeit gefunden. Er war schon 1518 auf Luther aufmerksam geworden und hatte nach der Lektüre seiner Schrift an den christlichen Adel am 25. Oktober 1520 einen eindringlichen Brief an Kurfürst Friedrich den Weisen geschrieben, daß Gott „ohn Zweifel durch Ingeben des helgen Geistes, E.F.G. in ihrm Fürstentum durch wunderlich Werk einer einige (einzigen) Person" die unzähligen Mängel der Kirche aufgedeckt habe und der Kurfürst nun beim Kaiser und den Reichsständen mit allem Ernst Besserung fordern solle. Landschad hatte die Bibel und alle ihm erreichbaren Schriften Luthers gründlich durchstudiert. „Und wiewohl ich kein Gelehrter bin, so hätt ich kein Scheuhin (Scheuen, Scheu), den gelehrten Theologen und Doktores umb alle des Luthers Lehr, so mir wissen ist, Antwort zu geben." Ihren Kern, die Lehre vom Kreuz und von der Erlösung, hatte er sich mit vollem Herzen zu eigen gemacht und von ihr, nicht von der Kritik an den Zuständen der Kirche aus, sich auf Luthers Seite geschlagen. In einem entschiedenen, warmherzigen „Missive" ermahnte er 1522 Kurfürst Ludwig von der Pfalz, Luthers Lehre für sich und sein Land anzunehmen. Ist Luther die Flugschrift in die Hand gekommen – wir wissen es nicht –, so konnte er sich hier wie bei wenigen anderen verstanden fühlen[27].

Sympathie oder doch Interesse fand Luther unter den Fürsten und Herrn

---

(aus dem Weimarer Archiv). Die auf eine mündliche Mitteilung vertröstende Antwort des Kurfürsten vom 31. Mai bei Förstemann, Neues Urkundenbuch, 19.

[25] „Geben in meiner Patmos. Prima Junii 1521." WA 8; 139,23 ff.

[26] S. u. S. 272.

[27] G. Berbig, Ein Brief des Ritters Hans Landschad zu Steinach an Kurfürst Friedrich den Weisen. 1520, in: ARG 2 (1904/05), 394 f. Kurze Auszüge aus Lantschads Flugschrift bei Kück, Schriftstellernde Adlige (s. Anm. 18), 23 ff. G. Blochwitz, Die antirömischen deutschen Flugschriften der frühen Reformationszeit (bis 1522) in ihrer religiös-sittlichen Eigenart, in: ARG 27 (1930), 163 f. 176 f. 253. Diese Arbeit verdiente einen Neudruck. G. A. Benrath, Zwei Flugschriften des Reichsritters Hans Landschad von Steinach von 1522 und 1524, in: BPfK 40 (1973), 257–287.

auch sonst aus verschiedenerlei Gründen; vor allem bei seinem angestammten Landesherrn, dem Grafen Albrecht von Mansfeld, wo Luthers Kampf seit dem Thesenstreit besonders aufmerksam verfolgt worden war. Albrecht hatte sich sofort nach dem Wormser Reichstag einen Bericht über das dort Geschehene bestellt, den Luther noch am 3. Mai, kurz vor seiner Entführung auf die Wartburg, von Eisenach aus erstattete. Weil der Graf ja auch etwas davon zu spüren bekomme, daß Luther als „ein Schand und Unehr E. G. Hirrschaft, das ist ein gering ganz evangelisch voracht Aschenprodel" verschrieen werde, widmete er ihm zum Dank seine Postille[28]. Sein einstiger Wittenberger Student und fürstlicher Rektor Herzog Barnim von Pommern, der ihn zur Disputation nach Leipzig begleitet hatte, schrieb ihm schon, nachdem die Verdammungsbulle erschienen war, einen Ermutigungsbrief[29]. Über die Bilderfrage erbat Graf Ludwig von Stolberg Unterricht, und die Schwarzburger Grafen suchten seinen Rat in einer der schwierigsten kirchenrechtlichen Fragen, die Luther noch viel beschäftigen sollte: der Inkorporation einer Pfarrkirche in ein Kloster, welche die Besetzung mit einem evangelisch gesinnten Prediger verhinderte[30]. Herzog Karl von Münsterberg in Schlesien, ein Enkel des Hussitenkönigs Georg von Podiebrad[31], dessen Haus vom Papst bis ins vierte Geschlecht verflucht worden war, dankte ihm für seine Lehre vom rechten Empfang des Abendmahls unter beiderlei Gestalt und erbat noch ausführlichere Schriften von ihm darüber: „zu Trost unser Gewissen, zu Dämpfung obliegendes Nachteils des Hauses Münsterberg und Schutzwehr unser und unser Erben fürstlicher Würde"; freilich solle er nichts von dieser Anregung verlauten lassen. Zu seiner politischen Vorsicht paßte sein zögernder neuer Hofprediger Johannes Heß, der zwar von Besuchen in Wittenberg mit Luther und Melanchthon eng verbunden war, vorläufig aber noch sehr ihrer ermunternden Anstöße bedurfte[32]. Er gehörte zu dem Humanistenkreise um den Breslauer Bischof Johannes Thurzo, den Luther hoch verehrte. „Omnium episcoporum huius saeculi optimus", schrieb er 1520 nach dessen Tode, nachdem er ihm noch kurz zuvor einen respektvoll-innigen Trostbrief auf sein Krankenlager gesandt hatte. Durch einen der vielen Schlesier, die dann in Wittenberg studierten oder brieflich mit den Wittenbergern in Verbindung standen, wird Luther auch erfahren haben, daß sich in Liegnitz unter Herzog Friedrich II. ein frühes, kräftiges Zen-

---

[28] WAB 2; 319ff. WA 10/1/1; 1ff. 6,15f.

[29] 20. Okt. 1520, WAB 2; 203 f. Herzog Barnim hatte ihn während der Disputation in Leipzig predigen lassen, WAB 1; 423,125 ff.

[30] An Stolberg 25. Apr. 1522, WAB 2; 513 f. An Joh. Heinrich von Schwarzburg 12. Dez. 1522, ebd. 626 f. Über die Inkorporationsfrage s. u. S. 115 f.

[31] S. u. S. 101.

[32] Der Brief des Herzogs (etwa 20. März 1522) ist wohl mit dem unter dem 29. Juni überlieferten identisch, WAB 2; 569 ff. Der Herzog hielt sich später, namentlich unter dem Eindruck des Bauernkrieges, wieder zur alten Kirche. Luther an Heß 25. März 1522, ebd. 482. Melanchthon an Heß 27. Apr. 1520, 25. März 1522, CR 1, 156 ff. 566 f. MBW 84. 222.

trum reformatorischen Glaubens bildete. Der inspirierende Kopf war der herzogliche Rat Kaspar von Schwenckfeld, der auch seinen Herrn gewann und Heß bestürmte, aus seiner Reserve herauszutreten und an den Hof dieses patronus evangelicae doctrinae zu kommen[33].

Waren es zunächst unabhängige Fürsten und Ritter, die der evangelischen Predigt die Tür öffneten, so geschah das Gleiche im Stillen und bald immer deutlicher in einer rasch wachsenden Anzahl von Städten nun auch außerhalb Kursachsens. Oftmals waren es Luthers Brüder aus dem Augustinerorden, die auf eigene Faust den Anfang machten und vor allem bei der humanistischen Bildungsschicht Widerhall fanden. Das klassische Beispiel war Nürnberg, wo das Augustinerkloster zum Zentrum erweckten geistlichen Lebens geworden war, seit Staupitz im Winter 1515/16 dort eine Reihe von Predigten gehalten und 1517 Wenzeslaus Link als Prior eingesetzt hatte. Link war ein vorzüglicher Prediger und Luther durch die jahrelange Zusammenarbeit in der Wittenberger Fakultät nahe vertraut. Er führte die sodalitas Staupiciana, die sich um das Kloster gesammelt hatte, allmählich mit sicherer Hand auf den Weg des großen Freundes. „Die Patrizier, die Mehrheit der Bürger und alle Gelehrten stehen auf der Seite des Herrn Martinus", schrieb Scheurl am 1. April 1520 an Melanchthon. So blieb die Kontinuität erhalten, auch als der hochverehrte Link im gleichen Jahr zum Nachfolger von Staupitz im Generalvikariat der deutschen Augustiner-Kongregation berufen wurde und Nürnberg verließ; er kehrte erst 1525 zurück. Ohne viel Aufhebens wurden vom Rat seit 1522 die wichtigsten Pfarrkirchen mit gleichgesinnten Prädikanten versorgt: St. Lorenz mit Andreas Osiander, St. Sebald mit dem trefflichen Schlesier Dominicus Schleupner, der in den stürmischen Jahren 1519/20 in Wittenberg studiert hatte, die Spitalkirche mit dem gelehrten Reuchlinschüler Venatorius. Außerdem waren schon 1520 und 1521 zwei Wittenberger Schüler Luthers, Hektor Poemer und Georg Besler, vom Rat in das einflußreiche, aber für die Verkündigung unwichtigere Amt der Pröpste von St. Lorenz und St. Sebald gewählt worden. Es dauerte freilich noch bis 1525, ehe sich die Stadt durch neue Gottesdienstordnungen sichtbar zur Reformation bekannte. Aber der Kreis der Ratsherrn und Theologen war fest genug und die reiche Stadt, bei der zahllose Fürsten verschuldet waren, unabhängig genug, um ihren evangelischen Charakter sogar zu demonstrieren, als sie 1522–24 die Reichstage und die päpstlichen Legaten beherbergte. Ihr führender Politiker, der Ratsschreiber Lazarus Spengler, war Luther mit ganzer Seele ergeben und hatte es – namentlich durch seine leidenschaftliche

---

[33] An Thurzo 30. Juli 1520, WAB 2; 152 f. Über seinen Tod 13. Nov. 1520 ebd. 214,31 f. Melanchthon an Thurzo 1. Aug. 1520, CR 1, 209 f. MBW 103. – D. Erdmann, Luther und seine Beziehungen zu Schlesien, insbesondere zu Breslau, SVRG 19 (Halle 1887). – Schwenckfeld an Heß 13. Juni 1522, CS 1, 36,10 ff. W. Knörrlich, Kaspar von Schwenckfeld und die Reformation in Schlesien (phil. Diss. Bonn 1957; Mschr.).

„Schutzrede" für Luther (1520) – reichlich verdient, daß er mit auf die Bann-bulle gesetzt worden war[34].

Luther war den Nürnbergern anfangs als eine „Nebensonne"[35] zu dem vertrauten Gestirn Staupitz erschienen, und der Weg war ihm durch eine jahrelange, immer mehr sich klärende Predigt der biblischen Heilswahrheiten gebahnt worden. Andere Ordensbrüder zog die Schärfe seiner Kritik an. Das Beispiel hatten die Wittenberger Augustiner gegeben, vor allem der leidenschaftliche Gabriel Zwilling, der Prediger von Eilenburg und später von Torgau. Im heimischen Eisleben ging es Luthers Freund Kaspar Güttel vor allem um die Belastung des armen Volkes mit unzähligen sinnlosen Kirchengebräuchen und um das Recht der Mönche, die Klöster zu verlassen. Kein Wunder, daß ihm zunächst noch Erasmus, der „hochberühmte, teure Mann", als das große Vorbild erschien und daß er nicht als „Martinianer", sondern nur als Christ gelten wollte. Er ist bald einer von Luthers treuesten Anhängern geworden[36].

Sehr am Herzen lagen Luther die großen Bischofsstädte Erfurt und Magdeburg, wo die Reformation sich gegen den Widerstand Kardinal Albrechts durchkämpfen mußte. In Erfurt wußte er im Augustinerkloster seinen Freund Johann Lang in einer schwierigen Position zwischen rohen Heißspornen und der altgläubigen Partei. Er hatte schon von der Wartburg aus die Ausschreitungen von Studenten gegen den alten Klerus scharf verurteilt; bald werde sich das prophetische Wort erfüllen: Erfordia Praga (ein Unruheherd wie Prag). Damit spielt der Satan sie nur ihren Gegnern in die Hände[37]. Nach den Erkenntnissen, die er im Kampf gegen die Wittenberger Radikalen gewonnen hatte, lag ihm doppelt daran, die von außen angegriffenen und innerlich zerstrittenen Erfurter zur Ruhe zu bringen. Er wählte dafür die Frage nach dem Heiligendienst, die ihm damals von verschiedenen Seiten gestellt wurde. Er hatte mit ihr seine eigene Erfahrung gemacht. Wenn er zurückdachte, so konnte er selbst nicht sagen, wann er aufgehört hatte, die Heiligen anzurufen. Für den, der wahrhaft zu Christus und Gott dem Vater betet, ist

---

[34] H. v. Schubert, Lazarus Spengler und die Reformation in Nürnberg, hg. v. H. Holborn, QFRG 17 (Leizpig 1934), 141 f. 147 ff. 189 ff. 331 ff. 379 ff. Weiteres Material bei G. Ebeling, Die reformatorische Bewegung am Ort der Reichsregierung in den Jahren 1522 bis 1524 (Habil.-Schr. Tübingen 1946; Masch.). – Die sodalitas Staupiciana stellt Scheurl am 3. Nov. 1517, Luther am 7. Jan. 1518 Staupitz vor und nennt dabei die wichtigsten Namen, WAB 1; 116,10 ff. Christoph Scheurl's Briefbuch, ein Beitrag zur Geschichte der Reformation und ihrer Zeit, hg. v. F. L. Frhr. v. Soden u. I. K. F. Knaake, Bd. 2 (Potsdam 1872), 42 f. Über die Zeit der Reichstage s. u. S. 264 ff.
[35] Schubert, Lazarus Spengler (s. Anm. 34), 149.
[36] Über seine beiden Reformschriften von 1522 s. G. Kawerau, Caspar Güttel. Ein Lebensbild aus Luthers Freundeskreise, in: ZHVG 14 (1881), 32 ff. 39 ff. Er blieb nach der Auflösung des Augustinerklosters 1523 bis zu seinem Tode 1542 in Eisleben. Nur 1523 half er einige Monate, das durch Müntzer und die „Propheten" verwirrte Zwickau in Ordnung zu bringen.
[37] An Spalatin 14. Mai 1521, WAB 2; 337,14 ff. Wahrscheinlich bekam Erfurt den Namen Prag wegen des starken Zuzugs deutscher Dozenten und Studenten 1409, ebd. 340, Anm. 11.

es eines Tages von selbst so weit[38]. Darum schrieb er in einer an die Erfurter gerichteten „Epistel oder Unterricht von den Heiligen", das sei eine von den unnötigen Fragen, mit denen der Teufel versuche, sie vom Notwendigen abzuziehen. Mögen die Schwachen noch die Heiligen anrufen; wenn sie ihre Zuversicht dabei allein auf Christus stellen, so erreicht ihr Beten dadurch auch ihn. Und dann wird es von selbst sein Ende finden, „denn wir müssen doch endlich die Heiligen und uns selbst lassen, daß wir von nichts denn von Christo wissen und alles andere abfalle". Wenn man einfältig dabei bleibt, „auf Christum zu treiben", so wird der Teufel bald „des Fragens müde werden"[39]. Während in Erfurt die Evangelischen einen Rückhalt am Rat hatten, wurde in Magdeburg Erzbischof Albrecht von den Bürgermeistern selbst zum Eingreifen aufgefordert. Er vertrieb im September 1521 den von Luther hochgeschätzten Domprediger Andreas Kaugsdorff, „dessengleichen der Kardinal in seinem ganzen Bereich kaum hat"[40]. Erst einige Zeit später begann wieder ein evangelisch gesinnter Augustiner, der frühere Genter Prior Melchior Mirisch, zu wirken, zunächst nicht zur reinen Freude Luthers, da er mit seinem Verhalten während der Verfolgung in den Niederlanden wenig einverstanden war. Doch zeigte er sich bald mit ihm zufrieden[41].

Merkwürdigerweise hatte sich in den Niederlanden eine zweite starke Quelle Lutherscher Gedanken neben Wittenberg entwickelt. Schon längere Zeit gehörten die niederländischen Augustinerklöster zur Reformobservanz, die seit 1437 als deutsche, einem Vikar unterstellte Kongregation innerhalb des Ordens anerkannt war. Staupitz' Vorgänger, der höchst energische und erfolgreiche Ordenspolitiker Andreas Proles, hatte neben vielen anderen auch die Konvente von Enkhuizen und Haarlem für die „Vikarianer" gewonnen. Haarlem war 1493 überhaupt mit einem Stamm von sächsischen Augustinern begründet worden. 1513 trat ein neues Kloster in Antwerpen hinzu, um dessen Errichtung sich Staupitz persönlich kümmerte[42]. So ergab es sich, daß viele niederländische Augustiner zum Studium nach Wittenberg, der Universität ihres Ordensvikars, zogen und daß schon früh die ersten als begeisterte Schüler Luthers von dort wiederkehrten. Durch ihr Eintreten für die arme Bevölkerung und ihre Predigt gegen das schändliche Finanzwesen der Ablässe hatte sich das kleine Kloster bald Feinde und Freunde gemacht, unter ihnen Erasmus, der 1519 an Luther schrieb: „In Antwerpen ist ein

---

[38] An Joh. Lang 29. Mai 1522, WAB 2; 548,21 f. An Adam Kraft 28. Juli 1522, ebd. 582,12 ff.

[39] Epistel oder Unterricht von den Heiligen an die Kirche zu Erfurt (10. Juli 1522), WA 10/2; 164 ff., bes. 166,31 ff.35.10. Vgl. auch den Brief an Speratus vom 13. Juni 1522, WAB 2; 561,67 ff.

[40] An Capito 17. Jan. 1522, WAB 2; 433,109 ff.

[41] Zu Mirisch WAB 1; 304, Anm. 3. WAB 2; 181, Anm. 9. Luther an Link 16. Jan. 1523, WAB 3; 17,8 f.

[42] Th. Kolde, Die deutsche Augustiner-Congregation und Johann von Staupitz (Gotha 1879), 82 ff. 147 f. 260 ff. Vicariani für die Observanten ist seit 1474 nachweisbar, ebd. 111, Anm. 2.

Prior im (Augustiner-) Kloster, ein echter Christ ohne Falsch, der dich glühend liebt, dein einstiger Schüler, wie er rühmt. Er fast allein predigt Christus. Die anderen fast alle nur Menschengeschwätz und ihren Profit." Und Dürer verkehrte, als er sich 1520/1 in Antwerpen aufhielt, besonders gern mit den Augustinern und verehrte diesen Prior Jakob Propst so sehr, daß er ihn porträtierte und ihm das Bild beim Abschied schenkte. Propst hatte bereits von 1505–1509 in Wittenberg studiert und kehrte 1520/21 noch einmal zurück, um die theologischen Grade zu erwerben. Seine Schülerschaft Luther gegenüber, von der Erasmus sprach, war also auf Lektüre und Erzählungen der Klosterbrüder begründet. In Wittenberg wurde daraus eine fröhliche Freundschaft zwischen Luther und dem „fetten Flemmichen" (Flamen), wie Luther ihn von der Wartburg grüßen ließ. Ähnlich wie Propst hatte der Dordrechter Prior Heinrich von Zütphen sein früheres Wittenberger Studium 1520 wieder aufgenommen und mit den Promotionen abgeschlossen[43].

Die Schar der niederländischen Augustiner war die erste, die von der Inquisition erfaßt wurde. Der Legat Aleander und die Statthalterin Margarete waren entschlossen, das Wormser Edikt hier in den kaiserlichen Erblanden mit aller Strenge durchzuführen und die Ketzerei im Keime zu unterdrücken. Wenige Monate nach seiner Rückkehr aus Wittenberg wurde Propst im Dezember 1521 nach Brüssel gebracht und dort durch qualvolle Verhöre so zermürbt, daß er am 9. Februar 1522 öffentlich widerrief. Luther schmerzte diese Nachricht tief. Um so größer war die Freude, als er hörte, daß Propst den erzwungenen Widerruf zurückgenommen habe, zugleich aber auch die Angst um den wiederum verhafteten Freund. Nach verschiedenen Berichten mußte er wochenlang fürchten, daß er schon verbrannt sei, bis er am 11. August 1522 glücklich an Spalatin melden konnte, Propst habe durch ein Wunder Gottes entfliehen können und sei bei ihnen in Wittenberg eingetroffen[44].

In Antwerpen trat im Sommer 1522 Heinrich von Zütphen an die Stelle Propsts und predigte mit großer Unerschrockenheit im gleichen Sinne weiter. Sein kühnes Auftreten gegen einen neuen päpstlichen Ablaßhandel, der in der Bevölkerung großen Anstoß erregte, brachte auch ihn schnell in die Hände der Inquisition. Unter dem Vorwand, er sei zu einem Kranken geru-

[43] Erasmus an Luther 30. Mai 1519, WAB 1; 413,50ff. O. Clemen, Das Antwerpener Augustiner-Kloster bei Beginn der Reformation (1513–1523), in: Monatshefte d. Comenius-Gesellschaft 10 (1901), 306ff. P. Kalkoff, Zur Lebensgeschichte Albrecht Dürers, in: RKW 20 (1897), 449ff. „Flemmichen" 26. Mai 1521, WAB 2; 349,96. Die Licentiatenthesen Propsts vom 12. Juli 1521 bei Clemen, Reformationsgeschichte (s. o. S. 66, Anm. 40), H. 1, 34ff. J. F. Iken, Heinrich von Zütphen, SVRG 12 (Halle 1886), 6ff. 12ff.

[44] Propsts eigener Bericht über seine zweifache Gefangenschaft erschien 1522 in Wittenberg. Clemen, Reformationsgeschichte (s. o. S. 66, Anm. 40), H. 1, 37ff. P. Kalkoff, Die Anfänge der Gegenreformation, Tl. 2 (s. o. S. 21, Anm. 26), 62ff. Luther an Spalatin 11. Aug. 1522, WAB 2; 586,5ff. Er hatte nach allen Seiten die Freunde an seiner Sorge um Propst teilnehmen lassen: Spalatin 12. Apr., ebd. 493,16f.; 5. Juni, ebd. 555,11ff.; Lang 11. Juni, ebd. 559,7f., 26. Juni, ebd. 565,21f.; Staupitz 27. Juni, ebd. 567,30ff.; Hausmann 30. Juni, ebd. 572,9ff.

fen, wurde er am 29. September in eine Falle gelockt. Aber noch ehe er in der Nacht nach Brüssel gebracht wurde, befreite ihn eine empörte Menschenmenge. So konnte auch er flüchten. Er ging nach Bremen, wo er Rat und Bürgerschaft gegen den Widerstand des Erzbischofs erstaunlich schnell für die Reformation gewann. Aber es drängte ihn – wie einst Bonifatius – nach diesem Erfolg wieder auf ein neues Missionsfeld; und gleich ihm fand er dort den Märtyrertod. Am 10. Dezember 1524 wurde er bei Meldorf in Dithmarschen von aufgehetzten Bauern verbrannt. In Antwerpen war schon im Januar 1523 das ketzerische Augustinerkloster dem Erdboden gleichgemacht worden. Von den verhafteten Brüdern blieben zwei, Henricus Vos und Johannes van den Eschen, bis zum Ende standhaft und erlitten am 1. Juli 1523 auf dem Marktplatz zu Brüssel den Feuertod. Diese Martyrien, die andere für die von ihm begonnene Sache erlitten, haben Luther tief erregt[45].

So war unter den mehr als hundert Augustinern, die Staupitz in der Zeit seines Ordensvikariats 1520 an seine Universität Wittenberg gezogen hatte[46], eine reiche Saat für Luther aufgegangen. Und schon studierten andere dort, die sie einmal nach Westfalen tragen sollten: Johannes Westermann nach Lippstadt, Gottschalk Gropp nach Herford, wo auch der Konvent der Brüder vom gemeinsamen Leben gewonnen wurde. In Osnabrück predigte seit 1521 der Augustiner Gerhard Hecker in Luthers Sinne, ebenso die Brüder des Klosters zu Wesel. Auch der Provinzial der thüringisch-sächsischen Ordensprovinz Tilemann Schnabel im Kloster zu Alsfeld (Oberhessen) schlug sich auf Luthers Seite. Landgraf Philipp verbot ihm noch 1523 zu predigen, holte ihn aber 1526 aus Leisnig, wo Luther ihn untergebracht hatte, mit Ehren wieder zurück und machte ihn zu einem seiner bedeutendsten Helfer. Diese Austrahlungen Luthers auf den Augustinerorden beschränkten sich allerdings auf den mittel- und norddeutschen Raum. Die süddeutschen Klöster mit Ausnahme von Nürnberg blieben in der tödlichen Spannung, die den Orden durchzog, auf der altgläubigen Seite. Aber auch hier gingen im Laufe der nächsten Jahrzehnte alle bis auf das Würzburger in der Reformationsbewegung unter. In einem Außenseiter aus dem Kreise der süddeutschen Ordensbrüder fand Luther seinen originellsten Fürsprecher: Michael Stiefel in Eßlingen, einen ebenso gescheiten wie wunderlichen Schwaben. Er war ein Liebhaber der Offenbarung Johannis und der apokalyptischen Mathematik. Luthers Schriften hatten ihn überzeugt, daß in ihm der Engel mit dem ewigen Evangelium (Off. 14,6ff.) erschienen sei. So besang er ihn 1522 in einem meisterhaft volkstümlichen Gedicht, dessen 33 Strophen er mit kurzen Erläuterungen der Lehre Luthers durchsetzte. Er mußte dafür freilich bald aus Eß-

---

[45] Die Quellen über die Gefangennahme Heinrichs von Zütphen bei Clemen, Antwerpener Augustiner-Kloster (s. Anm. 43), 311, Anm. 4. Dazu Kalkoff, Anfänge der Gegenreformation (s. o. S. 21, Anm. 26), Tl. 2, 77ff. Iken, Heinrich von Zütphen (s. Anm. 43), 32ff. 74ff. – Weiteres s. u. S. 407ff.

[46] Friedensburg, Geschichte Univ. Wittenberg, 48.

lingen fliehen, zuerst zu Hartmut von Kronberg, dann, nachdem dessen Burg gefallen war, nach Wittenberg, wo die Geschichte einer durch manche Wechsel treu gehaltenen Freundschaft zwischen ihm und Luther begann[47].

In größere Zusammenhänge, als es diese hier und dort aufflammenden Feuer einer evangelischen Bewegung waren, führte Luther die Berührung mit jener älteren Reformation der Kirche, die er seit langem als verwandt erkannt hatte, mit den Hussiten. So vorsichtig er zuerst die Befleckung durch ihren verfemten und von den Greueln ihrer Kriegszüge belasteten Namen vermieden hatte, so tief hat ihn dann die erste Lektüre einer ihm aus Böhmen zugesandten Schrift von Huß ergriffen. ,,Wir sind alle, ohne es zu wissen, Hussiten", hatte er vor zwei Jahren geschrieben[48]. Nun suchten zum ersten Male Männer aus den beiden Kirchen, die sich aus den inneren Kämpfen des Hussitentums und seiner Auseinandersetzung mit Rom herausgebildet hatten, fast gleichzeitig die persönliche Aussprache mit ihm. Zuerst die kleinere, die seinem Herzen näherstand, die Böhmischen Brüder. Die Gemeinschaft dieser stillen Leute war einer der reinsten und jedenfalls der dauerhafteste der mancherlei mittelalterlichen Versuche, die Nachfolge des armen, sanften und leidenden Christus zur Lebensform für den einzelnen wie für die Gemeinden zu machen. Sie hatten sich sowohl von der verweltlichten Papstkirche wie von dem verwilderten Hussitentum, dessen Anregungen sich bei ihnen mit waldensischen Ideen mischten, losgerissen. Seit 1467 bildeten sie, durch innere Krisen gereinigt und in schweren Verfolgungen bewährt, die in Böhmen und Mähren stark verbreitete, noch heute existierende Brüderunität, die später durch die aus ihr hervorgewachsene Brüdergemeine Zinzendorfs noch einmal weltweite Bedeutung erhielt. Luther stand der fernen, durch Landesgesetz verbotenen Separatkirche, die er nur unter dem Ketzernamen Pikarden[49] kannte und von der er wenig Sicheres erfuhr, zunächst mit begreiflicher Vorsicht gegenüber. Sie waren ihm lange als Vertreter einer zwar vorbildlich lebenden, aber eigensinnigen Häresie erschienen. Darin hatte ihn bestärkt,

---

[47] Von der christförmigen, rechtgegründeten leer Doctoris Martini Lutheri, Flugschriften aus den ersten Jahren der Reformation, hg. v. O. Clemen, Bd. 3 (Halle 1909), 263 ff. Stiefel nahm, wohl ohne es zu ahnen, eine alte joachitische Tradition auf und begründete eine neue: Die Perikope wurde später zur Epistel des Reformationsgedenktages. Der auch bei Stiefel (ebd. 282) anklingende Vergleich zwischen Luther und Elias (aus Off. 11,3 ff.) ist humanistischen Ursprungs. H. Volz, Die Lutherpredigten des Johannes Mathesius. Kritische Untersuchungen zur Geschichtsschreibung im Zeitalter der Reformation, QFRG 12 (Leipzig 1930), 63 ff.

[48] An Spalatin Mitte Feb. 1520, WAB 2; 42,24.

[49] Abgeleitet von Einwanderern aus der Picardie, die 1418 vor der Inquisition nach Böhmen geflüchtet waren. Sie wurden von den ,,Böhmischen Brüdern" im wesentlichen abgelehnt. LThK, Bd. 8 (1963), 503 f. Eine Übersicht über Luthers Stellung zu den ,,Böhmischen Brüdern" geben W. Köhler, Luther und die Kirchengeschichte nach seinen Schriften, Bd. 1 (Erlangen 1900), 168 ff.; J. Th. Müller, Geschichte der Böhmischen Brüder, Bd. 1 (Herrnhut 1922), 400 ff.; E. Peschke, Die Theologie der Böhmischen Brüder in ihrer Frühzeit, Bd. 1, FKGG 5 (Stuttgart 1935), 333 ff.; K. Bittner, Erasmus, Luther und die böhmischen Brüder, in: Rastloses Schaffen, Fschr. F. Lammert (Stuttgart 1954), 107 ff.

daß er 1520 aus einer ihrer Schriften den Eindruck gewann, sie glaubten nicht an die Gegenwart des Leibes und Blutes Christi im Abendmahl[50]. Nun erhielt er aber darüber einigermaßen befriedigende Auskunft durch Lehrartikel, die ihm sein Freund Speratus aus Mähren sandte, vor allem aber durch zwei Priester der Brüder, die ihn im Mai 1522 besuchten[51]. Vermutlich waren es Johann Horn und Michael Weiße, der spätere große Dichter der Böhmischen Brüder, von dem noch heute kostbare Lieder in der evangelischen Kirche gesungen werden. Wie viel den Brüdern daran lag, von Luther richtig beurteilt zu werden, geht daraus hervor, daß vier Wochen später schon wieder eine zweite Gesandtschaft, die wahrscheinlich aus denselben Boten bestand, bei ihm weilte, „um ihn über ihren Glauben zu befragen". Durch sie schickte ihm auch Speratus wieder spezielle Abendmahlsfragen eines ihrer Priester mit, den er für Luther gewonnen hatte. Luther fand die Lehre der Brüder im allgemeinen recht, wenn auch oft dunkel im Ausdruck. Nur daß sie der Kindertaufe keine unmittelbare Frucht für den Glauben beimaßen und solche, die zu ihrer Brüderunität übertraten, einer Wiedertaufe unterzogen, erregte sein Bedenken; und ihre Lehre von Glauben und Werken blieb ihm zweifelhaft. Diese offenen Fragen sollten ihn noch beschäftigen. Selbst den Brüdern gegenüber, mit denen ihn so viel verband, mußte er resigniert feststellen: „Gar nirgends auf der Welt gibt es das reine Evangelium."[52]

Doch waren diese Unterschiede gering gegenüber den Sorgen, welche ihm die hussitische Landeskirche Böhmens bereitete. Diese Utraquisten waren ein vielschichtiges Gebilde. Als Erbe von Huß bewahrten sie die Spendung des Abendmahls sub utraque specie, die Aufhebung des Kirchenguts und, dadurch bedingt, die Trennung von Rom. Das waren Merkmale, die sie Luther zu Bundesgenossen machten. Im übrigen freilich waren sie konservativer als er. Was an der römischen Kirche diesen Forderungen nicht widersprach, ließen sie unangetastet. Es lag nahe, daß man darum immer wieder, teils von außen – die Krone Böhmens trugen seit dem Tode des Hussiten Georg Podiebrad gut katholische Könige aus dem Jagellonen-Hause, Wladislaw (1516) und Ludwig (1526) –, teils von innen, aus römisch gesinnten Kreisen ihres Klerus, die Wiedervereinigung mit Rom erstrebte. Dem entgegen lebten in der utraquistischen Kirche offenbar aber auch versteckte antisakramentale Ideen, wie sie früher der radikale, äußerlich niedergeworfene taboritische Zweig der hussitischen Bewegung vertreten hatte. Luther lernte jetzt zunächst diese kennen, als er in Lehrartikeln, die ihm Speratus zuschickte, Joh. 6 als Stütze einer symbolischen Abendmahlslehre verwandt sah[53]. Er notierte nur kurz seinen Unwillen, ohne zu ahnen, welche Kämpfe um dieses Kapitel ihm im großen Abendmahlsstreit mit den Schweizern noch bevor-

---

[50] WA 6; 80,25 ff.
[51] An Speratus 16. Mai 1522, WAB 2; 531,11 ff.
[52] An Speratus 13. Juni 1522, WAB 2; 560,12 ff. An Spalatin 4. Juli 1522, ebd. 573,11 ff.17.
[53] An Speratus 16. Mai 1522, WAB 2; 531,26 ff.

standen. Dagegen alarmierte es ihn, als ein utraquistischer Priester ihn aufsuchte und ihn von den Unionsplänen unterrichtete. Er entschloß sich zu einem ungewöhnlichen Schritt: Er richtete am 15. Juli 1522 ein Schreiben an die in Prag versammelten böhmischen Landstände. Er konnte sich ihnen vorstellen als einer, der um des Namens ihres Landes willen mehr angegriffen worden sei als einer von ihnen selbst. Wie oft werde er als „geborener Böhme" oder als einer, „der die Flucht nach Böhmen vorhat", beschuldigt! Gern käme er selbst einmal zu ihnen, aber er könne sich daheim nicht dem Verdacht der Fahnenflucht aussetzen. Doch werden, so hoffe er, Böhmen und Deutsche bald durch das Evangelium zu einem Sinn und Namen kommen. Er mahnt die Stände zur Geduld; es kann nicht alles auf einmal neu werden. Dazu bedarf es guter Evangelisten, welche die Völker zu dem einen Christus führen. Nie aber können die Spaltungen unter ihnen durch den Anschluß an die tyrannische und selbst von Spaltungen zerrissene Papstkirche überwunden werden. Er bittet sie inständig, zu widerstehen, daß nicht das Sakrament unter beiderlei Gestalt und damit das unschuldig vergossene Blut ihres Johannes Huß und ihres Hieronymus von Prag samt ihren Lehren bei ihnen verdammt werde. „Ich jedenfalls werde mich mit den Unsern zu Johannes Huß bekennen, auch wenn ihn, was Gott verhüten möge, ganz Böhmen verleugnet. Unser wird er sein, die wir ihn getötet haben (als Glieder der römischen Kirche), wenn ihr ihn preisgebt, die ihr ihn verteidigt habt."[54] Zur Verstärkung dieses nicht für den Druck bestimmten Schreibens richtete Luther am gleichen Tage einen Brief an den in Nordböhmen begüterten Grafen Schlick, mit dem er ihm sein Buch gegen Heinrich VIII. von England widmete. Darin wiederholte er seine Warnung und seinen werbenden Aufruf für die gemeinsame Sache noch einmal öffentlich und schärfer. Wir wissen nicht, wie die Landstände den Appell Luthers aufgenommen haben. Jedenfalls in der utraquistischen Kirche blieb er nicht ungehört. Das sollte sich im nächsten Jahre zeigen.

So erquickend im ganzen der Blick auf die in der Nähe und in der Ferne kräftig voranschreitende evangelische Bewegung war, so blieben ihm doch auch die Schatten, die sich darüber zusammenzogen, nicht verborgen. Dafür sorgte schon sein Nachbar, Herzog Georg, der seinen kurfürstlichen Vetter sofort nach der Heimkehr des Geächteten vor ihm gewarnt hatte. „Denn er mach's so süß, als er wolle, so haut er allwege mit dem skorpionischen Schwanz hinten nach."[55] Er überwachte mißtrauisch jeden Schritt und jede Äußerung Luthers und versuchte mehrmals, das Nürnberger Reichsregiment gegen ihn scharf zu machen[56]. Wo sich etwas von lutherischer Bewegung in

[54] WA 10/2; 173,1–174,13.
[55] 21. März 1522. Geß, Akten, Bd. 1, 295.
[56] Für Frühjahr und Sommer 1522 vgl. Geß, Akten, Bd. 1, 315 ff. 325 f. 327 f. 335 f. 343 f. WA 10/2; 502 ff.

seinem Lande regte, trat er ihr sofort entgegen. Selbst von Luthers Brief an die böhmischen Landstände erhielt er dank seiner guten Nachrichtenverbindungen sogleich eine Abschrift[57]. Diese zunächst mehr vorbeugenden Maßnahmen im Herzogtum Sachsen und die bereits einsetzenden Verfolgungen in den Niederlanden bildeten die beiden wichtigsten Hebelpunkte für den bald entbrennenden politischen Kampf gegen die lutherische Bewegung. Wie er geführt wurde und ob er zu Erfolgen kam, hing davon ab, über welche Möglichkeiten Reich und Kaiser in den nächsten Jahren verfügten.

[57] WA 10/2; 169.

V. Probleme des öffentlichen Lebens:
Ehe, Obrigkeit, Gemeinde, Gottesdienst, Schule

Bis zum Herbst 1522 hatte Luther genug zu tun mit den Aufgaben, die er von der Wartburg mitgebracht und die der Wirrwarr in Wittenberg ihm gestellt hatte. Zufallspflichten wie die Auseinandersetzung mit Heinrich VIII.[1] und andere waren dazu gekommen, und der gewohnte Predigtdienst war weitergegangen. Aber die Reform des Gottesdienstes und der Gemeinde war zunächst einmal stillgelegt; der Zwischenzustand, den er für Wittenberg geschaffen hatte, galt noch immer. So konnte es nicht bleiben. Wir sehen nun eins der großen öffentlichen und kirchlichen Probleme nach dem anderen Lösung fordernd sich an ihn herandrängen.

1.

Zuerst kamen die Fragen der Ehe und des Eherechts. Wie auf keinem anderen Gebiet sind auf dem der Ehe die Rechtsfragen zugleich auch Gewissensfragen. Schon seit langem beunruhigte Luther darum seine seelsorgerliche Verantwortung. Aber er wußte auch, welch einen Berg rechtlicher Schwierigkeiten er damit anrührte, nachdem das kanonische Eherecht dahingefallen und ein staatliches noch nicht entwickelt war. Schon in der Schrift an den Adel und namentlich in der ,,Babylonischen Gefangenschaft'' hatte er die Fragen anrühren müssen[2]. Nun aber verlangte eine Fülle von Notfällen gründlichere Klärung, die er in seiner im Herbst 1522 erschienenen Schrift ,,Vom ehelichen Leben'' versuchte. Um eine Befreiung aus Gefangenschaft handelte es sich für ihn auch hier: zunächst um eine Befreiung von der Unzahl kanonischer Ehehindernisse. Mit dem mosaischen und römischen Recht verminderte er die verbotenen Vewandtschaftsgrade und ließ nur die in der Bibel genannten Fälle enger Blutsverwandtschaft gelten[3]. Sicherlich nicht nur, weil es biblisches Gebot war, sondern auch, weil es ihm vernünftig und überzeugend erschien. Besonders empörte es ihn aber, daß die Kirche bereit war, von fast allen von ihr aufgestellten Hindernissen gegen Geld zu dispensieren. Also sind es gar keine wirklichen Ehehindernisse! Ebensowenig das, welches sie selbst eingeführt hat, die geistliche Verwandtschaft, die durch

---

[1] Contra Henricum Regem Angliae. 1522. WA 10/2; 175 ff.
[2] WA 6; 446,27 ff. 468,8 ff. 550 ff.
[3] WA 10/2; 275 ff. – 3.Mose 18,7 ff. 20,17 ff. 5.Mose 27,22 f.

Taufe und Firmung entsteht. Sie war damals in viel weiterem Umfang verboten oder dispenspflichtig als heute. Und das Verbot, einen Ungläubigen zu heiraten, steht für Luther im strikten Gegensatz zu dem urchristlichen Brauch, der in der Ehe mit einem Heiden etwas Erlaubtes und für den Christen eine besondere Aufgabe sah (1.Kor. 7,13; 1.Petr. 3,1). Im Blick darauf fällt das viel und entstellend zitierte Wort, „daß die Ehe ein äußerlich, leiblich Ding ist wie andere weltliche Hantierung", die man auch gemeinsam mit einem Heiden tun kann[4]. Es sollte die Ehe nicht herabwürdigen, im Gegenteil ihr die Ehre eines rechten, göttlichen Standes in der gottgeschaffenen Welt geben. Die sakramentale Begründung der Ehe hatte Luther längst als eine Fehlauslegung von Eph. 5,32 erkannt, wo das sacramentum (wie die Vulgata das griechische mysterion übersetzt) das Geheimnis der ehelichen Verbindung zwischen Christus und seiner Gemeinde bedeutet[5]. Die Ehe ist nicht aus diesem Gleichnis abzuleiten, sondern umgekehrt: Sie ist ein Urdatum der göttlichen Schöpfung, das hier zum Gleichnis gemacht wird. Sie ist auch nicht nur ein Gebot Gottes an die Menschen, sondern mehr: ein „göttlich Werk", ein „Orden" (Ordnung), in den Gott darum die zwingende Kraft der Natur und den ganzen Segen seiner Schöpfergnade gelegt hat. Luther möchte die Ehe aus dem Gefängnis einer Minderbewertung befreien. Wenn auch immer dem ehelichen Umgang Sünde anhängt, so ist der Ehestand doch Gottes Werk „und behält auch mitten und durch die Sünde all das Gut, das er darein gepflanzt und gesegnet hat"[6]. Darum gelten diesem „Orden" gegenüber auch geistliche Gelübde nicht. Es ist keine Schande, zu erkennen, daß man etwas gelobt hat, was man nicht halten kann und darum nicht hätte geloben sollen. „Hier rat ich: Wenn du weislich geloben willst, so gelobe, die Nase dir nicht selbst abzubeißen, das kannst du halten."[7] Es wird aber immer Ausnahmen geben, in denen jemand freiwillig und ohne den Rechtszwang des Gelübdes die Ehelosigkeit wählt, um Gott dienen zu können. Luther spricht mit größter Achtung von ihr, ist sie doch der Stand Christi und des Paulus. Aber er dreht dabei die bisherige moralische Abstufung der Stände um: Nicht die Askese verleiht der Ehelosigkeit Wert, sondern nur der Dienst. „Gottes Wort und Predigen macht den keuschen Stand besser, denn der eheliche ist . . . An ihm selber aber ist er viel geringer." Und schließlich sucht er einen Weg in der Frage der Scheidung. Er bejaht sie bei Impotenz, Ehebruch und dauernder Verweigerung der ehelichen Pflicht. Auch bei einer sonstigen völligen Zerrüttung der Ehe hält er die Scheidung für vertretbar, nur mit der Bestimmung, daß keiner der beiden Teile wieder

---

[4] WA 10/2; 283,8. Im gleichen Zusammenhang zu 1.Kor. 7,13: WA 12; 120,20.
[5] De captivitate Babylonica . . . (1520), WA 6; 551,6ff. Contra Henricum Regem Angliae (1522), WA 10/2; 221,10ff. 259,3.
[6] WA 10/2; 276,9ff. 304,6ff.
[7] Ebd. 284,22ff.

heiraten darf. Freilich wäre es für den Christen „ein fein seliges Kreuz und ein richtiger Weg zum Himmel", seinen üblen Ehepartner zu ertragen[8].

Bedenkt man das Vakuum, das durch die Abkehr vom kanonischen Eherecht entstanden war, so wird man Luther die Bewunderung für seinen Versuch, ein neues Recht und Ethos der Ehe zu begründen, nicht versagen. Er ruht zuletzt auf einem einzigen Grundgedanken: Die Ehe steht unter dem Schutz und der Verheißung Gottes und ist darum allen menschlichen Einschränkungen, übermäßigen Ehehindernissen und kirchlichen Gelübden entnommen. Ihr zwingendes natürliches Leben entspringt, auch wenn es nie ohne Sünde ist, nicht ungezügelten Trieben, sondern dem Schöpferwillen Gottes, der damit die Menschheit erhält. Es gibt daher Grenzen, wo sie ihren Sinn verliert und gelöst werden darf. Diesem natürlichen Gesetz Gottes darf niemand andere entziehen und auch sich selbst nicht durch rechtlichen Zwang, sondern nur in der immer freien Hingabe besonderen Dienens. Luthers Ehelehre mit ihrer Absage an Zölibatszwang und Mönchsgelübde bedeutet keine Kapitulation vor der unwiderstehlichen Sündhaftigkeit der menschlichen Natur, wie sie mißdeutet worden ist. Sondern sie ist ein Stück seiner Schöpfungslehre, welche die Natur trotz der Sünde, die sich ihrer bemächtigt, von Gott gewollt und gegeben weiß. Im natürlichen Zwang steckt Gottes verborgene Ordnung, die nur der durchbrechen darf, den Gott selbst zu „besonderen Wunderwerken" aus ihr herausruft[9]. Luther war sich, als er zögernd diesen Entwurf darbot, darüber klar, daß die schwierigen Ehefragen ihn und andere noch viel beschäftigen würden[10]. Aber das Fundament eines neuen Eheverständnisses und -rechtes war gelegt. Er hat in seinen späteren Äußerungen nichts wesentlich Neues mehr hinzugefügt, sondern sich mit den Einwänden der Gegner auseinandergesetzt, vor allem mit ihrer Berufung auf die Eheanschauung des Paulus. In einer eingehenden Auslegung von 1. Kor. 7 vom Juli 1523 erwies er zwar treffend den Gegensatz zwischen der Meinung des Apostels und der katholischen Lehre vom Verdienst des jungfräulichen Lebens, legte ihm aber harmlos sein eigenes Lob des Ehestandes in den Mund, das mit dem asketisch-eschatologischen Grundton des Kapitels nicht recht zusammenstimmt[11].

2.

Zur gleichen Zeit, als Luther die Eheschrift abschloß, die ihn auf das Feld des Rechts geführt hatte, beschäftigte ihn bereits ein viel weiter greifender Plan: eine Darlegung über das Wesen der weltlichen Obrigkeit[12]. Luther

---

[8] Ebd. 279,15 ff. 302,5 ff., 13 ff. 287 ff. 291,5 ff.

[9] Ebd. 279,20 f.

[10] Ebd. 275,1 ff. [11] WA 12; 88 ff.

[12] Die folgende Darstellung ist nahezu wörtlich entnommen aus H. Bornkamm, Luthers

war, so streng er sich in den Grenzen seiner geistlichen Aufgaben hielt, eine leidenschaftlich politische Natur. Das hatte am stärksten seine Schrift an den Adel, d. h. an die verschiedenen Repräsentanten der Obrigkeit, gezeigt, die ihn auch gezwungen hatte, die verzahnten Grenzen zwischen dem kirchlichen und dem staatlichen Bereich zum ersten Male ausführlicher zu durchdenken. Zwei Anlässe bewogen ihn jetzt, den Plan einer grundsätzlichen Schrift aufzunehmen. Der bedeutendste Jurist im Reich, der Bambergische Rat Johann Freiherr von Schwarzenberg, der damals seinen berühmten Strafrechtskodex, die Lex Bambergensis, das Vorbild der Peinlichen Halsgerichtsordnung Karls V., schuf, hatte ihm ein Manuskript über mancherlei Glaubensfragen zugeschickt, mit dem sich Luther ganz einverstanden erklärte – bis auf einen Punkt: „Von weltlichem Schwert, wie das mit dem Evangelio übereinkäme, will ich schier durch ein Büchlein sonderlich auslassen gehen, der ich's mit E. Gn. in diesem Stück gar nicht halte."[13] Wir gäben etwas darum, wenn wir das „mächtige Buch" Schwarzenbergs noch besäßen, sowohl deshalb, weil es das erste Dokument seiner reformatorischen Gesinnung ist, als auch weil Luthers eigene Auffassung durch diesen Kontrast schärfer umrissen würde.

Auf ganz andere Weise geriet Luther dadurch an das Staatsproblem, daß im Herzogtum Sachsen und anderen Territorien seine Übersetzung des Neuen Testaments verboten und ihre Auslieferung verlangt wurde[14]. Woher nahmen die Landesherrn das Recht dazu? Aus der grundsätzlichen Frage nach dem Wesen der obrigkeitlichen Gewalt wurde damit zugleich die nach ihren Grenzen. Im Titel der Schrift, die er – Gedanken zweier am 24. und 25. Oktober 1522 in Weimar gehaltener Predigten weiterführend – Ende Dezember in Angriff nahm und im März 1523 herausbrachte: „Von weltlicher Oberkeit, wie weit man ihr Gehorsam schuldig sei", sind die beiden Anlässe noch deutlich zu erkennen. Die Doppelfrage bildet auch den Inhalt der ersten beiden Teile der Schrift, die für Luthers leicht ausufernde Schreibweise ungewöhnlich straff aufgebaut ist. Der dritte enthält einen christlichen Fürstenspiegel, wie es seit Augustins De civitate dei so manchen gegeben hatte[15].

Alle drei Teile sind umschlossen von der grundlegenden Unterscheidung der „zwei Reiche" innerhalb der Menschheit. Man versteht diese viel mißdeutete Rede am besten, wenn man sich noch einmal des akuten Anlasses der Bedrückung der Evangelischen in den katholischen Territorien erinnert. Luther wendet sich gegen eine doppelte Verkehrung der obrigkeitlichen Ge-

---

Lehre von den zwei Reichen im Zusammenhang seiner Theologie (Gütersloh 1958), 7–14. Vgl. außerdem ders., Der Christ und die zwei Reiche, in: ders., Luther, 255 ff.

[13] Luther an Schwarzenberg 21. Sept. 1522, WAB 2; 600,29 ff. Über Schwarzenbergs ingens liber an Spalatin ca. 12. Dez. 1522, ebd. 630,8 ff. Es handelte sich also um mehr als um ein „Schriftchen" (W. Scheel, Johann Freiherr zu Schwarzenberg [Berlin 1905], 330).

[14] Geß, Akten, Bd. 1, Nr. 400. WA 11; 267,14 ff. 483.

[15] W. Berges, Die Fürstenspiegel des hohen und späten Mittelalters (Stuttgart 1938. Nachdr. 1962, Monumenta Germaniae historica 2). – Die beiden Predigten Luthers: WA 10/3; 371–385.

walt. Statt daß die Bischöfe die Seelen mit Gottes Wort regieren, „regieren sie auswendig Schlösser, Städte, Land und Leute". Und statt daß die weltlichen Herren ihre Länder wahrhaft regieren und nicht nur auspressen, wollen sie „geistlich über die Seelen regieren", den päpstlichen Glauben vorschreiben und die lutherische Ketzerei mit Gewalt ausrotten[16]. Zwischen dem Reich des Glaubens, der Freiheit erfordert, und dem der äußeren Ordnung gibt es also reale Grenzen, ebenso real wie die Landesgrenze zwischen Leipzig und Wittenberg. Nur muß der Christ sie hier immer neu in freier Entscheidung finden. Wo es um ihn selbst und seine Dinge geht, soll er auf Recht und Zwang verzichten; da gilt nichts als Jesu Gebot, Gutes zu tun und Unrecht zu leiden. Dagegen wo es sich um die Sache des Nächsten, der Gemeinschaft handelt, muß er das Unrecht mit allen geordneten Mitteln bekämpfen[17]. Bestünde die Welt nur aus wahren Christen, so bedürfte es keiner Gesetze und keines Rechtes. Wahre Christen sind so „genaturt", daß sie aus dem Geist besser wissen, was sie zu tun haben, als es ihnen jedes Gesetz sagen kann; so wenig wie man einem Apfelbaum vorlesen muß, daß er Äpfel und nicht Dornen tragen solle. Aber „die Welt und die Menge ist und bleibt Unchristen, ob sie gleich alle getauft und Christen heißen". Die wahren Christen „wohnen fern voneinander". Darum bedarf es, damit das Böse nicht triumphiere, des Rechts und der erzwingbaren Ordnung. So muß der Christ in seinem Leben beiden Reichen „genugtun": Du „leidest Unrecht als ein rechter Christ für dich . . . und leidest kein Unrecht für deinen Nächsten"[18]. Das gilt insbesondere, wenn der Christ selbst im staatlichen Amt steht. Im scharfen Gegensatz zu den Zwickauer Schwärmern und später zu den Täufern drängt Luther ihn geradezu, sich dafür zur Verfügung zu stellen: Es „gebührt den Christen zu eigen vor allen andern auf Erden". Denn es ist auch Dienst Gottes, so gut wie der Ehestand, das Ackerwerk oder irgendein Handwerk, ja ein besonders nötiger, denn er ist der schwerste, und ohne ihn ginge die Welt aus den Fugen[19].

Luther beschreibt mit den beiden „Reichen" nicht nur die beiden Bereiche Kirche und Staat, Verkündigung und Rechtsordnung, sondern damit zugleich auch die beiden Beziehungszusammenhänge, in denen der Christ lebt: einerseits sein eigenes Dasein, sein persönliches Verhalten zu den Mitmenschen, sein Eintreten für das Evangelium – da gibt es nur das grenzenlose Gebot des Verzeihens, Duldens und Opferns; und andererseits das Miteinanderleben der Menschen überhaupt, in dem das Recht notwendige, feste Grenzen gegen das Böse setzen muß – da muß er helfen, daß niemand Unrecht erduldet und das Opfer eines anderen wird. Den beiden Zusammenhängen entsprechen die Mittel, nach denen in ihnen verfahren werden muß,

---

[16] WA 11; 265,7ff. 11. 19.
[17] Ebd. 259,7ff. 260,17ff.
[18] Ebd. 249,24–254,26. 250,19. 251,36f. 255,12ff.
[19] Ebd. 254,27ff. 258,1ff.

oder, wie Luther sagt, die beiden „Regimente", die beiden Herrschaftsarten in ihnen: das gewaltlose Wort und die Rechtsgewalt der Obrigkeit. Sie trägt das Schwert, das auf Strafgewalt gegründete Recht nach innen und die Schutzgewalt nach außen, von Gott. Beide „Regimente" sind Gottes. In der neueren, lebhaften Forschung sind die „zwei Reiche" und die „zwei Regimente" unglücklich gegeneinander ausgespielt worden. Luther unterscheidet zwar beide sinnvoll, aber doch nicht abstrakt. Denn sie gehören unlösbar zusammen. Luther muß ja immer das Doppelte sagen: Es gibt für den Christen zwei deutlich geschiedene Lebensbeziehungen. Aber diese „Reiche" sind keine starren Bezirke, in die sein Dasein zerfällt. Er kann nicht bloß in dem einen oder dem anderen existieren. Sondern er lebt als Christ in ihnen nur, wenn er darin mit den Mitteln des einen oder anderen „Regiments" den Willen Gottes tut, der die Welt zusammenhält. Das erfordert von ihm eine immer neue Gewissensentscheidung, für die es nur eine Norm gibt: Was ist die hier gewiesene Form der Liebe, Unrecht leiden oder Recht erzwingen?

So sind die beiden Reiche, in denen der Christ in der von der Sünde zerspaltenen Welt steht, zwar durch eine scharfe Grenze voneinander geschieden, die nicht verletzt werden darf, soll das Chaos nicht hereinbrechen. Aber in ihnen wirkt der eine, gleiche Liebeswille Gottes, wenn auch mit verschiedenen Mitteln. Dadurch sind die beiden Dienste unlösbar miteinander verknüpft. Bei allen Gegensätzen zwischen den beiden Reichen, die Luther aufzählt: Reich Gottes – Reich der Welt, des Evangeliums – des Gesetzes, der Gläubigen – der Ungläubigen, geistlich – weltlich, für sich – für andere, des Wortes – des Schwertes usw. heißt es nie: Reich der Liebe – Reich ohne Liebe. Sie umgreift beide. Von der Zwangsordnung des Rechts kann es ebenso heißen: Da „hältst du dich nach der Liebe und leidest kein Unrecht für deinen Nächsten", wie vom persönlichen Leben der wahren Christen, „daß sie niemand Unrecht tun, jedermann lieben, von jedermann gern und fröhlich Unrecht leiden"[20]. Weil die Liebe beide Ordnungen Gottes umfaßt und Gott seine Rechtsordnung auch durch Nichtchristen verwirklicht, ist sie folgerichtig für Luther nicht nur ein christliches, sondern ein universales „natürliches" Gebot. Wer sich dem Wort Christi entzieht, den kann man durch das „natürliche Recht" fassen. „Denn die Natur lehret, wie die Liebe tut, daß ich tun soll, was ich mir wollt getan haben." Es gibt für Rechtsentscheidungen keine bessere Anweisung als „daß immer die Liebe und natürlich Recht oben schweben"[21]. Liebe und natürlich Recht, das zum Menschen durch seine Vernunft redet, sind die beiden Klammern, welche die Welt zusammenhalten; auf den Grund gesehen, nach dem Willen Gottes, sind sie nur eine.

Dadurch daß das Vernunftrecht nach Gottes Bestimmung heimliches Liebesrecht ist, kommt auch in alles weltliche Recht ein Moment der Freiheit.

---

[20] Ebd. 255,19f. 250,3f.
[21] Ebd. 279,19ff.

Sie beherrscht also nicht nur das Reich der geistlichen Beziehungen, sondern sie ist unentbehrlich auch in der Welt des Gesetzes. Die geschriebenen Gesetze reichen nicht aus. „Das oberste Recht und Meister alles Rechten bleibe die Vernunft." Sie ist neben der Starrheit des Buchstabens spirituell und lebendig. Darin zeigt sich ihr Ursprung aus Gottes Schöpferhänden, während alles geschriebene Recht wandelbares Menschenwerk ist. „Ein recht gut Urteil, das muß und kann nicht aus Büchern gesprochen werden, sondern aus freiem Sinn daher, als wäre kein Buch . . . Aber solch frei Urteil gibt die Liebe und natürlich Recht, des alle Vernunft voll ist."[22]

Luther hat seine Meinung über das Leben des Christen in den Ordnungen der Welt nicht nur in der Theorie entfaltet, sondern noch einmal im Bilde des christlichen Fürsten dargeboten, das der dritte Teil zeichnet. Es ist für das Verständnis seiner Lehre ebenso hilfreich wie die geschichtliche Situation, aus der die Schrift entstand. Das obrigkeitliche Amt erfordert ein zum Verzagen hohes Maß an Weisheit und freier Entscheidungskraft. Wie sollte er sich anmaßen, ihm Ratschläge zu geben? „Darum weiß ich kein Recht einem Fürsten vorzuschreiben, sondern will nur sein Herz unterrichten."[23] Er tut es mit einer Mischung christlicher Weisungen und vernünftiger Erfahrungen, die der Einheit der beiden göttlichen Regimente entspricht. Er gibt ihm vier ausführliche Ratschläge, die er am Schluß zusammenfaßt: Der Fürst verhalte sich „aufs erst, zu Gott mit rechtem Vertrauen und herzlichem Gebet. Aufs ander, zu seinen Untertanen mit Liebe und christlichem Dienst. Aufs dritte, gegen seine Räte und Gewaltigen mit freier Vernunft und ungefangenem Verstand (er darf ihnen, sagt Luther vorher, nicht blind vertrauen, aber er muß es mit ihnen trotz ihrer Fehler wagen). Aufs vierte, gegen die Übeltäter mit bescheidenem Ernst und Strenge" (lieber zu wenig als zu viel strafen, jedenfalls nie so, daß größeres Unrecht dabei herauskommt). Luther berührt dabei kurz auch die Frage des Krieges, die ihn später noch eingehender beschäftigt hat. Er mahnt die Fürsten zur Friedlichkeit, die Christen in einem notwendigen Kriege zu treuer Gefolgschaft, in einem offenbar ungerechten dagegen zur Verweigerung des Gehorsams[24].

Luthers Schrift enthält die Summe seiner politischen Ethik. Er hat sie später im Grundsätzlichen nicht mehr verändert. Mit ihr war mehr erreicht als nur eine Klärung der im Augenblick drängenden Fragen, für die sich leicht die Folgerungen ziehen ließen. Die Evangelischen sollen in den katholischen Ländern die Neuen Testamente nicht ausliefern, weil ihre Oberherrn mit dieser Forderung die Grenze ihres „Reichs" überschreiten. „Nicht ein Blättlein, nicht einen Buchstaben sollen sie überantworten bei Verlust ihrer Seligkeit." Aber sie sollen keinen Widerstand leisten, wenn sie ihnen mit Gewalt

---

[22] Ebd. 272,6 ff. 16 f. 279,30 ff.
[23] Ebd. 273,2 f. WA 10/3; 380,10 ff.
[24] WA 11; 278,19 ff. 276,27 ff.

aus den Häusern geholt werden[25]. Und gegenüber den Enthusiasten, welche die Christen zur völligen Abkehr von der politischen Welt zu verführen begannen, hatte er Klarheit geschaffen, warum und wie ein Christ seinen Dienst im obrigkeitlichen Amt tun soll. Aber die Schrift bedeutete weit mehr. Sie brachte die grundsätzliche Scheidung der weltlichen und geistlichen Gewalt gegenüber der Landesherrschaft der Bischöfe und den geistlichen Pflichten der Fürsten im Mittelalter. Die geistlich-weltliche Einheit des Mittelalters hatte er als widerspruchsvoll durchschaut. Sie umschloß eine unausweichliche Rivalität, die nur so lange gebannt blieb, als der Vorrang des geistlichen Rechtes anerkannt wurde. Wie schnell die Spannung sich entladen konnte, hatte sich jahrhundertelang in großen und kleinen Kämpfen gezeigt. Jetzt entwickelte er die Gegenformel, die Kirche und Staat ihr eigenes Leben gab und ihnen die Aufgaben stellte, als unabhängige Partner ihr Verhältnis zueinander zu finden. Soviel sich hier auch noch an Problemen auftun und Luther und seine Kirche beschäftigen sollte, an dieser Scheidung konnte die Orientierung immer wieder einsetzen. Nicht zuletzt darum, weil Luther die Frage nach dem Verhältnis der Kirche zur Welt von vornherein eingebettet hatte in die nach dem Verhältnis des Christen zur Welt. Was er dazu sagte, enthielt seine Lösung für das die Christenheit immer von neuem drückende Kernproblem der christlichen Ethik: den Ausgleich zwischen der Realität des Lebens und der Radikalität der Gebote Jesu in der Bergpredigt. Obwohl Luther sich später noch ausführlich mit dieser Frage und der mittelalterlichen Antwort darauf abgegeben hat, wovon noch zu reden sein wird, liegt hier der Ertrag doch schon vor. Luther nimmt den Geboten der Bergpredigt nichts von ihrer Unbedingtheit und schränkt sie nicht auf bestimmte Stände wie das Mönchtum oder Zeiten wie die Endgeschichte der Welt ein. Sondern er macht den Raum sichtbar, in dem sie allein sinnvolle und hier nun für jeden Christen verbindliche Gültigkeit haben. Er denkt das Gebot Jesu mit der noch immer währenden Erhaltung der Welt durch ihren Schöpfer in eins. Die Lehre von den zwei Reichen ist nichts anderes als eine Beschreibung der Lage des Christen in der Welt; die ihnen entsprechende von den zwei göttlichen Regimenten ist die Anleitung, nach der er immer neu im Glauben sein Tun bestimmen kann. Freilich sind die von Luther verwandten Begriffe, welche damals das Verständnis erleichterten, weil sie, wenn auch verwandelnd, an die augustinische Lehre von den zwei Reichen anknüpften, heute eher geeignet, es zu erschweren. Es kommt darum alles darauf an, zu begreifen, daß es sich nicht um eine Zerreißung der Welt in zwei voneinander getrennte starre Gebiete handelt, sondern um die gleiche Welt, nur von zwei verschiedenen Blickpunkten – ,,für mich – für andere" – gesehen, zwischen denen sich der Christ immer von neuem lebendig zu entscheiden hat.

Das Grundbuch der politischen Ethik Luthers ist aus der Mitte seiner

---

[25] Ebd. 267,14 ff.

Theologie erwachsen. Es ruht auf dem Glauben an das unwandelbare Verhältnis Gottes zur Welt, das durch den Abgrund, den die Sünde zwischen ihnen aufgerissen hat, keinen Wechsel in Willen und Ziel, sondern nur in den Mitteln erfahren hat. Die freie Liebesordnung, die Gott der Menschheit mitgegeben hatte und die im Zusammenleben der wahren Christen wieder durchschimmert, ist um der Sünde willen zur Rechts- und Zwangsordnung geworden. Beide unterscheiden sich wie Gottes „uneigentliches" und „eigentliches Werk", von denen der junge Luther gern gesprochen hatte. So wie Gottes richtende eine Form seiner suchenden Barmherzigkeit ist, so ist das Amt der Obrigkeit zugleich Schrecken für die Bösen und Erweis seiner bewahrenden Liebe. Diese Liebe ist universal, sie gilt der ganzen, nicht nur der christlichen Welt. Zwangsläufig hat Luther darum auch das Wissen um diese Liebe für universal gehalten. Man kann von der Vernunft ein Ja zur gegenseitigen Liebes- und Hilfspflicht erwarten. Vernunft meint nicht nur den berechnenden Verstand, der etwa im Gegenseitigkeitsverhältnis Nutzen sieht. Die dreigliedrige Gleichung: Liebe – Vernunft – natürlich Recht führt zu einer, wenn auch meist schwach genug bewahrten, Einsicht in das Lebensgesetz, das Gott seiner Schöpfung gegeben hat. Wie man sich diese Übereinstimmung von Vernunft und Liebe auch deuten will, sie gehört jedenfalls zu den immer wieder bekundeten Grundüberzeugungen Luthers. Der tief verborgenen Einheit im Handeln Gottes, mit dem er durch die beiden „Regimente" seine Welt bewahrt, entspricht eine verborgene Einheit im Hören bei den Glaubenden und den Nichtglaubenden, die Gott beide zu seinem Erhaltungswerk gebraucht. Die Fähigkeit zum Hören und vor allem zu dem Tun, das daraus folgen muß, ist freilich verschieden. Christen und Nichtchristen sind darum zwar in der gleichen Verantwortung zusammengeschlossen, der sich keiner von beiden entziehen kann. Aber weil die Christen durch den heiligen Geist erleuchtet und erneuert sind und aus der Erfahrung der Gnade die Strenge Gottes als Liebe verstehen können, sind sie vor den anderen zum Dienst im weltlichen Regiment berufen und dürfen sich ihm nicht entziehen. Luthers politische Ethik für den Christen enthält also auch die Grundlinien einer allgemeinen Ethik. Denn die weltliche Ordnung ist ein gemeinsam zu bewahrendes Gut. Aber er belädt die Christen als die, welche mehr empfangen haben, mit der höheren Verpflichtung.

Luthers Behandlung des Obrigkeitsproblems, das von den mittelalterlichen Voraussetzungen her gesehen so eng mit der Religionsfrage verquickt war, mußte in weiter Öffentlichkeit Aufsehen erregen. Die große Zahl der Drucke zeugt davon: zehn hochdeutsche und ein niederdeutscher noch aus dem Erscheinungsjahr 1523; andere, dazu eine niederländische und eine lateinische Übersetzung, folgten bald. Die aktuelle politische Bedeutung der Schrift wurde noch dadurch unterstrichen, daß Luther sie Herzog Johann, dem Bruder des Kurfürsten, widmete. Das mußte als Ausdruck einer Übereinstimmung verstanden werden.

3

Ihre Probe aufs Exempel hatte Luthers Anschauung freilich noch abzulegen. Der kirchliche und der politische Bereich waren leichter theoretisch getrennt als aus der bestehenden Verflechtung gelöst. Und das erst recht, nachdem die überlieferte Rechtsgestalt der Kirche sich vielerorts schon völlig aufgelöst hatte und weithin nur noch die Obrigkeit als intakter Partner übrigge-
blieben war. Wo sollte man ansetzen, um der Kirche ein neues Fundament zu
geben? Probleme, die er in der Schrift an den Adel behandelt hatte, wachten
wieder auf. Eine Anleihe bei der obrigkeitlichen Gewalt war unvermeidlich.
Sie mußte zu einer Entwicklung führen, die, wenn man nicht näher zusieht,
als eine Verleugnung der Lehre von den zwei Reichen erscheinen kann.

Es war das Kennzeichen und zugleich das Glück der Stunde, daß die Fragen des kirchlichen Neubaus aus allen möglichen einzelnen Gemeinden an
Luther herangetragen wurden, und nicht von seinem oder sonst einem Landesherrn. So war es ihm gerade recht, und so entsprach es seinem Verständnis
der Kirche. So wuchs das Neue von selbst, statt daß es von oben her organi-
siert werden mußte.

In Wittenberg war es zunächst bei den Formen geblieben, die Luther nach
seiner Rückkehr von der Wartburg geschaffen hatte. Doch war es schon im
Herbst 1522 Sitte, in der Stadtkirche das Abendmahl unter beiderlei Gestalt
zu reichen. Im sonntäglichen Meßgottesdienst kommunizierten ja ohnehin
nur diejenigen, welche das Sakrament aus innerem Verlangen begehrten[26].
Auch als die Massenkommunion zu Ostern 1523 wieder herannahte, war die
äußere Form des Abendmahls kein Problem mehr. Wohl aber bekümmerte
Luther die seelsorgerliche Frage, ob es recht sei, das Sakrament an die Menge
der Gewohnheitskommunikanten auszuteilen. In einer sehr ernsten Predigt
schärfte er darum am Gründonnerstag (2. April 1523) den Hörern ein, daß,
wer nicht aufrichtig zur Erneuerung des Herzens bereit sei, lieber nicht hin-
zutreten solle. Er kündigte zugleich an, daß er übers Jahr eine Befragung vor-
angehen lassen wolle, bei der die Abendmahlsgäste in einer kurzen Formel
das rechte Verständnis des Sakraments und ihren Glauben daran bekennen
sollten[27]. Wenn er dabei äußerte, er möchte am liebsten diejenigen, „so da
recht glaubten, auf einen Ort sondern", es sei nur noch nicht lange genug
evangelisch gepredigt worden, so war es offenbar ein erster Schritt auf dieses
Ziel hin, daß er in der neuen Gottesdienstordnung vom Ende des Jahres
(Formula missae et communionis 1523) vorschlug, die Kommunikanten sollten im Chorraum Platz nehmen[28].

---

[26] Bericht Sebastian Fröschels, Fortgesetzte Sammlung von alten und neuen theologischen
Sachen (1731), 689 ff. Dazu K. Müller, Kirche, Gemeinde, Obrigkeit, 33 f.
[27] WA 12; 476 ff., bes. 477,17 ff. 479,14 ff. 5 ff.(I). 484,4 ff.(II).
[28] Ebd. 485,4 f.(II). 215,20 ff.

Luther erstrebte mit diesen Wünschen und bescheidenen Regelungen nicht nur die Möglichkeit für den Pfarrer, sich bei unbekannten oder übel bekannten Teilnehmern ihrer ernstlichen Absicht zu vergewissern, wenn auch ohne sie peinlich zu inquirieren – im allgemeinen genüge einmal im Jahr, bei verständigen Gemeindegliedern vielleicht einmal im Leben oder sei es nie nötig. Er wollte damit vor allem den einzelnen zu strengerer Selbstprüfung anregen. Es ist nicht genug, an die objektive Gegenwart Christi im Sakrament zu glauben, sondern man muß es als feste Zusicherung der Vergebung der eigenen Sünden empfangen. Zugleich soll, wer es nimmt, wissen, daß er damit öffentlich mit seinem ganzen Leben vor den Augen der Gemeinde für diesen Glauben einsteht[29]. Wenn Luther sich hier, wie später auch Calvin bei den Genfer Kirchenordnungen, damit abmühte, das Abendmahl von unwürdigen Gästen reinzuhalten, so tat er es, abgesehen von öffentlich bekannten groben Sünden, doch nicht aus sittenrichterlichen Motiven, sondern um bewußten Glauben zu wecken. Er wollte die Sitte in persönliches Bekennen verwandeln. Es war ihm nur recht, wenn die Zahl der Teilnehmer dadurch zurückging. Nie hätte er daran gedacht, wie Zwingli und Calvin den Sakramentsgenuß zu fordern. Anders als das Hören der Predigt ist dieser eine Sache der innerlich erfaßten Christen. Aber ebensowenig hat er sich, wenn er auch den Gedanken noch oft erwog, je entschließen können, diese nach pietistischer Weise für sich zu organisieren. Sondern er bemühte sich darum, innerhalb der unzerteilten Gemeinde eine freie Schar überzeugt Glaubender heranzubilden.

Luther wußte sich zu den Neuerungen, die er seit seiner Heimkehr getroffen hatte, befugt als Prediger des Evangeliums und durch den Auftrag des Rates, der ihn zurückberufen hatte. So war es auch anderwärts. Seine Predigtreise nach Ostern 1522 hatte er auf offizielle Einladung der Stadträte von Altenburg und Zwickau unternommen[30]; andere hatten sich inzwischen brieflich an ihn gewandt. Aber überließ er damit nicht die Entscheidung in kirchlichen Dingen der weltlichen Obrigkeit? Nein, sondern der Gemeinde. Der Rat ist für ihn dabei der Mund der Gemeinde. Sie hatte ja keinen anderen. Wenn der Rat einer Stadt einen Prediger des Evangeliums verlangte, so tat es durch ihn die Stadt als christliche Gemeinde[31]. Für Luther wie für seine Zeit fallen bürgerliche und kirchliche Gemeinde noch nicht auseinander. Allein bei der Gemeinde liegt das Recht, ihren Gottesdienst und ihr Leben zu ordnen und geeignete Verkündiger zu berufen. Dieses natürlich gegebene Recht der Gemeinde geht allem entgegenstehenden Recht vor, ja erweist es als Unrecht. Das war Luther deutlich geworden, als ihm bei der Berufung neuer Prediger an allen möglichen Orten einer der übelsten Mißstände des spätmit-

---

[29] Ebd. 481,10ff. 215,18–216,30.
[30] Altenburg ca. 15. Apr. 1522, WAB 2; 502f. Zwickau: R. Hofmann, Bilder aus einer sächsischen Stadt (s. o. S. 89, Anm. 10), 56.
[31] Vgl. das Beispiel Leisnig u. S. 115.

telalterlichen Kirchenrechts begegnete, die Inkorporation unzähliger Pfarreien oder Predigerstellen in ein Kloster, ein Stift oder eine Universität. Sie diente dazu, diese oft weit entfernt liegenden Institutionen[32] durch die Einkünfte der inkorporierten Pfründen zu finanzieren, gab ihnen aber zugleich Pflicht und Recht, die Stellen zu besetzen. Luther begegnete die Frage zum ersten Male in Altenburg, wo durch Kaiser Friedrich II. 1214 sämtliche Kirchen und Kapellen der Stadt dem bedeutendsten Kloster, dem Stift unserer lieben Frauen auf dem Berge (Berger Kloster), geschenkt worden waren. In dem Streit um eine im 15. Jahrhundert gestiftete Predigerpfründe, deren Vermögen der Rat verwaltete, übernahm dieser auf Verlangen evangelisch gesinnter Bürger das Besetzungsrecht und bat den Kurfürsten um Schutz gegen das Kloster[33]. Luther trat dem Rat mit mehreren Schreiben an den Kurfürsten zur Seite und hob die Frage von der Stufe des formalen, historischen Rechts auf die des Grundrechts der Gemeinde, eine dem Evangelium gemäße Verkündigung zu erhalten. Luthers Gemeindegedanke ist der korporative Ausdruck für das Priestertum aller Gläubigen. Nicht nur dem Rat der Stadt Altenburg als weltlicher Obrigkeit, sondern „allen Christen . . . sämtlich und sonderlich" ist aufgetragen, sich vor den falschen Propheten zu hüten und rechte Prediger zu bestellen. Wenn der Rat sich der Sache annahm, so handelte er pflichtgemäß als Teil und Organ der Gemeinde[34].

Die gleiche Rechtsnot wie in Altenburg wurde Luther etwas später von der kleinen Stadt Leisnig (an der Freiberger Mulde) vorgetragen. Sie kann den Ruhm für sich in Anspruch nehmen, ihn durch ihre frische Initiative zu seinen grundlegenden Schriften über den neuen Aufbau der Gemeinde bewogen zu haben. Auch in Leisnig war eine Pfarrei dem benachbarten Zisterzienserkloster Buch inkorporiert. Nach gründlicher Beratung mit Luther, der auf wiederholte Bitte des Rats im Herbst 1522 eine Woche lang in Leisnig weilte, entschloß sich die Gemeinde, einen evangelisch gesinnten Pfarrer zu wählen, wiederum unter Berufung auf das jeder Christengemeinde von Christus verliehene, 1500 Jahre alte Recht, das allem irdisch-geschichtlichen Recht vor-

---

[32] Orlamünde war z. B. dem Allerheiligenstift in Wittenberg inkorporiert, s. u. S. 133.

[33] Briefwechsel nach Mitte April 1522, WAB 2; 502 ff. Die Akten sind veröffentlicht von J. Löbe, Mitteilungen über den Anfang und Fortgang der Reformation in Altenburg, in: Mitt. d. Geschichts- und Altertumsforschenden Gesellschaft des Osterlandes 6 (1863), 1 ff. Hinweise bei K. Müller, Kirche, Gemeinde, Obrigkeit, 103 ff. Ergänzungen bei Kirn, Friedrich der Weise, 114 f. Luthers Entwurf für die Eingabe des Altenburger Rats an den Kurfürsten vom 28. Apr. 1522, WAB 2; 507 f. 507,22 f.

[34] Ähnlich mahnte Luther im gleichen Jahre den Grafen Johann Heinrich von Schwarzburg, die Dominikaner zu Leutenberg, deren Predigten ihm unevangelisch erschienen, vor „etlichen verständigen Leuten" zu verhören. „Findets sich offentlich also, daß es ist, wie sie beschuldigt werden, so hat E(uer) G(naden) Macht und Recht, ja ist auch schuldig, ihnen die Pfarr zu nehmen und dieselben mit einem frummen gelehrten Mann zu bestellen, der das Volk recht lehre, denn es ist nicht Unrecht, ja das hochst Recht, daß man den Wolf aus dem Schafstall jage." 12. Dez. 1522, WAB 2; 626,12 ff.

ausgehe[35]. Mit der Pfarrbesetzung war die Frage nach der Verwendung des Kirchenguts und der kirchlichen Stiftungen unlösbar verbunden. So arbeitete man eine umfassende Ordnung aus, die Luther durch zwei Abgesandte Ende Januar 1523 zugeschickt wurde, mit der Bitte, ihnen durch Schriften das Recht der Pfarrwahl zu bestätigen und Anweisungen für den Gottesdienst zu geben[36]. Dadurch wurde Luther veranlaßt, sich zu den drei schwebenden Fragen des Gemeindeaufbaus gleichzeitig zu äußern: Kirchengut, Pfarrbesetzung und Gottesdienst. Er tat es im April 1523[37].

Die Verwendung der kirchlichen Besitzungen und Stiftungen behandelte Luther dadurch, daß er die Leisniger Ordnung, damit sie ein „gemein Exempel" würde, mit einer weit über sie hinausgreifenden Vorrede veröffentlichte[38]. Ihn trieb die Sorge, der Zusammenbruch der kirchlichen Organisation könnte dazu verführen, daß viele sich an den gewaltigen Reichtümern, die in ihr angehäuft waren, schadlos zu halten versuchten. Und da man ihn ja doch dafür verantwortlich machte, daß die Klöster und Stifter sich leerten und die Stellung des Klerus sich änderte, wollte er sich wenigstens nicht nachsagen lassen, er habe geschwiegen oder sich zu spät geäußert. Freilich, er hatte keinerlei Befehlsgewalt, er konnte nur Ratschläge geben. Daß er die Feinde, mit denen er es hier zu tun hatte, die „geizigen Wänste" und „Satan der Welt Fürst", bei Namen nannte und auf die allgemeine Räuberei am Besitz der Kirche, die in Böhmen ausgebrochen sei, als warnendes Beispiel hinwies, waren seine einzigen Waffen. Der Hauptrat, den Luther gibt, ist die Vereinigung des frei gewordenen klösterlichen Besitzes und der kirchlichen Stiftungen zu einem „gemeinen Kasten", aus dem man den Armen geben oder leihen kann. So wird der Wille der Stifter, etwas zu Gottes Ehre zu tun, auch weiterhin erfüllt. Zuvor müssen freilich einige besondere Verpflichtungen eingelöst werden. In die Klöster soll zwar niemand mehr neu aufgenommen, wer aber drinbleiben will, gut darin versorgt werden. Wer austritt, soll etwas für die Begründung eines Berufs mitbekommen, da er ja nichts gelernt hat. Stifterfamilien, die in Not geraten sind, soll ein Teil des einstigen Stiftungskapitals zurückerstattet werden. Aus den Klöstern der Bettelorden in den Städten möge man gute Schulen für Knaben und Mädchen machen, aus anderen Häuser zum Gebrauch der Stadt. Aber nicht nur der örtliche, sondern auch der Gesamtbesitz der Kirche drängte nach einer Regelung. Den Bischöfen und Äbten, die ja in Wahrheit „weltliche Herrn mit einem geistlichen Namen" sind, stellt Luther wieder die Alternative, entweder ganz weltliche

---

[35] G. Kawerau, Zur Leisniger Kastenordnung, in: NASG 3 (1882), 81 ff. Auszug daraus WA 12; 3 f. Zur Korrektur der dortigen Darstellung vgl. Ph. Mehlhose, Das Schloß Leisnig in der Zeit 1437 bis 1546, in: Mitt. des Geschichts- und Altertumsvereins zu Leisnig 17 (1932), 28 (WAB 3; 22, Anm. 2).
[36] WAB 3; 21 f.
[37] Ebd. 59.
[38] WA 12; 11–15. 11,21 f.

Herrn zu werden oder auf ihren Besitz zugunsten verarmter früherer Eigentümer oder des gemeinen Kastens zu verzichten. Ein schwieriges Problem bildeten dabei für ihn die auf Zinsen ausgeliehenen kirchlichen Stiftungen. Er hatte sich schon 1519 in seinem „Sermon von dem Wucher" scharf gegen die Praxis des reinen Zinsgeschäfts gewandt, das, wie er jetzt mit Schrecken feststellte, „die ganze Welt in kurzen Jahren verschlungen" habe. Bei kirchlichen Stiftungen war es besonders unerträglich, da Gott dem „Opfer, das vom Raube kommt" (Jes. 61,8), feind ist. Außerdem ist bei solch langfristigen Verleihungen sicherlich das Kapital oft schon mehrfach zurückgezahlt worden. Ja, Luther versprach sich von der neuen Regelung eine allgemeine Eindämmung des Zinswuchers, den man bisher mit seinem Gebrauch bei kirchlichen Gütern gerechtfertigt habe. Die anderen glücklichen Folgen, die er von den Vorschlägen erhoffte, waren das Aufhören des Bettels und des kirchlichen Banns und Interdikts, d. h. des Ausschlusses von einzelnen Orten oder Ländern von den Sakramenten, bei dem es ja zumeist um Kirchen- oder Klostergut gegangen sei[39].

Luther wollte mit seinen Ratschlägen keine feste, alles ordnende Regelung geben, sondern Grundgedanken und Anregungen. Er war sich klar darüber, daß manches sich überhaupt nicht „mit Gesetzen und Artikeln" fassen lasse, sondern immer neu aus christlicher Liebe entschieden werden müsse. Als Beispiel für die Verwirklichung dieser Gedanken, auch zur Ergänzung dessen, was er in der Vorrede nicht behandelt hatte, konnte die Leisniger Kastenordnung dienen. Diese Verbindung ist für Luthers Vorgehen überaus kennzeichnend. An dem Probefall mochten dann Erfahrungen gesammelt werden. Er war schon insofern ein Musterbeispiel, als hier zwar eine Gemeinde durch ihre bürgerlichen Organe handelte, aber doch als christliche Gemeinde, als „eingepfarrte Versammlung", in der Ausdehnung des gesamten Kirchspiels, das außer der Stadt elf Dörfer und drei grundherrliche Besitzungen umfaßte. „Ehrbare Mannen" (die Grundherrn), der Rat und die Meister der vier Handwerke hatten „auf Bitte aller und jeglicher Einwohner in der Stadt und Dörfern unseres Kirchspiels" die Ordnung erlassen und unterzeichnet[40]. Sie hatte eine geistliche und eine praktische Seite. Dem geistlichen Recht der Pfarrwahl, das sie für die Gemeinde in Anspruch nahm, entsprach die geistliche Verpflichtung zu treuem Anhören des Wortes und zur Wahrung von Zucht und Sitte in den Häusern, notfalls mit Hilfe der Gemeinde und der Obrigkeit, wie es spätmittelalterlicher Übung entsprach, doch ohne daß Näheres darüber bestimmt wurde. Vor allem aber wird die Praxis des gemeinen Kastens, die in Wittenberg 1521/22 begonnen worden war[41], nun bis in alle Einzelheiten geregelt. Einnahmen und Ausgaben für Pfarramt, Kü-

---

[39] Das belegen die zahlreichen, aus den Akten geschöpften Fälle von Bann und Interdikt in Kursachsen bei Kirn, Friedrich der Weise 53 ff. 198 f.
[40] WA 12; 30,20 ff.
[41] S. o. S. 64.

sterei, Hilfe an Notleidende und Schulunterricht für Knaben und Mädchen werden genau festgelegt. Zehn Vorsteher haben den Inhalt des mit vier Schlössern verwahrten Kastens in sonntäglicher Beratung und durch die Führung von drei Büchern zu verwalten und dreimal im Jahr der ganzen Gemeinde Rechnung zu legen. Die mit handwerklicher Liebe ausgearbeitete Ordnung war freilich leichter zu Papier gebracht als durchgeführt. Da der Rat sich weigerte, sein Verfügungsrecht über Stiftungen und Testamente an die Vorsteher abzutreten, reichte der Kasten für die vorgesehenen Ausgaben nicht aus, so daß die Pfarrer bald in bittere Not kamen. Kurfürst Friedrich, dem der Konflikt vorgetragen wurde, konnte sich trotz wiederholter Bitten Luthers nicht entschließen, die Kastenordnung zu bestätigen[42]. Denn damit hätte er die aus der Inkorporation herrührenden Ansprüche des Abtes von Buch abgewiesen, was eine Verleugnung seiner gesamten hinhaltenden Kirchenpolitik bedeutet hätte. Er machte dem Kloster wohl 1524 einen Vermittlungsvorschlag. Aber als dieser scheiterte, ließ er die Sache auf sich beruhen. Erst 1529 wurde nach der Visitation die Kastenordnung durch Kurfürst Johann bestätigt. Für Luther war es eine nach dem hoffnungsvollen Anfang doppelt schmerzliche Erfahrung, wie viele äußere und innere Schwierigkeiten einer neuen Ordnung der Gemeinden noch im Wege standen.

Gleichzeitig mit der zustimmenden Veröffentlichung der Kastenordnung erfüllte Luther die beiden Bitten der Leisniger Gemeinde. Das Recht der Pfarrwahl, das viele Gemeinden jetzt in Anspruch nahmen, bekräftigte er mit der kleinen Schrift: „Daß eine christliche Versammlung oder Gemeine Recht und Macht habe, alle Lehre zu urteilen und Lehrer zu berufen, ein- und abzusetzen, Grund und Ursach aus der Schrift." Luther erneuert damit die urchristliche Überzeugung, daß die Gemeinden das Recht und die Pflicht hätten, zwischen wahren und falschen Propheten zu unterscheiden. Worte Christi (Matth. 7,15. 24,4. Joh. 6,45. 10,4ff.27) und der Apostel (1.Thess. 5,21. Röm. 16,17ff. 1.Kor. 10,14f. Kol. 2,8, ja auch die Appelle an die schwankenden Galater, Gal. 3–5) geben ihm die Zuversicht, daß die Gemeinde wie in apostolischer Zeit mit den Gaben dazu ausgerüstet werden wird. „Darum sollen und müssen alle Lehrer dem Urteil der Zuhörer unterworfen sein mit ihrer Lehre." So handelt also eine Gemeinde, „die das Evangelium hat", aus „göttlichem Recht" und um der Seelen Seligkeit willen, wenn sie sich der angemaßten Obrigkeit von Bischöfen oder Klöstern, denen die Pfarrstellen inkorporiert sind, entzieht und selbst einen Prediger beruft[43]. Freilich, diese Selbsthilfe der Einzelgemeinde entspringt einem Notstand. Luther verliert die Möglichkeit einer erneuerten Gesamtkirche darüber nicht aus dem Auge. Das Normale wäre, daß „rechtschaffene Bischöfe" Prediger

[42] Luther an den Kurfürsten 11. u. 19. Aug. 1523, an Spalatin 24. Nov. 1524, WAB 3; 124f. 128f. 390f. Über die Verhandlung des Kurfürsten mit dem Abt von Buch vgl. Kirn, Friedrich der Weise, 116f. und die Aktenstücke dort 189ff.
[43] WA 11; 410,19. 411,13ff. WA 12; 187,29ff.

einsetzten, welche die Gemeinde zuvor gewählt oder bestätigt hat[44]. Aber auch die entgegengesetzte Möglichkeit schimmert durch: daß die wahre Christengemeinde nur eine kleine Minderzahl ausmacht. Auch dann dürfte und müßte sie von ihrem Recht für sich Gebrauch machen. Denn das Kennzeichen, an dem man die christliche Gemeinde wie an einer Heeresfahne erkennt, ist die Predigt des lauteren Evangeliums. Sie steht unter der von Luther über alles geliebten Verheißung: „Das Wort, das aus meinem Munde gehet, soll nicht leer wieder zu mir kommen" (Jes. 55,11). Wo das Evangelium erklingt, sammelt es also immer Glaubende[45]. Der tief charismatische Grundzug in Luthers Kirchengedanken ist nicht zu verkennen. Daß Schwierigkeiten in ihm stecken konnten, ist Luther, zumal nach den Wittenberger Erfahrungen, sicher nicht verborgen geblieben. Wenn er sich trotzdem zu diesem urchristlichen Verständnis der Gemeinde bekannte, so tat er es nicht nur, weil im Augenblick der Panzer des hierarchischen Kirchenrechts nur gesprengt werden konnte, wenn die Gemeinden ihre Selbstverantwortung wahrnahmen. Sondern allein so blieb der Kirche die lebendige Kraft der Glaubensentscheidung erhalten gegenüber den unvermeidlich wiederkehrenden Neigungen zu starrer Ordnung und Tradition.

Wenige Monate später erhielt Luther noch einmal Gelegenheit, sich über die Begründung evangelischer Gemeinden öffentlich zu äußern. Im Sommer 1523 weilte ein Geistlicher der utraquistischen Kirche Böhmens, Magister Gallus Cahera, mehrere Monate in Wittenberg und bewog ihn, noch einmal, wie schon ein Jahr zuvor in seinem Schreiben an die böhmischen Landstände[46], in die Verhältnisse der Hussitenkirche einzugreifen; die Dinge seien dort seitdem gut in Fluß gekommen. Beraten von ihm, schrieb Luther eine etwas ausführlichere Schrift: De instituendis ministris ecclesiae, die im November 1523 erschien. Sie unterscheidet sich von seinen anderen Äußerungen zu den Gemeindefragen durch zweierlei. Einmal durch die besondere Situation. Hier trat nicht eine geschlossene, evangelisch denkende Gemeinde an ihn heran, sondern eine kleine Minderheit der utraquistischen Kirche, auf deren Seite freilich nach Caheras Bericht der Prager Rat stand. Andererseits bot ihm die lateinische Sprache, deren Luther sich bedienen mußte, die Mittel zu größerer begrifflicher Präzision. Er konnte, was im Deutschen unmöglich war, seine ganze Anschauung entwickeln aus der Unterscheidung von sacerdos und presbyterus, die in der römischen Kirche unterschiedslos gebraucht wurden. Seine These ist: Sacerdotem non esse quod presbyterum vel ministrum, illum nasci, hunc fieri. „Priester ist etwas anderes als Presbyter oder Diener; jener ist geboren, dieser geworden."[47] Geboren ist Christus, als der Priester des Neuen Bundes, und mit ihm die Christen, seine Brüder, die ein

---

[44] WA 11; 414,1 ff. 30 ff.
[45] Ebd. 408,5 ff.
[46] WA 12; 178,9 ff.
[47] Ebd.

Leib mit ihm und Fleisch von seinem Fleisch sind (1.Kor. 10,16f. Gal. 3,27f. Eph. 5,30). Sie haben von ihm alle die gleichen Aufgaben empfangen: das Evangelium auszubreiten, zu taufen, Schuld zu lösen oder zu binden, Lehre zu beurteilen, Fürbitte zu tun. Aber auch das, was die römischen Priester sich besonders vorbehalten haben: zu opfern – denn es gibt im Neuen Bunde kein anderes Opfer, als sich selbst zu opfern wie Christus (Röm. 12,1. 1.Petr. 2,5) – und zu konsekrieren, d.h. das Abendmahl zu spenden. ,,Denn wenn das Größere, Wort und Taufe, allen anvertraut ist, dann wird man mit Recht sagen können, daß das Geringere, nämlich zu konsekrieren, ihnen nicht verweigert sein kann.''[48] Luther sieht also im Akt der Sakramentsspendung nichts, was einen Vorzug unter Christen begründen könnte. Das Sakrament selbst ist ihm ein Stück der Verkündigung des Evangeliums, die allen anbefohlen ist. Dies alles ist das ius commune der Christen. Aber eben weil es das Recht aller ist, darf niemand es aus eigener Vollmacht in Anspruch nehmen, sondern nur, wenn die Gemeinde oder Kirche ihn dazu beruft. So unterscheiden sich von den Priestern, d.h. der Gesamtheit der Christen, die öffentlich Beauftragten: Diener (ministri), Diakone, Bischöfe, Verwalter (dispensatores), Presbyter (wegen ihres Alters) oder wie man sie nennen will[49]. Daraus ergibt sich der Rat an die Böhmen von selbst. Sie sollen aufhören, sich, wie es üblich war, unter falschen Vorspiegelungen die Priesterweihe durch italienische Bischöfe zu erschleichen. Vielmehr soll der Rat von Prag diejenigen Christen der Stadt, die zur Erneuerung der Kirche bereit sind, zusammenrufen, Prediger wählen lassen und diese der gesamten Gemeinde als ihre wahren Hirten empfehlen. Wenn das in einer Reihe von Gemeinden geschehen ist, sollte der Landtag darüber verhandeln, ob diese Form für ganz Böhmen angenommen werden könne, doch ohne jeglichen Zwang. Es kommt bei alledem nicht auf die Zahl an. Schon bei sechs oder zehn Christen, die vom Evangelium erfaßt sind, ist die Kirche Gottes. Sie wird wachsen. Und wenn dann eine Anzahl von Bischöfen sich einen Visitator erwählen, dann kann vielleicht Böhmen wieder einmal zu einem ,,rechtmäßigen und evangelischen Erzbistum'' kommen, das seit mehr als hundert Jahren nicht mehr besetzt war[50].

Die Hoffnungen, die Luther an diese Ratschläge knüpfte, sollten bitter enttäuscht werden. Zwar schien zunächst alles nach Wunsch zu gehen. Cahera wurde von einer Versammlung der utraquistischen Stände am 2. Februar 1524 zum Administrator des Erzbistums Prag gewählt. Aber sein Versuch, den Zölibat aufheben zu lassen, erweckte den Widerstand der utraquistischen Kreise alten Schlages, die noch am Gedanken eines besonderen Klerus festhielten. Als der ehrgeizige Mann sich nun gar durch Verhandlungen mit Rom seine neue Stellung zu sichern versuchte, kam es zu einem Staatsstreich in

---

[48] Ebd. 185,16ff. 183,12ff. 182,35f.
[49] Ebd. 189,17ff. 190,11ff.
[50] Ebd. 193,22–194,20. 170,12ff.

Prag, der den lutherisch gesinnten Rat ins Gefängnis brachte. Cahera, auf den Luther noch einmal vergeblich einzuwirken versuchte, hielt sich noch eine Weile zwischen den Parteien, bis er gestürzt und des Landes verwiesen wurde. Er endete als Gastwirt in Ansbach. Statt daß der Utraquismus rasch, wie Luther gehofft hatte, in die reformatorische Bewegung hineinwuchs, folgten lange innere Kämpfe, in denen es den Luther nahestehenden Jung-Utraquisten erst in der schärferen Luft der beginnenden Gegenreformation gelang, die dauernde Führung zu gewinnen. Für Luther war dieser Gang der Dinge sehr schmerzlich, da er Cahera rückhaltlos vertraut hatte und ihm bei seinen Ratschlägen für Böhmen völlig gefolgt war[51].

Die bleibende Frucht dieser verfehlten Hoffnungen ist die Schrift Luthers, die ihnen ihr Dasein verdankt. Er trennte damit die Naht auf, durch die einst die frühkatholische Kirche das Evangelium mit dem sakralen Priestertum der Antike und des Alten Testaments verbunden hatte. Indem er dem Priesterbegriff seinen neutestamentlich-geistlichen Sinn wiedergab (1.Petr. 2,5.9. Off. Joh. 1,6. 5,10), hob er den Gedanken eines durch die Befugnis zu bestimmten Handlungen ausgezeichneten Standes auf. Er reinigte damit das Christentum von einem Element, das der Botschaft Jesu ganz fremd war. In dem übertragenen Sprachgebrauch des Neuen Testaments, der alle Christen zu Priestern machte, auf den er nach der Leipziger Disputation gestoßen war, fand er nun zugleich einen geistlich-evangelischen Verfassungsgedanken für die rechte Kirche Christi: die gemeinsame Verantwortung aller Gläubigen. Dieser Gedanke war beweglich genug, um an einer Stelle einen vollkommenen Durchbruch, an einer anderen einen bescheidenen Anfang einzuleiten, und war, so wie Luther ihn bisher entwickelt hatte, noch mit keinerlei Übertragungen aus der weltlich-obrigkeitlichen Sphäre überfremdet.

Nach den Grundsätzen, die Luther schon länger vertreten und nun in diesen Schriften des Jahres 1523 niedergelegt hatte, wurden bald in einer Reihe von Orten evangelische Prediger berufen, ohne daß freilich der Kurfürst, soweit er befragt wurde, das alte Recht in irgend einem Falle aufhob[52]. Am leichtesten gelang es begreiflicherweise in Wittenberg, der Gemeinde das Wahlrecht zu übertragen. Gegenüber der geschlossenen Front von Rat, Universität und Gemeinde hatte das Allerheiligenstift, dem die Stadtkirche inkorporiert war, einen schwachen Stand. Es ging deshalb, als 1523 nach dem Tode des Pfarrers die Stelle neu besetzt werden mußte, offenbar auf Zeitgewinn aus, indem es einige aussichtslose Berufungen ergehen ließ; auch an Luther selbst, der aber das Amt nicht zu seiner Professur mit übernehmen

---

[51] Luthers Trostbrief an den verhafteten Kanzler der Stadt Prag, den Ritter Burian Sobek von Kornitz vom 27. Okt. 1524, sein Brief an Cahera 13. Nov. 1524, WAB 3; 363 f. 370 f.

[52] Die mit Altenburg und Leisnig gleichzeitigen Fälle Wittenberg, Eilenburg, Belgern, Erfurt, Lautenberg, Orlamünde, Kemberg sind nicht alle rechtlich gleich gelagert. K. Müller, Kirche, Gemeinde, Obrigkeit, 113 ff. Zu Eilenburg bringt Kirn, Friedrich der Weise, 115 f. über Müller hinaus neues Material.

konnte. Als daher dem Rat, nachdem das Kapitel eine letzte Frist für einen Vorschlag hatte vorübergehen lassen, die Geduld riß, wählte er zusammen mit Vertretern der Universität und der Gemeinde den an der Universität lehrenden Bugenhagen. Luther wußte, wie er den zögernden Freund zu behandeln hatte. Noch ehe er sein Ja besaß, verkündigte er ihn der Wittenberger Gemeinde von der Kanzel herab als ihren Pfarrer und gewann damit den besten Mann, den er für dies Pfarramt, das zum Muster ungezählter anderer wurde, finden konnte[53].

Der Kampf um die Pfarrstelle war zugleich eine Episode aus dem zähen Kleinkrieg, der zwischen Luther und den Kanonikern des Allerheiligenstifts um die Fortführung des alten Meßgottesdienstes entbrannt war. Schon längst war das auf den Meßstipendien der Wettiner beruhende, mit den reichen Reliquienschätzen und gewaltigen Ablässen der Schloßkirche ausgestattete Stift für Luther schlechthin das Bethaven (Haus des Frevels, Hosea 4,15. 10,5. Amos 5,5)[54]. Nicht einmal die Ablässe zu beseitigen, war ihm ganz gelungen. Im Gegenteil, sie lebten 1520 noch einmal auf. Und noch 1523 wurden auch die Reliquien auf Wunsch gezeigt. Das ging nun freilich nicht allein auf die Stiftsherrn zurück, sondern auf den Kurfürsten, dessen Lieblingskind das Stift seit je gewesen war[55]. Wenn er sich sträubte, es einer umwälzenden Reform preiszugeben oder gar aufzuheben, so sprach daraus noch etwas anderes als seine bewährte Methode der Neutralität. Hier wurde ein tiefes Gefühl der Verbundenheit mit der frommen Stiftung seines Hauses berührt. Luthers zwei Jahre dauernder Kampf gegen den Fortbestand des Stifts, in dem allein in Wittenberg noch die alte Messe gefeiert wurde, war also zugleich ein Ringen mit seinem Landesherrn. Zunächst schlugen alle seine Bemühungen fehl. Weder fruchteten die an Spalatin gerichteten Vorstellungen, der Kurfürst müsse das Stift wegen der stadtbekannten Unzucht fast aller Kanoniker aufheben[56]. Noch erfüllte sich Luthers Hoffnung auf einen neuen Dechanten seiner Denkungsart. Amsdorf, der mit Jonas und Karlstadt, die beide nicht in Frage kamen, die reformatorisch gesinnte Minderheit bildete, wurde zwar gewählt, lehnte aber aus Gewissensgründen ab: Er werde durch das Amt gezwungen, Seelmessen und andere Votivmessen zu halten oder anzuordnen; das sei ihm unmöglich, „wenn ich auch ein Fürstentum damit erlangen könnte"[57]. Ebenso mißlangen Luthers Versuche, das Kapitel durch Briefe vom

---

[53] Zu Bugenhagen s. u. S. 242 ff.

[54] An Spalatin 22. Nov. 1521, WAB 2; 405,14.

[55] P. Kirn, Friedrich der Weise, 166 ff. und die dort zit. Texte.

[56] Luther an Spalatin 19.(?) Dez. 1522, 2. Jan., 14. Jan. 1523, WAB 2; 635,11. WAB 3; 2,16 ff. 16,5 ff.

[57] Amsdorf an den Kurfürsten 16./17. März 1523, CR 1, 609 ff. Das Material zu Luthers Auseinandersetzung mit dem Stift ist aus dem Nachlaß von N. Müller veröffentlicht von K. Pallas, Urkunden, das Allerheiligenstift zu Wittenberg betreffend, 1522–1526, in: ARG 12 (1915), 1 ff. 81 ff. N. Müller, Wittenberger Bewegung, 238 ff. Regesten in WA 18; 8 ff., dazu die Erläuterungen in WAB 3. Zu dem grundsätzlichen Problem der Messe kam noch die Massenproduk-

1. März und 11. Juli 1523, schließlich durch öffentliche Vermahnung von der Kanzel am 2. August zur Einstellung der Messe zu veranlassen. Das Stift rief immer wieder den Kurfürsten an, der jede Änderung am Herkommen ablehnte, auch dann noch, als die Reformer durch Ausscheiden anderer die Mehrheit gewonnen und ihm mit Luther verabredete Kompromißvorschläge vom 23. August und 29. September 1523 vorgelegt hatten. Er erzwang sogar den Rücktritt von drei damals neugewählten Stiftsherrn, die keine Messen mehr lesen wollten, obwohl sie die Befolgung der Statuten gelobt hatten. Anderthalb Jahre kam Luther dem Allerheiligenstift gegenüber keinen Schritt vorwärts, so daß er schon meinte, die Sache der Zeit überlassen zu müssen. Als er jedoch im November 1524 hörte, daß im Gegensatz zu einer Zusage des Dechanten wieder einmal die Kommunion sub una specie ausgeteilt worden sei – zwei Jahre nachdem dieser Brauch in der Gesamtgemeinde aufgehört hatte –, brach der angestaute Groll hervor. Er stellte dem Stift am 17. November 1524 ein Ultimatum, die Messen endgültig abzuschaffen. Als nichts erfolgte, brachte er trotz eines Beschwichtigungsversuchs des Kurfürsten, an den sich die drei letzten altgläubigen Kanoniker gewandt hatten, den Fall zum zweiten Male auf die Kanzel[58]. Hatte er ein Jahr zuvor die Stiftsherrn noch ernstlich vermahnt und die Gemeinde zur Fürbitte für sie aufgefordert, ehe man ihnen vielleicht einmal den gemeinsamen christlichen Namen aufkündigen müsse, so behandelte er sie jetzt als hartnäckige Gotteslästerer. Den Nachweis dafür erbrachte er in einer heftigen, aber zugleich auch scharfsinnigen Kritik des Meßkanons: In den Offertoriengebeten maße sich der Mensch an, für die dargebrachte Gabe, den geopferten Christus, Gottes Wohlgefallen zu erbitten. ,,Wie könnte man Christum schändlicher schänden? Er selbst muß für mich bitten, und ich bitte für ihn?" Offenbare Blasphemie erfordert nach geltendem Recht, das Luther bejaht, das Einschreiten der Obrigkeit. Darum ermahnte er den Rat und die Häupter der Stadt, die Übeltäter zur Rede zu stellen und wenn nötig auszuweisen[59]. Der Rat, der Rektor der Universität und der Stadtpfarrer erschienen daraufhin bei den drei Stiftsherrn und forderten die Einstellung der Messen, andernfalls werde man jede Gemeinschaft mit ihnen abbrechen und ihnen auch keine Lebensmittel mehr liefern. Auch der Kurfürst, an den sie sich wandten, kam ihnen nicht zu Hilfe, nahm vielmehr jetzt die Bitte des Dechanten des Knabenchors, vom

---

tion, zu der die Stiftsherren verpflichtet waren. Spalatin veranschlagte sie auf 1242 gesungene und 7856 gelesene pro Jahr. Pallas, Urkunden, 26, Anm. 2.

[58] Luthers Briefe an das Allerheiligenstift 1. März, 11. Juli, 19. Aug. 1523, 17. Nov. 1524, WAB 3; 34 f. 111 ff. 129 ff. 375 ff. Seine Predigten vom 2. Aug. 1523 u. 27. Nov. 1524, WA 12; 645 ff. WA 15; 758 ff. Die Predigt vom 12. Juli 1523 hat (entgegen WA 12; 620. 645. WA 18; 8) nichts mit der Stiftssache zu tun. – Die Vorschläge des Kapitels vom 23. Aug. u. 29. Sept. 1523, abgedr. Pallas, Urkunden (s. Anm. 57), 24 f. 35 f. (dazu CR 1, 628 ff. WAB 3; 134); die Äußerungen des Kurfürsten bzw. seiner Räte vom 7. Aug. 1523, WAB 3; 121 ff.; 4. Okt. 1523, CR 1, 640 ff.; Ende Mai 1524, ebd. 661 ff. Pallas, Urkunden, 93 ff.

[59] WA 15; 769,3. 774,9.21 ff.

Messehalten, das er als gottlos erkannt habe, befreit zu werden, „in Bedenken"[60]. Die drei Kanoniker gaben den Kampf auf. Am 24. Dezember 1524 wurde eine neue Gottesdienstordnung auch in der Schloßkirche, der letzten der Wittenberger Kirchen, eingeführt. Messen sollen dort nicht mehr gehalten werden, da ihre unerläßliche Voraussetzung, die Gemeinde, fehlt. Die Stiftsherren, die kommunizieren wollen, sollen es in der brüderlichen Gemeinschaft der Stadtkirche tun. Wenn bei einem Gottesdienst, der aus Anlaß eines fürstlichen Besuchs in der Schloßkirche gehalten wird, das Abendmahl begehrt wird, so sollen Luther oder der Stadtpfarrer (Bugenhagen) oder ein anderer Prediger es reichen. Die täglichen Gottesdienste des Stifts selbst bestehen nur noch aus Schriftlesungen, Auslegung und Predigt (sonntags durch den Propst Justus Jonas) und Gesängen. Dafür werden genaue Anweisungen oder Anregungen (z. B. Gesang von deutschen Kirchenliedern nach dem Wittenberger Gesangbuch von 1524) gegeben. Damit war der bisherige Anstoß, der Meßbetrieb, beseitigt und dem Stift der Charakter einer evangelischen Lebensgemeinschaft mit den ihr entsprechenden Formen täglicher Andacht gegeben[61].

Wer das lange Ringen heute betrachtet, wünschte den Mißklang, mit dem es endete, vermieden. Das entbindet aber nicht von der Aufgabe, sich Luthers Motive und Grundsätze deutlich zu machen. Er hat den Kampf, wie er es dem Kurfürsten zugesagt hatte, anderthalb Jahre nur mit dem Wort, mit der persönlichen und öffentlichen Ermahnung, geführt, entsprechend dem urchristlichen Bußverfahren (Matth. 18,15–17), ohne dabei die letzte Stufe, den Bann, für sich in Anspruch zu nehmen. Auch sein früherer Stoßseufzer an Spalatin, der Kurfürst möge den Messen durch Einstellung seiner Zuwendungen ein Ende machen, war ein persönlicher Gewissensappell, wie er ihn an alle Christen richtete, keine Privatmessen mehr zu stiften. Ebenso wandte er sich an das Gewissen der Stiftsherrn, wenn er sie mahnte, die Entscheidung nicht durch eine Anfrage beim Kurfürsten von sich abzuschieben[62]. Erst in dem erregten letzten Akt, in dem sich durch die unerwartete Sakramentsspendung die Spannung der zwei Jahre plötzlich entlädt, wird ein anderer Ton hörbar. Luther kündigt nicht nur den dritten Schritt des Bußverfahrens an, nach dem die Gemeinde die Widerspenstigen aus ihrer Mitte ausschließen soll, sondern er erinnert auch den Rat an seine Pflicht, öffentliche Blasphemie zu verhindern. Denn sonst wird Gottes Zorn, den Luther an der mangelnden Frucht des Wortes schon längst zu spüren glaubt, nicht von der Stadt weichen

[60] 24. Dez. 1524; Pallas, Urkunden (s. Anm. 57), 110f.

[61] Die Ordnung ist von Bugenhagen und Jonas mit Hilfe Luthers verfaßt (eigenhändige Notiz von Jonas in dem Original im Weimarer Archiv). Abgedr. Sehling, Kirchenordnungen, Bd. 1, 698ff. Pallas, Urkunden (s. Anm. 57), 111ff. L. Fendt, Der lutherische Gottesdienst des 16. Jahrhunderts (München 1923), 193f.

[62] An Spalatin 2. Jan. 1523, WAB 3; 2,20. An die Stiftsherrn 11. Juli 1523, 17. Nov. 1524, ebd. 112,26ff. 376,21. Predigt vom 2. Aug. 1523, WA 12; 649,19ff.

und furchtbar zunehmen[63]. Luther handelte hier zum ersten Male nach seiner schon früher vertretenen Überzeugung, daß auch in einem nicht verschuldeten, sondern nur geduldeten Frevel eine Herausforderung Gottes liege, die sich an der Stadt oder dem Lande rächen müsse. Diese objektive Verbindung von Schuld der Gemeinschaft und göttlicher Strafe entstammte dem mittelalterlichen Verständnis der Blasphemie und zuletzt dem biblischen Denken, insbesondere den Aussagen der Propheten über die Auswirkungen der Götterkulte auf das Land Israel. Wenn Luther die Obrigkeit schließlich aufforderte, gegen eine solche Gotteslästerung einzuschreiten, so erinnerte er sie damit nach seiner Überzeugung nur an ihre eigenste, weltliche Verpflichtung, ihr Land vor Unheil zu bewahren. So zögernd er sich dazu entschlossen hatte, so entschieden verteidigte er sein Verhalten in der kleinen Schrift „Vom Greuel der Stillmesse" (Anfang 1525), in der er seine Kritik des Meßkanons aufgrund jener Predigt vom 27. November 1524 noch einmal vor aller Öffentlichkeit wiederholte[64].

4.

Auch für die Gestaltung der Gottesdienste gab Luther jetzt Anregungen in dem Schriftchen „Von Ordnung Gottesdiensts in der Gemeine". Im Gegensatz zu den Gedanken über den Gemeindeaufbau, mit denen eine Menge konkreter Fragen geregelt und ein Fundament auf Dauer gelegt werden mußte, leitete Luther jetzt nur dazu an, gewisse Mißbräuche abzutun und bei allen Gottesdiensten einen einzigen Grundgedanken zu befolgen: „daß die christlich Gemeine nimmer soll zusammenkommen, es werde denn daselbs Gottis Wort gepredigt und gebetet, es sei denn aufs kurzist"[65]. Dazu genügen in der Woche Früh- und Abendgottesdienste, bei denen die heilige Schrift gelesen und ausgelegt wird, morgens aus dem Alten, abends aus dem Neuen Testament. Sie sollen höchstens eine Stunde dauern. „Denn man muß die Seelen nicht uberschutten, daß sie nicht mude und uberdrussig werden, wie bisher in Klostern und Stiften sie sich mit Eselsarbeit beladen haben."[66] Die Gesänge der sonntäglichen Messen und Abendvespern, ja sogar die Lesungen aus Heiligenviten und von den Kreuzfesten, der Quelle des abergläubischen Kreuzschlagens, „laß man eine Zeit stille liegen, bis sie gefegt werden, denn es ist greulich viel Unflats drinnen"[67]. „Die Summa ist, daß es ja alles geschehe, daß das Wort im Schwang gehe und nicht wiederumb ein Lo-

[63] An die Stiftsherrn 11. Juli 1523, an Spalatin 12. Okt. 1523, WAB 3; 112,15ff. 169,17ff. Predigt vom 2. Aug. 1523, WA 12; 649,16ff. 650,10ff. Predigt vom 27. Nov. 1524, WA 15; 774,6ff. 25ff. Vom Greuel der Stillmesse (1525), WA 18; 23,2ff. 36,26ff.
[64] WA 18; 22–36.
[65] WA 12; 35,20f.
[66] Ebd. 36,15ff.
[67] Ebd. 37,10ff.

ren und Dohnen daraus werde; wie es bisher gewesen ist. Es ist alles besser nachgelassen als das Wort."[68] Den überlieferten Gottesdienst selbst, die Messe, greift er dagegen noch nicht an. Er schränkt ihn nur ein. Die Wochengottesdienste treten an die Stelle der täglichen Messen, „denn es am Wort und nicht an der Messe liegt". Wenn außerhalb des Sonntags der Wunsch nach dem Sakramentsempfang geäußert wird, so soll man ihm entsprechen, ohne eine feste Regel daraus zu machen[69].

Am Ende desselben Jahres 1523 hat Luther seine Zurückhaltung gegenüber dem alten Meßgottesdienst nochmals begründet und einen Aufriß gegeben, wie er evangelisch zu verstehen und zu feiern sei. Sein Freund Nikolaus Hausmann, der in dem durch Müntzer und Storch verwirrten Zwickau auf besonders schwierigem Boden stand, hatte ihn mehrfach mit der Bitte bedrängt, ihm Ratschläge für die Reform des Gottesdienstes zu schicken. Daraus entstand die Formula missae et communionis. Sie beschreibt den in Wittenberg gefeierten Gemeindegottesdienst und macht deutlich, worin er gegenüber der römischen Messe geändert oder nicht geändert wurde. Auf dem „nicht" liegt zunächst der Ton. „Ich habe nichts mit Gewalt und Befehl unternommen und nicht Altes mit Neuem vertauscht, sondern war immer zögernd und ängstlich: einmal wegen der im Glauben schwachen Seelen, denen man eine so alte und eingewachsene Weise des Gottesdienstes nicht plötzlich nehmen und eine neue, ungewohnte nicht einpflanzen konnte; vor allem aber wegen der leichtfertigen und anmaßenden Geister, die wie schmutzige Säue ohne Glauben und Verstand hereinbrechen und nur an der Neuheit Freude haben; und sobald es nichts Neues mehr ist, wird es ihnen zuwider." Er möchte vor Zorn über diese gerade in heiligen Dingen so schwer erträglichen Leute bersten. „Aber ich muß sie dulden, wenn ich nicht das Evangelium selbst aufs Spiel setzen will."[70] Er mußte also nach beiden Seiten Maß halten: gegen Altgläubige und gegen Radikale wie Karlstadt. Bei beiden ging es um ein Mißverständnis des Evangeliums. Es wurde von den einen mit altgewohnten Gottesdienstformen gleichgesetzt, von den andern mit neuen. In diesem Sinne war für Luther der Gottesdienst überhaupt kein Problem. Er stand in seiner Grundgestalt für ihn fest. „Es läßt sich nicht leugnen: Messe (d. h. Abendmahl) und dabei Kommunion von Brot und Wein sind der von Christus göttlich eingesetzte Ritus."[71] Dazu sind im Laufe der Zeit viele Lesungen und Gesänge hinzugekommen, gegen die nichts einzuwenden ist. Die alte Reinheit der Messe ging erst verloren, als sie zu einem Opfer gemacht wurde; das geschah im Canon Missae, von nun an ihrem Hauptstück. Durch die angebliche Opferdarbringung für alle möglichen Zwecke wurde die

[68] Ebd. 37,27ff. Plärren und Lärmen, lautmalerisch für den über vielen mittelalterlichen Gottesdiensten liegenden Klang.
[69] Ebd. 37,6ff.
[70] Ebd. 205,12–206,2.
[71] Ebd. 206,17ff.

Messe zu einem Monopol der Priester, die sich an ihr bereichert haben. „Wer kann die Titel (Rechtsgründe, Zwecke) alle zählen, für die die Messe zum Opfer gemacht worden ist?" Und welches Gewerbe hat nicht an der Ausschmückung der Meßfeier und der priesterlichen Kleidung verdient[72]? Nicht als Opfer, wohl aber als Testament, Danksagung (Eucharistie), Mahl oder Gedächtnis des Herrn wird sie richtig verstanden. Sie ist nicht abzuschaffen oder abzuändern, sondern recht zu feiern[73]. Die Sprache der Wittenberger Messe, deren Verlauf Luther dann im einzelnen schildert, ist noch immer lateinisch; das Volk kennt ja den liturgischen Aufbau. Um so mehr kommt es auf die Predigt an. Als die Stimme in der Wüste, welche die Ungläubigen zum Glauben ruft, würde sie am besten schon vor dem Introitus der Messe, des Mahls der Glaubenden, gehalten. Aber er will nichts bindend ordnen. Es soll Freiheit für die Zukunft bleiben. Luther machte von ihr bald gegen seine eigenen, hier vorgetragenen Überlegungen Gebrauch, indem er die Predigt in die Mitte des Gottesdienstes hinter das Glaubensbekenntnis stellte[74]. Auch die Möglichkeit einer völlig deutschen Messe erscheint nur als Wunsch für eine spätere Zeit („möge Christus es geben"). Dann wird auch die Auswahl der Perikopen überprüft werden müssen[75]. „Wir müssen uns hüten, aus der Freiheit ein Gesetz zu machen", das ist noch der Grundton[76].

5.

Die selbstbewußten Geistpropheten waren Luther in diesen Jahren an allen möglichen Fronten begegnet: im Verständnis von Offenbarung und Glauben, Sakramenten und Bildern, Gemeinde und Staatsordnung. Mit Notwendigkeit mußte er schließlich noch auf eine der Voraussetzungen dieses durchgreifenden Gegensatzes geführt werden: die grundverschiedene Wertung von Wissenschaft und Bildung. Das Problem stellte sich auf eine sehr praktische und dringende Weise. Die schwärmerische Mißdeutung der Reformationsbewegung hatte den Schulen schweren Schaden getan. Luther hatte das in Wittenberg mit eigenen Augen gesehen[77], von anderwärts wurde

---

[72] Ebd. 206,23–208,4.
[73] Ebd. 208,15ff.
[74] Ebd. 211,5ff. Nach Sebastian Fröschel, der sich seit November 1523 erneut in Wittenberg aufhielt, predigte Luther (wohl 1524/5) bereits so und nahm diese Regelung dann auch in seine „Deutsche Messe" (1525) auf. Fröschel, in: Fortgesetzte Sammlung, 691 (s. o. Anm. 26). Zur Deutschen Messe s. u. S. 417ff.
[75] WA 12; 210,2ff.
[76] Ebd. 214,14.
[77] Über den Zustand der Wittenberger Schulen während der Wittenberger Wirren 1521/22 berichtet Sebastian Fröschel, zuletzt abgedr. in: Das Buch der Reformation, hg. v. Kaulfuß-Diesch (s. o. S. 66, Anm. 41), 288ff. Die späte Niederschrift dieser Erinnerungen macht sie nicht zur Erfindung (zu Barge, Karlstadt, Bd. 1, 421f., Anm. 232).

es ihm berichtet. Besonders schmerzlich war ihm, daß seine alte Universität Erfurt durch die bildungsfeindlichen Parolen solcher Prediger in Verfall geraten war. Sein Studienfreund Eobanus Hessus, der Führer der Erfurter Humanisten und Anhänger der reformatorischen Bewegung, widmete ihm eine lange Elegie: Ecclesiae afflictae epistola ad Lutherum. Der Kerker, aus dem die trauernde Kirche schreibt – daher wurde das Gedicht auch als Captiva zitiert –, wird zwar ganz mit den Mißständen der römischen Kirche beschrieben. Aber die Freiheit von ihnen, die schon an einigen Orten errungen ist, hat auch zu Zügellosigkeit, Aufruhr und Verachtung der Bildung geführt. Eoban erbat sich darum gleichzeitig mit der Elegie, die er als Manuskript nach Wittenberg schickte, von den Freunden einige Briefe, mit denen er den gefährlichen Strömungen entgegentreten konnte. Luther beantwortete seine Sorgen, daß die neue Theologie die Deutschen barbarischer machen würde, als sie je waren, mit einem entschiedenen Bekenntnis: ,,Ich bin überzeugt, daß wahre Theologie ohne Kenntnis der Wissenschaften nicht bestehen kann, wie sie ja auch bisher durch den Sturz und das Darniederliegen der Wissenschaft gefallen ist und darniedergelegen hat. Ja, ich sehe, daß die wunderbare Offenbarung des Wortes Gottes nie geschehen wäre, wenn er nicht zuvor, wie durch Täufer als Vorläufer, den Weg durch das Auferstehen und Blühen von Sprachen und Wissenschaften bereitet hätte." Eoban veröffentlichte diesen Brief Luthers zusammen mit zwei Briefen Melanchthons, einigen anderen und eigenen Gedichten sofort unter dem Titel De non contemnendis studiis humanioribus futuro theologo necessariis (1523) und stellte damit die humanistischen Klagen in den Dienst von Luthers Ermunterung. Die Wittenberger ihrerseits sorgten für den Druck seiner Elegie, indem sie sie dem Studenten Johannes Setzer mitgaben, der seine berühmte Druckerei in Hagenau im Elsaß damit eröffnete[78].

Luther fühlte sich durch diese Vorgänge zu einem klärenden Wort über die ihn seit der Schrift an den Adel[79] beschäftigende Frage der Erziehung veranlaßt und ließ darum Anfang 1524 einen Aufruf ausgehen: ,,An Ratherren aller Städte deutsches Lands, daß sie christliche Schulen aufrichten und halten sollen."[80] Die Schrift war weit mehr als ein Schulprogramm. Wie manchmal in Gelegenheitsschriften die Motive eines großen Lebenswerks besonders reich, ungezwungen und durch Anwendung vereinfacht zutage treten, so ist auch dies Büchlein eine kurze Summe der Gedanken, die ihn in diesen Jahren be-

[78] C. Krause, Helius Eobanus Hessus. Sein Leben und seine Werke, Bd. 1 (Gotha 1879; Ndr. Nieuwkoop 1963), 352 ff. Luther 29. März 1523, WAB 3; 49 f. 50,21 ff.; Melanchthon, CR 1, 573. 613. Dazu Suppl. Mel. 6/1, 189 f. 216. MBW 233. 273.

[79] WA 6; 439,37 ff. 461,11 ff.

[80] Vgl. dazu O. Scheel, Luther und die Schule seiner Zeit, in: LuJ 7 (1925), 141 ff. F. Falk, Luthers Schrift an die Ratsherren der deutschen Städte und ihre geschichtliche Wirkung auf die deutsche Schule, in: LuJ 19 (1937), 55 ff. I. Asheim, Glaube und Erziehung bei Luther (Heidelberg 1961), 66 ff.

wegten. Die Wiederentdeckung des Evangeliums und die neugewonnene Kenntnis der Sprachen machen zusammen die gnädige Heimsuchung Gottes und das „güldene Jahr" aus, das er jetzt hat beginnen lassen. Zeichen dafür – man spürt Luthers Glücksgefühl trotz so mancher Sorgen – sind die vielen gelehrten „jungen Gesellen und Männer, mit Sprachen und aller Kunst geziert", die jetzt zur Verfügung stehen, um das Evangelium zu verkündigen und das junge Volk zu lehren[81]. Eine solche Gnadenstunde hat es in Deutschland noch nicht gegeben. Daher sein beschwörender Zuruf, sie nicht zu versäumen. „Liebe Deutsche, kauft, weil (solange) der Markt vor der Tür ist, sammelt ein, weil es scheinet und gut Wetter ist, braucht Gottes Gnade und Wort, weil es da ist. Denn das sollt ihr wissen: Gottes Wort und Gnade ist ein fahrender Platzregen, der nicht wiederkommt, wo er einmal gewesen ist. Er ist bei den Juden gewesen, aber hin ist hin, sie haben nun nichts. Paulus bracht ihn nach Griechenland. Hin ist auch hin, nun haben sie den Türken. Rom und lateinisch Land hat ihn auch gehabt, hin ist hin, sie haben nun den Papst. Und ihr Deutschen dürft nicht denken, daß ihr ihn ewig haben werdet, denn der Undank und Verachtung wird ihn nicht lassen bleiben. Drum greif zu und halt zu, wer greifen und halten kann, faule Hände müssen ein böses Jahr haben."[82] Von dieser außerordentlichen Stunde ist sein Auftrag zu verstehen. Gott hat ihn jetzt für das ganze Deutschland „verordnet", sein Wort ist Christi Wort; wer nicht darauf hört, verachtet nicht ihn, sondern Christus. Das ist nicht Selbstruhm, so wenig wie bei den alttestamentlichen Propheten. Er darf mit ehrlichem Herzen sagen, daß er nicht das Seine sucht, „sondern allein des ganzen deutschen Lands Glück und Heil"[83]. Das Evangelium und die Sprachen gehören unlösbar zusammen. Erst wenn man sich der Offenbarung Gottes durch Wort und Schrift erinnert, versteht man den Sinn der Sprachen. Dann kann sogar die Vertreibung der Griechen durch die Türken – Luther wird an Männer wie Bessarion denken – als ein Stück göttlicher Vorsehung erscheinen: Sie sollten das Griechische verbreiten und dazu anregen, „auch andere Sprachen mit zu lernen"[84]. Er meint damit zunächst die „heiligen Sprachen", die Gott zu Mitteln seines Wortes gemacht hat. Aber durch die Übersetzung der Bibel in andere Sprachen werden auch diese geheiligt. Ja mehr, Luther sieht auch den Zusammenhang zwischen der Kenntnis fremder Sprachen und der Beherrschung der eigenen. Wenn wir die fremden vernachlässigen, „wird es auch endlich dahin geraten, daß wir weder Lateinisch noch Deutsch recht reden oder schreiben können"[85].

Das Studium der Sprachen macht die Theologie zur Wissenschaft. Stärker als je zuvor legt Luther gegenüber den Enthusiasten und den Einfältigen, wie

[81] WA 15; 31,8 ff.
[82] Ebd. 32,4 ff.
[83] Ebd. 27,25 ff. 53,8.
[84] Ebd. 37,11 ff.
[85] Ebd. 37,17 ff. 38,12 ff.

es die böhmischen Brüder waren[86], den Nachdruck darauf, daß die Reformation nicht nur eine fromme Erweckung, sondern eine wissenschaftliche Bewegung ist. Er unterscheidet die schlichte Predigt und Lehre – für die bieten auch Übersetzungen das Nötige – und die Schriftauslegung, die „Prophetie" im urchristlichen Sinne. Sie erhält das Evangelium rein und schützt die Kirche vor Irrtümern. Darum „muß man je (stets) in der Christenheit solche Propheten haben, die die Schrift treiben und auslegen und auch zum Streit taugen, und ist nicht genug am heiligen Leben und recht Lehren". Dem Gottesgeschenk der neuen Sprachkenntnis ist die Wiederentdeckung des Evangeliums zu danken. „Weil itzt die Sprachen hervorkommen sind, bringen sie ein solch Licht mit sich und tun solch große Ding, daß sich alle Welt verwundert und muß bekennen, daß wir das Euangelion so lauter und rein haben, fast als die Apostel gehabt haben." Es gehört mit zu dem dankbaren Stolz, den diese Gnadenstunde erweckt, daß sich die Überlegenheit der Heutigen über die Kirchenväter mit Händen greifen läßt. Wie oft haben sie – Hilarius, Hieronymus, Augustin und selbst St. Bernhard, den er allen vorzieht – aus Mangel an Sprachkenntnis in ihren Auslegungen geirrt! Luther sieht hier viel schärfer als Erasmus. Trotz aller ihrer Mühe haben sie nur Brocken des Evangeliums erlangt, wir aber fast ohne Arbeit das ganze Brot. „O, wie schändet ihr Fleiß unsere Faulheit!" Nicht der Enthusiasmus, sondern die Grammatik hilft zu sicherer Erkenntis. „Geist hin, Geist her, ich bin auch im Geist gewesen und habe auch Geist gesehen." Aber er wäre doch nicht zur Klarheit gekommen, „wenn mir nicht die Sprachen geholfen und mich der Schrift sicher und gewiß gemacht hätten"[87]. Weil Gottes Wort nicht nur „in die Köpfe gefasset", Gedanke und Gefühl, sondern Sprache ist, versteht Luther den Aufstand der Sprachstürmer sehr gut. Hinter ihnen steckt wie immer der große Widersacher. „Der Teufel roch den Braten wohl: wenn die Sprachen hervorkämen, würde sein Reich ein Fach (Loch) gewinnen, das er nicht könnte leicht wieder zustopfen." Er weiß, daß nur das sprachliche Verstehen Überzeugung gibt und anderen vermittelt. „Der Teufel achtet meinen Geist nicht so sehr wie meine Sprache und Feder in der Schrift. Denn mein Geist nimmt ihm nichts denn mich allein. Aber die heilige Schrift und Sprache machen ihm die Welt zu enge." Diese unsichtbare Dimension gibt Luthers Aufruf den Ernst. „Laßt uns das gesagt sein, daß wir das Euangelion nicht wohl werden erhalten ohne die Sprachen. Die Sprachen sind die Scheide, darin dies Messer des Geistes steckt."[88]

Neben diesem in der Offenbarung begründeten Zusammenhang von Theologie und Sprachwissenschaft treibt ihn aber die Sorge um die Erziehung überhaupt zum Schreiben. Wie immer bei Fragen des weltlichen Lebens bietet er auch Beispiele aus der Natur, die Fürsorge der Tiere für ihre Jungen,

[86] Ebd. 42,15 ff. 43,7 ff. Von Anbeten des Sakraments (1523), WA 11; 455,27 ff.
[87] WA 15; 40,14 ff. 39,4 ff. 40,27 ff. 41,22 ff. 42,17 ff.
[88] Ebd. 38,26. 36,26 ff. 43,3 ff. 38,7 ff.

und das großartige Vorbild der heidnischen Griechen und Römer auf, um den Eltern ihre Pflicht ans Herz zu legen. Und wenn sie in ihrem Geiz und die Fürsten in ihrem vergnügungslüsternen Stumpfsinn versagen, so haben die Städte hier ihre schönste Aufgabe[89]. Sie haben selbst auch den größten Nutzen davon. Neben den Sprachen sollte vor allem Geschichte unterrichtet werden, dieser unvergleichliche Spiegel, aus dem wir „witzig und klug werden, was zu suchen und zu meiden sei in diesem äußerlichen Leben". Hätte Luther Kinder, so müßten sie außerdem noch „Singen und die Musica mit der ganzen Mathematica lernen". Er denkt für die Masse der Knaben und Mädchen an einen Unterricht von 1–2 Stunden täglich, damit sie daneben ein Handwerk lernen und im Hause helfen können. Aber die Begabten, die man einmal zu Lehrern und Lehrerinnen, Predigern und anderen geistlichen Ämtern heranzubilden hofft, soll man gründlicher unterrichten[90]. Luther ist mit diesen Vorschlägen weder der Vater des Gymnasiums noch der der Volksschule. Diese Unterscheidung von Schultypen läßt sich noch nicht anwenden. Gelehrtenschulen gab es längst. Das neue war, daß die Erziehung zu höherer Bildung aus einem breiten Volksunterricht heranwachsen sollte, für den er später den Schulzwang forderte[91]. Er hat dabei immer ein doppeltes Ziel im Auge: christliche Schulen, die für das geistliche Wesen und das Seelenheil nötig sind, aber fast mehr noch – denn bisher hat man die Schulbildung fast allein auf diese Aufgabe ausgerichtet – für das „weltliche Regiment", Luthers Ausdruck für die gesamte bürgerliche Ordnung. Ja, selbst wenn es keine Seele gäbe und man Schulen nicht um der heiligen Schrift willen brauchte, „so wäre doch allein diese Ursach genugsam, die allerbesten Schulen beide für Knaben und Maidlin an allen Orten aufzurichten, daß die Welt, auch ihren Stand äußerlich zu halten, doch bedarf feiner, geschickter Männer und Frauen, daß die Männer wohl regieren künden Land und Leut, die Frauen wohl ziehen und halten künden Haus, Kinder und Gesinde". Das müssen die Ratsherren der Städte besser verstehen als die Fürsten und Herren, die mit Schlittenfahren, Trinken und Mummenschanz und „mit hohen merklichen Geschäften des Kellers, der Küchen und der Kammer" beladen sind[92]. Was Luther forderte, war die umfassendste Begründung von Schule und Bildung für künftige Männer geistlichen oder weltlichen Standes und künftige Mütter, die sich für das Zeitalter denken ließ.

Wissenschaft und Unterricht bedürfen der Bücher. Luther wünscht daher, namentlich in großen Städten, die Errichtung von gut ausgewählten Büchereien: Bibeltexte, die besten Ausleger, Poeten und Oratores, Bücher von den freien und allen sonstigen Künsten, Rechts- und Arzneibücher und vor allem Chroniken und Geschichtsdarstellungen in allen nur möglichen Sprachen.

[89] Ebd. 32,27 ff. 35,1 ff. 28,17 ff. 44,33 ff.
[90] Ebd. 45,12 ff. 46,13 ff. 47,1 ff.,13 ff.
[91] Eine Predigt, daß man Kinder zur Schule halten soll (1530), WA 30/2; 586,7 ff.
[92] WA 15; 44,24 ff.

„Denn dieselben wundernütz sind, der Welt Lauf zu erkennen und zu regieren, ja auch Gottes Wunder und Werke zu sehen." Ihn bekümmert bei all dem aus ganzem Herzen auch die Rückständigkeit und der schlechte Ruf seines Volkes, von dem doch manches Gute zu berichten wäre, wenn es nur geschichtliche Darstellungen gäbe. So aber müssen wir „aller Welt die deutschen Bestien heißen, die nichts mehr (anderes) könnten denn kriegen und fressen und saufen"[93].

---

[93] Ebd. 49,10ff. 52,1ff. 11ff.

VI. Gegner aus den eigenen Reihen: Karlstadt und Müntzer

Nachdem die Wittenberger Radikalen überwunden und die Zwickauer Propheten abgewehrt waren, schien es zunächst, als seien die Unruhegeister vom Erdboden verschwunden. Karlstadt hatte sich, wenn auch grollend, gefügt. Er hielt weiterhin seine Vorlesungen und bekleidete bis Anfang 1523 das Dekanat seiner Fakultät. Aber nicht nur das zerstörte Verhältnis zu Luther und seinen bisherigen Freunden, das die alte Unbefangenheit nicht wieder aufkommen ließ, sondern auch wirtschaftliche Gründe ließen ihn nach Änderung seiner Lage ausschauen. Seine Tätigkeit an der Universität beruhte auf den Einkünften, die ihm als Archidiakon des Allerheiligenstifts zustanden, zum großen Teil Meßstipendien und Präsenzen, d. h. Gebühren für die Anwesenheit bei Seelmessen und anderen gestifteten Gottesdiensten des Kapitels. Wenn er selbst auch längst keine Privatmessen mehr hielt, so hatte er doch – ebenso wie die beiden anderen reformatorisch gesinnten Mitglieder des Stifts Amsdorf und Jonas – auf die Präsenzen nicht verzichten können. Erst 1523 sehen wir sie, einen nach dem anderen, diese ihr Gewissen belastende passive Teilnahme am Meßgottesdienst aufgeben[1]. Für Karlstadt, der damit ein Viertel seiner Einnahmen verlor, öffnete sich dadurch ein Ausweg, daß dem Archidiakonat die an der oberen Saale gelegene Pfarrstelle Orlamünde inkorporiert war, deren Ertrag ihm zustand, soweit er ihn nicht für die Bezahlung eines ständigen Konventors (Vikars) verwenden mußte[2]. Der gegenwärtige Inhaber des Vikariats schuldete ihm noch eine größere Summe, die er aus den Einkünften der Pfarrei nicht herauszuwirtschaften vermochte,

---

[1] Amsdorf 16. März 1523 an den Kurfürsten, CR 1, 610; Karlstadt ca. 26. Mai an Herzog Johann, E. Hase, Karlstadt in Orlamünde, in: Mitt. d. Geschichts- und Altertumsforschenden Gesellschaft des Osterlandes 4 (1858), Nr. 91; Jonas 24. Aug. an den Kurfürsten, CR 1, 637. Über Karlstadts Einkünfte s. Barge, Karlstadt, Bd. 1, 44.
[2] Die Akten bei Hase, Karlstadt (s. Anm. 1), 85 ff. Dazu vor allem K. Müller, Luther und Karlstadt, 137 ff. (wonach die Erläuterungen in WA 18; 90 ff., WAB 3; 255 u. ö. in Einzelheiten zu korrigieren sind). Durch die Veröffentlichung der Vergleichsentscheidungen Herzog Johanns im Streit zwischen Karlstadt und seinem Vikar Glitzsch vom 9. Apr. u. 14. Okt. 1522 ist die umstrittene Frage nach dem rechtlichen Ursprung der Orlamünder Sache geklärt, J. Trefftz, Karlstadt und Glitzsch, in: ARG 7 (1910), 348 ff.; noch nicht verwendet in W. Köhlers wertvollem Bericht über die Kontroverse zwischen Barge und K. Müller: Bericht über die Literatur zu Karlstadt. Im Anschluß an H. Barges Biographie, in: GGA 174/9 (1912), 505 ff. Doch dürfen die Verträge noch nicht auf die Übernahme der Stelle durch Karlstadt bezogen werden. Es ist zunächst an einen anderen Nachfolger gedacht. Luthers Bericht über die Vorgänge: Wider die himmlischen Propheten (1525), WA 18; 85 ff.

und hatte schon im April 1522 in einem Vergleich vor Herzog Johann auf die Stelle verzichtet, war aber dabei noch zu gewissen Zahlungen an Karlstadt verpflichtet worden. Im Laufe dieser Auseinandersetzung, die sich bis zum Mai 1523 hinzog, kam Karlstadt der Gedanke, das Pfarramt für einige Zeit selbst zu übernehmen. So konnte er den Ausfall der Präsenzgelder ausgleichen und sich zugleich das Einkommen der Orlamünder Pfarrstelle sichern, die offenbar zwei Inhaber nicht zu ernähren vermochte. Der Rat von Orlamünde unterstützte, ohne Zweifel von Karlstadt angeregt, diesen Vorschlag nur zu gern. Auf diese Weise wurde das Pfarrgut nicht mehr als bisher überlastet, und die Stadt erhielt statt eines unbedeutenden Vikars einen berühmten Gelehrten als Pfarrer. Der Rat beantragte zugleich, daß Karlstadt für seine Pfarramtszeit von der Zahlung an das Allerheiligenstift entbunden werde. Das aber war der wunde Punkt. Nun wurde die Decke, welche die Orlamünder und Karlstadt freudig an sich zogen, auf der andern Seite zu kurz. Auf den Einkünften, die Karlstadt als Archidiakon aus der inkorporierten Pfarrei bezog, beruhte ein Teil seiner Professur. Der Kurfürst, von seinem Bruder um Entscheidung angegangen, lehnte daher ab[3]. Die Pfründe gehöre dem Allerheiligenstift. Er habe nichts dagegen, wenn Karlstadt die Universität verlassen wolle, da er ja doch die meiste Zeit im Lande umherziehe. Aber er könne die Stelle in Orlamünde nur als Konventor übernehmen; die Zahlungen an das Stift müßten weitergeleistet werden. Auch die Universität ließ es sich begreiflicherweise nicht gefallen, daß ihr einer ihrer Professoren samt seiner Pfründe davonging, zumal sich Karlstadt schon bei seiner Romreise 1515/16 eine ähnliche eigenmächtige Entfernung von seinem Amt geleistet hatte[4]. Sie lud ihn also wie damals nach längeren Verhandlungen im Frühjahr 1524 vor und stellte ihm eine Frist zur Rückkehr. Karlstadt erschien und versprach der Universität am 4. April feierlich, unter gewissen Bedingungen seine Tätigkeit in Wittenberg wieder aufzunehmen, wie Melanchthon, der ihm als Rektor freundlich entgegengekommen war, erleichtert, aber nicht ohne leise Zweifel, an Spalatin berichtete[5]. Karlstadt kehrte nochmals nach Orlamünde zurück. Dort wendete sich die Sache aber endgültig zum Bruch. Der Rat wählte ihn jetzt förmlich zum Pfarrer und berief sich dafür auf Luthers Gemeindeprinzip[6]. Zu Unrecht, denn Luther hatte damit niemals die Beseitigung eines Pfarrers aus einer nicht von der Gemeinde, sondern von

---

[3] Brief der Orlamünder vom 26. Mai 1523, Hase, Karlstadt (s. Anm. 1), 88 ff., Nr. 4 (Zitat daraus WA 18; 97, Anm. 2). Herzog Johann an den Kurfürsten 2. Juni 1523, ebd. 92, Nr. 6. Antwort des Kurfürsten ebd. 93, Nr. 7 (ohne Datum).
[4] Die Urkunden bei J. J. Müller, Entdecktes Staatscabinet, zweite Eröffnung (Jena 1714), 315 ff. Dazu K. Müller, Luther und Karlstadt, 223 ff. Barge, Karlstadt, Bd. 1, 49 ff.
[5] 4. und 6. Apr. 1524, CR 1, 651. 762. Der zweite Brief ist, wie K. Müller, Luther und Karlstadt, 152, Anm. 1 erwiesen hat, im CR 1, 762 fälschlich in das Jahr 1525 eingeordnet (bei Clemen, Suppl. Mel. 6/1, 298 nicht beachtet). MBW 316. 318.
[6] An Herzog Johann 3. Mai 1524, Hase, Karlstadt (s. Anm. 1), Nr. 9; 97 f. Zitat daraus WA 18; 97, Anm. 1); Rat und Karlstadt an den Fürsten 22. Mai 1524, ebd. Nr. 15. 16; 103 ff.

dem Patron dotierten Stelle für erlaubt erklärt. Der Kurfürst lehnte denn auch am 26. Mai 1524 die Anträge Karlstadts und der Orlamünder ab. Karlstadt blieb nichts anderes übrig, als auf die Pfarrstelle zu verzichten[7]. Da er aber nach den Zerwürfnissen mit der Universität nicht mehr nach Wittenberg zurückkehren mochte, gab er schließlich nach längerem Zögern Anfang August bei einem kurzen Besuch in Wittenberg auch das Archidiakonat auf. Die während des Verfahrens aufgelaufenen Reste seiner Einkünfte reichten nicht aus, die Schulden zu decken, die er seit langem bei der Universität gemacht hatte, zumal er, wie seine Hochzeit zeigte, großzügig aufzutreten liebte. Die Universität ernannte einen neuen Vikar für Orlamünde[8].

Handelte es sich bei diesem Konflikt zunächst nur um einen Disziplinarfall, in den Luther nicht unmittelbar, sondern bloß um der theologischen Fakultät willen verwickelt war, so mußte er bald feststellen, daß der Geist, den er in Wittenberg zum Schweigen gebracht hatte, in Orlamünde wieder auflebte. Was er von dort hörte, zeigte ihm jene judaistische Gesetzlichkeit, mit der Karlstadt die Bilder bekämpft hatte, so daß Luther spottete, die Orlamünder würden sich wohl noch beschneiden lassen und ganz mosaisch werden[9].

Es beunruhigte ihn, daß in Jena eine Druckerei eigens für Karlstadt entstand, der lehren wolle, wo er nicht berufen sei, wo er aber berufen sei, hartnäckig schweige. Er verlangte, daß Karlstadts Schriften nach dem Mandat des Nürnberger Reichstags von 1523, dem auch die Wittenberger sich unterwarfen, einer vom Kurfürsten zu bestimmenden Zensur unterstellt würden[10]. Rasch nacheinander erschienen fünf Traktate Karlstadts aus der Jenaer Presse, die das verteidigten, was er inzwischen in Orlamünde an Reformen vorgenommen hatte. Der erste von ihnen: „Ursachen, daß And. Carolstat ein Zeit still geschwiegen" (1523, datiert Orlamünde im Dezember 1523) gibt wie keine andere seiner Schriften einen Einblick in seine komplizierte Natur. Er hat das Lehren und Schreiben aufgegeben und sich in „laischer Arbeit" geübt, weil er sich von Gott nicht berufen fühlte und keinen Befehl von Christus empfangen habe. Ihm fehlt auch das innere Zeugnis der Gaben, welche „die rechten Hirten und Schnitter der Ernten" brauchen: „Gottis Wort mächtiglich und mit Freidigkeit (Kühnheit)" zu führen, auszurufen, zu zerbrechen, das Zerstreute zu sammeln, das Zerbrochene ganz, das Kranke gesund zu machen „und dergleichen tausend (zu) wirken und tun, der ich keines vermag. Weil ich dann die Früchte nicht in mir befinde, wär mirs besser, . . . (ich) wartet noch, bis ich wunderbarlich angezund und aufgericht würd von dem Geist."[11] Was er hier von „rechter unbetrüglicher Berufung" – so

---

[7] Luther an Kurprinz Johann Friedrich 18. Juni 1524, WAB 3; 307,66ff.

[8] Hase, Karlstadt (s. Anm. 1), Nr. 21; 112.

[9] An Brück 13. Jan. 1524, WAB 3; 231,20.

[10] S. u. S. 269. An Brück 14. Jan. 1524, WAB 3; 233,15ff.

[11] Karlstadts Schriften aus den Jahren 1523–1525. Neudrucke deutscher Literaturwerke des 16. und 17. Jahrhunderts. Nr. 325. Ausgew. u. hg. v. E. Hertzsch, Teil I (Halle 1956), 3,9. 8,10ff. 9,8–26.

der Untertitel der Schrift – sagt, richtet sich gegen Luthers Hinweis auf die Legitimation und Verantwortung durch die geordnete Berufung in ein Amt, die allein gegenüber solchen ihm allzu bekannten Anfechtungen Mut und Sicherheit verleihen kann. Karlstadts Warten auf ein Zeichen des Geistes ist erwachsen aus der von Müntzer stammenden Überzeugung, daß Gott nicht stumm geworden sein kann und daß es darum nicht nur vom Geist berufene Prediger, sondern auch in der Gemeinde auserwählte, „geistliche" Menschen geben muß. „Darum sollten diejenige nur wählen, (be)rufen und (ein)setzen, welche Gottes Geist dazu treibt, die auch den Geist Christi des alleröbersten Hirten haben."[12] Nachdem er die Summe aus seinem Zögern gezogen hat: „Innebleiben ist allzeit un(ge)fährlicher dann ausgehn", kommt es auf einmal zur unerwarteten Peripetie: „Idoch wie dem allen ist, ich seh Rat. Gottis Willen soll geschehen, und ich will ihm gehorchen."[13] Er will die Strafen für seine inneren Mängel, Hohn und Spott, erleiden, wie Christus gelitten hat. Sie werden ihn in der Nachfolge Christi „christförmig" machen. „Also, hoff ich, wird meine (ge)fährliche Ausfahrt dem Innebleiben fast vergleicht." Er will sein Pfund nicht vergraben, sondern dem Gebot Gottes folgen, der jedermann zum Priester eingesetzt hat. „Wir müssen unser Gedanken und Sorg oder Forcht . . . schlachten oder hindan setzen und Gottis Willen vollbringen." „Derhalben gehn ich in Gottis Namen aus, in Vertrauen zu Gott."[14] Müntzersche Geist- und Auserwählungslehre und eine eigentümlich angewandte Theologie der imitatio Christi spannen sich hier widereinander. Das „unberufene" Hervortreten, ohne auf den Geist zu warten, das in drei Vierteln des Traktats als Anmaßung vor Gott erscheint, wird im letzten zum Gebot Gottes, dem nicht zu gehorchen Sünde wäre. Dieser Rechenschaftsversuch, an dessen Aufrichtigkeit nicht zu zweifeln ist, zeugt von dem Verlangen nach einer höheren Autorisierung, als der übernommene Dienst selbst sie gibt: Es ist eine Mischung von Unsicherheit und Sendungsbewußtsein, die so viel Verwirrung gestiftet und ihn selbst auf die Dauer so unglücklich gemacht hat[15].

Luther spürte in der Mystik der Karlstadtschen Schriften den alten Geist der Zwickauer, vor allem des Nikolaus Storch, der, wie er wußte, 1523 und Anfang 1524 sein Wesen in Thüringen getrieben hatte. Seine Ahnung bestätigte sich, daß hier ein tiefer Zusammenhang einer schwärmerischen Religio-

---

[12] Ebd. 8,16. 13,8 ff.

[13] Ebd. 16,29. 36.

[14] Ebd. 17,2 ff.8 f.18 ff.35 ff. 18,24 ff. 19,30 f.

[15] An dieser Stelle sollte, nach handschriftlichen Notizen des Vf., eine kurze Inhaltsangabe der weiteren vier Jenaer Schriften Karlstadts und eine zusammenfassende Charakteristik folgen. Clemen führt WAB 3; 233 Anm. 4 folgende Jenaer Traktate Karlstadts auf: Ursache, daß Andreas Karlstadt eine Zeit still geschwiegen (s. o.); Von dem Priestertum und Opfer Christi; Ob Gott ein Ursach sei des teuflischen Falles; Von dem Sabbat und geboten Feiertagen; Verstand des Wortes Pauli: Ich begehret ein Verbannter zu sein von Christo (nach Barge, Karlstadt, Bd. 2, 100 f.). (K. B.)

sität bestand. Zu welcher Maßlosigkeit sie sich entwickelt hatte, zeigte sich ihm erschreckend, als auch der Feuerbrand Thomas Müntzer wieder von sich reden machte. Nach seiner Flucht aus Zwickau im April 1521 hatte Müntzer sich eine Zeitlang in Böhmen und im Vogtland aufgehalten und war dann, begleitet von Markus Thomae (Stübner)[16], nach Prag gezogen. Hier hoffte er ein offenes Tor für den Beginn einer weltweiten missionarischen Wirksamkeit nach paulinischem Vorbild zu finden. ,,Ich möchte wenn möglich allen alles werden, bis sie den Gekreuzigten erkennen durch die Gleichförmigkeit ihrer Entsagung . . . Ich durchwandere die ganze Welt um des Wortes willen"[17], so verabschiedete er sich von einem Freunde. In Prag wurden Müntzer und Thomae von den utraquistischen Hussiten mit Freude aufgenommen und zu Predigten und Diskussionen eingeladen[18]. Sie galten als Abgesandte Luthers, mit dem man schon längst Verbindung suchte. Nicht anders verstanden ihn seine Anhänger aus früherer Zeit, die ihn mit Nachrichten über Luther und Vorgänge in der Heimat versorgten[19]. Müntzer selbst aber empfand sich, ohne schon von Luther abzurücken, als Anfang einer neuen, allein wahren Verkündigung des Evangeliums. Er faßte sie in einem Manifest zusammen, das wohl nicht zufällig das von Luthers 95 Thesen bekannte Datum des Allerheiligentages trug und vielleicht für einen Anschlag bestimmt war[20]. Darin wird die Urgestalt seiner Theologie zum ersten Male und in knappster Gestalt greifbar. Die entscheidende These, die er nie wieder aufgegeben hat, ist, ,,daß ein Auserwählter muß haben den heiligen Geist" (,,zu sieben malen", wie er nach Jes. 11,1f. erläuternd hinzufügt). Allein der ,,Geist der Furcht Gottes", geübt in der ,,nutzbarlichen Anfechtung", macht den Christen, nicht der Glaube an die Schrift, den die Pfaffen aus der Bibel ,,gestohlen" haben. Sie tun so, als wäre Gott stumm geworden und sein Wort in der Luft verschwunden, aber dann wäre es nicht das ewige Wort[21]. Mit Verheißung und Drohung bekräftigt er diesen einzigen Inhalt seiner Botschaft. ,,Gott wird wunderlich Ding tun mit seinen Auserwählten, sonderlich in diesem Lande." Die tauben Ohren aber warnt er: ,,Wirst du das nicht tun, so

---

[16] S. o. S. 62ff.

[17] An Michael Gans 15. Juni 1521. Müntzer, Nr. 24; 371,7ff. 11f.

[18] Vgl. E. W. Gritsch, Reformer without a Church (s. o. S. 58, Anm. 7), 52ff., der das Aktenmaterial bei V. Husa, Thomáš Müntzer a Čechy (Praga 1957) benutzt.

[19] Hans Pelt an Müntzer 25. Juni 1521, Müntzer, Nr. 26; 373ff.; ders. 6. Sept. 1521, ebd. Nr. 28; 377.

[20] Nach dem Original von Müntzers Hand, Müntzer, 491ff. Es ist ebenso wie der eigenhändige lateinische Text (s. Anm. 25) auf einem sehr großen Blatt geschrieben. O. Clemen, Das Prager Manifest Thomas Müntzers, in: ARG 30 (1933), 74 bezweifelt aber mit Recht, daß die beiden Texte für einen Anschlag benutzt worden sind. Sie waren höchstens dafür gedacht, verschwanden dann aber in Müntzers nach der Schlacht bei Frankenhausen von den Söldnern Herzog Georgs erbeutetem Briefsack, der uns ein so erstaunliches Sammelsurium von Reliquien aus seinem Leben bewahrt hat (s. u. S. 339).

[21] Müntzer, 491,10ff. 492,29ff. 493,22ff.

wird dich Gott lassen durch den Türken im zukünftigen Jahr erschlagen."[22] Müntzer legitimiert seine prophetische Sendung damit, daß er sich von Jugend an mehr als alle anderen Menschen, die er kannte, darum bemüht habe, den „heiligen unüberwindlichen Christenglauben" zu erlernen[23]. Und er setzt seine Seligkeit für seine Verkündigung ein: „Kann ich solche Kunst nicht, der ich mich höchlich rühme, so will ich sein ein Kind des zeitlichen und ewigen Tods. Ich habe kein höher Pfand."[24] Das war der Kern. Müntzer muß bald gespürt haben, daß er mit dieser bloßen Geist/Schrift-Dialektik keinen großen Widerhall erwecken konnte. Er arbeitete seinen Text daher nach einigen Wochen propagandistisch um, geschickt auf zwei Leserkreise zielend: deutsch und in tschechischer Übersetzung für das breite Volk, lateinisch für die Gelehrten[25]. Im deutschen Text hagelt es jetzt von Grobianismen auf die „pechgesalbten Pfaffen", „geistscheinenden Mönche", „eselforzigen Doktoren" und den „neronischen, heiligen, allerhölzernsten Papst und Prunz-(Nacht-)topf zu Rom". Diese „gelddurstigen Buben" haben dem „armen, armen, armen Völklein" die (von ihnen selbst) „unerfahrenen" Bibeltexte vorgeworfen wie den Hunden das Brot[26]. Das immer wiederholte „arm" hat einen Doppelsinn: Es sind die geistlich Betrogenen, aber auch die von ihren Betrügern Ausgesogenen. Das Selbstbewußtsein Müntzers beginnt jetzt die exzessiven Züge anzunehmen, die später kraß hervortreten. „Oho, wie reif sind die faulen Äpfel! Oho, wie mürbe sind die Auserwählten worden! Die Zeit der Ernte ist da! Drumb hat mich Gott selber gemietet in seine Ernte. Ich habe meine Sichel scharf gemacht, denn meine Gedanken sind heftig auf die Wahrheit, und meine Lippen, Haut, Hände, Haar, Seele, Leib, Leben vermaledeien die Ungläubigen."[27] Die Gelehrten sprach er in elegantem Latein an, ohne die Grobheiten und die Anspielungen auf das arme Volk. Die Drohung mit dem Türken war in die Verheißung verwandelt, der Kampf werde Böhmen soviel Ruhm bringen, wie es von Rom Schande und Haß erfahren habe. Das Ganze schloß – statt, wie in der deutschen Fassung, mit der Ankündigung des Antichrist, falls man nicht auf ihn höre – versöhnend mit der Hoffnung, daß Gott seine zerstörte Kirche wieder aufrichten werde, und mit der Mahnung, „die Kirche solle keinen stummen Gott anbeten, sondern einen lebendigen und redenden; denn kein Gott ist für die Heiden verächtlicher als ein lebendiger, von dem die Christen nichts spüren"[28]. Müntzers

---

[22] Ebd. 494,16f.21ff.

[23] Ebd. 491,3ff.

[24] Ebd. 494,27ff.

[25] Ebd. 495–505, lat. ebd. 505–511. Einen Vergleich zwischen ihnen gibt A. Lohmann, Zur geistigen Entwicklung Thomas Müntzers (Leipzig u. Berlin 1931), 19ff. Die in der Ausgabe von Franz leider fehlende tschechische Fassung ist (nach einer unvollständigen Dresdener Handschrift) erstmals gedruckt bei Boehmer/Kirn (s. o. S. 60, Anm. 17), Müntzer-BW, 150ff.

[26] Müntzer, 495,12f. 496,10. 502,29f. 500,13f.

[27] Ebd. 504,17ff.

[28] Ebd. 510–511,3ff.

Bemühungen, die verschiedenen Bevölkerungskreise durch Anpassung an ihre Sprache und Denkweise für sich zu gewinnen, blieben erfolglos. Vielleicht waren es gerade die wilden Reden in seinem deutsch-tschechischen Manifest, die dazu führten, daß er Ende 1521 ausgewiesen wurde.

Sein Versuch, von der älteren, hussitischen Reformbewegung aus Einfluß auf die Erneuerung der Christenheit zu gewinnen, war gescheitert. So kehrte er in den heimatlichen Reformationsraum, das Kurfürstentum Sachsen, zurück, wo er eine Reihe treuer Anhänger besaß. Von hier aus bemühte er sich, auch die Wittenberger Theologen von der Wahrheit seiner Lehre zu überzeugen. Es ging dabei um dieselben Gedanken, die er schon gegenüber den Pragern vertreten hat. Das zeigen die beiden Briefe an Melanchthon (27. März 1522) und Luther (9. Juli 1523), in denen er ihnen, zwar in ehrerbietiger Form, aber doch mit aller Schärfe, den grundlegenden Mangel ihrer Theologie vorhielt. Sie beten einen „stummen Gott" an, dem sie es nicht glauben, daß er heute noch in seinen Erwählten redet. „O Geliebte, müht euch darum, daß ihr prophezeit, sonst ist eure Theologie keinen Heller wert. Denkt daran, daß euer Gott nahe und nicht ferne ist, glaubt, daß er lieber redet, als ihr bereit seid zu hören." Prophezeien – das hieß, der lebendigen Stimme Gottes Raum geben, vielleicht sogar in Gesichten und Träumen, wie Müntzer sie im Brief an Luther verteidigte; es hieß, gleichförmig mit dem Gekreuzigten, ohne Begierde leben, die Ehe nur als Weg zur Erzeugung eines erwählten Geschlechts verstehen und die Zeichen der Endzeit sehen. „Die Schale des dritten Engels, ich fürchte und weiß es, ist schon ausgegossen in die Wasserquellen und ist ganz zum Blutstrom geworden" (Off.Joh. 16,4). Jetzt ist keine Zeit mehr, die Schwachen zu schonen. „Unser teurer Martinus weiß nicht, was er tut, wenn er den Kleinen keinen Anstoß geben will, die doch klein sind wie die im Alter von hundert Jahren verfluchten Knaben (Jes. 65,20, eine von den ungezählten Anspielungen Müntzers auf unerwartete Bibelstellen) . . . Lieben Brüder, laßt euer Mähren, es ist Zeit! Zaudert nicht, der Sommer ist vor der Tür!"[29] So schrieb Müntzer, der „Bote Christi", an die Wittenberger, noch immer freundschaftlich und um ihre Zustimmung werbend. Freilich zeichnete sich schon deutlich ab: Wenn sie sich versagten, so würde er sie unter die Gottlosen rechnen, „die sich", wie er gleichzeitig schrieb, „nach eigenem Gutdünken mit Gottes Gnade ausgerüstet nennen, von der sie so viel wissen wie die Gans von der Milchstraße"[30]. Daß er dagegen dem Haupt der mißglückten Wittenberger Opposition Karlstadt naherückte, ergab sich von selbst. Dieser konnte ihm freilich im „Elend seines Vertreibens", wie Müntzer jetzt seine Briefe datierte, auch nicht anders helfen, als daß er ihm auf sei-

---

[29] An Melanchthon 27. März 1522, Suppl. Mel. 6/1, 182 ff. MBW 223. Müntzer, Nr. 31; 380,6.16 ff. 381,4 ff.20 ff. An Luther 9. Juli 1523, ebd. Nr. 40; 389 ff. WAB 3; 104 ff. – „Mähren" mundartlich (Sachsen, Schlesien und anderswo) für zögern, trödeln.
[30] An einen Unbekannten 14. Juli 1522, Müntzer, Nr. 35; 385,3 ff.

nem Landgütchen in Wörlitz Unterkunft und bäuerliche Arbeit anbot[31]. Wenn Müntzer davon auch keinen Gebrauch machte und die Verbindung bald wieder abriß, so gab es doch zwischen ihnen, wie Müntzer schrieb, eine res nostra, über die sie durch einen vertrauten Boten Zwiesprache pflogen. „Ich rede mit dir wie mit mir selbst."[32] Die gemeinsame Sache war nicht nur die Gegnerschaft gegen die Wittenberger, sondern auch die Predigt der mystischen Erfahrung, der sich Karlstadt inzwischen ebenfalls mit der bei ihm gewohnten jähen Aneignung fremder Gedanken, erst der Luthers, nun der der deutschen Mystik und Müntzers, hingegeben hatte. Er rühmte sich Müntzer gegenüber, er habe von Gesichten und Träumen mehr gesprochen als sonst einer der Professoren[33].

Schon das wenige, was Luther von Müntzer hörte oder las – das klassische Dokument seines Sendungsbewußtseins, den Prager Anschlag, konnte er nicht kennen –, gab ihm zusammen mit der Erinnerung an die Zwickauer Propheten und mit den Schriften Karlstadts das Bewußtsein, es hier mit einem einheitlichen Gegengeist zu tun zu haben. Er hatte recht damit, auch wenn wir heute die individuellen Züge deutlicher voneinander sondern können. Aber hier hatten sich eine Flamme an der andern und alle letztlich an der enthusiastischen Predigt von Nikolaus Storch entzündet, und ein Element ergänzte das andere zu einem Bilde von geschlossener Wirkung. Es war eine ekstatische Mystik, die sich auf Offenbarungen durch Visionen und Träume berief, auch wenn man sie nur durch Hörensagen von andern kannte, wie zweifellos Karlstadt und lange Jahre hindurch auch Müntzer[34]. Sie forderte vom wahrhaft Glaubenden tiefe Erfahrungen der inneren Abtötung, der Mitkreuzigung mit Christus als Zeichen der Erwählung. Die wahre Gemeinde der Erwählten zu sammeln, sie durch rigorose Befolgung des göttlichen Gesetzes von der Welt zu sondern und mit dem Geist dieses asketischen Enthusiasmus zu durchdringen, war das gemeinsame Bemühen, während Luther die Scheidung der wahren Christen von der Menge wohlweislich vermieden hatte. Der Angriff der Schwärmer richtete sich immer wieder auf Luthers Schonung der Schwachen, auf die Langsamkeit und Halbheit der Wittenberger Reformation. Ihre drohende apokalyptische Predigt malte aus, daß keine Zeit mehr zu versäumen sei.

Luther mußte erkennen, daß diejenigen der einstigen Gegner, die er am wenigsten ernst genommen hatte, die Zwickauer Ekstatiker, am zähesten überlebt hatten und daß eine neue Schlacht vor der Tür stand. Hatte ihn zu-

---

[31] Karlstadt an Müntzer 21. Dez. 1522, Müntzer, Nr. 37; 386f. Müntzer an unbekannte Anhänger in Halle 19. März 1523, ebd. Nr. 38; 388,13.

[32] Müntzer an Karlstadt 29. Juli 1523, Müntzer, Nr. 43; 393,7f.14.

[33] Karlstadt an Müntzer 21. Dez. 1522, Müntzer, Nr. 37; 387,15. Ein Jahr später, in seiner Schrift: „Ursache…" (s. o. S. 135f.), betont er freilich, daß der Geist die Apostel (Apg. 13,1ff.) nicht im Schlaf oder Traum, sondern „innerlich" angeredet habe. Karlstadts Schriften (s. o. Anm. 11), 12,37ff.

[34] Müntzer an Luther 9. Juli 1523, WAB 3; 105,50ff. Müntzer, Nr. 40; 389ff.

nächst das Geplänkel mit Karlstadt beschäftigt, so war es doch Müntzer, der ihm als erster vor die Klinge lief. „Satan hat bei uns, wenn auch an anderem Ort, eine Sekte gestiftet, die weder Papisten noch unsere Leute aufnimmt; sie rühmen sich, vom reinen Geist erfüllt zu sein ohne Zeugnis der heiligen Schrift", schrieb Luther am 6. Mai 1524 und ergänzte das am 4. Juli: Sie wollten mit Waffengewalt für das Wachstum ihrer Sache eintreten[35]. Er meint damit die Begründung einer Gemeinde der Erwählten und schließlich eines verschworenen Bundes in Allstedt, einem kurfürstlichen Städtchen am Kyffhäuser, wo Müntzer seit Ostern 1523 als Prediger untergekommen war. Mit einem durch die zweijährige Wanderschaft angestauten Eifer war er hier daran gegangen, sein Bild von der wahren Gemeinde Christi zu verwirklichen. Er hatte sofort – lange vor Luther – eine völlig deutsche Gottesdienstordnung geschaffen. Bei aller Traditionsgebundenheit ein bedeutender Entwurf; er wird uns im Zusammenhang mit Luthers liturgischen Reformen noch beschäftigen[36]. Zur Begründung seines Vorgehens hatte er weit ausgeholt, bei der Christianisierung der Deutschen „vor 600 Jahren". Damals war die Kirche nach einem immer wieder von ihm zitierten Wort Hegesipps aus einer Jungfrau, die sie bis zum Tode der Apostelschüler geblieben war, längst zur Ehebrecherin geworden[37]. Die „frommen, gutherzigen Väter, die unser Land bekehrt haben" und sich dabei der lateinischen statt der noch ganz „ungemusterten" deutschen Sprache bedienen mußten, haben sicher zur Besserung viel geholfen. Strebt doch schon die menschliche Vernunft nach immer höherer Besserung, „und Gott sollte so ohnmächtig sein, daß er sein Werk nicht sollte darüber höher bringen"? Er tut es jetzt durch ihn nach deutscher Art und Weise, damit das arme Volk nicht länger ungelehrt, sondern wahrhaft erbaut aus der Kirche gehe[38]. Ein Glaube an ein inneres Fortschreiten der Menschheit und das Wissen um die apokalyptische Stunde vereinigen sich zu einem eigentümlich starken Geschichtsgefühl.

Der neue Gottesdienst und Müntzers stürmische Predigten ließen die Leute von weither zusammenströmen, so daß der benachbarte Graf Ernst von Mansfeld seinen Untertanen unter Berufung auf das Mandat des Nürnberger Reichstags den Kirchgang nach Allstedt verbot. Nachdem Müntzer darauf am 13. September 1523 von der Kanzel herab den Grafen, wenn er nicht komme, um ihm seine Ketzerei zu beweisen, für einen Buben, Türken und Heiden erklärt und der Graf vergebens beim Rat seine Verhaftung gefordert hatte, entspann sich ein Briefwechsel, der Luther zu Gesicht gekommen sein und ihm den ersten Schrecken über das Geschehen in Allstedt eingejagt

---

[35] Luther an Gerbel 6. Mai 1524, WAB 3; 284,10 ff.; an Brießmann 4. Juli 1524, ebd. 315,12 ff.

[36] S. u. S. 413 f.

[37] Fragmente aus Hegesipp (2. Jahrh.), in: Euseb, Kirchengeschichte IV, 22,4 ff. Auch zit. in Müntzers „Auslegung . . . Danielis", Müntzer 243,22 ff.

[38] Sehling, Kirchenordnungen, Bd. 1, 497 f. Müntzer, 161 f.

haben wird. Müntzer hatte dem Grafen drohend geschrieben: „Knackt (muckst) nicht, der alte Rock reißt sonst. Bringt ihr mich den Druckern in die Fäuste, will ich hunderttausendmal ärger mit euch umgehen denn der Luther mit dem Papst."[39] Beide hatten sich sofort an den Kurfürsten gewandt, Müntzer in einem Brief von dröhnendem Selbstgefühl: „Nachdem mich der allmächtige Gott zum ernsten Prediger gemacht hat, so pflege ich auch die lautbaren, beweglichen (bewegenden) Posaunen zu blasen, daß sie erhallen mit dem Eifer der Kunst (Erkenntnis) Gottes, keinen Menschen auf dieser Erde zu verschonen, der dem Wort Gottes widerstrebt." Der Eifer um die arme, erbarmenswerte Christenheit habe ihn gefressen und, wie es den Propheten immer geschehen, die Schmähungen der Gottlosen auf ihn gezogen. Aber er habe sich durch die rückhaltlose Predigt des lauteren Wortes zur „eisernen Mauer der Dürftigen" (Jer. 1,18) aufgeworfen. Ihnen sei sein Name darum „ein süßer Geruch des Lebens und den wollüstigen Menschen ein mißfallender Greuel des geschwinden Verderbens" (2.Kor. 2,15 f.). Er rief den Kurfürsten um Schutz an und ließ ein erstes Mal schon die eschatologische Drohung anklingen: Wenn die Fürsten nicht für das Evangelium eintreten, „so wird das Schwert ihnen genommen werden und wird dem inbrünstigen (wütenden) Volke gegeben werden zum Untergange der Gottlosen"[40]. „Ein Ver(Zer-)störer der Ungläubigen", unterschrieb er sich an den Grafen Ernst; „ein Knecht Gottes", wie von nun an fast immer, an Kurfürst Friedrich. Müntzers Appell war das Gegenteil von der Haltung Luthers, der auf den Schutz des Kurfürsten verzichtet hatte. Daß hier eine zweite Phase der Reformation anbrechen sollte, eine Phase des gewaltsamen Hervortretens der evangelischen Fürsten, war deutlich genug hindurchzuhören. Müntzer mahnte den Kurfürsten, „auch hier keck" zu sein, im Vertrauen darauf, daß Gott ihm von Anbeginn beigestanden habe. „Was er scheinbar mit Luther glücklich begonnen, soll er mit Müntzer vollenden."[41] Friedrich der Weise tat, was er gegenüber den Gewissenskundgebungen, mit denen er von den verschiedensten Seiten her in diesen Jahren überschüttet worden war, immer getan hatte. Er beschränkte sich auf eine milde Ermahnung und ließ der Sache im übrigen ihren Lauf.

Ein halbes Jahr später zeigte sich die Frucht seines Zögerns. Der Zustrom zu Müntzers Predigten von auswärts, vor allem von Mansfeldischen Bergknappen, wurde immer größer; man zählte einmal sonntags an die 2000

---

[39] 22. Sept. 1523, Müntzer, Nr. 44; 394,30 ff.

[40] Müntzer an den Kurfürsten 4. Okt. 1523, Müntzer, Nr. 45; 395,8 ff. 23.15 ff. 396,28 f. – Zu clavis scientiae vgl. Luk. 11,52. – Graf Ernst an den Schösser und Rat zu Allstedt 21. Sept., an den Kurfürsten 24. Sept., der Kurfürst an Graf Ernst 28. Sept., an den Schösser und Rat zu Allstedt 28. Sept. u. 11. Okt. 1523, Förstemann, Neues Urkundenbuch, Bd. 1, 228 ff. Zum Verständnis C. Hinrichs, Luther und Müntzer. Ihre Auseinandersetzung über Obrigkeit und Widerstandsrecht (Berlin 1952), 5 ff.

[41] Hinrichs, Luther und Müntzer (s. Anm. 40), 10.

Fremde in Allstedt[42]. Müntzer wurde immer gewisser, seinem Ziele, der Gemeinde der Erwählten, nahe zu sein. Er gründete zunächst einen geheimen Bund mit rund 30 Teilnehmern, die gelobten, „bei dem Evangelio zu stehen, Mönchen und Nonnen keinen Zins mehr zu geben und dieselben helfen verstören und vertreiben"[43]. Die Zerstörung einer Kapelle in Mallerbach, vor den Toren der Stadt, mit einem wundertätigen Marienbild, am 24. März 1524 war das erste Flammenzeichen des kommenden Aufruhrs. Sie hatte bittere Proteste des Nonnenklosters, dem die Kapelle gehörte, eine von Herzog Johann, dem Regenten des Landesteils, angeordnete Untersuchung und erregte Rechtfertigungen Müntzers und des Rates zur Folge. Luther erfuhr natürlich rasch von diesen aufsehenerregenden Dingen und hat ohne Zweifel durch Spalatin von dem Schriftwechsel, der sich entwickelte, z. T. Kenntnis erhalten, vor allem von einem Schreiben, das der Rat Anfang Juni 1524 an den Herzog richtete und das dieser an seinen Bruder, den Kurfürsten, weitergab. Müntzers Feder ist darin nicht zu verkennen. Wie sollten sie die „gutherzigen, frommen Leute" gefangen setzen, die dem so lange aus Unverstand angebeteten „Teufel zu Mallerbach" ein Ende gemacht haben? Das sei so wenig zu leiden wie dem Türken untertan zu sein. Der Herzog möge gedenken, daß es heißt: „Den Gottlosen (in diesem Fall die abgöttischen Mönche und Nonnen) sollst du nicht verteidigen" (2.Mose 23,1) und daß ihm das Schwert ebenso zur Strafe der Bösen wie zum Schutz der Frommen gegeben ist (Röm. 13,4). Und wieder die leise Drohung: Sie wollten dem Kurfürsten den pflichtigen Gehorsam leisten – „(es sei denn) Sein Gnad wollte dann mehr den Menschen denn Gott achten, was wir uns keinerlei Weise zu Seiner und Euern Gnaden vermuten"[44].

Durch die Unterstützung des Rats ermutigt, ging Müntzer nun aufs Ganze. Zusammen mit seinem Kollegen Haferitz, den er ganz für seine radikale Mystik gewonnen hatte, schürte er durch heftige Predigten die Erregung gegen das Fürstenhaus und erreichte es in denselben Tagen, daß die gesamte Bürgerschaft militärisch eingeteilt wurde, um, wenn nötig, fremder Einmischung mit Waffengewalt entgegenzutreten. Und er wandelte seinen Bund in eine große Organisation von mehr als 500 Mitgliedern um, unter denen rund 300 auswärtige waren, jetzt nicht mehr geheim in einem trockenen Stadtgraben, sondern öffentlich im Ratskeller mit feierlicher Einschreibung. Der Bund war – sehr bezeichnend für den Büchermenschen Müntzer – nach einem literarischen Vorbild entworfen, einer Flugschrift des Eberlin von Günzburg[45].

[42] Bericht von Schösser, Schultheiß und Rat an den Kurfürsten 11. Apr. 1524, Fuchs, Akten Bauernkrieg, 30.
[43] Zur Geschichte des Bauernkriegs im Thüringischen und Mansfeldischen, in: Neue Mitt. aus dem Gebiet historisch-antiquarischer Forsch. 12 (1869), 215.
[44] Müntzer, Nr. 50; 405,20 ff. 406,1 ff. 405,25 ff.30 ff.
[45] Predigt von Haferitz vom 6. Jan. 1524, Clemen, Reformationsgeschichte (s. o. S. 66, Anm.

Luther hatte das Treiben in Allstedt sei langem mit großer Sorge beobachtet und den Kurfürsten wiederholt durch Spalatin zum Einschreiten gedrängt[46]. Durch Schriften Müntzers hatte sich inzwischen sein Bild von ihm abgerundet. Im Anfang des Jahres 1524 waren rasch nacheinander zwei Traktate erschienen, die zwar noch nichts von der gewaltsamen Errichtung des Gottesreiches enthielten, wohl aber massive Angriffe auf die Verkündigung der Wittenberger Reformatoren, wenn auch versteckt und ohne Namen, aber doch deutlich genug, daß niemand sie übersehen konnte. Die erste trug die Polemik schon im Titel: ,,Von dem gedichteten Glauben", ein Traktat mystischen Stils, in dem Gedanken Luthers – daß es schwer sei, zum Glauben zu kommen, daß es durch Anfechtung und Verzweiflung hindurchgehen und das natürliche Licht im Menschen zuvor erlöschen müsse – zum Angriff auf ihn benutzt wurden. Was bei Luther Schilderung des göttlichen Handelns am Menschen gewesen war, wurde bei Müntzer Methode der Predigt und der Seelenführung. Man muß zuerst und vor allem erschrecken und betrüben – nicht trösten, töten – nicht lebendig machen, in die ,,allerhöchste Unwissenheit und Verwunderung" – nicht zum Glauben führen. Wenn Luther dem Angefochtenen in seiner Not, die er wie keiner kannte, immer wieder auf festes Land zu helfen bemüht war, so gehörte er für Müntzer zu ,,unseren wahnsinnigen, wollüstigen Schweinen, die sich vorm Sturmwind, brausenden Bulgen und vorm ganzen Wasser der Weisheit entsetzen". Nur ein Mietling (Joh. 10,27) predigt: ,,Glaube, glaube! Halt dich fest, fest mit einem starken, starken Glauben." Das heißt einen honigsüßen, nicht den bitteren, den halben, nicht den ganzen Christus predigen, dem niemand glauben kann, er sei ihm zuvor gleich geworden[47]. Die zweite Schrift ,,Protestation oder Entbietung Thomae Müntzers . . . seine Lehre betreffend" wandte die gleichen Gedanken zu einem scharfen Angriff auf die Kindertaufe. Wenn man sie übt, obwohl sie doch nirgends in der Schrift geboten ist, so verkündigt man eben den honigsüßen Christus, statt den Menschen zuerst in den schmerzlichen Zustand der ,,Erwartung" zu setzen. Zuerst muß er lernen, ,,das Wort zu leiden". Da darf es für ihn gar keinen Trost geben, es muß ihm eine Ewigkeit zu dauern scheinen. ,,Da meint der Mensch, er hab keinen Glauben überhaupt." Er fühlt nur eine ,,dürftige Begier zum rechten Glauben", die kaum wahrnehmbar ist. ,,Da peinigt mich Gott mit meinem Gewissen, mit Unglauben, Verzweiflung und seiner Lästerung." Was hilft es dann, wenn die Schriftgelehrten sagen: ,,Ja, lieber Geselle, du darfst dich um solche hohe Dinge nicht bekümmern. Glaube du nur einfältig und schlag die Gedanken von dir. Es ist eitel Phantasei. Gehe zu den Leuten und sei fröhlich, so vergißt

---

40), 14 ff. Über die Pfingstpredigten von Müntzer und Haferitz s. Zur Geschichte des Bauernkriegs (s. Anm. 43), 155. Über den Bund ebd. 159. 165. 185. 215. Hinrichs, Luther und Müntzer (s. Anm. 40), 11 ff. 21 f.
[46] WA 18; 85,19 ff.
[47] Müntzer, 218 ff. 220,31. 220,6 f. 222,17 f. 21 ff.

du der Sorge." Diese Verkehrung der wahren Botschaft Christi rückt uns, meint Müntzer, mit allen fremden Religionen, die ja doch auch einen Glauben aufweisen können, auf eine Stufe. Weil wir „zarten Kräuter" nicht leiden wollen, flüchten wir zu den Heiligen wie die Heiden zu ihren Göttern. Wir nehmen wie der Islam den Gekreuzigten nicht für wirklich. Die römische Kirche hat Ablaß und Absolution gegeben. Sollen wir mit einer Vergebung ohne Bedingungen, wie die Kindertaufe sie bringt, wieder ebenso anfangen? Das hieße nur ein altes Haus neu kalken[48].

Luther mußte durch alles, was diese Schriften enthielten und was er aus Allstedt erfuhr, aufs tiefste erregt werden. Hier rührte einer, der von schweren Seelenerfahrungen wußte, an geheimste und gefährlichste Dinge. Es mußte Luther entsetzen, wie hier der angefochtene Mensch in die Verzweiflung zurückgestoßen und in ihr festgehalten, und wie die Anfechtung dem, der sie nicht kannte, als seelische Übung aufgedrungen wurde, ohne ihm zugleich eine Spur von Licht und Trost zu zeigen. Es war ein methodischer Nihilismus, der nur auf Vernichtung zielte und von Errettung nichts zu sagen wußte. Vielmehr zerstörte er alles, was Luther in den Erfahrungen der Not als kostbare Hilfe an sich und an anderen erprobt hatte: die in der Taufe ausgesprochene Zusage der unerschütterbaren Gnade, statt deren der Mensch der Unsicherheit „emsiger Erwartung" ausgeliefert wurde, und das frische, schlichte Mutmachen zum Glauben über alle Skrupel hinüber. Müntzers Karikatur hatte Luther, der so viel vom herzlichen, kräftigen Zuspruch des Seelsorgers hielt, nicht schlecht getroffen. Mit diesem Leidensmethodismus verband sich unauflöslich die Predigt vom Reich Gottes, das mit Gewalt herbeigezwungen werden müsse. Die Leiden, die den einzelnen in diesem Kampf erwarten, sind die Pein des Kreuzes, durch die wir Christus nachfolgen müssen. Das große Ringen, das er prophezeite, hatte einen universalen eschatologischen Sinn und bedeutete zugleich die Möglichkeit der Vollendung für den einzelnen Erwählten. Müntzer vertrat seine Lehre mit einem Anspruch, der nicht zu überbieten war. Er verlangte, vor Vertretern aller Nationen und aller Religionen verhört zu werden, nicht ohne ausreichende Zeugen[49]. Damit lehnte er ein wohl von Luther dem Kurfürsten vorgeschlagenes Verhör vor den Wittenberger Theologen öffentlich ab.

Luther konnte zu allem, was geschehen und gedruckt war, nicht länger schweigen. Er sah in der Zerstörung der Wallfahrtskapelle und in dem Waffenbund den Aufruhr vor der Tür stehen, auf den Müntzers Briefe an die Fürsten mit versteckten Drohungen angespielt hatten. So schlug er los, während seine Landesherrn immer noch zögerten und der zaghafte Kurfürst wieder nur beschwichtigende Worte fand[50]. Er schrieb einen offenen „Brief an die

---

[48] Ebd. 225 ff. 228,9 f. 234,23. 237,21 ff. 238,15 ff. 232,14. 234,22.
[49] Ebd. 240,1.18.
[50] Kurfürst Friedrich an Rat und Gemeinde zu Allstedt 27. Juni 1524, abgedr. Zur Geschichte des Bauernkriegs (s. Anm. 43), 167 ff.

Fürsten zu Sachsen von dem aufrührerischen Geist", der im Juli 1524 erschien. Luther unterscheidet an Müntzers Auftreten zwei Seiten: die Gewalttat und die Lehre. Nur die erste geht die Landesherrn an, und ihr allein ist fast die ganze Schrift gewidmet. Der Satan, den er hier auf neue Weise am Werke sieht, habe zu deutlich den Pferdefuß gezeigt: daß man es nicht beim Wort bleiben lassen dürfe, sondern mit der Faust, mit Kloster- und Bildersturm und mit Widerstand gegen die Obrigkeit dreingreifen müsse. Luther verlangt von den Fürsten strenge Verbote. Wollen die Allstedter sich dagegen verteidigen und ihren Geist als recht erweisen, so mögen sie es in öffentlichem Verhör tun, vor wem sie wollen, ,,es sei vor uns oder den Papisten". Mit grimmigem Spott malt Luther den Widerspruch aus, daß Müntzer sich dem beharrlich entzieht, aber im sicheren kurfürstlichen Schutz in seinem Nest die unerschrockensten Worte redet, ,,als wäre er drei heiliger Geiste voll". Was hat er denn dafür geleistet? Er genießt ja die Freiheit, die andere für ihn erstritten haben. Es ist eine der seltenen Stellen, an denen Luther in ein paulinisches ,,törichtes Rühmen" (2.Kor. 11) gerät. Er erinnert daran, daß er zu Leipzig, Augsburg und Worms allein und schwach vor seine Feinde getreten sei, ,,und hatte doch noch nichts von himmlischer Stimme und Gottes Pfunden und Werken noch von dem Allstedtischen Geist je etwas gehört"[51].

Aber nicht wegen seiner Mahnung, Gewalttaten zu verhindern, ist Luthers ,,Brief an die Fürsten zu Sachsen" denkwürdig geworden, sondern vielmehr wegen der Grenze, die er ihnen zugleich zog: Der Lehre Müntzers haben sie nicht zu wehren. ,,Man lasse sie nur getrost und frisch predigen, was sie können und wider wen sie wollen . . . Es müssen Sekten (Trennungen) sein, und das Wort Gottes muß zu Felde liegen und kämpfen . . . Man lasse die Geister aufeinander platzen und treffen. Werden etliche indes verführt, wohlan, so gehts nach rechtem Kriegslauf. Wo ein Streit oder Schlacht ist, da müssen etliche fallen und wund werden. Wer aber redlich ficht, wird gekrönt werden."[52] Diese Worte bedeuten eine Epoche in der Geschichte der Toleranz. Luther hat sich gelöst von dem mittelalterlichen Denken, das in der Verführung der Seelen das höchste Verbrechen sah. Wenn Geldfälscher mit dem Tode bestraft werden, wieviel mehr dann die Häretiker, welche die Seelen um ihren Glauben und damit um das ewige Leben bringen, – so hatte Thomas von Aquin argumentiert[53]. Und so begründete noch Calvin die Hinrichtung Servets. Luther schob diesen Gedanken an einen Seelenmord beiseite. Der Kampf der Geister muß frei sein, darum müssen Seelen in ihm gewagt werden. Er führt seine Trennung des geistlichen und des weltlichen Reichs hier bis zur Duldung der offenen Irrlehre durch. Wenn er ihren Spielraum später

[51] WA 15; 210ff. 215,23f. 213,28f. 214,19ff.26f. – ,,Pfund" (nach Luk. 19,11ff., vgl. auch WA 15; 211,28) ist ein Ausdruck der Storchschen Mystik, den Luther von Thomae gehört hatte (WATR 3; Nr. 2837b; 15,13); er wird auch gelegentlich von Müntzer gebraucht.
[52] WA 15; 218,19ff.
[53] Summa theologica 2,2 qu.11 art.3.

wesentlich eingeschränkt hat, so geschah es doch nur, weil er sie mit wachsender Sorge als politisch gefährlich ansah. Grundsätzlich bleibt es für ihn bei der Unterscheidung, auf die es ihm hier ankommt: „daß allein mit dem Wort Gottes in diesen Sachen gehandelt werde, wie den Christen gebührt, und Ursach des Aufruhrs . . . verhütet werde"[54]. Nur dies ist Sache der Obrigkeit.

Als Luthers Warnruf veröffentlich wurde, traf er in eine Situation, die sich zugespitzt hatte. Der loyale und ein wenig unsichere Herzog Johann, von allen Seiten um eine Entscheidung angegangen, hatte sich entschlossen, sich selbst ein Urteil über Müntzer zu bilden. Er ließ ihn darum am 13. Juli 1524 vor sich, dem Kurprinzen Johann Friedrich, dem Kanzler Brück und einigen anderen Amtspersonen im Allstedter Schloß predigen. Müntzer benutzte diese unvergleichliche Gelegenheit, um seine apokalyptischen Hoffnungen vor ihnen zu entrollen. Mit sicherem Instinkt wählte er das dramatische 2. Kapitel des Propheten Daniel als Text. Es enthielt alles, was er für diese Stunde brauchte: den durch einen Traum erregten König Nebukadnezar, die Schriftgelehrten, die diesen nicht zu erzählen und zu deuten vermögen, und den auserwählten Propheten, der durch Gottes Erleuchtung den Traum und die Deutung der vom König geschauten Gestalt auf die vier einander folgenden Reiche zu sagen weiß. Mit einer grandiosen Selbsteinschätzung sah er die gleiche Situation wiederhergestellt. Im kläglichen Versagen der wohlbestallten Hoftheologen fand er herrliches Material zu Angriffen auf die gottlosen, „unversuchten" Schriftgelehrten von heute, die nichts von göttlichen Offenbarungen, von der „reinen Kunst Gottes" wissen, aber „gern fette Bissen essen zu Hofe", „Bruder Mastschwein und Bruder Sanftleben", wie er Luther hier zum ersten Male, ohne ihn noch zu nennen, tituliert. Und dabei bezeugt es dieses Danielkapitel doch deutlich genug, „daß Gott seinen lieben Freunden seine göttlichen Geheimnisse . . . offenbare durch rechte Gesichte oder sein mündliches Wort"; und andere Schriftsteller nicht minder, die er in großer Zahl sammelt. „Wäre aber Petrus der Gesichte nicht gewöhnt gewesen", wie hätte er dann die Befreiung aus dem Gefängnis durch den Engel (Apg. 12) für ein solches halten können[55]? Aber dazu kommt niemand durch das „Geplauder" der Schriftgelehrten, „wenn er gleich hunderttausend Biblien hätte gefressen". Sondern der Auserwählte muß ein von allem Weltlichen, von aller „Kurzweil" abgeschiedener, in der Furcht Gottes geübter, zum Leiden und zum Martyrium bereiter Mensch, ein „innerlicher Narr" werden, um dann in der „hohen Verwunderung", über die Müntzer noch nichts Näheres sagen will, von der Kraft des göttlichen Wortes „überschattet" zu werden. Nur mit diesen Auserwählten kann Gott die große „Veränderung der Welt" herbeiführen, die der Prophet verheißt. „Denn so die Christenheit nicht sollt apostolisch werden . . ., warum sollt man dann predigen?" Gottes Geist of-

---

54 WA 15; 221,2 ff.
55 Müntzer, 248,7. 245,11. 248,27. 254,12 f. 247,16 ff. 255,8 f.

fenbart es jetzt vielen, daß eine „treffliche, unüberwindliche, zukünftige Reformation" vonnöten ist[56]. Und die Fürsten von Sachsen sind berufen, sie herbeizuführen. Wenn schon der Heidenkönig die Stimme der Wahrheit vernahm, wie falsch ist es dann, – mit Luthers Scheidung der beiden Reiche – zu sagen: „Die Fürsten sind heidnische Leute ihres Amts halben, sie sollen nichts anderes denn bürgerliche Einigkeit erhalten." „Darum, ihr teuren Regenten von Sachsen, tretet keck auf den Eckstein (Christus)", – „ihr müßt es wagen um des Evangeliums willen". Sie werden dann als Auserwählte freilich „ein großes Kreuz und Anfechtung müssen leiden", aber das bedeutet ja nur, daß Gott sie als seine allerliebsten Söhne züchtigt. Sie sollen nicht auf das Gerede von der Schonung der Schwachen um der Liebe willen hören. Christus hat befohlen: „Nehmet meine Feinde und würget mir sie vor meinen Augen" (Luk. 19,27), und er hat das alttestamentliche Gebot, die Altäre zu zerstören und die Götzenbilder zu verbrennen (5. Mose 7,5f.), nicht aufgehoben. Werden die Fürsten es nicht tun, so wird Gott das unnütz geführte Schwert von ihnen nehmen[57]. Darum bedürfen sie eines „neuen Daniel", der ihnen ihre Offenbarungen auslegt und ihnen Mut predigt wie der Priester vor der Schlacht (5. Mose 20,2). Diesen Daniel sollen sie wie Nebukadnezar zum Amtmann einsetzen, damit er rechte, gute Urteile treffe. „Denn die Gottlosen haben kein Recht zu leben, allein was ihnen die Auserwählten wollen gönnen."[58] Damit fällt Müntzers eigener Schatten auf die Bühne; denn wer konnte dieser neue Daniel sonst sein?

Das war das Programm der zweiten Reformation. Müntzer lud mit ihm die Fürsten noch hoffnungsvoll in den Bund der Erwählten ein. Aber er läßt schon deutlich genug durchblicken, an wen er sich sonst wenden kann: „die armen Laien und Bauern", sie sehen den unaufhaltsam heranrollenden Stein (Dan. 2,34) „viel schärfer denn ihr". Ja, er ist schon so groß, daß die feindlichen Nachbarn, wenn sie seine Landesherrn um des Evangeliums willen bekriegten, von ihrem eigenen Volke vertrieben werden würden. Daran war sicher etwas Wahres. So legte Müntzer jetzt entschlossen die Lunte ans Pulverfaß. Das größte Hindernis war ihm dabei Luther, den er mit eschatologischem Haß bedachte. „In den letzten Tagen werden die Liebhaber der Lüste wohl eine Gestalt der Gütigkeit haben (wenn sie nämlich wie Luther angesichts der Wittenberger Stürmer die vergessene Liebe Christi predigen), aber sie werden verleugnen ihre Kraft. Es hat kein Ding auf Erden eine bessere Gestalt und Larve denn die gedichtete (falsche) Güte."[59] Es war zugleich der theologisch sublimierte Haß einer enttäuschten Jüngerschaft; Liebe wäre zuviel gesagt bei einem Manne, der nicht lieben konnte. Es hat einen Haß auf

---

56 Ebd. 247,14. 251,19. 252,4. 250,19. 251,19f. 253,20. 255,16ff.
57 Ebd. 257,29ff. 256,29ff. 259,28f.22. 258,14f. 260,16.
58 Ebd. 261,18f. 257,19. 262,32ff.
59 Ebd. 256,21. 262,23ff.

Luther dieser Art und diesen Formats nur noch einmal wieder gegeben: bei Friedrich Nietzsche[60].

Müntzers Fürstenpredigt und Luthers Fürstenbrief, das Programm der Gewaltreformation und der Aufruf zur Abwehr der Gewalt, prallten Ende Juli 1524 aufeinander. Müntzer war, ohne etwas von Luthers Eingreifen zu ahnen, noch erfüllt von den größten Hoffnungen und Plänen. Er erbot sich Herzog Johann gegenüber nochmals, sich vor der ganzen Welt zu verantworten, aber nicht vor den Wittenbergern allein. ,,Ich will die Römer, Türken, Heiden dabei haben.''[61] In fliegender Eile brachte er seine Fürstenpredigt zum Druck und fühlte sich zu schärferem Vorgehen gedrängt, als seine Anhänger aus katholischen Nachbarherrschaften vertrieben wurden und eine große Schar von Flüchtlingen sich in Allstedt sammelte. Müntzer schrieb in der erhitzten Situation einen Brief nach dem andern. Seine verfolgten Anhänger ermutigte er damit, ,,daß mehr denn 30 Anschläge (Pläne) und Bündnisse der Auserwählten gemacht sein. In allen Landen will sich das Spiel machen. Kurzum, wir müssen ausbaden, wir sind hineingesessen.'' Den Gefangenen stellte er das Vorbild der Märtyrer vor Augen. Den Verfolgern schrieb er drohend, wenn sie nicht abließen, ,,so will ich die Leute nicht länger aufhalten, die euch wollen belästigen. Ihr müßt unter zweien eins erwählen, ihr müßt das Evangelium annehmen oder ihr müßt euch für Heiden bekennen.''[62] Fiebernd wartete er auf den Entschluß der Landesherrn, sich in den Bund der Auserwählten einzureihen. Er bedrängte darum den kurfürstlichen Schösser zu Allstedt Hans Zeiß, auf sie einzuwirken, vor allem mit Gedanken einer Predigt, in der er am 24. Juli seiner Bundesidee noch einmal eine schärfere Fassung gegeben hatte[63]. Wieder hatte er einen eindrucksvollen alttestamentlichen Text gewählt, die Erneuerung des Bundes zwischen Gott und dem jüdischen Volke unter dem König Josia durch die Annahme des im Tempel aufgefundenen Gesetzbuchs und durch die radikale Beseitigung allen Götzendienstes (2. Kön. 22 und 23). So sollen auch die Fürsten ihre Pflichten und Eide verwandeln ,,in einen getreulichen Bund göttlichen Willens'', damit das Volk Mut bekommt und er den Verfolgern entfällt. Er gibt dem Bund zwar, um die Fürsten nicht zu erschrecken, einen etwas vorsichtigeren Sinn: Er ist nur eine Notwehr, welche die Gottlosen bedräuen soll, damit sie von der Verfolgung ablassen, und er soll nicht bedeuten, daß die Abgaben an die Obrigkeit eingestellt werden. Aber zugleich bedroht er auch die Fürsten

---

[60] Über Nietzsches Stellung zu Luther s. H. Bornkamm, Luther im Spiegel der deutschen Geistesgeschichte, 92–94. 305–314.

[61] 13. Juli 1524, Müntzer, Nr. 52; 407,23.

[62] Der Schösser Zeiß schickte die Fürstenpredigt am 20. Juli 1524 an Spalatin, Fuchs, Akten Bauernkrieg, 941. Müntzers Briefe an seine verfolgten Anhänger in Sangerhausen und den dortigen Rat um den 15. Juli 1524, Müntzer, Nr. 53–55, 408 ff. 408,21 ff. 410,24 ff.

[63] Briefe vom 22. u. 25. Juli 1524, Müntzer, Nr. 57–59; 416 ff. Die Predigt vom 24. ist verloren. Bericht darüber von Zeiß an Herzog Johann, abgedr. Zur Geschichte des Bauernkriegs (s. Anm. 43), 179 ff.

wieder, wenn sie weiterhin nichts tun wollen. Sie werden damit ihr Volk scheu machen und mehr verachtet werden als die katholischen Landesherrn. „Es ist eine mächtig große Frechheit, daß man sich auf den alten Gebrauch der Ämter will vertrösten (Luthers Schrift „Von weltlicher Obrigkeit" schimmert durch!), nachdem sich die ganze Welt also mächtig hochlich verwandelt hat."[64]

Jetzt gingen endlich auch Herzog Johann über diese Verwandlung der Welt die Augen auf. Luthers in diesen Tagen erschienene Schrift wird dazu geholfen haben, wohl auch die Vorstellungen seines Sohnes, des Kurprinzen Johann Friedrich, der die Allstedter Ereignisse seit langem viel ernster ansah und bei Luther Unterstützung gegenüber seinem gutgläubigen Vater gefunden hatte[65]. Müntzer wurde zu seiner bitteren Enttäuschung mit dem Schösser und drei Ratsangehörigen auf den 1. August 1524 zu einem Verhör nach Weimar bestellt. Nach dem Bericht eines Augenzeugen kam er leichenblaß davon heraus[66]. Wenn ihm zunächst auch noch nichts geschehen, sondern nur auferlegt war, auf die Entscheidung des Kurfürsten zu warten und sich still zu halten, so war doch der Himmel seiner Hoffnungen eingestürzt. Es half auch nichts, daß er die Allstedter, die ihn in ihrem gesonderten Verhör verleugnet hatten, noch einmal dazu bereden konnte, beim Kurfürsten für die Gewährung der Druckerlaubnis und der mehrfach geforderten Weltdisputation einzutreten. Er begründete sie in einem eigenen Schreiben vom 3. August an den Kurfürsten theologisch: Er stimme zwar nicht mit Luther überein, wohl aber mit dem Glauben, „der da in allen Herzen der Auserwählten auf Erden gleichförmig ist"; auch ein geborener Türke könne ihn haben[67]. Aber Müntzer mußte einsehen, daß sein Spiel in Allstedt verloren war und daß er es nur anderwärts mit Feder und Wort weiterspielen konnte. So stieg er wie vor drei Jahren, als ihm der Zwickauer Boden zu heiß geworden war, in der Nacht vom 7. zum 8. August 1524 über die Stadtmauer. Sein Bund und seine Gemeinde fühlten sich schmählich von ihm im Stich gelassen[68].

Im Kurfürstentum war man froh, den Unruhestifter zunächst los zu sein, um so mehr als man damit Herzog Georg, der sich soeben über ihn beschwert hatte, beruhigende Antwort geben konnte[69]. Luther war sich freilich darüber

---

[64] An Zeiß 25. Juli, Müntzer, Nr. 59; 422,15.1 ff.

[65] Luther an den Kurprinzen 18. Juni, der Kurprinz an Luther 24. Juni 1524, WAB 3; 306 ff. 309 f. 307,66 ff. 310,44 ff. 311.

[66] Ein nützlicher Dialogus oder Gesprächsbüchlein zwischen einem Müntzerischen Schwärmer und einem evangelischen frommen Bauern (1525), WA 15; 230 Anm. 1. Zitat daraus bei Hinrichs, Luther und Müntzer (s. Anm. 40), 77 f. Protokoll des Verhörs abgedr. Zur Geschichte des Bauernkriegs (s. Anm. 43), 182.

[67] Schreiben der Allstedter an den Kurfürsten 3. Aug. 1524, abgedr. ebd. 186 ff. Müntzer an den Kurfürsten 3. Aug., Müntzer, Nr. 64; 430 ff. 430,29.

[68] Zeiß an den Kurfürsten 25. Aug. 1524, abgedr. Zur Geschichte des Bauernkriegs (s. Anm. 43), 202 f.

[69] 7. Okt. 1524. Geß, Akten, Bd. 1, 754 ff.

klar, daß der „Allstedtische Geist" noch nicht ausgespukt hatte. Als er erfuhr, daß es Müntzer bereits acht Tage später gelungen war, in der Reichsstadt Mühlhausen Fuß zu fassen, richtete er sofort am 21. August einen Warnbrief an den Rat[70]. Er schrieb von Weimar aus, am Beginn einer Visitationsreise durch das östliche Thüringen, um die Herzog Johann, der dort die Regierungsgeschäfte ausübte, ihn auf Anregung seines Sohnes gebeten hatte[71]. Die Streitigkeiten mit Orlamünde und die von Karlstadts dortigen Predigten und Reformen auf viele Gemeinden im Saaletal ausgehenden Wirkungen machten den Landesherrn seit langem zu schaffen. Luther ging es dabei nicht in erster Linie um die Person Karlstadts, sondern um den „Geist von Allstedt", den Geist der gewaltsamen Zerstörung der Ordnungen, den er hinter allem witterte. Zweifellos waren die Wellen der Unruhe von den Allstedter Vorgängen bis hierhin gelaufen und hatten sich mit Karlstadts Einfluß vereinigt. Müntzer war außerdem durch ältere Beziehungen mit Orlamünde verbunden und noch von seinem Zwickauer Wirken in der Gegend nicht unbekannt. Luther glaubte auch zu wissen, daß Nikolaus Storch, das Haupt der Zwickauer Propheten, dort Zuflucht gefunden habe[72].

Karlstadt, der sich nach seinem Verzicht und seiner Absetzung noch in Orlamünde befand, hielt es für das Beste, Luther durch eine Einladung zuvorzukommen. Er bewog den Rat, an Luther ein Schreiben zu richten, in dem ein brüsker Protest, daß er sie wegen ihrer Beseitigung der Götzenbilder für Ketzer erklärt habe, und die Bitte, zu ihnen zu kommen und sich gütlich mit ihnen zu besprechen, miteinander verbunden waren[73]. Der Brief wurde Luther nach Jena geschickt, wohin Karlstadt ihm inzwischen schon entgegengereist war. Er hörte Luther dort am 22. August predigen und fühlte sich, obwohl sein Name nicht fiel, dadurch mitgetroffen, daß Luther dem wilden Allstedtischen Geist nicht nur am Bilderstürmen, sondern auch an der Beseitigung von Taufe und Abendmahl Schuld gab. So bat er ihn um eine Unterredung. Im gleichen Schwarzen Bären, wo Luther vor zweiundeinhalb Jahren sein lustiges Versteckspiel mit den Schweizer Studenten gespielt hatte[74], empfing er ihn in Anwesenheit einer großen Anzahl von Leuten. Wir besitzen über das Gespräch den lebendigen Bericht eines Karlstadtschen Parteigängers. Luther war freundlich: Er habe ihn nicht angegriffen, wenn er sich aber getroffen fühle, so sei er es wohl auch. Sehr klar schälte sich die Kernfrage heraus: Ist hier ein Geist am Werke oder sind es zwei verschiedene, „der mörderische Geist zu Allstedt und der Geist, der die Bilder zerbricht und das Sakrament antastet"[75]? Mehr als erwartet fand Karlstadt Luther be-

[70] WA 15; 238ff. Kirn, Friedrich der Weise, 3.
[71] Brief des Kurprinzen an Luther 24. Juni 1524, WAB 3; 309f. 310,44ff.
[72] Brief Müntzers an Karlstadt 29. Juli 1523, Müntzer, Nr. 19; 366f. Zu Storch s. o. S. 61f.
[73] 16. Aug. 1524, WA 15; 343. Überreicht am 22. oder 23. August.
[74] S. o. S. 69.
[75] WA 15; 334ff. 336,17ff.

reit, ihn von Müntzers Umsturzplänen zu unterscheiden. Luther hatte ihn immer nur als mit der Satanssekte in Allstedt sympathisierend bezeichnet[76] und sich durch den in Wittenberg Anfang August veröffentlichten Warnbrief „Der von Orlemund Schrift an die zu Allstedt, wie man christlich fechten soll"[77], davon überzeugen lassen, daß Karlstadt seine Sache nicht mit Gewalt ausrichten wolle[78]. Aber der Geist, den Luther angriff, bedeutete ihm viel mehr als direkte Hetze zum Aufruhr. Er meinte die Mischung von Gesetz-lichkeit (wie gegenüber dem alttestamentlichen Bilderverbot) und persönli-chen Eingebungen, die nach seiner Überzeugung das Wesen dieser gesamten Prophetie ausmachte und von der Auflösung einer Bindung nach der anderen schließlich zur Auflösung aller Bindungen führen mußte. In diesem Sinne blieb Luther dabei: „Ihr steht dennoch bei den neuen Propheten", was Karl-stadt in gewissem Maße bestätigte: „Wo sie Recht und Wahrheit haben; wo sie unrecht sein, da stehe der Teufel bei."[79] Luther gab dem Gespräch trotz allem schon bald mit gutem Humor eine entspannende Wendung. Als Karl-stadt behauptete, Luther habe seine eigene frühere Lehre verleugnet, antwor-tete er: „Lieber Herr Doktor, so ihr das wißt, so schreibts frei und fahrt tap-fer (tüchtig) hervor, auf daß es an den Tag komme."[80] Es wiederholte später die Aufforderung und fügte hinzu, er wolle ihm einen Gulden dazu schen-ken, griff in die Tasche und überreichte dem verdutzten Karlstadt ein Gold-stück: Er solle seiner nicht schonen. „Je tapferer ihr mich angreift, je lieber ihr mir sein sollt." Karlstadt nahm den Gulden, zeigte ihn den Umsitzenden und bog ihn etwas ein, um ihn als Unterpfand der ihm von Luther zugespro-chenen Schreiberlaubnis zu kennzeichnen[81].

Dem Geplänkel von Jena, das den Charakter einer ritterlichen Einleitung des literarischen Kampfes getragen hatte, folgte zwei Tage später am 24. Au-gust 1524 eine unerquickliche Szene in Orlamünde. Luther hatte sich entwe-der nicht überlegt, was er dort tun wollte, oder seine Dispositionen aus Ärger über den groben Brief des Rats, den er in Jena erhalten hatte, umgeworfen. So kam er auf den unglücklichen Gedanken, den Brief selbst zum Gegenstand einer Aussprache mit dem Rat zu machen, dessen Mitglieder, da Luther un-erwartet erschien, zumeist vom Felde geholt werden mußten. Er lehnte es ab, länger zu bleiben und bei ihnen zu predigen, ließ sie vielmehr wegen ihres Briefes barsch an; zunächst schon, weil sie Karlstadt darin als ihren Pfarrer bezeichneten, was dieser nach den ergangenen Entscheidungen nicht war. Er verlangte darum auch, als Karlstadt zu reden anfing, daß er sich entferne. In

[76] An Brießmann 4. Juli 1524, WAB 3; 315,15.
[77] Ein freundschaftlich, aber entschieden warnender Brief Karlstadts an Müntzer vom 19. Juli 1524 war vorangegangen, Müntzer, Nr. 56; 415f.
[78] WA 15; 336,14ff. 395,22ff.
[79] Ebd. 339,27f.
[80] Ebd. 336,30ff.
[81] Ebd. 340,4ff. Vgl. Barge, Karlstadt, Bd. 2, 129f. u. Anm. 93.

der nach diesem Beginn schon ziemlich gereizten Stimmung stellte er schließlich selbst die entscheidende Frage: ,,Wo wollt ihr in der Schrift beweisen, daß man die Bilder soll abtun?" Als ihm das Bilderverbot des Dekalogs entgegengehalten wurde, versuchte er, ihnen den Unterschied von Götzenbildern und christlichen Bildern, von Bilder haben und Bilder anbeten, klar zu machen. ,,Was schadet mir ein Kruzifix an der Wand, das ich nicht anbete?" Vergeblich. Nicht nur Karlstadts gesetzliche Schriftauslegung, sondern auch seine mystische Theologie kam ihm aus dem Munde der Orlamünder Bauern entgegen: Wenn die Seele schon aller erlaubten Kreaturen los und ledig sein müsse, wie viel mehr wird sie dann ,,bedeckt und verwickelt, wenn sie sich mit verbotenen Bildern belustigt"? Einer zitierte gar das mystische Bild, die Seele müsse nackt von allem Kreatürlichen sein wie die Braut für den Bräutigam, als ein Wort Jesu, wußte freilich nicht anzugeben, wo es stehe. Luther sank nach diesem Beweis für die Abschaffung der Bilder auf einen Stuhl und hielt die Hand vors Gesicht. Als ihm schließlich ein anderer bestätigte, daß er ihn für verdammt halte, brach er das hoffnungslose Gespräch ab und fuhr, von Beschimpfungen begleitet, davon[82].

Luther hatte keinen guten Tag in Orlamünde. Aber selbst wenn er mit Engelsgeduld aufgetreten wäre, hätte er den Bauern ihre unvergorenen Argumente und das Mißtrauen gegen die Wittenberger, mit dem Karlstadt sie seit mehr als einem Jahr getränkt hatte, nicht ausreden können. Nachdem die gütliche Beilegung nicht gelungen war, entschloß sich Herzog Johann am 18. September 1524, Karlstadt auszuweisen, und zwar nicht nur, wie Luther empfohlen hatte, aus dem Unruhegebiet, dem oberen Saaletal, sondern aus dem ganzen Kurfürstentum. Gleichzeitig wurde ihm aber zugesagt, daß der Herzog ihn nicht hindern werde, gegen Luther zu schreiben[83]. Wohin der Vertriebene sich wandte, erfuhr Luther erst Mitte Dezember, als ein Bote mit einem Brief der Straßburger Prediger bei ihm eintraf, die ihm von der heftigen Agitation berichteten, die Karlstadt dort während eines kurzen Aufenthalts

---

[82] Ebd. 339,27f. 341ff. 345,22f.28f. 346,5ff. 347,8ff. Wider die himmlischen Propheten, WA 18; 83f. Brief an die Christen zu Straßburg, WA 15; 25ff. Es ist amüsant, aus dem Munde eines Orlamünders ein mystisches Gleichnis zu vernehmen, das Karlstadt einst in einer Schrift von Staupitz, dem Libellus de executione aeternae praedestinationis (1517), gelesen und offenbar in seinen Predigten verwendet hat. (Vgl. in Scheurls deutscher Übersetzung des Libellus bei Knaake, Johannes v. Staupitzens sämtl. Werke, Bd. 1 [Potsdam 1867], 161.) Staupitz' Schrift war entscheidend für Karlstadts Übergang von Thomas zu Augustin, vgl. E. Kähler, Karlstadt und Augustin (Halle 1952), 4ff. D. C. Steinmetz, Misericordia Dei. The Theology of Johannes von Staupitz in its late medieval setting (Leiden 1968), 163. 171ff.
[83] Luthers Gespräch mit dem Prinzen Johann Friedrich Ende Aug. 1524, vgl. seine Briefe an Spalatin vom 13. Sept und an den Prinzen vom 22. Sept., WAB 3; 346,21ff. 353; seine Instruktion für Wolfgang Stein Anfang Sept., ebd. 343; und seinen Bericht in ,,Wider die himmlischen Propheten" WA 18; 86,7ff. 99,10ff. Die Ausweisungsverfügung im Konzept bei Hase, Karlstadt (s. Anm. 1), Nr. 29, im Original (mit der zugefügten Schreiberlaubnis) in Karlstadts Schrift ,,Ursachen, derhalben Andres Carolstatt . . . vertrieben". Dazu K. Müller, Luther und Karlstadt, 174ff. WA 15; 328ff.

Anfang Oktober entfaltet hatte[84]. Sie baten um Aufklärung vor allem über die zwischen ihm und Karlstadt strittigen Abendmahlsfragen und fügten fünf kleine Traktate bei, die Karlstadt in Basel, wohin er inzwischen gezogen war, herausgebracht hatte. Luther hatte längst auf den Beginn des mit dem Guldengeschenk in Jena eröffneten Turniers gewartet. Zunächst gab er eiligen Bescheid nach Straßburg, denn der Brief der Prediger mußte ihm einige Sorge machen: Karlstadts Schriften würden in der Stadt eifrig gelesen, und auch ihnen selbst schienen einige seiner Argumente nicht ganz abwegig. Luthers Antwort, die der Bote schon nach ein paar Tagen gedruckt wieder mitnehmen konnte, war dieser Situation entsprechend an die ganze Straßburger Gemeinde gerichtet[85]. Die feierliche Form einer neutestamentlichen Epistel, die Luther wählte, hob das, was er zu sagen hatte, von vornherein über allen persönlichen Streit hinaus. Er bittet die Straßburger „Evangelisten", daß sie ihre Gemeindeglieder „vom Luther und Karlstadt weisen und immer auf Christum richten". Zu den Streitfragen gibt er nur einen einzigen Gesichtspunkt, nach dem die Straßburger alles beurteilen sollen: Macht das, was jemand lehrt, uns zu Christen oder nicht[86]? Daran können sie ermessen, was wichtig oder unwichtig ist, was am Äußeren hängen bleibt oder zum Evangelium gehört. Das zu den Fragen der Messe und der Bilder. Und zum Sakramentsproblem sagt Luther in der Kürze dieses Sendschreibens nur ein Wort, das Vertrauen zwischen ihm und den Straßburgern herstellen soll: Er bekennt sich zu ihren Zweifeln. „Wenn D. Karlstadt oder jemand anders vor fünf Jahren mich hätte mögen berichten (können belehren), daß im Sakrament nichts denn Brot und Wein wäre, der hätte mir einen großen Dienst getan. Ich hab wohl so harte Anfechtung da erlitten und mich gerungen und gewunden, daß ich gern heraus gewesen wäre, weil ich wohl sah, daß ich damit dem Papsttum hätte den größten Puff können geben . . . Aber ich bin gefangen, kann nicht heraus, der Text ist zu gewaltig da und will sich mit Worten nicht lassen aus dem Sinn reißen. Ja, wenn's noch heutiges Tages möcht geschehen, daß jemand mit beständigem Grund beweisete, daß nur Brot und Wein da wäre, man dürfte (brauchte) mich nicht so antasten mit Grimm. Ich bin leider allzu geneigt dazu, so viel ich meinen Adam spüre. Aber wie D. Karlstadt davon schwärmet, ficht mich so wenig an, daß meine Meinung nur desto stärker dadurch wird."[87] Trotz dieser Sicherheit steht er den Anfechtungen doch noch nahe genug. Er weiß, es wäre dem Teufel ein Vergnügen, uns durch sie von den einfachen, notwendigen Glaubenswahrheiten abzu-

[84] Brief vom 23. Nov. 1524, WAB 3; 381 ff.

[85] Ein Brief an die Christen zu Straßburg wider den Schwärmergeist. WA 15; 391–397. Die kleine Schrift ging zusammen mit einem Brief an Katharina Zell, die Gattin des Straßburger Predigers Matthäus Zell, vom 17. Dez. (WAB 3; 405 f.) an diesem oder einem der folgenden Tage von Wittenberg ab.

[86] WA 15; 396,16 f. 394,4 f.

[87] Ebd. 394,12 ff. 396,12 f.

drängen. Dann ist es noch besser, dem Zweifel durch Zurückhaltung vom Abendmahl seinen Stachel zu nehmen. „Ob du gleich nicht zum Sakrament gehest, kannst du dennoch durchs Wort und Glauben selig werden."[88]

Mehr als ein kurzes seelsorgerliches Wort wollte der Sendbrief nicht sein. Er weist wiederholt über sich hinaus auf die umfassende Auseinandersetzung mit Karlstadt, die Luther nun in der Schrift „Wider die himmlischen Propheten, von den Bildern und Sakrament" sofort in Angriff nahm. Schon Ende Dezember 1524 erschien der erste Teil, Ende Januar 1525 der zweite. Ein Ton des Schmerzes darüber, daß er sich einem Gegner aus dem eigenen Lager stellen muß, ist nicht zu überhören. „Walt's Gott und unser lieber Herr Jesus Christus. Da geht ein neu Wetter her. Ich hatte mich schier zur Ruhe gestellet und meinte, es wäre ausgestritten, so hebt sich's allererst . . . Doctor Andreas Karlstadt ist von uns abgefallen, dazu unser ärgster Feind worden." Der Krieg mit dem Satan ist in eine neue Phase getreten. Nachdem er das Evangelium nicht mit Gewalt hat unterdrücken können, sucht er es nun mit listiger Auslegung der heiligen Schrift zu verderben[89]. Auch die persönliche Enttäuschung an Karlstadt ist ihm bitter. Vor Jahren hatte ihm jemand vorausgesagt, Karlstadt werde nicht lange bei seiner Lehre bleiben: „Er ist ein unbeständiger Mensch und nie auf keinem Dinge blieben. Solchs wollt ich dazumal nicht glauben, nun muß ichs greifen."[90] Es ist eine echte, aus dem Augenblick geborene Streitschrift — mit genauem Bericht über Karlstadts Verhalten in Orlamünde und Luthers Besuch dort, mit Abwehr von Karlstadts Anschuldigungen gegen die sächsischen Fürsten und Luther und mit Angriffen auf seine schwachen Seiten, seine lächerliche Ablegung des Doktortitels und Laienspielerei[91], seinen unklaren, geschwätzigen Stil u. a. Dennoch bedeutet das Buch eine der geistesgeschichtlich wichtigsten Abgrenzungen, die Luther vollzogen hat. Es geht ihm nicht um die strittigen Einzelpunkte, sondern ums Ganze: um die wahre Erneuerung der Kirche. Die falschen Reformer greifen nur die äußeren Dinge an. „Keiner nimmt sich an des Glaubens und guten Gewissens vor Gott."[92] Oder anders gesagt: Es geht um Gesetz und Freiheit. Beispiele dafür sind die im ersten Teil behandelten Fragen: Bilder und äußere Formen der Messe. Luther begnügt sich nicht damit, seine frühere These zu wiederholen, daß der Gebrauch — natürlich nicht die Anbetung — von Bildern frei sei. Vielmehr zerschlägt er den Gesetzesbegriff überhaupt und holt den in jedem sinnvollen Gesetz verborgenen Kern von Freiheit heraus. Seine Beschäftigung mit den alttestamentlichen Gesetzesbüchern in der Vorlesung[93] und die Anwendung seiner Erkenntnisse auf das

[88] Ebd. 396,12f.
[89] WA 18; 62,1ff.
[90] Ebd. 115,22ff.
[91] Seit März 1523 bezeichnete Karlstadt sich auf dem Titel seiner Schriften als „neuer Laie". Ebd. 100, Anm. 6.
[92] Ebd. 63,9f.
[93] S. u. S. 217ff.

scheinbar ganz andersartige Problem der Obrigkeit[94] kommen ihm jetzt zugute. Immer sind es die gleichen einfachen Unterscheidungen, die beachtet werden wollen. Das alttestamentliche Bilderverbot ist nicht nur darum unanwendbar, weil es – wie Luther exegetisch anfechtbar, aber historisch intuitiv richtig feststellt – im Grunde gar nicht das bloße Machen von Bildern, sondern die damit verbundene Abgötterei meint, also eine ganz andere religionsgeschichtliche Situation voraussetzt; sondern dieser Teil des mosaischen Gesetzes verpflichtet uns Christen überhaupt nicht[95]. Alle äußeren Fragen sind zeitgebunden. Die Scheu vor dem Götzenbilderdienst ist für den Christen ebenso vergangen wie die vor Tempeln und Götzenopferfleisch (1.Kor. 8). Denn die äußeren Götzen sind für ihn als Versuchung überwunden. Die zeremoniellen Teile des mosaischen Gesetzes sind geschichtliches, jüdisches Recht, „der Juden Sachsenspiegel", wie Luther jetzt klassisch sagt. Uns verpflichten allein diejenigen Forderungen des Gesetzes, die auf jeden gerichtet und für alle Zeiten gültig sind, z.B. „Eltern ehren, nicht morden, nicht ehebrechen, Gott dienen usw.". Luther nennt sie die „natürlichen", weil ihnen eine nicht zu leugnende Evidenz innewohnt. Ohne sie würden diese Gebote niemanden überzeugen. „Wo es nicht natürlich im Herzen geschrieben stünde, müßte man lange Gesetz lehren und predigen, ehe sichs das Gewissen annähme." Gewiß sind unsere Herzen so vom Teufel verblendet, „daß sie solch Gesetz nicht allzeit fühlen, drum muß man sie schreiben und predigen, bis Gott mitwirke und sie erleuchte, daß sie es im Herzen fühlen, wie es im Wort lautet". Wie Luther das politische Verhalten des Christen in die Grundlinien einer allgemeinen politischen Ethik einzeichnete, so sind für ihn die wahren Gottesgebote universal, in der schöpfungsmäßigen Beschaffenheit des Menschen begründet und darum für immer verbindlich. Was darüber hinaus vom mosaischen Gesetz hinzugefügt worden ist, hat damals gegenüber bestimmten Bedrohungen des Gottesglaubens und des menschlichen Zusammenlebens seinen guten Sinn gehabt, ist aber jetzt „frei, ledig und ab"[96]. Das gilt auch von den zeremonialen Teilen des sonst das allgemeine Gesetz Gottes so trefflich formulierenden Dekalogs, dem Bilderverbot und dem Sabbatgebot. Ja, Bilder zu haben ist nicht nur frei, sondern sogar höchst wünschenswert; und zwar Bilder aller Art, solche, die uns Freude an den Kreaturen machen, Frösche und Schnecken, aber in erster Linie natürlich biblische Bilder. „Wollt Gott, ich könnte die Herrn und die Reichen dahin bereden, daß sie die ganze Bibel inwendig und auswendig an den Häusern vor jedermanns Augen malen ließen, das wäre ein christlich Werk." Sie sind eine Predigt für die Augen, und überdies: Wir sehen ja doch, ohne es zu wollen, ständig Bilder. „Wenn ich Christum höre, so entwirft sich in meinem Herzen ein Mannsbilde, das am Kreuze hänget, gleich als sich mein Antlitz

---

[94] S. o. S. 106 ff.
[95] Ebd. 69,1 ff. 75,11 ff.
[96] Ebd. 80,35 ff. 81,7 ff.

natürlich entwirft ins Wasser, wenn ich drein sehe. Ists nun nicht Sünde, sondern gut, daß ich Christus' Bild im Herzen habe, warum sollts Sünde sein, wenn ichs in den Augen habe?"[97] Immer wieder stößt man bei Luther auf dies Argument des „Natürlichen". Was in einem guten Sinne natürlich ist, kann nicht verboten sein. Gewiß bedeuten die Bilder in den Kirchen für manchen noch eine Versuchung, und Luther hatte einer geordneten Beseitigung nicht gewehrt. Aber er selbst rührt keinen Finger dafür. Ihm kommt es nur darauf an, den Glauben an die Bilder in den Herzen zu zerstören[98].

Die gleiche Freiheit gilt für das von Karlstadt beanstandete Erheben von Brot und Kelch beim Abendmahl. Der Papst und Karlstadt verführen die Gewissen auf die gleiche gesetzliche Weise: der eine, indem er die Elevation gebietet, der andere, indem er sie verbietet. „Da ist Christus auf beiden Teilen verjagt, einer stößt ihn vorn heraus, der andere treibt ihn hinten aus, einer fällt zur linken Seiten, der andere zur rechten Seiten, und bleibt keiner auf der rechten freien Straßen." Obwohl er vorhatte, die Elevation abzuschaffen, behält er sie nun dem Schwärmergeist „zu Trotz" bei[99]. Er hat sie erst nach dem Tode Karlstadts 1542 in Wittenberg beseitigt; ein denkwürdiges Zeichen einer Freiheit, die sich sowohl gegen eine liturgische wie gegen eine antiliturgische Gesetzlichkeit richtete.

Der zweite Teil von Luthers Schrift beschäftigt sich mit den Fragen der Abendmahlslehre. Karlstadt hatte ihm durch eine absurde Exegese der Einsetzungsworte leichtes Spiel bereitet. Er meinte, der Satz: „Das ist mein Leib" (τοῦτό ἐστι τὸ σῶμά μου) könne nicht mit dem vorhergehenden („Nehmet hin und esset") zusammenhängen, denn sie seien durch einen Punkt und einen Großbuchstaben voneinander getrennt. Außerdem könne das Neutrum τοῦτο nicht auf das Maskulinum ἄρτος (Brot) bezogen sein. Christus beginne also einen neuen Gedanken und deute bei dem τοῦτο (das ist mein Leib) auf sich selbst. Karlstadt hatte diese Einfälle in einem volkstümlichen Dialog breit und sich selbst durch einen Gesprächsteilnehmer applaudierend vorgetragen. Luther nahm sie, vor allem „das liebe Tuto", mit überlegener Sprachkenntnis und grimmigem Spott unter die Lupe[100]. Aber er ließ es dabei nicht bewenden. Er kannte die Zweifel am Abendmahl zu gut, um nun bloß seine eigenen grammatischen Argumente dafür ins Feld zu führen, daß im Sakrament der Leib und das Blut Christi wirklich gegeben werden. Vielmehr sagen es die Einsetzungsworte in den Evangelien und bei Paulus (1.Kor. 11,24f.) selbst, und ebenso die paulinischen Betrachtungen dazu: Der gesegnete Kelch und das gebrochene Brot geben Gemeinschaft mit dem Leibe und Blute Christi (1.Kor. 10,16). „Der Spruch ist die lebendige Arznei

---

[97] Ebd. 83,3ff.9ff.
[98] Ebd. 68,4ff.17ff. 72,30ff.
[99] Ebd. 111,13ff.29ff. 116,1ff.
[100] Ebd. 144,3–159,7.

gewesen meines Herzens in meiner Anfechtung über diesem Sakrament.‟[101]
Und es ist vom unwürdigen Essen und Trinken die Rede, nicht vom unwürdigen Gedenken (1.Kor. 11,27ff.)[102]. Nicht der billige Sieg über Karlstadt
macht ihn gewiß, sondern diese Beobachtung, daß die Textworte feststehen
und sich gegenseitig stützen. Man muß ihnen, wenn man sie nicht wahrhaben
will, ihren Inhalt geradezu gewaltsam mit allegorischen Künsten nehmen,
wie Karlstadt es über seine wunderlichen grammatischen Versuche hinaus
tut. Aber wohin kommt man mit dem „geistlichen Gaukelspiel‟ der Allegorie? Zu Phantastereien ohne jeden Aussagewert, „als wenn ich aus Dietrich
von Bern wollt Christum machen und aus dem Riesen, mit dem er streitet,
den Teufel, und aus dem Zwerge die Demut, aus seinem Gefängnis den Tod
Christi‟[103]. Der Streit mit Karlstadt hat sowohl Luthers Schriftverständnis
wie seine Sakramentslehre entscheidend gefördert. Schärfer als zuvor erkennt
er die Bodenlosigkeit der allegorischen Exegese und meidet sie darum in Zukunft noch wesentlich strenger. Und in dem geklärten Schriftverständnis findet er zugleich das unerschütterliche Fundament seiner Abendmahlsanschauung. Wie er an die Straßburger geschrieben hatte: „Der Text ist zu gewaltig da und will sich mit Worten nicht lassen aus dem Sinn reißen.‟[103a]

Obwohl Luther von nun an sein realistisches Sakramentsverständnis mit
voller Gewißheit und von keinem Zweifel mehr angefochten vertritt, über-
schreitet er doch keinen Augenblick die Grenze, die er dem Stofflichen am
Sakrament immer gezogen hat. Nicht durch den Genuß der sakramentalen
Elemente empfängt man Vergebung der Sünden, sondern allein durch den
Glauben an das Wort, mit dem sie gegeben werden. „Wer ein böses Gewis-
sen hat von Sünden, der soll zum Sakrament gehen und Trost holen, nicht am
Brot und Wein, nicht am Leibe und Blut Christi, sondern am Wort, das im
Sakrament mir den Leib und Blut Christi als für mich gegeben und vergossen
darbeut, schenkt und gibt.‟ Ja, selbst wenn Karlstadt recht hätte und nur
Brot und Wein im Abendmahl da wären, „so wäre doch des Worts halben
(Nehmet hin, das ist mein Leib, für euch gegeben usw.) im Sakrament Verge-
bung der Sünden‟. Es stünde dann beim Abendmahl nicht anders als bei der
Taufe, in der ja auch nur gewöhnliches Wasser da ist. „Aber weil das Wort
Gottes drinnen ist, das die Sünde vergibt, sagen wir frei mit St. Paulus, die
Taufe sei ein Bad der Wiedergeburt und Erneuerung. Es liegt alles am Wort.‟
Das Wort aber muß geglaubt werden, von jedem einzelnen für sich selbst. Es
teilt ihm die bereitliegende Vergebung erst aus. „Wiewohl die Geschichte
(der Kreuzestod Jesu) geschehen ist, so lange es mir nicht zugeteilt wird, ists

---

[101] Ebd. 164,31ff. 166,34f.
[102] Ebd. 172,24ff.
[103] Ebd. 180,8. 178,8ff. Vgl. auch Gattenhofen an Hochmeister Albrecht am 9. Febr. 1524,
WAB 3; 419, Anm. 5.
[103a] S. o. S. 154.

gleich, als wäre es für mich noch nicht geschehen."[104] Deutlicher kann Luther nicht aussprechen, worin das Heil im Sakrament liegt, als dadurch, daß er seine Karlstadt abgerungene Siegesbeute hypothetisch fahren läßt und die beiden so verschiedenen Sakramente Abendmahl und Taufe als gleich ansieht: als wären „eitel Brot und Wein" da, wie „eitel Wasser" da ist. Nun, er hat seine Beute nicht erstritten, um sie preiszugeben. Aber er schärft mit dieser Überlegung ein: Es hängt alles am zusagenden Wort und daran, daß ich es glaube. Im gleichen Atemzuge, in dem Luther mit neu gestärkter Überzeugung den vollen Sakramentsrealismus ausspricht, bekennt er sich ebenso entschieden zum bewußten, persönlichen Empfang des im Sakrament verborgenen Heils. Es gibt für ihn keine Wirkung des Sakraments aus sich selbst (opus operatum), sondern nur eine Wirkung durch den Glauben an das die Vergebung zusprechende Wort. Luther grenzte sich damit nach beiden Seiten zugleich ab: gegen den Symbolismus, wie Karlstadt und später Zwingli ihn vertreten, und erneut gegen das römische Sakramentsdenken.

Die beiden Teile der Schrift „Wider die himmlischen Propheten" werden zusammengehalten durch unaufdringliche, nur gelegentliche Hinweise auf das, was die Einheit der verschiedenen Züge in Karlstadts Denken ausmacht: seine spirituelle Mystik. Luther begnügt sich im allgemeinen damit, die Reihe der mystischen Kunstausdrücke: Entgröbung, Verwunderung, Studierung, Langeweile, die sieben Grade der Besprengung usw. spöttisch zu glossieren. Aber er sieht doch sehr genau, daß hier die Wurzel des Karlstadt-Müntzerschen Denkens zu suchen ist. Die Bilderfeindlichkeit, der gottesdienstliche Puritanismus, die gesetzlich-asketische Lebensführung und die symbolischrationale Sakramentslehre sind alle daraus erwachsen. Es sind menschliche Versuche, sich für die Berührung mit Gott zu vergeistigen; Versuche, die notwendig auf äußerliche Merkmale drängen, während vor Gott doch alles Äußere unwesentlich ist und nur das Innere gilt. Und dies Innere können wir uns nicht selbst erringen, Gott muß es geben. Es kommt von ihm, von außen auf uns zu, wir können es nur im Glauben empfangen. Dagegen stellen die himmlischen Propheten Gottes Umgang mit dem Menschen auf den Kopf: „Was Gott vom innerlichen Glauben und Geist ordnet, da machen sie ein menschlich Werk draus. Wiederum, was Gott von äußerlichen Wort und Zeichen und Werken ordnet, da machen sie einen innerlichen Geist draus."[105] Diese von Luther gern gebrauchte Formel der Vertauschung von äußerlich und innerlich meint nicht nur eine willkürliche Änderung einer nun einmal von Gott für seinen Verkehr mit den Menschen gesetzten Ordnung, sondern die Aufhebung dieses Verkehrs überhaupt. Gott allein kann den Anfang dazu machen, wir können ihn nicht durch mystische Versenkung dazu bewegen. Er selbst muß unser Inneres öffnen, von außen her, durch sein

---

[104] Ebd. 204,5 ff. 15 ff. 205,18 f.
[105] Ebd. 139,3 ff. 171,32 ff. 175,9 f.

Wort, das uns trifft. Es kommt darum nicht auf sichtbare Kennzeichen unserer schon errungenen Vergeistigung an, sondern darauf, daß unser Glaube, unser ganzes Herz ihm antwortet.

In diesen tiefen Schichten des Gegensatzes geht es Luther nicht mehr um die Auseinandersetzung mit Karlstadt, sondern mit einem anderen: „An Dr. Karlstadt liegt mir nichts, ich sehe auf ihn nicht, sondern auf den, der ihn besessen hat und durch ihn redet."[106] Dieser Blick auf den unsichtbaren Gegner ermöglicht es Luther, den Streit von der Person Karlstadts ganz abzulösen.

Wie leicht sich Karlstadts alttestamentliche Gesetzlichkeit und ihr Wahrzeichen, die Bilderstürmerei, mit den Plänen eines gewaltsamen Umsturzes verbanden, hatte sich inzwischen an Thomas Müntzers neuer Tätigkeit in Mühlhausen gezeigt. Hier fand er schon manches von dem, was er erträumte, durch einen Gesinnungsgenossen verwirklicht. Noch ehe er selbst seine Tätigkeit in Allstedt begonnen hatte, war hier durch den ehemaligen Mönch Heinrich Pfeiffer, ein Mühlhäuser Kind, schon ein Umsturz eingeleitet worden. An einem Sonntag Anfang Februar 1523, als die Kreuzprozession um die Marienkirche wie üblich mit dem Genuß des neuen Bieres endete, hatte er in weltlichen Kleidern auf dem hohen Stein an der Kirchtür, von dem aus der Bierrufer sein Produkt anpries, zu predigen angefangen: „Höret zu, ich will euch ein ander Bier verkündigen!" Er legte zuerst das Sonntagsevangelium aus und schloß mit heftigen Angriffen auf Kleriker und Mönche. Als der Rat ihn tags darauf vorlud, erschien er bereits mit einem so großen Gefolge, daß man froh war, ihn gütlich wieder loszuwerden, und ihn weiterhin predigen ließ. Schon am 1. April konnte er seinen Anhang fester zusammenschließen. Von der Kanzel rief er die Gemeinde auf: „Wer bei dem Evangelio stehen will, der recke einen Finger auf!" Alle folgten, die Männer holten ihre Waffen und wählten auf dem Platz vor der Marienkirche acht Sprecher gegenüber dem Rat. Es war nicht verwunderlich, daß Pfeiffer diesen Zulauf fand. In der großen Reichsstadt, die doppelt so viele Einwohner zählte wie Dresden und Leipzig, ihre Blütezeit aber schon hinter sich hatte, waren 45 % der Einwohner nahezu besitzlos und daher ohne Einfluß auf das Stadtregiment[107]. Nach einigen neuen Tumulten gegen Geistliche und Klöster, namentlich die Häuser und Kirchen des in Mühlhausen begüterten Deutschen Ritterordens, setzte man in einem Rezeß vom 3. Juli 1523 bescheidene Reformen, vor allem eine Beteiligung von acht Mann (je zweien aus jedem Stadtviertel) an der Stadtverwaltung und die freie Predigt des Evangeliums, gegenüber dem Rat durch. Auf Drängen Herzog Georgs, der die Schirmherrschaft über die Reichsstadt innehatte, wurde Pfeiffer zwar Ende August 1523 zusammen mit einem anderen Prediger ausgewiesen, konnte aber schon im Dezember zurückkehren. Der gutmütige Herzog Johann, der auch Müntzer gegenüber so

---

[106] Ebd. 139,9f.
[107] Franz, Bauernkrieg, 249f. Fuchs, Akten Bauernkrieg, XXV.

schwer zu einem klaren Urteil kam, hatte Fürsprache für ihn eingelegt[108]. Zu Weihnachten und in den Monaten danach spielten sich in Mühlhausen dieselben Szenen ab wie zwei Jahre vorher in Wittenberg und Eilenburg. Pfeiffer hatte inzwischen von Karlstadt gelernt, im Kampf gegen die Bilder das wichtigste göttliche Gebot für die Stunde zu sehen. Als die Stunde des vor der Tür stehenden Gottesreiches ließ er sie sich nun von Müntzer deuten, den er im August 1524 mit Freuden in Mühlhausen willkommen hieß. Schon am 19. September kam es aus einem geringfügigen Anlaß zur Explosion. Bilder und Altargeräte wurden zerstört oder geraubt. Die Bürgerschaft war gespalten, aber niemand wagte, gegen den fest organisierten Anhang Müntzers und Pfeiffers aufzutreten. Die Bürgermeister und ein Teil des Rats flüchteten. Der ersehnte Augenblick, die Gottesgemeinde in Mühlhausen zu errichten, schien gekommen. Aber sie war für Müntzer nur ein Vorspiel zu Größerem. Deshalb war seine erste Sorge, daß das Vorgehen, zu dem man sich entschloß, vor allem die Einsetzung eines neuen Rates, außerhalb der Stadt nicht mißverstanden würde. In einem Manifest an die Gemeinde vom 22. September 1524 riet er darum, alle Bosheit des alten Rats der ganzen Welt gedruckt vorzulegen. Dann werde man überall sagen: ,,Siehe, die frommen Leute haben allzuviel Geduld gehabt" und 5. Mose 4,6 ff. auf sie anwenden: ,,Siehe, dies ist ein weises Volk, ein verständiges Volk, es wird ein großes Volk daraus werden. Es ist ein Volk, das es mit Gott wagen darf." Die geflüchteten Ratsmitglieder würden sich dann in keiner Stadt mehr halten können. ,,Denn der gemeine Mann (Gott sei es gelobt) die Wahrheit fast an allen Orten annimmt." Die Leineweberzunft trat Müntzer zur Seite und fügte einem Schreiben an die beiden geflüchteten Bürgermeister, in dem sie einen neuen Rat nach dem Befehl Gottes und der heiligen Schrift forderte, das Manifest im Wortlaut ein[109]. Der Propagandafeldzug wurde eröffnet durch 11 Artikel, welche die Einsetzung des neuen Rates mit dem Müntzerschen Prinzip der Scheidung zwischen Bösen und Guten, denen, ,,die draußent seind und hinnen", begründeten, ,,auf daß es nicht ein Kuche (eine Mischung) werde"; die Schuldigen könnten nicht zugleich Richter sein. Der neue Rat sollte unbefristet eingesetzt und besoldet werden, damit er nicht in Versuchung komme, andere auszuschinden. Dem alten wurde angedroht, daß man alle seine Bosheiten seit 20 Jahren sammeln und drucken lassen und sich, falls er die Einsetzung des neuen Rats verhindere, an ihm schadlos halten werde. Mehr noch als aus

---

[108] Fuchs, Akten Bauernkrieg, Nr. 1087 (1. Febr. 1523 erstes Auftreten Pfeiffers), Nr. 1092/3 (Rezeß, Anfang Juli), Nr. 1099 (Ausweisung), Nr. 1101, Anm. 2 (10. Nov. Fürsprache). Eine Schilderung der Vorgänge dieser Jahre bietet die Chronik der Stadt Mühlhausen in Thüringen, hg. v. R. Jordan, Bd. 1 (Mühlhausen 1900), 166 ff. Auszüge daraus bei O. H. Brandt, Thomas Müntzer. Sein Leben und seine Schriften (Jena 1933), 85 ff. (Rezeß vom 3. Juli 88 ff.) und bei Franz, Quellen (Rezeß Nr. 161). Literatur bei Schottenloher, Bibliographie, Bd. 2, 604 f. Bd. 5, 359. O. Merx, Thomas Müntzer und Heinrich Pfeiffer, 1523–25, Tl. 1 (Göttingen 1889). J. Zimmermann, Thomas Müntzer (Berlin 1925), 123 ff. Elliger, Thomas Müntzer, 45 ff.

[109] Müntzer, Nr. 70; 448,12 ff.23. Fuchs, Akten Bauernkrieg, Nr. 1129.

161

einzelnen Vorschlägen sprach Müntzers Geist aus den zahlreichen abenteuerlichen Bibelzitaten und dem Ton des Ganzen. „Es ist auch unser aller Meinung und Beschluß, alle unser Werk und Handel gegen (nach) Gotts Gebot und Gerechtigkeit soll gehalten werden... Wir wollen viel lieber Gott zum Freunde haben und die Leut zu Feinden, dann Gott zum Feind und die Leut zu Freunden, denn es ist sorglich, in Gottes Hände zu fallen."[110] Die 11 Artikel stießen bei den Bauern der Umgebung, die zum Gebiet der Reichsstadt gehörten, auf überraschenden Widerstand. Sie kündigten dem neuen Rat rundweg den Gehorsam auf. So sehr erschien ihnen – ein halbes Jahr vor dem Bauernkrieg – das revolutionäre Vorgehen der Zünfte noch als ein „unchristliches Fürnehmen"[111]. Das gab dem alten Rat seinen Mut wieder, er wies die beiden aufrührerischen Prediger aus. Pfeiffer, der offenbar Müntzers Glauben an die Macht des gedruckten Wortes nicht teilte und dem es nicht um alle Welt, sondern zunächst einmal um Mühlhausen ging, versuchte noch während eines Brandes am 26. September 1524, die Stadt durch Handstreich zu besetzen. Aber er scheiterte an der Wachsamkeit des Rates und dem Eingreifen der Bauern, die diesem mit 200 Mann zu Hilfe kamen. Zum dritten Male mußte Müntzer Ende September 1524 wie aus Zwickau und Allstedt flüchten, nachdem er das Volk bis nahe an den Aufruhr erhitzt, ihn aber durchzuführen nicht die Kühnheit besessen hatte. Wie wenig er zum Revolutionär geboren war, zeigte sich von neuem in Nürnberg, wohin er sich mit Pfeiffer begab, um dort seine Streitschriften zum Druck zu bringen. Obwohl er von vielen dazu aufgefordert wurde, wagte er es nicht zu predigen; wie er überzeugt war, zur großen Erleichterung des Nürnberger Rats: „Da das die Herrn erfuhren, klungen ihnen die Ohren, denn gute Tage tun ihnen wohl." Er hätte, wenn er Lust zum Aufruhr hätte, wohl ein feines Spiel mit ihnen anrichten können. Aber er setzte auf den literarischen Kampf: „Ich will alle meine Widersacher wohl mit Worten so feig machen, daß sie es nicht werden verleugnen." Seine Siegeszuversicht war grenzenlos: „Habe ich vorher einmal gescholten mit Büchsen, (so) will ich nun mit Gott über sie donnern im Himmel."[112]

Am Donnern ließ er es nicht fehlen. Die erste Schrift, die in Nürnberg herauskam: „Ausgedrückte Entblößung des falschen Glaubens", trug als Motto die Jeremia-Worte: „Ich hab dich heut über die Leute und über die Reiche gesetzt, auf daß du auswurzelst, zerbrichst, zerstreuest und verwüstest und bauest und pflanzest" und das Wort von der „eisernen Mauer wider die Könige, Fürsten und Pfaffen" (Jer.1,9f.18f.). Müntzer hatte den Traktat noch

---

[110] Fuchs, Akten Bauernkrieg, Nr. 1128/29 (S. 47, Anm. 1 verfehlt den Sinn von Art. 1). Franz, Quellen, Nr. 165; 492,9f. 494,3ff.

[111] Merx, Müntzer und Pfeiffer (s. Anm. 108), 83.

[112] An Christoph Meinhard Nov./Dez. 1524, Müntzer, Nr. 71; 450,14ff. 449,17f. G. Baring, Hans Denk und Thomas Müntzer in Nürnberg 1524, in: ARG 51 (1959), 154, datiert: nach Mitte Dez., doch ist auch Mitte Nov. möglich.

in Allstedt in zwei Fassungen geschrieben, von denen er die mildere für sein Verhör in Weimar am 1. August 1524 eingereicht, die schärfere seinem Anhänger Hans Hut, dem späteren bedeutenden Täuferführer, mitgegeben hatte, damit er sie in Nürnberg zum Druck bringe. Sie war der Anfang eines großen Programms, einer Auslegung des Lukasevangeliums, mit der er den „vergifteten Schaden, der also tief eingerissen, greulich entdecken" wollte[113]. Die Gestalten des ersten Kapitels, über das er nicht hinauskam, Zacharias und Maria, werden ihm zu Beispielen für sein Thema: „wie der Unglaube entdeckt wird in allen Auserwählten". Sie „haben sich in der Furcht Gottes entsetzt, bis daß der Glaube des Senfkorns den Unglauben überwunden hat"[114]. Diese Erfahrung des angstvollen Unglaubens kennen nur die Auserwählten, nicht aber die gottlosen Glaubensprediger und „Schriftstehler"[115]. Es muß ein neuer Johannes der Täufer kommen, „ein gnadenreicher Prediger, welcher den Glauben allenthalben durch seinen Unglauben erfahren hab; denn er muß wissen, wie einem Erzungläubigen zu Sinnen ist". Wer dieser Prediger war, der „durch ein bewährtes Leben . . . das Kreuz von Jugend auf erkannt" haben muß, darüber ließ der prophetische Ton der Schrift keinen Zweifel[116].

Brachte die „Ausgedrückte Entblößung" kaum einen neuen Gedanken, sondern nur grellere Töne in Müntzers Auseinandersetzung mit Luther, so wurde sie von seiner nächsten Schrift, die er wohl in Mühlhausen geschrieben hatte und nun selbst in Nürnberg in die Druckerei gab, in mannigfacher Hinsicht überboten. Der Titel porträtierte den Gegner mit wünschenswerter Deutlichkeit: „Hochverursachte Schutzrede und Antwort wider das geistlose, sanftlebende Fleisch zu Wittenberg". Die Widmung: „Dem durchleuchtigsten, erstgeborenen Fürsten und allmächtigen Herren Jesu Christo, dem gütigen König aller Könige, dem tapferen Herzog aller Gläubigen, meinem gnädigsten Herrn . . ." imitierte die Adresse von Luthers Brief an die Fürsten zu Sachsen. Aber es war doch noch mehr als ein hemmungsloser Haß, der sich hier in fürchterlichen Beschimpfungen ergoß. In der Antithese gegen Luthers Schrift kamen die Lehrgegensätze noch schärfer heraus als bisher. Müntzer konzentriert sich jetzt zutreffend auf die Frage des Gesetzes. Christus hat es keineswegs aufgehoben, wie die Wittenberger behaupten, sondern vielmehr erklärt und vertieft. Wir sollen nicht nach dem Angesicht, sondern nach dem Geist des Gesetzes handeln. Der rechte Prediger muß also den „Ernst des Gesetzes" predigen. Der heilige Geist selbst deckt dann durch sein Wort den Unglauben und die Sünde in den Herzen auf. Wer statt dessen nur das Evangelium, „den teuersten Schatz der Gütigkeit Christi", predigt, der „macht den Vater mit seinem Ernst des Gesetzes zuschanden". Denn

---

[113] Müntzer, 269,20ff.
[114] Ebd. 271f. 271,29ff. 272,12ff.
[115] Ebd. 303,11. 305,5. 307,26. 312,9. 314,11. 315,16.
[116] Ebd. 296,31ff. 309,1f.; vgl. 300,16. 307,5ff.17ff. 308,23ff.

Gott führt durch den Schrecken des Gewissens nur seinen Willen zum Ziel. Im strafenden Gesetz ist zugleich Gnade. „Die Gütigkeit Gottes . . . wird nicht verrückt durch die Pein des Gesetzes, welcher der Auserwählte nicht begehrt zu entfliehen." Denn er weiß: Was als Gottes Zorn erscheint, „entspringt aus der verkehrten Furcht der Menschen gegen Gott, die sich der Pein wegen entsetzen und nicht ansehen, wie Gott sie durch Bedrückung in seine Ewigkeit nach aller Pein führe"[117].

Während sich Müntzer von Nürnberg aus nach Süden gewandt hatte, war es Pfeiffer schon im Dezember 1524 gelungen, wieder in Mühlhausen Fuß zu fassen und seinen Anhang zu Gewalttaten fortzureißen. Es kam Anfang des Jahres 1525 zu wüsten Plünderungen und Bilderstürmen, über die von den Klöstern bewegte Klage beim Reichsregiment in Eßlingen erhoben wurde. Auf ihre Bitte erhielten die benachbarten Fürsten, die sächsischen Herzöge und Landgraf Philipp von Hessen, ein Mandat als Reichskommissare, das sie schon vor Ausbruch des Bauernaufstands zum Einschreiten legitimierte[118]. Ende Februar tauchte auch Müntzer wieder in Mühlhausen auf, wo er sofort eine Predigerstelle an der Liebfrauenkirche und Wohnung in der einstigen Hochburg seiner Gegner, der Komturei der inzwischen vertriebenen Deutschherren, erhielt. Er brachte die ersten Eindrücke aus dem Bauernkrieg mit. Im Klettgau, vornehmlich in Griessen (südwestlich von Schaffhausen), hatte er etwa zwei Monate als Prediger gewirkt und dort zu der schon begonnenen Erhebung Artikel „wie man herrschen soll aus dem Evangelio" beigesteuert. Die Frage bildete auch einen Teil des langen Gesprächs, das er damals mit Oekolampad in Basel führte. Auch im nahen Waldshut, wo Hubmaier wirkte, haben seine Gedanken Spuren hinterlassen. Jedoch gehörte er nicht zu den Vätern und Führern des Aufstands, und er hat offenbar auch nichts vertreten, was gegenüber seinen früheren Gedanken grundsätzlich neu war. Aber er bemühte sich, die Erhebungen am Oberrhein und in Mühlhausen miteinander zu verbinden. Er suchte, durch Nachrichten über die Größe der Geschützkugeln, die dort schon für den Aufruhr gegossen seien, den Klettgauern zu imponieren und sie sogar zum Zuge nach Mühlhausen zu bewegen, wozu sie auch bereit waren, wenn sie besoldet würden[119]. Beflügelt von dem, was er dort erlebt hatte, kehrte er mit der Überzeugung zurück, daß jetzt die Stunde des Durchbruchs gekommen sei. Mitte März wurde der alte Rat, der

---

[117] Ebd. 322,11 ff. 328,10. 331,9 f. 330,8 ff.

[118] Fuchs, Akten Bauernkrieg, Nr. 1147. 1150. 1151, 1154. 1155. 1157. 1180. Brandt, Thomas Müntzer (s. Anm. 108), 92 ff. Franz, Quellen, Nr. 166.

[119] Müntzers eigene Angaben in dem Verhör vom 16. Mai 1525 nach seiner Gefangennahme, Müntzer, 544 ff. 549. Oekolampads Briefe an Pirkheimer vom 21. Sept. 1525 u. Febr. 1527, abgedr. bei Staehelin, Briefe und Akten, Bd. 1, 389 ff., Bd. 2, 21 f. O. Schiff, Thomas Müntzer und die Bauernbewegung am Oberrhein, in: HZ 110 (1913), 67 ff. Zu den Nachrichten in Bullingers Werk „Der Widertoufferen Ursprung . . ." (1560) vgl. H. Fast, Heinrich Bullinger und die Täufer, SMGV 7 (Weierhof 1959), 99 ff. Über den Fortgang in Mühlhausen s. Merx, Müntzer und Pfeiffer (s. Anm. 108), 103 ff.

noch zähen Widerstand geleistet hatte, durch eine Bürgerversammlung in Müntzers Kirche beseitigt und ein neuer ewiger Rat, eine Diktatur der Auserwählten, eingesetzt. In seiner Sprache, die sich der gewandte Stadtsyndikus, um im Amte zu bleiben, aneignete, hieß das: ,,Er hat die Gewaltigen vom Stuhl gestoßen und die Niedrigen erhöhet. Welch ein wunderbarer Gott ist das!"[120] Jetzt konnte Müntzer in der bedeutenden Reichsstadt und ihrer Umgebung in größerem Stil seine einstigen Allstedter Pläne verwirklichen, seinen ,,Bund" neu begründen und sich für die kommende Auseinandersetzung auf eine ansehnliche Waffenmacht stützen. Luther äußerte am 11. April 1525 seinen Eindruck: ,,Müntzer ist in Mühlhausen König und Kaiser, nicht nur Lehrer."[121] In der Tat, er war so weit, dem, was er lange gelehrt hatte, nun gemeinsam mit Pfeiffer politische Gestalt geben zu können.

[120] Brandt, Thomas Müntzer (s. Anm. 108), 97 f.
[121] An Amsdorf 11. Apr. 1525, WAB 3; 472,7.

VII. Rechtfertigung und Hermeneutik

(Die Auseinandersetzung mit Latomus)

Sucht man nach geschlossenen Darlegungen, aus denen sich der Kern von Luthers Theologie am Anfang der 20er Jahre herausschälen läßt, so bietet sich keine andere in vergleichbarem Maße an wie seine Erwiderung an den Löwener Theologen Jakobus Latomus. Wir haben sie oben schon im Zusammenhang dessen, was Luther auf der Wartburg beschäftigte, in Umrissen skizziert[1], müssen sie hier aber noch einmal nach ihrem Ertrag für die Entwicklung seines Denkens befragen. Nie sonst, weder vorher noch später (höchstens in der Kurzform von Disputationsthesen), hat Luther sich so konzentriert mit zentralen Themen der überlieferten Theologie auseinandersetzen müssen. Seine übrige Kontroversliteratur betraf abgegrenzte theologische Fragen, so gewichtig sie sein mochten, oder Grundlagen und Erscheinungsformen des kirchlichen Lebens. Und in steigendem Maße hatte er sich mit Gegnern zu befassen, die nicht zum Gesichtskreis seiner Durchbruchsjahre gehört hatten: revolutionären Spiritualisten, Humanisten, Zwinglianern. So viel auch seine Bibelauslegungen Gelegenheit zur Auseinandersetzung mit scholastischen Anschauungen boten, so geschah es doch nur aus dem Anlaß, den der Text ergab, und ohne inneren Zusammenhang. Dagegen hatten das Verdammungsurteil der Löwener Fakultät (1520) und seine Begründung durch Latomus (1521)[2] zwar in Einzelsätzen, aber doch in dichtem Sachzusammenhange frühere Grundthesen Luthers angegriffen, die alle zum Problemkreis der Rechtfertigung gehörten. Er antwortete auch hier in ausführlichen Exegesen, nicht abstrakt-dogmatisch, da es ja nicht um die immanente Schlüssigkeit eines Systems, sondern um den Wahrheitsbeweis aus der biblischen Botschaft ging. Aber eben dadurch verbinden sich im ,,Antilatomus'', wie Melanchthon die Schrift nannte[3], aufs engste die beiden entscheidenden Anstöße, mit denen Luther eine Umwälzung der Theologie herbeigeführt hat: ein neues Verständnis der Rechtfertigung als des alles umfassenden Themas des christlichen Glaubens und ein neues Verständnis der Bibel als ihrer allumfassenden Begründung.

---

[1] Rationis Latomianae confutatio. 1521. WA 8; 43 ff. S. o. S. 20 ff.

[2] Articulorum doctrinae fratris Martini Lutheri per theologos Lovanienses damnatorum ratio (Antwerpen 1521).

[3] Über den starken Einfluß der Schrift auf Melanchthons Loci vgl. Maurer, Melanchthon, Bd. 2, passim. Die Veränderungen, die er unter dem Eindruck der Lektüre von Luthers Schrift an seinem Manuskript vornahm, sind dort 377 ff. zusammengestellt.

Latomus hatte, wie es bei solchen Auseinandersetzungen oft geschieht, Luthers Rechtfertigungslehre nicht von ihrer Substanz, sondern von ihren Konsequenzen aus angegriffen. Nach Luthers absoluten Aussagen über die Sünde verlangt Gott – so meinte Latomus – Unmögliches vom Menschen; dann ist sogar jedes gute Werk sündig und sind auch die Heiligen Sünder. Er bestritt zwar nicht, daß es in jedem Menschen nach der Taufe eine Schwäche und Anfälligkeit für Sünde gibt, gewissermaßen eine Strafe für frühere Sünde und für die allgemeine Sünde der Menschheit, den Fluch, daß Böses Böses gebären muß. Aber das ist für ihn nicht im wahren Sinne des Wortes Sünde. „Denn der, in dem böse Begierde und ihre Regungen vorhanden sind, sündigt nur dann, wenn er in die unerlaubte Sache einwilligt."[4] Luther gab zu, daß ihre Kontroverse als Wortstreit erscheinen könne, da ja für sie beide dieser böse Rest, der nach der Taufe bleibt, die Verdammnis verdient, ob sie ihn nun Sünde oder Strafe nannten[5]. Aber dieser Unterschied wird damit nicht gleichgültig, wenn man sich der Dimensionen bewußt wird, innerhalb deren die Theologie zu reden hat. „Wir geben uns weise vor der furchtbaren Majestät Gottes, als hätten wir über irgendeinen Menschen zu reden, wenn wir über sie reden." Warum zittern denn sonst die Heiligen vor diesem Gericht und vergehen, wenn sie nicht Christus als ihren Beschützer wissen? „Die Größe des Schutzes zeigt zur Genüge an, wie groß die Sünde ist."[6] „Kein Mensch hat sie je ausforschen und völlig erfassen können. Denn sie ist unermeßlich und ewig, so wie du umgekehrt die Werke, die Gott in Christus an dir getan hat, als unermeßlich erkennen sollst."[7] Die Sünde in ihrer ganzen Macht und die Herrlichkeit der Gnade, die uns von ihr befreit hat, zu sehen, sind zwei Seiten derselben Sache.

Den Versuchen des Menschen, die Sünde und die Strafe als ein bloßes Übel wie ein Geschwür oder Fieber zu verharmlosen, widerspricht der Sinn der göttlichen Gebote. Natürliche Leiden und Mängel liegen außerhalb unseres Willens- und Schuldbereiches. „Die Gebote aber beziehen sich auf die Sünde und das, was uns schuldig macht."[8] Ja, Luther bezweifelt, ob der übliche Sprachgebrauch, der unter Sünden bestimmte Taten versteht, mit dem der Bibel übereinstimmt. „Mir scheint sie jenen Sauerteig so (Sünde) zu nennen,

---

[4] Aus der Schrift des Latomus zit. bei E. Iserloh, Gratia und Donum. Rechtfertigung und Heiligung nach Luthers Schrift „Wider den Löwener Theologen Latomus" (1521), in: Studien zur Geschichte und Theologie der Reformation, Fschr. E. Bizer (Neukirchen-Vluyn 1969), 145. Weiteres zur Position des Latomus nach seiner Ratio (1521) (s. o. S. 21, Anm. 26) und seiner Responsio ad Lutherum (1525) bei R. Hermann, Zur Kontroverse zwischen Luther und Latomus, in: Luther und Melanchthon. Referate des Zweiten Internationalen Lutherforscherkongresses, Münster 1960, hg. v. V. Vajta (Göttingen 1961), 104 ff.
[5] WA 8; 112,16 ff.
[6] Ebd. 115,21 f.17 f.
[7] Ebd. 115,4 ff.
[8] Ebd. 96,39 ff.

der die bösen Werke und Worte als Früchte hervorbringt."[9] Man kann die Sünde eines Menschen nicht nach Werken abzählen, die man tut, oder Fehlern, die man hat; sie ist eine Totalaussage. Das meint das paulinische Bild: der Sünde Knecht sein (Röm. 6,17. 7,25). „Knechtschaft ist kein Begriff für ein Werk, sondern für einen Stand."[10] Das gilt aber ebenso für den Menschen, von dem Paulus dort sagt: „Im Geiste diene ich dem Gesetz Gottes." „Die Gerechten dienen Gott schlechthin, damit ist die Person gemeint." Wer sich dagegen teilweise – und sei es dank empfangener Gnadenhilfe – für sündenfrei und gewisse Taten substantiell für gut hält, ist ein Heuchler. Und „die Heuchler dienen Gott nur mit dem Fleisch, weil sie ihm nur mit Werken dienen und nicht mit dem Glauben des Herzens". Luther bestreitet also weder, daß Taten dieser Nichtglaubenden gut und nützlich sein können, „denn sie sind ja nützliche Geschöpfe Gottes", durch die er Gutes wirken kann. Noch bestreitet er, daß die Gerechtfertigten Sünden tun können, „die schlecht und schädlich sind"[11]. Das entscheidende Kriterium für den Stand vor Gott ist, ob der Mensch sich uneingeschränkt auf die göttliche Vergebung angewiesen weiß oder ob er seine Sünde zum Teil auf das Konto natürlicher Schwachheit setzt. Latomus, der so über die nach der Taufe in den Christen, ja den Heiligen verbleibende Sünde urteilt, „setzt die Barmherzigkeit hinten an und meint, daß der Natur nach keine Sünde vorhanden sei"[12]. Der Glaube an den heiligen Gott ist unteilbar und läßt sich nicht mit einem Stück Selbstrechtfertigung verbinden.

Ebenso ist das Heil, das Gott ihm in Christus darbietet, unteilbar. Es gibt kein Stück am Menschen, das nicht der Vergebung bedürfte. Sie umgreift den ganzen Menschen und macht ihn in neuem Sinne zur Person vor Gott. „Wie also? Sind wir Sünder? Keineswegs! Wir sind Gerechtfertigte, freilich aus Gnade." „Die Gerechtigkeit liegt aber nicht in bestimmten neuen Qualitäten unseres Wesens, sondern in der Barmherzigkeit Gottes."[13] Luther operiert hier nach zwei Seiten. Latomus gegenüber betont er, daß dem Getauften, auch in seinem besten Tun, immer Sünde anhängt. Aber: „Weil sie glauben und unter der Herrschaft der Barmherzigkeit leben, ist die Sünde schon verdammt und wird sie ständig in ihnen getötet." Es ist das Wunder der göttlichen Vergebung, daß „Gott dich so ansieht, als seiest du ohne Sünde; du brauchst nur fortzufahren, das zu töten, was schon verdammt und von ihm selbst schon fast zu Tode gebracht ist". Das ist die andere Seite: Barmherzigkeit heißt zugleich, daß Gott den Menschen in die Tötung der Sünde hinein-

---

[9] Ebd. 104,4 ff.
[10] Ebd. 125,38.
[11] Ebd. 124,35. 125,40 ff.
[12] Ebd. 93,15 f.
[13] In formis illis qualitatum, vgl. zum folgenden WA 8; 92,38–93,12. Dazu R. Hermann, Luthers These „Gerecht und Sünder zugleich". Eine systematische Studie (Gütersloh 1930; Ndr. Darmstadt, Gütersloh 1960), 49 ff. 78 ff. W. Joest, Gesetz und Freiheit. Das Problem des tertius usus legis bei Luther und die neutestamentliche Parainese (Göttingen 1951), 82 ff.

zieht; und zum Glauben gehört, daß dieser hineingezogen werden möchte. Darum sind in der Verkündigung Christi Vergebung und Buße nicht voneinander zu trennen. Sie sind dasselbe Geschehen unter doppeltem Blickpunkt. „Tut Buße, das Himmelreich ist nahe", das beschreibt nicht ein menschliches und ein göttliches Tun, sondern ein unzertrennbares Handeln Gottes, ebenso am Menschen wie im Menschen. Am Menschen: dadurch, daß er unter Gottes Herrschaft gestellt wird; „das tut die vergebende Gnade". Im Menschen: durch die Änderung des Lebens; „das tut der Glaube, der die Sünde austreibt"[14].

Luther drückt dieses Doppelgeschehen im „Antilatomus" mit der Unterscheidung von Gnade und Gabe Gottes aus. „Gnade" bedeutet die Veränderung der menschlichen Situation Gott gegenüber; sie betrifft den Menschen also von außen her, von Gott her gesehen. Sie ist Gottes Huld (favor dei) gegenüber dem Sünder. „Gabe" bedeutet die damit bewirkte Wandlung im Menschen, das innere Geschehen im Glauben und in der dadurch in Gang gesetzten Überwindung der Sünde[15]. Sie ist das, was das Evangelium „Gerechtigkeit" nennt. Sie ist nicht nur das durch die göttliche Huld veränderte Verhältnis zu Gott, sondern eben diese vom heiligen Geist bewirkte Erneuerung durch den Glauben. „Das Evangelium predigt und lehrt zweierlei: die Gerechtigkeit und die Gnade Gottes. Durch die Gerechtigkeit heilt es die Verderbnis der Natur, – jene Gerechtigkeit freilich, die Gottes Gabe ist, nämlich der Glaube an Christus . . . Und diese Gerechtigkeit, die den Gegensatz zur Sünde bildet, wird in der Schrift wohl als die tiefste Wurzel verstanden, deren Frucht die guten Werke sind . . . Gnade verstehe ich hier im strengen Sinne, wie sie verstanden werden muß, als Gottes Huld, nicht als eine Eigenschaft der Seele, wie unsere neueren Theologen gelehrt haben; und diese Gnade wirkt schließlich wahrhaft den Frieden des Herzens, so daß der Mensch, von seiner Verderbnis geheilt, auch fühlt, daß er einen gnädigen Gott hat." Luther spitzt den Gegensatz noch einmal zu: „Glaube ist die Gabe und das innere Gut, das der Sünde entgegengesetzt ist, die er austreibt . . . Gottes Gnade aber ist das äußere Gut, die Huld Gottes, der Gegensatz zu seinem

---

[14] WA 8; 109,11–22.

[15] Diese Unterscheidung übernimmt Luther später auch in den Katalog der Begriffserklärungen, mit dem er seine Römerbriefvorrede in der deutschen Übersetzung des Neuen Testaments (s. o. S. 84) beginnt. Die Stelle bietet einen guten Kommentar zu den Ausführungen in der Schrift gegen Latomus. „Gnade und Gabe sind des Unterschieds, daß Gnade eigentlich heißt, Gottis Hulde oder Gunst, die er zu uns trägt bei sich selbs, aus wilcher er geneigt wird, Christum, den Geist mit seinen Gaben in uns zu gießen. Ob nu wohl die Gaben und der Geist in uns täglich zunehmen und noch nicht vollkommen sind, daß also noch bose Lust und Sund in uns uberbleiben, wilche wider den Geist streiten . . ., so tut doch die Gnade so viel, daß wir ganz und fur voll rechtfertig fur Gott gerechnet werden. Denn seine Gnade teilet und stücket sich nicht, wie die Gaben tun, sondern nimpt uns ganz und gar auf in die Hulde, umb Christus unsers Fursprechers und Mittelers willen, und umb daß in uns die Gaben angefangen sind." WADB 7; 8,10–22. H. Bornkamm, Bibelvorreden, 147.

169

Zorn." So wirkt Gott im Menschen durch die Gnade gegen den Zorn, durch die Gabe – den Glauben – aber gegen die Sünde[16]. Luthers Bilder machen seine Unterscheidung am deutlichsten. Er spricht von der „Wolke der Gnade", unter der unser Tun rein ist vor Gott, und von der „Gerechtigkeit" aus Glauben als der Wurzel guter Früchte in uns, die Gottes Barmherzigkeit uns schenkt, oder als dem „Sauerteig", der dem Sauerteig des Bösen in uns entgegenwirkt[17]. Am Begriff des Gutes, also etwas Erfahrbarem, gemessen, wie Luther es hier tut, ist die Gnade das größere Gut als die Gabe. Denn auf der Gnade allein beruht der „Friede des Herzens", das Wissen des Menschen, daß Gott ihn im Glauben an Christus nimmt, wie er ist. Darüber erfährt er nichts durch die Reflexion über die eigene Glaubensgerechtigkeit, selbst wenn er Gottes Wirken darin anerkennt[18]. Hier liegt die Abgrenzung von Luthers Verständnis des Evangeliums nicht nur gegenüber jedem Moralismus, sondern auch gegenüber dem spiritualistischen Glauben an den inneren Menschen und dem puritanischen oder pietistischen Suchen nach Früchten des Geistes, die der Vergebung gewiß machen[19]. Sie suchen das Erfahrbare an der falschen Stelle. Es ist allein das Gnadenwort Gottes, nicht die Verwandlung des eigenen Inneren.

Nicht oft hat Luther mit einer so einfachen, genau durchgeführten Begrifflichkeit die Elemente seiner Rechtfertigungslehre entfaltet. Ihm lag sonst die plerophorische Beschreibung des inneren Geschehens zwischen Gott und

---

[16] WA 8; 105,36–106,28. „Gnade" und „Gabe" übernimmt Luther aus Röm. 5,15–17, ohne die Stelle damit genauer zu exegesieren, wie er es in der Römerbriefvorlesung getan hatte (WA 56; 318,12–32. WA 57; 173, 23–174,10. Er sieht darin richtig, daß Paulus die beiden an sich differierenden Begriffe als identisch behandelt). Er übernimmt sie hier nur als einprägsame Unterscheidung für die beiden Seiten des göttlichen Handelns. Was er mit der erneuernden Macht der Gabe (oder Gerechtigkeit) meint, konnte er anderswo auch mit gutem biblischem Recht der Gnade zuschreiben, „da, wie die Schrift sagt, die Gnade Gottes erneuert, verwandelt und von Tag zu Tag zu neuen Menschen umgestaltet und die Sache also, ernst betrachtet, nicht darin besteht, daß nur Beziehungen (respectus, zwischen dem strafenden Gott und dem Sünder) aufgehoben werden, sondern die Substanz und das Leben verwandelt werden" (Assertio omnium articulorum, 1520. WA 7; 109,17 ff.). Man darf bei Luther einen solchen didaktischen Gebrauch biblischer Vokabeln nicht voreilig systematisieren. Er kann vom Skopus der jeweiligen Aussage bestimmt sein, hier von der Absicht, gegen Latomus jedes Verständnis der Gnade als einer Seelenqualität auszuschließen. Luther bedient sich der Unterscheidung nicht nur in der Römerbriefvorrede von 1522 (WADB 7; 8,10 ff.), sondern setzt sie auch später bei seinen Hörern als bekannt voraus. Auslegung des 51. Psalms (1532), WA 40/2; 421,3 ff., zit. R. Hermann, Luthers These (s. Anm. 13), 85, Anm. 3, der allerdings nur den Druck (1538), WA 40/2; 421,18 ff. anführt.

[17] WA 8; 69,5. 106,5.21. 107,22. 104,6.

[18] Ebd. 106,15 ff. Iserlohs Widerspruch, Gratia und Donum (s. Anm. 4), 148, Anm. 13 trifft R. Hermann, Luthers These (s. Anm. 13), 84 nicht. Dieser betont mit Recht, daß zwischen Gnade und Gabe kein zeitlicher oder Wertvorrang, also keine Differenz von objektiver Qualität, besteht. Luther spricht vielmehr von einem Gut, d. h. von etwas Erfahrbarem wie dem Herzensfrieden.

[19] Vgl. zu Luthers Gegenüberstellung von „äußerlich" und „innerlich" H. Bornkamm, Äußerer und innerer Mensch bei Luther und den Spiritualisten (s. o. S. 23, Anm. 31).

Mensch mehr als die dogmatische Zergliederung. Hier zwang ihn sein scholastischer Gegner zur Präzision, wenn er seinen entscheidenden Einwand gegen ihn deutlich machen wollte: daß Gnade auf keine Weise eine qualitas animi, ist, sondern Gottes gnädige Gesinnung (favor dei) gegenüber dem Menschen, und daß allein der Glaube an Christus uns mit Gott verbindet. Hier hängen Gnade und Gabe miteinander zusammen. ,,,Gabe in der Gnade des einen Menschen' nennt er (Paulus Röm. 5,17) den Glauben an Christus (den er auch sonst öfters Gabe nennt), der uns gegeben ist in der Gnade Christi; das heißt: weil er allein wohlgefällig und angenommen war (vor Gott) unter allen Menschen und einen gnädigen, barmherzigen Gott hatte, so daß er uns diese Gabe und auch diese Gnade verdiente." Gnade und Gabe haben also ihren Ursprung im Christusgeschehen, bilden aber zwei Phasen des untrennbaren göttlichen Handelns. ,,Es ist alles vergeben durch die Gnade, aber es ist noch nicht alles geheilt durch die Gabe."[20] Der Mensch wird dadurch nicht zerschnitten und sein Verhältnis zu Gott nicht in zwei Teile zerrissen. Sondern von Gott aus gesehen ist der Mensch immer ganze Person: ganz unter der Gnade oder der Ungnade. ,,Denn wen Gott aus Gnade annimmt, den nimmt er als Ganzen an, und wem er seine Huld schenkt, dem schenkt er sie ganz. Wiederum, wem er zürnt, dem zürnt er ganz."[21] Luther denkt, wo es um das Verhältnis zu Gott geht, nicht in den Kategorien eines philosophischen oder psychologischen Personbegriffs, sondern von Gott her oder – das ist vom Menschen aus gesehen das gleiche – vom Glauben her. ,,Denn Zorn und Gnade gehen auf die Personen."[22] Und der Glaubende darf sich als ganze Person samt seiner Sünde von Gott angenommen wissen. Luther führt diese Unterscheidungen mit äußerster Schärfe durch, um den Menschen vor der tödlichen Gefahr zu bewahren, sich auf gewisse gute Taten oder die Entschuldbarkeit seiner Mängel zu berufen. ,,Für das (Gnaden-)Wort müssen wir sterben, in der Gewißheit, daß es die reine Wahrheit ist. Aber wer wagte dafür zu sterben, daß sein gutes Werk untadelhaft sei?"[23]

Wie viel Luther daran liegt, diesen Kern seiner Rechtfertigungs- und Glaubenslehre verständlich zu machen, sieht man daran, daß er seine These durch zwei ganz verschiedene Hilfsoperationen unterstützt, zu denen ihm Latomus Anlaß gibt: eine hermeneutische und – erstaunlicherweise – eine philosophische. Luther belegte die Konsequenz aus seiner Anschauung, daß jedes gute Werk Sünde sei, mit Jes. 64,5: ,,Wir sind alle unrein geworden, und unsere gesamte Gerechtigkeit ist wie ein beflecktes Kleid." Latomus hatte die Stelle mit dem grammatischen Tropus der Synekdoche als Vertauschbarkeit von Teil und Ganzem erklärt: Hier sei nicht schlechthin jede,

[20] WA 8; 106,25 ff. 107,21.
[21] Ebd. 107,2 f.
[22] Ebd. 107,1. Vgl. auch o. S. 23.
[23] Ebd. 81,18 ff.

sondern nur manche Gerechtigkeit gemeint[24]. Luther erklärt das für bare Willkür. Er weiß zwar sehr wohl, daß es diese Redeform in der Bibel oft gibt[25]. Aber ihre Deutung ist an feste hermeneutische Regeln gebunden: Entweder muß bei wörtlichem Verständnis Unsinn herauskommen, oder der Zusammenhang muß zwingend die übertragene Ausdeutung fordern[26]. In der Jesaja-Stelle ist aber die Allgemeinverbindlichkeit der Aussage sogar ausdrücklich ausgesprochen: „wir alle" und „unsere gesamte Gerechtigkeit". Luther kann Latomus auch darin nicht zustimmen, daß das Wort allein auf die damaligen Juden zu beziehen sei. Denn die Geschichte der Menschen vor Gott, ihr Geist „bei jedem in seiner Zeit und in seiner Anfechtung" ist universal. „Es wechseln die Zeiten, die Dinge, die Körper und die Anfechtungen. Aber es bleibt derselbe Geist, dieselbe Speise, derselbe Trank bei allen und überall."[27]

So wenig wie in diesem Fall durch die Annahme einer Redefigur ein Text seiner Eindeutigkeit beraubt werden darf, dürfen auch sonst biblische Texte durch Differenzierungen um ihren einfachen Sinn gebracht werden. Latomus hatte es mit dem Begriff der Sünde versucht: Sie bedeute in der heiligen Schrift die Ursache oder die Wirkung der Sünde oder die Strafe für sie oder das Opfer für sie oder die Schuld. Luther setzte dem die strenge Definition entgegen: „Sünde ist nichts anderes als das, was nicht dem Gesetz Gottes entspricht." Nur nach diesem Kanon ist das Wort überall in der Bibel zu verstehen[28]. Er sah in den Differenzierungen des Latomus Äquivokationen, Vieldeutigkeiten, die aus einem Begriff verschiedene selbständige Bedeutungen hypostasieren und ihn damit in seiner Unbedingtheit zerstören[29]. Er unterschied solche Äquivokationen von den echten figürlichen Redeformen, die sich zu seiner Freude in der Bibel so reichlich finden wie in keinem anderen Buche. Sie laufen alle darauf hinaus, ein und dieselbe Wortbedeutung in immer neuer Gestalt einzuprägen, und sind für „Gedächtnis und Verstand eine wunderbare Hilfe und für dein Herz ein süßer Genuß". „Ich weiß nicht, woher es kommt, daß die figürliche Rede eine solche Kraft hat. Sie dringt so mächtig ins Herz und bewegt es, daß jeder Mensch von Natur seine Lust daran hat, figürliche Reden zu hören und zu sprechen."[30] Luther meint da-

---

[24] Zur Anwendung der Synekdoche bei Latomus s. Krause, Kleine Propheten, 206 ff. Es handelt sich hier um das totum pro arte, nicht um die pars pro toto, die Luther im Abendmahlsstreit gern anwendet (vgl. u. S. 452, Anm. 49). Zum Gebrauch der antiken Grammatik und Rhetorik in der Reformation überhaupt vgl. H. Rückert, Das Eindringen der Tropus-Lehre in die schweizerische Lehre vom Abendmahl, in: ARG 37 (1940), 199 ff., wiederabgedr. in: ders., Vorträge u. Aufs. zur historischen Theologie (Tübingen 1972), 146 ff.

[25] WA 8; 65,18 ff. 66,14 ff.

[26] Ebd. 64,10 f. 71,32 ff.

[27] Ebd. 69,22.24 ff.

[28] Ebd. 82,19 ff.

[29] Ebd. 84,14 ff.

[30] Ebd. 84,24 ff. 83,31 ff. Figur ist der Oberbegriff für eine ganze Reihe rhetorischer Schmuckformen, zu denen neben andern die Metaphern (Bilder) gehören. Die regelmäßige

mit nicht nur Bildhaftigkeit im engeren Sinne, sondern den ganzen Katalog von Redefiguren, den die Sprache einer plastischen Redekunst zur Verfügung stellt. Er kannte die Anleitung, welche die antike Rhetorik dazu bot, seit seiner Schulzeit sehr gut und hatte das Wort des rhetorischen Klassikers Quintilian im Ohr: Quam quidem gratiam et delectationem adferunt figurae (Welches Wohlgefallen und Entzücken bringen die Figuren)[31]!

Von dieser unvergleichlichen Kraft der Redefiguren macht Luther einen eigentümlichen, tiefsinnigen christologischen Gebrauch. Sie ist auch in den Metaphern enthalten, mit denen die Bibel das Verhältnis zwischen Christus und dem Sünder ausspricht: Er wurde für uns zur Sünde gemacht, geopfert, verdammt, verstoßen, so daß er sich in nichts vom Sünder unterscheidet, nur daß er nicht seine eigene Schuld büßt, sondern die der Menschen. Wie in jeder Metapher sind dabei Gleichheit und Unterscheidung miteinander verbunden, denn Gleichnis ist nicht Identität. Es findet genau wie bei den Bildern der Sprache eine ,,Übertragung" nach dem Gesetz der Ähnlichkeit statt, nur mit einem Unterschied: ,,In dieser Übertragung geschieht nicht eine Metapher der Worte, sondern der Wirklichkeit. Denn unsere Sünden sind wirklich von uns weggetragen und auf ihn gelegt, so daß jeder, der das glaubt, wirklich keine Sünden mehr hat, sondern sie sind auf Christus übertragen."[32] Die Realität dieses Geschehens zeigt sich daran, daß Christus, obwohl er keine Sünde hatte, die Folgen der Sünde, Todes- und Höllenangst, gefühlt und getragen hat. Darauf legt Luther den größten Nachdruck. Das übliche theologische Reden von ,,Schuldverhaftung und Strafanrechnung" auf Christus (reatus et deputatio ad poenam) ist Hirngespinst. ,,Denn Christus hat diese Anrechnung gefühlt und war dem gleich, der ihm auf diese Weise angerechnet wird, nur ohne Schuld . . . Was ist denn eine Anrechnung, die man nicht fühlt?" Christus erfuhr damit dasselbe wie der schlimmste Sünder, der zu Tod und Hölle verurteilt ist. ,,Freilich: das läßt sich mehr mit dem Empfinden als mit Worten behandeln."[33] Darin zeigt sich noch einmal die Ähnlichkeit mit dem Besonderen der Figurensprache. ,,Wie die figürliche Rede süßer und wirkungsvoller ist als die einfache und gewöhnliche, so ist die wahre Sünde für uns eine unerträgliche Last, aber die übertragene und metaphorische höchst freudenreich und heilsam."[34]

Übersetzung Fricks (s. o. S. 21, Anm. 27) ,,bildliche Rede" verengt darum den von Luther gemeinten Spielraum. Zum Figur-Begriff die ausgezeichneten Darlegungen von Krause, Kleine Propheten, 181 ff.

[31] Die erste Bekanntschaft mit den Figuren der Rhetorik hatte Luther durch das in den Trivialschulen verwendete Doctrinale des Alexander de villa Dei gemacht. Vgl. Scheel, Martin Luther (s. o. S. 86, Anm. 60), Bd. 1, 44 ff. 118 f. 157 ff. – Quintilian II, 13, 9, zit. Krause, Kleine Propheten, 182.

[32] WA 8; 87,6 ff.

[33] Ebd. 87,37–88,3.

[34] Ebd. 87,10 ff. (auf Christus übertragene).

Der kurze, in Luthers Theologie ungewöhnliche Gedankengang ist kein Stück einer spekulativen Christologie, sondern gehört ganz in den Kontext seiner Verteidigung gegen Latomus. Luther will die unverkürzte Realität der Sünde ebenso aus der sprachlichen Eindeutigkeit des Begriffs wie aus der Realität der Sündenübertragung erweisen. Für diese reale Metapher benutzt er die sprachliche Metapher als Metapher. Mit der herzbewegenden Kraft der Bildrede erschließt er die Tiefe des wahrhaftigen Leidens Christi und der Seligkeit, die es dem glaubenden Sünder bringt; auch sie reicht bis ins Fühlen[35]. Die Gegenfront, gegen die er sich wendet, bildet hier die Verrechnungs-Christologie, die nicht weiß, was sie mit Anrechnung oder Übertragung der Sünde auf Christus sagt. Die Besinnung auf die sprachliche Metaphorik schärft die Wirklichkeit dieses Geschehens ein, denn das Bild ist immer Ausdruck der Sache. Luther will mit seinen Ausführungen nicht die biblischen Figuren von der natürlichen Bildrede unterscheiden, sondern diese vielmehr in den Dienst der christologischen Aussage stellen. Er will aber andererseits die Eindeutigkeit figuraler Rede auch nicht aus der Christologie begründen, sondern auf sie anwenden. Begründet ist sie in der Sprache selbst. Luther geht es ständig darum, gegenüber der in der mittelalterlichen Exegese wuchernden Willkür allegorischer, äquivoker Deutungen die innere Einheit und Eindeutigkeit der Sprache, auch der biblischen, festzuhalten. Das ist der Gewinn, den er hier aus der antiken Rhetorik für die Hermeneutik zieht[36].

---

[35] S. Anm. 33.

[36] Vorzüglich formuliert Krause, Kleine Propheten, 191, Anm. 35: „Neu ist bei Luther wirklich, daß er die auf perspicuitas aufgebaute antike Rhetorik mit großem eigenem Sinn für die Sprache überhaupt gegen die allegorische und dogmatische Verdunkelung der Schrift ins Feld führt." – Luthers konzentrierte Darlegung hat schon mehrfach das Interesse der Forscher auf sich gezogen. Ich kann keinem ganz zustimmen. F. K. Schumann hat in einem geistvollen Aufsatz, Gedanken Luthers zur Frage der ‚Entmythologisierung', in: Fschr. R. Bultmann (Stuttgart 1949), 208 ff., wiederabgedr. in: ders., Wort und Gestalt. Ges. Aufs. (Witten-Ruhr 1956), 165 ff. das „Figurale" – und also auch das „Mythologische" – als „ein höher strukturiertes Sprachinstrument" grundsätzlich von „der bildhaften Rede in den sonstigen Bereichen des Daseins (abgesehen etwa von der Dichtung)" unterschieden (172. 174). Er fand in der „Uneigentlichkeit" der Rede ihre existentielle „Eigentlichkeit", gemessen am dem gemeinten Inhalt. Ohne auf die bei ihm eingebauten Nuancierungen eingehen zu können, scheint mir demgegenüber die Kritik berechtigt, die K. Löwith, Die Sprache als Vermittler von Mensch und Welt, in: Das Problem der Sprache in Theologie und Kirche. Referate vom Dt.-Evang. Theologentag, Mai 1958 in Berlin, hg. v. W. Schneemelcher (Berlin 1959), 52, wiederabgedr. in: Fschr. W. Szilase (München 1960), 157 ff. und Krause, Kleine Propheten, 191, Anm. 35 u. 193, Anm. 43 geäußert haben. Luther hat gerade die figuralen Möglichkeiten der Sprache selbst als Verdeutlichung benutzt und nicht nur „eine geheimnisvolle Entsprechung zwischen dem Seinscharakter des im Kerygma Gemeinten und der uneigentlichen, figuralen, in vielen Fällen mythologischen Sprache der Schrift" (Schumann, Gedanken Luthers, 172) behauptet. Er hätte sich damit selbst des Beweismittels beraubt, mit dem er Latomus überführen wollte. Andererseits könnte ich nicht mit Krause, Kleine Propheten, 195 sagen, daß die Eindeutigkeit der figuralen Rede „christologisch begründet" werden sollte, und noch weniger mit Löwith, Sprache als Vermittler, 52, daß „die Sprache als solche . . . für Luther keine entscheidende Bedeutung für das Verständnis der Welt und des Menschen" gehabt habe und daß er es unterlasse, auf das „Prinzipielle von Sache und

Dem gleichen Ziel, die Realität der Sünde bis hin zur „Restsünde" des Gerechtfertigten, um die der eigentliche Streit mit der Scholastik und Latomus geht[37], zu erweisen, dient neben den hermeneutischen Überlegungen auch ein philosophisches Argument. Mit der Bewertung dieser Sünde als bloßer Schwäche und Unvollkommenheit schöpfen, so meint Luther, seine Gegner die Kategorien des Aristoteles nicht aus, sondern beschränken sich auf die der Substanz. Auch bei ihr unterscheidet er sich von ihnen. Er versteht Substanz – ausdrücklich nicht nach Aristoteles, sondern wiederum nach Quintilian – als das Wesen einer Sache, also nicht als den Stoff, bei dem es ein Mehr oder Weniger gibt (z. B. am Menschen oder der Fliege, und so auch bei der Sünde)[38]. Im übrigen aber fehlen bei ihnen alle anderen Kategorien: „Was sie (die Sünde) nach den Prädikamenten der Quantität, Qualität, Relation, Aktion und Passion ist, davon wissen sie so gut wie nichts."[39] Nur mit ihnen läßt sich Sünde nicht bloß definitorisch, sondern in ihrer Lebendigkeit beschreiben: in ihrer bösen, dem menschlichen Wollen immer überlegenen Aktivität, ihrer ständigen Kontrastrelation zur Gnade und zum Zorn Gottes und der bei ihr fehlenden Kategorie der passio; sie leidet ja nicht unter dem Gesetz, das sie anklagt, sie meint vielmehr, davon überhaupt nicht betroffen zu sein[40]. So fremd uns diese Anwendung der klassischen Kategorientafel auf theologische Aussagen heute berühren mag, für Luther war sie ein naheliegendes Mittel, den in der gleichen aristotelisch-scholastischen Tradition geschulten Gegnern die Realität und Macht der Sünde anschaulich zu machen. Er argumentiert also nicht von einem prinzipiellen Zusammenhang von Theologie und Philosophie aus, sondern er benutzt logische Grundmöglichkeiten zur Erhellung eines rein theologischen Problems[41]. Er kann es darum genauso für

---

Sprache einzugehen". Löwith geht, ohne den Unterschied zu bemerken oder auszusprechen, von einem skeptischen Begriff des „vieldeutig Metaphorischen der Sprache" (54) aus, Luther ganz im Gegensatz dazu von dem Zusammenhang zwischen der gemeinten Sache, sei es Begriff oder Geschehen, und den ihnen angemessenen Metaphern. Mit der Bemerkung, daß bei Luther ein „dogmatischer Kurzschluß" vorliege, schiebt Löwith das sprachlogische Problem unerörtert beiseite.

[37] WA 8; 89,10f.

[38] Ebd. 88,9ff.15. Zur Definition der Substanz als Wesen der Sache (synonym mit res) in der Institutio Quintilians vgl. U. Knoche bei Frick (s. o. S. 21, Anm. 27), 174f.

[39] WA 8; 98,3ff.

[40] Ebd. 88,3ff.

[41] Luther bedient sich ihrer in den verschiedenen Epochen seines Denkens, wenn auch mit unterschiedlicher Absicht. Die auf den ersten Blick dem oben behandelten Abschnitt sehr ähnliche Stelle aus der Römerbriefvorlesung verwendet, ihrem exegetischen Anlaß entsprechend (Reformamini in novitate sensus vestri 12,2), die aristotelischen Kategorien als Begriffe der Bewegungslehre für den unaufhörlichen Prozeß der inneren Erneuerung des Christen in der Buße. In ihm ist jedes „neue Sein" bereits wieder „in Wahrheit Nichtsein", und so geht es „von ihm wieder in ein anderes (Sein)". „So philosophiert Aristoteles über die Dinge, und zwar gut; aber sie (d. h. die Scholastiker) verstehen ihn nicht ebenso gut", WA 56; 441,24–442,14. Der Mensch ist darum „immer Sünder, immer Büßender, immer Gerechter", ebd. 442,17 (s. dazu Anm. 49). Zum Verständnis des Abschnitts R. Hermann, Luthers These (s. Anm. 13), 245f. W. Joest, On-

die durch Christus und die Taufe bewirkte Entmachtung der Sünde verwenden, nur mit umgekehrten Vorzeichen. Die Kategorie des Leidens unter ihr gilt nun für den Glaubenden in vollem Maße; die Substanz, das Wesen der Sünde, ist bei ihm unverändert. Aber ihre Macht (ausgedrückt in den Kategorien der Qualität, Quantität und Aktivität) ist durch die Gnade gebrochen. Die böse Begierde ist „vor der Gnade und nach der Gnade" dieselbe[42]. „Es muß noch gestorben, noch in Sünden gearbeitet werden. Aber vom Gesetz der Sünde und des Todes hat er uns frei gemacht, d. h. von der Herrschaft und Tyrannis der Sünde und des Todes. So ist die Sünde zwar noch da, aber sie vermag nichts mehr, weil sie ihre Tyrannis verloren hat, und der Tod steht noch vor uns, aber er kann uns nichts mehr schaden, denn er hat seinen Stachel verloren."[43] Dafür hat der Glaube das Zeichen (symbolum) der Taufe als Zeugnis. „In ihr sind dir wahrhaftig alle Sünden vergeben, wirklich ganz vergeben, aber sie sind noch nicht alle vernichtet." In den Glauben an die Vergebung ist sowohl das Bemühen, der Sünde nicht mehr zu erliegen, wie die Gewißheit ihrer endgültigen Vernichtung eingeschlossen. In diesem Sinne kann Luther sagen: „Die, welche daran arbeiten, tun gute Werke. Sieh, das ist mein Glaube, denn das ist der katholische Glaube."[44] „Gute Werke": nicht ihrer Qualität wegen, sondern um des Vertrauens auf die Gnade und Macht Gottes willen. „Dank der Barmherzigkeit, nicht dank deines Laufens sind deine Werke gut.[45] „Katholisch" heißt: in Übereinstimmung mit der alten, biblischen Lehre der Kirche, aber im Gegensatz zu der scholastischen Lehre, nach deren Maßstäben er von der Kölner und Löwener Fakultät verurteilt und von ihrem Anwalt Latomus angegriffen worden war.

Abgekürzt definiert Luther diesen an den Kategorien demonstrierten Prozeß, der seine Wende im Werk Christi und seine Richtung in dem eschatologischen Ziel hat, als die „herrschende" und die „beherrschte" Sünde. Sünde bleibt Sünde, auch bei dem, der an die Rechtfertigung glaubt. „In nichts unterscheidet sich die Sünde von sich selbst." Aber sie wird von Gott nun „anders behandelt als vorher". Behandelt ist mehr als beurteilt, es bedeutet (wie bei Christus[46]) fühlbare Realität. Bevor wir der Gnade bewußt wurden, be-

---

tologie der Person bei Luther (Göttingen 1967), 325 ff. – Zum Verständnis der Gnade (im Unterschied von der Gabe) benutzt Luther auch später die Kategorie der Relation, „von der die Logiker sagen, daß ihr ein Minimum von Sein und ein Maximum von Kraft zu eigen sei (minimae entitatis et maximae virtutis esse), nicht zu verwechseln mit der Kategorie der Qualität, wie die Sophisten (Scholastiker) phantasieren". Auslegung von Psalm 51 (Druck von 1538), WA 40/2; 421,20 ff., zit. R. Hermann, Luthers These, 85, Anm. 3. Ebenso, aber ausführlicher, in den Promotionsthesen vom 3. 7. 1545; er beruft sich dabei auf die Auffassung der Ockhamisten. WA 39/2; 340,1 ff., auch ebd. 363,1 ff. 383,9 ff. 27 ff. Vgl. auch WATR 1; Nr. 11; 5,12 ff. Nr. 855; 418,37 ff. Nr. 1057; 533,5 ff.

[42] WA 8; 91,35 ff.
[43] Ebd. 92,5 ff. 107,26 ff.
[44] Ebd. 96,6 ff.
[45] Ebd. 96,1 f.
[46] S. o. S. 173.

handelte Gott die Sünde „als existierend, daß sie von uns erkannt wurde und uns zerschmetterte". Wenn wir uns aber allein an die Gnade zu halten gelernt haben, behandelt er sie so, „daß sie nicht existiert und hinausgeworfen wird". Gott nimmt uns nicht halb an, sondern ganz, „als Person", aber nicht um unseres eigenen Werkes willen, sondern um der „Gabe" willen, „die daran arbeitet, die Sünde auszutreiben"[47]. Die Gabe ist – wir sahen es[48] – die uns im Glauben an Christus einverleibte „Gerechtigkeit", die es uns verleidet, Sünder zu bleiben, und einen neuen Menschen in uns erweckt.

Luthers gesamte Gedankenführung – ihr theologischer Gehalt wie ihre flankierenden hermeneutischen und philosophischen Überlegungen – dient dazu, seine zwar nicht besonders häufige, aber durch ihre Prägnanz unter seinen Aussagen über die Rechtfertigung unvergleichliche These zu begründen: Der Christ ist immer „Gerechter und Sünder zugleich" (simul iustus et peccator). Seit der Römerbriefvorlesung hatte er sich der Formel oder des Gedankens immer wieder einmal bedient, nicht nur in exegetischen Schriften, sondern auch in der direkten Auseinandersetzung mit dem kirchlichen Dogma[49]. Sie war für ihn kein abstrakt erschlossenes Schema. Sondern sie enthielt eine präzise Formulierung für die Ambivalenz in der paulinischen Beschreibung des gerechtfertigten Sünders. So zu Röm. 4,7: „Ohne Wissen gerecht und nach eigenem Wissen ungerecht, Sünder nach dem Tatbestand (in re), aber gerecht in der Hoffnung (in spe)." „Das ist die wunderbare süße Barmherzigkeit Gottes, der uns zugleich als Sünder und Nichtsünder ansieht. Die Sünde bleibt und zugleich bleibt sie nicht." „Sünder und Gerechter zugleich, Sünder nach dem tatsächlichen Befund (re vera), gerecht aber in der Betrachtung und sicheren Verheißung Gottes, daß er uns von der Sünde

---

[47] WA 8; 107, 26–35. Daß die Sünde „nicht existiert", heißt nicht, daß sie „keine Existenzberechtigung hat", Frick (s. o. S. 21, Anm. 27), 106, sondern daß sie vor Gott nicht mehr existiert und im Wissen um ihre Entmachtung vom Menschen überwunden werden kann.

[48] S. o. S. 169.

[49] Aus der zahlreichen Literatur nenne ich außer der Arbeit von R. Hermann, Luthers These (s. Anm. 13) nur das Neuere: W. Joest, Paulus und das Luthersche Simul iustus et peccator, in: KuD 1 (1955), 269 ff. Ders., Ontologie der Person (s. Anm. 41), 265 ff. Dort finden sich Hinweise auf ältere Arbeiten. – R. Kösters, Luthers These „Gerecht und Sünder zugleich". Zu dem gleichnamigen Buch von Rudolf Hermann, in: Catholica 18 (1964), 48 ff. 193 ff., ebd. 19 (1965), 136 ff. 210 ff. Der Aufsatz ist ein verständnisvoller Dialog mit seinem evangelischen Gegenüber, der viele katholische Bedenken gegen die Rechtfertigungslehre Luthers ausräumt. – Zustimmend und in den Gesamthorizont der Rechtfertigung weiterführend O. H. Pesch, Theologie der Rechtfertigung bei Martin Luther und Thomas von Aquin (Mainz 1967), 109 ff. 527. 827. 954 u. ö. – Auch Iserloh, Gratia und Donum (s. Anm. 4) stellt seine Arbeit unter die Frage, „ob die Unterschiede so groß und trennend sind", und ob es sich nicht nur um Nuancen handelt, wie es sie immer zwischen theologischen Schulen geben müsse, „da die eine Wahrheit nicht adäquat zu fassen ist" (142, Anm. 5). So dankenswert solche Gesinnung ist, so ist doch zu fragen, ob dieser heuristische Blickpunkt dazu ausreicht, die Sachproblematik vor Augen zu bekommen. Iserloh bedient sich bei der Analyse und Beurteilung unwillkürlich der im scholastischen Denken üblichen Sprache der Teilung und Graduierung der Fragen, von der Luther sich hier gerade lossagt. Der Sinn des Lutherschen simul und totus kommt damit nicht zu seinem Recht.

frei macht, bis er uns ganz heilen wird."[50] Ebenso zu der Schilderung des Widerstreits im Menschen Röm. 7,7 ff.: ,,Ich bin Sünder und Gerechter zugleich, denn ich tue das Böse und hasse das Böse, das ich tue." ,,Siehe, wie ein und derselbe Mensch zugleich dem Gesetz Gottes und dem Gesetz der Sünde dient, zugleich gerecht ist und sündigt."[51] ,,Gerecht und Sünder zugleich: Wer will diesen Widerspruch auflösen? . . . Wenn du den Glauben ansiehst, ist das Gesetz erfüllt, die Sünde vernichtet und kein Gesetz mehr übrig. Wenn du aber das Fleisch ansiehst, an dem nichts Gutes ist, dann mußt du sogar diejenigen als Sünder bezeichnen, die im Geist durch den Glauben gerecht sind."[52] Schon die wenigen Sätze, die wir hier aus früheren Aussagen Luthers nur anführen können, zeigen den doppelten Aspekt, den der wahrnehmbaren Wirklichkeit des Augenblicks, in dem Sünde und geglaubte Gerechtigkeit zusammen sind, und den der eschatologischen Hoffnung auf die verheißene Vollendung. Aus dieser an Paulus gebildeten anthropologischen Situationsbestimmung für den Christen hatte Luther in der großen Abendmahlsauseinandersetzung mit der römischen Buß- und Rechtfertigungslehre die Konsequenz gezogen, um die es jetzt im Streit mit Latomus ging. Auch das Tun des Gerechten ist nie ohne Sünde; es gibt also kein substantiell gutes Werk. ,,Wenn demnach (nach der davor zitierten Stelle Röm. 7,22 f.) jeder Mensch zugleich Sünder wie Gerechter ist, was kann klarer daraus folgen, als daß auch das Werk teils gut, teils böse ist?" Die Frucht kann nicht besser als der Baum sein, hat Christus gesagt. ,,Wenn diese Begründung und diese Autorität nicht überzeugt, so weiß ich nicht, was überzeugen kann."[53] Simul ist ein Zeitbegriff[54], das existentielle ,,Zugleich", nicht ein Miteinander von Anlagen oder in der menschlichen Entwicklung ausgebildeten Schichten. Es gilt – wie die paulinischen Aussagen, von denen Luther ausgegangen ist – nur vom Glaubenden, nicht von dem Menschen, für den die Frage, ob er vor Gott recht ist, nicht existiert. Dem ,,Zugleich" stellt Luther das ,,Irgendwann einmal" (aliquando) gegenüber: Irgendwann sündigt auch der Gerechte ein-

---

[50] Römerbriefvorlesung (1515/16), WA 56; 269,30. 270,9 ff. 272,17 ff.

[51] Ebd. 70,9 f. 347,2 ff.

[52] Galaterbriefvorlesung (1519), WA 2; 497,18 f.22 ff. (mit näher ausgeführter Begründung).

[53] Assertio omnium articulorum M. Lutheri per bullam Leonis X. novissimam damnatorum (1520), WA 7; 137,18 ff.24. Vgl. auch schon in: Resolutiones Lutherianae super propositionibus suis Lipsiae disputatis (1519), die Schrift, gegen die Latomus sich vor allem wendet, WA 2; 408,30 ff.

[54] Die Bedeutung dieses Zeitelementes in Luthers Theologie behandelt E. Schott, ,,Zugleich". Mensch und Zeit in Luthers Rechtfertigungslehre, in: 450 Jahre lutherische Reformation 1517–1967. Fschr. F. Lau (Göttingen 1967), 333 ff. Eine das simul zu einem Gesamtprinzip der Lutherschen Theologie ausweitende Auffassung zeigt schon in seinem Untertitel das Buch von K. O. Nilsson, Simul. Das Miteinander von Göttlichem und Menschlichem in Luthers Theologie, FKDG 17 (Göttingen 1966). Damit wird dem Begriff aber der spezifische Sinn genommen. Die Latomus-Debatte spielt in dem umfangreichen Werk daher nur eine ganz geringe Rolle. Vgl. dazu H. Beintker, Rez. Kjell Ove Nilsson, Simul, in: LuJ 35 (1968), 100 ff.

mal, was Latomus natürlich zugeben würde[55]. Das Leben des Menschen besteht nicht aus solchen wechselnden Irgendwann-Augenblicken. Sondern der Mensch ist durchgehend das handelnde Subjekt, dem ständig die Sünde als nicht abzuschüttelnde Wesenseigentümlichkeit (als passio nach Aristoteles) anhaftet[56]. Es geht bei dem „Gerecht und Sünder zugleich" also nicht allein um Relationen, obwohl die Erklärung zum Sünder und zum Gerechten durch Gottes Urteil geschieht, also die Beziehung zu ihm ausdrückt. Es geht dabei zugleich um die Mächte: um die Sünde, die real genug zu spüren ist, und um die Hilfe Gottes, die Gabe, den Sauerteig, aus dem der Glaube erwächst. Er nimmt in uns den Kampf mit der Sünde auf, so daß wir an ihrer Vernichtung arbeiten können[57]. In dem „Zugleich" ist alles vereinigt: das alte Leben und die Verlorenheit, die der Mensch selbst nicht abwenden kann, mit dem neuen Leben und der Rettung, die ihm durch die Vergebung schon zugesprochen und durch den Glauben in Gang gesetzt worden ist. Luther gibt also – so wenig wie Paulus im 7. Kapitel des Römerbriefs, das er in seiner Schrift ausführlich behandelt[58] – keine psychologische Beschreibung menschlicher Zwiespältigkeit an sich, sondern des Zwiespalts, in dem der Glaubende lebt, krank und doch der Genesung gewiß dank der Zusage des göttlichen Arztes. Genausowenig wie nicht vom Menschen an sich läßt sich hier auch nicht von Gott an sich reden, sondern von dem, der für uns Mensch geworden ist, ausgerüstet mit Gottes Barmherzigkeit und Vollmacht. Es geht nach Luther, wenn man dieses beachtet, im Grunde um etwas Einfaches, das nur durch die Verquickung mit der Philosophie in der Scholastik so kompliziert geworden ist. „Die Evangelien sind nicht so dunkel, daß Kinder sie nicht verstehen könnten. Wie sind denn die Christen zur Zeit der Märtyrer unterrichtet worden, als es jene Philosophie und Theologie noch nicht gab? Wie hat denn Christus selbst gelehrt?"[59] Damit wendet sich Luther noch einmal zornig von dem ganzen Lehrbetrieb der Scholastik ab. Er ist der „Tod der Seele". „Sie haben sich übel um mich verdient gemacht", obwohl es ihm doch kaum an Verstand, jedenfalls nicht an Bemühung zum Verstehen, gefehlt habe. Aus diesem Rückblick auf 15 Jahre der Erfahrung entsprang die Leidenschaft, mit der er sich einem Angriff aus ihren Reihen stellte und so ausführlich auf dem gleichen Begriffsfelde antwortete.

[55] WA 8; 76,18ff. 77,3ff.
[56] Ebd. 77,8ff.
[57] S. Anm. 47.
[58] WA 8; 99–126.
[59] Ebd. 127,3–12.

VIII. Erneuerung der Frömmigkeit[1]

Neben dem nach außen sichtbaren Wirken Luthers seit der Rückkehr von der Wartburg: der Neuordnung der Wittenberger Verhältnisse, der Auseinandersetzung mit den Gegnern von rechts und links, den Schriften zu den mancherlei Zeitfragen, umspannen diese Jahre eine stillere, fast unsichtbare Arbeit, die innere Erziehung seiner Gemeinde. Er wußte, daß er ihr eine überlieferte Welt der Frömmigkeit hatte nehmen müssen. Es kam alles darauf an, das nicht nur zu rechtfertigen, sondern eine neue an ihre Stelle zu setzen. Luther hat sich dieser Aufgabe mit aller Sorgfalt angenommen. Allein im Jahre 1523 hat er neben dem, was die Tagesarbeit an Vorlesungen, Schriften, Briefen, Bibelübersetzung u. a. von ihm forderte, 137 Predigten gehalten, größtenteils über die Tagesperikopen, aber auch über einzelne biblische Bücher (2. Petrus- und Judasbrief und 1. Mose) und über die Stücke des Katechismus[1a]. Diese Fülle und der nicht auszuschöpfende, sich durch die immer wechselnden Predigttexte brechende Reichtum dieser Aussagen bietet sich von selbst an, einmal für diese Jahre des Aufbaus 1522–1524 Bilanz zu ziehen und damit für Luthers Verkündigung einen sicheren Standort zu gewinnen, an dem sich der Blick nach rückwärts wie nach vorwärts orientieren kann.

Was Luther in diesen Hunderten von Predigten aussprach, blieb nicht auf die Mauern der Stadtkirche (gelegentlich auch der Schloßkirche[2]) beschränkt. Sondern schon seit 1521 rissen sich die Drucker in Augsburg, Erfurt, Nürnberg, Straßburg, Basel usw. um die von Nachschreibern ausgearbeiteten Predigten und brachten viele in Einzel- oder Sammelausgaben (bis zu 27 Predigten) heraus, z. T. mit einem Dutzend Nachdrucken. Luther bat wiederholt darum und vermahnte die Drucker öffentlich, von diesen unkontrollierten Drucken abzulassen. Er hoffte überhaupt, daß es seiner Bücher neben der heiligen Schrift nicht mehr bedürfe: „Trink doch mehr aus dem Brunn selbs als aus den Fließlin (Bächlein), die dich zum Brunn geleitet haben."[3] Aber er konnte es zum Glück nicht verhindern. So mangelhaft die

---

[1] Vorabdruck dieses Kapitels in: H. Bornkamm, Luther, 212–237.

[1a] WA 11; L. Für das Jahr 1522, in dessen ersten beiden Monaten Luther noch auf der Wartburg weilte, ergibt sich mit 117 die gleiche Dichte seiner Predigttätigkeit, WA 10/3; XL. Über geschlossene Auslegungen biblischer Bücher in Predigtreihen und den Vorlesungen dieser Jahre s. das folgende Kapitel.

[2] So am 24. und 25. Feb. 1523 anläßlich des Besuchs des Herzogs Bogislaws von Pommern. G. Buchwald, Zu Luthers Predigten in der Schloßkirche zu Wittenberg, in: ARG 25 (1928), 71. WA 11; 33 ff. WA 12; 427 ff.

[3] WA 10/3; 176,12 f. WA 11; 150,26.

ausgearbeiteten Nachschriften oft waren, so strömten doch Luthers Gedanken durch nichts mehr als durch die Unzahl dieser kleinen Flugschriften über Wittenberg hinaus, ganz besonders nach Süddeutschland. Einen vollen Überblick über Luthers Predigttätigkeit in diesen Jahren bieten freilich diese Drucke nicht. Er war erst zu gewinnen, als der weit umfangreichere Schatz der Nachschriften aus der flinken und gescheiten Feder seines Amanuensis Georg Rörer erschlossen wurde[4]. Seit Weihnachten 1522 hat er Luthers Predigten und Vorlesungen mit einer eigenen Kurzschrift und einer großen Fähigkeit, die Führung der Gedanken zu erfassen, nachgeschrieben.

Es ist nicht abzuschätzen, was Luther in den Predigten dieser Jahre des Aufbaus 1522–1524 seinen Zuhörern an Eingewöhnung in die Bibel geschenkt hat. Was in den mittelalterlichen Predigten so oft überwucherte – das Spiel der allegorischen Auslegung, die wunderhaften Heiligenlegenden, das Anpreisen kirchlicher Frömmigkeitsmittel wie des Ablasses, der Rosenkränze oder anderer Gebetsformen und das Moralisieren –, fiel ganz dahin. Er predigte genau und eingehend jeweils über den Text, nicht über ein dogmatisches Thema an Hand des Textes. Freilich blieb er nicht bei der Exegese oder der Veranschaulichung stehen, sondern er führte bis zu den bleibenden, damals wie jetzt geltenden Wahrheiten in und hinter jedem Schriftwort. Nur selten nimmt er Bezug auf aktuelle Ereignisse, die mit dem Text nichts zu tun haben, etwa auf das kaiserliche Mandat vom März 1523 oder auf den Konflikt mit den Stiftsherren der Schloßkirche[5]. Der Allegorie bedient er sich in der Predigt so gut wie gar nicht mehr; und wenn, dann bei naheliegenden Übertragungen, z.B. von der leiblichen auf die geistliche Passion[6], oder mit ausdrücklichem Vorbehalt. Daß in Luk. 1,39ff. Maria auf die Kirche, Elisabeth auf die Synagoge und ihre Zusammenkunft auf die Übereinstimmung des Alten und des Neuen Testaments in Christus gedeutet werden könne, ist nur etwas für die, ,,die weiterspekulieren wollen'', die Gelehrten[7]. Deshalb finden sich Allegoresen eher noch in seinen Vorlesungen. Es ist auch keine reine Allegorese, wenn er den Namen des Herodes – zu deutsch: der Riese, auf Sächsisch der ,,Kerl'', einer der ,,großen Leutfresser wie Dietrich von Bern'' – benutzt, um daran die Gewalttätigkeit des Gesetzes zu schildern[8]. Denn dazu leitet die Etymologie des Namens selbst an; für Luther ein ebenso einwandfreier Bedeutungshinweis wie anderwärts die Grammatik, die er mit Vorliebe als Waffe seiner Exegese verwendet[9]. Gern benutzt er ein biblisches Geschehen als Bild. So wie Christus durch verschlossene Türen geht, so

---

[4] Von den 137 Predigten des Jahres 1523 sind 47 allein durch Rörer überliefert. Für die anderen bietet er genauere Datierungen und eine Fülle von Korrekturen.
[5] WA 11; 126,34ff. WA 12; 645ff. Zum Mandat s. u. S. 269.
[6] WA 15; 515,13ff.
[7] WA 11; 144,5ff. WA 12; 617,3ff.
[8] WA 15; 413,5ff.
[9] Vgl. H. Bornkamm, Luther und das Alte Testament, 99ff.

kommt er auch durch das Wort ins Herz, ohne irgend etwas an unserem naturhaften Wesen zu zerbrechen oder zu verrücken. „Denn wenn Gottis Wort kumpt, so versehrt es das Gewissen nicht noch verrucket den Verstand des Herzens und äußerliche Sinne."[10] Die Gleichnisse Jesu legt Luther seiner Gemeinde nach einer Methode aus, die sich erst in der Moderne durchgesetzt hat. Er habe früher gemeint, man müsse sie „steif", d.h. Punkt für Punkt, ausdeuten, habe jetzt aber begriffen, daß es nur auf die „Hauptmeinung" ankomme[11]. Wo Luther es für nötig hält, durchbricht er kräftig die mythischen Vorstellungen. Der Schoß Abrahams, in den der arme Lazarus aufgenommen wird, bedeutet das Wort Gottes, in dem auch die auf den kommenden Christus hoffenden Väter des Alten Bundes geborgen sind; die Hölle das böse Gewissen, die Kluft die Verzweiflung, das Gespräch zwischen dem Reichen und Lazarus die Gedanken, die durch das Gewissen gehen. Von einer zeitlichen Dauer der Leiden des reichen Mannes läßt sich nichts sagen. Das Ganze ist ein Exempel für uns[12]. Auf einzelne Textschwierigkeiten geht er sorgfältig ein. Warum gab es den uns so anstößigen Brauch der Beschneidung? Luthers ausführliche Antwort läuft darauf hinaus, daß unsere Sünde in der Natur sitzt und das Schöpfungszeichen Gottes darum dort angebracht wurde, wo unsere böse Lust herkommt. „Wir müssen gar ein ander Haut anziehen, wenn wir fromm werden wollen."[13] Die Erniedrigung Christi in Phil. 2 meint nicht die Geburt, sondern das Leben Christi: Er wurde krank mit den Kranken und arm mit den Armen[14]. Zu Joh. 14,23 („Wer mich liebt, der wird mein Wort halten, und mein Vater wird ihn lieben") stellt er sich die Frage, ob hier nicht ein erster Akt von seiten des Menschen verlangt wird (wie es die nominalistische Rechtfertigungslehre tat). Er unterscheidet scharfsinnig zwischen Fühlen und Anfangen und macht auf das Paradoxon alles religiösen Lebens aufmerksam, daß wir ja nur am eigenen entzündeten Herzen spüren können, wenn Gottes Geist uns ergreift, an unserer eigenen Gottesliebe, daß Gott uns liebt. Und doch muß immer Gott den ersten Stein legen[15]. Diese Genauigkeit in der Einzelauslegung, aber zugleich auch die Kraft, mit der er die Hörer selbst in die Situation der biblischen Personen stellte und deren Erfahrungen auf sie übertrug, waren ganz ungewöhnlich.

Was Luther predigte, war ebenso vielfältig wie einfach: vielfältig durch die Anregungen aus den Texten und dem, was zu sagen ihm gerade besonders am Herzen lag, und einfach durch den Grundtenor, der durch alles ging. „Glaub Gott, hilf deinem Nächsten, das lehrt das ganz Euangelion."[16] Glaube und

---

[10] WA 12; 518,19 ff.
[11] WA 15; 423,32 ff.
[12] WA 10/3; 191,10 ff.
[13] WA 12; 401 ff. 403,24 f.
[14] Ebd. 469,17 ff.
[15] Ebd. 574,22 ff.27.
[16] WA 10/3; 361,13 f.

Liebe sind das eine, immer von neuem variierte Thema seiner Predigten[17]. Es beherrscht den neuen Sinn, den er der Frömmigkeit des Christen geben möchte, und die Polemik gegen den alten. Für den Glauben, den recht zu verstehen das eigentlich neue, eigentlich „sein" Thema ist, gibt er ein paar elementare Anleitungen. „Es sei denn, daß du selb ein eigen Glaub schöpfest aus Gottes Gütigkeit und Barmherzigkeit, so wirst du nicht selig."[18] Es gilt nicht nur an Tatsachen, auch Heilstatsachen, zu glauben, sondern an ihre Bedeutung. An die Auferstehung glauben heißt nicht nur das Faktum anerkennen, sondern glauben, „daß Christus unser Sünd und der ganzen Welt auf seinen Hals genommen hat"; das ist der „Inhalt der Auferstehung"[19]. Luther verdeutlicht das der Gemeinde gern in dem Unterschied von „an Gott glauben" und „Gott glauben"[20]. Die bloße Existenz Gottes ist auch den Teufeln gewiß (Jak. 2,19). Aber an Gott glauben, das bedeutet „herzliche Zuversicht und völliges Vertrauen zu Gottes Gnade"[21]. Das heißt zugleich: sich Gott nicht in seiner nackten Majestät vor Augen halten, sondern so, wie er sich uns darbietet, „ins Fleisch gehüllt". Luther nimmt den griechischen und lateinischen Sprachgebrauch zu Hilfe, um der Gemeinde dies entscheidende „an Gott glauben" einzuprägen. Nur dadurch wird Gott unser[22]. Darum ist „an Christus glauben" und „an Gott glauben" dasselbe. Nur über die Liebe zu Christus steigen wir auf zur Liebe zum Vater und lernen ihn anreden: „Herzlieber Vater"[23]. Luther beschreibt dieses Verhältnis des Glaubens zu Christus mit aller Innigkeit und noch immer gern in Ausdrücken der Mystik, besonders schön mit dem Bilde der Hochzeit: „Dich will ich haben allein", sagt die rechte Braut, nicht den Ring oder andere Gaben. Wer nicht, ohne zu zweifeln, sagen kann: „,Du bist mein', der ist noch kein Christen nit."[24] Glaubende sind die, welche „sich mit Christo einleiben lassen, die haben alles, was er hat"[25]; sie sind „ein Kuchen" mit ihm und darum auch mit dem Nächsten[26].

Glaube ist also – wie Luther schon in der Vorrede zum Römerbrief geschildert hatte[27] – etwas „im höchsten Maße Fühlbares". „Wo Christen sind, da schafft Gott, daß sie ihren Glauben fühlen."[28] Eben darum spüren

[17] Vgl. z. B. WA 12; 632 ff. WA 11; 10,7 (Fides accipit, caritas operatur). Ebd. 47,33. WA 15; 435,1 f.
[18] WA 10/3; 306,25 ff.
[19] Ebd. 137,2 ff. 138,2 ff. WA 15; 517,16 ff.
[20] Luther benutzt nicht immer die ihm von Petrus Lombardus, Sent. III dist. 23,4 her geläufige Unterscheidung. Vgl. dazu seine Auslegung von Röm. 3,22: WA 56; 252,3 ff.
[21] WA 11; 49,5 ff.
[22] Ebd. 51,20 ff. 52,16 ff.
[23] WA 10/3; 158,27 ff. 159,9.
[24] Ebd. 417,19 ff. 419,2 f.
[25] WA 12; 435,10 f.
[26] WA 10/3; 145,11. WA 12; 583,16 f. 485,2. 486,8. 488,9. WA 14; 125,3.
[27] S. o. S. 84. WADB 7; 10,16 ff.
[28] WA 11; 49,16 ff.

sie aber auch in der Anfechtung seine Schwäche. Auch in ihr ist Gottes Hand im Spiele, ,,daß er uns demütige, daß wir sehen, daß wir schwache Kreaturen sind"[29]. Wenn Luther von den Anfechtungen des Glaubens sprach, so wußte er, daß nur wenige ihm folgen konnten. Solange es um Versuchungen geht wie die zur Unkeuschheit, mit der der Teufel dem Menschen ,,die Adern und die Gebein" aufblasen kann wie ein Köhler die Kohlen, versteht ihn jeder[30]. Aber es gibt schlimmere Anfechtungen: Tod, Leid und vor allem, ,,daß einem das Gewissen absagt": ,,daß unser Gewissen fühlet, daß es Christus verloren habe"; ,,wenn das Gewissen also sagt: ,Gott will dein nicht'"; wenn es scheint, ,,als wäre er nicht daheim"; wenn man zweifelt, ob man zu denen gehört, deren Gebet Gott erhören will (Matth. 21,22), zu den verlorenen Schafen, die zu retten Christus gekommen ist (Matth. 15,24)[31]. ,,Solche Püffe zu halten, gehören starke Geister zu und sind nicht viel Leut, die Gott also angreifet. Wir müssen uns aber dennoch drauf rüsten, ob es uns also ginge, daß wir da nicht verzweifeln."[32] Damit ist auch die Frage beantwortet, die einen beim Lesen dieser todernsten Schilderungen überkommt: Was es der Gemeinde nützen konnte, von diesen außerordentlichen Erfahrungen zu hören. Wußte er, ob nicht einer unter der Kanzel saß, der sie gemacht hatte oder bald machen würde? Er hatte, von sich ganz abgesehen, Menschen kennengelernt, die meinten, sie seien des Teufels[33]. Solchen zugute standen diese Beispiele in der Bibel. Er hatte sie also zu predigen. Und schließlich war die Weisung, die er aus dem Evangelium zu geben hatte, immer die gleiche: Sieh auf Christus! Der versuchte Mensch schaue auf den versuchten Christus, der den Versucher erkannt – dann ist schon halb gewonnen – und überwunden hat[34], und der angefochtene auf den ,,schwachen Christus, der da am Kreuz hängt und im Tod liegt"; das ist die höchste Weisheit, ,,die gar wenig Leuten auf Erden bekannt ist"[35]. Und zugleich: Hör auf sein ,,nacktes Wort"! Niemand kann es verstehen, ,,der nicht elend in seinem Gewissen ist"[36]. Er darf sich an die von Luther so geliebte Verheißung halten: ,,Mein Wort soll nicht leer wieder zu mir kommen, sondern alles ausrichten, was ich haben will" (Jes. 55,11)[37].

Hier schlägt nun das Verhältnis von ,,Fühlen" und ,,Glauben", wie Luther psychologisch sehr genau zergliedert, eigentümlich um. Mag man sich im Himmel oder in der Hölle, angenommen oder verworfen fühlen, darauf kommt es nicht an. Sondern man soll sich mit geschlossenen Augen ans

---

[29] WA 12; 511,18 ff.
[30] WA 11; 24,1 ff.
[31] Ebd. 25,19. WA 12; 411,12 f. 412,31 f. WA 11; 50,10. 44,7 f.
[32] WA 12; 411,19 ff. WA 11; 44,2.9.
[33] WA 11; 44,18 f.
[34] Ebd. 24,13 ff.
[35] WA 12; 511,15 f. 510,14 f.
[36] WA 11; 43,11 f. 42,24 f.
[37] WA 12; 500,33 ff.

Wort halten. Ja, selbst wenn man nur seine innere Kälte fühlt, – man fühlt sie doch noch; das ist ein hoffnungsvolles Zeichen. ,,Du bist schon bereitet, wenn du fuhlist, daß du dir gern wollist helfen lassen und dich die Not dringt, dass du hinzugehist" (zum Sakrament)[38]. Und dann ein paar praktische, von ihm selbst erprobte Ratschläge: Geh zu einem frommen Mann und bekenne ihm dein Verzagen; lies ein Stück aus der Schrift und sprich mit anderen davon. ,,Das Beste ist, daß zween oder drei miteinander davon reden mit Ernst, daß die lebendig Stimm gehet, da gehet es auch viel stärker und muß der Teufel weichen."[39] Luther hielt viel von der lebendigen Stimme des brüderlichen Gesprächs und der – nicht pflichtmäßigen, sondern aus der Seelennot entsprungenen – Beichte[40]. Hier, von dem nicht allein an Gottes Wort orientierten Selbstgefühl gelöst, tritt das Fühlen des Glaubens wieder in sein Recht. Denn der Glaube ist etwas Lebendiges, Wachsendes. ,,Wenn wir hindurchkommen (durch die Anfechtungen), so kommen wir denn in die Erfahrung und werden unsers Glaubens gewiß." Die ganze Bibel ist voll von ,,Exempeln eines zunehmenden Glaubens", wo aus der ersten bestandenen Probe immer neue Erfahrungen gefolgt sind[41].

Gott bekräftigt den Glauben nicht nur durch besondere Zeichen, sondern auch durch die unzähligen Wunder des täglichen Lebens, die wir freilich immer übersehen: daß ein Mensch einen Menschen erzeugen kann, daß die Welt voll Licht ist, daß es überall auf der Erde wächst. Das sind doch Hinweise genug auf den ,,höchsten Artikel": ,,zu glauben, daß Gott mein Vater ist"[42]. Aber weil wir nicht sehen, was vor Augen liegt, läßt Gott es uns unüberhörbar eindringlich und unisono verkündigen. Es gibt im Evangelium keinen anderen Ton als diesen. Denn es ist kein Buch, sondern wiederum nichts als lebendige Stimme, ,,ein gut Geschrei, eine gute Predigt von Christo", ,,eine leibliche Predigt . . ., die frei ausgerufen werden soll vor allen Kreaturen, daß sie es alle hören könnten, wenn sie Ohren hätten"; das Wort, das durch verschlossene Türen geht[43]. Luther wird nicht müde, das einzuschärfen, und meint schon 1522 sagen zu dürfen: ,,Eure Liebe weiß nun, hoff ich wohl, was das Evangelium ist."[44] In dieser Definition steckt das ganze Geheimnis dessen, was für Luther Wort Gottes, Glaube und Kirche ist. Das Evangelium ist nicht kodifiziertes Sakralrecht wie im alttestamentlichen Gesetz und in der römischen Kirche, nicht Tradition eines Lehrstandes wie der Rabbinen und Kleriker, nicht eine einzelne Schrift oder eine Sammlung von Schriften. Sondern es ist ein immer neu erhobener Ruf, der nur einen Inhalt hat: Christus.

---

[38] Ebd. 500,16ff.
[39] Ebd. 499,32ff. 501,12ff. 505,10ff.
[40] Zur Beichte s. ebd. 516,33ff. 522,26ff. WA 15; 481–489 und o. S. 17f.
[41] WA 10/3; 426,18ff. 427,28f. WA 11; 50,26f.
[42] WA 11; 50,19ff.27f.
[43] WA 10/3; 400,4. WA 11; 42,8. WA 12; 556,9ff. 518,19ff.
[44] WA 10/3; 400,3.

Und es stiftet nur einen Zusammenhang in der Kirche durch die Zeiten hindurch, den des Verkündigens, Hörens und Glaubens. Weil es lebendige Kunde von einem bestimmten Geschehen ist, widerspricht es sich nicht. Den Einwand, „das Evangelium und Schrift sei finster und dunkel", darum solle man sich an die Auslegung der Kirchenväter halten, gibt Luther mit Ruhe zurück: Wie viel widerspruchsvoller sind die Auslegungen der Väter! Und wo wir auf Dunkelheiten in der Schrift stoßen, ist sie bei näherem Forschen „ihr selbs ein eigen Licht" und legt sich selbst aus[45]. Man muß nur scharf im Auge behalten, was Evangelium ist, dann wird man die rechten Unterscheidungen zu treffen lernen.

Aber enthält die Schrift nicht auch Gesetz? Luther schiebt es nicht beiseite. Er meint es auch nicht nur so, daß man „den rohen Menschen, die das Evangelium nicht fühlen, das Gesetz predigen und sie treiben muß, bis daß sie mürbe werden und ihre Gebrechen erkennen; wenn das geschehen ist, soll das Evangelium angehn"[46]. Sondern er hält auch seiner Gemeinde in diesen Jahren immer wieder Reihenpredigten über die zehn Gebote[47]. Aber er predigt sie so, daß in jedem einzelnen Gebot „die Summe von dem Gesetz" sichtbar wird: „Du sollst freundlich, süß und gütig sein von Herzen, Worten und Werken." Wenn die Juden antworten: „Das steht nicht geschrieben", und die scholastischen Theologen sagen: „Ei, das hat Gott nit also gemeint, denn wer könnt's halten? Er hat's nit geboten, sondern allein geraten denen, die vollkummlich sein wollen", – so weist Luther auf das lebendige Gesetz hin, auf das es wie beim Glauben und beim Wort allein ankommt: „Also hat Christus tan, dem tu's nach, so bist du ein Christ."[48] Das Gesetz hat immer einen doppelten Sinn, den er an allen zehn Geboten verdeutlicht, einen äußeren und einen inneren. Der äußere läßt sich ohne viel Schwierigkeiten erfüllen: kein Götzenbild anbeten, nicht morden, stehlen usw. Aber der wahre Sinn ist die Reinheit des Herzens, auf die jedes Gebot von einer neuen Seite hinführt[49]. Das Gesetz ist also nicht nur wie das des Alten Bundes die Ordnung eines gottesfürchtigen Volkes, sondern es ist im höchsten Maße persönlich, es ist wahrhaft „geistlich", es zielt auf Vollkommenheit. Es geistlich verstehen, heißt darum auch wissen, „daß man nicht einen Buchstaben davon erfüllen kann"[50]. Wir wären verloren, wenn wir meinten, daß unser Heil von dieser Erfüllung abhinge. So wird das Gesetz zum Spiegel unseres wahren, von der Sünde nicht freikommenden Wesens und läßt uns aufhorchen auf das Wort von der Gnade, das unser selbstgerechter moralischer Eifer überhört. Das „geistlich" verstandene Gesetz meint den heiligen Geist. Wo

---

[45] Ebd. 236,6 ff. 238,10 f. WA 15; 434,8 f.
[46] WA 12; 529,23 ff.
[47] 1516, 1517, 1519, 1522, 1523.
[48] WA 12; 624,8 ff. 625,10 ff. WA 11; 148,20 ff. 36 ff.
[49] Vgl. die Dekalogpredigten 1523 in Rörers Nachschrift WA 11; 30 ff.
[50] WA 11; 31,23. 48,19.

kein schriftliches Gebot und keine pädagogische Ermahnung hilft, „da schreibt er eitel Feuerflammen ins Herz und macht es lebendig". „Ein solch Mensch ist über alles Gesetz, denn der heilig Geist lehret ihn besser denn alle Bücher, daß er die Schrift besser versteht, denn man's ihm sagen kann, und tut von ihm selbs alles, was Gott will, daß das Gesetz nichts von ihm fordern darf" (zu fordern braucht)[51].

Waren das nicht Illusionen? Und ist nicht zu begreifen, daß die Geistpropheten, die „Schwärmer", ihn mißverstanden haben? Alles Unbedingte ist mißverstanden worden, in der Geschichte des Glaubens wie der des Denkens; dem konnte er nicht entgehen. Aber für Illusionen dachte Luther zu nüchtern. Die erste Predigt, in der er das doppelte Verständnis des Gesetzes klarmacht, schließt in Rörers Nachschrift: „Internus intellectus geht wenig Leut an."[52] Und auch diese wenigen leben immer im Zwiespalt zwischen Freudigkeit im Geist und Erschrecken über ihre Sünde. „Es muß immer gemenget sein, daß man beides fühle, den heiligen Geist und unser Sund und Unvollkommenheit."[53] Eins hebt das andere nicht auf. So sehr Luther davor warnte, „daß man von dem heiligen Geist nicht zu trotzig und freidig (kühn) poche"[54], so sehr schrieb er es seinen Hörern doch ins Herz, daß der rechte Glaube Gutes tun muß, „gleich wie ein lebendig Mensch sich nit kann enthalten, er muß sich regen, essen und trinken und zu schaffen haben"[55]. Es kommt alles darauf an, zu verstehen, daß Glaube nicht nur Einsicht, sondern Leben ist. Aus dem wahren Glauben an Christus „kommt eine Lust ins Herz, daß ich ohn Zwang und Drang von mir selbst zufahre und gern tue, was ich soll, und spreche: Weil mein Herr mir solches getan hat, will ich auch tun, was er will"[56]. Die Überschätzung der Werke entspringt der Unterschätzung des Glaubens. Weil man üblicherweise Glauben als Zustimmung zur Lehre der Kirche versteht – alles weitere gehört schon unter andere Begriffe: Liebe, Tugenden aller Art –, deshalb meint man, „der Glaube sei nicht genug, es muß etwas mehr und Größeres da sein"[57]. So kommt man ins Eifern, Rechnen, Sichrühmen und Sichängsten. Aber die Entscheidung fällt in einer viel tieferen Schicht, nicht in diesen sichtbaren Leistungen, sondern in der unsichtbaren Wurzelschicht der Person. Ich muß wissen, „daß es nicht auf meinen Werken stehe, sondern auf der ganzen Person"[58]. Gott urteilt über den Menschen nicht nach einzelnen Handlungen, die man abgrenzen, zählen und wägen kann, „sondern nach dem Abgrund seines Gewissens"[59].

---

[51] WA 12; 570,5 ff. 572,14 ff.
[52] WA 11; 33,13.
[53] WA 12; 573,26 f.
[54] Ebd. 573,10 f.
[55] Ebd. 559,21 ff.
[56] Ebd. 515,20 ff. 547,22 f.
[57] WA 10/3; 285,11.
[58] WA 12; 516,18 f.
[59] Ebd. 543,37.

Darum begreift der Glaube, daß er sein Heil in nichts von sich selbst erwarten kann, sondern alles Gott zutrauen muß: die Bereinigung seiner Vergangenheit durch die Vergebung seiner Sünde und seine Zukunft, die Erneuerung seines Wesens. Nicht daß man vom Christen forderte, das Gute zu tun, war der Fehler der alten Frömmigkeit, sondern was man damit meinte: den sühnenden Ausgleich für die Sünde. Darauf beruhte das ganze kirchliche System der „guten Werke", deren Wirkungen bis ins Fegefeuer reichen sollten. Keines unserer Werke ist so rein, daß es für Sünde sühnen könnte[60]. Sie haben einen ganz anderen Sinn. Luther prägt ihn seiner Predigtgemeinde mit der gleichen Leidenschaft ein, mit der er ihr das falsche Verständnis zu nehmen versucht. Weil die Werke die natürlichen Früchte des Geistes sind, sind sie „Zeichen und Siegel" des Glaubens nach außen hin[61]. Sie gelten nicht „von dem Wesen, das zwischen Gott und Menschen geht, sondern zwischen Menschen und Menschen"[62]. „Vor Gott hilft mir nur der Glaube, kein Werk."[63] Aber vor Menschen muß und kann der Christ sich als Christ erweisen durch sein Tun. Ja, nicht nur vor Menschen, auch vor sich selbst. Luther bemüht sich überraschend eindringlich darum, seinen Hörern diese Bedeutung der Werke klar zu machen. „Denn wo nicht Werk folgen, kann der Mensch nicht wissen, ob er recht glaube; ja er ist gewiß, daß sein Glaub ein Traum und nicht recht."[64] Von Herzen kommendes Vergeben hilft dem Menschen, an die Vergebung seiner eigenen Sünde zu glauben[65].

Um Mißverständnisse abzuwehren, unterscheidet Luther eine doppelte „Rechtfertigung", eine innere vor Gott durch den Glauben und eine äußere: „Äußerlich und öffentlich fur den Leuten und fur ihm selber wird er rechtfertig durch die Werk, das ist, er wird bekannt und gewiß dadurch, daß er inwendig rechtschaffen, gläubig und frumm sei."[66] Diese Formulierung, die dem an späteren Auseinandersetzungen um die Rechtfertigung geschulten Ohr gefährlich klingt, ist etwas anderes als die Lehre von der „doppelten Gerechtigkeit", mit der man zeitweilig einen Kompromiß zwischen der reformatorischen und der römischen Lehre gesucht hat[67]. Sie meint keinerlei Aufteilung des göttlichen und des menschlichen Anteils an der Rechtfertigung oder Stufen eines Prozesses, sondern nur zwei verschiedene Aspekte, die wie die Betrachter – Gott und Menschen – absolut voneinander geschieden sind.

---

[60] Ebd. 545,35 ff. WA 11; 92,19 ff. 94,25 ff.

[61] WA 10/3; 225,35 ff.

[62] WA 12; 646,34 f.

[63] WA 11; 158,2.

[64] WA 10/3; 287,20 f.

[65] Ebd. 226,2 ff.

[66] Ebd. 287,27 ff. Ebenso WA 11; 157,13 ff. (WA 12; 646,16 ff.)

[67] Der Versuch wurde von katholischen Reformtheologen, vor allem Johannes Gropper und Gasparo Contarini, unternommen, dem „Regensburger Buch", der Unionsformel bei den Religionsverhandlungen in Regensburg 1541, zugrunde gelegt, auf dem Tridentinischen Konzil erörtert, aber verworfen.

Daß der gute Schein vor Menschen trügen kann, braucht man Luther nicht zu sagen. Ebenso, daß man auf die Erfahrung des eigenen Vergebens und Liebens nicht den Glauben an die Seligkeit gründen kann. Was Luther meint, ist nicht der berühmte syllogismus practicus, der Rückschluß von den Werken auf den Glaubensstand, im strengen Sinne[68]. Immerhin, Luther findet etwas daran. Es soll dem Menschen Mut machen und Zuversicht geben, wenn er merkt, daß es ihm gelingt, den Geboten Gottes nachzukommen oder hier oder da dem Beispiel Christi zu folgen. Er darf es als gutes Zeichen für einen würdigen Empfang des Sakraments nehmen, wenn er seine Brüder, auch seinen Feind, von Herzen zu lieben vermag, während es ihm keine Gewißheit schenken könnte, wenn er, ohne diese Erfahrung zu machen, das Sakrament hundertmal an einem Tage noch so andächtig empfinge[69]. Luther bietet seinen Hörern damit keine Sicherheit in der Anfechtung – die gibt allein Gottes unverbrüchliches Wort –, wohl aber einen Hinweis, daß er der Kraft Gottes vertrauen kann. Seine Werke werden ihm ein Stück Evangelium. Sie zeigen ihm, daß er einen „Kasten voll Gulden" besitzt, den Glauben, der ihm nichts nützt, wenn er nichts davon weiß[70]; ja, müßte man hinzufügen, der nicht vorhanden ist, wenn er ihn nicht ausgibt. Luthers immer wiederholte Bemühungen um die Frage Glaube und Werke sind ein einziger Versuch, seinen Hörern die Augen für diesen Schatz zu öffnen. Er verflüchtigt sich, wenn man meint, ihn sich mit Hebeln und mit Schrauben, Vorschriften und Verdienstgedanken abzwingen zu können; er ist da und mehrt sich, wenn man ihn strömen läßt. Das rechte Verhältnis von Glauben und Werken bezeichnet die Stelle, wo für den Stand des Menschen vor Gott alles zu gewinnen und alles zu verlieren ist. Darum behandelt es Luther so unermüdlich. Er will einer zu Werken erzogenen Gemeinde nicht ihre Werke ausreden, sondern ihr deren wahren Sinn zeigen. Der Adressat aller wahrhaft guten Werke ist nicht Gott, sondern der Nächste. Das Kriterium des Guten ist, ob es dem Nächsten nützt. Danach wird Gott auch im Gericht urteilen. „Am jüngsten Tage wird er dich fragen, ob du Werke getan hast, nicht um durch sie gerechtfertigt zu werden, sondern um dem Nächsten zu dienen."[71] Es gibt also ein Gericht nach den Werken. Aber es ist in Wahrheit ein Gericht nach dem Glauben, der auf jede Selbstrechtfertigung verzichtet und darum frei wird, bei allem, was er Gutes tun kann, nicht an das eigene Heil, sondern nur an den Nächsten zu denken.

---

[68] M. Schneckenburger, Vergleichende Darstellung des lutherischen und reformirten Lehrbegriffs, Bd. 1 (Stuttgart 1855), 265 ff. O. Ritschl, Dogmengeschichte des Protestantismus, Bd. 3: Die reformierte Theologie des 16. und 17. Jahrhunderts in ihrer Entstehung und Entwicklung (Göttingen 1926), 207 ff. 298 f.

[69] WA 15; 500,7 ff. 34 ff.

[70] WA 10/3; 226,9 f.

[71] WA 11; 94,27 ff. Vgl. A. Peters, Glaube und Werk. Luthers Rechtfertigungslehre im Lichte der Heiligen Schrift, AGTL 8 (Hamburg 1962), bes. 83 ff.: Unsere Werke als Gottes Werke an uns im Gesetz und in uns durch das Evangelium.

Von diesen elementaren Einsichten in das Wesen der Gnade, des Glaubens und des Guten ist auch Luthers gesamte Kritik der bisherigen Frömmigkeit bestimmt. Sie wendet sich nur in geringem Maße gegen äußere Entartungen, sondern viel stärker gegen die innere Sinnverkehrung in den wichtigsten gebräuchlichen Devotionsformen; und er will auch hier nicht einfach zerstören, sondern so weit wie möglich zum Verständnis des rechten Sinnes anleiten. Das gilt auch für die ihm selbst schon ganz fremd gewordene Heiligenverehrung, von der die bisherige Gebetspraxis beherrscht war[72]. Seine Kritik an ihr stammt nicht aus der Skepsis. Sicherlich leben die Heiligen: Wie wollten wir es bezweifeln, da doch das, was wir „Leben" nennen, ein einziges großes Geheimnis ist? Ein Kind in der Wiege, ein Schlafender lebt, ohne zu wissen wie; und auch wir wach Lebenden wissen es nicht. „Darum so Gott hier auf Erden in dem engen Kerker, das da kaum ein halb Leben ist, mit uns handelt, daß wir nicht fühlen, wie wir leben, ei, viel mehr kann er's tun dort im Himmel, da es weit und breit ist und da das recht Leben ist." Aber mehr, als daß die verstorbenen Gläubigen, auch die Mutter Gottes, leben, wissen wir nicht; „wie das aber zugehe, das befehl man dem lieben Gott"[73]. Wie die neugierige Phantasie will Luther auch den Aberglauben an die speziellen Wunderwirkungen und Segnungen der einzelnen Heiligen abwehren. Er fällt für ihn, wie er schon in seinen Predigten über die zehn Gebote von 1518 mit einer Fülle von Beispielen dargetan hatte, unter die im ersten Gebot verbotene Götzenverehrung und Zauberei[74]. Ebensowenig wie auf solche Wunderkräfte soll man auf die moralischen Vorzüge der Heiligen schauen, mag einer auch ein noch so gestrenges Leben geführt haben wie Johannes der Täufer: „Die Lehre wollen wir sehen." Auf ihr Wort und ihren Glauben kommt es an; das ist das sanctum sanctorum, nicht anders als bei Christus selbst. „Denn Christus hat auch das größte Werk getan mit seiner Lehre; die Wunderzeichen sind nichts gegen seine Lehre."[75] Wenn einer wirklich ein Heiliger ist, dann nicht als ein „Werkheiliger", sondern als ein Glaubender oder ein „Predigtheiliger", wie Luther Johannes den Täufer nennt, weil er uns zu Christus einlädt[76]. Luther will damit eine Fürbitte der „Heiligen" nicht leugnen. Aber keines Glaubenden Gebet gilt mehr als das eines anderen. „Des geringsten Knaben oder Mädlin Gebet auf Erden gilt also viel als St. Peters oder Gabriels im Himmel, allein darum, daß sie alle denselben Christum haben." So ist es zwar keine Sünde, die Heiligen anzurufen, aber doch zu raten, daß man sich allein an Christus wende[77]. Wenn wir unser Vertrauen al-

---

[72] L. Pinomaa, Luthers Weg zur Verwerfung des Heiligendienstes, in: LuJ 29 (1962), 35 ff. (Vgl. jetzt auch: ders., Die Heiligen bei Luther (Helsinki 1977). K. B.)

[73] WA 10/3; 269,1 ff. 17 ff.

[74] WA 11; 36,2 ff. 137,23 ff. Decem praecepta Wittenbergensi praedicata populo, WA 1; 398 ff.

[75] WA 10/3; 205,5.8 ff. WA 15; 416,25 f.

[76] WA 12; 604,41. WA 11; 139,3.

[77] WA 10/3; 204,5 ff.20.

lein auf ihn setzen, mögen wir auch die Heiligen verehren. Freilich, fügt Luther hinzu, wenn wir damit Ernst machten, dann bliebe wohl vom Heiligenkult nichts übrig[78]. Auch der Gedanke der Fürbitte sollte besser von der für die Toten auf die Fürbitte gelenkt werden, welche die Lebenden einander schuldig sind[79]. Erst recht aber soll man das, was man den toten Heiligen zu spenden gelehrt worden ist, den Lebenden, den Armen und Schutzlosen, zuwenden. Das hat Gott geboten, nicht Stiftungen für die toten Heiligen[80].

Leidenschaftlicher als der Heiligenkult, der ihn doch schon kühl läßt, erregt Luther der Mißbrauch in der Marienverehrung. Hier ist sein Herz beteiligt. Eine auch ihm teure Gestalt der Bibel ist in der kirchlichen Frömmigkeit abgöttisch verzerrt worden. Wenn sie heute noch auf der Erde weilte, würde sie selbst Blut darüber weinen. Aus der demütigen, gläubigen Magd und der liebenden Mutter hat man eine Königin gemacht und sie über alle Chöre der Engel erhoben. Luther wendet sich darum immer wieder gegen das Salve regina, mater misericordiae, vita, dulcedo . . ., das man ihr singt. ,,Wer will das verantworten, daß sie unser Leben, Barmherzigkeit und Süßigkeit sein soll, so sie sich doch läßt genügen, daß sie ein armes Gefäß sei?"[81] Allein Gott ist zu loben, der sie so hoch erhoben hat, nicht sie; kein Faden bleibt für sie selbst übrig. Eben das ist der Trost für uns, daß Gott sie, die nichts ist und hat, mit seiner Gnade erfüllt hat; dann dürfen wir es auch für uns hoffen. Die großen Gaben, die man ihr andichtet, könnten uns nur erschrecken[82]. Luther bemüht sich deshalb darum, alle Aussagen über sie auf das biblische Maß zurückzuführen. Gewiß, sie war Jungfrau, Gott wollte es so. Aber es liegt nicht viel daran; es liegt alles daran, daß ihr Sohn unser Herr wird[83]. Sie war ohne Sünde, aber nicht aus sich, sondern wie wir alle aus der Gnade, die uns die Sünde nicht anrechnet. Die Geschichte vom zwölfjährigen Jesus wird Luther zu einem Beispiel der Sünde bei ihr: Sie hat den Sohn Gottes verloren und muß darum, nachdem sie so hoch beglückt wurde, Höllenangst und Verzweiflung durchmachen – uns zugute. Denn so handelt die Gnade: Sie nimmt dem Sünder die Verzweiflung und legt sie auf den Heiligen, damit er sich nicht sicher fühlt. Damit werden wir einander gleichgestellt. Es gibt vor Gott keinen Unterschied zwischen der Mutter Maria und der Hure Maria Magdalena[84]. So bleibt das menschliche Bild der Maria übrig, das Luther mit den wenigen Zügen, welche die Bibel nur bietet[85], der Gemeinde ausmalt. Er will sich damit dem Gedanken der Fürbitterin nicht verschließen, aber wiederum

---

[78] WA 11; 137,32 ff.
[79] Ebd. 61,24 ff.
[80] WA 10/3; 407,29 ff. 318,15 ff.
[81] Ebd. 321,7 ff.
[82] WA 11; 142,36 ff. WA 12; 613,9 ff.
[83] WA 15; 411,21 ff. 477,5 f. 480,32 ff.
[84] Ebd. 416,4 ff.
[85] WA 11; 60,35 f.

nicht anders, als wir alle füreinander bitten können. Man muß zum Nächsten sagen können: „Dein Gebet ist mir gleich als lieb als ihrs."[86] Darin sind wir ihre Brüder und Schwestern, auch wenn sie die unvergleichliche Ehre empfing, Mutter des Herrn zu werden. Aber das bedeutet keinen „geistlichen" Unterschied. Sie bedarf desselben Glaubens an das Evangelium und derselben Erlösung. Christus allein ist der Mittler; es gibt keine mitwirkende Mittlerschaft Mariens. Wegen des Mißbrauchs, der im Mariendienst mit dem Ave Maria getrieben wird, möchte Luther es gemieden wissen, obwohl gegen die Worte selbst nichts einzuwenden ist. Nur wer sicheren Stand im Glauben hat, kann es ohne Gefahr sprechen[87]. Aber das Bild der Maria ist in dem ihr gewidmeten Kult überhaupt so schrecklich entstellt worden, daß es besser wäre, ihn ganz abzuschaffen[88]. Ja, dem Luther, der seine Liebe zur Mutter des Herrn im Magnificat von 1521 fast dichterisch bekannt und zu bezeugen nie aufgehört hat, entringt sich einmal der Stoßseufzer: Es wäre besser, wir hätten nie etwas von ihr erfahren, „denn daß wir sie so ungeehret (verunehrt) haben"[89].

Den unerfreulichsten Teil der Heiligen- und Marienverehrung bilden für Luther der Reliquienkult und die Wallfahrtspraxis. Hier ist eine kräftige Skepsis am Platze. Wer weiß, ob die Gebeine der heiligen drei Könige zu Köln nicht von drei Bauern stammen? Könige waren es ohnedies nicht, die das Heilandskind aufsuchten, dann hätte Herodes sie ganz anders empfangen, sondern Priester oder Weise[90]. Die Legende von den 11 000 Jungfrauen erscheint Luther einer Lüge „nicht ganz ungleich"[91]. Die haltlose Fabel, daß der Apostel Jakobus in Compostella begraben sei, tut er spöttisch ab. Vielleicht ist ein Hund oder Roß dort begraben, wohin die Leute mit großen Kosten wallfahren, statt rechte gute Werke zu tun. Andere verlegen ihn ebenso grundlos nach Toulouse[92]. Besonders ergrimmt ihn das „greuliche Spiel", das man neuerdings – zuerst 1512, weit glanzvoller 1515 – mit der Ausstellung des angeblichen Rockes Christi zu Trier angefangen hat[93]. Denn sie und die Verehrung des vermeintlich gefundenen Kreuzes Christi sind ein rechter Teufelsstreich, der die Leute von dem rechten Weg, selbst ihr Kreuz auf sich zu nehmen, zu „Mißbrauch und Narrheit", zu kostbaren Stiftungen, Wallfahrten und prunkvollen Festen verführt, während man die Armen darben

---

[86] WA 10/3; 322,6ff.
[87] WA 15; 480,33ff. WA 11; 60,3–61,32.
[88] WA 11; 61,26.
[89] Ebd. 143,13f. Zum Magnificat s. o. S. 19f. Zur bleibenden Marienauffassung Luthers und zu seiner Stellung zu den Marienfesten vgl. H. Düfel, Luthers Stellung zur Marienverehrung (Göttingen 1968); H. D. Preuß, Maria bei Luther, SVRG 172 (Gütersloh 1954); W. Delius, Luther und die Marienverehrung, in: ThLZ 79 (1954), 409ff.
[90] WA 15; 409,2ff.
[91] WA 10/3; 352,22ff.
[92] Ebd. 235,8ff.
[93] Ebd. 369,23ff. Vgl. später WA 30/2; 297,3ff. WA 30/3; 315,33f.

läßt. Es gibt so viele Späne vom heiligen Kreuz in der Welt, daß man ein Haus daraus bauen könnte; so wie es wohl sieben Häupter von St. Barbara gibt, die man verehrt[94]. Doch spielt der Spott über solche Erscheinungen, gemessen an dem Raum, den sie in der Volksfrömmigkeit einnahmen, in Luthers Predigten nur eine geringe Rolle. Ihm geht es darum, daß die beiden Grundgebote des Christenlebens, Glauben und Liebe, dadurch verletzt werden. Statt Kreuzfindung und -erhöhung in Festen zu begehen, sollte jeder, wie Christus geboten hat, „sein eigen Kreuz finden und erheben"[95]. Vor allem aber sind die Wallfahrten eine Verkehrung des Willens Christi. „Ehe man gäb einem armen Mann dreißig Gulden, eher läuft man hin und verzehrt vierzig oder hundert."[96] Der Arme „ist das lebendige Heiltum", an das uns Gottes Wort weist, nicht die goldgeschmückten Gebeine der Heiligen. Luther wünschte darum, daß die besonders beliebten Ziele dieser Wallfahrten, die Blut schwitzenden Kruzifixe, beseitigt würden, damit diese Verführung der Gläubigen aufhöre und allein der Glaube gelehrt werde[97].

Reizten diese offenkundig veräußerlichenden und abergläubischen Züge der Volksfrömmigkeit Luther zu begreiflicher Schärfe, so wandte er sich doch mit noch größerem Ernst ihren tiefer liegenden Motiven zu. Obwohl so viel gebetet und über das Beten geredet und geschrieben wird, sind die Christen doch schlecht dazu erzogen worden. Man hat ihnen die Worte beigebracht, aber nicht den Sinn, und sie gar noch angewiesen, die Gebete zu häufen und zu zählen. Aber: „Es ist eine andere Sache, ein Vaterunser zu sprechen als zu beten . . . Man kann in einer Stunde zwanzig Vaterunser sprechen und hat doch kaum eine Silbe gebetet." Beten ist eine „geistliche Sache"[98]. In zwei Predigten des Jahres 1523 über das Vaterunser gibt Luther eine Anleitung dazu, deren Kraft noch durch Rörers Nachschriften hindurch zu spüren ist. Mit den Anfangsworten „predige ich mir selbst und denke: Du sprichst mit dem Vater, den du nicht siehst, der im Himmel ist; er kann dir helfen." Bei jeder Bitte muß man sich die Not genau vor Augen stellen, aus der man sie spricht. Nichts hält das Herz so am Beten wie die Not. „Darum, willst du am Gebet bleiben, so sieh auf deine und deines Nächsten Not."[99] Luther führt das an allen sieben Bitten durch, die Anfechtungen des Einzelnen und des Gottesreichs verbindend. Und der lebendig vergegenwärtigten Not muß die im Namen des Vaters enthaltene, im Gotteswort gepredigte Verheißung immer von neuem antworten. Wie hier über die Worte, so leitet Luther ebenso eindringlich auch über die Gefühle zum Glauben. Die mittelalterliche Frömmigkeit war von ihren volkstümlichen Formen bis zur mysti-

---

[94] WA 10/3; 332,8 ff. 333,9 ff.
[95] Ebd. 335,21 ff.
[96] Ebd. 235,14 ff.
[97] Ebd. 334,23 f. 335,17 ff.
[98] WA 11; 55, 16 ff. 25 ff.
[99] Ebd. 56,2 f.20 f.30 ff.

schen Versenkung durchflutet von Passionsmotiven. Luther spürt die ungemeine Gefahr, daß der Mensch dadurch zu Mitleidsempfindungen verleitet wird, auf die es gar nicht ankommt. Nur „Lumpenprediger" wollen zu Tränen rühren. „Christus will deine Tränen nicht, die Passion ist dir zur Freude gesandt." Man muß das Wort Christi hören: „Sieh Mensch, das hättest du leiden müssen; ich nehme es alles auf meine Schultern." Dieses glaubende Empfangen der Frucht der Passion ist die rechte Meditation, nicht die fromme Betrachtung der Vorgänge allein. Aus solcher Glaubensmeditation erwächst die Liebe zu Gott und die Nachfolge des Gekreuzigten[100].

Was Luther über Glauben und Liebe als Inhalt eines wahren Christenlebens zu sagen hat und als Kriterium allen Fömmigkeitsformen gegenüber durchführt, weist immer wieder in die gleiche Richtung: eine Vertiefung der christlichen Individualität, ein bewußtes Aneignen der Gnadenbotschaft und eine persönliche Verantwortung für den Nächsten. Damit mußte sich das Bild von der Gemeinde, die sichtbar werdende Gestalt der Kirche, grundlegend wandeln. Unermüdlich legt der Prediger Luther seinen Hörern aufs Herz, daß sie selbst für sie verantwortlich sind. Sie müssen es lernen, im ersten Gliede zu stehen, nicht mehr hinter der schützenden Phalanx des Klerus, der für sie alles, die Fragen der Lehre wie des Gewissens, entschieden hatte. So wie Wittenberg eine communio civium ist, so sind sie die communio sanctorum, wie das Glaubensbekenntnis die Kirche nennt. Statt des viel mißbrauchten Wortes Kirche möchte Luther lieber „Christenheit" sagen. Das läßt sich nicht ins Rechtliche und Hierarchische verkehren, wie es mit „Kirche" geschehen ist, und drückt dasselbe aus wie communio sanctorum, d. h. die communio fidelium in aller Welt[101]. Die Berufung zur Selbständigkeit wendet sich nach außen wie nach innen. Indem man den Christen verwehrt hat, selbst zu urteilen und zu unterscheiden, wo das Evangelium gepredigt wird und die Stimme des wahren Hirten zu hören ist und wo nicht, hat man ihnen „das Schwert genommen". Es muß wiedergewonnen werden; nicht mit Gewalt, sondern allein mit dem Wort[102]. Aber dieses wohl seit tausend Jahren verlorene Recht richtet sich zugleich aufs Innerste und wird zur ernstesten Mahnung für den Christen selbst. Wie in der ersten Predigt nach der Rückkehr von der Wartburg prägt Luther es seinen Hörern ein, daß sie sich angesichts des Todes nicht auf Päpste, Konzilien, ja auf Engel berufen können, sondern selbst wissen müssen, was sie glauben. „Es gilt dir deinen Hals, es gilt dir das Leben, darum muß dir Gott ins Herz sagen: Das ist Gottes Wort, sonst ist es unbeschlossen (nicht sicher). Also mußt du gewiß sein bei dir selbst, ausgeschlossen alle Menschen." In dieser Verantwortung für sich selbst und für die Gemeinde erfüllt sich das Wesen des „geistlichen Menschen" (1.Kor. 2,15), des Christen. Im geistlichen Bereich herrscht eine an-

---

[100] WA 15; 509,26 ff. 510,1 ff. 511,29 ff. 512,13 f.
[101] WA 11; 53,13 ff.24.
[102] WA 10/3; 174,6 ff.

dere Größenordnung als im weltlichen. In diesem ist ein Alter klüger als ein Junger, ein Gelehrter klüger als ein Laie. „Aber in geistlichen Sachen mag (kann) ein Kind oder Knecht oder ein Weib oder Lai als wohl die Gnad Gottes haben als ein Alter, er sei ein Papst oder Doktor."[103] Darum mögen jetzt einmal Laien predigen, wenn die Bischöfe schweigen[104]. Freilich, das ist nur als Nothilfe, nicht als Dauerordnung gemeint. Aus dem allgemeinen Priestertum des Wortes selbst ergibt sich vielmehr die Begründung für das geordnete Amt. Gerade weil alle Christen zum Zeugnis berufen sind, bedarf es der Regelung durch die Gemeinde. Sonst würden wie bei den Weibern auf dem Markt alle reden und niemand zuhören[105].

Zweierlei also gehört zum Amt eines jeden Christen: einmal die Fürbitte, die uns im eigentlichen Sinne zu Nachfolgern Christi in seinem priesterlichen Handeln vor Gott macht und uns darin nicht nur dem Klerus, sondern Maria und allen Heiligen gleichstellt. Aber wohlverstanden, sie muß immer Bitte um den „eigenen Glauben" des andern sein, nicht unser Ersatz dafür, wie man die Gebete der Mönche und Nonnen als Darbringung des bei anderen fehlenden Glaubens und Lobens begründet[106]. Das andere Amt jedes Christen ist das des Beichtvaters. Zwar weiß Luther den besonderen Auftrag des Predigers zur Beichte wohl zu schätzen, aber das schränkt nicht ein, daß ein glaubender Christ, wenn er darum gebeten wird, Beichte anhören und Vergebung zusprechen darf. Wer sie von Herzen begehrt, soll sie vom Bruder annehmen, „als wär Christus selbst dein Beichtvater gewesen"; nicht anders als von dem rechtmäßigen Prediger: „Nimm die Worte also auf, als wenn sie dir Gott vom Himmel gesagt hätte."[107]

Luthers Aufrufe an seine Predigthörer sind nicht revolutionär im Sinne einer Verwandlung der kirchlichen Zustände. Sie sind es nur in dem einen entscheidenden Sinne, daß er den Christen zu seiner geistlichen Verantwortung ruft. In den äußeren Formen läßt er zunächst so gut wie alles offen. Wenn man begriffe, was der Glaube als Mitte alles Geschehens in der Kirche bedeutet, brauchte sich an ihrer Gestalt nur wenig zu ändern. Für evangelisch verstandene Bischöfe, Priester als Diener des Wortes, die neutestamentlich begründeten Sakramente, die gereinigte Messe und rechte Beichte ist nach wie vor Raum. Sowenig sich Luther auf neue Gottesdienstformen festlegte, wollte er neue Ämter einführen. Nicht einmal zur Wiederbelebung des urchristlichen Diakonats konnte er sich entschließen, so gern er es versucht hätte und so sehr er es beklagte, daß das einstige Liebesamt zu einem Vorlesedienst entwertet worden war. Aber er meinte, die Leute dafür nicht zu haben,

---

[103] Ebd. 262,8 ff. 263,18 ff.
[104] WA 12; 463,36.
[105] WA 10/3; 396,3 ff. 397,17 f. Vgl. o. S. 120.
[106] Ebd. 306,4–310,30.
[107] Ebd. 395,22 ff. WA 12; 493,3. 522,27 ff. 524,1 ff.

und traute sich daher nicht, es anzufangen[108]. Ein Zögern, das sich öfter bei ihm findet, hier sogar gegenüber einem in sich ganz unproblematischen Amt. Es zeigt, daß er den erziehenden Wert von Ämtern und Formen nicht sehr hoch einschätzte und lieber zu wenig als zu viel organisierte.

Wie zu ihrem geistlichen Stand, so ermutigte Luther die Christen zugleich zu ihrem weltlichen. Hier muß der Glaube seine wahren Proben bestehen, vor allem in der Ehe und Familie mit ihren Mühen und Sorgen, der Verantwortung füreinander und für die Kinder. ,,Wenn der Glaube geübt werden soll, muß alles unsicher sein." Darum sollte man die bisher als weltlich angesehene Ehe viel eher einen wahrhaft geistlichen Stand nennen[109]. In einer Predigt über die Hochzeit von Kana (1524) schildert er ihn seiner Gemeinde eindringlich. Gott hat die Ehe mit seinem Wort, Werk und Kreuz gesegnet, uns zur Übung in Treue, Glaube und Liebe gegeben und mit der Arbeit ,,wohlgesalzen; sonst werden die Maden dreinkommen"[110].

Aber über diese persönlichste Gemeinschaft hinaus bemüht sich Luther immer wieder, die Christen überhaupt für ihr weltliches Dasein zu rüsten. Seine Konzeption der zwei Reiche hat er zunächst in zwei Predigten in Weimar vorgetragen, aus denen die Schrift ,,Von weltlicher Oberkeit" erwuchs[111], und Einzelheiten daraus vorher und nachher oft auf die Kanzel gebracht. Vor allem liegt ihm daran, daß Christen sich zum Richteramt bereitfinden, weil nur sie es in der ganzen, am Bilde Gottes erfahrenen Unabhängigkeit führen können, welche die Person nicht ansieht[112]. Freilich, die Norm für das Recht, das darin gesprochen werden muß, ist nicht biblisch, sondern weltlich, nämlich die weise Billigkeit, jene von Luther so geliebte aristotelische Epikie, die er in einer Predigt am Bilde der gekreuzten Schwerter des kursächsischen Wappens einprägsam veranschaulicht. Das Heft des Schwertes im weißen Feld erinnert an die Freundlichkeit und Barmherzigkeit, von der alles Recht geleitet sein soll, die Spitze im Schwarzen an den Ernst und die Strenge, mit der es, wenn nötig, angewendet werden muß. Daß die Schwerter sich kreuzen und gleichsam einander wehren, deutet darauf hin, ,,daß ein Richter klug und weise sein soll und sehen, wo er die Gestrengigkeit des Rechtes mäßigen und temperieren muß und ein Recht das andere aufhebt"[113].

Wenn Luther seine Hörer zu einem neuen Verständnis der Gemeinde und der Verantwortung des Christen im geistlichen wie im weltlichen Bereich erziehen wollte, so mußte er sie zugleich von dem Bilde der Kirche losreißen, an das sie bisher geglaubt hatten. Er tut es in seinen Predigten weniger durch

---

[108] WA 12; 693,33 ff.
[109] WA 11; 145,7 ff. WA 12; 618,13 ff.
[110] WA 15; 417 ff. 419,33 f.
[111] S. o. S. 106 ff.
[112] WA 11; 47,15 ff.
[113] WA 10/3; 254 ff. 255,9 ff.

polemische Schärfe, obwohl sie nicht fehlt, als durch die breite exegetische Begründung, mit der er seine Texte mit den verschiedenen Seiten dieses Bildes konfrontiert. Die Gemeinde soll an Hand der Bibel selbst urteilen lernen. Die Schärfe richtet sich vor allem gegen den Papst, weil er die Symbolgestalt ist, in der sich die ganze Verkehrung in der Kirche, die heillose Vermischung ihres geistlichen Auftrages mit weltlicher, rechtlicher und politischer Gewalt, konzentriert. Christi Reich ist allein geistlich, eine Herrschaft über die Herzen durch Wort und Leiden. Er schickt seine Jünger in der Stunde der Gefangennahme fort und verbietet Petrus, ihn mit dem Schwert zu schützen. „Ich muß für mich allein stehen in der Gefahr." Der Papst aber ruft nach dem weltlichen Arm, – „reime dich zusammen, Christus und sein Stellvertreter"[114]. Ja, wenn der Papst bloß ein weltlicher Herrscher sein wollte! Aber er will mit Gesetzeszwang die Gewissen regieren und Werke der Devotion auflegen, die mit Gottes Wort nichts zu tun haben. „Hier hat das Reich Christi ein Ende; wer auf diesem Stuhl sitzt, ist der Antichrist."[115] Denn der Antichrist ist kein Feind von draußen, sondern die Perversion Christi innerhalb der Kirche selbst. Mit grimmiger Ironie wendet sich Luther auch gegen die Verflechtung geistlicher und landesherrlicher Gewalt bei den Bischöfen. Was unterscheidet sie noch von den Fürsten, als daß diese Hüte und Federn tragen, sie aber Mitra und Tonsur[116]?

Diese Kritik an den gegenwärtigen Repräsentanten der Kirche ergab auch ein anderes Bild von ihrer Geschichte. Nicht nur in seinen Schriften, sondern auch auf der Kanzel zerstört Luther, wenn es der Text ergibt, den Mythos von der Einheit und Irrtumslosigkeit der Kirche seit ihren Anfängen. Nie hat es eine Zeit gegeben, wo man sich in der Kirche auf die Autorität einzelner Menschen verlassen durfte. Auch die Zeit der Apostel war voll von Ketzereien, und manche von ihnen selbst haben schwer geirrt, so die Judenchristen in Jerusalem (Apostelgesch. 15,5ff.) und Petrus und Barnabas in Antiochien (Gal. 2,11ff.)[117]. An Petrus zumal läßt sich deutlich machen, was der wahre Grund der Kirche ist. Nicht das Wort und der Glaube eines Menschen: Petrus hat bitter genug versagt, und Christus hat ihn als Versucher abweisen müssen. „Fels" (Matth. 16,18) ist er nur, soweit er selbst auf dem Felsen Christus steht und im Glauben ein Stück dieses Felsens wird, – wie wir alle durch die Christuserkenntnis Petrus gleich werden können. Er war kein zweiter Felsen neben Christus, von dem allein die Mächte der Hölle überwunden werden. Darum besitzt nicht nur Petrus die Schlüsselgewalt, überhaupt kein einzelner Mensch, sondern die glaubende Kirche, die auf dem Felsen Christus steht[118]. Petrus ist, indem er die Unvergleichlichkeit des Gottes-

[114] WA 15; 512,29ff. 513,10. 514,18.
[115] WA 11; 73,21ff. WA 12; 334,20ff. WA 15; 452,17ff. 361,27ff. 392,8ff.
[116] WA 11; 152,25ff.
[117] WA 12; 467,9ff. 417,3ff.
[118] WA 10/3; 208–216.

sohnes erkannte und aussprach, der erste in der Reihe der Glaubenden geworden, die ihm dieses Bekenntnis nachsprechen. Er selbst ist damit ein Zeuge gegen jede Berufung auf die Autorität eines Menschen. Nur die Wahrheit, die er glaubt und weitergibt, ist Autorität. Petrus ist darum nicht das Haupt der Kirche, sondern Erstling und Vorbild aller Prediger. Papst und Bischof gleichen ihm nur, wenn sie das reine Wort Gottes predigen[119]. Luther fand dieses aus den Evangelientexten gewonnene Bild des Petrus durch ihn selbst in seinem ersten Brief bestätigt, den er 1523 der Wittenberger Gemeinde in einer langen Reihe von Predigten in Nachmittags- und Wochengottesdiensten auslegte[120]. Der Brief – ,,der edelsten Bücher eins im Neuen Testament"[121] – bot ihm alles Wesentliche, was er für das rechte Verständnis von Gemeinde und geistlichem Amt brauchte: die wahre Heiligkeit der Kirche allein durch den Geist (1.Petr. 1,2), das Evangelium als Botschaft von dem für uns gestorbenen und auferstandenen Herrn (1,3 ff.), das Apostelamt als Predigt dieses Evangeliums – ,,wer das nicht predigt, der ist kein Apostel" – und das geistliche Priestertum aller Glaubenden (2,5 ff.), das an die Stelle des äußeren Priestertums des Alten Bundes getreten ist wie das geistliche Haus der Christusgemeinde an die Stelle des Tempels und seiner Zeremonien[122]. Von diesem Bilde her erschien Luther durch Petrus selbst schon alles widerlegt, was die Kirche im Laufe der Geschichte aus ihrer Urgestalt gemacht hat. Papst und Konzilien haben kein Recht aus sich selbst, sondern nur aus dem Wort Gottes und dem Glauben; der Papst darf den Christen nichts mit Gesetzen aufzwingen, sondern muß sie im Geist regieren; das Bischofsamt ist keine Würde, sondern ein Amt, einzig an Gottes Wort gebunden, nicht zum Herrschen, sondern zum Weiden der Herde, zum beispielhaften Glauben und Leben bestimmt (5,3 f.)[123]. Daß zugleich auch gerade im 1.Petrusbrief der Gehorsam gegen die weltlichen Ordnungen so nachdrücklich eingeschärft wurde (2,13 ff.), beleuchtete Luther noch einmal von der Gegenseite her, dem Unterschied der beiden Regimente Gottes, auf den für das Verständnis des geistlichen Reiches Christi alles ankommt, – wiederum im Unterschied vom Alten Bunde, in dem Gott sein sichtbar abgegrenztes Volk zugleich durch äußere Gebote wie durch innerliche (das Gebot der Gottes- und Nächstenliebe) leitete. Die äußeren haben in Christus ein Ende gefunden; ,,was aber zum geistlichen Regiment gehört, das ist nicht aufgehoben, sondern stehet noch immerdar"[124].

Von diesem breiten, Altes und Neues Testament umfassenden Fundament

---

[119] WA 11; 146,14 ff. WA 12; 619,12 ff.
[120] WA 12; 249–399.
[121] Ebd. 260,22 f. Dazu die beiden konzentrierten Vorreden zu Luthers Übersetzungen der Petrusbriefe im NT. S. o. S. 82 f.
[122] Ebd. 262,15 ff. 265 ff. 268,20 f. 306 ff. 316 ff. 386 ff.
[123] Ebd. 278,15 ff. 331,31 ff. 390,3 ff. 379,30 ff. 391,8 ff.
[124] Ebd. 334 ff. 275,35 ff.

her machte Luther die Berufung auf Konzilien und Kirchenväter keinen Eindruck. Es gibt nur eine wahre Tradition in der Kirche Christi: die Verkündigung des Evangeliums und den Glauben. Menschliche Traditionen, die nicht aus diesem Kern erwachsen, sind schon im voraus durch die Verheißung des „Geistes der Wahrheit", der von Christus zeugen wird (Joh. 15,26), außer Kraft gesetzt[125]. Es ist doch geradezu Narrheit, den Geist, der „in alle Wahrheit leiten" soll (Joh. 10,13), nach verbreiteter Exegese auf die Konzilien und Päpste mit ihren vielen Dekreten über kirchliches Recht, „geistliche" Stände, Zeremonien, Fastenvorschriften u. a. zu beziehen. Wenn das alles vom heiligen Geist stammen soll, dann sind die Apostel in der Tat nie in die Wahrheit gekommen[126]. Und wenn manche von ihnen geirrt haben, so hat Gott das zugelassen, damit wir lernen, unser Zutrauen nicht auf Menschen zu setzen, sondern allein auf sein Wort. Wie will dann die Kirche für Konzilien und Päpste Irrtumslosigkeit in Anspruch nehmen[127]? Luther bringt darum öfters Beispiele für den Irrtum berühmter Väter auf die Kanzel: z. B. Augustins Verständnis des 2. Gebots oder die auf ihn zurückgehende, einst auch von Luther geteilte Deutung von Luk. 14,23 (Compelle intrare) auf Zwangsmaßnahmen gegen Ketzer; Thomas von Aquino mit seiner Hochschätzung der natürlichen Gotteserkenntnis oder seiner Unterscheidung von Geboten und Räten, welche die Päpste dann für verbindlich erklärt haben[128]; die Regel des Franziskus von Assisi, der nicht begriffen hat, daß die Weisheit vor Gott nicht mit asketischen Werken beginnt, sondern mit der Erkenntnis der verborgenen Offenbarung Christi[129]; oder auch die verbreitete Auslegung der verschiedenen Früchte des Ackers (Luk. 8,5ff.) auf eheliche Keuschheit, Witwenschaft und Jungfräulichkeit[130]. „Das will ich euch sagen, damit ihr wißt, daß die Väter oft geirrt haben. Das ist aus Gottes Vorsehung geschehen, damit wir allein dem Evangelium anhangen und nicht Menschen glauben, und seien es die heiligsten."[131]

War die Behauptung, daß die Väter der Kirche nicht irren könnten, durch das Neue Testament widerlegt und überhaupt in sich selbst unsinnig, so beschäftigte Luther doch immer wieder die Frage, die allein in die Tiefe des Gewissens traf: Wie konnte er als einzelner die Verantwortung auf sich nehmen, daß es zu einer Spaltung in der Kirche kam? Sie war seine eigentliche Anfechtung; er brachte sie mit großer Offenheit wiederholt vor seine Predigthörer. Er verteidigte sich dabei nicht mit der Schuld der anderen, welche die Verderbnis der Kirche und Lehre verursacht hatten. Auch daß es in

---

[125] WA 11; 108,17f. WA 12; 576,14f.
[126] WA 12; 550f.
[127] Ebd. 415,7ff. 418,3ff.
[128] Ebd. 414,21ff. WA 11; 149,2ff. WA 12; 625,5ff.
[129] WA 11; 29,28ff.
[130] Ebd. 19,6ff.
[131] Ebd. 19,25f.

der Geschichte immer Spaltungen gegeben hatte, bedeutete doch kaum eine halbe Entlastung. Denn diese Frage war persönlich gestellt, sei es vom eigenen Herzen: „Hältst du dich allein für klug? Es gibt doch so viele Heilige und Gelehrte", sei es von den Gegnern: „Tor, wie kannst du urteilen über alle Konzilien und Dekrete der Bischöfe und allein widerstehen?" „Wärst du beim Papst geblieben, so wär's nicht also gangen."[132] Es bedarf der ganzen Kraft des Glaubens, um diese Einwände abzuweisen, ihre Schriftgründe aus der Schrift zu widerlegen, wie Christus gegenüber dem Versucher, und den Gegnern zu sagen: „Meine Herrn, ich will gern euer Tor sein, aber meinem Christus glauben."[133] Man muß dann ganz allein nach dem Wort Gottes fragen und darf gewiß sein, daß Gott nach seinem Wort richten wird[134].

Aber es gibt für Luther auch noch einen spürbaren Trost in dieser Anfechtung: paradoxerweise die Unruhe selbst, die ihm vorgeworfen wird. Sie ist ein Zeichen dafür, daß Gottes Wort am Werke ist. Er verdeutlicht es seiner Gemeinde an dem Gleichnis Christi vom Teufel: „Wenn ein Starker gewappnet seinen Hof bewacht, so bleibt sein Besitz in Frieden. Wenn aber ein Stärkerer über ihn kommt . . ." (Luk. 11,21f.). Eben das hat die Christenheit erlebt. Lange Zeit brauchte der Teufel sein Schwert nicht zu ziehen. „So lange das kanonische Recht gepredigt wurde, ging's still zu. Hier stiftete ein Fürst eine Universität, (dort) ein Kloster. Die Nonnen hießen Bräute Christi, die Mönche Herren. Warum? Weil der Teufel sicher saß . . . Wenn aber ein Stärkerer kommt, dann ist die Ruhe aus, da wird er toll und töricht." Bisher war man sich trotz kleiner Streitereien in der Hauptsache einig: im Glauben an den Papst und an die guten Werke. „Als aber Christus sagte: Eure Werke sind nichts . . ., da hatte er zu schaffen"; da setzte er seine Ketzermeister in Bewegung. Und gerade Mönche, auf die er sich am meisten glaubte verlassen zu können, predigen nun gegen ihn. „Darum dankt Gott, daß ihr in dieser Zeit lebt. Es ist das sicherste Zeichen für das wahre Evangelium, daß der Teufel so tobet."[135] Das heißt nicht, daß es leicht genommen werden dürfte, wenn es bei der Verkündigung nach „Uneinigkeit und wildem Wesen" aussieht und man ihnen nachsagt, „daß wir wohl das Evangelium haben und doch gar wenig Christen unter uns sein, die sich der Lehr bessern und sein selbst uneins". Das ist Christus auch gesagt worden[136]. Und die Gemeinde hat es schon erlebt und wird es noch mehr erleben: „Wenn das Evangelium unter die Leut fället, so werden viel leichtfertige Geister dreinfallen, daß diesem, daß jenem ein anderes gut dünkt." Hier hilft nur, daß der einzelne treu

[132] Ebd. 110,7. 154,36ff. WA 12; 467,33.
[133] WA 15; 451,26ff. 452,16. WA 11; 155,1f.
[134] WA 12; 418,5f. WA 11; 110,8f.
[135] WA 15; 460,12–461,8. WA 12; 466,20ff. 467,15ff.
[136] WA 12; 466,20–467,8. 507,28f.

beim Wort bleibt und daß man nicht abläßt, „zu arbeiten und dahin zu treiben, daß sie alle eines Sinnes seien"[137].

Man darf sich dabei nicht dadurch beirren lassen, daß die äußeren Gebräuche in der Kirche verschieden sein können. Darauf kommt es nicht an, sondern darauf, daß die Zeichen für die Vergebung der Sünde da sind: das Wort, die Taufe, das Abendmahl, Beichte und Absolution. „Wo diese äußeren Zeichen sind, da zweifle nicht, daß ganz gewiß Vater, Sohn und heiliger Geist und die Vergebung der Sünden da sind." Luther gibt seiner Gemeinde damit Unterricht über die wahre Einheit der Kirche. Das Beispiel dafür ist ihm – wie schon auf der Leipziger Disputation gegenüber Eck – die Ostkirche. Sie hat dasselbe Evangelium und die gleichen Zeichen wie wir. Wir können untereinander so verschieden sein wie Mann und Weib, wenn wir nur einig sind im Glauben an die Vergebung und im Gebrauch der Zeichen, durch die Gott sie uns geben will, Wort und Sakrament[138].

Freilich, es kommt alles darauf an, daß diese Zeichen richtig verstanden werden. Sie tragen keine Würde oder Kraft in sich selbst, die sie dem Empfangenden mitteilen, oder in einem ihnen innewohnenden Symbolsinn. Sie sind bloße äußere Handlungen, in die aber Gott seine Gnade hineinlegt. Ebenso wenig ist es ein Zeichen für die Würdigkeit des Menschen, sie zu gebrauchen. Es ist die schlimmste Versuchung für die Glaubenden, mit dem Empfang des Sakraments zu warten, bis er sich würdig fühlt. Im Gegenteil: „Man soll des Worts und Sakraments fröhlich brauchen, wenn wir fühlen, daß es uns am Glauben mangelt." Es gibt nur eine rechte Vorbereitung: daß man immer wieder Gottes Wort höre und lese. Sonst aber gilt: „Ohn all mein Bereiten oder Zutun kommt mir Gottes Wort."[139] Luther wendet sich damit nach zwei Seiten: gegen die Ängstlichkeit, die sich vor Gewissensskrupeln nicht zum Sakrament hintraut, aber auch gegen die Methoden der mystischen Versenkung, mit der man der inneren Offenbarung gewiß zu werden hofft, wie er es an Müntzer, Karlstadt und den Zwickauern kennengelernt hatte. Den einen predigt er Zuversicht, den anderen Demut. Es graut ihn, wenn er an die Selbstsicherheit der Schwärmer denkt: „Wir haben Propheten im Land hin und her, die lehren die Leut allzu freidig (kühn) trotzen und reden mit der hohen Majestät als mit einem Schusterknecht."[140] Gerade ein Herz, das sich kalt und leer fühlt, ist schon bereitet, wenn es nach Hilfe verlangt und an die Verheißung Gottes glaubt, daß sein Wort nicht leer zu ihm zurückkommen soll (Jes. 55,11). Man soll nicht warten, bis man sich „im Glauben entbrannt" fühlt, sondern darauf trauen, daß uns das Wort entzünden will wie Feuer das Holz[141].

[137] Ebd. 466,5ff. 467,36ff.
[138] WA 11; 54,4ff.
[139] WA 12; 498,29ff. 497,2f. WA 11; 84,30ff. 82,16ff.
[140] WA 12; 499,15f. WA 11; 83,20f.
[141] WA 12; 500,15ff.33ff. 496,14. WA 15; 437,12f.

Luther verdeutlicht das rechte Verständnis von Wort und Sakramenten an den drei Handlungen, in denen für ihn neben Predigt und Unterweisung das gottesdienstliche Leben besteht. Die Taufe ist nur ein äußeres Zeichen wie Noahs Regenbogen und die Beschneidung, ein Siegel oder Wappen, an dem man seinen Besitzer erkennt. Auch ein Ungetaufter kann glauben[142]. Und doch darf man sie nicht gering achten und leichtfertig versäumen. Im Unterschied von den mancherlei Zeichen, die Gott den Vätern des Alten Bundes gegeben hat und die wieder vergangen sind, ist sie das Zeichen, das bis zum jüngsten Tage bleibt. Es ist nicht nur einem einzigen Volke gegeben wie die Beschneidung, sondern der Menschheit und bezeichnet, was alle brauchen: das Sterben unseres alten und die Geburt des neuen Menschen. Darum nimmt uns die Taufe zugleich unsern alten Namen. Er hieß: Omnis homo mendax (Ps. 116,11). Aber Gott kennt ihn von nun an nicht mehr an uns und gibt uns Christen den neuen, den Namen Christi: „Wir sind nach Deinem Namen genannt" (Jer. 14,9)[143].

Auch beim Abendmahl hilft das Zeichen allein nichts. Immer wieder prägt Luther das Wortspiel ein: edere heißt credere. „Das Essen und Trinken ist nichts anderes denn glauben."[144] Nur im Glauben wird der in Fleisch und Blut erschienene und im Evangelium verkündigte Christus unser Eigentum; nicht anders als wie mein Nächster mich „ißt", wenn ich ihm mit all dem Meinigen diene[145]. Denkt man bei dieser vielfachen Betonung der „geistlichen Speise"[146] im Abendmahl, die durch das Wort dem Glauben gereicht wird, an die Leidenschaft, mit der Luther später im Abendmahlsstreit die Bedeutung des „leiblichen Essens" verfocht, so scheint sich zunächst eine schwer aufzulösende Spannung zu ergeben. Und doch sagt Luther in den Predigten dieser Jahre nichts, was er nicht auch später festgehalten hat. Der wahre Genuß des Sakraments war für ihn immer geistlich, das Zusammenspiel von Wort und Glaube. Anders gibt Christus sich nicht. Nur die Fronten waren verschieden. Hier vertrat er gegenüber dem römischen Sakramentsdenken, in dem seine Gemeinde erzogen war, die absolute Notwendigkeit der geistlichen Aneignung. Später wahrte er gegenüber den Symbolisten die untrennbare Zusammengehörigkeit Christi mit den Zeichen, durch die er sich gibt. Wenn auch Luther den Streit an dieser Front noch kaum vor seinen Hörern aufzunehmen brauchte, so lagen die ersten Waffen dafür doch schon bereit. Das zeigt nicht nur die gleichzeitige Auseinandersetzung mit Karlstadt in der Schrift „Wider die himmlischen Propheten"[147], sondern auch sein alter, oft wiederholter Einspruch dagegen, daß Joh. 6,55ff. mit den Kir-

---

[142] WA 10/3; 141,30ff. 142,18ff.
[143] WA 12; 405,24ff. 406,14ff.28ff.
[144] Ebd. 582,10f. WA 11; 126,1ff. WA 15; 471,4.
[145] WA 15; 503,6.26ff.
[146] Ebd. 471,10. 465,15ff.
[147] S. o. S. 155ff.

chenvätern auf das Altarsakrament zu beziehen sei[148]. Was Christus hier von sich als dem lebendigen Brot und dem Essen seines Fleisches und Blutes sagt, meint allein das Wort und den Glauben. Indem Luther das römische sakramentale Verständnis der Stelle bekämpfte, hatte er zugleich schon ihre spätere Verwendung durch die Gegner seiner realistischen Auffassung der Abendmahlselemente ausgeschlossen. Wie auf einer Drehbühne wandelt sich in der Exegese von Joh. 6 die Szene: Von dem Fronleichnamsevangelium (V.55–59) verschiebt sich die Diskussion auf das Kronzeugnis der Zwinglianer (V.63). Luther hat sich von vornherein nach beiden Seiten Freiheit von den Auslegungsschwierigkeiten der in sich zwiespältigen Perikope geschaffen: Sie ist weder so noch so auf das Sakrament zu deuten[149]. Damit fiel für ihn auch die Feier des Fronleichnamsfestes. Nachdem er schon 1522 der Gemeinde erklärt hatte, er sei „keinem Fest nie feinder gewest denn diesem Fest und unser Frauen Empfängnis", predigte er 1523 zum letzten Mal an diesem Tage: Das ist Luthers stärkstes Zeugnis dafür, daß der Glaube an die Realpräsenz Christi allein nichts nützt, sondern daß alles auf das Empfangen im Geist ankommt[150].

Auch bei der Beichte lenkt Luther den Blick der Gemeinde vom Geschehen auf die Aneignung. Zwar gibt es hier kein äußeres Zeichen; darum hatte Luther sie in seiner kritischen Überprüfung der sieben römisch-katholischen Sakramente in De captivitate Babylonica nicht mehr unter die Sakramente gerechnet[151]. Aber an die Stelle des Zeichens treten die Worte, die ebenso objektivierend mißverstanden werden können. Weder das Bekenntnis des Beichtenden noch das Wort des Priesters bewirkt die Vergebung, sondern einzig und allein der Glaube. Gewiß, Gott hat das lossprechende Wort seinen Dienern anvertraut. Darum soll der Christ sich an die Absolution halten und nicht an seine Beichte. „Denn Gott sieht nicht an, wie wohl du gebeichtet habst, sondern sein Wort und wie du daran gläubst."[152] Glauben aber kann der Beichtvater nicht schaffen. Er kann nur pflanzen und begießen, nicht aber wachsen lassen (1.Kor. 3,5). Der Beichtende selbst muß wissen, daß er zum Glauben eingeladen ist und daß Unglaube gegenüber Gottes Güte die größte Gotteslästerung ist[153]. Luther erzieht damit seine Gemeinde auf eine dop-

---

[148] De captivitate Babylonica ecclesiae praeludium (1520), WA 6; 502,7ff. Dagegen (ohne Luther zu nennen) Zwingli, Ad Matthaeum Alberum de coena domini epistola (1524), Sämtl. Werke, Bd. 3 (1914), 336,19ff. Dazu Köhler, Zwingli und Luther, Bd. 1, 74. 305f. – WA 11; 125,18ff. WA 12; 581,15ff. WA 15; 465,15ff.

[149] Vgl. R. Bultmann, Das Evangelium des Johannes (11. Aufl. Göttingen 1950), 214f. 321. 340ff. G. Bornkamm, Die eucharistische Rede im Johannes-Evangelium, in: ders., Geschichte und Glaube I, Ges. Aufsätze Bd. 3 (München 1968), 60ff. Näheres in der Vorgeschichte des Abendmahlsstreits (s. u. S. 450ff.)

[150] WA 12; 581,31f. WA 11; 125f. Fest der unbefleckten Empfängnis Mariä 9. Dezember.

[151] WA 6; 572,15ff.

[152] WA 15; 489,25f. WA 12; 516,32ff. WA 11; 91,31ff.

[153] WA 12; 523,31ff. WA 11; 97,17ff.

pelte Weise. Er befreit sie von der Sorge um eine ausreichende Beichte: Es
kommt nicht auf Vollständigkeit oder auf den Gebrauch der üblichen Sün-
denkategorien und Beichtbücher an, sondern auf das Herz, das sich von dem
befreit, was es am schwersten drückt[154]. Und er weist andererseits den Christen auf die Stelle, wo er unausweichlich selbst gefragt ist: Es geht nicht um
den Vollzug des Sakraments, sondern um den Glauben.

Überblickt man das, was Luther seiner Gemeinde in diesen Jahren des
Aufbaus 1522–1524 gepredigt hat, so bekommt man nicht nur einen Eindruck von der Fülle seiner theologischen Impulse, die sich in keiner seiner
Schriften so entfaltet wie in der viva vox seiner Predigten, sondern auch von
der Einheitlichkeit ihrer Grundlinien. Ob die Rede ist von Glaube und Werken, vom Beruf des Laien in der Kirche und vom priesterlich-bischöflichen
Amt, vom Gebet oder von den Sakramenten, vom Gesetz oder von der Ehe –
von allen Seiten versucht Luther nur das Eine klarzumachen: was wahrhaft
geistlich oder, anders gesagt, was ein Leben aus dem Glauben ist. Er spricht
seine Hörer frei von den Menschengeboten in der Kirche und der Last der
Werke, die ihnen von ihr auferlegt wurden. Aber damit bindet er sie zugleich
an ihre Verantwortung für ihren eigenen Glauben, für die Ausbreitung des
Wortes und für den Nächsten. Dies zusammen macht das Leben im heiligen
Geist aus, das Christus an den Seinen sehen will. Damit verändern sich die
Vorzeichen für das Dasein des Christen von Grund auf gegenüber denen, unter die es bisher gestellt war. Er ist frei, wo er bisher unter Gesetzen gestanden hatte; und er trägt Verantwortung, wo er sie bisher der Kirche und dem
Priester überlassen hatte. Damit schmilzt auch das Wesen der Kirche von allem fälschlich „Geistlichen" und Rechtlichen zusammen auf das, was wahrhaft geistlich ist: Gottes Wort und die Sakramente, wenn sie von den Zeichen
her auf ihren Sinn hin verstanden werden. Luther wußte wohl, was er seiner
Gemeinde mit diesem Umdenken zumutete. So einfach es war, so viel Widerstand mußte doch im Herzen dabei überwunden werden, weil der Mensch so
gern am falschen Ort frei sein will und sich am falschen Orte binden läßt. Er
wußte, daß die Predigt von der Gnade die Frechen frecher machen kann. Rörer hält in seiner Nachschrift noch den im Druck der Predigt fehlenden Satz
fest: „Ich habe Sorge, auch wir tragen dazu bei, daß sie durch unsere Predigt
schlechter werden."[155] Wie groß ist die Gefahr, daß sich der Mensch der in
Christus empfangenen Gaben rühmt; er sollte darum immer denken: „Behüt
Gott, daß ich nicht der letzte werde." (Matth. 10,16). „Ich schere mich weder um den Papst noch um den Teufel, aber das sind die Stellen, die mich be-
drücken."[156] Aber man darf nicht um der Gefahren willen die Wahrheit verschweigen. Zu dem Krieg, den Gottes Wort wider den Teufel führt, gehört

---

[154] WA 15; 489,2f.12ff.
[155] WA 12; 573,31ff. WA 11; 113,5f.
[156] WA 15; 425,23ff.

es, wie Luther gleichzeitig schrieb, daß „etliche fallen und wund werden"[157]. Es wäre auch kein Ausweg, die aus dem Evangelium stammende Freiheit des Evangeliums zu verheimlichen. Denn die Predigt des Gesetzes führt noch viel mehr zu Sicherheit und Anmaßung vor Gott und den Menschen. Das Evangelium selbst kann allein der Gefahr des Mißbrauchs begegnen, weil es immer den doppelten Sinn in sich trägt, „daß es die Heiligen erschrecke und die Demütigen tröste"[158].

---

[157] Ebd. 219,3.
[158] Ebd. 424,6.

IX. Schriftauslegung auf Kanzel und Katheder (1522–1525)

Mit dem Torso seiner Operationes in Psalmos[1] hatte Luther die Reihe der großen Vorlesungen aus seiner ersten Wittenberger Zeit abgeschlossen. Sie galten überwiegend zentralen neutestamentlichen Schriften (Römer-, Galater- und Hebräerbrief); und auch die einzige, die dem Alten Testament gewidmet war (die zweimalige Auslegung der Psalmen), trug dank der prophetisch-christologischen Auslegungsmethode zum guten Teil neutestamentlichen Charakter. Aus zwei Vorlesungen (Galaterbrief und Psalmen) waren umfangreiche, für seine Hermeneutik grundlegende Kommentare hervorgegangen.

Als er aus seinem Exil auf der Wartburg, fast genau ein Jahr nach seiner letzten Vorlesung, zurückkam, war er zunächst vom Wiederaufbau der zerrütteten Gemeinde, den damit verbundenen Reisen und literarischen Aufgaben, vor allem der Vorbereitung seiner Ausgabe des Neuen Testaments, so bedrängt, daß er seine Universitätspflichten zunächst nicht wieder erfüllen konnte. Durch die exegetischen Vorlesungen, die Melanchthon seit 1519 unter großem Zulauf hielt, und durch die einiger anderer Kollegen (Karlstadt, Johann Dölsch, Justus Jonas, Bugenhagen) durfte er sich zeitweilig entlastet fühlen[2]. Wohl aber nahm er eine Gewohnheit auf, die er ebenfalls durch die Reise nach Worms hatte abbrechen müssen: die Auslegung biblischer Bücher in geschlossenen Predigtreihen. Daß er damit nicht nur ein homiletisch-erbauliches, sondern ein populär-hermeneutisches Ziel verfolgt hatte, wird schon daraus ersichtlich, daß er damals zwei Predigtfolgen nebeneinander durchführte: eine alttestamentliche (über die Genesis) und eine neutestamentliche (über das Matthäusevangelium)[3]. Beide Themen kehren jetzt bei dem Neubeginn seiner Predigtarbeit wieder, wenn auch nicht zugleich, sondern nacheinander, wohl aber wiederholt mit deutlichem gegenseitigem Bezug. Die Laien-Hermeneutik war ihm jetzt zu einer noch dringlicheren Auf-

---

[1] S. o. S. 18 f.

[2] Vgl. P. F. Barton, Die exegetische Arbeit des jungen Melanchthon 1518/19 bis 1528/29, in: ARG 54 (1963), 52 ff. Maurer, Melanchthon, Bd. 2, 103 ff. – Über die exegetischen Vorlesungen in Wittenberg in diesen Jahren s. Spalatin bei J. B. Mencken, Scriptores rerum Germanicarum praecipue Saxonicarum, Bd. 2 (Leipzig 1728), 617. Friedensburg, Geschichte Univ. Wittenberg, 166 f.

[3] Zu den Predigten von 1519–1521 vgl. WA 9; 314 ff. Über die Belastung durch die Predigtreihen und die gleichzeitigen Perikopenpredigten vor seinen Ordensbrüdern vgl. die ebd. 322 f. u. WAB 2; 274, Anm. 5 gesammelten Briefstellen.

gabe geworden. Sie war in den Vorreden zu seiner Übersetzung des Neuen Testaments in kurzen Abrissen enthalten und bedurfte der Vertiefung durch die gründliche exegetische Entfaltung. Das Verhältnis der beiden Testamente wird in den Predigtreihen der nächsten Jahre immer wieder behandelt. Luthers Exegesen auf der Kanzel und auf dem Katheder unterscheiden sich darin nur dem Grade, nicht der Art nach. Melanchthon konnte später Nachschriften von Luthers Genesispredigten seinen „Anmerkungen zu einigen dunklen Kapiteln der Genesis" (1523) zugrunde legen[4].

Luther begann mit einer Reihe über den 1.Petrusbrief (etwa Mai bis Dezember 1522)[5]. Sie läuft also dem Druck des Neuen Testaments und seiner Vorreden parallel. Darum finden sich hier dieselben hermeneutischen Prinzipien. Grundlegend sind zwei: 1) Es gibt nur einen Gegenstand rechter christlicher Lehre, das Evangelium, wie es die großen Apostel gepredigt haben. Sie „sind die besten Evangelisten. Darumb sind S. Paulus Epistel mehr ein Evangelium denn Matthäus, Markus und Lukas. Denn diese beschreiben nicht viel mehr denn die Historie von den Werken und Wunderzeichen Christi. Aber die Gnad, die wir durch Christum haben, streichet keiner so tapfer (kräftig) aus als S. Paulus, sonderlich in der Epistel zun Römern. Weil nu viel mehr am Wort gelegen ist denn an den Werken und Taten Christi, und wo man der eins geraten (entbehren) müßte, besser wär, daß wir der Werk und Historie mangelten denn des Worts und der Lehre, sind die Bücher billig am höchsten zu loben, die am meisten die Lehre und Wort des Herrn Christi handlen. Denn wenn gleich die Wunderwerke Christi nicht wären und wir nichts davon wüßten, hätten wir dennoch noch genug an dem Wort, ohn welches wir nicht könnten das Leben haben." Zu diesen Schriften gehört auch der 1.Petrusbrief, „der edelsten Bücher eins im Neuen Testament"[6]. Der Kanon für die Lehre Christi ist also nicht nur seine in den Evangelien aufgezeichnete Botschaft, sondern ebenso das Wort des Auferstandenen, das er durch den Mund seiner wahren Apostel spricht. Es ist erkennbar als Verkündigung der Auferstehung, aber nicht nur im Sinn einer bloßen Historie und eines Wunders. So zweifellos sie das ist, so doch nur um der Gabe willen, die sie dem Sünder bringt. „Denn darum ist er hinaufgefahren, daß er uns seinen Geist gebe, auf daß wir neu geboren werden und nun durch ihn durften zum Vater kommen und sprechen: ‚Siehe, ich komme vor dich und bitte, nicht also, daß ich mich auf mein Gebet verlasse, sondern darum, daß mein Herr Christus vor mich tritt und mein Fürsprecher ist.'" An diesem Evangelium vom Auferstandenen sind die Schriften der wahren Apostel zu erken-

---

[4] In obscuriora aliquot capita Geneseos annotationes (1523), CR 13, 761ff. Vgl. H. Sick, Melanchthon als Ausleger des Alten Testaments (Tübingen 1959), 29 und ausführlicher Maurer, Melanchthon, Bd. 2, 115f. 526f.

[5] Die Datierung in WA 12; 249f. auf das Jahr 1523 ist in WA 14; 2 von Georg Buchwald korrigiert worden. Wir besitzen die Predigten in der Druckbearbeitung von 1523.

[6] WA 12; 260,10ff.22f.

nen. „Darum kann man wohl spüren, daß die Epistel Jakobi kein rechte apostolisch Epistel ist. Denn es stehet schier (fast) kein Buchstab darin von diesen Dingen."[7] Damit verdeutlicht Luther noch einmal vor der Gemeinde, wie schon in seiner Vorrede, warum der Jakobusbrief – nicht wegen Geistlosigkeit, sondern von der Sache des Glaubens her – „strohern", d.h. unfruchtbar ist[8].

2) Das andere hermeneutische Grundproblem bietet das Verhältnis von Altem und Neuem Testament. Luther hat in den Predigten über den 1.Petrusbrief eine kleine, meisterhafte Lektion darüber vorgetragen, wie er sie gedrängter seinen Studenten nicht hätte zumuten können[9]. Der Angelpunkt, an dem die Testamente verbunden und geschieden sind, ist wieder das Evangelium. Im Alten ist es prophetisch enthalten, im Neuen real. Die Bücher Mose und die Propheten sind „auch Evangelium, sintemal sie das zuvor verkündiget und beschrieben haben von Christo, was die Apostel hernach gepredigt oder geschrieben haben". Genau genommen ist nur das Alte Testament „Schrift", während das Neue „eigentlich nicht geschrieben, sondern in die lebendige Stimme gefaßt werden" soll. Das reale Thema des Alten Testaments ist das in den Mosebüchern niedergelegte Gesetz. Das Evangelium steht erst am fernen Horizont als Gottes Antwort darauf, daß die Menschheit am Gesetz scheitert, wovon die alttestamentlichen Geschichtsbücher reichlich zeugen[10]. So ist das Alte Testament einerseits durch seine Vorausdeutung auf die Erlösung vom Gesetz durch Christus „der Grund unseres Glaubens". Andererseits ist es „aufgehoben und zurückgeworfen". Luther macht das an zwei Punkten deutlich. Einmal: „Das alte hat gedeutet auf Christum, das neue aber gibt uns nun das, was vor(her) im alten verheißen . . . ist gewesen."[11] Sodann: Gott hat „im Alten Testament zweierlei Regiment geführt, ein äußerliches und innerliches". Er hat dort seine Gesetze „untereinander gemenget" gegeben: weltliche, wie z.B. das Scheidungsrecht, und geistliche wie das Gebot: „Du sollst deinen Nächsten liebhaben als dich selber." „Itzund aber regiert er in uns nur geistlich durch Christum, aber das leiblich und äußerlich Regiment richtet er durch die weltliche Oberkeit aus." Unverändert geblieben ist nur, was zum „geistlichen Regiment" gehört, das ja auch im Mosegesetz enthalten war: die Liebe zu Gott und zum Nächsten. „Also stehet noch alles, was nicht äußerlich ist im Alten Testament."[12]
In der kleinen Abhandlung ist die fundamentale historische Einsicht ausgesprochen, daß Gott den Israeliten als Volksgott begegnete, der sein erwähltes

---

[7] Ebd. 268,11ff.23ff.
[8] Vorrede zum Jakobusbrief (1522). Welches die rechten und edelsten Bücher des Neuen Testaments sind, WADB 6; 10,33. WADB 7; 384,19ff. H. Bornkamm, Bibelvorreden, 141. 177.
[9] WA 12; 274,33–277,13.
[10] Ebd. 275,5ff.
[11] Ebd. 274,35. 277,11. 275,24ff.
[12] Ebd. 275,35–276,14.35.

Volk auch durch ein eigenes Recht zusammenschloß und gegen die anderen Völker absicherte. Seit Christus gibt es kein weltliches Gottesrecht mehr, sondern nur das universale göttliche Liebesgebot. Das Recht ist weltlich geworden, allerdings unter dem Auftrag Gottes und in der Verantwortung vor ihm. Ebenso sind alle Kultvorschriften, wie es sie im Alten Bunde reichlich gab, aufgehoben. „Es ist alles gleich in Christo, in (auf) den es alles gerichtet war."[13] Daß dies ihr Ziel war, gibt Luther Anlaß, in manchen der überwundenen Rechts- oder Kultusvorschriften wenigstens noch einen verborgenen geistlichen Sinn zu sehen: Etwa im Recht der Scheidung um des Ehebruchs willen; so hat Gott die Juden verworfen, die nicht an Christus glauben wollten. Oder in dem Recht der Witwe, von dem Bruder ihres Mannes durch die Leviratsehe (Schwagerehe) einen Sohn für den Toten zu erhalten (5.Mose 25,5ff.); so sollen wir für den toten Christus „Seelen schwanger und fruchtbar machen durch das Evangelium"[14]. Luther hat den Geheimsinn in solchen gestorbenen Rechten und Riten damals durchaus gern noch gesucht und von dieser blühenden mittelalterlichen Kunst der Allegorie nie ganz gelassen, aber doch in ständig abnehmendem Maße und mit strenger Konzentration auf Glaubenswahrheiten. Die prophetisch-christologische Deutung, die er mit der bis ins Neue Testament zurückreichenden Tradition der Kirche teilt, wird ihm also einerseits zur unaufgebbaren Brücke zum Alten Testament, andererseits zu der bis in die Tiefe des Gegensatzes von Gesetz und Evangelium führenden Unterscheidung des alten und des neuen Bundes[15].

Aber nicht nur die hermeneutischen Rückverweise des 1.Petrusbriefs auf das Alte Testament interessierten ihn, sondern die Botschaft des Apostels selbst. Er hatte sich mit ihm bisher nur insofern gründlicher beschäftigt, als er die entscheidende Figur in der Auseinandersetzung mit dem Papsttum war. Dem römischen Petrusmythus hatte Luther eine Reihe von ernüchternden Feststellungen entgegengesetzt. Der Apostel hatte nicht nur die Person Christi verleugnet, sondern, was viel schwerer wog, seine Sache: Als er sich in Antiochien weigerte, mit den Heiden zu essen, und damit die Freiheit des Evangeliums zugunsten gesetzlicher Bindungen preisgab. Paulus hatte ihn dafür mit Recht scharf getadelt (Gal. 2,11ff.). Von einem Rechtsvorrang des Petrus vor den übrigen Aposteln und erst recht von der Übertragung eines solchen auf die späteren Päpste kann nach den neutestamentlichen Berichten keine Rede sein[16]. Jetzt konnte er dem von der römischen Tradition falsch plazier-

---

[13] Ebd. 275,31ff.

[14] Ebd. 276,24ff. Dieselbe Allegorese von 5. Mose 25,5ff. findet sich in Luthers: Deuteronomium Mosi cum annotationibus (1525), WA 14; 719,37ff.

[15] Zu Luthers Gebrauch der Allegorie vgl. G. Ebeling, Evangelische Evangelienauslegung. Eine Untersuchung zu Luthers Hermeneutik (München 1942, Ndr. Darmstadt 1962), 49ff. 160ff. und H. Bornkamm, Luther und das Alte Testament, 76ff. Zum Verhältnis der beiden Bünde und Testamente ebd., 69ff.

[16] Vgl. dazu F. Rickers, Das Petrusbild Luthers. Ein Beitrag zu seiner Auseinandersetzung mit dem Papsttum (theol. Diss. Heidelberg 1967; Mschr.).

ten Apostel bei der Auslegung seines Briefes seine wahre Ehre als Lehrer des Evangeliums geben. Und zwar gerade das, was er selbst gegen Rom verfochten hatte, fand er bestätigt: das selbständige Forschen von jedermann in der Schrift als der einzigen Quelle des Geistes Christi und das Recht und die Pflicht, sich frei darüber zu verantworten (1.Petr. 1,11. 3,15), das geistliche Priestertum aller Christen (2,5.9), das kirchliche Amt als ein Weiden, nicht ein Herrschen (5,1 ff.)[17]. So wird der Bischof, wie ihn Petrus sich denkt, geradezu zum Gegenbild der Päpste, wie sie im Lauf der Geschichte geworden sind. Sie fordern Gehorsam, ohne ihn aus der Schrift zu begründen; sie zwingen die Christen unter äußere Gesetze, statt sie nach der Weisung des Wortes Gottes, an das sie selbst gebunden sind, geistlich zu führen[18]. Sie lassen es sich wohl sein in ihrem Amt. „Sie sitzen auf Kissen und sind Junker, legen uns Bürden auf, die sie selbst nicht anrühren."[19] In dem Satz, daß sie nicht „Herrscher über das Erbe, sondern Vorbilder der Herde" sein sollen (1.Petr. 5,3), ist alles zusammengefaßt: „Da hat nu S. Peter mit einem Wort umbgestoßen und verdampt alles Regiment, das itzt der Papst führet." „Daraus kannst du nu stark schließen und klärlich erweisen, daß der Papst mit sein Bischofen ein End(Anti)christ oder Widerchrist ist, sintemal er der keines tut, das hie S. Peter fordert."[20] Er wußte, daß das eine ungeheuerliche Feststellung war, die er anfangs nur dunkel geahnt und seinem Freunde Spalatin „ins Ohr" gesagt hatte[21]. Erst die Lektüre von Lorenzo Vallas durch Hutten 1517 neu veröffentlichter Schrift, welche die Konstantinische Schenkung als Fälschung erwies, ließ ihn „fast nicht mehr zweifeln, daß der Papst der Antichrist sei". Die Bannandrohungsbulle machte ihn dann ganz gewiß[22]. Umso mehr schärfte er nach seinem langen Zögern nun seinen Hörern ein, daß sie in der Lage sein müßten, für den Gegensatz zwischen Christus und dem Papst, den er inzwischen im theologischen Streitgespräch breit ausgemalt hatte[23], den Beweis zu führen: „Daß du nicht allein den Papst einen Endchrist schelten könntest, sondern wissest, dasselb klar zu beweisen."[24] Das Bild, das der Apostel Petrus selbst von den rechten Hirten der Kirche zeichnete, bot ihm willkommene Anschauung dafür. Luther hat dabei den Gedanken, mit dem

---

[17] WA 12; 277,31 ff. 360,1 ff. 306,25 ff. 316,20 ff. 386,15 ff.
[18] Ebd. 278,15 ff. 331,31 ff. 379,30 ff.
[19] Ebd. 391,25 f.
[20] Ebd. 391,13 ff.33 ff. 361,30.
[21] Brief an Link 18. Dez. 1518, WAB 1; 270,11 ff. An Spalatin 13. März 1519, ebd. 359,29 f.: „Ich sage dir s ins Ohr, ich weiß nicht, ob der Papst der Antichrist selbst oder sein Apostel ist."
[22] An Spalatin 24. Feb. 1520, WAB 2; 48,20 ff.; an dens. 11. Okt. 1520, ebd. 195,22 f. Vgl. dazu E. Bizer, Luther und der Papst (München 1958), 35. H.-G. Leder, Ausgleich mit dem Papst? (Stuttgart 1969), 60 ff. E. Mülhaupt, Vergängliches und Unvergängliches an Luthers Papstkritik, in: LuJ 26 (1959), 70 ff.
[23] Responsio ad librum . . . Ambrosii Catharini, WA 7; 722,20–778. Luther verknüpft hier Dan. 8,23 ff. mit 2.Thess. 2 und verschiedenen Stücken aus der Offenbarung Johannes.
[24] WA 12; 392,14 ff.

er sich lange über seine Unsicherheit in der Gehorsamsfrage hinweggeholfen hatte: daß der Papst auch eine Obrigkeit nach Röm. 13 sei, nicht ganz fallen gelassen. Aber er benutzt ihn jetzt, um das weltliche und geistliche Amt des Papstes scharf zu unterscheiden. Wenn er als weltlicher Oberherr Fasten- oder Kleidergebote erließe, sollte man ihm gehorchen. Aber er tut es ja aus angeblich geistlichen Gründen, als ob es ein Gottesgebot wäre. Da soll man antworten: „Gnad, Junker, ich will's nicht tun."[25] Die Profanität des weltlichen Rechts ist auch hier[26] scharf gegen das geistliche abgesetzt. Luther läßt sich darum 1.Petr. 2,13–17 nicht entgehen, um daran die Unterscheidung der beiden Regimente zu verdeutlichen, wie er es damals öfter, vor allem in der Schrift „Von weltlicher Oberkeit", tat[27]. „Um des Herrn willen": Nicht um eines Lohnes willen, sondern aus freiem Herzen soll der Christ seinen Dienst im politischen Bereich tun. Aber dieser bleibt dabei ein weltlicher Bereich, in dem Gläubige und Ungläubige Schulter an Schulter stehen. „Das weltliche Regiment gehöret in Christus Amt gar nicht, sondern ist ein äußerlich Ding wie alle anderen Ämter und Stände. Und wie dieselben außer Christus Amt sind, also sie ein Ungläubiger ebenso wohl führet als ein Christ, also ist auch des weltlichen Schwerts[28] Amt, daß es die Leute weder (zu) Christen noch (zu) Unchristen macht."[29] Die Christengemeinde dagegen muß „allein im Geist geführt und regiert werden". Die Päpste aber zwingen die Kirche – nicht etwa nur den Kirchenstaat – unter äußerliche Gesetze und Strafen[30]. Das Gegenstück dazu ist, daß sie die Immunität des Klerus gegenüber der staatlichen Gerichtsbarkeit fordern und mit dem Bann gegen die Obrigkeiten durchzusetzen versuchen[31]. Mit beidem vergehen sie sich gegen das göttliche Grundgesetz für die Welt, die Unterscheidung der beiden Regimente.

Gegenüber dem reichen Ertrag des ersten Petrusbriefs waren der zweite und der Judasbrief, über die Luther im Januar und Februar 1523 predigte, für die Gemeinde weit weniger ergiebig. Er benutzt aber den stark paränetischen Charakter des 2.Petrusbriefs, um die Funktion der guten Werke im Christenleben schön zu verdeutlichen. Sie machen nicht „fromm und angenehm" vor Gott – das hängt am Glauben –, aber sie sind des Glaubens Früchte und darum sehr ernst zu nehmen. Und – ein durch 2.Petr. 1,10 angeregter Gedanke[32] – sie machen frei von der Frage nach der Erwählung, unter der so

[25] Ebd. 334,15–335,28.334,28.
[26] S. o. S. 208.
[27] Näheres s. o. S. 106 ff.
[28] Bei Luther Ausdruck für Rechtsgewalt überhaupt.
[29] Ebd. 328,27 ff. 331,6 ff.
[30] Ebd. 332,1. 331,31 ff.
[31] Auslegung des 2. Petrusbriefes: WA 14; 53,8 f.30 ff.
[32] Stellen bei A. Peters, Glaube und Werk (s. o. S. 189, Anm. 71), 106, Anm. 1. Auf die Erwählung wird darin nicht Bezug genommen. In der Disputation vom 15. 6. 1537 betont Luther, daß die Werke zwar Zeugnisse des Glaubens vor sich und anderen sind, aber nichts mit der Rechtfertigung zu tun haben. WA 39/1; 293,28 ff. Über Luther hinaus wird der Gedanke und die Belegstelle verfolgt bei P. Althaus, Die christliche Wahrheit, 3. Aufl. (Gütersloh 1952), 644 ff.

viele leiden. Man kommt nicht dadurch zu Gott, daß man über sie grübelt, sondern dadurch, daß man den aus dem Glauben folgenden Weg geht. „Das ist die Straße, durch welche man ins Himmelreich gehet." Nicht durch Träume und Gedanken über den Glauben kommt man hinein. „Es muß ein lebendiger, wohlgeübter und getriebener Glaube sein."[33] Luther erörtert unbefangen vor der Gemeinde auch Fragen der Echtheit der Briefe. Die leise Kritik des 2.Petrusbriefes (3,16) an der Schwierigkeit der paulinischen Briefe und die etwas bedenkliche Eschatologie (3,9), mit der er „ein wenig herunter unter den apostolischen Geist" geht, könnten an der Verfasserschaft des Petrus zweifeln lassen. Aber Luther entscheidet sich doch anders: Da der Apostel nicht vom Glauben, sondern von der Liebe handelt, „läßt er sich auch herunter, wie der Liebe Art ist"[34]. Der Judasbrief dagegen kann nicht mit der Tradition dem Apostel Judas (Thaddäus) zugeschrieben werden, da er fast wörtlich dem 2.Petrusbrief entnommen ist[35]. Luther erklärt der Gemeinde auch unbedenklich, daß bei 1.Petr. 4,6 mit einem verderbten Text gerechnet werden muß[36].

Den kleinen neutestamentlichen Briefen folgte in der Predigtreihe ein weit bedeutenderer alttestamentlicher Gegenstand, die Genesis (1.Mose). Kein anderes biblisches Buch hat er wie sie dreimal ausgelegt (1519–1521, 1523/4, 1535–1545)[37]. Was ihn daran anzog, ist leicht zu verstehen. Einmal bot sie mit der Schöpfung und der Landverheißung das Gegenthema zum Evangelium von der Erfüllung aller Verheißungen in Christus. Sodann regte die Kunst des Erzählers der Urgeschichte in unvergleichlicher Weise seine nacherzählende und auslegende Phantasie an. Die eine Seite, das hermeneutische Ziel, spricht er sofort am Anfang der ersten Predigt aus: „. . . damit ein jeglicher Christ sehe, wie die Schrift allenthalben übereinstimpt und wie alle Exempel und Historien, ja die ganze Schrift, durch und durch sich länden (richten) dahin, daß man Christum erkenn."[38] Dazu gehört allerdings eine entscheidende Voraussetzung. Man darf nicht nur nach dem Buchstaben und der Vernunft auslegen und sich nicht nur Gedanken darüber machen, „wie die

---

[33] WA 14; 23,27ff.

[34] Ebd. 73,22ff.

[35] Ebd. 75,12ff.; ebenso in seiner Vorrede zu seiner Übersetzung, WADB 7; 386,22ff. Hätte Luther gewußt, daß die moderne Forschung das Verhältnis umgekehrt beurteilt, so hätte er sicherlich seinen Zweifeln am 2.Petrusbrief freien Lauf gelassen.

[36] WA 12; 375,25ff.

[37] Ich lasse dabei offen, ob Luther schon im Sommer 1518 eine Genesisvorlesung gehalten hat, wie H. v. Schubert, Zu Luthers Vorlesungstätigkeit, in: SHAW.PH 9 (1920), 4. 9 u. P. Meinhold, Die Genesisvorlesung Luthers und ihre Herausgeber (Veit Dietrich, Michael Roting, Hieronymus Besold) (Stuttgart 1936), 141ff. annehmen. Sollte sie in der Nachschrift aus dem Besitz Polianders zu finden sein, so hätten wir kein Dokument für die Predigten von 1519–1521, die mehrfach bezeugt sind (WA 9; 321f.).

[38] Zit. nach dem Druck der ersten Predigt von 1523 (WA 12; 438,8ff.), nicht nach den Nachschriften (WA 14; 97ff.).

Wort lauten". Schon das ist eine schwere Aufgabe; und die Juden waren klug, die Lektüre vor dem 30. Lebensjahr zu verbieten. Aber recht verstehen kann man doch nur, „wenn's der heilig Geist lernet (lehret), da man's nicht mit menschlichen Gedanken fasset, sondern da Gott gibt ein rechten Verstand und Erfahrung im Herzen". Obwohl es Gottes Gabe ist, kann der Mensch sich dafür öffnen, indem er „einfältig" auf die „affectus, wie es Moses gemeint hat", hin auslegt[39]. Luthers Unterscheidung hat nichts mit den altkirchlichen Auslegungsmethoden zu tun. Sondern er formuliert hier das, was er später als die doppelte (äußere und innere) Klarheit der Schrift gegen Erasmus ins Feld führt[40].

Der Zusammenhang von Schöpfungslehre und Christologie bei Luther kommt dadurch zu schönem Ausdruck, daß unmittelbar neben der Aussage über Christus als den Inbegriff der Schrift eine seiner umfassendsten Formulierungen für den Schöpfungsglauben steht. „Das ist ohne Zweifel der höchste Artikel des Glaubens, darinne wir sprechen: Ich gläube an Gott Vater allmächtigen, Schöpfer Himmels und der Erden. Und welcher das rechtschaffen gläubt, dem ist schon geholfen und (er) ist wieder zurechtbracht und dahin kommen, da Adam von gefallen ist. Aber wenig sind ihr, die so weit kommen, daß sie völliglich gläuben, daß er der Gott sei, der alle Ding schafft und macht. Denn ein solch Mensch muß allen Dingen gestorben sein, dem Guten und Bösen, dem Tod und Leben, der Höll und dem Himmel und von Herzen bekennen, daß er aus eignen Kräften nichts vermag."[41] Schöpfungs- und Gnadenwort treffen darin überein, daß Gott den Menschen durch sie wieder zurechtbringen will. Die leicht mystischen Töne dienen Luther hier noch als Sprachmittel für das Ungeheure dieser Botschaft.

Aus dieser Einsicht entspringt das brennende Interesse, das Luther an den Erzählungen der Genesis hat, an der Welterfahrung wie an der Glaubenserfahrung, die sie enthalten. Er malt und legt sie in einer Fülle aus, die sich in Kürze nicht ausbreiten läßt[42]. Sie entfaltet sich erst dort ganz, wo es aus der Schöpfung und der Adamsfamilie in die Weite der Vätergeschichte geht. In ihr wird von „beiderlei Volk" erzählt, von Gotteskindern und Menschenkindern[43], von den frommen Vätern wie von den Himmelsstürmern des babylonischen Turmbaus und den großen Herrschern wie Nimrod, dem „Vater aller, die in der Welt mit Gewalt regieren". Und doch hat auch er im Dienste der göttlichen Weltordnung gestanden und „das weltliche Regiment in

---

[39] WA 12; 439,1–26

[40] Zu De servo arbitrio s. u. S. 376.384 f.

[41] WA 24; 18,26 ff. Ich zitiere nach der Bearbeitung der Genesispredigten durch Cruciger für den Druck von 1527. Die vorhandenen Nachschriften sind darin am besten zusammengefaßt. Zur Stelle s. P. Althaus, Der Schöpfungsgedanke bei Luther, in: SBAW.PH 7 (1959), 8 f.

[42] Noch ausführlicher in der großen Genesisvorlesung von 1535–1545 (WA 42–WA 44), in die er auch seine früheren Auslegungen einbringt.

[43] WA 24; 229,6 ff.

köstlichen Schwang gebracht und gehalten"[44]. So sind umgekehrt die heiligen Väter manchmal große Sünder. Luther schärft seinen Hörern ein, welch ein Unverständnis für das Evangelium es ist, zwischen ihnen und uns einen Unterschied zu machen. „Es ist Gottes Gnade geschändet und Christo zu nahe geredet[45], daß man sie so weit will von uns scheiden als Himmel und Erde." „Sie sind ebenso tief gewesen als wir, so sind wir ebenso hoch als sie."[46] „Jakob, Isaak sind unsere Brüder, obwohl sie reichere Gaben gehabt haben als wir. Die Kosten (unserer Erlösung) sind gleich."[47] Bei den großen Patriarchen sucht er, ohne ihre Sünde zu leugnen, freilich meist auch nach Entschuldigungen. Die berühmte Lüge Abrahams, der in Ägypten, um sein Leben zu retten, seine Frau als seine Schwester ausgab, erschien ihm sogar als ein Glaubensbeweis. Gott hatte ja doch verheißen, ihn zum Vater eines großen Volkes zu machen; darum durfte er dieses Mittel ergreifen[48]. Menschen wie wir sind die Väter auch darin, daß sie unter dem Schmerz gelitten haben, wie Jakob um seinen Sohn Joseph. „Damit zeigt Gott an, daß er die Natur nicht gar verwirft, sondern in den Heiligen bleiben läßt"; im Gegensatz zu vielen närrischen Heiligen, vor allem den Mönchsvätern in der Wüste, „die da alle natürliche Neigung wollten brechen und dämpfen"[49]. Gott macht es gerade seinen wahren „Heiligen" schwer im Leben, wie z. B. Jakob, der zuerst „Aschenbrödel" sein, zwanzig Jahre dienen, mit dem Engel kämpfen und schließlich das größte Herzleid mit seinen Kindern erleben mußte. „Siehe, das sind die rechten güldenen Legenden; darin Gott uns lehret, wie er seine Heiligen kocht und brät und so mit ihnen spielet, als sei alles erlogen, was er ihnen verheißt ... Dennoch muß er an dem Wort halten und Gott bloß heimgeben, wie er seine Zusagung erfüllen will."[50] In ihrer Sündlichkeit und ihrem Leiden wurden die Väter zu Beispielen wahren Glaubens, der über ihre eigenen Anfechtungssituationen hinaus auf die in der Sendung Christi offenbarte Treue Gottes vorausdeutete. Darin haben sie auch ihr Haus und Gesinde unterwiesen, so daß sich durch die Vätererzählungen eine ganze alttestamentliche Kirchengeschichte hindurchzieht[51].

Am Nebeneinander von Glauben und Unglauben in der Urgeschichte verdeutlicht Luther auch den Punkt, an dem sie sich unterscheiden, und die Folgen, die davon ausgehen. Es handelt sich um eine totale Verschiedenheit unseres Bewußtseins (conscientia), in der uns ein total verschiedener Gott be-

---

[44] Ebd. 221,29. 222,9 ff.
[45] Zu wenig zugetraut, gekränkt.
[46] Ebd. 484,28 ff. 485,18 f.
[47] Nach der Nachschrift WA 14; 373,1 f.
[48] Ebd. 226,14 ff. WA 24; 259,36 ff. Vgl. zum Ganzen H. Bornkamm, Luther und das Alte Testament, 16 ff.
[49] WA 24; 614,11 ff.35 ff.
[50] Ebd. 613,11 ff.26 ff. WA 14; 466,15. 467,1 ff.
[51] Eine Übersicht darüber in: H. Bornkamm, Luther und das Alte Testament, 176 ff.

gegnet. ,,Denn ich habe oft gesagt: Wie sich das Gewissen gegen Gott hält, also ist er. Hältst du, daß er gnädig sei, so ist er gnädig, fürchtest du dich vor ihm als vor einem schrecklichen Richter, so ist er's auch, richtet dich immerdar nach deinem Gewissen. Wie nu solch Gewissen sich ändert gegen Gott, so ändert sich auch die Sprache der Schrift, die redet davon, wie man ihn fühlet."[52] ,,Gewissen" ist bei Luther nicht nur moralische Instanz, sondern Ausdruck der Gottesbeziehung, Glaube oder Unglaube, durch die uns der in sich selbst unwandelbare Gott auf grundverschiedene Weise begegnet. Ludwig Feuerbach hat solche Aussagen Luthers als Zeugnisse für seine Lehre verwendet, daß der Mensch sich seinen Gott jeweils nach seinem Eigenbilde erschaffe[53]. Das ist das Gegenteil von dem, was Luther meint: nicht Illusion, sondern eine reale Relation, die sich im Glauben oder Unglauben darstellt. Die Realität wird daran deutlich, wie er die Unterscheidung an den Folgen des babylonischen Turmbaus veranschaulicht. Die Sprachenverwirrung ist für ihn nicht nur ein linguistisches Ereignis, sondern ein Ausdruck des gemeinsamen Gottesverlustes. Die Menschen fühlten die Ungnade Gottes. ,,Wie sie nun fühlen, so ist es gewesen . . . Das Herze ward verzaget und außen Irrung, darum konnten sie nicht beieinander bleiben. Denn die Einigkeit der Sprache ist darumb gegeben, daß man sich freundlich zusammenhalte."[54]

Für Luthers Auslegung der Genesis im engeren, gleichsam technischen Sinne sind zwei ganz verschiedene methodische Leitlinien bedeutsam. Einerseits betont er, daß der Text wörtlich genommen werden muß, wie er dasteht. Er hat das nicht nur in der Vorlesung häufig eingeschärft, sondern auch, offenbar auf Anfrage, gegenüber Spalatin an Beispielen bezeugt. Gott hat wirklich die Welt an sechs unterschiedlichen Tagen geschaffen. Die Schlange war tatsächlich eine Schlange, deren sich der Teufel als Werkzeug bediente. ,,Man darf den Worten des Mose nicht ohne Grund Gewalt antun." Wo aber der Wortlaut unberührt bleibt, erlaubt er sich rationale Verdeutlichungen. Wenn Rebekka den Herrn über die beiden Kinder in ihrem Leibe befragte (1.Mose 25,22 f.), ist das, wie auch die jüdischen Ausleger meinen, so vorzustellen, daß sie sich bei dem 500 Jahre alten Sem oder sonst einem der Väter jener Zeit erkundigte. So sind auch die Worte Gottes zu Kain nicht durch Gottes Stimme gesprochen zu denken, sondern durch einen Priester, dem das Opferwesen unterstand, nämlich seinen Vater Adam. Das ist später unter Mose auf die Propheten und Priester übertragen worden. Sie heißen darum Götter

---

[52] WA 24; 231,14 ff. Prägnant lateinisch formuliert in der Nachschrift der Predigt durch Stephan Roth: Si sentis deum, habes eum, et ita habes, ut sentis. Sicut conscientiae sensu dei mutantur, ita mutat se scriptura de deo loquens . . . Ita sentio in corde et conscientia diversum deum, quem tamen scimus in se immutabilem. Sicut ego deo sum, ita ille mihi. In quo natura fidei et infidelitatis notata est. WA 14; 213,34 ff.
[53] Vgl. H. Bornkamm, Luther im Spiegel der deutschen Geistesgeschichte, 89 ff.
[54] WA 24; 231,25 ff.

(Elohim, 2.Mose 22,27), denn sie gaben Gottes Wort zur Antwort. „Im neuen Bunde ist jeder Christ ein solcher."[55]

Andererseits aber nimmt er die Einheit der Glaubensgeschichte, die Altes und Neues Testament umfaßt, zum Anlaß, sie auch durch Anwendung der allegorischen Exegese zu veranschaulichen. Obwohl er in ihrer Verwendung gegenüber dem Mittelalter und seiner eigenen Frühzeit schon viel zurückhaltender geworden ist[56], macht er doch in den Genesispredigten noch reichen Gebrauch von ihr. Sie ist für ihn nicht die eigentliche und einzige Methode, die Schrift zum Reden zu bringen, aber doch ein Mittel, ihr Geheimnisse zu entlocken, die nicht einfach zutage liegen, zumal im Alten Testament, das ja nur indirekt von Christus und dem Glauben redet. Neben traditionellen Allegorien (wie der Sintflut als Taufe, der Arche als Kirche, Josephs als Typus Christi u. a.) finden sich auch solche, die seinen eigenen Kerngedanken entsprechen. Wenn Adam und Eva ihre Nacktheit erkennen und sich mit Blätterschürzen bedecken, so deutet das darauf hin, daß viele Christen, „so sie den Glauben verloren haben und sehen, daß sie in Sünden stecken, wollen ihnen (sich) helfen, sich decken und beschönen mit Werken, die sie erdenken können"[57]. Aus dem Wort des betrogenen alten Isaak: „Die Stimme ist Jakobs Stimme, aber die Hände sind Esaus Hände" (1.Mose 27,22), macht er ein geistreiches Gedankenspiel, das uns seltsam erscheinen mag, aber damals nach den überlieferten exegetischen Regeln nichts Befremdendes hatte. Nur der Skopus ist neu. Mit der Stimme ist das Evangelium gemeint, mit den Händen die Werke. Die Hände haben das zu tun, was für alle selbstverständlich ist. „Die Christen halten (tun) alles, was andere Leute halten, ohn (nur) allein die Stimme muß anders sein . . . Ins Gewissen soll man kein Gesetz predigen, in die Hände soll man kein Euangelion tun."[58] Luther wendet sich damit sowohl gegen die, welche auf ihre guten Werke vertrauen, wie gegen die, welche sie verachten. „Wir wollen keine Werk tun, sein wir doch fromm durch den Glauben. Was sollen wir werken? Nicht also, sondern laß die Stimm Jakobs sein und die Hände Esaus, zwinge den alten Adam und bleib an der Gnaden hangen."[59] Luther hat diese ihm damals noch willkommenen Kunstgriffe, die Texte auch durch allegorische Deutung auf ihren Evangeliumsgehalt zu befragen, allmählich eingeschränkt und schließlich ganz fallen lassen[60]. An Müntzer und Karlstadt wurde ihm deutlich, daß in der „geistli-

---

[55] An Spalatin 22. Jan. 1525, WAB 3; 426,7ff. Dazu aus den Genesispredigten WA 14; 128,12ff.36ff. 325,6ff.26ff. 164,4ff.15ff.

[56] H. Bornkamm, Luther und das Alte Testament, 76ff. 211. Zum Nachlassen der Allegorien bei den Evangelien in den zwanziger Jahren vgl. die Nachweise von Ebeling, Evangelienauslegung (s. Anm. 15), 49ff.

[57] WA 24; 91,21ff.

[58] Ebd. 481,22ff.31ff.

[59] Nach der Bearbeitung Stephan Roths WA 14; 369,31ff. Vgl. WA 24; 481,11ff. 482,9ff.

[60] In seiner großen Genesisvorlesung (1535–1545) findet sich nichts mehr davon. Vgl. die Auslegung der Stelle (1.Mose 27,22) WA 43; 516ff.

chen Deutung" die Gefahr einer spiritualisierenden Auflösung der Texte lag, wie er sie auch bei Origenes und Hieronymus und ihrem Nachfolger Erasmus fand[61].

Er hatte zunächst allerdings noch einmal intensiven Gebrauch von der Allegorese gemacht, und zwar bei dem Problem des alttestamentlichen Gesetzes, vor das ihn seine Vorlesung über das Deuteronomium (5.Mose) stellte. Er hielt sie seit Februar 1523 bis ins Jahr 1524 als Privatkolleg mit Aussprache (familiare colloquium) im Augustinerkloster vor einem kleinen, aus seinen Ordensbrüdern und einigen anderen Zuhörern bestehenden Kreise. Davon sind zwei Nachschriften erhalten, eine im Besitz Bugenhagens, der sie bald danach gründlich für eine eigene Vorlesung benutzte. In der Unruhe der nächsten Jahre kam Luther erst später, als er gewünscht hatte, dazu, das Kolleg in ein Buch umzuarbeiten und, wie er seit langem plante, dem Bischof Georg von Polentz im Ordenslande Preußen zu widmen. Er verfaßte dafür eine eigene lateinische Übersetzung des Deuteronomiums, mit der Hans Lufft in Wittenberg 1524 den Druck begann. Er mußte noch ein Jahr warten, bis Luther seinen Kommentar (Annotationes) dazu liefern konnte[62]. Es war begreiflich, daß das vielgestaltige 5.Mosebuch – geschichtliche Erzählung, Gesetzbuch, Lied und Tod des Mose – Luther als Ausleger reizte. Er nannte es „ein Kompendium des Mose und eine Summe des ganzen Gesetzes und der Weisheit des Volkes Israel" und mit dem Blick des Christen gesehen „eine überreiche Entfaltung des Dekalogs". Der innere Bereich des Gewissens, die politische Ordnung und die äußeren Zeremonien sind hier „aufs weiseste und gerechteste geregelt"[63]. Aus dem Reichtum von Bemerkungen zu diesen Themen greifen wir drei Kreise heraus.

1) Das profane Recht ist nicht eine Sache der Bücher, sondern der Richter. Gott hat „vor den Gesetzen die Richter" eingesetzt und ihnen die Epikie, die abgewogene Billigkeit, als Norm gegeben. „Die Richter sind die lebendigen Gesetze oder die Seele des Gesetzes."[64] Das stellt die höchsten Anforderungen an den Richter. „Er muß ein Sieger über alle Affekte: Furcht, Liebe, Zuneigung, Barmherzigkeit, Geiz, Hoffnung, Ruhm, Leben und Tod und ein ganz reiner Liebhaber der reinsten Wahrheit und eines gerechten Urteils sein." Das kann er nur, wenn er weiß: „Das Gericht ist Gottes", und wenn „sein Herz durch den Glauben sicher und fest gemacht ist"[65]. Dazu gehört aber auch, daß er sein Amt als ihm von Gott übertragen und durch allgemeine Rechtsformen geordnet weiß. Es gibt also keine amtlose und formlose Volksjustiz[66].

---

[61] Ebeling, Evangelienauslegung (s. Anm. 15), 314ff. 324ff.
[62] WA 14; 489–496. 497,7. 745ff. Zu der Widmung an Polentz s. den Brief an Brießmann 4. Juli 1524, WAB 3; 316,53ff.
[63] WA 14; 545,17–27.
[64] Ebd. 554,38ff.
[65] Ebd. 667,1ff. Darin 2.Chron. 19,6f. zitiert.   [66] Ebd. 665,11ff.

2) An der Geschichte und dem unvergleichlichen Gesetz Israels wird seine Überlegenheit über die Heidenvölker sichtbar. Von außen gesehen erscheinen die geschichtlichen Vorgänge überall gleich, aber in der heidnischen Geschichte geht es um Größe oder Kleinheit menschlichen Tuns. In Israels Geschichte dagegen ist allein Gottes Wort der Verehrung würdig, ,,nach dessen Führung und Wink alles geschieht"[67]. Er hat das jüdische Volk ohne alle Rücksicht auf seine Verdienste, ja gegen seinen oft bewiesenen Unglauben erwählt. Die Rede, in der Mose sich nicht genug tun kann, dem Volk seine Untreue vorzuhalten (5. Mose 9), ist eine scharfe Arznei gegen die Pest der Selbstgerechtigkeit bei dem Gottesvolk der Juden und wieviel mehr erst der Christen[68]. Die Erwählung Israels hat politisch gesehen darum auch nur ein genau begrenztes Ziel, die Niederwerfung der Kanaanäer, deren Land er ihnen verheißen hatte, nicht die irgendwelcher sonstigen Völker[69].

3) Die Bewunderung für die unüberbietbare Weisheit des Mosegesetzes vom Dekalog bis zum Steuerrecht des Zehnten, den Luther als eine vom Ertrag abhängige Abgabe gern in Deutschland eingeführt sähe[70], verschärft für ihn die Frage nach Gesetz und Evangelium. Der Unterschied der Testamente liegt nicht darin, daß im Neuen ein besseres, tiefer begründetes oder humaneres Gesetz verkündet würde als im Alten. ,,Was könnte man zum Dekalog (um von anderem zu schweigen) hinzufügen? Was könnte Erhabeneres gelehrt werden als Gott von ganzem Herzen glauben, vertrauen, lieben, fürchten, ihn nicht versuchen? Und auch, was läßt sich Gerechteres und Heiligeres in Acht halten, als was Moses über den äußeren Gottesdienst, die Obrigkeit, die Liebe zum Nächsten festgelegt hat?"[71] Der Unterschied der Testamente zeigt sich vielmehr in der verschiedenen Situation des Menschen, auf den das Gesetz, das ja auch im Neuen kein anderes ist, trifft. Im Alten überführt und vernichtet es den Sünder, im Neuen treibt es ihn dem gnädigen Gott in die Arme, von dem allein er im Glauben instand gesetzt wird, das Gesetz zu erfüllen. Es gibt auch hier noch Gebote, ,,aber nur um der Reste des alten Menschen willen, damit das noch nicht Zurechtgebrachte getötet wird, wovon der Geist für sein Teil frei ist; ihm genügt allein der Glaube". Das Evangelium spricht also zum neuen Menschen, der die Hindernisse Gott gegenüber aufgehoben weiß. Und damit lehrt es zugleich, ,,woher man das empfängt, wodurch man das Gesetz erfüllt"[72]. Dieser Bund, den wir den neuen Bund nennen, der durch Glauben und Geist zustande kommt, ist der Urbund Gottes mit der Menschheit. ,,Das neue Testament ist das uralte, von Anbeginn der Welt, ja vor der Weltzeit verheißene . . ., aber erst unter Christus erfüllte."

---

[67] Ebd. 566,37ff. 567,23.
[68] Ebd. 634,30ff. 636,24ff.
[69] Ebd. 625,26f.
[70] Ebd. 652,15ff.
[71] Ebd. 675,30ff.
[72] Ebd. 677,23–678,9.

Dagegen umschließt der alte Bund, den Gott mit dem Volke Israel geschlossen hat, nur ein bestimmtes Stück Geschichte, die Landversprechung. „Das alte Testament ist unter Mose verheißen und unter Josua erfüllt worden." Daß diese Erfüllung auch weiterhin gewahrt bleibt, hängt also davon ab, ob die Gesetze und das Recht, das Mose verkündigt hat, gehalten werden[73]. Die beiden Bundesangebote Gottes folgen nun aber nicht nur aufeinander, sondern sie sind an der entscheidenden Stelle aufeinander bezogen. Das Mosegesetz ist nicht nur israelitisches Volksrecht, „der Juden Sachsenspiegel"[74], historisch bedingt und räumlich begrenzt wie jedes Volksgesetz. Sondern es enthält einen Kern von universaler Gültigkeit, ein „natürliches" Recht, das jeder in seinem Gewissen anerkennt. Luther hatte schon 1519 im Galaterkommentar eine großartige Definition dafür gefunden: „Es gibt ein Gesetz, das sich durch alle Zeiten erstreckt, allen Menschen bekannt, in aller Herzen geschrieben ist und niemandem eine Entschuldigung läßt vom Anbeginn bis zum Ende. Zwar sind bei den Juden Kultgebote dazugekommen, wie bei anderen Völkern ihre besonderen Gesetze. Aber sie waren nicht für alle Welt verbindlich, sondern nur dieses, das der Geist in die Herzen aller hineinspricht ohne Unterlaß."[75] Die unvergleichliche Zusammenfassung dieses Gesetzes bildet der Dekalog, wenngleich auch in ihm jüdisches Zeremonialgesetz (Bilderverbot und Sabbatheiligung) enthalten ist, das die übrigen Völker nichts angeht. Das Herzensgesetz aber – und das macht erst seine ganze Universalität aus – ist verknüpft mit dem Urbund, in dem Gott von Anfang an der Menschheit zugesagt hat, nicht nur zu fordern, sondern auch zu helfen. Darum steht vor dem „Du sollst" am Anfang aller Gebote das „Ich bin der Herr, dein Gott", vor der Forderung die Verheißung, mit der sich Gott an die Menschheit bindet. Das erste Gebot enthält beide zugleich. Aus dem schönen Abschnitt 5.Mose 10,12 ff., in dem die Sozialgebote aus den unverdienten Wohltaten Gottes gegenüber seinem Volk und seiner Liebe für die Witwen, Waisen und Fremdlinge abgeleitet werden, hört Luther zuerst den Trost heraus, den das erste Gebot den Unterdrückten gewährt, dann aber ebenso die Gerichtsdrohung über die, welche dem Vorbilde Gottes nicht folgen. „Siehe, das heißt das erste Gebot auslegen. Das ist der Kommentar des Mose selbst. So lehrt er begreifen, was Gott ist, was es heißt, einen Gott haben, was es bedeutet, das erste Gebot zu erfüllen. Welche Quellen haben allein diese Worte den Propheten bedeutet! Hieraus haben sie alles genom-

---

[73] Ebd. 602,34 ff.

[74] Wider die himmlischen Propheten (1525), WA 18; 81,10 ff. WA 16; 378,11. Dazu die Gutachten Luthers und Melanchthons über diese Frage aus dem Jahre 1524, WAB 12; 62 ff. mit den dort angeführten Bibelstellen. MBW 388. 389.

[75] Una est lex, quae transit per omnia saecula, omnibus nota hominibus, scripta in omnium cordibus, nec excusabilem relinquit ullum ab initio usque in finem, licet Iudaeis accesserint ceremoniae, tum aliis gentibus suae propriae leges, quae non universum mundum obligabant, sed haec sola, quam spiritus dictat in cordibus omnium sine intermissione. WA 2; 580,18 ff.

men, worüber sie klagen im Blick auf die Schwachen, Geringen, Armen, Sünder, Witwen, Waisen, Verurteilten, Verdammten, Unglücklichen, Elenden und was sie donnern von dem Zorn und der Rache Gottes gegen die Reichen, die Tyrannen, Mächtigen und Richter, die Gewalttäter, Hartherzigen und Hochmütigen. Alles das fließt aus dem gewaltigen Ozean des ersten Gebots und wieder in ihn zurück. Noch keine wirksamere und vollere Troststimme war je und wird je gehört werden und zugleich keine härtere und strengere als die Stimme des ersten Gebotes: Ich bin der Herr, dein Gott.‘‘[76]

Luther stellt hier auf seine Weise einen Zusammenhang zwischen dem Deuteronomium und der israelitischen Prophetie her. Während die heutige Forschung eine relative Gleichzeitigkeit zwischen dem Buch und den älteren Propheten annimmt, sieht er historisch zwischen ihnen eine viel größere Spanne. Aber gerade das erweckt seine Entdeckerfreude. Was er bemerkt hat, scheint ihm in die Beobachtungen seiner Zeit zu passen, die in Homer „den Vater aller Dichter, die Quelle, ja den Ozean aller Bildung, Weisheit und Redekunst‘‘ sieht. „Da man in unserer Zeit alles wieder zu restituieren (auf seinen Anfang zurückzuführen) beginnt, gleich als stünde der Tag der Restitution aller Dinge bevor, kam mir in den Sinn, zu versuchen, ob sich vielleicht auch Mose restituieren lasse und ob ich die Bächlein wieder zur Quelle zurückleiten könnte.‘‘ Und er bekennt in der Vorrede an Bischof Georg von Polentz, in der diese Worte stehen, sein Vergnügen an diesem humanistischen Studium, das ihm gezeigt hat, daß die Propheten Mose „gelesen, gelernt, gelehrt und Tag und Nacht nicht aus den Händen gelegt haben‘‘[77].

Der Eindruck dieses gewaltigen Zusammenhangs von Mose, den Propheten und dem Evangelium hat Luther noch einmal veranlaßt, ihn so konsequent wie nie wieder durch eine allegorische Ausdeutung zu veranschaulichen, die er seiner Interpretation bei jedem Kapitel hinzufügt. Er betont freilich, daß der wörtliche Sinn allein zuverlässig, der allegorische unsicher und daher oft nach der Laune der Ausleger mißbraucht worden ist. Immerhin ist er durch die Decke über dem Angesicht des Mose, von der Paulus spricht (2. Kor. 3,13), angedeutet und die analogia fidei zwischen dem Deuterono-

---

[76] WA 14; 640,23 ff.

[77] Certum est enim, ut quemadmodum mundi sapientes dicunt Homerium esse patrem omnium poetarum, fontem, imo oceanum omnis eruditionis et sapientiae et eloquentiae, sic noster Moses fons et pater est omnium prophetarum et librorum sacrorum, id est sapientiae et eloquentiae coelestis. Cum vero hoc saeculo omnia incipiant restitui, quasi dies ille instet restitutionis omnium, venit in mentem, ut hoc tentarem, si forte et Mose restitui possit et rivulos ad fontem revocarem. Iucundissimum est sane et tam intelligentiae quam memoriae iuvandae commodissimum et utilissimum cernere vestigia prophetarum posteriorum in Mose, ut illum legerint, didicerint, docuerint, nocturna versarint manu versarintque diurna. WA 14; 499,16 ff. Dies ist die einzige Stelle über Homer, die über eine bloße Erwähnung hinausgeht. Vgl. auch WATR 5; Nr. 5834; 376,9 ff.: Videte Virgilium, Homerum, Liuium: Wen was hart gestanden ist, so sinth sie in die kirchen gelauffen. Et nos christiani ita stertimus in dubitatione in illo certissimo cultu. Außerdem WADB 3; 272,3–5.

mium und den großen anderen Bibelbüchern so mit Händen zu greifen, daß man es versuchen kann, mit dieser sekundären Methode noch etwas aus den Texten herauszuholen[78]. Sämtliche Allegoresen Luthers sind darum streng durch die Glaubensanalogie normiert. Nur ein paar Beispiele: Daß Mose nicht mehr über den Jordan kam, bedeutet, daß das Gesetz nicht in das Reich Gottes führt. Das blieb Josua vorbehalten, der nach Namen und Geschehen auf Christus hindeutet (5. Mose 3)[79]. Gespaltene Klauen und Wiederkäuen, wie sie den von Mose zum Essen bestimmten Tieren eigen sind (5. Mose 14,6), weisen hin auf die rechte Unterscheidung von Gesetz und Evangelium und auf die innige Meditation des Gotteswortes[80]. Das Verbot, bei einer Belagerung Fruchtbäume umzuhauen (5. Mose 20,19), bedeutet: Lehren, „die irgendwelche wirkliche Schriftstellen für sich haben, nicht verwerfen. Denn es hat nie eine Häresie gegeben, die nicht auch etwas Wahres gesagt hätte."[81] Man soll den Weinberg nicht mit verschiedenerlei Setzlingen bepflanzen, und man soll nicht mit Ochse und Esel zugleich ackern (5. Mose 22,9f.); das deutet an: nicht Glauben und Werke zugleich lehren. Luthers Allegoresen sind christologisch oder auf Gnade und Gesetz ausgerichtet. Andere weist er als Spielerei zurück. Die Kriegsgefangene, die man erst zur Ehe nehmen darf, wenn man sie neu gekleidet und ihr einen Trauermonat zum Abschied von ihren Eltern gelassen hat (5. Mose 21,10ff.), habe Hieronymus auf die antike eloquentia bezogen, mit der sich der christliche Schriftsteller, nachdem er sie etwas zurechtgestutzt hat, vermählen darf. Luther deutet sie auf die Synagoge. Ihre Schönheit meint die ihr nach Paulus (Röm. 9,4f.) verliehenen Gaben: das Ablegen des Gefangenenkleides, die Befreiung aus der Gefangenschaft des Gesetzes, das Beschneiden der Nägel, die Befreiung aus der das Gewissen zerfleischenden Selbstgerechtigkeit; die Trauerzeit bedeutet die Einsicht in die Tiefe der angeborenen Sünde, die kein Gesetz beseitigen kann. „Und so mag sie heiraten, das Wort Gottes empfangen und im Glauben das Weib Christi sein."[82] Die Beispiele zeigen, daß die Allegorien sich nicht auf die Würde des Gedankens begründen, der bei der Umdeutung herauskommt. „Wir sagen, daß Allegorien auf den Glauben bezogen werden müssen."[83] Insofern sind die Allegoresen noch immer ein integrierender Bestandteil der Lutherschen Hermeneutik, wenn er auch mit der Zeit einen immer geringeren, aber nie ganz aufhörenden Gebrauch davon gemacht hat[84].

---

[78] WA 14; 560,13–561,36.
[79] Ebd. 579,34ff.
[80] Ebd. 649,16ff. 650,20ff. (nach 2.Tim. 2,15; in der WA zur Stelle irrtümlich 2.Tim. 4,2).
[81] Ebd. 694,28ff.
[82] Ebd. 698,9ff. Hieronymus Epist. 21, 13,5f.9. Dazu H. Hagendahl, Latin fathers and the classics, in: GUA 64/2 (1958), 109.
[83] WA 14; 698,10f. 649,27f.
[84] Vgl. H. Bornkamm, Luther und das Alte Testament, 79ff. Dort auch weitere Beispiele aus der Vorlesung über das Deuteronomium. Einige andere Zeugnisse bringt H. Gerdes, Luthers

Die Auslegung des Deuteronomiums gehört, obwohl es ein weit schmaleres Angebot von theologischen Themen enthielt als die Psalmen, Propheten oder neutestamentlichen Texte, zu den wichtigsten Vorlesungen Luthers. Sie bot ihm in den Jahren 1523/4, in denen nach den Wittenberger Wirren der Kurs der reformatorischen Bewegung festgelegt werden mußte, Gelegenheit, sich und seinen Studenten an dem Zentraltext, den das Alte Testament dafür bot, das Verhältnis von Gesetz und Evangelium zu klären. Es erhielt dadurch biblische Fülle und Anschaulichkeit und lieferte ihm die Argumente für zwei Auseinandersetzungen, die jetzt auszufechten waren: 1) für die mit Karlstadt und Müntzer, denen eben an dieser Stelle der Blick für die Unterscheidung fehlte[85] und deren Programme, gemessen an dem imponierenden Bau der alttestamentlichen Gesetzgebung, ihm als unvergorene Stümpereien erscheinen mußten; 2) für die Begründung und Begrenzung des christlichen Handelns in der Welt des Rechts und der Obrigkeit, das nach der mittelalterlichen Vermengung von Kirche und weltlichem Regiment neu durchdacht werden mußte.

Die anschließende Vorlesungsreihe über die Kleinen Propheten (vom Mai 1524 bis Anfang 1526)[86], mit der Luther seine drei Jahre zuvor unterbrochene öffentliche Lehrtätigkeit wieder aufnahm, stellte ihn vor eine ganz andere und besonders schwierige Aufgabe. Er mußte sich an Hand von kurzen Texten in ein Dutzend Schriftsteller, ihre Persönlichkeit, ihr Denken und ihren Stil einarbeiten. Und er mußte sich über das Wesen der Prophetie in ihrer Doppelgestalt, ihrem aktuellen Sinn für ihre Zeit und ihrer Vorausdeutung auf Christus und das Evangelium, klar werden. Wie sehr ihn die Aufgabe fesselte, zeigt sich daran, daß er in den folgenden Jahren zu drei von diesen Propheten – Jona (1526), Habakuk (1526) und Sacharja (1527) – ausführliche deutsche Auslegungen herausgab, die auf der Vorarbeit der Vorlesungen beruhen, aber weit über sie hinausgehen[87]. Sie sind also nur bedingt als Quellen zu der bloß in studentischen Nachschriften erhaltenen Gesamtvorlesung zu benutzen, wohl aber zu Luthers Prophetenverständnis im Grundsätzlichen, wie er es sich zum ersten Male durch diese Kollegreihe erarbeitet hat[88]. In diesem Sinne ist es begründet, von den drei späteren, breiter entfalteten und

---

Streit mit den Schwärmern um das rechte Verständnis des Gesetzes Mose (Göttingen 1955), 116 ff.

[85] Dazu das in Anm. 84 zit. Buch von Gerdes.

[86] WA 13; XXXIII. Das dort angegebene Anfangsdatum (März 1524) ist von H. Volz WADB 11/2; IX, Anm. 2 mit Recht auf den Semesterbeginn (Anfang Mai) verlegt worden. Zum Ganzen vgl. die sorgfältige, für Luthers gesamte Hermeneutik ertragreiche Untersuchung von Krause, Kleine Propheten.

[87] WA 19; 169–251 (Jona), 337–435 (Habakuk). WA 23; 477–664 (Sacharja). Dazu H. Bornkamm, Luther und das Alte Testament, 26 ff.

[88] Zur Quellenlage vgl. die Einleitungen zu der Ausgabe der Vorlesung (WA 13) und der drei deutschen Auslegungen (WA 19 u. WA 23); dazu Krause, Kleine Propheten, 1 ff.

neu durchdachten Auslegungen auszugehen. Sie zeigen drei verschiedene Seiten des Prophetischen.

Die Jona-Darstellung, eines der schriftstellerischen Meisterwerke Luthers, konnte an Hand der Erzählung, die das Buch von den übrigen Prophetentexten unterscheidet, das Leiden des Propheten im Widerstreit von Anfechtung und Glauben ausmalen. Im Erwachen unter dem Unwetter begreift er, daß es ihm, dem vor Gott Flüchtigen, gilt. Er lernt daran „der Sünden zarte Tugend": sich zu schämen und zu verbergen, bis er sich den Schiffsleuten als Hebräer, der Sünde auf sich geladen hat, bekennt und sich zum Opfer anbietet. In der Todesangst im Bauche des Fisches – „das sind die längsten Tage und Nacht gewesen, die unter der Sonnen je kommen sind" – erlebt er die Hölle. „Denn ein jeglicher hat seine Helle mit sich, wo er ist, so lange er die letzte Nöten des Todes und Gottes Zorn fühlet."[89] Aber sein Gebet erhält ihn in der Zuversicht zu Gottes Barmherzigkeit. „Denn auch die Helle nicht Helle wäre noch Helle bliebe, wo man drinnen riefe und schriee zu Gott."[90] Obwohl Gott ihn rettet, fällt er noch einmal in die gleiche Sünde, nun nicht mehr als Mensch, sondern als Prophet. Er hadert mit Gott, weil dieser sich nicht zu der Gerichtspredigt, die er ihm aufgetragen hat, bekennt und die Heidenstadt verschont. Aber Gott „spielt" mit ihm und überwindet ihn mit seinem eigenen Kummer um den verdorrten Strauch. So muß der Murrende „sich meistern lassen und also mit Schanden und gedemutigt wieder heimziehen, doch mit großer Frucht und Nutz seines Verstandes"[91]. Es ist ganz die Geschichte des Propheten, die Luther hier ausdeutet, und ganz die Geschichte von jedermann, der mit Sünde und Todesangst, Glaube und Gebet, Verzweiflung, Murren und Beschämung seine Erfahrungen mit Gott macht.

Neben diesem menschlichen Bilde des Propheten steht das Bild des prophetischen „Amtes", das Luther großartig an Habakuk schildert. Es geht diesmal nicht so sehr um das Gerichtsamt, wie es Jona vertrat und auch Habakuk üben muß[92], als um das Amt des „Trostpropheten"[93], das er als seine eigentliche Bürde zu tragen hat[94]. Seine Aufgabe war es, die von Babylon ausgehende künftige Katastrophe für Juda anzukündigen[95] und doch zu-

---

[89] WA 19; 211,1. 219,12 ff. 225,28 ff. Luther gesteht dabei seine Zweifel an der traditionellen Höllenvorstellung: „Was aber die Helle sei fur dem jungsten Tage, bin ich noch nicht allzu gewiß." Erst danach wird es zu einer Absonderung der Verdammten kommen, ebd. 225,12 f.34 ff.

[90] Ebd. 222,16 f.

[91] Ebd. 242,15. 243,30 ff. Vgl. zum Jonabuch die schöne Analyse von G. v. Rad, Theologie des Alten Testaments, Bd. 2 (München 1960), 302 ff.

[92] WA 19; 363,11 ff.

[93] Ebd. 353,22. Der folgende Abschnitt 353,23–354,24 ist von Luther als Vorrede in seine Prophetenübersetzung (1532) und die Gesamtbibel übernommen worden. WADB 11/2; 298–301.

[94] WA 19; 352,27 ff. 387,10 ff.

[95] Im Gegensatz zur Tradition, die den Propheten in die Zeit Daniels datierte (Krause, Kleine Propheten, 136), hält Luther ihn für einen älteren Zeitgenossen Jeremias (WA 19; 354,11.16). Er stimmt darin im allgemeinen mit der heutigen Forschung überein.

gleich den Glauben daran zu erhalten, daß der verheißene Christus kommen und sein Reich in Jerusalem aufrichten werde[96]. Das erfordert in ihm selbst einen „Kampfglauben wider der Babylonier Glück", und zugleich muß er „fechten und kämpfen wider den Unglauben seines Volks, denen er predigt, und sie trösten und stärken"[97]. Allein Gottes Auftrag holt das Äußerste aus dem in sich selbst angefochtenen Propheten heraus: „Wenn er in sein Amt tritt und soll ein ganz Volk in gleichem Kampf mit sich trosten und erhalten: da ist Mühe, Jammer und Not."[98] In der schweren Probe, der dieses Amt den Propheten unterwirft – „wiewohl der Glaube fest bleibt, so kracht er doch"[99], kommt alles darauf an, daß er „ja feste stehe auf seinem Wort, feste anhalte, nicht weiche noch wanke, weder um des Unglücks willen, noch umb des Unglaubens, Murrens, Lästerns willen im Volk. Denn wo der wankt und weicht, der das Wort und Trost führen und halten soll, so gehet's gar dahin, so liegt das Panier und ist der Wächter tot. Wo er aber steht, so bleiben doch etliche an ihm hangen und sehen auf ihn."[100] Zu diesem Wächter gehört freilich ebenso, daß er ein „Herzer" ist, wie Luther den Namen Habakuks deutet, der die andern tröstet und „in die Arme nimmt"[101]. Nirgends hat Luther das Ineinander von Kampf- und Trostamt so anschaulich beschrieben wie an der Gestalt und dem Namen dieses Propheten. Eine Verkündigung solcher Art gründete sich nicht auf allegorische Übereinstimmung mit dem neutestamentlichen Geschehen[102]. Sie war für Luther direkte Christusverheißung, auf die letztlich der prophetische Glaube an die geschichtliche Führung des Volkes Israel durch Gott hinzielt.

Diesen Inhalt der prophetischen Predigt fand Luther am reichsten im Buche Sacharja dargeboten. In den zwei Aufgaben, die allen Propheten gestellt waren: das Volk in Zucht zu halten, um es auf das zukünftige Reich des Messias vorzubereiten, und von diesem Reich Christi zu weissagen und es zu preisen, ist Sacharja „sonderlich in dem andern Stück ein Ausbund und meines Erachtens der furnehmest"[103]. Luther verstand aber diese Weissagung

---

[96] WA 19; 388,31 ff.

[97] Ebd. 386,5 ff.

[98] Ebd. 380,21 ff.

[99] Ebd. 378,4.

[100] Ebd. 388,16 ff.

[101] Ebd. 354,18 ff. Luther folgt der Deutung in den Interpretationes nominum hebraicorum, die auf dem gleichnamigen Werk des Hieronymus beruhen und vielen Vulgatadrucken beigegeben waren. WADB 11/2; 301 Anm. 2. K. A. Meissinger, Luthers Exegese in der Frühzeit (Leipzig 1911), 71. Habakuk ist vielleicht vom Namen einer Pflanze oder Obstbaumart abzuleiten. RGG Bd. 3 (1959), 3.

[102] Abgesehen z. B. von Allegorien geographischer Namen, die Luther allerdings auch nur dort anwendet, wo der prophetische Kontext sie nahelegt. Eine andere Sache sind die Bildreden der Propheten, die er nach ihrem einfachen, natürlichen Sinn interpretiert. Krause, Kleine Propheten, 165 f. 197 ff. H. Bornkamm, Luther und das Alte Testament, 78 ff.

[103] WA 23; 501,17 ff. 502,15 f. Ähnlich heißt es später in der Vorrede zur Sacharja-Überset-

nicht als ein Schema, in das man durch allegorisches Verständnis beliebig einen anderen Inhalt einsetzen kann. Sie zielt nur dann auf Christus, wenn die Wahrheit, die mit ihm in die Welt gekommen ist, das Evangelium, die Rechtfertigung durch den Glauben an ihn, damit bezeugt ist. Das gilt z. B. von der prophetischen Verheißung des „Knechtes Zemach" (Sach. 3,8), der schon durch seinen Namen (= Sproß) auf das „wunderlich Wachsen" der Sache Christi trotz Kreuz und Verfolgung hinweist, das nur im Glauben wahrgenommen werden kann. „Es gilt Hörens und schlecht(hin) aufs Wort zu merken und dran zu hangen. Wo du nicht an das Wort dich hältest, kannst du fur dem Ärgernis nicht bestehen, das Christus Reich bringt."[104] Dieses Verständnis der prophetischen Christusweissagung macht Luther kritisch gegen traditionelle christologische Auslegungen. Das 8. Kapitel ist ganz natürlich auf die Heimkehr Israels aus der Gefangenschaft und auf den Wiederaufbau Jerusalems zu beziehen und gibt Luther Anlaß, ein leuchtendes Bild des Friedens und eines gesunden, fröhlichen Volkslebens zu malen. Darum weist er die übliche, gewiß gut gemeinte Deutung auf das Kommen der Völker zu Christus und seinen Aposteln ausdrücklich ab[105]. Er gibt damit in der deutschen Bearbeitung von 1527 die Auslegung auf, die er noch in der Vorlesung von 1525/6 vorgetragen hatte[106]. Ebensowenig übernimmt er die kirchlichen Traditionszeugnisse Sach. 4,7; 11,15ff; 12 und 14 für den Antichrist und die Endzeit. Die dort angekündigte Eroberung und Plünderung Jerusalems bezieht sich auf die Zerstörung durch die Römer und die Zerstreuung seiner Bewohner. Die von dem Propheten vorausgesagten Verfolgungen sind noch Zeiten des Kampfes und darum des Predigens und des Glaubens. Erst „um den Abend wird es licht sein" (Sach. 14,7). „Der Abend aber ist nu das Ende der Welt, wenn der Glaube soll aufhören und das ewige Licht offenbar werden."[107] So oft sich Luther der Traditionsexegese bedient, die über die Zeitgeschichte hinaus nach der Erfüllung in der heilsgeschichtlichen Zukunft fragt, so streng ist er doch bemüht, die Hinweise auf Christus und sein Reich ausschließlich am Evangelium und am Glauben zu normieren und von bloßen Präfigurationen auf die Geschichte Christi und der Kirche freizuhalten. Wiederholt läßt sich zwischen den Vorlesungen und den drei deutschen Auslegungen oder einzelnen Predigten aus dieser Zeit die fortschreitende Lösung von einer formal-christologischen Exegese und eine Konzentration auf den Evangeliums-Skopus der Prophetentexte beobachten[108].

zung (1532): Er „ist furwahr der allertröstlichsten Propheten einer", mit konkreter Ausdeutung der einzelnen Kapitel als Weissagung auf Christus und seine Geschichte. WADB 11/2; 328,5 ff.

[104] WA 23; 552,1 ff. 37 ff. Zu Luthers Verständnis der Christusweissagungen vgl. die klärenden Ausführungen bei Krause, Kleine Propheten, 361 ff. 372 ff.

[105] WA 23; 598,14 ff. 599,23 ff. 607,31 ff.

[106] Krause, Kleine Propheten, 367.

[107] WA 23; 655,9 ff. 656,1 ff. 657,22 f. 658,4 ff. Krause, Kleine Propheten, 327 f.

[108] Weitere Beispiele bei Krause, Kleine Propheten, 367 ff.

X. Leben in Wittenberg (1522–1525)

Nach der Rückkehr von der Wartburg wohnte Luther wieder im Kloster der Augustiner-Eremiten und trug, nachdem er die Edelmannstracht abgelegt hatte, weiterhin die schwarze Kutte. Das danach benannte „Schwarze Kloster" gehörte zu den Neubauten, die aus Anlaß der Universitätsgründung errichtet worden waren. Vorläufig war man allerdings nur zum Bau des Wohnhauses in einfacher Bettelordensart gekommen. Es enthielt Zellen für etwa vierzig Mönche, das Refektorium (Speise- und Unterrichtssaal) und einen Schlafsaal[1]. Der spätere Gothaer Superintendent Friedrich Myconius hat 1541 in seiner Reformationsgeschichte – der ersten dieser Gattung – das Bild, das sich noch damals bot, anschaulich beschrieben: „Zu Wittenberg war das Augustinerkloster neu angefangen zu bauen und nicht mehr denn ein Schlafhaus, darin jetzt Dr. Martinus noch wohnet, ausgebauet. Die Fundamenta der Kirchen waren angelegt, aber nur der Erden gleich bracht. Mitten in denselben Fundamentis stund ein alt Kapellen von Holz gebaut und mit Lehmen bekleibt[2], das war sehr baufällig, war gestützelt auf allen Seiten. Es war etwa, wie ich's gesehen hab, bei 30 Schuhen lang und 20 breit. Hatt ein klein rostig Burkirchlein[3], darauf ein zwanzig Menschen mit Not stehen kunnten. An der Wand gegen Mittag war ein Predigtstuhl von alten Brettern, die ungehobelt: ein Predigtstühlchen, gemacht, etwa anderthalb Ellen hoch über dem Erdboden. In Summa: Es hatt allenthalben das Ansehen, wie die Maler den Stall malen zu Bethlehem, darin Christus geboren war. So hat das Kirchlein, darin Johannes Huß zu Prag gepredigt, auch Bethlehem geheißen." Und dann malt er mit frommer Ergriffenheit aus, wie Gott in dieser armseligen Wittenberger Kapelle „zu diesen letzten Zeiten sein liebes heiliges Evangelium und das liebe Kindlein Jesus lassen neugeboren werden"; hier habe Luther seine ersten Ablaßpredigten gehalten[4]. Auch Luther liebte das Kirchlein und trauerte darum, als es abgerissen wurde[5].

---

[1] Über die Geschichte des Klosters vgl. Germania Sacra 1,3,2, bearb. v. F. Bünger u. G. Wentz (Berlin 1941), 440ff. 457f. G. Krüger, Wie sah die Stadt Wittenberg zu Luthers Lebzeiten aus?, in: Luther 15 (1933), 29f.

[2] Bestrichen.

[3] Schmutzige Empore.

[4] Friedrich Myconius, Geschichte der Reformation, hg. v. O. Clemen, Voigtländers Quellenbücher 68 [Leipzig 1915], 22ff. Beschreibung des heutigen Zustands bei O. Thulin, Die Lutherstadt Wittenberg und Torgau (Berlin 1932), 29ff. Eine allgemeine Stadtbeschreibung für diese Zeit gibt Scheel, Martin Luther (s. o. S. 86, Anm. 60), Bd. 2, 314ff., vor allem nach dem damals hochmodernen Fremdenführer, dem Dialog von Andreas Meinhard, in dem er den Fux

Die Armut dieses Bethlehem bekam er sehr bald und in steigendem Maße zu fühlen. Seine Auseinandersetzung mit dem Mönchsleben hatte natürlich im eigenen Kloster besonders spürbare Folgen. Die Zahl der Brüder hatte sich durch Austritte rasch vermindert[6]. Obwohl das der Sache nach seinem Sinn entsprach, so war er doch manchmal über die dafür angegebenen Gründe nicht glücklich. Selbst seinem Freunde Johann Lang, der aus dem Erfurter Kloster ausgetreten war und 16 Gründe, vor allem die Lebensgefahr in den gesundheitsschädlichen Räumen, angegeben hatte, schrieb er am 28. März 1522: „Ich bin durchaus überzeugt, daß dein Austritt aus dem Kloster nicht grundlos erfolgt ist, obwohl ich es lieber gesehen hätte, daß du über alle Gründe erhaben gewesen wärest."[7] Also nicht Gründe, sondern der eine Grund – die Absage an das auf Verdienste ausgerichtete Mönchtum –, das war, wie er es in De votis monasticis dargelegt hatte, für ihn entscheidend. Nun brauchte er ja bei dem nächsten Gefährten, den er in diesen Jahren gehabt hatte, daran nicht zu zweifeln. Er bedauerte nur, daß durch solche Begründungen die Uneigennützigkeit der Klosteraustritte in Zweifel geriet. Hier lag die Ursache dafür, daß er jetzt den Schritt für sich noch ablehnte. Für die Klöster waren die Austritte keine wirtschaftliche Erleichterung, sondern eine Belastung. Die Ausscheidenden konnten mit Recht wenigstens einen Teil der bei ihrem Eintritt eingebrachten Stiftungen zurückfordern. Luther

---

Reinhard für den Besuch der neuen Universität gewinnt (Dialogus illustrate ac augustissime urbis Albiorenae, vulgo Vittenberg dicte situm, amenitatem ac illustrationem docens, tirocinia nobilium artium jacientibus editus. 1508). Dazu auch Friedensburg, Geschichte Univ. Wittenberg, 44. Als Ablaßpredigten, die Luther in der Klosterkapelle gehalten habe, nennt Myconius den Sermon von Ablaß und Gnade (WA 1; 243–246) und „Eyn Freyheyt des Sermons Bebstlichen Ablas und Gnad belangend" (ebd. 383–393). Beide sind aber offenbar nicht wirklich gehaltene Predigten (gegen ebd. 239), sondern literarische Erzeugnisse zum Ablaßstreit aus dem Jahre 1518, die auf Tetzels Gegenschriften antworten. Vgl. Th. Kolde, Martin Luther. Eine Biographie, Bd. 1 (Gotha 1884), 375 f. Th. Brieger, Kritische Erörterungen zur neuen Luther-Ausgabe, in: ZKG 11/1 (1889), 112 ff. J. Köstlin, Martin Luther. Sein Leben und seine Schriften, 5. Aufl., hg. v. G. Kawerau, Bd. 1 (Berlin 1903), 169. 187. BoA 1,10 f. H. Volz, Martin Luthers Thesenanschlag und dessen Vorgeschichte (Weimar 1959), 138 f.

[5] Nach Germania Sacra 1,3,2, S. 458 mußte das Kirchlein der Befestigung Wittenbergs mit Wall, Graben und einer doppelten Ziegelmauer in diesem Jahre weichen. Das dort angegebene Zeugnis (G. v. Hirschfeld, Die Beziehungen Luthers und seiner Gemahlin, Katharina von Bora, zur Familie von Hirschfeld, in: BSKG 2 [1883], 200 ff.) sagt allerdings über die Zerstörung der Kapelle nichts, sondern spricht von der Umwandlung der Franziskaner-Kirche in ein Proviantmagazin und der dabei erfolgten Zerstörung der Grabsteine und Epitaphien der dort von 1273–1435 bestatteten sächsischen Kurfürsten. Nach WATR 5; Nr. 5349; 77 Anm. 13 stand das alte Augustiner-Kirchlein schon 1540 nicht mehr. Über den Aufbau dieser Tischredengruppe (ebd. Nr. 5342–5354), die von einem unbekannten Nachschreiber stammt, vgl. E. Kroker ebd. XI ff. und Volz, Lutherpredigten Mathesius (s. o. S. 100, Anm. 47), 117.

[6] Von über 30 (Ende 1521) auf 5–6 (Feb. 1522), dann vorübergehend leicht ansteigend und wieder sinkend. Germania Sacra 1,3,2, S. 451 f.

[7] WAB 2; 488,3 ff. Über Lang Germania Sacra 1,3,2, S. 482 f.

setzte sich selbst nachdrücklich für diesen Akt der Gerechtigkeit ein[8]. Bei einem wenig begüterten Kloster wie dem Wittenberger[9] war die Ausstattung, welche die Austretenden erhielten, nur schwer aufzubringen. Die Einkünfte aus den Bettelgängen der Mönche (der „Terminei") waren völlig dahingefallen. Schon die von Karlstadt entworfene „Ordnung der Stadt Wittenberg" vom 24. Januar 1522 hatte sie verboten. Die Augustiner hatten dann selbst dem Kurfürsten berichtet, daß es ihnen „beschwerlich und ihrem Gewissen zuwider" sei, bei den Leuten, die an sich schon „schmale Nahrung haben . . . und von ihrer sauren Arbeit leben", zu betteln. Luther bezifferte den Verlust für das Kloster auf jährlich 300 Gulden[10]. Die Bitten um finanzielle Hilfe, die er durch Spalatin an den Kurfürsten richtete, wurden immer dringender, zumal die Pächter nicht zahlten und der kurfürstliche Schösser sich darum nicht kümmerte, vielmehr selbst das Kloster mit seinen Forderungen hart bedrängte. „Und der Prior hat kein Geld und wird auch keins haben können. Der Bettelsack hat ein Loch, das ist groß . . . Wenn ich nicht so viel Gelds hätte mußt vernarren mit ausgelaufen München und Nonnen, kund ich dem Prior wohl eine Steure (Hilfe) than haben."[11] Schließlich war die Zahl der Insassen außer Luther auf zwei zusammengeschmolzen: den Prior Eberhard Brisger, der ihm zu Liebe die elenden Verhältnisse noch mit ihm geteilt hatte, und den Schaffner Bruno[12]. Luther wollte Brisger aber nicht länger halten, „weil sein Gewissen ihn fordert, sein Leben zu ändern". Und auch Luther ertrug es nicht länger, „solch Jammer täglich, mit den Zinsen einzumahnen, zu haben". Er sah schließlich keinen anderen Ausweg, als das Kloster dem Kurfürsten, seinem einstigen Gründer, zu übergeben. Wenn der Prior abziehe, sei auch seines Bleibens dort nicht mehr, wie er Spalatin schon einmal angedeutet hatte. Damit sie aber nicht mit leeren Händen dastehen müßten, bat er zugleich darum, Brisger oder ihm ein neben dem Kloster gelegenes, diesem gehöriges Grundstück zu überlassen. Besonderer Anlaß für diese Bitte war die Situation des Priors, der sein reiches väterliches Erbteil im Erzbistum Trier jetzt natürlich nicht antreten könne[13]. Der Kur-

[8] Brief an Wenzeslaus Link, den Generalvikar der deutschen Augustiner in Altenburg, 7. Jan. 1523, WAB 3; 11,1 ff.

[9] Über Besitz und Einkünfte des Klosters Germania Sacra 1,3,2, S. 453 ff.

[10] Die Wittenberger und Leisniger Kastenordnung (s. o. S. 116 ff.), 4. Sehling, Kirchenordnungen, Bd. 1, 697. – „Unterricht der Augustiner von dem abgetanen Bettel sampt des Klosters Einkommen", in: N. Müller, Wittenberger Bewegung, 218 f. – Luther an Spalatin 10. Mai 1522, WAB 2; 524,12 f.

[11] An Spalatin 27. Mai 1523, WAB 3; 73,8 ff. Dort über den kurfürstlichen Schösser, außerdem ebd. 58,3 f. 196,1 ff. Zwei den Pachtzins verweigernde adlige Schuldner werden in Briefen vom 10. Apr. u. 16. Okt. 1523, ebd. 58. 173, genannt. Luther selbst war vor allem infolge der Sorge für die im April geflüchteten Nimbschener Nonnen (s. u. S. 230 ff.) am Ende seiner Mittel. 10. Apr. 1523, ebd. 55,27 ff.

[12] Germania Sacra 1,3,2, S. 452. Über Brisger ebd. S. 493 f.

[13] An Kurfürst Friedrich (wahrscheinlich Mitte Nov. 1523), WAB 3; 196,8 ff. Dazu H. Volz, WAB 14; XIX. Erste Erwägung des Plans und Anspielung auf ein Verlassen Wittenbergs in Brie-

fürst übernahm das Kloster, räumte aber über Luthers Bitte hinaus beiden weiterhin Wohnrecht darin ein. Diese stille Überlassung bekräftigten seine Nachfolger Johann und Johann Friedrich 1532 und 1536 in aller Form. Die Universität kaufte 1564 die Klostergebäude von Luthers Erben zurück[14].

Seine eigene finanzielle Notlage, die zugleich aus diesen Bitten und dem endgültigen Antrag an den Kurfürsten sprach, war darin begründet, daß er kein Gehalt für seine akademische Lehrtätigkeit bekam. Die „biblische Professur", die er seit 1512 innehatte, war vom Augustinerkloster als Gegenleistung für die Aufwendungen des Kurfürsten bei der Gründung des Klosters gestiftet worden. Seine Bezahlung hatte also bisher in dem unentgeltlichen Aufenthalt im Kloster bestanden. Die einzigen Geldmittel, die er in die Hand bekam, waren die bescheidene Summe von „9 alten Schock", die er seit 1514 für seinen Dienst als Prediger an der Stadtkirche erhielt[15]. Aber sie reichten bei weitem nicht aus, um die Lücken in den Klostereinkünften zu stopfen und in den an ihn herankommenden Notfällen zu helfen.

Schon aus seiner Kutte schaute die Armut heraus. „Ich habe meine Kutte bis zum Letzten getragen, daß ich sie mußte lassen flicken." Hieronymus Schurff habe ihm darum mehrmals Geld für eine neue angeboten. Vermutlich auf seine Fürsprache hin schickte der Kurfürst ein Stück besten Tuchs an Luther. Er sollte dabei, wie Luther erfuhr, lachend bemerkt haben: „Wie, wenn er sich eine Hispaniolische Kappe (ein Gewand nach der unter Karl V. sich ausbreitenden spanischen Mode) ließe machen?"[16] Erst dieses kostbare

---

fen an Spalatin 16. Okt. 1523, WAB 3; 173,12 ff., und 10. Apr. 1523, ebd. 58,4. Luther erneuerte durch ihn seine Bitte an den Kurfürsten am 1. Feb. 1524, ebd. 241,10 ff., und berichtete am 31. Juli 1525, ebd. 549,4 ff., Link von der vollzogenen Übergabe.

[14] Germania Sacra 1,3,2, S. 452. J. K. Seidemann, Luthers Grundbesitz, in: ZHTh 30 (1860), 475 ff. E. Kroker, Katharina von Bora, Luthers Frau. Ein Lebens- und Charakterbild (Leipzig 1906, 7. Aufl. Berlin 1974), 83 (die Jahreszahl ist in 1523 zu ändern). Brisger erhielt 1525 mit dem Schaffner Bruno das Grundstück erblich zu eigen. Er errichtete darauf eine „Bude" und ließ seinen Besitz, nachdem er Pfarrer in Altenburg geworden war, durch den Pfarrer von Dobien (b. Wittenberg) verwalten. Luther erwarb die Bude 1541. Germania Sacra 1,3,2, S. 459. WAB 9; 576 ff. „Bude" bedeutet ein kleines Holzhaus ohne Braurecht, wie es die arme Bevölkerung bewohnte. Vgl. E. Eschenhagen, Wittenberger Studien. Beiträge zur Sozial- und Wirtschaftsgeschichte der Stadt Wittenberg in der Reformationszeit, in: LuJ 9 (1927), 31.

[15] Die Verpflichtung des Klosters, einen Ordinarius für die biblische Professur und einen Lektor für Moralphilosophie in der artistischen Fakultät (Luthers erstes Wittenberger Amt 1508, Scheel, Martin Luther [s. o. S. 86, Anm. 60], Bd. 2, 360) zu stellen, ist enthalten in einer Urkunde vom 11. Nov. 1504. Friedensburg, Urkundenbuch, Bd. 1, 13. Germania Sacra 1,3,2, S. 445. Zu Luthers Gehalt vgl. H. Volz, WAB 12; 423 ff. Die Angabe „9 alte Schock" WAB 3; 55,28 und WATR 4; Nr. 5151; 685,24. 1 alter Schock = 20 meißnische Groschen, 21 Groschen = 1 Gulden, WAB 13; 55 zu 57, Anm. 14 und ebd. 46 zu 84,43 ff. Luthers Bareinkünfte betrugen also 8 Gulden. Zum Vergleich: 1521 erhielten die beiden Ordinarien der Medizin (Wild und Augustin Schurff) und der Hebraist Aurogallus je 50 Gulden, Melanchthon 1518 als Anfangsgehalt 60, nach 1520 100 Gulden. Friedensburg, Urkundenbuch, Bd. 1, 116 f. 133. 142 f. H. Volz in: MSA Bd. 7/1 (1971), 37 f., Anm. 13. 179, Anm. 7.

[16] WATR 4; Nr. 4414; 303,17 ff. Vgl. auch ebd. Nr. 5034; 624. WATR 5; Nr. 6430; 657.

Stück ließ Luther zu einem bürgerlichen Rock verarbeiten. Obwohl er von vielen Seiten, besonders von seinem Vater, gedrängt wurde, das Mönchsgewand auszuziehen, konnte er sich – außer aus besonderem Anlaß gelegentlich zu Hause[17] – zu dem letzten Schritt noch nicht entschließen. „Auch ich werde schließlich einmal anfangen, ebenfalls die Kutte abzulegen, die ich zur Schonung der Schwachen und zur Verspottung des Papstes bisher beibehalten habe", schrieb er am 25. Mai 1524[18]. Und doch dauerte es noch bis zum 9. Oktober 1524, bis er zum ersten Male ohne Kutte predigte, am 16. dann vormittags noch einmal in ihr, nachmittags und von nun an immer ohne sie. Spalatin, der diese Daten festgehalten hat, teilt auch das Motiv des späten endgültigen Entschlusses mit. Erasmus hatte in einem Brief an Spalatin vom 6. September Luther von den Leuten unterschieden, die aus dem Evangelium ein Geschäft machten, indem sie die Kutte auszögen, heirateten, bald ein ansehnliches Vermögen ergatterten und dann in anonymen oder pseudonymen Schriften dazu aufriefen, dadurch das Evangelium zu verteidigen. „In dieser Beziehung muß ich Luther loben: er setzt seinen Namen unter seine Schriften und lehrt, Freiheiten, die er persönlich dann nicht in Anspruch nimmt, seien allgemein erlaubt."[19] Für Luther war dieses Lob, das ihm sicher nicht unbekannt geblieben ist, zweideutig. Er mußte nun begreifen, daß er die evangelische Bewegung unglaubwürdig machte, indem er sie dem Verdacht aussetzte: „Wäre es recht, das er lehret, so tät er's auch." „Hätte ich nicht", so sagte er später im Rückblick auf die schwierige Situation, „selbst die Kappe abgelegt, Fleisch gegessen, ein Weib genommen, so hätten alle Papisten gespottet, meine Lehre sei nicht wahr, da ich anders lehre als handle. Also konnte ich des heillosen Kleids nirgend mit Fug (nach keiner Seite ohne Anstoß) loswerden. Es kam mich sauer an. (Ich tat es) nicht meines Gewissens wegen, sondern um der anderen willen, denen ich zu dienen strebte."[20] Das ursprüngliche seelsorgerliche Motiv, die Rücksicht auf die Schwachen, wurde jetzt durch ein anderes, im Streit dringlicher gewordenes aufgehoben: das Zeugnis für die Wahrheit seiner Sache und die Solidarität mit denen, die sich ihr angeschlossen hatten.

Wie sehr dieses Band ihn verpflichtete, hatte er schon mehr als ein Jahr zuvor aus nächster Nähe erfahren. „Ich habe gestern neun Nonnen vom Kloster Nimbschen aus ihrer Gefangenschaft empfangen, darunter die beiden Zeschau und eine Staupitz", schrieb er am 8. April 1523 an seinen Freund Link in Altenburg[21]. Diese drei: Veronika und Margarete von Zeschau und

---

[17] So traf ihn im Sommer 1523 Dantiscus, der spätere reformationsgegnerische Bischof von Ermland; s. F. Hipler, Nikolaus Kopernikus und Martin Luther. Nach ermländischen Archivalien (Braunsberg 1868), 73.

[18] WAB 3; 299,23 ff.

[19] Allen 5; 551,12 f. Erasmus von Rotterdam: Briefe, hg. v. W. Köhler (Leipzig 1938), 334. Spalatin in: Mencken, Scriptores (s. o. S. 206, Anm. 2), Bd. 2, 637, zit. WAB 3; 301, Anm. 6.

[20] 18. März 1539, WATR 4; Nr. 4414; 303,26 f. 304,1 ff.

[21] WAB 3; 53,7 f.

Magdalene von Staupitz, die Schwester von Luthers einstigem Generalvikar und väterlichem Freund, sowie drei andere stammten aus kursächsischem Adel und waren im Lande Friedrichs des Weisen vor Verfolgung sicher. Anders lag es bei den dreien, die im Herzogtum Georgs beheimatet waren: Margarete und Ave von Schönfeld und Katharina von Bora, die zudem keine Eltern mehr hatte; ihre Stiefmutter und ihre wesentlich jüngeren Brüder lebten in ärmlichen Verhältnissen auf dem kleinen Gute Zulsdorf[22]. Luther hatte das Räuberstück, das den Nonnen die Freiheit brachte, selbst in Szene gesetzt. Sie hatten sich mit der Bitte um Hilfe an ihn gewandt, da die Familien ihren Wunsch, sie aus dem Kloster zu holen, abgeschlagen hatten. Sie waren dort ja auf billige Weise lebenslänglich versorgt. Daß daraus eine Gewissensfrage werden konnte, begriff wohl noch keiner der ihrigen. Es gelang Luther, einen ihm befreundeten und zuverlässigen Mann zu finden, der das Wagnis einer heimlichen Entführung, das unter Todesstrafe stand, auf sich nahm, den Torgauer Ratsherrn und Kaufmann Leonhard Koppe, einen Verwandten Nikolaus von Amsdorfs. Da er regelmäßig Fische und Bier in Fässern und andere Waren nach dem Zisterzienserinnenkloster Nimbschen bei Grimma lieferte, fiel es nicht weiter auf, als er am Ostersonnabend, dem 4. April 1523, mit einem Planwagen vor dem Kloster erschien und in der Nacht wieder davonfuhr. Die Ostertage verbrachten die Flüchtlinge in Torgau, am 7. April kamen sie in Wittenberg an. Ein witziger Student, Wolfgang Schiefer, ein österreichischer Adliger und glühender Anhänger Luthers und Melanchthons, schrieb am 4. Mai an Beatus Rhenanus: „Vor einigen Tagen ist hier ein Wagen eingetroffen, vollbeladen mit vestalischen Jungfrauen, wie man sie nennt, die ebenso heiraten wie leben möchten. Möge Gott sie mit Männern versehen, damit sie nicht im Laufe der Zeit in größere Not geraten!"[23] Luther nahm sich der Nonnen, die sich seinem Schutz anvertraut hatten, nach Kräf-

---

[22] Angaben über die Nonnen bei E. Kroker, Katharina von Bora (s. Anm. 14), 45 ff.; A. Thoma, Katharina von Bora. Geschichtliches Lebensbild (Berlin 1900), 1 ff. und WAB 3; 56 f.

[23] Horawitz/Hartfelder, Beatus Rhenanus-BW (s. o. S. 76, Anm. 28), 319. Vestalinnen wurden schon im Kindesalter zu dreißigjährigem ehelosem Dienst bestimmt. Schiefer war später Erzieher der Söhne Ferdinands I., wurde aber 1539 wegen Verdachts auf lutherische Gesinnung entlassen. Er kehrte nach Wittenberg zurück. Luther empfahl ihn am 7. Nov. 1539 Kurfürst Johann Friedrich als Lehrer für seine Söhne: „Er ist itzt mein Tischgänger, ein sehr feiner Mann, noch unbeweibet, als er vielleicht auch bleiben wird", WAB 8; 588. – Von dem „Wagen voller Nonnen", den Koppe aus Nimbschen nach Wittenberg geführt habe, hat auch Amsdorf in seiner von Abraham Scultetus benutzten Erzählung berichtet, die E. Kroker ediert hat: Luthers Werbung um Katharina von Bora. Eine Untersuchung über die Quelle einer alten Überlieferung, in: Lutherstudien zur 4. Jahrhundertfeier der Reformation (Weimar 1917), 142. Seine dort (145) ausgesprochene Vermutung, daß Schiefers Schilderung sich auf einen zweiten, sonst unbekannten Nonnentransport aus dem Kloster Sornzig (Kr. Oschatz, vgl. Handbuch der historischen Stätten Deutschlands, Bd. 8: Sachsen, hg. v. W. Schlesinger, Stuttgart 1965, 335) beziehe, hat er offenbar selbst fallen gelassen. In der 2. Aufl. (1925) seines Buches „Katharina von Bora" (s. Anm. 14) hat er seine ursprüngliche Deutung auf die Nimbschener Nonnen unverändert wiederholt (Ndr. der von O. Clemen 1939 besorgten Neuausgabe, Berlin 1952 u. 1974, 44).

ten an. Weil er bei seinen „Kapernaiten", wie er oft seine Wittenberger nach dem Vorbild des undankbaren Kapernaum (Matth. 11,23) nannte, erfahrungsgemäß nichts erreiche – kürzlich in einem Notfall nicht einmal leihweise –, bat er schon am 10. April Spalatin dringend, in seinem Namen unter den wohlhabenden Leuten am Hofe zu sammeln, damit er die Nonnen wenigstens eine oder zwei Wochen erhalten könne, bis sie anderweit untergebracht wären.· Er könne mit seinem Einkommen allein nicht für sie sorgen[24].

Vor allem aber legte er in dem richtigen Instinkt, daß nur volle Offenheit böses Gerede verhindern könne, sofort in einer kleinen Flugschrift Rechenschaft über das Geschehen ab[25]. Er bekannte sich nicht nur selbst als Anreger, sondern nannte ebenso den Namen des ausführenden Leonhard Koppe, selbst wenn ihm dies den Zorn des Klosters zuzog, wie auch die Namen der neun Nonnen; das machte es den Familien unmöglich, gegen die einzelne vorzugehen[26]. Damit wurde der sensationelle Handstreich zu einer flammenden Anklage gegen das bittere Unrecht, das durch ihn aufgedeckt wurde: die schmähliche Zwangsunterbringung kleiner Mädchen in Klöstern, der erzwungene Gottesdienst und der unfreiwillige Verzicht auf die natürliche Aufgabe der Frau. Wenn er dabei auch von neuem einschärfte, daß Gelübde hinter dem gottgeschaffenen Stand der Ehe zurücktreten müßten – „denn wer dringet mich oder beruft, daß ich ohn Ehe bleibe?"[27] –, so machte er aus der Angelegenheit doch keine Fanfare gegen das Klosterleben, sondern schloß: „Der allmächtig Gott wollt gnädiglichen erleuchten alle Freunde derjenigen, so mit Gefahr und Unlust in Klostern sind, daß sie ihnen treulich heraushelfen. Wilche aber geistverständig sind und Klosterei nutzlich wissen zu brauchen und gerne drinnen sind, die laß man bleiben im Namen Gottis."[28] Die meisten der Nonnen fanden in den nächsten Wochen mit Hilfe ihrer Familien wenigstens vorläufige Unterkunft. Nur die drei aus dem herzoglichen Sachsen mußten in Wittenberg bleiben. Katharina von Bora wurde wahrscheinlich von dem reichen, Luther befreundeten Maler und Apotheker Lukas Cranach aufgenommen, der ein großes neues Haus am Marktplatz besaß[29]. Sie lebte von da an im engeren Umkreis Luthers und nahm als Glied des

---

[24] WAB 3; 55,18 ff. Am 22. Apr. sicherte er durch Spalatin dem Kurfürsten, für den die Sache politisch heikel war, strenge Diskretion zu, wenn er etwas spende. Zu seinem Einkommen s. o. S. 229.

[25] Ursach und Antwort, daß Jungfrauen Klöster göttlich verlassen mögen (1523), WA 11; 394–400.

[26] Ebd. 394,27 ff. 400,18 ff. Die Schrift ist Koppe gewidmet.

[27] Ebd. 399,29.

[28] Ebd. 400,22 ff.

[29] Nach Kroker, Katharina von Bora (s. Anm. 14), 49 ff. wurde Katharina bei dem Magister und späteren Bürgermeister Philipp Reichenbach untergebracht. Doch beruht diese Annahme allein auf einem erst 1630 erstatteten Gutachten der Wittenberger Theologischen Fakultät über Luthers Heirat (Consilia Theologica Witebergensia, Bd. 4, Frankfurt 1664, 17 ff.). Zu der Familie Reichenbach ist weder damals noch später irgendeine Beziehung Luthers und seiner Frau festzustellen. Dagegen nahm das Ehepaar Cranach an der Trauung Luthers teil (s. u. S. 360), und

angesehenen Cranach-Hauses am Wittenberger Leben teil. Als im Oktober 1523 der Dänenkönig Christian II. bei Cranach wohnte[30], verehrte er ihr als der helfenden Haustochter einen goldenen Ring. Auch unter den Studenten gewann sie Freunde. Wenn sie von ihnen den Necknamen „Katharina von Siena" erhielt, so sicher nicht wegen der asketischen Strenge der großen Mystikerin, sondern – wenn es nicht ein bloßer Namensscherz war – wegen des furchtlosen Auftretens und der frischen Sprache, die an dieser berühmt waren[31].

Das Nimbschener Beispiel machte Schule. Drei andere Nonnen dieses Klosters wurden von ihren Verwandten herausgeholt. Sechzehn traten im Juni 1523 aus dem Augustinerinnenkloster Widerstedt im Mansfeldischen aus – darunter Ottilie von Gersen, die spätere Frau Thomas Müntzers – und fanden zunächst Schutz bei dem kurfürstlichen Schösser in Allstedt und bei dem evangelisch gesinnten Grafen Albrecht von Mansfeld[32]. So sehr Luther diese Befreiung gerade der oft zum Klosterdienst gezwungenen Nonnen erfreute, so war er sich doch, zumal bei den Mönchen, klar darüber, daß es oft zweifelhafte Motive waren, die sie zum Austritt bewogen. „Ich sehe viele unserer Mönche aus keinem anderen Grunde austreten, als sie eingetreten sind, nämlich um des Bauches und fleischlicher Freiheit willen. Der Satan wird durch sie viel Gestank gegen den guten Geruch unseres Wortes erregen. Aber was sollen wir tun? Es sind faule Leute, und sie suchen das Ihre; besser, daß sie ohne die Kutte als in ihr sündigen."[33] Ihr Austritt reinigte wenigstens die Kirche von bösen Schäden, die er oft beklagt hatte. Besondere Sorge machte es ihm, daß viele gleich heiraten wollten und in weltlichen Geschäften doch ganz unerfahren waren. So kosteten die zahlreichen Klosterflüchtlinge, die nach Wittenberg kamen, ihn nicht nur sein bißchen Geld, sondern auch eine Unmenge Zeit[34].

Der Umgang mit den einstigen Klosterleuten, die auf sein Wort hin ihren Ordensstand aufgegeben hatten, zwang ihn über die persönliche Fürsorge hinaus, sich noch einmal in der Kernfrage ihrer Entscheidung öffentlich vor sie zu stellen. Sie und die verheirateten Priester hatten sich ja nach geltender kirchlicher Anschauung des Bruchs der heiligsten Gelübde schuldig ge-

---

Cranach wurde Pate bei Luthers erstem Kind. Daher vermuten A. Thoma, Katharina von Bora (s. Anm. 22), 280 und H. Boehmer, Luthers Ehe, in: LuJ 7 (1925), 42 f. mit Recht das Haus Cranachs als Katharinas Zufluchtsstätte. Über den Besitz Cranachs, der in diesen Jahren zu einem der reichsten Bürger der Stadt aufgestiegen war, s. E. Eschenhagen, Wittenberger Studien (s. Anm. 14), 23 f. 99 f.

[30] S. u. S. 256.

[31] Gegen Thoma, Katharina von Bora (s. Anm. 22), 39 und Kroker, Katharina von Bora (s. Anm. 14), 55.

[32] Th. Kolde, Analecta Lutherana. Briefe und Aktenstücke zur Geschichte Luthers (Gotha 1883), 442 f. Elliger, Thomas Müntzer, 374 ff. (über Müntzers Ehe). WAB 3; 100,9 ff.

[33] An Joh. Lang 28. März 1522, WAB 2; 488,21 ff.

[34] An Spalatin 11. Juli 1523, WAB 3; 109,12 ff. An Oekolampad 20. Juni 1523, ebd. 97,35 ff.

macht, und zwar nach kirchlicher Meinung aus den niedrigsten Motiven. Das vor der Öffentlichkeit zu verteidigen, reichte seine Schrift über die Mönchsgelübde von 1521 nicht mehr aus. Zum einen mußte ihre nach innen, an die Mönche allein gerichtete lateinische Argumentation noch einmal gemeinverständlich wiederholt werden. Und zugleich hatte sich die bloße Gelübdefrage inzwischen erweitert in das Gegenüber von „geistlichem Stand" und Ehestand. Um dessen göttliche Würde, nicht allein um das Recht der Gelübde, ging es jetzt gegenüber der Zurücksetzung, die er bisher in der Kirche erfahren hatte. Sie war soeben noch einmal nachdrücklich ausgesprochen worden in einer in Rom erschienenen Kontroversschrift des Konstanzer Generalvikars Johannes Fabri vom Jahre 1522, die Herzog Georg 1523 in Leipzig hatte nachdrucken lassen und die Luther gerade in den Wochen der Nonnenbefreiungen zu Gesicht bekommen hatte[35]. Obwohl Fabri sich in seiner Vorrede unter Bezugnahme auf viele paulinische Friedensmahnungen unmittelbar an Luther gewandt hatte, fehlte diesem die Lust, dem „Kompilator" unzähliger Zeugnisse der kirchlichen Tradition über die Papstgewalt zu antworten. Auf diesem Felde fiel für ihn die Entscheidung ohnehin nicht. „Der ganze Faber ist nichts anderes als Väter, Väter, Väter, Konzilien, Konzilien, Konzilien." Mit solchen Haufen von Menschenzitaten könne man weder den Papst verteidigen noch ihn bekämpfen, sondern nur zeigen, daß man viele Bücher gelesen hat; diesen Ruhm neide er ihm nicht. „Ich warte auf andere Gegner."[36] Nur ein Punkt hatte ihn in der gegebenen Situation wirklich erregt: Fabri hatte das Recht der Päpste, auch ohne biblische Begründung den Zölibat zu fordern, verfochten und dabei auch einen Haufen antiker Spöttereien und Zynismen über die Frauen als Waffen benutzt[37]. Luther ermunterte darum Justus Jonas, Fabri wenigstens in dieser Frage entgegenzutreten: für einen neugebackenen Ehemann wie ihn sei dies gerade das richtige theologische Erstlingswerk[38].

Trotzdem hielt Luther die Ehe- und Zölibatsfrage für wichtig genug, um sie noch einmal selbst aufzugreifen, nun aber nicht von den belanglosen Aussagen der kirchenrechtlichen Tradition aus, sondern an dem schwierigsten Punkt, den paulinischen Ausführungen über Ehe und Ehelosigkeit im 7. Ka-

---

[35] Johannes Fabri Constantiensis in spiritualibus vicarii opus adversus nova quaedam et a christiana religione prorsus aliena dogmata Martini Lutheri, WA 12; 81; der Leipziger Nachdruck wird von Luther erwähnt in seinem Brief an Kurfürst Friedrich vom 29. Mai 1523, WAB 3; 77,84 ff. Eine Neuausgabe erschien unter dem (auf Kosten des Herausgebers Johannes Romberch herauskommenden) martialischen Titel: Malleus Ioannis Fabri . . . in haeresim Lutheranam, Köln 1524. CC 23–26.

[36] Geleitwort zu Justus Jonas, Adversum Iohannem Fabrum, WA 12; 85,21 ff. 87,1 f.

[37] Malleus Tract. IV, text. 18: CC 23/24, 262 ff. Der auch für das umfangreiche Werk ungewöhnlich lange Abschnitt richtet sich gegen die 18. These von Luthers kleiner Schrift: Warum des Papstes und seiner Jünger Bücher verbrannt sind von D. Martin Luther. WA 7; 172,6 ff.

[38] WA 12; 85,3 ff. 14 ff. Jonas war ursprünglich Dr. iur. utr., seit Okt. 1521 Dr. theol. und seit Feb. 1522 verheiratet.

pitel des 1.Korintherbriefs. Sie waren das wichtigste biblische Zeugnis, auf das sich die Verfechter des Zölibats seit Hieronymus berufen hatten. Da Luther eine bloße Exegese dieses Kapitels gab, sind einige seiner wichtigsten und schönsten Gedanken zum Ehestand hier mehr versteckt als dargeboten[39]. Ähnlich wie die heutigen Exegeten erklärte er sich die im Rahmen der paulinischen Lehre unerwartet asketischen Aussagen mit einem heilsgeschichtlichen Element in der Theologie des Apostels, nur in genau entgegengesetztem Sinn. Sieht man heute darin einen Ausdruck für seine Erwartung des nahen Endes, die einen Eheschluß nicht ratsam und unnötig erscheinen läßt[40], so fand Luther darin, dem Generalnenner seiner Hermeneutik entsprechend, ein Stück der Auseinandersetzung des Paulus mit dem mosaischen Gesetz. ,,Mose aber hatte gepotten, daß ein iglich Mensch müßte ehlich sein." Ehelosigkeit war als unfruchtbarer Stand verpönt, und zwar ebenfalls aus einem eschatologischen Grunde, wenn auch mit anderem Ziel: ,,Das geschah alles darumb, weil Christus aus Abrahams Samen verheißen war und niemant wußte, wilch Person das sein sollte, mußten zu Ehren diesem Samen alle Juden ehlich werden, und sich zichten (fortpflanzen), bis daß er kam."[41] Lag – nach Luther – bei Mose der Ton auf der Pflicht zur Ehe, so für Paulus in der gewandelten heilsgeschichtlichen Situation auf der Freiheit zur Ehelosigkeit. Aus der zu Luthers Zeit nochmals veränderten Lage, in der gewissen Ständen das Heiraten verboten war, ergab sich für ihn die Aufgabe, die Freiheit zur Ehe ebenso wie zur Ehelosigkeit zu verkündigen. Seine Schrift ist daher nach beiden Seiten ausgewogen. Er gibt die überlieferte Wertordnung noch nicht auf. ,,Wo man Ehe und Jungfrauschaft gegenander hält, so ist freilich die Keuschheit ein edler Gabe dann die Ehe. Aber dennoch ist die Ehe ja so wohl ein Gottis Gabe (spricht hie S. Paulus) als die Keuschheit. Ein Mann ist auch edler denn ein Weib. Dennoch ist das Weib so wohl ein Gottis Werk als der Mann. Denn fur Gott sind alle Ding gleich, die doch untereinander ungleich sind."[42] Aber Luthers Vorstoß richtet sich nicht nur darauf, dieses Gleichgewicht von Ehe und Ehelosigkeit herzustellen, sondern mehr noch gegen die Einfügung dieser beiden Lebensformen in das kirchliche Wertsystem. Die römische Kirche hat aus der Ehelosigkeit, die jedem frei steht, eine kirchliche, Gott angeblich besonders wohlgefällige Institution gemacht. Der Zölibat galt als der geistliche, die Ehe als der weltliche Stand. ,,Es sollt umb-

---

[39] ,,Das siebente Kapitel S. Pauli zu den Corinthern", erschienen etwa August 1523, WA 12; 92–142. Er widmete die Auslegung dem sächsischen Erbmarschall Hans von Löser auf Schloß Pretzsch, mit dem er ein Gespräch über die Ehefragen geführt hatte, als ein ,,Christlich Epithalamion", ein Brautlied, das ihn zur Ehe ermuntern sollte.

[40] G. Bornkamm, Paulus (Stuttgart, Berlin, Köln 1969), 212 ff. J. Weiß, Der erste Korintherbrief (Göttingen 1910), 169 ff. H. Lietzmann, An die Korinther I/II, Handbuch zum Neuen Testament 9, 5. Aufl., hg. v. W. G. Kümmel (Tübingen 1969) zur Stelle.

[41] WA 12; 97,14 ff.

[42] Ebd. 104,24 ff. Mit ,,edler" meint Luther: wertvoller (die Keuschheit als Ausnahme; der Mann durch seine Gaben).

gekehret sein, daß der Ehestand der rechte geistliche Stand hieße, wie er auch ist, und die Orden sollt man die rechten weltlichen Stände heißen, wie sie denn auch sind."[43] Denn geistlich ist der Stand, in dem der Glaube sich bewähren muß. Und das ist nicht das Klosterleben, wo man durch fremder Leute Arbeit und Freigebigkeit wohlversorgt ist, sondern der Ehestand, in dem man lebenslang vor der Frage steht, wie man sich, Weib und Kind ernähren soll. „Also daß der ehliche Stand von Natur der Art ist, daß er auf Gottis Hand und Gnade lehret und treibt zu sehen und gleich zum Glauben zwinget." Und wie zum Glauben, so auch zu Werken, denn da heißt es fleißig arbeiten[44]. Luther unterscheidet also den aus Gesetzlichkeit gegebenen, fälschlich „christlich" genannten zölibatären Stand, den er verwirft, und den „keuschen", ehelosen, aber sich selbst ernährenden, den er mit Paulus hochachtet[45]. Aber dieser ist nur dann nach dem Sinne Gottes, wenn man nicht dazu gezwungen worden ist oder sich in unablässigem Kampf immer wieder selbst dazu zwingen muß, woraus die „tollen Lehrer" der Kirche sogar noch Verdienste gemacht haben[46]. Die Ehe ist nicht die höhere Lebensform, aber die natürliche. Auf sie zielt die Geschlechtlichkeit, die Gott in den Menschen gelegt hat. Zu ihr, im ehelosen und ehelichen Leben, sagt Luther manches offene und ernste Wort, doch ohne alle gesetzlichen Vorschriften. „Ein christlicher Mensch wird sich selbst hierinnen wohl wissen zu halten, daß er mäßig fahre."[47] Luthers Auslegung des 7.Kapitels des 1.Korintherbriefs ist kein Ehebuch im eigentlichen Sinne, sondern der Versuch, Paulus auch und eben mit diesem schwierigen Kapitel zum Zeugen der Freiheit zu machen, nachdem man sich für das Gesetz der Gelübde auf ihn berufen hatte, sogar – worum es hier ging – bei Menschen, die im Jugendalter in die Klöster gesteckt worden waren.

In dem Maße, in dem Luther im Kloster vereinsamte, füllte sich für ihn die Stadt mit Freunden[48]. Der bedeutendste unter ihnen war der an Jahren jüngste: Philipp Melanchthon, der einundzwanzigjährig im August 1518 sein Amt als Professor des Griechischen in Wittenberg angetreten hatte. Aus der Begegnung der beiden einzigen genialen Männer, welche die Universität aufzuweisen hatte, entwickelte sich binnen kurzem eine überschwängliche Freundschaft, in der einer dem anderen die Palme der Begabung und Bedeutung zuerkannte[49]. Melanchthon war überwältigt von der geistlichen und

---

[43] Ebd. 105,21 ff.

[44] Ebd. 106,9 ff.24 ff. 107,21 ff. 108,9 ff.

[45] Ebd. 108,34 ff.

[46] Ebd. 116,7 ff.

[47] Ebd. 101,27 f.

[48] Vgl. dazu den schönen, leider an versteckter Stelle erschienenen Aufsatz von H. Volz, Luther und sein Freundeskreis, in: Tübinger Forschungen 42/45 (1968/69), 6 ff.

[49] Vgl. G. Mix, Luther und Melanchthon in ihrer gegenseitigen Beurteilung, in: ThStKr 74 (1901), 458 ff. Für Melanchthons Entwicklung und sein Verhältnis zur Theologie Luthers bis in

theologischen Kraft des älteren Freundes, Luther von der Gelehrsamkeit des jüngeren und der stürmischen Bereitschaft, mit der dieser sich ihm und seinen rasch fortschreitenden theologischen Einsichten öffnete. Über die Art, wie er die – ihm z. T. wohl von Luther selbst gestellten – Thesen zur Erwerbung des theologischen Bakkalaureats verteidigte, schrieb dieser begeistert an Staupitz: „Er hat so geantwortet, daß er uns allen als das erschien, was er ist: ein Wunder. Wenn es Christus gefallen wird, wird er viele Martini übertreffen, ein mächtiger Feind des Teufels und der scholastischen Theologie."[50] Und Melanchthon hatte kurz zuvor an Johann Lang geschrieben: „Ich liebe die Arbeiten Martins und die Theologie (pias literas) und Martin, wenn überhaupt etwas Menschliches, aufs innigste und habe ihn ganz in mein Herz geschlossen."[51] Luther kannte den Unterschied ihrer Temperamente sehr wohl, aber er sah darin geradezu eine göttliche Schickung. Auf Langs Klagen über den heftigen Ton in seiner Schrift an den christlichen Adel erwiderte er: „Vielleicht bin ich der Vorläufer des Philippus, dem ich nach dem Beispiel des Elias in Geist und Kraft den Weg bereiten und Israel und das Haus Ahabs zerstören soll."[52] Und als er auf der Wartburg tatenlos gefangen saß, schrieb Luther es sogar dem Freunde selbst: „Wenn ich auch umkomme, wird doch am Evangelium nichts verloren gehen, in dem du mich schon jetzt überragst, und du wirst als Elisa auf Elia mit doppeltem Geist folgen, den dir der Herr Jesus gnädig zuteil werden lasse."[53] Melanchthon wird das mit beklommenem Herzen gelesen haben. Er fühlte sich ganz als der Jüngere und zumal in der Theologie als Schüler.

Und doch waren dieser rasch aufblühenden Freundschaft schon bedeutende Früchte entsprungen. Melanchthon ließ sich willig damit beauftragen, in den Jahren 1519–1521 die Predigten nachzuschreiben, die Luther über die

---

die Mitte der zwanziger Jahre ist jetzt grundlegend das Werk von Maurer, Melanchthon, Bd. 2. Dort (68 ff.) über Melanchthons Freundeskreis mit Ergänzungen nach der humanistischen Seite.

[50] 3. Okt. 1519, WAB 1; 514,34 ff. Daß die ersten elf der Bakkalaureatsthesen nicht von Melanchthon, sondern von Luther stammen, ist wahrscheinlich gemacht durch O. Ritschl, Dogmengeschichte des Protestantismus (s. o. S. 189, Anm. 68), Bd. 2, 239, Anm. 2; ders., Die Entwicklung der Rechtfertigungslehre Melanchthons bis zum Jahre 1527, in: ThStKr 85 (1911/12), 518 ff. und durch Maurer, Melanchthon, Bd. 2, 102 f. Luther bezeichnet übrigens nicht die Disputation ihrem Inhalt nach als wunderbar (Maurer, 102), sondern Melanchthon in der Art, wie er sich verteidigte, als miraculum.

[51] CR 1, 106. MSA 7/1, 76 f. 35 ff. MBW 62.

[52] 18. Aug. 1520, WAB 2; 167,7 ff. nach Luk. 1,17. Dazu Maurer, Melanchthon, Bd. 2, 156. Volz, Lutherpredigten Mathesius (s. o. S. 100, Anm. 47), 63 ff. H. Grabs, Luthers Beinamen in der reformationsfreundlichen Literatur 1517–1525 (theol. Diss. Halle 1922; Mschr.). Der Elias-Name für Luther wird zuerst bei den süddeutsch-schweizerischen Humanisten diskutiert. Vgl. Zasius an Zwingli 13. Nov. 1519, Zwingli an Oswald Myconius 4. Jan. 1520; Zwingli, Sämtl. Werke, Bd. 7 (1911), 222,11. 250,11. Die Herkunft von Erasmus ist ungewiß. Elia wurde auch von schweizerischen Lutheranhängern gegenüber den Zürcher Täufern gebraucht. Vgl. den ungedruckten Brief von Erhard Hegenwald an Grebel und seine Glaubensbrüder vom 1. Jan. 1525, dessen Kenntnis ich Heinold Fast verdanke.

[53] 26. Mai 1521, WAB 2; 348,48 ff. nach 2.Kön. 2,9 f.

Genesis und über die Sonn- und Feiertagsperikopen in der Stadtkirche wie auch in der Schloßkirche und der Klosterkirche hielt[54]. „Wir können die Bedeutung dieser Schreibertätigkeit für Melanchthons theologische Entwicklung gar nicht hoch genug einschätzen."[55] Der ebenso rezeptive wie produktive Vorgang des Nachschreibens erschloß ihm den geistlichen Kern von Luthers Theologie und zwang ihn zugleich, nicht zuletzt durch das Umsetzen ins Lateinische, ihn sich auf seine Weise anzueignen. In einer kurzen Erläuterung der ersten sechs Genesiskapitel, die 1523 erschien, verwandelte er Luthers Predigten in eine durchlaufende Auslegung; sie ist ganz von dessen Sünden- und Gnadenlehre durchtränkt[56]. Aber die Rezeption von Luthers Gedanken ist weit über ein solches gemeinsames exegetisches Thema hinaus greifbar. Neben den eigenen oder anderen Predigtnachschriften standen Melanchthon offenbar auch Luthers Kollegmanuskripte – jedenfalls der Römer- und Hebräervorlesung – zur Verfügung[57]. Er benutzte sie teils als Anregung für eigene Vorlesungen über den Römerbrief und die Korintherbriefe, teils auch für erste Versuche, die Gedanken der neuen Wittenberger Theologie in systematischer Gestalt darzustellen. Das war von entscheidender Bedeutung. Anders als Luther, dem die Gabe fehlte, seine Theologie in einem schulmäßig-methodischen Gesamtentwurf darzulegen, fühlte Melanchthon überraschend früh die Notwendigkeit, der klassischen dogmatischen Tradition – exemplifiziert an Johannes Damaszenus und Petrus Lombardus[58] – mit einem übersichtlichen Umriß der neuen, aus der biblischen Exegese erwachsenen Lehre zu antworten. Wir besitzen noch Entwürfe, die zeigen, wie Stoff und Form zu seinem bewunderten Werk, den Loci communes von 1521, allmählich zusammenwuchsen. Den Stoff lieferten die Formulierungen aus Luthers Predigten, Vorlesungen und anderen Schriften, die Form die begrifflichen Topoi, die Loci, die Melanchthon wie die großen Humanisten seiner Epoche Agricola und Erasmus aus der ciceronianischen Rhetorik übernommen hat[59]. Aber abweichend von ihnen machte er daraus konkrete, auf dem

---

[54] Zu diesen Predigten s. o. S. 212 ff.

[55] Maurer, Melanchthon, Bd. 2, 114.

[56] CR 13, 761–791. Über die Abhängigkeit von Luther vgl. H. Sick, Melanchthon als Ausleger des Alten Testaments (Tübingen 1959), 7 ff. 29 ff. und Maurer, Melanchthon, Bd. 2, 116 ff.

[57] Zuerst hat W. Maurer, Zur Komposition der Loci Melanchthons von 1521. Ein Beitrag zur Frage Melanchthon und Luther, in: LuJ 25 (1958), 159 ff. die Benutzung der Hebräer-Vorlesung bei der Abfassung von Melanchthons Loci nachgewiesen. Die der Römerbriefvorlesung hat E. Bizer, Theologie der Verheißung (Neukirchen-Vluyn 1964), 133 ff. 215 ff. wahrscheinlich gemacht und R. Schäfer, Zur Prädestinationslehre beim jungen Melanchthon, in: ZThK 63 (1966), 353 ff. für dessen Auslegung des Römerbriefs (Vorlesung 1520, gedruckt: Annotationes in Epistolas Pauli ad Romanos et Corinthios, 1522) exakt belegt.

[58] Einleitung zu den Loci communes (1521), MSA 2/1 (1952), 5.

[59] Vgl. W. Maurer, Melanchthons Loci communes von 1521 als wissenschaftliche Programmschrift, in: LuJ 27 (1960), 1 ff. Darin ist eine Auseinandersetzung mit P. Joachimsen, Loci communes. Eine Untersuchung zur Geistesgeschichte des Humanismus und der Reformation, in: LuJ 8 (1926), 27 ff. enthalten. Über die Loci ausführlich Maurer, Melanchthon, Bd. 2, 139 ff. 230 ff.

historischen biblischen Fundament beruhende Leitbegriffe, die sowohl der Bibelauslegung wie der Didaktik einer systematisierten Theologie dienen konnten. So erhielt Luther das, was er in reicher, aber ungebündelter Fülle über Melanchthon ausgeschüttet hatte, von ihm in einer Gestalt zurück, die es für die Erziehung einer neuen akademischen Generation erst in vollem Sinne brauchbar machte. Luther war beglückt von dem Werk, zu dem er den Freund wie zu anderen theologischen Studien beständig angetrieben hatte. Er rühmte es noch später Erasmus gegenüber als „ein unbesiegbares Buch, das nach meiner Überzeugung nicht nur die Unsterblichkeit, sondern auch die Kanonisierung durch die Kirche verdient": auch wenn er Erasmus damit ärgern wollte, doch ein ehrlich gemeintes Wort[60]. Er hatte sogar damit begonnen, das Buch zu übersetzen, kam aber nicht dazu, es durchzuführen[61]. Es tat Luther zudem den Dienst, den Zorn der Gegner zum Teil, ja im Augenblick fast in stärkerem Maße, auf Melanchthon zu ziehen. Cochlaeus nannte unter dem frischen Eindruck der ersten Lektüre die Loci „einen neuen Alkoran, der um so viel verderblicher wirken wird als Luthers Buch über die Babylonische Gefangenschaft, . . . als du (Melanchthon) im Vergleich mit ihm über einen gefälligeren Stil und einen gebildeteren Geist verfügst und über eine größere Geschicklichkeit und Vorsicht, die Schrift zum Zweck der Täuschung zu zitieren"[62].

Luther hatte damit den Humanisten wie den scholastischen Theologen gegenüber einen unschätzbaren Bundesgenossen gewonnen. Fast am wichtigsten war, daß Melanchthon mit den Loci eine unbetonte, aber für den Kenner der Situation unüberhörbare Abgrenzung gegenüber Erasmus vorgenommen hatte. Sie lag sowohl im Inhaltlichen, besonders deutlich in seiner Ablehnung der Willensfreiheit, mit der er die Loci eröffnete, wie im Methodischen: Er verwarf die allegorische Exegese des Origenes und anderer Kirchenväter, die Erasmus in seiner Ratio seu methodus compendio perveniendi ad veram theologiam (1518–1520 in mehreren Ausgaben) so nachdrücklich empfohlen hatte. In gewissem Sinne mußten darum Melanchthons Loci als eine Gegenschrift gegen dieses Werk des Erasmus erscheinen. Die tiefgreifenden Differenzen, die zwischen ihnen bestanden, spürte nicht nur Erasmus – er brachte es noch 1524 in seinem Begleitbrief an Melanchthon zu seiner Schrift De libero arbitrio und in dieser selbst zum Ausdruck –, sondern auch ein weiter Kreis der Humanisten[63]. Das Bekenntnis Melanchthons zu Luthers Theolo-

[60] WA 18; 601,4ff.

[61] An Amsdorf 27. Okt. 1524, WAB 3; 361,3ff. Dazu Maurer, Melanchthon, Bd. 2, 147f. 531. Dort und CR 21, 78f. weitere Belege für die Wirkung des Buches auf Zeitgenossen.

[62] CR 21, 78f. Die Schrift des Cochlaeus erschien erst 1531. Deutsch: Die Loci communes Philipp Melanchthons in ihrer Urgestalt nach G. L. Plitt, hg. v. Th. Kolde (Erlangen, Leipzig 1890; 4. Aufl. 1925), 55.

[63] Vgl. W. Maurer, Melanchthons Anteil am Streit zwischen Luther und Erasmus, in: ders., Melanchthon-Studien, SVRG 181 (Gütersloh 1964), 137ff. 151ff. Ders., Melanchthon, Bd. 2, 264ff. – Erasmus 6. Sept. 1524 an Melanchthon, Allen 5; Nr. 1496 und Desiderius Erasmus, De

gie war um so wirkungsvoller, als Erasmus erst kurz zuvor seine Ablehnung Luthers in Briefen verbreitet hatte[64]. In Wittenberg selbst hatte er den soeben dorthin berufenen Justus Jonas dafür zu gewinnen versucht, daß er Melanchthon wieder von Luthers Seite weg und auf die Bahn der reinen Wissenschaft zurückbrächte[65]. Wie man unter den Wittenberger Studenten über die Gegensätze dachte, schilderte Albert Burer, der junge Famulus des Beatus Rhenanus, in einem ersten Lagebericht noch etwas verwundert an seinen Meister. An das soeben ergangene Urteil der Pariser Theologen über Luther anknüpfend, schrieb er: ,,Je höher dort Erasmus als Theologe geschätzt wird, um so geringer hier. Er wird von manchen sogar für einen Schmeichler gehalten, nach meiner Meinung nur darum, weil er alles maßvoller anfaßt, als Martinus es tut. Sie meinen, Erasmus habe den Geist, den Luther besitzt, noch nicht erlangt.'' Manche erklärten ihn mehr für einen Anhänger Platons als Christi, andere für einen Pelagianer. Origenes und Hieronymus ständen hier im Gegensatz zu Augustin nicht hoch im Kurs[66].

Auf die rasch, eigentlich zu rasch aufblühende theologische Gemeinschaft zwischen den beiden ungleichen Freunden Luther und Melanchthon fiel freilich bald auch der erste Reif. Melanchthon mußte einsehen, daß er überfordert und der gemeinsamen Sache noch längst nicht sicher genug war, als ihm während Luthers Wartburgaufenthalt die Hauptverantwortung in den sich überstürzenden Ereignissen in Wittenberg zufiel[67]. Hatte er sich schon den Reformen Karlstadts nur mit halbem Herzen angeschlossen und nach Möglichkeit davon zurückgehalten, so geriet er gegenüber den Zwickauer Propheten, die ihn aufsuchten, in die größte Ratlosigkeit. Vor allem auf ihre Ablehnung der Kindertaufe und ihre Berufung auf den heiligen Geist, der aus ihnen spreche, wußte er keine Antwort zu geben. Auf den verzweifelten Brief, in dem er am 27. Dezember 1521 den Kurfürsten um Entscheidung anrief, erwiderte dieser, er wisse ,,als ein Lai und der heiligen Schrift unerfahren'' nicht, was man gegen solche sich als apostolisch und prophetisch ausgebenden Leute unternehmen solle. Und Luther schrieb ihm, er verstehe seine Ängstlichkeit nicht, ,,da du mich doch an Geist und Bildung weit übertriffst''. Das waren zwei herbe Appelle an den Mut zu sich selbst, die ihn aber nicht sicherer machten[68]. So war er erlöst, als sich endlich sein Wunsch erfüll-

---

libero arbitrio Diatribe sive Collatio, hg. v. J. v. Walter, QGP 8 (Leipzig 1910, 2. Aufl. 1935), 64,1 ff., dazu Luther, De servo arbitrio, WA 18; 740,32 ff.

[64] Vor allem in dem in Abschriften verbreiteten und bald darauf gedruckten Brief an Ludwig Ber in Basel vom 14. Mai 1521, Allen 4; 493 f.; über Abschriften und Druck des Briefes s. Suppl. Mel. 6/1, 155.

[65] Brief vom 10. Mai 1521, Allen 4; Nr. 1202.

[66] 30. Juni 1521. Horawitz/Hartfelder, Beatus Rhenanus-BW (s. o. S. 76, Anm. 28), 280 f. Wir verdanken dem Brief außerdem eine anschauliche Schilderung des Wittenberger Universitätslebens.

[67] S. o. S. 57 ff.66.

[68] N. Müller, Wittenberger Bewegung, 129 f.; dazu die Aufzeichnungen Spalatins über den

te, Luther möge zurückkehren. Es ist begreiflich, daß Melanchthon sich nach diesem Versagen wieder stärker aus den theologischen Gefilden zurückziehen wollte. Luther ließ es sich nicht verdrießen, ihn darin festzuhalten, vor allem indem er ihn zu biblischen Vorlesungen ermunterte. Aber Melanchthon sträubte sich dagegen je länger je mehr, vor allem gegen die mehrfachen Versuche Luthers von 1522 bis 1524, ihn ganz aus der artistischen in die Theologische Fakultät hinüberzuziehen. Er hat sich nie als Theologe im vollen Sinne gefühlt und seine Vorlesungen auf diesem Gebiet nur als Hilfe betrachtet, vor allem in der Zeit, wo Luther überlastet war oder auf der Wartburg weilte. Auch sein gräzistischer Unterricht erschien ihm als ein unentbehrlicher Beitrag zur Theologie, zumal die Pflege der humanistischen Wissenschaften noch ebenso vernachlässigt sei wie in der Zeit der Scholastik[69]. Erst 1526 hat er einer bescheidenen, in sein Ermessen gestellten theologischen Tätigkeit, die ihn aber nicht zum Mitglied der Theologischen Fakultät machte, zugestimmt. Eine gewisse Sicherheit im theologischen Bereich gewann Melanchthon wieder, wo er pädagogisch (im „Unterricht der Visitatoren" 1528) oder in den großen Bekenntnisschriften (1530/1) die Lehre seiner Kirche zusammenzufassen hatte, und später in dem Systementwurf seiner umgearbeiteten Loci von 1535, in dem er seine Lebenselemente Humanismus und reformatorischen Glauben endgültig und eindrucksvoll miteinander verschmolz. Für die Wittenberger Feuerprobe von 1521/2 war er nicht nur zu jung, sondern zu schwach und religiös zu unerfahren[70]. So verwandelte sich die von Luther erhoffte Waffenbrüderschaft wieder mehr in die von Anfang an gewachsene persönliche Freundschaft. Die unvermeidlichen Spannungen zwischen zwei so verschiedenen Naturen hat die robustere und reichere Luthers mit größerer Gelassenheit getragen als der zartere und empfindliche Melanchthon. Er hielt nicht nur seinem vertrauten Freunde Camerarius, sondern auch Besuchern gegenüber mit Klagen über seine Vereinsamung nicht zurück, die natürlich unter Humanisten und Altgläubigen mit Aufmerksamkeit registriert wurden[71]. Luther nahm unbefangen, was der

---

Briefwechsel und die Verhandlungen mit dem kurfürstlichen Rat Hugold von Einsiedel am 1. Jan. 1522, ebd., 137 ff. MBW 201 ff. Auszüge daraus in: MSA 7/1, 158 ff. – Luther an Melanchthon 13. Jan. 1522, WAB 2; 424,9 f. MBW 205; seine Ratschläge s. o. S. 66.

[69] Vgl. vor allem Melanchthons Briefe an Spalatin Ende Sept. und Ende Nov. 1522, in: MSA 7/1, 179 ff. 182 f. 185 f. (mit z. T. korrigierenden Verweisen auf CR). Ausführlich Maurer, Melanchthon, Bd. 2, 419 ff. Der von ihm gebrauchte Begriff „Berufskrise" ist nicht ganz glücklich. An seinem eigentlichen Beruf ist Melanchthon nie irre geworden. Er hat sich nur (gewiß wesentlich aus inneren Gründen) geweigert, ihn aufzugeben oder über Gebühr einzuschränken.

[70] Maurer, Melanchthon, Bd. 2, 203 ff. 216. 223 ff. 435 ff. u. ö. hat Melanchthons Versagen als Beginn seiner Rückkehr zum biblischen Humanismus beschrieben. Das trifft sicherlich zu. Aber sie ist ebenso wie seine frühe stürmische Zuwendung zu Luther Ausdruck seiner Schwäche und Anlehnungsbedürftigkeit und des Mangels an ihn prägenden religiösen Erfahrungen.

[71] An Camerarius 31. Okt. 1524, CR 1, 683. MSA 7/1, 218. MBW 351. Aufgrund persönlicher Eindrücke urteilt Joh. Dantiscus in seinem Bericht vom 8. Aug. 1523 an den Bischof von Posen (s. u. S. 260 ff.) und wohl auch Jost Ludwig Dietz, der am 26. Juli 1522 in Wittenberg ge-

241

Freund zu bieten hatte, und behandelte ihn mehr nach dem Bilde, das er sich wünschte, als nach seinem wirklichen Wesen. Die Enttäuschung aus der Zeit der Wittenberger Unruhen hat nichts an der runden Bejahung geändert, die er ihm seit langem entgegenbrachte. ,,Ich sehe in ihm nichts anderes als mich selbst, ausgenommen seine Bildung und die Lauterkeit seines Lebens, durch die er mich beschämt, geschweige denn übertrifft", schrieb er knapp zwei Jahre später[72].

Was Luther bei Melanchthon an Übereinstimmung und tatkräftiger Unterstützung nicht fand, wurde ihm reichlich zuteil durch Johann Bugenhagen[73]. Er traf ihn im rechten Augenblick: bei seiner Rückkehr von der Wartburg, als er zuverlässige Mitarbeiter zum Wiederaufbau der Wittenberger Verhältnisse brauchte. Der nur um zwei Jahre jüngere Mann (geb. 24. 6. 1485 in Wollin) hatte aus eigenem Erleben und mit großer Energie den Weg zu ihm gesucht. Er hatte 1502–1504 in Greifswald artistische und humanistische Studien getrieben, war aber dann von Erasmus zu den Kirchenvätern und zur Bibel geführt worden. Über sie hielt er – seit 1504 Rektor an der Stadtschule in Treptow a. d. Rega – Vorlesungen in dem unmittelbar vor der Stadt gelegenen Kloster Belbuck. Im Zusammenhang mit der Seelsorge, die ihm daraus für einen schnell wachsenden Kreis auch von Laienhörern erwuchs, ließ er sich 1509 zum Priester weihen, ohne bisher Theologie studiert zu haben. Aber das war im Spätmittelalter gebräuchlich. Hier fand er auch seine erste wissenschaftliche Aufgabe, – indirekt bereits aus Kursachsen. Friedrich der Weise hatte Spalatin beauftragt, eine umfassende sächsische Chronik zu schreiben, und unterstützte ihn dadurch, daß er von befreundeten Fürsten Urkunden und Bücher erbat, die dafür von Wert sein konnten. So hatte er sich auch an Herzog Bogislaw von Pommern gewandt, der nicht nur seinen Wunsch erfüllte, sondern daraus die Anregung entnahm, auch nach den Quellen der eigenen Geschichte forschen zu lassen. Den Auftrag zu beidem erhielt im Sommer 1517 Bugenhagen. Er bereiste von Osten nach Westen das Land. Die Ausbeute zur sächsischen Geschichte war begreiflicherweise gering, die zur pommerschen groß genug, daß er den Entschluß faßte, eine Ge-

---

wesen war, in einem Brief aus Neapel an Danticus vom 10. Nov. 1523, vermutlich einer Antwort an diesen: ,,O, wie gern würde ich den Mann aus dieser Tragödie herausreißen, wenn ich die Möglichkeit dazu hätte!" WAB 2; 581, Anm. 1, dazu Hipler, Nikolaus Kopernikus (s. Anm. 17).

[72] An Theobald Billikan 17. Sept. 1523, WAB 3; 154,14 f.

[73] Dr. Johannes Bugenhagens Briefwechsel, hg. v. O. Vogt (Stettin 1888). Eine alte oder neuere Gesamtausgabe seiner Schriften fehlt, ebenso eine moderne Biographie. Die beste noch immer: H. Hering, Doktor Pomeranus Johannes Bugenhagen, SVRG 22 (Halle 1888). G. Kawerau, Bugenhagen, RE Bd. 3 (1897), 525 ff. Johann Bugenhagen. Beiträge zu seinem 400. Geburtstag, hg. v. W. Rautenberg (Berlin 1958) mit wertvollen Aufsätzen und einer umfassenden, über Schottenloher hinausgehenden Bibliographie von H.-G. Leder; Ergänzungen bei Schottenloher, Bibliographie, Bd. 7 (1966), 26 f. E. Wolf. Johannes Bugenhagen, Gemeinde und Amt, in: ders., Peregrinatio. Studien zur reformatorischen Theologie und zum Kirchenproblem, Bd. 1 (München 1954), 257 ff.

schichte Pommerns zu schreiben. Obwohl er manchmal an dem noch von keinem anderen unternommenen Versuch verzagte, so führte er ihn doch mit großer Zähigkeit durch. Freilich war seine Pomerania kein frei gestaltetes Geschichtswerk, sondern eine wohlgeordnete Zusammenstellung aus älteren Chroniken und Quellen. Bei allem Heimatstolz und dem Bemühen, die Leistungen des Fürstenhauses zu rühmen, beteuerte er doch, bei der Geschichtserzählung nirgends gegen sein Gewissen gehandelt zu haben. „Was wäre es sonst für eine Schandtat für mich, wenn ich als Priester Christi, um meinen Fürsten zu schmeicheln, gegen meine Überzeugung geschrieben hätte!"[74] Wann er zuerst mit Schriften Luthers bekannt geworden ist, wissen wir nicht. Jedenfalls erschien ihm der Verfasser der „Babylonischen Gefangenschaft der Kirche" beim ersten Durchblättern der Schrift als der schlimmste Ketzer, den es je gegeben habe. Die gründliche Lektüre änderte sein Urteil bald vollständig. Er erklärte den Brüdern: „Die ganze Welt liegt in äußerster Blindheit, aber dieser Mann alleine siehet die Wahrheit." Spuren dieser Schrift und Hinweise auf Luthers Auslegung des Vaterunsers und der zehn Gebote finden sich in Bugenhagens erster theologischer Schrift, dem sog. Sendbrief an die Schüler zu Treptow, in dem er freilich noch nicht offen für den umstrittenen Mann Partei zu nehmen wagt. Jahrzehnte später hat er noch einmal über eine frühe Erkenntnis berichtet, die ihn an einen wichtigen Wendepunkt im Leben Luthers erinnerte. Dieser erzählte im Winter 1542/3 bei Tisch, daß ihm an dem Satz „Der Gerechte lebt aus Glauben" (Röm. 1,17) das paulinische Verständnis von iustitia dei (nicht als göttliche Eigenschaft, sondern als eine dem Glaubenden geschenkte Gerechtigkeit) aufgegangen sei. Bugenhagen fügte hinzu: „Auch meine Wandlung begann, als ich über die Liebe Gottes las, daß sie passiv zu deuten sei: mit der wir von Gott geliebt werden. Vorher verstand ich die Liebe immer aktiv."[75] Eine schöne Zusammenfassung dessen, was Bugenhagen von Luther empfangen hat, bilden einige Zeilen aus einem Brief Luthers, die Bugenhagen sich in ein von ihm übersandtes Exemplar des Tractatus de libertate christiana eingetragen hat: „An D. Johann Bugenhagen. Du hast mir geschrieben, ich solle dir eine Anweisung zum Leben schreiben. Der wahre Christ bedarf keiner Sittengebote. Denn der Geist des Glaubens leitet ihn zu allem, was Gott will und die brüderliche Liebe fordert. Lies darum dies hier. Nicht alle glauben an das Evangelium. Den Glauben spürt man im Herzen." Statt des erbetenen modus vivendi erhielt Bugenhagen also einen Hinweis auf die Quelle, aus der ein wahrhaft christliches Leben stammt. Das hat ihn überzeugt[76].

[74] Pomerania durch Johannem Bugenhagen Pomeranum mit eigener Handt beschreven: so der Titel auf dem Autograph. Johannes Bugenhagens Pomerania, hg. v. O. Heinemann, Quellen zur Pommerschen Geschichte 4 (Stettin 1900), 4.
[75] WATR 5; Nr. 5518, S. 210,17 ff. Dazu E. Kähler, Bugenhagen und Luther, in: Johann Bugenhagen. Beiträge (s. Anm. 73), 110 f.
[76] D. Joanni Bugenhagen. Scripsisti ut modum vivendi tibi scriberem. Vere Christianus non

Es sind nur Splitter, die wir aus der Frühgeschichte Bugenhagens besitzen. Aber sie zeigen doch das Holz, aus dem er geschnitzt war: eine männliche und redliche Natur, die auf Klarheit im Verhältnis zu Gott und auf die Verwirklichung des Glaubens im Leben, nicht auf scholastische Grübelei gerichtet war. Man versteht von Anfang an, was Luther an diesem Freunde und Helfer gewinnen mußte. Bugenhagen hatte in seiner resoluten Art, obwohl er bereits 36 Jahre alt war, seine Tätigkeit in Pommern aufgegeben und sich Ende April 1521 noch einmal in Wittenberg immatrikulieren lassen, um nun an der besten Quelle Theologie zu studieren. Es lag nahe, daß er daneben seine schon in Belbuck ausgeübte Vorlesungstätigkeit wieder aufnahm, zuerst mit einer Auslegung der Psalmen, die er privat einem kleinen Kreise pommerscher Landsleute vortrug. Er mußte sie bei dem großen Andrang in ein öffentliches Kolleg verwandeln. Da er noch nicht zu den angestellten Universitätslehrern gehörte, war er auf Kolleggelder angewiesen, während die offiziellen Vorlesungen gebührenfrei waren. Das gab Ärger unter den Studenten, die seine Vorlesungen nicht missen wollten. Dazu kam die Gefahr, daß er nach Erfurt wegberufen wurde. Luther setzte sich darum mehrfach mit starkem Geschütz über Spalatin beim Kurfürsten dafür ein, daß Bugenhagen aus den Einkünften des Allerheiligenstifts besoldet würde, „die bisher an die Sophisten (Scholastiker) verschwendet worden sind. Denn nach Philippus ist er hier und in aller Welt (in urbe et orbe) der zweite Theologieprofessor."[77] Als diese Bemühungen erfolglos blieben, griff Luther schließlich zur Selbsthilfe. Im Herbst 1523 starb der Pfarrer an der Stadtkirche. Das Kapitel des Allerheiligenstifts an der Schloßkirche, bei dem das Besetzungsrecht lag, schlug zunächst den Wittenberger Professor und Stiftskanonikus Nikolaus von Amsdorf und den einstigen Generalvikar der Augustiner und jetzigen Prediger in Altenburg Wenzeslaus Link vor. Beide waren Freunde Luthers, sie lehnten aber ab. Als das Kapitel eine dritte Benennung verzögerte, führte der Rat mit Vertretern der Gemeinde eine Wahl durch. Sie fiel auf Bugenhagen. Auch dieser konnte sich nicht gleich entscheiden: Er fühlte sich dem Amt nicht gewachsen. Außerdem waren die Einkünfte für eine Pfarrerfamilie – er hatte ein Jahr zuvor geheiratet – nicht ausreichend. Sie waren ohnehin durch die Kosten für zwei Kapläne, einen Knecht, eine Magd und ein für die Seelsorgebesuche außerhalb der Stadt nötiges Pferd, dazu noch durch erhebliche Zahlungen an das Allerheiligenstift und die Erben des verstorbenen Pfarrers belastet. Luther löste die verfahrene Situation durch einen Gewaltstreich. Er bestätigte Bugenhagen von der Kanzel herab als vom Rat gewählt und für sein Amt geeignet. Er schob also die Mitwirkung des Allerhei-

indiget preceptis morum. Fidei enim spiritus ducit eum ad omnia que deus vult et Fraterna exigit charitas. hec itaque lege / Non omnes credunt evangelio / Fides sentitur in corde. Abgedr. nach Bugenhagens Hand von Kähler, Bugenhagen und Luther (s. Anm. 73), 113 und unter den Bucheintragungen Luthers, WA 48; 289.
[77] 20. Sept. 1520 (?), 2. Jan. 1523, WAB 2; 598,7 ff. WAB 3; 2,35 ff.

ligenstifts, die aus der von ihm auch sonst bekämpften Inkorporation[78] stammte, beiseite. Damit war ein Beispiel für die Pfarrerwahl statt der Besetzung durch das Stiftskapitel gegeben. Es wurde noch in der Wittenberger Kirchenordnung von 1533 als maßgebend bestätigt („wie sie mit Herrn Johann Bugenhagen angefangen")[79]. Zugleich überwand er mit diesem solennen Akt die Schüchternheit Bugenhagens. Auch dessen berechtigte finanzielle Bedenken sind offenbar ausgeräumt worden. Die Tätigkeit an der Universität und Vergütungen für seine auswärtigen Aufträge verbesserten seine Lage. Er hat später keine der vielen günstigen Berufungen, die er von anderen Fürsten und Städten erhielt, angenommen, sondern blieb seinem Amt an der Wittenberger Stadtkirche treu.

Damit war er auch Luthers Beichtvater; er ist ihm ein zweiter Staupitz geworden. Was diese beiden, von Luther so oft mit großer Dankbarkeit genannten Tröster verband, war die Gabe herzhaften Zuredens, manchmal mit einem Schuß guten Humors. Als Luther sich in dem oft von ihm erzählten Gespräch unter dem Birnbaum im Wittenberger Klostergarten gegen den Erwerb des Doktorgrades und damit des Lehr- und Predigtamtes sträubte: „Herr Staupitz, ihr bringt mich um mein Leben, ich werde es nicht ein Vierteljahr überleben", antwortete Staupitz gelassen: „In Gottes Namen, unser Herrgott hat große Geschäfte, er bedarf droben auch kluger Leute."[80] Und Bugenhagen brachte ihn einmal in einer Stunde des Verzagens zurecht: „Gott denkt sicherlich: Was soll ich mit dem Menschen noch machen? Ich habe ihm so viele vorzügliche Gaben gegeben, und er verzweifelt an meiner Gnade. – Das war mir (fügte Luther hinzu) ein großer Trost und wie eine Engelsstimme und blieb mir im Herzen hängen. Dabei hat er selbst, wie ich glaube, gar nicht gewußt, was er gesagt oder wie gut er es gesagt hat." Es erinnerte ihn an das Wort seines uns unbekannten klösterlichen Beichtvaters: „Du bist ein Tor. Gott zürnt nicht dir, sondern du Gott."[81] Aber selbst der meisterliche Tröster Staupitz, soviel Luther ihm verdankte, kam manchmal an das Ende seiner Kunst: „Ich verstehe es nicht." „Das hieß dann recht getröstet", fügte Luther noch später hinzu[82]. Oder Staupitz kam gar auf die bedenkliche Bahn, Luthers Selbstanklagen nach dem Beichtkatalog als „Humpelwerk und Puppensünden" gegenüber „rechtschaffenen Sünden" wie Mord, Gotteslästerung und Ehebruch zu verkleinern. Damit konnte Bugenhagen nicht mehr argumentieren. Er half sich, wenn es sein mußte, mit einer

---

[78] Vgl. die Vorgänge in Leisnig und Altenburg o. S. 114 ff. Dazu und zu anderen Fällen K. Müller, Kirche, Gemeinde, Obrigkeit, 103 ff.

[79] Sehling, Kirchenordnungen, Bd. 1, 700. H. Hering, Bugenhagen (s. Anm. 73), 20 f. K. Müller, Kirche, Gemeinde, Obrigkeit, 113. Friedensburg, Geschichte Univ. Wittenberg, 170 f.

[80] WATR 3; Nr. 3143b; 188,16 ff. Vgl. auch WATR 1; Nr. 885; 442,9 ff. WATR 4; Nr. 3924; 13,30 ff. WATR 5; Nr. 5371; 98,21 ff. Nr. 6422; 654,34 ff.

[81] WATR 1; Nr. 122; 47,21 ff. Dazu H. Mülbe, Bugenhagen im Urteil Luthers, in: Wartburg 34 (1935), 198 ff. und zum Folgenden Kähler, Bugenhagen und Luther (s. Anm. 75), 119 ff.

[82] WATR 1; Nr. 518; 240,12 ff. Nr. 122; 50,27 ff. WATR 2; Nr. 1288; 26,5 f.

derben Zurechtweisung: „Du darfst meinen Trost nicht verachten; ich weiß, es ist Gottes mir vom Himmel gegebenes Wort." „Da begreift man", sagte Luther, „was das heißt: Dein Wort hat mich zum Leben gebracht" (Ps. 119,50)[83]. Ihm bestätigte sich darin, was er immer wieder erfahren hatte: „Der heilige Geist redet durch Menschen zum Menschen ohne jede Art von Offenbarung. Pomeranus (Bugenhagen) hat mich oft mit unerwarteten Worten getröstet, die mich noch heutigen Tages trösten. So redet der heilige Geist unerwartet mit uns."[84] Bugenhagen hätte nicht über die Register des Zuspruchs verfügt, wenn er nicht selbst etwas von Anfechtung und Zweifeln gewußt hätte. Darum trafen er und Luther sich auch in ihrer Liebe zu dem großen Trostbuch der Bibel, dem Psalter. Nicht zufällig gehörten ihm die ersten exegetischen Bemühungen beider. Aber nur Bugenhagen hat sie in einem umfangreichen Kommentar 1524 zum Ziele geführt. Luther gab dem Buche ein Geleitwort mit: Pomeranus verdiene es, der beste aller Psalmenausleger, von denen es Bücher gebe, genannt zu werden. Er beklagte nun nicht mehr, daß er selbst in der Unruhe dieser Jahre seine begonnenen Studien nicht mehr habe zu Ende führen können: „Ich muß abnehmen, aber er muß wachsen." Man solle nun nicht mehr auf sein Werk warten, sondern seine Freude über das Bugenhagens teilen[85]. Daß die Anfechtungen und ihre Überwindung das eigentliche Thema des Buches sind, hat Bugenhagen später noch einmal mit Worten ausgesprochen, die von Luther stammen könnten: „Solche Anfechtungen beschreibt der Psalter oft, auf verschiedene Weise und mit verschiedenen Worten. Und zugleich liest du dort, wie Gott die Seinen daraus befreit, die, so lange sie leiden, nichts anderes sehen können, als daß sie von Gott verlassen seien, und Gott plagt sie oft, sehr und lange. Daher hast du in den Psalmen Beispiele von Heiligen und das Verheißungswort Gottes, damit du starke Tröstung habest oder auch in der Anfechtung Erquickung und Hoffnung, weil du nicht der einzige bist, der dies erträgt, sondern auch Heilige wie Abraham, David und andere dasselbe und Schwereres erduldet haben, und weil du ja die gleichen Verheißungen Gottes hast."[86]

Bugenhagen war bescheiden genug, um durch den Seelsorgedienst, den er Luther oft zu tun hatte, nicht zu einer falschen Selbsteinschätzung zu kommen. Er hat sich den beiden großen Männern von Wittenberg immer unterlegen gewußt, wie er es schon in einem Brief vom 27. November 1522 an Spala-

---

[83] WATR 2; Nr. 2268b; 389,14 ff. Diese Erinnerung an Bugenhagen ist in den Briefausgaben von Aurifaber bis Enders in Luthers Brief an Wenzeslaus Link vom 14. Juli 1528 mit noch zwei anderen Stücken eingeschoben worden (vgl. WAB 4; 495) und findet sich so auch in der schönen Übersetzung von R. Buchwald, Luthers Briefe, Auswahl (Stuttgart 1956), 187 f.

[84] WATR 2; Nr. 1352; 66,24 ff.

[85] WA 15; 8,16 ff.

[86] An Joachim von Anhalt 27. Dez. 1535. Vogt, Bugenhagen-BW (s. Anm. 73), Nr. 57, nach Kähler, Bugenhagen und Luther (s. Anm. 75), 118. Daß Bugenhagen freilich kein Dichter war, zeigt der Vergleich mit der im Geist so verwandten zweiten Vorrede Luthers zum Psalter von 1528. WADB 10/1; 98 ff. H. Bornkamm, Bibelvorreden, 15. 51 ff.

tin einmal ausgesprochen hat: „Du erhöhst mich zu einem Prophetenamt, während ich doch nur die Rolle eines auslegenden Predigers spiele. Du weißt, daß das verschiedene Gaben sind. Propheten sind Leute, die predigen wie Martinus und lehren wie Philippus. Ich lege in weitem Abstand das aus, was ich bei den Propheten finde."[87] Das Verhältnis der drei Führer der Wittenberger Reformation untereinander konnte freilich nicht ganz so ausgeglichen bleiben. Zwar stand Bugenhagen nach seiner humanistischen Herkunft Melanchthon eigentlich näher. Schon bald, nachdem er nach Wittenberg übergesiedelt war, widmete dieser ihm seine Textausgabe des Römerbriefs mit einem humanistisch stilisierten Bekenntnis zu Christus, „dem Urbild des Lebens", und einer kräftigen Absage an die Scholastik[88]. Aber die überragende Gestalt Luthers verschob dann doch die Gewichte. Die gemeinsame Herkunft aus der Klosterfrömmigkeit mit ihrer unverlorenen Wendung in das Innerste und mit ihren Gefahren, die Entschlossenheit beider auch zu neuen Wegen um der Sache Christi und der ihnen anvertrauten Menschen willen, ihre Furchtlosigkeit und ihr Humor machte sie bei allem Unterschied ihrer Dimensionen zu geistigen Brüdern. Bugenhagen blieb, ohne nach eigenen Wegen zu suchen, treu auf den Spuren des Größeren und hat darum neben seinen bedeutenden praktischen Verdiensten keine eigene Note in die reformatorische Theologie hineingebracht. Die Übermacht der beiden mußte für Melanchthon manchmal etwas Drückendes haben. Er hat öfters ähnlich wie über Luthers Art auch über den „groben Pommern" geklagt. Aber das hat ihr Verhältnis nicht ernsthaft getrübt.

Neben diesen beiden wichtigen Wittenberger Mitarbeitern, Melanchthon und Bugenhagen, die von außen zu Luther gestoßen waren, rückten ältere Freunde an Bedeutung allmählich in die zweite Linie. Als Weggenossen, welche die Wittenberger Verhältnisse seit langem kannten und die Jahre der Kämpfe z. T. miterlebt hatten, blieben sie ihm freilich untrennbar verbunden. Das gilt vor allem von Nikolaus von Amsdorf, dem einen Monat nach ihm (3. Dezember 1483) in oder bei Torgau geborenen Sohn aus einer sächsischen Adelsfamilie, einem Neffen von Staupitz[89]. Er hatte die Geschichte der Universität Wittenberg seit ihrer Gründung 1502 als einer ihrer ersten Studenten miterlebt und ihre Grade bis zum Lic. (aber nicht dem Dr.) theol. erworben. Er hielt in der Hauptsache philosophische, aushilfsweise auch theologische Vorlesungen, ohne Mitglied der Theologischen Fakultät zu sein. Die philosophische Abteilung der artistischen Fakultät war in skotistische und

---

[87] Vogt, Bugenhagen-BW (s. Anm. 73), Nr. 5, zit. Maurer, Melanchthon, Bd. 2, 581, Anm. 11.

[88] CR 1, 521 f. Dazu Suppl. Mel. 6/1, 178. MBW 142. Maurer, Melanchthon, Bd. 2, 72.

[89] Neuere Biographie und Ausgabe seiner Schriften und seines Briefwechsels fehlt, abgesehen von Teilsammlungen, Teilbiographie (bis 1542): H. Stille, Nikolaus von Amsdorf (phil. Diss. Leipzig 1937). Literatur in: RE Bd. 1 (1896), 464; RGG Bd. 1 (1957), 334; Schottenloher, Bibliographie, Bd. 1 (1933), 19; ebd. Bd. 7 (1966), 10.

thomistische Dozenturen halbiert. Die Hauptvorlesung wurde gleichzeitig um 6 Uhr morgens von dem Thomisten Karlstadt und dem Skotisten Amsdorf gelesen[90]. Diese scholastische Schulung kam seiner Gabe zum Disputieren entgegen, die Ernennung zum Kanonikus am Allerheiligstift 1508 und mehrfach zum Rektor der Universität seinem Verwaltungsgeschick. Einen selbständigen Weg aus dem scholastischen Denken war er nicht gegangen, sondern die Begegnung mit Luther erschloß ihm unerwartet einen neuen. Er führte über Augustin, zu dessen Studium ihn Luther auf unwiderstehliche Weise zwang: Er schickte ihm, wie Amsdorf selbst berichtet, eines Tages eine vollständige Ausgabe des Kirchenvaters[91].

Amsdorf ist seitdem ein entschlossener Anhänger Luthers geblieben, in seiner Unbedingtheit und polemischen Schärfe der erste lutherische Kirchenvater strengster Observanz. Das wurde freilich erst später in den mancherlei Auseinandersetzungen sichtbar, in denen Luthers Sache nach innen und außen verteidigt werden mußte. In der früheren Wittenberger Zeit trat er ganz hinter Luther zurück, ohne eigene theologische Beiträge zu geben. Nicht einmal in die Wittenberger Wirren von 1521/2 griff er nennenswert ein. Wohl aber leistete er Luther in entscheidenden Situationen Freundesdienste: Er begleitete ihn 1519 zur Leipziger Dispuation und 1521 zum Wormser Reichstag. Es war darum für Luther ein Verlust, den er bis an sein Lebensende empfand, daß Amsdorf im Jahre 1524 Wittenberg verließ, um ein schwieriges Amt als Superintendent in Magdeburg zu übernehmen. Ein noch schwereres erwartete ihn, als er 1542 zum Bischof von Naumburg-Zeitz berufen wurde. Bis zu Luthers Tode lebte die alte Freundschaft im wesentlichen in einem zeitweilig sehr intensiven Briefwechsel fort.

War Amsdorf durch seine scholastische Schulung für eine spätere starre Rechtgläubigkeit reformatorischen Gepräges vorgeformt, so ist für eine ähnliche Entwicklung bei Justus Jonas[92] seine ursprüngliche juristische Neigung und Tätigkeit in Rechnung zu setzen. Freilich, er war zehn Jahre jünger und brachte darum neben Melanchthon auch ein modernes, humanistisches Element in den Wittenberger Freundeskreis. In Nordhausen 1493 geboren, hatte er zunächst in Erfurt studiert und dort Eingang in den berühmten Humanistenkreis um den Gothaer Kanonikus Mutianus Rufus gefunden. Dann studierte er drei Jahre (1511–1514) in Wittenberg, wohl seinem dorthin berufenen bedeutenden juristischen Lehrer Henning Goede folgend. Nach Erfurt zurückgekehrt, promovierte er 1518 zum Dr. iur. und erhielt sofort eine Professur. In dieser zweiten Erfurter Zeit wuchs er tiefer in den Humanismus

---

[90] Friedensburg, Geschichte Univ. Wittenberg, 66. 100. 109. Verzeichnis der Lehrkräfte 1507 in: ders., Urkundenbuch, 15.

[91] Amsdorf an Spalatin 17. Jan. 1518, abgedr. in: ThStKr 51 (1878), 698 f.

[92] Eine umfassende Darstellung fehlt ebenfalls. Neuere kurze Biographie von W. Delius, Lehre und Leben, Justus Jonas (Berlin 1952). G. Kawerau, Der Briefwechsel des Justus Jonas, 2 Bde. (Halle 1884/85).

nun auch als religiöse Bewegung, wie Erasmus ihn vertrat, hinein. In seinem Sinne hielt er bereits biblische Vorlesungen. Aber durch Freunde und die Berichte von der Leipziger Disputation nahm er weiterhin auch an den Wittenberger Geschehnissen teil. So griff er gern zu, als ihm nach dem frühen Tode Goedes (1521) die Stelle als Propst am Allerheiligenstift und Professor des kanonischen Rechts angeboten wurde. In der Person von Jonas schienen sich in seltener Weise die geistigen Strömungen der Zeit zu vereinigen. Mutian, der vor ihm den Ruf nach Wittenberg erhalten, aber abgelehnt hatte, empfahl ihn Kurfürst Friedrich dem Weisen aufs wärmste: Es gebe keinen Mann in Deutschland, der gleichzeitig so in der Jurisprudenz und der Theologie bewandert sei, er sei ein vorzüglicher Prediger und Dozent, Staupitz gut bekannt und Luther liebe ihn[93]. Luther hatte ihm in der Tat durch Johann Lang im April 1519 einen so überschwenglich herzlichen Gruß bestellt, daß man auf eine freundschaftliche Beziehung aus dem früheren Aufenthalt des Jonas in Wittenberg schließen muß[94]. Jonas erwiderte diese Zuneigung von Jahr zu Jahr mehr, demonstrativ schließlich, als er dem nach Worms reisenden Luther nach Weimar entgegenritt und ihn nach dem glanzvollen Empfang, den ihm die Universität Erfurt bereitete, zum Reichstag begleitete. Er hatte dort keinerlei amtliche Funktion[95], es war ein reiner Freundesdienst, der Luther wohltat. Er war immer in Luthers Umgebung zu finden. Als Cochlaeus nach den offiziellen Verhandlungen Luther in Worms privat aufsuchte, stellten sich die beiden Juristen Justus Jonas und Hieronymus Schurff vor die Kammertür, um das Gespräch zu überwachen[96]. Cochlaeus selbst hat in Erinnerung an ein zufälliges längeres Gespräch auf der Straße ein anschauliches Bild von ihm festgehalten: „Zweifellos ein vortrefflicher junger Mann, von eleganter, schlanker Gestalt und in keiner Weise unkultiviert. Er wäre es wirklich nicht wert, daß er in die hussitischen und taboritischen Irrtümer mit ihrer barbarischen Unkultur und Irreligiosität hineingezogen würde." Das erschien Cochlaeus also als die Gefahr der lutherischen Lehre. Jonas habe Luther mit einer großen Zahl von Paulusstellen verteidigt und ihn gewarnt, gegen Luther zu schreiben; sonst „würden mindestens 40 gelehrte Leute ihre Feder gegen mich zücken"[97]. Wittenberg hatte mit dem weithin angesehenen Mann eine glänzende Erwerbung gemacht und Luther einen engen Freund gefunden. In Wittenberg erreichte Jonas bald die Erfüllung seines Wunsches,

[93] Der Briefwechsel des Conradus Mutianus, ges. u. bearb. v. K. Gillert, Geschichtsquellen der Provinz Sachsen und angrenzender Gebiete 18/1 (Halle 1890), Nr. 603. Delius, Justus Jonas (s. Anm. 92), 27.

[94] 13. Apr. 1519, WAB 1; 370,95 f.

[95] Er war nicht sächsischer Rat, wie er im Register des Sammelbandes: Der Reichstag zu Worms 1521. Reichspolitik und Luthersache, hg. v. F. Reuter (Worms 1971), 524 genannt wird, sondern noch Erfurter Professor. Er erhielt in Worms die Berufung nach Wittenberg.

[96] Keßler, Sabbata (s. o. S. 69, Anm. 55), 74.19 ff.

[97] Colloquium Cochlaei cum Luthero Vormatiae olim habitatum, 1540. Enders, Luther-BW, Bd. 3, 187. Delius, Justus Jonas (s. Anm. 92), 28 f.

von der Jurisprudenz zur Theologie überzugehen. Er erwarb den theologischen Doktorgrad und wurde zwar nicht ein bedeutender Theologe, aber ein hochgeschätzter Prediger und Seelsorger und ein umsichtiger kirchlicher Verwaltungsmann. Wichtiger als seine eigenen Schriften waren seine Übersetzungen von Werken seiner großen Freunde (u. a. von Melanchthons Loci und der Apologie der Augsburgischen Konfession, von Luthers De servo arbitrio). Seine humanistische und juristische Schulung gaben ihm einen eigenen Platz in dem Kreise der Wittenberger. Er gehörte ihm an, bis er 1541 zum Superintendenten in Halle berufen wurde. Er führte hier, in der Residenz Kardinal Albrechts von Mainz, mit Energie und Geschick die Reformation durch.

Neben diesen vier bedeutendsten Freunden und Mitarbeitern gab es eine, z. T. rasch wechselnde, Reihe von anderen. Einen besonderen Rang nahm sein alter juristischer Freund Hieronymus Schurff ein[98]. Der St. Gallener Patriziersohn, zwei Jahre älter als Luther, war von der Gründung im Jahre 1502 an 45 Jahre hindurch der stärkste Träger der Kontinuität an der Universität Wittenberg. Vom skotistischen Philosophen in der artistischen Fakultät war er zum Kanonisten aufgerückt. Früh dem Humanismus erschlossen, hatte er sich mit Melanchthon befreundet, der noch im Alter aussprach, daß er ihn wie einen Vater liebe und verehre und Gott danke, daß er ihn ihm nicht nur als wissenschaftlichen Lehrmeister, sondern als Führer durch das Leben überhaupt gegeben habe[99]. Zugleich aber erschloß Schurff sich Luthers neuem Verständnis des Evangeliums und trat auf dem Wormser Reichstag als sein Rechtsbeistand öffentlich für ihn ein[100]. In den Wittenberger Unruhen suchte er im Rahmen des Universitätsausschusses den radikalen Plänen Karlstadts und Zwillings entgegenzuwirken. Er blieb fortan Luther und Melanchthon in gleichem Maße verbunden. Nur wehrte er sich später für das von ihm vertretene kanonische Recht gegen die Versuche Luthers, davon loszukommen. Dabei hatte er den historisch denkenden humanistischen Freund Melanchthon auf seiner Seite.

Aber auch der Nachwuchs der großen Generation trat bald in Erscheinung. Es waren junge Leute verschiedener Art und Herkunft. Aus Eisleben, Luthers Geburtsort, kam der (wohl 1492 geborene) Johann Agricola, der

---

[98] Eigentlicher Familienname Schürpf, auch Schurpf, in der Zeit gebräuchlich: Schurff, Schurffius. Vgl. W. Schaich-Klose, D. Hieronymus Schürpf. Der Wittenberger Reformationsjurist aus St. Gallen 1481–1554, in: 107. Neujahrsblatt, hg. v. Hist. Verein des Kantons St. Gallen (1967), 1 ff. Friedensburg, Geschichte Univ. Wittenberg, 57 f. 200 f. u. ö. Maurer, Melanchthon, Bd. 2, 74.
[99] Aus einer Rede: De legum fontibus et causis (1550?). CR 11, 917. Er hat Schurff auch 1554 die Gedächtnisrede gehalten. CR 12, 86 ff. (nicht 11, 817 ff., wie versehentlich bei Maurer, Melanchthon, Bd. 2, 74, Anm. 12).
[100] In dem Sammelband: Der Reichstag zu Worms (s. Anm. 95) erscheint er bald als Theologe (281), bald als sächsischer Rat (530).

schon im Schuldienst gestanden hatte. Als Luther von ihrer Landsmann-
schaft erfuhr, hatte er ihn freundlich begrüßt: „Ei, so müssen wir Kundschaft
machen." Er zog ihn zu Hilfsdiensten heran; bei der Leipziger Disputation
war Agricola sein Sekretär[101]. Er verehrte Luther glühend. Schon 1518 hatte
er ungebeten und nicht ganz zu Luthers Freude dessen Predigten über das
Vaterunser mit kleinen eigenen Zutaten herausgegeben[102]. Allerdings blieb
er zunächst auf der ersten Stufe des akademischen Weges stehen: der Promo-
tion zum Bakkalaureus der Theologie, die er gemeinsam mit Melanchthon
am 15. September 1519 ablegte. Da er 1520 – wieder fast gleichzeitig mit
Melanchthon – heiratete, wandte er sich zunächst dem reicheren Ertrag ver-
heißenden medizinischen Studium zu. Es ist bezeichnend für den Geist an
der Wittenberger Universität, daß ein junger kursächsischer Jurist, Kaspar
von Teutleben, ihm ins Gewissen redete, er müsse bei dem großen Mangel an
Predigern Theologe werden und solle zusehen, daß er dem heiligen Geist
nicht widerstrebe. „Dieses Wort blieb mir im Herzen haften", schrieb Agricola später. Er berichtete tags darauf Luther davon, und der half drastisch
nach. Er kündigte von der Kanzel ab, daß am folgenden Tag Magister Eisleben – so pflegte er ihn zu nennen – predigen werde; er hatte ihn aber noch gar
nicht gefragt. Ähnlich wie bei Bugenhagens Wahl meinte er, nur so die Unentschlossenheit Agricolas überwinden zu können[103]. Sie wären wohl später
beide froh gewesen, wenn es nicht zu dem Umschwung in Agricolas Leben
gekommen wäre. Er jedenfalls hat es noch einige Jahre vor seinem Tode ausgesprochen: „O wäre ich doch Arzt geblieben, wie ich begonnen hatte!"[104]
Er geriet in jahrelange heftige Auseinandersetzungen zuerst mit Melanchthon, dann mit Luther, in denen er sie wegen mangelhafter reformatorischer Theologie anklagte und Luther eine Überschätzung des Gesetzes gegenüber dem Evangelium vorwarf: ein verstiegener Versuch, Luther gleichsam mit sich selbst zu übertrumpfen. Die Kontroverse zeigte – abgesehen von
der sachlichen Differenz – auf Agricolas Seite eine Mischung von überspielter
Unsicherheit und Geltungssucht, auf Luthers ein, freilich erst spät einset-

[101] J. Rogge, Johann Agricolas Lutherverständnis, ThA 14 (Berlin-Ost 1960), 14 nach: E.
Thiele, Denkwürdigkeiten aus dem Leben des Johann Agricola von Eisleben, in: ThStKr 80
(1907), 253. Die verbreitete Annahme (z. B. auch von H. Boehmer, Der junge Luther [s. o. S. 25,
Anm. 38], 156. 372), daß Agricola Zeuge des Thesenanschlags war, ist durch H. Volz, Martin
Luthers Thesenanschlag (s. Anm. 4), 103f., Anm. 150 widerlegt worden.
[102] Luther gab darum mit etwas ärgerlicher Vorrede die Predigten in eigener Bearbeitung
nochmals heraus, WA 2; 74. 80. Von der Agricolas waren 1518/19 bereits fünf Drucke erschienen. Benzing, Lutherbibliographie.
[103] Rogge, Agricolas Lutherverständnis (s. Anm. 101), 16. Thiele, Denkwürdigkeiten, 255.
Zu Bugenhagen s. o. S. 244f. Teutleben, nach Friedensburg, Geschichte Univ. Wittenberg, 201
„juristischer Privatlehrer". Er hielt kanonistische Vorlesungen, für die es keinen Ordinarius
mehr gab, und wurde 1528 offiziell damit beauftragt. Friedensburg, Urkundenbuch, 149.
[104] Rogge, Agricolas Lutherverständnis (s. Anm. 101), 17, über den Fundort (Apophthegma-
ta) dort 301.

zendes, aus enttäuschter Zuneigung stammendes Übermaß von Ablehnung. Aber das lag noch in weiter Ferne. Bis in die Mitte der zwanziger Jahre gab Agricola sich noch ganz als Schildknappe Luthers. In einem weitschweifigen Brief, wohl vom Frühjahr 1525, pries er ihn überschwänglich als Wiederentdecker der Rechtfertigung allein aus Gnaden, aus der die guten Werke als Früchte erwachsen, als „guten Bürger, der für das von den römischen Tyrannen unterdrückte Vaterland" jede noch so große Gefahr auf sich genommen habe. „Die Kraft des Antichrist hat er gebrochen, die Perfidie der Fürsten zuschanden gemacht, die Freiheit Deutschlands wiederhergestellt." Nichts davon findet er bei Karlstadt, nach dem ihn der Adressat seines Briefes gefragt hatte. Was er und Müntzer für Wirrköpfe seien, sehe man schon an ihren Vokabeln: „Verwunderung, Entgrobung, Studierung, Langeweile" und wie die von ihnen gebrauchten mystischen Ausdrücke heißen. So schwamm er noch auf der Woge der Begeisterung, die dann später in den Haß dessen umschlug, der sich in dem großen Vorbilde selbst gespiegelt hatte[105].

Daß der Ruf der Wittenberger Universität, vor allem ihrer theologischen und humanistischen Lehrer, in die Weite gedrungen war, zeigte der Zustrom von Hörern. „Die Studenten nehmen die ganze Stadt ein. Man könnte hier leichter einen Haufen Läuse bekommen als einen Hauswirt", schrieb der Schweizer Albert Burer[106]. Von der Anziehungskraft Wittenbergs zeugte auch eine so interessante Gestalt unter den Dozenten wie der Südfranzose Franz Lambert[107]. Er stammte aus Avignon (geb. wahrscheinlich 1487) und war dort in das Franziskaner-Observantenkloster eingetreten. Sein Eifer und seine außergewöhnliche Predigtgabe hatten ihm die seltene Ernennung zum praedicator apostolicus eingetragen. Selbst in sein strenges Kloster waren Schriften Luthers eingedrungen. Er fand sie unter ketzerischer Literatur, die zum Verbrennen aussortiert war. Eine ausgedehnte Predigtreise, zu der ihn sein Orden ausgesandt hatte, führte ihn 1522 nach Basel. Nachdem er in Zürich bei einer Disputation noch die Heiligenverehrung gegen Zwingli verteidigt hatte, entschloß er sich in Basel, nach Wittenberg an die Quelle der neuen Reformbewegung weiterzureisen, zunächst noch aus Vorsicht unter falschem Namen. Schon unterwegs in Eisenach versuchte der äußerst aktive Mann, mit 139 Thesen, die sich mehr gegen Sakramente und Lebensformen als gegen die theologischen Grundlehren der Kirche richteten, eine Disputa-

---

[105] Der nicht mit Agricolas Namen gezeichnete, aber ihm mit Recht zugeschriebene Brief ist abgedruckt von A. Brecher, Neue Beiträge zum Briefwechsel der Reformatoren und ihnen nahestehenden Männer, in: ZHTh 42 (1872), 399 ff. 405. Dazu Rogge, Agricolas Lutherverständnis (s. Anm. 101), 32 ff.

[106] An Beatus Rhenanus 30. Juni 1521, Horawitz/Hartfelder, Beatus Rhenanus-BW (s. o. S. 76, Anm. 28), 281. Burer schätzte die Zahl auf 6½ Tausend. Das war natürlich viel zu hoch, s. Friedensburg, Geschichte Univ. Wittenberg, 148, Anm. 1. Aber es war bezeichnend, daß er in eine solche Höhe griff.

[107] Zu den folgenden Lebensdaten: G. Müller, Franz Lambert von Avignon und die Reformation in Hessen, VHKHW 24/4 (Marburg 1958), 1 ff.

tion zu veranstalten; aber es meldete sich kein Gegner. Er kam zu Luther nun schon nicht mehr als Fragender, sondern als erklärter Bundesgenosse. „Ich glaube vom Herrn zu Martinus berufen zu sein, daß Bruder und Bruder miteinander eine feste Burg erbauen."[108] Luther vertraute ihm aufgrund der Nachrichten aus Eisenach noch nicht recht, empfahl aber gerade darum eine Reisebeihilfe des Kurfürsten für ihn, damit er ihn kennenlerne. Als er kam und sich nun unter seinem wahren Namen vorstellte, konnte er sich durch Empfehlungsbriefe und Aussagen von Wittenberger Studenten aufs beste legitimieren. Auch Luther gefiel er durchaus. Er nahm ihn bei sich auf, was ihm bei seinen Einkünften recht schwer fiel. Daher erbat er vom Kurfürsten eine Unterstützung für ihn, die freilich auf sich warten ließ, was auch Lambert peinlich war. Luther schätzte ihn freilich nicht ganz so hoch ein wie Lambert sich selbst. „Er wird nicht lange hie bleiben, acht ich wohl, denn er seins gleichen oder Meister hie wohl finden wird. Aber wir müssen uns der Verbannten annehmen."[109] Lambert hatte zwar in seinen ersten Vorlesungen über den Propheten Hosea und das Lukasevangelium guten Zulauf. Er ließ sie sofort drucken, hatte auch sonst eine flinke Feder, z. B. mit französischen Übersetzungen von Lutherschriften[110]. Aber das verbesserte seine Lage nicht, zumal er sehr bald ein einfaches Mädchen geheiratet hatte. „Ich habe als erster diesen Fels von Frankreich abgewälzt", erzählte er später voll Stolz[111]. Er war überhaupt gern der erste. Er träumte davon, der Reformator Frankreichs zu werden, und strebte daher nach Straßburg, um dem Heimatlande möglichst nahe zu sein. Luther hatte ihm davon abgeraten, da er ihn für ungeeignet hielt, aber vergeblich. „Solche Leute sollten lieber von euch zu uns kommen als von hier zu euch", sagte er in einem Brief an Gerbel nach Straßburg, den er endlich geschrieben hatte, „um Frieden zu haben". „Du siehst, was ich von solchen Menschen zu dulden habe, die meine Freunde durch mich auskundschaften und belasten."[112] Luther ist ihm nur geistig wieder begegnet. In Straßburg machte Lambert sich durch Taktlosigkeit und Übereifer unbeliebt. Es war ein Glück, daß Philipp von Hessen ihn 1526 nach Marburg berief, offenbar deshalb, weil er nicht auf die sich bildenden innerevangelischen Gruppen festgelegt schien und ihm auch als fleißiger und gelehrter Mann imponierte. In Hessen fand Lambert eine Bühne, wie er sie sich gewünscht hatte. Auf einer großen Versammlung, die Landgraf Philipp auf seinen Vorschlag im Oktober 1526 einberief – der sog. „Homberger Syn-

[108] Brief Lamberts an Kurfürst Friedrich vom 20. Jan. 1523. Herminjard, Correspondance des Reformateurs dans les pays de langue française, Bd. 1 (Genf 1866), 113. G. Müller, Lambert von Avignon (s. Anm. 107), 15.

[109] An Spalatin 22. Jan. 1523, WAB 3; 19,17 ff. I. Höß, Georg Spalatin 1484–1545. Ein Leben in der Zeit des Humanismus und der Reformation (Weimar 1956), 230.

[110] WAB 3; 200 f.

[111] Ebd. 100, Anm. 2. Herminjard, Correspondance (s. Anm. 108), Bd. 1, 143. G. Müller, Lambert von Avignon (s. Anm. 107), 16.

[112] 4. Dez. 1523, WAB 3; 200,3 ff.

ode" – spielte er die entscheidende Rolle: Er hielt das Einleitungsreferat; über Thesen, die er vorlegte, wurde diskutiert; das von der Versammlung in Auftrag gegebene Abschlußpapier, die Reformatio ecclesiarum Hassiae, ging im wesentlichen auf ihn zurück[113]. Wichtiger als das Papier war der Durchbruchsakt, der hier geschah: Philipp führte damit sein Land sichtbar ins Lager der Reformation. Aber der Verfassungsentwurf trug neben reformatorisch-biblischen zugleich mittelalterlich-gesetzliche Züge. Nur war es kein hierarchischer, sondern ein auf der Gemeinde und den Pfarrern begründeter Legalismus mit strenger Kirchenzucht und Beseitigung der Bilder. Auch sollte an der Universität, die in Marburg gegründet wurde, nichts gelehrt werden, was den Belangen des Reiches Gottes schade, und das bürgerliche Recht durch Gottes Wort korrigiert werden[114]. Luther, den der Landgraf um seine Meinung fragte, riet dringend davon ab, „so einen Haufen von Gesetzen mit so mächtigen Worten" einzuführen. Es sei besser, zuerst die Pfarreien und Schulen mit guten Leuten zu besetzen und Stück um Stück zu regeln[115]. Ob er wußte, daß sein altes Sorgenkind Lambert dahinter stand, läßt sich nicht sagen. Jedenfalls hat er seine Person damit getroffen. Philipp wurde von Luthers Bedenken überzeugt. Er führte die Reformatio nicht ein, sondern folgte dem bedachtsamen sächsischen Vorbild. Lambert, der sich mit seiner Aufdringlichkeit und Geschwätzigkeit im allgemeinen wenig Sympathien erwarb, hatte seine kirchenpolitische Rolle damit ausgespielt. Er fand aber als Professor in Marburg noch für einige Jahre bis zu seinem frühen Tode (1530) eine befriedigende Tätigkeit. In den gesicherten Grenzen dieses Amtes leistete er sein Bestes.

Der nähere Mitarbeiterkreis, der sich in diesen Jahren um Luther sammelte, zeigt, wenn man ihn näher betrachtet, charakteristische Unterschiede und mancherlei nicht geringe Schwierigkeiten. Neben den treuen Gefährten und zuverlässigen Helfern wie Bugenhagen, Amsdorf und Jonas stand der ängstliche und empfindliche Melanchthon, der ihm viel Sorge machte. Aber es gab auch solche, die sich wie Agricola und Lambert an ihm emporzuranken versuchten, um ihre, wie sie meinten, konsequenteren reformatorischen Vorstellungen zu verwirklichen. Karlstadt und Müntzer, der eine sein Kampfgenosse aus den Anfängen, der andere einst sein Schüler und noch 1522/23 sein und Melanchthons Verehrer[116], hatten sich ganz von ihm gelöst. Sie fühlten sich in der Wurzel ihm gegenüber selbständig und als die wahren Erneuerer der Kirche. Bis auf diese beiden besaß Luther für alle, trotz mancher Unter-

---

[113] W. Maurer, Franz Lambert von Avignon und das Verfassungsideal der Reformatio ecclesiarum Hassiae von 1526, in: ZKG 48 (1929), 208 ff. – G. Müller, Lambert von Avignon (s. Anm. 107), 33 ff. Text der Reformatio in: Sehling, Kirchenordnungen, Bd. 8 (1956), 43 ff.
[114] Sehling, Kirchenordnungen, Bd. 8, 63.
[115] 7. Jan. 1527, WAB 4; 157 f.
[116] Brief an Melanchthon vom 27. März 1522, an Luther vom 9. Juli 1523. Müntzer, 379 ff. 389 ff. WAB 3; 104 ff.

schiede, eine unangetastete Autorität. Es ist schon beobachtet worden, daß sich das in den Briefanreden ausdrückte. Seinen freundschaftlichen Anreden: Mi Spalatin, mi Philippe, mi Nicolai (oder Amsdorfi) entsprach kein: Mi Luthere. Die Anerkennung seiner Überlegenheit zeigte sich in einem: Reverende domine doctor oder Carissime pater oder Sincerissime inter ceteros pater (Müntzer 1523)[117].

Außer Studenten und Gelehrten, die für längere Zeit die Nähe Luthers und, wenn möglich, die Zusammenarbeit mit ihm suchten, kam in wachsendem Maße auch eine Reihe von Besuchern in die Stadt, die ihn kennenlernen wollten oder ein Anliegen an ihn hatten. Mitglieder aus fürstlichen Häusern wünschten, ihn predigen zu hören[118]: zuerst natürlich Glieder und Verwandte des kurfürstlichen Hauses. Der scheue Kurfürst Friedrich der Weise freilich vermied es beharrlich, mit Luther zusammenzutreffen. Die beiden schicksalhaft so eng miteinander verbundenen und sich gegenseitig so hoch schätzenden Männer haben nie ein Wort miteinander gewechselt und sich nur auf dem Reichstag zu Worms gesehen[119]. Dagegen hörte seine Schwester, Herzogin Margarete von Braunschweig-Lüneburg, Luther im Juni 1524 zweimal bei einem Aufenthalt in Wittenberg predigen. Auch sie war eine zögernde, dazu nach Luthers Meinung durch mönchische Erziehung skrupulös gewordene Frau, die sich trotz des Zuredens ihrer Brüder nicht zu einem klaren religiösen Bekenntnis entschließen konnte. Die Wittenberger Begegnung mit Luther mag dazu beigetragen haben, daß sie sich ein Jahr später zu seiner Auffassung des Glaubens bekannte. Ihr Sohn Ernst, der Luther im September predigen hörte, war ihr offenbar schon auf diesem Wege voraus. Er war in Wittenberg von Spalatin erzogen worden und hat später die Reformation in seinem Lande durchgeführt und das Augsburger Bekenntnis unterzeichnet[120]. Vom Wettinischen Hof selbst kamen Luthers treue Anhänger, Herzog Johann, der Bruder und Nachfolger Friedrichs des Weisen, und sein Sohn Johann Friedrich, ein paar Mal unter seine Kanzel[121]. Sehr früh schon war Herzog Bogislaw von Pommern in Wittenberg erschienen. Er benutzte

---

[117] H. Volz, Luther und sein Freundeskreis (s. Anm. 48), 8. Müntzer, 389.

[118] Nähere Daten bei G. Buchwald, Luther-Kalendarium, SVRG 147 (Leipzig 1929). Über die Predigten: ders., Luthers Predigten (s. o. S. 180, Anm. 2), 71 ff.

[119] H. Bornkamm, Luther und sein Landesherr Kurfürst Friedrich der Weise (1463–1525), in: ARG 64 (1973), 79 ff., wiederabgedr. in: ders., Luther. Gestalt und Wirkungen, 33 ff.

[120] Die Predigten vom 8. und 9. Juni und 14. Sept. 1524: WA 15; 622 ff. 633 ff. 683 ff. Luther schrieb über die Herzogin an den Prediger Gottschalk Crusius in Celle 30. Okt. 1524, WAB 3; 366,7 ff. Herzog Ernst besuchte Luthers Predigten noch oft, z. B. mit König Christian II. am 17. Apr. 1526 (s. Anm. 134) und im Feb. und Mai 1527. G. Buchwald, Luthers Predigten (s. o. S. 180, Anm. 2), 74. 76. Melanchthon hat später eine akademische Rede auf ihn verfaßt, die lange nach seinem Tode (er war 1546 kurz vor Luther gestorben) 1557 in Wittenberg vorgetragen wurde. CR 12, 230 ff. Über ihn: A. Wrede, Ernst der Bekenner, Herzog von Braunschweig und Lüneburg, SVRG 25 (Halle 1888).

[121] G. Buchwald, Luthers Predigten (s. o. S. 180, Anm. 2), 72 f. 26./28. Jan., 11./12. (21.?) Feb., 13./14. März (?) 1525, WA 17/1; 32 ff. 37 f. 52 ff.

seine Reise nach Worms im Februar 1521, um Luther zu hören, ebenso wieder seine Rast auf dem Wege zum Nürnberger Reichstag im Februar 1523 und auf dem Rückwege im Mai 1523[122]. Auch Herzog Heinrich von Mecklenburg war Ende 1525 einmal unter seinen Hörern: „der Friedfertige", wie man ihn schon zu Lebzeiten nannte, der lange unter der unveränderten Form der alten Kirche die evangelische Predigt zuließ und sich erst nach zehn Jahren 1533 öffentlich zur neuen Lehre bekannte[123]. Die Predigtstätte bei diesen fürstlichen Besuchen war für gewöhnlich die Schloßkirche[124], nicht um sie von der Gemeinde zu trennen; sie hatte selbstverständlich Zutritt dazu. Aber es war ein Zeichen der religionspolitischen Situation in Kursachsen, daß sie auf offiziellem Boden empfangen wurden und Luther hören konnten.

Neben solchen deutschen Landesfürsten kamen aber in diesen Jahren auch zwei ungewöhnliche politische Gestalten nach Wittenberg. Der eine war der Hochmeister des Deutschen Ordens, Albrecht von Hohenzollern. Er hatte schon im Juni 1523 einen Boten mit einem geheimen Schreiben an Luther geschickt, in dem er seinen Rat für eine Reorganisation des Ritterordens erbat. Am 29. November 1523 erschien er nun selbst bei ihm und erhielt von ihm den entscheidenden Anstoß für die Umwandlung des Ordenslandes in ein weltliches Staatswesen[125]. Albrecht kam aus Dänemark, wo er König Christian II. vergeblich wieder zu seinem in inneren Kämpfen verlorenen Thron zu helfen versucht hatte[126]. Sogar dieser war, seit einem halben Jahr landflüchtig und Bundesgenossen suchend, in jenen Wochen ein paar Mal in Wittenberg. Er hörte Luther am 6. Oktober 1523 in Schweinitz, wo er als Gast des Kurfürsten weilte, und am 10. Oktober in Wittenberg; hier wohnte er im Hause von Lukas Cranach[127]. Luther selbst setzte ihm am 6. November einen Bittbrief an Kurfürst Friedrich den Weisen auf, der in Luthers Handschrift abging und erhalten ist[128]. Am 8. März 1524 besuchte der König wieder den Wittenberger Gottesdienst, diesmal mit größerem Gefolge: der Königin, Herzog Franz von Braunschweig-Wolfenbüttel, dem Bischof von Minden und einem dänischen Bischof[129]. Luther hat das Bild dieses entthronten Königs, der 1531/2 noch einmal kurz nach Dänemark zurückkehren konnte, dann aber bis an sein Lebensende 1539 gefangengesetzt wurde,

[122] G. Buchwald, Luthers Predigten (s. o. S. 180, Anm. 2), 71. Brief an Spalatin 3. Feb. 1521, WAB 2; 260. Predigt 25. Feb. 1523, WA 11; 33,15. WA 12; 427 ff. Predigt 3. Mai 1523, WA 11; 104,22. WA 12; 540 ff.

[123] 19. Nov. 1525. Predigt WA 17/1; 469,7. G. Buchwald. Luthers Predigten (s. o. S. 180, Anm. 2), 74. H. Schnell, Heinrich V., der Friedfertige, Herzog von Mecklenburg, 1503–1552, SVRG 72 (Halle 1902).

[124] G. Buchwald, Luthers Predigten (s. o. S. 180, Anm. 2), 71 ff.

[125] Näheres s. u. S. 287 f.

[126] G. Ritter, Die Neugestaltung Europas im 16. Jahrhundert (Berlin 1950), 152 ff.

[127] Dazu s. o. S. 233.

[128] WAB 3; 186 ff., dort Anm. 1 Zusammenstellung der Daten für 1523.

[129] Predigt vom 8. März 1524: WA 15; 466 ff.

immer als ein großes Beispiel für das Wort des Magnificat angesehen: „Er stößt die Gewaltigen vom Stuhl" (Luk. 1,52); oder, wie er gern sagte: „Gott achtet die Könige, wie ein Kartenspiel die Kinder achten. Weil (so lange) sie spielen, haben sie sie in ihren Händen, darnach werfen's in einen Winkel, unter die Bank oder ins Kehricht. Also tut Gott auch mit den Potentaten. Weil sie im Regiment sind, hält er sie für gut, aber so bald sie es übermachen (zu weit treiben), stößt er sie vom Stuhl und läßt sie da liegen wie den König von Dänemark."[130] Justus Jonas erzählte, er habe die Königin, eine Schwester Kaiser Karls V., laut weinend aus Wittenberg heimfahren sehen[131]. Luther hat später wohl kaum das Schuldregister völlig übersehen, mit dem Christian II. „es übermacht" hatte. Er war in seinen verschiedenen Kämpfen um die Macht nicht wählerisch mit religiösen Devisen. Als Ketzergericht hatte er das Stockholmer Blutbad 1521 durchgeführt, das ihm durch den Wasa-Aufstand den Besitz Schwedens kostete. Im Kampf gegen Bischöfe und Adel verlor er 1523 sein eigenes Land. Dann reihte er sich, bestärkt durch den Besuch in Wittenberg, unter die Lutheraner ein. Um seines Schwagers, des Kaisers, Hilfe zu gewinnen, erneuerte er die abgebrochene Brücke zur römischen Kirche und setzte bei der kurzfristigen Rückkehr in sein Land wieder auf die evangelische Karte. Auch wenn Luther davon nicht in allem unterrichtet gewesen sein wird, so war doch auch das persönliche Bild, das er von ihm hatte, zwiespältig. Er war schon früh davon unterrichtet worden, daß der König im Kampf gegen die päpstliche Verurteilungsbulle auf seine Seite getreten war. Er hatte durch ein Mandat der Universität Kopenhagen verboten, gegen Luther zu polemisieren[132]. In seinem Bemühen um die Reform der dänischen Kirche hatte er sogar zwei junge Wittenberger Theologen ins Land geholt und wollte, als er mit ihnen schlechte Erfahrungen machte, Luther oder Karlstadt gewinnen. Da Luther nach dem Wormser Reichstag unerreichbar war, berief er Karlstadt. Aber dieser kehrte schon nach einem Monat im Juni 1521 nach Wittenberg zurück, wahrscheinlich weil er von Christian, der aus Rücksicht auf den Kaiser politisch taktierte, nicht die erwartete Freiheit erhielt[133]. Luther lernte den König als interessierten Predigthörer kennen. Vor allem aber rührte ihn ein bewegender und doch wohl nicht unaufrichtiger Brief, mit dem ihm der König im Januar 1526 den Tod seiner Gemahlin anzeigte. Sie war mit entschiedenem Bekenntnis zu ihrem Glauben gegenüber allen Bekehrungsversuchen und nach evangelischem Sakramentsempfang gestorben. Der arme Mann, so schrieb Luther an Spalatin, verlasse sich in wunderbarer Weise allein auf Christus. Vielleicht wolle Gott einen König und eine Königin als Wildbret in den Himmel holen, „und zwar gerade den Kö-

---

[130] WATR 2; Nr. 1810; 222,4 ff. Nr. 1762; 209,1 ff. WATR 3; Nr. 3470b; 340,3 ff. WATR 5; Nr. 6137; 507,27 ff.
[131] WATR 3; Nr. 3470b; 340,8 f.
[132] Luther an Spalatin 7. März 1521, WAB 2; 283,15 ff.
[133] Barge, Karlstadt, Bd. 1, 255 ff.

nig, bei dem es menschlicher Sinn am wenigsten gehofft hätte"[134]. Er dachte dabei wohl vor allem an sein unzüchtiges Leben, das ihm, wie er später einmal sagte, schwer geschadet und zu seinem Sturz beigetragen habe[135]. Wenige Monate darauf, am 3. und 17. April 1526, besuchte Christian II. wieder Luthers Gottesdienst in der Schloßkirche[136]. Das Geschick des Dänenkönigs, das sich nach verheißungsvollen Anfängen zum sichtbaren Gericht Gottes wandte, war das einzige Stück großer europäischer Geschichte, das Luther in Wittenberg unmittelbar berührte.

Flüchtig war dagegen eine Verbindung nach Savoyen, die durch den seit dem Frühjahr 1523 in Wittenberg studierenden Ritter Anémond de Coct angeknüpft wurde. Er hat das Motiv vieler, die von weither kamen, und den Gewinn seiner Reise später so ausgesprochen: „Ich bin aus keinem anderen Grunde aus Frankreich nach Deutschland gekommen, als um die von Angesicht kennenzulernen, die ihr Ruf mir schon eng bekannt gemacht hatte. Er trug mir zu, wie rein und echt sie Christus, der seit langen Jahren unbekannt war, wieder ans Licht gebracht hätten. Ich bin nicht umsonst ausgezogen, denn abgesehen davon, daß ich sie gesehen und gehört und in ihre Freundschaft eingeschlossen worden bin, habe ich, wie mir scheint, auch anderen nützen können. Zuerst bin ich nämlich zu Luther gegangen, und nachdem wir vertrauter miteinander geworden waren, habe ich mit ihm über den Zustand der Christenheit gesprochen."[137] Er rühmte dabei den Herzog Karl III. von Savoyen, von dem auch Luther Gutes gehört hatte. Als Anémond am 8. September 1523 Wittenberg wieder verließ und zusammen mit Schurff nach Basel reiste, gab Luther ihm einen Brief an den Herzog mit, in dem er die Hauptpunkte evangelischer Lehre kurz zusammenfaßte. Die Rechtfertigung sola fide, nicht aus Werken, wie auch die fides per caritatem efficax werden in meisterhafter Knappheit definiert. Von da aus wird zugleich das ganze römische System scharf angegriffen: die angemaßte Gerichtsbarkeit über die Seelen, während Päpste und Priester doch nur das Amt der Verkündigung haben; das auf Verdienste abzielende Mönchtum, die Verkürzung der Eucharistie um den Laienkelch und die Verkehrung der Messe aus dem Angebot der Verheißung durch Wort und Zeichen in ein Opferwerk. Auch das obrigkeitliche Amt wird berührt, das den Christen in Freiheit anvertraut ist, nicht als Verfügungsgewalt über die Seelen, sondern als notwendiger Dienst, um den Bösen zu wehren und Frieden zu wahren[138]. Die wichtigsten Er-

---

[134] Christian an Luther 28. Jan. 1526, WAB 4; 23 ff. Luther 27. März 1526 an Spalatin, ebd. 41,8 ff. Korrekturen zum Text WAB 13; 82. Christian besuchte Luthers Predigt wieder am 3. und (zusammen mit Herzog Ernst von Lüneburg) am 17. Apr. 1526. G. Buchwald, Luthers Predigten (s. o. S. 180, Anm. 2), 74. 76.

[135] WATR 4; 4343 (Feb. 1539).

[136] WA 20; 209, 6. 16. Rörers Nachschrift der Predigten ebd. 348 ff. 371 ff.

[137] Vorwort Anémonds zum Druck des in Anm. 2 genannten Briefes Luthers. WAB 3; 148.

[138] Ebd. 150–153.

kenntnisse, die Luther in den Schriften von 1520 bis zur Obrigkeitsschrift von 1523 ausgesprochen hatte, sind in dem Bekenntnisbrief zu greifen. Freilich, Luther – nicht anders als de Coct – hoffte zu viel, wenn er dem Herzog gegenüber den Wunsch aussprach, daß der in ihm glühende Funke einmal vom Hause Savoyen aus ganz Frankreich entzünden möge, so daß es doch einst den Namen des „allerchristlichsten Königreichs" zu Recht tragen werde[139]. Karl III., wie Christian von Dänemark ein Schwager des Kaisers und auf ein gutes Verhältnis zu ihm angewiesen, war ein verschlagener Politiker, der in seinem erbitterten Ringen um den Besitz von Genf sich nach Belieben auch der Bischöfe bediente oder sie bekämpfte. Er hatte sogar einen illegitimen und sittenlosen Sproß seines Hauses in das Bischofsamt eingesetzt, um Genf durch ihn zu regieren[140]. So ist es kein Wunder, daß Luthers Anruf an ihn ohne Echo blieb. Der Brief hat zwar sein Ziel erreicht; er traf aber in eine ganz andere Situation, als sie ihm geschildert worden war. Der Genfer Kanonikus Philibert von Lucinges schrieb am 20. Januar 1524 aus Genf an Erasmus: „Der Fürst befolgt wenig von dem, was Luther geschrieben hat. Luther mahnte nämlich, er solle die Seinen zum wahren Glauben durch gute Werke und durch die evangelische Lehre führen, frei von Heuchelei und Schleicherei, die hier in voller Blüte stehen. Ich schätze Deutschland glücklich, daß es von so viel Irrtümern und Blendwerk befreit und größtenteils zum apostolischen Leben zurückgeführt worden ist. Möchte der gütige, erhabene Christus bewirken, daß auch unser Frankreich einen Funken dieses wahren Lichtes empfange!"[141] Das war der Geist, aus dem auch de Coct gehandelt hatte. Der einzige Gewinn aus den gutgemeinten Bemühungen war der Druck des Briefes. Mit einem Vorwort vom 24. Januar 1524 veröffentlichte de Coct ihn und fügte ein Schreiben Zwinglis hinzu, in dem dieser den Prediger Pierre de Sebéville in Grenoble aufrief, in der Rüstung Christi den Franzosen „mit Trompetenton das Evangelium Christi zu verkündigen, auch wenn jung und alt es nicht hören wollen". Ein Jahr später, im Februar 1525, wurde Sebéville wegen Übertretung des Predigtverbots verbrannt[142]. Der junge französische Adlige de Coct war ein überaus anziehender Mann: „Gebildet und fromm und wunderbar entbrannt für das Evangelium, um dessentwillen er aus Frankreich hierher gekommen ist", so hatte Luther seinen ersten Eindruck ausgesprochen[143]. Er hatte Freunde in der Schweiz und in Frankreich, mit denen er die reformatorische Sache zu fördern suchte. Selbst Konrad Grebel,

---

[139] Ebd. 153. 135ff.

[140] F. W. Kampschulte, Johann Calvin. Seine Kirche und sein Staat in Genf, Bd. 1 (Leipzig 1869), 32ff.

[141] Allen 5; 388,28ff. WAB 3; 148.

[142] Brief Zwinglis: Zwingli, Sämtl. Werke, Bd. 8, 142ff. Dort und WAB 3; 72, Anm. 1 sind die Daten über de Coct zusammengestellt, meist nach Herminjard, Correspondance (s. Anm. 108), 301ff. Vgl. auch N. Weiß, Etudes historiques. Les débutes de la réforme en France, d'après quelques documents inédits, in: BSPHF 70 (1921), 197ff.

[143] An Spalatin 22. Mai (?) 1523, WAB 3; 71,3f.

der Zürcher Patriziersohn, suchte sein Interesse für den Kampf gegen die Kindertaufe damit zu erwecken, daß er die stärkste Waffe gegen das Papsttum sei. Er wurde aber scharf von de Coct zurückgewiesen, als er zwischen diesem und Zwingli Feindschaft zu säen versuchte[144]. Die Freundschaft mit den Schweizern hat in dem Vorgeplänkel des Abendmahlsstreits seinem Verhältnis zu Luther eine Wendung gegeben. Zusammen mit Oekolampad und Pellikan schrieb er um die Jahreswende 1524/25 aus Basel, sie stimmten der Lehre Karlstadts zu, und er selbst werde, wenn Luther seine Meinung nicht ändere, gegen ihn schreiben. Luther war schmerzlich von dieser Fehdeansage getroffen. ,,Da sieht man die Zauberkünste des Satans!'', schrieb er an Spalatin[145]. Zu einer literarischen Äußerung de Cocts kam es nicht mehr, er starb im März 1525.

Nimmt man zu diesen persönlichen Begegnungen die Verbindungen hinzu, die sich für Luther zu den ersten reformatorischen Bewegungen in deutschen Territorien und zu ihren Landesherren, zu den niederländischen Augustinern und den böhmischen Brüdern ergaben[146], so sieht man, wie viele Fäden schon in den ersten Jahren nach seiner Rückkehr von der Wartburg in Wittenberg zusammenliefen. Es fehlte auch nicht an Neugierbesuchern. Einer von ihnen hat die Situation, in der er Luther antraf, und den Eindruck, den er von ihm erhielt, geschildert: Johannes Dantiscus, der Gesandte des polnischen Königs am Hofe Karls V., der auf der Rückkehr von seinem dreijährigen Aufenthalt in Spanien sich die Gelegenheit nicht entgehen ließ, Luther kennenzulernen. Aus der Beobachtung des versierten Diplomaten und mit der ironischen Stilkunst des humanistischen poeta laureatus ist ein lebendiges Bild der Szene in Luthers Hause entstanden, wie wir es sonst kaum besitzen. Nach einem Bericht über diplomatische Geschäfte schreibt Dantiscus an den Bischof von Posen, den Kanzler des Königreichs Polen:

,,Über Köln gelangte ich nach Leipzig, nicht ohne Gefahren wegen der vielen Wegelagerer, die hier allenthalben ihr Wesen trieben, aber doch unversehrt. Als ich nun vernahm, daß der durchlauchtigste Herzog, Herr Georg von Sachsen, nach Nürnberg gereist sei, wollte ich doch – vielleicht aus übergroßer Neugier – nicht an Luther vorbeigehen, da Wittenberg so nahe war. Ich konnte aber nicht ohne Schwierigkeit dahingelangen. Die Flüsse, besonders die Elbe, die bei Wittenberg vorbeifließt, waren so angeschwollen, daß in den Niederungen fast alle Saaten überschwemmt waren. Unterwegs hörte ich von den Bauern viele harte Schmähungen und Vorwürfe gegen Luther und seine Mitschuldigen. Denn man glaubte, weil während der Fastenzeit die meisten Fleisch gegessen hatten, deshalb verwüste Gott das ganze Land. Ich ließ daher meine Pferde am Ufer zurück und setzte auf einem Kahn nach Wit-

---

[144] Quellen zur Geschichte der Täufer in der Schweiz, hg. v. L. v. Muralt u. W. Schmid, Bd. 1 (Zürich 1952), 122 f. 72. H. S. Bender, Conrad Grebel, 1498–1526 (Goshen/Ind. 1950), 141 f.
[145] 13. jan. 1525, WAB 3; 422,9 ff. Vgl. dazu u. S. 449.
[146] Dazu s. o. S. 90 ff. 97 ff. 100 ff.

tenberg über. Und nun möchte ich, daß mir Zeit in Fülle gegeben würde, denn sonst kann ich nicht alles schreiben, was dort vorgeht. Ich fand dort einige junge Männer, im Hebräischen, Griechischen und Lateinischen hochgelehrt, vornehmlich Philipp Melanchthon, der für den ersten von allen in der gründlichen Kenntnis der Schriften und der Lehre gehalten wird, ein junger Mann von 26 Jahren und mir gegenüber während der drei Tage, die ich dort zubrachte, von herzlichstem und gewinnendstem Wesen. Durch seine Vermittlung habe ich Luther den Grund meiner Reise folgendermaßen auseinandergesetzt: Wer in Rom den Papst und in Wittenberg den Luther nicht gesehen hat, der hat, so glaube man, überhaupt nichts gesehen. Deswegen hätte ich den Wunsch, ihn zu sehen und zu sprechen, und damit bei der Zusammenkunft kein Argwohn obwalte, so versichere ich, daß ich an ihn weiter kein Anliegen habe als ihm einen Gruß und ein Lebewohl zu entbieten. Es hat nämlich nicht leicht jeder beliebige Besucher Zutritt zu ihm; mich nahm er jedoch ohne Schwierigkeiten an. So kam ich denn mit Melanchthon zu ihm gegen Ende des Abendessens, zu dem er einige Brüder seines Ordens zugezogen hatte, die in Kutten von weißer Farbe, jedoch nach vorgeschriebenem Schnitt, gekleidet[147] und daher als Brüder kenntlich waren, in der Haartracht aber sich von Bauern nicht unterschieden. Luther stand auf, reichte mir etwas verlegen die Hand und hieß mich niedersitzen. Wir setzten uns und haben uns fast vier Stunden lang bis in die Nacht hinein über die verschiedensten Dinge auf mancherlei Weise unterhalten. Ich fand den Mann gescheit, gelehrt und beredt. Aber abgesehen von Schimpfreden, Anmaßlichkeiten und bissigen Bemerkungen gegen den Papst, den Kaiser und einige andere Fürsten brachte er nichts vor. Luthers Gesicht ist wie seine Bücher; seine Augen sind durchdringend und beinahe unheimlich funkelnd, wie man es bisweilen bei Besessenen sieht. Der König von Dänemark hat ganz ähnliche, und ich kann daher nicht anders glauben, als daß beide unter der gleichen Konstellation geboren sind. Seine Redeweise ist heftig, voll Spott und Stichelei. Er kleidet sich so, daß man ihn von einem Hofmanne nicht unterscheiden kann; wenn er jedoch das Haus, in dem er wohnt – es war früher das Kloster – verläßt, so trägt er, sagt man, die Kutte seines Ordens. Als wir nun mit ihm beisammensaßen, haben wir uns nicht bloß unterhalten, sondern auch in heiterer Laune Wein und Bier getrunken, wie es dort Sitte ist. Er scheint in jeder Hinsicht „ein guter Geselle" zu sein, wie man im Deutschen sagt. In der Heiligkeit seiner Lebensführung, die bei uns vielfach an ihm gerühmt wurde, unterscheidet er sich in nichts von uns andern. Leicht erkennt man an ihm den Stolz und den großen Hochmut; im Schimpfen, Widersprechen und Spotten ist er offenbar ganz ungehemmt. Wie er im übrigen ist, davon geben seine Bücher ein deutliches Bild. Man sagt, er sei sehr belesen und schreibe viel. Die-

---

[147] Häusliche Tracht der Augustiner-Eremiten; öffentlich trugen sie die schwarze Kutte, LThK Bd. 1 (1957), 1084.

ser Tage übersetzt er die Bücher Mosis aus dem Hebräischen ins Lateinische[148], wobei er sehr viel den Melanchthon zur Hilfe heranzieht. Dieser Jüngling gefällt mir unter allen Gelehrten Deutschlands am meisten. Mit Luther stimmt er durchaus nicht in allem überein."[149]

Luther ist hier mit den prüfenden Augen eines interessierten Gegners gesehen. Seine Art, gerade einem solchen mit heiterer Herausforderung zu begegnen, spiegelt sich in dem Brief höchst anschaulich. Das Zusammentreffen hatte ein spätes Nachspiel. Nach dem Tode Luthers schickte Herzog Albrecht von Preußen die Berichte, die er darüber bekommen hatte, und Melanchthons Gedächtnisrede an Dantiscus. Er pflegte mit ihm, seit Dantiscus Bischof des Ermlands geworden war, freundliche Nachbarschaft und meinte, daß einen christlichen Prälaten wie ihn diese Zeugnisse göttlicher Gnade und christlichen Sterbens erfreuen müßten. Dantiscus antwortete am 7. April 1546, daß er sich gern des Besuchs bei Luther und den anderen Wittenbergern erinnere, von denen er „ganz (sehr) freundlich und ehrlich (mit Ehren) getraktiert und gehalten" worden sei. Und er wünschte, daß Luther neben anderer Lehre auch die der Liebe und Einigkeit im Widerstand gegenüber den Türken und anderen Feinden der Christenheit hinterlassen habe, wozu Gott „unangesehen unser Zwiespalt und mancherlei Missetat wollt verhelfen und eim jeden, der Jesum Christum unsern Heiland und Erlöser erkennt, in der letzten Stunde, wie E(uer) f(ürstliche) D(urchlaucht) auch bitten, ein christlich Ende zu ewiger Seligkeit wollt geben, Amen"[150].

---

[148] Vgl. WA 14; 494 f.
[149] Lat. Text des Briefes mit der späteren Überschrift: Iudicium meum de Lutero 1523 veröffentlicht von Franz Hipler, Nikolaus Kopernikus (s. Anm. 17). Ich folge der Übersetzung bei Kaulfuß-Diesch, Buch der Reformation (s. o. S. 66, Anm. 41), 305 ff. mit Verbesserungen nach dem Originaltext und Hiplers Übersetzung. Zu dem Urteil über Melanchthon s. Anm. 71.
[150] Der Briefwechsel bei Hipler, Nikolaus Kopernikus.

XI. Reformation und Reichspolitik

Den Gefahren, die ihm von der Politik des Kaisers drohten, war Luther dadurch entgangen, daß Kurfürst Friedrich der Weise ihn unter seinen Schutz genommen und nach seiner eigenmächtigen Rückkehr in Wittenberg hatte gewähren lassen. Trotzdem war es erstaunlich, daß die reformatorische Bewegung das Jahr der Führerlosigkeit und der Radikalisierung überstand, ohne in einer Katastrophe zu enden. Das lag nicht allein daran, daß Luthers großer Gegner Karl V. ebenfalls die deutsche Bühne verlassen hatte, um mit Frankreich, seinem Rivalen im Ringen um die Hegemonie in Europa, abzurechnen. Sondern auch die innere Entwicklung im Reich eröffnete der Reformation im gefährlichsten Augenblick neue Türen. ,,Es ist ein großartiges Zusammentreffen, daß eben in dem Momente, wo sich diese gewaltigste nationale Regung (die Reformation) erhob, jene ständische Regierungsform, die das Ziel so anhaltender und mannigfacher Bestrebungen gewesen, wirklich ins Leben trat.‘‘[1] Im Herbst 1521 war das Reichsregiment in Nürnberg, das einst Kaiser Maximilian mühsam abgerungen worden und schon nach zwei Jahren 1502 wieder an seiner Schwäche eingegangen war, endlich von neuem errichtet worden, wie Karl V. bei seiner Wahl hatte versprechen müssen. Die bloße Existenz dieser obersten Reichsbehörde, bei der während der Abwesenheit des Kaisers die Regierungsgewalt lag, bot neue Möglichkeiten für die Beratung über das Religionsproblem; ihre keineswegs behobenen Schwächen verhinderten zugleich, daß allzu scharfe Konsequenzen daraus gezogen wurden. Die Frage der Verfolgung der reformatorischen Bewegung konnte hier beinahe so unbefangen auf ihr Recht und ihre Opportunität diskutiert werden, als gäbe es kein Wormser Edikt. Und Luther konnte von seinen Anhängern im Reichsregiment verteidigt werden, als sei er weder geächtet noch gebannt. Da im Reichsregiment neben den Kurfürsten und anderen Reichsständen auch die neu gebildeten sechs Reichskreise vertreten waren, spiegelten sich in ihm die Spannungen innerhalb des Reiches getreu wider. Einseitige Beschlüsse verboten sich dadurch von selbst.

So stand das politische Ringen um die Reformation, das durch den Reichstag von Worms beendet schien, vor einem neuen, und zwar legalen Anfang, um so mehr als manchen die Rechtmäßigkeit des Wormser Edikts durchaus zweifelhaft war[2]. Dabei zeigten sich neue Konturen. War es bis Worms schwer gewesen, Luther vor dem Vorwurf zu bewahren, daß er wie kein an-

---

[1] v. Ranke, Deutsche Geschichte (s. o. S. 48, Anm. 106), Bd. 2, 19.
[2] v. Schubert, Lazarus Sprengler (s. o. S. 96, Anm. 34), 322 f.

derer die allgemeine Unruhe entfacht habe, so hatte er sich jetzt nach der
Bändigung der Wittenberger Stürmer, mit denen Stadt, Universität und Kurfürst nicht zu Rande kamen, als der einzige erwiesen, der die Bewegung in
geordneten Bahnen halten konnte. Durch seine innere Autorität, die keinerlei kirchlicher Leitungsgewalt entsprang, war er eine politische Macht geworden. Friedrichs des Weisen kluger und beherzter Vertreter beim Reichsregiment, Hans von der Planitz, operierte höchst geschickt mit diesem neuen
Ruhm, den Luther sich erworben hatte, und der gar nicht mehr in das bisherige Konzept paßte. Er fing damit auch die gefährlichen Angriffe Herzog
Georgs auf, der noch immer mit den Erinnerungen an die Hussitenzeit vor
Luther warnte. Ohne ihn, so meinte Planitz, werde es viel schlimmer kommen; der Aufruhr sei dann nicht mehr aufzuhalten. Und die Angst davor saß
den meisten Ständen im Nacken. Nur „die Bischof haben keinen Glauben an
den Bundschuh oder Aufruhr", berichtete Planitz: „Ich besorge, . . . sie
werden es wohl noch gewahr."[3] Sie wurden später als erste vom Bauernaufstand betroffen.

Die unerwartet starke Stellung, die Luthers Sache durch den ihm seit der
Leipziger Disputation treu verbundenen Planitz und im Sommer 1522 auch
durch seinen turnusgemäß präsidierenden Landesherrn selbst im Reichsregiment gewonnen hatte, wirkte sich auch auf die nächsten Reichstage aus. Sie
tagten im gleichen Rathause, waren personell aufs engste verflochten; was im
Reichstag zu behandeln war, wurde im Regiment vorberaten. Das wurde von
schicksalhafter Bedeutung, als auf dem zweiten Nürnberger Reichstag im
Winter 1522/23 ein neuer Papst mit neuen und besseren Gründen die Durchführung des Wormser Edikts forderte. Im Januar 1522 hatte der Niederländer Hadrian VI. den päpstlichen Thron bestiegen: ein Mann von theologischer Bildung und asketischer Strenge, langjähriger Erzieher, Ratgeber und
Statthalter Karls V. in Spanien, während dieser 1520/21 im Reich weilte. Mit
jeder seiner Lebensgewohnheiten war er das Gegenteil seines Vorgängers,
Leos X., und ein stiller Protest gegen das übliche Leben an der Kurie. Er war
davon durchdrungen, daß die lutherische Revolution nicht unverschuldet,
sondern als ein Gericht über die verwahrloste Kirche gekommen war. Wollte
man sie eindämmen, dann nur so, daß man das ehrlich bekannte und ihr
durch das Bemühen um eine wahre Erneuerung der Kirche den Wind aus den
Segeln nahm. So allein konnte er vom Reich fordern, der illegitimen Reform
ein Ende zu machen. Das war das Programm, mit dem er den ihm gleichgesinnten Legaten Chieregati auf den Reichstag schickte. Beide hatten offenbar
von den Verhältnissen in Deutschland keine klaren Vorstellungen. Der Papst
glaubte, mit seinem Schuldbekenntnis und seinen Reformversprechungen ein
um so schärferes Maß von Unterdrückung der Lutherbewegung erreichen zu

---

[3] Wülcker/Virck, Berichte Planitz, 323,12ff. Die Berichte geben ein überaus fesselndes Bild
von den Vorgängen im Reichsregiment und auf dem Reichstag. Dazu (mit besonderem Blick auf
die Nürnberger Reformation) v. Schubert, Lazarus Spengler (s. o. S. 96, Anm. 34), 312ff.

können. Damit hatte er als Großinquisitor in Spanien Erfolge gehabt. In Deutschland dagegen mußte es in weiten, nicht nur lutherischen Kreisen der Reichsstände erschreckend wirken, daß er sie aufforderte, dem „neuen Mohammed", wenn andere Mittel nicht hülfen, das Ende des Johannes Huß und des Hieronymus von Prag zu bereiten. Einen ähnlichen Geist atmeten die zahlreichen Breven, die Chieregati Ende November 1522 aus Rom nachgesandt wurden, um Gutwillige wie Erzherzog Ferdinand zu beloben und Böswillige oder Unentschiedene zu verwarnen. Erst am 3. Januar 1523 gab Chieregati den Teil seiner Instruktion bekannt, der das Eingeständnis der Sünden der Kirche enthielt[4]. Die umgekehrte Reihenfolge wäre für Deutschland richtiger gewesen. So war durch die vorausgehenden, im gewohnten kurialen Stil gehaltenen Drohungen dem päpstlichen Bußbekenntnis viel an Wirkung genommen; vollends als Chieregati die Torheit beging, sofort danach für Nürnberg selbst die Durchführung des Wormser Edikts zu verlangen. Die vier wichtigsten lutherisch gesinnten Prediger und der Prior des Augustinerklosters sollten gefangen gesetzt werden[5].

Da auch die meisten altgläubigen Stände solche Scharfmacherei scheuten, fiel es schließlich den lutherfreundlichen Mitgliedern im Reichstagsausschuß nicht allzu schwer, eine höfliche Ablehnung der Anträge des Legaten durchzusetzen. Eine Verfolgung der Volksbewegung, die allein aus den Mißständen in der Kirche entstanden sei, werde den Eindruck erwecken, daß man diese aufrechterhalten und die „evangelische Wahrheit" unterdrücken wolle; das Ende könne nur Revolution und Bürgerkrieg sein. Es gebe keinen anderen Weg als den, welchen der Papst selbst so löblich versprochen habe: wirkliche Reformen – übrigens auch aufgrund der in Worms von weltlichen Reichsständen vorgebrachten Gravamina, an die bereits die Städte im Gegenzug gegen die Einschärfung des Wormser Edikts erinnert hatten[6]. Das Beste wäre, binnen Jahresfrist ein „freies christliches Konzil" in eine deutsche Stadt einzuberufen, auf dem Geistliche und Laien ohne jede Bindung über alles beraten könnten, was die Ehre Gottes, das Seelenheil und die Christenheit anlange. In der Zwischenzeit sollten Luther und die Seinen veranlaßt werden, nichts zu schreiben, die Prediger sollten nichts Aufrührerisches oder in Irrungen Führendes predigen, „sonder allein das heilig Evangelium nach bewährten Schriften und Auslegung der vier Lehrer, nämlichen Hieronimi, Augustini, Gregorii und Ambrosii, bis auf weitere Deklaration und Erkenntnus des zukunftigen Concilii zu predigen und zu lehren, und was disputierlicher Sachen wären, die dem gemeinen Mann unverständig, auch unnot zu wissen seind, dieselbigen nit zu predigen oder zu lehren, sonder in obge-

---

[4] Die wichtigsten Aktenstücke dieser Verhandlungen erschienen bereits 1523 im Druck. RTA 3; 391 f. Bei ihrer Stellungnahme zur Konzilsfrage 1537 griffen die evangelischen Stände darauf zurück, Luther gab sie 1538 nochmals heraus. WA 50; 352 ff.

[5] v. Schubert, Lazarus Spengler (s. o. S. 96, Anm. 34), 378 ff.

[6] Ebd. 384 f. RTA 3; 493. Wülcker/Virck, Berichte Planitz, 322 ff.

melten christlichen Concilium entschieden werden mogen"[7]. Diese der Reformation so weit entgegenkommenden Formulierungen waren nicht Planitz zu verdanken, der nicht im Ausschuß saß, sondern den lutherisch gesinnten Vertretern des Kardinals Albrecht, Hans von Schwarzenberg und Dr. Zoch, und des Bischofs von Würzburg, Sebastian von Rotenhan. Der Führende unter ihnen war Schwarzenberg, eine mächtige Gestalt und Natur, hoch angesehen als Schöpfer der Bambergischen Halsgerichtsordnung von 1507, der Vorläuferin des bedeutsamen Strafgesetzbuches Karls V. von 1532. Eine höchst persönlich erlebte Art von Frömmigkeit, die sich schon früh in religiösen Schriften aussprach, hatte ihn an Luthers Seite geführt. Ende 1524 holte er in einem kühnen Unternehmen – es stand Todesstrafe darauf – seine Tochter, die Priorin eines Bamberger Klosters, in die Freiheit und berichtete darüber an Luther, der ihn herzlich beglückwünschte[8]. Es gelang freilich auch den geschickten Räten nicht, gewisse Änderungen, auf die Luther später den Finger legte[9], auf dem Wege bis zur endgültigen Antwort an den Legaten zu verhindern. Aber der Tenor und Sinn des Ganzen, der darauf hinauslief, das Wormser Edikt als undurchführbar zu erklären[10], blieb erhalten.

Luther war von den politischen Verhandlungen um ihn und seine Sache wenig berührt. Der Briefwechsel, soweit er uns erhalten ist, zeigt keine Spur von Sorge oder auch nur Interesse an dem, was sich in Nürnberg abspielte. Was im Reichsregiment geschah, wird er ohnehin nur zum Teil erfahren haben. Für ihn hatte die politische Gegnerschaft zunächst einmal eine persönliche Gestalt: Herzog Georg von Sachsen, mit dem er sich um so lieber raufte, je mehr dieser drohte. In einem nicht für den Druck bestimmten Brief an Hartmut von Kronberg (1522) hatte er der Macht des auferstandenen Christus drastisch die hoch aufgetriebene „Wasserblase Jörg von Sachsen" gegenübergestellt, der Christum fressen wolle „wie der Wolf ein Mucken; läßt sich auch dünken, er hab ihm schon nicht ein kleine Schramme in den linken Sporen gebissen"[11]. Kronberg hatte den Brief ohne Luthers Wissen mit seiner Antwort veröffentlicht; im Jahr 1522 erschienen noch drei Drucke. Der empörte Herzog fragte Luther am 30. Dezember 1522 formell wie bei einem Ehrenhandel, ob Luther „geständig" sei, das geschrieben zu haben, und er-

---

[7] RTA 3; 421,19 ff. 24 ff. 424,23 ff. 426,4 ff.

[8] W. Scheel, Schwarzenberg (s. o. S. 107, Anm. 13). E. Wolf, Große Rechtsdenker der deutschen Geistesgeschichte, 3. Aufl. (Tübingen 1951), 97 ff. – Luthers Brief vom 21. Dez. 1524, WAB 3; 407. Planitz rühmte die treffliche Zusammenarbeit mit ihm, Stellen bei K. Hofmann, Die Konzilsfrage auf den deutschen Reichstagen von 1521 bis 1524 (theol. Diss. Heidelberg 1932), 50 ff.

[9] S. u. S. 269.

[10] RTA 3; 438,12 ff.

[11] WA 10/2; 55,22 ff. Clemen, WAB 2; 484 f., nimmt mit Recht gegen WA 10/2; 45 an, daß in Luthers handschriftlichem Brief und wohl auch dem ersten Druck aus Straßburg der Name des Herzogs stand. Von dem Wittenberger Nachdrucker wurde er aus naheliegenden Gründen durch N. ersetzt.

hielt postwendend von ihm unter dem 3. Januar 1523 eine Antwort, die nichts zurücknahm, sondern neue Bekundungen seiner Mißachtung daraufsetzte. „Aufhören zu toben und zu wüten wider Gott und seinen Christ anstatt meines Diensts zuvor! Ungnädiger Fürst und Herr!" lautete die Anrede, „Martinus Luther von Gottes Gnaden Evangelist zu Wittenberg" die fürstengleiche Unterschrift. Die Titulatur E. f. g. war liebevoll ein dutzendmal in dem kurzen Briefe in E. f. v. (Euer fürstliche Ungnaden) verwandelt. Die Frage, ob er „geständig" sei, ironisierte er: Es sei ihm gleichgültig, ob das, was er geschrieben habe, „für gestanden, gelegen, gesessen oder gelaufen" angenommen werde. Was er geschrieben habe, halte er aufrecht; zum Zeichen dafür wiederholte er noch einmal das Wort, das den Herzog so beleidigt hatte: „Ich werde mich darumb fur keiner Wasserblasen zu Tod fürchten." Er habe sich mehr als Georg über „Injurien Seele, Ehre und guten Leumund betreffend" zu beklagen. Er sei ihm nicht feindlich gesinnt und bete wie bisher auch weiter für ihn; wenn er nur endlich davon abstehen wollte, die christliche Wahrheit zu lästern und zu verfolgen[12]! Der helle Zorn über die Unterdrückung der Evangelischen im Herzogtum Sachsen und das Vergnügen daran, dem Herzog seine Furchtlosigkeit zu zeigen, hatten ihm die Feder geführt, aber auch ein sicheres Gefühl dafür, daß der Herzog sich mit dieser Beschwerde selbst lächerlich machte. Georg erreichte denn auch mit seinen sofortigen Vorstellungen weder etwas beim Kurfürsten, der ihm kühl antwortete, da er „mit besonder Gnad und Verstandnus von Gott begabt" sei und gute Ratgeber habe, werde er sich wohl selbst zu helfen wissen[13], noch beim Reichsregiment. Zwar war es dort zunächst so wie immer bei diesem Thema: „Alsbald der Luther oder etwas, was ihn betraf, auf die Bahn kam, so war Feuer in allen Gassen." Aber schließlich verwies man den Herzog nur wieder an den Kurfürsten, bei dem er ohne Zweifel „ein getreues vetterliches Mitleiden" finden werde[14].

Auch als Graf Albrecht von Mansfeld sich ins Mittel legte und in einem Gespräch vom 24. Februar 1523 in Wittenberg von Luther eine Entschuldigung zu erlangen suchte, bekam er von ihm nur zu hören: Er habe sich gegenüber Kronberg so geäußert, weil der Herzog seine Lehre und Schriften unterdrükke, und er sei bereit, sich aller Untertänigkeit gegen ihn zu befleißigen, „so

---

[12] WAB 3; 4f.
[13] 21. Jan. 1523. Geß, Akten, Bd. 1, 444,12ff. Georg insistierte noch mehrfach beim Kurfürsten, erhielt aber immer ähnlich ausweichenden Bescheid. Vgl. ebd. 451f. 454f. 455f. 459. 460. 462. 478. Als er ihn dazu noch aufforderte, wegen der Schrift „Von weltlicher Oberkeit" gegen Luther vorzugehen (21. März, ebd. 486ff.), lehnte Friedrich rundweg ab (24. März, ebd. 488f.). Am 8. April sah Georg endlich ein, daß er auf dem Rechtswege nicht gegen Luther vorgehen konnte. Die „Wasserblase" ärgerte ihn freilich immer noch (ebd. 492,13f.).
[14] Planitz an den Kurfürsten 28. Feb. 1523, Wülcker/Virck, Berichte Planitz, 381,7ff. Vgl. außerdem ebd. 374,19ff. 379,17ff. 396,3ff. Es war für Planitz „ein seltsam (schwieriges) Tun", ein direktes Eingreifen des Regiments zu verhindern, ebd. 401,35. Schreiben des Reichsregiments an Herzog Georg vom 28. Feb. 1523, Geß, Akten, Bd. 1, 473,23.

I. F. G. das Evangelium ungehindert gehen und wirken lassen"[15]. Es versteht sich, daß der Herzog diesen Bericht des Grafen nicht als Satisfaktion anerkennen konnte. Auf seine erneute Forderung, er müsse sich öffentlich demütigen und seine Verleumdungen zurücknehmen, antwortete Luther nicht mehr.

Die Vorgänge auf dem Reichstag selbst ließen ihn zunächst kühl. Er reagierte nur, wenn sie ihn unmittelbar angingen, dann aber schnell und scharf. Unter den vielen Propagandabreven, die Chieregati aus Rom erhalten hatte, war eins auch an den Rat der Stadt Bamberg gerichtet, wo eine starke evangelische Bewegung mit einem neuen, energischen Bischof im Kampf stand. Wohl durch Schwarzenberg erhielt Luther im Februar 1523 eine Abschrift der deutschen Fassung. Hier begegnete ihm eine Art der Bekämpfung, wie er sie vulgär schon unzählige Male erlebt hatte, die ihn nun aber aus dem Munde des Oberhirten der Kirche empörte: Luther habe sich von der gemeinsamen christlichen Lehre und den Vätern getrennt, alles bisher Gewohnte in Zweifel gezogen und sich nicht gescheut, ,,einen andern Grund zu legen, denn gelegt ist . . ., gerade als wäre er allein mit dem heiligen Geist begabt und er hätte die evangelische Wahrheit nu allererst an der Welt Ende ersehen (erkannt)"[16]. Luther ließ das Breve mit spöttischen Glossen abdrucken und ging in einem Schlußwort leidenschaftlich gegen das faule Argument an, mit dem der Papst sich die Sache so leicht machte. ,,Ist's nicht Sund und Schande, daß der Bapst, der über alle Christen Meister sein will, nicht mehr zu sagen weiß denn also: Der Luther will allein klug sein, sollten wir mit so viel unsern Vorfahren geirret haben? Weibisch, kindisch, münchisch und sophistisch Klagen sind das. Ein Bapst soll Schrift (an)führen und tapfer daher also sagen: Siehe da, hie steht Gottis Wort, also und also hat Luther wider Gottis Wort geredt. Nu aber schweigt er des gar fein und spricht: Also und also hat Luther wider langen Brauch, wider Gewohnheit, wider die Lehrer geredt, gerade als stund unser Glaub auf langem Brauch und Gewohnheit und (der) Lehrer Wort . . . Unser Gott heißt ja nicht ,Gewohnheit', sondern ,Wahrheit', und unser Glaube gläubt nicht auf Gewohnheit, sondern an die Wahrheit, die Gott selbst ist."[17]

Der Reichstagsabschied vom 9. Februar 1523 mußte Luther überraschen; ,,erstaunlich frei und erfreulich" nannte er ihn unter dem Eindruck der ersten Lektüre[18]. Das war begreiflich genug, wußte er doch, daß man sich sogar in

[15] WAB 3; 7,47f.
[16] Ein päpstlich Breve dem Rat zu Bamberg gesandt wider den Luther, WA 11; 344,5ff. Gedruckt etwa Mitte März 1523, aber nur deutsch. Die bald danach erschienene, mit ironischen Bemerkungen zum Stil und Inhalt versehene lateinische Übersetzung der Briefe Chieregatis und des Papstes (nicht des lutherischen Schlußworts) stammt von einem jungen Humanisten (Wilhelm Nesen oder Joachim Camerarius), ebd. 337f.
[17] WA 11; 355,16ff.
[18] decreta . . . mire libera et placentia, an Spalatin 8. März 1523, WAB 3; 41,11. Reichstagsabschied, RTA 3; 736ff., bes. 745ff.

dem wohlgesinnten Nürnberg gezwungen gesehen hatte, das Wormser Verbot seiner Schriften erneut auszusprechen[19]. Jetzt, nachdem beschlossen war, die Religionsfrage gründlich von neuem zu erörtern, konnte er mit Recht das Gefühl haben, „daß lauts dies Mandats ich Martinus Luther solle billig aus bäpstlichem und kaiserlichem Bann und Acht sein bis aufs kunftig Concilium"[20]. Freilich erkannte er bald auch gewisse Fußangeln, die in dem Abschied steckten. Er hielt es darum für gut, zu bekunden, daß er sich nicht von ihnen fesseln zu lassen gedenke, zunächst einmal seinem Kurfürsten gegenüber, dann auch öffentlich. Friedrich hatte Anfang Mai neben der allgemeinen Anordnung des Reichsregiments über das Verhalten in der Religionsfrage auch ein besonderes Schreiben erhalten, in dem er gebeten wurde, dafür zu sorgen, daß Luther und seine Anhänger bis zum geplanten Konzil nichts veröffentlichten[21]. Er sandte beide Schriftstücke durch Hieronymus Schurff an Luther und bestellte sich, wie er es auch nach dessen Rückkehr von der Wartburg getan hatte, eine Antwort von ihm, mit der er dem Reichsregiment beweisen konnte, daß er etwas getan habe[22]. Luther spielte den Ball geschickt und freimütig zurück. Er rekapitulierte in einem Brief vom 29. Mai zunächst ausführlich den Wortlaut des reichsregimentlichen Schreibens an den Kurfürsten – nur „Ihre Heiligkeit" brachte er nicht aus der Feder und ersetzte es jedesmal durch „der Papst" – und versicherte dann, daß es nie seine Absicht gewesen sei, irgendeinen der hohen oder niederen Reichsstände zu schmähen; was er „hart und ernstlich" gegen den oder jenen geschrieben habe, sei nicht ohne Ursache, wohl aber ohne Haß allein um des Wortes Gottes willen gesagt. Aber er machte auch auf die Grenzen seines guten Willens, zunächst zu schweigen, aufmerksam: Johannes Fabri und Hieronymus Emser hätten soeben Bücher gegen ihn herausgebracht; es könne ihm nicht verboten werden, sich gegebenenfalls „mehr der gottlichen evangelischen Wahrheit dann meiner Unschuld halben" gegen solche Angriffe zu wehren. Im Vorbeigehen bescheinigte Luther dem Kurfürsten nochmals, daß er von Anfang an ohne seinen Rat und Wissen aufgetreten und im Jahr zuvor nach Wittenberg zurückgekehrt sei, allein „auf mein Abenteuer" (Gefahr), und daß seine scharfen Schriften oft sein Mißfallen gefunden hätten. Mit dieser ausdrücklich, wenn der Kurfürst wolle, zur Weitergabe an das Reichsregiment bestimmten Antwort legte Luther die Bedingungen wie die Ausnahmen fest, unter denen er bis zu dem vorgesehenen Konzil bereit war, nichts zu veröffentlichen. Mit Nachdruck konnte er sich dabei die Hauptforderung des Reichsregiments zu eigen machen, niemand solle etwas drucken oder lehren, „das zu Bewegung,

---

[19] 7. Jan. 1523 an Link, WAB 3; 11,21 u. Anm. 14.
[20] Wider die Verkehrer und Fälscher kaiserlichs Mandats (1523), WA 12; 67,13 f.
[21] Mandat des Reichsregiments 6. März 1523, RTA 3; 447 ff. Schreiben an Kurfürst Friedrich nach dem 16. April (rückdatiert auf 10. März, vgl. Wülcker/Virck, Berichte Planitz, 426,30).
[22] Schreiben des Kurfürsten an Planitz vom 20. Juni 1523 über die dosierte Verwendung der Antwort Luthers, Wülcker/Virck, Berichte Planitz, 469,13 ff.

Ungehorsam, Uneinigkeit und Aufruhr im heil. Reich oder die Christenmenschen in Irrung zu fuhren Ursach geben muge"; dagegen habe er ja selbst oftmals und hart geschrieben[23].

Nach diesem diplomatischen Briefwechsel fühlte Luther sich aber bald bewogen, auch öffentlich zum Reichstagsabschied Stellung zu nehmen. Bei aller Freude, die ihn darüber erfüllte, war ihm die entscheidende Zweideutigkeit nicht entgangen: Das Evangelium solle gepredigt werden „nach Auslegung der Schriften, die von der heiligen christlichen Kirchen approbiert und angenommen"[24]. Eine Formel, deren Absicht deutlich wird, wenn man sie mit der ursprünglichen Fassung im Gutachten des Ausschusses vergleicht: „nach bewährten Schriften und Auslegung der vier Lehrer"[25]. Zwischen beiden lag die fundamentale Frage nach der Norm: Ist es die Kirche in ihrer Gesamtgeschichte bis zur Gegenwart, oder ist es die ursprungsnahe, noch nicht durch jahrhundertelange Entstellungen verdorbene Kirche der alten Zeit? Luther dachte, ohne von der Änderung zu wissen, wie Schwarzenberg und der Ausschuß und empfand richtig: Wenn hier die römische Kirche, wie sie existierte, gemeint war, wozu sollte dann noch ein Konzil einberufen werden? Dann war schon ein viel weiter gehendes Urteil gefällt, als es auch das feindseligste Konzil aussprechen konnte[26]. Diese Interpretation konnte also nur eine böswillige Mißdeutung sein, der er mit einer kleinen, Anfang Juli 1523 erschienenen Schrift „Wider die Verkehrer und Fälscher kaiserlichs Mandats" rechtzeitig wehren wollte. Zunächst bekundete er freilich dem Reichsregiment seinen „hohen Dank" für das Mandat, das Gott ihnen eingegeben habe und dem er aufrichtig zu folgen bereit sei[27]. Dann klärte er den Begriff der „christlichen Kirche": Sie ist als eine historisch-normativ gemeinte Größe zu verstehen, nicht einfach als die gegenwärtige hierarchische Institution. Freudig sprach er seine Zustimmung zu dem Auftrag an die Bischöfe aus, der heiligen Schrift verständige Leute zu bestellen, welche die Predigt überwachen und Irrende darin einüben sollten. Nur: „Diesem Artikel fehlet nichts, denn daß ihn niemand halten wird, das macht (kommt daher), er ist viel zu gut." Woher soll man auf einmal so viele Schriftverständige nehmen, nachdem seit Hunderten von Jahren die Theologen durch die scholastische Erziehung verbildet worden waren? Seine Bereitschaft, bis zum Konzil nichts zu drucken, schränkt er hier allein mit der Übersetzung und Auslegung der Bibel ein[28]. Bloß ein Punkt im Reichstagsbeschluß machte

---

[23] WAB 3; 74 ff., bes. 76,62 ff. Die Aufruhrwarnung im Reichstagsabschied und im Mandat des Reichsregiments, RTA 3; 747,15 ff. 450,4 ff., wird im Schreiben des Regiments an den Kurfürsten auf den Legaten abgeschoben, Wülcker/Virck, Berichte Planitz, 390,17 ff. Sie hätte sich Friedrich dem Weisen und Luther gegenüber seltsam ausgenommen.

[24] RTA 3; 747,18 f.

[25] WA 12; 63, Anm. 1.

[26] Ebd. 64,2 ff.

[27] Ebd. 62,4 ff.

[28] Ebd. 63,11 ff. 64,31 ff. 65,7 ff. 24 ff.

ihm ernstlich zu schaffen. Die verehelichten Priester und ausgetretenen Klosterleute sollten, ohne daß die weltlichen Obrigkeiten sie schützen durften, nach kanonischem Recht bestraft werden und ihre Privilegien und Pfründen verlieren[29]. Er war bereit, wenn die andern Artikel gehalten würden, auch diesen anzuerkennen, wenn er auch hart sei. Aber dann brach doch die seelsorgerliche Not, die er so gut kannte, aus ihm heraus. „Hilf Gott vom Himmel, will's uns denn nicht einmal eingehen, daß unmögliche Gelübde nicht Gelübde noch zu halten sind?" „Ich achte, daß die, so itzt mein allerbittersten Feinde sind, wenn sie wüßten, was ich täglich aus allen Landen erfahre, sie hülfen mir morgen Klöster stürmen." In den großen Fragen sah er keinen Grund, um Änderungen zu bitten, wohl aber in diesem „menschlichen Artikel", der Unmögliches von der Natur vieler forderte. Er bat hier nicht für sich: „Aber für den armen Haufen bitt ich euch, mein allerliebsten Herrn, wollt uns gnädiglich hören, wir wollen nichts Unbilligs bitten."[30] Luther hatte sich am Schluß so in die Hitze geschrieben und wieder manchen so derben Ton unterlaufen lassen, daß Hans von der Planitz wenig glücklich war, als er in Nürnberg die Schrift in die Hand bekam. Er mußte ja ausbaden, was er lieber nicht gesagt wünschte, und seufzte, er hätte nichts dagegen, wenn „Doktor Martinus an einem andern Ort es auch ein Weil versuchet"[31]. Es war nicht das erste Mal, daß er diesen Ausweg erwog. Schon in der ungewissen Situation zu Anfang des Jahres 1523 hatte er dem Kurfürsten das gleiche geschrieben; auch Christus und Paulus hätten oft vor ihren Feinden fliehen müssen[32]. Luther hatte damals davon gehört und sofort einen Riegel vorgeschoben. „Denk ja nicht", schrieb er am 12. Januar 1523 an Spalatin, „daß ich in den Winkel zurückkehren werde, mögen auch der Behemoth (Drache) und seine Schuppen noch so sehr toben."[33]

In Nürnberg hatten sich die Wolken ohnedies wieder zusammengezogen. Herzog Georg deutete an – womit Planitz schon im Januar von seinem gefährlichen Gegenspieler, dem Kurfürsten Joachim I. von Brandenburg, gedroht worden war –, daß das Eintreten für Luther seinem Landesherrn Friedrich die Kurwürde kosten könne[34]. Außerdem verbreitete man aus der Umgebung des Kurfürsten von Trier, auf der Ebernburg seien Briefe Luthers gefunden worden, in denen er Sickingen zum Angriff auf den Erzbischof zugeraten habe. Planitz schrieb sofort an seinen Herrn, wenn daran irgend etwas sei, so wäre zu empfehlen, daß Luther sich eine Weile aus Wittenberg

---

[29] RTA 3; 748,22 ff.
[30] WA 12; 66,16 ff.32 ff. 67,18 ff.
[31] Planitz 16. Juli 1523, Wülcker/Virck, Berichte Planitz, 491,20 ff.
[32] Planitz 2. Jan. 1523, ebd. 305,15 ff.
[33] WAB 3; 15,9f. Behemoth (= Leviathan) Hiob 40,25 ff.; für Luther eine eschatologische Figur, wie Melanchthon und er sie gerade damals in einem kleinen Druck deuteten, WA 11; 378,9 ff.40 ff. (zu Hiob 41,7).
[34] Bericht über das Gespräch mit Joachim I. 19. Jan. 1523, Wülcker/Virck, Berichte Planitz, 329f. Gespräch mit Herzog Georg 15. Juli, ebd. 489,25 ff. 493,31 ff. (zum 22.7.).

und dem Kurfürstentum entferne, – besser rechtzeitig, ehe der Kurfürst um Auslieferung ersucht werde[35]. Der Kurfürst ging nicht darauf ein, aber Planitz äußerte immer häufiger seine Sorgen um Luther, je näher ein neuer Reichstag rückte[36].

Dabei gingen die Hauptspannungen in der Reichspolitik im Augenblick gar nicht einmal von der Luthersache aus. Das Reichsregiment hatte in der kurzen Zeit, seit der es bestand, energisch die Zügel der Reichsführung ergriffen und sich mit Mut und Weitsicht den bedeutenden Aufgaben gestellt, die ihm übertragen waren. Aber es hatte sich dabei – wie es leicht bei noch so tüchtigen „Technokraten"-Kommissionen geschieht, hinter denen keine reale politische Macht steht – alle diejenigen zu Feinden gemacht, deren Wünsche es nicht erfüllte. Im Herbst des Jahres 1523 hatte es bereits fast alle Reichsstände gegen sich. Am schärfsten wehrten sich die Städte gegen die beschlossene Zoll- und Monopolordnung, die das Reich zu einer Wirtschaftseinheit machen und dem Wucher entgegenwirken sollte, zugleich aber auch dem Regiment eine dauerhafte finanzielle Grundlage eingebracht hätte. Sie schickten dafür eine eigene Gesandtschaft nach Spanien und erhielten im August 1523 die volle Unterstützung des Kaisers, der auf die Kapitalhilfe der großen Handelshäuser angewiesen war und eine Schwächung des Reichsregiments nur begrüßen konnte[37].

Auch von den Kurfürsten und Fürsten wandten sich noch mehrere von der unbequemen Behörde ab: nicht nur der verärgerte Herzog Georg, sondern vor allem auch die Gruppe, die von den Kriegszügen Sickingens betroffen war. Glücklicherweise standen diese in keinerlei Beziehung zur Lutherfrage, mit der sie die haltlosen Verdächtigungen des Erzbischofs von Trier in Zusammenhang zu bringen versuchten. Luther hatte zwar früher freundliche, aber völlig unpolitische Verbindung mit Sickingen gehalten, zu einer Zeit, in der dieser noch der hochangesehene Vertrauensmann des Kaisers war. Als er sich in seinen ehrgeizigen Plänen enttäuscht von Karl V. abwandte und sein Heil, gestützt auf die ritterschaftliche Einigungsbewegung, wieder in der Fehde suchte, war Luther entsetzt und sah das Schlimmste kommen. Sein Tod erschien ihm darum als ein Gottesgericht: Deus iustus, sed mirabilis iudex. Und Melanchthon hatte Sickingens Angriff als „abscheulichen Raubzug" bezeichnet, über den Luther sehr betrübt sei und der sie in Verruf bringe[38]. Das Reichsregiment selbst aber war durch die Fehde in eine üble Lage

---

[35] 27. Juli 1523, ebd. 502,7ff. 503,3ff. Schon im November 1522 hatte der Erzbischof von Trier diesen – völlig grundlosen – Verdacht gegen Luther in einem Schreiben an den Legaten ausgesprochen, das Planitz am 18. Nov. in Abschrift an Kurfürst Friedrich sandte, ebd. 249,12ff.
[36] Ebd. 523,8ff. 524,20ff. 533,12ff. 564,15f.
[37] v. Ranke, Deutsche Geschichte (s. o. S. 48, Anm. 106), Bd. 2, 94ff. F. v. Bezold, Geschichte der deutschen Reformation (Berlin 1890), 423ff. Brandi, Karl V. (s. o. S. 92, Anm. 20), 160ff.
[38] Luther an Link 19. Dez. 1522: Res pessima futura est, WAB 2; 632,23f. Die Bemerkung bezieht sich auf den Krieg gegen die Pfalz (seit Nov. 1522), von dem Luther am leichtesten etwas

gekommen. Es hatte den Landfrieden gegen den aufrührerischen Reichsritter nicht wahren können, versuchte es jetzt aber gegen die Sieger – die Pfalz, Trier und Hessen –, als sie eine Reihe fränkischer Adelsherrn als Mitverschworene Sickingens ausgaben und ihrer Güter beraubten[39]. Das Regiment konnte sich der Klage der Geschädigten nicht entziehen, kam aber in der heiklen Sache, obwohl sie klar genug lag, nur mit Mühe zu einer Einigung, so daß Planitz seufzte: „Ist ein Wunderding; tät wohl als not ein Reformation in der Juristerei, als in der Theologie durch den Luther geschehn ist."[40] An eine Vollstreckung des Urteils war gegenüber den mächtigen Fürsten sowieso nicht zu denken. So kam es unaufhaltsam dazu, daß die unbeliebte und ohnmächtige Körperschaft im Frühjahr 1524 aufgelöst wurde. Sie wurde in umgewandelter Gestalt in Eßlingen, also auf österreichischem Gebiet, neu errichtet. Die Kosten wurden zur Hälfte dem Kaiser auf die ohnehin leeren Taschen gelegt. Die Mitglieder des alten Reichsregiments, vor allem die gebildeten, modern denkenden fürstlichen Räte, hatten mit bewundernswerter Kühnheit auf einem Seil operiert, dem das verfassungsmäßige und finanzielle Netz fehlte. Jetzt zerstörten die Reichsstände fast ebenso einmütig die Institution, wie sie sie vor vier Jahren vom Kaiser gefordert hatten. Der Versuch, aus eigener Kraft den Ansatz zu einer zentralen Reichsgewalt im Gegenüber zum Kaiser zu schaffen, war gescheitert. Aber ihm fiel keineswegs der volle Nutzen davon zu. Vielmehr wurde die Reichspolitik auf Jahrhunderte von territorialen Interessenbündnissen verschiedenster Art beherrscht, an denen der Kaiser und das Haus Habsburg je nach der Situation Bundesgenossen oder mächtige Gegner (wie später im Schmalkaldischen Bunde) finden konnten. Die im Augenblick wichtigste Macht repräsentierte noch der 1488 gegründete Schwäbische Bund, der keine Gelegenheit versäumt hatte, dem Regiment seine Verachtung zu bezeugen.

Das Fiasko des Reichsregiments hat erstaunlicherweise die von ihm eingeleitete Politik gegenüber der Reformation nicht entscheidend verändert. Seine kurze Tätigkeit hatte genügt, ihr nach dem Wormser Edikt eine Atempause zu geben. Aber jetzt zeigte sich, daß die Reformation diese Atempause

---

erfahren mußte, da Sickingen zu dieser Zeit Bucer, Hutten und Oekolampad aus seinem Dienst entließ. P. Kalkoff, Huttens Vagantenzeit und Untergang (Weimar 1925), 318. Staehelin, Lebenswerk, 169. Ob Luther schon etwas von der Trierer Fehde oder der Ächtung Sickingens (10. Okt.) wußte, läßt sich nicht sagen. Luther über Sickingens Tod ca. 22. Mai 1523, WAB 3; 71,6f. (frei nach Ps. 7,12). Über Luthers frühere Beziehungen zu Sickingen s. o. S. 91ff. Melanchthon 1. Jan. 1523 an Joh. Heß, CR 1, 598 und an Joachim Camerarius, ebd. 597. MBW 256. MSA 7/1, 183. MBW 255.

[39] Vgl. die Einleitung zu Wülcker/Virck, Berichte Planitz, CXLIV ff. Beschwerde der fränkischen Adligen 30. Jan. 1523, RTA 3; 727 ff. Über das publizistische Echo der Auseinandersetzung: K. Schottenloher, Flugschriften zur Ritterschaftsbewegung des Jahres 1523, RGST 53 (Münster 1929).

[40] 31. Mai 1523, Wülcker/Virck, Berichte Planitz, 450,4f. Vgl. weiter ebd. 457,27ff. 496,20ff. 497,16ff. 563,10ff.

nicht allein der Geschicklichkeit der lutherfreundlichen Räte verdankte, sondern der Bedeutung, die sie inzwischen im Volksleben im ganzen gewonnen hatte. Damit war die rein religiös gemeinte und geführte Bewegung zugleich eine politische Realität geworden. Die Sorge, daß sie einen allgemeinen Umsturz im Gefolge haben könnte, war während der Zeit des Reichsregiments und des zweiten Nürnberger Reichstags das beherrschende Thema. Hier setzten beide Seiten ihre stärksten Hebel an. In seinem Breve an die Reichsstände vom 25. November 1522 schrieb Papst Hadrian: ,,Bedenkt ihr nicht, Fürsten und Völker Deutschlands, daß dies nur ein Vorspiel der Schandtaten ist, die Luther und seine Anhänger im Sinn haben? Seht ihr nicht deutlich, daß das von den Lutheranern anfänglich vorgeschützte Eintreten für die evangelische Wahrheit nun enthüllt ist als reiner Raub an eurem Besitz? Oder glaubt ihr, daß diese Söhne der Bosheit etwas anderes beabsichtigen, als unter dem Namen der Freiheit jeden Gehorsam aufzuheben und die Willkür einzuführen, daß jeder tun kann, was ihm beliebt? . . . Auf euch, euer Hab und Gut, eure Häuser, Frauen und Kinder, Rechte und Herrschaft und auf die Kirchen, für die ihr sorgt, zielt dieses beklagenswerte Unheil, wenn ihr ihm nicht rechtzeitig entgegentretet.''[41] Die genau entgegengesetzte Sicht der Lage trug Planitz in einem langen Gespräch dem Legaten Chieregati vor: Luther sei ohne Wissen und Willen des Kurfürsten von der Wartburg nach Wittenberg zurückgekehrt. Aber ohne Zweifel wäre ,,ein merklich große Unschicklichkeit (Unordnung) allda entstanden, wo (wenn) sich der Luther dahin in rechter Zeit nicht gefüget''. Sollte er jetzt wieder vertrieben werden, so würde man sagen: ,,Man hat Luther mit Wahrheit der Schrift nicht überwinden können, nun braucht man gegen ihn Gewalt, darum daß er das Evangelium predigt und die Wahrheit sagt. Dies verursacht niemand anders denn allein die Geistlichen, die haben uns hievor (bisher) verführt.'' Wenn man Gewalt anwende, so ,,würde es einen merklichen (erheblichen), großen Aufruhr im Reich erwecken, der liederlich (leicht) nicht zu stillen und doch mehrerenteils über die Geistlichen ausgehen (würde), dadurch alles Vorhaben wider den Türken und sonst umgestoßen würde''. Er riet deshalb zu einer freien, friedlichen Auseinandersetzung von Gelehrten aller christlichen Länder mit Luther und den Seinen an geeignetem Ort und vielleicht später zu einem Generalkonzil über die Fragen, in denen man sich noch nicht verständigen konnte. So würde ,,eine neue und gute Reformation in der ganzen Christenheit aufgerichtet''[42]. Ebenso antwortete auch der Reichstag dem Lega-

---

[41] An non consideratis, Germanie principes et populi, preludium esse quoddam hoc eorum malorum, que Lutherus et eius sectatores moliuntur? An non aperte videtis istud pretensum principio a Lutheranis veritatis evangelice patrocinium detectum nunc esse merum rerum vestrarum latrocinium? An putatis alio tendere istos iniquitatis filios, quam ut libertatis nomine omni obediencia sublata quod cuique libuerit faciendi licenciam inducant? . . . In vos, in vestras res, domos, uxores, liberos, diciones, dominatus, templa que colitis hec miseranda calamitas tendit, nisi mature obviam eatis. RTA 3; 402,11 ff.27 ff.

[42] Ausführlicher deutscher Bericht über das vermutlich italienisch geführte Gespräch (Planitz

274

ten: Bei der vom Papst geforderten Durchführung des Wormser Edikts „sei nichts anderes als heftige Volksaufstände und innere Kriege zu erwarten"[43].

An diese Warnungen, die ein weit verbreitetes Gefühl aussprachen[44], und an der daraus entspringenden Politik änderte sich auch auf dem neuen Nürnberger Reichstag (Januar bis April 1524) nichts, wiewohl er unter veränderten Umständen stattfand. Papst Hadrian VI. war am 14. September 1523 gestorben, viel zu früh, um aus seiner Einsicht in den betrüblichen Zustand der Kirche noch praktische Folgerungen ziehen zu können. Für seinen Plan, nach Beendigung des europäischen Krieges ein großes Konzil zur Erneuerung der Kirche einzuberufen, hatte er nichts mehr zu tun vermocht[45]. Mit dem Mediceer Clemens VII., dem Vetter Leos X., war dem frommen Reformer wieder ein weltläufiger Politiker gefolgt, dessen Sinnen vor allem anderen der Größe des Kirchenstaates und seines eigenen Hauses galt. Sein Legat, Kardinal Campegio, ihm artverwandt wie vordem Chieregati seinem Vorgänger, machte sich durch brüskes Auftreten binnen kurzem in der Öffentlichkeit und auf dem Reichstage viele Gegner, obwohl die Verhältnisse für die Kurie günstiger lagen als ein Jahr zuvor. Die geistlichen Stände hatten unter den Fürsten auf beiden Reichstagen ohnehin die Mehrheit, wirklich lutherisch gesinnt waren von den Ständen nur wenige[46], und der Einfluß des Reichsregiments war dahingefallen. Den Ton gaben diesmal – es hing viel von der zufälligen Besetzung ab – die bayrischen Herzöge an. „Es hofieren die Pfaffen den Bayern und die Bayern den Pfaffen", skizzierte Planitz bündig wie stets die Lage am Ende des Reichstags[47]. Trotzdem wich der Reichstag auch jetzt nicht von der bisherigen Generallinie ab. Entscheidend dafür war neben einzelnen anderen Ständen die Haltung der Städte. Sie riefen den vorjährigen Reichstagsbeschluß in Erinnerung und wiesen mit Nachdruck darauf hin, daß „der gemeine Mann allenthalben zum Wort Gottes und heiligen Evangelio ganz begierig ist". Daher würde die gewaltsame Durchführung des Wormser Edikts, die der Legat und die katholische Mehrheit der Fürsten forderten, unzweifelhaft Anlaß geben, „viel Aufruhr, Ungehorsam, Totschläg, Plutvergießen, ja ein ganzes Verderben und allen Unrat zuvor dieser Zeit, dieweil die Läuft aller Orten ohn das so geschwind (gefährlich), aufrührig und sorgfältig (Besorgnis erregend) vor Augen erscheinen, auch der ge-

---

hatte drei Jahre in Bologna studiert, vgl. Wülcker/Virck, Berichte Planitz, XXIX) 11. Dez. 1522, ebd. 270ff., bes. 273,26ff. 274,12ff. 275,23ff.

[43] Unde indubie nihil aliud quam gravissimi tumultus populares intestinaque bella speranda essent. 5. Feb. 1523, RTA 3; 438,16f. Entsprechend dann Entwurf der Ausschüsse vom 15. u. 19.-23. Jan. 1523, ebd. 421,17ff. Vgl. auch ebd. 432,13ff.

[44] Weitere Beispiele bei K. Hofmann, Konzilsfrage (s. Anm. 8), 38ff.

[45] Notiz darüber bei Baronius-Raynald, Annales Ecclesiastici, Bd. 20 (1693), a. 1523, n. 115, S. 395, abgedr. K. Hofmann, Konzilsfrage (s. Anm. 8), 65.

[46] K. Hofmann, Konzilsfrage (s. Anm. 8), 35ff.

[47] Wülcker/Virck, Berichte Planitz, 616,11.

mein Mann sonst mit viel unträglichen Purden (Bürden) und Uflägen beschwert würdet, zu erwecken"[48].

So kam es zu einem zwiespältigen oder genauer dreigespaltenen Abschied. Die Forderung des Reichstages von 1523, die Ausschreibung eines „freien gemeinen Conciliums" an eine „gelegene Malstatt deutscher Nation" zur Behandlung der Lutherfrage und „andern der gemein Christenheit Sachen" wurde wiederholt. Als Vorbereitung darauf sollte auf St. Martinstag 1524 ein „gemeine Versammlung teutscher Nation" in Speyer gehalten werden, um an der neuen Lehre „das Gut von dem Bösen abzuscheiden" und über die Gravamina zu verhandeln. Außerdem wurde den Ständen und ihren Untertanen der Gehorsam gegen das Wormser Edikt eingeschärft, von dem im Abschied von 1523 keine Rede gewesen war; allerdings mit der Klausel: „so viel ihnen möglich"[49]. Friedrich der Weise, der den Reichstag am 26. Februar enttäuscht verlassen hatte, ließ durch seinen Gesandten Philipp von Feilitzsch gegen den Mehrheitsbeschluß Protest einlegen. Die Grafen und Städte weigerten sich, obwohl sie kräftig bearbeitet wurden, ihn zu siegeln, weil die Durchführung des Edikts zu Unruhen führen würde[50].

Es bedarf moderner Kenntnis der historischen Quellen und Zusammenhänge, um die Herkunft der widersprüchlichen politischen Bestrebungen im Reichstagsabschied zu erkennen. Zwischen die sich sinnvollerweise ausschließenden Gegensätze: freie Erörterung auf einem Konzil und Vollstreckung der bereits vollzogenen Bann- und Achtsprüche nach den Vorschriften des Wormser Edikts war eine Zwischeninstanz geschoben, über deren Zusammensetzung und Kompetenzen noch keine Klarheit bestand. Den ursprünglich gebrauchten Begriff eines Nationalkonzils hatte man auf den Einspruch des Legaten fallen lassen und dachte wohl an eine Verbindung zwischen Reichstag und einer Versammlung zahlreicher Theologen und Laien[51]. Der Vorschlag eines „sinodus Teutscher Nation" kam nicht von lutherischer, sondern wahrscheinlich von bayrischer Seite und hatte für sie das Ziel, statt des unabsehbar fernen Konzils bald eine Gelegenheit zu schaffen, bei der die neue Lehre, die sowieso auf Deutschland beschränkt war, „ausgereut und zu gutem christlichen Weg gepracht werden" könne[52]. Aber auch Planitz hatte schon früh den Gedanken einer solchen freien Konferenz, aller-

---

[48] Protest der Städte 6. Apr. 1524, RTA 4; 507,26 ff. Sie distanzierten sich auch vom Sprachgebrauch der Mehrheit: neue Lehre, „wie man der Namen geben will", ebd. 507,12 f. Ebenso ebd. 517,28.

[49] RTA 4; 603,26.

[50] Protest Kursachsens 11. Apr. 1524, RTA 4; 570 f. 577 f. Bericht des kaiserlichen Orators Hannart über die Verhandlungen mit den Grafen und Städten an die Regentin Margareta 20. Apr. 1524, ebd. 776,29 ff. 778,14 ff.

[51] K. Hofmann, Konzilsfrage (s. Anm. 8), 76 ff. RTA 4; 827 zu 470. Die Städte hatten die geplante Versammlung ein „christlich Verhör" (Anhören) genannt, ebd. 508,20 f.

[52] Vgl. dazu K. Hofmann, Konzilsfrage (s. Anm. 8), 71 f. RTA 4; 434,13 ff.

dings „aus allen christlichen Königreichen und Landen", entwickelt[53]. Die reformfreundlich gesinnten Kreise konnten ja in der Tat in einer solchen offenen Aussprache vor den Ohren der Öffentlichkeit große, den Wünschen der Bayern ganz entgegengesetzte Möglichkeiten erblicken. Jedenfalls schloß der Plan eine Durchführung des Wormser Edikts mit ihren Gefahren vorläufig aus.

Man kann es Luther, der die politischen Zusammenhänge dieses Kompromisses nicht überschaute und überhaupt nicht politisch, sondern von dem sachlichen Ergebnis her urteilte, nicht allzu sehr verdenken, daß er nichts anderes als die vollkommene Unlogik dieses Beschlusses sah. „Da bin ich zugleich verdampt und aufs kunftig Gericht gespart, und sollen mich die Deutschen zugleich als einen Verdampten halten und verfolgen und doch warten, wie ich verdampt soll werden", so riß er die beiden ungereimten Seiten, Wormser Edikt und Speyrer Nationalversammlung, in einer heftigen Flugschrift auseinander, in der er das Edikt und den Nürnberger Reichstagsbeschluß mit Glossen und kurzem Vor- und Nachwort veröffentlichte[54]. Diese Regierungsweisheit ließ ihn am Verstand der verantwortlichen Fürsten verzweifeln. Daß der Kaiser, „der arme sterbliche Madensack, der seins Lebens nicht einen Augenblick sicher ist", sich als „obersten Beschirmer des christlichen Glaubens" ausgab – „was macht denn Gott diewel?"[55] –, erschien ihm als ein weiteres Zeichen der Verblendung, mit der Gott die Fürsten Deutschlands geschlagen hatte. „Es ist der verdiente Lohn, daß sie das Wort Gottes verfolgen. Darumb sollen sie mit solcher greiflicher Blindheit gestraft werden und anlaufen. Gott erlöse uns von ihnen und gebe uns aus Gnaden andere Regenten. Amen."[56]

Luther dachte nicht daran, mit seinem Aufschrei Widerstand oder Aufruhr gegen die für den Beschluß verantwortlichen Reichsstände zu erwecken. So töricht sie sich dargestellt hatten, sie blieben Obrigkeit, die nur Gott abberufen konnte. Er hatte überhaupt nicht in das politische Spiel während der Reichstage eingegriffen, etwa indem er die Hauptforderung der Reformfreunde nach einem Konzil, die er seit langem vertreten hatte, publizistisch

---

[53] In dem Gespräch mit Chieregat, s. o. S. 265. Wülcker/Virck, Berichte Planitz, 274,32.

[54] Zwei kaiserliche uneinige und widerwärtige Gebote den Luther betreffend. Etwa August 1524, WA 15; 254,18 ff. Luthers schlechter Eindruck war dadurch verstärkt, daß er nicht den Reichstagsabschied selbst vor sich hatte, sondern das Mansfelder Exemplar des im Namen des Kaisers erlassenen Mandats, mit dem Erzherzog Ferdinand die Beschlüsse in der Luthersache den Ständen zusammen mit einer neuen Ausfertigung des Wormser Edikts gedruckt zur Kenntis brachte, RTA 4; 571; ebd. 615 ff. das hessische Exemplar. In dem Mandat war durch Umstellungen, Weglassung des Abschnitts über die Predigt des Gottesworts (Abschied ebd. 605,8 ff., s. o. (S. 270) und nochmalige kaiserliche Einschärfung des Wormser Edikts, WA 15; 275,21 ff., das Schwergewicht verschoben. Auch die Schilderung des Überhandnehmens der lutherischen Lehre und ihrer Folgen ist Zutat des Mandats, ebd. 273,19–20.

[55] WA 15; 278,1 ff. 258,13.

[56] Ebd. 278,18 ff.

unterstützte. „Um den Reichstag mache ich mir wenig Sorgen; ich weiß, wer der Satan ist", schrieb er am 1. Februar 1524 an Spalatin, und am 2. Mai ebenso kühl: „Ich höre, daß man in Nürnberg ungeheure Drohungen ausbrütet."[57] Auf das Gerücht, das Wormser Edikt solle erneut veröffentlicht werden, „damit die lutherische Sekte ganz ausgelöscht würde", und manche Städte seien in Furcht, meinte er ruhig: „Aber Christus lebt, er wird siegen und triumphieren."[58] Für die politischen Möglichkeiten, die im Plan der Speyrer Nationalversammlung lagen, hatte er zunächst keinen Blick, während er ihm im späteren Rückblick über die Katastrophe des Bauernkrieges hinweg in verklärtem Lichte erschien: „Ihr wisset", schrieb er an die auf dem Augsburger Reichstag 1530 versammelten Geistlichen, „noch wohl ohn allen Zweifel, wie vor der Aufruhr der Speyrische Reichstag mit so herrlicher, tröstlicher Hoffnung ausgeschrieben ward, daß alle Welt mit großer Gier gaffet und herzlich wartet, es sollt da gut werden."[59] Jetzt reagierte er noch eigentümlich persönlich. Er hörte zunächst nur die Herausforderung durch die Erneuerung des Wormser Edikts und antwortete mit den trotzigsten Worten, die er je fand: „Nu, meine lieben Fürsten und Herrn, ihr eilet fast (sehr) mit mir armen einigen (einzelnem) Menschen zum Tod, und wenn das geschehen ist, so werdet ihr gewonnen haben ... Wie, wenn des Luthers Leben so viel vor Gott gülte, daß, wo er nicht lebet, euer keiner seins Lebens oder Herrschaft sicher wäre, und daß sein Tod euer aller Unglück sein würde? Es ist nicht scherzen mit Gott. Fahret nur frisch fort, würget und brennet, ich will nicht weichen, ob (wenn) Gott will. Hie bin ich." Aber es war letztlich nicht Trotz, was ihn so reden ließ, sondern tiefste Sorge: „Ich bitte euch um Gottes willen, ihr wollet Gott für Augen haben und die Sache anders angreifen. Es ist wahrlich ein Unglück vorhanden, und Gottes Zorn gehet an, dem ihr nicht entfliehen werdet, wo ihr so fortfahret. Was wollt ihr, liebe Herren? Gott ist euch zu klug, er hat euch bald zu Narren gemacht ... Ein Stück seines Reimes heißt: Deposuit potentes de sede. Das gilt euch, lieben Herrn, itzt auch, wo ihr's verseht (mißachtet)."[60] Was er hier den Fürsten sagte, war das Gegenstück zu dem, was er ein Jahr später den Bauern schrieb. Es war völlig unpolitisch – und eben darum im höchsten Maße politisch. Er tat das einzige, was er tun konnte: Er zeigte, ohne es zu wollen und zu wissen,

---

[57] WAB 3; 241,5 f. 283,18 f.: offenbar erste Andeutungen über die Bemühungen Campegios, das, was in Nürnberg nicht gelungen war, durch einen politischen Zusammenschluß katholischer Stände zu erreichen (Regensburger Konvent 24. Juni 1524).

[58] An Joh. Brießmann 4. Juli 1524, WAB 3; 315, 18 ff. Zu ebd. Anm. 7 ist zu sagen: Das Gerücht wird sich wahrscheinlich auf die erneute Versendung des Edikts mit dem Mandat Ferdinands beziehen, das zwischen Mitte Juni und Mitte Juli in die Hände der Stände kam, RTA 4; 571. 791, Anm. 1. Über die Verkündigung des Edikts wurde mehrfach zwischen den Städten korrespondiert, RTA 4; Nr. 271, 272, 274. Luther braucht davon nicht erst vom kurfürstlichen Hofe gehört zu haben, wo die Mandate am 18. Juli eintrafen, ebd. 793.

[59] WA 30/2; 274,1 ff. Über die Schrift s. u. S. 591 ff.

[60] WA 15; 254,26 ff. 255,16 ff. 28 f. (Luk. 1,52: Er stößt die Gewaltigen vom Stuhl).

daß er eine Macht war, allein durch die Unbeugsamkeit, mit der er alle Drohungen durch immer stärkere Zeugnisse seiner Furchtlosigkeit und seines Zutrauens zur Führung Gottes beantwortete. Dafür konnte ihn auch sein oftmals seufzender Landesherr nicht zur Ordnung rufen, und diese Waffe konnten ihm seine Gegner nicht aus der Hand schlagen.

Der kunstvolle Ausgleich des Reichstagsabschieds wurde vom Kaiser kurzerhand kassiert. In einem Schreiben an die Reichsstände verbot er die geplante Nationalversammlung und erklärte sich gleichzeitig bereit, sich beim Papst für die Einberufung eines Konzils zu verwenden, schärfte aber vor allem die strenge Innehaltung des Wormser Edikts gegen den ,,unmenschlichen und unchristlichen Luther" ein, der bestrebt sei, ,,mit seinem unseligen, süßen Gift, so viel ihm möglich, männiglich zu vergiften und an Seel und Leib zu verderben und sich durch solche seine arglistige Bosheit vor den Menschen groß und ansehnlich zu machen". Karl V. sah ihn wie sein päpstlicher Lehrer als Nachfolger des ,,schädlich großen Verführers Mahomet, der mit seiner Sekt und Irrsal allein gemeiner Christenheit mehr Schaden und Nachteil zugefügt, denn alle andern Nationen und Völker in der ganzen Welt nicht haben tun mögen"[61]. Da es in den nächsten Jahren Krieg statt eines Konzils gab, schließlich sogar zwischen dem Papst und dem Kaiser, und Karl V. dadurch gehindert war, die Durchführung des Edikts zu erzwingen, geriet die Reformation noch einmal unerwartet in eine Zeit der Windstille. Zwar war die Hoffnung auf eine friedliche Verhandlung der Lutherfrage bald wieder dahin. Aber der bloße Gedanke daran hatte gezündet. Auf beiden Seiten begriff man, daß man sich gründlich auf die große öffentliche Auseinandersetzung rüsten müsse, vor allem natürlich auf evangelischer, die leicht in die Rolle des Friedensstörers geraten konnte. Schon im Juli 1524 empfahlen die Räte Herzog Johanns von Sachsen, er solle die Gelehrten der Universitäten Wittenberg und Erfurt zusammenrufen und beraten lassen, ,,domit an ihr Kurf. und Fürstl. Gnaden, so der Reichstag zu Speyer seinen Furgang haben sullt, in dem kein Mangel befunden"[62]. Ebenso bestellten sich einzelne altgläubige Stände Gutachten oder traten zu Beratungen zusammen[63]. Aber das Verbot des Kaisers ließ den Eifer bald erlahmen. Nur in einem Gebiet war man schon so weit vorangekommen, daß man sich an der Vollendung der Arbeit nicht mehr hindern ließ: in der Markgrafschaft Ansbach-Kulmbach und dem be-

---

[61] Nach dem Abdruck der Ausfertigung für Kurfürst Friedrich, die am 30. Sept. 1524 in Lochau eintraf. Förstemann, Neues Urkundenbuch, 204 ff. – Zu Hadrian VI. (,,Mahomet") vgl. o. S. 265.

[62] RTA 4; 795,25 ff.

[63] K. Hofmann, Konzilsfrage (s. Anm. 8), 95. Die dort nach E. Brasse, Die Geschichte des Speyerer Nationalkonzils vom Jahre 1524 (theol. Diss. Halle 1890) erwähnten Gutachten der Universitäten Wien, Freiburg, Heidelberg sind nicht erhalten (H. v. Schubert, Die Anfänge der evangelischen Bekenntnisbildung bis 1529/30, SVRG 143 [Leipzig 1928] 13 f.), vielleicht überhaupt nicht erstattet worden.

nachbarten Nürnberg. Unter der anfeuernden Energie des Markgrafen Kasimir, der, selbst religiös unentschieden, um so mehr eine reichsrechtliche Regelung der Glaubensfrage suchte, seines lutherischen Sekretärs Jörg Vogler und der Nürnberger Reformationsfreunde, vor allem des Ratsschreibers Lazarus Spengler, wurden binnen kurzem etwa 20 Gutachten erstattet, darunter auch einige katholische. Die evangelischen, die ersten ausführlichen Lehrbekenntnisse von lutherischer Seite, sind die bleibende Frucht der Hoffnung auf die Nationalversammlung. Sie schufen hier eine Tradition, sich auf die großen Reformationsakte – Einführung der Reformation in Nürnberg, Visitationen, Reichstag von Augsburg u. a. – theologisch sorgfältig vorzubereiten. Die Ausarbeitungen – bis 1530 insgesamt an die 80 – dieser fränkischen Stadt- und Landpfarrer sind ein Zeugnis dafür, wie früh und kräftig die Lehre Luthers – neben manchen Einflüssen Zwinglis und dem besonderen Charakter der Osiandrischen Theologie in Nürnberg – hier Wurzel geschlagen hatte[64]. Durch die Reichspolitik angeregt, haben diese Bekenntnisse nur in der Landespolitik Verwendung gefunden, weil das Reich sich erst wieder nach der Rückkehr des Kaisers 1530 mit dem inzwischen weit tiefer gewordenen Glaubenszwiespalt beschäftigen konnte.

Im Reich trieben die Dinge zunächst weiter: für die Reformationsbewegung nicht ungünstig, da die Mehrzahl der Reichsstände nicht daran denken konnte, das scharfe Geschütz des Edikts gegen sie aufzufahren, reichspolitisch dagegen verhängnisvoll. Die meisten Stände und auch das neue Reichsregiment, das fast ausschließlich altgläubig besetzt und von Ferdinand schwer vermahnt worden war, „der teuflischen und ketzerischen Lehr des Luthers nicht anzuhangen", darüber auch nichts zu lesen oder zu disputieren, waren von dem kaiserlichen Verbot bitter enttäuscht[65]. Ihnen war die Nationalversammlung als das einzige Mittel erschienen, den Aufruhr oder wenigstens die stille Ausbreitung der Reformation zu verhindern. So verständlich die Sorgen des Kaisers und der Kurie waren, daß eine Art von deutschem Sonderkonzil schwer zu widerrufende Tatsachen schaffen würde, so nötig wäre es doch für sie gewesen, möglichst schnell mit der Ankündigung eines Generalkonzils statt mit den harten und ohnmächtigen Drohungen des Edikts hervorzutreten. Dafür aber fehlte dem politischen Papst der Blick. Auch in Deutschland setzten jetzt die führenden katholischen Reichsstände stärker auf die Karte der Politik als des Konzils oder ernstlicher Kirchenre-

---

[64] Die fränkischen Bekenntnisse, eine Vorstufe der Augsburgischen Konfession, hg. v. W. F. Schmidt u. K. Schornbaum (München 1930), mit monographischer theologischer Würdigung. Dazu v. Schubert, Bekenntnisbildung (s. Anm. 63).

[65] K. Hofmann, Konzilsfrage (s. Anm. 8), 104 ff. Von den Reichsständen äußerte sich besonders scharf Kurfürst Ludwig von der Pfalz in einem Schreiben vom 15. Okt. 1524 an den Kaiser. W. Friedensburg, Der Reichstag zu Speier 1526 im Zusammenhang der politischen und kirchlichen Entwicklung Deutschlands im Reformationszeitalter (Berlin 1887), 8. Über das Reichsregiment vgl. den ersten Bericht von Planitz an den Kurfürsten aus Eßlingen 5. Juli 1524, Wülcker/Virck, Berichte Planitz, 634,10 ff.

form. Unter Führung des Legaten Campegio schlossen sich auf dem Regensburger Konvent (27. Juni – 7. Juli 1524) Österreich, Bayern und ein Dutzend süddeutscher Bischöfe zu einem Bündnis zusammen, das sich zu strenger Durchführung des Edikts und gegenseitiger Hilfe im Falle des Aufruhrs verpflichtete. Das bescheidene, fast ausschließlich finanzielle und disziplinäre Reformprogramm, das damit verbunden war, bezog sich auf die Gravamina der Reichsstände, nicht auf die Fragen der Reformation, und wurde durch die Renitenz der Bischöfe ohnehin schnell wieder durchlöchert. Damit war das Reich durch ein erstes Sonderbündnis auf konfessioneller Grundlage gespalten. Ein Jahr später trat ihm ein norddeutsches Bündnis in Dessau zwischen den Kurfürsten von Brandenburg und Mainz, Herzog Georg von Sachsen und den Herzögen von Braunschweig-Wolfenbüttel zur Seite[66]. Daß das Verbot der Nationalversammlung auch auf den Ausbruch des Bauernkrieges unheilvoll eingewirkt hat, ist leichter zu vermuten als zu beweisen[67]. Oft genug war vor dieser Folge gewarnt worden, und die Reichsstände ließen sich dem Kaiser gegenüber nach dem Kriege diese Bestätigung ihrer früheren Warnungen nicht entgehen[68]. Auch Luther sah im späteren Rückblick die Dinge so zusammenhängen: „Eur Ratschlag war da voller Weisheit und verschufs, daß derselbige Reichstag stumpf, schimpflich und schändlich ward abgekundigt (abgesagt), da kam auch flugs drauf die Rute, nämlich der Muntzer mit der Aufruhr, und gab euch einen Schilling (Schlag), den ihr noch nicht überwunden habt, und wir leider noch größern Schaden davon haben."[69]

---

[66] Dazu s. u. S. 538.

[67] Franz, Bauernkrieg, 91. H. Baumgarten, Geschichte Karls V., Bd. 2 (Stuttgart 1888), 393 ff. H. v. Schubert, Revolution und Reformation im 16. Jahrhundert (Tübingen 1927), 25. Ders., Der Reichstag von Augsburg im Zusammenhang der Reformationsgeschichte, SVRG 150 (Leipzig 1930), 13. Vorsichtiger v. Ranke, Deutsche Geschichte (s. o. S. 48, Anm. 106), Bd. 2, 136. 140 ff.

[68] Instruktion für die Gesandtschaft an den Kaiser nach dem ersten Speyrer Reichstag, Aug. 1526, abgedr. Friedensburg, Reichstag zu Speier (s. Anm. 65), 560. K. Hofmann, Konzilsfrage (s. Anm. 8), 106.

[69] Vermahnung an die Geistlichen, 1530, WA 30/2; 274,5 ff.

XII. Reformation und Staatsbildung in Preußen (1523–1525)

Von allen Gewinnen, welche die evangelische Bewegung in den ersten Jahren über Kursachsen hinaus davontrug, hat keiner Luther so beschäftigt und beglückt wie der im fernen Lande des Deutschen Ritterordens. Stärker als irgendwo sonst außerhalb seines Heimatstaates wurde er selbst hier in den Gang der Dinge hineingezogen. Das gewohnte Band der Schüler, die in Wittenberg studiert hatten, fehlte hier fast ganz. Dafür konnte er ein paar nahe und besonders fähige Freunde als Prediger schicken. Vor allem aber boten sich zwei Ansatzpunkte für die Neugestaltung der Verhältnisse, die es anderswo nicht gab: die Notwendigkeit, das in sich unhaltbar gewordene kirchlich-weltliche Staatsgebilde von Grund auf umzuwandeln, und die Möglichkeit einer legitimen Reformation von oben her, da die beiden zuständigen Bischöfe zur lutherischen Bewegung übergingen. Die Eigenart dieser historischen Stunde gab Luthers direktem oder indirektem, durch seine Schriften vermitteltem Einfluß eine Wirkung, die weit über die kirchliche Entwicklung hinaus in den Gang der deutschen Geschichte hineinreichte[1].

Die unerwartete Aufgabe, die Luther hier zufiel, wurde ihm geradezu ins Haus getragen. Ende Juni 1523 erschien bei ihm der vertraute Rat des Hochmeisters des Deutschen Ritterordens Albrecht von Brandenburg, Magister Johann Oeden, mit einem vom 14. Juni datierten streng geheimen Schreiben seines Herrn. Luther sollte es sofort nach Kenntnisnahme verbrennen und „bis in sein Grab" darüber schweigen. Das Vertrauen, das ihm damit bewiesen wurde, sprach sich auch in der Anrede aus: „Lieber Herr Doktor und in Christo geliebter Bruder!" Der Hochmeister ließ ihm durch den Boten eröffnen, „wie wir empfinden, daß unser Orden einer Reformation notdurftig, tam in capite, quam in membris, dem wir auch mit Hilf Gottes nachzutrachten willens. Gott vom Himmel woll sein gottlich Gnad dorzu vorleihen." Luther wurde gebeten, die mitgesandten Statuten und Regeln des Ordens „zu emendieren". Der Hochmeister wolle dann nach seinem Rat die Reformation vornehmen, „domit dieselb zu Ehre Gottes ihren Furgang ahn Ärgernus oder Emporung erlangen mocht". Außerdem sollte Magister Oeden fragen, wie der Hochmeister den im Ordenslande wohnenden Klerus, von den Bischöfen bis zu den Pfarrern, „in ein ehrlich christlich Vornehmen und

---

[1] Erste Einführung in dem schönen Werk von W. Hubatsch, Geschichte der evangelischen Kirche Ostpreußens, Bd. 1: Darstellung mit Literatur, Bd. 2: Bilder ostpreußischer Kirchen, Bd. 3: Dokumente (Göttingen 1968).

Ubunge bringen" könne². So überraschend der Auftrag für Luther sein mußte, – vom Hochmeister selbst hatte er schon des längeren eine gute Meinung. Wenn er auch noch den Namen verwechselte, so hatte er sich doch schon an einer Antwort, welche dieser dem päpstlichen Legaten Chieregati in Nürnberg erteilt hatte, so erbaut, daß er sie seinem Freunde Link mitteilte: „Er hat erklärt, er werde gern der Kirche helfen, aber das sei nicht die Art der Kirche zu helfen, die offenkundige Wahrheit zu verdammen und Bücher zu verbrennen. Und es heißt, daß er nicht übel vom Evangelium denke."³ Die Beziehung, die sich nun anbahnte, hatte eine lange Vorgeschichte.

Der Deutsche Ritterorden, ein Reststück aus der großen militia Christi der Kreuzzüge und seitdem der Inbegriff für den Glaubens- und Schwertdienst des deutschen Adels, hatte im Kampf gegen die heidnischen Preußen wieder eine ansporrende Aufgabe und im unterworfenen Lande eine neue Heimat gefunden⁴. Er schuf hier nach dem Vorbild seiner eigenen Organisation den ersten zentralisierten deutschen Verwaltungsstaat, ein Mittelding zwischen einem Gliede des Reiches und einem der internationalen Kirche. Dieser stolzen Existenz sui generis, gegründet auf die eigene Leistung und die Hilfe aus den erheblichen Besitzungen innerhalb des Reiches, entsprang zunächst die hohe politische und geistige Blüte des Ordens im 14. Jahrhundert, ebenso aber später auch der unaufhaltsame Niedergang. Die veraltete ritterliche Kriegstaktik trug ihm neben der Übermacht der Polen und Litauer 1410 die entscheidende Niederlage bei Tannenberg ein. Zur gleichen Zeit zerstörte die Agrarkrise den Wohlstand seiner deutschen Besitzungen und der Kreise, aus denen er sich rekrutierte. Das bedeutete zwar einen verstärkten Zustrom aus dem Niederadel in den Orden; er konnte sich 1453 Kaiser Friedrich III. als „des deutschen Adels Zuflucht" empfehlen⁵. Aber ebenso führte es zu heftigen Rivalitäten unter den Landsmannschaften, die dort ihre Versorgung suchten, und vor allem zu einem sich ständig verschärfenden Gegensatz zwischen den habelosen, sich streng abschließenden Rittern und dem Adel und den Bürgern des Landes. Der dreizehnjährige Aufstand, der daraus aufflammte, drängte mit der Hilfe Polens im zweiten Thorner Frieden (1466) den Orden auf die armen östlichen Teile Preußens zusammen und legte dem Hochmeister Treueid und Heeresfolge gegenüber dem polnischen König (wenn auch nicht förmliche Lehnshoheit) auf. Der Orden erkannte zwar den

---

² WAB 3; 86,3.14. 87,17.25 ff.
³ 19. Dez. 1522, WAB 2; 633,31 ff. Luther nannte ihn nach seinem Vorgänger Friedrich (über ihn s. u. S. 284).
⁴ Zum Folgenden Übersicht und Literatur bei E. Maschke, Art. Ritterorden, in: RGG Bd. 5 (1961), 1121 ff. Ders., Die inneren Wandlungen des deutschen Ritterordens, in: Geschichte und Gegenwartsbewußtsein. Historische Betrachtungen und Untersuchungen, Fschr. H. Rothfels (Göttingen 1963), 249 ff. Ders., Der Ordensstaat Preußen in seinen deutschen und europäischen Beziehungen, in: ODW 8 (München 1961), 187 ff.
⁵ Zit. Maschke, Innere Wandlungen (s. Anm. 4), 272.

Vertrag nicht an, konnte sich aber praktisch den polnischen Forderungen nicht immer entziehen. Beim Versuch, sich dieser Fesseln wieder zu entledigen, suchte er nicht mehr Hilfe bei dem machtlosen Reich, sondern in der Anlehnung an deutsche Territorialstaaten. Das war das erste Zeichen eines neuen Zeitalters. Mit Friedrich von Sachsen, dem albertinischen Wettiner und Bruder des späteren Herzogs Georg, wurde 1498 zum ersten Male ein Reichsfürst in das Hochmeisteramt berufen[6]. Er hatte in Italien studiert und brachte bescheidene Anfänge des Humanismus und höfischen Glanz in das Königsberger Schloß, die Residenz der Hochmeister seit dem Verlust der Marienburg. Hier fand jetzt auch der Landadel Eingang, dem der Eintritt in den Orden noch immer verwehrt war. Aber auch sonst löste sich die Verwaltung immer stärker vom Orden. Sie kam in Laienhände, und bis in die Tracht wurde die Verweltlichung sichtbar. Das Ordensland begann, sich in einen Stände- und Beamtenstaat zu verwandeln. Dem besonnenen Hochmeister gelang es in einem lebhaften diplomatischen Spiel, weiterhin die Anerkennung des Friedens von 1466 zu verweigern, ohne daß Polen, von den vorandrängenden Russen im Rücken bedroht, einschreiten konnte. Als schließlich die Situation gefährlich wurde, entzog er sich dem Zugriff, indem er 1507 seine Residenz nach Rochlitz in Sachsen verlegte. Von dort konnte er im Zusammenspiel mit dem Reich und Ungarn und unter wohlberechneter Passivität der Kurie, auf deren Entscheidung auch Polen wartete, den Schwebezustand bis zu seinem Tode 1510 erhalten.

Zum Nachfolger wählte der Orden 1511 wieder einen Prinzen aus einem bedeutenden reichsfürstlichen Hause, den zwanzigjährigen Albrecht von Brandenburg-Ansbach. Seine Zugehörigkeit zum Hohenzollerngeschlecht schien einen starken politischen Rückhalt im Reich, die Beziehung zum polnischen Königshaus durch seinen mütterlichen Großvater Kasimir IV. ein günstiges Verhältnis zu Polen zu versprechen[7]. Jedoch der Schein trog. Die Reichsfürsten, voran Kurbrandenburg, weigerten sich, in dem drohenden Kriege gegen Polen Partei zu nehmen, weil es ihnen als Nachbar immer noch lieber war als das moskowitische Großfürstentum. Kaiser Maximilian I., der anfangs die Russen unterstützt und den Orden zum Widerstand ermuntert hatte, zog es vor, auf das polnische Angebot eines Ausgleichs zwischen den Jagiellonen und den Habsburgern einzugehen. Es sicherte dem Hause Habsburg Erbrechte auf Ungarn und Böhmen und stärkte damit seine Position gegenüber den Türken. Dafür verzichtete der Kaiser im Wiener Vertrag mit dem polnischen König Sigismund 1515 darauf, den Orden gegen Polen zu

<hr />

[6] K. Forstreuter, Vom Ordensstaat zum Fürstentum. Geistige und politische Wandlungen im Deutschordensstaate Preußen unter den Hochmeistern Friedrich und Albrecht 1498–1525 (Kitzingen 1951). – W. Hubatsch, Die inneren Voraussetzungen der Säkularisation des deutschen Ordensstaates in Preußen, in: ARG 43 (1952), 145ff.

[7] W. Hubatsch, Albrecht von Brandenburg-Ansbach. Deutschordens-Hochmeister und Herzog in Preußen 1490–1568 (Heidelberg 1960), 26ff.

unterstützen. Sein Enkel Karl V. folgte ihm seit 1519 auf dieser politischen Linie. Der junge Hochmeister befand sich in einer schwierigen Lage. Aber er gab sich nicht verloren. Beweglichen Geistes und ohne Kriegsfurcht – er hatte 1509 an einem Feldzuge Kaiser Maximilians teilgenommen und sich immer gewünscht, einen Türkenkrieg mitmachen zu können –, rüstete er für die Auseinandersetzung mit Polen. Sie sollte dem Orden die verlorenen Gebiete und die Unabhängigkeit zurückgewinnen. Sein inspirierender, aber gefährlicher Ratgeber war Dietrich von Schönberg, den er erst kürzlich in seine Dienste genommen und mit dem er sich eng befreundet hatte[8]. Nie um Pläne verlegen, die er mündlich wie schriftlich glanzvoll zu formulieren verstand, suchte der hochbegabte, sanguinische Meißener Edelmann die Politik Albrechts auf die hohe See zu steuern. Bündnisse mit Rußland und einigen Reichsständen sollten den Kampf absichern, ein in Deutschland angeworbenes großes Heer die schwachen Truppen des Hochmeisters unterstützen. Aber Schönberg kam mit seinen Unternehmungen langsam voran, und Albrecht, von einer Fehdeansage der mißtrauisch gewordenen polnischen Seite überrascht, geriet bald in äußerste Bedrängnis, zumal er seine Kräfte in kleinen Unternehmungen verzettelte. So unbesonnen er gehandelt hatte, so standhaft zeigte er sich im Unglück. Er erreichte schließlich im April 1521 einen glimpflichen Waffenstillstand auf vier Jahre, in dem sogar für alle strittigen Fragen ein Schiedsgericht aus höchsten Reichs- und Kirchenfürsten vorgesehen war. Inzwischen führte Dietrich von Schönberg seine weitgesponnene Politik eines antihabsburgischen Bündnissystems fort. Den Moskaureisen folgten nach dem Waffenstillstand Reisen nach Dänemark, England, Schottland und Frankreich, alle mit geringem Erfolg. Sein Tod in der Schlacht von Pavia am 24. Februar 1525, in der er auf der unterliegenden französischen Seite mitkämpfte, war ein sinnvolles Ende seiner unermüdlichen, aber aussichtslosen politischen Aktivität. Mit dem Namen Schönbergs ist auch die erste Erwähnung Luthers im Gesichtskreis Albrechts verbunden. Bei einem heimlichen Treffen in Lochstedt (an der Frischen Nehrung) im September 1521 erhielt Schönberg von ihm den Auftrag, sich bei Kurfürst Friedrich dem Weisen nach einer möglichen Durchsicht der Ordensregel durch Luther zu erkundigen. Ob die Anregung dazu von ihm ausging, ist nicht sicher, aber bei seiner Kenntnis der sächsischen Verhältnisse zu vermuten[9]. Er hatte Luther zwar in Worms gesehen, stand aber damals und bis zum Ende seines Lebens im altgläubigen Lager. Bei einem Besuch in Wittenberg kurz danach konnte er Luther nicht treffen. Und ihm das Ordensstatut durch

---

[8] Forstreuter, Ordensstaat (s. Anm. 6), 60 ff.

[9] Auf seinem Merkzettel steht nur: Nota churfurst Sachssen, reformacionem libri per doctorem Luther. E. Joachim, Des Hochmeisters Albrecht von Preußen erster Versuch einer Annäherung an Luther, in: ZKG 12 (1891), 119. Forstreuter, Ordensstaat (s. Anm. 6), 75.

Vermittlung des Kurfürsten oder anderswie zuzustellen, vermied er aus Vorsicht[10].

Der Hochmeister hat Schönberg in diesen Jahren freie Hand gelassen. Aber seinen politischen Weg mußte er selber suchen. Auf ausländische Hilfe konnte er kaum rechnen, und die Frist des Waffenstillstandes lief ab. Er bemühte sich deshalb von neuem um Unterstützung aus dem Reich und benutzte dazu die günstige Gelegenheit des zweiten Nürnberger Reichstags (1522–1523)[11]. Er arbeitete fleißig darin mit und saß in nicht weniger als sechs Ausschüssen, darunter dem wichtigen: „Was dem Papst in der lutherischen Sache zu antworten", und zwar ironischerweise als Vertreter seiner hochkatholischen hohenzollerischen Verwandten, 1523 des Kardinals Albrecht von Mainz und 1524 des Kurfürsten Joachim I. von Brandenburg. Sein dringender Appell an die Reichsstände Mitte Februar 1523, Polen zur Teilnahme am Schiedsgericht und zum Friedensschluß zu bewegen oder dem Orden im Fall eines neuen Krieges Reichshilfe zu leisten, erweckte ein günstiges Echo. So verschiedenartige Kräfte wie das Reichsregiment und der Statthalter des Kaisers, König Ferdinand, die Kurie und die z. T. schon evangelischen fränkischen Reichsritter traten für ihn ein. Aber es blieb bei Schreiben und Worten, die man in Polen angesichts der ungeklärten außen- und reichspolitischen Situation des Kaisers nicht ernst zu nehmen brauchte. Nicht als politische Bühne bedeutete Nürnberg für den Hochmeister eine Wende, sondern als der Ort, wo die innere Entscheidung fiel, in die er sich seit langem gedrängt fühlte. Der gemütstiefe Fürst wurde von den leidenschaftlichen Predigten Andreas Osianders in St. Lorenz so ergriffen, daß er ihm später bezeugte: „Ihr seid allein das Mittel, wodurch wir zu göttlicher, rechter und wahrer Erkenntis gekommen sind."[12] Auch der Umgang mit den evangelisch gesinnten Nürnberger Patriziern, vor allem Lazarus Spengler, den kursächsischen und mehr noch den fränkischen Räten, wie Schwarzenberg und Vogler, trug dazu bei, die geplante Verbindung mit Luther aufzunehmen. Nach einem fehlgeschlagenen Versuch (wohl im April 1523)[13] kam sie endlich mit der eingangs geschilderten Gesandtschaft des Magister Oeden zustande.

---

[10] Nach Briefen vom 16. Jan. u. 12. Feb. 1522 hat er zwar mit dem Kurfürsten gesprochen, das Buch aber nicht für Luther nach Wittenberg geschickt, da er hörte, „das es Martin sehr an dem ort keczert"; eine Anspielung auf die Wittenberger Unruhen. Joachim, Albrecht von Preußen (s. Anm. 9), 121.

[11] Hubatsch, Albrecht (s. Anm. 7), 104 ff.

[12] Brief an Osiander vom 30. Apr. 1540. J. Voigt, Briefwechsel der berühmtesten Gelehrten des Zeitalters der Reformation mit Herzog Albrecht von Preußen. Beiträge zur Gelehrten-, Kirchen- und politischen Geschichte des 16. Jahrhunderts, aus Originalbriefen dieser Zeit (Königsberg 1841), 479, zit. P. Tschackert, Herzog Albrecht von Preußen als reformatorische Persönlichkeit, SVRG 45 (Halle 1894), 14. – Albrecht holte Osiander 1549 nach Königsberg. – Eine Übersicht über ungedruckte religiöse Niederschriften Albrechts aus späterer Zeit gibt E. Roth, Neues Material zur Reformationsgeschichte, in: ThLZ 75 (1950), 763 ff. Weitere Literatur RGG Bd. 1 (1957), 219 und Schottenloher, Bibliographie, Bd. 7 (1966), Nr. 61768 ff.

[13] Die von Hubatsch, Albrecht (s. Anm. 7), 118 erwähnte Sendung von Bastian Staartz aus

Was aus der damit geknüpften Verbindung erwuchs, war also durch drei z. T. weit zurückliegende Voraussetzungen bestimmt: 1) Das Ordensland hatte sich längst zu einem modernen, von der Ordensverfassung abgelösten Staatsgebilde zu entwickeln begonnen. 2) Es befand sich in einer nahezu hoffnungslosen Situation, in der Hilfe von auswärts nicht zu erwarten war, aber bis zum Ende des Waffenstillstandes 1525 eine Entscheidung getroffen werden mußte. 3) Hochmeister Albrecht hatte in den schweren Jahren seinen Halt am Evangelium gefunden und sich im stillen der lutherischen Reformbewegung angeschlossen. Für Luther wurde zunächst nur diese persönliche Wandlung Albrechts sichtbar, die freilich auch sein Amt und die innere Zukunft seines Ordens berührte. Beim Hochmeister verbanden sich selbstverständlich sämtliche Aspekte miteinander und drängten zu einer alles umfassenden Lösung. Was Luther auf die noch sehr begrenzte Bitte, die Ordensstatuten zu verbessern, geantwortet hat, wissen wir nicht. Erst bei einem Besuch Albrechts in Wittenberg kam das Ordensproblem in größerem Umfange zur Sprache. Seine Lage war inzwischen noch übler geworden. Ein kostspieliger Versuch, den vertriebenen Dänenkönig Christian II. wieder auf den Thron zu bringen und in ihm einen späteren Bundesgenossen zu gewinnen, war gescheitert. Auf der Rückkehr von Dänemark kam Albrecht am 1. Advent (29. November) 1523 zu Luther[14]. Dieser berichtete später in einem Brief vom 4. Juli 1524: „Als ich zum ersten Male mit Fürst Albrecht, dem Hochmeister, sprach und er mich über die Regel seines Ordens befragte, habe ich ihm geraten, die törichte und konfuse Regel fallen zu lassen, zu heiraten und Preußen eine politische Gestalt zu geben, sei es die eines Fürstentums oder eines Herzogtums. Dasselbe meinte und riet nach mir auch Philippus. Er (Albrecht) lächelte damals dazu, antwortete aber nichts. Inzwischen sehe ich, daß ihm der Rat gefallen hat und daß er ihn möglichst bald ausgeführt wünscht."[15] Der Gedanke ist Albrecht damals sicherlich nicht zum ersten Male begegnet. Aber daß Luther ihn bei der lange gesuchten Unterre-

---

Nürnberg an Luther erfolgte nicht 1523, sondern 1524 (wie schon aus S. 317, Anm. 25 hervorgeht; später richtig bei dems., Geschichte ev. Kirche Ostpreußens [s. Anm. 1], Bd. 1, 13). Eine Reise mit Melanchthon nach Magdeburg ist erst für Ende Juni 1524 bezeugt.

[14] Vgl. WAB 3; 207 und den Brief an den Königsberger Prediger Brießmann vom 4. Juli 1524, ebd. 315,22 ff. Daß Albrecht schon am 14. Nov. 1523 einmal in Wittenberg gewesen sei und mit Luther gesprochen habe, ebd. 195, ist durch die Zehrkostenrechnung für den Aufenthalt des Hochmeisters in Berlin vom 24. Okt.–26. Nov. ausgeschlossen. Urkundenbuch zur Reformationsgeschichte des Herzogthums Preußens, hg. v. P. Tschackert, Bd. 2 (Leipzig 1890; Ndr. Osnabrück 1965), 15, Anm. 1. Die für den 14. Nov. bezeugte Haferlieferung in Wittenberg wird vorsorglich gewesen sein, s. Buchwald, Lutherana (s. o. S. 85, Anm. 57). Notizen aus Rechnungsbüchern des Thüringischen Staatsarchivs zu Weimar, in: ARG 25 (1928), 27f. Mit der Brießmann gegenüber erwähnten ersten Unterredung ist nicht eine frühere gemeint, WAB 3; 195, Nr. 686, sondern die vom 29. Nov. 1523 im Gegensatz zu der zweiten vom 12. Mai 1524, von der wir nur durch das Itinerar des Hochmeisters wissen, Tschackert, Urkundenbuch, Bd. 2, 15.

[15] An Joh. Brießmann, WAB 3; 315,22 ff. Vgl. auch Anm. 44.

dung von sich aus äußerte und damit alles Flickwerk an der Regel beiseite schob, wird ihm wichtig gewesen sein.

Daß es Albrecht nicht mehr allein um Ordens- und Landesangelegenheiten ging, sondern um das Kirchenproblem im ganzen, zeigen einige Fragen, die er Luther zu schriftlicher Beantwortung hinterließ. Sie betrafen die Begründung des Papsttums auf Petrus, die päpstliche, bischöfliche und Konzilsgewalt, die Verbindlichkeit kirchlicher Gesetze über Fasten, Feiertage und andere Äußerlichkeiten, Trennung der Ehen durch den Papst bei Ehebruch und Ehehindernissen, soweit sie nicht durch göttliches Gesetz verboten sind. Luther beantwortete die Fragen in einer knappen lateinischen Ausarbeitung nach der zusammenfassenden Maxime: „Der Papst und alle Diener des Wortes in der Kirche haben nichts anderes zu treiben als die ‚Geheimnisse Gottes‘ (1.Kor. 4,1), das Wort des Lebens, die Lehre des Glaubens, und sie haben nichts nach eigenem Ermessen oder gegen Gottes Wort zu tun." Was darüber hinausgeht oder dem widerstreitet, ist ihnen nicht erlaubt. Luther ließ dem Hochmeister seine Niederschrift durch Spalatin wohl Anfang Januar 1524 auf dem Nürnberger Reichstage übermitteln. Albrecht gefiel die äußerst präzise Antwort auf diese im Zentrum der kirchlichen und politischen Debatte stehenden Themen so sehr, daß er für eine deutsche Übersetzung sorgte. Noch im selben Jahr erschien sie in acht fast ausschließlich süddeutschen Drucken[16].

Wichtiger aber war, daß Luther gleichzeitig auch einen entscheidenden, öffentlichen Schritt in der Ordensfrage tat. Noch Ende des Jahres 1523 erschien in Wittenberg – und dann von den gewohnten Pressen schnell nachgedruckt – seine Schrift „An die Herren deutschen Ordens, daß sie falsche Keuschheit meiden und zur rechten, ehelichen Keuschheit greifen. Ermahnung"[17]. Er übertrug darin seine Kritik der Mönchsgelübde auf den Ritterorden, dessen Zwitterexistenz die Frage, wie sich Weltliches und Geistliches

---

[16] Lateinischer und deutscher (um die Ehefragen gekürzter) Text WAB 3; 207 ff. Drucke Benzing, Lutherbibliographie, Nr. 2010–2017.

[17] WA 12; 229 ff. In der älteren Forschung wurde Luthers Schrift aufgrund der Jenaer Ausgabe auf den 28. März datiert. Es wäre an sich schon unwahrscheinlich, daß Luther von sich aus so früh und so scharf in die Ordensverhältnisse eingegriffen haben sollte. Kawerau hat aber (WA 12; 229 f.) aus den Druckverhältnissen überzeugend nachgewiesen, daß sie erst Ende 1523, also nach dem Besuch des Hochmeisters, entstanden sein kann. (Der Originaldruck ist 1523 datiert, vgl. Benzing, Lutherbibliographie, Nr. 1716, die immer schnell folgenden Nachdrucke 1524.) In seiner Neubearbeitung von Köstlins Lutherbiographie, 621 f., hat Kawerau eine zutreffende Darstellung gegeben. Auch Tschackert hat die in seinem Urkundenbuch (s. Anm. 14) enthaltene Datierung in seiner Schrift: Herzog Albrecht von Preußen (s. Anm. 12), 98 f. nach der WA verbessert; ebenso Kolde, Martin Luther (s. o. S. 227, Anm. 4), 573. Ein sicheres Indiz für den Erscheinungstermin ist, daß der immer glänzend unterrichtete Herzog Georg von Sachsen die Schrift am 2. Jan. 1524 in Händen hatte, Geß, Akten, Bd. 1, Nr. 594; 599 f. Leider findet sich bei Hubatsch, Albrecht (s. Anm. 7), 118 ff. und ders., Geschichte ev. Kirche Ostpreußens (s. Anm. 1), Bd. 1, 11, da er veraltete Ausgaben der Werke und Briefe Luthers benutzt, noch die falsche Datierung (dazu s. auch Anm. 28).

„zusammenreime"[18], ohnehin stellte. In diesem halbkriegerischen Leben von Männern, die ihren Dienst oft um des Abenteuers oder der Versorgung willen übernommen hatten, waren die Gelübde noch mehr gefährdet als in einem umfriedeten Klosterbezirk. Und es war gewiß kein Ausweg, wenn Herzog Georg von Sachsen den jungen Hochmeister, der ihm bei seiner Wahl seine Anfechtungen wegen des Keuschheitsgelübdes gestand, beruhigte, er brauche sich als Hochmeister nicht unbedingt an die Ordensregeln zu halten[19]. Zugleich aber bot sich für Luthers Augen bei einem Ritterorden leichter ein Ausweg als bei den Klöstern: Es ist der „Vorteil in eurem Orden, daß er mit zeitlicher Nahrung versorgt ist, daß man das Gut kann unter die Herrn austeilen und Landsässen, Amtleut oder sonst nütze Leut draus machen, und nicht die elende Not da ist, die manchen Bettelmönch und ander Mönch im Kloster behält, nämlich des Bauchs Sorge"[20]. Wenn das auch eher auf die Balleien des Ordens in Deutschland als auf die armen ostpreußischen Verhältnisse zutraf, so sah er doch jedenfalls darin eine Möglichkeit, daß mit der Zeit „eine rechte ordentliche Herrschaft" draus würde, die „ohn Gleißen und falschen Namen vor Gott und der Welt angenehm wäre"[21]. Vor Gott: Das war für Luther gegenüber allen menschlichen Gesichtspunkten das Entscheidende. Darum stellte er den Ordensherrn mit allem Nachdruck ihre eigentliche Sünde vor Augen, ihren Ungehorsam gegen Gottes Wort: „Du sollst nicht alleine sein, sondern ein Gehilfen haben (1.Mose 2,18), ich mache es denn anders. Da sollten wir vor erzittern und erschrecken, da stehen Engel und alle Kreaturen bei, von Anfang der Welt her."[22] Mit dem Zwang, den die Kirche gegen dieses Schöpfungsgebot aufgerichtet hat, wird Gott gelästert. Und: „Hurerei oder Unkeuschheit ist wohl eine große Sünde, aber gegen Gotteslästerung ist sie geringe."[23] Daran sollten die Ordensherren ihre Gehorsamspflicht ermessen, nicht an Kirchengeboten. Und gegen den kirchenrechtlichen Einwand, daß Konzilsbeschlüsse nur durch Konzilien aufgehoben werden könnten[24], verwies er darauf, daß es hier um Menschenschicksale geht. „Denn wo die Concilia verzögen, und ich dieweil sterben müßte, wo bliebe meine Seele dieweile, so sie noch nicht sollt wissen und allererst von den Konzilien erwarten, was sie gläuben sollt, so mir doch der Glaube hier

---

[18] WA 12; 232,13.
[19] Forstreuter, Ordensstaat (s. Anm. 6), 66 und die eigenhändige Notiz Albrechts über die Äußerung Georgs: Dy geheuscheit aber solt s. f. g. nit anderst sveren wider s. g. muglich und ob s. g. nit keusch sein kunt, solt s. g. doch heimlich thon. Licet non caste, tamen caute (146 custe dort Druckfehler).
[20] WA 12; 232,25 ff.
[21] Ebd. 232,31 ff.
[22] Ebd. 235,25 ff.
[23] Ebd. 237,12 f.
[24] So z.B. Johannes Fabri in einer Streitschrift gegen Luther (1522), auf die Justus Jonas im August 1523 eine mit einem Geleitwort Luthers versehene Erwiderung herausgegeben hatte, WA 12; 81 ff.

not wäre?"[25] Darum sollen sich die Ritter nicht wie Lots Weib danach um-
schauen, was die andern tun. Sondern „wo du dich fühlest und wissest nun,
daß Gott dich will haben im Ehestand, sollst du fortfahren, ob du auch gleich
alleine solchs anfahen und tun müßtest, unangesehen, was alle Welt, Freund
und Feind davon singen oder sagen"[26]. Luthers eindringlicher Gewissensrat
an die Ordensherren war sicherlich nicht gegen den Sinn des Hochmeisters.
Es liegt nahe, wenn wir es auch nicht wissen, daß er bei dem Besuch in Wittenberg besprochen worden war, wie Herzog Georg sofort vermutete und an
Albrechts Bruder Kasimir berichtete[27]. Der Hochmeister kannte ja den
wunden Punkt des Zölibats im Orden zu gut. Luthers Vorschlag zielte zwar
auf eine Auflösung der bisherigen Ordensform, aber zugleich auf eine stärkere Bindung der Ordensherren an das Land. Wurde er befolgt, so konnte
das der bedrohlichen Austrittsbewegung, mit der Albrecht zu kämpfen hatte,
entgegenwirken und seine Stellung festigen[28].

Luthers Rat an die Ordensherren traf hinein in die schon in Gang gekom-
mene reformatorische Bewegung in Preußen[29]. Auf die durch Magister Oeden im Juni 1523 übermittelte Bitte des Hochmeisters, ihm bei der Erneuerung des Priesterstandes zu raten, hatte er den von ihm hochgeschätzten Dr.
Johann Brießmann (geb. 1488 in Cottbus) zur Berufung empfohlen. Er hatte
als Franziskanermönch in Wittenberg studiert und 1522 promoviert. Seit der
Leipziger Disputation von 1519 war er mehr und mehr auf Luthers Seite gezogen worden[30]. Luther hatte ihm erst kürzlich 1523 die Erwiderung auf eine
Schrift Schatzgeyers anvertraut, die gegen Luthers Buch De votis monasticis
gerichtet war. Er hätte keinen besseren Mann nach Königsberg schicken
können als diesen besonnenen, theologisch gründlich gebildeten Freund.
Seine Predigt im Dom am 27. September 1523 bildete den Auftakt der Reformation in Preußen. Er wandte sich sofort der wichtigsten Aufgabe zu, den
Geistlichen einen knappen, einprägsamen Abriß der reformatorischen Auffassung des Evangeliums in die Hand zu geben. Die 110 Thesen, die er im
Oktober dafür veröffentlichte: Flosculi de homine interiore et exteriore, fide

---

[25] Ebd. 236,32 ff.

[26] Ebd. 243,7 ff.

[27] 2. Jan. 1524, Tschackert, Urkundenbuch (s. Anm. 14), Bd. 2, 45. Geß, Akten, Bd. 1, 599.

[28] Die abweichende Beurteilung der Schrift und der vermutlichen Reaktion Albrechts durch
Hubatsch, Albrecht (s. Anm. 7), 120 f. hängt wesentlich mit der Frage der Chronologie zusammen (s. Anm. 17).

[29] Zum Folgenden grundlegend: Tschackert, Urkundenbuch (s. Anm. 14), Bd. 1 und 2.

[30] „Denn ich wohl zwölf Jahr in dem Schulgezänke gewest und fast (gar) sehr dem Evangelio
widerstrebet hab, bis daß es meinem gnädigen Gott, der da reich ist an Barmherzigkeit, mich aus
der Grundsuppen der Sophisterei, in der ich schier ersoffen war, zu rucken und auszuführen be-
haget hätt." So berichtet Brießmann in seiner Schrift „Unterricht und ermahnung . . . an die
Christlich gemeyn zu Cottbus" (1523), abgedr. in: ZHTh 20 (1850), 502 ff. Er gibt darin eine
schöne, knappe Zusammenfassung der reformatorischen Gedanken, die er ein Jahr dort verkündigt hat. – R. Stupperich, Johann Brießmanns reformatorische Anfänge, in: JBrKG 34 (1939),
3 ff. Chr. Fr. D. Erdmann, Art. Brießmann, in: RE Bd. 3, 398 ff.

et operibus[31], zeigen deutlich die beiden Fronten, gegen die er sich abgrenzt: die erasmische Anthropologie und die katholische Gnadenlehre; der Amts- und Kirchenbegriff treten hinzu. Themen und Sprache entstammen der mönchischen und theologischen Erfahrungswelt und verbinden ihn viel intensiver mit Luther, als dies etwa bei Melanchthons Loci der Fall war. Luthers Schriften, vor allem der Freiheitstraktat und der Galaterkommentar, schimmern immer wieder hindurch. Sein Vorbild und das eigene frische Erleben lassen Brießmann meisterhafte Formulierungen gelingen. Er weiß, daß an Gottes unerfüllbar erscheinenden Geboten notwendig unsere Verzweiflung entsteht. Jedoch ,,diese Verzweiflung ist nicht das geringste Stück im Christentum. Wohl aber ist das Vertrauen auf unsere Kräfte und darauf, zu tun, was in unserem Vermögen liegt, das Hauptstück der heuchlerischen Verkehrtheit (24).'' Mit dem Panzer und Schild des Glaubens können wir die Verzweiflung vertreiben. An ihm entscheidet sich unser ewiges Schicksal: Sicut sola fides iustificat, ita sola infidelitas damnat (35). Wahrer Glaube wird aber auch ,,sofort in Werke ausbrechen und uns nicht müßig lassen, sondern alles in allen wirken, frei ohne Gesetz, fröhlich ohne Gebot, und unser Licht wird allen Menschen leuchten (28)''. Im rechten Verstehen des Glaubens, der uns mit Christus ,,in glücklicher Ehe'' vereint, stehen alle Christen einander gleich. Es war darum das größte Unheil in der Geschichte der Kirche, ,,Geistliche'' und ,,Weltliche'' voneinander zu scheiden. Wer das getan hat, ,,den erklären wir für schuldig, den Glauben, die Gnade, die christliche Freiheit ausgelöscht und das ganze Christentum vernichtet zu haben (67)''. Die Radikalität der Selbstentzweiung im Menschen (Pugnat totus homo contra totum hominem, 98), die Absolutheit des Glaubens an das Erlösungswort und der Impuls zur Liebe sind untrennbar miteinander verbunden. ,,Von Christus haben wir den Namen ,Christen' empfangen, nicht um uns nur dem Namen nach als solche darzustellen, sondern um uns wirklich dem Nächsten als einen Christus zu erweisen, indem wir dem Leben Christi nacheifern. Nicht nur nach dem abwesenden, sondern nach dem in uns wohnenden Christus heißen wir Christen (108).''

Der bedeutendste Zeuge für die Wirkung, die von Brießmann ausging, ist sein Bischof Georg von Polentz[32]. Aus altem meißnischem Adel gebürtig,

---

[31] Die Flosculi (Blütenlese) wurden gedruckt in der Gegenschrift des mit Kopernikus befreundeten Frauenburger Domherrn Tidemann Giese, Antilogicon (Krakau 1525), danach von P. Tschackert, (Joh. Briessmanns) Flosculi de homine interiore et exteriore, fide et operibus, die erste grundlegende Reformationsschrift aus dem Ordenslande Preussen vom J. 1523, aus Gieses Antilogikon zum ersten Male herausgegeben und untersucht (Gotha 1887), neuerdings von R. Stupperich in der dankenswerten Sammlung heute schwer zugänglicher Drucke: Die Reformation im Ordensland Preußen 1523/24, QODKG 6 (Ulm 1966), 36 ff.; die beigegebene Übersetzung ist z. T. korrekturbedürftig.
[32] P. Tschackert, Georg von Polentz, Bischof von Samland, in: Kirchengeschichtliche Studien, H. Reuter zum 70. Geburtstag (Leipzig 1888), 145 ff. Hubatsch, Geschichte ev. Kirche Ostpreußens (s. Anm. 1), Bd. 1, 23 ff.

hatte er in Italien Jura studiert, bei Papst Julius II. und Kaiser Maximilian im politischen Dienst gestanden und war schließlich in den Deutschen Orden eingetreten. Auf Vorschlag des Hochmeisters Albrecht, der sich seiner Verwaltungsgaben gern bedient hatte, wurde er 1519, nachdem die fehlenden Weihen eilig nachgeholt waren, zum Bischof von Samland gewählt. Als Albrecht 1522 seine Reise ins Reich antrat, bestellte er ihn zum Regenten. Drei Jahre hatte Polentz das vom Krieg verwüstete, verarmte und durch die schleichende Auflösung des Ordens in Unruhe versetzte Land zu verwalten. Daß er in dieser Zeit seinen geistlichen Pflichten nur selten nachkommen konnte, war begreiflich. Um so größer war das Aufsehen, das seine Weihnachtspredigt im Königsberger Dom 1523 machte[33]. Er bekannte sich mit Leidenschaft zum neuverstandenen Evangelium und stellte der schlichten, alles umfassenden Freudenbotschaft der Engel den Zustand und den Frömmigkeitsbetrieb der Kirche gegenüber. Die komplizierte scholastische Theologie und aristotelische Philosophie, die Kasuistik des Kirchenrechts, die Gelübde und Rivalitäten der Orden, die Votiv- und Seelmessen, Ablässe, Rosenkränze, Wallfahrten, Fastengebote, Heiligenverehrung und verdienstlichen Werke – was hat all der Menschentand mit dem Glauben an die Botschaft von der Geburt Christi des Heilandes zu tun? ,,Du mußt glauben, daß er dir (dir, sprich ich) geboren sei.'' Damit das Evangelium vernehmbar werde, kündigte er an, daß in Zukunft deutsch getauft werden solle, und bestallte Brießmann an seiner Statt, da er mit Arbeit überhäuft sei, zum Domprediger. In dem Sturzbach von Anklagen gegen das alte Kirchenwesen steckte doch ein gewinnender persönlicher Ton des Ernstes und der Wärme. Er klagte sich an, selbst sein Teil Schuld daran gehabt zu haben, und bekannte sich zu der schweren Bürde seines Amtes, zum ,,Seelwärter'' seines Bistums eingesetzt zu sein. ,,Darumb will ich auch mit göttlicher Hilfe über Gottes Wort und dem Evangelio halten, sollt ich gleich Leib und Leben, Gut und Ehre und alles, was ich habe, daran setzen.''[34] Was er in seiner Predigt angesprochen hatte, begann Polentz mit einem Mandat an die samländischen Pfarrer vom 28. Januar 1524 auszuführen, zunächst an dem für die Gemeinde greifbarsten Punkte: Er befahl die Einführung der deutschen Sprache bei der Taufe. Quid enim prodest sacramentum sine verbo et fide? Er wies zugleich auch auf die Notwendigkeit hin, sich um den Gebrauch der litauischen, preußischen und sarmatischen Sprache zu mühen, ,,damit auch ihnen die christlich Unterweisung nicht fehle''. Den Predigern empfahl er als Hilfe zum Verständnis der heiligen Schrift Luthers Bibelübersetzung und eine Reihe seiner Schriften: Von der Freiheit eines Christenmenschen, Von den guten Werken, die Postille, das Magnificat,

[33] Abgedr. Stupperich, Reformation (s. Anm. 31), 14 ff. und Hubatsch, Geschichte ev. Kirche Ostpreußens (s. Anm. 1), Bd. 3, 1 ff.
[34] Stupperich, Reformation (s. Anm. 31), 17. Hubatsch, Geschichte ev. Kirche Ostpreußens (s. Anm. 1), Bd. 3, 6.

seine Psalmenauslegungen u. a.[35]. Als liturgisches Hilfsmittel ließ Polentz einen Nachdruck von Luthers „Taufbüchlein" (1523) in Königsberg herausgeben (1524)[36]. In den folgenden Predigten zu den großen Festen des Kirchenjahres bewies er immer wieder seine Gabe, die Wahrheiten des Evangeliums in treffender Einfachheit, anpackend und manchmal mit einem Schuß Humor zu sagen. Seine Entschiedenheit wuchs nur unter den Angriffen, die nun kamen. Der schärfste und gröbste – nicht namentlich gegen ihn, sondern gegen die eindringende Pest der lutherischen Lehre gerichtet – war schon unter dem 20. Januar 1524 von dem ermländischen Bischof Moritz Ferber ausgegangen[37]. Die Wege der beiden Landesteile Preußens führten seit den Kundgebungen der Bischöfe unaufhaltsam auseinander. Luther stellte die im Inhalt und Tenor so verschiedenartigen bischöflichen Mandate wirkungsvoll als Früchte des alten und des neuen Geistes in einer Flugschrift der Öffentlichkeit vor[38].

Ihm war bewußt, daß in Preußen Außerordentliches geschah. Der erste amtierende Bischof war zur neuen Lehre übergegangen, und es war eine Bewegung entstanden, die sich nicht an Äußerlichkeiten wie dem Ablaß entzündete, sondern aus der Quelle des Evangeliums nährte. Auch die späteren Predigten und Sermone, die Brießmann 1524 drucken ließ, sind erfahrungsreiche Zeugnisse von den Zentralthemen der Reformation: „Sermon . . . von Anfechtung des Glaubens und der Hoffnung" (eine Predigt über das kanaanäische Weib, Matth. 15,21ff.), „Sermon von dreierlei heilsamer Beicht", „Etliche Trostsprüche für die Furchtsamen und Herzfeigen" (oder: „schwachen Gewissen", wie es blasser in Nachdrucken hieß)[39]. Luther war sich darüber klar, daß er an dieser hoffnungsvollen Stelle nachhelfen mußte, so gut er konnte. Das um so mehr, als sich ein zweiter von ihm benannter und vom Hochmeister empfohlener Prediger, Johannes Amandus, als ein selbstbewußter Demagoge erwies. Er hatte, wie Luther später selbst sagte, etwas von Karlstadtschem Geist, von seiner aggressiven Gesetzlichkeit. Es war nicht nur so, wie der Kammermeister Christoph von Gattenhofen dem Hochmeister berichtete: Die von Amandus offen angegriffenen Ratsherren und Kirchenväter „wollten ihne geren von sich bringen und vielleicht einen andern, der vom Dietrich von Bern predigen tät, annehmen". Sondern er ging auch dazu über, das Volk zur Gewalt aufzuwiegeln, und riß es Ostern

---

[35] Stupperich, Reformation (s. Anm. 31), 108ff.

[36] WA 12; 41. Benzing Nr. 1638.

[37] Das Mandat von Polentz ist schwerlich, wie allgemein angenommen wird, eine Antwort auf das Ferbersche. Es knüpft mit seinem einzigen Thema, der Taufe, direkt an die Weihnachtspredigt an und geht mit keiner Silbe auf den Hagel von Vorwürfen des ermländischen Bischofs ein.

[38] Duae episcopales bullae . . . super doctrina Lutherana et Romana (1524), WA 15; 146–154.

[39] Stupperich, Reformation (s. Anm. 31), 54f.

1524 zu einem Sturm auf die Klöster fort[40]. Luther war über die Tumulte besorgt. Er wußte von den gleichzeitigen Kämpfen mit seinen eigenen „Propheten und Sekten", Karlstadt und Müntzer, wie schnell sich die Dinge radikalisierten. Deshalb war er erleichtert, als Brießmann ihm beruhigende Nachricht gab. Luther konnte ihm dafür einen trefflichen Mitarbeiter ankündigen, den der Hochmeister nach Königsberg berufen hatte: Dr. Paul Speratus, „ein würdiger Mann, der viel durchgemacht hat"[41]. Speratus befand sich damals am Ende einer mehrjährigen Odyssee in Wittenberg. Er hatte sich 1521 als Domprediger in Würzburg zu den Gedanken Luthers bekannt, geheiratet und hatte sein Amt aufgeben müssen. Auch aus Salzburg und Wien war er nach kurzer Predigttätigkeit ausgewiesen worden. Ein Ruf nach Ofen in Ungarn zerschlug sich daraufhin. Selbst in Iglau in Mähren, wo er eine starke Wirksamkeit ausübte, wurde er im Ketzerprozeß zum Feuertode verurteilt und kam nur dank der Fürsprache einflußreicher Anhänger davon[42]. Der Hochmeister lernte ihn im November 1523 in Luthers Hause kennen. Aber erst nachdem sich für Speratus eine Rückkehr in seine Gemeinde Iglau endgültig als unmöglich erwiesen hatte, konnte Albrecht Bischof Polentz beauftragen, ihn als Schloßprediger in Königsberg anzustellen. Zugleich ließ er durch ihn nochmals den Predigern einschärfen, sie sollten „nichts anders denn das Evangelium" predigen und alles vermeiden, was darüber hinausgehe und „Aufruhr und Widerwillen" erwecken könne[43]. Luther drängte in dieser Situation auf die Verwirklichung seines von Albrecht beifällig aufgenommenen Vorschlags, den Ordensstaat, „diesen Hermaphroditen, der weder Mönch noch Laie ist", in ein weltliches Fürstentum zu verwandeln, und auf den Eheschluß des Hochmeisters. Petitionen aus dem Volk, vor allem den oberen Ständen, welche die Prediger vorsichtig anregen sollten, würden bei ihm offene Ohren finden[44]. In Königsberg klärte der energische Polentz die Lage, indem er Amandus nach neuen Umtrieben im Herbst kurzerhand der Stadt verwies. Ein Glück im Blick auf die Zukunft: Bei der Bauernerhebung in Preußen 1525, der einzigen bedeutenden, durch die Kriegsfolgen verschärften in Ostdeutschland, hätte er sicherlich die Rolle eines „preußischen Thomas Müntzer" gespielt[45]. Inzwischen breitete sich die reformatorische Bewegung rasch weiter aus, vor allem dadurch, daß auch

[40] Tschackert, Urkundenbuch (s. Anm. 14), Bd. 1, 48 f. 83 f. 95 ff. Das Material zusammengestellt von O. Clemen WAB 3; 317. 419. Das Schreiben Gattenhofens vom 9. Feb. 1524 bei Tschackert, Urkundenbuch, Bd. 2, Nr. 183. Luthers Urteil WAB 3; 418,10.
[41] 4. Juli 1524, WAB 3; 315,9 ff.
[42] P. Tschackert, Paul Speratus von Rötlen, evangelischer Bischof von Pomesanien in Marienwerder, SVRG 33 (Halle 1891). Schottenloher, Bibliographie, Bd. 2, Nr. 20373–20396. Bd. 7, Nr. 58288; s. auch u. S. 410.
[43] 13. Juni 1524, Tschackert, Urkundenbuch (s. Anm. 14), Bd. 2, Nr. 230.
[44] WAB 3; 315,27–316,47; Fortsetzung der oben Anm. 15 zit. Stelle.
[45] Tschackert, Urkundenbuch (s. Anm. 14), Bd. 1, 98. Zur preußischen Bauernerhebung Franz, Bauernkrieg, 276 ff.

der zum Bischof von Pomesanien (mit Sitz in Riesenburg) gewählte Erhard von Queiß sich ihr anschloß. Jurist und Diplomat wie Polentz, aber im Gegensatz zu diesem als Theologe für uns nicht zu fassen, gab er seinem Bistum am 1. Januar 1525 ein förmliches, aber ganz auf Zeremonial- und Rechtsfragen beschränktes Grundgesetz. Fünf Sakramente (außer Taufe und Abendmahl), Bann, Beicht- und Fastenzwang, Wallfahrten, Prozessionen, tägliche Messen und Totenmessen, zahlreiche Bräuche, die speziellen kirchlichen Ehehindernisse, der Zölibat für Priester und Klosterleute u. a. wurden beseitigt. Der reformatorische Glaube kam gut kirchenrechtlich nur in einem Anathema vor: „Ob (wenn) jemand meinet, daß er für seine Sünde selbst Satisfaktion tuen und ohne Christi Verdienst sich salvieren könnte, anathema esto, der sei vermaledeiet!"[46] Die zeremoniellen Veränderungen machten aber auch Pomesanien noch vor der Säkularisation des Ordensstaates zu einem Bistum evangelischen Typs. Queiß regierte es – anders als Polentz – noch selbst und ließ es erst 1527 im neuen Herzogtum aufgehen. Sein bischöfliches Amt übte er bis zu seinem frühen Tode 1529 aus[47].

Damit war Preußen von innen her und nach den kirchlichen Formen, obwohl es natürlich an Altgläubigen nicht fehlte, bereits ein überwiegend evangelisches Land geworden, als nun auch die politische Entscheidung für den Hochmeister unausweichlich wurde. Der 1521 geschlossene vierjährige Waffenstillstand mit Polen lief ab. Weder Kaiser und Reich noch einzelne Reichsfürsten hatten ihm Hilfe zusagen können. Auch Kaiser Karl V. mahnte ihn nur, es nicht auf einen Krieg ankommen zu lassen. Pläne eines Schiedsgerichts, denen Albrecht lange nachgejagt hatte, erwiesen sich als undurchführbar. In dieser hoffnungslosen Situation stand mehr auf dem Spiele als die Existenz des Ordenslandes. Wenn es fiel, was ohne Hilfe unvermeidlich war, so war auch Livland nicht mehr gegen die Russen zu halten. Der Hochmeister stellte das alles im Juni 1524 dem Statthalter des Kaisers, Erzherzog Ferdinand, noch einmal in einer eindringlichen, auf dessen eigene Lage zielenden Eingabe vor Augen: Die deutsche Nation habe dann „allerwegen einen jungen Türken an der Seiten liegen"[48]. Aber eben das war einer der Gründe, weshalb das Reich seine Hilfe versagen mußte. So blieb Albrecht schließlich nichts anderes übrig, als dem Rat kluger Freunde, wie des ihm vom Reichsregiment wohlbekannten Johann von Schwarzenberg und Bischof Erhards von Queiß, zu folgen und auf polnische Angebote, die ihm seit einiger Zeit ge-

---

[46] Themata Episcopi Risenburgensis. Zuerst vollständig veröffentlicht von Tschackert, Urkundenbuch (s. Anm. 14), Bd. 2, Nr. 300. Bei Stupperich, Reformation (s. Anm. 31), 111 ff., Zitat Nr. 21.

[47] Hubatsch, Geschichte ev. Kirche Ostpreußens (s. Anm. 1), Bd. 1, 26 ff. Literatur dort S. 486. Urkunde der Übergabe des Bistums an Herzog Albrecht vom 23. Okt. 1527, ebd., Bd. 3, 10 f.

[48] E. Joachim, Die Politik des letzten Hochmeisters in Preußen Albrecht von Brandenburg, Bd. 3, Publicationen aus den K. Preußischen Staatsarchiven 61 (Leipzig 1895), Nr. 180. Hubatsch, Albrecht (s. Anm. 7), 127.

macht worden waren, einzugehen. Nach längeren Verhandlungen, bei denen seine schlesischen Verwandten, sein Bruder Markgraf Georg in Jägerndorf und sein Schwager Herzog Friedrich von Liegnitz, vermittelten, wurde schließlich am Palmsonntag, dem 9. April 1525, in Krakau der Friede unterzeichnet. Die schon im Thorner Frieden von 1466 dem Ordenshochmeister auferlegte und durch einen persönlichen Treueid bekräftigte Oberhoheit des polnischen Königs wurde jetzt zum vollen Lehnsverhältnis ausgebaut[49]. Albrecht, der sich so lange wie möglich gegen die Erbhuldigung gesträubt hatte, mußte sie am folgenden Tage mit feierlichem Zeremoniell über sich ergehen lassen. So bitter das für ihn war, er rettete damit wenigstens eine eingeschränkte Selbständigkeit Preußens unter seiner Familie, einschließlich der Nachkommen seiner drei Brüder, und zwar in letzter Minute. Zu Ostern lief der Waffenstillstand ab, und an Gegenwehr gegen das überlegene Polen war nicht zu denken[50]. Er war sich bei seinem Schritt der Übereinstimmung mit dem Adel und der Bürgerschaft seines Landes gewiß. Sie hatten ihn in diese Richtung gedrängt, und zwar auch im Blick auf den gemeinen Mann: Die Untertanen hätten die (dem Orden angehörigen) Schloßherren satt, die nur für kurze Zeit kämen und das zusammengeraffte Gut mit aus dem Lande nähmen. „Wo sie aber eine Erb(herr)schaft hätten, bliebe (es) im Lande; dadurch das Land gebessert und zunehmen würde."[51]

Es wäre auch ohne die Reformation zu diesem Ausweg gekommen; er war der einzige, der noch offenstand. Trotzdem war sie auf verwickelte Weise in das Geschehen verflochten. Luthers Rat zielte allein auf die Säkularisation des Ordensstaates, und zwar mit doppelter Begründung: um dieses ungesunde, widerevangelische Zwittergebilde zu beseitigen und um dem Lande eine bodenständige Herrschaft und Oberschicht zu geben. Die Frage der polnischen Lehnsherrschaft lag dabei außerhalb seines Gesichtskreises. Für Albrecht bedeutete seine entschlossene Zuwendung zur reformatorischen Botschaft und ihre rasche Ausbreitung in seinem Lande in gewissem Sinne eine erhöhte politische Gefahr: die Verhängung von Bann und Acht, gegen die er dann auf den Schutz Polens angewiesen war. Aber das waren doch geringe Sorgen. Eine Reichsexekution gegen ihn war noch viel unwahrscheinlicher als die Reichshilfe, um die er so oft vergeblich gebeten hatte. Viel wichtiger war, daß er sich in dieser entscheidenden Wende der preußischen Geschichte nicht nur politisch, sondern auch innerlich, im Bekenntnis zum Evangelium, fester mit seinem Lande zusammenschloß als je zuvor. Das eröffnete ihm ne-

---

[49] G. Rhode, Kleine Geschichte Polens (Darmstadt 1965), 156. 192. Hubatsch, Albrecht (s. Anm. 7), 125 ff.

[50] So rechtfertigte auch Albrecht unmittelbar darauf in einem Schreiben vom 11. April 1525 aus Krakau an Erzherzog Ferdinand seinen Schritt, der sich aus den Vorstellungen vom Juni 1524 zwangsläufig ergab. Joachim, Politik (s. Anm. 48), Bd. 3, Nr. 232.

[51] Tschackert, Urkundenbuch (s. Anm. 14), Bd. 1, 109, Anm. 1 aus einem Brief des Rentmeisters Breuer vom 18. Dez. 1524. Dazu ebd. Bd. 2, Nr. 283. 293.

ben dem schmerzlichen Ende der vollen Souveränität zugleich einen hoffnungsreichen Anfang, der des Einsatzes aller Kräfte wert war. Nachdem er am 9. Mai 1525 als Herzog, von der Bevölkerung freudig willkommen geheißen und von Speratus in ihrem Namen begrüßt, nach Preußen zurückgekehrt war, ergriff er sofort die neuen Möglichkeiten. Mit der geringen Opposition im Orden wurde er schnell und friedlich fertig. Der Huldigungslandtag Ende Mai brachte nicht nur den Treueid der Stände und ihre Verpflichtung auf den Vertrag mit Polen, sondern auch den bedeutsamen Verzicht des Bischofs Polentz auf die weltliche Gewalt in seinem Sprengel zugunsten des neuen Herzogs, den ersten Schritt zur Überwindung des bischöflichen Territorialsystems. Es war ein Akt reformatorischer Erkenntnis: ,,Daß es ihme als einem Prälaten und Bischofe, dem das Wort Gottes zu predigen und zu vorkundigen schuldig ist, nicht gebuhre, Lande und Leut zu regieren, auch Schlösser, Land und Städte zu besetzen." Und es war ein vornehmer Akt der Hilfe für den durch Krieg und andere Lasten verschuldeten Landesfürsten: Viel lieber als sein kleines Bistum würde er ihm eines wie Mainz, Trier oder Köln darbringen[52]. Ein erstes Mandat, das die Geistlichen zur Predigt des lauteren und reinen Evangeliums und die Gemeinden zu ihrem Unterhalt und zu christlichem Lebenswandel aufforderte, erließ Albrecht schon am 6. Juli 1525[53]. Zum nächsten Landtag Ende August lud der Herzog sogar Luther ein, damit er helfe, eine neue Kirchenordnung auszuarbeiten. Aber weder konnte Luther angesichts der Bauernunruhen kommen, noch der Herzog den Termin innehalten, da er eilig nach Schlesien reisen mußte. In seiner Abwesenheit brach auch in Preußen eine Bauernrevolte aus. Sie richtete sich nicht gegen ihn, sondern gegen den Adel und den sehr gestrengen Polentz, der wieder als Statthalter fungierte. Gegenüber dem mit einer stattlichen Reiterschar heimgekehrten Landesherrn fiel sie ebenso schnell wieder in sich zusammen[54]. Luther hatte dem Herzog eine ausführliche Niederschrift für eine Gottesdienstordnung geschickt[55]. Sie ist nicht erhalten, wird aber für die ,,Artikel der Zeremonien und anderer Kirchenordnung" verwendet worden sein, welche die beiden Bischöfe auf Beschluß des Dezember-Landtages erließen[56]. Die Meßordnung folgt im wesentlichen Luthers Formula missae et communionis (1523). Dazu kommen aber schöne liturgische Formulare und Anweisungen für andere Gottesdienste. Während der Kommunion sollen Luthers Lieder aus dem Gesangbüchlein von 1524 gesungen werden: ,,Jesus Christus, unser Heiland" und ,,Gott sei gelobet und gebenedeiet"[57]. Der

---

[52] Ebd. Bd. 2, Nr. 356.
[53] Ebd. Bd. 1, 118f. Ebd. Bd. 2, Nr. 371.
[54] Hubatsch, Albrecht (s. Anm. 7), 144ff. Franz, Bauernkrieg, 276ff.
[55] Nach dem Brief an Brießmann (nach 15. Aug. 1525?), WAB 3; 555,4f.
[56] Nach dem einzigen nachweisbaren Exemplar der Druckausgabe bei Stupperich (s. Anm. 31), 118ff. Auch bei Sehling, Kirchenordnungen, Bd. 4 (1911), 30ff.
[57] Stupperich, Reformation (s. Anm. 31), 123. Sehling, Kirchenordnungen, Bd. 4, 33.

Anschluß an die evangelisch gereinigte Messe wie auch die eigenen Zutaten atmen Luthers Geist, nicht zuletzt auch die Behandlung der Sprachenfrage: Verständlichkeit der Stücke, welche die eigentliche Verkündigung tragen, und Bewahrung des Lateins in den schmückenden musikalischen Teilen aus Bildungsgründen sind miteinander verbunden. Ja, diese sollen, „wo die lateinischen Schulen bas (besser) in den Gang kommen", wieder vermehrt werden. Auch die Rücksicht auf die vielen Nichtdeutschen im Lande gebietet, „daß man etwas Lateinisches bleiben lasse, damit doch ihr etzliche auch ihren Teil an unserm Singen und Lesen verstehen". Und wenn die „Undeutschen" zu den hohen Festen in Scharen vom Lande in die Städte kommen, um das Sakrament zu empfangen, soll man „Tolken" (Dolmetscher) bestellen, die ihnen übersetzen, was gesagt wird, und sich wieder von ihnen berichten lassen, „daß man wisse, was sie suchen und glauben"[58].

Für Luther bedeutete der unerwartet schnelle Durchbruch und glückliche Fortgang der Reformation in Preußen gegenüber den vielfachen Bedrängnissen dieser zwei Jahre eine große Ermutigung. Das dunkle Gegenbild, von dem sich dieses Geschehen abhob, waren die Martyrien, zu denen es in anderen Gegenden gekommen war. Er verband darum die Bekundung seiner Freude in dem Widmungsbrief zu seinem Deuteronomium-Kommentar an Bischof Georg von Polentz mit der Erinnerung an diese Blutzeugen: die beiden Brüsseler Märtyrer Vos und van den Eschen aus dem Jahre 1523 und den Bremer Prediger Heinrich von Zütphen, dessen grausames Ende er eben erst in einer Trostschrift an seine Bremer Gemeinde bekanntgemacht hatte[59]. Zu der Gnade Gottes, daß Polentz das Evangelium nicht nur selbst angenommen, sondern zum Inhalt seines bischöflichen Amtes gemacht hat, kommt die andere hinzu, daß Gott ihm einen Fürsten an die Seite gestellt hat, dem er verliehen hat, wahrhaft fürstlich zu denken (Jes. 32,8). So läuft nun unter beider Schutz das Evangelium, das Preußen bisher nur verdunkelt und verunstaltet kannte, frei durchs Land und bringt Früchte[60]. „Sieh das Wunder: In voller Fahrt und mit geblähten Segeln eilt das Evangelium nach Preußen, wohin es nicht gerufen und wo nicht danach gefragt wurde. In Ober- und Niederdeutschland dagegen, wohin es aus freien Stücken kam, wird es mit aller Wut und Tollheit geschmäht, abgewiesen und verjagt." Gott handelt hier wie an Israel: „Den ganzen Tag strecke ich meine Hände aus nach dem ungläubigen Volk, das mir widerspricht" (Röm. 10,21. Jes. 65,2)[61]. Schöner als in diesem dem Küstenland so gemäßen Bilde und stärker als mit diesem Wort über das Rätsel um Israel konnte er nicht ausdrücken, was ihm die Wandlung im alten Ordenslande in dieser historischen Stunde bedeutete.

---

[58] Stupperich, Reformation (s. Anm. 31), 119. 124. Sehling, Kirchenordnungen, Bd. 4, 31. 33.
[59] WA 14; 497,20ff. 498,15ff. (Feb. oder Apr. 1525, WAB 3; 448f.) Zu Heinrich von Zütphens Martyrium und Luthers Schrift von Anfang 1525 s. o. S. 98f. Luthers Lied auf die Brüsseler Märtyrer u. S. 407ff.   [60] WA 14; 498f.   [61] Ebd. 499,2ff.

XIII. Der Angriff des Erasmus

Seit Luther Jahr um Jahr stärker in das Kraftfeld des geistigen Lebens und der öffentlichen Auseinandersetzung hereingezogen worden war, begegnete er immer spürbarer der Ausstrahlung des Mannes, der es für den Blick der jüngeren Generation zunächst allein beherrschte: des Erasmus. Etwa 15 Jahre älter als Luther[1] war er dank einer raschen Folge von geistreichen, sprachlich glanzvollen Schriften und seines Aufenthalts in den Niederlanden, England und Italien schon eine europäische Berühmtheit – er konnte es sich seit 1515 leisten, in Abständen seine gesammelten Briefe herauszugeben[2] –, als aus der fernen, erst kürzlich gegründeten Universität Wittenberg der Name eines unbekannten Mönchstheologen auftauchte und unglaublich schnell in aller Munde war. Sie konnten sich nicht gleichgültig bleiben, denn ihre Wege waren nicht nebeneinander her, sondern aufeinander zu gelaufen. Schon 1503 hatte Erasmus sich mit seinem Enchiridion militis christiani unter die religiösen Reformer eingereiht, aber erst 1518, als die Auseinandersetzung um Buße, Ablaß und andere Fragen des frommen Lebens die Gemüter erregte, war er mit der zweiten Auflage zu breiter Wirkung gekommen. Wichtiger noch: Mit seiner Ausgabe des griechischen Neuen Testaments (1516, verbessert 1518) hatte er der neuen theologischen Bewegung ihr wichtigstes Werkzeug gegeben und mit seinen Annotationen dazu und den methodischen Schriften, die er ihr beifügte oder folgen ließ, energisch in die Diskussion um ein neues Bibelverständnis und zahllose Probleme der Einzelexegese eingegriffen. Die schicksalvolle Frage, wie ihr Verhältnis zueinander sich gestalten werde, läuft durch alle Phasen des öffentlichen Kampfes mit, den Luther seit 1518 durchlebte und zu dem Erasmus eine Stellung finden mußte. Zuerst blieb sie für die Öffentlichkeit unhörbar, dann wurde sie ein Stück dieses Ringens selbst.

Daß es zwischen den beiden geistigen Königen ihrer Epoche, wenn sie sich nicht miteinander verbinden konnten, einmal zu einer Scheidung kommen mußte, war freilich vorauszusehen. Für ein Bündnis waren sie zu verschiedene Naturen: der ständig mit sich selbst beschäftigte, seinen Stilkünsten hingegebene Stubenfreund Erasmus, Mönch der Wissenschaft und Weltmann in einer Person, von den politischen Händeln zugleich fasziniert und

---

[1] Das Geburtsjahr des Erasmus ist seit langem umstritten. Gegenüber der in der neueren Forschung herrschenden Datierung auf 1469 ist E.-W. Kohls wieder für 1466 eingetreten, während R. R. Post die übliche Annahme verteidigt hat. E.-W. Kohls, Das Geburtsjahr des Erasmus, in: ThZ 22 (1966), 96 ff. 347 ff.; R. R. Post, Nochmals Erasmus' Geburtsjahr, in: ebd. 319 ff.

[2] J. Huizinga, Erasmus. Deutsch von W. Kaegi, 4. Aufl. (Basel 1951), 110.

geängstet, der gegen die Mängel der Kirche und der Gesellschaft nur mit wohlgemeinten moralischen Ermahnungen und ironischer Kritik anging, – und der leidenschaftliche, wortmächtige, vor keiner noch so radikalen Wahrheit und keinem Widerstand zurückschreckende Luther, der sich durch die Nöte der Zeit aus der Klosterzelle und Studierstube in den Kampf hatte hinausrufen lassen und der Kirche wie dem einzelnen die Schwere der Glaubensentscheidung zumutete. Er hatte schon früh scharfsichtig die Unterschiede zwischen ihnen erkannt. Im Oktober 1516 hatte er seinen Freund Spalatin gebeten, den berühmten Mann in aller Ehrerbietung darauf aufmerksam zu machen, daß sein Verständnis des alttestamentlichen Gesetzes falsch sei und daß das von seiner Überschätzung des Hieronymus gegenüber Augustin herrühre[3]. Und bereits im März 1517 äußerte er sich so über ihn, daß die ganze Geschichte ihres künftigen Verhältnisses in diesen Brief eingeschlossen ist: „An Erasmus verliere ich täglich mehr die Freude ... Das Menschliche hat bei ihm größeres Gewicht als das Göttliche ... Man urteilt anders, wenn man so manches dem Vermögen des Menschen zutraut, als wenn man außer der Gnade von nichts weiß."[4] Aber nicht nur die Theologie, sondern auch die Art der Kirchenkritik des Erasmus machte ihm keine Freude. Er vermißte darin den Ernst, den Ton des verwundeten Herzens. Kurz nach dem Beginn seines eigenen Kampfes um die Erneuerung der Kirche fand er in dem damals unter dem Namen des Erasmus umlaufenden satirischen Dialog über Papst Julius II. alles andere als das Werk eines Bundesgenossen: „Er ist so amüsant, elegant und geistreich (d. h. so völlig erasmisch), daß er zum Lachen und Schwatzen über die Mängel und das Elend der Kirche Christi veranlaßt, das doch jeder Christ mit tiefem Seufzen vor Gott beklagen sollte."[5] Es dauerte darum auch lange, bis er sich endlich von Melanchthon und anderen Freunden, die beide Männer gern näher miteinander zusammengebracht hätten, bewegen ließ, einen Huldigungsbrief an Erasmus zu schreiben. Er streute ihm darin zwar allen damals nach Humanistenart erforderlichen Weihrauch, gab ihm zugleich aber auch eine Probe seines Glaubenshumors zu kosten, für den dieser freilich gar kein Organ besaß: An der

---

[3] 19. Okt. 1516, WAB 1; 70f. Die Unterschiede in den Anschauungen beider sind ausführlicher behandelt in dem Aufsatz von H. Bornkamm, Erasmus und Luther, in: ders., Das Jahrhundert der Reformation, 36ff.

[4] 1. März 1517 an Joh. Lang, WAB 1; 90,15f.19f.25f.

[5] Nov. 1517 an Spalatin, WAB 1; 118,5ff. Vgl. dazu auch das anders akzentuierende, aber doch im Grundempfinden ähnliche Urteil im Brief an Scheurl vom 20. 2. 1519, ebd. 346,7ff. Die Echtheit des Dialogs ist von C. Stange, Erasmus und Julius II. Eine Legende (Berlin 1937) bestritten, von K. Schätti, Erasmus von Rotterdam und die Römische Kurie, in: BBGW 48 (1954), 37ff. durch den Nachweis seiner inneren Übereinstimmung mit den sonst geäußerten Ansichten des Erasmus aber wieder wahrscheinlich gemacht worden. Durchschlagende Gegengründe gegen Stange und Hinweise auf die spätere Benutzung des Dialogs in der lutherischen Polemik bringt R. H. Bainton, Erasmus and Luther and the Dialog Julius Exclusus, in: 450 Jahre lutherische Reformation 1517–1967. Fschr. F. Lau (Göttingen 1967), 17ff.

Menge seiner Feinde könne Erasmus erkennen, daß Gott ihm gnädig gesinnt sei. Dieser Brief vom 28. März 1519 gehörte, wie auch gleichzeitige Äußerungen Melanchthons, schon zu den Bemühungen, einen Konflikt zwischen Erasmus und den Wittenbergern zu verhüten[6].

Daran war zunächst auch Erasmus gelegen. Obwohl er sich nach allen Seiten dagegen wehrte, daß er etwas mit Luthers Vorgehen zu tun habe, so empfand er doch im Kampf gegen die Verderbnis der Kirche das Gemeinsame und trat darum auch gegenüber hohen Kirchenfürsten, bei aller Kritik an Luthers Schärfe, für die Lauterkeit seiner Absichten ein. So dachte er noch nicht an einen sichtbaren Bruch. Er antwortete am 30. Mai auf Luthers Brief zwar zurückhaltend, aber nicht unfreundlich: Er wolle neutral bleiben, um den aufblühenden Wissenschaften nützen zu können. Im übrigen aber riet er zur Mäßigung: So habe Christus die Welt gewonnen, und Paulus habe das jüdische Gesetz abgeschafft, indem er alles darin allegorisch deutete[7]. Wo Luther den tiefen Unterschied der Heilswege nach dem Gesetz oder nach dem Evangelium aufbrechen sah, glaubte Erasmus mit einer exegetischen Kunstregel durchzukommen, die es erlaubte, den Wortlaut unberührt zu lassen, ihn aber nach Einsicht und Bildung in eine höhere, spirituelle Wahrheit zu transponieren. Luther hätte es gern gesehen, wenn Erasmus wirklich dem Streit ferngeblieben wäre. Er war sich freilich darüber klar, daß es zwischen ihnen nie ein Zusammengehen geben würde, und sprach sich wiederholt mit Melanchthon darüber aus, ,,wie nah oder weit'' Erasmus von ihrem Wege sei. Aber er lehnte doch im November 1520 entschieden die bei den Nürnberger Humanisten erörterte Vermutung ab, daß er ,,Verdruß oder Unlust wider Erasmum'' habe. ,,Erasmus und ich, will's Gott, wollen wohl eins bleiben.''[8] Es war ihm nur recht, daß Erasmus ihn inzwischen gebeten hatte, ihn und seine Freunde nicht in seinen Schriften zu nennen, um sie nicht in Verdacht zu bringen[9]. Zur gleichen Zeit trat auch Erasmus noch schützend für Luther ein, indem er bei Kurfüst Friedrich dem Weisen und auch öffentlich forderte, man solle den Gebannten nicht nach Rom ausliefern, sondern einem Verhör vor unparteiischen Richtern in Deutschland unterziehen[10]. Aber Luthers

---

[6] 28. März 1519, WAB 1; 362,7ff. W. Maurer, Melanchthons Anteil am Streit zwischen Luther und Erasmus (s. o. S. 239, Anm. 63), 160f.

[7] 30. Mai 1519, WAB 1; 413,34ff. Über die Briefe des Erasmus in der Luthersache eingehend WA 18; 552ff. In unserem Zusammenhang haben die Luthers den Vorrang. Über die Vorgeschichte der Auseinandersetzung K. Zickendraht, Der Streit zwischen Erasmus und Luther über die Willensfreiheit (Leipzig 1909), 1ff. Huizinga, Erasmus (s. Anm. 2), 157ff.

[8] 17. Nov. 1520 an Spengler, WAB 2; 217,13f.18f.

[9] Erasmus an Luther 1. Aug. 1520, WAB 2; 157,66ff. Wohl Antwort auf einen verlorenen Brief Luthers an Erasmus, den er (wie den Brief an Capito vom 30. Apr. 1520, ebd. 93ff.) Ergranus mitgegeben hatte. Luthers Antwort ist ebenfalls verloren, aber durch den Anm. 8 zit. Brief an Spengler bezeugt.

[10] Erasmi opuscula. A Supplement to the Opera omnia, ed. W. K. Ferguson (Haag 1933), 329ff. 352ff. Die Axiomata für den Kurfürsten EA, Op. lat. var. arg. 5; 241f., deutsch bei K. A. Meissinger, Erasmus von Rotterdam, 2. Aufl. (Berlin 1948), 267f. Luther wußte von diesen Be-

durch den Bann nur gesteigerter Kampfeswille ließ Erasmus schließlich an einer friedlichen Beilegung des Streites verzweifeln. Er sprach es gleich nach dem Wormser Reichstag mit bitteren Worten aus: Luther sei ja nun wohl in Sicherheit, aber um so heftiger wüteten seine Feinde gegen alle, die sie auf seine Seite rechneten; Stephanus sei nur einmal gesteinigt worden, er werde es in Predigten und Diskussionen hier in Löwen ohne Ende. Wie habe er sich bemüht, zum Frieden zu wirken! „Aber da haben die Verbrennung der Dekretalen, die Captivitas Babylonica und die allzu kühnen Assertiones das Übel, wie es scheint, unheilbar gemacht."[11] Als sich zeigte, daß die lutherische Bewegung auch jetzt durch das Wormser Edikt noch nicht auszurotten war, vielmehr sich immer gefährlicher und radikaler entwickelte, wurde Erasmus noch heftiger als bisher schon bedrängt, sich literarisch von ihr zu scheiden, damit er nicht als ihr Anhänger erscheine. Dem schlimmsten Druck konnte er sich zunächst noch dadurch entziehen, daß er Ende Oktober 1521 Löwen verließ, wo er seit 1517 gelebt und von Jahr zu Jahr mehr unter den Anfeindungen der von den Dominikanern geführten Theologischen Fakultät und der Geistlichkeit gelitten hatte.

Die Reformfreunde beobachteten angespannt das heraufziehende Unwetter und versicherten sich brieflich immer wieder, daß noch kein Grund zur Sorge sei. Zwar hätte keiner, der Erasmus näher kannte, einen Appell an ihn zu richten gewagt, wie ihn Dürer im Mai 1521 auf die Nachricht von der Gefangennahme Luthers seinem Reisetagebuch anvertraut hatte: „O Gott, ist Luther tot, wer wird uns hinfürt das heilig Evangelium so klar fürtragen? ... O Erasme Roderadame, wo willt du bleiben? ... Hör, du Ritter Christi, reit hervor neben den Herrn Christum, beschütz die Wahrheit, erlang der Martärer Krone! Du bist doch sonst ein altes Männiken, ich hab von dir gehört, daß du dir selbst noch zwei Jahr zugeben hast, die du noch taugest, etwas zu tun. Dieselben leg wohl an, dem Evangelio und dem wahren christlichen Glauben zu gut, und laß dich dann hören, so werden der Höllen Porten, der römisch Stuhl, wie Christus sagt, nit wider dich vermögen."[12] In Basel war man froh, wenigstens nach Wittenberg melden zu können, Erasmus äußere sich höchst abgewogen, um bei keiner Seite Anstoß zu erregen und die Gemüter zu beru-

---

mühungen. Er kannte den Brief des Erasmus an Friedrich den Weisen vom 14. Apr. 1519, der im Druck verbreitet worden war (Allen 3; Nr. 939), und hielt mit vielen Zeitgenossen ein anonymes Consilium, das für ein Schiedsgericht eintrat, für ein Werk des Erasmus (vielleicht war er wenigstens mitbeteiligt, vgl. P. Kalkoff, Die Vermittlungstheologie des Erasmus und sein Anteil an den Flugschriften der ersten Reformationszeit, in: ARG 1 [1903/04], 1 ff. Allen 4; Nr. 1149, Meissinger, Erasmus, 392 ff.).

[11] An Ludwig Ber in Basel 14. Mai 1521, Allen 4; 494,10 ff.24 ff. Luther lernte den Brief bald auf der Wartburg in einem Leipziger Druck kennen und fand nur bestätigt, daß Erasmus seine Gedanken immer non ad crucem, sed ad pacem richte. An Spalatin 9. Sept. 1521, WAB 2; 387,3 ff. Zur Assertio s. u. Anm. 43.

[12] Albrecht Dürers schriftlicher Nachlaß, auf Grund der Originalhandschriften und theilweise neu entdeckter alter Abschriften, hg. v. K. Lange u. F. Fuhse (Halle 1893), 164 f.

higen, „vorsichtig und ängstlich nach allen Seiten". Melanchthon gab die gute Nachricht sofort, in seiner Freude etwas übertreibend, an Spalatin weiter: Nichts sei unbegründeter als das von vielen Dummköpfen verbreitete Gerücht, daß Erasmus etwas gegen Luther habe[13]. Aber schon ein Vierteljahr später mußte Glarean an Zwingli berichten: „Ich fürchte sehr, daß es zwischen Luther und Erasmus zum Duell kommt"; es werde der Wissenschaft unermeßlichen Schaden bringen. Zwingli machte sofort Freunde mobil, die „heimlich bei Luther . . ., heimlich bei Erasmus" zum Frieden wirken sollten[14]. Erasmus selbst war noch keineswegs zum Kampf entschlossen. In einem Brief vom 30. März 1522 schüttete er Willibald Pirkheimer sein Herz aus: „Mein Leben geht zu Ende." Aber mit der christlichen Sache stehe es schlimm. Die einen suchten ihren Vorteil zu erjagen, die andern zu retten, was sie hätten; und wenn man sich still verhalte, breche unversehens ein gefährlicher Brand aus. „Mich hat die Böswilligkeit gewisser Leute so mit Haß überschüttet, daß alles umsonst ist, was ich unternehme." Manche Theologen hätten gemeint, daß das von ihm wieder zum Leben erweckte Studium der Antike ihre Autorität untergrübe. „Ihnen gab Luther eine Waffe, mit der sie mich töten konnten; und dabei habe ich mich doch immer von dem Lutherhandel ferngehalten, es sei denn daß ich ihn nachdrücklich ermahnte, anders zu schreiben, wenn er Erfolg haben wolle." Und dann sei Aleander – der päpstliche Nuntius, sein erbitterter Feind – gekommen und habe ihm durch Haß und Lügen alles zerstört. „Die Lutheraner drohen mir öffentlich mit Schmähschriften, und der Kaiser ist so gut wie überzeugt davon, daß ich die Quelle und das Haupt des ganzen Luthertumultes bin. So komme ich nach beiden Seiten in größte Gefahr und habe mich doch um alle verdient gemacht." Der Brief zeigt anschaulich, in welche erbitternden Zusammenhänge Luther für Erasmus rückte, nicht absichtlich, sondern durch seine Radikalität. Aber Erasmus ist mutlos: „Ich hatte vor, etwas zu schreiben, nicht gegen Luther, sondern über die Eintracht. Aber ich sehe beide Parteien so in Hitze, daß es besser ist, zu schweigen." Und doch taucht ein paar Zeilen später schon das Thema auf, das er sich für die Auseinandersetzung wählen wird: die Freiheit des Willens. Offenbar hatte es ihn geärgert, daß einige Theologen an seiner Paraphrase zu Röm. 9 beanstandet hatten, er habe dem menschlichen Willen zu viel Bedeutung gegeben[15].

Es war mehr das Verlangen, sich aus dieser unglücklichen Situation zwischen den Fronten zu befreien, als der Wunsch, sich mit Luther auseinander-

---

[13] Konrad Pellikan an Melanchthon 30. Nov. 1521, Suppl. Mel. 6/1, 171 f. MBW 182. Melanchthon an Spalatin Mitte Dez. 1521, CR 1, 448 (Datierung nach Suppl. Mel. 6/1, 173). MBW 191 (26./27. Dez.).
[14] Glarean an Zwingli 4. März 1522, Zwingli, Sämtl. Werke, Bd. 7 (1911), 494 f. Zwingli an Beatus Rhenanus 25. März 1522, ebd. 496 ff.
[15] Allen 5; Nr. 1268. Dem kaiserlichen Beichtvater Glapion gegenüber klangen seine literarischen Überlegungen etwas militanter (ca. 21. Apr. 1522, ebd. Nr. 1275, S. 48,17 ff.).

zusetzen, was ihn schließlich an eine Abgrenzung von Luthers Anschauungen denken ließ. Im Frühjahr 1522 – so berichtet er am 20. Januar 1523 in einem langen brieflichen Überblick über sein Leben und literarisches Schaffen[16] – spielte er mit dem Gedanken, in drei Dialogen eine Reihe der zwischen ihnen stehenden Fragen zu erörtern und von einem der Gesprächspartner entscheiden zu lassen. Es sollte ein so friedliches Buch werden, daß er fürchtete, eher werde die Gegenpartei darüber aufgebracht sein als Luther, „wenn er nur ein bißchen von der Gesinnung besitzt, die viele an ihm rühmen; ich freue mich gewiß, wenn er sie hat, aber ich wünschte, er hätte sie nicht". Denn schwerlich hätten sich die Scharfmacher damit zufriedenstellen lassen, die ihn zum Schreiben anfeuerten: der Nuntius Carraciolo beim Kaiser, der Legat Aleander, der Kaiser selbst, der ihn durch seinen Beichtvater hatte ermahnen lassen, Herzog Georg von Sachsen und andere, die er hier oder sonstwo aufzählt. Aber er kam mit dem vagen Plan nicht über ein paar Seiten hinaus und verlor bald wieder den Mut dazu[17]. Der Druck, der von allen möglichen Seiten auf den Zögernden ausgeübt wurde, verstärkte sich je länger je mehr.

Endgültig auf den Gedanken an eine öffentliche Stellungnahme zu verzichten, fiel ihm freilich auch darum schwer, weil er hin und wieder briefliche Äußerungen Luthers zu Gesicht bekam, in denen dieser zwar stets versicherte, er denke nicht daran, ihn anzugreifen, aber doch unter Freunden seine Geringschätzung der erasmischen Theologie deutlich genug aussprach. Gelehrtenbriefe waren damals eine Art von Presseorgan. Sie wurden bedenkenlos, ohne die Verfasser zu fragen, in Abschriften oder Drucken verbreitet und kamen schnell bei den an den literarischen Kontroversen Interessierten herum und damit auch denen in die Hände, für die sie nicht geschrieben waren. So las Erasmus in einem Briefe Luthers vom 28. Mai 1522 an einen ihm (und uns bis heute) unbekannten Leipziger: „Erasmus ist in dieser Frage (der Prädestination, von der er nichts verstehe) nicht zu fürchten, wie überhaupt in fast allen Fragen des christlichen Glaubens. Die Wahrheit ist mächtiger als die Beredsamkeit, der Geist stärker als das Genie, der Glaube größer als die Bildung." Er werde Erasmus nicht zum Kampfe herausfordern. Aber wenn dieser sein Glück versuchen wolle, dann „werde ich Stammler dem beredten Erasmus mit Zuversicht gegenübertreten und mir nichts aus seiner Autorität, seinem Namen und Ruhm machen"[18]. Es war Erasmus nicht zu verdenken, daß er in dem Briefe, der Luthers Hochgefühl nach der Überwindung der Machenschaften des Satans in den Wittenberger Unruhen atmete, „vil bitt-

[16] An den Konstanzer Domherrn Johann Botzheim, April 1523 von Erasmus veröffentlicht, Allen 1; 34 f.
[17] Allen 1; 35,11 ff.
[18] WAB 1; 544,11 ff. 545,25 f. Erasmus lernte den Brief wohl erst wesentlich später kennen (vgl. seinen Brief an Spalatin vom 11. März 1523).

rickeit" fand[19]. Ein Jahr später erhielt er Kenntnis von einem Brief Luthers an Oekolampad vom 20. Juni 1523, dessen Jesajavorlesung, wie Luther gehört habe, dem Erasmus mißfalle: „Was Erasmus von der Beurteilung geistlicher Fragen versteht oder zu verstehen vorgibt, zeigen seine Schriften von den ersten bis zu den neuesten reichlich. Ich fühle seine mancherlei Spitzen wohl. Aber weil er nach außen hin so tut, als sei er nicht mein Feind, tue ich auch so, als verstünde ich seine Hinterlistigkeiten nicht, obwohl ich sie besser verstehe, als er glaubt. Er hat geleistet, wozu er berufen ist: Er hat in die Sprachen eingeführt und von den gottlosen Studien (der Scholastik) weggelenkt. Vielleicht wird er wie Mose in den Gefilden Moabs (5.Mose 34,5) sterben, denn zu den höheren Studien (bei denen es um die Gottesfurcht geht) wird er nicht vordringen . . . Er hat genug getan, wenn er das Böse aufgedeckt hat; das Gute zu zeigen und ins Land der Verheißung zu führen, vermag er (so weit ich sehe) nicht." Oekolampad solle sich durch die Kritik des Erasmus an seiner Exegese nicht einschüchtern lassen, sondern sich vielmehr darüber freuen, „denn er kann oder will darüber nicht richtig urteilen, wie fast alle Welt zu merken beginnt"[20]. Erasmus schrieb daraufhin am 31. August 1523 verärgert an Zwingli: Luther behauptet, „mir sei in Fragen, die den Geist anlangen, nicht viel zuzutrauen. Ich weiß nicht, was das heißen soll." „Ich möchte von dir lernen, gelehrter Zwingli, was das für ein Geist ist."[21]

Die Spannung gegenüber Luther verschärfte sich dadurch, daß sie sich mit einer anderen literarischen Affäre verquickte, die Erasmus sehr an die Nieren ging. Ulrich von Hutten hatte im Juni 1523 eine heftige Streitschrift gegen ihn veröffentlicht, auf die Erasmus nicht weniger scharf antwortete. In dieser schrillen Dissonanz klang eine Freundschaft aus, die einst mit den größten Hoffnungen beider begonnen hatte. Freilich, sie hatten sich gegenseitig von Anfang an in einem Maße verkannt, das nur aus dem schwärmerischen Zusammengehörigkeitsgefühl der neuen Musengemeinschaft zu begreifen ist, der sie sich verschrieben hatten. Hutten hatte sich zum ersten Male 1515 in der Neuausgabe seines „Nemo" zu Erasmus als Bundesgenossen im gemeinsamen Kampfe gegen die scholastischen Dummköpfe bekannt und ihm in einem Briefe als „ein deutscher Ritter" wie einem Fürsten seine Dienste angeboten. Jahre hindurch blieb er ihm in dieser „fast knabenhaften Liebe" (Werner Kaegi) verbunden, auch als schon erste Meinungsverschiedenheiten sichtbar geworden waren[22]. Und Erasmus, von den Huldigungen des talentierten Edelmanns geschmeichelt, hatte dem 20 Jahre Jüngeren, „jenem

[19] Allen 5; 251 f. bes. Z. 35 f. Im Sommer 1523 wurde er durch Capito in Straßburg veröffentlicht.
[20] WAB 3; 96,14 ff.24 f. 97,27 ff.
[21] Allen 5; 329,54 ff. 330,88 f. Zwingli, Sämtl. Werke, Bd. 8 (1914), 116,6 f. 118,2 f.
[22] Vorrede zum Nemo. Ulrich von Hutten, Opera quae reperiri potuerunt omnia, hg. v. E. Böcking, Bd. 1 (Leipzig 1859; Ndr. Osnabrück 1963), 183. Brief an Erasmus 24. Okt. 1515, ebd. 102. Zum Ganzen W. Kaegi, Hutten und Erasmus, in: HV 22 (1924/25), 200 ff. 461 ff., vgl. hier 204 ff. 215.

einzigartigen Entzücken der Musen", schon 1516 ein erstaunliches Denkmal gesetzt: „Wie könnte Attika mehr Witz und Eleganz erzeugen, als dieser eine besitzt? Ist seine Sprache nicht reine Schönheit und lautere Anmut?"[23] Nicht geringer war die Ehre, die er ihm 1519 damit erwies, daß er die kunstvolle Biographie, die er über seinen nächsten Freund Thomas Morus schrieb, in die Form eines Briefes an Hutten kleidete[24]. Dann aber schob sich langsam der Schatten eines Größeren zwischen sie, der Luthers, für den Hutten sich so begeisterte, daß er sich den älteren Freund nur auf dem gleichen Wege begriffen vorstellen konnte. Ohne Bedenken hatte er daher 1519 einen ihm für Albrecht von Mainz anvertrauten Brief veröffentlicht, in dem Erasmus vor einem Ketzerprozeß gegen Luther warnte – mit dessen Sache er freilich selbst nichts zu tun habe –, und ihn damit in eine unangenehme Lage gegenüber dem Kardinal gebracht[25]. Stärker wurde die Dissonanz spürbar, als Hutten beim ersten Wiedersehen nach vier Jahren, einem Besuch am 20./21. Juni 1520 in Löwen, Erasmus geheimnisvoll die ersten Pläne für seinen Pfaffenkrieg vortrug, mit dem er seiner bisherigen literarischen Polemik politischen Nachdruck zu geben gedachte. Erasmus nahm sie zunächst nicht ganz ernst, Hutten ertrug das von dem verehrten Meister; so blieb ihr Verhältnis ungetrübt, – bis sich nach weiteren zwei Jahren, für Hutten bestürzend, offenbarte, daß kein Boden mehr dafür vorhanden war.

Ende November 1522 kam Hutten nach Basel, ein gescheiterter Mann, dessen großer Krieg zu ein paar Plünderungen zusammengeschmolzen war. Krank und zum Waffendienst nicht mehr tauglich, hatte er Sickingens bedrohtes Gebiet wie Bucer und Oekolampad verlassen müssen und fand wenige Tage nach diesem in Basel Aufnahme. Hier traf er wieder auf Erasmus, der sich ein Jahr vor ihm nach seiner Löwener Bedrängnis in der Stadt niedergelassen hatte. Es war selbstverständlich, daß Hutten ihn aufsuchen wollte. Aber der einstige Freund kam ihm zuvor und bat ihn, auf seinen Besuch zu verzichten[26]. Was ein Zwischenträger dabei auch verschärft haben mag, Hutten konnte diese Abweisung nur ratlos machen und erbittern. Und die vielen Gründe, die Erasmus, an verschiedene Adressaten sorgfältig dosiert, dafür anführte, zeigen, daß auch er kein ganz gutes Gefühl bei der Sache hatte:

---

[23] Annotation zu 1.Thess. 2, in: Novum instrumentum omne (1516), p. 555, bei Böcking, Hutten Opera (s. Anm. 22), Bd. 1, 103. Kaegi, Hutten und Erasmus (s. Anm. 22), 209.

[24] Böcking, Hutten Opera (s. Anm. 22), Bd. 1, 278 ff. Allen 4; Nr. 999; 12 ff. Kaegi, Hutten und Erasmus (s. Anm. 22), 218 f. Text und Übersetzung des Briefes über Morus bei K. Büchner, Die Freundschaft zwischen Hutten und Erasmus (München 1948), 28 ff.

[25] Datum des Briefes 19. Okt. 1519 nach Allen 4; Nr. 1033 (dort 96 ff. Briefstellen und der Bericht des Erasmus über den Vorfall aus der Spongia 1523), 1. Nov. 1519 nach Böcking, Hutten Opera (s. Anm. 22), Bd. 1, 315. Im Januar 1520 wurde der Brief an Luther bekannt, der ihn mit Freude las, aber auch die gewohnte Verschleierungskunst des Erasmus darin fand: „Er nimmt mich trefflich in Schutz, und zwar so, daß er nichts weniger als dies zu tun scheint." 26. Jan. 1520 an Joh. Lang, WAB 1; 619,14 ff.

[26] Eingehende Untersuchungen bei Kaegi, Hutten und Erasmus (s. Anm. 22), 461 ff.

Hutten könne die Kälte bei ihm, er die Ofenwärme bei Hutten nicht vertragen; Furcht vor Ansteckung; Sorge, sich durch seinen Besuch bei seinen geistlichen Gönnern und beim Kaiser zu kompromittieren. Sicherlich war dies der einzige wahre Grund, auch er aber nur Ausdruck der Angst vor neuer Beunruhigung. Nachdem er dem Druck der Luthergegner einigermaßen entwichen war, wollte er jetzt nicht in den Sog der Lutherfreunde geraten, von denen Hutten der stürmischste war. So verständlich das für eine Natur wie die seine war, es wäre ihr zugleich auch gänzlich zuwider gewesen, es Hutten offen ins Gesicht zu sagen und damit die noch bestehende Freundschaft zu retten oder auf klare Weise zu Ende zu bringen. So verließ Hutten seine Nähe, verwirrt und verletzt, als er sich Mitte Januar 1523, vom Rat wegen aufrührerischer Reden ausgewiesen, aus der Stadt entfernen mußte und in Mühlhausen Zuflucht fand. Erasmus glaubte ein Übriges für seinen guten Ruf tun zu müssen. In der Form eines – von ihm selbst sofort im Druck herausgegebenen – Briefes an den Dekan Marcus Laurinus in Brügge vom 1. Februar 1523, dem er weitschweifig über seine letzten Jahre berichtete, rückte er energisch von der Sache Luthers ab, obwohl dieser gewiß mit Recht auf manche Verderbnis aufmerksam gemacht habe. Zum Beweis der Schätzung, die er auf der Gegenseite genoß, zählte Erasmus zugleich alle Huldigungen und Versprechungen auf, mit denen man ihn für Rom zu gewinnen versucht habe[27]. Er hatte bei der wohlgeplanten Aktion nicht bedacht, daß sie Hutten zum Äußersten treiben mußte. Nicht so sehr die unwahre Schilderung der Besuchsangelegenheit, die der Brief enthielt, sondern die verhaßte Parteilosigkeit des unbewegten Gelehrten und der darin liegende Verrat an der einst, wie er glaubte, gemeinsam erstrebten Sache lösten die „Herausforderung" (Expostulatio)[28] aus, die Hutten im Juni 1523 in Straßburg veröffentlichte. Erasmus schlug sofort zurück; seine Erwiderung „Der Schwamm" (Spongia), mit dem er die Anspritzungen Huttens abwaschen wollte, im Juli eilig geschrieben, erschien Anfang September – wenige Tage, nachdem Hutten auf der Ufenau gestorben war, für eine Selbstbesinnung des Erasmus zu spät. Er konnte nur noch im Vorwort der schnell folgenden zweiten Ausgabe nachtragen: Wenn er das gewußt hätte, hätte er nicht oder anders geantwortet[29]. Es wäre besser gewesen; er hat sich mit seiner Verteidigung mehr geschadet als Hutten ihm mit seinem Angriff. Beide Schriften sind die traurigen Früchte

---

[27] Allen 5; Nr. 1342; 203 ff. Böcking, Hutten Opera (s. Anm. 22), Bd. 2, 158 ff.

[28] Böcking, Hutten Opera (s. Anm. 22), Bd. 2, 180 ff. Die Ankündigung der Dialoge in dem soeben gedruckten Schreiben an Botzheim (s. Anm. 16) verstärkte seinen Verdacht, daß Erasmus nun gegen Luther hervortreten wolle.

[29] Besser als in der Leidener Ausgabe der Werke des Erasmus (Ndr. 1962), Bd. 10, 1631 ff. ist die Spongia abgedruckt bei Böcking, Hutten Opera (s. Anm. 22), Bd. 2, 262 ff.; 2. Vorrede ebd. 263. Allen 5; Nr. 1389; 335 ff. Einen lebendigen Überblick über beide Streitschriften gibt D. F. Strauß, Ulrich von Hutten, 2. Aufl. (Bonn, Leipzig 1871, neu hg. v. O. Clemen, Leipzig 1914; K. M. Schiller, Leipzig 1930), 2. Buch, Kap. 10. Zur Würdigung Kaegi, Hutten und Erasmus (s. Anm. 22), 479 ff.

einer in Haß verkehrten Liebe. Huttens Expostulatio wollte alles das zur
Sprache bringen, was er in Basel dem Freunde nicht hatte sagen können. So
wurde sie mehr zum Sammelsurium eines Gesprächs als zu einer Schrift. Er
zerrte kleinliche Erinnerungen an einst erlittene Kränkungen hervor, klagte
ihn schmerzbewegt an, daß er seinen großen Anfängen nicht treu geblieben
sei, beschwor ihn, endlich auf die Seite der Wahrheit zu treten, und sagte ihm
treffend voraus, daß er mit seiner Halbheit auch die Achtung der Gegner
nicht gewinnen werde; sie würden es ihm nie vergessen, was er ihnen mit seiner Kritik angetan habe[30]. Huttens Schrift war für Erasmus nicht nur verletzend, sondern zugleich in tieferem Sinne verwundend: In dem Knäuel von
Übertreibungen und Verzerrungen steckten auch unwiderlegliche sittliche
Wahrheiten, die Hutten seiner Ängstlichkeit, Eitelkeit, Liebedienerei, seiner
Kunst, an der Grenze von Wahrheit und Unwahrheit zu operieren, entge-
genschleuderte. Dem entsprach seine Reaktion. Da er nicht eine Sache – darin
hatte Hutten es leichter –, sondern ein Verhalten zu verteidigen hatte, verlor
er sich noch viel weiter in die Niederungen persönlicher Polemik, so daß die
Spongia eine – natürlich subjektive – Chronik des ganzen Klatsches ist, der
sich seit Jahren um ihn gebildet hatte. Und dabei war es doch leicht für ihn,
das Phantasiebild seiner selbst abzuweisen, mit dem Hutten ihn konfrontiert
hatte. Er hatte in der Tat nie auf Luthers Seite gestanden; ihm geschah Unrecht, wenn man ihn der Sinnesänderung bezichtigte. Aber zu dem, was die
Kirche und das Reich aufwühlte, hatte er auch jetzt außer seinem Appell zur
Mäßigung nichts beizutragen und bestätigte damit wider Willen das Bild der
Hilflosigkeit und mangelnden inneren Autorität, das Hutten gezeichnet hatte. Er ließ sich vom Gegner die Waffen vorschreiben und zahlte ihm mit gleicher Schimpfmünze heim, ja hier und da mit einem kalten Hohn, der sich bei
Hutten trotz aller Maßlosigkeit nicht findet: Hutten besitze vielleicht nichts
mehr, wofür er fürchten müsse, darum sei er so tapfer[31]. Wie weit Erasmus
sich vergaß, zeigen deutlicher noch zwei andere Aktionen, die er seiner
Schrift folgen ließ. Er warnte den Züricher Rat, mit dessen Einverständnis
Hutten soeben auf der Ufenau Zuflucht gefunden hatte, vor dem Unruhestifter. Auch die Widmung der Spongia ausgerechnet an Zwingli machte deutlich, daß er eine Erwiderung Huttens unterbinden wollte[32]. Und selbst als
dessen Tod ihn dieser Sorge längst entledigt hatte, verfolgte er den Straßburger Drucker Hans Schott, der Huttens Expostulatio verlegt hatte, durch zwei
Beschwerdebriefe an den Rat. Als er hörte, daß Kaspar Hedio sich gegen eine
Bestrafung erklärt habe, schrieb er ihm: Auch er liebe die Milde des Evangeliums, aber sie sei Grausamkeit gegen ihn. Wenn Schott, wie er sage, Frau
und Kinder habe, so solle er betteln gehen. Wenn er sich dessen schäme, so

---

[30] Expostulatio § 218f. Böcking, Hutten Opera (s. Anm. 22), Bd. 2, 234.
[31] Spongia § 237. Böcking, Hutten Opera (s. Anm. 22), Bd. 2, 300.
[32] An den Rat 10. Aug. 1523, Allen 5; Nr. 1379, S. 311. An Zwingli, Zwingli, Sämtl. Werke,
Bd. 8 (1914), 119f.

solle er seine Frau prostituieren; das sei jedenfalls durch kein Gesetz verboten, während die Veröffentlichung von Schmähschriften mit dem Tode bedroht werde[33].

Der leidige Handel hatte für das Verhältnis des Erasmus zur Reformation eine doppelte Bedeutung. Er hatte sich in seinem Verlauf in zwei Schriften deutlicher als bisher öffentlich von Luther distanziert und z. T. recht pauschale kritische Urteile über die Bewegung abgegeben. Und er hatte sich selbst dabei erniedrigt, wogegen er auf die Dauer nicht empfindungslos sein konnte. Beides trug dazu bei, eine sachliche Auseinandersetzung mit Luther allmählich unausweichlich zu machen. Die Affäre scheuchte einen Schwarm von Gerüchten auf, den er ängstlich verfolgte[34]. In Wittenberg hatte die Streitschrift Huttens zunächst einen denkbar schlechten Eindruck gemacht[35], aber er wurde durch die Erwiderung des Erasmus noch überboten. Wieder bekam dieser die offenherzigen Worte bald zu lesen, die Luther am 1. Oktober 1523 an Konrad Pellikan in Basel schrieb, der sich mit anderen seit längerem bemühte, den Ausbruch der Streites zwischen ihnen zu verhindern: „Ich wünschte, Hutten hätte nicht herausgefordert, viel weniger aber noch, Erasmus hätte abgewischt. Wenn das heißt, mit dem Schwamm abwischen, ich bitte dich, was heißt dann schmähen und beleidigen? . . . Wenn Erasmus so für sich schreibt, so wäre zu wünschen, daß er gegen sich schriebe." Er habe sich damit so geschadet, daß er ihm wirklich leid tue. Luther kommt dann wieder auf seinen Haupteinwand zu sprechen: „Ich habe immer darauf gewartet, daß er zur Sache (zur Glaubensfrage) komme. Über das Moralische lassen sich leicht schöne Reden halten." Da er jetzt erst gesehen habe, was er vorher nur ahnte, „wie weit der Mann vom Verständnis der christlichen Wahrheiten entfernt sei", mache es ihm nichts aus, was Erasmus über ihn sage. „Trauer und Furcht bedeutet es für mich, wenn man mich lobt, Freude, wenn man mich schmäht und lästert. Wenn das dem Erasmus wunderlich erscheint, wundert's mich nicht. Möge er Christum kennenlernen und der menschlichen Klugheit den Abschied geben; möge Gott ihn erleuchten und einen anderen Mann aus Erasmus machen." Worte einer solchen aufreizenden Unerschütterlichkeit, wie Erasmus sie hier las, wirkten natürlich kränkend auf ihn; und sie wurden durch den in Luthers Brief geäußerten Ärger über die böswillige Veröffentlichung früherer Briefe von ihm und die Versicherung, daß er keine Unfreundlichkeit, sondern nur Mitleid für ihn empfin-

---

[33] An den Rat 13. März u. 23. Aug. 1524, Allen 5; Nr. 1429; 416f. Nr. 1477; 511ff. An Hedio Juni (?), Aug. (?) 1524, ebd. Nr. 1459; 7ff. 37ff. Über Hedio beklagt sich Erasmus auch bei Melanchthon 6. Sept. 1524, ebd. Nr. 1496; 544ff. 546,70ff. MBW 341.

[34] Eine Reihe von Briefstellen ist WAB 3; 37, Anm. 5 gesammelt.

[35] Vgl. die scharfen Urteile Melanchthons vom 3. Juli (vom Hörensagen); 23. u. 24. Aug., CR 1,616. 625–627. MBW 279. 284. 288; 8. Sept. an Oekolampad, Suppl. Mel. 6/1, 225f. MBW 292, alle noch vor der Kenntnis der erasmischen Gegenschrift. Melanchthon sah sofort, daß Huttens Attacke das Verhältnis zwischen Erasmus und den Wittenbergern verschlechtern würde.

de, gewiß nicht aufgehoben[36]. Das Spiel der Indiskretionen ließ sich aber auch nutzen. Erasmus schickte am 21. November dem Konstanzer Generalvikar Johannes Fabri eine Abschrift von Luthers Brief – mit der Bemerkung: Haec sunt belli praeludia – und das Original im Februar 1524 an den päpstlichen Legaten Campegio, um damit zu beweisen, daß er mit der Sache Luthers nichts gemein habe[37]. Dasselbe tat er nochmals, als Luther sich nach langem Zögern entschloß, die gespannte Situation durch einen direkten Schritt bei ihm zu klären. Jetzt sandte Erasmus das Original dieses Briefes vom April 1524 zusammen mit zwei früheren Briefen Luthers sogar durch den zufällig anwesenden Hieronymus Laski, den Bruder des späteren reformierten Theologen Johannes Laski, an König Sigismund I. von Polen[38]. Luther sagte ihm in seinem Brief alles, was er schon anderen geschrieben hatte, freimütig noch einmal ins Gesicht, freilich nun in einem eindringlich werbenden Ton: Er habe ihm seine ablehnende Haltung und seine mancherlei spitzen Bemerkungen nicht verübelt und nie verlangt, daß er an seine Seite trete. „Wir haben deine Schwachheit und das Maß der dir von Gott verliehenen Gabe ertragen und geachtet": der „herrlichen und unvergleichlichen Gabe", daß die Wissenschaften zur Blüte gebracht sind und man dadurch zum reinen Studium der Bibel kommen kann. Hutten und erst recht er, Erasmus, hätten besser geschwiegen; er habe wohl dabei selbst gemerkt, wie schwer in einem solchen Streit Maß zu halten sei. Er bedaure aufrichtig, daß Erasmus das Ziel so vieler gehässiger Angriffe geworden sei, und habe schon mehrere davon abgehalten und auch selbst alle seine Sticheleien unbeantwortet gelassen. „Aber was soll ich jetzt tun? Die ganze Situation hat sich aufs äußerste zugespitzt." Er möchte, daß Erasmus und seine Gegner einander schonten. Er sei ihm aufrichtig wohlgesinnt und wünsche ihm, daß Gott ihm einen Geist gebe, der seines Namens würdig sei. „Wenn der Herr aber verzieht, ihn dir zu geben, so bitte ich dich inzwischen: Sei, wenn du anderes nicht tun kannst, ein bloßer Zuschauer unserer Tragödie, verbünde dich wenigstens nicht mit unseren Gegnern und führe ihnen keine Truppen zu. Vor allem schreib nicht gegen mich, wie ich nicht gegen dich schreiben werde. Es ist genug gebissen worden, man muß nun achtgeben, daß wir nicht durch einander umgebracht werden (Gal. 5,15)."[39]

Luthers Versuch, das gefährliche Geplänkel der kleineren Geister nicht in einen Krieg der beiden Großmächte ausarten zu lassen, kam zu spät und hat seinen Ausbruch vielmehr beschleunigt. Seine wohlgemeinte, aber für ein Friedensangebot höchst undiplomatische Art, die es nicht fertigbrachte, neben allen Freundlichkeiten unaufrichtig zu verschweigen, was er über ihn dachte, wirkte auf Erasmus nur verletzend. Er gab Luthers Boten, dem jun-

---

[36] WAB 3; 160,7ff.11f.16f.25f.32ff.
[37] Allen 5; Nr. 1397; 345f. Nr. 1415; 331ff., vgl. bes. 333,39.
[38] WAB 3; 268.
[39] WAB 3; 270,11ff. 271,43.59ff.65.

gen, ihm sympathischen Humanisten Joachim Camerarius, bei seinem Besuch in Basel sofort am 8. Mai 1524 eine kühle Antwort mit: Er könne Luther nicht zugeben, daß er um die Reinheit des Evangeliums aufrichtiger bemüht sei. ,,Bei manchem, was ich von dir lese, fürchte ich ernstlich, daß der Satan deinen Geist mit seinen Künsten verblendet; anderes wieder fesselt mich so, daß ich wünschte, diese meine Sorge sei unbegründet. Ich möchte nichts vertreten, wovon ich noch nicht überzeugt bin, viel weniger, was ich noch nicht verstehe." Er habe noch nichts gegen ihn geschrieben, obwohl er sich viel Beifall bei Fürsten damit hätte erwerben können, deutet dann aber an, daß sich das ändern könne. ,,Wenn du bereit bist, jedermann von deinem Glauben Rechenschaft zu geben, warum willst du es dann übelnehmen, wenn einer, um zu lernen, mit dir disputiert? Vielleicht wird ein Erasmus, der gegen dich schreibt, dem Evangelium mehr nützen als gewisse Dummköpfe, die für dich schreiben. Um ihretwillen kann man kein bloßer Zuschauer dieser Tragödie sein (möchte sie nur nicht tragisch ausgehen!), sondern sie treiben mich auf die andere Seite, auch wenn die Fürsten mich nicht dorthin trieben!" Am Schluß kommt zutage, was ihn am schwersten getroffen hat: daß Luther ihn mit Hutten und seinen Verteidigern auf die gleiche Stufe stellt. ,,Diese Leute nennst du in einem Atem mit mir! Ich halte sie nicht für Menschen, sondern für Furien und denke nicht daran, sie als meinesgleichen anzuerkennen!" Und dann ein trockener Schluß: ,,Der Herr Jesus lenke deinen Geist auf Entschlüsse, die seines Evangeliums würdig sind!"[40] Es gehörte der unverbesserliche Optimismus des Friedensvermittlers Oekolampad dazu, nicht nur aus dem unbewegten Gesicht des Erasmus, der in seiner Gegenwart Luthers Brief las, sondern noch aus dieser Antwort zu schließen, daß Erasmus wohl nicht gegen Luther schreiben werde – oder jedenfalls nicht ohne nochmaliges Überlegen. Denn Erasmus hatte ihm beim zweiten Mal immerhin gesagt, er könne mit dem Buch ,,Über den freien Willen" in drei Tagen fertig sein[41]. In der Tat war die große Auseinandersetzung nicht mehr aufzuhalten. Sie war durch die ständig weitergehenden Indiskretionen, an denen Erasmus nicht unbeteiligt war, längst im Gange. Ihr letzter Briefwechsel war bald in Abschriften verbreitet, sehr zum Ärger von Camerarius, der seine Unschuld beteuerte. Und die Briefe vom November 1523 erschienen eben jetzt im Sommer 1524 zusammen mit einer Schrift Albers gegen die Spongia des Erasmus im Druck[42].

Das alles trieb Erasmus dazu, die lange erwogene, so oft vertraulich angekündigte und noch öfter abgeleugnete Schrift gegen Luther zum Abschluß zu bringen. An die Stelle der drei geplanten Dialoge setzte er in dem richtigen Gefühl, daß er jetzt nichts Verspieltes und Zerstreutes mehr bringen durfte, ein einziges Thema von Rang: die Frage der Willensfreiheit. Luther hatte mit

---

[40] WAB 3; 285,5 ff.22 ff. 286,50 ff.55 ff.
[41] Oekolampad an Luther 9. u. 15. Mai 1524, WAB 3; 287,8 ff. 294,17 ff.
[42] WAB 3; 158 f.

311

der These: „Die Freiheit des Willens nach dem Sündenfall ist ein leerer Begriff", die er bei der Heidelberger Disputation 1518 aufgestellt und danach nochmals gegen die Verurteilung in der Bannbulle verfochten hatte[43], Aufsehen und Schrecken erregt. Im Anschluß an seine Kontroverse mit Luther tauschte Heinrich VIII. mit Herzog Georg von Sachsen in einem sofort veröffentlichten Briefwechsel 1523 seine Empörung darüber aus; alle Übel der Lutherschen Lehre kommen nach Georg aus seinem Determinismus[44]. Hier fanden Luthers katholische Gegner die gefährlichste Konsequenz aus seiner Theologie: „Er macht Gott zum Urheber alles Bösen . . , so daß niemand in der Lage ist, etwas Gutes zu tun, selbst wenn er wollte", wie der Londoner Bischof Tunstall am 5. Juni 1523 an Erasmus schrieb, um ihn zum Kampf gegen Luther anzuspornen[45]. Es hätte dieser Anregung von außen nicht bedurft, um ihn auf sein Thema zu bringen. Seit langem war es seine Überzeugung, daß neben der Güte und Gnade Gottes ein bestimmtes Maß von Willensfreiheit angenommen werden müsse, wenn der Mensch sittlich erzogen werden solle. Und er hatte sich schon oft darüber beklagt, daß er wegen dieses Bemühens, zwischen der Scylla des Vertrauens auf die Werke und der Charybdis des moralischen Nihilismus hindurchzuführen[46], bei den Anhängern Luthers des Pelagianismus bezichtigt werde. „Von den Lutheranern werde ich in ihren Vorlesungen als Pelagianer heruntergerissen, weil ich dem freien Willen zuviel einräume. Springt man nicht hübsch mit mir um?"[47] Zugleich konnte er hoffen, gerade mit diesem Thema eine Front gegen die Radikalen zu sammeln. Vielleicht würde sich die aus dem Humanismus kommende Gefolgschaft Luthers an seinen extremen Thesen von ihm trennen lassen. Kein Thema lag ihm mehr am Herzen, bei keinem konnte er auf mehr Beifall von Luthers Gegnern, die ihn so sehr zum Schreiben drängten, und auf größere Aufmerksamkeit der Unentschiedenen rechnen: Glücklicher konnte es nicht gewählt sein. Eine erste Ausarbeitung schickte er im Februar 1524 an seinen theologischen Ratgeber Ludwig Ber in Basel, im März an König Heinrich VIII. und tat doch Ende Juli noch so, als sei er nur gezwungen, das Buch zum Druck zu geben, da schon so viel darüber geredet werde[48]. An-

---

[43] Liberum arbitrium post peccatum res est de solo titulo, WA 1; 354,5. Assertio omnium articulorum M. Lutheri per bullam Leonis X. novissimam damnatorum (1520), WA 7; 142 ff.

[44] Geß, Akten, Bd. 1, 504 ff. 499, Anm. 1.

[45] Allen 5; Nr. 1367; 290 ff., bes. 291,16 ff.

[46] An Marcus Laurinus 1. Feb. 1523, Allen 5; Nr. 1342; 203 ff., bes. 226,952 ff.959 ff. Anlaß ist die oben S. 303 erwähnte Paraphrase zu Röm. 9, vgl. Z. 926 ff.

[47] An Pirkheimer 12. Feb. 1522, Allen 5; Nr. 1259; 16,12. Vgl. auch an Petrus Barbirius 13. Aug. 1521, Allen 4; Nr. 1225; 562,282, und an Glapion ca. 21. Apr. 1522, Allen 5; Nr. 1275; 48,27. – Die auch sonst in Einzelheiten korrekturbedürftige ausführliche Übersicht über die Vorgeschichte des Streits von A. Freitag in WA 18; 551–596 irrt vor allem in zwei Punkten: 1) Das Thema des freien Willens sei Erasmus „von außen her nahegelegt worden" (577); 2) er habe Luther „gänzlich wider seinen Willen angegriffen" (579).

[48] An Ber, Allen 5; Nr. 1419; 399 f., an Heinrich VIII., ebd. Nr. 1430; 417 f., an Pirkheimer 21. Juli 1524, ebd. Nr. 1466; 496,58, an Petrus Barbirius ca. 26. Juli 1524, ebd. Nr. 1470; 506,46.

fang September verschickte er nach allen Seiten die ersten Exemplare; einige nach Wittenberg, aber nur – mit einem auffallend redseligen Begleitbrief – an Melanchthon, in dem er ihn seiner Sympathie versicherte, sich über ein Dutzend gemeinsamer Bekannter beklagte und erklärte, er habe sein Buch nur um seiner vielen Feinde willen geschrieben, – obwohl natürlich, was er sage, seine Meinung sei[49]. Melanchthon war erleichtert, daß der Angriff nicht schlimmer ausgefallen war, ja beinahe froh, daß einmal jemand dieses Kernproblem des Christentums angefaßt hatte, und antwortete darum in seiner ausgleichenden Weise. Er bekennt sich zu Luther, beruhigt Erasmus aber: Das Buch sei in Wittenberg gelassen aufgenommen worden. Luther könne etwas vertragen und habe versprochen, ebenso maßvoll zu antworten[50]. Luthers Gelassenheit bestand freilich darin, daß er nach dem Hin und Her all der Jahre zunächst keine Lust hatte, an die Lektüre heranzugehen, und als er es tat, so davon abgestoßen war, daß er es bis Ende Oktober erst auf zwei Bogen gebracht hatte[51]. Dann kamen neben den reichlichen Tagesgeschäften andere Aufgaben, vor allem die Auseinandersetzung mit den „himmlischen Propheten", und größere Sorgen, die Bauernunruhen. So blieb die Schrift des Erasmus über ein Jahr lang unbeantwortet.

---

[49] Begleitbriefe zur Versendung Allen 5; Nr. 1481 ff.; 525 ff. Zickendraht, Streit (s. Anm. 7), 50. An Melanchthon 6. Sept. 1524, Allen 5; Nr. 1496; bes. 549 f., CR 1, 667 ff., bes. 671 f. MBW 341. Vom gleichen Tage sind uns noch fünf andere kurze Begleitbriefe erhalten. Zu der Kritik des Briefes und der Schrift des Erasmus an Melanchthons Loci vgl. Maurer, Melanchthons Anteil am Streit zwischen Luther und Erasmus (s. o. S. 239, Anm. 63), 137 f.

[50] 30. Sept. 1524, Allen 5; Nr. 1500; 553 ff., CR 1, 674 ff. MSA 7/1, 204–209. MBW 344. Vorher Melanchthon an Spalatin Ende Aug. 1524, CR 1, 673, MBW 338. Maurer, Melanchthons Anteil am Streit zwischen Luther und Erasmus (s. o. S. 239, Anm. 63), 141 ff. Erasmus gab die Nachricht von der ruhigen Aufnahme in Wittenberg eiligst weiter. Allen 5; Nr. 1526; 603,230. Nr. 1528; 607,44. Nr. 1529; 610,25. Nr. 1531; 611,1.

[51] WAB 3; 368,29.

XIV. Der Bauernkrieg

Die Unterscheidung von Evangelium und Politik, dem Bereich des Geistlichen und des Weltlichen, die für Luther in diesen Jahren zum zweiten großen Thema neben Glauben und Rechtfertigung geworden war, sollte bald noch eine ganz andere Probe bestehen als den harmlosen Schriftenkrieg um seine reformatorischen Grundsätze, eine Feuerprobe unübersehbaren Ausmaßes. Aus den Kundgebungen der seit Jahren in Unruhe geratenen Bauern, die sich nach der Mitte des Jahres 1524 zur großen Auseinandersetzung um ihr Recht erhoben, schlug ihm die glühende Hoffnung entgegen, ihre schon von den Vätern vertretenen Forderungen jetzt aus dem von Luther machtvoll zu Gehör gebrachten Evangelium unwiderleglich begründen und endlich zum Siege führen zu können[1]. Der Bauernaufstand war darum für ihn kein Zeitereignis wie andere, sondern er ging ihn und seine Sache auf Leben und Tod an.

Die Verflechtung der wirtschaftlichen und rechtlichen Forderungen der Bauern mit religiösen Ideen war nicht neu. Solange es Bauernaufstände gab, also seit dem großen Aufruhr in Flandern 1323 und der Jacquerie in Nordfrankreich 1356, hatten sie sich neben dem Adel oder den Landesherrn immer auch gegen die Kirche gerichtet, die das bestehende Gesellschaftssystem stützte, ja mit den reichen Besitztümern ihrer Klöster, Bistümer und Pfarreien selbst ein Teil von ihm war. In vielen Erhebungen vor dem großen Bauernkrieg schwang darum ein Stück Pfaffenfeindlichkeit mit. Und schon im englischen Aufstand von 1381 war Wyclifs Leitwort von der lex Dei, welche die Armut der Kirche und ihrer Priester forderte, zur Kampfparole geworden. Wohl auf dem Wege über Huß, den eben dieses Leitwort zum Gefolgsmann Wyclifs gemacht hatte[2], und die hussitische Bewegung drang die Berufung auf das göttliche, im Evangelium enthaltene Recht in die sozialkritische Literatur ein. Man hatte zwar im Mittelalter nie anders gedacht, als daß alles wahre Recht göttlich und in der Ordnung der Schöpfung begründet sei. Verbesserung des Rechts konnte also immer nur re-formatio der ursprünglichen,

---

[1] Franz, Bauernkrieg. Ders., Quellen. W. Stolze, Bauernkrieg und Reformation, SVRG 141 (Leipzig 1926). H. v. Schubert, Revolution und Reformation im 16. Jahrhundert (Tübingen 1927). I. Schmidt, Das göttliche Recht und seine Bedeutung im deutschen Bauernkrieg (phil. Diss. Jena 1939). A. Waas, Die große Wendung im deutschen Bauernkrieg, in: HZ 158 (1938), 457 ff.; ebd. 159 (1939), 22 ff. Ders., Die Bauern im Kampf um Gerechtigkeit 1300 bis 1525 (München 1964), reiches Abbildungsmaterial. Bauernkriegs-Studien, hg. v. B. Moeller, SVRG 189 (Gütersloh 1975).
[2] J. Loserth, Huss und Wyclif. Zur Genesis der hussischen Lehre. 2. Aufl. (München, Berlin 1925), 75. Zu Wyclif: M. Schmidt, John Wyclifs Kirchenbegriff. Gedenkschrift für Werner Elert (Berlin 1955), 72 ff.

natürlich-göttlichen Gerechtigkeit sein[3]. Auf konkrete schwere Rechtsmiß-bräuche angewandt aber mußte sich diese Überzeugung mit revolutionärer Kraft entladen. Sie lieferte vor allem die Begründung für die Forderungen des Bauernstandes, der sich mehr und mehr von einer heillosen, unübersehbaren Minderung seiner Rechte bedrückt fühlte und in einem Aufstand von 1513–1517 unter dem schon älteren Zeichen des Bundschuhs[4] ganz Ober-deutschland in verschiedenen Wellen überflutete.

Lange hatte man sich mit dem Appell an das alte Recht begnügt und den Kampf gegen zahlreiche einschränkende Neuerungen und gegen das fremd-artige römische Recht vom Boden des Überkommenen aus geführt. Erst am Anfang des 16. Jahrhunderts bemächtigte sich die umfassendste und am be-sten organisierte Bauernbewegung, der seit etwa 1450 in der Schweiz, im El-saß und am Oberrhein ausgerufene „Bundschuh", der Idee der „göttlichen Gerechtigkeit" und schloß ihre Forderungen darin zusammen. Die Spitze, in die sie mündeten, war der Protest gegen die Leibeigenschaft. Sie hatte schon in den mittelalterlichen Rechtsbüchern als neu aufgekommenes, der göttli-chen Bestimmung des Menschen widerstreitendes Unrecht gegolten[5]. Mit Schärfe hatte die große Reformschrift aus der Zeit des Basler Konzils, die von einem um Kirche und Reich besorgten Weltpriester verfaßte „Reformation Kaiser Sigmunds" (1438/9), diesen Protest ausgesprochen: „Darumb wiß je-dermann, wer der ist, der seinen Mitchristen eigen spricht, daß der nit Chri-sten ist und ist Christo wider und sind alle Gebote Gottes an ihm verlorn. Gott hat all Christen gefreiet und entlediget von allen Banden."[6] Es war bit-tere Ironie, daß sie die Kritik an der Leibeigenschaft vor allem einem Türken in den Mund legte, der den Widerspruch zwischen der von den Christen be-haupteten Erlösung durch Christus und dem bei ihnen gültigen Recht auf-deckte: „Wir sein freier denn ihr, wir tuen rechter in allen Wegen denn ihr."[7] Aber auch die Freiheit von Waldnutzung, Jagd und Fischerei, Ehefreiheit, ungemindertes Erbrecht und die Abgeltung der Schuld durch die Zinsen lie-ßen sich leicht aus der göttlichen Gerechtigkeit ableiten. In der Aufstands-welle, die 1513–1517 von den Ostalpen bis zur Schweiz, dem Elsaß und Franken ganz Oberdeutschland überflutete, standen die – einander nicht sachlich widersprechenden – Berufungen auf das alte Recht und auf das gött-liche Recht noch auf verschiedene Gebiete verteilt nebeneinander. Die Zu-

---

[3] L. Graf zu Dohna, Reformatio Sigismundi. Beiträge zum Verständnis einer Reformschrift des fünfzehnten Jahrhunderts (Göttingen 1960), 109 ff.

[4] Der geschnürte Bauernschuh im Gegensatz zum Ritterstiefel.

[5] H. Grundmann, Freiheit als religiöses, politisches und persönliches Postulat im Mittelalter, in: HZ 183 (1957), 49 ff.

[6] Die Reformation Kaiser Sigmunds, hg. v. K. Beer (Stuttgart 1933), 119. 15 f. 39. Die oft be-hauptete direkte Abhängigkeit des Bundschuhprogramms von der Reformatio Sigismundi ist fraglich (Dohna, Reformatio [s. Anm. 3], 197 ff.), die Verbreitung ihrer Ideen aber durch eine große Zahl von Handschriften und Drucken bezeugt.

[7] Beer, Reformation (s. Anm. 6), 23,9 ff., dazu Grundmann, Freiheit (s. Anm. 5), 50 f.

kunft gehörte dem an Zahl geringeren, aber mit der dynamischen Lösung der göttlichen Gerechtigkeit werbenden Teil des „Bundschuhs". Noch konnte die Bewegung ganz altgläubig-kirchliche Züge tragen. Mit einer Marienerscheinung beglaubigte Hans Böheim, der Pfeifer von Niklashausen im Taubertal, seine Aufstandspredigt im Jahre 1476. Der Glaube an den großen Ablaß der von ihm begründeten Wallfahrt und der Haß gegen die Pfaffen waren die ungleichen Kräfte, durch die er auf die Massen wirkte[8]. „Herr, steh deiner göttlichen Gerechtigkeit bei!", stand auf den Fahnen der Aufständischen im Bistum Speyer und im Breisgau (1513). Ein über einen Bundschuh gemaltes Kreuz mit Maria und Johannes zur Seite und einem davor knieenden Bauern zeigte, in wessen Namen man stritt, Kaiserkrone und päpstliche Tiara, auf wessen Hilfe man hoffte[9]. Aber die religiöse Spannung, die darunter verborgen war, wird spürbar in der Losung der Verschworenen im Bruhrain (dem Speyrer Besitz um Bruchsal): „Gott grüß dich, Gesell! Was ist nun für ein Wesen? – Wir mögen vor den Pfaffen nit genesen."[10] Noch deutlicher sagte es die Bekräftigung des mitverschworenen Pfarrers von Lehen bei Freiburg, „es wär ein göttlich Ding darumb, dann die Gerechtigkeit wurd ein Furgang gewinnen. Dann Gott wollt's, man hat's auch in der Geschrift funden, daß es Furgang haben meußt."[11] Die düstere Klageschrift des unbekannten oberrheinischen Revolutionärs, die das ganze Elend des Bauernstandes und das vielfältige Unrecht der Zeit ausbreitete, sah einen Ausweg nur noch in der apokalyptischen Hoffnung auf einen gewaltigen Volksaufstand und auf die Einsetzung eines schlichten, frommen Bauern zum neuen „Kaiser Friedrich", der tausend Jahre herrschen würde[12].

Waren das Träume einzelner, die wohl nur eine geringe Wirkung ausübten, so mußte der Glaube an das in der Bibel enthaltene göttliche Recht gewaltig gestärkt werden, als durch die Erneuerungsbewegung innerhalb der Kirche die heilige Schrift zum Richtmaß aller theologischen Aussagen und allen kirchlichen Handelns erhoben wurde. Als sich 1524, sieben Jahre nach den Mißerfolgen des Bundschuhs, neue Wellen des Aufstands erhoben, ordnete man nach kurzer Zeit überall die einzelnen Forderungen dem universalen Gesetz des göttlichen Rechtes unter. Zu ihm gehörte jetzt auch der An-

---

[8] Franz, Bauernkrieg, 48 ff. Ders., Quellen, 62 ff.

[9] Ders., Bauernkrieg, 72. R. M. Radbruch, Der deutsche Bauernstand zwischen Mittelalter und Neuzeit (München 1941), 70.

[10] Franz, Quellen, 73.

[11] A. Rosenkranz, Der Bundschuh, die Erhebungen des südwestdeutschen Bauernstandes in den Jahren 1499–1517. Bd. 1: Darstellung (Heidelberg 1927), 188. 303. W. Andreas, Der Bundschuh. Die Bauernverschwörungen am Oberrhein (Köln 1936; 2. Aufl. 1953), 29. 42 ff. Franz, Bauernkrieg, 66 ff. 70 ff. (dazu Karte 1).

[12] H. Haupt, Ein Oberrheinischer Revolutionär aus dem Zeitalter Maximilians I. Mitteilungen aus einer kirchlich-politischen Reformschrift des ersten Decenniums des 16. Jahrhunderts, in: Westdeutsche Zs. f. Gesch. u. Kunst, Erg.-H. 8 (1893), 77 ff. O. Eckstein, Der oberrheinische Revolutionär (phil. Diss. Leipzig 1939). Franz, Bauernkrieg, 68 f.

spruch der Gemeinde, sich einen Pfarrer zu wählen, der ihr das wahre Wort Gottes predige, und ihn vom bisherigen Zehnten zu bezahlen. Pfarrerberufung und Zehntverweigerung hatten – ohne Zusammenhang mit der Bauernrevolution – schon zu Wyclifs Mitteln im Kampf um die Reinigung der Kirche gehört; und im Kärntner Aufstand von 1478 war bereits einmal die Wahl der Geistlichen im Programm des künftigen Bauernstaats, für den man kämpfte, erschienen[13]. Nun wurde es die Forderung, durch die sich die Bauern der großen Kirchenreform sichtbar verbanden. Der aktive Biblizismus der Zürcher Reformation fiel zündend in den Unruheherd im südlichsten Schwarzwald, vermittelt vor allem durch Zwinglis Schüler, den wortmächtigen und rasch zur Tat entschlossenen Waldshuter Pfarrer Balthasar Hubmaier. Er hatte einst als Domprediger in Regensburg den Aufruhr gegen die Juden und die gewaltige Wallfahrt zur „Schönen Marie" in Gang gebracht und predigte seit 1523 evangelisch. Es war zwar weit übertrieben, wenn ein zeitgenössischer geistlicher Chronist ihn als „Anfenger und Ufweger (Urheber) des ganzen bäurischen Kriegs"[14] bezeichnete. Aber ohne Zweifel hat die faszinierende Gestalt Hubmaiers, unter dessen Führung Waldshut in schwerem Ringen mit Zürichs Hilfe von der österreichischen Regierung Freiheit für die reformatorische Predigt ertrotzt hatte, die Aufmerksamkeit der sich seit 1524 organisierenden Bauern in weitem Umkreis auf sich gezogen. Offenkundig hatte er sie ermutigt und beraten[15]. Neben ihm finden sich bald die Namen eines halben Dutzends von Predigern unter den Führern oder Ratgebern der einzelnen Erhebungen[16].

In einem Gebiet nach dem anderen entstand jetzt die „Christliche Vereinigung" als fester Bund, der jeden zum Beitritt aufrief und die Widerspenstigen mit dem Bann, d. h. dem Ausschluß von den Gemeinderechten, oder gar mit der Landesverweisung bedrohte. Darin sprach sich die Überzeugung der Bauern aus, daß sie nicht nur einzelne Beschwerden vorzubringen hatten, die sie nach wie vor mit großer Genauigkeit aufzeichneten, sondern ein umfassendes, absolutes Recht, das für jeden galt und dem sie sich auch selbst un-

---

[13] M. Schmidt, John Wyclif (s. Anm. 2), 81 f. 94. Franz, Bauernkrieg, 81.

[14] F. J. Mone, Chronik des Andreas Lettsch. Von 1519–1531, in: ders., Quellensammlung der badischen Landesgeschichte 2 (Karlsruhe 1854), 46, zit. Franz, Quellen, 85 ff.

[15] J. Loserth, Die Stadt Waldshut und die vorderösterreichische Regierung in den Jahren 1523–1526. Ein Beitrag zur Geschichte des Bauernkrieges und der Reformation in Vorderösterreich, in: AÖG 77 (1891), 1 ff. Ders., Art. Balthasar Hubmaier, in: Mennonitisches Lexikon, Bd. 2 (1937), 355 f. W. Stolze, Bauernkrieg und Reformation, SVRG 141 (Leipzig 1926), 62 ff. Ders., Die Stühlinger Erhebung des Jahres 1524 und ihre Gründe, in: HZ 139 (1929), 295 ff. Franz, Bauernkrieg, 103 ff. T. Bergsten, Balthasar Hubmaier. Seine Stellung zu Reformation und Täufertum 1521–1528 (Kassel 1961), 146 ff. 192 ff. 223 ff.

[16] Zuerst in dem bambergischen Forchheim bei Nürnberg, Otto Brunfels in Neuenburg (Breisgau), Schappeler in Memmingen, Teuschlein in Rothenburg, Denner und Hollenpack im Taubertal, Eisenhut im Kraichgau und manche Ungenannte. Vgl. auch v. Schubert, Revolution und Reformation (s. Anm. 1), 28, Anm. 56.

terwarfen. Dieses göttliche Recht konnte, nachdem die Predigt des Gotteswortes an so vielen Orten durchgebrochen war, für sie nichts anderes sein als
das Evangelium. Daß es frei und rein verkündigt und als Norm für die Entscheidung aller strittigen Fragen anerkannt werde, wurde nun allgemein die
erste der Forderungen. „Dem Evangelium und der Gerechtigkeit einen Beistand tun", diese Parole der elsässischen Bauern und die Aufschriften „Jesus
Christus" oder „VDMIE" (Verbum domini manet in eternum) auf ihren
Bannern sprachen des Leitmotiv aller Erhebungen aus, die seit dem Februar
1525 Süddeutschland überfluteten[17]. Die Berufung auf das „heilige Evangelium" trat manchmal an die Stelle aller Einzelforderungen. „Das heilig Evangelion, was das umstieß, daß es umgestoßen wäre, und was es aufrichtet, daß
es aufgerichtet sein solle", verkündeten am 30. März 1525 die Rothenburger
Bauern. Florian Geyer nahm in seine Rede vor dem Rothenburger Rat am 14.
Mai, in der er die Ziele der fränkischen Bauern darlegte, diesen Satz wörtlich
auf[18]. Auch die Gegner bemerkten selbstverständlich sofort, daß die Bauern
sich auf die Grundworte der reformatorischen Bewegung beriefen, und gaben dieser darum die wesentliche Schuld an dem sich zusammenbrauenden
Aufruhr. „Wie der Luther den buntschuch schmiert, das er den einfaltigen
menschen angenem bleib", hieß es schon 1522 in der Überschrift zu einem
Holzschnitt in Thomas Murners „Vom großen Lutherischen Narren", auf
dem Luther in Waffenrüstung bei dieser Beschäftigung dargestellt war[19].

Zur gleichen Zeit, als die Idee vom Evangelium als dem Kriterium der göttlichen Gerechtigkeit die älteren Parolen und Rechtsgründe in sich einbezog,
erhielt die Aufstandsbewegung auch ihre gemeinsame Programmschrift: die
„Zwölf Artikel", die Ende Februar 1525 im Kreis der oberschwäbischen
Bauernschaft um Memmingen entstanden. Sie machten zwar örtliche Artikel
nicht überflüssig, aber sehr bald erschienen diese nur als Ausführungen und
Ergänzungen zu der Bekenntnisschrift der ganzen Erhebung. Die Zwölf Artikel verdanken ihren Ruhm ebenso sehr der maßvollen und aus der Bibel begründeten Zusammenfassung der bäuerlichen Beschwerden und Wünsche
wie der Geschicklichkeit, mit der sie unter die Massen gebracht wurden. Als
einzige der Bauernkundgebungen wurden sie sofort gedruckt und in einem
Vierteljahr in mehr als 25 Nachdrucken verbreitet[20]. Den in allen Artikeln
weiterklingenden Grundton schlägt der erste an: „Zum ersten ist unser demütig Bitt und Begehr", daß die Gemeinde ihren Pfarrer selbst wählen und,
wenn er sich ungebührlich halte, wieder absetzen könne. Er soll „uns das

---

[17] Franz, Bauernkrieg, 144. Ders., Quellen, Register s. u. Evangelium.
[18] Ders., Bauernkrieg, 182. Ders., Quellen, 367,4 ff.
[19] Abgebildet bei Waas, Gerechtigkeit (s. Anm. 1), 73.
[20] Franz, Quellen, 174 ff. Urkunden zur Geschichte des Bauernkrieges und der Wiedertäufer,
hg. v. H. Boehmer, Kleine Texte 50/51 (Bonn 1910; Ndr. Berlin 1933). Faksimile bei Waas, Gerechtigkeit (s. Anm. 1), 97 ff. G. Franz, Die Entstehung der „Zwölf Artikel" der deutschen Bauernschaft, in: ARG 36 (1939), 193 ff. (dort die ältere Literatur). Ders., Bauernkrieg, 123 ff.

heilig Evangeli lauter und klar predigen ohne allen menschlichen Zusatz, Lehr und Gebot", denn es steht in der Schrift, „daß wir allein durch den wahren Glauben zu Gott kommen könnten". Auch in fast allen anderen Artikeln ist Gott und sein Wort die Instanz, welche die Bauern anrufen. Sie wollen den großen Kornzehnten gern geben, „doch wie sich gebührt", d.h. für die Pfarrbesoldung, die Armen und als Rücklage für Kriegsnot, damit man dann nicht eine Landsteuer auf den armen Mann legen muß. Den kleinen (Vieh-) Zehnten dagegen verweigern sie, da Gott das Vieh frei für den Menschen geschaffen hat (Art. 2). Die Leibeigenschaft widerstreitet der Tatsache, „daß uns Christus all mit seinem kostparlichen Plutvergüssen erlöst und erkauft hat, den Hirten gleich als wohl als den Höchsten, kein ausgenommen. Darumb erfindt sich mit der Geschrift, daß wir frei sein und wöllen sein. Nit daß wir gar (ganz) frei wöllen sein, kein Oberkeit haben wellen, lernet uns Gott nit." Vielmehr sollen wir uns gegen jedermann demütigen, also auch „gegen unser erwählten und gesetzten Oberkeit (so uns von Gott gesetzt) in allen ziemlichen und christlichen Sachen geren gehorsam sein" (Art. 3). Daß Jagd und Fischerei nicht frei sind, ist dem Wort Gottes nicht gemäß, denn Gott hat dem Menschen Gewalt über alle Tiere gegeben (Art. 4). Die der Gemeinde willkürlich entrissene Holznutzung soll wieder an sie zurück fallen; über die ihr abgekaufte soll man sich „nach brüderlicher Lieb und heiliger Geschrift" einigen (Art. 5); ebenso über die ihr genommenen Wiesen und Äcker (Art. 10). Die von Tag zu Tag vermehrten Dienste sollen wieder auf das Maß beschränkt werden, „wie unser Eltern gedient haben allein laut des Wort Gottes" (Art. 6). Die überhöhte Gült (Pacht) vieler Güter soll nach Billigkeit neu festgesetzt werden, „denn ein jeglicher Tagwerker ist seins Lohns würdig" (Luk. 10,7) (Art. 8). Der „Todfall" (eine Erbschaftsabgabe an den Grundherrn) soll ganz abgetan werden, denn er ist „wider Gott und Ehren" (Art. 11). Die Anrufung des göttlichen Wortes verpflichtete freilich die Bauern, wie sie aufrichtig empfanden, sich ihm auch selbst zu unterstellen. Darum schließen die Artikel: Wenn ihnen etwas davon als „mit dem Wort Gottes unziemlich" nachgewiesen werde, so wollten sie davon abstehen, so wie sie sich umgekehrt vorbehalten, noch andere Beschwerden geltend zu machen, wenn „sich in der Schrift mit der Wahrheit noch mehr Artikel fänden, die wider Gott und Beschwernis des Nächsten wären" (Art. 12). Der biblische Tenor des Ganzen wurde durch eine Menge an den Rand gedruckter Schriftzitate verstärkt, die freilich großenteils überhaupt nicht, z.T. nur in allegorischer Auslegung auf den Text anwendbar sind. Die gefährliche Frage, was diese christlichen Reden im Munde von Tausenden von Bauern bedeuten sollten, die sich zur Verfechtung ihres Rechts zusammengerottet hatten, fing eine offenkundig von anderer Hand hinzugesetzte Einleitung mutig und geschickt auf. Diejenigen, die jetzt schmähen: „Das sind die Früchte des neuen Evangeliums!", sind selbst „Widerchristen", weil sie sich dem von den Bauern angerufenen Evangelium des Friedens, der Geduld und Einigkeit entziehen. Wie kann man sie Aufrührer schelten, wenn sie nach diesem Evangelium zu leben begehren? Und wer will in Gottes Gericht greifen und seiner Majestät widerstreben? Kann er, der Israel aus der Hand des Pharao befreit hat, nicht noch heute die Seinen erretten? „Ja, er wird sie erretten! Und in einer Kürze!" Die Verbindung von ernst zu nehmenden Forderungen, biblischer Begründung, christlicher Bescheidung und eschatologischer Hoffnung gab den Zwölf Artikeln ihren Rang unter den andern Bauernprogrammen. Sie war dem Zusammenwirken von zwei Männern entsprungen: des Memminger Kürschnergesellen Sebastian Lotzer, der schon in Flugschriften als Laienprediger des Evangeliums aufgetreten war und höchstwahrscheinlich die Zwölf Artikel verfaßt hat, und des Memminger Pfarrers Christoph Schappeler, eines Anhängers Zwinglis, von dem die Einleitung und ein gut Teil der Bibelzitate stammen werden[21].

Man muß den andringenden Ton des Ganzen auf sich wirken lassen, um zweierlei zu begreifen: die suggestive Kraft, mit der diese Artikel in kurzer Frist die gesamte Bauernbewegung eroberten, und die unausweichliche Frage, vor die sie Luther stellten. Hier trat ihm die mittelalterliche Vermengung des Evangeliums mit einem weltlich-politischen Programm in einer ganz anderen Gestalt entgegen als in dem kalten Recht der Kirche, die sich als civitas Dei terrena mit allen Ansprüchen auf Herrschaft, Reichtum und Kriegsmacht aus der Bibel legitimierte. Hier begegnete er dem Erbe der mittelalterlichen Sektenbewegung, der Waldenser, Wycliffiten und Hussiten, neu belebt und gewandelt durch die soziale Umschichtung der Zeit und die reformatorische Predigt, aber doch mit den alten Grundgedanken der armen Kirche, der Souveränität des Kirchenvolkes, seines Rechtes auf unmittelbaren Zugang zur heiligen Schrift, der Quelle des alle Verhältnisse regelnden Gesetzes Christi, der göttlichen Gerechtigkeit.

Mit den Forderungen für die Erneuerung der Kirche ging Luther weithin einig. Aber ihm mußte alles verhängnisvoll verkehrt erscheinen, weil hier das Evangelium von neuem seines wahren Wesens beraubt und in den Dienst einer weltlichen Sache gestellt wurde, mochte sie in vielem noch so gerecht und begründet sein! Das Problem, das hier an einer neuen Front aufriß, war nicht nur ein Gegenstand für theologische Disputationen, sondern enthüllte seine Mächtigkeit in den sichtbaren Wirkungen, die von ihm ausgingen. Die Zwölf Artikel waren ja keine harmlose Flugschrift, sondern das Programm einer Bewegung, die in wenigen Wochen ganz Süddeutschland erfaßt und zwar noch nicht zu Schlachten und Bluttaten, aber doch zu bewaffneten Zusammenrottungen, Gehorsamsverweigerung und Plünderungen geführt hatte. Luther hätte zu diesem politischen Gebrauch des Evangeliums und seinen schon sichtbar gewordenen Folgen auch dann nicht schweigen können, wenn

---

[21] M. Brecht, Der theologische Hintergrund der Zwölf Artikel der Bauernschaft in Schwaben von 1525. Christoph Schappelers und Sebastian Lotzers Beitrag zum Bauernkrieg, in: ZKG 85 (1974), 30 ff.

ihn die Bauern nicht selbst um seine Stellungnahme angegangen wären. Sie hatten ihn inzwischen mit mehr als zwanzig anderen reformatorischen Predigern für die Auslegung des göttlichen Rechts, dem sie sich auch selbst fügen wollten, benannt, was der Memminger Rat freilich vereitelte[22]. Ob Luther das Verzeichnis kennengelernt hat, wissen wir nicht. Aber mit den Zwölf Artikeln wurde ihm zugleich eine andere Flugschrift zugesandt, in der er mit Melanchthon oder Bugenhagen von den Bauern für ein Schiedsgericht vorgeschlagen wurde[23].

Luthers Antwort und seine weiteren Schriften zum Bauernkrieg verlangen eine geduldige Analyse, da es für den modernen Betrachter schwer ist, sich ihre Voraussetzungen zu vergegenwärtigen. Seine Stellungnahme galt nicht dem Sozialkonflikt, den der Historiker zu beschreiben hat. Er wäre auch gar nicht in der Lage gewesen, ihn umfassend und sachgerecht zu beurteilen. Weder hätte er die wirtschaftliche Situation des Bauernstandes hinreichend abschätzen können, die sich auch mit den Quellenmassen, welche der neueren Forschung zur Verfügung stehen, nicht zu einer völlig einheitlichen Auffassung hat ausdiskutieren lassen[24]. Noch konnte er die tieferen sozialen Umschichtungen: das Zurückbleiben der Bauern hinter den aufsteigenden Städtern, die Verschlechterung der Rechtslage durch die wachsenden Herrschaftsrechte der Territorialstaaten und die Änderungen in der Gerichtsbarkeit, also die einschneidenderen Ursachen der allgemeinen Erregung, auch nur wahrnehmen. Er war hier bestenfalls auf einzelne Eindrücke oder Symptome angewiesen, die auch ihn empörten, aber doch niemals eine solche Bedrohung des allgemeinen Friedens rechtfertigten, wie sie jetzt vor der Tür stand. Über den Bauernstand selbst dachte er freundlich, aber nüchtern: ebenso frei von dem hochmütigen Spott der Humanisten wie von der romantischen Verherrlichung, die sich seit dem Ende des 15. Jahrhunderts verbreitet hatte[25]. Er war ihm durch seine Herkunft verbunden, kannte darum aber auch seine Schwächen. Wenn er sich später einmal in einem vielzitierten Wort

---

[22] Bundesordnung der drei oberschwäbischen Haufen vom 7. März 1525, abgedr. Boehmer, Urkunden (s. Anm. 20), 24.

[23] Franz, Bauernkrieg, 130. Ders., Quellen, 149f. C. A. Cornelius, Studien zur Geschichte des Bauernkriegs, AHKBAW 9 (München 1866), 163f. WA 18; 280.

[24] Waas, Wendung (s. Anm. 1), 22ff. F. Lütge, Luthers Eingreifen in den Bauernkrieg in seinen sozialgeschichtlichen Voraussetzungen und Auswirkungen, in: JNS 158 (1943), 375ff. Vgl. den kurzen Überblick über die verschiedenen Meinungen innerhalb der westlichen wie der marxistischen Geschichtsschreibung von Th. Nipperdey und P. Melcher, Bauernkrieg, in: SDG Bd. 1 (1966), 611ff.

[25] F. v. Bezold, Die „armen Leute" und die deutsche Literatur des späteren Mittelalters, in: HZ 41 (1879), wieder abgedr. in: ders., Aus Mittelalter und Renaissance (München, Berlin 1917), 49ff. K. Uhrig, Der Bauer in der Publizistik der Reformation bis zum Ausgang des Bauernkrieges, in: ARG 33 (1936), 70ff. 165ff., bes. 77ff. 95ff. P. Böckmann, Der gemeine Mann in den Flugschriften der Reformation, in: DVfLG 22 (1944), 186ff. F. Martini, Das Bauerntum im deutschen Schrifttum von den Anfängen bis zum 16. Jahrhundert, in: ebd. 27 (1953). Andreas, Bundschuh (s. Anm. 11), 433ff. Radbruch, Bauernstand (s. Anm. 9).

als eines Bauern Sohn bezeichnete – „Mein Urgroßvater, Großvater und Vater sind rechte Bauern gewest" –, so war das kein Ausdruck des Stolzes, sondern ein ironischer Einwand gegen die Astrologen, die aus dieser Abstammung die späteren seltsamen Wege seines Lebens gewiß nicht ableiten konnten[26]. Er schätzte den Stand als solchen hoch, vor allem im Gegensatz zu der ihm unheimlichen Geldwirtschaft der Städte, weil sich hier die Urform der Arbeit fand, die Gott selbst am Anfang der Menschheitsgeschichte eingesetzt hat. Und wenn er gern Bauern und Hirten auf dem Felde als diejenigen nannte, denen Gott seine Offenbarungen anvertraut hat statt den Klerikern und Gelehrten, so rühmte er damit nicht so sehr ihre Frömmigkeit als vielmehr die wunderbare Güte Gottes, der sich am liebsten den Armen, Elenden und Leidgeprüften zuwendet. Die soziale Unruhe unter den Bauern war Luther natürlich nicht verborgen geblieben, lag aber lange Zeit am Rande seines Gesichtsfeldes. Unter den Reformvorschlägen in seiner Schrift „An den christlichen Adel" kam der Bauernstand nicht vor. Er fand zwar ein gutes Wort für den Wert der Landarbeit, aber nur, um die Gefahren des Handels und Zinswuchers dagegen abzuheben[27]. Wenn er von der Wartburg an Melanchthon schrieb: „Deutschland hat sehr viele Karsthansen", so war diese Anspielung auf den damals literarisch werdenden Bauernnamen nicht beunruhigend gemeint, sondern eher ein Trost: Sollte der Papst mit Gewalt vorgehen, so werde er am Widerstand des breiten Volkes scheitern[28]. Sobald er aber spürte, daß es von selbst zum Aufruhr des schwer bedrückten Karsthans gegen Bischöfe, Geistliche und Mönche kommen könne, zog er mit seiner „Treuen Vermahnung zu allen Christen, sich zu hüten vor Aufruhr und Empörung" (1521/22) unzweideutig die Grenze zwischen dem Evangelium und jeder Art von Gewalt. Er glaubte freilich selbst noch nicht ernstlich an die Gefahr[29]. Auch im Briefwechsel und in den Predigten der nächsten Jahre spiegelt sich noch nichts von der Erregung der Bauernschaft wider, so viel er sich mit Karlstadt, Müntzer und anderen „Schwärmern" befaßte. Er brachte sie also noch nicht mit ihr in Verbindung. Erst als ihm – wohl Anfang April 1525, kaum viel später als die ersten Alarmnachrichten über die Vorgänge in Süd-

---

[26] WATR 5; 558,13 f. 255,10.

[27] WA 6; 466,40 ff.

[28] 26. Mai 1521, WAB 2; 348,65. Karsthans ist die im alemannisch-fränkischen Sprachgebiet verbreitete Bezeichnung für den mit dem Karst (der Feldhacke) arbeitenden Bauern. Vgl. A. E. Berger, Die Sturmtruppen der Reformation. Ausgewählte Flugschriften der Jahre 1520–25. Deutsche Literatur. Reihe Reformation 2 (Leipzig 1931), 48 f. Böckmann, Flugschriften (s. Anm. 25), 194 ff. Der Begriff bildete den wirkungsvollen Titel einer Anfang 1521 erschienenen, für Luther gegen Thomas Murner eintretenden Flugschrift, die nicht von Vadian, sondern vielleicht von dem Freiburger Arzt und Laienprediger Hans Murer (Maurer) stammt, WAB 2; 351, Anm. 35 (Lit.). W. Näf, Vadian und seine Stadt St. Gallen, Bd. 2 (St. Gallen 1957), 121, Anm. 224. Im Sommer 1521 folgte der vermutlich von Bucer stammende „Neu Karsthans". Martin Bucers Deutsche Schriften, hg. v. R. Stupperich, Bd. 1 (Gütersloh 1960), 385 ff. 406 ff.

[29] WA 8; 676,10 ff. 22 ff. 679,9 ff. 35 ff. S. o. S. 46 f.

deutschland – die Zwölf Artikel in die Hand kamen, erkannte er den Umfang der Bewegung und den Zusammenhang zwischen ihren Forderungen und ihrer Theologie.

Das Geschehen, das nun ins Rollen kam, hatte für Luther von vornherein Dimensionen, die über eine soziale Auseinandersetzung weit hinausgingen[30]. Schon seine erste Stellungnahme, die „Ermahnung zum Frieden auf die zwölf Artikel der Bauernschaft in Schwaben", legte sie unverrückbar fest. In ihr sind im Keim seine späteren Äußerungen enthalten, nur bei allem eindringlichen Ernst noch abgewogen gegenüber der Leidenschaft der späteren Schriften, die der Sorge über das Ausmaß des Unheils und dem Zorn über das Vorgehen der Bauern entsprang. Luther begann die „Ermahnung zum Frieden" im Garten des Mansfeldischen Rats Johann Duhren in Eisleben, wo er am 19./20. April 1525 zu Besprechungen über die Eröffnung einer Gelehrtenschule weilte[31]. Er schrieb noch in dem Gefühl, Gehör erwarten zu dürfen. Denn die Bauern hatten sich am Schluß der Artikel bereit erklärt, von Forderungen, die ihnen als Unrecht erwiesen würden, abzustehen, sich allerdings auch vorbehalten, weitere Artikel, die „wider Gott und Beschwernis des Nächsten" wären, hinzuzufügen[32].

Drei Gründe sind es, die Luther zur Feder greifen lassen. 1) Wenn der Aufruhr überhand nimmt, werden „beide Reiche untergehen, daß weder weltlich Regiment noch göttlich Wort bleiben"[33]. 2) „Deutschland wird verwüstet werden, und wo einmal solch Blutvergießen angehet, wird es schwerlich aufhören, es sei denn alles verderbt. Denn es ist Streit bald angefangen. Es steht aber nicht in unserer Macht, aufzuhören, wenn wir wollen."[34] 3) Beide Seiten setzen ihr Seelenheil aufs Spiel, die Herren für ihre Tyrannei und Hartherzigkeit, die Bauern, indem sie zur Gewalt greifen[35]. Es sind nicht politische, sondern menschliche und seelsorgerliche Gründe: Er will dem Unrecht und Unheil wehren, das er kommen sieht, und das Leben der Unschuldigen schützen, die immer bei Aufruhr am meisten leiden, wie er schon drei Jahre zuvor in der „Treuen Vermahnung" gesagt hatte[36]. Überhaupt war, was er jetzt schrieb, nur die Anwendung der damals ausgesprochenen Grundsätze.

Luther redet daher beiden Seiten ins Gewissen, freilich auf eine charakteristisch verschiedene Weise. Die Sünde der Herren besteht im Mißbrauch ihres

---

[30] P. Althaus, Luthers Haltung im Bauernkriege, in: LuJ 7 (1925), 1ff.; erw. abgedr. in: ders., Evangelium und Leben (Gütersloh 1927), 144ff., danach separat (Darmstadt 1953). – M. Greschat, Luthers Haltung im Bauernkrieg, in: ARG 56 (1965), 31ff.
[31] WA 18; 281. Vgl. WAB 3; 474,6f. Luthers vielfach korrigiertes Manuskript ist erhalten und WA 18; 291ff. zusammen mit dem Urdruck wiedergegeben.
[32] S. o. S. 319.
[33] WA 18; 292,16f.
[34] Ebd. 332,3ff., vgl. noch 292,17f. 297,13f. 329,8f.
[35] Ebd. 329,2ff. 331,6ff. 333,11ff.
[36] WA 8; 680,18ff.

Rechts. „Ihr schindet und schatzt, euren Pracht (Üppigkeit) und Hochmut zu führen, bis der arme gemeine Mann nicht kann noch (ver)mag länger ertragen." „Was hülf's, wenn eins Bauern Acker so viel Gulden als Halme und Körner trüge, so die Oberkeit nur desto mehr nähme und ihre Pracht damit immer größer machte und das Gut so hinschleuderte mit Kleidern, Fressen, Saufen, Bauen und dergleichen."[37] Die Herren müssen zu ihrem zeitlichen und ewigen Heil begreifen, daß in diesem Aufstand Gottes Zorn gegen sie aufsteht. „Es sind nicht Bauern, liebe Herren, die sich wider euch setzen; Gott ists selber, der setzt sich wider euch, heimzusuchen eure Wüterei."[38] Um des Zornes Gottes willen sollen sie einlenken „und mit Vernunft an den Bauern handeln"[39]. Ihnen gelten die Zeichen am Himmel und auf Erden, die Luther so sehr in seiner Sorge bestätigten, und die falschen Propheten und Zusammenrottungen der Bauern[40]. Sie sollen sich nicht etwa sicher fühlen: „Das Schwert ist euch auf dem Halse." Gott „will euch schlagen und wird euch schlagen"[41].

Die Sünde der Bauern dagegen ist die völlige Widerrechtlichkeit ihres Vorgehens[42]. Nicht ihre Forderungen sind Unrecht, sondern ihr Aufstand. Sie haben dabei jede Art von Recht gegen sich: das natürliche wie das „christliche", vom geltenden ganz zu schweigen. Ihre Schuld liegt nicht offen zutage wie der Rechtsmißbrauch der Herren, sondern in einer unheimlichen Tiefe, in die sie nicht hineinsehen. Luther bemüht sich darum noch gründlicher als bei den Herren, ihnen die Augen dafür aufzutun. Er muß ihnen die Rechtstitel nehmen, auf die sie sich berufen. Es ist wider gemeines göttliches und natürliches Recht, sich zum Richter in eigener Sache zu machen[43]. Er ruft die Bauern selbst zu Zeugen dafür an, wohin es führen müßte, wenn in ihrem eigenen Haufen jeder Recht nach eigenem Ermessen für sich in Anspruch nähme[44]. Auch die Heiden wissen, daß es unabhängiges Recht, Obrigkeit und Ordnung in der Welt geben muß. „Wollt Gott, wir wären das mehrer Teil gute fromme Heiden, die das natürlich Recht hielten."[45] Die Bauern gehen darin über die Herren hinaus, daß sie ihnen „das Beste, nämlich die Gewalt"[46], d. h. das Recht, nehmen, z. B. indem sie von sich aus den Zehnten

---

[37] WA 18; 293,15 ff. 299,7 ff.
[38] Ebd. 295,4 ff.   [39] Ebd. 297,10.
[40] Ebd. 293,4 ff. 294,7 ff. 334,5 ff. Erst vor drei Wochen hatte Luther von Spalatin ein Flugblatt mit einem Himmelswunder erhalten, wohl einer Sonne mit zwei Nebensonnen; eine deuteten er und Melanchthon auf die untergehende Sonne Franz' I., der am 24. Februar bei Pavia geschlagen worden war, die andere auf den Kaiser. WAB 3; 464,4 ff. Im Winter hatten sie einen nächtlichen Regenbogen über Lochau gesehen, den er später ebenso wie zwei Mißgeburten in Wittenberg als Vorzeichen für den Tod Friedrichs des Weisen am 5. Mai ansah. An Johann Rühel 23. Mai 1525, ebd. 508,28 ff. Astrologische Prophezeiungen, wie sie damals umliefen (Franz, Bauernkrieg, 92), sind sicherlich nicht von Luther gemeint.
[41] WA 18; 293,17. 295,4.   [42] Ebd. 306,6 ff.
[43] Ebd. 304,7 f. 307,5.17 f.   [44] Ebd. 306,15 ff.
[45] Ebd. 310,17 f.   [46] Ebd. 306,4.

324

verweigern. Schlimmer noch als dieser unbewußte Verstoß gegen das natürliche Recht ist, daß sie ein „göttliches Recht" für sich beanspruchen, das nie und nimmer aus dem Evangelium abgeleitet werden kann. Das Recht einer „Christlichen Vereinigung", wie die Bauern sich nennen, ist nicht Waffengewalt und Selbstrache. „Leiden, Leiden, Kreuz, Kreuz ist der Christen Recht, das und kein anderes."[47] Christi Worte aus der Bergpredigt (Matth. 5,39ff.) und an Petrus, der das Schwert zückt (Matth. 26,52), und die Mahnungen des Paulus, sich nicht selbst zu rächen (Röm. 12,19. 2.Kor. 11,20) und keinen Gerichtsstreit zu führen (1.Kor. 6,1ff.), beweisen es. Darum erbittert es ihn besonders, daß ein Lügenprediger die Vorrede der Zwölf Artikel mit Bibelstellen ausstaffiert hat, die nichts mit den Forderungen der Bauern zu tun haben und manchmal das Gegenteil besagen[48].

Hier stieß Luther auf seine eigentlichen Gegner: nicht auf die Bauern, sondern auf ihre Verführer, die „falschen Propheten", die sie im Namen Christi und der christlichen Freiheit zur Gewalt aufriefen. Die Polemik gegen sie durchzieht die ganze Schrift[49]. Sie war die Fortsetzung seines Kampfes mit Thomas Müntzer, der sich den Bauern zugewandt hatte, nachdem es ihm nicht gelungen war, die Fürsten zum eschatologischen Kampf gegen die alte Kirche aufzurufen. Er sammelte jetzt von Mühlhausen aus die Aufständischen um sich, und seine Saat war es, die überall in den Erklärungen der Bauernhaufen aufging. Diese „Mordpropheten" lehren die Bauern, „unter des Evangelii Namen wider das Evangelium" zu handeln, und gehören darum – wie der Papst als Antichrist – zu den Zeichen des göttlichen Gerichts. Denn hier gilt die Warnung des zweiten Gebots: „Gott wird den nicht unschuldig (ungestraft) lassen sein, der seinen Namen unnützlich führet."[50] Luther bewegte nicht die Sorge um seine eigene Sache – „mein Evangelium", wie er mehrfach sagt –, obwohl er wußte, daß die aufständischen Bauern ihr mehr Schaden tun, als Papst und Kaiser ihr bisher zugefügt haben. Das will er Gott anheimstellen und sich „trotzlich" auf ihn verlassen[51]. Was ihn in so tiefe Unruhe versetzte, war etwas anderes. Die Bauern konnten bei ihrem aufrührerischen Mißbrauch des Namens Gottes kein gutes Gewissen haben und würden darum, selbst wenn sie für kurze Zeit den Sieg davon trügen, in Ewigkeit an Leib und Seele verloren sein[52]. Zugleich verscherzten sie sich die einzige Hilfe, die ihnen sicher wäre, die Hilfe Gottes. Wenn sie sich als Christen an das Vorbild Christi hielten, „so solltet ihr bald Gottes Wunder sehen, daß er euch würde helfen, wie er Christo getan hat". Das war in Luthers Munde kein billiger Trost, und er verschwieg nicht, daß es durch Niederlage

[47] Ebd. 301,14f. 310,10f. Das ist nicht gegen die Bauern gesagt im Unterschied von den Herren, sondern gegen ihre Selbstbezeichnung als christliche Bewegung.
[48] Ebd. 309ff. 319,14ff.
[49] Ebd. 294,10ff. 296,6ff. 301,6. 308,1ff.14. 310,4ff. 316,16. 328,15ff.
[50] Ebd. 316,9f. 294,10ff. 302,1f.
[51] Ebd. 313,6ff.11.   [52] Ebd. 300,4ff.

und Tod hindurchgehen könnte. Aber sie würden das gute Gewissen und das Evangelium behalten; und daran würden ihre Feinde zuletzt zuschanden werden, wie er es selbst bei seinem Kampf ohne Aufruhr und Gewalt erfahren habe[53]. Freilich, er hofft schon nicht mehr, alle zu überzeugen. „Mir ist gnug, ob ich eur etliche gutherzige, rechtschaffene von der (Ge)Fahr gottlichs Zorns errette."[54] Das war das Ziel, das er sich bei diesem Akt öffentlicher Seelsorge allein stecken konnte.

Aus der Gewissensmahnung an die beiden streitenden Teile ergab sich von selbst der Vorschlag, den Luther zur Beilegung des Konfliktes machte: Einige Vertreter des Adels und einige Ratsherren der Städte sollten in freundlicher Weise verhandeln, „daß ihr Herren euern steifen Mut herunter liesset . . ., daß der arme Mann auch Luft und Raum gewinne". Ebenso forderte er, daß „die Bauern sich auch weisen ließen und etlich Artikel, die zu viel und zu hoch greifen, über(auf)geben und fahren ließen". So könne die Sache, wenn schon nicht auf christliche Weise, so doch „nach menschlichen Rechten und Verträgen gestillt werden"[55]. Er selbst äußerte sich nur zu den drei Artikeln, die unmittelbar etwas mit den Grundsätzen seiner Schrift zu tun haben. 1) Das Verlangen nach Pfarrerwahl durch die Gemeinde ist recht. Doch dürfen Pfarrgüter, die der Obrigkeit gehören, dieser nicht weggenommen werden. Stellt diese sie nicht für einen Prediger des Evangeliums zur Verfügung, so muß die Gemeinde ihn selbst ernähren. Verjagt ihn die Obrigkeit, so gehe er anderswohin und die, welchen am Evangelium liegt, mit ihm[56]. 2) Die Einbehaltung des Zehnten zur Versorgung der Pfarrer und Armen und für allgemeine Notfälle ist „eitel Raub und öffentliche Strauchdieberei". Damit nimmt man der Obrigkeit ihr Recht und redet, als hätte man schon über ihren Besitz zu verfügen[57]. 3) Christliche Freiheit bedeutet, wie die Stellung der Bibel zur Sklavenfrage zeigt, nicht Aufhebung der Leibeigenschaft, sondern sie gilt auch in ihr wie in jeder sonstigen Gefangenschaft. Aber die Bauern mißverstehen hier nicht nur das Evangelium, sondern auch die weltliche Ordnung. „Es will dieser Artikel alle Menschen gleich machen." Aber das ist unmöglich, denn zum weltlichen Reich gehört nun einmal die mannigfache Ungleichheit der Berufe und Stellungen[58]. Die übrigen Artikel (Jagd, Fischerei, Holznutzung, die Herabsetzung von Diensten, Ab-

---

[53] Ebd. 312,10f. 313,3ff.
[54] Ebd. 301,8f.   [55] Ebd. 333,19ff.
[56] Ebd. 325,2ff.   [57] Ebd. 325,18f.
[58] Ebd. 326,15ff., bes. 327,4. Waas, Gerechtigkeit (s. Anm. 1), 205, zitiert zu dieser Frage eine Äußerung Luthers, die er nicht den Quellen, sondern Ricarda Huch, Das Zeitalter der Glaubensspaltung (Berlin, Zürich 1937), 215 (Siebenstern-Ausgabe 188), entnimmt. Es handelt sich dabei aber nicht, wie er danach angibt, um ein gemeinsames Schreiben Melanchthons und Luthers aus der Zeit des Bauernkriegs, sondern um ein Schreiben Melanchthons an Heinrich von Einsiedel vom 13. Juli 1549, CR 7, 431ff., dem ein Schriftwechsel Einsiedels mit Spalatin und Luther seit 1539 vorangegangen war.

gaben, Pachten, Strafen usw.) empfiehlt er den Rechtsverständigen; darüber stehe ihm als Prediger kein Urteil zu[59].

So verschieden die Argumente sind, die Luther den beiden Seiten vorhält, so einheitlich ist doch letztlich das, was er ihnen sagt. Er beruft sich beiden gegenüber auf dieselben Lehrmeister, die heilige Schrift und die Geschichte. Die Schrift erscheint hier nicht im Gewande einer dogmatischen Autorität, sondern als Lehrerin einer Weisheit, die von offenen Augen auch aus dem Geschichtsverlauf abgelesen werden kann. Auch die Erfahrung zeigt, daß die Gewaltreiche schließlich wieder durch Gewalt zerstört worden sind und daß Aufruhr nie ein gutes Ende genommen, sondern immer in Selbstzerfleischung geendet hat. Die Geschichte bestätigt, was die Schrift sagt, daß Gott Richter ist auf Erden und daß, wer das Schwert nimmt, durchs Schwert umkommt[60]. Die erbitterten Gegner, die Herren und die Bauern, sind also in Wahrheit nicht von einander geschieden, sondern durch ein gemeinsames Schicksal verbunden. ,,Kurzum, beiden, Tyrannen und Rotten, ist Gott feind. Darum hetzt er sie aneinander, daß sie beidesteils schändlich umkommen und also sein Zorn und Urteil über die Gottlosen vollbracht werde.''[61]

Das ist der Blickpunkt, von dem aus das Geschehen mit Luthers Augen gesehen werden muß. Man muß vom Sichtbaren hindurchschauen auf das Unsichtbare, das keine geringere, sondern die wahre Wirklichkeit ist. Von daher bekommt die Frage nach dem Recht ihre eigentümlichen Perspektiven. Luthers Rechtsbegriff ist am positiven Recht orientiert. Er ist noch fern davon, den Bauern natürliche Rechte zuzugestehen, die sie notfalls durch Revolution verfechten könnten. Das Entgegenkommen, das er von den Herren fordert, ist keine Sache des Rechts, sondern der Menschlichkeit. So verstanden kann er von einem ,,menschlichen und natürlichen Recht'' der Bauern reden[62], nicht im Sinne von Persönlichkeitsrechten eines Naturrechts. Dieser Rückgriff auf absolute Maximen – die im Konfliktsfall dann doch immer disputabel sind – ist ihm ganz fremd, weil er immer eine andere, viel sicherere Instanz als entscheidende Macht im Spiele weiß, Gottes Gerechtigkeit. Sie wird handeln, zu ihrer Zeit und auf ihre Weise, sicher oft anders, als wir es uns denken und wünschen, aber immer nach dem göttlichen Gesetz, das Luther im Magnificat 1521 ausgelegt hatte: ,,Er stößt die Gewaltigen vom Stuhl und erhöht die Niedrigen'' (Luk. 1,52). Die Frage nach der menschlichen Gerechtigkeit, die uns heute bei einem sozialen Konflikt allein bewegt, ist auch Luther nicht gleichgültig. Aber sie wird auf eine ungeahnte Weise geregelt werden, wenn der Christ sein Recht nicht selbst erzwingen will, sondern in Gottes Hände legt. Das schließt nicht aus, daß er es zur Sprache bringt. Luther hält den Herren vor, daß unter den Zwölf Artikeln ,,etliche so billig und recht sind, daß sie euch vor Gott und der Welt den Glimpf (die

---

[59] WA 18; 327,12 ff. [60] Ebd. 329,13 ff.
[61] Ebd. 331,2 ff. [62] Ebd. 328,6. 333,7 f.

Ehre) nehmen"; ja, er wäre imstande, noch viel bessere Artikel gegen sie aufzustellen[63]. Aber es darf nicht mit Gewalt und im Namen des Evangeliums geschehen. Er läßt diese Vermischung von Geistlichem und Weltlichem auch dort nicht gelten, wo die Bauern am ehesten auf seine Zustimmung rechnen konnten: bei dem Vorwurf, daß ihnen das Evangelium verwehrt werde. Gewiß, es ist bitteres Unrecht, das zu versuchen. Aber: „Es ist unmöglich, daß jemandem das Evangelium sollt gewehret werden." Er kann ja auswandern und dort bleiben, wo er Freiheit hat, danach zu leben[64]. Niemals aber darf daraus ein Artikel für ein Aufstandsprogramm gemacht werden. Luther scheidet Reformation und Revolution sowohl im Geistlichen wie im Weltlichen konsequent.

Kurz nach der Niederschrift seiner „Ermahnung" erhielt Luther eine Nachricht, die ihm zeigte, daß er mit seinem Vergleichsvorschlag auf dem rechten Wege war und daß noch Hoffnung bestand, den Frieden zu erhalten. In den Tagen, in denen er seine Schrift schrieb, hatten die Bauern am Bodensee und im Allgäu schon mit dem Feldherrn des Schwäbischen Bundes, dem Truchseß von Waldburg, am Ostermontag, dem 17. April 1525, zu Weingarten einen Vertrag abgeschlossen[65]. Er war der Sorge beider Seiten vor der letzten Entscheidung entsprungen, zu der ihre Heere schon aufmarschiert waren. Die Bauern waren durch eine schwere Niederlage bei Leipheim in der Nähe von Ulm am 4. April entmutigt. Der Truchseß war sich aber offenbar nicht sicher, ob er das große, wohlausgerüstete Aufgebot der Seebauern ebenfalls zu schlagen vermöge, und spielte darum auf Zeitgewinn. Die Bauern verpflichteten sich darin, ihre Haufen aufzulösen, die besetzten Schlösser, Klöster und Städte zu räumen, dem Aufruhr abzuschwören und ihre Abgaben bis zu einer endgültigen Regelung weiterhin zu leisten. Zur Schlichtung ihrer Beschwerden sollte ein Schiedsgericht aus vier oder sechs Vertretern der Städte berufen werden, die von beiden Parteien je zur Hälfte zu benennen waren. Könne man sich nicht über den Obmann einigen, so solle man darum losen oder er solle von der Bundesversammlung des Schwäbischen Bundes bestellt werden. Man einigte sich auf Erzherzog Ferdinand von Österreich. Luther war glücklich, als er den Vertrag in der am 22. April 1525 in Ravensburg beurkundeten und in Druck gegebenen Form erhielt. „Diesen Vertrag zwischen dem löblichen Bund zu Schwaben und der Bauerschaft am Bodensee und im Allgäu habe ich mit großen Freuden als eine besondere Gnade Gottes empfangen in dieser wüsten, greulichen Zeit, so der Teufel durch seine Rottengeister und mörderischen Propheten anrichtet."[66] So beginnt die Vorrede zu dem Nachdruck, in dem er den Vertrag sofort auch sei-

---

[63] Ebd. 298,3 ff.
[64] Ebd. 322,16 ff.
[65] Franz, Bauernkrieg, 133 ff. Ders., Quellen, 211. Waas, Wendung (s. Anm. 1), 479 ff. Ders., Gerechtigkeit (s. Anm. 1), 152 ff. Dort 192 Faksimile des Weingartner Vertrags.
[66] WA 18; 336,2 ff.

nerseits veröffentlichte. Vielleicht würde dieses Beispiel die übrigen, noch im Aufstand befindlichen Bauern zur Vernunft bringen. Er redete ihnen noch einmal ins Gewissen: Sie lüden durch Aufruhr, Plündern und Morden, noch dazu „unter dem christlichen Namen und Schein des Evangelii", schwere Sünde auf sich. „Drumb, liebe Bauern, laßt ab, höret und laßt euch sagen: Ihr seid nach der Seelen vor Gott schon verdampt; wer weiß, wie es euch noch an Leib und Gut gehen wird . . . Gott kann es nicht die Länge leiden. Gebt euch zum Frieden und Vertrag, ob's auch gleich mit leiblichem Schaden geschehen müßte, daß doch die Sünde und Verderben der Seelen aufhöre, wo man nicht mehr möcht erlangen."[67] Nach dieser aufkeimenden Hoffnung, daß es noch eine Möglichkeit des Friedens gebe – anschließende Verträge, von denen er aber nichts mehr erfuhr, hätten sie ihm bestätigt[68] –, war die Enttäuschung um so tiefer, als der Lauf der Dinge sich nicht mehr aufhalten ließ und vor allem der Aufstand in Mitteldeutschland jetzt erst wirklich losbrach.

Hier gewann Luther nun die für seine Beurteilung des Aufruhrs entscheidende eigene Anschauung. Hier lag auch seit langem seine unmittelbare Sorge. Nicht etwa, weil die Bauernerhebung in diesem Raum besonders vorauszusehen und in ihrem Entstehen zu beobachten gewesen wäre. Im Gegenteil, sie war nur eine Nachwirkung der süddeutschen Aufstände und flammte erst im April und Mai auf, dann freilich wie Feuer im Stroh. Wohl aber beunruhigte ihn die innere Vorgeschichte, der Zusammenhang mit der radikalen Predigt Müntzers, Pfeiffers, Karlstadts und anderer, die hier mehr als anderswo mit Händen zu greifen war. Und Luther hatte es oft genug erfahren, daß deren gewaltsame Früchte seiner Reformation auf die Rechnung gesetzt wurden. Die Unruhen in Mühlhausen galten den altgläubigen Kreisen selbstverständlich von Anfang an als „martinianisch" oder „lutherisch". Herzog Georg von Sachsen hatte es seinen kursächsischen Vettern nachdrücklich vorgehalten, daß alle Unordnung und Unruhe allein aus der Lehre Luthers stamme, zu der andere, die von ihm verführt seien, immer neue Irrtümer hinzugefügt hätten[69]. Was Luther bisher als böswillige Entstellung hatte zurückweisen können, das rückte nun als treuherziges Bekenntnis der Bauern, die ihm ja nicht feindlich gesinnt waren wie Müntzer und Karlstadt, immer näher auf ihn zu. Nur ein Beispiel für viele: Der „evangelische christliche Bund" vor dem Thüringer Walde schrieb am 26. April 1525 an die Stadt Ilmenau: „Getreulichen, christlichen, lieben Bruder, Evangelische. Unsern

---

[67] Ebd. 343,3.14 ff.

[68] Waas, Wendung (s. Anm. 1), 475 ff.

[69] Fuchs, Akten Bauernkrieg, Nr. 1089a (16. 5. 1523), Nr. 1107 (5. 2. 1524), Nr. 1125 (Mitte Juli 1524), Nr. 1127 (17. 9. 1524), Nr. 1147 (11. 1. 1525), Nr. 1604/5 (30. 5. 1525). Der gleiche Zusammenhang spielt eine Rolle in zahlreichen Gefangenenverhören nach dem Bauernkrieg. – Herzog Georg 8. Aug. 1524, abgedr. Geß, Akten, Bd. 1, Nr. 708. Ebenso argumentierten später die Räte Georgs auf dem Tage zu Naumburg gegenüber den kursächsischen Räten (nach 25. 11. 1525, Fuchs, Akten Bauernkrieg, Nr. 1945).

Gruß in Christo. Ihr habet gehort, daß wir haben ein Bruderschaft angefangen, das Evangelium, uns zu Ehren und der arme Gemeine Nutz, zu fördern nach Laut und Inhalt der zwolf Artikel, so die Swartzwallen (Schwarzwälder) Pauren haben gefordert und begehrt haben und gehalten. Wollen wir auch also fordern und der Gerechtikeit Beistand zu tun." Weitere Forderungen behielten sie sich vor, sie warben um den Beitritt der Ilmenauer und wollten ihnen „nach evangelischer Weis in ihren Nöten bruderlich beiwohnen, als getreuen Evangelische wohl anstehet"[70]. Der Amtmann von Ilmenau sandte das Schreiben an seinen Herrn, den Grafen Wilhelm von Henneberg. Schon eine Woche später war an Widerstand nicht mehr zu denken. Der Graf mußte im Lager der Bauern vor Meiningen erscheinen und eine Verpflichtung auf die „zwölf Artikel von christlicher Freiheit" und alle künftigen, die als christlich erwiesen würden, unterschreiben und geloben, „hiemit alles frei, ledig und los zu geben und zu lassen, was gefreiet hat Gott der Allmächtig durch und in Christo, seinem geliebten Sohne, daß wir solchs aus gutem Willen und glaubigen Herzen gegen Gott also bekennen und wir furter auf unsern Glauben mit nachfolgenden Werken beweisen wollten"[71]. Das war die Sprache, in die sich das rasch weiterlaufende Geschehen dieser wenigen Wochen in zahllosen Dokumenten kleidete, die noch heute Bände von Urkunden füllen. Luther, dem sie von allen Seiten zu Ohren kam, mußte sehen, daß sein Unterricht im wahren Verständnis der christlichen Freiheit vergeblich geblieben war.

Aber auch der Umfang des Aufstands zeigte sich jetzt erst in seinem ganzen Ausmaß. Von Süden und Westen, aus den fränkischen Bistümern und dem Gebiet der Abtei Fulda, zogen die Stürme in den thüringisch-sächsischen Raum. Sie kamen, nicht anders als die ersten Eruptionen der Erhebung, aus geistlichen oder wenigstens nichtevangelischen Territorien, wie Luther richtig sah: „Eben daher ist zu uns die Aufruhr kommen, da das Evangelium aufs hohest verworfen ist."[72] Zunächst schien es kein Halten zu geben. Die Hiobsposten über die Kapitulation von Städten und Burgen, Plünderungen von Klöstern, das schnelle Anwachsen der Bauernhaufen, über die Annahme der Zwölf oder ähnlicher Artikel, oftmals Dorf um Dorf[73], und die erzwungenen Verbrüderungen mit den Adelsherrn überstürzten sich. Zwischen den bedrohten Fürsten gingen die Gesuche um Waffenhilfe hin und her, immer mit dem Ergebnis, daß man in dieser Gefahr keine Leute entbehren könne.

---

[70] Merx, Akten Bauernkrieg, Nr. 383.
[71] Franz, Akten Bauernkrieg, Nr.579. Noch am selben Abend sandte er einen Seufzer der Erleichterung an seine Frau: „Die Sachen stehen recht, Gott vom Himmel sei gelobt"; sie solle auch das Gesinde beruhigen (Nr. 581). Ähnliche Reverse Merx, Akten Bauernkrieg, Nr. 350. Fuchs, Akten Bauernkrieg, Nr. 1203.
[72] Wider den Ratschlag der Mainzischen Pfafferei (1526), WA 19; 279,15 f.
[73] Charakteristisch die Beschwerdeartikel von 20 einzelnen Schwarzburgischen Städten und Dörfern (um den 25. Apr. 1525), Fuchs, Akten Bauernkrieg, Nr. 1208, S. 110 ff.

Sie erhöhte sich dadurch, daß der sich heranwälzenden Bauernrevolution aus dem mittleren und nördlichen Thüringen die Wellen der viel älteren radikalen Reformation Müntzers und seiner Freunde entgegenströmten, die das Land schon längst unterspült und ihr Kraftzentrum in Mühlhausen gefunden hatten. Hier war die ursprüngliche spiritualistisch-eschatologische Umsturzbewegung endgültig in den allgemeinen Aufstand der Bauern übergegangen und hatte die Führung in ihm an sich zu reißen versucht[74]. Zwar hatten Müntzer und Pfeiffer, der mutigere und angriffslustigere von beiden, anfangs damit kein besonderes Glück; ihre erste Unternehmung gegen Langensalza am 26. April 1525 scheiterte. Aber als geschlossener Haufe erhielten die Mühlhausener raschen Zulauf und konnten, ohne Widerstand zu finden, plündernd durchs Eichsfeld ziehen. Pfeiffer hatte nicht übertrieben, wenn er erklärte, er wolle die Schlösser mit weichem Käse sturmreif schießen[75]. In wenigen Tagen zündeten die Funken des Aufstands in Müntzers alten Unruhegebieten um Allstedt, Sangerhausen und im Mansfeldischen und verbreiteten sich über den ganzen Harz. Noch einmal zeigte sich dabei, daß die Erhebung nicht nur eine Bauernsache war. Auch die Städte, vor allem die, welche sich in geistlichem Besitz befanden, waren daran beteiligt. Die in ihnen bis dahin unterdrückte Reformationsbewegung schlug jetzt den Bauern entgegen. In Fulda, Erfurt, Merseburg, Halle, in den Stiften Quedlinburg und Halberstadt wie auch in den Reichsstädten Nordhausen und Goslar kam es neben der Annahme der Zwölf oder ähnlicher Artikel zu einer ersten, bald wieder vorübergehenden Freigabe des evangelischen Gottesdienstes[76].

Niemand wußte zunächst, was man tun und was werden sollte. Luthers Landesherren führten seit Wochen einen Briefwechsel. Der alte Kurfürst, schon von der Todesschwäche gezeichnet, bewies noch einmal die Demut seines Wesens, die ihn so oft an schroffem Vorgehen gehindert hatte. Wenn in Luthers Auftreten Gott am Werke gewesen war, konnte er es jetzt in den Forderungen der Bauern nicht auch sein? So wenig wie damals wollte er darum auch jetzt mit Gewalt einschreiten, nicht aus Verzagtheit, sondern aus Ergebung in den undurchschaubaren göttlichen Willen. „Vielleicht hat man den armen Leuten zu solchem Aufruhre Ursache geben und sunderlichen mit Vorbittung (Verbot) des Wort Gottes. So werden die Armen in viel Wege von uns weltlichen und geistlichen Oberkeiten beschwert. Gott wend sein Zorn von uns. Will es Gott also haben, so wird es also hinausgehen, daß der gemeine Mann regieren soll. Ist es aber sein göttlicher Wille nicht und daß es (der Aufstand) zu seinem Lobe nicht vorgenommen, wird es bald anders. Lasset uns Gott bitten umb Vergebung unser Sund und ihm's heimsetzen, er

---

[74] Franz, Bauernkrieg, 257ff. Merx, Müntzer und Pfeiffer (s. o. S. 161, Anm. 108), 101ff. R. Bemmann, Thomas Müntzer, Mühlhausen in Thüringen und der Bauernkrieg, in: Fschr. G. Seeliger (Leipzig 1920), 167ff.
[75] Franz, Bauernkrieg, 260.
[76] Ebd., 239ff. 261ff. Quellenbelege bei Fuchs, Akten Bauernkrieg; vgl. dort Register.

wird es alles fein nach seim Willen und Lobe schicken."[77] Er hoffe dabei auch, daß der Schwäbische Bund die Bauern zum Gehorsam bringen werde. So schrieb der fromme Kurfürst am 14. April aus Lochau an Herzog Johann. Dieser saß in Weimar den Ereignissen näher als sein kranker Bruder. Er mußte ihm so schonend wie möglich eine Unglücksmeldung nach der andern machen und gab ihm am 30. April und 1. Mai zwei Berichte über den Stand des Aufruhrs, von denen der Kurfürst vor seinem Tode nur noch den ersten erhielt. Sie vermitteln ungefähr das Bild, das auch Luther durch eigene Anschauung und zahlreiche Nachrichten von dem hatte, was geschehen und was noch zu befürchten war. Herzog Johann schätzte die Bauernhaufen auf 35 000 Mann, der größte stehe noch vor Schmalkalden (am Tage darauf meldete er den Fall der Stadt), andere bei Ichtershausen und Stadtilm; die Hennebergischen Städte seien alle gefallen, zahlreiche Burgen seien durch die Mühlhauser Aufständischen (darunter auch das Schloß des Luther wohlbekannten Amtmanns der Wartburg Hans von Berlepsch), viele auch im Saalegebiet (bei Neustadt, Saalfeld, Pößneck, Jena) zerstört oder geplündert, manche würden noch belagert; eine Menge von Klöstern (Reinhardsbrunn, Georgental, Bürgel u. a.) sei gestürmt und ausgeraubt, in Mansfeld der Aufstand ausgebrochen; viele Adlige hätten sich nicht anders zu helfen gewußt, als daß sie sich mit den Aufständischen verbündeten, was einige schon wieder bereut hätten. Auf die Städte sei kein Verlaß; sein Aufgebot sei so gut wie überhaupt nicht befolgt worden. Es „steht ganz wilde zu, es ist jedermann erschrocken. Gott verleihe uns seine gottliche Gnade, wir habens um Gott wohlverdient, denn der liebe Christus will sich sehen lassen, daß er der Herre sei und nit wir armen Sünder". Was jetzt zu geschehen habe, wußte auch Herzog Johann nicht. Er dankte Gott, daß er sich bisher gegen die Meinung von „klugen, weisen Leuten" herausgehalten habe, und sah keinen andern Weg, als dem mehrfach wiederholten Rat seines Bruders zu folgen, die Bauern anzuhören und gütlich mit ihnen zu verhandeln[78]. Noch einen Tag vor seinem Tode schrieb ihm der Kurfürst am 4. Mai, er hoffe, daß die Bauern gegen ihn und seinen Bruder nicht so schlimm vorgehen würden wie anderwärts, und schlug vor, „daß man in der Gut durch jemand, der bei ihnen ein Ansehen und zu dem sie Glauben und Vertrauen hätten, mit ihnen handeln ließe, ob Gott Gnad verleihen wollt, daß diese beschwerliche und sorgliche Sachen in der Gut gestillt und die Leut zufrieden gestellt würden"[79].

Ob der sterbende Kurfürst seine Hoffnung auf Luther setzte, können wir nicht sagen. Seine Worte klingen danach, und er gedachte noch wenige Stun-

---

[77] Förstemann, Neues Urkundenbuch, 259. Auszug bei Fuchs, Akten Bauernkrieg, Nr. 1183.

[78] Förstemann, Neues Urkundenbuch, 275 ff. Stark gekürzt bei Fuchs, Akten Bauernkrieg, Nr. 1242. 1258.

[79] Förstemann, Neues Urkundenbuch, 280. Fuchs, Akten Bauernkrieg, Nr. 1304.

den vor seinem Tode seiner „zum Besten"[80]. Luther selbst hätte gewußt, daß es für einen solchen Versuch zu spät war. Er hatte sich seit zwei Wochen ein Bild von der Lage verschafft. Nachdem er am 20. April in Eisleben seine „Ermahnung zum Frieden" begonnen hatte, war er durch das nördliche und mittlere Thüringen gereist und hatte immer wieder vor dem aufgeregten Volke gepredigt. Leider können wir seinen Reiseweg nicht genau verfolgen. Die sicheren Punkte, die ihn abstecken, sind Stolberg am Harz (21. April), Wallhausen bei Sangerhausen (1. Mai), Nordhausen (2. Mai), Weimar (3. Mai), Seeburg bei Eisleben (4. Mai). Dort erhielt er die Nachricht vom Tode des Kurfürsten am 5. Mai und eilte nach Wittenberg zurück, wo er am Abend des 6. Mai eintraf[81]. Ob er bis ins Saaletal kam, ist fraglich. Der Zeitplan zeigt, daß es nicht ausgeschlossen und daß noch eine Reihe von Zwischenstationen anzunehmen ist[82]. Jedenfalls war das Gebiet groß genug, um einen umfassenden Eindruck zu gewinnen. Luther sah überall, daß mit den Bauern nicht mehr zu reden war. Sie erschienen ihm wie ein Jahr zuvor in Orlamünde als Besessene, nur diesmal gefährlicher, weil sie die Hand am Schwert hatten. Sie bedrohten auch ihn. „Mitten unter ihnen bin ich gewesen mit Gefahr Leibs und Lebens", hat er mehrfach erzählt[83]. Der Schösser Hans Zeiß berichtete am 1. Mai an den Kurfürsten über den Aufstand in Nordthüringen, den Zug der Mühlhausener, die Klosterstürme und fügte hinzu: „Doktor Luther ist im Mansfeldischen Lande, aber kann solicher Aufruhr und des Zulaufens aus dem Mansfeldischen Lande nit wehren."[84] Je mehr Luther die Ohnmacht des einzelnen in diesem Sturm erlebte, um so wichtiger war es ihm, an dem Beispiel seines heimatlichen Grafen zu sehen, was in diesem Chaos eine entschlossene Obrigkeit noch ausrichten konnte. Er hat es Albrecht von Mansfeld immer hoch angerechnet, daß er „dazumal der erst war in dem Harnisch". Es gelang ihm nicht nur, den Anschluß der Bergknappen an die Bauern zu verhindern, sondern er wagte auch, während alles zögerte oder flüchtete, zum ersten Mal einen Bauernhaufen anzugreifen. „Da gewann es einen Stoß und Widerhalt, da der lobliche Grafe dreingriff."[85] Luther konnte darum in dieser Situation seinen unschlüssigen Landesherrn von Verhandlungen nur abraten. Als ihn Herzog Johann bei dem Besuch in

---

[80] Spalatins historischer Nachlaß und Briefe, hg. v. C. G. Neudecker u. L. Preller, Bd. 1: Friedrichs des Weisen Leben und Zeitgeschichte (Jena 1851), 68. WA 17/1; XXXII.
[81] An Spalatin 7. Mai 1525, WAB 3; 487,7, vgl. auch 480.
[82] WA 17/1; XXXI f. WAB 3; 479, Anm. 5. Buchwald, Luther-Kalendarium (s. o. S. 255, Anm. 118), 40. Die Nachricht über die Reise ins Saalegebiet bei Seckendorf, Commentarius de Lutheranismo (1692; 2. Aufl. 1694), II, 3,3.
[83] Wider den Ratschlag der Mainzischen Pfafferei (1526), WA 19; 278,23 ff. Ebenso WA 30/3; 279,13. Über die geladene Atmosphäre während seiner Predigt in Nordhausen vgl. WATR 5; Nr. 6429; 657,14 ff.
[84] Fuchs, Akten Bauernkrieg, Nr. 1261.
[85] WA 19; 279,16 ff. Franz, Bauernkrieg, 261. Gemeint ist der Überfall auf Osterhausen am 5. Mai, WAB 3; 479.

Weimar am 3. Mai 1525 fragte, ob er in die Zwölf Artikel einwilligen sollte, erklärte Luther: Auch nicht in einen! So unvergessen der Eindruck blieb, den die Demut der beiden frommen Fürsten auf ihn machte[86], so energisch mahnte er doch jetzt die Obrigkeiten, ihre Verantwortung wahrzunehmen. Die Einsamkeit, in der er unter den Zagenden und Ratlosen stand, machte ihn nur entschlossener. Darum wehrte er sich gegen die, welche jetzt gegenteiligen Rat gaben. „Achtbar, lieber Herr Doktor und Schwager", schrieb er noch von der Reise am 4. (oder 5.) Mai an den Mansfelder Rat Johann Rühel, der ihn ständig mit Nachrichten versorgte, „. . . bitt erstlich, daß Ihr meinen gnädigen Herrn Graf Albrecht nicht helfet weich machen in dieser Sachen, sondern laßt gehen, wie Sein Gnad hat angefangen, obwohl der Teufel darüber zorniger und wütger wird durch seine besessene Glieder; denn hie ist Gottes Wort, das nicht leuget, welches spricht Röm. 13: Er träget das Schwert nicht umbsonst etc., daß nie kein Zweifel ist, sein Grafenstand sei von Gott verordnet und befohlen; derhalb sein Gnad desselbigen brauchen soll zur Strafe der Bösen, solange eine Ader sich regt im Leibe. Wirds Seiner Gnaden mit Gewalt aus der Hand geschlagen, so soll man's leiden und Gott heimgeben, der es zuvor gegeben hat und wieder nehmen mag, wenn und womit er will."[87] Damit schlug Luther Grundtöne der kommenden Bauernschriften an. Die Ergebung in den Willen Gottes entbindet den christlichen Fürsten nicht davon, seine Amtspflicht zu erfüllen, sondern soll ihn von aller menschlichen Sorge, die ihn dabei befallen kann, frei machen.

Das Bild der Lage, das Luther bei seiner Rückkehr vorfand, kennen wir sehr genau aus einem Briefe, den Hans von der Planitz am 10. Mai aus Wittenberg an Herzog Albrecht von Preußen schrieb: Die Bauern bei Mühlhausen, Erfurt, Nordhausen und in den Grafschaften Schwarzburg und Mansfeld „sind in großer Empörung wider die Geistlichen und die Oberkeit, liegen an einem Ort bei 20 Tausenden, am andern Ort bei 18 Tausenden bei einander, stürmen Kloster und der Geistlichen Häuser, (haben) auch zum Teil der Edelleut Schlösser und Höfe zerstört und verbrannt". Ebenso sei es im Vogtland zu Erhebungen gekommen. Dagegen hätten Herzog Johann, Herzog Georg, der Erzbischof von Magdeburg je nur ein paar hundert Berittene zusammengebracht und könnten „kein Fußvolk zuwegebringen"; sie wagten nicht, ihre Untertanen aus Stadt und Land gegen die Bauern aufzubieten. „Und steht allhie im Lande nicht sehr fast (gerade sehr) wohl, es ist voller Untreue."[88]

Da nach allem, was Luther gesehen und gehört hatte, das Schlimmste zu

---

[86] WATR 1; Nr. 166; 78,22ff. WATR 2; Nr. 2071; 311,26ff. Nr. 2505a und b; 496,12ff. 497,1ff. WATR 3; Nr. 3845, 655,29ff.

[87] WAB 3; 480,1ff.

[88] Veröffentlicht von A. Clos, Zur näheren Bestimmung der Abfassungszeit von Luthers Schrift „Wider die räuberischen und mörderischen Rotten der Bauern, 1525", in: ARG 33 (1936), 126ff., bes. 130.

befürchten stand und kein Tag mehr zu verlieren war, erhob er in aller Eile noch einmal seine Stimme, und nun mit der äußersten Schärfe. Er gab seine Friedensschrift nicht preis. Im Gegenteil, er veröffentlichte sie nochmals, fügte aber einen kurzen Anhang hinzu: „Auch wider die räubischen und mördischen Rotten der andern Bauern."[89] Der Titel dieser erst in Nachdrucken selbständig erschienenen Schrift zeigt, daß es sich zunächst nur um eine Ergänzung handelte. Infolgedessen enthält sie nichts, was sich nicht mit Notwendigkeit aus dem ersten Traktat ergab. Aber die Situation hatte sich für seine Augen inzwischen gewandelt. Die Bauern waren unter dem Einfluß fanatischer Führer zum Angriff übergegangen, während sie sich in den Zwölf Artikeln noch bereit erklärt hatten, auf andere Stimmen zu hören. Und die Obrigkeiten hatten – außer dem Mansfelder Grafen, wenn Luther das bei der Niederschrift überhaupt schon wußte, – noch nicht gehandelt, ja waren sich noch nicht klar, was sie tun sollten. Den Bauern konnte er nichts anderes vor Augen halten als was er ihnen schon gesagt hatte: die „dreierlei greulichen Sünden wider Gott und Menschen": den Bruch von Treue und Gehorsam, den Aufruhr, der wie ein großes Feuer ein Land anzündet, unabsehbares Blutvergießen und das Leid von Witwen und Waisen im Gefolge hat, und die Begründung ihres Tuns mit dem Evangelium[90]. Hingegen meinte er jetzt der weltlichen Obrigkeit einen neuen Unterricht geben zu müssen, „wie sie hierin mit gutem Gewissen fahren sollen"[91]. Sein im gleichen Druck vorangehender Friedensappell bildet nun einen Teil der abgestuften Anweisung, die er ihr gibt. Eine christliche Obrigkeit kann hier nur „mit Furchten handeln". Sie soll zuerst „die Sache Gott heimgeben" und seinen wohlverdienten Zorn in dem Geschehen erkennen; sodann „demütiglich bitten wider den Teufel um Hilfe", denn hier ist nicht allein gegen Fleisch und Blut zu kämpfen, sondern wider die geistlichen Bösewichte in der Luft, welche „mit Gebet müssen angegriffen werden"; schließlich den Bauern („ob sie es wohl nicht wert sind") Vergleichsverhandlungen anbieten; „darnach, wo das nicht helfen will, flugs zum Schwert greifen"[92]. Dazu vor allem will Luther in dieser aufs äußerste verschärften Situation die Obrigkeit aus Gottes Gebot ermutigen. Nimmt sie jetzt ihr Schwertamt nicht wahr, so versündigt sie sich an ihrem Auftrag, genau so wie diejenigen, die sich das Schwert anmaßen und morden. Wer in diesem Kampf fällt, darf gewiß sein, daß er „in göttlichem Wort und Gehorsam" dahingeht[93]. „Solch wunderliche Zeiten sind jetzt, daß ein Fürst den Himmel mit Blutvergießen verdienen kann, besser denn

[89] Hans von der Planitz sandte die Schrift, vermutlich den Erstdruck zusammen mit der „Ermahnung", schon mit seinem Brief vom 10. Mai an Herzog Albrecht von Preußen. Danach wird sie von Johann Rühel in seinem Brief an Luther aus Eisleben vom 26. Mai erwähnt, WAB 3; 511,64 ff. Zur Erscheinungsweise der Schrift vgl. K. Aland, Eine Anmerkung zu Luthers Haltung im Bauernkrieg, in: ThLZ 74 (1949), 299 ff.
[90] WA 18; 357,21. 358,19 ff.   [91] Ebd. 359,17 f.
[92] Ebd. 359,27 ff.   [93] Ebd. 360,1 ff.30.

andere mit Beten."[94] Ein Satz von bewußter Zuspitzung, der nicht etwa den überwundenen Verdienstgedanken zu Hilfe nehmen, sondern sagen will, was Gott jetzt von den mit dem Schwert Betrauten fordert, im Unterschied von denen, die es nicht sind.

Noch ein zweiter Grund sollte die Obrigkeit bewegen, ihres Amtes zu walten, wie er Luther zum Schreiben bewogen hatte. Die Bauern, gegen die er sich in dieser zweiten Schrift wendet – die „anderen Bauern" des Titels –, terrorisieren eine große Menge solcher, die ihnen nur aus Angst und widerwillig folgen. Wenn die Obrigkeit keinen anderen Grund zum Kampf hätte, so genügte der, daß sie diese aus ihrer Gefangenschaft und der Gefahr für ihr Seelenheil befreien muß. Auf sie zielen die vielzitierten Sätze: „Drum, liebe Herren, loset (erlöset) hier, rettet hier, helft hier. Erbarmt euch der armen Leute, steche, schlage, würge hier, wer da kann. Bleibst du darüber tot, wohl dir. Seligeren Tod kannst du nimmermehr überkommen (bekommen), denn du stirbst im Gehorsam göttlichen Worts und Befehls Rom. am 13. und im Dienst der Liebe, deinen Nächsten zu retten aus der Höllen und Teufels Banden."[95] Erschreckende Worte, in denen sich ebenso die maßlose Leidenschaft spiegelt, deren Luther fähig war, wie die maßlose Sorge, die ihn trieb. Aber sie haben ein Recht darauf, wenigstens nicht mißverstanden zu werden. Sie bedeuten keine „Verherrlichung der Gewalt um der Gewalt willen"[96], sondern sie geben genau die Gründe an, aus denen die Obrigkeit zum entschlossenen Widerstand gegen die Gewalttaten der Bauern verpflichtet ist. Daß sie hart waren, wußte auch Luther. Er schloß seine Schrift: „Dünkt das jemand zu hart, der denke, daß unerträglich ist Aufruhr und (daß) alle Stunde der Welt Zerstörung zu warten sei."[97]

Als Luthers Schrift bekannt wurde, war, ohne daß er es wissen konnte, die Peripetie des Dramas bereits eingetreten. Ebenso jäh, wie der Aufstand sich ausgebreitet hatte, war er an der ersten ernsthaften Gegenwehr, die er fand, zusammengebrochen. Die beiden Männer, an denen sich das Schicksal der mitteldeutschen Bauern entschied, waren Philipp von Hessen und Thomas Müntzer. Der Landgraf hatte als einziger von den Fürsten sofort gerüstet und die Bauernheere, die sich seinem Lande näherten, bei Hersfeld (28. April) und Fulda (3. Mai) auseinandergejagt[98]. Ermutigt durch die Erfahrung, daß auch zahlenmäßig weit überlegene Haufen der Führung und den Waffen eines Ritter- und Landsknechtsheeres nicht standhielten, suchte Philipp die Entscheidung gegenüber dem bedeutendsten Bauernkontingent, den Mühlhausenern, die bei Frankenhausen am Kyffhäuser eine stattliche Macht zu-

[94] Ebd. 361,4 ff.
[95] Ebd. 361,24 ff.
[96] E. Troeltsch, Die Soziallehren der christlichen Kirchen und Gruppen (Tübingen 1912), 32. (Ndr. Aalen 1965 = Ges. Schriften Bd. 1).
[97] WA 18; 361,33 ff.
[98] Franz, Quellen, Nr. 151; 462 f.

sammengebracht hatten. Hier vereinigte er sich mit den wesentlich schwächeren Truppen seines Schwiegervaters Herzog Georg von Sachsen. Unter den Bauern besaß Müntzer, wenn auch ohne Befehlsgewalt, die unbestrittene geistliche und politische Autorität. Seiner Feder entstammten die immer heftiger werdenden Briefe, welche die Massen zusammentrommeln und die Gegner einschüchtern sollten. Ende April erging sein Aufruf an seine ehemalige Gemeinde in Allstedt, das glühendste Zeugnis seines ekstatischen Stils, sein Beitrag zu den klassischen Dokumenten der Revolutionen. ,,Hütet euch, seid nit also verzagt, nachlässig, schmeichelt nicht länger den verkehrten Phantasten, den gottlosen Böswichten, fanget an und streitet den Streit des Herrn . . . Das ganze deutsch, französisch und welsch Land ist wag (in Bewegung), der Meister will ein Spiel machen, die Böswichter müssen dran.'' In Fulda seien in der Osterwoche vier Stiftskirchen verwüstet worden, die Bauernheere im Klettgau, Hegau und im Schwarzwald wüchsen ständig an; er fürchte nur, daß sie sich auf falsche Verträge einließen. ,,Nun dran, dran, dran, es ist Zeit, die Böswichter sind frei (ganz) verzagt wie die Hunde . . . Sie werden euch also freundlich bitten, greinen, flehen wie die Kinder, laßt's euch nicht erbarmen, wie Gott durch Mosen befohlen Deut. 7[99], und uns hat er auch offenbart dasselb . . . Dran, dran, dieweil (so lange) das Feuer heiß ist. Lasset euer Schwert nicht kalt werden, lasset (es) nit vorlehmen (erlahmen). Schmiedet pinkepanke auf den Ambossen Nimrods, werfet ihnen den Turm zu Boden. Es ist nicht muglich, weil (solange) sie leben, daß ihr der menschlichen Forcht solltet leer werden. Man kann euch von Gotte nicht (nichts) sagen, dieweil sie über euch regieren. Dran, dran, dieweil ihr Tag habt, Gott gehet euch vor, folget folget! Die Geschichten stehen beschrieben Matth. 24, Ezech. 34, Danielis 74, Esdrä 16, Apok. 6, welche Schrift alle Rom. 13 erkläret.'' Er unterschrieb wie schon seit zwei Jahren: ,,Thomas Müntzer, ein Knecht Gottes wider die Gottlosen.''[100] Das hämmernde ,,Dran'' und der Klang des Amboß, Drohworte des Alten Testaments, Gerichtsszenen wie die apokalyptischen Reiter und eigene Offenbarungen werden zu einer eschatologischen Kriegsmusik komponiert. Sie stimmt zusammen mit der Deutung von Röm.13, wie Müntzer sie seit langem vertrat. Schon im Oktober 1524 hatte er an Kurfürst Friedrich geschrieben: Das Schwert der Obrigkeit, das die Frommen nach Paulus (13,3f.) nicht zu fürchten brauchen, muß von ihr gegen die Böswilligen (d. h. die, welche nicht auf den Propheten Gottes Müntzer hören) gezogen werden. Wenn die Fürsten es

---

[99] 5.Mose 7,1–5 (Keine Verbrüderung mit den unterworfenen Kanaanitern, Zerstörung ihrer Heiligtümer).
[100] Müntzer, Nr. 75; 454,8ff.20ff.25ff. 455,14ff. Ders., Quellen, Nr. 168; 502ff. Nach einer anderen Abschrift gedruckt von Luther ,,Eine schreckliche Geschichte und ein Gericht Gottes über Thomas Müntzer'' (s. u. S. 341), WA 18; 367ff. Sie weicht in Einzelheiten ab und ist in der Schreibung geglättet. Dan. 74 Fehler für Dan. 7 (Gericht über die 4 Weltreiche), vgl. Müntzer, Nr. 45; 397,1. Esdrä 16 wohl für 10 (Trennung von den heidnischen Weibern).

nicht tun, ,,so wird das Schwert ihnen genommen und wird dem insbrünstigen Volke gegeben werden zum Untergange der Gottlosen"[101]. ,,Das Volk der Auserwählten ist der Träger von Gottes Souveränität: das ist die Form, in der der Gedanke der Volkssouveränität bei Müntzer auftritt."[102] Damit hatte Müntzer die paulinische Mahnung zum Gehorsam gegen die Obrigkeit in eine Parole zum Aufstand verwandelt, aus dem eine neue schwertführende Obrigkeit hervorgehen würde. Jetzt war die Stunde gekommen, die er damals prophezeit hatte.

Nach dem Schreiben an die Allstedter vom April 1525 besitzen wir aus den nächsten zwei Wochen noch zehn Briefe, in denen Müntzer den Aufmarsch der Bauern literarisch unterstützte[103]. Zwei davon, am 12. Mai datiert, waren Ultimaten an die Grafen Ernst und Albrecht von Mansfeld, ihnen ,,zur Bekehrung" geschrieben. Er forderte sie auf, vor den Bauern im Frankenhausener Lager zu erscheinen, sich wegen ihrer Tyrannei zu entschuldigen und ihren Christenglauben zu erweisen. ,,Wirst du außen bleiben und dich aufgelegter Sache nicht entledigen, so will ichs ausschreien vor aller Welt, daß alle Bruder ihr Blut getrost sollen wagen wie etwan wider den Turken . . . Kurzumb, du bist durch Gottes kräftige Gewalt der Verterbunge überantwortet . . . Daß du auch wissest, daß wir gestrackten Befehl haben, sage ich: Der ewige lebendige Gott hat's geheißen, dich von dem Stuhl mit Gewalt, uns gegeben, zu stoßen . . . Gott hat von dir und von deinesgleichen gesaget. . . ,Dein Nest muß zerrisen und zerschmettert werden' (Obadja 4)", schrieb er an den katholischen Grafen Ernst. Und an den lutherischen Grafen Albrecht: ,,Hast du in deiner lutherischen Grütz und in deiner Wittenbergischen Suppen nicht mugen finden, was Ezechiel an seinem 37. Kapitel weissagt? Auch hast du in deinem Martinischen Bauerndreck nicht mugen schmecken, wie derselbige Prophet weiter sagt im 39. Unterschied (Kapitel), wie Gott alle Vogel des Himmels fordert, daß sie sollen fressen das Fleisch der Fürsten und die unvernunftige Tier sollen saufen das Blut der großen Hansen, wie in der heimlichen Offenbarung am 18. und 19. beschrieben? Meinst du, daß Gott nicht mehr an seinem Volk denn an euch Tyrannen gelegen?" Wenn er nicht vor ihnen erscheine, ,,werden wir uns an deine lahme, schale Fratzen nichts kehren und wider dich fechten wie wider einen Erzfeind des Christenglaubens". Unterschrieben waren beide Briefe: ,,Thomas Müntzer mit dem Schwert Gideonis."[104]

Etwas nüchterner als dieser drohende Prophetenton klangen die eiligen

---

[101] Dan. 7,18. 4. Okt. 1523. Franz, Müntzer, Nr. 45; 396,26 ff. Ebenso Rat zu Allstedt an Herzog Johann ca. 7. Juni 1524, ebd. Nr. 50; 405,25 ff. Hinrichs, Luther und Müntzer (s. o. S. 142, Anm. 40), 35.

[102] Hinrichs, Luther und Müntzer (s. o. S. 142, Anm. 40), 36. Dort 35 f. auch zu Müntzers Deutung von Röm. 13.

[103] Müntzer, Nr. 76 (nur nachrichtlich). 77. 79. 81–84. 88–89; 456 ff.

[104] Ebd. Nr. 88. 89. Franz, Quellen, Nr. 180. 181. Gedruckt von Luther WA 18; 369 ff.

Hilferufe der Stadt Frankenhausen und Müntzers vom 13. Mai an die Stadt Erfurt, „damit die Oberhand (Übermacht) Fursten, Grafen, Edel und Unedel uns vorgleicht mocht werden", wie die Frankenhauser schrieben[105]. Bei Müntzer hieß es: „Stärk und Trost in Christo Jesu, Allerliebsten. Wir haben vornommen eure beständige Liebe und euren freudigen Wandel zur Wahrheit, tragen des zu euch frischen Mut, ihr werdet nicht dahinden bleiben, es wär dann, daß euch die Lutherischen Breifresser mit ihrer beschmierten Barmherzigkeit weich gemacht hätten . . . Helft uns mit allem, das ihr vermuget, mit Volk, Geschutz, auf daß wir erfullen, was Gott selbern befohlen hat, Ezekielis am 34. Ca(p)., do er sagt: ‚Ich will euch erlosen von denen, die euch mit Tyrannei gepieten.' . . . Habt ihr nu Lust zur Wahrheit, machet euch mit uns an den Reigen, den wollen wir gar eben treten, daß wir's den Gottislästerer(n) treulich bezahlen, daß sie der armen Christenheit mitgespielet haben . . . Thomas Muntzer von wegen der gemeinen Christenheit."[106]

Zwei Tage später war alles zu Ende. Müntzer hatte an jedem dieser Tage vor den Massen gepredigt und dabei einen Regenbogen als Zeichen des Bundes gedeutet, den Gott mit ihnen geschlossen habe; er habe der Oberkeit die Gewalt genommen und ihnen gegeben[107]. Am folgenden Tage, dem 15. Mai, forderten die Fürsten die auf einer Höhe nördlich der Stadt verschanzten Bauern auf, „den falschen Propheten" Müntzer und seinen Anhang auszuliefern und sich zu ergeben; dann wollten sie gnädig mit ihnen verfahren[108]. Aber noch standen die Bauern in Müntzers Bann. Er verkündete ihnen, daß die Kugeln der Feinde ihnen nichts schaden würden, er werde sie mit seinem Ärmel auffangen. Den ersten Schuß, der noch zu kurz lag, begrüßte er mit Triumphgeschrei. Aber als die nächsten einschlugen, strömte alles in wilder Flucht in die Stadt. Die nachfolgenden Truppen richteten unter den völlig Zersprengten ein fürchterliches Blutbad an. Müntzer hatte sich in eine Bodenkammer geflüchtet und gab sich als kranken armen Mann aus. Es wurde ihm zum Verhängis, daß er sich nie von Papieren trennen konnte; die Briefe,

---

[105] Franz, Quellen, Nr. 182.

[106] = im Namen der ganzen Christenheit. Müntzer, Nr. 91; 471,2 ff. 15 ff. 25 ff. 472,6.

[107] Es handelte sich offenbar um einen Sonnenhalo, einen vollen Ring um die Sonne, der leicht mit einem Regenbogen verwechselt werden kann. Vgl. die Auskunft von Prof. D. Wattenberg von der Archenhold-Sternwarte in Treptow bei M. Bensing, Thomas Müntzer und der Thüringer Aufstand 1525 (Berlin 1966), 225, Anm. 53. Bericht des Augenzeugen Hans Hut bei seinem Verhör in Augsburg am 26. Nov. 1527, Fuchs, Akten Bauernkrieg, Bd. 2, Nr. 2102. Franz, Quellen, Nr. 183. Nach Hut trugen die Bauern einen Regenbogen als Zeichen auf den Fahnen. „Vermutlich hat endgültig die Erscheinung des Sonnenhalos die Schwankenden und Zweifelnden aufgerichtet; und es kann nicht gezweifelt werden, daß Thomas Müntzer selbst aus voller Überzeugung die Himmelserscheinung als Zeichen göttlichen Einverständnisses deutete." (Bensing, Müntzer, 226).

[108] Wortlaut des Ultimatums Müntzer, Nr. 93; 473,1 ff. Bericht des Landgrafen vom 16. Mai 1525 an den Erzbischof von Trier, Fuchs, Akten Bauernkrieg, Nr. 1469; Franz, Quellen, Nr. 184.

die man bei ihm fand, überführten ihn. Er wurde vor die Fürsten gebracht. Herzog Georg setzte sich zu ihm auf die Bank und fragte ihn, warum er vier Abgesandte[109] im Lager bei Artern habe köpfen lassen. Müntzer antwortet: „Lieber Bruder, ich sage euer Liebden, daß ich solches nicht getan, sondern das göttliche Recht." Zwischen dem Landgrafen und ihm kam es zu einem heftigen Disput; seinen alttestamentlichen Beweisstücken antwortete Philipp mit Stellen aus dem Neuen Testament, das er bei sich führte[110]. Am Tage darauf wurde Müntzer verhört, zum Teil „peinlich", unter der Folter. Er gab dabei nicht nur von Fakten und Namen aus dem Aufstand Kenntnis, sondern widerrief, wohl in einem anderen Verhör, auch seine Predigt gegen die Obrigkeit und seine Abweichungen von der römischen Sakramentslehre und nahm das Abendmahl unter einerlei Gestalt[111]. In seinem Abschiedsbrief an Gemeinde und Rat zu Mühlhausen vom 17. Mai fügte er sich in sein Schicksal, fand aber kein Wort über eigene Schuld, sondern legte es ihnen selbst zur Last, daß es zur Niederlage von Frankenhausen gekommen sei: „Denn solichs ist ohne Zweifel entsprossen, daß ein ider sein eigen Nutz mehr gesucht dann die Rechtfertigung der Christenheit." „Ich habe euch oftmals gewarnet, daß die Strafe Gottes nit vormieden kann werden, durch die Oberkeit vorgenommen, es sei dann, man erkenne den Schaden ... Dorumb haltet euch freundlich mit einem idermann und erbittert die Oberkeit nit mehr, wie viel durch eigen Nutz getan haben." Er mahnte sie jetzt: „Fliehet das Blut-

---

[109] In Wirklichkeit nur drei Abgesandte des Grafen Ernst von Mansfeld, vgl. das Bekenntnis Müntzers vom 16. Mai, Franz, Quellen, Nr. 190; 533, Anm. 182. Müntzer, 547, Anm. 76.

[110] Eingehender Bericht von Johann Rühel an Luther, Eisleben 26. Mai, aufgrund von Augenzeugenangaben, WAB 3; 509ff. 511,50f. Dazu Fuchs, Akten Bauernkrieg, Nr. 1574, Anm. 3a und WA 18; 373,16ff. Über weitere Berichte und Lit. Franz, Bauernkrieg, 268, Anm. 33. Zu Müntzers Papierliebe vgl. Boehmer/Kirn, Müntzer-BW (s. o. S. 60, Anm. 17), VII, zur Hinrichtung der (wohl nur drei) Abgesandten des Grafen Ernst die Lit. bei Müntzer, 547, Anm. 76, Bensing, Müntzer (s. Anm. 107), 229ff.

[111] Müntzers Bekenntnis vom 16. Mai, Franz, Quellen, Nr. 190. Müntzer, 543ff. Es wurde sofort im Druck verbreitet. Vgl. O. Clemen, Reformationsgeschichtliches aus dem Zwickauer Ratsarchiv, in: ARG 26 (1929), 188ff. Widerruf vom 17. Mai, Müntzer, 550. Dazu Rühel an Luther 21. Mai 1525, WAB 3; 505,9ff. Die Echtheit dieses „Widerrufs" ist umstritten, vgl. Bensing, Müntzer (s. Anm. 107), 230f. Jedoch ist der Akt des Widerrufs und die Kommunion nach katholischem Ritus, über die der gut unterrichtete Rühel am 21. Mai an Luther berichtet, WAB 3; 505,9ff., nicht zu bestreiten. K. Müller hat – anders als Clemen ebd. 506, Anm. 6 – in der von Rühel beigelegten „Schrift" (ebd. 505,14) eine an ihn gelangte Niederschrift über das Verhalten Müntzers im Gefängnis verstanden: Luthers Briefwechsel mit den Mansfeldern im Mai 1525, in: Aus Deutschlands kirchlicher Vergangenheit. Fschr. Th. Brieger (Leipzig 1912), 31ff., bes. 33f. Das ist möglich, wahrscheinlicher noch, daß es sich um den sog. „Widerruf" vom 17. Mai handelt, der z. T. wörtlich mit Rühels Bericht übereinstimmt (vgl. H. Volz WAB 13; 74 zur Stelle). Er ist eine nachträgliche kurze Niederschrift seiner wichtigsten vorher abgegebenen Erklärungen, mit der er sich für künftige Aussagen festlegen will. Das ist wahrscheinlicher, als daß es sich um eine recht konstruierte Fälschung handelt. Mit dem ganz andersartigen ausführlichen „Bekenntnis" vom 16. Mai hat dieser „Widerruf" nichts zu tun (gegen Clemen).

vergießen", wozu er sie selbst einst aufgerufen hatte[112]. Rühel interpretierte das Schreiben richtig, daß es sich nicht, wie manche meinten, um eine „Widerrufsschrift" handele; es sei eine Bestätigung dessen, was er vorgehabt habe. Aber er „will allein den Bauern zumessen, daß sie aus dem, daß sie ihren eignen Nutz zu sehr gesucht, der Unfall und Straf troffen"[113]. Am 27. Mai 1525 wurde er zusammen mit 53 anderen hingerichtet, darunter Heinrich Pfeiffer, der zunächst entkommen, aber bei Eisenach ergriffen worden war. Er hatte im Verhör ohne Umschweife geantwortet, „man hab gesehen, was er geübt, darum bedarf es keines Leugnens", und sein und Müntzers Ziel noch einmal bündig zusammengefaßt: „Nach Vertilgung aller Obrigkeit hab er wollen ein christlich Reformation machen."[114]

Luther war von den Geschehnissen ständig unterrichtet worden, am genauesten durch die Mansfelder Räte, namentlich Johann Rühel[115]. Er konnte in der Tragödie nur bestätigt finden, was er immer über Müntzer gesagt hatte. Noch ehe er von seiner Hinrichtung erfuhr[116], veröffentlichte er seine letzten Wahnsinnsworte, die Schreiben an die Allstedter und an die Mansfelder Grafen und was er über seine Reden vor der Schlacht gehört hatte: „Nicht daß ich mich freue seins und der Seinen Unglück, denn was ist mir damit geholfen, der ich nicht weiß, was Gott über mich noch auch beschlossen hat." Er wollte, daß man jetzt endlich den Gott, auf dessen Offenbarungen sich Müntzer berufen hatte, als ein Phantom erkennte. „Wer ist nu der Gott, der solche Verheißungen durch den Mund Müntzers fast ein Jahr lang geschrieben hat?" Jetzt hatte Gott vor aller Welt Gericht gehalten. Er allein kann noch helfen. „Es ist nimmer Predigens, sondern Bittens Zeit, der Zorn ist angegangen, mit Beten müssen wir wehren." Die siegreichen Herren bat er um zweierlei: „daß sie sich des ja nicht überheben, sondern Gott fürchten, für welchem sie auch fast (sehr) sträflich sind", und „daß sie den Gefangenen und die sich ergeben, wollten gnädig sein, wie Gott jedermann gnädig ist, der sich ergibt und für ihm demütigt, auf daß nicht das Wetter sich wende und Gott den Bauern wiederum den Sieg gebe". Das Ende war ja noch nicht abzusehen, es standen noch Massen von Bauern im Felde. Nur Gebet und Gottesfurcht auf beiden Seiten könnten Gott bewegen, von seinem Gericht abzulassen[117].

Das gute Wort, das Luther für die Bauern einlegte, hob den Eindruck nicht auf, den seine scharfe Schrift gegen sie bei vielen gemacht hatte. In einer noch

---

[112] Müntzer, 473,20ff. 474,9f.
[113] WAB 3; 510,9.10f.
[114] Fuchs, Akten Bauernkrieg, Nr. 1582. Franz, Quellen, Nr. 192.
[115] Für den Mai lassen sich mindestens 10 Briefe aus Mansfeld an Luther nachweisen. K. Müller, Luthers Briefwechsel mit den Mansfeldern (s. Anm. 111), 32f.
[116] Zur Datierung (17.–22. Mai) und zum Verständnis der Schrift und des folgenden Briefwechsels vgl. K. Müller, Kirche, Gemeinde, Obrigkeit, 140ff.
[117] Eine schreckliche Geschichte und ein Gericht Gottes über Thomas Müntzer, WA 18; 367ff. 373,26ff. 18f. 374,8f.11f.16ff.

ganz ungewissen, bedrohlichen Lage geschrieben, war sie beinahe gleichzeitig mit der Siegesnachricht von Frankenhausen erschienen. Es hieß zwar die Sache auf den Kopf stellen, wenn Cochlaeus etwas später in einer Kritik von Luthers gesamtem Verhalten im Bauernkriege die im gegnerischen Lager verbreitete Meinung zusammenfaßte: Er habe zuerst die Bauern aufgewiegelt. ,,Nun, so die armen und unseligen Baurn die Schanz verloren haben, kehrst du dich umb zu den Fursten. Aber im vorigen Buchlein, do gut Hoffnung auf den Baurn Seite was, hast du viel anders geschrieben."[118] Vielmehr hatte Luther seinen grellen Warnruf ergehen lassen, als alles um ihn her noch ratlos war, ob man der Flut wehren könne, ja dürfe. Aber nach dem unerwarteten Siege der Fürsten erhielt er einen noch viel erschreckenderen Klang. Jetzt erschienen seine Worte, die zu aller Entschlossenheit und Härte im notwendigen Kampf aufgerufen hatten, wie eine Rechtfertigung des sinnlosen Mordens, das von den fürstlichen Truppen unter Schuldigen und Unschuldigen verübt worden war. Diejenigen von Luthers Freunden, welche die Ereignisse aus der Nähe miterlebt hatten, empfanden diesen bösen Schein als erste. Rühel berichtete Luther grausige Einzelheiten von den Siegern wie auch von denen, die ihnen jetzt gefallen wollten. Die Weiber von Frankenhausen, welche die Freigabe ihrer noch überlebenden Männer erreicht hatten, mit der Auflage, zwei an dem Aufstand beteiligte Pfaffen zu bestrafen, hatten diese auf dem Markt mit Knütteln zusammengeschlagen, ,,wohl eine halbe Stunde länger, denn sie gelebt". Die Fürsten plünderten und erlegten den Städten schwere Geldbußen auf. ,,Hier wird nichts gesucht denn Raub und Mord." Luthers Voraussage in der ,,Ermahnung zum Frieden" schien Rühel eingetroffen zu sein: ,,Ich besorge ganz, es läßt sich auch darzu an, als wollt ihr den Herren ein Prophet sein, daß sie ihren Nachkommen ein wüste Land lassen werden."[119] Um so mehr lag ihm daran, den von ihm hoch verehrten Luther von dem Verdacht der Zustimmung zu solchem Vorgehen befreit zu sehen. ,,Es ist doch vielen euren Günstigen seltsam, daß von euch das Würgen ohn Barmherzigkeit den Tyrannen, und daß sie daraus Märtyrer werden können, zugelassen", schrieb er am 26. Mai und bat um eine Klarstellung: ,,Will Not sein, das mit der Zeit wohl auszustreichen und von euch entschuldiget (widerlegt) werde, denn die Unschuldigen sollen je (doch) unverdammt bleiben."[120]

Wie immer wurde Luther, wenn er nach sorgfältiger Gewissensüberlegung gehandelt hatte, durch Widerspruch nur entschlossener. Am wenigsten machte es ihm Eindruck, daß er jetzt als ,,Fürstenschmeichler" ausgegeben

---

[118] Nachdruck von ,,Wider die . . . Rotten der Bauern" und des ,,Sendbriefs" mit Entgegnungen von Cochlaeus (1525). Vgl. WA 18; 348. 376,25 ff.

[119] 21. Mai 1525, WAB 3; 505,21 ff., bes. 27 f.35.29 ff. Franz, Quellen, Nr. 188. Ermahnung WA 18; 332,12 ff. Über die Einnahme und Bestrafung von Mühlhausen Franz, Bauernkrieg, 270. Ders., Quellen, Nr. 193.

[120] WAB 3; 511,64 ff.72 ff. Franz, Quellen, Nr. 189.

und, wie Rühel ihm wohlmeinend, aber töricht geschrieben hatte, in Leipzig verdächtigt wurde, er wolle sich nach dem Tode des Kurfürsten mit Herzog Georg gut stellen. Das war ihm nur ein neuer Ehrentitel zu den vielen, die ihm der Satan schon beigelegt hatte. „Ich müßte viel Leders haben, sollt ich einem jeglichen sein Maul zuknäufeln. Es ist genug, daß mein Gewissen fur Gott sicher ist; der wird's wohl richten, was ich rede und schreibe." Der Krieg war ja zudem noch keineswegs zu Ende. Rühel selbst hatte ihm am 21. Mai geschrieben: „Man sagt, die Bauern lägen noch stark vor Würzburg, (eben)so sind die Bambergischen auch wieder auf."[121] Und an Amsdorf in Magdeburg, der ihm das Wort vom „Fürstenschmeichler" zugetragen hatte, berichtete Luther selbst noch am 12. Juni über Greueltaten der Bauern in Franken und am 21. über das schreckliche Morden der Fürsten unter ihnen, nachdem sie bei Königshofen geschlagen und Würzburg und andere Städte ihnen wieder abgenommen waren[122]. Die Stunde gebot also auch nach der Frankenhausener Katastrophe noch immer, Gehorsam zu predigen, um ihres Lebens, ihrer Seligkeit und um des Friedens im Lande willen. Aber: „Sie hören nicht das Wort und sind unsinnig, so müssen sie die virgam (Rute), die Büchsen, hören, und geschieht ihnen recht. Bitten sollen wir fur sie, daß sie gehorchen; wo nicht, so gilt's hie nicht viel Erbarmens; lasse nur die Büchsen unter sie sausen, sie machen's sonst tausendmal ärger."[123] Am tiefsten ergrimmte er, wenn Prediger wie die Magdeburger oder Zwickauer nicht begriffen, was noch immer auf dem Spiele stand. Die Bauern haben das Schwert ohne Gottes Auftrag zur Hand genommen; das Ende kann nur die Verwüstung von Gottesreich und Weltreich sein. Die Fürsten dagegen führen es, mögen sie auch Ausschreitungen begehen, in seinem Auftrag; dabei können beide Reiche erhalten bleiben. Wer den Bauern recht gibt, leugnet und lästert Gott und will ihn vom Himmelsthron stoßen. Wenn diese Prediger sich dessen erkühnen, so nicht mit seiner Zustimmung, sondern mit seinem Fluch im Namen Gottes. Dafür ist er bereit, die äußerste Einsamkeit zu ertragen. „Vielleicht wird die Zeit kommen, wo auch ich sagen darf: Ihr werdet euch alle an mir ärgern in dieser Nacht" (Matth. 26,31)[124]. Worte, die nach Un-

---

[121] Rühel an Luther 21. u. 26. Mai 1525, WAB 3; 506,53 f. 511,53 f.67 ff. Luther an Rühel 30. Mai, ebd. 515,10 ff. Luther an Amsdorf 30. Mai, ebd. 517,2 ff.

[122] Ebd. 528,1 ff. 541,12 ff. Weitere Nachrichten Luthers über den Fortgang des Krieges 31. Juli an Amsdorf, 28. Sept. an Spalatin, nachdem er schon am 19. Juli an Joh. Heß in Breslau und nach dem 15.(?) Aug. an Brießmann in Königsberg berichtet hatte, daß der Krieg zu Ende sei, ebd. 544,7. 550,4 ff. 583,17 ff. 556,30 ff.

[123] An Rühel 30. Mai, WAB 3; 515,23 ff.

[124] An Amsdorf 30. Mai, WAB 3; 517,16 f.26 ff. 518,34 ff. Über die Zwickauer schrieb der Bürgermeister Hermann Mühlpfort an Stephan Roth am 4. Juni: „Doctor Martinus ist pei dem gemeynen Volk und auch pei Gelahrten und Ungelahrten in großen Abfall, achten, sein Schreiben wär sehr unbeständig. Bin auch deshalben am größten geursacht, euch zu schreiben, dann der Pastor (Hausmann) und die Prediger seind seiner Puchlein, die itzunder ausgangen, etwas mit Verwunderung entsatzt, dann offentlich eins wider das ander ist", WA 18; 376. Mühlpfort hatte Roth gebeten, Luther zu unterrichten. Kolde, Analecta Lutherana (s. o. S. 233, Anm. 32).

menschlichkeit und blasphemischer Selbstüberhebung klingen, und doch das Gegenteil davon waren. Man muß nur die Dimensionen zu begreifen suchen, in denen Luther das furchtbare Geschehen sah. Menschlichkeit hieß für ihn nach der ersten großen Katastrophe mehr denn je, die Bauern durch Widerstand und Wort vor Schlimmerem zu bewahren, das deutlich genug abzusehen war. Und Gottesfurcht hieß, Gottes Gericht zu erkennen, durch wen er es auch vollstrecken und die zerstörte Friedensordnung wiederherstellen ließ. Luther war nicht ohne Empfinden für die menschlichen Tragödien, die sich dabei abspielten. Aber eben darum mußten die Bauern so schnell wie möglich dazu gebracht werden, die Waffen niederzulegen, um den Siegern den Anlaß für ihr Wüten zu nehmen.

Wie tief er durch die unheimlichen Vorgänge dieser Wochen berührt und wie gewiß er zugleich seiner vielumfochtenen Überzeugung war, hat er mehr als durch die stärksten Worte mit einem symbolischen Akt bezeugt, der die Geister nur noch mehr gegen ihn aufbringen mußte: seiner Heirat. Wie es zu ihr kam, wird noch zu erzählen sein. Aber daß sie gerade jetzt in diesem Augenblick erfolgte, hing mit der geschichtlichen Stunde zusammen. Nicht um Katharina von Bora eine Versorgung oder sich ein bergendes Haus zu schaffen, sondern um dem Teufel und seinen Feinden sein gutes Gewissen zu zeigen, ehe Gott ihn – vielleicht bald– heimriefe, heiratete er in diesem Augenblick. Nachdem er sich am 13. Juni von Bugenhagen hatte trauen lassen, lud er am 15. die drei befreundeten Mansfelder Räte zu dem nach der Sitte der Zeit erst etwas später stattfindenden Hochzeitsmahl. Sie hatten ihn am besorgtesten von der Unruhe über seine Bauernschrift unterrichtet, dies war seine Antwort. ,,Welch ein Zetergeschrei, lieben Herren, habe ich angericht mit dem Büchlin wider die Bauren! Da ist alles vergessen, was Gott der Welt durch mich getan hat. Nun sind Herrn, Pfaffen, Bauren, alles wider mich, und dräuen mir den Tod. Wohlan, weil sie denn toll und töricht sind, will ich mich auch schicken, daß ich vor meinem Ende im Stande, (der) von Gott erschaffen (ist), gefunden und nichts meines vorigen papistischen Lebens an mir behalten werde, so viel ich kann, und sie noch töller und törichter machen, und das alles zur Letze und Ade (zum Abschied). Denn es mir selbst ahnt, Gott werde mir einmal zu seiner Gnade helfen.“[125] Schon seine erste Andeutung gegenüber Rühel am 4. (oder 5.) Mai in den Tagen der ungewissesten Kriegslage hatte so gelautet: ,,Kann ich's schicken, ihm (dem Teufel) zum Trotz, will ich meine Käte noch zur Ehe nehmen, ehe denn ich sterbe.“[126]

Luther war von der Notwendigkeit dessen, was er gesagt hatte, so überzeugt, daß er nur mit Mühe zu einer öffentlichen Rechtfertigung zu bewegen war. Wohl hatte er in seiner Pfingstpredigt am 4. Juni kurz noch einmal seine

[125] An. Joh. Rühel, Joh. Thür (Dürr, Duhren), Kaspar Müller, WAB 3; 531,4ff.
[126] Ebd. 482,1f. Ebenso an Brießmann nach 15. August (?) 1525, ebd. 555,13ff.

Absicht erläutert[127]; aber mußte er die einfachen Wahrheiten, um die es ging, denn immer wieder deutlich machen? Offenbar hat die Aussprache mit den Mansfeldern bei der Hochzeitsfeier am 27. Juni ihn endlich davon überzeugt. Einem von ihnen, dem Kanzler Kaspar Müller, der ihm die Bedenken auch brieflich vorgetragen hatte, widmete er dann seinen „Sendbrief von dem harten Büchlein wider die Bauern", der Mitte Juli 1525 erschien[128]. Es ging Luther so schwer ein, sich noch einmal äußern zu sollen, weil es sich ja auch nach den Freunden nicht um eine Änderung seiner Meinung, sondern nur um eine Milderung des Tones handeln konnte. Aber das war die Situation, die ihm zeitlebens besonders gefährlich erschien: durch Nachgiebigkeit im Ton und in der Form den Schein zu erwecken, als gebe er etwas von der Sache preis. Wie im Rückblick auf Worms, in seiner literarischen Polemik (z. B. gegenüber Heinrich VIII.)[129] oder später bei den Schmalkaldischen Artikeln verschärfte er daher eher die Tonart. Daß er fast allein stand, stärkte ihn nur. „Wohlan, wenn ich's nicht gewohnet wäre, daß ich gericht und verdammt werde, möcht mich dies bewegen. Aber ich weiß keine größere Hoffart in mir, denn daß mein Tun und Lehre zuerst muß herhalten und sich kreuzigen lassen."[130] Gewiß, es traf ihn, daß er das „Mal und Ziel des Widersprechens" war, „an dem muss sich jedermann versuchen"; daß man gerade ihm Unbarmherzigkeit vorwarf, der „mehr denn sonst keiner in tausend Jahren von der Barmherzigkeit gelehrt und geschrieben habe"[131]; vor allem aber daß man gegen sein Büchlein Anklagen erhob, die ganz vorbeigingen. „Wo habe ich jemals gelehret, daß man gar keine Barmherzigkeit solle üben?" Alle seine scharfen Worte hatten sich nur gegen die gewalttätigen und verblendeten Bauern gerichtet, während er für die verführten und sich ergebenden selbst um gnädige Behandlung gebeten hatte[132]. Aber im Grunde ist ihm der Tadel gleichgültig. „Was frage ich danach, ob dir's mißfällt, wenn's Gott gefällt?"[133] Die Tadler sind ihm ohnehin verdächtig, mit dem Aufruhr sympathisiert zu haben. Warum haben sie nicht Barmherzigkeit gefordert, als die Bauern plünderten und mordeten? Damals war nur vom Recht der Bauern die Rede[134]. Das erschien ihm zweierlei Maß, das die Gewichte der Dinge gegenüber den kritischen Wochen leichtfertig verschob.

---

[127] WA 17/1; 265,24–267,34. Stephan Roth benutzte die Predigt zu einer Beruhigung seiner Zwickauer Leute, von deren schlechter Meinung er kurz danach erfuhr (vgl. o. S. 343, Anm. 124). Seine Ausarbeitung ist keine Nachschrift, sie bringt den aus Rörers Nachschrift ersichtlichen straffen Gedankengang durcheinander und setzt schon den „Sendbrief" voraus, ebd.

[128] WA 18; 375 ff.   267,34.

[129] Das Spiel, das ihm der Satan 1522 zu Wittenberg angerichtet habe, erschien ihm als Strafe, „darumb daß ich zu Worms guten Freunden zu Dienst, auf daß ich nicht zu steifsinnig gesehen wurd, meinen Geist dämpfet und nicht härter und strenger meine Bekenntnis für den Tyrannen tät, wiewohl mich doch die ungläubigen Heiden seit der Zeit hochmütig im Antworten gescholten haben." Missive an Hartmut v. Kronberg (1522), WA 10/2; 56,17 ff.

[130] WA 18; 384,21 ff.

[131] Ebd. 384,25. 387,18 f.   [132] Ebd. 388,35 f. 392,17 ff. 399,10 ff.

[133] Ebd. 386,19 f.   [134] Ebd. 385,28 ff. 387,24 ff. 390,36 ff.

Wichtiger als die Auseinandersetzung mit diesen Argumenten war es ihm daher, denen, die in ihrem Urteil schwankten, noch einmal ehern die Grundsätze einzuprägen, die seine Äußerungen bestimmt hatten. 1) Gottesreich und Weltreich sind streng zu unterscheiden und dürfen nicht miteinander vermengt werden wie bei den Bauern und ihren Fürsprechern. Das Reich Gottes hat nichts mit dem Schwert zu tun, wie die Aufrührer meinten. Und die weltliche Gewalt hat Schwert und Strafe zu gebrauchen und nicht sogleich Barmherzigkeit zu üben, wie die Kritiker wollen. Sie übersehen dabei, daß die Rechtswahrung durch die Obrigkeit „nicht das geringste Stück göttlicher Barmherzigkeit" ist, weil dadurch „die Frommen geschützt, Friede und Sicherheit erhalten werden, welches ohn Zweifel köstliche Werk sind großer Barmherzigkeit, Liebe und Güte"[135]. Solch barmherziges Werk ist es, wenn man Frau und Kind, Hab und Gut gegen Schändung und Raub schützt oder wenn ein Knecht seinem angegriffenen Herrn zu Hilfe kommt, gleichviel ob dieser Jude, Türke oder Christ wäre[136]. 2) Aufruhr ist schlimmer als jede andere Übeltat, „eine Sintflut aller Untugend". Denn er vergeht sich nicht gegen ein einzelnes Glied oder Gut der Gesellschaft, sondern gegen „das Haupt selbst", die Obrigkeit und die Rechtsordnung. Darum hat hier jeder die Pflicht zu widerstehen, während nicht jeder berechtigt wäre, z.B. einen Mörder totzuschlagen. Es ist also unsinnig, ihm vorzuwerfen, er habe selbst zum Aufruhr gerufen, wenn er jedermann zur Gegenwehr verpflichtete[137].

Aus dem von Luther wider Willen und darum gereizt geführten Wortgefecht, in dem er sich zur geistigen Fortsetzung des Bauernkriegs gezwungen fand, schält sich noch einmal heraus, wie er den Ablauf des Geschehens beurteilte. Hätte man seinem Rate folgend gleich zu Anfang durchgegriffen „und flugs einen Bauern oder hundert drangewagt . . . und hätte sie nicht so lassen überhandnehmen, so hätte man damit viel tausend erhalten, die nun haben müssen sterben"[138]. Andererseits, wäre der Aufstand nicht aufgehalten worden, so wäre es zu einem allgemeinen Zerstören und Morden und zu einem unabsehbaren Kampf sogar der Bauern untereinander gekommen, wie er sich in der Rivalität der Gruppen schon abzeichnete. Das eben war das Ziel des Teufels: „Er wollte Deutschland ganz und gar verwüsten, weil er dem Euangelio sonst nicht wehren konnte."[139] Die Aufständischen selbst haben in ihrer Besessenheit die Gelegenheiten zum friedlichen Ausgleich versäumt, wie sie Luther vom Weingartner Vertrag, von Verhandlungen mit den Bambergischen Bauern und von Markgraf Kasimir von Brandenburg-Ansbach bekannt waren[140]. Wenn man dabei so lebhaft die gezwungenen Mitläufer be-

[135] Ebd. 389,14ff. 390,21ff. 392,4ff.
[136] Ebd. 390,23ff. 397,34ff. 398,30ff.
[137] Ebd. 397,20ff. 398,18ff. So schon in der Predigt vom Pfingsttag 1525 (s. o. S. 344), WA 17/1; 266,22ff.
[138] WA 18; 393,27ff.
[139] Ebd. 397,9f.   [140] Ebd. 391,17ff.

klagt, so schärft Luther, der selbst den Herren ihre Befreiung zur Pflicht gemacht hatte, jetzt ein, daß man sie zwar begnadigen, aber nicht entschuldigen kann. „Warum lassen sie sich zwingen?" Drohungen sind noch kein Zwang, sich am Aufruhr zu beteiligen, sondern erst die brutale Nötigung körperlicher Gewalt. Der bloße Seelenzwang könnte bei jeder Sünde als Entschuldigung in Anspruch genommen werden. „Denn wer ist seines Herzens mächtig? Wer kann dem Teufel und Fleisch widerstehen?" Und sagt man: „Herr Gott, wer solches hätte gewußt!", so antwortet Luther: „Unwissen wird auch nicht entschuldigen. Soll ein Christ nicht wissen, was ihm zu wissen ist?"[141]

Schließlich das Ende der Tragödie: Es war der wirkungsvollste Einwand gegen sein „hartes Büchlein", daß die Sieger sich dadurch in ihrem Übermut bestärkt fühlen konnten. Darum hat Luther nichts so sehr geschadet wie dies, daß er sich fast ganz auf die Verteidigung seiner angegriffenen Schrift beschränkte und sich eine Abrechnung mit den Fürsten und Herren für eine andere Gelegenheit aufhob. Er beachtete diesen Schaden nicht, weil er ganz davon erfüllt war, keinen Fuß breit des so schwer errungenen Bodens preisgeben zu dürfen an die, welche im Augenblick der Gefahr nichts zu sagen gewußt oder gewagt hatten. Glücklicher, aber eben doch in seinem Schatten, hatte sich schon Anfang Juni Melanchthon in einer von Kurfürst Ludwig von der Pfalz erbetenen Denkschrift zu den Zwölf Artikeln geäußert. Obwohl er an Schärfe hinter Luthers Urteil nicht zurückstand, ja für die Bauernforderungen ein wesentlich geringeres Verständnis bekundete als dieser in seiner „Ermahnung", hatte er in einem unter dem Eindruck des Sieges geschriebenen Schlußteil den Fürsten ins Gewissen geredet, nun Maß zu halten und zu vergeben, und es mit Beispielen aus der Bibel und der Antike begründet[142]. Aber Melanchthon schrieb in einer anderen Situation: nicht mitten aus der Hitze und Ungewißheit des Kampfes, sondern in einer schon geklärten Lage, in der er sich belehrend nach beiden Seiten wenden konnte, anders als Luther in seinem beschwörenden Alarmruf an die Adresse der unsicheren Obrigkeiten. Darum fehlt in Melanchthons Schrift auch die Sorge um die Schändung und den Bestand des Evangeliums und die eschatologische Dimension des Teufelsangriffs, den es abzuwehren galt. Daß in Luthers „Sendbrief" die ausgleichende Mahnung an die Fürsten fehlte, die vieles erträglicher gemacht hätte, entsprang keiner Liebedienerei ihnen gegenüber, wie man ihm vorwarf. Er hatte sie schon ein Jahr zuvor in seiner Schrift gegen den Nürnberger Reichstagsabschied von 1524[143] und dann in der „Ermahnung zum Frieden

---

[141] Ebd. 394,35f. 395,20f.32.33f.
[142] Ein Schrift Philippi Melanchthon wider die Artikel der Baurschaft, CR 20,641–662. MSA 1, 190ff. Kurfürst Ludwig an Melanchthon 18. Mai 1525, CR 1, 742f., Suppl. Mel. 6/1, 291. MBW 401. Die Schrift ist abgeschlossen vor dem Brief an Camerarius vom 5. (nicht 7.) Juni, CR 1, 748, Suppl. Mel. 6/1, 293. MBW 404.
[143] S. o. S. 270f.

auf die zwölf Artikel der Bauernschaft" wesentlich härter angefaßt als Melanchthon jetzt und zur Genüge erwiesen, daß er von sich sagen konnte: „So viel es mein Amt des Lehrens antrifft, gilt mir ein Fürst ebenso viel als ein Bauer."[144] Er sparte darum an den wenigen Stellen, wo er sie erwähnte, nicht mit scharfen Worten gegen die „wütigen, rasenden und unsinnigen Tyrannen, die auch nach der Schlacht nicht mögen Bluts satt werden", und mit den Namen wilder Tiere für sie[145]. Aber der Mißbrauch ihrer Gewalt enthob ihn ja nicht der Notwendigkeit, seinen Einspruch gegen das rechtlose bäuerliche Vorgehen nochmals zu begründen. Das waren, wie sich bereits im Anfang gezeigt hatte, zwei verschiedene Aufgaben[146]. Den blutdürstigen Siegern hielt er nur von neuem wie schon damals warnend den Zorn Gottes vor Augen, dem sie nicht entrinnen würden. „Sie werden bald auch ernten, was sie jetzt säen." Ja, es wäre schade, wenn sie von den Bauern ermordet worden wären, denn „das wäre ein Fuchsschwanz" (ein Streicheln) gegenüber dem, was sie in der Hölle erwartet[147]. Ihnen mehr zu sagen, ist zwecklos. Luther betont darum, wie er selbst zählt, dreimal, daß er in seiner harten Schrift nicht zu ihnen gesprochen habe, sondern zu denjenigen Obrigkeiten, „die da christlich oder sonst redlich fahren wollten". Ihr Gewissen wollte er unterrichten, daß sie nicht nur nach Gottes Befehl das Schwert brauchen sollen, sondern auch „wenn sie gewonnen haben, daß sie dann Gnade erzeigen, nicht alleine den Unschuldigen, wie sie es halten, sondern auch den Schuldigen"[148]. Am Schluß der Tragödie spricht er noch einmal aus, was er während ihres ganzen Ablaufs befürchtet hat: „Ich habe es beides gesorgt: Würden die Bauern Herren (Sieger), so würde der Teufel Abt werden; würden aber solche Tyrannen Herrn, so würde seine Mutter Äbtissin werden. Derhalben hätte ich beide, die Bauern gern gestillet und fromme Oberkeit unterrichtet. Nu aber die Bauern nicht wollten, haben sie ihren Lohn dahin. Diese aber wollen auch nicht hören, wohlan, sie werden ihren Lohn auch haben."[149] Damit laufen wieder die Linien dessen, was er den Bauern, den Herren und seinen Tadlern zu sagen hat, zusammen: „Wir tun wie die tollen Deutschen pflegen, die nicht von Gott wissen und reden von solchen Sachen, als sei kein Gott."[150] Wäre das anders, so käme alles bei allen in Ordnung.

Wir haben allen Grund, die furchtbare Heftigkeit Luthers auch in dieser abschließenden Schrift zu beklagen. Nur muß man zuvor die Wurzeln sehen, aus denen sie erwuchs. Er fühlte sich so gut wie allein in einer Situation, wo Deutschland, das Evangelium und täglich Menschenleben auf dem Spiel standen. Wer anders als er hatte jetzt zuerst den Auftrag, Gottes drohendes Wort gegenüber der Mißachtung der göttlichen Gebote und des göttlichen Gerichts wie gegenüber dem Mißbrauch des Evangeliums auszusprechen?

[144] WA 18; 393,22 f.
[145] Ebd. 400,24 f.36 ff.
[146] S. o. S. 323 ff.
[147] WA 18; 399,23. 401,9 f.
[148] Ebd. 400,15 ff.
[149] Ebd. 401,3 ff.
[150] Ebd. 396,34 f.

Jetzt rächte sich die Undankbarkeit, mit der man in Deutschland das Evangelium aufgenommen hat: „Viele verfolgen es, wenige begehren es, viel weniger nehmen es an. Und die es annehmen, stellen sich so laß und faul dazu, lassen Schulen vergehen, Pfarren und Predigtstühle fallen; niemand denkt, daß man es erhalte und Leute aufziehe."[151] In der heißen Angst vor der Strafe Gottes über diesen Undank hatte er seine Stimme zur äußersten Stärke erhoben.

Es ist schwerlich zu bezweifeln, daß er die Folgen, die der Aufstand haben mußte, richtig beurteilte. Unterlagen die Bauern, so rannten sie in ein furchtbares Unglück und rissen Tausende von Unschuldigen mit hinein. Hätten sie zunächst gesiegt, so wäre ein unübersehbares Chaos entstanden. Wie führungslos sie waren, zeigte sich an den leichten Siegen der Landsknechtsheere über ihre zwar großen, aber ungenügend bewaffneten und ungeschulten Haufen[152]. Und wenn auch in ein paar klügeren Köpfen nach der Zeit der ersten, regellosen Ausbrüche einige Reichsreformpläne entstanden[153], so wird doch keine politische Kraft sichtbar, die den gewaltigen Strom hätte bändigen können. Der leere Verfassungsraum zwischen dem schwachen Kaisertum und der breiten Masse der Bauern und Bürger ließ sich nach dem spätmittelalterlichen Stand der Dinge nicht anders als durch das Fachwerk der Territorialstaaten ausfüllen. Die bäuerlichen Reformpläne aber waren beherrscht von der Idee eines Zentralkaisertums, das es in Deutschland seit Karl dem Großen so nicht gegeben hatte. Es sollte sich gründen auf das Evangelium als Quelle des Rechts und der sozialen Gerechtigkeit, auf die Gleichheit innerhalb der Gesellschaft, auf eine unmittelbare Erzeugungswirtschaft unter Ablehnung des Handels und auf die Einziehung des Kirchenguts zum gemeinen Nutzen. Das alles waren Züge eines Modells, das sich an einer verklärten Vergangenheit orientierte. Demgegenüber bildeten die Territorialherrschaften die Anfänge des modernen Verwaltungsstaates. Sie bestanden jetzt zum zweiten Male die Feuerprobe. Zwei Jahre zuvor hatten sie die Bewegung in der Reichsritterschaft niedergeworfen. Jetzt war es ihnen im Kampf gegen einen viel umfassenderen und gefährlicheren Aufstand erneut gelungen, und zwar aus eigener Kraft, ohne jede Hilfe des Reiches. Das waren entscheidende Vorstufen dazu, daß sie zwei bis drei Jahrzehnte später das Ringen mit dem Kaiser aufnehmen und siegreich beenden konnten, so daß sie nun für Jahrhunderte nach unten und oben gefestigt dastanden.

---

[151] Ebd. 395,36ff., vgl. 385,15ff.

[152] Franz, Bauernkrieg, 281ff. Waas, Wendung (s. Anm. 1), 49ff. Der Wille, den Aufstand niederzuschlagen, stand, ohne daß Luther es wußte, bei den entscheidenden Köpfen auf der Seite der Fürsten, vor allem bei Philipp von Hessen und dem bayrischen Kanzler Leonhard Eck, dem politischen Leiter des Schwäbischen Bundes, schon längst fest, ehe Luther seine harte Schrift wider die Bauern schrieb, ebd. 38ff.

[153] H. Angermeier, Die Vorstellungen des gemeinen Mannes von Staat und Reich im Bauernkrieg, in: Vjschr. f. Sozial- u. Wirtschaftsgesch. 53 (1966), 329ff.

Luther dachte nicht von ferne an solche politischen Zusammenhänge. Hätte er sie gekannt, so wären die Traumvorstellungen der Bauern mehr nach seinem Herzen gewesen. Was er scharfsichtig sah, war nur, daß das furchtbare Geschehen, wie es auch ausging, mit einer Katastrophe enden mußte. Damit stand aber auch das Evangelium in Deutschland auf dem Spiel. Hätte er sich wie Müntzer und andere Prediger an die Spitze des Aufstands gestellt oder in Schriften zu ihm aufgerufen, so wäre es nach der Niederlage der Bauern mit der Reformation zu Ende gewesen. Luther urteilte, daß dies das Ziel des Satans war. Wenn er Satan sagte, so war das keine wunderliche Mythologie, sondern der Ausdruck dafür, daß die raffinierte Macht des Bösen auf tausenderlei Weisen die Stimme Gottes in der Welt zum Verstummen zu bringen versucht, meist auf heimlichen Wegen, manchmal aber wie jetzt im konzentrierten, alles zerstörenden Ansturm. Vielleicht spürt der Teufel, daß der jüngste Tag naht und er nicht mehr viel Zeit hat. So kommt es, daß ,,er solch unerhörte Stück furnimmt, als sollt er sagen: Es ist das letzte, drumb soll es das ärgste sein.‟ Oder ist es so, daß Gott ,,vielleicht zum Vorlauf des jüngsten Tags, welcher nicht ferne sein will, wolle durch den Teufel alle Ordnung und Oberkeit zerstören und die Welt in einen wüsten Haufen werfen‟, auf dem er dann sein Reich erbaut[154]? Wüten des Teufels und Zorn Gottes sind zwei Aspekte desselben Geschehens. Sie sollen aber nicht zur Mutlosigkeit treiben, sondern zur Zuflucht bei dem einzigen Heilmittel, der Beugung unter Gottes Wort. Wenn es um das Evangelium ging, war Luther wie kein anderer persönlich gefordert, ,,(so) daß ich schier gläube und mich fast dünkt, ich sei des Teufels Ursache, daß er solchs zuricht in der Welt, damit Gott die Welt plage‟[155].

Er hatte dabei die Unterscheidung der beiden Reiche nicht vergessen. Ja, nur weil diese es erforderte, nahm er den Auftrag wahr, der aus der geschichtlichen Stunde auf ihn zukam. Es ging ihm nicht um eine Stärkung der Fürstenmacht, weder politisch, da er viel eher ein Freund des Kaisertums als der Fürsten war, noch persönlich, da er die Schuld der Herren am Entstehen der Revolution gut genug kannte. Es war kein Widerspruch, sondern sehr sinnvoll, wenn er ihnen den Aufstand als Zeichen des göttlichen Zornes vor Augen gemalt und sie zugleich aufgerufen hatte, ihr obrigkeitliches Amt auszuüben, das Gott ihnen verliehen hatte. So kam er in die Notwendigkeit, politisch zu handeln, ohne es zu wollen, ja mehr noch: ohne überhaupt Politiker zu sein, ganz anders als Zwingli oder Calvin. Wie schon bei seinen Äußerungen zur Reichspolitik der Jahre 1523/24[156] zeigt es sich, daß er auf dem Felde der Politik mehr reagierte als agierte. Er setzte zu Augenblickssituationen, durch die er sich zum Sprechen gezwungen sah, starke Akzente, gewiß nicht

---

[154] Wider die . . . Rotten, WA 18; 358,25 ff. 360,34 ff.
[155] An Rühel 4. (5.) Mai 1525, WAB 3; 481,64 ff.
[156] S. o. S. 270 f.

ohne historisch-politische Grundüberzeugungen, aber doch ohne ein größeres politisches Konzept zur Lösung der aufgebrochenen Fragen. So ermaß er auch jetzt die Bedeutung der politischen Rolle nicht, die ihm wider Willen zugefallen war, und empfand nicht, daß er sie auch nach der anderen Seite, den Fürsten gegenüber, hätte durchspielen müssen. Er hätte damit wahrscheinlich auch kaum etwas an den Auswirkungen der gescheiterten Erhebung ändern können, so wenig er schon zur Niederlage der Bauern etwas Wesentliches beigetragen hat. Sie war entschieden, ehe sein Alarmruf bekannt wurde. Aber er sah auch nicht, daß er in das ihm einst zugedachte Schiedsrichteramt durch die Ereignisse selbst hineingewachsen war und darum das Ganze, das er nach beiden Seiten zu sagen hatte, nochmals wie in der „Ermahnung zum Frieden" hätte aussprechen müssen. Für ihn ging es überhaupt nicht um ein politisches Handeln, sondern um einen in höchster Not erteilten Gewissensrat für die unsicheren christlichen Obrigkeiten. Ihn noch einmal zu begründen und gegen ungerechte Kritik zu verteidigen, erschien ihm im abschließenden „Sendbrief" als die vordringliche Aufgabe. Er geriet dabei in die Gefahrenzone seines Wesens: mit doppeltem Trotz zu reagieren, wenn er an einer Stelle angegriffen wurde, wo er sich sachlich im Recht wußte. Der maßlose Zorn, mit dem er das tun konnte, war die Kehrseite der ungeheuren Standfestigkeit, die er so oft in kritischen Stunden bewies. Bei einer Natur solchen Ausmaßes gibt es eins nicht ohne das andere. Aber er sah dann nicht mehr, in welche Umwelt er hineinsprach. Er bedachte nicht, daß in solch erregenden Fragen nur immer das letzte Wort gehört wird und nicht das Ganze, das jemand gesagt hat. Zugleich geriet er damit in die Gefahr, die sich in einer von theologischen Voraussetzungen mitbestimmten Politik oft zeigt: absolute Maßstäbe zu setzen, welche der Situation nicht voll gerecht werden und zu einem vernünftigen Ausgleich unfähig machen. Er hatte allen Anlaß, den Mißbrauch des Evangeliums durch die Bauern scharf abzuweisen. Aber die Normen, die er dann einschärfte, Unrecht zu leiden, der gegebenen Ordnung in der Hoffnung auf Gottes Hilfe zu gehorchen, galten dem einzelnen Christen, reichten aber nicht aus für die Nöte eines Standes, die auch er zum guten Teil anerkannte. Er hätte sie jetzt noch einmal zur Sprache bringen müssen.

In seinen in der äußersten Bedrängnis geschriebenen Schriften fehlte das Gegenstück zu diesen Normen, das er selbst in der Schrift „Von weltlicher Oberkeit" ausgesprochen hatte: „und leidest kein Unrecht für deinen Nächsten."[157] Gegenüber der Aufgabe, zunächst die heillose Verwirrung der Geister aufzulösen, verschob er dies auf eine spätere Zeit. Das Tragische in Luthers Stellungnahme lag nicht darin, daß er zu bürgerlich, zu konservativ gewesen wäre, um die Stimme der Sehnsucht aus einem unterdrückten Stande zu vernehmen, sondern darin, daß sie von Anfang an verzerrt an sein Ohr

---

[157] WA 11; 255,19f., s. o. S. 109.

kam. Das ursprüngliche rechtliche und soziale Wollen der Bauernbewegung war durch die Gestalt der christlichen Revolution verdrängt worden. Dazu konnte er nicht schweigen. Die entscheidende Schuld daran trugen die schwärmerischen Geistlichen, die überall beim Beginn des Aufstandes zu finden waren und ihm den Namen Christi zusprachen. Daher haßte Luther vor allem Thomas Müntzer so grimmig mit einem nicht persönlichen, sondern sachlichen Haß, wie die Propheten des Alten Testament die falschen Heilspropheten gehaßt hatten.

In Luthers Verhalten im Bauernkrieg verschlingen sich Motive und Faktoren sehr verschiedener Art. Mit der jäh auflodernden Leidenschaft und der Unbeugsamkeit seines Wesens, die nur härter wurde, je mehr er allein stand, verband sich nicht nur eine theologische Überzeugung, welche die direkte Übersetzung des Evangeliums in politisches Handeln ablehnte, sondern ein sehr bestimmtes politisches Urteil über das Geschehen. Er sah das kommende Unheil und fand seine längst vertretene Überzeugung bestätigt, daß Aufruhr mehr Unrecht und Unglück bringt als beseitigt und „mehr über die Unschuldigen denn über die Schuldigen geht"[158]. Ihm zu widerstehen, war darum nicht nur ein Gebot der Bibel, sondern auch der geschichtlichen Erfahrung. Seine scharfen Konturen erhielt das Bild des Geschehens durch das, was er selbst davon aus dem fränkisch-thüringischen Bereich von der Zuchtlosigkeit der Bauern, der Hetzpredigt gewisser Prediger und der Ratlosigkeit seiner Fürsten sah und hörte. Hier erlebte er einen gewaltigen Beispielfall dafür, daß die Vermengung des Weltlichen mit dem Geistlichen die Welt zerstört. Wenn irgendwann, dann mußte jetzt die Unterscheidung der beiden Reiche „eingebläut und eingekäut" werden[159], die ihm seit der Rückkehr von der Wartburg zum neuen Thema geworden war; jetzt, in der Stunde, die sich der Satan ausersehen hatte und die vielleicht das Endgeschehen einleitete. Keiner dieser Züge erklärt für sich allein Luthers Handeln und Reden, auch die eschatologische Dimension nicht[160]. Sie preßte nur das aus ihm heraus, was er mitbrachte als Erkenntnis der Vernunft und des Glaubens, der am rechten Verhältnis von Gesetz und Evangelium den Wegweiser für das Christenleben und das Weltleben gefunden hatte. Luther vertrat also nicht allein, wie man gern quasi entschuldigend sagt, ein „religiöses Interesse"[161], das ihm begreiflicherweise den Blick für die soziale Wirklichkeit verschlossen habe. Er würde sich nicht damit aus dem Schußfeld der Kritik ziehen lassen. Gewiß ist seine Einschätzung von Vernunft und Geschichte ein Stück seiner Theologie. Aber was in Gottes Wort zu den Grundfakten des geschichtlichen Lebens gesagt ist, läßt sich nach seiner Überzeugung aus den großen geschichtlichen Erfahrungen wiedererkennen, zumal in einer Situation äußer-

---

[158] Eine treue Vermahnung in allen Christen (1522), WA 8; 680,19f. S. o. S. 47.
[159] Auslegung des 101.Psalms (1534/35), WA 51; 239,22f.
[160] Richtig, aber einseitig Greschat, Luthers Haltung im Bauernkrieg (s. Anm. 30).
[161] Waas, Wendung (s. Anm. 1) 33.

ster Entscheidungen, wo die Linien einfach und klar werden. In diesem Bewußtsein hat er sich zum Bauernaufstand geäußert, und darum war er so besorgt, durch Abschwächungen auch nur das Geringste an dieser Einfachheit der Dinge zu verwischen.

Darum hat Luther auch später nie etwas von den Grundsätzen, die er vertreten hatte, preisgegeben. Das furchtbare Elend, das der Krieg herbeigeführt hatte, ging ihm tief zu Herzen. Er schrieb – vermutlich Mitte August 1525 – an Johann Brießmann in Königsberg: ,,Die Sache der Bauern ist überall zur Ruhe gekommen, an die 100 000 sind getötet und so viele dadurch zu Waisen gemacht worden, die übrigen in ihrem Leben so verkümmert, daß Deutschland nie jammervoller ausgesehen hat. So wüten die Fürsten und machen ihr Unrecht voll.''[162] Und doch waren die Wahrheiten, die man aus dem furchtbaren Geschehen von seinem Anfang bis zu seinem Ende herauslesen konnte, davon unberührt[163]. Der Bauernkrieg blieb ihm das grauenhafte Beispiel, wohin Übermut auf beiden Seiten, Mutlosigkeit in der Stunde der Gefahr, Mißachtung des göttlichen Gebots und Gerichts führen mußten. Der Friede schien ihm noch lange nicht wiederhergestellt, sondern ständig durch die bösen Leidenschaften, welche der Krieg entfacht hatte, gefährdet. ,,Man muß es greifen'', schrieb er 1530, ,,daß itzt unter den Deutschen kein Mensch sei, der wider solchen ungehorsamen und räubischen Adel die Oberkeit erhalten, wider solche untreu und diebische Untertanen die Herren schützen möcht. Es ist ein solch Rauben und Stehlen untereinander . . ., daß ichs dafur achte, unser jetziger Friede und Stand hange an einem seiden Faden, ja er schwebe schlecht (ganz) in der Luft allein in Gottes Händen, über und wider unsern Willen und Gedanken und wider aller Teufel Wüten und Toben. Denn wo menschliche Weisheit und Gewalt itzt sollt Deutschland regieren, es läge morgen auf einem Haufen.''[164]

---

[162] WAB 3; 556,30ff.
[163] H. Dörries, Luther nach dem Bauernkrieg, in: Ecclesia und Res Publica, Fschr. K. D. Schmidt (Göttingen 1961), 113ff.
[164] Auslegung des 118.Psalms (Confitemini), WA 31/1; 83,7ff.

XV. Heirat und Hauswesen

Während die Freunde im engeren oder weiteren Umkreise um Luther – teils ehemalige Kleriker oder Mönche, teils Humanisten – einer nach dem anderen heirateten[1] und er der Abkehr vom Zölibatszwang längst öffentlich zustimmte, lag ihm der Gedanke an eine eigene Ehe noch ganz fern. Seine Überlastung mit Arbeit, seine Armut, die es ihm unmöglich machte, eine Familie zu ernähren, und die Sorge, seine Auseinandersetzungen mit der römischen Kirche in ein falsches Licht zu bringen, ließen Heiratspläne bei ihm nicht aufkommen. Es lag nicht daran, daß er für Frauen keine Zuneigung empfunden hätte. Aber er behielt sie für sich. Allein Spalatin gegenüber sprach er sich mit der Offenheit bewährter Freundschaft aus. Beide drängten sich gegenseitig zum Heiraten, beide zögerten. Spalatin war zu schüchtern; er dachte daran, den Dienst bei Hofe aufzugeben, traute sich aber nicht, dem alten Kurfürsten den wahren Grund zu sagen: daß er heiraten wolle, was mit seinem Hofpredigeramt unvereinbar war. Luther erklärte ihm, dies sei der einzige ernsthafte Grund, aus seinem Amte zu scheiden, und hörte nicht auf, ihm zu dem Schritt zuzureden[2]. Spalatin seinerseits forderte Luther dazu auf, eine Ehe zu schließen: Man erwarte das von ihm. Als Beweis schickte er ihm einen Brief seiner treuen bayerischen Anhängerin Argula von Grumbach, die mit großem Mut öffentlich gegen die Verfolgung der Evangelischen aufgetreten war. Luther antwortete Spalatin am 30. November 1524: „Ich bin gewiß in Gottes Hand als sein Geschöpf, dessen Herz er wandeln und wiederwandeln, töten und lebendig machen kann, von Stunde zu Stunde und Augenblick zu Augenblick. So wie es mir bisher ums Herz war und jetzt ist, wird es nicht geschehen, daß ich heirate; nicht weil ich mein Fleisch und Geschlecht nicht spürte, ich bin ja nicht aus Holz oder Stein. Aber mein Sinn steht nicht nach der Ehe, da ich täglich den Tod und die wohlverdiente Ketzerstrafe erwarte. Darum werde ich weder Gottes Wirken in mir eine Grenze setzen noch mich auf mein Herz verlassen. Ich hoffe aber, Gott wird mich nicht mehr lange leben lassen."[3] Sprach aus diesem Brief die Melancholie, daß er nicht wagen dürfe, das Schicksal einer Frau an sein gefährdetes Leben zu binden, so war er im folgenden Frühjahr schon so weit, sich selbst in seiner Unentschlossenheit

---

[1] Melanchthon (18. Aug. 1520), Agricola fast gleichzeitig (1520), Bartholomäus Bernhardi (1521), Karlstadt (19. Jan. 1522), Justus Jonas (10. Feb. 1522), Bugenhagen (13. Okt. 1522), Wenzeslaus Link (15. Apr. 1523), Franz Lambert (13. Juli 1523), Thomas Müntzer (1523).
[2] Luther an Spalatin 30. Nov. 1524, WAB 3; 393,1 ff.
[3] Ebd. 394,17 ff.

zu ironisieren, noch immer, um Spalatin Mut zu machen. „Was du übrigens über meinen Ehestand schreibst, so wundere dich bitte nicht, daß ich keinen führe, wo ich doch ein so vielbesprochener Liebhaber bin. Wundere dich vielmehr darüber, daß ich, der ich so viel über die Ehe schreibe und mich mit Frauen abgebe[4], noch nicht zur Frau geworden bin oder wenigstens eine geheiratet habe. Immerhin, wenn du ein Vorbild von mir erbittest, so hast du hier ein sehr kräftiges. Ich habe nämlich drei Frauen zugleich gehabt und so wacker geliebt, daß ich zwei verloren habe; sie werden sich mit anderen verloben. Und die dritte halte ich kaum noch mit dem linken Arm, und sie wird mir vielleicht auch bald noch entrissen werden. Und du müder Liebhaber wagst nicht einmal, der Mann einer einzigen Frau zu werden! Aber siehe zu, daß ich, dem die Ehe so fern liegt, nicht euch schon bereitstehende Bräutigame überhole! Gott pflegt ja zu bewirken, was man am wenigsten erwartet. Ich sage das, Scherz beiseite, um dich dorthin zu drängen, wohin es dich zieht."[5] Es gehörte schon die Humorlosigkeit einer inzwischen längst überwundenen Konfessionspolemik dazu, um den Scherz gegenüber dem zögernden Freunde mißzuverstehen und daraus das Geständnis eines munteren Liebeslebens herauszuhören[6]. Und doch steckt ein ernster Unterton darin: Er ist der Sympathie für Frauen durchaus nicht unfähig, aber zur Heirat kann er sich nicht entschließen. Wer die beiden ihm entgangenen sind, ist nicht mit Sicherheit zu sagen[7]. Die dritte wird Katharina von Bora sein.

Aber gerade bei ihr hat er sich alle Mühe gegeben, die Verbindung zwischen ihr und einem anziehenden, ihr an Alter entsprechenden Bewerber zum Ziele zu führen: dem Nürnberger Patriziersohn Hieronymus Baumgartner (sie war 1499, er 1498 geboren). Er hatte 1518–1522 als Melanchthons Kostgänger in Wittenberg studiert, die dortigen Unruhen miterlebt und in einem Brief vom 18. März 1522 seinem Freunde Hektor Poemer in Nürnberg von dem gewaltigen Eindruck der Invokavit-Predigten Luthers berichtet[8].

---

[4] Die Nonnen, deren Versorgung Luther viel Mühe machte.

[5] 16. Apr. 1525, WAB 3; 474,13 ff. Vgl. auch 10. Apr., ebd. 470,6 ff. Weil sich daran viel Gerede auch über seine eigene Verheiratung anknüpfte, nannte sich Luther einen „vielbesprochenen Liebhaber". – „Linker Arm" bedeutet nicht „Ehe zur linken Hand = gesetzlich anerkanntes Konkubinat", wie Clemen, Anm. 10 zum Brief vom 16. Apr. und Rückert, BoA 6; 127, Anm. 18 es deuten. Es gibt im Eherecht nur die „linke (= standesungleiche oder auch „ärgere") Hand". Richtig übersetzt H. Grisar, Von Luther. Bd. 1 (Freiburg 1911), 442.

[6] Beispiele bei W. Walther, Für Luther wider Rom. Handbuch der Apologetik Luthers und der Reformation (Halle 1906), 646 ff. Anders Grisar, Luther (s. Anm. 5), Bd. 1, 441 ff.

[7] Die eine wird wohl die einstige Nimbschener Nonne Ave von Schönfeld sein, von der Luther später einmal sagte: Wenn er schon vor 14 Jahren (d. h. 1523 oder 1524, die Tischrede ist undatiert) hätte heiraten wollen, so hätte er sie gewählt. Sie vermählte sich mit dem Medizinstudenten Basilius Axt, der damals Lukas Cranachs Apotheke leitete und später Leibarzt Herzog Albrechts von Preußen wurde. Die andere ist entweder ebenfalls eine der geflüchteten Nonnen oder Ave Alemann aus einem evangelisch gesinnten Magdeburger Hause, die er später einmal seine Braut nennt (WAB 3; 3,8), vielleicht weil sie ihm von Amsdorf, dem Magdeburger Prediger, als Frau empfohlen war (Vermutung, nicht Tatsache, wie ebd. 3, Anm. 5 angegeben ist).

[8] Wortlaut des Briefes oben S. 76.

Als er im Sommer 1523 nochmals in Geschäften in Wittenberg weilte, hatte sich zwischen Katharina und ihm ein herzliches Verhältnis angesponnen, das auch unter den Freunden bekannt wurde. Die Familie hat ihm wohl die Heirat mit der mittellosen ehemaligen Nonne ausgeredet. Katharina aber hoffte noch auf seine Rückkehr, obwohl Baumgartner nichts mehr von sich hören ließ[9]. Im Oktober 1524, als Luther sich ohnehin in einer anderen Sache an Baumgartner wenden mußte, machte er sich noch einmal zu ihrem Fürsprecher: „Übrigens wenn du deine Käthe von Bora festhalten willst, dann beeile dich, bevor sie einem anderen anvertraut wird, der zur Stelle ist. Sie hat deine Liebe noch nicht verwunden. Ich würde mich über die eine Heirat ebenso freuen wie über die andere."[10] Der andere Bewerber war ebenfalls ein angesehener Mann: Kaspar Glatz, der ein Jahr zuvor zum Dr. theol. promoviert worden war – Luther bedankte sich in seinem Namen für die kurfürstliche Wildbret-Spende zum Doktorschmaus – und im Sommer 1524 das Rektorat der Universität bekleidete[11]. In seine Amtszeit fiel die Auseinandersetzung zwischen der Universität und dem Allerheiligenstift einerseits und Karlstadt andererseits um die von ihm beanspruchte Pfarrstelle Orlamünde. Er hatte am 8. Juni 1524 darauf verzichtet. Glatz wurde darauf im Herbst mit dem Amt betraut[12]. Daß Luther die Heirat Katharinas mit Glatz befürwortete, brachte sie in die größte Verlegenheit. Sie hatte eine entschiedene Meinung über den angebotenen Freier und bat deshalb Nikolaus von Amsdorf um Hilfe. Ende September 1524, kurz bevor er nach Magdeburg übersiedelte, suchte sie ihn auf, „klagend, wie der Doctor Martinus in allewege wollte, daß sie Doctor Glatzen freien sollte, zu dem sie doch weder Lust noch Liebe hätte und lieber wollte (do es geschehen könnte und Gottes Wille wäre), ihn, Doctorem Martinum, oder Dominum Amsdorffium ehelich zunehmen"[13]. Das

[9] Dazu Kroker, Katharina von Bora (s. o. S. 229, Anm. 14), 58 ff. H. Boehmer, Luthers Ehe (s. o. S. 233, Anm. 29), 59 f.

[10] 12. Okt. 1524, WAB 3; 358,7 ff.

[11] Glatz und ein zweiter Doktorand wurden im August 1523 promoviert, im Oktober fand der Doktorschmaus statt, WAB 3; 180. Rektor war er vom 1. Mai bis zum 18. Okt. 1524, C. E. Förstemann, Album academiae Vitebergensis (Lipsiae 1894), 121.

[12] Zu Orlamünde s. o. S. 133 f. W. Friedensburg, Der Verzicht Karlstadts auf das Wittenberger Archidiakonat und die Pfarre in Orlamünde (1524 Juni), in: ARG 11 (1914), 70 f.

[13] Nach einem mündlichen Bericht Amsdorfs vom 16. Dez. 1552, den zwei Eisenacher Geistliche, Joachim Stigelius und Bartholomäus Rosinus, auf seinen Wunsch aufgezeichnet haben; publiziert nach der Wiener Handschrift Vind. 11847 (aus dem Besitz Friedrich Widebrams) von Kroker, Luthers Werbung (s. o. S. 231, Anm. 23), 142 f. Ein Hinweis auf die Handschrift und die Erzählung findet sich schon WATR 1; XXIV. Der Bericht ist Boehmer, Luthers Ehe (s. o. S. 233, Anm. 29), 59. 75, Anm. 20c entgangen. Er verfügte nur über die allgemein bekannte, stark verkürzte lateinische Zusammenfassung, die Abraham Scultetus, Annalium Evangelii recondití prima (Heidelberg 1618), 274 von dem deutschen Text gegeben hat. Nach dessen ausdrücklicher Angabe ist der Vorgang auf die Zeit kurz vor Amsdorfs Weggang nach Magdeburg zu datieren, also nicht auf den Besuch Amsdorfs bei Luther im März 1525. Boehmer, Luthers Ehe, 60. WAB 3; 455, Anm. 3. 458, Anm. 1.

war Katharina von Bora: Sie wußte, daß sie auch als arme Nonne ihren Preis hatte, und zierte sich nicht, ihn zu nennen. Sie wollte mit einem Würdigen verheiratet werden und keinen minderwertigen Bewerber aufgeredet bekommen. Daß sie Glatz gegenüber den richtigen Instinkt hatte, sprach Amsdorf dann deutlich genug zu Luther aus: „Was zum Teufel habt ihr doch fur, daß ihr die gute Ketham wollt bereden und zwingen, den alten Geizhals zu freien, des sie gar nicht begehrt und weder Lust noch Liebe zu ihm trägt?"[14] Nach zwei Jahren zeigte es sich, wie begründet die Abneigung Käthes und das scharfe Urteil Amsdorfs waren. Rektor und Universität beschwerten sich beim Kurfürsten aufs schärfste über zweifelhafte finanzielle Machenschaften Glatz' und seine bodenlose Vernachlässigung seiner Gemeinde[15]. Luther war zunächst noch über Katharinas Widerstand gegen seine gut gemeinten Bemühungen verärgert: „Mag sie den nicht, so mag sie noch ein Weil auf einen andern harren!"[16] Es wird mit auf diese Episode zurückgehen, daß er später offen aussprach, er habe sie nicht geliebt und immer für stolz gehalten. „Aber Gott hat gewollt, daß ich mich der Armen erbarmte. Und seine Gnade hat mir die glücklichste Ehe beschert."[17] Als seine Erinnerung bei Baumgartner nichts half und Amsdorf sich versagte – er blieb bis an sein Lebensende unverheiratet –, wurde er sich seiner Verantwortung für die elternlose und mittellose einstige Nonne immer stärker bewußt. Überhaupt spürte er, daß die Heiratsfrage auf ihn zukam. Das zeigt der oben zitierte scherzhafte Brief an Spalatin vom 16. April, der die noch bestehende Ablehnung der Ehe mit der Andeutung einer von Gott bewirkten Sinneswandlung verbindet[18]. Den letzten Anstoß dazu gab der Besuch bei seinen Eltern in Mansfeld, als er das Gebiet der schwelenden, aber noch nicht ausgebrochenen Unruhe unter der Bauernschaft bereiste[19]. Wie schon öfter drang der Vater in ihn, daß er heiraten möge; er wünschte sich so sehr Nachkommen aus dem Stamm seines Ältesten. „Aus Begehrn meines lieben Vaters", so gab Luther das auslösende Motiv an. Und „meine Käthe" hieß es nun ganz selbstverständlich bei der ersten Andeutung unter Freunden[20].

Für die Ausführung des Entschlusses war die Situation freilich denkbar ungünstig. Die besorgniserregenden Eindrücke auf seiner Erkundungsreise, die Erschütterung durch den Tod des alten Kurfürsten am 5. Mai – „Wie bitter ist der Tod, nicht so sehr für die Sterbenden, sondern für die, welche sie lebend zurücklassen"[21], schrieb er an Spalatin –, die Sorge um die Universi-

---

[14] Kroker, Luthers Werbung (s. o. S. 231, Anm. 23), 142.

[15] Rektor, Magistri und Doctores der Universität zu Wittenberg an Kurfürst Johann vom 16. Okt. 1526, abgedr. Barge, Karlstadt, Bd. 2, 572 ff.

[16] Kroker, Luthers Werbung (s. o. S. 231, Anm. 23), 142.

[17] WATR 4; Nr. 4786; 503,20 ff.

[18] S. o. S. 355.   [19] S. o. S. 333.

[20] Die Bitte des Vaters in den Einladungsbriefen zur Hochzeit 15. und 21. Juni 1525, WAB 3; 531,14. 541,5 f.; „meine Käthe" Brief an Rühel 4. (5.?) Mai 1525, ebd. 482,81.

[21] 7. Mai 1525, WAB 3; 487,5 f.

tät, die seit langem dringender Reformen bedurfte (er sandte in aller Eile am 20. Mai dem neuen Kurfürsten sein Gutachten darüber)[22], der bis Thüringen vorgerückte Bauernkrieg und sein plötzliches Ende bei Frankenhausen mit dem Tode Müntzers: das alles ließ ihn nicht zur Ruhe kommen. Dazu kamen vom 9. Mai bis 6. Juni vierzehn Predigten und viel Korrespondenz[23]. Eben die äußere und innere Belastung war es dann aber auch, die den lange erwogenen Plan zur Tat werden ließ. Der Tod hatte ihn ringsum so vielfach berührt, konnte er nicht auch nach ihm greifen? Nicht, daß er ihn fürchtete, im Gegenteil. Aber es konnte plötzlich einmal zu spät sein, in der Frage der Priesterehe das Zeichen zu setzen, das er längst schuldig war. In der Einladung zum Hochzeitsschmaus, die er am 21. Juni an seinen schon an der Vorgeschichte beteiligten Freund Amsdorf richtete, hat er seine Motive knapp zusammengefaßt. ,,Das Gerücht stimmt, daß ich mit Katharina plötzlich zusammengegeben worden bin, bevor ich mir, wie es zu sein pflegt, aufgeregtes Geschwätz anhören mußte. Ich hoffe, ich werde nur noch kurze Zeit zu leben haben, und wollte meinem Vater, der mich so dringend bat, diesen letzten Gehorsam in der Hoffnung auf Nachkommen nicht abschlagen; zugleich auch um mit der Tat zu bekräftigen, was ich gelehrt habe. Es gibt ja so viel ängstliche Gemüter bei so großem Licht des Evangeliums. So hat Gott es gewollt und bewirkt. Ich bin ja nicht verliebt und in Hitze, aber ich liebe meine Frau."[24] Der erste Schritt, der formelle Eheschluß, war also schon getan. Luther betont wiederholt in diesen Tagen seine Plötzlichkeit, aber auch, daß sie auf Eingeben Gottes geschah: ,,Gott hat mich plötzlich, als ich noch anders dachte, auf wunderbare Weise in die Ehe geworfen mit Katharina von Bora, der Nonne", schrieb er am 20. Juni an Link nach Altenburg[25]. Er empfand nach langer Unentschlossenheit und nach den Sorgen der letzten Zeit, die ihn nicht zum Handeln kommen ließen, den raschen Entschluß als eine göttliche Befreiung. Wie nötig er war, zeigte ihm in diesen Tagen eine Äußerung seines alten Freundes Schurff, für den freilich das kanonische Recht gleich hinter der Bibel kam: ,,Wenn dieser Mönch heiratet, wird die ganze Welt und der Teufel lachen und er selber alles, was er geschaffen hat, wieder zunichte machen."[26] Luther hatte sogar einmal daran gedacht, den hohen Prälaten der Kirche mit seinem öffentlichen Zeugnis Mut machen zu können. Man hatte ihm erzählt, daß Kardinal Albrecht von Mainz sich darüber ausgelassen habe, warum Luther denn nicht heirate, wo er doch jedermann dazu aufreize. Nun forderte ihn sein Freund Johann Rühel, Mansfeldischer Rat und zugleich Rechtsbeistand Albrechts, dazu auf, dem Kardinal in einem

---

[22] An Spalatin, WAB 3; 502,2. Friedensburg, Geschichte Univ. Wittenberg, 173 ff.
[23] Knapp zusammengestellt von Boehmer, Luthers Ehe (s. o. S. 233, Anm. 29), 75, Anm. 31.
[24] WAB 3; 541,2 ff.
[25] Ebd. 537,9 f.
[26] Nach dem Bericht Amsdorfs in: Scultetus, Annalium . . . prima (s. Anm. 13), 274. Boehmer, Luthers Ehe (s. o. S. 233, Anm. 29), 65.

Brief eine „Veränderung seines Standes", d.h. die Heirat, nahezulegen[27]. Luther folgte dieser Bitte sofort und schrieb Albrecht einen kurzen, bald auch veröffentlichten Brief. Er wies ihn auf den üblen Leumund der Geistlichen hin, den man ja auch an der Bauernempörung, zweifellos einer Strafe Gottes über diesen Stand, erkennen könne. Der Kardinal solle eine Ehe eingehen und sein Bistum in ein weltliches Fürstentum verwandeln, wie der Hochmeister von Preußen, durch den Gott „solch Änderung geschickt, die vor zehen Jahren weder zu hoffen noch zu glauben gewest wäre". Aber dann redete er ihn auch ganz unverblümt als Mann an: „Was will er antworten, wenn Gott fragen wird: Ich hab dich zum Mann gemacht, der nit allein sein soll, sunder ein Weib haben sollt, – wo ist dein Weib?"[28] Albrecht antwortete nicht. Was hätte er auch antworten sollen? Sein liederliches Leben war allgemein bekannt. Luthers Aufforderung an Kardinal Albrecht verschärfte natürlich dessen Gegenfrage, warum er nicht selbst heirate. Luther ließ ihm daher durch Rühel erwidern: „Wo meine Ehe Seiner Kurfürstl. Gnaden eine Stärkung sein möchte, wollt ich gar bald bereit sein, Seiner Kurfürstl. Gnaden zum Exempel vorherzutraben, nachdem ich doch sonst (da ich ja ohnehin) im Sinne bin, ehe ich aus diesem Leben scheide, mich in dem Ehestande finden zu lassen, welchen ich (als) von Gott gefordert achte, und sollt's nicht weiter denn eine verlobte Josephsehe sein."[29] Zu dem Gedanken an den möglichen Tod, der in den Äußerungen Luthers aus diesen bedrängenden Wochen ständig wiederkehrt, kam auch die unheimliche geschichtliche Stunde. Durch den Teufelstanz im Bauernaufstand mit seinen noch nicht absehbaren Folgen und durch die Erregung über seine neueste, leidenschaftliche Schrift gegen die Bauern fühlte er sich herausgefordert, sichtbar zu beweisen, daß er nichts von seinem „vorigen papistischen Leben" an sich behalten habe, und damit seine Feinde eher „noch toller und törichter" zu machen[30]. Den letzten Anstoß nach allem Zögern aber gab ihm der Gedanke an Katharina von Bora selbst. Daß er, wenn er je heiratete, an sie dachte, konnte nach allem, was er hatte verlauten lassen, nicht mehr zweifelhaft sein. Aber er fand damit keineswegs allgemeinen Beifall. Im Gegenteil: „Wenn ich nicht heimlich geheiratet hätte, so hätte man es verhindert. Denn alle meine nächsten Freunde schrieen: Nicht diese, sondern eine andere!" So hat er später erzählt[31]. Man sieht, Katharina war – jedenfalls in der älteren Generation, anders als eine Zeitlang unter den Studenten – nicht beliebt. Sie war keine

[27] WAB 3; 505,44 ff.
[28] WA 18; 408,4 ff. 409,1 ff. 410,5 ff. 28 ff.
[29] An Rühel 3. Juni 1525, WAB 3; 522,13 ff. Josephsehe: hier nicht die asketische Ehe mit Enthaltsamkeitsgelübde gemeint, sondern die verbreitete Vorstellung von der Ehe des alten Joseph mit Maria.
[30] Einladungsbrief zu seiner Hochzeit an die Mansfelder Räte vom 15. Juni 1525, WAB 3; 531,10 f.
[31] WATR 3; Nr. 3179a, b; 212,5 f. 11 f.

Schönheit und manchem zu stolz und zu energisch. Luther kannte sie längst besser und wußte, daß sie keine Kränkung verdiente. Daher führte er seinen so langsam gereiften Entschluß dann plötzlich und in der Stille aus. Jetzt gab er, der Zauderer, der endlich hindurch war, auch nach anderen Seiten den Rat, bei einer stillen Verlobung ja nicht zu lange mit der Ausführung zu warten. Über den Fall eines Paares, das sich nicht zur Heirat entschließen konnte, schrieb er in diesen Tagen aus der Erfahrung mit dem eigenen Herzen an Spalatin: „Daß sie vorgeben, sie müßten sich erst ihres Inneren gewiß werden, ist Torheit. Niemand hat sein Herz in der Hand. Der Teufel ist voller Macht und bringt manchmal auch noch Verheiratete auseinander." Und er rüstete ihn mit einem Dutzend von Sprich- und Bibelworten aus, die darauf hinausliefen: „Gottes zeitliche Wohltaten sind wirklich zeitlich. Sie bleiben nicht stehen, sondern im Lauf und dauernder Bewegung. Darum muß man zugreifen, was es auch sei, wann und wo es möglich ist, damit es einem nicht entgleitet."[32]

In diesem Gefühl tat er selbst drei Tage später endlich den entscheidenden Schritt. Er befolgte dabei die in Wittenberg gültigen Formen, nur mit einer gewissen Beschleunigung des Rechtsaktes, „um dieser Mäuler willen", die ihm nicht mehr hineinreden sollten[33]. Auf den Abend des 13. Juni lud er fünf Trauzeugen in das Kloster, vor denen das offizielle Verlöbnis stattfand: Justus Jonas, den Propst der Schloßkirche; Johann Apel, den Professor des kanonischen Rechts, der selbst mit einer ehemaligen Nonne verheiratet war; Lukas Cranach und seine Frau, die Katharina bisher beherbergt hatten und gewissermaßen Elternstelle an ihr vertraten. Dann erfolgte die Kopulation, d. h. die Trauung durch Bugenhagen und nach fester Sitte das sog. Beilager, ein kurzes Niederlegen der Brautleute vor den Zeugen auf dem künftigen Ehebett. Am nächsten Morgen kam der gleiche Kreis nochmals zu einer kleinen Mahlzeit zusammen[34]. Die ehebegründenden Akte, das Verlöbnis und die Kopulation, bedurften der öffentlichen Bestätigung durch den Kirchgang und „die Wirtschaft", den Hochzeitsschmaus. Da Luther seine Eltern und Freunde aus seiner Heimat dabei haben wollte, verzögerte sich der Termin dafür. Er setzte den 27. Juni fest und lud neben den Wittenbergern und neben den drei Mansfelder Räten auch eine Reihe anderer auswärtiger Freunde dazu ein: Spalatin, Leonhard Koppe in Torgau (Katharinas Entführer aus dem Kloster), Wenzeslaus Link in Altenburg, den kursächsischen Hofmarschall Hans von Dolzig (mit der Bitte um Wildbret zum Hochzeitsessen) und Amsdorf. Nicht alle konnten kommen. Insgesamt nahmen 15 Personen am Essen

[32] An Spalatin 10. Juni 1525, WAB 3; 525,6–29.
[33] So schreibt er am 15. Juni 1525 an die Mansfelder Räte, die er zum Hochzeitsschmaus einlädt, WAB 3; 531,15; auch ebd. 533,4ff. Ebenso WATR 3; Nr. 3179a, b; 212,1f.7f. Ausführliche Schilderung der Rechtsformen und des Ablaufs von Luthers Eheschließung bei Boehmer, Luthers Ehe (s. o. S. 233, Anm. 29), 40ff.
[34] Kawerau, Jonas-BW (s. o. S. 248, Anm. 92), Bd. 1, 94.

teil[35]. Bei der zeitlichen Verzögerung mußte er damit rechnen, daß die Geladenen schon von seiner Heirat gehört hatten. So findet sich in fast jedem der Briefe ein launiger Satz, der Luthers eigenes Verwundern über das, was ihm geschehen ist, ausspricht. „Ich habe mich mit dieser Ehe so unwürdig und verachtet gemacht, daß, wie ich hoffe, die Engel lachen und die Teufel weinen werden"[36] (an Spalatin). „Ihr wisset auch, was mir geschehen ist, daß ich meiner Metze (Mädchen) in die Zöpfe geflochten bin. Gott hat Lust zu wundern (Wunder zu tun), mich und die Welt zu narren und zu äffen"[37] (an Koppe). „Es ist ohn Zweifel mein abenteuerlich Geschrei (Gerücht) für Euch kommen, als sollt ich ein Ehemann worden sein. Wiewohl mir aber dasselbige fast (sehr) seltsam ist und selbst kaum glaube, so sind doch die Zeugen so stark, daß ich's denselben zu Dienst und Ehren glauben muß"[38] (an Dolzig).

Daß Luthers Schritt in seiner Umgebung nicht nur Überraschung, sondern auch Mißbehagen hervorrief, zeigt über die zitierte drastische Bemerkung Schurffs[39] hinaus ein eigentümlicher Brief Melanchthons, in dem er am 16. Juni seinem vertrauten Freund Camerarius mitteilt, daß Luther, „ohne auch nur einen einzigen seiner Freunde vorher in Kenntnis zu setzen", geheiratet habe. Der zum Schutz vor fremden Augen griechisch geschriebene Brief erschien sogar Camerarius selbst so bedenklich, daß er ihn 1569 in seiner Ausgabe der an ihn gerichteten Melanchthonbriefe nur mit erheblichen, mildernden Änderungen veröffentlichte. Das Erstaunen war daher groß, als 1876 der Originaltext publiziert wurde[40]. Der Brief gibt mehr Aufschluß über die Stimmung Melanchthons als über die Luthers in diesen Tagen. Melanchthon glaubt bei Luther Betrübnis und Verwirrung über seine veränderte Lebenssituation festzustellen. Und er vermutet auch bei Camerarius eine Verwunderung, „daß in dieser unseligen Zeit, in der die Guten überall so schwer leiden, dieser Mann nicht mitleidet, sondern vielmehr, wie es scheint, schwelgt und seinen guten Ruf kompromittiert, wo Deutschland seines Geistes und seiner Autorität ganz besonders bedarf". Aus diesem Grunde suche er Luther zu trösten, zumal er noch nichts getan habe, woraus man ihm einen Vorwurf machen könne oder was nicht zu rechtfertigen sei. Für den, wie er unterstellt,

[35] So berichtet Hans von der Planitz in einem Brief an Herzog Albrecht von Preußen vom 30. Juni; es habe dabei „gutt byer" gegeben. Auszug veröffentlicht von Clos, Abfassungszeit von Luthers Schrift „Wider die räuberischen . . . Rotten der Bauern" (s. o. S. 334, Anm. 88), 129, Anm. 6. Nach einem von Clemen in seiner Echtheit bezweifelten Brief vom 21. Juni hat Luther „ein Faß besten Torgischen Biers" bei Leonhard Koppe bestellt, WAB 3; 539,8 ff.
[36] 16. Juni 1525, WAB 3; 533,8 f.
[37] 17. Juni 1525, WAB 3; 534,6 ff.
[38] 21. Juni 1525, WAB 3; 537,4 ff. WAB 12; 66,4 ff.
[39] S. o. S. 358.
[40] Beste Wiedergabe des Briefes mit den Änderungen von Camerarius jetzt von H. Volz in: MSA 7/1, 238 ff. MBW 408. Zur Überlieferung: H. Scheible, Überlieferung und Editionen der Briefe Melanchthons, in: HdJb 12 (1968), 139 ff. Übersetzungen von Walther, Für Luther wider Rom (s. Anm. 6), 660 ff. und H. Boehmer, Luther im Lichte der neueren Forschung, 5. Aufl. (Leipzig 1918), 174 ff.

ratlosen Camerarius aber hat er eine einfache Erklärung: „Der Mann ist überaus gutmütig, und die Nonnen haben alle ihre Künste darauf verwandt, ihn an sich zu ziehen. Vielleicht hat dieser vielfache Umgang mit den Nonnen ihn bei all seiner edlen Natur und Seelengröße verweichlicht und entflammt. Auf diese Weise ist er offenbar auf die unzeitgemäße Veränderung seines Lebensstandes hereingefallen. Das Geschwätz aber, daß er sie schon vorher beschlafen habe, ist eine offenkundige Lüge. Nun soll man das Geschehene weder übel aufnehmen noch schelten. Ich glaube vielmehr, daß man von Natur zum Heiraten gezwungen wird. Diese Lebensform ist zwar niedrig, aber heilig und gefällt Gott besser als die Ehelosigkeit." Melanchthon schließt seine Betrachtung: Er habe Luther schon immer gewünscht, daß er gedemütigt, statt erhöht werde, denn Wohlergehen erwecke ja nach Demosthenes nicht nur bei Unweisen, sondern auch bei Weisen schlechte Gesinnungen. „Zudem hoffe ich, daß diese Lebensform ihn würdevoller macht und daß er dadurch die Possenreißerei ablegt, die wir so oft getadelt haben." Also solle Camerarius, dem Luthers guter Ruf am Herzen liege, die Sache mit Gleichmut tragen; nach der heiligen Schrift sei ja die Ehe ein ehrenwerter Stand. „Wahrscheinlich sind wir wirklich gezwungen zu heiraten." Und jedenfalls „ist es das Gottloseste, wegen eines Fehltrittes des Lehrers die Lehre zu verurteilen"[41]. Der durch den Ärger über Luthers heimliches Vorgehen ausgelöste schulmeisterliche Brief, in dem üble Verdächtigungen gegen Katharina und die anderen Nonnen mit Beschwichtigungen gegenüber Camerarius und der bei ihm vermuteten Kritik gemischt sind, macht deutlicher als jedes andere Dokument, warum Luther sich dem Wittenberger Klatsch und dem Hineinreden von Freunden durch rasches Handeln entzog. Ein wenig zeigt sich in Melanchthons Brief auch die kühle Temperatur seiner eigenen, 1520 mit der Tochter des Wittenberger Bürgermeisters Krapp geschlossenen Ehe und die Abneigung seiner Frau gegen die entlaufene, adelige Nonne wie auch seine zeitweilige Isolierung von Luther in dem spannungsvollen Jahr des Erasmus-Streits und anderer bedrückender Fragen[42]. Luther wußte natürlich nichts von Melanchthons Brief. Aber er spürte doch um sich mancherlei Mißbilligung des sonst als „fromm und heilig" geltenden „Gotteswerkes", das man allein bei ihm als „gottlos und teuflisch" ansehe[43]. Auch Melanchthon hat sich gewiß Luther gegenüber zunächst nicht zu scheinbarer Zustimmung verstellen können. Aber er hat sich seinen Unmut Camerarius gegenüber dann wohl von der Seele geschrieben. Jedenfalls hat er am 27. Juni an Luthers Hochzeitsschmaus teilgenommen. Ja, er hatte sogar schon am 20.

[41] MSA 7/1, 240 ff.
[42] Mix, Luther und Melanchthon (s. o. S. 236, Anm. 49), 458 ff. Zu Melanchthons Frau W. Maurer, Melanchthon, Bd. 2, 100 f. Ders., Melanchthons Anteil am Streit zwischen Luther und Erasmus (s. o. S. 239, Anm. 63), 144. G. Ellinger, Philipp Melanchthon (Berlin 1902), 217. 367.
[43] Zweimal beruft sich Luther in diesen Tagen auf das opus dei seiner Ehe. An Spalatin 16. Juni und Link 20. Juni, WAB 3; 533,10. 537,14.

unaufgefordert Luthers etwas zögernde Einladung an Wenzeslaus Link – er wollte ihm keine Kosten verursachen – mit einem Briefchen unterstützt, und zwar nicht ohne Humor: „Ich bitte dich bei unserer Freundschaft zu kommen, damit Dr. Hieronymus (Schurff) mehr Stoff zum Disputieren bekommt."[44] Link, der einstige Generalvikar der deutschen Augustinerkongregation, seit zwei Jahren verheiratet, wäre in der Tat der rechte Gesprächspartner für den gestrengen Kanonisten Schurff gewesen.

Auf die junge Hausfrau wartete eine Fülle von Arbeit. Das große, noch nicht voll ausgebaute Haus, das zur Not etwa 40 Mönche beherbergen konnte, war als Wohnung denkbar ungeeignet[45]. Es bedurfte ständiger Ausbesserungen und war lange Zeit ganz ungepflegt gewesen. Luthers Famulus Wolfgang Seberger, der treu an ihm hing, war nicht der fleißigste und hatte wenig Sinn für Sauberkeit und Ordnung[46]. Luthers Strohlager war, wie er erzählt, ein Jahr lang nicht richtig aufgeschüttet worden. „Ich war müd und arbeitete mich den Tag ab und fiel also ins Bett, wußte nichts drumb."[47] Der wirtschaftliche Anfang, zu dem er wenig und Katharina nichts mitbrachte, wurde ihnen durch freundliche Hochzeitsgaben erleichtert. Zwar konnten ihnen die Becher oder sonstigen Wertgegenstände, die ihnen verehrt wurden, wenig helfen, am ehesten noch als Pfänder, wenn Luther für jemanden, der beim „gemeinen Kasten" etwas geliehen hatte, Bürgschaft leistete[48]. Veräußern wollte sie namentlich Käthe nicht gern; er war schneller dazu bereit, vor allem wenn es darum ging, anderen zu helfen. Da galt für ihn: „Gebt, so wird euch gegeben" (Luk. 6,38). Und er sagte dann zu seiner Frau: „Liebe Käthe, haben wir nimmer Geld, so müssen die Becher hernach."[49] Im übrigen trägt längst nicht alles, was man später als Hochzeitsgeschenke für Luther ausgab, diese Bezeichnung zu Recht[50]. Entscheidend war, daß der neue Kurfürst Johann dem Ehepaar 100 Gulden zur Hochzeit schenkte und Luther von nun an ein Gehalt von 200 Gulden auszahlen ließ, so viel wie Melanchthon[51]. Das

---

[44] Luther an Link 20. Juni 1525, WAB 3; 537,9 ff. Melanchthon an Link 20. Juni, MSA 7/1, 245. MBW 409. Schurff s. o. S. 250, Anm. 98.

[45] Ausführlich über Käthe Luthers Haushaltung Kroker, Katharina von Bora (s. o. S. 229, Anm. 14), 81 ff. (leider ohne Quellenangaben). Zum Grundbesitz s. o. S. 229, Anm. 14.

[46] Nicht Sieberger, über ihn WA 38; 290. WAB 12; 421, Anm. 10 f. Luther beklagte nicht nur in der berühmten Klageschrift der Vögel sein Vogelstellen (WA 38; 290 ff.), sondern nannte auch seine Faulheit unter den hausväterlichen Sorgen, für deren Behebung er Gott etwas zahlen wolle: „So wollt ich unserm Herren Gott auch 100 fl. (Gulden) ausrichten, wenn mein Käte mehr Milch hätte und um meines Wolfs inertiam", WATR 2; Nr. 1626; 155,14 f. Vgl. auch WAB 9; 168,32 ff.

[47] WATR 4; Nr. 5117; 670,24.

[48] Anfang 1527 hatte er drei Becher für 50 Gulden und einen für 12 Gulden für den „dicken Hermann" zur Verfügung gestellt. An Brisger 1. Feb. 1527, WAB 4; 164,4 ff.

[49] WATR 4; Nr. 5181; 701,2 ff.

[50] Kroker, Katharina von Bora (s. o. S. 229, Anm. 14), 73 ff.

[51] WAB 9; 581,49 f. WAB 12; 423. Eine schon vor der Hochzeit bewilligte Vergütung von 100 Gulden hält Kroker, Katharina von Bora (s. o. S. 229, Anm. 14), 83. 89 für möglich, gibt aber keine Quellen dafür an.

kurfürstliche Hochzeitsgeschenk und das wenige, was vom ehemaligen Klosterhausrat nicht gestohlen war, hielt nicht lange vor und wurde durch das, was Luther für ehemalige Nonnen und Mönche verwendet hatte, weit aufgewogen[52]. So war es gut, daß Luther eine Frau bekam, die zu wirtschaften, den Garten zu nutzen und, was hereinkam, zusammenzuhalten verstand, soweit Luthers Freigebigkeit sie nicht daran hinderte. Sie hatte darum auch ein Hochzeitsgeschenk von 20 Gulden, das Kardinal Albrecht durch seinen Rat und Luthers Vetter Rühel überbringen ließ und das Luther ablehnte, ohne sein Wissen ruhig entgegengenommen[53]. Wenn Luther noch Jahre später von seiner „wunderlichen Hauswirtschaft" sprach, in der er mehr verbrauche als einnehme[54] – was nur durch freie Gaben und vor allem durch Käthes ausgedehnte landwirtschaftliche Tätigkeit möglich war –, so gilt das erst recht für die Anfangsjahre der Ehe. Da er seinen gesamten Predigt- und Seelsorgedienst umsonst tat (auch in der Zeit, als er Bugenhagen im Stadtpfarramt vertrat) und für seine Schriften kein Honorar nahm, obwohl die Drucker dadurch reich wurden, konnte er seine Einnahmen nicht steigern. So kam er im zweiten Ehejahr sogar einmal auf den Gedanken, sich durch Handarbeit etwas dazu zu verdienen. Er bat seinen Freund Wenzeslaus Link, der seit 1525 Prediger in Nürnberg war, nicht nur wie öfters um gute Sämereien für Käthe, sondern auch – unter Beifügung eines Goldguldens – um Drechslergerät, da er und sein Famulus Wolfgang das Drechseln begonnen hätten. „Instrumente haben wir, aber wir suchen einige elegantere von der Art eurer Nürnbergischen Kunst."[55] Als er sich für die Sendung bedankte, fragte er, ob Link nicht neuartige Instrumente habe, „die sich von selber drehen können, wenn Wolfgang schnarcht oder bummelt". Zugleich dankte er auch für die Zusendung eines Quadranten mit Walze und einer hölzernen Uhr und fügte hinzu: „Ich bin nämlich ein nahezu perfekter Uhren-

---

In den Tischreden, denen zumeist seine Angaben entstammen, findet sich nichts. Es hat allerdings eine gewisse Wahrscheinlichkeit, daß Friedrich der Weise oder Johann nicht gerade Luther ganz ohne Bezahlung für seine Vorlesungen gelassen haben wird. Daß seine Professur als Verpflichtung des Klosters undotiert war, geht daraus hervor, daß Luther (ebenso wie Jonas) in der Aufzeichnung des Personalbestandes vom 13. Okt. 1525 ohne Vergütung aufgeführt wird. Er erhielt sie von der kurfürstlichen Kammer, Jonas als Propst des Allerheiligenstifts. Hieronymus Schurff (160 Gulden) und Christian Beyer (100 Gulden) hatten außerdem eine Bezahlung als Beisitzer des oberen Hofgerichts. Friedensburg, Urkundenbuch, 142 ff. Zu den Finanzfragen ders., Geschichte Univ. Wittenberg, sowie H. Haußherr, Die Finanzierung einer deutschen Universität: Wittenberg in den ersten Jahrzehnten seines Bestehens (1502–1547), in: 450 Jahre Martin-Luther-Universität Halle-Wittenberg, Bd. 1 (Halle 1952), 345 ff.

[52] Vgl. den Rückblick in Luthers sog. Hausrechnung von 1542, WAB 9; 580 f.

[53] WATR 3; Nr. 3038b; 154,10 ff. Ob der Brief vom 20. Apr. 1526 (WAB 4; 57,1 ff.) damit etwas zu tun hat, ist nicht sicher, aber zeitlich und dem geschilderten Vorgang nach wahrscheinlich. Kroker, Katharina von Bora (s. o. S. 229, Anm. 14), 77 und Boehmer, Luthers Ehe (s. o. S. 233, Anm. 29), 67 f. nehmen es an.

[54] WATR 3; Nr. 2835 a. b; 13.

[55] 1. Jan. 1527, WAB 4; 148,17 ff.

meister, namentlich wenn ich meinen betrunkenen Sachsen die Zeit anzeigen muß, die lieber nach der Kanne als nach der Uhr sehen und sich durch einen Fehler der Sonne oder der Uhr oder ihres Meisters nicht sehr stören lassen."[56] Zu einem Drechslermeister hat Luther es freilich nicht gebracht. Dagegen hatte er Freude am Garten und ließ hier seine Käthe nicht ganz im Stich. Er meldete Link, daß die Melonen, Kürbisse und Gurken sich ungeheuer entwickelt hätten, und bat ihn Ende des Jahres wieder um neuen und möglichst verschiedenartigen Samen: „Denn wenn ich am Leben bleibe, werde ich ein Gärtner werden."[57] Er hat bei seiner Überlastung mit Arbeit und Korrespondenz dieser Neigung gewiß wenig folgen können. Immerhin verstand er seine Bäume zu okulieren und sprach später einmal sein Staunen über das Wunder dieses Vorgangs aus: „Es ist ein Wunderwerk Gottes an seinen Kreaturen, daß sich der ganze Stamm richtet nach dem kleinen Zweiglein und Äuglein, so es doch billiger wäre, daß das Zweiglein nach dem Stamm sich schickte."[58] Aber auch wenn die eigentliche Arbeit von Käthe und von Hilfskräften geleistet wurde, es war doch sein Garten, seine Freude, die er mit als sein Werk betrachtete. „Ich habe einen Garten gepflanzt, einen Brunnen gebaut, beides mit schönstem Erfolg. Komm, und du sollst mit Lilien und Rosen bekränzt werden", schrieb er beglückt an den alten Freund Spalatin. Darin schwang noch ein anderer Jubel mit. Vor zehn Tagen, am 7. Juni 1526, war ihm das erste Kind geboren worden: „Von der besten Frau und dem geliebtesten Weibe ein Söhnchen Johannes Lutherulus; durch Gottes Segen habe ich ihn erhalten, durch Gottes wunderbare Gnade bin ich Vater geworden."[59] Dabei wuchsen gerade jetzt die Sorgen. Das Klostergärtchen war zu klein, die Anlegung des Brunnens hatte viel Geld gekostet. Käthes Wunsch, einen Garten hinzuzukaufen, mußte, obwohl es nahe daran war, wieder aufgegeben werden. Im Jahr, an dessen Ende das zweite Kind, Elisabeth, geboren wurde (10. Dezember 1527), war die Schuldenlast besonders groß geworden. Er mußte seinem letzten Genossen aus der Klosterzeit, Eberhard Brisger, wie schon früher einmal eine Bitte abschlagen, 8 Gulden für ihn auszulegen, da er selbst durch eine Bürgschaft mit mehr als 100 Gulden verschuldet sei. Er wie Melanchthon leisteten öfters Bürgschaft für solche, die aus dem gemeinen Kasten geliehen hatten. Cranach und Christian Döring, die Kastenherren, ließen ihn als allzu gutgläubigen Bürgen überhaupt nicht mehr zu[60].

Eine nicht geringe Arbeitsbelastung rührte daher, daß Luther ständig eine

---

[56] 19. Mai 1527, ebd. 203,1 ff. Er bedankt sich für die Sendung nochmals am 5. Juli 1527, ebd. 220,4 ff.

[57] 5. Juli und 29. Dez. 1527, ebd. 220,13 ff. 310,12 ff.

[58] WATR 4; Nr. 4741; 462,5 ff. – Billiger = einfacher, das Gegebene.

[59] 17. Juni 1526, WAB 4; 89,4 ff.16 ff.

[60] An Brisger 1. Feb. 1527, ebd. 164 f. Dazu die Notiz über die verpfändeten Becher, s. Anm. 48. Vgl. auch an Brisger 12. Feb. 1526, ebd. 31,4 ff.

große Zahl von Besuchern oder regelmäßigen Kostgängern in seinem Hause oder an seinem Tisch hatte. Unter den Besuchern befand sich schon bei Beginn des Hausstandes ein unerwarteter Gast, der geheimgehalten werden mußte: Karlstadt. Er hatte am 12. Juni 1525 an Luther geschrieben, daß er dringend wünsche, wieder nach Kursachsen zurückzukehren; man beschuldige ihn fälschlich der Beteiligung am Bauernkrieg, dem er „feind und hässig" sei. Er bat ihn um Fürsprache für sich und seine Familie beim Kurfürsten und schickte zunächst seine Frau voraus. Ihre Ankunft erwartete Melanchthon am 27. Juni[61]. Kostgänger hatte Luther schon vor seiner Verheiratung, soweit es ihm möglich war, aufgenommen. Seit eine Frau dem Hause vorstand, wuchs ihre Zahl stark an. Daß Katharina jetzt von den regelmäßigen Hausgenossen und Tischgästen ein bescheidenes Entgelt forderte, war eine einfache Notwendigkeit und entsprach auch dem in Wittenberg herrschenden Brauch. Es gab ja an der jungen Universität nur eine kleine Anzahl von Bursen und Kollegien, in denen Studenten Wohnung und Verpflegung fanden. Daher wurde es von den Professoren geradezu erwartet, daß sie Studenten bei sich aufnahmen und ihnen möglichst auch einen gewissen Privatunterricht erteilten. So hielt es schon seit dem Beginn seiner Wittenberger Lehrtätigkeit (1518/19) Melanchthon in seiner berühmt gewordenen Schola privata[62]. Aber noch um die Jahreswende 1524/25 gab es daneben nur eine zweite solche Schule, die des Mathematikers Johannes Longicampianus, der freilich der pädagogischen Aufgabe wenig gewachsen war. Sie war für Melanchthon das treibende Motiv bei der Gründung gewesen; sein Haus wurde wirklich eine „Heimschule" mit wohldurchdachten Veranstaltungen. Anders war es bei Luther, dem es neben der oft notwendigen wirtschaftlichen Hilfe für seine jungen Leute mehr auf das ankam, was er ihnen im freien Umgang für Studium und Leben mitgeben konnte. In Luthers oder Melanchthons Haus Zutritt zu finden, war natürlich ein Glück, das sich viele Studenten wünschten. Sie waren hier auch vor der Übervorteilung sicher, die manche Professoren, um ihre oft bescheidenen Einkünfte aufzubessern, aus der allgemeinen Sitte gemacht hatten[63]. Daß für einen ehrlichen Hausvater, der die Situation nicht ausnützte, kaum etwas dabei herauskam, hatte schon Melanchthon erfahren[64]. An Luthers Tisch gab es immer eine ganze Reihe

---

[61] Daß Karlstadt von Luther schon am Abend dieses Tages, seines Hochzeitstages, beherbergt wurde, wie Boehmer, Luthers Ehe (s. o. S. 233, Anm. 29), 67 annimmt, ist danach nicht möglich. Karlstadt an Luther 12. Juni 1525, WAB 3; 529f. Melanchthon an Camerarius 27. Juni, CR 1, 750f. (Datum nach Suppl. Mel. 6/1, 295f.). MBW 410. Vgl. auch WA 18; 433f. Nach WATR 2; Nr. 2064; 308,28ff. war Karlstadt mehr als acht Wochen im Hause Luthers verborgen.

[62] L. Koch, Philipp Melanchthons Schola privata. Ein historischer Beitrag zum Ehrengedächtnis des Praeceptor Germaniae (Gotha 1859). Maurer, Melanchthon, Bd. 2, 96ff.

[63] Kurfürst Johann Friedrich setzte darum 1538 eine Höchstgrenze von 30 Gulden pro Jahr fest. Friedensburg, Urkundenbuch, 208.

[64] Vgl. seinen Brief an Spalatin Ende Dez. 1524/Anfang 1525, MSA 7/1, 224,24ff. MBW 366.

von Gästen, die wenig oder nichts zahlten, oft auch Flüchtlinge, die ihr Amt verloren hatten, oder mittellose ehemalige Mönche oder Nonnen. Die Tischrunde hat ihrem Hausvater später ein unvergleichliches Denkmal gesetzt. Mehr als ein Dutzend der jungen Leute machte sich Aufzeichnungen über das, was Luther zu den bei Tisch geführten Gesprächen beitrug. Er erlaubte es mit großartigem Freimut und machte auch keine Einschränkungen, wenn die Unterhaltung ganz persönlichen Dingen galt. So ist eine einzigartige Sammlung von Zeugnissen über alle nur denkbaren Fragen seines Lebens und des Lebens überhaupt entstanden, die nach mancherlei vorläufigen Editionen in sechs Bänden der modernen Weimarer Lutherausgabe aus zahlreichen Handschriften in eine umfassende Ordnung gebracht worden ist[65]. Ohne sie wären wir über viele Geschehnisse in Luthers Leben nicht unterrichtet. Daß Käthe durch das viele Reden und Schreiben, über dem die Speisen kalt wurden, manchmal ungeduldig wurde, ist ihr nicht zu verübeln. Aber die Doctorissa, wie sie genannt wurde, verschaffte sich auch sonst Respekt und wurde von manchen gefürchtet. Andere haben ihr ihre Fürsorge lebenslang nicht vergessen und später, als sie dazu in der Lage waren, mit Freundlichkeiten und Dankesgaben vergolten. Doch beginnt die Zeit, in der Luthers Haus zur literarischen Quelle wurde, erst 1531; sie reicht bis 1543. Auch die erste Lutherbiographie von Johannes Mathesius beruht zu einem guten Teil auf Erzählungen, die er selbst und andere an Luthers gastlichem Tisch gehört und aufgezeichnet hatten[66].

---

[65] WATR (1912–1921). Der verdiente Herausgeber E. Kroker hat in seiner Biographie, Katharina von Bora (s. o. S. 229, Anm. 14), 166ff. einen anschaulichen Bericht über die an der Sammlung beteiligten Tischgenossen gegeben. Dazu die für die Sprache und die Zuverlässigkeit der Tischreden wichtige Untersuchung von B. Stolt, Die Sprachmischung in Luthers Tischreden. Studien zum Problem der Zweisprachigkeit, Stockholmer Germanistische Forschungen, Bd. 4 (Stockholm 1964).

[66] Kroker, Katharina von Bora (s. o. S. 229, Anm. 14), 175f. Volz, Lutherpredigten Mathesius (s. o. S. 100, Anm. 47), 6. 114ff.

XVI. Der Streit um den freien Willen

Länger als ein Jahr schien es, als sollte Erasmus in der von ihm begonnenen Auseinandersetzung allein das Feld behaupten. Dabei fehlte es von Anfang an nicht an Stimmen von Luthers Freunden, die diesen beschworen, nicht zu schweigen. Am eindringlichsten hielten ihm die sieben Straßburger Prediger in einem Brief vom 23. November 1524 vor Augen, welche Verwirrung das Buch des Erasmus, wie sie gehört hätten, in den Niederlanden und in Köln gestiftet habe. Sie, die selbst manche Anfangsgründe der Wahrheit von Erasmus empfangen hätten, erklärten jetzt: ,,Was hat er anderes im Sinn, als überall die Autorität der Schrift zu beseitigen und die Ruhe des Antichrist dem Aufruhr des Reiches Christi vorzuziehen? . . . Darum beschwören wir dich um Christi willen: Laß dich nicht durch Fleisch und Blut beschwichtigen[1] und zieh das, was du einmal an Erasmus geschrieben hast, um Christi willen müsse man auch die Eltern hassen können, den Ratschlägen aller Literaten vor. Denn Christus gehört das Wort; hinweg mit der Zierde der lateinischen Sprache, hinweg mit dem Wunder an Bildung, durch das Christi Ruhm verdunkelt wird. Durch sein Wort werden wir gerettet, durch das anderer dagegen ins Verderben gebracht . . . Du weißt doch, wie viel der Herr auf dich hat legen wollen, wie viele Tausende von Menschen an deinem Munde hängen, von dem sie überzeugt sind, er sei der Mund des Herrn. Und du weißt ebenso, daß durch deinen Dienst die Welt dazu gebracht ist, alles zu verabscheuen, was sich nicht auf offenkundige Schriftaussagen gründet.''[2] Luther blieb gegenüber dieser auf ihn transponierten, die Feder Capitos verratenden Humanistenrhetorik kühl. Er ließ sich nicht in seinem Pensum beirren. Zunächst führte er die Auseinandersetzung mit Karlstadt zu Ende, zu der die Straßburger ihn im selben Schreiben ebenso dringend aufforderten[3]. Nachdem er Ende Januar 1525 sein großes Buch ,,Wider die himmlischen Propheten'' abgeschlossen hatte[4], mußte zunächst der Druck der wichtigen Deuteronomium-Vorlesung zum Ziel geführt werden, unter dessen schleppendem Fortgang Luther schwer litt. ,,Ich bin gezwungen, das Deuteronomium abzuschließen, damit die Drucker keinen Schaden leiden'', schrieb er am 11. Februar 1525 an Spalatin; Erasmus schob er noch beiseite: Er ,,wird seine Antwort bekommen, sobald Zeit dafür ist''. Ähnlich vertröstete er andere[5]. Erst am 4. April konnte Melanchthon seinen von den Problemen um-

---

[1] Gal. 1,16.
[2] WAB 3; 386,13 ff.
[3] Ebd. 382,14 ff. 383,84 ff.
[4] S. o. S. 155 ff.
[5] WA 14; 490. Dazu s. o. S. 217. WAB 3; 439,10 f. Vgl. die Übersicht über Luthers briefliche Äußerungen WA 18; 581.

getriebenen und nach Luthers Antwort verlangenden Freund Camerarius beruhigen: „Ich bemerke, daß das Werk begonnen ist, und hoffe daher, daß es bald abgeschlossen sein wird. Denn es gilt bei ihm besonders: ἀρχὴ ἥμισυ παντός (der Anfang ist die Hälfte des Ganzen)."[6] Aber wenig später wurde Wittenberg von den ersten Wellen der Bauernunruhen erreicht, die die nächsten Monate beherrschten[7]. So bewahrheitete sich Melanchthons treffende Bemerkung über Luthers Arbeitsweise erst fast ein halbes Jahr später. „Macht inzwischen, was ihr wollt", schrieb Luther am 27. September 1525 auf eine Anfrage an Nikolaus Hausmann, „ich bin ganz damit beschäftigt, Erasmus zu widerlegen."[8] Und einen Tag später an Spalatin: „Ich kreise jetzt völlig um Erasmus und den freien Willen und werde mich bemühen, an keiner Stelle zuzugeben, daß er etwas Richtiges gesagt hat; er hat ja auch wirklich kein richtiges Wort gesagt. Du aber bitte den Herrn, daß er mir beisteht, damit mein Werk zu seiner Ehre gerät, Amen!"[9] Endlich war er vom Feuer erfaßt; er lehnte in den nächsten Wochen alles andere ab. Mitte November wird seine Antwort fertig gewesen sein, Ende Dezember 1525 erschien sie. Die Erregungen dieses schweren Jahres und zugleich das Befreiungsgefühl, sich danach endlich wieder den Kernfragen der Theologie zuwenden zu können, sind in ihrer Leidenschaft und der Wucht ihrer Formulierungen zu spüren. Beide Partner haben ihr Innerstes gegeben. Ihre Kampfschriften gehören zu den größten Dokumenten der geistigen Geschichte und lassen sich nur in einer gemeinsamen und eingehenden Analyse würdigen.

Mit leichtem Geplänkel setzt Erasmus ein. Er erinnert kurz an die mühsamen Verhandlungen, die seit der Antike bis zu Karlstadt, Eck und vor allem Luther über das „unentwirrbare Labyrinth" der Frage nach dem freien Willen geführt worden seien. Statt sich aber sofort diesem, seinem eigentlichen Gegner, zuzuwenden, gibt er zunächst einmal „gewissen Leuten" (quidam) das Wort, die ein lautes Geschrei erheben werden: „Ἄνω ποταμῶν (gegen den Strom)! Erasmus wagt es, mit Luther anzubinden, eine Fliege mit einem Elefanten!"[10] Die Errichtung dieser Nebenfront ist ein dialektisches Meisterstück. Sie erlaubt es ihm, Luther mit Ehrerbietung und Freundlichkeit zu begegnen oder gar die Maske des wohlwollenden „Untersuchungsrichters gegenüber einem schwer belasteten Angeklagten" aufzusetzen[11], zugleich aber die Kunst seiner Ironie zu entfalten. Allein in seiner kurzen Einleitung gießt

---

[6] CR 1, 734 (Datum nach Suppl. Mel. 6/1, 287). MBW 387. Zu Melanchthons Haltung in dieser Zeit Maurer, Melanchthon-Studien (s. o. S. 239, Anm. 63), 141 ff.

[7] S. o. S. 330.

[8] WAB 3; 582,4 f.

[9] Ebd. 583,14 ff.

[10] De libero arbitrio diatribe, hg. v. J. v. Walter (s. o. S. 239, Anm. 63). Ich zitiere sowohl nach der (auch in der Übersetzung von O. Schumacher, Vom freien Willen, 2. Aufl. Göttingen 1956, übernommenen) Kapiteleinteilung v. Walters wie nach den Seitenzahlen seiner Ausgabe (abgekürzt Diatr.) – Diatr. Ia 2; 2,3 ff.

[11] Diatr. Ia 5; 4,21 f.

er an einem halben Dutzend Stellen eine reichliche Schale davon über Luthers törichte Anhänger aus. Er verstärkt diesen zwischen Bonhomie und Spott schillernden Effekt noch durch Töne der Selbstironie und Selbstdemütigung, wie sie zum humanistischen Stilrepertoire gehören: Er sei unzweifelhaft so schlecht zum Streit gerüstet wie kaum ein anderer, da er ,,stets lieber auf den Gefilden der Musen gespielt, als sich auf den Schwertkampf eingelassen" habe. Ja – und nun wird er ernster –, an festen Behauptungen – eine Anspielung auf die Assertio omnium articulorum (1520), in der Luther seine vom Papst verurteilte Auffassung von der Unfreiheit des Willens verteidigt hatte, – habe er so wenig Freude, ,,daß ich leicht zur Anschauung der Skeptiker hinüberwechseln könnte, wo es mir durch die unverletzliche Autorität der heiligen Schrift und die Beschlüsse der Kirche erlaubt würde, der ich meine Meinung jederzeit bereitwillig unterwerfe, ob ich das, was sie vorschreibt, einsehen kann oder nicht"[12]. Erasmus erklärt sich damit weder zum prinzipiellen Skeptiker noch zum blinden Autoritätsgläubigen. Vielmehr bedeuten Skepsis und Autoritätsglaube die beiden entgegengesetzten Ausweichmöglichkeiten, die ihm je nach Einsicht in das Gewicht eines schwer zu entscheidenden Problems offenstehen[13]. Ihm sei diese Denkart lieber als die jener ,,quidam", welche alles nach ihrer Ansicht drehen, wie die jungen Verliebten, die überall, wohin sie blicken, ihr Mädchen zu sehen glauben, oder als die Gewohnheit, in einem Kampf, was man gerade zur Hand hat, Kannen oder Teller, als Wurfgeschoß zu benutzen. ,,Was kommt bei solchen Disputationen heraus, als daß beide Teile bespuckt den Platz verlassen?"[14] Wird man ihm diese Friedfertigkeit als Geistesschwäche und Unwissenheit auslegen, so will er sich nicht dagegen wehren. Aber es dürfen doch wohl auch Schwachbegabte mit reicher Begabten diskutieren, um zu lernen! ,,Schreibt doch Luther selbst der Bildung sehr wenig, dem Geiste sehr viel zu, der manchmal den Simpleren einträufelt, was er den Weisen versagt"[15] – eine kokette Anwendung einer den Unterschied zwischen ihnen genau treffenden Beobachtung.

Nachdem Erasmus so die Personen auf der Szene in die richtige Position zueinander gebracht hat, geht er wie ein geübter Rhetor zwei vorbereitende Schritte an die Streitsache heran. Ist eine Auseinandersetzung über den freien Willen, wie Luther sie mit seiner Assertio eröffnet hat, überhaupt zu recht-

---

[12] Ebd. Ia 4; 3,11–20.

[13] Die von H. J. McSorley aufgeworfene Frage: ,,War Erasmus ein am Glauben interessierter Skeptiker?" ist sicherlich zu verneinen. Sie verfehlt aber auch die Kritik Luthers und die der neueren Forscher, gegen die er sich damit wendet. Seine Gleichstellung von Luthers Erasmusbild mit dem Lutherbild des Cochaelus vergleicht nicht nur Unvergleichbares, sondern ist auch in sich weit übertrieben. Vgl. sein dogmengeschichtlich wertvolles, aber für die Erasmus-Luther-Kontroverse unbefriedigendes Buch: Luthers Lehre vom freien Willen, BÖT 1 (München 1967), 260ff.

[14] Diatr. Ia 4; 3,20–4,14.11.

[15] Ebd. Ia 6; 4,27ff.

fertigen? Gott ist jedenfalls so weise, uns nicht alle seine Geheimnisse zu enthüllen. Manche Fragen gleichen der von Pomponius Mela geschilderten
Höhle bei Korykos, die anfangs durch ihre Lieblichkeit lockt, dann aber die
tiefer Eindringenden durch ein gewisses Grauen und die Majestät der dort
wohnenden Gottheit verscheucht. So versteht Erasmus auch den Ausruf des
Paulus Röm. 11,33 ff: „O welch eine Tiefe des Reichtums der Weisheit und
der Erkenntnis Gottes . . .‟ Aus dem Lobpreis des Apostels dafür, daß ihm
durch Gottes Offenbarung das dem Denken unergründliche Geheimnis der
Errettung Israels aufgetan worden ist, macht er damit ein Wort der Skepsis[16].
Als Belege für seine Warnung an die allzu Neugierigen zählt er ein paar Beispiele von Geheimnissen auf, die uns verhüllt bleiben sollen: unser Todestag,
der Tag des jüngsten Gerichts, das Verhältnis der Personen in Gott und der
Naturen in Christus, die unvergebbare Sünde (Mark. 3,29). Das alles hat
nichts zu tun mit dem, was wir unbedingt wissen müssen, „den Geboten für
ein reines Leben‟. Sie sind uns ins Herz geschrieben. Das andere soll man
Gott überlassen und „schweigend verehren‟. Und auch was man als wahr
erkannt hat, sollte man nicht immer öffentlich aussprechen. Erasmus hat
wieder einige drastische Beispiele zur Hand: daß Gott ebenso in der Höhle
eines Käfers wie im Himmel wohne, daß es drei Götter gebe (was in gewissem
Sinne dialektisch richtig sein könne), daß – obwohl er selbst diese Ansicht
nicht teile – die Beichte nicht von Jesus eingesetzt worden sei und von Menschen nicht hätte eingesetzt werden dürfen. Nun, der Zwang zur Beichte hat
doch auf alle Fälle einen hohen moralischen Nutzen[17]! Oder: Selbst wenn
Wyclif und Luther mit ihrer Lehre von der Unfreiheit des Willens und Augustin mit seiner Anschauung, daß Gott das Gute und das Böse in uns wirke
und seine eigenen Werke in uns belohne oder bestrafe, recht hätten – was
wäre nutzloser, als solche Paradoxa zu verbreiten? Welch ein Fenster würde
damit der Sünde geöffnet! Der Mensch ist ohnehin schon so grob und fleischlich gesinnt, zum Unglauben und Verbrechen geneigt, „daß es nicht nötig ist,
noch Öl ins Feuer zu gießen‟[18]. Paulus hat weise unterschieden zwischen
dem, was erlaubt ist, und dem, was dem Nächsten nützt, zwischen den Starken, die sich etwas zutrauen können, und den Schwachen, die man schonen
muß. Die heilige Schrift selbst spricht ja eine Sprache, die sich unserem
Denkvermögen anpaßt. Man sollte gewisse Probleme nur unter Gelehrten
und in Theologenschulen behandeln, statt öffentlich, und besser Zeit und
Geist überhaupt nicht darauf verschwenden. Wäre das allgemein anerkannt,
so würde er gern darauf verzichten, „Luthers Lehre zu widerlegen oder zu
begründen‟[19].
Zweitens sucht Erasmus vor dem Eintritt in die Verhandlung die hoffnungslose Isolierung Luthers gegenüber der gesamten Tradition in dieser

---

[16] Ebd. Ia 7; 5f.
[18] Ebd. Ia 10; 9f.
[17] Ebd. Ia 9; 7–9.
[19] Ebd. Ia 11; 10f.

Frage aufzudecken. Er hat zwar kurz vorher erklärt, ihn dadurch nicht belasten zu wollen, und muß außerdem jetzt zugeben, daß dieses Argument Luther, der nur die heilige Schrift als Richter anerkennt, eigentlich nicht trifft. Trotzdem kann es dem Leser, gerade wenn er sich zwischen den beiden Meinungen nicht zu entscheiden vermag, nur gut tun, sich die Heerschau der gelehrtesten Kirchenväter vor Augen zu stellen, die Erasmus vor ihm aufmarschieren läßt[20]. Seit den Tagen der Apostel gibt es nur zwei Schriftsteller, die wie jetzt Luther die Freiheit des Willens geleugnet haben: Mani und Wyclif, die Häupter weltbekannter Ketzereien. Wem soll man mehr vertrauen: „dem Urteil so vieler Gelehrter, Rechtgläubiger, Heiliger, Märtyrer, alter und neuer Theologen, so vieler Akademien, Konzilien, Bischöfe und Päpste – oder der einen oder anderen Privatmeinung"? Erasmus wirft das Gewicht dieser Namen unbedenklich in seine Waagschale. Denn es geht ja in Wahrheit gar nicht um die Schrift, sondern um das Verstehen der Schrift. Wer sollte bei der Bibelauslegung gegen die Fülle der gelehrten griechischen und lateinischen Interpreten aufkommen? „Du siehst", schließt er triumphierend, „welche Männer die Gruppe, welche den freien Willen behauptet, auf ihrer Seite hat!"[21]

Erst nach diesem Advokatenstück rührt er flüchtig an den Kern der strittigen Sache: die Behauptung Luthers, daß die heilige Schrift in dieser Frage klar sei, es also nicht auf Interpretation ankomme. Aber er tut es nur, um das Thema sofort wieder mit einer kurzen Gegenfrage zu verlassen: „Wenn die Schrift nichts Dunkles enthält, warum gab es dann zur Zeit der Apostel Prophetie?" Sie war damals eine Gabe des heiligen Geistes. Wem wird Gott ihn heute verleihen? Doch wohl den Amtsträgern, nicht irgendwelchen Privatleuten! Und wenn hier und da einmal einem Ungelehrten, dann muß sich der Geist doch gewiß an ihm erweisen[22]. Mit einem rhetorischen Kunstgriff dreht er die Einwände um, die man gegen die Phalanx seiner Zeugen vorbringen wird: ,Was besagt die große Zahl für den richtigen Geist?' Ja, und was die geringe?, antwortet er. – ,Was hilft die Mitra zum Verständnis der Schrift?' Und was die Mönchskutte? – ,Was bedeutet das Konzil dafür?' Und was die Konventikel von wenigen[23]? Und schließlich fragt er: Soll die Kirche denn 1300 Jahre im Irrtum befangen gewesen sein? Wer kann das glauben[24]? Aber was die anderen sich auch anmaßen mögen: „Ich maße mir weder Lehre noch Heiligkeit an und traue nicht auf meine Geisteserfahrung, sondern will mit Einfalt und Eifer vorbringen, was mich bewegt."[25]

So kommt Erasmus endlich zum Thema: der Anschauung vom freien Wil-

---

[20] Ebd. Ib 1; 11,22 ff. Ib 2; 12,6–13,6.
[21] Ebd. Ib 2.3.; 13,6–14,25.
[22] Ebd. Ib 4; 14,29–15,13.
[23] Ebd. Ib 5; 16,5–14.
[24] Ebd. Ib 7; 17,14 ff. Ib 8; 18,3 ff.
[25] Ebd. Ib 9; 18,7 ff.

len in der heiligen Schrift. Und er fixiert sofort auch das Problem: Viele Stellen der Bibel bejahen ihn offenkundig, einige andere scheinen ihn ganz aufzuheben. „Es steht jedoch fest, daß die Schrift sich selbst nicht widerstreiten kann, da sie ganz und gar aus demselben Geist entsprungen ist." Mit dieser These steht Erasmus völlig bei Luther; hier ist der Kreuzungspunkt, an dem ihre Versuche, dieses Dilemma aufzulösen, auseinandergehen. Schließlich definiert er exakt auch seine Auffassung des Streitgegenstandes: „Unter dem freien Willen verstehen wir hier die Kraft des menschlichen Willens, mit der sich der Mensch zu dem, was zum ewigen Heil führt, hinwenden oder davon abwenden kann."[26] Schon früher hatte Erasmus umrissen, was wir über den so verstandenen freien Willen „aus der heiligen Schrift lernen": „Wenn wir auf dem Wege der Frömmigkeit sind, so sollen wir eifrig zum Besseren voranschreiten und das, was hinter uns liegt, vergessen; wenn wir in Sünden verstrickt sind, sollen wir mit allen Kräften herausstreben, das Heilmittel der Buße suchen und uns auf jede Weise um Gottes Barmherzigkeit bemühen . . ., alles Böse uns anrechnen, alles Gute der göttlichen Gnade zuschreiben, der wir auch das verdanken, was wir sind . . . Und niemand soll verzweifeln an der Vergebung des von Natur so gütigen Gottes. Das festzuhalten, genügt meines Erachtens zur christlichen Frömmigkeit." Alle anderen Fragen sind unfromme Neugier[27].

Nicht mit Unrecht hatte Erasmus gemeint, daß die Vorrede fast mehr zur Sache gehöre als die Erörterung des Problems selbst[28]. Hier fielen in der Tat schon die wesentlichen Entscheidungen. Einmal dadurch, daß die rhetorischen Künste und Scheinargumente Luther von vornherein den Geschmack an dem Buch des Erasmus verdarben. Ihretwegen hatte er die Lektüre immer wieder unterbrochen und sich so schwer zur Erwiderung entschlossen. Andererseits hatte Erasmus schon so viel von seinen Grundüberzeugungen aufgedeckt, daß Luther zu einer ebenso prinzipiellen Antwort herausgefordert war. Das erbrachte den Gewinn, daß dem mühsamen exegetischen Streit um einzelne Textstellen eine Grundsatzdiskussion vorausgeschickt wurde, zumal Luther sich bemühte, aus der locker aufgeschütteten Rhetorik des Erasmus die oft nur angedeuteten Ansichten herauszugraben, um seinen Gegner darauf festlegen zu können. Die dazu nötige Gründlichkeit und die sofort eröffnete Auseinandersetzung lassen seine Einleitung zu einem Vielfachen der Erasmischen anschwellen.

Auch Luther beginnt nach Humanistenart mit Komplimenten an seinen Gegner, freilich solchen, die sich unter der Hand sofort in scharfe Kritik verwandeln. Er überreicht ihm nicht nur die Siegespalme für geistreiche Eloquénz, sondern vielmehr dafür, daß Erasmus ihm schon im voraus die Lust

---

[26] Ebd. Ib 10; 19,4–10. Als Frage bereits definiert ebd. Ia 8; 7,1 ff.
[27] Ebd. Ia 8; 6,10 ff.
[28] Ebd. Ia 11; 11,19 ff.

und Kraft genommen habe[29]. Freilich nur deshalb, weil er nichts vorbringe, als was schon andere gesagt hätten, und weil er vorsichtiger als Odysseus zwischen Scylla und Charybdis hindurchzusegeln versuche. „Wie kann man mit Menschen solcher Art ein Gespräch führen oder einen Vergleich finden, wenn man nicht die Erfahrung besitzt, einen Proteus zu fangen?"[30] Zwei generelle Urteile spricht er von vornherein aus: eins über das Gegnerpaar und eins über die Sache. „Wenn ich auch der Redekunst unkundig bin, so bin ich doch des Verständnisses der Sache nicht unkundig – durch die Gnade Gottes." Dank ihrer dürfe er wie Paulus Erkenntnis in Anspruch nehmen, die er dem Erasmus absprechen müsse[31]. Und zum Urteil über die Sache genügt ihm eigentlich schon das unfreiwillige Zeugnis des Erasmus wider sich selbst: „Du hast mich in meiner Überzeugung sehr viel sicherer gemacht, da ich die Sache des freien Willens von einem so bedeutenden Geist unter Aufbietung aller Kräfte behandelt und in keiner Weise zur Lösung gebracht sah, so daß es schlechter mit ihr steht als zuvor. Das ist ein überzeugender Beweis, daß der freie Wille reine Lüge ist."[32]

Luther geht dann die Prämissen des Erasmus Punkt um Punkt durch. Die allgemeinste betrifft die eigentümliche Zwiespältigkeit zwischen Skepsis und Autoritätsglauben, die Erasmus selbst eingestanden hatte[33]. Daß sie einem Manne wie Luther in der Seele zuwider sein mußte, war zu erwarten. Aber da Erasmus sich später in seiner Erwiderungsschrift Hyperaspistes („Verteidiger", 1526/7) hier zu Unrecht angegriffen fühlte und dabei auch seine Formulierungen modifizierte, muß die Distanz zwischen ihnen genau abgemessen werden. Es sind drei eng verknüpfte Aussagen, die Luther an dem Eingangsbekenntnis des Erasmus schockiert hatten: Er habe keine Freude an verbindlichen Aussagen (assertiones), – Luther entgegnet: Tolle assertiones et Christianismum tulisti[34]. Sodann: Erasmus bekennt in einem Atem seine Neigung zur Skepsis und seine Bereitschaft, sich „der unverletzlichen Autorität der Schrift und den Beschlüssen der Kirche" zu unterwerfen. Luther erwidert: „Welcher Christ würde so reden?" Es sei denn, daß es sich um unwichtige Dinge handelt, in denen jeder von seiner Freiheit Gebrauch machen kann[35]. Und schließlich: Erasmus erklärte sich bereit, sich den kirchlichen Entscheidungen zu unterwerfen, ob er sie verstehe oder nicht. „Wie will der Christ denn glauben, was er nicht versteht?", antwortet Luther. Natürlich heißt das nicht: alles durchschauen; wohl aber kann man von einem Punkte

---

[29] WA 18; 600,14 ff. BoA 3; 94,16 ff.
[30] WA 18; 601,1.34 ff. BoA 3; 95,9 f. 96,11 ff.
[31] WA 18; 601,15 ff. BoA 3; 95,26 ff.
[32] WA 18; 602,22 ff. BoA 3; 96,39 ff.
[33] Diatr. Ia 4; 3,11–20.
[34] „Hebe die festen Behauptungen auf, und du hast das Christentum aufgehoben." WA 18; 603,28 f. BoA 3; 98,14 f.
[35] WA 18; 604,22 f. BoA 3; 99,11 f.

aus alles verstehen, „nämlich in Gott. Wer ihn nicht versteht, wird nie auch nur einen Teil der Schöpfung verstehen."[36]

Damit ist die Instanz angerufen, vor der es keine Neutralität gibt. Aber Luther will trotzdem das Herz des Erasmus entschuldigen: „Nur verrate es nicht noch mehr und fürchte den Geist Gottes, der die Nieren und Herzen erforscht." „Der heilige Geist ist kein Skeptiker und hat nichts Zweifelhaftes und keine bloßen Annahmen in unsere Herzen geschrieben, sondern feste Aussagen, die gewisser und stärker sind als das Leben und alle Erfahrung."[37] Luther erklärt damit Erasmus nicht schlechterdings zum Skeptiker, sondern er will den bösen Schein aufdecken, der auf seinen Worten liegt, und ihn auf das Stück Lukian hinweisen, das er heimlich in sich nährt: eine verborgene Gottlosigkeit, die sich mit dem Spott über die gläubigen Bekenner verbindet. Erasmus konnte sich gewiß in diesem Bilde nicht wiedererkennen. Aber Luther wollte ihm ja auch Unbewußtes zum Bewußtsein bringen und zeigen, wie seine Worte „klingen" und wirken müssen. Nicht eine erklärte Skepsis, sondern die proteische Vieldeutigkeit quälte ihn an seinem Gegenüber. Darum stehen neben Worten der Anklage solche der Entschuldigung, neben greller Warnung die Hoffnung: „. . . so lange bis auch dich Christus gerufen haben wird"[38]. Vielleicht werde er, wenn dies Buch zu glücklicher Stunde zu Erasmus komme, „einen lieben Bruder gewinnen"[39].

Nachdem Luther das vitale Interesse des Glaubens an der Gewißheit bezeugt hat – Quid enim incertitudine miserius?[40] –, geht er dem Kardinalproblem zu Leibe, aus dem Erasmus die vielfache Ungewißheit des Glaubens abgeleitet hatte: der von ihm behaupteten Unklarheit der Schrift. Hier mußte die Vorentscheidung über das Disputationsthema fallen. Luther ist darum gezwungen, in aller Kürze das hermeneutische Fundament seiner gesamten Schriftauslegung aufzudecken. Er unterscheidet zunächst zwischen Gott und der Schrift. In Gott bleiben viele Geheimnisse, die uns auch die Schrift nicht aufschließt. Und auch in ihr gibt es manche Dunkelheiten[41]. Aber sie liegen nicht im Bereich der Sache, sondern der Sprache. Unsere Worte und Grammatik reichen manchmal nicht zu, das Geheimnis der Schrift auszusprechen. Aber das ändert nichts daran, daß es zutage liegt. „Denn was kann in der Schrift noch Erhabeneres verborgen bleiben, nachdem die Siegel zerbrochen und der Stein von des Grabes Tür gewälzt und das höchste Mysterium enthüllt ist: daß Christus, der Sohn Gottes, Mensch geworden ist, daß Gott dreifaltig und einer ist, daß Christus für uns gelitten hat und ewig herrschen wird?" Darin liegt der ganze Inhalt der Schrift beschlossen. „Nimm Christus

---

[36] WA 18; 605,8–14. BoA 3; 100,1–9.
[37] Vgl. dazu Anm. 13. Luther spricht äußerstenfalls von einer moderata sceptica theologia des Erasmus. WA 18; 613,24. BoA 3; 106,24.
[38] WA 18; 605,15–34. BoA 3; 100,10–33.
[39] WA 18; 602,21 f. BoA 3; 96,38 f.
[40] „Was gibt es Elenderes als Ungewißheit?" WA 18; 604,33. BoA 3; 99,25.
[41] WA 18; 606,10 ff. BoA 3; 101,5 ff.

aus der Schrift, was wirst du dann noch in ihr finden?"[42] Wenn auch an manchen Stellen die Worte nicht klar sind, so kann man deshalb doch die sonst übergenug bezeugte Sache nicht leugnen. Wird denn jemand behaupten, es gebe keinen Brunnen auf dem Markt, weil er ihn von seinem Seitengäßchen aus nicht sehen kann[43]?

Daraus ergeben sich die beiden hermeneutischen Regeln Luthers: Man kann die Sache der Schrift nur verstehen, wenn man überall in ihr den Zusammenhang mit Christus sucht, – in dem weiten Bogen von der Dreieinigkeit bis zu seiner ewigen Herrschaft. Und man kann die Sprache der Bibel, wo sie zunächst unverständlich bleibt, nur verstehen, wenn man die Schrift aus sich selbst, aus dem Vergleich klarer Stellen mit dunklen, zu deuten lernt. Diese Hinweise zur Methode setzen eine Erkennbarkeit des Inhalts der heiligen Schrift voraus. Freilich muß man nach Luther eine doppelte Klarheit an ihr unterscheiden: eine, die sich im Innern des Herzens befindet, die niemand aus sich, sondern nur durch den heiligen Geist erhält; und eine äußere, die von Gott in das Wort der Schrift selbst und in die aus ihr fließende Verkündigung gelegt ist und darum nichts Ungewisses enthält[44]. Die Doppeldefinition wirkt etwas unproportioniert: Als das Subjekt der Klarheit erscheint einmal der Mensch, das andere Mal die Schrift. Luther rückt sie später selbst zurecht, wenn er vom inneren und äußeren „Urteil" des Christen spricht: Das eine ist das, wodurch der Geist ihm Gewißheit über die Heilsbotschaft für sich selbst schenkt; durch das andere kann er sie wenigstens sachgemäß verstehen und weitergeben. Nur um dieses „äußere" Sachverständnis der heiligen Schrift, das Christus eröffnet hat, nicht um Erweckung des Glaubens, z. B. durch die Predigt, kann es in einer solchen – wir würden sagen bibelwissenschaftlichen – Kontroverse wie der mit Erasmus gehen. Auf ihm beruht auch die der Gemeinde verliehene Möglichkeit, die Geister zu prüfen[45]. Im Vertrauen auf diese mit den rechten Mitteln gegebene Deutbarkeit der Schrift ruft Luther dem Erasmus zu: „Du und alle Sophisten, macht euch daran und weist irgendein Geheimnis vor, das in der Schrift noch verborgen wäre!"[46]

Mit dieser kühnen Folgerung aus seinem Schriftverständnis greift Luther zugleich auch schon die entscheidende These des Erasmus an, daß „es ehrfurchtslose Neugier sei, in die verborgenen, um nicht zu sagen überflüssigen Fragen einzudringen, ob Gott etwas nur als geschehend voraussieht (contingenter, ohne zu nötigen), ob unser Wille in dem, was das ewige Heil angeht,

---

[42] WA 18; 606,16–29. BoA 3; 101,13–29.
[43] WA 18; 606,30–39. BoA 3; 101,30–102,2.
[44] WA 18; 609,4–14. BoA 3; 103,9–22.
[45] WA 18; 607,4. 653,13–31. BoA 3; 102,6f. 141,32–142,14. Zum Verständnis dieser Abschnitte vgl. R. Hermann, Von der Klarheit der Heiligen Schrift (Berlin 1958). F. Beißer, Claritas scripturae sacrae bei Martin Luther, FKDG 18 (Göttingen 1966). E. Wolf, Über die „Klarheit der Heiligen Schrift" nach Luthers „De servo arbitrio", in: ThLZ 92 (1967), 721 ff.
[46] WA 18; 607,7ff. BoA 3; 102,11ff.

etwas zu tun vermag oder von dem Handeln der Gnade abhängt, ob wir, was wir Gutes oder Böses tun, aus zwingender Notwendigkeit tun, vielmehr geschehen lassen.“[47] Ehe Luther darauf mit seinen Worten antwortet, will er Erasmus zunächst mit dessen eigenen Waffen schlagen[48]. Unter zwei Aspekten verfehlt dieser das Wesen des Christentums, das er doch vertreten will. Erstens: Wenn der Christ, wie Erasmus meint, mit allen Kräften Buße tun und sich um die Barmherzigkeit Gottes, ohne die der freie Wille nichts vermag, bemühen und nicht an der Vergebung Gottes verzweifeln soll[49] – so setzt das doch voraus, daß man etwas weiß von eigenen Kräften und Bemühungen, von Barmherzigkeit und Gnade Gottes! Wie kann Erasmus es dann für vorwitzig und nutzlos erklären, danach zu fragen? „Wir müssen doch aufs genaueste zwischen Gottes und unserer Kraft, Gottes und unserem Werk unterscheiden können, wenn wir fromm leben wollen!“ In Wahrheit lehre Erasmus ja auch ganz deutlich, daß der freie Wille etwas zur Erlangung der Gnade tun kann. „So treibt dich deine Klugheit, die sich auf keine Seite stellen will, im Kreise herum, . . . und du bejahst alles, was du verneinst, und verneinst, was du bejahst.“[50] Zweitens „ist es für den Christen aufs höchste nötig und heilvoll, zu wissen, daß Gott nichts nur als geschehend voraussieht, sondern daß er alles mit unwandelbarem, ewigem und unfehlbarem Willen voraussieht, ordnet und tut“. Wie kann man sonst an Gottes Gerechtigkeit und Barmherzigkeit, Weisheit und Güte glauben, wenn sie nicht ewig und unveränderlich sind[51]? „Daraus folgt unwiderleglich: Alles was wir tun, alles was geschieht, mag es uns auch wandelbar und zufällig erscheinen, geschieht doch notwendig und unwandelbar, wenn man den Willen Gottes ansieht. Denn der Wille Gottes wirkt und kann nicht aufgehalten werden, da er Gottes Natur und Macht selbst ist.“[52] Das soll gewiß nicht heißen, wie die Scholastiker unnötigerweise zu definieren versucht haben, daß alles Geschehende nun aus sich selbst notwendig wäre; das gilt nur von Gott. Sondern es ist notwendig von Gott her, durch seinen Willen und Ratschluß. In diesem Sinne „steht und bleibt der Satz unüberwindlich: Alles geschieht aus Notwendigkeit.“[53] Luther stützt ihn mit einem überraschenden Hinweis. Er ruft die heidnischen Dichter und den Volksmund als Zeugen dafür an: „Wie oft erwähnt allein schon Vergil das Schicksal!“ Und es ist doch eine allgemein übliche Rede: „Was Gott will, mag geschehen.“ „So Gott will, wollen wir es tun.“ Man sieht: „Im Volke ist ebenso ein Wissen um Gottes Vorherbestim-

---

[47] Diatr. Ia 8; 6,22 ff. Von Luther wörtlich zitiert WA 18; 609,24 ff. BoA 3; 103,34 ff.
[48] WA 18; 610,23. 615,17 f. BoA 3; 104,22. 108,13 f.
[49] Wörtlich nach Diatr. Ia 8; vgl. o. S. 373.
[50] WA 18; 611,1–24. 614,15 ff. BoA 3; 104,23–105,11. 107,1 ff.
[51] WA 18; 615,12 ff. BoA 3; 108,7 ff.
[52] WA 18; 615,31 ff. BoA 3; 108,30 ff.
[53] WA 18; 616,13–617,19. BoA 3; 109,10–36. Die gleiche Polemik gegen die Scholastiker findet sich schon in Luthers Römerbrief-Vorlesung (zu Kap. 8,28). WA 56; 382,21 ff.

mung und Vorherwissen erhalten geblieben wie eine Kenntnis von der Gottheit selbst." Poetenwort und Sprichwort, wie auch das Gewissen des einzelnen, belegen Luther also das, was er bei Paulus (Röm. 1,19ff.) über die allgemeine Offenbarung und die allen Menschen zugängliche Gotteserkenntnis ausgesprochen findet; nur erweitert er es von den Schöpfungswerken auf Gottes geschichtliches Handeln. Wenn die Christen diese Erkenntnis in ihrem Herzen haben verdunkeln lassen, so sind jetzt sie die vom Apostel beschriebenen Leute, die sich weise dünkten und zu Toren geworden sind[54]. Damit stürzt das ganze Evangelium zusammen. „Das ist ja doch der Christen einziger und höchster Trost in allem Unglück, zu wissen, daß Gott nicht lügt, sondern alles unabänderlich tut und daß nichts seinem Willen widerstehen noch ihn ändern oder hindern kann."[55] Aber nicht nur der Glaube, sondern jede andere Weise „der Gottesverehrung" (cultus) – von der Luther also unbefangen redet – steht und fällt mit diesem Wissen[56]. Wenn Erasmus das Fragen danach als vorwitzig und gottlos bezeichnet, so macht gerade er, von aller Art Religion her gesehen, die Christen zu Gottlosen und „das Christentum zu einer völlig bedeutungslosen, sinnlosen, dummen und ganz ehrfurchtslosen Sache"[57]. Luther war gewiß überzeugt, mit dieser genauen Untersuchung des erasmischen Vorwurfs ein dem großen Humanisten gegenüber besonders wirksames Argument gefunden zu haben. Aber dafür rückte er selbst seine Lehre vom unfreien Willen in die Nähe des antiken Fatalismus und Determinismus. Erasmus ließ sich in seiner Gegenschrift, dem Hyperaspistes, die aparte Vertauschung der Rollen nicht entgehen. „Jetzt sind endlich die Dichter weise Leute, scharfsichtiger als sogar die Philosophen!" Aber es sei doch etwas anderes, ob sie von Schicksalsschlägen reden oder ob es – wie zwischen Luther und ihm – darum geht, „ob unser Wille in den Fragen des ewigen Heils etwas zu tun vermag"[58]. Wir werden auf das Dilemma zurückkommen müssen[59].

Die These der erasmischen Diatribe und die Antithese Luthers waren in aller Schärfe einander gegenübergestellt. Von den einleitenden Erwägungen des Erasmus standen jetzt nur noch die pädagogisch-taktischen zur Debatte, mit denen er die Behandlung des Willensproblems als nutzlos, ja gefährlich abgelehnt hatte. Luther hatte ohnehin für Opportunitätsgründe keinen Sinn. Aber hier rührte jeder an tiefe Wahrheiten. Das „Geschwätz", das Erasmus scholastischen Spintisierern nachredet, vom Sein Gottes in der Höhle des

---

[54] WA 18; 617,23–618,18. BoA 3; 109,40–110,24. Das Fatum auch WA 18; 718,18f. BoA 3; 213,39.

[55] WA 18; 619,16ff. BoA 3; 111,8ff.

[56] WA 18; 618,21f. BoA 3; 110,27f.

[57] WA 18; 620,6ff. BoA 3; 111,26ff.

[58] WA 18; 618, Anm. 3 (Auszug aus Hyperaspistes I). Erasmus, Opp. ed. Clericus X, 1275 F. (In WA lies viri statt viris, der Abdruck der Zitate ist auch sonst nicht fehlerfrei und entbehrt leider der Fundorte.) Vgl. auch ebd. 1294 E.

[59] S. u. S. 396f. 403f.

Mistkäfers oder der Kloake, darf doch nicht verdunkeln, daß Gottes Sohn aus einem Mutterleibe geboren ist und in einem menschlichen Körper gewohnt hat – auch das könnte man schmutzig ausdrücken –, ja daß er in der Hölle zugegen ist[60]. Und wenn Erasmus den Streit über Beichte und Buße oder über Mißbräuche der päpstlichen Kirche vermieden wissen möchte, so zeigt er nur, daß nicht die Wahrheit, sondern Ruhe und äußerer Friede ihm am höchsten stehen. Gewiß, „auch wir sind nicht aus Stein"; die Streitereien gehen nicht Erasmus allein zu Herzen. Aber dieser kennt das unausweichliche Geschick des göttlichen Wortes nicht, „daß seinetwegen die Welt in Aufruhr gerät"[61]. Christen müssen jedoch unerschrockenen Herzens wissen, was schon heidnische Schriftsteller bezeugen, „daß Umwälzungen nicht ohne Erschütterung und Tumult, ja sogar nicht ohne Blutvergießen verlaufen können". Luther bekennt für sich selbst: „Sähe ich solche Tumulte nicht, so würde ich sagen: Gottes Wort ist nicht in der Welt vorhanden."[62] Noch an einem anderen Punkte taugen die klugen Ratschläge des Erasmus nichts. Er meint, man solle falsche Konzilsbeschlüsse nicht öffentlich zugeben, damit die Autorität der Väter keinen Schaden leide. „Aber, Erasmus, was sollen inzwischen die Seelen tun, die durch das ungerechte Statut gebunden und (in ihrem Gewissen) getötet werden?" Wie kommt er dazu, die Stunde des Wortes willkürlich zu verschieben? „Gott hat befohlen, daß das Evangelium jedermann, zu jeder Zeit und an jedem Orte gepredigt werde."[63] Auch in den Fragen der Taktik gehen die Wege des Erasmus und Luthers also diametral auseinander. Wo bei jenem pädagogische Vorsicht, öffentlicher Friede und die Autorität der Kirche stehen, steht bei diesem das kategorische Gebot der Verkündigung des Evangeliums und die Rücksicht auf den Menschen, der nur dieses eine Leben und in ihm ein Recht auf Wahrheit hat.

Diese Furcht vor den bösen Folgen empfindet Erasmus im besonderen gegenüber der Lehre vom unfreien Willen. „Wer wird sich bemühen, sein Leben zu bessern?" So hört Luther ihn fragen und antwortet: „Niemand!" „Wer wird glauben, daß er von Gott geliebt wird; von diesem Gott, der auf unergründliche Weise alles wirkt?" „Niemand!"[64] Aber warum soll man dann von diesen Geheimnissen sprechen? Weil nur so begriffen werden kann, was Gnade und was Glaube ist. Nicht der, welcher noch überzeugt ist, auch nur etwas für sein Heil tun zu können, „sondern wer nicht daran zweifelt, daß alles am Willen Gottes hängt, der verzweifelt ganz an sich, sucht keine eigenen Wege, sondern erwartet Gottes Wirken; der ist der Gnade, gerettet zu werden, am nächsten". „Damit die auf diese Weise Gedemütigten und Ver-

---

[60] WA 18; 623,5ff.14ff. BoA 3; 113,38ff. 114,8ff.
[61] WA 18; 625,25–626,9. BoA 3; 116,10–26.
[62] WA 18; 626,27–32. BoA 3; 117,8–15.
[63] WA 18; 630,1ff. 629,17ff. BoA 3; 120,32ff.21ff.
[64] WA 18; 632,3ff. BoA 3; 123,3ff.

nichteten gerettet werden", wird diese Wahrheit gepredigt[65]. Der andere
Grund dafür ist das Wesen des Glaubens; er richtet sich stets auf das Unsichtbare. „Damit der Glaube seinen Ort findet, muß also alles, was geglaubt
wird, verborgen sein. Es kann aber nicht tiefer verborgen werden als dadurch, daß es dem Wahrnehmbaren, Erfahrbaren entgegengesetzt ist. Also:
Wenn Gott lebendig macht, so tut er das, indem er tötet; wenn er rechtfertigt,
so tut er das, indem er schuldig macht; wenn er in den Himmel bringt, so tut
er das, indem er in die Hölle führt . . . So verbirgt er seine ewige Güte und
Barmherzigkeit unter seinem ewigen Zorn, seine Gerechtigkeit unter der
Ungerechtigkeit."[66] Luther führt die Reihe der paradoxen Antithesen bis
zum Äußersten: „Das ist die höchste Stufe des Glaubens, zu glauben, der sei
gütig, welcher so wenige rettet und so viele verdammt; zu glauben, der sei gerecht, welcher nach seinem Willen uns notwendig verdammenswert macht,
daß es nach Erasmus scheint, er freue sich an den Qualen der Unglücklichen
und als sei er eher hassens- als liebenswert." Damit hat Luther die herausfor-
dernde Anklage des Erasmus gegen ein Augustin-Wort mit seiner Herausforderung beantwortet[67]. Er wiederholt zur Sicherheit noch einmal seine Begründung dafür: Wenn man diese Tatbestände – das sind sie für ihn (im Anschluß vor allem an Röm. 9,11 ff.) [68] – mit der Vernunft erklären könnte, bedürfte es des Glaubens nicht. So aber ist hier „der Ort, den Glauben zu
üben", und zwar so, „daß, wenn Gott tötet, der Glaube an das Leben mitten
im Tode geübt wird"[69]. So verstanden wird die Lehre von der menschlichen
Unfreiheit und der göttlichen Alleinbestimmung zur „Pforte der Gerechtigkeit, zum Eingang in den Himmel und zum Wege zu Gott"[70]. Leidenschaftlicher als mit diesen steil hochgeführten Sätzen konnte Luther nicht bezeugen, daß für ihn hier keine Teilwahrheit, sondern das Ganze auf dem Spiel
stand. Erasmus hätte sich selbst aufgeben müssen, wenn er ihm hier mehr als
eine kurze Strecke hätte folgen können. Es mag solche Glaubenssituationen
geben, antwortete er später. Aber Luther übertreibt: Gott gibt unseren Sinnen und unserer Vernunft doch mancherlei Beweise, daß wir an seine Güte
glauben können[71].

Es ist bemerkenswert, daß Luther auch hier wieder – wie beim Schicksals-
glauben der Heiden – die Hilfe der vernünftigen Erfahrung nicht verschmäht.

---

[65] WA 18; 632,27 ff. 36 ff. BoA 3; 123,33 ff. 124,6 ff.
[66] WA 18; 633,7 ff. BoA 3; 124,16 ff.
[67] WA 18; 633,15 ff. BoA 3; 124,26 ff. Erasmus Diatr. Ia 10; 11 ff. Es ist nicht genau auszuma-
chen, an welches augustinische oder etwa pseudo-augustinische Wort Erasmus denkt. Vgl. v.
Walter z. St. (s. o. S. 239, Anm. 63).
[68] Sie werden hier nicht etwa aus dem Wesen des Glaubens begründet, sondern dieses begründet das öffentliche Sprechen von diesen Geheimnissen.
[69] WA 18; 633,19 ff. BoA 3; 124,31 ff. Exercere bedeutet hier mehr ausüben, betätigen als einüben.
[70] WA 18; 632,13 f. BoA 3; 123,16.
[71] Hyperaspistes I. Erasmus, Opp. ed. Clericus X, 1286 F, 1287 A; WA 18; 633, Anm. 2.

Sie beweist etwas anderes, als was Erasmus für vernunftgemäß hält. Wo ein Mensch wahrhaft erfüllt ist, da ist sein Wollen nicht mehr umzuwandeln, es wird durch Widerstand nur stärker. „Frag die Erfahrung: Wer begeistert an einer Sache hängt, ist nicht zu überzeugen." Ist er dagegen nicht davon erfüllt, so läßt er die Dinge laufen, wie sie laufen. Auch das Bild heiliger, standhafter Männer zeigt: „Will man sie mit Gewalt zu etwas anderem zwingen, so werden sie dadurch nur mehr zum Wollen angereizt, wie das Feuer vom Wind mehr angefacht als ausgelöscht wird."[72] Mit diesen einfachen Beispielen klärt Luther, worum es geht: nicht um das Wollen, sondern um den Willen, nicht um bloße Aktivität (die fehlt solchen Menschen ja durchaus nicht), sondern um die Richtung, nicht um das Bewußtsein von Spontaneität oder Zwang, sondern um ein als Freiheit erfahrenes Müssen. Die Freiheitsfrage, die zwischen ihm und Erasmus zur Debatte steht, betrifft nur die Erfüllung des Menschen im Innersten, die Kernladung, den Geist; das heißt hier: den Machtkampf zwischen Gott und Widergott um den Menschen. Er erscheint dabei wie das Reittier, von dem Psalm 73,22 sagt: „Ich bin zu nichts geworden und wußte nichts; zum Reittier bin ich vor dir geworden" (nach der Vulgata). „Wenn Gott darauf sitzt, will und geht es, wohin Gott will . . . Wenn der Satan darauf sitzt, will und geht es, wohin der Satan will. Es hat auch nicht die Wahl, zu einem von beiden hinzulaufen und ihn sich auszusuchen. Sondern die Reiter kämpfen selbst darum, es zu gewinnen und zu besitzen."[73]

Man darf das viel diskutierte Bild nicht aus dem Zusammenhang lösen, in dem Luther es entwirft. Die Einwände, daß der Mensch hier entpersonalisiert werde, treffen die Sache nicht. Das Tier bedeutet den Menschen, insofern er fähig ist, sich von einer Überzeugung erfüllen zu lassen, auch die von Gottes Geist getriebenen heiligen Männer, die zuvor genannt sind. Der einzige vergleichbare Zug, nach dem man das Gleichnis – wie jedes – auslegen darf, ist die Wehrlosigkeit gegenüber der geistigen Übermacht, die von einer Idee oder der Gnade oder dem Bösen ausgeht. Das Bild existierte längst halb fertig in der kirchlichen Überlieferung: die Gnade als der Reiter des Willens[74]. Luther malte nur die zweite Tafel dazu, ohne welche es die menschli-

---

[72] Ebd. 634,33–635,5. BoA 3; 125,37–126,8.

[73] WA 18; 635,17ff. BoA 3; 126,23ff. Luther variiert hier ein Bild, das aus der damals fälschlich für augustinisch gehaltenen Schrift Hypomnesticon bekannt war, indem er den Satan, der dort als übler Hirt auftritt, zum zweiten Reiter macht. Damit gewinnt die Szene den für ihn entscheidenden Sinn des Konkurrenzkampfs um das hilflose Tier. Unmittelbare Vorbilder dafür sind bisher nicht nachgewiesen, auch nicht bei Augustin (wie es A. Adam versucht) und Hugo Cardinalis (so H. Vorster), den von Luther in seiner Psalmenvorlesung (1513–1515) benutzten Ausleger. A. Adam, Die Herkunft des Lutherwortes vom menschlichen Willen als Reittier Gottes, in: LuJ 29 (1962), 25ff. H. Vorster, Das Freiheitsverständnis bei Thomas von Aquin und Martin Luther, KiKonf 8 (Göttingen 1965), 415ff.

[74] Zur Geschichte des Bildes in der Scholastik vgl. McSorley, Luthers Lehre vom freien Willen (s. Anm. 13), 309ff. Zeitlich und sachlich am nächsten an Luther heran führt die Verwendung

che Wirklichkeit nicht wiedergibt: die Hilflosigkeit des dem Teufel Verfallenen. Weiter reicht das Gleichnis nicht. Luther reflektiert nicht darüber, wie es zu der Besessenheit des menschlichen Wollens kommt. Das Wollen erlischt auch nicht etwa unter ihr, sondern es wird zur höchsten Intensität entflammt, nach der einen oder der anderen Seite. Der Streit wird nicht in einem Prolog im Himmel ausgefochten, sondern im menschlichen Herzen. Luther beschreibt nur die wahre Situation des Menschen gegenüber diesen Mächten, wie sie sowohl die Bibel als auch die Erfahrung bezeugt. Aber – und das wird oft mißverstanden – Luther liefert ihn seiner Ohnmacht nicht aus. Im Gegenteil, sein ganzes Buch ist ein einziger Aufruf, in der tödlichen Gefahr nicht auf das eigene Wollen und Vermögen zu vertrauen, sondern allein auf die Macht Gottes, die den Menschen ergreifen will. Der Glaube an sie ist der Kontext zu dem Wissen um die eigene Unfreiheit. Er öffnet die Pforte zur wahren Freiheit aus dem Geiste Gottes, der „königlichen Freiheit", die mit der Gefangenschaft unter ihm identisch ist[75].

Man sieht, Luther meint keine formale, nur psychologische Freiheit – aber die meinte ja auch Erasmus nicht –, sondern eine effektive Möglichkeit des Menschen, sich der Gnade zuwenden oder von ihr abwenden zu können. Doch ist sie wirklich effektiv? Luther nimmt einige extreme Aussagen des Erasmus beim Wort, um ihn auf seine Seite herüberzuziehen: Der freie Wille besitze hier nur eine ganz minimale Kraft und vermöge nichts, wenn sich ihm die Gnade entziehe[76]. „Was ist eine ineffektive Kraft (vis inefficax) anderes als gar keine?"[77] Er kommt Erasmus auch selbst ein Stück entgegen. Wenn man diese Art von freiem Willen eine bloße „Disposition" (dispositiva qualitas) und eine „passive Tauglichkeit" (passiva aptitudo) nennen will, so kann er zustimmen. Aber das läßt sich doch nicht mit dem pompösen Wort „freier Wille" bezeichnen. Dieses kommt allein Gott zu. Es dem Menschen zuzuschreiben, ist genauso lächerlich wie die Gewohnheit von Fürsten und Königen, sich mit Titeln von Ländern zu schmücken, die sie längst verloren haben[78]. Will man das zweifelhafte Wort vom freien Willen brauchen, so kann man recht verstanden nur sagen: „Dem Menschen ist ein freier Wille nicht in bezug auf das Höhere, sondern auf das Niedere zugestanden, das heißt: Er darf wissen, daß er in den Angelegenheiten von Geld und Besitz das Recht hat, zu gebrauchen, zu tun oder zu lassen nach freiem Willen, obwohl auch dies allein von Gottes freiem Willen gelenkt wird, wohin es ihm gefällt."[79]

bei Kaspar Schatzgeyer, Scrutinium divinae scripturae pro conciliatione dissidentium dogmatum (1523), IX. CC 5, 124,17 ff.

[75] WA 18; 635,14 ff. BoA 3; 126,19 ff.

[76] Diatr. IV 8; 83,7 ff. Ebd. IV 9; 83,21 f. Ebd. IV 11; 84,18 ff. WA 18; 635,27 ff. BoA 3; 126,34 ff.

[77] WA 18; 636,10. BoA 3; 127,9.

[78] WA 18; 636,16 ff.27 ff. 637,7 ff.20 ff. BoA 3; 127,16 ff.29 ff. 128,2 ff.18 ff.

[79] WA 18; 638,4 ff. BoA 3; 128,40 ff.

Damit hatte Luther nicht nur seine Meinung vom unfreien Willen, sondern auch seine Definition des freien Willens der erasmischen gegenübergestellt: nach oben bloße passive „Disposition", nach unten eine faktische Freiheit, deren Ergebnis aber nicht bei ihm, sondern ebenfalls bei Gott steht.

Nachdem Luther bereits so viel an prinzipiellen Fragen, auf die Sache selbst vorgreifend, geklärt hat, wendet er sich zum Abschluß der Präliminarien noch dem Einkreisungsmanöver des Erasmus zu, das ihn in seiner erdrückenden Isolierung inmitten der Geschichte der Kirche zeigen sollte: „Luther allein bleibt übrig, ein Privatmann, erst aus jüngster Zeit." Luther hat Verständnis dafür, daß das Erasmus Eindruck macht. Es hatte ihm ja selbst mehr als ein Jahrzehnt hindurch Eindruck gemacht, ja ihn aufgewühlt, – ein beachtenswertes Wort darüber, wie lange er sich schon im Widerspruch zu seiner Kirche fühlt. Auch er hätte nie geglaubt, daß „dieses unser Troja" (die päpstliche Kirche) jemals eingenommen werden könnte. Und er würde, Gott kann es bezeugen, noch heute so denken, „wenn nicht das Gewissen mich bedrängte und die Überzeugungskraft der Dinge mich nicht zum Gegenteil zwänge", – conscientia et evidentia rerum, wieder eine aufschlußreiche Formel für das, was ihn auf den Weg der Reformation geführt hat. Auch sein Herz ist nicht von Stein, und er wußte, welche „Sintflut von Autoritäten" sich über ihn ergießen würde[80].

Aber beweisen diese denn wirklich etwas für den freien Willen? Erasmus hatte drei Beglaubigungszeichen für sie angeführt: den Beweis des Geistes, Wunder und Heiligkeit; und er hatte über Luthers Anhänger gespottet, sie könnten nicht einmal ein lahmes Pferd gesund machen[81]. Aber hat irgendeiner aus der erasmischen Wolke der Zeugen auch nur eins dieser Zeichen aus freiem Willen getan und nicht vielmehr aus der Kraft Gottes? Das wird weder Erasmus noch werden sie es selbst leugnen wollen; einige – wie Augustin und Bernhard – haben es deutlich genug bezeugt[82]. Und wenn manche in theologischen Erörterungen für den freien Willen gesprochen haben, so haben sie gleichsam gegen ihr eigenes Herz und gegen ihre aus Gott stammenden Werke gesprochen. Es ist nun einmal so: „Die Menschen sind besser nach ihrem Affekt zu beurteilen als nach ihren Worten."[83] Worte der von Erasmus angeführten Autoritäten sind also keine Beweise; ihre Taten beweisen das Gegenteil.

Nun zeigte die Spitze des erasmischen Beweises eigentlich auch in eine andere Richtung. Er ging nicht nur darauf aus, zu imponieren: Wo eine so gewaltige Mehrheit der Geister ist, muß die Wahrheit sein. Sondern er wollte ein viel tiefer liegendes Postulat des Glaubens selbst aussprechen: Gott kann seine Kirche nicht so viele Jahrhunderte hindurch im Irrtum gelassen ha-

[80] WA 18; 640,10–641,12. BoA 3; 130,17–38.
[81] Diatr. Ib 6; 17,3f. Wa 18; 641,20ff. BoA 3; 131,8ff.
[82] WA 18; 641,31ff. 644,4ff. BoA 3; 131,22ff. 133,32ff.
[83] WA 18; 644,15f. BoA 3; 134,4f.

ben[84]. Luther antwortet: Wirklich nicht? und muß dafür in aller Kürze die Grundelemente seines Verständnisses der Kirche und ihrer Geschichte aufdecken. Daß Gott seine Kirche irren lassen kann, beweist schon das Alte Testament mit seinen vielen abtrünnigen Königen, Priestern und falschen Propheten. Und doch gab es zur Zeit Elias die 7000, die bei ihrem Glauben blieben. Sie waren „die Kirche, die Gott sich im Volk bewahrte"[85], so wie es Jesaja wieder von dem Rest weissagte, der übrigbleiben werde (Jes. 10,20ff.). In der Geschichte der neutestamentlichen Kirche liegt es nicht anders. Die Jünger haben Jesus zeitweise alle verleugnet; die Arianer und das Papsttum haben die Kirche fast völlig verführt. „Die Kirche Gottes ist keine so vulgäre Sache, lieber Erasmus, wie die Bezeichnung ‚Kirche Gottes' ist."[86] „Wer weiß, ob es nicht im ganzen Weltverlauf von Anfang an immer so mit der Kirche gestanden hat, daß die einen Volk und Heilige Gottes hießen, die es nicht waren, die andern unter ihnen aber es als ‚Rest' waren und nicht Volk und Heilige hießen?" Und doch „ist die Kirche Gottes der sichere Grund und die Säule der Wahrheit"[87]. Freilich: Abscondita est ecclesia, latent sancti[88]. Man muß also wissen, was man tut, wenn man – und Luther lehnt es keineswegs ab – die sichtbare kirchliche Organisation „Kirche" nennt. Das gilt nach dem „Kanon der Liebe", die vom andern nur das Beste denkt und in jedem Getauften einen wahren Christen sieht; lieber läßt sie sich täuschen, als zu mißtrauen. Aber es gilt nicht nach dem „Kanon des Glaubens", der nach Wahrheit fragen muß und sich nicht täuschen lassen darf[89]. Nachdem Luther so die Grenze aufgewiesen hat, wo er vor dem erasmischen Aufgebot großer Namen bei allem liebevollen Respekt nicht weichen kann, steht er schließlich wieder vor der entscheidenden Frage: „Wem sollen wir glauben?"[90] Wo ist die Wahrheit?

Er kann nochmals nur antworten: in der heiligen Schrift, und zwar im Bereich dessen, was er schon früher „die äußere Klarheit" genannt hatte, d. h. in dem, was sich öffentlich, „vor der (äußeren) Kirche (in facie ecclesiae)", als Meinung der Schrift erweisen läßt. Daß es diese Klarheit gibt, ist Luthers primum principium und ein Axiom der Schrift selbst, wie er aus vielen Stellen des Alten und Neuen Testaments belegt[91]. Aber vielleicht will Erasmus gar nicht bezweifeln, daß generell die Lehre der heiligen Schrift klar erweisbar ist: Nur in der Frage des freien Willens und ein paar ähnlichen Stücken ist sie

---

[84] WA 18; 649,26ff. BoA 3; 137,36ff. Diatr. Ib 8; 18,3ff.
[85] WA 18; 650,11ff. BoA 3; 138,19ff.
[86] WA 18; 651,24ff. BoA 3; 139,39ff.
[87] WA 18; 650,27ff. 650,1f. BoA 3; 138,38ff. 138,6f.
[88] „Die Kirche ist verborgen, die Heiligen sind versteckt." WA 18; 652,23. BoA 3; 141,1f.
[89] WA 18; 651,34ff. BoA 3; 140,12ff.
[90] WA 18; 652,24. BoA 3; 141,2.
[91] WA 18; 653,13ff.22–35. BoA 3; 141,32ff. 142,3–19. Vgl. die Schriftbeweise WA 18; 654,1–656,11. BoA 3; 142,20–145,8.

dunkel[92]. Luther antwortet auf doppelte Weise. Einmal mit einer aus dem Wesen der Schrift abgeleiteten Konsequenz: Christus hat den Christen in seinem Wort ein helles Licht geben wollen, also muß es in allem, was sie angeht, klar sein. Wäre das Problem des freien Willens dunkel, so müßte man sagen, daß es uns und die Schrift nicht berührt, – was doch sinnlos ist[93]. Luther verstärkt sein Argument durch allerlei Beispiele, in denen die wahre Lehre ihre Gegner zwar nicht überzeugt, aber verstockt hat, so daß sie wider ihr Gewissen, vom Teufel besessen, ihre Meinung hartnäckig weiterhin vertreten haben[94]. Glücklicher als dieser zweifelhafte Beweis für ein aus der Schrift abgeleitetes Postulat, das als solches gar nicht auf einen Beweis angelegt ist, verläuft der andere Gedankengang, mit dem er den Gegner in seinen eigenen Widersprüchen zu fangen versucht. Erasmus schwankte ja in der Tat zwischen der Behauptung des freien Willens und der Leugnung eines klaren Entscheides der Schrift in dieser Frage. Luther hatte ihm schon früher entgegengehalten: ,,Wie kommst du dazu, Erasmus, uns eine Form des christlichen Glaubens vorzuschreiben, wenn dir die Schrift dunkel ist?‘‘[95] Nun fügt er das Komplementärargument hinzu: Die vielen von Erasmus selbst so hochgerühmten Theologen und Heiligen müssen doch wohl, wenn sie – wie er behauptet – den freien Willen lehrten, die Schrift darin für klar gehalten haben! Erasmus (und nicht, wie er behauptet hatte, Luther) steht in Wahrheit also als einzelner mit seiner privaten Meinung von der Dunkelheit der Schrift zwischen den Fronten, zwischen seinen erlauchten Gewährsleuten und Luther, die beiderseits, wenn auch mit entgegengesetztem Resultat, in dieser Frage die Schrift für klar hielten[96]. Luther schließt darum befriedigt die Prolegomena der nun beginnenden Disputation ab. ,,Denn es gibt keinen stärkeren Beweis als das Geständnis und das Zeugnis des Angeklagten gegen sich selbst.‘‘[97]

Es war nicht ganz unbegründet, wenn Luther meinte, damit auch schon die gesamte Untersuchung über den freien Willen abgeschlossen zu haben[98]. Erasmus und er hatten in ihren Einleitungen alle wesentlichen Karten ausgespielt. Soviel sie auch an exegetischen Begründungen und genaueren Definitionen noch nachlieferten, ihr Disput war in den Grundzügen bereits zu Ende geführt. Sie hatten sich beide darin ganz gegeben. Hinter den rhetorischen Finten, mit denen Erasmus versuchte, Luther auf dem Umwege über seine ungebärdigen Anhänger in ein schlechtes Licht zu setzen und seine eigene Position durch eine Phalanx von Kirchenvätern zu verstärken, steckten

---

[92] WA 18; 656,12 ff. BoA 3; 145,9 ff.
[93] WA 18; 656,18–25. BoA 3; 145,17–26.
[94] WA 18; 656,40–659,33. BoA 3; 146,4–149,10.
[95] WA 18; 656,3 f. BoA 3; 144,38 f.
[96] WA 18; 659,36–660,33. BoA 3; 149,14–150,14.
[97] WA 18; 661,23 f. BoA 3; 151,1 f.
[98] WA 18; 661,21 f. BoA 3; 150,40.

ganz einfache und tief in seinem Denken verwurzelte Überzeugungen. Er war erfüllt von der Angst um die sittliche Erziehung und Selbstbemühung des Menschen, wenn man ihm durch die Lehre von der Unfreiheit des Willens eine so verführerische Entschuldigung an die Hand gäbe. Erasmus konnte sich Gott nur als den großen Pädagogen denken, der weise eine Reihe von Geheimnissen verschlossen hat. Wir haben über sie nicht zu grübeln und zu reden, sondern demütig ihre Entschleierung zu erwarten. Es sind ganz heterogene Rätsel: von der Trinität über die Gegenwart Gottes auch in der Käferhöhle, die unbefleckte Empfängnis Mariens, die historische Einsetzung der Beichte durch Jesus bis hin zum Datum unseres Todes und des jüngsten Gerichts[99]. Wenn Erasmus die Willensfreiheit auf die Liste dieser ,,überflüssigen Fragen"[100] setzte, so nahm er sie damit heraus aus dem Zusammenhang der Grundprobleme christlicher Existenz: Gnade, Sündengebundenheit und menschliche Mitwirkung an der Erlösung, mit denen sie für Luther untrennbar verbunden war. Daß Erasmus dabei so eigentümlich zwischen der Unlösbarkeit der Frage und der eindeutigen Verteidigung der Willensfreiheit hin und her schwankte, rührt von der Ambivalenz seines pädagogischen Ansatzes her. Seine beiden Überlegungen, die schonende Verhüllung der für uns unwesentlichen Geheimnisse durch Gott und der Appell an die freie sittliche Aktivität des Menschen, stießen sich hier miteinander. Auf der Dominanz des Pädagogischen beruht auch der Widerspruch zwischen seinen düsteren Schilderungen der menschlichen Natur[101] und einer ungebrochen zuversichtlichen Beschreibung der biblischen Weisungen: ,,freudig auf dem Wege der Frömmigkeit zum Besseren fortzuschreiten und das Vergangene zu vergessen und, wenn man in Sünden gerate, sich mit allen Kräften herauszuarbeiten"[102]. Erasmus beabsichtigte nicht mehr, als ein moralisch so folgenreiches, von den Neueren überzogenes Problem auf den Boden der Vernunft zu holen und sich dabei eigener, fester Behauptungen möglichst zu enthalten. Unter der Hand aber hatte er schon seine tiefsten Anschauungen über Gott und den Menschen, die Bibel und die Kirche, Sinn und Grenzen theologischer Aussagen aufdecken müssen.

Auch Luther war also gezwungen, schon einmal vorgreifend das ganze Wurzelgeflecht seiner Auffassung der Willensfrage bloßzulegen. Zieht man ab, was die Situation der literarischen Kontroverse an Verteidigung und Gegenangriff, Beweisgründen und Belegtexten erforderte, so schält sich in Luthers Erwiderung eine dichte Folge lapidarer Aussagen zu den Kardinalfragen der Theologie heraus. Viele der berühmtesten Sätze seines Buches, ja seines Schrifttums finden sich schon hier in der Einleitung. Daß er dabei der des Erasmus Zug um Zug folgte, nahm ihr zwar den geschlossenen eigenen

---

[99] Diatr. Ia 7; 5,17 ff. Ebd. Ia 9; 7,6 ff. S. o. S. 371.
[100] Ebd. Ia 8; 6,24 f.
[101] S. o. S. 371.
[102] Diatr. Ia 8; 6,11 ff.

Gedankengang, gab ihr dafür aber den Charakter des Gesprächs Auge in Auge mit seinem Gegner. Alles war zwischen ihnen kontrovers, vom tiefsten Grunde, in dem sie sich berührten, der Verehrung der Majestät Gottes, angefangen. Wo die Vernunft vor den Geheimnissen der Schrift versagt, sah Erasmus Schweigen, Luther Reden geboten, freilich so verstanden: „Gott hat gewollt, daß sie verkündigt werden, daß aber der Grund seines Willens nicht erforscht, sondern demütig angebetet werde."[103] Erasmus scheute das Dunkel, er verlangte nach einer Helligkeit der Wege Gottes, die wir begreifen können, und nach einem klaren Bild vom Menschen, der die Gebote Gottes kennt und weiß, daß er ihnen mit seiner Hilfe zu folgen vermag. Luther war überzeugt, daß der Mensch verloren ist, wenn er nicht weiß, daß Gott im Dunkel wohnt, daß er durch Sterben zum Leben, durch Anfechtung zum Heil führt. Darum liegt ihm alles am Glauben und fester Gewißheit, während Erasmus das Dunkle verhängt und sich in schwierigen Fragen mit einem Schuß Skepsis zu helfen vermag. Er bedarf des künstlichen Lichtes der Autorität, an der man sich orientieren kann; deshalb will er nicht, daß man die Kirche, die Väter, die Konzilien zu offen kritisiert. Für Luther ist auch die Kirche – wie Gottes Handeln in der Geschichte und am Menschen – verborgen. Sie ist durch das verdeckt, was sich Kirche nennt; nur im Glauben kann man sie sehen und zu ihr gehören. Gerade weil das alles für den Blick des Verstandes Dunkelheiten sind, die er nicht selbst erdenken kann, ist er so leidenschaftlich gewiß, daß die einzige Kunde, die wir von ihnen haben, Gottes Wort in der heiligen Schrift, klar ist. Auch hier wieder liegen Berührung und Scheidung der beiden Gesprächspartner unmittelbar nebeneinander. Daß die Schrift sich nicht selbst widersprechen könne, hatte auch Erasmus gesagt[104]. Aber er schob dafür das, was ihm darin dunkel erschien, beiseite, erklärte es vielleicht mit anthropomorphen Redewendungen und folgte jedenfalls dem, was er als Mehrheitsaussage in ihr ansah, ähnlich wie bei den Kirchenvätern. Für Luther war es fundamental wichtig, daß dasjenige, was die Schrift über diese dunklen Fragen aussagt, eindeutig ist, so daß es nach hermeneutischen Regeln ausgelegt werden kann, die sich aus dem Generalnenner der Bibel, dem Evangelium, ergeben. Freilich, daß diese aussagbaren, aber dem Verstehen durch die Vernunft unzugänglichen dunklen Wahrheiten der Schrift dem Leser und Hörer von „innen" klar werden und Glauben in ihm erwecken, das ist Wirkung des heiligen Geistes.

Mit diesen verschiedenartigen Prämissen des Schriftverständnisses war das Feld umgrenzt, auf dem allein eine leidlich sinnvolle Diskussion der beiden Partner stattfinden konnte. Ihre theologischen Grundaxiome dagegen wichen diametral voneinander ab, so daß ein direktes Gespräch über sie ausgeschlossen war. Das zeigt sich bereits bei der Begriffsbestimmung für den

---

[103] WA 18; 632,22 ff. BoA 3; 123,28 f.
[104] S. o. S. 373.

freien Willen, bei der Luther noch einmal innehält, ehe er die exegetische Debatte aufnimmt[105]. Er findet Erasmus in einen zwiefachen Widerspruch verstrickt: in den Widerspruch zum Begriff der Freiheit und in den Widerspruch zu sich selbst. Freiheit ist nach Luther ein absoluter Begriff, der keine Einschränkung duldet. Das Wollen selbst und das aus ihm hervorgehende Handeln wird darin als total frei verstanden[106]. Diese Absolutheit freien Wollens kommt aber ihrem Wesen nach nur Gott zu. Einen „gewissen Willen" in irdischen Entscheidungen kann man dem Menschen vielleicht zusprechen, aber keinesfalls in göttlichen Dingen[107]. Denn dann würde der Mensch alles vermögen, was Gott vermag, also seine Freiheit die Freiheit Gottes aufheben[108]. Die „Definition des Begriffs" (der Freiheit) und die von Erasmus gebotene „Definition der Sache" (des freien Willens) widerstreiten folglich einander[109]. Erasmus unterbietet gleichsam den wahren Sinn von Freiheit. Luthers Begriff von Freiheit als reiner Autonomie ist philosophisch gemeint. Er bedient sich damit der philosophischen Freiheitslehre, die er bei seinen nominalistischen Lehrern, vor allem Gabriel Biel, kennengelernt hatte. Sie unterschieden sie streng von dem theologischen Freiheitsproblem, das auf das Verhältnis zu Sünde und Gnade verengt war[110]. Luther war der absolute philosophische Freiheitsbegriff, den jedermann – wie er sagt: das Volk – aus dem Wort Freiheit heraushört[111], darum so wichtig, weil er schlagend erwies, daß er auf den Menschen in seiner Beziehung zu Gott und zum ewigen Heil nicht angewandt werden kann.

Sah Luther bei dieser Begriffsdiskrepanz die philosophische Logik auf seiner Seite, so bei dem anderen Widerspruch – was dialektisch noch wirksamer war – sogar seinen Gegner selbst. Erasmus hatte sich in seinem Streben nach Kompromißformeln zu weitgehenden Zugeständnissen verführen lassen, auf die Luther ihn festnagelte. Unter drei möglichen Gegenpositionen hatte Erasmus als leidlich probabel die Meinung bezeichnet, „daß der Mensch das Gute nicht ohne besondere Gnade wollen könne, daß er ohne den Anstoß und dauernden Schutz der göttlichen Gnade weder beginnen noch fortschreiten noch ans Ziel kommen könne"[112]. Und noch stärker an anderer Stelle: „Unser Wille, mit dem wir erwählen oder meiden, ist derart verderbt, daß er aus seinen natürlichen Kräften nicht mehr zum Besseren zurückkehren kann, sondern seine Freiheit verloren hat und gezwungen wurde, der Sünde zu die-

---

[105] WA 18; 661,29ff. BoA 3; 151,8ff.
[106] WA 18; 662,40ff. BoA 3; 152,22ff.
[107] WA 18; 662,5ff. 636,27ff. BoA 3; 151,18ff. 127,29ff.
[108] WA 18; 664,9ff. 665,15f. BoA 3; 154,5ff. 155,15ff.
[109] WA 18; 662,12ff. BoA 3; 151,27ff.
[110] L. Grane, Contra Gabrielem (Kopenhagen 1962), 114ff. Vorster, Freiheitsverständnis (s. Anm. 73), 286ff.
[111] WA 18; 637,3ff. BoA 3; 127,38ff.
[112] Diatr. IIa 12; 30,24ff.

388

nen, der er sich einmal (im Sündenfall) willentlich verschrieben hatte."[113]
„Ein herrlicher freier Wille", schreibt Luther dazu, „der von Erasmus selbst
ein Knecht der Sünde genannt wird, der seine Freiheit verloren hat!"[114]
„Eine verlorene Freiheit nennt meine Grammatik keine Freiheit."[115] So
zeugt also, wie schon an anderen Punkten, die Diatribe des Erasmus gegen
sich selbst. Darin, daß der Mensch seine Freiheit verloren hat und der Sünde
dienen muß, ist Luther ganz mit Erasmus einverstanden. Aber dann gibt es
keinen neutralen Willen, der sich nach der einen oder anderen Seite wenden
kann; er ist eine „dialektische Erfindung", die aus Unkenntnis der Dinge
herrührt[116]. Luther beschreibt sie dem Erasmus geistreich so: „Du gibst dem
freien Willen eine nach beiden Seiten gleiche Kraft, daß er sich aus eigenem
Vermögen ohne Gnade dem Guten zuwenden und von ihm abwenden könne. Dabei bedenkst du nicht, wieviel du diesem Pronomen ,sich' oder ,sich
selbst' zuschreibst."[117] Wie schwach dieses angeblich sich selbst bewegende
Ich ist, wußten sogar die Scholastiker vom Schlage des Lombarden, deren
Auffassung Luther, obwohl er sie nicht billigte, erträglicher schien als die
Definition des Erasmus[118].

Die nun endlich beginnende Schlacht um die beiderseitigen biblischen Ver-
schanzungen verläuft in drei Phasen, die weiterhin dem Buche des Erasmus in
seinem Aufbau folgen: 1) Angriff Luthers auf die Stellen, die Erasmus für den
freien Willen anführt; 2) Verteidigung der eigenen Beweisstellen gegen den
Angriff des Erasmus; 3) neuer Angriff Luthers mit seinen wichtigsten Reserven unter den beiden „Heerführern" Paulus und dem Evangelisten Johannes
„mit einigen ihrer Legionen"[119]. Luther bedient sich gern solcher militäri-
schen Bilder; Erasmus ebenfalls, aber charakteristisch anders. Er liebt –
ebenso wie Ignatius von Loyola – das traditionelle Bild des christlichen Soldaten, der zur Manneszucht aufgerufen und dem für seine Tapferkeit ewiger
Lohn verheißen wird. Luther dagegen denkt an die Schlacht als Gleichnis der
großen Geisteskriege, sei es Gottes mit dem Teufel, der Bibel mit ihren Widersachern oder der Christenheit mit ihren Gegnern. Bis in die Bildersprache
ist der Unterschied von Gesetzesbefolgung und Glaube wahrzunehmen[120].

---

[113] Ebd. IIa 3; 21,14 ff. Vgl. auch ebd. IIa 4; 22,14 und ebd. IIa 5; 24,1.
[114] WA 18; 668,16 f. BoA 3; 158,14 f.
[115] WA 18, 670,36 f. BoA 3; 160,27 f.
[116] WA 18; 670,1 ff. BoA 3; 159,25 ff.
[117] WA 18; 665,11 ff. BoA 3; 155,11 ff.
[118] WA 18; 665,6 ff. 21 ff. BoA 3; 155,4 ff. 22 ff. Vgl. auch WA 18; 681,29 ff. BoA 3; 173,14 ff.
[119] WA 18; 756,24 ff. 757,9 f. BoA 3; 256,10 ff. 23 f.
[120] Zu Erasmus vgl. sein Enchiridion militis christiani (1503) oder den Hinweis in seinem Katechismus (Explanatio symboli, 1533) auf den Lohn, „den unser Feldherr seinen Soldaten bereitet, wenn sie nach dem Vorbild ihres Anführers und unter seinem Feldzeichen treulich kämpfen
und sich bis zum Tode eifrig erweisen" (Erasmus, Opp. ed. Clericus X, 1140 B, zit. K. Bornkamm, Das Verständnis christlicher Unterweisung in den Katechismen von Erasmus und Luther, in: ZThK 65 [1968] 209). Lit. zur Geschichte des miles-Bildes bei E.-W. Kohls, Die Theo-

Das kriegerische Ringen im einzelnen zu verfolgen, wäre nicht nur ermüdend, sondern auch zwecklos. Denn im Gegensatz zu den langen Einleitungen, in denen die beiden Disputanten sich unvergleichlich selbst widerspiegeln, zerfällt die Hauptschlacht in zahllose Einzelgefechte um Bibelstellen, über die man leicht die Übersicht verliert. Erasmus hatte mehr als 200 Texte aufgeboten, um den freien Willen zu begründen oder scheinbare Gegenargumente zu entkräften. Luther folgte ihm Stelle um Stelle. Hatten sich daraus schon bei Erasmus vielfache Wiederholungen ergeben, so weit mehr noch bei Luther, der sich mit glühender Leidenschaft und seiner oft ausufernden Sprachfülle in den Kampf warf. Der Ertrag für die Auslegung selbst muß hier beiseite bleiben. Beide treiben keine historisch differenzierende Exegese im modernen Sinn; sondern sie nehmen die Bibel als einheitliches Zeugnis für die von ihnen jeweils vertretene Anschauung. Es geht uns hier allein um die operativen Grundlinien der Auseinandersetzung. Darunter ist alles andere verstanden als eine Systematisierung nach vorgegebenen theologischen Zusammenhängen. Sie bildet die größte Gefahr, die verhandelten Probleme und vor allem Luthers schwer zu deutende Position mißzuverstehen. Es handelt sich vielmehr um die Strategie selbst, zu der Luther durch das Vorgehen des Erasmus gezwungen war: 1) Er mußte die postulierende Logik – du kannst, denn du sollst – widerlegen, die Erasmus auf zahlreiche ethische, appellative Bibelstellen anwandte. 2) Er mußte gegenüber den Widersprüchen und Sinnlosigkeiten, die Erasmus in Luthers Aussagen über Gott und seinen Umgang mit der Welt und Menschheit fand, die Tiefen seines Gottes- und Menschenbildes aufdecken, wie er es noch nie hatte tun müssen und so geschlossen nie wieder getan hat[121].

In einem Ausmaße, das auch nach seinem eigenen Urteil fast des Guten zuviel ist und doch die Bibel längst nicht erschöpft, führt Erasmus Gebote und Verheißungen an, die unser Tun verlangen. Alle seine kurzen Exegesen zu diesen Stellen, z.B. zu den Paulusworten: „Laßt uns die Werke der Finsternis ablegen", „Ziehet den alten Menschen aus mit seinem Tun" (Röm. 13,12.

---

logie des Erasmus, Bd. 2 (Basel 1966), 31. 87. – Für Luther (aus unzähligen Anwendungen): „Was kann, wenn die beiden Götter (der wahre Gott und der Gott der Welt) Krieg führen, herauskommen als Tumult in der ganzen Welt?" De servo arbitrio, WA 18; 626,23 f. BoA 3; 117,4 f. „Es war ein wunderlich Krieg, da Tod und Leben rungen" (aus dem Lied: Christ ist erstanden). Gegenüber der Müntzerschen Bewegung: „Es müssen Sekten sein, und das Wort Gottes muß zu Felde liegen und kämpfen. Daher auch die Evangelisten heißen Heerscharen Psalm 68 (12 f.) und Christus ein Heerkönig in den Propheten . . . Man lasse die Geister aufeinander platzen und treffen. Werden etlich indes verführt, wohlan, so gehet's nach rechtem Kriegslauf. Wo ein Streit oder Schlacht ist, da müssen etlich fallen oder wund werden. Wer aber redlich ficht, wird gekrönet werden." WA 15; 218,20ff. Das ist auf den Glauben bezogen.

[121] Die beiden Aspekte bilden zugleich die innere Logik der schematischen Einteilung, die Erasmus dem von ihm in die Diskussion gebrachten Stellenmaterial gab: Belege für den freien Willen, scheinbare Beweise gegen den freien Willen. Bei den ersten argumentierte er mit der ihnen immanenten Logik, bei den anderen mit der Absurdität, die bei Luthers Exegese herauskommt.

Kol. 3,9) enden mit dem Refrain: „Wie kann uns befohlen werden, abzulegen und anzuziehen, wenn wir nichts tun (können)?"[122] Befehle oder Drohungen, Worte von Gehorsam oder Ungehorsam, aber auch die biblischen Beispiele und Gleichnisse von göttlicher Gnadenhilfe für unser Bemühen sind sinnlos, wenn wir nicht einen, wenn auch schwachen und unzureichenden, aber doch handlungsfähigen und in der Wurzel freien Willen haben.

So eindringlich Erasmus seine Logik vorträgt, so hartnäckig erwidert Luther, daß sie nicht schließt. Es handelt sich hier noch nicht um den Gegensatz philosophischen und theologischen Denkens, sondern die Diskussion bleibt auf dem Boden der Logik. Das Sollen, so erklärt Luther, beweist nichts für das Können. Imperative sind keine Indikative. Konditionalsätze wie in vielen biblischen Verheißungen („Wenn du die Gebote halten wirst, werden sie dich halten", Sirach 15,14. „Wenn ihr mir gehorchen wollt, werdet ihr die Güter des Landes genießen", Jes. 1,19) sind keine Zustandsaussagen[123]. Alle Formen des Sollens zielen allein auf das Erkennen des Gesollten und, daran gemessen, auf die eigene Verfehlung ihm gegenüber. Das ist „der Grund der göttlichen Gesetzgebung"[124]. Aber „Erkennen ist keine Kraft", sondern es weckt nur das Wissen um Gesetz und Schuld[125]. Biblisch gesprochen: Das ist das segensreiche Amt des Gesetzgebers Mose gegenüber dem Satan, der die Menschen mit Blindheit schlägt. Nur von dieser Einsicht aus können die Menschen schließlich zu Christus geführt werden[126]. Erasmus verkennt den Sinn des Sollens, wenn er den Erlaß von Gesetzen, die man nicht befolgen kann, für lächerlich erklärt[127]. Er verkennt ebenso den Unterschied von Gesetz und Evangelium, wenn er aus dem Sollen schon das Können erschließen möchte[128]. Es ist deutlich, daß beide Partner auf verschiedenen Ebenen diskutieren. Luther geht es nur um das umfassendste und höchste Sollen, unter das der Mensch mit seinem ganzen Sein gestellt ist: „Du sollst Gott deinen Herrn lieben von ganzem Herzen." Wer wird hier von Erfüllung aus eigener Willenskraft sprechen wollen? Aber an diesem einen Gebot hängen, wie Christus gesagt hat, alle (Matth. 22,4)[129]. Also läßt sich von keinem Gebot aus die Freiheit des Willens erschließen. Obwohl auch Erasmus allein die Freiheit zwischen gut und böse, nicht die des belanglosen, täglichen Han-

[122] Diatr. IIb 5; 44,19 ff. Die Beweisstellen finden sich ebd. 19–46.
[123] WA 18; 672,32 ff. 676,2 f. 677,28. 678,9 ff. 679,38 ff. 681,26 ff. BoA 3; 162,37 ff. 166,31 f. 168,31. 169,11 ff. 171,11 ff. 173,11 ff.
[124] WA 18; 673,39 ff. BoA 3; 164,6 ff.
[125] WA 18; 677,12 ff. BoA 3; 168,10 ff.
[126] WA 18; 679,21 ff.33 ff. 687,37 ff. BoA 3; 170,34 ff. 171,5 ff. 180,22 ff.
[127] Diatr. IIa 14.16; 33,2 ff. 35,24 ff. WA 18; 673,4 ff. 674,6 ff. 679,36 f. BoA 3; 163,5 ff. 164,17 ff. 171,9 f.
[128] WA 18; 680,23 ff. BoA 3; 172,3 ff.
[129] WA 18; 680,34 ff. 681,12–34. BoA 3; 172,18 ff. 172,34–173,20. Nach Luthers häufig ausgesprochener Deutung hängt am Gebot der Gottesliebe auch das andere: „. . . und deinen Nächsten wie dich selbst."

delns meint, kennt er bei den moralischen Imperativen doch eine Menge von Schwierigkeitsstufen und entsprechenden Gnadenhilfen, bei denen in jedem Falle ein mehr oder minder großes Maß von Willensfreiheit anzunehmen ist.

Unter seinen Argumenten spielten begreiflicherweise eine besondere Rolle die Lohnverheißungen des Neuen Testaments, ja Christi selbst: „Freuet euch und frohlocket, denn euer Lohn im Himmel ist sehr groß" (Matth. 5,12) oder das Gleichnis von den Arbeitern im Weinberg (Matth. 20,1–16). Setzt Lohn nicht eine selbsterbrachte Leistung voraus? Luther antwortet auf die in der Geschichte des Christentums von den Anfängen bis heute viel erörterte Frage mit zwei Gedanken. 1) Es ist wahr: Das Ja oder Nein zum Wort Christi bedeutet eine ewige Entscheidung, es hat seine unausweichliche Folge. Aber diese Entscheidung zielt nicht auf eine Leistung, für die Lohn zu erwarten ist, sondern auf den Glauben an die Gnade, die unverdient beschenkt, nicht auf ein Tun, sondern auf ein Werden, wie Gott es zugesagt hat: „Gott gab ihnen Macht, Gottes Kinder zu werden" (Joh. 1,12). „Hier verhält der Mensch sich (wie man sagt) passiv, hier tut er nichts, sondern er wird, ganz und gar."[130] 2) Von Verdienst kann also keine Rede sein. „Wie sollen sie das verdienen, was ihnen schon gehört und bereitet ist, bevor sie geboren werden? ... Das Reich Gottes wird nämlich nicht bereitet, sondern es ist bereitet. ... Das Reich erwirbt sich seine Söhne, nicht die Söhne das Reich."[131] Wie die Gesetzesworte eine Erkenntnisfunktion haben, so auch die Worte der Verheißung und des Lohnes: die Erkenntnis der Gnade, des Heils und der ewigen Zugehörigkeit des Glaubenden zu Gott.

Schon durch diese Debatte schimmert das verschiedene Gottesbild der Gesprächspartner hindurch. Zur Freiheit als Postulat der praktischen Vernunft gehören bei Erasmus wie bei Kant die Postulate eines gerechten, in seinem Handeln verständlichen Gottes und eines ausgleichenden Lohnes im Jenseits. Das heißt nicht, Erasmus zum Rationalisten des 18. Jahrhunderts zu machen. Er bleibt insofern philosophischer Theologe des Mittelalters, als er ständig mit der Hilfe vorausgehender und unterstützender Gnade für den Willen rechnet. Aber trotz dieser unterschiedlichen Prämissen argumentiert er wie Kant mit einer in sich schlüssigen Logik, an die Gott sich hält. Für Luther dagegen ist Gott nicht an unseren Denkzwang gebunden. Wir können nur die Fakten, nicht die Logik seines Handelns erkennen. Daher kann Luther die Grundaxiome christlicher Existenz: Heillosigkeit des sündigen Menschen, unbedingte Gesetzesforderung, schlechthin unverdiente Gnade frei und ungekürzt nebeneinandersetzen. Rezitiert er damit nur unverbundene biblische Aussagen? Wie verknüpft er die, wie es scheint, auseinanderbrechenden Teile des Gottesbildes?

Allein in Gott selbst. Luther entwickelt weder einen theoretisch schlüssi-

---

[130] WA 18; 693,38 ff. 697,21 ff.27 f. BoA 3; 186,36 ff. 191,7 ff.15 f.
[131] WA 18; 694,22 ff. BoA 3; 187,27 ff.

gen Gottesbegriff noch eine christliche Gotteslehre. Sondern er versucht nur nachzusprechen, was er durch die Bibel und – nicht zu vergessen – durch das geheime Wissen jedes Menschenherzens über das Wesen Gottes vorgesprochen findet. Der Inbegriff für die göttliche Überlegenheit über die Welt und den Menschen ist maiestas: Deus in maiestate et natura sua, deus absconditus in maiestate. Was damit gemeint ist, läßt sich nicht definieren, sondern nur negativ gegen das abgrenzen, was der Mensch aussagen kann: „Der nicht gepredigte, nicht offenbarte, nicht dargebotene, nicht im Kult verehrte Gott"; anders gesagt „Gott selbst" im Unterschied vom „Wort Gottes"[132]. In ihm hat Gott sich ja für uns begreifbar kundgetan, so daß wir ihn andern kundmachen können. Diese Unterscheidungen sollen dem Menschen die Grenzen bewußt machen, die es für ihn gibt, aber nicht für Gott. „Denn Gott hat sich damals nicht durch sein Wort Grenzen gesetzt, sondern sich seine Freiheit über alles bewahrt."[133] Auch der auf Gottes Wort begründete Glaube muß sich bescheiden und wissen: „Gott tut vieles, was er uns in seinem Worte nicht zeigt."[134] Luther denkt sich damit das Wort Gottes nicht als eine Teilwahrheit, welche die Frage in uns erwecken muß, ob wir den ganzen Gott in ihr haben. Er hatte früher einmal am Gleichnis der menschlichen Rede und des Gesangs der Vögel – „an dem Gesang kennt man den Vogel" – schön verdeutlicht, daß das Herz immer mit seinem ganzen Wesen im Wort ist. „Also ist's in Gott auch, da ist sein Wort ihm eben gleich, daß die Gottheit ganz drinnen ist; und wer das Wort hat, der hat die ganze Gottheit."[135] Luther nimmt das keineswegs zurück und widerspricht sich nicht. Denn eben aus dem Wort wußte er von einer Verborgenheit Gottes, die es uns nicht enthüllt[136]. Aus ihm hatte er überhaupt den Begriff des deus absconditus (Jes. 45,15). Warum Gott sich verbirgt und was jenseits des für uns Verstehbaren liegt, bleibt sein Geheimnis. Das gilt auch für die Frage, warum Gott unseren Willen zum Bösen, wenn er doch nicht frei ist, als Schuld ansieht. „Warum die Majestät dieses Gebrechen unseres Willens nicht bei allen beseitigt oder

---

[132] WA 18; 685,3 ff. 25 ff. BoA 3; 177,13 ff. 40 ff. Schon bei seiner hermeneutischen Grundlegung (s. o. S. 376) hatte Luther unterschieden: „Gott und die Schrift Gottes sind zwei Dinge, nicht weniger als Schöpfer und Geschöpf zwei Dinge sind. Daß in Gott vieles verborgen ist, was wir nicht wissen, bezweifelt niemand." WA 18; 606,11 ff. BoA 3; 101,6 ff.

[133] WA 18; 685,23 f. BoA 3; 177,38 f. Wie das „tum" und die Perfekta des Kontextes zeigen, geht es in dem umstrittenen Satz um Gottes geschichtliches Heilshandeln im Unterschied von seinem immerwährenden Wirken („Er wirkt Leben, Tod und alles in allem"). Vgl. dazu R. Hermann, Beobachtungen zu Luthers Lehre vom Deus Revelatus nach seiner Unterscheidung vom Deus Absconditus, in: Vom Herrengeheimnis der Wahrheit. Fschr. H. Vogel (Berlin, Stuttgart 1962), 196 ff.

[134] WA 18; 685,26 f. BoA 3; 178,2 f.

[135] Kirchenpostille (1522), WA 10/1/1; 188,4 ff.

[136] 2.Mose 33,20 ff. Röm. 9,14 ff. 11,33 ff. In einem Brief vom 23. Feb. 1542 zitiert Luther für die Mahnung, nicht nach Gottes „heimlichem Rat" (Hiob 15,8) zu fragen, Sprüche 25,27: „Wer die Majestät forschen will, der wird überfallen werden" (nach der ihm vertrauten Vulgata, abweichend von seiner eigenen Bibelübersetzung), Sirach 3,22. Apg. 1,7. WAB 9; 627,33–628,73.

wandelt, wo doch der Mensch nicht dazu in der Lage ist, oder warum sie es ihm anrechnet, wo er doch davon nicht frei sein kann, das darf man nicht fragen. Du magst fragen, soviel du willst, du wirst es nie ergründen, wie Paulus sagt: Wer bist du, daß du mit Gott rechten willst?" (Röm. 9,20)[137].

Luther warnt leidenschaftlich, diese Grenzen zu überschreiten; der Mensch wird sonst in einen Abgrund der Anfechtung stürzen, in dem er den Hals bricht. Gott ist jedem Versuch entzogen, sich seiner zu bemächtigen, sei es mit der moralischen Logik des Erasmus, sei es mit einem abstrahierten Vaterbilde christlicher Tradition. Auch mit den von ihm selbst verwendeten Antithesen will Luther kein Schema anbieten, in das man Gott fassen könnte, auch nicht in das Gegenüber: deus absconditus und deus revelatus (praedicatus), das so oft genannt wird, aber nur an dieser Stelle in seiner Schrift vorkommt[138]. Es ist für ihn keine handliche Formulierung für eine Gegenpoligkeit Gottes. Sondern Gott ist derselbe, ob er sich verbirgt oder offenbart: absconditus in maiestate und revelatus in verbo, wie man besser zitieren sollte[139]. Denn es handelt sich nicht um zwei Seiten an Gott, sondern um ein Geschehen, um sein Sichverhüllen und sein Heraustreten aus der maiestas in das verbum. Wie sollte beides in ihm je voneinander getrennt sein? Ohne das Dunkel der Majestät wäre die Offenbarung nicht Offenbarung. Darum kann das Wort die Majestät niemals aufheben und auch der Glaube die Unergründlichkeit Gottes nur schweigend verehren[140].

Das zweite Elementarwort, mit dem nicht nur die Bibel, sondern auch die Vernunft die Gottheit Gottes bezeugt, ist Allmacht[141]. Sie ist das Leben in jedem Lebewesen, ganz gleich, was es daraus macht. Leben heißt Begehren. „Der Mensch kann so wenig ohne Begehren sein, wie er nicht nicht sein

---

[137] WA 18; 686,8 ff. BoA 3; 178,19 ff.
[138] Ebd. 685,3 ff. BoA 3; 177,13 ff. Vgl. dazu F. Kattenbusch, Deus absconditus bei Luther, in: Fschr. J. Kaftan (Tübingen 1920), 180, Anm. 12. W. v. Loewenich, Luthers Theologia crucis, 5. Aufl., FGLP 2/2 (München 1967), 45. Auch außerhalb von De servo arbitrio gibt es die Formel – nur um sie geht es hier – bei Luther ganz selten. Außer einigen wenigen Stellen in der Heidelberger Disputation (s. o. S. 312, WA 1; 362,9 f.) und den Resolutiones von 1518 taucht sie erst wieder in ein paar Mal in der Genesisvorlesung (1535–1545, vgl. Loewenich, Theologia crucis, 38 ff.) auf. Dazu als stärkstes Zeugnis die eingehende Nachschrift aus der Genesisvorlesung, die in der WA fälschlich als Tischrede erscheint (WATR 5; Nr. 5658a; 293–296, dazu WA 48; 363 f. u. H. Volz, Wie Luther in der Genesisvorlesung sprach, in: ThStKr 100 [1928], 167 ff. mit Gegenüberstellung von Nachschrift und Druck).
[139] Absconditus und revelatus sind Partizipien, nicht Eigenschaftsaussagen. Darum hat Luther absconditus bei früheren (seltenen) Gelegenheiten auch genau umgekehrt, d. h. christologisch, verwenden können: absconditus in passionibus. Probationes zu den Heidelberger Thesen 20 und 21, WA 1; 362,9.23. BoA 5; 388,19.35. Fünf verschiedene Weisen der Verborgenheit, alle dem Sprachgebrauch von De servo arbitrio entgegengesetzt, zählt Luther schon in der ersten Psalmenvorlesung auf, WA 3; 124,29 ff. BoA 5; 94,14 ff. Dazu Kattenbusch, Deus absconditus, 204, Anm. 29.
[140] WA 18; 690,1 f.22. 712,25 ff. BoA 3; 182,28 f. 183,13 f. 207,33 ff.
[141] WA 18; 709,11 f. BoA 3; 203,41.

kann, da er Gottes Geschöpf ist, wenn auch ein verderbtes."[142] Luther unterscheidet: Gott schafft und will das Böse nicht; sonst wäre er nicht Gott. Aber er kann ihm das Leben nicht entziehen; sonst wäre er auch nicht Gott[143]. „Jemand könnte fragen: Warum läßt Gott nicht ab von der Gewalt der Allmacht, durch die der Wille der Gottlosen in Bewegung gehalten wird? . . . Antwort: Das hieße wünschen, daß Gott um der Gottlosen willen aufhörte, Gott zu sein."[144] Darum wagt Luther eher die erschreckendsten Aussagen. Gott selbst kann ein Menschenherz verstocken, wie er es am Pharao veranschaulicht: „Inwendig will ich durch die allgemeine Lebenskraft (generalis motus) seinen bösen Willen in Bewegung halten, so daß er im Schwung und Lauf seines Wollens fortfährt; und ich will nicht aufhören zu bewegen und kann auch nicht anders. Auswendig aber will ich ihm ein Wort oder Werk darbieten, gegen das jener böse Schwung anstößt; er kann ja nur Böses wollen, da ich auch das Böse bewege durch die Kraft der Allmacht."[145] Eine unheimliche Psychologie, wie sich das Böse notwendig am Guten steigert. Aber eine noch unheimlichere Theologie, wenn Gott das wirkt. Nur, würde Luther antworten, Gott ist unheimlich, wenn wir über ihn grübeln. Es hilft auch nichts, wenn wir das, was zu seinem Wesen gehört („und kann auch nicht anders"), aus noch so guten Gründen nicht wahrhaben wollen. Es hilft nur, wenn wir unsern Blick dorthin wenden, wo er sich uns aufgeschlossen und seine Hilfe verheißen hat. Dann wird auch sein unbegreifliches Tun zum Zeugnis der Macht, die er uns zuwendet. „Laßt euch nicht erschrecken durch die Verstocktheit Pharaos. Denn auch sie bewirke ich und habe sie in meiner Hand, ich, der ich euch freimache. Ich will sie nur benutzen, um viele Zeichen zu tun und meine Majestät sichtbar zu machen, für euren Glauben."[146] Man darf von solchen Sätzen nichts abstreichen. Sie sind äußerste Versuche, von Gott zu reden, ohne etwas an ihm zu unterschlagen. Luther vermeidet jede Verkürzung seiner alles umfassenden Lebensmacht. Sie wäre nicht weniger Hybris, die sich über Gott stellt, als die Blasphemie. Sondern er will den Menschen an den Ort der Geborgenheit inmitten des Unheimlichen führen, den Gott uns in Christus erschlossen hat.

Der Glaube an den freien Willen scheitert aber ebenso noch an einem dritten elementaren Wesenszug Gottes, den auch unser vernünftiges Denken nicht leugnet: dem Vorherwissen (praescientia), der Grundlage seiner absoluten Wahrheit. „Wenn Gott vorherwußte, daß Judas ein Verräter werden würde, so wurde Judas notwendig zum Verräter, und es lag nicht in der Hand des Judas oder irgendeines Geschöpfes, anders zu handeln oder seinen Willen zu ändern . . . Denn unbesiegt und zwingend steht der Satz: Gott lügt

---

[142] WA 18; 710,17f. BoA 3; 205,12f.
[143] WA 18; 708,31ff. 710,31–711,10. 747,16ff. BoA 3; 203,16ff. 205,29–206,9. 245,25ff.
[144] WA 18; 712,20ff. BoA 3; 207,27ff.
[145] WA 18; 712,6ff. BoA 3; 207,9ff.
[146] WA 18; 714,9ff. BoA 3; 209,23ff.

nicht und täuscht sich nicht."[147] Abgeleitet davon gilt: „Gott will das, was er vorhersieht", der prädestinatianische Satz, den Erasmus zu Luthers nicht geringer Befriedigung schließlich selbst zugibt. Erasmus bezeichnet ihn freilich als schwierig und sucht ihm durch Einschränkungen auszuweichen: Gott kann seine vorausblickende Absicht ändern, sekundäre Ursachen benutzen, und es gibt Beispiele dafür, daß Voraussicht nicht Ursache sein muß, z. B. die Vorhersage einer Sonnenfinsternis. Luther schiebt diese Überlegungen beiseite. „Wir disputieren über Gottes Vorherwissen. Wenn du ihm nicht zugestehst, daß das Vorhergewußte sich notwendig erfüllt, so hast du den Glauben an Gott und die Furcht vor ihm zunichte gemacht, alle göttlichen Verheißungen und Drohungen ins Wanken gebracht, ja die Gottheit selbst geleugnet."[148] Der Begriff „die Gottheit" läßt auf eine allgemein-menschliche Vorstellung schließen. In der Tat, das ist das schwerste Geschütz, das Luther hier auf den wankenden Gegner richtet: „Daß Gott solch ein lebendiger und wahrer Gott sein muß, der durch seine Freiheit uns Notwendigkeit auferlegen muß, das ist auch die natürliche Vernunft zu bekennen gezwungen. Es wäre ja ein lächerlicher Gott oder vielmehr Götze, der das Künftige ungewiß voraussähe oder durch die Ereignisse Lügen gestraft würde, während doch sogar die Heiden ihren Göttern das unabwendbare Schicksal zugeschrieben haben."[149]

Damit ruft Luther noch einmal den Schicksalsgedanken als Zeugen an, aber nicht mehr nur wie früher[150] in flüchtigen Hinweisen auf heidnische Poeten und sprichwörtliche Wendungen im Volksmund, sondern tiefer begründet und umfassend mit den biblischen Glaubensaussagen verflochten. Freilich, er läßt nicht den geringsten Zweifel, daß er damit das reine Zeugnis der ratio naturalis meint: „Auch die natürliche Vernunft selbst, die an jener Notwendigkeit (der Unfreiheit des Willens) Anstoß nimmt und so viel aufbietet, um sie aus dem Wege zu räumen, ist gezwungen, sie zuzugeben, von ihrem eigenen Urteil überwunden, auch wenn es keine Schrift gäbe. Denn alle Menschen finden diese Überzeugung in ihren Herzen geschrieben."[151] Das hat sie gemein mit „jedem anderen, nach dem Zeugnis des Paulus in unsere Herzen geschriebenen Gesetz"[152]. Die analogische Erweiterung des natürlichen Schöpfungswissens (Röm. 1,18ff.) und Gewissensgesetzes (Röm. 2,12ff.) auf das allmächtige Handeln Gottes in der Geschichte der Welt und

---

[147] WA 18; 715,18ff. BoA 3; 211,1ff. Das unscharfe Wort „versehen", das die Übersetzung von Jordahn (MA Ergänzungsreihe Bd. 1) zumeist gebraucht, verwischt den präzisen Sinn von praescire.

[148] WA 18; 716,13ff. BoA 3; 211,21ff. Diatr. IIIa 6; 49,24. Ebd. IIIa 5; 49,15ff. Ebd. IIIa 8; 51,9ff.

[149] WA 18; 718,15ff. BoA 3; 213,35ff.

[150] S. o. S. 377f.

[151] WA 18; 719,20ff. BoA 3; 214,41ff. Auch am Schluß des Buches beruft sich Luther noch wieder auf die natura magistra und ratio testis. WA 18; 784,21. 786,6. BoA 3; 289,29. 291,27.

[152] WA 18; 719,33ff. BoA 3; 215,14ff.

des einzelnen gibt Luther die biblische Bezeugung für das, was die Vernunft weiß, zwar widerstrebend und Anstoß nehmend, aber doch ohne widersprechen zu können. Alle diese Folgerungen, die Luther aus den Elementaraussagen über Gott (maiestas, omnipotentia, praescientia)[153] zieht, sind keine Konzessionen an das Denken des Erasmus und keine bloßen Verteidigungsargumente, sondern sie kommen aus der Mitte seines Denkens und seiner Erfahrung. Ihr Gewicht läßt sich daran messen, daß Luther hier eine der stärksten Erinnerungen an seine Prädestinationsanfechtungen einfügt: „Ich bin mehr als einmal bis in den Abgrund und die Hölle der Verzweiflung (davon) angefochten worden, so daß ich wünschte, nie als Mensch geschaffen zu sein, bis ich erkannte, wie heilsam diese Verzweiflung ist und wie nahe der Gnade."[154] Denn was die Vernunft trotz ihres Widerstrebens und der Blindheit so vieler Lehrer von Gottes Allmacht und der menschlichen Ohnmacht „mit Händen greifen kann"[155], das weist den, der zu glauben wagt, hin auf „Gottes Wahrheit und Barmherzigkeit" und die biblischen Aussagen über „jene schaffende Kraft, mit der Gott alles in allem wirkt", und die er in den Dienst seiner Verheißungen stellt[156]. Der Sinn der Elementaraussagen, die Luther so machtvoll ins Feld führt, ist nicht nur in ihnen selbst beschlossen, sondern er transzendiert sie. Die Allmacht zielt darauf, „daß allein am Wirken Gottes unser Heil hängt", das Vorherwissen zielt auf „das übergroße Licht der sicheren Wahrheit", auf den unüberwindlichen und zwingenden Satz: „Gott lügt nicht und täuscht sich nicht."[157]

Daß auf dem Wege zu diesen Wahrheiten schwere Probleme und Paradoxa liegen, weiß Luther sehr wohl. Er bemüht sich daher immer wieder, seine Meinung durch begriffliche Unterscheidungen verständlicher zu machen. Er meint mit der Willensunfreiheit keinen psychologischen Zwang, sondern eine Notwendigkeit höherer Art, welche den Willen, so spontan er handeln mag, von oben her leitet. „Was kümmert es mich, wenn der freie Wille nicht gezwungen wird, sondern willig tut, was er tut? Es genügt mir, wenn du zugibst, es geschehe notwendig, daß er willig tut, was er tut, und es könne nicht anders zugehen, wenn Gott es vorausgesehen hat."[158] Auf das gleiche läuft es hinaus, wenn er eine „Notwendigkeit, die zu einem Werk zwingt", unterscheidet von einer „Notwendigkeit, die unausweichlich auf einen Zeitpunkt bezogen ist". Es kommt nicht darauf an, ob Judas willig oder widerwillig zum Verräter wurde, sondern ob es unvermeidlich an einem von Gott vorbestimmten Termin zu seinem Verrat kommen mußte[159]. Insofern kann er mit

[153] Noch einmal entfaltet WA 18; 719,22 ff. BoA 3; 215,1 ff.
[154] WA 18; 719,9 ff. BoA 3; 214,28 ff.
[155] WA 18; 722,15 f. BoA 3; 218,4 f.
[156] WA 18; 713,25 ff. 714,4 ff. 718,28 ff. BoA 3; 208,40 ff. 209,15 ff. 214,11 ff.
[157] WA 18; 634,16 f. 716,1.9. BoA 3; 125,16 f. 211,6 f.16 f. – Anspielung auf Hebr. 6,18.
[158] WA 18; 722,6 ff. BoA 3; 217,34 ff.
[159] WA 18; 720,35 ff. 722,9 ff. BoA 3; 216,22 ff. 217,37 ff.

dem Satz des Erasmus übereinstimmen: „Nicht jede Notwendigkeit schließt den freien Willen aus." Denn er meint ja nicht „Zwang oder Gewalt", sondern „Unabänderlichkeit" von Gott her[160]. Luther will den Menschen nicht psychologisch als willenlos diagnostizieren. Was wäre damit für die Verkündigung des Evangeliums gewonnen? Sondern er will ihm die Augen für die Gebundenheit seiner ganzen, auch seiner wollenden Person öffnen und Glauben an Gottes befreiende Macht in ihm erwecken. Glaube ist kein Wollen, sondern ein Begreifen, das den eigenen, Gott unablässig widerstrebenden Willen durchschaut und das Heil allein von Gottes Hand erwartet.

So unwiderleglich diese in jedem sinnvollen Gottesbegriff enthaltenen Elemente: Majestät, Allmacht, Allwissenheit sind, so vorläufig sind sie also auch – vom Wesen des Glaubens aus gesehen. Sie reichen nur bis zum Unterschied von Schöpfer und Geschöpf. „Dem Willen des Geschöpfs wird Ursache und Begründung (causa et ratio) vorgeschrieben, nicht aber dem Willen des Schöpfers, es sei denn, du stelltest noch einen anderen Schöpfer über ihn."[161] Nichts kann schlagender als dieser regressus ad infinitum die Absolutheit des göttlichen Willens verdeutlichen. Die auch für das vernünftige Nachdenken unausweichlichen Aussagen bilden das Koordinatensystem, außerhalb dessen es weder ein Reden über Gott noch über den Menschen gibt. Sie lassen sich darum nicht aus Luthers Theologie herausschneiden, ohne diese selbst zu verletzen. Aber sie sind auch nicht das letzte Wort über Gott. Es würde ja nur besagen, daß alle Welt vor Gott nichts ist, so wie das Gesetz, das Juden wie Heiden kennen, nur bezeugt, daß „alle Welt vor Gott schuldig ist" (Röm. 3,19). Was der Glaube zu sagen hat, steht auf einem neuen Blatt, wenn auch im gleichen Buch der Geschichte Gottes mit den Menschen und im gleichen Sinn. So wenig der Mensch von sich aus „Kreatur" werden kann, so wenig auch „neue Kreatur". Was von der Souveränität Gottes und der Geschöpflichkeit des Menschen gilt, wird für den Glauben zur Aussage von der Macht der Gnade.

Luther eröffnet seinen Gegenangriff gegen Erasmus im letzten Teil seiner Schrift darum auch mit „Truppen" des Neuen Testaments, unter dem Kommando des Paulus und Johannes[162]. Die von ihm ins Feld geführten Stellen laufen hinaus auf die Ausschließlichkeit der Erlösung in Christus durch die Gnade (Röm. 3,21ff. Röm. 4–7, Joh. 1,16. 6,44 u. a.) und auf das notwendige Gegenstück dazu: den Ausschluß jeder menschlichen Mitwirkung daran, jeder Art von eigener Gerechtigkeit (Röm. 1,16ff. 3,9ff. 8,3ff. 10,20. Joh. 1,5. 3,1ff. 16,9 u. a.)[163]. Hier redet, so meint Luther, Paulus

---

[160] Diatr. IIIa 9; 52,7f. WA 18; 720,28ff. 747,21ff. BoA 3; 216,14ff. 245,31ff.
[161] WA 18; 712,37f. BoA 3; 208,7ff.
[162] S. o. S. 389. WA 18; 756,24ff. 757,9f. BoA 3; 256,10ff.22ff.
[163] WA 18; 768,10ff. 771,34ff. 772,36ff. 777,21ff. 781,29ff. BoA 3; 269,37ff. 274,5ff. 275,17ff. 281,6ff. 286,13ff. – WA 18; 757,10ff. 760,17ff. 763,5ff. 774,19ff. 775,19ff.

manchmal „wahre Blitzschläge gegen den freien Willen"[164]. Und andere Stellen (Joh. 15,5. Röm. 17,14 ff. Gal. 5,16 ff.) nennt er gern seine „Achillesspeere"[165]. Der Zusammenhang von schlechthinniger Erlösung und schlechthinniger Erlösungsbedürftigkeit ist für Luther nicht das Ergebnis einer Anthropologie, sondern des Evangeliums. Aber wenn man das Evangelium, die Tat Christi, begreift, dann ist damit auch die Anthropologie des Erasmus aus den Angeln gehoben.

Erasmus hatte sich Luther gegenüber auf die seit der Antike übliche Dreiteilung des Menschen in Fleisch, Seele und Geist berufen, „Geist" nannte er das sittliche Bemühen oder die Vernunft oder – mit einem stoischen, vor allem von Origenes in die christliche Theologie übernommenen Begriff – das Hegemonikon (das Führende) im Menschen. Er unterschied es zwar vom göttlichen Geist und ging so weit, zu erklären: „Wenn jemand behauptet, das hervorragendste Stück in der menschlichen Natur sei nichts anderes als Fleisch, das heißt gottwidriges Streben, dann würde ich ihm unbedenklich zustimmen: nur müßte er diese Behauptung aus Zeugnissen der heiligen Schrift beweisen!" Johannes sage doch anderes: „Was aus dem Geist geboren ist, das ist Geist", und nenne solche Menschen „Kinder Gottes", ja „Götter" (Joh. 1,12. 10,34). Bis zum Gegenbeweis wolle er sich darum an die „Autorität der Alten" halten, „die lehren, in die Herzen der Menschen seien gewisse Samenkörner des Sittlichen gelegt, mit deren Hilfe sie das Sittliche irgendwie erkennen und erstreben, aber es seien auch gröbere Neigungen hinzugefügt, die zum Gegenteil verlocken"[166]. Es geht Luther in seiner ausführlichen Erwiderung[167] nicht darum, die antike Anthropologie durch eine andere zu ersetzen. Er hat sie selbst oft und unbefangen benutzt und sie später in seiner großen Disputation De homine (1536) noch einmal ausdrücklich anerkannt. Er nennt dabei die Vernunft – bewußt nicht den „Geist" – „das Haupt aller Dinge und das beste von allen Gütern dieses Lebens und etwas Göttliches (divinum quiddam)"[168]. Wohl aber bestreitet Luther, daß diese Dreiteilung mehr ist als Psychologie, als eine Beschreibung der menschlichen Anlagen. Sie sagt nichts über den Wert des Menschen vor Gott. Vor ihm ist der Mensch ein ganzer; seine Sünde läßt sich nicht lokalisieren. Er bedarf darum der Wiedergeburt durch den heiligen Geist. Wäre es anders, so wäre Christus „der Erlöser nicht des ganzen Menschen, sondern nur seines wertlosesten Teils, des Fleisches", seiner Triebe. Und der Satan wäre ein

---

776,7 ff. 778,17 ff. 782,12 ff. BoA 3; 256,24 ff. 260,16 ff. 263,24 ff. 277,10 ff. 278,22 ff. 279,19 ff. 282,9 ff. 287,1 ff.
[164] WA 18; 767,25 f. BoA 3; 269,4 f.
[165] WA 18; 748,10 f. 749,23. 783,3. BoA 3; 246,25. 248,4. 287,40.
[166] Diatr. IIIb 4; 63,13 ff. 64,1 ff.
[167] WA 18; 739,23–745,19. BoA 3; 236,35–243,16.
[168] WA 39/1; 175,9 f. Vgl. dazu H. Bornkamm, Der Mensch, in: Luthers geistige Welt, 84 ff. – Zu De homine vgl. jetzt: G. Ebeling, Lutherstudien, Bd. 2: Disputatio de homine, 1. Teil (Tübingen 1977) [K. B.].

Schwächling, wenn es ihm nur gelänge, diesen Teil und nicht auch die höchsten Funktionen des Menschen unter seine Botmäßigkeit zu bringen[169]. Luther argumentiert also nicht aus der menschlichen Immanenz, sondern von der Heilsfrage aus. Aber genau das wollte ja auch Erasmus; seine philosophische Anthropologie hatte für ihn religiöses Gewicht. Deshalb hatte er auf Gegenbeweise aus der Schrift gedrungen und Luther damit zu entwaffnen versucht, daß nach seiner Auffassung dann „auch der vom Glauben wiedergeborene Mensch nichts als Fleisch sei"[170]. Luther konnte das mit Recht als Mißverständnis zurückweisen: Es gebe im Wiedergeborenen immer noch „Reste des Fleisches, die mit den Anfängen des empfangenen Geistes im Streit lägen"[171]. Der Unterschied zwischen beiden lag also im Begriff des Geistes. Erasmus verstand ihn als dem Menschen mitgegebene Anlage, die von der Sünde geschwächt, aber nicht zerstört ist und durch den göttlichen Geist aufgefrischt wird. Luther verstand ihn als neue, von Gott im Glauben empfangene Gabe. Erasmus war von der Differenz in dieser zentralen Frage besonders betroffen, weil dieser Riß schon vor längerer Zeit in die humanistische Front eingedrungen war. Der einst von ihm mit soviel Hoffnungen begrüßte junge Melanchthon hatte 1521 in seinen Loci communes Luthers Anschauung vom „ganzen Menschen" uneingeschränkt vertreten. Er hatte „Fleisch" nicht als psychologischen Teilbegriff, sondern als „Vokabel für alle Strebungen der menschlichen Natur" gedeutet und den heiligen Geist streng von allem menschlichen Geist unterschieden. Erasmus hatte diese und andere Abweichungen Melanchthons von den humanistischen Axiomen nicht übersehen können und griff darum – so empfand es Luther sofort – an dieser Stelle, allerdings ohne Namensnennung, auch Melanchthon an. Ob direkt oder indirekt, ist gleichgültig[172]. Jedenfalls klaffte hier der tiefste Gegensatz im Menschenbilde zwischen ihm und Luther mit seinen Anhängern. Er bestand nicht etwa nur in verschiedenen Perspektiven – psychologisch oder theologisch –, sondern er reichte bis auf den Grund des Verhältnisses von Mensch und Gott.

Daß der Geist Neues bringt, daß er nicht Evolution, sondern Schöpfungsakt ist und die Gnade nicht nur Anreiz und Hilfe für unser sittliches Streben, das bezeugt nach Luther auch die Geschichte; wir würden sagen: die Religionsgeschichte. „Zeige mir unter dem Geschlecht der Sterblichen einen ein-

---

[169] WA 18; 744,9ff.17ff. BoA 3; 241,39ff. 242,8ff.

[170] Diatr. IIIb 4; 64,10ff.

[171] WA 18; 745,5ff. BoA 3; 242,39ff.

[172] Es handelt sich um die o. S. 399 zit. Stelle: „Wenn jemand behauptete . . ." Diatr. IIIb 4; 64,1ff. – Melanchthon, Loci communes (1521), MSA 2/1, 26,24–27,4. – Luther WA 18; 740,32ff. BoA 3; 238,9ff. – Erasmus räumte später die kleine Attacke auf Melanchthon nicht offen ein. „Und wenn, was ist daran gefährlich?" Hyperaspistes II (1527). Opp. ed. Clericus X, 1458 E. Vgl. zu der Kritik des Erasmus an Melanchthon Maurer, Melanchthons Anteil am Streit zwischen Luther und Erasmus, in: ders., Melanchthon-Studien (s. o. S. 239, Anm. 63), 137ff.

zigen, und sei er der heiligste und gerechteste von allen, dem es je in den Sinn gekommen wäre, daß dies der Weg zur Gerechtigkeit und zum Heil sei: an den zu glauben, der zugleich Gott und Mensch ist, für die Sünden der Menschen gestorben und auferstanden und zur Rechten des Vaters gesetzt ist."[173] Nicht von den Juden, die mit soviel Eifer nach der Gerechtigkeit trachteten, sondern von den Heiden gilt, „daß es ihnen gegeben worden ist, Christus zu hören und zu erkennen, obwohl sie doch vorher keine Ahnung von ihm haben, viel weniger nach ihm fragen oder sich mit der Kraft des freien Willens auf ihn zurüsten konnten"[174]. Obwohl der Glaube ganz gewiß Neues und Unerhörtes zu sagen hat, greift Luther auch hier unbedenklich auf das Zeugnis der historischen Erfahrung und „Vernunft" dafür zurück, daß es so ist. Denn es liegt ja vor aller Augen. Er dachte dabei nicht an die im Humanismus viel erörterte Frage nach der möglichen Seligkeit der Heiden, wie Erasmus ihn mißverstand, der meinte, Gott habe ihnen doch vielleicht ihren allgemeinen Gottesglauben zugute halten können[175]. Sondern er meinte den geschichtlichen Tatbestand, daß das Heil wunderbarerweise gerade zu denen gekommen ist, die nichts davon gewußt und dafür getan hatten. Dieser offenkundigen Geschichte korrespondiert freilich die Geheimgeschichte Gottes, die nur der Glaube kennt, die Geschichte der unverstandenen und oftmals getöteten Propheten im Alten Bunde. „Die Christen wissen, daß alle Handlungen der Propheten geschahen im Namen des künftigen Christus, von dem verheißen war, er solle der menschgewordene Gott werden. So kann man mit Recht das den Willen Christi nennen, was seit Beginn der Welt den Menschen durch die Diener des Worts dargeboten worden ist."[176]

Dieses Glaubensbild des Menschen und der allein in Christus beschlossenen Geschichte seines Heils ist, wie immer wieder deutlich wird, auf eigentümliche Weise verschränkt mit Einsichten, durch die Luther das angeborene vernünftige Denken über Gott und Menschengeschichte beim Wort nimmt. Er kann Gott als „unerreichbar für die menschliche Vernunft" bezeichnen und kurz danach ausrufen: „Frage deine eigene Vernunft! Muß sie nicht überführt eingestehen, daß sie töricht und hochfahrend ist, wenn sie Gottes Urteil nicht unbegreiflich sein lassen will, während sie doch sonst alles Göttliche als unbegreiflich anerkennt?"[177] Luther rationalisiert damit den Glauben nicht. Er fordert von der Vernunft nur, daß sie zu dem steht, was sie im tiefsten Grunde weiß: Gott ist der schlechthin Überlegene, dem wir keine Gesetze vorschreiben können. Diese Erkenntnis und das Vertrauen auf seinen gnädigen Ratschluß in Jesus Christus sind nicht voneinander zu trennen. Sie machen gemeinsam aus dem Menschen einen Christen. Luther kann beide

---

[173] WA 18; 758,37 ff. BoA 3; 258,24 ff.
[174] WA 18; 775,19 ff. BoA 3; 278,22 ff. nach Röm. 10,20. 9,30.
[175] Hyperaspistes II (1527). Erasmus, Opp. ed. Clericus X, 1488 E.
[176] WA 18; 690,5 ff. BoA 3; 182,33 ff.
[177] WA 18; 784,12.27 ff. BoA 3; 289,18.37 ff.

401

Seiten am Ende seines Buches in universalem Sinne unter dem Begriff des Glaubens zusammenfassen. „Wenn wir als wahr glauben, daß Gott alles vorherweiß und vorherbestimmt . . ., was auch die Vernunft zugeben muß . . .; wenn wir glauben, daß der Satan der Fürst der Welt ist . . .; wenn wir glauben, daß uns die Erbsünde so verdorben hat, daß sie auch denen, die vom Geist geleitet werden, harte Mühe macht . . .; wenn die Juden, die mit allen Kräften nach Gerechtigkeit strebten, vielmehr in Ungerechtigkeit verfallen sind . . .; wenn wir glauben, daß Christus die Menschen durch sein Blut erlöst hat, so müssen wir bekennen, daß der ganze Mensch verloren war.“[178] Diese Zusammenführung aller natürlich-menschlichen, heilsgeschichtlichen und christologischen Glaubensgedanken in einem Zielpunkt macht es verständlich, warum Luther mit innerstem Nachdruck den Schluß zieht: „Ich für meine Person bekenne: Auch wenn es irgendwie möglich wäre, möchte ich den freien Willen nicht geschenkt bekommen . . . Denn niemals würde mein Gewissen, auch wenn ich ewig lebte und mich mit Werken abmühte, sicher und gewiß werden . . . Aber nun, wo Gott mein Heil über mein Wollen hinausgehoben und in seine Hand genommen hat . . ., bin ich gewiß und sicher, daß er treu ist und mich nicht belügen wird, dazu mächtig und groß genug, daß keine Teufelsgeister und keine Widerstände ihn überwältigen und mich ihm entreißen können.“[179] Und ebenso versteht man nach solchen Geständnissen, deren sich am Ende mehrere finden, daß er Erasmus nicht nur bat, sich eines Besseren belehren zu lassen, sondern ihm auch eine sehr ernstgemeinte Ehrung erwies. „Du allein von allen hast die Sache selbst, das Kernstück der Frage, angefaßt, und langweilst mich nicht mit Papsttum, Fegefeuer, Ablässen und ähnlichem Zeug . . . Einzig und allein du hast den Angelpunkt der Sache gesehen und hast das Messer an die Kehle gesetzt. Dafür danke ich dir von Herzen.“[180]

Dieser Dank war aufrichtig; nicht weniger aufrichtig als sein anfänglicher und immer wieder durchbrechender Zorn darüber, daß Erasmus sich an eine Sache gewagt hatte, der er nicht gewachsen war. Er veranschaulichte das noch einmal am Schlußsatz des Erasmus: „Ich habe Argumente zusammengetragen, das Urteil mögen andere sprechen.“[181] „So schreibt niemand, der die Sache wirklich durchschaut und richtig versteht. Ich jedenfalls habe in diesem Buche nicht zusammengetragen, sondern fest behauptet und behaupte fest und überlasse niemandem das Urteil darüber, sondern rate allen, Gehorsam zu leisten. Der Herr aber, dessen diese Sache ist, erleuchte dich und mache dich zu einem Gefäß der Ehre und des Lobpreises (Röm. 9,21). Amen.“[182] Gegenüber diesen in der Sicherheit eines alten Propheten aufgipfelnden Wor-

[178] WA 18; 786,3 f. BoA 3; 291,23 ff.
[179] WA 18; 783,17 ff. BoA 3; 288,16 ff.
[180] WA 18; 786,26 ff. BoA 3; 292,11 ff.
[181] Diatr. IV 17; 92,8.
[182] WA 18; 787,10 ff. BoA 3; 293,3 ff.

ten hatte es Erasmus nicht schwer, am Ende seines – im übrigen wenig glücklichen – Hyperaspistes (1527) zu erwidern: Er verlange vom Leser weder ein Urteil noch Gehorsam wie Luther; „sondern was zwischen uns verhandelt ist, unterbreite ich der Kirche und bin bereit, zu korrigieren, wenn etwas herausgekommen ist, was von der Wahrheit abweicht"[183]. Eben das konnte Luther nicht. Für ihn war das Problem entschieden durch die Schrift, in Übereinstimmung mit der tief im Menschen verwurzelten Erkenntnis des absoluten Unterschiedes von Schöpfer und Geschöpf. Diese ist neben dem klaren Zeugnis der Bibel gleichsam „sich selbst ein Gesetz", wie Paulus es an dem verborgenen Gotteswissen der Heiden dargetan hatte (Röm. 2,14. 1,19ff.).

Die Elementarbegriffe allgemein-menschlicher Gottesvorstellung (Majestät, Allmacht, Vorherwissen), die Luther ständig als Argumente benutzt, und der Komplex, der das Sprachfeld der Erlösung bildet (Gnade, Versöhnung, Auferstehung, Glaube), stehen bei ihm nicht wie getrennte Bauteile nebeneinander. Vielmehr zwingt der Glaube die „vernünftigen" Einsichten in eine neue Richtung: auf Christus hin, der gekommen ist, den in seiner Unfreiheit verlorenen Menschen zu retten. Der in schrecklichen Rätseln verborgene Gott, der allem Lebendigen, auch dem Bösen, das Leben gibt, hat sich in ihm enthüllt. Der Mensch darf und soll ihn, den Vater Jesu Christi, auch dort glauben, wo er ihn nicht begreift. Das gibt aber den unabdingbaren Gottesprädikaten der Vernunft einen ganz neuen Sinn. Majestät und Liebe sind eine Einheit. „Man muß diese beiden Begriffe in Luthers Sinn bei Gott stets durcheinander integrieren."[184] Das gilt ebenso für die Allmacht: Sie ist für den Glauben das Fundament des Vertrauens darauf, daß Gott Macht hat, zu halten, was er ihm in Christus zusagt. Und das „Vorherwissen" Gottes ist ihm die Grundlage für Gottes Wahrhaftigkeit: Sein Wort kann nicht trügen. „Der christliche Glaube wird vollständig ausgelöscht, die Verheißungen Gottes stürzen gänzlich zusammen, wenn wir uns belehren lassen und glauben, daß wir das unausweichliche Vorherwissen Gottes und die Notwendigkeit dessen, was geschehen soll, nicht zu wissen brauchen."[185] Dieses „Integrieren" ist kein willkürliches Rechenexempel. Denn die Vernunftbegriffe sind ja keine menschlichen Erfindungen, sondern von Gott eingepflanzt. Sie sind ein Ausdruck für Gottes „Identität mit sich selber"[186]. Darum kann der Glaube sie nicht entbehren. Er muß sie, wenn er wirklich von Gott reden will, in sich einbeziehen. Er umfaßt damit das Ganze des göttlichen Handelns, Schöpfung und Erlösung, den Gott, der allem Leben fort und fort den Atem gibt, und den, der sich in die Mitte der verlorenen Welt gestellt und ihr

---

[183] Erasmus, Opp. ed. Clericus X, 1536 F.
[184] Kattenbusch, Deus absconditus (s. Anm. 138), 207.
[185] WA 18; 619,16ff. BoA 3; 111,8ff. Fortsetzung des Zitats o. S. 378, bei Anm. 55.
[186] R. Hermann, Luthers Theologie, in: ders., Gesammelte und nachgelassene Werke, Bd. 1 (Göttingen 1967), 147, Anm. 2.

durch Sterben und Auferstehen Jesu Christi den Zugang zu sich wieder erschlossen hat. Nur hier ist Gott dem Glauben durchschaubar, in seinem Weltwirken dagegen – er wäre sonst nicht Gott – verhüllt. Diese Spannung muß der Glaube nicht nur ertragen, sondern er darf sie durchstoßen, freilich nur in Hoffnung. Das Entscheidende ist schon geschehen, die ihn von Gott trennende Wand von Schuld und Abkehr niedergelegt. Aber das Vollkommene steht noch aus, das Licht der Herrlichkeit, das auch das schwerste Rätsel enthüllen wird: Warum Gott den einen Sünder ohne Verdienst krönt und den andern nicht. Dann wird, was uns unbegreiflich, ungerecht erscheint, als höchst gerecht zu Tage liegen. Luther macht nicht den leisesten Versuch, eine höhere Theodizee zu formulieren. Wir können es nur glauben. Aus der festgefügten Brücke zwischen der von Gott und auf ihn hin geschaffenen Vernunft, die an ihrem eigenen Wissen schuldig wird, und der eschatologischen Gewißheit, daß sich auch die unbegreiflichsten Rätsel lösen werden, wenn wir mit Gottes Augen sehen können, läßt sich kein Stein herausbrechen. Luther hat es sich und uns schwer genug gemacht, die Rätsel bis zur Ewigkeit stehen zu lassen. Er hat nicht um scheinbar höherer Glaubenswerte – eines in sich verständlichen Heilsglaubens und eines einleuchtenden Gottesbildes – willen auf das verzichtet, was von Gott als Gott ausgesagt werden muß.

Es ist nicht unsere Aufgabe, die in De servo arbitrio ausgebreitete Anschauung Luthers einer Kritik zu unterziehen. Daß sie reichlich wachgerufen worden ist durch seine unerhörte Leidenschaft, gewagte Zuspitzungen seiner Thesen und die Unbekümmertheit, mit der er über Abgründe von Problemen hinwegzuschreiten scheint, ist wohlbegreiflich. Ob sie ihn traf, ist freilich eine ganz andere Frage. Es kann hier nur darum gehen, durch ein Nachzeichnen der Wege, welche die große Diskussion genommen hat, und eine wenigstens andeutende Analyse seiner Denkmittel das gewaltige Spannungsfeld seiner Anschauung als Einheit anschaulich zu machen. Daß sie oft bezweifelt und eher als ein Bündel gewiß großartiger, aber doch widerstreitender Intentionen empfunden worden ist, liegt nicht nur an den verschiedenartigen religiösen, theologischen und philosophischen Vormeinungen der einzelnen Darsteller und Kritiker. Wesentlicher ist noch, daß häufig mehr die Konsequenzen als die Voraussetzungen und Grundansätze seiner Gedankenführung ins Auge gefaßt wurden. Er ist weit davon entfernt, eine in sich geschlossene Lehre über die ins Unausdenkbare reichenden Glaubensfragen zu entwickeln. Sondern er eröffnet Perspektiven, allerdings solche, die sämtlich strenge Wahrheit in sich tragen und darum mit fester Hand gezogen werden müssen. Aber worin liegt denn ihre Einheit? Zunächst einmal, formal gesehen, im Thema des Buches, in der Absicht, den Glauben an den freien Willen zu zerstören. Er setzt ihm nicht etwa nur einen anderen Glauben, etwa biblischen Ursprungs, entgegen, sondern Einsicht: Der freie Wille ist Postulat, Fiktion. Erasmus übersieht, „daß wir selber Wille sind und nicht bloß dies oder jenes wollen oder nicht wollen", daß unserem Willen „die Freiheit des

Anfangs" fehlt[187]. Darauf zielen sowohl Luthers allgemeine wie seine theologischen Argumente. Zu ihnen gehört als schwerstes Geschütz das, was man nicht glücklich „Lehre von der Prädestination", sogar von der „doppelten Prädestination", nennt. Sie ist für Luther kein selbständiger Lehrgedanke[188], auch nicht nur die Kehrseite, sondern die gewaltige Stütze der eigentlichen und zentralen Glaubensaussage, daß Gott in souveräner Freiheit, ohne jedes menschlich-freie Bemühen, erwählt, d. h. seine Gnade anbietet, damit wir sie glauben. Hinter diesem Angebot steht seine ganze Macht. Und wer glaubt, ist gerettet. Glauben ist nicht Wollen, sondern seine Aufhebung, reines Empfangen und darum Gewißheit.

---

[187] Formulierungen von Hermann, Luthers Theologie (s. Anm. 186), 154 f.

[188] So trotz ihrer sonstigen Unterschiede übereinstimmend M. Doerne, Gottes Ehre am gebundenen Willen. Evangelische Grundlagen und theologische Spitzensätze in De servo arbitrio, in: LuJ 20 (1938), 70 ff. und Hermann, Luthers Theologie (s. Anm. 186), 166 f. Ebenso wie die Doppelformel deus absconditus und deus revelatus nur an einer Stelle in Luthers Buch begegnet (s. Anm. 138), findet sich (Hermann, 166, Anm. 17) auch nur eine einzige, in der von einer „doppelten Prädestination" die Rede ist, und auch an dieser nicht im dogmatischen (etwa reformierten) Sinne. Luther will damit wiederum jeden Gedanken an ein Verdienst ausschließen, und zwar generell im Blick auf die Menschen überhaupt. WA 18; 725,2 f. BoA 3; 221,7 f.

XVII. Kirchenlied und neuer Gottesdienst

„Wir müssen uns hüten, aus der Freiheit ein Gesetz zu machen"[1] – das war Luthers Grundsatz, als er sich zum ersten Male mit der Erneuerung des überlieferten Gottesdienstes beschäftigte. Er war damals äußerst vorsichtig zu Werke gegangen, hatte Latein als liturgische Sprache beibehalten, wohl aber die Verkündigung des Wortes durch deutsche Lesungen und Predigt als die Hauptsache im Gottesdienst eingeschärft. Die Entscheidung für das Evangelium sollte nicht mit der Entscheidung für eine neue Gottesdienstform verwechselt werden. Die falschen Akzente, die Karlstadt bei seinen Wittenberger Reformen durch den Zwang zur Kommunion unter beiderlei Gestalt und die Aufforderung zum Anfassen des Brotes gesetzt hatte[2], blieben ihm eine deutliche Warnung. Darum zögerte er noch immer mit der Einführung des Deutschen als ausschließlicher Gottesdienstsprache, obwohl er grundsätzlich keine Bedenken dagegen hatte. Schon in De captivitate Babylonica (1520) hatte er der Elevation der Abendmahlselemente als sichtbarem Zeichen für die Augen wenigstens als Frage das Sinnenzeichen für die Ohren gegenübergestellt: „Warum ist es eigentlich erlaubt, auf griechisch, lateinisch und hebräisch Messe zu halten und nicht auch auf deutsch oder in einer anderen Sprache?"[3] Und er bekräftigte vier Jahre später: „Daß nun die Messe deutsch gehalten werde bei den Deutschen, gefällt mir wohl; aber daß er (Karlstadt) da auch will eine Not(wendigkeit) machen, als müsse es so sein, das ist abermals zu viel." Er wandte sich damit gegen Karlstadts Satz: „Daß man in unseren deutschen Landen in den Kirchen auf deutsche Zungen liest, predigt und anderes, das Christus gelehrt, vernehmlich macht, ist vonnöten, nicht allein recht."[4]

Das einfachste und natürlichste Mittel, das Volk stärker am Gottesdienst zu beteiligen, ohne ihn in der Struktur zu verändern, war das von der Gemeinde gesungene deutsche Lied. Wie bei der Predigt, so konnte Luther auch hier an eine ältere Tradition anknüpfen. In der Formula missae von 1523 hatte

---

[1] S. o. S. 127.
[2] S. o. S. 56. 64.
[3] WA 6; 524,29ff.
[4] Wider die himmlischen Propheten (1524), WA 18; 123,5ff. Zitat aus Karlstadt, Wider die alte und neue papistische Messen (1524). Karlstadt war damit über seine eigene Wittenberger Messe von 1521/22 hinausgegangen. Sie hielt sich noch im wesentlichen an das lateinische Meßformular, ließ aber den Kanon weg. Nur die Einsetzungsworte, die nach dem Sprachgebrauch im engeren Sinne „die Messe" genannt werden können, brachte er deutsch. Vgl. den Bericht von Christian Beyer vom 25. Jan. 1522 bei N. Müller, Wittenberger Bewegung, Nr. 75, S. 174.

er lobend daran erinnert, daß die alte Kirche biblische und andere Stücke zur schlichten Abendmahlsfeier hinzugefügt hatte (Psalmen, Gloria in excelsis Deo, Halleluja, Glaubensbekenntnis, Sanctus, Agnus Dei u. a.), zunächst nur gelesen, mit der Zeit aber gesungen[5]. Ihm war nicht zweifelhaft, daß manche dieser Gesänge, die jetzt der Chor allein vortrug, in alter Zeit von der ganzen Gemeinde gesungen wurden. Es war also die Wiederherstellung einer von der Kirche zerstörten Sitte, bei der nun freilich die Sprachenfrage zu lösen war, wenn er den Wunsch äußerte: „Ich wünschte, wir hätten möglichst viele deutsche Lieder, welche das Volk in der Messe sänge, sei es beim Graduale oder Sanctus oder Agnus Dei." Man könnte Tag um Tag zwischen lateinischen und deutschen Gesängen wechseln, „bis die ganze Messe deutsch gehalten werden wird. Aber uns fehlen die Dichter, oder sie sind uns noch nicht bekannt, die uns fromme und geistliche Lieder, wie Paulus sie nennt (Kol. 3,16), schüfen, welche wert wären, in der Kirche gebraucht zu werden." Vorläufig könnte man sich mit mittelalterlichen deutschen Abendmahlsliedern behelfen wie „Gott sei gelobet und gebenedeiet" (freilich nur mit Auslassungen) oder „Nun bitten wir den heiligen Geist" oder „Ein Kindelein so löbelich". Aber die Auswahl ist nicht groß. „Denn es finden sich nicht viele, die einen ernsten Geist spüren lassen. Das sage ich, damit, wenn es deutsche Dichter gibt, sie angeregt werden, uns fromme Lieder zu schaffen."[6]

Dieser Aufruf mußte selbstverständlich in erster Linie seinen Freunden und auch ihm selbst gelten. Hier handelte es sich ja um das Teilstück einer Gottesdienstreform, das eine gute kirchliche Tradition hatte und nicht wie Karlstadts Abendmahls- und Bibelforderungen zu einer Glaubensfrage gemacht werden konnte. Luther selbst hatte erst vor kurzem dichterische Gaben in sich entdeckt und ihnen Gestalt gegeben. Die Verbrennung der beiden seiner Lehre anhängenden Augustinermönche Henricus Vos und Johann van den Eschen[7] am 1. Juli 1523 auf dem Marktplatz zu Brüssel hatte ihn tief erregt und zwei literarische Äußerungen bei ihm hervorgerufen. Die eine war eine Flugschrift im oft gebrauchten Stil der Zeit: „Ein Brief an die Christen im Niederland." Schon sie war mehr als eine leidenschaftliche Verwahrung gegen die Mordtat der Inquisition und eine Veröffentlichung der Anklageartikel, die man wider die Gewohnheit nicht bekanntzugeben gewagt hatte. Der „Brief" war bereits zum Teil ein Hymnus in Prosa: „Lob und Dank sei dem Vater aller Barmherzigkeit, der uns zu dieser Zeit wiederumb sehen läßt sein wunderbares Licht, wilchs bisher umb unser Sund willen verborgen gewest, uns der greulichen Gewalt der Finsternis hat lassen unterworfen sein

---

[5] WA 12; 206,15ff.

[6] Ebd. 218,15ff.

[7] So lautet der Name in einer Notiz des bei der Verbrennung anwesenden Inquisitors (WA 35; 91, Anm. 4), bei Luther Johannes Nesse; vielleicht Johannes von Essen (aus Essen gebürtig) (WAB 3; 115,11. 116, Anm. 3).

und so schmählichen irren und dem Antichrist dienen. Aber nu ist die Zeit widder kommen, daß wir der Dordeltauben Stimm hören und die Blumen aufgehen in unserm Land (Hoheslied 2,12)." Er preist die Niederländer: „Denn euch ist's fur aller Welt geben, das Evangeli nicht alleine zu hören und Christum zu erkennen, sondern auch die ersten zu sein, die umb Christus willen itzt Schand und Schaden, Angst und Not, Gefängnis und Fährlichkeit leiden und nu voller Frücht und Stärk worden, daß ihr's auch mit eigenem Blut begossen und bekräftigt habt, da bei euch die zwei edle Kleinod Christi, Hinricus und Johannes, zu Brussel ihr Leben geringe geacht haben, auf daß Christus mit seinem Wort gepreißet werde."[8] Aus der Flugschrift mit ihrer Verbindung von Lobgesang und Aktenstück (den Fragen der Anklage) sprang fast von selbst das erzählende Lied[9] hervor:

> Ein neues Lied wir heben an,
> des walt Gott unser Herre,
> zu singen, was hat Gott getan
> zu seinem Lob und Ehre.
> Zu Brussel in dem Niederland
> wohl durch zween junge Knaben
> hat er sein Wundermacht bekannt,
> die er mit seinen Gaben
> so reichlich hat gezieret.

> Der erst recht wohl Johannes heißt,
> so reich an Gottes Hulden[10],
> sein Bruder Heinrich nach dem Geist,
> ein rechter Christ ohn Schulden . . .

Mit volkstümlichem Spott werden die Ankläger, die Löwener Scholastiker (Sophisten), geschildert:

> Sie sungen suß, sie sungen saur,
> versuchten manche Listen,
> die Knaben stunden wie ein Maur,
> verachten die Sophisten . . .

Auf die ausführliche Beschreibung der Anklage und der Verbrennung folgen die Verse, die den an den Liedern der Völker geschulten Herder haben fragen

---

[8] WA 12; 77,6ff.
[9] WA 35; 411ff.
[10] Hebräischer Name: „Jahwe hat sich erbarmt."

lassen, ,,wie viele der neuern Liederdichter dergleichen Strophen (ich sage nicht dem Inhalt, sondern der Art nach) gemacht haben?"[11]

> Die Aschen will nicht lassen ab,
> sie stäubt in allen Landen,
> hie[12] hilft kein Bach, Loch, Grub noch Grab,
> sie macht den Feind zu Schanden.
> Die er im Leben durch den Mord
> zu schweigen hat gedrungen,
> die muß er tot an allem Ort,
> mit aller Stimm und Zungen
> gar fröhlich lassen singen.

Und auf die Verleumdung durch die Gegner, daß die beiden Verurteilten noch im letzten Augenblick widerrufen hätten, antwortet er:

> Die laß man lügen immerhin,
> sie haben's kleinen Frommen[13].
> Wir sollen danken Gott darin,
> sein Wort ist wieder kommen.
> Der Sommer ist hart vor der Tur,
> der Winter ist vergangen.
> Die zarten Blumen gehn herfur.
> Der das hat angefangen,
> der wird es wohl vollenden.

In der epischen Breite seiner zwölf Strophen[14], den scharf herausgearbeiteten Gestalten, der Mischung von Schrecken und Spott sowie an vielen stilistischen Einzelzügen zeigt sich das Muster des historischen Volksliedes, das Luther im Ohr gehabt und dessen Wirkung er gekannt haben muß.

So großartig diese erste spontane Dichtung Luthers war, sie hatte doch für

---

[11] J. G. Herder, Von deutscher Art und Kunst (1773), Sämtl. Werke, hg. v. B. Suphan, Bd. 5 (Berlin 1891), 202.

[12] WA 35; 415,3. So in den späteren Drucken, im Erstdruck, dem Erfurter Enchiridion von 1524: Die.

[13] Nutzen. Zu dem Widerrufsgerücht vgl. WA 35; 92.

[14] In den Erfurter Enchiridien 1524 (dazu ebd. 338ff.) hatte das Lied nur 10 Strophen. Im Wittenberger Sangbüchlein von 1524 sind zwei neue (jetzt 9 und 10) eingeschoben worden. Wilhelm Lucke (ebd. 93 f.) vermutet, daß Luther beim Wittenberger Druck vergessen hat, die beiden letzten Strophen (11 und 12) zu streichen, oder sie nur so leicht durchstrich, daß der Drucker es übersah. Das ist recht unwahrscheinlich. Luther war Dichter genug, die Wiederholung – ,,klaffender Widerspruch" ist zuviel gesagt – in V.9 und 11 in Kauf zu nehmen, statt ihr die unvergleichliche letzte Strophe zu opfern. Sie ist schon deshalb unentbehrlich, weil sie im ,,Wir" Anfang und Ende des Gedichts zusammenbindet.

die ihm vorschwebende Belebung des Gottesdienstes keine Bedeutung. Dieser größeren Aufgabe war er allein nicht gewachsen. Nach Beratung mit den Wittenbergern richtete er den in der Formula missae ausgesprochenen Appell nun direkt an einige Freunde; zuerst in einem für seine Pläne aufschlußreichen Brief vom Ende des Jahres 1523 an Spalatin: „Wir haben beschlossen, nach dem Beispiel der Propheten und der alten Väter der Kirche, deutsche Psalmen für das Volk zu schaffen, geistliche Gesänge, damit das Wort Gottes auch durch das Singen unter dem Volk bleibe. Darum suchen wir überall Dichter." Da Spalatin ein viel erprobter Meister der deutschen Sprache sei, bittet er ihn, wie schon bei der Übersetzung des Neuen Testaments[15], um Mitarbeit. Zugleich gibt er ihm sprachliche Anweisungen, die für Luthers Übersetzen und Dichten kennzeichnend sind: „Ungewohnte und höfische Ausdrücke wünschte ich vermieden, damit gemäß dem Verständnis des Volkes recht einfache und bekannte, aber doch reine und geeignete Worte gesungen werden, mit klarem und den Psalmen möglichst entsprechendem Sinn. Man muß hier frei vorgehen, den Sinn festhalten und die Worte fahren lassen und durch andere geeignete Worte ersetzen. Ich habe die Gaben nicht, es so zu können, wie ich möchte. Aber ich will es versuchen, wenn du mein Heman oder Asaph oder Iedithun bist."[16] Um das Gleiche möchte er den „reichbegabten und feingebildeten" kursächsischen Marschall Hans von Dolzig bitten. Er macht ihnen auch schon Vorschläge: Von den sieben Bußpsalmen, zu denen Spalatin Luthers Übersetzung und Auslegung aus dem Jahre 1517 besitzt, möge er den ersten (Ps. 6) oder den siebenten (Ps. 143) und Dolzig den zweiten (Ps. 32) übersetzen. Der sechste (Ps. 130) sei bereits von ihm übersetzt (De profundis, Aus tiefer Not) und der vierte (Ps. 51) (Misereri mei, Gott sei mir gnädig) sei schon für einen anderen bestimmt[17]. Als Muster schickte er ihnen in einem Einblattdruck oder handschriftlich ein eigenes Lied mit[18]. Luther war freilich ungewiß, ob die beiden Freunde, an die er schrieb, so bald Zeit für die Erfüllung seiner Bitte finden würden; sie befanden sich noch auf dem Nürnberger Reichstag. Er hat aber auch später nie etwas von ihnen bekommen. Das erste Liederbuch, das sog. Achtliederbuch des Druckers Jobst Gutknecht in Nürnberg (Anfang 1524), enthielt nur Wittenberger Erzeugnisse: vier Lieder Luthers („Aus tiefer Not"; „Ach, Gott, vom Himmel sieh darein"; „Nun freut euch, lieben Christen gmein"; „Es spricht der Unweisen Mund"), drei Lieder von Paul Speratus, der damals in Wittenberg weilte („Es ist das Heil uns kommen her"; „In Gott gelaub ich"; „Hilf Gott, wie ist der Menschen Not") und eins eines Unbekannten („In

---

[15] Brief vom 30. März 1522, WAB 2; 490, 8 ff.
[16] Häupter levitischer Sängerfamilien (2. Chron. 25 u. ö.). Ego non habeo tantum gratiae . . ., WAB 3; 220,1–13.
[17] WAB 3; 220,13 ff. Die Psalmnummern sind hier nach der Zählung der Lutherbibel gegeben.
[18] WAB 3; 220,7.

Jesus Namen")[19]. Das Büchlein wollte, wie der Titel zeigt, auf Wittenberg als Vorbild hinweisen: „Etlich christlich Lieder, Lobgesang und Psalmen, dem reinen Wort Gottes gemäß, aus der heiligen Schrift durch mancherlei Hochgelehrte gemacht, in der Kirche zu singen, wie es dann zum Teil bereits zu Wittenberg in Übung ist." Es trug deshalb, obwohl in Nürnberg gedruckt und im gleichen Jahr in Augsburg nachgedruckt, den Erscheinungsort: Wittenberg 1524[20]. Ein weiteres Wittenberger Lied erschien etwa zur gleichen Zeit am Schluß der von Speratus veröffentlichten deutschen Übersetzung von Luthers Formula missae: „Fröhlich wollen wir Alleluja singen"[21]. In den nächsten, ebenfalls im Jahre 1524 erschienenen Sammlungen, den beiden Erfurter Enchiridien, stieg allein die Zahl der Lutherlieder auf 18 und im Wittenberger Gesangbüchlein auf 24[22]. Es ist zu eng motiviert, wenn man diesen Liedfrühling als Reaktion auf die Lieder in den Messen Thomas Müntzers[23] erklären und darin sogar einen in dem Brief an Spalatin angedeuteten „Kriegsplan" finden will[24]. Die Schaffung deutscher Lieder war vielmehr das Stück Gottesdienstreform, das Luther bei seinem Zögern gegenüber radikalen Eingriffen in die liturgische Substanz sofort und mit Freuden in Gang setzen und mit dem er die Gemeinde auf die ins Zentrum gerückte Verkündigung des Gotteswortes antworten lassen konnte[25].

---

[19] WA 35; 12 ff. Außer der Edition in der WA vgl. jetzt auch die umsichtige, mit Quellenstükken ausgestattete Ausgabe von G. Hahn, Martin Luther. Die deutschen geistlichen Lieder, Neudrucke deutscher Literaturwerke N. F. 20 (Tübingen 1967). Über die hier nicht zu behandelnden umstrittenen Fragen der Metrik in Luthers Liedern vgl. den sorgfältigen Bericht von E. Sommer, Die Metrik in Luthers Liedern, in: JLH 9 (1964), 29 ff.

[20] Genaue Titel- und Druckangaben WA 35; 336 f.

[21] Ein zweiter Druck enthielt daneben auch Luthers Lied „Es wollt uns Gott genädig sein", WA 12; 202. Zwei Exemplare davon tragen Kaufvermerke aus dem Januar 1524, WA 35; 123.

[22] WA 35; 5. 316.   [23] S. u. S. 413 ff.

[24] W. Lucke in WA 35; 75 ff. Daß Luther, wie Lucke behauptet, bei der Reform des Allerheiligenstifts im August 1523 „die beste Gelegenheit gehabt" hätte, „für deutsche Kirchenlieder im Gottesdienst einzutreten" (78), trifft nicht zu. Es handelt sich dort nicht um einen Gemeindegottesdienst, sondern um die Messen der Stiftsherren. Die Verfügungsgewalt darüber lag bei dem vorsichtigen Kurfürsten Friedrich dem Weisen, mit dem Luther in einem Ringen um die viel bedeutendere Frage der Messe selbst stand (vgl. o. S. 57). Eine Gottesdienstordnung erhielt das Stift erst unter Kurfürst Johann, formuliert von Bugenhagen und Jonas, am 16. Okt. 1525 (Sehling, Kirchenordnungen, Bd. 1, 698 ff.). Auch darin spielen deutsche Lieder nur eine Ausnahmerolle (698 b. 699), da die Stiftsherren ihrer normalerweise nicht bedurften, es sei denn für besondere Besucher.

[25] S. o. S. 410 das Zitat aus dem Brief an Spalatin. Wenn es um Müntzer gegangen wäre, so hätte Luther es ihm, der gerade damals mit Müntzers Allstedter Tätigkeit sowohl theologisch wie politisch befaßt war, sicher nicht verheimlicht. I. Höß, Georg Spalatin (Weimar 1956), 264 ff. K. Burba, Die Christologie in Luthers Liedern, SVRG 175 (Gütersloh 1956) hat versucht, die Abwehr der Schwärmer zum durchgehenden Motiv seines Dichtens zu machen. Gewiß enthalten seine Lieder eine Christologie, aus der sich Unterschiede gegenüber der schwärmerischen ergeben. Aber weder im einzelnen noch im ganzen läßt sich daraus die beherrschende Absicht Luthers erweisen, „die Gemeinde vor dem verderblichen Liedgut der Schwärmer zu bewahren" (ebd. 9; vgl. 28 f. 30. 50 u. ö.).

Inzwischen aber war die Gottesdienstfrage über die Schaffung von Liedern hinaus an vielen Orten brennend geworden. In den Jahren 1523–1525 entstanden zwei Typen von Gemeindegottesdiensten[26]. Der eine übernimmt im wesentlichen die vorsichtige Form von Luthers Formula missae[27], der andere geht zum vollen deutschen Gottesdienst über. Im einzelnen hängen die Entscheidungen oft von der besonderen kirchlichen und städtischen Situation ab. So gibt es im Nördlinger Karmeliterkloster auffallend früh, bereits 1522, eine vollständig durchgeführte deutsche Messe, die der Prior Kantz entworfen hatte[28], während in den Stadtkirchen noch 1525 eine neue Gottesdienstordnung durchgeführt wurde, die mit der Einführung des Deutschen Zurückhaltung übte und den Gebrauch des Lateinischen in der Liturgie mit Luther aus pädagogischen Gründen verteidigte. Landesherrliche Gebiete teilten zunächst Luthers Zögern: so die dem Grafen von Schlick gehörende Stadt Elbogen in ihrer Ordnung von 1523, in der die lateinische Messe mit deutscher Predigt und deutschen Wochen- und Taufgottesdiensten vorgeschrieben wurde[29]. Auch nach der ,,Landesordnung des Herzogtums Preußen" (6. Juli 1525) blieb in der nach Luthers Gedanken gestalteten Messe viel lateinisches Gut wenigstens wahlweise erhalten; hier auch mit Rücksicht auf die vielen ,,Undeutschen", denen ein vollständig deutscher Gottesdienst nur fremder geworden wäre[30]. Ebenso ging die Patrizierstadt Nürnberg nur in möglichst engem Anschluß an Luther mit der Gottesdienstreform voran. Man feierte in den Stadtkirchen die lateinische Messe nach dem Vorbild seiner Formula missae[31]. Aber die Stadt war groß genug, um auch dem Versuch einer rein deutschen Messe Raum zu bieten: zuerst in einem Experiment des Augustinerpriors Wolfgang Volprecht in der Kreuzwoche 1524, dann in der dauerhaften Form, die Andreas Döber 1525 im Spital einführte[32]. Dem Vor-

---

[26] J. Smend, Die evangelischen deutschen Messen bis zu Luthers deutscher Messe (Göttingen 1896). L. Fendt, Der lutherische Gottesdienst des 16. Jahrhunderts. Sein Werden und sein Wachsen (München 1923).

[27] S. o. S. 126f.

[28] Sehling, Kirchenordnungen, Bd. 12, 273 ff. 285 ff. Die Kantzsche Messe diente der Wormser ,,Deutschen Messe" von 1524 als Vorlage und hat wohl auf dem Wege über diese eine Straßburger Messe des gleichen Jahres beeinflußt. Nachweis dafür und wertvolle Erläuterung dieses Meßtypus bei P. Brunner, Die Wormser Deutsche Messe, in: Kosmos und Ekklesia. Fschr. W. Stählin (Kassel 1953), 106 ff.

[29] Fendt, Lutherischer Gottesdienst (s. Anm. 26), 130 ff.

[30] S. o. S. 292.

[31] Sehling, Kirchenordnungen, Bd. 11, 46 ff. Dazu: H. v. Schubert, Die älteste evangelische Gottesdienstordnung in Nürnberg, in: MGKK 1 (1897), 276 ff. 316 ff. 349 ff. 402 ff. B. Klaus, Die Nürnberger Deutsche Messe 1524, in: JLH 1 (1955), 8 ff. 39 ff. Smend, Messen (s. Anm. 26), 160 ff. Fendt, Lutherischer Gottesdienst (s. Anm. 26), 156 ff.

[32] Volprecht: Rogate bis Himmelfahrt (damals 1.–5. Mai). Klaus, Nürnberger Deutsche Messe (s. Anm. 31), 1 ff. 36 ff. Sehling, Kirchenordnungen, Bd. 11, 18. 39 ff. – Döber: ebd. 19 f. 51 ff. Klaus, Nürnberger Deutsche Messe, 40 ff. Smend, Messen (s. Anm. 26), 162 ff. Fendt, Lutherischer Gottesdienst (s. Anm. 26), 160 ff.

bilde der Nürnberger Gemeindekirchen folgte 1524 das nahe kursächsische Coburg[33].

Die erste rein deutsche Gemeindemesse, die wir kennen, stammt von Thomas Müntzer. Er führte sie Ostern 1523 in Allstedt ein; 1524 erschien sie im Druck. Müntzer umgab sie mit zwei anderen liturgischen Arbeiten, die bereits vor ihr gedruckt wurden, dem „Deutschen Kirchenamt", das die Metten und Vespern für die fünf großen Festzeiten enthielt, und einer „Ordnung und Berechnung (Rechenschaft) des Teutschen Ampts zu Alstadt", die den Aufbau der Messe erläuterte und begründete[34]. Der Sinn dieser Schriften geht schon aus dem Titel der ersten hervor: „Deutsch Kirchenamt, vorordnet, aufzuheben den hinterlistigen Deckel, unter welchem das Liecht der Welt vorhalten war, welchs jetzt wiederumb erscheint mit diesen Lobgesängen und göttlichen Psalmen, die do erbauen die zunehmende Christenheit nach Gottes unwandelbarn Willen zum Untergang aller prächtigen Gepärde der Gottlosen." Daraus ist die doppelte Absicht Müntzers zu erkennen: Beseitigung des kultischen Gepränges der römischen Messe und der fremden Sprache, „weil wir zu Alstedt deutsche Leute seint und keine Walen (Welschen)"[35], und Wiederherstellung des ursprünglichen Gottesdienstes. Darum ist Müntzer in der Verdeutschung radikal, strukturell und musikalisch aber „von allen reformatorischen Liturgikern der konservativste"[36]. Es sollte die alte Messe im neuen sprachlichen Gewande sein. Die darin liegende Herausforderung an die römische Liturgie ging zugleich aus dem prunkvollen Druck seiner Bände mit einem groß aufgemachten Notenteil und Holzschnittschmuck im „Kirchenamt" und in der „Ordnung" hervor. Sie unterschieden sich damit von den bescheidenen Messen der süddeutschen Reformer und Luthers[37]. Auch sonst ließ es Müntzer an Anspruch nicht fehlen. Er habe „in unvorrucklicher Geheim des heiligen Gaists verdolmatscht die Psalmen, mehr nach dem Sinn denn nach den Worten"[38]. Das bisher gebrauchte Latein machte er verächtlich („daß man den lateinischen Worten will eine Kraft zuschreiben, wie die Zaubrer tun") und durchzog seine eigene Sprache mit Ausdrücken seiner spiritualistischen Mystik („entgröben",

---

[33] Sehling, Kirchenordnungen, Bd. 1, 541 ff. Fendt, Lutherischer Gottesdienst (s. Anm. 26), 166 ff.

[34] Müntzer, 25 ff. Fendt, Lutherischer Gottesdienst (s. Anm. 26), 168 ff. K. Schulz, Thomas Müntzers liturgische Bestrebungen, in: ZKG 47 (1928), 369 ff. O. J. Mehl, Thomas Müntzer als Liturgiker, in: ThLZ 76 (1951), 75 ff. Sorgfältiger Vergleich mit Luther bei R. Hermann, Thomas Müntzers „Deutsch-evangelische Messe", in: ZVKGS 9 (1912), 57 ff.

[35] Müntzer, 213,22 f.

[36] E. Jammers, Th. Müntzers deutsche evangelische Messen, in: ARG 31 (1934), 121.

[37] Müntzer, 207.

[38] Müntzer, 162,20 f.

„Auserwählte", „Langeweile" u. a.)[39], wodurch der übersetzte Text verfremdet wurde[40].

Es ist nicht sicher, ob Luther Müntzers Texte kannte[41]. Was er von der Mystifizierung der biblischen Sprache hielt, hat er schon Karlstadt gegenüber, der sich ihrer ebenfalls bediente, ausgesprochen[42]. Wir haben aber zugleich ein Urteil von ihm, das den Kern der liturgischen Aufgabe betraf. Er schreibt Ende 1524: „Ich wollt heute gern eine deutsche Messe haben, ich gehe auch damit umbe. Aber ich wollte ja gerne, daß sie eine rechte deutsche Art hätte. Denn daß man den latinischen Text verdolmetscht und latinischen Don oder Noten behält, laß ich geschehen, aber es laut nicht artig noch rechtschaffen. Es muß beide, Text und Noten, Akzent, Weise und Gepärde aus rechter Muttersprach und Stimme kommen, sonst ist alles ein Nachohmen, wie die Affen tun."[43] Luther will sagen: Sprache und Musik sind untrennbar; darum müssen beide „übersetzt" werden. Müntzer hatte kühn in seine eigene Theologie verdeutscht, die Melodien aber unverändert übernommen. Trotz dieser Differenz waren Müntzer und Luther darin verwandt,

---

[39] „Auserwählte" z. B. ständig im Tedeum ohne Anhalt im Text, Müntzer, 111 f.; „entgröben" ebd. 162,24. – Ein drastisches Beispiel bei W. Elliger, Müntzers Übersetzung des 93. Psalms im „Deutsch kirchen ampt", in: „Solange es heute heißt", Fschr. R. Hermann (Berlin 1957), 56 ff.

[40] Dazu gehört auch seine Erläuterung des Sanctus: Der Mensch „soll und muß wissen, daß Gott in ihm sei, daß er ihn nicht austichte oder aussinne, wie er tausend Meilen von ihm sei, sondern wie Himmel und Erden voll, voll Gottis seind und wie der Vater den Sohn in uns ohn Unterlaß gebieret und der heilige Geist nit anders dann den Gekreuzigten in uns durch herzliche Betrubnis erkläret". Müntzer, 210,32 ff.

[41] Man möchte es vermuten, aber eine direkte Äußerung dazu fehlt. In den von ihm gelobten und zur Einführung empfohlenen Erfurter Meßformularen von 1525 (WAB 3; 591 f., 28. Okt. 1525), die ein fast unveränderter Abdruck der entsprechenden Müntzerschen waren, hat Luther das Vorbild nicht erkannt. Das spricht nicht dafür, daß er genauer damit vertraut war. Er kannte sie möglicherweise nur vom Hörensagen. Auf dieses zielt auch die Behauptung Müntzers, daß Luther aus Sorge und Neid wegen Müntzers Erfolgen in der Umgebung von Allstedt versucht habe, ein kurfürstliches Druckverbot gegen sein „Amt" durchzusetzen, wenn auch vergeblich. Hochverursachte Schutzrede (1524), Müntzer, 332,28 ff. Vgl. auch die Vorrede zur Deutsch-evangelischen Messe (1525), ebd. 163,7 ff. – Zu Erfurt s. C. Martens, Die Erfurter evangelischen Messen 1525–1543, in: Mitt. d. Vereins f. d. Gesch. u. Altertumskunde Erfurts 18 (1896), 91 ff. Dazu Smend, Messen (s. Anm. 26), 118 ff. Fendt, Lutherischer Gottesdienst (s. Anm. 26), 168 ff. Vgl. auch Anm. 43 u. Anm. 53.

[42] Wider die himmlischen Propheten (1525), WA 18; 101,8 ff.

[43] Ebd. 123,19 ff. Luther spricht hier ein Gestaltungsprinzip aus, das bei der Schaffung einer deutschen Messe besondere Schwierigkeiten bereitet (so auch an Hausmann, 17. Nov. 1524, WAB 3; 373,14 f.). Er fährt dann fort: „Nu aber der Schwärmergeist drauf dringet, es musse sein, und will aber die Gewissen mit Gesetz, Werk und Sunde beladen, will ich mir der Weile nehmen und weniger dazu eilen denn vorhin (vorher), nur zu Trotze den Sundenmeistern und Seelenmordern, die uns zu Werken notigen als von Gott gepotten, die er nicht gepeut." Hätte er damit Müntzer angreifen wollen, so hätte er es, da die öffentliche Polemik zwischen ihnen längst entbrannt war, ebenso mit Namensnennung tun können wie in diesem Zusammenhang mehrfach gegenüber Karlstadt.

414

daß sie beide echte Liturgiker waren, welche bei der Erneuerung die musischen Elemente des alten Gottesdienstes, wenn auch mit verschiedenen Mitteln, erhalten wollten. Müntzers Messen waren in ihrer raschen und energischen Verwirklichung und ihren zwar zwiespältigen, aber durchsichtigen Prinzipien eine bedeutende Leistung, jedoch keine neue, aus der reformatorischen Sache entsprungene Konzeption. Er kam in Anknüpfung und Abgrenzung von dem Vorbild der römischen Messe nicht los. Die Schwierigkeit der Aufgabe und zugleich das Drängen der ,,Schwärmer" auf einen deutschen Gottesdienst als von Gott geboten ließen Luther jetzt eher zögern als eilen[44].

Es war nicht der ,,Vorsprung" Müntzers[45], was ihn schließlich zum Handeln trieb, sondern die in Bewegung geratene Gesamtsituation und der Anstoß von anderen Seiten. Eine zweite Wurzel des rein deutschen Gottesdienstes lag in Straßburg. Am 16. Februar 1524 wurde im Münster zum ersten Male durch den Helfer Theobald Schwarz eine deutsche Messe gelesen[46]. Sie enthielt keinerlei gesungene Stücke und war in ihrem Kern reiner Abendmahlsgottesdienst. Die Predigt war einem vorausgehenden eigenen Gottesdienst vorbehalten, wurde aber bei der Neugestaltung 1524/5 in die Messe aufgenommen und beherrschte sie je länger je mehr[47]. In Straßburg wurde anfangs viel experimentiert, was auf die Dauer Anstoß erregte. In ihrer Sorge um die Uneinheitlichkeit des Gottesdienstes in ihrer Stadt und zwischen den Städten wandten sich schließlich die Straßburger Prediger an Luther in einem langen Brief vom 23. November 1524, in dem sie sich zugleich eine Reihe von anderen Beschwernissen (Karlstadts Abendmahlsschriften, Kindertaufe, Erasmus' Buch über den freien Willen u. a.) von der Seele schrieben[48]. ,,Es ist für uns kein geringer Anstoß, zu sehen, daß die Gottlosen daraus Anlaß gewinnen, die Lehre Christi zu verlachen und herunterzureißen, daß wir, obwohl wir nur zwei Feiern von Christus empfangen haben, diese nicht einheitlich begehen . . . Das Herrenmahl haltet Ihr anders, anders die Nürnberger, anders die Nördlinger, anders wir, anders unsere Nachbarn. Das betrachten begreiflicherweise viele als ein Zeichen von Schwanken und Unsicherheit."[49] Beschwörend erbitten sie für diese und die anderen Fragen seinen Rat[50]. Wir wissen nicht, ob Luther auf den Brief geantwortet hat. Er hätte jedenfalls nichts anderes schreiben können, als was er kurz zuvor (17. November 1524) Nikolaus Hausmann auf die gleiche Bitte geantwortet hatte: ,,Eine deutsche

---

[44] WA 18; 123,26 ff.
[45] Eine allzu oft nachgesprochene Formulierung Smends, Messen (s. Anm. 26), 116.
[46] Ebd. 123 ff. F. Hubert, Die Straßburger liturgischen Ordnungen im Zeitalter der Reformation (Göttingen 1900), bes. XVIII ff. H. Waldmaier, Die Entstehung der evangelischen Gottesdienstordnungen Süddeutschlands im Zeitalter der Reformation, SVRG 125/6 (Leipzig 1916), 64 ff. Fendt, Lutherischer Gottesdienst (s. Anm. 26), 138 ff.
[47] Waldmaier, Evang. Gottesdienstordnungen (s. Anm. 46), 67 f.
[48] WAB 3; 381–387.
[49] Ebd. 384,108 ff.
[50] Ebd. 387,225 ff.

Messe wünsche ich mehr, als ich sie versprechen kann. Denn ich bin einem solchen Werk, das sowohl Musik wie Geist verlangt, nicht gewachsen. Inzwischen lasse ich jedermann von seiner Meinung überzeugt sein, bis Christus es anders gibt."[51] Den von Hausmann vorgeschlagenen Gedanken eines evangelischen Konzils für Zeremonialfragen lehnte er entschieden ab. „Wenn eine Kirche der andern nicht freiwillig in diesen äußeren Dingen nachfolgen will, warum soll man sie dann mit Konzilsdekreten zwingen, die sehr bald in Gesetze und Seelenfesseln verwandelt werden? Möge doch eine Kirche dem Beispiel der andern in freier Weise folgen oder lasse man sie bei ihren Bräuchen, wenn nur die Einheit des Geistes in Glauben und Wort gewahrt wird, mag die Verschiedenheit und Mannigfaltigkeit im Fleisch und in weltlichen Dingen noch so groß sein."[52] Aber auch wenn er an seinem Grundsatz der Freiheit jetzt und später festhielt, so konnte er sich bei den überall aufsprießenden Versuchen und den sich vermehrenden Rückfragen an ihn doch auf die Dauer der Aufgabe, für Wittenberg einen ganz deutschen Gottesdienst zu schaffen, nicht entziehen. Hausmann legte ihm ein ganzes Bündel von Messen zur Begutachtung vor, das ihm aber erneut nur den entscheidenden Fehler aller dieser Messen zu Bewußtsein brachte: „Es gefällt mir absolut nicht, daß man lateinische Noten über deutschen Worten beibehält."[53] Wie sehr man bei diesen Versuchen natürlich immer wieder auf Wittenberg schaute, sieht man daraus, daß eine Erweiterung der Kantzschen Messe – wohl auf Veranlassung ihrer Straßburger Benutzer – 1524 in Wittenberg gedruckt und Bugenhagen untergeschoben wurde. Sehr zu dessen Ärger; er bestritt energisch, daß sie von ihm verfaßt sei und so in Wittenberg gefeiert werde, und erklärte wie Luther: „Sonderlich verdreußet mich das und gefället mir trefflich ubel, daß sie die Ding nötig machen, die doch nicht nötig sind." Man nehme hier keine Rücksicht auf die schwachen Brüder, „indem daß sie sich so bald, wenn auch das Evangelion noch nicht genugsam predigt ist, dünken lassen, sie haben's alles Macht zu tun, auch mit Ärgernis ihres Bruders"[54]. Das war noch einmal eine Bekundung des Wittenberger Freiheitsdenkens. Daß es auch seine Grenze hatte, wurde Luther bewußt, als ihm

[51] Ebd. 373,13 ff. Vgl. dazu Röm. 14,5.

[52] Ebd. 373,23 ff.

[53] 26. März 1525, WA B 3; 462,3 ff. Es ist recht unwahrscheinlich, daß sich – wie WA 19; 47 und WA B 3; 463, Anm. 2 und 3 angenommen wird – darunter Müntzers Allstedter Messe befunden hat. Weder wird Hausmann, der Müntzers verhängnisvolles Wirken in Zwickau genau kannte, sie Luther vorgelegt, noch dieser sie mit ihren vergewaltigten Texten (s. o. S. 413 f.) abgesehen von der Musikfrage für tragbar erklärt haben (patior ita cantari; ebd. 462,2). Beispiele für deutsche Messen aus den Jahren 1524/5 s. WA 19; 46 ff. Eine individuelle Lösung trug der Wertheimer Pfarrer Franz Kolb schon in einem Brief vom 27. Aug. 1524 Luther vor und bat um seine Korrektur. WA B 3; 330,29 ff.

[54] Anhang zu: Ein Sendbrief widder den neuen Irrtumb bei dem Sakrament des Leibs und Bluts unseres Herrn Jesu Christi. Wittenberg 1525. Abgedr. Smend, Messen (s. Anm. 26), 88, Anm. 2. Über den Wittenberger Druck ebd. 39, Anm. 2. 72 (B). 86 ff. 152 ff.

Mitte Juni 1525 durch den Laienprediger Melchior Hoffmann von den Streitigkeiten in den rasch entstandenen Livländischen Gemeinden berichtet wurde. Die Sorgen der Straßburger wurden dadurch nachdrücklich bestätigt. Luther mußte nun die andere Seite seines Freiheitsbegriffs aus der Schrift „Von der Freiheit eines Christenmenschen" (1520) in Erinnerung bringen. Der Titel eines kleinen, zusammen mit Bugenhagen und Hoffmann herausgegebenen Sendschreibens lautete darum: „Eine christliche Vormahnung von äußerlichem Gottisdienste unde Eintracht."[55] Der Ton lag nicht mehr darauf, daß die äußeren Gottesdienstformen am Glauben gemessen frei sind, sondern darauf: „So seid ihr doch, der Liebe nach zu rechnen, nicht frei, solche Freiheit zu vollziehen, sondern schuldig, acht darauf zu haben, wie es dem armen Volk leidlich (zuträglich) und besserlich sei." Es kann dann geboten sein, „solche Freiheit des Glaubens vor Gott im Gewissen zu halten und doch daneben zu Dienst gefangen zu geben, dem Nächsten zugut und Besserunge". Er gab darum die bündige Anweisung: „So macht nu und haltet Messe, singet und leset einträchtiglich auf einerlei Weise, an einem Ort wie am andern, weil ihr sehet, daß die Leute so begehren und bedurfen, daß sie nicht irre, sondern gebessert werden durch euch."[56]

Er selbst kam erst im Herbst des schicksalsreichen Jahres 1525 – des Jahres des Bauernkrieges, seiner Heirat, des Kurfürstenwechsels, der Arbeit an De servo arbitrio – dazu, die nun genügend ausgereifte Aufgabe anzugreifen. Sie stand ihm freilich noch als Last neben anderen Lasten vor Augen. An den immer wieder drängenden Freund Hausmann schrieb er am 27. September: „Ich bin ganz damit beschäftigt, Erasmus zu widerlegen. Ich weiß, daß die Gemeinden neu geordnet und einheitliche Gottesdienstformen geschaffen werden müssen, und bin schon dabei, diesen Felsen umzuwälzen und werde den Fürsten dazu ermuntern."[57] Schon am 11. Oktober waren die fürstlichen Räte Hans von Dolzig und Hans von Gräfendorf bei ihm mit dem Auftrag, zu verhandeln, „wie es mit Singen und den Zeremonien in der Stiftkirchen furbaß gehalten soll werden"[58]. Luther sandte einen Entwurf an den Kurfürsten und bat ihn, seine beiden Sangmeister Konrad Rupff und Johann Walther für die musikalische Bearbeitung der Messe nach Wittenberg zu schikken. Walther hat noch 40 Jahre später seine Erinnerungen an die drei Wochen dauernde Zusammenarbeit mit Luther höchst lebendig festgehalten. Er war erstaunt, wie trefflich ihm Luther die Noten zu den Episteln, Evangelien und Einsetzungsworten vorschlug und vorsang. Luther habe die „deutschen Choralgesänge meistenteils gedichtet und zur Melodie bracht". „Wie denn unter andern aus dem deutschen Sanctus (Jesaja dem Propheten das geschah

[55] WA 18; 415. 417ff.
[56] Ebd. 419,7ff.22ff. 420,4ff. WA 19; 47f.
[57] WAB 3; 582,5ff.
[58] Ebd. 588, Anm. 6. Zitat aus der ausführlichen Instruktion des Kurfürsten über die Säkularisierung des Allerheiligenstifts. Friedensburg, Urkundenbuch, Bd. 1, 138ff. (140), Abschn. 3.

usw.) zu ersehen, wie er alle Noten auf dem Text nach dem rechten accent und concent so meisterlich und wohl gerichtet hat, und ich auch die Zeit seiner Ehrwürden zu fragen verursacht ward, woraus und woher sie doch diese Stücke oder Unterricht hätten. Darauf der teure Mann meiner Einfalt lachte und sprach: ,Der Poet Virgilius hat mir solches gelehrt, der also seine Carmina und Wort auf die Geschichte, die er beschreibt, so künstlich applicieren kann; also soll auch die Musika alle ihre Noten und Gesänge auf den Text richten.'"[59] Es war freilich nicht nur die an Vergil beobachtete Einstimmung des Verses auf die Sache, was Luther zu einem so guten Partner der beiden Musikmeister machte. Sondern das Glück für diese Zusammenarbeit lag darin, daß er selbst nicht nur ein Dichter, sondern auch musikalisch hochbegabt und gut gebildet war. Schon in der Schulzeit in Mansfeld, Magdeburg und Eisenach hatte er einen gründlichen Gesangsunterricht genossen, der sich, wie es natürlich war, so gut wie ganz auf die kirchliche Musik richtete. Das Kloster hatte ihn auch darin in eine strenge Zucht genommen. Kleine Fehler beim Singen mußten sofort dadurch geahndet werden, daß man mit der Hand den Boden berührte und sich an die Brust schlug. Wichtig war, daß die Augustiner sich im wesentlichen nach dem römischen Ritus richteten, nicht nach einer besonderen Ordens- oder Bistumsüberlieferung. Luther hing sehr an den gregorianischen Jugendtraditionen und sang die alten Sequenzen und Hymnen noch später gern mit seinen Söhnen oder Freunden[60].

Aus der Regelung am Allerheiligenstift erwuchs die weitergreifende für Wittenberg überhaupt. Am Sonntag, dem 29. Oktober 1525, wurde der Gottesdienst in der Stadtkirche zum ersten Male in der Form der Deutschen Messe gehalten. Liturg war der Diakonus Georg Rörer, Luthers treuer Schüler. In seiner Nachschrift der von Luther gehaltenen Predigt notiert er das denkwürdige Ereignis: ,,Heute habe ich zum ersten Mal eine deutsche Messe gesungen."[61] Luther fügte der Predigt noch einmal eine Begründung für sein zögerndes Vorgehen hinzu: ,,Ihr habt oft gehört, daß man nicht lehren solle, man wiß denn, daß es Gottis Wort sei, also soll man nicht ordnen und anheben, man wiß denn, daß es Gott gefalle. Man soll auch nicht mit der Vernunft darein fallen, denn so es nicht selber anfähet, so wird nichts daraus. Darumb hab ich mich auch so lang gewehrt mit der deutsche Messe, daß ich nicht Ursach gebe den Rottengeistern, die hinein plumpen unbesunnen, achten nicht,

[59] Die Erinnerungen Walthers gedruckt in: Michael Praetorius, Syntagmatis Musici. Tomus primus. Wittenberg 1614/15, 451 ff. Daraus zit. WA 19; 49 f.

[60] Johann Walther hat auch sonst berichtet, ,,daß der heilige Mann Gottes Lutherus . . . zu der Musika im Choral und Figural Gesange große Lust hatte, mit welchem ich gar manche liebe Stunde gesungen und oftmals gesehen, wie der teure Mann vom Singen so lustig und fröhlich im Geist ward, daß er des Singens schier nicht könnte müde und satt werden". Praetorius, Syntagmatis Musici, 451, zit. F. Gebhardt, Die musikalischen Grundlagen zu Luthers Deutscher Messe, in: LuJ 10 (1928), 73. Zu Luthers musikalischer Erziehung ebd. 69 ff. sowie Scheel, Martin Luther (s. o. S. 86, Anm. 60), Bd. 1, 40. 93 f. 256. Bd. 2, 7.

[61] WA 17/1; 444 ,,zu 12".

ob es Gott haben wolle. Nu aber so mich so viel bitten aus allen Landen mit Geschrift und Briefen, und mich der weltlich Gewalt darzu dringet, kunden wir uns nicht wohl entschuldigen und ausreden, sonder mussen darfur achten und halten, es sei der Will Gottis."[62] Aus diesen Worten spricht noch einmal Luthers Verständnis von Reformation. Geboten ist allein die Verkündigung des Gotteswortes. Alles andere hat seine Legitimation darin, daß es daraus „selber anfähet". Insofern hatten die mancherlei tastenden Versuche neuer Gottesdienst- und Gemeindeformen, wenn sie ungezwungen durchgeführt wurden, und schließlich auch der Wunsch des Kurfürsten ihren guten Sinn. Sie waren Früchte aus dem Samen des Wortes, aber nicht der Same selbst. Es mußte lange genug eingeübt sein, daß der neu verstandene Glaube nicht in neuen Gottesdienstformen bestand. Darum bedurfte es zunächst einer Zeit der Freiheit, in der Altes und Neues nebeneinander im Gebrauch war. Es war tief begründet, daß Luther der erste in der Verkündigung des Wortes, aber der letzte in der Einführung eines neuen Gottesdienstes war. Und auch diesen gab er nur als Beispiel. „Denn es nicht meine Meinung ist, das ganze Deutschland so eben (genauso) müßte unser Wittembergische Ordnung annehmen." Auch die alten Gottesdienste waren ja in den einzelnen Bistümern, Klöstern und Pfarreien nicht in allem einheitlich gewesen. Wohl wäre es erfreulich, wenn in einem Herrschaftsgebiet oder in den kleinen Städtlein und Dörfern rings um eine Stadt die gleiche Ordnung innegehalten würde[63].

Zu Weihnachten 1525 wurde die „Deutsche Messe" endgültig in Wittenberg eingeführt, Neujahr 1526 erschien sie im Rahmen einer größeren, gleichnamigen Schrift im Druck[64]. Diese Schrift war nicht nur wie die meisten deutschen Messen eine Agende, sondern zunächst eine Einführung in den Gottesdienst überhaupt und erst darauf folgend ein liturgisches Formular. Das ist ein einschneidender Unterschied. Er stellt die neue Gestalt des Gottesdienstes von vornherein in den Horizont einer umfassenden Erziehung der Gemeinde, vor allem „des jungen Volks"[65]. Denn vornehmlich um dessentwillen muß die Freiheit der Gottesverehrung, die auch hier wieder mit Nachdruck das erste Wort erhält, in eine Ordnung gebracht werden. Er ist von allen Seiten um einen deutschen Gottesdienst gebeten worden, antwortet aber zunächst mit einer Aufgabe, die in anderen Entwürfen nicht enthalten war: „Ist aufs erste im deutschen Gottisdienst ein grober, schlechter (schlichter), einfältiger, guter Katechismus vonnöten."[66] Die Grundlage von allem ist, daß die Kinder antworten lernen auf die Fragen: Was betest du? (das Vaterunser), Was gläubst du? (das Apostolikum) und daß sie Glauben und Liebe als „die ganze Summa des christlichen Verstands" verstehen und in

---

[62] Ebd. 459,18 ff.
[63] WA 19; 73,3 ff.
[64] Die Datumsangabe in WA 19; 51 ist falsch. Vgl. dazu O. Clemen BoA 3; 294.
[65] WA 19; 73,17.
[66] Ebd. 76,1 ff.

diese beiden „Säcklin" die gelernten Bibelsprüche vor den Eltern, „wenn man essen will uber Tische", einzustecken vermögen[67]. Mit diesem katechetischen Gedächtnisspiel zu Hause beginnt also bereits der Gottesdienst. Und der Jugend wegen will er auch die lateinische Messe, die er in der Formula missae entworfen hatte, noch keineswegs ganz aufgeben. Ja, wenn es möglich wäre und er die Musik dazu hätte, würde er außer deutschen und lateinischen auch griechische und hebräische Messen halten lassen. „Ich halte es gar nichts mit denen, die nur auf eine Sprache sich so gar (ganz) geben und alle andere verachten."[68] Und auch der deutsche Gottesdienst, das eigentliche Thema von Luthers Schrift, hat den Sinn, wie es am Schluß heißt, „allermeist (da)fur die Jugend aufzuziehen und fur die Einfältigen zu reizen"[69]. Auf sie soll man den Gottesdienst abstellen, nicht auf die, welche etwas sehen und Gesang hören wollen. Stärker als durch die Einbettung in diesen umfassenden pädagogischen Zusammenhang hätte Luther den Sinn alles christlichen Handelns nicht zum Ausdruck bringen können. Was im geschlossenen Raum von Haus und Schule unternommen wird, geschieht im Gottesdienst gleichsam „mitten unter den Türken oder Heiden auf einem freien Platz oder Felde": „eine öffentliche Reizung zum Glauben und zum Christentum"[70].

Um nicht von dieser alleinigen Aufgabe der Messe durch auffallende neue Formen abzulenken, hat Luther auch jetzt noch am alten Meßgottesdienst nur das Nötigste geändert. Alles, was an den Opfercharakter der römischen Messe erinnerte, Heiligen- und Marienkult, die Entmündigung der Gemeinde zugunsten des Priesters und des Chores, fallen dahin. Die weit stärkere Beteiligung der Gemeinde ist die äußerlich deutlichste Veränderung. Der auch bei Müntzer noch vom Chor gesungene Introitus wird durch einen von der Gemeinde gesungenen Psalm – Luther nimmt den 34. als Muster – oder ein Gemeindelied ersetzt. Auch die übrigen Chorstücke fallen aus: das Graduale nach der Epistel wird durch ein Lied wie „Nun bitten wir den heiligen Geist", das Credo nach dem Evangelium durch Luthers Glaubenslied „Wir glauben all an einen Gott" ersetzt. An Stelle des Sanctus erscheint hier zum ersten Male und darum mit vollem Text abgedruckt Luthers „Jesaja, dem Propheten, das geschah". Damit war aus der üblichen Messe ein hörbares Wechselgespräch zwischen dem Liturgen und der Gemeinde geworden. Sie wurden auch dadurch stärker verbunden, daß der Pfarrer sich bei den Lesungen zum Volke kehren sollte, nur bei den Gebeten zum Altar. Ja, Luthers Wunsch ging schon über die gewohnte Altarstellung hinaus: „In der rechten Messe unter eitel Christen müßte der Altar nicht so bleiben und (müßte) der Priester sich immer zum Volk kehren, wie ohn Zweifel Christus im Abendmahl getan hat. Nu das erharre seiner Zeit."[71] Die Strukturveränderung, die

[67] Ebd. 77,23 ff.
[68] Ebd. 74,10 f.
[69] Ebd. 112,2 f.
[70] Ebd. 74,27 ff.   [71] Ebd. 80,28 ff.

auf den Verkündigungscharakter der Messe und auf die im Zwiegespräch und im gemeinsamen Bekennen und Loben bestehende Zusammengehörigkeit von Liturg und Gemeinde hinauslief, griff tiefer als die äußeren Formen, die Luther beibehielt: Meßgewänder, Lichter und vor allem die von Karlstadt so heftig bekämpfte, von Müntzer dagegen ebenfalls belassene[72] Elevation der Abendmahlselemente. Ja, Luther fand in ihr einen mit der Verkündigung aufs beste übereinkommenden Sinn: „Das Aufheben wollen wir nicht abtun, sondern behalten, darumb daß es fein mit dem deutschen Sanctus stimmt und bedeut, daß Christus befohlen hat, sein zu gedenken. Denn gleichwie das Sakrament wird leiblich aufgehoben und doch darunter Leib und Blut nicht wird gesehen, also wird durch das Wort der Predigt seiner gedacht und erhoben, dazu mit Empfahung des Sakraments bekannt und hoch geehret und doch alles im Glauben begriffen und nicht gesehen wird, wie Christus sein Leib und Blut fur uns gegeben und noch täglich fur uns bei Gott, uns Gnade zu erlangen, zeiget und opfert."[73]

Die Verdeutschung und die Sinnveränderung, die Luther der römischen Messe gab, verlangten von selbst auch Wandlungen ihres musikalischen Stils[74]. Aus der auch von Luther hochgeschätzten „feinen Musika und Gesang" der lateinischen Messe[75] mußte musikalische Sprache werden, Sprache des Verkündigens, Betens und Bekennens. Weil die Texte von der Gemeinde gesungen werden oder ihr jedenfalls verständlich sein mußten, hat er die Weisen weithin vereinfacht und bei späteren Stücken wieder auf die Tonart des Introitus zurückgegriffen. Die Kollekte sollte unisono gesungen werden und die Rezitation der Epistel auf den gleichen Ton anschließen. Im Kontrast zu solchen Elementen der durchtragenden Einheit brachte er bei den biblischen Stücken, schon bei der Epistel, mehr noch beim Evangelium lebensvolle Bewegung in den Ablauf, indem er, dem Vorbild der üblichen dramatischen Passionslesungen folgend, die Rezitationstöne Christi, des Evangelisten und anderer Personen unterschied[76]. Besonders glücklich wirkte sich das in den Einsetzungsworten aus, die er damit ganz als ein Stück Evangelium behandelte. An diesem Tonsatz hat Luther, wie Johann Walther im Gedächtnis behielt, selbst gearbeitet: „Hat auch die Noten über die Episteln, Evangelien und über die Worte der Einsetzung des wahren Leibes und Blutes Christi selbst gemacht, mir vorgesungen und mein Bedenken darüber hören wollen."[77] So wird Luthers „Deutsche Messe" sprachlich wie musikalisch durch

---

[72] Ordnung und Berechnung (1523), Müntzer, 212,21.

[73] WA 19; 99,17ff.

[74] Dazu die eingehende Untersuchung von Gebhardt, Luthers Deutsche Messe (s. Anm. 60).

[75] WA 19; 74,7.

[76] Gebhardt, Luthers Deutsche Messe (s. Anm. 60), 148. Jammers, Müntzers evang. Messen (s. Anm. 36), 128.

[77] Nach Praetorius (s. Anm. 59) zit. WA 19; 50. Gebhardt, Luthers Deutsche Messe (s. Anm. 60), 141ff. 147ff.

ein kraftvolles Gegenüber der Einmütigkeit des gemeindlichen Singens und Betens und der Vielfalt des Gotteswortes beherrscht.

Neben der deutschen Messe blieb in Wittenberg, wie Luther angekündigt hatte, die lateinische erhalten: „Wie wir sie bisher bei uns gehalten haben, so soll sie noch frei sein, derselbigen zu gebrauchen, wo und wenn es uns gefället oder Ursachen bewegt.“[78] Eine genaue Schilderung davon verdanken wir dem Augsburger Prediger Wolfgang Musculus, der im Jahre 1536 zu den Verhandlungen über die Wittenberger Konkordie dort weilte. Er besuchte am 28. Mai den Frühgottesdienst, in dem Bucer predigte. Mit einem schon weithin an Zwinglis Gottesdienst orientierten Blick notierte er – wie bereits 14 Tage vorher in Eisenach – alles „Päpstliche“, was er in der Wittenberger Stadtkirche noch vorfand. Außer dem Meßgewand des amtierenden Pfarrers waren es die lateinischen Stücke, die der Knabenchor oder der Priester sangen (Introitus, Confiteor, Kyrie, Gloria, Dominus vobiscum . . . Kollekte, Da pacem, Oratio de pace, Agnus Dei, vor allem aber Epistel und Evangelium, lateinisch gesungen), ebenso auch die Elevation der Abendmahlselemente mit Zuwendung zum Altar. Deutsch waren, abgesehen von der Predigt, nur die Einsetzungsworte und vom Liturgen gesungen das Vaterunser, eine Danksagung und der Segen; dazu von der Gemeinde die Lieder: „Gott der Vater wohn uns bei“, „Wir glauben all an einen Gott“, „Jesus Christus“[79] und „Gott sei gelobet“. Der feierliche und auf die Latein verstehende Jugend gerichtete Charakter des Gottesdienstes war hierin noch erhalten. Einen Ausgleich bot der Nachmittagsgottesdienst dieses Sonntags, in dem Luther predigte, obwohl er, von einem Schwindel befallen, die Frühmesse hatte verlassen müssen[80].

Als konträres Gegenstück zu dieser archaischen Form und neben der deutschen Messe hat Luther noch andeutend von einer „dritten Weise, die rechte Art der evangelischen Ordnunge haben sollte“, gesprochen: „Diejenigen, so mit Ernst Christen wollen sein und das Evangelium mit Hand und Mund bekennen, müßten mit Namen sich einzeichen und etwo in eim Hause alleine sich versammlen zum Gebet, zu lesen, zu täufen, das Sakrament zu empfahen und andere christliche Werk zu uben.“ Die Vorzüge dieser nichtöffentlichen Versammlungen wären: Hier könnte man diejenigen, die nicht christlich lebten, ermahnen und bessern oder, wenn nötig, in den Bann tun, auch allen ein Almosen für die Armen auferlegen. Dieser Gottesdienst bedürfte nicht „viel

---

[78] WA 19; 74,2f.

[79] Wohl das Abendmahlslied: „Jesus Christus, unser Heiland, der von uns den Gottes Zorn wandt“.

[80] Das Reisetagebuch von Musculus abgedr. Th. Kolde, Analecta Lutherana (s. o. S. 233, Anm. 32): Eisenach 216ff., Wittenberg 218. Dazu Fendt, Lutherischer Gottesdienst (s. Anm. 26), 192. 259f. A. Boes, Die reformatorischen Gottesdienste in der Wittenberger Pfarrkirche von 1523 an und die „Ordenung der gesenge der Wittembergischen Kirchen“ von 1543/44, in: JLH 4 (1958/59), 20.

und groß Gesänges". „Hie kunnt man auch ein kurze, feine Weise mit der Taufe und Sakrament (Abendmahl) halten und alles aufs Wort und Gebet und die Liebe richten." Auch könnte man „einen guten kurzen Katechismum" (Unterricht) über das Glaubensbekenntnis, die zehn Gebote und das Vaterunser halten. So fühlbar sich Luther an dem Bilde dieser intimen, häuslichen Gemeinde und ihrer Feiern erwärmt, so entschieden weigert er sich doch, sie ins Leben zu rufen. „Denn ich habe noch nicht Leute und Personen dazu, so (und) sehe ich auch nicht viel, die dazu dringen." Sollte er aber einmal dazu gedrängt werden, so wolle er gern das Seine dazu tun. Bis dahin will er es bei den andern beiden Gottesdienstformen (der deutschen und lateinischen Messe) lassen. Seine Sorge ist, „daß nicht eine Rotterei draus werde, so ich's aus meinem Kopf treiben wollte. Denn wir Deutschen sind ein wild, roh, tobend Volk, mit dem nicht leichtlich ist etwas anzufahen, es treibe denn die höhiste Not."[81] Es ist ungemein bezeichnend, wie vorsichtig Luther hier einen Gedanken ausspricht, der ihm offenbar sehr am Herzen liegt. Nicht anders als bei der Einführung der deutschen Messe selbst will er keinen Schritt zu früh tun. Es ist das gleiche ritardando, das seine Äußerungen gegen die ungeduldigen Gemeinde- und Gottesdienstumstürzler Karlstadt und Müntzer bestimmt. Sie fangen die Erneuerung vom falschen Ende, von sichtbaren Formen her an. Er spielt bei dieser „dritten Weise" gar nicht mit einer Gemeinde der „Auserwählten" wie bei Müntzer. Es geht ihm nur um eine Form gottesdienstlichen Lebens derer, „die mit Ernst Christen sein wollen". Er meint damit keine zweite, eigentliche Kirche neben der Pfarrgemeinde. Diese wird vielmehr immer bleiben müssen und eine Voraussetzung der kleinen Kreise bilden. Statt selbst derartige Hausgenossenschaften zu begründen, will er darum auch weiterhin „offentlich unter dem Volk solchen Gottisdienst, die Jugend zu üben und die andern zum Glauben zu rufen und zu reizen, neben der Predigt, helfen fördern, bis daß die Christen, so mit Ernst das Wort meinen (suchen), sich selbst finden und (darum) anhalten"[82]. Wenn er dieses Wunschbild ausmalt, so will er nur etwas, was vielleicht auch andere empfinden, zum Wachsen bringen. Grund für sein Zögern ist dabei nicht allein die Sorge vor Sektiererei, in der die „ernsten" Christen sich bald als die besseren oder einzigen fühlen, sondern auch die Scheu, sich selbst für einen wirklichen Christen zu halten. Schon am Anfang seiner Schrift hatte er über die deutsche Messe gesagt: „Wir stellen solche Ordnung gar nicht umb der willen, die bereits Christen sind, denn sie bedurfen der Dinge keins, umb wilcher willen man auch nicht lebt, sondern sie leben umb unser willen, die noch nicht Christen sind, daß sie uns zu Christen machen. Sie haben ihren Gottisdienst im Geist."[83] Dazu rechnete Luther sich nicht, aber er war bereit, wenn der An-

[81] WA 19; 75,3–30. Zur Problematik der „sonderlichen Gemeine" bei Luther s. zuletzt M. Doerne, Gottes Volk und Gottes Wort, in: LuJ 14 (1932), 89ff. Dort Hinweise auf ältere Literatur.

[82] WA 19; 75,24ff.   [83] Ebd. 73,10ff.

stoß an ihn herankam, dazu mitzuhelfen: eines der Zeichen, wie wenig er andere an sich zu binden versuchte. Erst der Frühpietismus in Deutschland bemühte sich nach vereinzelten Experimenten des 17. Jahrhunderts um eine Vertiefung des kirchlichen Lebens durch solche häusliche Gemeinschaften (collegia pietatis). Spener, von dessen Schriften der Hauptanstoß ausging, hat so, wie es Luther sich dachte, Vorschläge anderer in die Tat umgesetzt. Luthers „dritte Weise" des Gottesdienstes aus der „Deutschen Messe" hat dabei, soviel zu sehen ist, keine Rolle gespielt. Der viel deutlicher gewordene Verfall des geistlichen Lebens in der öffentlichen Kirche und die allgemeine Freudigkeit, sich in Sozietäten aller Art zu verschiedenen Zwecken zu organisieren, gaben die entscheidenden Anregungen[84]. Wohl aber zeigt das Ergebnis etwa die gleiche Rechnung an Gewinn und Gefahren, die Luther veranlaßt hatte, den Gedanken auszusprechen, aber nicht auf eigene Verantwortung auszuführen.

Eine Nebenfrucht von Luthers „Deutscher Messe" war das im gleichen Jahre 1526 erschienene „Taufbüchlein verdeutscht, aufs neu zugericht". Wie der Titel zeigt, handelt es sich dabei nicht um die Verdeutschung des römischen Taufrituals – die hatte Luther schon 1523 vorgenommen –, sondern um eine Änderung des Rituals selbst, und zwar durch einschneidende Kürzungen. Luther hatte damals in seiner vorsichtigen Art von der Taufhandlung um der „schwachen Gewissen" willen nichts geändert, „daß sie nicht klagen, ich wolle eine neue Taufe einsetzen und, die bisher getauft sind, tadeln, als die nicht recht getauft wären"[85]. Er hatte dafür von Freunden viel Tadel zu hören bekommen. Er richtete sich vor allem auf die symbolischen Zutaten (Anblasen, Salz, Speichel, Öl), die in der römischen Taufe zu dem Gotteswort und dem eigentlichen Taufakt hinzugefügt worden waren[86]. Luther hatte sie, wenn auch nicht ohne Bedenken, beibehalten. Jetzt beseitigte er sie. Nur den Exorzismus gegen den Teufel, allerdings ohne die gewohnte lange Ansprache an ihn, ließ er bestehen[87]. Er war für ihn ein Machtwort im Namen Gottes, auf das er nicht verzichten wollte[88].

---

[84] J. Wallmann, Philipp Jakob Spener und die Anfänge des Pietismus (Tübingen 1970), 253 ff.; dort (254, Anm. 2) auch ein Hinweis auf die ungedruckte Dissertation von W. Bellardi, Die Vorstufen der Collegia Pietatis (theol. Diss. Breslau 1931).

[85] WA 12; 48,17 ff.

[86] Vgl. die WA 19; 531 zusammengestellten Äußerungen des Wertheimer Pfarrers Franz Kolb, der Straßburger Prediger und Nikolaus Hausmanns.

[87] Vgl. WA 12; 44,8 ff. 45,11 ff. 47,21 ff. WA 19; 539,4 ff.

[88] Den Zusammenhang hat er einmal auf eine seltene Weise ausgesprochen: „Wir leugnen keineswegs, daß die Kinder getauft werden müssen und behaupten nicht, daß sie die Taufe ohne Glauben empfangen. Sondern wir sagen zur Taufe, daß sie glauben durch die Macht des Wortes, durch das sie exorzisiert werden, und durch den Glauben der Kirche, die sie darbringt und durch ihre Gebete Glauben für sie erlangt." Adversus armatum virum Cokleum (1523), WA 11; 301,23 ff.

XVIII. Die Neuordnung der Kirche

In der Einführung eines neuen Gottesdienstes steckte zugleich ein anderes Problem, das zu Luthers Zögern beigetragen hatte. Wer war berechtigt, so einschneidende Veränderungen des kirchlichen Lebens in Gang zu setzen? Er selbst fühlte sich nicht dazu befugt. Er hatte die Schiedsrichterrolle, welche die Straßburger ihm antrugen, ebenso abgelehnt wie Hausmanns Gedanken eines reformatorischen Konzils zum Zweck der Gottesdienstreform[1]. Zunächst beschränkte er sich auf allgemeine und selbstverständliche Postulate: Beseitigung des Opfercharakters der Messe, Vermeidung jeden Zwanges, Schonung der Schwachen. Erst der Auftrag des Kurfürsten gab ihm den letzten Anstoß, den neuen deutschen Gottesdienst in Wittenberg als Muster, das vielleicht Nachahmung finden könnte, einzuführen[2]. Es war nicht nur Untertanengeist, wenn er seinem Landesherrn damals diese Autorität zuerkannte, sondern er gab sich genaue Rechenschaft darüber. Spalatin hatte in einem Brief an Luther die ihm selbst gestellte Frage weitergegeben, ob der Herrscher, der Gottesdienstformen abschaffe, nicht den ihm zustehenden weltlichen Bereich überschreite und einen Glaubenszwang ausübe. Luther antwortete: „Unsere Fürsten zwingen nicht zum Glauben und zum Evangelium, sondern sie bekämpfen äußere Greuel . . . Die Fürsten müssen ja doch öffentliche Verbrechen wie Meineid, offenkundige Gotteslästerung, welcher Art sie auch sein mögen, verhindern . . . Wir reden hier von den öffentlichen Lästerungen und Blasphemien, mit denen unser Gott geschmäht wird." Was durch die Beseitigung des Meßgottesdienstes getan wird, hat sein Vorbild in der Tempelreinigung Christi. Auch Christus strafte damals die Tempelschändung mit weltlichen Mitteln. Er handelte hier, wie Luther später einmal in einer Predigt über diesen Text sagte, „als Moses", im weltlichen Regiment[3]. In Luthers Denken berühren sich hier zwei Ideenzusammenhänge, ein seit der Antike überlieferter und ein neuer: 1) Gotteslästerung ist ein öffentliches Vergehen, das bekämpft werden muß, denn – so muß man hinzusetzen – Gott läßt seinen Namen nicht ungestraft schänden. Die römische Messe, welche die Einmaligkeit des Opfers Christi aufhebt und die Versöhnung immer neu vollzieht, ist Gotteslästerung. Darum dürfen, ja recht ver-

---

[1] S. o. S. 415f.
[2] S. o. S. 419.
[3] An Spalatin, 11. Nov. 1525, WAB 3; 616,20–617,41. Predigt über die Tempelreinigung (1538), WA 46; 726–737. Vgl. H. Bornkamm, Luthers Lehre von den zwei Reichen im Zusammenhang seiner Theologie, 26.

standen: müssen die Landesherren den Meßgottesdienst abschaffen oder in der Substanz reformieren, um Gottes Zorn von ihrem Lande abzuwenden. 2) Glaube ist frei und darf nicht erzwungen werden. Darum hatte er sich so entschieden gegen die übereilten, die Gewissen vieler überfordernden Gottesdienständerungen Karlstadts und seiner Freunde gewehrt.

Aber irgendwann mußte gehandelt werden. Wann war die Zeit reif dazu? Es gab für diesen Augenblick, wo es „selber anfähet"[4], drei aufeinander folgende Zeichen: 1) Die völlige oder überwiegende Übereinstimmung der für diese Fragen Berufenen, der Pfarrer, sei es in einer Stadt, einem Land oder darüber hinaus; 2) die Zustimmung der Gemeinde eines Ortes durch ihre geordnete Vertretung, den Rat; 3) in einem Territorium die innere Beteiligung und praktische Hilfsbereitschaft des Landesherrn. Die Frage, ob die Stadträte als weltliche Instanzen oder als Vertreter der christlichen Gemeinde handelten, ist nicht alternativ zu beantworten. Sie waren die Organe der Gemeinde, die in einem Notstand oder in einer ungeklärten Situation allein als handlungsfähig galten. Schon längst hatten die Magistrate eine Reihe von kirchlichen Funktionen an sich gezogen. In der Abwehr gegen das System der kirchlichen Pfründenverleihung, das in steigendem Maße den Interessen der Kurie zugute kam, hatten sie Patronats- und Präsentationsrechte erworben und darauf auch ein begrenztes Pfarrwahlrecht für die Gemeinden begründet. Die weithin dem Rat übertragene Verwaltung der zahlreichen Meßstiftungen für Verstorbene („Seelgeräte"), die Schutzherrschaft über die Klöster, aus der die Beteiligung an der Klosterreform und der Verwaltung der Klostergüter erwuchs, die Übernahme einstmals klösterlicher Aufgaben wie Schule, Armenpflege, Spitalwesen u. a. hatten die Grenzen zwischen dem kirchlichen und dem bürgerlichen Bereich weithin verwischt. Was der Rat dabei an Lasten übernahm, begründete ein entsprechendes Maß von Rechten und daraus erwachsenden neuen Einkünften[5]. Voraussetzung für diese Entwicklung war das Bewußtsein einer auf christlicher Grundlage beruhenden Genossenschaft. Das galt nicht bloß, wenn auch bevorzugt, für die Reichsstädte, sondern auch für die Städte innerhalb von Territorien, nur daß die Stadträte hier ihre Rechte mit den Landesherrn zu teilen hatten.

Es war also nichts ganz Ungewohntes, wenn man sich in akuten Fragen kirchlicher Neuordnung an die Stadträte wandte. So geschah es in Altenburg und Leisnig, und damit war ein Vorbild für andere Städte geschaffen worden[6]. Den Kurfürsten zog man dabei zunächst nicht unmittelbar hinein. Er hatte nur die Aufgabe, den Stadträten, die ihr Recht wahrnahmen, nötigenfalls seinen Schutz zu gewähren[7]. Auf die Dauer aber waren die Landesherrn

---

[4] WA 17/1; 459,21, zit. o. S. 418.
[5] A. Schultze, Stadtgemeinde und Reformation, RSGG 11 (Tübingen 1918), 9ff. B. Moeller, Reichsstadt und Reformation, SVRG 69 (Gütersloh 1962), 10ff. Bei beiden ältere Literatur.
[6] S. o. S. 115ff.
[7] K. Müller, Kirche, Gemeinde, Obrigkeit, 49ff.

an einer gleichmäßigen Reform innerhalb ihrer Territorien interessiert. Die radikalen Parolen, mit denen manche Bauernhaufen eine Umwälzung der kirchlichen Verhältnisse gefordert hatten (Pfarrwahlrecht der Gemeinde, Beseitigung des kirchlichen Grundbesitzes, Zerstörung der Klöster), machten umfassende Regelungen nötig. Dabei besaß die landesherrliche Gewalt ein natürliches Übergewicht gegenüber den territorialen Städten. Sie allein war in der Lage, aus dem von innen heraus veränderten kirchlichen Zustand weitergreifende Folgerungen zu ziehen. Nur sie konnte die für die Zukunft der Kirche entscheidenden Universitätsreformen durchführen, sei es durch Neuberufungen oder durch Änderungen des Vorlesungskatalogs (biblische und humanistische Vorlesungen anstatt der traditionellen scholastischen, Ringen um das kanonische Recht). Der Landesherr konnte durch seine Patronate oder ihm besonders unterstehende Kirchen wie das Wittenberger Allerheiligenstift Modelle eines veränderten kirchlichen Lebens schaffen. Er konnte im Rahmen seines allgemeinen Aufsichtsrechtes die Stadtmagistrate zu Neuerungen anhalten und sie dabei unterstützen. Und ihm oblag die Rechtspflicht, Verbrechen wie die Gotteslästerung, also auch die Messe, zu bekämpfen. So gab es schon eine Reihe von praktischen Ansatzpunkten für eine legitime Beteiligung der landesherrlichen Gewalt an der Ordnung des kirchlichen Lebens, ehe die Frage im Großen und in grundsätzlicher Besinnung aufgenommen wurde. Orientierungspunkt dabei war, wie schon die ersten Beispiele Altenburg und Leisnig gezeigt hatten, die Einzelgemeinde. Damit unterschieden sich die nun einsetzenden Reformbemühungen von den bereits im Mittelalter wahrnehmbaren Ansätzen zu einem landesherrlichen Kirchenregiment[8]. Diese entsprangen der Rivalität zwischen den Landesherrn und den Bischöfen und bezogen sich daher auf Gebiete, wo es um greifbare Macht ging: Einfluß auf die finanziell und für die Landeskultur so bedeutsamen Klöster, Beschränkung der politischen Rechte der Bischöfe, insbesondere ihrer unabhängigen Reichsstandschaft, Mitwirkung bei der Besetzung der Bischofsstühle und Domherrnstellen, Rechtsaufsicht über Priester und Mönche, Einschränkung der geistlichen Gerichtsbarkeit u. a. Diese Rivalitäten spielten für die Reformation keine Rolle mehr. Die neuen Gemeinden hatten sich der bischöflichen Leitung ohne Rechtsakte entzogen. Und für das Zwitterding der „geistlichen" Territorien hatte Luther nur die

---

[8] J. Hashagen, Staat und Kirche vor der Reformation (Essen 1931). A. Werminghoff, Verfassungsgeschichte der deutschen Kirche im Mittelalter, 2. Aufl. (Leipzig 1913), 87 ff. Zu Sachsen: R. Zieschang, Die Anfänge eines landesherrlichen Kirchenregiments in Sachsen am Ausgange des Mittelalters, in: BSKG 23 (1909), 1 ff. K. Pallas, Die Entstehung des landesherrlichen Kirchenregiments in Kursachsen vor der Reformation, in: Neue Mitt. aus dem Gebiet hist.-antiquarischer Forsch. 24 (1910), 129 ff. P. Kirn, Friedrich der Weise. A. Lobeck, Das Hochstift Meißen im Zeitalter der Reformation bis zum Tode Herzog Heinrichs 1541, Mitteldeutsche Forschungen 65 (Köln, Wiesbaden 1971), 20 ff. Für die anschließende Epoche: K. Blaschke, Wechselwirkungen zwischen der Reformation und dem Aufbau des Territorialstaates, in: Der Staat 9 (1970), 347 ff.

konsequente Lösung, sie in weltliche zu verwandeln, wie es Hochmeister Albrecht von Preußen tat und Luther es Erzbischof Albrecht von Mainz empfahl[9]. Denn diese geistlichen Fürsten „sind im Grund der Wahrheit weltliche Herrn mit eim geistlichen Namen, darumb sollt man sie (zu) weltlichen Herrn machen oder die Güter den armen Erben und Freunden und dem gemeinen Kasten austeilen"[10].

Nachdem sich für den Übergang von Einzelgemeinden Regeln und Rechtsformen herausgebildet hatten, drängte der lockere und unübersichtliche Zustand von selbst auf den nächsten Schritt: innerhalb eines Territoriums Einheit und Ordnung zu schaffen. Die Kehrseite der neuen Freiheit, die unerwartet heftigen Auseinandersetzungen zwischen den Wittenbergern und anderen neuen Predigern (Karlstadt, Müntzer, Strauß), machte es dringend erforderlich. Der erste, der die Aufgabe erkannte, war der junge Herzog Johann Friedrich, der aktivste und Luther am treusten ergebene der drei sächsischen Fürsten. Er machte Luther einen Vorschlag, wie man mit den Unruhen fertig werden könnte: „Es sind leider der Schwärmer, Gott sei es geklaget!, allzu viel, und machen uns hie oben gar viel zu schaffen. Ich acht aber dafür, daß es nicht baß (besser) möchte gestillet werden, denn daß Ihr Euch eins hätt der Weil genommen und von einer Stadt in die andern im Fürstentum gezogen und gesehen (wie Paulus tät)[11], mit was (für) Predigern die Städte der Gläubigen versehen wären. Ich glaub, daß Ihr bei uns in Duringen kein christlicher Werk tun möcht. Welche Prediger denn nicht tüglich, hättet Ihr mit Hülf der Oberkeit zu entsetzen."[12] Luther hatte eine zu hohe Meinung von dem aus dem biblischen Episkopos abgeleiteten Amt des Visitators, um sich als einzelner und nur von seinem Landesherrn damit betrauen zu lassen. In seiner Schrift De instituendis ministris hatte er schon 1523 in diesem Amt den Schlüssel für den Aufbau einer evangelischen Kirche in Böhmen gesehen. Aber er dachte es sich hervorgegangen aus der Wahl eines oder mehrerer aus dem Kreise der Bischöfe, die ihrerseits von den Gemeinden gewählt waren, also aus einem von unten aufsteigenden Prozeß, zu dem der Rat von Prag zwar den Anstoß geben, den er aber nicht durch eigenes Handeln ersetzen konnte[13]. Luther griff daher den undurchdachten, für einen einzelnen undurchführbaren Visitationsvorschlag des Kurprinzen vorläufig nicht auf.

Auch ein erster praktischer Versuch war nicht sehr überzeugend ausgefallen. Herzog Johann hatte um die Jahreswende 1524/5 dem Eisenacher Predi-

---

[9] S. o. S. 294ff. 359.

[10] Ordnung eines gemeinen Kastens (1523), WA 12; 14,16ff. Dazu H.-W. Krumwiede, Die Entstehung des landesherrlichen Kirchenregiments in Kursachsen und Braunschweig-Wolfenbüttel, SKGNS 16 (Göttingen 1967), 53ff.

[11] Apg. 15,36.

[12] 24. Juni 1524, WAB 3; 310,44ff.

[13] S. o. S. 119. WA 12; 193,23–194,20.

ger Jakob Strauß und dem herzoglichen Rat Burkhard Hund von Wenkheim auf Schloß Altenstein den Auftrag gegeben, in der Gegend von Eisenach zu visitieren. Schon nach wenigen Tagen (etwa 10.–14. Januar 1525) wurde der unüberlegt und bei schlechten Wegeverhältnissen begonnene Versuch auf herzoglichen Befehl wieder abgebrochen. Er hatte in der Hauptsache die Erfahrung gebracht, daß die Adelsherren dem ziemlich energisch auftretenden Visitator Strauß – Burkhard Hund war unglücklicherweise verhindert, ihn zu begleiten – große Schwierigkeiten bereiteten[14]. Der Herzog gab Strauß darum beim zweiten Anlauf einen vom 17. März 1525 datierten Erlaß an alle Amtleute, Stadt- und Dorfoberen und Prediger mit, in dem er ihm sein Vertrauen bekundete und befahl, ihm jede Hilfe zu leisten. Herzog Johann beruft sich dabei eindeutig auf die religiöse Situation des Landes: „Wiewohl in diesen Zeiten Gott der Allmächtige sein heilwertigs gottlichs Wort und Evangelion den Menschen widrumb hat erscheinen lassen, also daß dieselbigte durch sein gottliche Genade nun an vielen Örtern widrumb geprediget, vorkundiget und dem Volk furgetragen, so wirdet doch auch befunden[15], daß sich etzliche falsche Prediger neben den guten mit eindringen und sich unterstehen, unter dem Schein des rainen gottlichen Worts falsche Leren einzufuren und dieselben in das Volk zu bilden." Dementsprechend ist das landesherrliche Eingreifen und der Auftrag an Strauß religiös motiviert[16]. Von

[14] Bericht von Strauß an Herzog Johann vom 15. Jan. 1525, abgedr. R. Hermann, Die Kirchenvisitationen im Ernestinischen Thüringen vor 1528, in: BThKG 1/2 (1930), 167 ff. Dort (170 f.) auch Äußerungen von Justus Menius (1532) und Georg Witzel (1534), der Strauß begleitete, über diese Visitation. Dazu J. Rogge, Der Beitrag des Predigers Jakob Strauß zur frühen Reformationsgeschichte, ThA 6 (Berlin 1957), 86 ff. Hermann (Fortsetzung in: BThKG 3, 1933/35, 1 ff.) und ergänzend R. Jauernig, Die Einführung der Reformation in den Reußischen Landen, in: ebd. 2 (1932/33), 68 ff. geben einen wertvollen Überblick über Quellen und Geschichte der Visitationen.

[15] Entwurf abgedr. Hermann, Kirchenvisitationen (s. Anm. 14), 169. Zweifellos ist „befunden" statt „befreunden" (so Hermann, danach Krumwiede, Kirchenregiment [s. Anm. 10], 79) zu lesen. Vgl. „befinden" in der Instruktion von 1527 (s. Anm. 16).

[16] Da der für die Vorgeschichte der Visitation wichtige Erlaß an schwer erreichbarer Stelle gedruckt ist, zitiere ich anschließend an das obige Stück weiter ausführlich: „Wann wir uns dann am hochsten schuldig erkennen die Ere Gottes des Allmechtigen und die Liebe gegen dem Nechsten und zuvorderst unser Unterthanen Heil Friden und Eintracht zu suchen und also Wege furzunemen, damit dasselb, sovil Gott Gnade vorleiht, verkomen (vorankommen) werde, so haben wir dem erwirdigen, unsern lieben andechtigen Ern (Herrn) Jakoben Strauß, Doctor, Prediger zu Eisenach, als einem, den wir darzu tugentlich (tauglich) und geschickt achten, befohlen, wie wir ime auch hiermit befehlen, unsere Unterthanen und bevoran diejenigen, so jedes Orts zu Predigerampt verordent, im Wort Gottes zu besuchen, visitirn und nach Erfindung dasjenige furzuwenden und Einsehens zu haben, so sich der gottlichen Schrift nach geziemet und geburet, und begern darauf von euch und allen auch itzlichen berurter rechten Unthersassen, zuforderst den Predigern gemelten Doctor Strauß als unsern verordenten Visitatorn in Sachen, so er mit Furlegung des gottlichen Worts anzaigen ader strafen, anfechten und tadeln wurdet, gutwillig und gehorsamlich zu horen und seiner Unterweisung, die er vormittelst dem gottlichen Wort thun wurdet, zu folgen" (Hermann, Kirchenvisitationen [s. Anm. 14], 170). Stücke des Erlasses gedruckt und vorwiegend unter dem Gesichtspunkt der Titulaturen und der Bevoll-

429

der Ordnung äußerer, auch kirchlicher, Verhältnisse ist mit keinem Wort die Rede. Luther war wenig entzückt, daß Strauß, gegen den er – ebenso wie Melanchthon – vom Wucherstreit her Bedenken hatte[17], eine so große Verantwortung übertragen wurde. „Ich wünschte, daß D. Straus, der seine eigenen Herrschaftsbereiche sucht, von den Fürsten Einhalt geboten würde. Dem Mann fehlt es nicht an Begeisterung, wohl aber am Sinn für Ort und Zeit."[18]

Einen neuen, auf eine Visitation größeren Stils gerichteten Vorstoß bei Herzog Johann vom 2. Mai 1525 machte der aktive Nikolaus Hausmann in Zwickau: Da die Bischöfe ihr Aufsichtsamt nicht ausübten, „liege es dem Herzog wie jedem Landesherrn als oberstem Schutzherrn ob, die ewige Verderbnis von den Seelen abzuwenden". Er solle sich ein Herz fassen und wie die römischen Kaiser handeln, welche die Notwendigkeit von Synoden erkannt und sie darum hinter dem Rücken der untätigen Päpste einberufen hätten. „Jetzund sieht E. F. G. (Euer Fürstliche Gnaden), daß nichts Notigeres ist dann zu visitieren." Gegen die erwarteten Bedenken des Herzogs verwies er auf die Beispiele des Königs Josaphat, der seine höchsten Beamten aussandte, um das Volk im Gesetz des Herrn zu unterrichten, und des Markgrafen Kasimir von Brandenburg-Ansbach, der einen Landtag zur Erörterung der Fragen einberufen habe, „was christlich und nützlich sei, beide Regiment in gutem, beständigem Wesen zu erhalten". Warum wolle er ihm nicht folgen, „so doch das helle Licht göttlichen Worts als ein Morgenstern . . . in E. F. G. Stadt Wittenberg wie zu Bethlehem ist aufgegangen"? Und in Luther habe er für diese Aufgaben den besten Mann; er werde sich sicherlich nicht versagen[19].

---

mächtigung untersucht auch bei Krumwiede, Kirchenregiment, 74 ff. In dem herzoglichen „Wir" des Erlasses und dem „wir auch samt allen den unsern" der Visitationsinstruktion von 1527 ist schwerlich der entscheidende Unterschied zwischen den beiden Urkunden zu sehen (ebd. 79). Der Skopus der Sätze ist verschieden. 1525 betonen die Fürsten gegenüber den von Strauß gemeldeten Widerständen ihre höhere Legitimation. Sie sind „am hochsten schuldig", die jetzt zur Ehre Gottes usw. nötigen Maßnahmen zu treffen (s. o.). 1527 bekennen sie sich „sampt allen den unsern" schuldig, Gott zu loben und sich seiner Gnade dankbar zu erweisen. „So befinden wir doch aus teglicher erfharung, das solchs von den unsern wenig beherziget oder zu gemuth genommen wurde." Darum haben wir die Visitation angeordnet (Sehling, Kirchenordnungen, Bd. 1, 142 f. Fortsetzung des Zitats u. S. 434). Die Verbundenheit mit den „Unseren" hätten die Fürsten ebenso gut schon 1525 aussprechen können. Aber der Zielpunkt ihres Schreibens sind damals die widerspenstigen Adligen und Amtleute, 1527 die sämtlichen Untertanen, mit denen sie in gleicher religiöser Pflicht verbunden sind.
[17] S. o. S. 117.
[18] Valde vellem D. Straus sua quoque regna quaerenti per principes inhiberi. Non deest homini furor, sed locus et tempus. An Spalatin 10. Apr. 1525, WAB 3; 470,12 f.
[19] Nach einem mündlichen Vortrag (im Herbst 1524) schriftlich erstatteter Bericht vom 2. Mai 1525, der auch die Mängel der Schulerziehung beschreibt. Abgedr. L. Preller, Nicolaus Hausmann, der Reformator von Zwickau und Anhalt, in: ZHTh 22 (1852), 325 ff. Auszüge bei C. A. H. Burkhardt, Geschichte der sächsischen Kirchen- und Schulvisitationen von 1524–1545 (Leipzig 1879), 5 ff. und Sehling, Kirchenordnungen, Bd. 1, 34. – Der Verweis auf Josaphat ist

Das bewegte Jahr 1525 schob Hausmanns Vorschläge zunächst beiseite, machte aber die Sorgen nur dringlicher. Obwohl noch ganz mit der Erwiderung an Erasmus beschäftigt, trug Luther sie endlich selbst dem neuen Kurfürsten Johann vor. Es sind ganz konkrete Dinge, die den Landesherrn als solchen angehen. Nachdem die Universitätsreform glücklich zu Ende gebracht sei, so schreibt Luther am 31. Oktober 1525, „sind noch zwei Stuck furhanden, wilche foddern E. C. f. g. als weltlicher Oberkeit Einsehen und Ordenung. Das erste ist, daß die Pfarren allenthalben so elend liegen. Da gibt niemand, da bezahlt niemand, Opfer und Seelpfennige[20] sind gefallen." Wenn der Kurfürst nicht eingreife, würden Pfarreien und Schulen bald zugrunde gehen. Und dabei seien Klöster, Stiftungen, Lehen und Spenden genug da; der Kurfürst brauche nur zu befehlen, sie nachzuprüfen, zu berechnen und zu ordnen. Das andere Stück wäre, daß der Kurfürst „auch das weltliche Regiment visitieren ließe und wie Räte in Städten und all ander Amptleute regierten und dem gemeinen Nutz furstunden"[21]. Beide Stücke sind rein weltliche Ausflüsse der landesherrlichen Rechtsaufsicht. Beide sind aber ebenso auch Ausdruck seiner christlichen Regentenpflicht, dem selbstverständlichen Fundament der mittelalterlichen Herrscheridee. Luther unterstützt zwar seine Bitte um Hilfe für die ungeordneten Pfarreien noch durch eine kleine seelsorgerliche Vermahnung: Der Kurfürst möge sich von Gott als sein Werkzeug gebrauchen lassen, auch zum Trost seines eigenen Gewissens, weil er „durch die Not selbs, als gewißlich von Gott, gebeten und gefordert wird"[22]. Aber dadurch wird seine Legitimation nicht geistlich, und sein Handeln bleibt im Rahmen seiner weltlichen Fürsorgeverpflichtung. Der Kurfürst war gegenüber dieser eindringlichen, aber konkreter Vorschläge entbehrenden Bitte Luthers um Hilfe für die Kirche zunächst ratlos. Luther werde wohl selbst einsehen, antwortete er am 7. November 1525, daß er die notleidenden Pfarreien und Prediger nicht auf sein Kammergut nehmen könne. Die Bürger und die Landbewohner müßten auch selbst etwas tun, um geistlich versorgt zu werden. Er bat Luther deshalb um Anregungen, wie man das in Gang bringen könne, und versicherte dazu seinen guten Willen. Für Luthers Forderung, „das weltlich Regiment zu visitieren", sei schon einiges geschehen; nur hätten der Bauernaufstand und andere Geschäfte ihn an weiterem gehindert[23].

Damit war Luther gezwungen, seine eigenen Vorstellungen zu entwickeln.

---

offenbar mit 2. Chron. 17,7ff. begründet. Zu dem Landtag in Ansbach vom Sept. 1524 vgl. Sehling, Kirchenordnungen, Bd. 11, 66.

[20] Stiftungen für Seelmessen.

[21] WAB 3; 595,36ff.56ff.

[22] Ebd. 595,48f.

[23] Ebd. 613f. Der Kurfürst hat Luthers Brief vom 31. Okt. wohl nicht mißverstanden (Krumwiede, Kirchenregiment [s. Anm. 10], 65), sondern bringt den ganz natürlichen Einwand vor, daß er allein nicht helfen könne. Deshalb bittet er um genauere Vorschläge.

Er beschränkte sich auch in seinem Antwortbrief vom 30. November 1525 auf die Finanzfrage, die er natürlich nicht durch das kurfürstliche Kammergut habe lösen wollen. „Weil aber E. K. F. G. gnädiglich begehrt mein Bedenken, wie es soll fürzunehmen sein, gebe ich darauf meine untertänige Meinung, daß E. K. F. G. alle Pfarren im ganzen Fürstentumb ließen besehen, und wo man fünde, daß die Leute wollten evangelische Prediger haben, und der Pfarren Gut nicht genugsam wäre, sie zu unterhalten, daß alsdann aus Befehl E. K. F. G. dieselbige Gemeine, es wäre von dem Rathause oder sonst, so viel jährlich reichen müßte. Denn wo sie wollen Pfarrherr haben, ist E. K. F. G. Ampt, sie dahin zu halten, daß sie dem Arbeiter auch lohnen, wie das Euangelium setzt."[24] Er schlägt für diese „Besichtigung" vor, der Kurfürst solle sein Land in vier oder fünf Gebiete einteilen und in jedes zwei Beauftragte, etwa aus dem Adel oder Amtleute, senden, um die wirtschaftliche Lage der Pfarreien nachzuprüfen und die Zahlung des für den Pfarrer Nötigen aus der jährlichen Steuer zu verfügen. Man könnte zu diesem Amt auch Bürger aus den Städten heranziehen. Dabei sollte man auch den früheren Pfarrern das Nötige zukommen lassen: „Denn es nicht gut wäre, die bisher gesessen, zu verstoßen, wo sie dem Euangelio nicht feind sind, ohn Erstattunge." Andere, die zwar nicht predigen können, aber dem Evangelium nicht geradezu widerstreben, kann man wenigstens verpflichten, die Evangelien mit der Postille zu lesen oder lesen zu lassen, „damit dem Volk rechter Dienst im Euangelio geschähe"[25]. Die finanzielle Visitation rührte also nach zwei Seiten an geistliche Fragen: bei dem auslösenden Wunsch der Gemeinde nach dem Evangelium und bei der Überprüfung, ob man die vorhandenen Prediger im Amt lassen oder wenigstens in eingeschränktem Sinne weiterbeschäftigen könne oder nicht. Nach diesen Gesichtspunkten wurden kleine Probevisitationen in den Ämtern Borna und Tenneberg durchgeführt, bei denen sich bestenfalls die Hälfte der Pfarrer als brauchbar erwies, meistens wesentlich weniger[26]. Das zu untersuchen, bedurfte es auf die Dauer anderer Visitatoren als der Adligen und Beamten. Vor allem jedoch – darauf machte der Gothaer Pfarrer Friedrich Myconius (Mecum), einer der Visitatoren des Amtes Tenneberg, aufmerksam – durften die ortsansässigen Amtleute nicht das Recht haben, Pfarrer ab- und einzusetzen. Das müsse dem Landesherrn vorbehalten bleiben. Er regte aber an, in den wichtigsten Orten „einen Pfarrer einzusetzen, als Aufseher, doch soll er kein Herr über sie sein, nit über sie herrschen, sondern sollen alle gleich sein, sich einer des anderen Diener und Mitknecht erkennen". Er soll Geistliche, an denen er Unrechtes bemerkt, freundlich vornehmen und nur im äußersten Falle der Obrigkeit anzeigen[27].

[24] Ebd. 628,5 ff. Vgl. Matth. 10,10. Luk. 10,7.

[25] Ebd. 628,14–29.

[26] Zahlen bei Krumwiede, Kirchenregiment (s. Anm. 10), 67 nach Burkhardt, Kirchen- und Schulvisitationen (s. Anm. 19), 10 f. und Hermann, Kirchenvisitationen (s. Anm. 14), 183 f.

[27] Nach dem Consilium, das Myconius dem Kurfürsten im Anhang des Tennebergischen Visitationsberichts einreichte. Sehling, Kirchenordnungen, Bd. 1, 34 f.

Das war der Anstoß zum Superintendentenamt mit seinem seelsorgerlich-visitatorischen Charakter.

Ein Jahr nach seinem ersten Antrag vom 31. Oktober 1525 legte Luther am 22. November 1526 einen neuen, nach den ersten Erfahrungen erweiterten Visitationsplan vor. Der Ton ist besorgter und eindringlicher geworden. „Erstlich . . . ist des Klagens über alle Maßen viel der Pfarrherrn fast an allen Orten . . . Da ist keine Furcht Gotts noch Zucht mehr, weil des Bapsts Bann ist abgangen, und tut idermann, was er nur will." Darum gilt seine Hauptsorge der Jugend. „Wo die Jugend versäumet und unerzogen bleibt, da ist die Schuld der Oberkeit, und wird dazu das Land voll wilder, loser Leute." Nach dem Ende des Papsttums sind dem Kurfürsten „als dem obersten Haupt" die Klöster und Stiftungen in die Hände gefallen. Aber dazu kommt auf ihn zugleich auch „die Pflicht und Beschwerde, solche Ding zu ordnen". Luther schlägt darum vor, die Zahl der Visitatoren auf vier zu erhöhen: zwei, die etwas von Zinsen und Gütern, und zwei, die etwas von Lehre und Personen verstehen. Der Fürst soll die Gemeinden, die dazu imstande sind, zwingen, Schulen, Predigtstühle und Pfarren zu errichten. Als „oberster Vormund der Jugend und aller, die es bedürfen", soll er sie „mit Gewalt dazu anhalten, daß sie es tun mussen", wie zum Brücken- oder Wegebau oder zu anderem, was das Land braucht. Die ganze Visitation steht jetzt unter dem Zeichen des Landeswohles. „Nu ist kein notiger Ding, denn Leute ziehen, die nach uns kommen." Das gehört mit zu dem „Gottesdienst", zu dem die Klostergüter einst gestiftet worden sind. Es wäre darum Unrecht, die Einziehung durch den Adel zu dulden oder sie für das kurfürstliche Kammergut zu beschlagnahmen. Was übrig ist, mag der Notdurft des Landes und den armen Leuten zugewendet werden[28]. Luther traf damit das Pflichtbewußtsein des Kurfürsten. In einer umgehenden Antwort gab Johann am 26. November seine Zustimmung und bat Luther, zusammen mit anderen Professoren zwei Visitatoren aus ihrem Kreise zu benennen, die über Personen und Lehre zu urteilen vermöchten. Er war nun entschlossen, „unser Städt, Flecken und Dörfer, do es die Notdurft erheischen tät, zu visitieren". An Mitteln dazu wolle er es nicht fehlen lassen[29]. Luther hatte im Verlauf des Briefwechsels den Kurfürsten auf einer breiten Basis seiner Verantwortung angesprochen: sowohl als Schutzherrn gegen Rechtlosigkeit und Unterschlagung wie als Vater der Landesjugend, als Vollstrecker des Willens der einstigen Stifter wie als von Gott mit seinem Amt beauftragten Christen. Eine spezifisch kirchliche Funktion des Landesherrn ist darin nicht enthalten. In dieser Breite kam dann die Visitation allmählich in Gang.

Zunächst mußten noch die nötigen Vorbereitungen dazu getroffen werden. Die Universität folgte dem Auftrag des Kurfürsten sofort und meldete

---

[28] WAB 4; 133,5–134,51.
[29] Ebd. 137,16f.22f.

433

diesem am 6. Dezember, daß sie Hieronymus Schurff und Melanchthon zu Mitgliedern der Visitationskommission gewählt habe. Daß dieser den praktischen Kirchenleuten Bugenhagen, Jonas, Lic. Pauli, die auch ein paar Stimmen erhielten, vorgezogen wurde, ist nicht nur aus der nachdrücklichen Empfehlung Luthers, sondern auch aus der Sache verständlich. Für die Visitation von Kirchen und Schulen und als Verkörperung der Universitätsautorität, an der dem Kurfürsten lag, war kein besserer zu finden[30]. Neben den beiden Wittenberger Professoren ernannte Kurfürst Johann seine Räte Hans von der Planitz und Asmus von Haubitz am 13. Februar 1527 zu Visitatoren. Die Instruktion für sie wurde am Sonntag Trinitatis (16. Juni) der Öffentlichkeit im Druck bekannt gemacht. Sie ist nach Geist und Planung das grundlegende Dokument der ersten umfassenden evangelischen Visitation. An ihrem Anfang steht eine Art Proklamation, wie sie etwa bei Versammlungen von Adel, Bürgermeistern, Pfarrern, Schulmeistern usw. eines oder mehrerer Orte vorgetragen werden soll: Der allmächtige Gott hat sein ewiges göttliches Wort der Welt gnädiglich „in diesen letzten Tagen" erscheinen lassen. „Dorumb wir auch sampt allen den Unsern schuldig wären, ihn in Ewigkeit zu loben, preisen und ihme Danksagung zu tun." Die tägliche Erfahrung zeigt, „daß solchs von den Unsern wenig beherzigt oder zu Gemüt genommen werde". Etliche wollen dem reinen Evangelium noch immer nicht stattgeben. Andere, wo es angenommen ist, zeigen sich dafür nicht dankbar und wollen ihren Pfarrern nicht den nötigen Unterhalt geben[31]. Daraus ergeben sich die zwei Hauptaufgaben der Visitatoren, welche die Instruktion ausführlich entfaltet: 1) Die Pfarrer müssen auf Anhänglichkeit an die alte „Papisterei", Glaubensirrtümer, Eignung zum Amt und auf ihren Lebenswandel geprüft werden. 2) Es muß für die nötigen Mittel gesorgt werden, sei es aus vorhandenen Stiftungen, sei es, wo diese nicht ausreichen, aus einer „ziemlichen Auflage" des Pfarrvolkes. Die kirchlichen Einkünfte, welche die Städte oder Dörfer bereits an sich gezogen haben, sollen als „gemeiner Kasten" den Armen zugute kommen[32]. Am Ende zahlreicher Einzelbestimmungen – darunter vor allem der Einsetzung von Superintendenten[33] – wird den Visitatoren Vollmacht zu etwa nötigem sofortigem Handeln gegeben und baldiger Bericht an den Kurfürsten gefordert[34]. Er wurde bereits am 13. August erstattet und ist das unentbehrliche Gegenstück zur Instruktion; er füllt sie mit Leben. Überraschend ist die Kritik an den Predigern. Sie betrifft nicht katholische Rückstände, sondern daß sie „alle gemeiniglich durchaus allein den einen Teil des Evangeliums, das ist Remissio peccatorum,

---

[30] Zu der Frage von Krumwiede, Kirchenregiment (s. Anm. 10), 70, der den Wortlaut des Schreibens der Universität aus dem Weimarer Archiv mitteilt.
[31] Sehling, Kirchenordnungen, Bd. 1, 35,142 ff. Vgl. auch Zitat Anm. 16.
[32] Ebd. 144 ff.
[33] Ebd. 146.
[34] Ebd. 148.

und nicht penitentiam geprediget, dadurch das Volk in ihrem Gewissen ärger und roloser (ruchloser, unbekümmerter) worden dann vor je"[35]. Das ist Melanchthons Handschrift. Er hatte schon seit einigen Jahren auf die Buße, die der Auferstandene in seinem Predigtauftrag vorangestellt hat (Luk. 24,27) und die eine Frucht des heiligen Geistes ist, einen verstärkten theologischen Akzent gelegt[36]. Von ihm wird der Bericht stammen und damit auch die eindringliche Ermahnung, mit der die Visitatoren den Landesherrn auf seine Verantwortung hinweisen. „Derhalben unser untertäniges Bitten, E.C.F.G. wollten gnädiglich beherzigen, daß es gar ein seliglich und loblich Werk ist, verständige und christliche Prediger zu verordnen, die das arme Volk rechtschaffen zu dem Weg der Seligkeit mit ihrer Lehr und gutem Leben fuhren und weisen, dadurch Gottes Lob und der Menschen Seligkeit gesucht werde . . . E.C.F.G. wollen sich in dem Gott dem Allmächtigen zu Lob und Ehr und dem Negsten zugut hierinnen gnädiglichen erweisen und die genadenreiche Verheißung von Christo, unserem Herrn, gewärtig sein." Der Freimut, mit dem auch die beiden Adelsherren Planitz und Haubitz neben Melanchthon diesen Appell an den Kurfürsten unterschrieben haben[37], zeigt eindrucksvoll, daß sie sich hierin nicht nur als Beamte, sondern als Mitchristen verstehen[38].

Luther war nicht an der Visitation beteiligt, aber er wurde vom Kurfürsten darüber unterrichtet und um seine Meinung befragt. Dazu sandte dieser ihm am 16. August umgehend den Bericht der Visitatoren und eine größere Ausarbeitung über die wesentlichen Fragen, um die es bei der Visitation gehen müsse. Davon hat sich nur ein Verzeichnis von 35 Themen erhalten: Fragen der Seelsorge und der Lehre, der Besoldung von Kirchen- und Schulpersonen, Armenfürsorge und eine Liste von öffentlichen Lastern und Vergehen bis zu der Bestimmung, „daß niemand nach neunen Zech halten soll". Die Aufgabe, aus diesem Katalog ein brauchbares Handbuch der Visitation zu machen, übertrug der Kurfürst einer zentralen Kommission, die zum ersten Male am 25. und 26. September 1527 in Anwesenheit der Visitatoren, aber

---

[35] Suppl. Mel. 6/1, 369.

[36] Maurer, Melanchthon, Bd. 2, 491 ff.

[37] Schurff hatte sein Visitatorenamt bald wieder niedergelegt, da er als Jurist wenig dabei zu tun hatte und in der Universität, die wegen einer schweren Seuche nach Jena verlegt worden war, dringend benötigt wurde. Friedensburg, Geschichte Univ. Wittenberg, 177 f.

[38] Der Bericht, den Krumwiede bei seiner Analyse der Instruktion (Kirchenregiment [s. Anm. 10], 71 ff.) nicht herangezogen hat, spricht deutlicher als andere Anzeichen dafür, daß die in dem ganz natürlichen Kanzleistil solcher Anordnungen in Gang gesetzte Visitation nicht im Begriff obrigkeitlichen Handelns aufgeht. Krumwiedes Feststellung, „daß der Kurfürst, der mit seinen Untertanen zusammen in der Solidarität des Dienstes am göttlichen Wort steht, seinen Mitchristen im gleichen Atemzuge als Obrigkeit gegenübertritt" (83), gilt nach dem Verständnis der Visitatoren auch vice versa. Man tut allerdings gut daran, diesen Tatbestand nicht durch theologische Termini wie „allgemeines Priestertum" oder Kirche als „endzeitliche Sammlung" (80. 90 f.) zu überspannen. Sie sind in den Quellen zu schwach begründet.

auch Luthers und Bugenhagens, in Torgau zusammenkam[39]. Die Sache hatte aber noch ein unerquickliches Nebenspiel. Melanchthon hatte aufgrund seiner ersten Eindrücke von der Aussprache mit den Pfarrern bei der Visitation[40] eine Reihe vor allem theologischer Artikel verfaßt, die ihm zur Abwehr falscher Folgerungen aus der reformatorischen Lehre besonders wichtig erschienen. Sie befanden sich handschriftlich auch unter den Papieren, welche der Kurfürst am 16. August 1527 Luther zur Äußerung vorlegte. Sie erregten bei ihm keinen Widerspruch, wohl aber bei Agricola in Eisleben, dessen alte Freundschaft mit Melanchthon seit seinem nur halb freiwilligen Weggang nach Eisleben sich ohnehin abgekühlt hatte[41]. Aus dem Erschrecken über die „ungebildeten Lutheraner"[42], die er unter den Geistlichen antraf, hatte Melanchthon seine Hauptsorge schroff an den Anfang gestellt: „Die Pfarrer sollen dem Beispiel Christi folgen. Weil er Buße und Sündenvergebung gelehrt hat (Luk. 24,47), müssen die Pfarrer sie auch den Gemeinden weitergeben. Heute ist es üblich, laut vom Glauben zu reden. Man kann ja aber nicht verstehen, was Glaube ist, wenn nicht zuvor Buße gepredigt ist. Sie füllen neuen Wein in alte Schläuche, wenn sie Glauben ohne Buße, ohne Lehre von der Furcht Gottes, vom Gesetz predigen; damit verführen sie das Volk zu fleischlicher Sicherheit. Diese Sicherheit ist schlimmer als alle früheren Irrtümer unter dem Papst."[43] Mit dieser pädagogischen Einseitigkeit hatte Melanchthon Angriffen auf sein Verständnis der reformatorischen Theologie eine offene Flanke geboten. Agricola stieß sofort mit einer scharfen Kritik der Artikel Melanchthons hinein. Sie ist nicht erhalten, obwohl sie von ihm in Abschriften schnell in viele Hände verbreitet wurde, auch am Hof des immer gut unterrichteten Herzogs Georg[44]. Luther war die Kontroverse sehr unangenehm. Er bat Agricola, sich zurückzuhalten, bis Melanchthon wieder daheim sei und über die Ergebnisse der Visitation und den abschließenden „Unterricht der Visitatoren", dessen Druck geplant sei, verhandelt werden könne. Es wäre bedauerlich, wenn das Visitationswerk durch die vorzeitige Diskussion Schaden erlitte[45]. Melanchthon blieb gelassen und

---

[39] Suppl. Mel. 6/1, 388 f. CR 1, 922 (Suppl. Mel. 6/1, 404 f.).

[40] Besonders wichtig waren die Eindrücke bei der Visitation in Weida; das zeigt der Ertrag, der sich in 32 Artikeln niedergeschlagen hat. Sehling, Kirchenordnungen, Bd. 1,148 f. Aktenauszüge zusammengestellt von Hermann, Kirchenvisitationen (s. Anm. 14), 18 ff. (Fortsetzung). Dazu zuletzt W. H. Neuser, Die Abendmahlslehre Melanchthons in ihrer geschichtlichen Entwicklung (1519–1530), in: BGLRK 26 (Neukirchen-Vlynn 1968), 267 f. Maurer, Melanchthon, Bd. 2, 476 f. Bei beiden frühere Literatur.

[41] Rogge, Johann Agricolas Lutherverständnis (s. o. S. 251, Anm. 101), 55 ff. 98 ff. Zu Agricola s. o. S. 250 ff.

[42] An Caspar Aquila in Saalfeld, Mitte Nov. 1527, CR 4, 960.

[43] Articuli, de quibus egerunt visitatores in religione Saxoniae (so, nicht per visitatores, vgl. K. Müller, Kirche, Gemeinde, Obrigkeit, 63, Anm. 1). CR 26, 9 f.

[44] Vgl. Melanchthon an Jonas 20. Dez. 1527, CR 1, 915. MSA 7/2, 38 ff. MBW 634. Jonas an Luther 3. Jan. 1528, WAB 4; 323,44 ff.

[45] WAB 4; 241,24 ff.

schrieb auch an Agricola einen an ihre einstige Freundschaft erinnernden Brief, in dem er seiner Meinung, Buße stamme aus der Liebe zur Gerechtigkeit, nicht widersprach, sondern wiederum nur pädagogisch fragte: Wer versteht das? Man muß deshalb zuerst von den Schrecken des Gewissens sprechen, die ja doch nicht vom Menschen, sondern von Gott selbst hervorgerufen werden[46]. Luther hatte inzwischen die Kontroverse als einen Wortstreit abgetan. Zwischen Furcht vor Strafe und Furcht vor Gott läßt sich mit Worten unterscheiden, aber nicht in Wirklichkeit und in der Erfahrung. Gott wird den Seinen beistehen, daß sie mit der Strafe zugleich Gott fürchten. Es ist mit dem Lehren der Gottesfurcht wie mit dem Lehren der Freiheit des Geistes: wie aus dieser fleischliche Sicherheit werden kann, so aus jener Angst und Verzweiflung. „Wer will dem widerstehen?" Luther hob damit die Kontroverse von der Stufe der psychologischen Frage nach der Priorität, auf der beide Partner verhandelten, in die Atmosphäre des Glaubens: „Gott wird den Seinen beistehen."[47]

Der leidige Streit kam auch dem Kurfürsten zu Ohren. Am 26. und 27. September trafen Luther und Bugenhagen mit den Visitatoren in Torgau zusammen und brachten die Beratung über die Visitationsartikel zu Ende. Aber schon am 30. September übersandte der Kurfürst Luther eine Reinschrift des in Torgau beschlossenen Textes mit der Bitte an ihn und Bugenhagen, ihn noch einmal durchzusehen. Er teilte ihm dabei besorgt mit, er habe gehört, daß die Papisten „etwas Frohlockung" hätten, weil die Visitationsordnung von den bei ihnen üblichen Themen Buße, Beichte u. a. handelten. Er regte deshalb an, daß die Artikel mit unterscheidenden Erklärungen versehen würden, damit dieses ärgerliche Geschwätz von vornherein widerlegt würde[48]. Luther antwortete dem Kurfürsten ziemlich ungerührt: Bugenhagen und er hätten an der Visitationsordnung wenig geändert. Sie gefalle ihnen gut, weil sie jedermann verständlich sei. „Daß aber die Widerwärtigen möchten rühmen, wir kröchen wieder zurück, ist nicht groß zu achten; es wird wohl still werden. Wer was Gottlichs furnimmt, der muß dem Teufel das Maul lassen, dawider zu plaudern und zu lügen, wie ich bisher hab tun müssen."[49] Die Hauptsache ist, durch diese Artikel zu verhindern, daß man, wie schon vorgekommen, den Pfarrern vorschreiben will, was sie zu predigen haben. Man kann auch nicht alles auf einmal regeln, sondern nur den Samen ausstreuen und dann später das Unkraut jäten. „Denn Ordnung stellen und gestellte Ordnung halten sind zwei Ding weit von einander. Ecclesiastes[50] lehrt, man müsse tun, so viel man kann, und nicht ablassen, das ander gehen

---

[46] Ca. 10. Nov. 1527, CR 1, 904 ff. Suppl. Mel. 6/1, 399. MSA 7/2, 35 ff. (Ende Okt.). MBW 615.
[47] Luther an Melanchthon 27. Okt. 1527, WAB 4; 272,13 ff. MBW 617.
[48] WAB 4; 254 f.
[49] 12. Okt. 1527, WAB 4; 265,1 ff.
[50] Pred. Sal. 11,6.

lassen, wie es gehet, und Gott befehlen, wie es denn im weltlichen Regiment auch zugehet.“[51] Auf einer zweiten Konferenz in Torgau vom 26.–29. November 1527[52] wurde die Kontroverse, die schon beträchtliches Aufsehen erregt hatte, von Luther mit fester Hand beigelegt. Er ließ keine Vorwürfe gegen Melanchthon zu, nahm aber auch nicht gegen Agricola Partei.

Luther erhoffte nun den Druck der Visitationsordnung in Kürze[53]. Aber der bedenkliche Kurfürst hatte noch einmal Bitten und Fragen an ihn. Er bat Luther in einem Brief vom 3. Januar 1528[54], eine Vorrede dazu zu schreiben, und meldete Einwände gegen zwei Teile an, die ursprünglich nicht zu den Visitationsartikeln gehört hatten, sondern von Luther hinzugefügt worden waren: 1) Ein Abschnitt „Vom Sakrament des Leibes und Bluts des Herrn“. In ihm empfahl Luther, zwar die Lehre von der Realpräsenz Christi und der Kommunion unter beiderlei Gestalt nachdrücklich zu predigen, diese aber nicht von denen, die noch Bedenken dagegen haben, zu fordern. Die Leute seien in dem katholischen Brauch zu lange „hart gefangen gewesen“. „Darumb muß man auch dem Tage seine zwölf Stunden lassen und die Sachen Gott befehlen.“ Sein Grundsatz: „Es ist auch unfreundlich, ja unchristlich, solche Schwachen zu zwingen zu beider Gestalt oder einerlei zu wegern (verweigern), denn damit werden sie zu sündigen gezwungen, nämlich wenn sie beider Gestalt wider ihre Gewissen nehmen“, war noch einmal ein später Einspruch gegen die Gesetzlichkeit Karlstadts und seiner Anhänger[55]. Der Kurfürst hätte diese Überlegungen lieber der mündlichen Belehrung der Pfarrer in der Visitation zugewiesen[56]; offenbar um die längst erledigte Frage nicht unnötig und zum Triumph der Papisten wieder aufzuwerfen. 2) Noch größere Bedenken hatte er dagegen, einige Niederschriften Spalatins über Ehescheidung und Ehehindernisse bei Verwandten und Verschwägerten in die Visitationsordnung aufzunehmen. Er fürchtete, daß es bei den Widersprüchen zwischen kanonischem und kaiserlichem Recht Widerstand von hohen Ständen und Erbschaftsschwierigkeiten für Kinder geben werde[57]. Luther folgte in diesem Falle den Bedenken des Kurfürsten. Obwohl er in vielen Punkten Spalatins Memorandum sein Placet geben konnte[58] und dieser in einer wichtigen Frage, dem Konsens der Eltern zu der Ehe von Töchtern,

---

[51] WAB 4; 265,17ff.

[52] Luther reiste am 30. Nov. zurück. Buchwald, Lutherana (s. o. S. 85, Anm. 57). Zu Luthers Reisen, in: ARG 25 (1928), 5.

[53] An Jonas 10. Dez. 1527, WAB 4; 295,25f. An Hausmann 14. u. 31. Dez. 1527, ebd. 300,19f. 312,5.

[54] Ebd. 326f.

[55] Ebd. 330,27ff. 328,25ff. Ich zitiere nicht nach den dort gedruckten ursprünglichen einzelnen Entwürfen Luthers, sondern nach der kaum veränderten Form, in der sie dann in den „Unterricht der Visitatoren“ aufgenommen wurden. WA 26; 214,10ff. 215,18ff.

[56] WAB 4; 326,19ff.

[57] Ebd. 326,27ff.

[58] Ebd. 332ff.

sogar eine von ihm vor längerer Zeit erbetene Stellungnahme Luthers wörtlich zitierte[59], wies Luther in diesen Dingen die Entscheidung doch dem Kurfürsten zu: „als ordentlicher weltlicher Oberkeit, weil die Ehesachen zum Teil auch weltlich und weltlichen Rechten unterworfen ist"[60]. Darauf lief auch der sonst rein seelsorgerlich gehaltene kurze Abschnitt „Von Ehesachen" hinaus, der für den „Unterricht der Visitatoren" von Spalatins langer Liste übrig blieb[61]. Dagegen behielt er – für ihn sehr bezeichnend – die Ausführung über die Rücksicht auf die Schwachen bei[62].

Als der „Unterricht" endlich im März 1528 erschien, zeigte sich, wie viel er seit Melanchthons Visitationsartikeln vom August 1527 durch die gemeinsamen Überarbeitungen in Wittenberg und den Ertrag der beiden Torgauer Zusammenkünfte nicht nur an Umfang, sondern auch an sachlichem Gehalt gewonnen hatte. Obwohl Melanchthon als Mitglied der Visitationskommission federführend gewesen sein wird, lassen sich die Beiträge der Beteiligten nicht genau voneinander sondern. Von Luther stammen wohl die an die Fragen des Kurfürsten anknüpfenden Artikel über Buße, Beichte und Genugtuung und über die Rücksicht auf die Schwachen[63]. Aber auch die geschickte Umformulierung der von Agricola angegriffenen Stellen stammt von Luther, der hier allein schlichten konnte. Sie nimmt der Absicht Melanchthons nichts, beseitigt aber gewisse aggressive Einseitigkeiten bei ihm und überbrückt die Kontroverse durch eine salomonische Formel von „gemeinem Glauben" an Gottes Dasein, Gebot und Gericht, den man besser unter dem Namen Buße, Gebot, Gesetz vortrage, und „rechtfertigendem Glauben", dem „Glauben Christi (an Christus)", der allein „gerecht macht und Sunde vertilget, . . . welchs der Glaub von dem Gebot und Buße nicht tut"[64]. Es war begreiflich, daß beide Seiten sich darin verstanden und bestätigt fühlen konnten.

Der bedeutendste Beitrag Luthers zum „Unterricht der Visitatoren" war aber die Vorrede, die Kurfürst Johann von ihm erbeten hatte. Er gab darin dem schon begonnenen und nun auf breiter Basis weiterzuführenden Werk der Visitation Sinn und Begründung. Es hat eine lange Geschichte. Samuel, Elia und Elisa sind bei den Gläubigen umhergezogen, „nicht aus Lust zu spa-

---

[59] Ebd. 334,75–335,101 = ebd. 153,11–26.

[60] Ebd. 332,35 ff.

[61] WA 26; 225,10–30.

[62] Sie war schon in den Artikeln Melanchthons für die Visiation in Weida (vgl. Anm. 40; Sehling, Kirchenordnungen, Bd. 1, 148) mit dürren Worten, in seinen Visiationsartikeln vom August 1527 (CR 26, 19) mit kurzer Begründung ausgesprochen worden, nun mit Luthers ausführlicher seelsorgerlicher Rechtfertigung.

[63] WA 26; 217–22.214 ff.

[64] Ebd. 202,32 ff. Vgl. dazu Melanchthons Bericht an Jonas vom 20. Dez. 1527 über die Torgauer Verhandlung CR 1, 915 f. MSA 7/2,38 ff. MBW 634. Rogge, Agricolas Lutherverständnis (s. o. S. 251, Anm. 101), 116 f. Zu der Umformulierung gehört auch, daß Melanchthons Begriff „Glaube" durch „Vergebung der Sünde" ersetzt wird. Vgl. CR 26,9 f. mit WA 26; 202,8 ff.

ziern", sondern um ihres Predigtamts willen, ebenso Christus und die Apostel. Die Bischöfe der alten Kirche waren schon ihrem Namen nach „Aufseher oder Visitatoren", sind aber weltliche Herren geworden. Das einstige Visitationsorgan, der das Land bereisende „heilige Send" (Synodus), „solch teuer edle Werk", ist zu einem Strafgericht für finanzielle Dinge und zu einer Instanz für rituelle Fragen entartet. „Aber wie man lehre, gläube, liebe, wie man christlich lebe, wie die Armen versorgt, wie man die Schwachen tröstet, die Wilden strafet und was mehr zu solchem Amt gehöret, ist nie gedacht worden."[65] Das sind die ursprünglichen und bleibenden Themen der Visitation. Nach dem Versagen der Bischöfe war, da niemand mehr einen Auftrag hatte, nichts anderes übrig, als sich an das gemeinsame Amt der Liebe zu halten: d. h. an den Kurfürsten, der selbst diesem Amt unterstellt und zugleich allein in der Lage ist, neue Visitatoren, wie es sie einst gegeben hatte, zu bestimmen. Luther umschreibt die kurfürstliche Legitimation sehr genau: „Daß S. K. F. G. aus christlicher Liebe (denn sie nach weltlicher Oberkeit nicht schuldig sind) und um Gotts willen dem Euangelio zu gut und den elenden Christen in E. K. F. G. Landen zu Nutz und Heil gnädiglich wollten etliche tüchtige Personen zu solchem Ampt fordern und ordenen."[66] Zu dieser Motivation kommt eine zweite: Wenn es mutwilligen Widerstand gegen die Visitatoren gibt, so muß noch einmal die Hilfe des Kurfürsten erbeten werden. „Denn obwohl S. K. F. G. zu lehren und geistlich zu regirn nicht befohlen ist, so sind sie doch schuldig, als weltliche Oberkeit darob zu halten, daß nicht Zwietracht, Rotten und Aufruhr sich unter den Untertanen erheben." Aus diesem Grunde hat Kaiser Konstantin das Konzil von Nicaea einberufen, um die durch Arius angerichtete Zwietracht unter den Christen des Reichs zu beheben und zu „einträchtiger Lehre und Glauben" anzuhalten[67]. Luther unterscheidet also Liebesamt und Obrigkeitspflicht. Das eine dient der Wiederbelebung der seit alters zur Kirche gehörenden Visitation, die andere der Abwehr von Widerstand und Störungen, die zu Unfrieden im Lande führen. Die Verbindung beider liegt in der Person des Kurfürsten, aber auf differenzierte Weise. Der Liebesdienst ist personal, in seiner Zugehörigkeit zur Christengemeinde, begründet, die Verhinderung von Streit im Lande in seinem Herrscheramt als solchem. Der „Unterricht der Visitatoren" beschränkt sich auf geistliche Themen, zu denen sich auch Ehesachen und Schulen rechnen lassen, und enthält eine große Zahl von Lehrstücken, wie sie später in Bekenntnisschriften wiederkehrten. Er behandelt nichts von den praktischen Problemen, die schon in der kurfürstlichen Instruktion vom 16. Juni 1527 geregelt worden waren: Nachprüfung des kirchlichen Vermögens, Pfarrbesoldung, Auflagen der Gemeinden für die Pfarreien, Armenfürsorge u. a. Es war nicht nötig, das alles nochmals zur Sprache zu bringen, da die In-

---

[65] WA 26; 196,21 ff.
[66] Ebd. 197,25 ff.
[67] Ebd. 200,28 ff.

struktion selbstverständlich in Kraft blieb. Sie und der „Unterricht" sind also als Einheit, als gemeinsame Grundlage der künftigen Visitationen zu betrachten. An ihnen waren darum auch weiterhin weltliche Personen beteiligt[68].

Die Briefe Luthers seit 1525, die den Anstoß zur Visitation gaben, die Instruktion und der „Unterricht" zielten nicht auf die Erstellung eines Kirchenregiments, weder eines geistlichen noch eines landesherrlichen, sondern auf eine Bestandsaufnahme, auf vorläufige Regelung der nötigsten Dinge und auf Abwehr der jetzt noch so leicht sich einstellenden Zwietracht. Luther erklärt in der Vorrede ausdrücklich, der „Unterricht" solle kein neues Kirchenrecht („neue bepstliche Decretales") aufrichten, sondern als „eine Historien oder Geschicht, dazu als ein Zeugnis oder Bekenntnis unsers Glaubens" verstanden werden[69]. „Historie" bedeutet die Legitimation aus dem geschichtlichen Zusammenhang seit dem Alten Testament[70]. Die Zukunft steht noch offen, sie wird mit der Visitation nur eingeleitet. Darum hofft er, daß alle „frommen friedsamen Pfarrer", denen am Evangelium liegt, „solchen unsers Landesfürsten und gnädigsten Herrn Fleiß, dazu unser Liebe und Wohlmeinen nicht undankbarlich noch stölzlich verachten, sondern sich williglich, ohn Zwang nach der Liebe Art solcher Visitation unterwerfen und sampt uns derselbigen friedlich geleben, bis daß Gott der heilige Geist Bessers durch sie oder uns anfahe"[71]. Wie das Bessere aussehen könnte, sagt er nicht. Es ist möglich, daß er wie bei seinen Vorschlägen für Böhmen an die Wahl geistlicher Spitzen durch die Gemeinden und die Pfarrerschaft denkt, freilich kaum ohne Zusammenwirken mit dem Landesherrn[72]. Aber das gehörte zu einer Zukunft, die Luther hier noch nicht im Auge hat und für die das Visitationswerk erst die Voraussetzungen schaffen sollte[73]. Freilich hat

---

[68] Übersicht über die nach beiden Seiten vermehrten Visitatoren für das ganze Land seit 1528 bei Burkhardt, Kirchen- und Schulvisitationen (s. Anm. 19), 28 f.

[69] WA 26; 200,10 ff.

[70] Sie ist nicht identisch mit der vom Kurfürsten in seinem Brief vom 3. Jan. 1528 (WAB 4; 326,9) erbetenen „Narration", die Luther im Rückblick auf die Vorgeschichte der Visitation gibt. WA 26; 197,12 ff.

[71] WA 26; 200,13 ff.

[72] S. o. S. 120.

[73] Ein Teil der Schwierigkeiten in der lebhaften Diskussion über die Visitationsurkunden (eingehende Übersicht über die Forschungsgeschichte bei Krumwiede, Kirchenregiment [s. Anm. 10], 13 ff.) liegt darin, daß dieser vorbereitende Charakter der Visitation dabei auf verschiedene Weise übersehen worden ist. Mit der Instruktion von 1527 war nur das geschehen, was Luther in der Vorrede zum „Unterricht" von 1528 näher definierte und gegen mögliche Mißverständnisse sicherte. Ein Gegensatz in der Sache (so K. Holl, Luther und das landesherrliche Kirchenregiment, in: Gesammelte Aufsätze zur Kirchengeschichte, Bd. 1: Luther [Tübingen 1921] 373) besteht zwischen ihnen nicht (so Krumwiede, 109). Andererseits läßt es sich nicht als „der entscheidende Bruch im Gedankengang Luthers" bezeichnen, daß er die Untauglichkeit der Visitatoren zu einem Bischofsamt nicht erkannte (ebd. 108). Obwohl er die Visitation aus dem altkirchlichen Bischofsamt ableitete und seine Freunde unter den Visitatoren gern aufmunternd als

Luther durch das in seinem Wesen liegende Verharren bei dem, was die Stunde forderte, den Weg zu einer tiefergreifenden Neugestaltung der kirchlichen Verhältnisse erschwert.

Bischöfe und Erzbischöfe anredete (Holl, 376), war damit doch ein Bischofsamt im geschichtlich gewachsenen Sinne noch nicht in Sicht.

XIX. Der große Abendmahlsstreit

Von den theologischen Kontroversen, die Luther in der Mitte der zwanziger Jahre durchzufechten hatte, erwies sich nur eine auf die Dauer als sprengendes Element innerhalb der reformatorischen Kirchen: die Auseinandersetzung mit Karlstadt über die Abendmahlsfrage. Die theologische Wirkung Müntzers wurde von seiner Agitation im Bauernkrieg verschlungen und fand mit seinem Tode ein frühes Ende. Und die täuferische Bewegung berührte Luther erst später und wesentlich schwächer. Dagegen hat die Vertreibung Karlstadts aus Kursachsen die Aufmerksamkeit in anderen Reformationsgebieten, vor allem in Süddeutschland und der Schweiz, auf ihn gezogen, seinen Schriften eine weite Verbreitung und ihm eine Anzahl von Anhängern verschafft, die z. T. bedeutender waren als er selbst. Zusammen mit Elementen der böhmischen und humanistischen Kritik an der römischen Sakramentsauffassung haben die Karlstadtschen Ideen in ihrer Weiterbildung schließlich einen tiefen Bruch in der reformatorischen Bewegung herbeigeführt. Luther wurde dadurch in die Defensive gegen den Vorwurf gedrängt, daß er an entscheidender Stelle noch immer den alten Glauben vertrete und den eigentlich geistlichen Sinn des Sakraments verrate. Das macht einen Rückblick bis auf die Anfänge seiner reformatorischen Schriftstellerei nötig.

Luthers thematische Beschäftigung mit dem Sakramentsgedanken und den einzelnen Sakramenten beginnt mit deutschen Sermonen aus dem Jahre 1519. In den frühen Vorlesungen spielt das Sakrament zunächst kaum eine Rolle. Daran zeigt sich, daß hier noch keine wesentliche Differenz von seiner Kirche bestand. In der Frage der Realpräsenz Christi im Abendmahl hat Luther sich weder damals noch später prinzipiell von ihr unterschieden, sondern nur in seiner Auffassung ihres modus (der Ablehnung der Transsubstantiation) und ihres finis (Aneignung der im Sakrament dargebotenen Sündenvergebung allein durch den Glauben). Die von ihm in den Vorlesungen behandelten Texte – und nur solche (bis auf einige Predigten) haben wir aus Luthers Frühzeit – gaben zudem wenig Anlaß, die Sakramentsfragen ausdrücklich zu behandeln. Es ist bezeichnend, daß die für ihn später so wichtige Analogie zum Abendmahl von Testament, Erblasser und Erben erst dort auftaucht, wo sie durch die Texte aus dem Galaterbrief und besonders dem Hebräerbrief zur Sprache gebracht wird[1]. Vor allem die in Hebr. 9 entfaltete, am Bundesblut illustrierte und auf die Reinigung des Gewissens bezogene Testaments-

---

[1] Zu Gal. 3,15 und 17 WA 57 Gal.; 24 f. 82 (1515/16); zu Hebr. 7,22. 8,6.10. 9,14–18 WA 57 Hebr.; 41.193. 44 f. 50 f. 207–213 (1517/18).

vorstellung veranlaßt Luther, den Zusammenhang zwischen den Testamentsworten (Matth. 26,28. Luk. 22,10) und der Sündenvergebung einzuprägen. ,,Daraus folgt, daß das gute, reine, ruhige, fröhliche Gewissen nichts anderes ist als der Glaube an die Vergebung der Sünden, der sich nur auf das Wort Gottes gründen kann, das uns verkündigt, daß das Blut Christi zur Vergebung der Sünden vergossen sei."[2] So ergibt sich, daß ,,im neuen Testament (Bund) nicht das Sakrament, sondern der Glaube an das Sakrament rechtfertigt"[3].

Nachdem das, was Luther zu Papier brachte, sich anfangs fast ausschließlich auf seine Vorlesungsarbeit gerichtet hatte, wandte er sich seit 1517/18 mit seiner Schriftstellerei auch der öffentlichen Seelsorge zu. Zuerst bildete, veranlaßt durch den Ablaßstreit, die Buße das Thema, wobei freilich die gelehrte Auseinandersetzung mit seinen Gegnern die volkstümliche Behandlung noch weit überwog. Erst nachdem die große Fehde einigermaßen abgeflaut war, machte er sich 1519 daran, die Gemeinde planmäßig in Gebets- und Lebensformen der Kirche, darunter auch einige Sakramente (Buße, Taufe und Abendmahl), einzuführen. Wie sehr diese Sermone einem Bedürfnis entsprachen, zeigt sich an den schnellen, zahlreichen Nachdrucken[4]. Die Sakramentssermone bilden im besonderen Sinne eine Einheit: Auf die Anregung von Freunden sind sie der ihm wohlgesinnten Herzoginwitwe Margarete von Braunschweig-Lüneburg gewidmet. Wie auch die übrigen Schriften dieser Gattung sind sie durch eine seelsorgerliche Erfahrung bestimmt, ,,daß so viel betrubt und beängstet Gewissen erfunden und ich bei mir selb erfahren, die der heiligen und voller Gnaden Sakrament nit erkennen noch zu prauchen wissen". Sie suchen mehr Beruhigung durch Werke als Frieden durch die Sakramente in Gottes Gnade[5]. Auch die beiden Abendmahlssermone von 1519 und 1520, die dazu gehören, sind keine theologischen Lehrschriften, sondern dienen einem konkreten Zweck. Der ,,Sermon von dem hochwürdigen Sakrament des heiligen wahren Leichnams Christi und von den Bruderschaften" entfaltet den Sinn der Messe und des darin enthaltenen Sakraments als Gemeinschaftsfeier. Es ist ein großer Trost für den Sünder und Angefochtenen, daß er mit Christus und den anderen Gläubigen ,,ein Kuche, ein Brot, ein Leib, ein Trank ist und ist alls gemein. O, das ist ein groß Sakrament (Mysterium), sagt S. Paulus, daß Christus und die Kirch ein Fleisch und ein Gepein seind."[6]

Wenn Luther so den Menschen, den ,,sein sündlich Gewissen" oder der Tod oder sonst eine Beschwerung des Herzens belastet, an ,,den ganzen Haufen des geistlichen Körpers" in der Sakramentsfeier verweist, so versteht

---

[2] Ebd. 208,22 ff., vgl. 1 ff.
[3] Ebd. 206,4 f.
[4] Vgl. dazu die Nachdrucklisten für diese Schriften bei Benzing, Lutherbibliographie.
[5] Sermon von dem Sakrament der Buße (1519), WA 2; 713,20 ff.
[6] Ebd. 748,18 ff., vgl. Eph. 5,22.

er darunter den umfassenden Trost, den die Gemeinschaft mit Christus und allen Heiligen (Glaubenden) für jede Art von Anfechtung bedeutet, sei es durch Schuld, Tod oder Unglück[7]. Die Realpräsenz von Christi Leib und Blut ist hier nicht das Thema, sondern die Voraussetzung, die Luther bei seinen Lesern noch unbezweifelt machen kann. Das Thema ist, dem Zweck der Sermone entsprechend, der rechte „Brauch" dieses Sakraments, die Erneuerung, die das Liebesopfer Christi und die Liebesgemeinschaft der Gläubigen im Herzen des einzelnen bewirken soll[8]. Bisher hatte man allen Wert darauf gelegt, Christi leibliche Gegenwart zu glauben und zu ehren, aber wenig bedacht, wofür Christus seinen Leib gegeben hat. „Drumb schau auf, es ist dir mehr not, daß du des geistlichen dann des natürlichen Korpers Christi acht habist und nöter der Glaub des geistlichen dann des naturlichen Korpers. Dann der naturlich an (ohne) den geistlichen hilft nichts in diesem Sakrament, es muß ein Vorwandlung da geschehen und geubt werden durch die Lieb."[9] Luther bewegt sich mit diesen Gedanken im Rahmen der neutestamentlichen Abendmahlsauffassung, die auf dem Bund, der lebendigen Gemeinschaft mit dem gegenwärtigen Herrn und der Herrengemeinde, beruht. Nur ist der eschatologische Grundton nicht so vorherrschend wie in der urchristlichen Melodie, ohne doch zu fehlen. Das Sakrament hat dabei nicht etwa eine nur zeichenhafte Bedeutung, die zur Nachfolge der am Kreuz erwiesenen und in der Gemeinde weiter geübten Liebe Christi aufruft. Sondern die reale Gabe dieser Liebesgemeinschaft, begründet auf der realen Gegenwart des Gekreuzigten und Auferstandenen, wird darin angeboten und empfangen. In dieser Gabe ist der Trost der Sündenvergebung eingeschlossen[10]. Sie bekommt den entscheidenden Akzent, sobald Luther in einem zweiten Sermon nicht den Sinn der Feier, sondern der Einsetzungsworte erläutert, und zwar an Hand des ihm längst wichtig gewordenen Testaments- und Erbschaftsgedankens. „Was ist denn nu dies Testament oder was wird uns drinnen bescheiden (vermacht) von Christo? Furwahr ein großer, ewiger, unaussprechlicher Schatz, nämlich Vergebung aller Sünd."[11] Aus der Analyse der

[7] Sermon von dem hochwürdigen Sakrament des heiligen wahren Leichnams Christi und von den Bruderschaften (1519), ebd. 745,1.4 f.

[8] Ebd. 752,17 ff.   [9] Ebd. 751,13 ff.

[10] Dazu am ausführlichsten W. Joest, Ontologie der Person bei Luther (Göttingen 1967), 399 ff. Dort ist auch die unerläßliche Beachtung des Anlasses und damit des Skopus der einzelnen Schriften Luthers sorgfältig durchgeführt. Vgl. auch H. Graß, Die Abendmahlslehre bei Luther und Calvin, 2. Aufl. (Gütersloh 1954), 17 ff. Den in Anm. 6 zitierten Satz Luthers hat K. Barth im Sinne einer zeichenhaften Bedeutung mißverstanden. Luther habe danach schon „alles Nötige gegen – sich selbst gesagt, lange bevor Zwingli aufgestanden war". K. Barth, Ansatz und Absicht in Luthers Abendmahlslehre, in: ders., Die Theologie und die Kirche. Ges. Vorträge, Bd. 2 (München 1928), 26 ff., bes. 57. Dazu direkt A. Peters, Realpräsenz. Luthers Zeugnis von Christi Gegenwart im Abendmahl (Berlin 1960), 51 f.; in der Sache Graß, Abendmahlslehre, 23 f.

[11] Ein Sermon von dem neuen Testament, das ist von der heiligen Messe (1520), WA 6; 358,14 ff.

Abendmahlsstiftung gewinnt Luther den Dreitakt: Wort, Glaube, Geist[12]. Nur scheinbar ergibt sich daraus ein Vorrang des Wortes vor den Abendmahlselementen, denn sie sind ja eine Aussage über diese Elemente, ohne die wir deren Bedeutung nicht verstehen könnten. Insofern gilt: „Nu als (wie) viel mehr liegt an dem Testament denn an dem Sakrament, also liegt viel mehr an den Worten denn an den Zeichen, denn die Zeichen mugen (können) wohl nit sein, daß dennoch der Mensch die Wort habe, und also ohn Sakrament, doch nit an (ohne) Testament selig werde."[13] Damit hatte Luther die Stücke seiner Abendmahlsauffassung in der Hand. Wie er sie entfaltete und was er an ihnen betonte, war eine Frage der Auseinandersetzungen, die er darum zu führen hatte.

Nach der katholischen Seite, deren gesamtes Sakramentshandeln er in der Schrift De captivitate Babylonica ecclesiae praeludium (1520) einer Nachprüfung unterzog, verschärfte er seine Kritik an der Kelchverweigerung und an der Transsubstantiationslehre. Zugleich berührte er aber schon beiläufig einen neuralgischen Punkt, der in der späteren Auseinandersetzung mit den nichtkatholischen Gegnern von zentraler Bedeutung werden sollte: die Deutung von Joh. 6 auf das Abendmahl. Von römischen Theologen wurde das Kapitel als Beweis für die Spendung des ganzen Christus unter nur einer Sakramentsgestalt verwendet, da Christus sich hier bloß als das lebendige Brot, nicht als den lebendigen Kelch bezeichne[14]. Das gab Luther Gelegenheit, seine exegetische Überzeugung darzulegen, daß der Johannestext „mit keiner Silbe" vom Sakrament rede, sondern sich auf den Glauben an Christus als das inkarnierte Wort beziehe[15]. Mit dem gleichen Argument hatte er schon den gegenteiligen Versuch der Böhmen zurückgewiesen, sich für ihren Utraquismus auf die Stelle zu berufen[16].

Aus Böhmen wurden ihm aber auch Fragen vorgelegt, die tiefer in das Sakramentsproblem selbst hineinführten. Sein Freund Paul Speratus, evangelischer Prediger in Iglau in Mähren, schickte ihm im Jahre 1522 zur Begutachtung Abendmahlsartikel der Pikarden[17], worunter Luther, wie es vielfach in der Zeit geschah, die Böhmischen Brüder verstand. Da ihn soeben Abgesandte der Brüder besuchten, konnte er sofort feststellen, daß sie ihnen zu Unrecht zugeschrieben wurden. Er habe „nicht erfunden, daß sie hielten das

---

[12] „Diese Wort (die Einsetzungs- und Sündenvergebungsworte) muß ein iglicher Christen in der Meß fur Augen haben und fest dran hangen, als an dem Hauptstück der Meß . . . Gott muß zuvorkummen allen Werk und Gedanken und ein klar ausgedruckt Zusagen tun mit Worten, wilch denn der Mensch mit einem rechten, festen Glauben ergreif und behalte, so folgt denn der heilig Geist, der ihm geben wird umb desselben Glaubens willen", ebd. 355,33 ff. 356,16 ff.

[13] Ebd. 363,6 ff.

[14] Ebd. 499,18 ff. 500,1 ff.

[15] Ebd. 502,7 ff.26 f.

[16] Verklärung etlicher Artikel in dem Sermon von dem heiligen Sakrament (1520), ebd. 80,11 ff. Über die spätere Bedeutung der Kontroverse um Joh. 6 s. u. S. 451 f. 472 f.

[17] Flüchtlinge aus der Pikardie, s. o. S. 100, Anm. 49. Über Speratus s. o. S. 249.

Brot im Sakrament des Altars für eine bloße Bedeutung des Leichnams Christi und den Wein allein für eine Bedeutung des Bluts Christi, sondern daß sie glauben, das Brot sei wahrhaftig und eigentlich der Leichnam und der Wein wahrhaftig und eigentlich das Blut Christi, wiewohl derselbig Leichnam und dasselbig Blut Christi in einer andern Gestalt da seien, denn sie in dem Himmel sind, auch anders denn Christus in den Geistern ist". Wenn ihm das auch nicht eindeutig genug gesagt war, so erschien es ihm doch ,,der Wahrheit nicht fast (ganz) unähnlich". Wohl aber rügte er an anderen, von den Utraquisten stammenden Artikeln wieder die Deutung von Joh. 6 auf das Abendmahl[18]. Daß die Böhmen, wie er durch spätere Anfragen von ihnen erfuhr, die Anbetung Christi im Sakrament ablehnten, erschien ihm dagegen unbedenklich. ,,Es ist frei, Christus im Sakrament anzubeten und anzurufen. Weder sündigt, wer nicht anbetet, noch der, welcher anbetet." Es kommt allein darauf an, daß Glaube und Liebe dabei sind. ,,Der Glaube will nicht mehr wissen, als daß unter dem Brot der Leib Christi da ist und unter dem Wein das Blut des lebendigen und herrschenden Christus. In dieser Einfalt verharrt er und mißachtet alle neugierigen Fragen."[19]

Mit dem Begriff ,,bloße Bedeutung" war das Stichwort für den ganzen künftigen Abendmahlsstreit gefallen. Luther hatte die Böhmischen Brüder gegen den Verdacht, daß sie das Abendmahl symbolisch verstünden, gegenüber Speratus in Schutz genommen. Eine Anfrage, die ihn beunruhigen mußte, gab ihm Anlaß, noch einmal auf die böhmische Abendmahlslehre zurückzukommen. Markgraf Georg von Brandenburg-Ansbach, der ihm seit dem Wormser Reichstag treu zugetan war, schrieb ihm besorgt aus Prag, er sei ,,von andern angeredt worden, wie ihr schon lernen (lehren) sollt, es sei nit not, daß man das Sakrament Eucharistiae anbete, ehre". Er bat Luther über diese und andere Frage um Antwort, ,,damit wir wissen mögen, was wir glauben sollen, dann wir schier verirrt drin sein und wissen nit, wo hinaus"[20]. Luther erteilte sie in einer Schrift ,, Vom Anbeten des Sakraments des heiligen Leichnams Christi" (1523) in der gleichen freien Weise: Christus hat kein Gebot gegeben, ihn äußerlich durch Verneigen oder Knieen anzubeten. Man kann es tun oder lassen; wesentlich ist allein das Anbeten im Herzen. ,,Das kann jedermann, wo er ist, gehet und stehet . . ., er sei auf dem Feld, liege krank auf dem Bette oder im Kerker gefangen, nicht alleine in den Kirchen, Kapellen, für dem Altar oder auf den Knieen."[21] Er wendet sich gegen den Zwang von beiden Seiten. ,,Jene wollen zwingen, nicht anzubeten, als wäre Christus gar nicht da, dieße wollen zwingen anzubeten, als wäre Christus herrlicher Stand da wie im Himmel." Man solle sich mit solchen kultischen Postulaten nicht gegenseitig verketzern[22].

---

[18] Brief an Speratus 16. Mai 1522, WAB 2; 531,13 ff.
[19] Brief an Speratus 13. Juni 1522, ebd. 560,31 f. 561,64 ff.
[20] Brief vom 5. Jan. 1523, WAB 3; 9,49 ff.
[21] WA 11; 445,18 ff.   [22] Ebd. 448,12 ff., vgl. 3 ff.

Wichtiger als diese zeremonielle Frage waren Luther einige Irrtümer in der Sache, die er mit kurzer, kräftiger Abwehr dem eigentlichen Thema der Schrift voranstellt. Sie richtet sich zum ersten Mal gegen diejenigen, „die das Wortlin ‚ist‘ frevelich ohn Grund der Schrift zwingen dahin, es solle so viel heißen als das Wortlin ‚bedeutet‘“. Also: „Das Brot bedeute den Leib und der Wein bedeute das Blut Christi.“[23] Luther spielt damit auf Gedanken an, wie sie in einem Abendmahlstraktat des niederländischen Humanisten Honius (Hoen) vertreten und später von Oekolampad, Zwingli u. a. aufgenommen wurden. Sie bildeten den zündenden Funken für die große Abendmahlskontroverse seit der Mitte der zwanziger Jahre. Ob Luther sie durch den Honius-Traktat kennengelernt hat, ist nicht sicher. Sie entstammten ja einer wyclifitischen Tradition, die im radikalen Hussitismus und in der devotio moderna weiterwirkte; von ihr war Honius angeregt[24]. Sein Traktat richtete sich nicht gegen Luther, sondern gegen die scholastische Abendmahlslehre. Er wurde ihm auch nicht, wie man lange annahm, durch Hinne Rode im Auftrag von Honius 1521 nach Wittenberg überbracht[25]. Wenn Luther in dieser an die Böhmen gerichteten Schrift den Glauben an die Realpräsenz so stark betonte, so gab er ihm damit keinen neuen Akzent, sondern er sicherte nur ab, was er immer als selbstverständliche Grundlage vorausgesetzt hatte und was er jetzt offen angegriffen sah.

Als die Auseinandersetzung mit Karlstadt begann, war Luther seiner Sache, die er in diesen Jahren hatte durchdenken müssen, schon so sicher, daß der neue Angriff ihm keine Skrupel mehr brachte. In seinem „Brief an die

---

[23] Ebd. 434,22 ff. 7 f.

[24] Der Traktat ist nicht im strengen Sinne ein Brief, wozu Zwingli, der ihn 1525 erstmals drucken ließ, ihn in der von ihm stammenden Überschrift erklärte, Sämtl. Werke, Bd. 4 (1927), 505 ff. Infolgedessen ist die umstrittene Frage nach dem Adressaten gegenstandslos. Früher wurde Luther angenommen, was schon O. Clemen WA 10/2; 315, Anm. 3 für fraglich erklärte. Köhler, Zwingli und Luther, Bd. 1, 155 vermutete Erasmus, F. Blanke in: Zwingli, Sämtl. Werke, Bd. 5 (1934), 907 f. wieder Luther. Auffallend ist, daß Luther in „Vom Anbeten . . .“ nur zwei bei Honius vorkommende Beweisgründe angreift (WA 11; 434,12 ff.), andere (z. B. die mehrfache skurrile Berufung auf Matth. 24,23) nicht, und daß er den Namen des Honius weder jetzt noch später je erwähnt. Die Vermutung Köhlers, daß er nur indirekt von seinen Ansichten gehört habe (155, Anm. 4), ist darum nicht von der Hand zu weisen. Beispiele für die figurative Auffassung (das significat) Wyclifs bei R. Seeberg, Lehrbuch der Dogmengeschichte, Bd. 3 (Ndr. Darmstadt 1959), 792. Wyclif hat früher die traditionelle Realpräsenzlehre vertreten, sie aber dann in eine Präsenz von Kraft und Wirkung, nicht von Substanz umgedeutet, ehe er sie in seiner Schrift „De eucharistia“ ganz aufgab. Über die ältere Lehre Wyclifs s. G. A. Benrath, Wyclifs Bibelkommentar (Berlin 1966), 216 f. 268 f.

[25] O. Clemen hat WA 10/2; 315, Anm. 3 diese früher von ihm selbst vertretene Annahme widerlegt: Hinne Rode in Wittenberg, Basel, Zürich und die frühesten Ausgaben Wesselscher Schriften, in: ZKG 18 (1898), 346 ff. Vgl. auch Th. Kolde, Rez. J. G. Hoop-Scheffer, Die Geschichte der Reformation in den Niederlanden (Leipzig 1886), in: ThLZ 13 (1888), 253 und F. Loofs, Leitfaden zum Studium der Dogmengeschichte, 4. Aufl. (Halle 1906), 802, Anm. 7. Wohl aber hat Rode den Traktat (vermutlich 1524) in die Schweiz gebracht. Köhler, Zwingli und Luther, Bd. 1, 62 ff.

Christen zu Straßburg wider den Schwärmergeist" von Ende Dezember 1524, in der er auf die Fragen der dortigen Prediger über seine Stellung zu Karlstadts Abendmahlslehre antwortete, datierte er seine eigenen Anfechtungen wegen der Realpräsenz auf fünf Jahre früher. Die Beschäftigung mit den neutestamentlichen Grundstellen und ihre lächerliche Auslegung durch Karlstadt hatten sie ihm dann gänzlich vertrieben[26]. Aber gerade weil er sich dieser einstigen Zweifel und der Verlockung, die römische Kirche damit im Innersten, dem Altarsakrament, treffen zu können, noch so bewußt war, mußte ihm nun die Ausbreitung der Karlstadtschen Lehre Sorge machen. Die Straßburger Prediger hatten ihm davon berichtet und fünf in Basel erschienene Abendmahlstraktate Karlstadts übersandt[27]. Daß es in der Schweiz schon Kritik an der Lehre von der Realpräsenz gab, hatte er einige Monate zuvor von dem Wertheimer Pfarrer Franz Kolb erfahren, der in Basel studiert und längere Zeit in schweizerischen Diensten gestanden hatte. Er schrieb ihm am 27. August 1524, er sei mit Zwingli und Leo Jud übereingekommen, daß die Einsetzungsworte signifikativ zu verstehen seien, als sage Christus: ,,Wie jenes Brot Speise ist, die wirklich den Leib sättigt, so ist die Wirklichkeit meiner Passion oder das Wort des Glaubens an meinen Tod Speise und Leben für Geist und Seele."[28] Es war begreiflich, daß Luther diese Anschauung mit der Karlstadts in Verbindung brachte[29], und es war der Sache nach, abgesehen von den Künsten der Karlstadtschen Exegese, auch nicht unrichtig. Selbst Oekolampad, Zwinglis wichtigster theologischer Bundesgenosse, ja Anreger für die Ausgestaltung der schweizerischen Abendmahlslehre, stellte diesem gegenüber fest: ,,In den Fragen der Eucharistie unterscheidet er sich, soweit ich es verstehe, von unserer Meinung nicht."[30] Und Oekolampad, Pellikan und de Coct schrieben bald danach in aller Offenheit nach Wittenberg, daß sie Karlstadt zustimmten[31].

Die große Auseinandersetzung, die sich aus diesen gegensätzlichen Anschauungen ergeben mußte, kam zunächst nur indirekt in Gang. Das Be-

---

[26] Dazu s. o. S. 157 ff. Daß er ,,in diesem Irrtum nicht hängen geblieben, aber stark von ihm angefochten worden" sei, schrieb er am 13. Jan. 1525 an Spalatin, WAB 3; 422,18 f.

[27] S. o. S. 154.

[28] WAB 3; 331,84 ff. Über Kolb s. o. S. 90.

[29] Am 17. Nov. und 2. Dez. 1524 nannte Luther als Karlstadts Parteigänger Zwingli und Leo Jud; am 13. Jan. 1525 Oekolampad, Pellikan und de Coct, offenbar aufgrund eines Briefes an Melanchthon v. 12. Jan. 1525. Staehelin, Briefe und Akten Oekolampads, Bd. 1, 338; Suppl. Mel. 6/1, 275 f. MSA 7/1, 225 ff. CR 2,11. MBW 370. WAB 3; 373,11 ff. 397,5 ff. 422,9 ff. Zu de Coct s. o. S. 258 ff.

[30] An Zwingli 21. Nov. 1524, Sämtl. Werke, Bd. 8 (1914), 252,1 f. Zur Einwirkung Oekolampads auf Zwinglis Abendmahlslehre vgl. H. Rückert, Das Eindringen der Tropuslehre in die schweizerische Auffassung vom Abendmahl, in: ARG 37 (1940), 199 ff., wieder abgedr. in: ders., Vorträge u. Aufs. zur historischen Theologie (s. o. S. 172, Anm. 24), 146 ff., bes. 160 ff.

[31] S. o. S. 260. Gegen den Zweifel Köhlers an dieser Mitteilung aus Basel (Zwingli und Luther, Bd. 1, 181) und ihm folgend O. Clemen (WAB 3; 423, Anm. 7) wendet sich mit Recht Rückert, Tropuslehre (s. o. S. 172, Anm. 24), 159, Anm. 49.

449

wußtsein, daß es um einschneidende Glaubensdifferenzen ging, zeigt sich daran, daß man sich nur zögernd aneinander herantastete und daß zunächst auf Nebenschauplätzen gefochten wurde. So wählte sich Zwingli als ersten Adressaten einer Abendmahlsbelehrung den Reutlinger Pfarrer Matthäus Alber: einen trefflichen Mann, den er zwar nicht persönlich kannte, jedoch hoch schätzte, der aber im Augenblick von schwereren Problemen als der Abendmahlsfrage bedrängt war. Er bot sich für Zwingli an als ein bekannter Lutheraner in einer wichtigen süddeutschen Stadt, der sich durch seinen tapferen Widerstand gegen Erzherzog Ferdinand im Kampf um die Reutlinger Reformation einen Namen gemacht hatte. In Wirklichkeit zielte Zwingli auf Luther, der zwar nicht genannt, auf den aber deutlich angespielt war[32]. Er benutzte ein unsicheres Gerücht über eine Abendmahlskontroverse, in die Alber verwickelt sei[33], um seine eigene Auffassung klarzulegen. Zu Karlstadts jüngst erschienener Schrift äußerte er sich behutsam, halb mit Ja, halb mit Nein. Alles in allem: „Die Meinung Karlstadts mißfällt mir nicht, wenn ich das Büchlein richtig verstehe. Aber seine Ausdrucksweise entspricht nicht dem, was die Sache erfordert." Karlstadt solle inzwischen noch einen anderen Dialog geschrieben haben, der weit gröber sei. Er habe ihn aber noch nicht gelesen, auch sonst nichts von ihm außer den drei Bogen der genannten Schrift[34]. Damit hatte er sich den süddeutschen Karlstadtianern als unabhängigen Bundesgenossen angeboten, ohne Luther und den Seinen Anlaß zu Gegenwehr zu geben. Die Hoffnung, eine ausgleichende und schiedsrichterliche Rolle spielen zu können, erfüllte ihn noch. Sie hinderte ihn freilich nicht, bereits ein massives Urteil auszusprechen: „Wir haben bisher weit am Ziel vorbeigeschossen. Wer an dieser Verfehlung schuld ist, läßt sich jetzt in einem Brief, der kurz sein muß, nicht sagen." Damit konnte nur Luther gemeint sein[35].

Zwingli gründete seine eigene Anschauung auf zwei Beweisstücke: 1) auf Joh. 6 (mit dem Kernsatz V.63: „Der Geist ist es, der lebendig macht, das Fleisch nützt nichts"); damit seien Leib und Blut Christi als Abendmahlsgaben ausgeschlossen. Er kann sich jetzt und später nicht genug tun an Bildern, um die Bedeutung dieser Textstelle auszusprechen: eine wohlbefestigte Vorpostenkette, Riegel, Schild, eherne Mauer, Amulett, unzerbrechlicher Dia-

---

[32] Ad Matthaeum Alberum de coena dominica epistola, Zwingli, Sämtl. Werke, Bd. 3 (1914), 322 ff. Seine Hochschätzung Albers ebd., 335,6 f. Über Alber: G. Bossert, Art. Alber, Matthäus, in: RE Bd. 1 (1896), 289 f. Zu dem augenblicklichen, durch die Einführung der deutschen Messe ausgelösten Kampf in Reutlingen vgl. das Mandat Ferdinands vom 18. Sept. 1524, das die Einwohner des Herzogtums Württemberg aufforderte, die Stadt und insbesondere den Prediger vollständig zu meiden. Zwingli, Sämtl. Werke, Bd. 3, 352 f. Anspielung auf Luther ebd. 330 f. 352,5. 335,11 ff. Köhler, Zwingli und Luther, Bd. 1, 74.

[33] Zwingli, Sämtl. Werke, Bd. 3, 335,4.

[34] Ebd. 336,3 ff. Lob Karlstadts und vorsichtige Kritik an ihm ebd. 343,6 ff.

[35] Ebd. 335,11 f. peccati huius autor auf Luther gedeutet von Köhler ebd. 330 und Zwingli und Luther, Bd. 1, 74.

mant[36]. Damit widersprach er, ohne es zu sagen, der exegetischen Überzeugung Luthers, daß Joh. 6 sich auf keine Weise, weder negativ noch positiv, auf das Abendmahl beziehen lasse[37]. 2) Die Kernfrage aber liegt in den Einsetzungsworten selbst. Sie ist für Zwingli gelöst durch den Bildcharakter vieler biblischer Aussagen, auf die er durch den Honius-Brief hingewiesen worden war. Aus ihm sind auch die Hauptbeispiele genommen: Die sieben fetten Kühe „sind" die sieben fetten Jahre; der Same „ist" das Wort Gottes; Jesus sagt: ‚Ich „bin" der Weinstock.‘ „Ist" kann also heißen „bedeutet"[38]. Die beiden Beweisstücke stützten einander. Joh. 6 lieferte den Realgrund, die offenkundige Absurdität („Fleisch nützt dem Glauben nichts"), die eine Identitätsaussage ausschließt. Das erfordert eine übertragene Deutung, wie sie sprachlich ja möglich ist. Diese beiden Beweisstücke sind die Pfeiler, auf denen die Zwinglische Abendmahlsanschauung ruht. Der Brief an Alber wurde zunächst nur in Abschriften, allerdings in Hunderten von Exemplaren, verbreitet. Zwingli wollte sich offenbar auf die Front zwischen Karlstadt und Luther noch nicht festlegen. Aber er erregte durch diese Heimlichtuerei natürlich nur Neugier und bei den Wittenbergern Ärger. Bald darauf, im März 1525, gab er den Brief auch gedruckt heraus[39].

Zwingli ergänzte die elementare Beweisführung des Alber-Briefs schrittweise noch durch drei weitere Argumente. Das erste, eine semantische Ausführung über den Begriff Sakrament, war schon in dem Brief berührt worden und rückte bei der umfassenden Behandlung der Frage in dem großen De vera et falsa religione commentarius, den er schon unter der Feder hatte (erschienen im März 1525), an die Spitze[40]. Nach Varro ist „Sakrament" ein von Streitenden auf den Altar gelegtes Pfand. Oder es bedeutet (wie im Französischen und Italienischen) den Eid, im besonderen den Fahneneid. Es hat also nach Zwingli nichts mit etwas Geheimnisvoll-Heiligem oder einem Mysterion zu tun, das die Vulgata aus ihm unbekannten Gründen mit sacramentum übersetzt. Man muß demnach unter Sakrament eine feierliche Verpflichtung (initiatio aut oppigneratio) oder Zeremonie verstehen, „durch die sich der Mensch der Kirche als Jünger oder Soldat Christi erweist"[41]. Das zweite Argument ist historischer Art: ein patristischer Traditionsbeweis, der an einer Reihe von Zitaten bis zu Augustin zeigen soll, daß die großen alten Väter eine

---

[36] Zwingli, Sämtl. Werke, Bd. 3, 336ff. Zitate bei Köhler, Zwingli und Luther, Bd. 1, 76. 88. 90. 96.
[37] S. o. S. 446. H. Gollwitzer, Zur Auslegung von Joh. 6 bei Luther und Zwingli. In memoriam Ernst Lohmeyer, hg. v. W. Schmauch (Stuttgart 1951), 143 ff.
[38] Zwingli, Sämtl. Werke, Bd. 3, 345.
[39] Zwingli nannte am 23. Okt. 1525 an Bugenhagen „mehr als 500 Brüder" (in Anspielung auf die Zeugen der Auferstehung 1.Kor. 15,6) als Empfänger der Abschriften. Vgl. die Angaben von Köhler in Zwingli, Sämtl. Werke, Bd. 3, 325 . 31f.
[40] Kurz erwähnt: An Alber, Zwingli, Sämtl. Werke, Bd. 3, 348,21; Commentarius ebd. 758–761.
[41] Ebd. 758,15ff. 759,5f. 761,22ff.

von der römischen Meßopferlehre abweichende symbolische Abendmahls-anschauung vertreten haben; Zwingli sei also nicht der erste, der es tue[42]. Einige Proben aus Tertullian und Augustin hatte er schon im Brief an Alber gegeben[43]. Eine umfassendere Sammlung konnte er sich sparen, weil im Herbst 1525 Oekolampad eine noch größere Zahl von Kirchenvätern als Kronzeugen für seine und Zwinglis Lehre aufbot[44]. Auf Oekolampad geht wohl auch das dritte Argument zurück, mit dem Zwingli sein Repertoire erweiterte: eine genaue Definition seiner bildlichen Deutung der Einsetzungsworte durch den aus der antiken Rhetorik stammenden Begriff des Tropus. Er begegnet zuerst bei ihm in der im August 1525 erschienenen Schrift: Subsidium sive coronis de eucharistia[45]. Mit dem Tropus hatte Zwingli einen wissenschaftlichen Terminus für die Deutung der Abendmahlsworte gefunden, der sich auch auf viele andere biblische Stellen anwenden ließ[46]. Damit konnte er sich von Karlstadt und seiner ,,reichlich gewaltsamen" Exegese scheiden, woran ihm schon angesichts des Zulaufs, den dieser aus Täuferkreisen erhielt, viel lag[47].

Gegenüber der von verschiedenen Seiten und mit bereits recht differenzierten Gründen vertretenen symbolischen Abendmahlslehre, die sich in Südwestdeutschland und in der Schweiz verbreitete, war Luther in Rückstand geraten. Erst kürzlich (Ende Januar 1525) war der zweite Teil seines Buches ,,Wider die himmlischen Propheten" erschienen, der ganz der Abendmahlsfrage gewidmet war. Darin war Karlstadt noch der einzige Gegner, und Luthers Kritik galt allein einer bekannten exegetischen Methode, der Allegorie[48]. Er selbst bediente sich nur nebenbei eines grammatischen Hilfsmittels, der Redefigur der Synekdoche (mit der man ,,ein Ganzes nennet und doch nur ein Teil meinet")[49]. Das Schwergewicht seiner Gedanken-

---

[42] Ebd. 809–815. 816,1 ff.

[43] Ebd. 346 f. Tertullian, Adv. Marcionem 1, 14. Augustin, Enarr. in Psalm. 3. Zitate bei Zwingli, Sämtl. Werke, Bd. 3, 346 f. Hinweise auf Material aus den Kirchenvätern, vor allem aber aus Wyclif und waldensischen Schriften hat Zwingli von dem jungen Bullinger erhalten. J. Staedtke, Voraussetzungen der Schweizer Abendmahlslehre, in: ThZ 16 (1960), 19 ff., bes. 20. 31 f.

[44] De genuina verborum Domini ,Hoc est corpus meum' iuxta vetustissimos autores expositione liber. Dazu G. Hoffmann, Sententiae patrum. Das patristische Argument in der Abendmahlskontroverse zwischen Oekolampad, Zwingli, Luther und Melanchthon (theol. Diss. Heidelberg 1971; Mschr.), 5 ff. Staehelin, Lebenswerk Oekolampads, 276 ff. Köhler, Zwingli und Luther, Bd. 1, 117 ff.

[45] ,,Unterstützung oder Schlußschnörkel vom Abendmahl" (zu Zwinglis Commentarius), Sämtl. Werke, Bd. 4, 440 ff. Vorrede datiert 17. Aug. 1525.

[46] Ebd. 472 ff.

[47] Ebd. 463,19–465,20. 466,14 ff. Rückert, Tropuslehre (s. o. S. 172, Anm. 24), 152 ff. Dort 160 ff. über Oekolampad als Vorgänger und vermutlichen Anreger für die Anwendung der Tropuslehre.

[48] WA 18; 178,8 ff.

[49] Ebd. 187,14 ff. Die Synekdoche (von Luther verstanden als Redefigur: totum pro parte et

führung lag in theologischen und seelsorgerlichen Argumenten[50]. Als dann durch die Tropuslehre der Schweizer die Abendmahlskontroverse sich immer mehr auf das Feld der Sprache verlagerte, machte Luther die Synekdoche zu seiner hauptsächlichen sprachlogischen Waffe[51].

Die Nachrichten über die Verbreitung des „Karlstadtschen und Zwinglischen Giftes", wie er nun im Sommer 1525 sagte, beunruhigten ihn sehr. Er warnte vorbeugend, so oft er konnte, sogar bis nach Schlesien und Ostpreußen[52]. Aber in der Klemme zwischen Bauernkrieg und Erasmus-Streit war er nicht imstande, sofort wieder in den Kampf einzugreifen. Bugenhagen trat für ihn ein. Er gab dem frisch promovierten Ambrosius Moibanus, der als Pastor an St. Elisabeth in Breslau berufen worden war, auf dessen Bitte Mitte Juli 1525 einen „Sendbrief wider den neuen Irrtum bei dem Sakrament des Leibs und Blutes Christi" mit, der scharf mit Zwingli abrechnete, schärfer, als es selbst Luther lieb war[53]. Er erschien kurz darauf im Druck[54]. Zwingli antwortete, von mehreren Seiten aufgefordert, bald energisch, aber mit überlegener Ruhe. Er wies erneut den Scheltnamen eines „Karlstadtianers" zurück und benutzte dabei über Gebühr die Gelegenheit, seine Unabhängigkeit von Karlstadt zu betonen[55]. Der erste Schriftenstreit endete für die Wittenberger nicht rühmlich.

Sie wurden in dieser Zeit noch mit einer dritten von Luther abweichenden Abendmahlsanschauung bekannt gemacht. „Der Irrtum vom Sakrament hat nun in einer Meinung drei Sekten", schrieb er am Ende des Jahres 1525,

---

ediverso, Postille 1521, WA 7; 473,2) hatte er schon früher gerühmt. Im Streit mit Latomus war sie von beiden Partnern benutzt worden. Sie kommt nach Luther oft in der Schrift vor, aber immer als „eine liebliche und notwendige Figur und ein Symbol der göttlichen Liebe und Barmherzigkeit". In diesem Sinne findet sie sich besonders oft bei den Propheten, WA 8; 65,17 ff. 7 ff. 66,14 ff. Zu Luthers Gebrauch der Synekdoche vgl. Krause, Kleine Propheten, 205 ff., dort die frühere Literatur.

[50] S. o. S. 157 ff. Dazu Graß, Abendmahlslehre (s. Anm. 10), 33 ff.

[51] WA 26; 322,31 ff. 444,1 ff. H. Gollwitzer, Coena Domini. Die altlutherische Abendmahlslehre in ihrer Auseinandersetzung mit dem Calvinismus, dargestellt an der lutherischen Frühorthodoxie (München 1937), 41 ff.

[52] An Johann Heß in Breslau 19. Juli 1525 u. Johann Brießmann Mitte Aug. nach Königsberg, WAB 3; 544,3 ff. 555,6 f. (dort spricht Luther vom „Gift"). Ob in Breslau schon Schriften Zwinglis verbreitet wurden (ebd. 545, Anm. 3), ist nicht gesagt. An beiden Stellen fällt ein Wort des Bedauerns und der Hoffnung über Karlstadt, den er damals acht Wochen in seinem Hause beherbergte. Vgl. o. S. 366.

[53] Th. Kolde, Analecta Lutherana (s. o. S. 233, Anm. 32), 74.

[54] Von Bugenhagens Schrift erschienen rasch 5 deutsche und 6 lateinische Drucke; verzeichnet mit den Gegenschriften des „Cunrat Ryss zu Ofen" (Pseudonym) und Zwinglis bei G. Geisenhof, Bibliotheca Bugenhagiana (Leipzig 1908), Nr. 162–177.

[55] Ad Ioannis Bugenhagii Pomerani epistolam responsio Huldrychi Zwinglii. Dazu ausführliche Darstellung der Kontroverse und Kommentar des Textes von G. Finsler in: Zwingli, Sämtl. Werke, Bd. 4, 546 ff. Köhler, Zwingli und Luther, Bd. 1, 196 f. 283 f. Kritik an Zwinglis Selbstdarstellung ebd. 285 f. Rückert, Tropuslehre (s. o. S. 172, Anm. 24), 153 f.

„Zwingli geht mit anderen Gründen weiterhin gegen Karlstadt vor als der Schlesier Valentin (Krautwald) gegen beide und alle sonst . . . Dieser Streit der Sekten ist ein Zeichen, daß ihre Lehre vom Satan ist. Denn der Geist Gottes ist nicht ein Gott der Uneinigkeit, sondern des Friedens.“[56] Krautwald, Kanonikus an der Schloßkirche zu Liegnitz, konnte sich für seine Deutung sogar auf ein besonderes Geisteserlebnis berufen. Er gehörte zu den Freunden des Adelsherrn Kaspar von Schwenckfeld, der, durch Luthers Schriften gewonnen, an der Einführung der Reformation im Herzogtum Liegnitz wesentlichen Anteil hatte. Schwenckfeld war leidenschaftlich, aber auf unabhängige Weise von den theologischen Fragen der Zeit bewegt, so auch jetzt vom Abendmahlsstreit. Eine Aufzeichnung seiner Meinung darüber hatte er Luther schon geschickt. Bei einem Besuch in Wittenberg am 1. Dezember 1525 überreichte er ihm dann einen Brief, den Krautwald ihm über seine Offenbarungen geschrieben hatte[57]. Es ist ein psychologisch höchst interessantes Dokument, wie aus eigenen Grübeleien das Erlebnis einer Inspiration erwächst. Ein Gespräch in Schwenckfelds Freundeskreise am 16. September 1525, bei dem dieser eine von ihm verfaßte Niederschrift – vermutlich die auch an Luther gesandte – verlas, hatte ihm das Sakramentsproblem „wie einen ungeheuren Fels“ aufs Herz gelegt. In der Nacht überfiel ihn die Frage: „Wie, wenn weder Martinus noch Zwingli das Wesen der Eucharistie treu und im Sinne Christi erfaßt hätten und der echte, wahre und reine Sinn der Worte Christi ein ganz anderer wäre, der ihnen und dir (Schwenckfeld) verborgen geblieben ist?“ Er suchte vergeblich Rat in seinen Büchern, zunächst bei Cyprian, den er gerade zur Hand hatte. Erst am Morgen, kurz nach dem Aufwachen, kam die Erleuchtung mit einem Schlage: „In mir erhob sich eine wunderbar durchdringende und mächtige Kraft, so wie Licht plötzlich aus

---

[56] An Michael Stiefel 31. Dez. 1525, WAB 3; 653,5 ff., vgl. 1.Kor. 14,33. Ausführlicher in Luthers „Antwortschreiben an die Christen zu Reutlingen“ (1526), WA 19; 120,25–122,15. Später zählte Luther bis zu sieben Sekten und „heilige Geister“. Vgl. Schwenckfelds Sendbrief von 1527, CS 2; 452,16 ff.; ausführlich in Luthers „Kurzes Bekenntnis vom heiligen Sakrament“ (1544): „Erstlich wurden sie gewarnet flugs im Anfang von dem heiligen Geist, da sie wohl in sieben Geister sich teilten über dem Text, immer einer anderst als der ander . . . Diese heilige Geister allesampt wie hart sie uber dem Text uneins sind, stimmen sie doch zusammen in dem hohen geistlichen Sinn, daß Brot Brot, Wein Wein sei.“ Er hielt sie also alle im Grunde für Zwinglianer, WA 54; 148,29 ff. 151,19 ff. Vgl. auch WAB 4; 33,10. 42,35. 19,458 ff. Für Schwenckfeld waren es von Anfang an zwei, geschieden an der Frage, ob der Leib Christi im Brot sei. CS 2; 278,30; 446 f.; 451 f. Dazu E. Hirsch, Schwenckfeld und Luther, Lutherstudien, Bd. 2 (Gütersloh 1954), 35 ff., bes. 44 f.
[57] Der lateinische Text von Krautwalds Brief ist im CS und danach WAB 3; 631–633 gedruckt. Im CS findet sich auch Schwenckfelds in seinem Epistolar (II, 1570) veröffentlichte deutsche Übersetzung. Ich übersetze den Originaltext nach CS und WA. – Die Herausgeber des CS haben zum Datum bemerkt: September 15, 1525 becomes a prominent date in the history of the Middle Way. Zu diesem von Schwenckfeld gern gebrauchten Terminus (oder royal way) vgl. S. Schultz, Caspar Schwenckfeld von Ossig (1481–1561), Spiritual interpreter of christianity, Apostle of the middle way, Pioneer in modern religious thought (Norriston 1946), 104 ff.

der Dunkelheit aufstrahlt. Sie nahm mich ganz gefangen, beschenkte mich mit großer Weisheit und führte mich zur Erkenntnis der Eucharistie. Sie breitete sich im ganzen Leibe, vor allem im Kopfe aus und erhellte mir alle Schriftstellen über die Eucharistie wie mit einem Schlage . . . Dann sprach sie mit süßer Stimme noch über vieles andere mit mir." Der wesentliche Inhalt der Offenbarung war, daß die Rede Christi in Joh. 6 die Richtschnur sein müsse. Krautwald las nun, noch immer mit erschrockenem Herzen und von Tränen überströmt, die Abendmahlsstellen in den Evangelien, „bis schließlich vor der Süßigkeit der Lehre mein Gedächtnis erstarrte und mein abgestumpfter Geist sich vor einem solchen Lehrer entsetzte"[58]. Er behielt seine Erkenntnis zehn Tage für sich und las im Neuen Testament, dem kanonischen Recht und den Kirchenvätern. Dann besprach er sich acht Tage lang mit nahestehenden Brüdern und schrieb schließlich 16 Thesen und Belegstellen aus den Kirchenvätern nieder[59]. Sie liefen nicht wie bei Zwingli auf einen rhetorischen Tropus (ist = bedeutet) hinaus, sondern auf eine andere grammatische Konstruktion, die er als Hebraismus begründete: die Umstellung von Subjekt und Demonstrativpronomen. Auf den Kelch deutend: Hoc est sanguis meus besagt: „Mein Blut ist dies", nämlich ein Kelch, ein Trank und wahrer Wein, der den ewigen Durst stillt. Hoc est corpus meum, quod pro vobis datur, ita construe: Corpus meum, quod pro vobis datur, est Hoc, panis scilicet . . . Semen est verbum dei, construe: Verbum dei est semen[60]. An einer ganzen Reihe von Beispielen versuchte er, die Zwinglische Signifikationstheorie abzulehnen und doch die Realpräsenz zu vermeiden. Er erreichte damit nur eine andere Form von Bildlichkeit. Daß eine solche Verbindung von Geistesoffenbarung und grammatischer Regel einem so empfindsamen, aber laienhaften Mann wie Schwenckfeld imponieren mußte, war begreiflich; daß sie Luther keinen Eindruck machte, nicht minder. Er hörte Schwenckfeld in der Unterredung vom 1. Dezember 1525 freundlich an, überließ aber nach kurzer Zeit das Gespräch Bugenhagen[61]. Er versicherte ihm danach noch einmal, er wolle ihn nicht verurteilen. Aber er müsse wissen, ob er der ihm vorgelegten Offenbarung gewiß sein könne. „Dies ist eine Sache des Glaubens, ich muß es zuvor im Gewissen haben und fühlen." „Es ist nicht genug, daß ich einen guten Verstand (Verständnis, Deutung) habe, sonder ich muß gewiß sein, vorderlich in so großen Artikeln, daß es also und

---

[58] CS 2; 194,15. 196,10 ff.24. 198,11 ff. 200,20 f. – WAB 3; 631,8 f.16 ff.28.37 ff. 632,65 f.
[59] CS 2; 200,30 ff. WAB 3; 632,73 ff. Die Thesen CS 2; 204–208. WAB 3; 633.
[60] CS 2; 206,9 ff. 204,16 ff.19 ff. Der Verdeutlichung wegen ist der erste Satz halb übersetzt.
[61] Erst 1540 hat Schwenckfeld in seinem 4. Sendbrief an seinen Onkel Friedrich von Walden einen ausführlichen Bericht über seine Wittenberger Unterredungen gegeben, CS 2; 240–282; zu Luther bes. ebd. 243–245. 276–282; das meiste betrifft die Unterredung mit Bugenhagen. Ob es sich dabei um einen Auszug aus einem Tagebuch Schwenckfelds handelt (ebd. 237), ist schwerlich beweisbar. Jedenfalls aber macht die Erinnerung an diese für ihn bedeutsamen Gespräche der Sache nach einen zuverlässigen Eindruck.

nicht anders muß verstanden werden."[62] Eben dazu aber war Schwenckfeld nicht imstande. Er hat auch die Gewißheit, die sich auf die Offenbarungen Krautwalds berufen konnte, fahren lassen. Vom Jahre 1525 an hat er bis zu seinem Tode 1561 „Stillstand", völlige Enthaltung gegenüber dem Sakrament, geübt. Mit dem Zweifel an der rechten Einsetzung des Sakraments verband sich dann in steigendem Maße das Bedenken, ob der einzelne und die Gemeinde des Abendmahlsempfanges würdig seien. Seine Gemeinden sind ihm darin gefolgt, und ihr Vorbild hat wohl auf englische Spiritualisten und Quäker weitergewirkt[63].

Luther ließ sich mit der versprochenen schriftlichen Antwort an Schwenckfeld und Krautwald unerwartet lange Zeit. Die Kontroverse, deren er sich im eigenen Lager nicht versehen hatte, traf ihn schwer. Bisher habe er es mit „eitel faulen Teufeln" zu tun gehabt, die um profane, unbiblische Fragen wie Papsttum, Fegefeuer „und ähnliche Albernheiten" gestritten hätten. Jetzt werde der Kampf erst ernst, denn der Teufel hole Fragen aus der Schrift selbst hervor. „Schwenckfeld ist mit seinem Krautwald für dieses Unheil aufgespart worden; das beklage ich aufs tiefste."[64] Erst am 14. April 1526 schrieb er beiden getrennte, aber in der Sache gleiche Briefe, nicht unfreundlich, aber ernst. Der Kernpunkt bleibt, daß die Abendmahlsworte nicht mit Joh. 6 auszulegen sind. „Ihr sagt wohl, es sei so, beweiset es aber nicht. Nu mögen (können) wir Euch nicht glauben und unsere Seele auf euer Wort bauen. Ist derhalben meine freundliche Bitte, wollet von dem öffentlichen Irrtum lassen und euch nicht mengen in die Zahl derer, die itzt die Welt so jämmerlich verführen. Will's aber nicht sein, wohlan, so geschehe Gottes Wille, und ist mir doch von Herzen leid, aber rein bin ich von Eurm Blute und aller, die Ihr damit verführet. Gott bekehre Euch, Amen."[65] So schrieb er an Schwenckfeld. Die Abendmahlskontroverse hat dem weiteren Wachstum der Theologie Schwenckfelds ihr Stigma aufgedrückt. Aus dem Gegenüber zu dem Realismus Luthers erwuchs ein geistlicher Realismus, aus dem Leib des gekreuzigten Herrn ein spirituell-reales himmlisches Fleisch Christi, das der Glaubende im geistigen Sakramentsgenuß empfängt, aus der Rechtfertigung des Sünders eine ihn essentiell verwandelnde Wiedergeburt, aus der

---

[62] Ebd. 276,17ff.26. 277,8ff.

[63] K. Ecke, Schwenckfeld, Luther und der Gedanke einer apostolischen Reformation (Berlin 1911), 235f. 250. Noch gegen Ende seines Lebens schrieb Schwenckfeld in seiner „Rechenschaft": „Wir können uns nach erkannter Wahrheit in keinen abgöttischen Unverstand noch Mißbrauch mehr begeben noch das Sakrament jetzt gebrauchen, bis die Einsetzung des Herren Christi Nachtmahls mit rechtem Verstande und Glauben herfürkompt, als wir bitten und hoffen ... So befleißen wir uns auch ..., täglich mit dem Herrn Christo sein Nachtmahl zu halten im Geiste des Glaubens" (ebd. 259). Vgl. dazu Hirsch, Schwenckfeld und Luther (s. Anm. 56), 51. G. Maron, Individualismus und Gemeinschaft bei Caspar von Schwenckfeld (Stuttgart 1961), 89ff. Schultz, Schwenckfeld (s. Anm. 57), 110ff. 407f.

[64] An Johann Heß in Breslau 22. Apr. 1526, WAB 4; 61,1ff.

[65] Ebd. 52,9ff.

leibhaft-menschlichen Gestalt Christi eine von Geburt an überkreatürliche Leiblichkeit des Gottessohnes, die uns in ihr himmlisches Dasein hineinzieht[66]. Die auf Spiritualisierung und Vergöttlichung des Menschen zielende Theologie Schwenckfelds war der genau durchgeführte Antitypus zu der Lehre von der Inkarnation und dem Eingehen Gottes in die Geschichte in der Christologie und Gnadenlehre Luthers. Der vergebliche Versuch, sich gegenseitig zu überzeugen, hatte Folgen, die bis in das pietistische und idealistische Selbstverständnis weisen.

In seiner Besorgnis über die um sich greifende Abendmahlskontroverse war es für Luther ein Lichtblick, daß er unerwartete Bundesgenossen erhielt. Die wichtigsten waren ein Kreis von Theologen aus Schwaben. Dort war Unruhe entstanden, als man von einem Plan ihres Landsmanns Oekolampad in Basel hörte, sich gegen Luthers Abendmahlslehre auf die Seite Karlstadts zu stellen. Dieser fügte deshalb seiner Schrift: De genuina verborum Domini: ,Hoc est corpus meum' iuxta vetustissimos authores expositione liber ein beschwichtigendes Nachwort bei, mit dem er sie seinen schwäbischen Amtsbrüdern (Dilectis in Christo fratribus per Sueviam Christum annuntiantibus) widmete[67]. Statt sie zu beruhigen, erreichte er das Gegenteil. Durch die Widmung wurde Oekolampads Meinung erst recht nach Schwaben getragen. Ein Kreis von Theologen traf sich darum Ende September/Anfang Oktober 1525 bei Johannes Brenz in Schwäbisch-Hall und beschloß, Oekolampad eine gemeinsame Antwort zu erteilen. Brenz wurde mit ihrer Ausarbeitung beauftragt. Am 14. Oktober kamen nochmals 14 Teilnehmer in Hall zusammen und unterzeichneten die Niederschrift, die Oekolampad übersandt wurde. Erst der Augsburger Drucker, der sie unbeauftragt im Januar 1526 veröffentlichte, gab ihr den pompösen Titel Syngramma clarissimorum virorum, qui Halae Suevorum convenerunt, super verbis Coenae Dominicae, et pium et eruditum, ad Johannem Oecolampadion, Basileensem Ecclesiasten[68]. Das Syngramma arbeitet mit kurzen, kräftigen und geschickten Schlägen, die Luthers Wohlgefallen erregen mußten. Brenz macht sich zunächst die Uneinigkeit der Gegner zunutze, der ,,drei Sekten'' – Karlstadts, Zwinglis und Oekolampads – mit ihren verschiedenen Auslegungen von ,,Das ist mein Leib'', der ,,Helena, um die wir kämpfen''[69]. Dann schiebt er Oekolampads Vorwurf, sie folgten dem Lombarden und anderen Scholasti-

---

[66] Vgl. dazu den Anm. 56 genannten Aufsatz von Hirsch, Schwenckfeld und Luther, und H. E. Weber, Reformation, Orthodoxie und Rationalismus, Bd. 1/1 (Gütersloh 1937), 281 ff.

[67] Staehelin, Lebenswerk Oekolampads, 282 f. Köhler, Zwingli und Luther, Bd. 1, 117 ff. 126.

[68] Vorgeschichte und Text in: Johannes Brenz, Frühschriften, Bd. 1, hg. v. M. Brecht, G. Schäfer und F. Wolf (Tübingen 1970), 222 ff. Dazu M. Honecker, Die Abendmahlslehre des Syngramma Suevicum, in: BWKG 65 (1965), 39 ff. M. Brecht, Die frühe Theologie des Johannes Brenz (Tübingen 1966), 73 ff. Köhler, Zwingli und Luther, Bd. 1, 127 ff. Staehelin, Lebenswerk Oekolampads, 288 ff.

[69] Brenz, Frühschriften (s. Anm. 68), Bd. 1, 236,1 ff.

kern, beiseite[70] und ist schnell beim entscheidenden Punkt. „Das Mahl des Herrn hat nicht nur das Brot als Zeichen der Gemeinschaft, sondern auch das Wort." Das Wort aber redet nicht nur, sondern es gibt. „Das Wort tröstet die Angefochtenen, richtet die Niedergeschlagenen auf, stärkt den Glauben, kurz, es bringt uns alle Güter Gottes." Immer, wenn Christus etwas sagt, schenkt er, was er sagt. „Wenn er sagt: Mein Leib wird für euch gegeben, mein Blut für euch vergossen, schließt er dann nicht Leib und Blut in dieses Wort ein?" Darin liegt die Energie des Wortes. „Warum sollte es diese Energie nicht behalten, wenn es zu Brot und Kelch hinzukommt?" „Da siehst du, was für ein Wunder wir im Brot und im Kelch des Herrenmahls bekennen. Das ganze Wunder ist nämlich das Wunder des Wortes, durch das Leib und Blut in Brot und Wein ausgeteilt werden, nicht als Brot und Wein, sondern weil sie das Wort haben: Das ist Leib, das ist Blut."[71] Den ausführlichen Väterbeweis Oekolampads rückt er an seinen Ort: „Es wäre viel richtiger, daß wir die Väter durch das Wort Christi interpretierten als das Wort Christi durch die Väter."[72] Brenz bemüht sich, eine krasse Materialität ebenso auszuschließen wie eine philosophisch oder durch einen Tropus begründete Leugnung jener Realität des Gebens durch das Wort Christi. Es handelt sich um ein unvergleichliches Geschehen, das nur durch das begleitende Wort Gottes oder Christi in seinem Sinn zu begreifen ist. „Der Leib Christi allein nützt nichts, sondern darum, weil er für uns gegeben, weil er das Leben der Welt ist. Ebenso nützt das Blut Christi allein nichts, wohl aber sehr viel, weil es zu unserer Reinigung vergossen ist. Und das ist der einzige Grund, warum wir seinen Leib und sein Blut im Mahl empfangen." Es ist ein Empfangen sui generis. „Wie der Glaube das Wort, das mit den Ohren gehört wird, auf seine Weise empfängt, so wird auch der Leib, der im Brot genommen wird, nach Glaubensweise empfangen."[73] Oder wie es zusammenfassend hieß: „Wir holen Christus nicht zeitweilig von der Rechten des Vaters, sondern empfangen mit tiefster Dankbarkeit des Herzens die Gabe des Leibes und Blutes, die dem Wort anvertraut und darin bewahrt ist und durch das Wort zum Brot hinzukommt."[74]

---

[70] Ebd. 237,11 ff.

[71] Ebd. 240,22 ff. 242,6 ff. 16 ff. 25 ff.

[72] Ebd. 244,28 ff.

[73] Ebd. 272,14 ff. 32 ff.

[74] Ebd. 278,5 ff. Die Kritik von Brecht, Theologie Brenz, 76 f., die Lehre des Syngramma vom Wort grenze „hart an das Magische" und überwinde Oekolampads Rationalismus durch einen „problematischen massiven Wortbegriff", trifft Brenz nicht. Sie beruht mit auf einem Mißverständnis des Satzes „Ut quod vis verbum Dei miraculum est . . ." (Dei gehört zu verbum, nicht zu miraculum, Brenz, Frühschriften, 241,16). Es geht um das zum Zeichen als Realität hinzukommende Gotteswort. Dasselbe wird schön auch an dem Friedensgruß erläutert, mit dem die Jünger die Friedensbotschaft Christi in die Häuser tragen sollen. „Hat er in dieses Wort ‚Frieden sei diesem Hause' nicht den Frieden eingeschlossen, ja, derb ausgedrückt, nicht als Gefangenen des Wortes mitgegeben, den die Apostel, eingeschlossen ins Wort, den Bewohnern des Hauses dargeboten haben?" (ebd. 241,32 ff.).

Man muß sich den Grundansatz des Syngramma – das Verständnis des Sakraments von dem begleitenden, wirkenden Gotteswort aus – und den Lobpreis der Wundergabe Gottes im Sakrament vor Augen führen, um Luthers Freude an der Schrift der schwäbischen Theologen zu begreifen. Am 18. Februar 1526 schrieb er an Johann Agricola in Eisleben: „Gegen Oekolampad und Zwingli haben sehr gelehrte schwäbische Leute vortrefflich geschrieben. Ihr Buch wird hier nochmals gedruckt werden."[75] Das geschah umgehend. Luther plante auch eine deutsche Übersetzung, aber Agricola kam ihm zuvor, so daß er sich mit einem Vorwort dazu begnügen konnte. Er benutzte diese ihm durch die Schrift der Schwaben ins Haus getragene Gelegenheit gern, seine Meinung in der Sakramentsfrage, solange ihm die Zeit zu einer ausführlichen Abhandlung fehlte, mit ein paar kräftigen, jedermann verständlichen Argumenten zu bestätigen. Wie gegenüber den Schwenckfeldern verspottete er die „Sekte" der Gegner damit, daß sie in einem Jahr fünf oder sechs Köpfe bekommen habe. Zwei von ihnen lägen schon am Boden: „Carlstats ‚Tuto'" und „des Zwingels ‚Significat', das hat auch den Kopf nieder gehängt und stirbt frei dahin". Aber er arbeitete auch die zwei prinzipiellen Gründe ihres Irrtums scharf heraus: „Einer: daß (es: die leibliche Gegenwart Christi) bei der Vernunft fast (sehr) ungeschickt Ding ist; der ander: daß (es) unnötig sei, Christus Leib und Blut im Brot und Wein zu sein. Das ist: Absurditas et nulla necessitas."[76]

In einem Brief an Spalatin vom 27. März konnte er zu seinem Lob der Schwaben noch hinzufügen: Auch Willibald Pirkheimer habe eine Schrift gegen Oekolampad herausgegeben, „mit mehr Herz und Eifer, als ich mir von einem so bedeutenden Mann versprochen hätte, den ich mit anderen Dingen überlastet glaubte"[77]. Die Schrift des Nürnberger Humanistenfürsten bedeutete natürlich eine kleine Sensation. Oekolampad war schmerzlich betroffen: „Du hättest schon etwas nobler mit einem Freunde umgehen können"[78], schrieb er ihm. Sie hatten sich in der Tat in den humanistischen Anfängen Oekolampads nahegestanden. Auf Pirkheimers Empfehlung war er 1518 Domprediger in Augsburg geworden und ständig mit ihm in Verbindung geblieben. Wie andere Freunde hatte er Pirkheimer schon vor dem Erscheinen seiner Schrift mit seiner Wendung in der Abendmahlslehre vertraut

---

[75] WAB 4; 33,6 ff.

[76] WA 19; 459,21. 460,6 f. 39 ff.

[77] WAB 4; 42,32 ff. Bilibaldi Birckheimeri de vera Christi carne et vero eius sanguine ad Joannem Oecolampadium responsio, ebd. 43, Anm. 13. Dazu P. Drews, Willibald Pirkheimers Stellung zur Reformation. Ein Beitrag zur Beurteilung des Verhältnisses zwischen Humanismus und Reformation (Leipzig 1887), 94 ff. Nach ihm erschien die Schrift Ende 1525 mit der Jahreszahl 1526 (ebenso WAB 4; 43, Anm. 13), nach Staehelin, Lebenswerk Oekolampads, 301 im März 1526.

[78] 13. Apr. 1526. Staehelin, Briefe und Akten Oekolampads, Bd. 1, 484. Zum Verhältnis Oekolampads zu Pirkheimer vgl. Drews, Pirkheimer (s. Anm. 77), 89 ff. und Staehelin, Lebenswerk Oekolampads, 93. 247 ff. 301.

gemacht[79]. Der gelehrte Patrizier, den schon das Auftreten von spiritualistischen Außenseitern wie Hans Denck, dem einst von Oekolampad empfohlenen Rektor der Nürnberger St.-Sebald-Schule, oder gar Thomas Müntzer in Schrecken versetzt hatte, berfürchtete nun in dieser zentralen Frage einen unbegründeten Bruch in der christlichen Tradition. Darum setzte er sich auch besonders mit den patristischen Belegstellen auseinander, die Oekolampad für die neue signifikative Abendmahlslehre aufgeboten hatte[80]. Die Kontroverse wurde in drei Angriffen Pirkheimers und zwei Erwiderungen Oekolampads durchgeführt. Die einstigen Gegner Luther und Erasmus standen diesmal beide auf Pirkheimers Seite[81]. Auch unter den Predigern in der Stadt (Andreas Althamer) und im Landgebiet Nürnbergs (Andreas Flam) fand Luther literarische Verbündete. Gegenüber dem Rumoren des Satans in den Sakramentsleugnern spürte er in diesen Stimmen eine andere Kraft am Werke. ,,Christus lebt'', schrieb er auf die Nachricht, daß auch der Nördlinger Theobald Billikan etwas gegen Zwingli, Karlstadt und Oekolampad veröffentlichen wolle, ,,Gott erweckt seine Reserven gegen die neuen Häretiker. Wir haben gute Hoffnung, daß Christus vorrückt.'' Und er fühlte sich durch solche Vorgänger angespornt, selbst in den literarischen Kampf einzugreifen, sobald er Zeit habe[82].

Vorerst kam er noch nicht dazu. Er mußte sich mit einer kleineren Aufgabe begnügen, die für ihn sehr kennzeichnend ist: Er predigte über die Sakramentsfrage. Daß der einfache Christ begreife, worum es geht, war ihm noch wichtiger als der theologische Disput. Die drei Predigten, die er am 28./29. März 1526 zur Vorbereitung auf die Osterkommunion hielt, wurden ein halbes Jahr später herausgegeben, nicht von ihm selbst, aber gewiß nicht ohne sein Wissen[83]. Zunächst suchte er den Zweiflern unter seinen Hörern die Teilnahme am Abendmahl zu erleichtern, indem er kein Gesetz daraus machte, sondern ihnen riet, davon fernzubleiben, bis sie aus ihren Skrupeln herausgekommen seien[84]. Sodann behandelte er in der Sache, wie er es schon in der Vorrede zum Schwäbischen Syngramma getan hatte, die zwei ihm wesentlichen Einwände der Gegner: ,,Es schicke sich nicht, daß Christus Leib und Blut soll im Brot und Wein sein. Zum andern: es sei nicht vonnoten''; absurditas et nulla necessitas, wie er damals gesagt hatte[85]. Seine Antwort auf

---

[79] Staehelin, Lebenswerk Oekolampads, 273f.

[80] G. Baring, Hans Denck und Thomas Müntzer in Nürnberg 1524, in: ARG 50 (1959), 145ff. Drews, Pirkheimer (s. Anm. 77), 101ff.

[81] Übersicht bei Köhler, Zwingli und Luther, Bd. 1, 234ff. Staehelin, Lebenswerk Oekolampads, 301ff.

[82] An Nikolaus Hausmann 20. Jan. 1526, WAB 4; 19,11.13f. Zu Billikan, s. Köhler, Zwingli und Luther, Bd. 1, 248ff.

[83] Sermon von dem Sakrament des Leibs und Bluts Christi wider die Schwarmgeister, WA 19; 482–523; dort auch die zwei Nachschriften, die sich von den Predigten erhalten haben.

[84] Ebd. 483,20ff.

[85] Ebd. 486,11f. Vgl. o. S. 459.

den ersten Einwand zeigt, was in ihm bei dem Geheimnis der Gegenwart Christi im Abendmahl mitschwang. In der Natur gibt es noch mehr solche Geheimnisse, ja noch größere, die wahr sind, obwohl wir sie nicht begreifen können. Die „Seele" – wir würden sagen: das gesamte Empfindungs- und Denkvermögen – geht im ganzen Leibe von oben bis unten, durch alle Glieder hindurch. Sie kann zugleich denken, reden, hören, sehen, fühlen. Sollte Gott, der sie geschaffen hat, nicht die Allgegenwart Christi bewirken können? Oder anders: Ich habe nur zwei Augen und kann doch alle Köpfe, die ich (etwa von der Kanzel aus) vor mir habe, in sie hineinfassen[86]. Die Stimme, das Wort ist ein vergänglicher Hauch und kann doch in hundert oder tausend Ohren eingehen. Ja, ich kann mit der Stimme ein ganzes Land regieren. „Wo kompt nu das her, daß ich mit Worten so viel Herzen fange?" Wenn das die Stimme zuwege bringt, „sollt es Christus nicht viel mehr können tun mit seinem Leib?"[87] Luther denkt nicht nur an das wunderbare Phänomen der Akustik, die Erfüllung des Raums durch die Stimme, die schon Plotin und wieder Giordano Bruno als Gleichnis für die Durchdringung der Welt durch Gott verwandten[88]. Sondern er verbindet das natürliche Geschehen mit dem geistigen Vorgang. Die Predigt des Evangeliums bringt uns ja den wirklichen Christus ins Herz. „Da mußt du sagen, du habest den wahrhaftigen Christum, nicht daß er also darin sitze, als einer auf dem Stuhl sitzet, sondern wie er ist zur Rechten des Vaters." Er läßt sich nicht zerteilen und wird doch in alle Gläubigen gebracht, „also daß ein Herz nicht weniger und tausend Herzen nicht mehr kriegen denn den ein(z)igen Christum"[89].

Diese Analogien waren für Luther keine Beweise. Er bedurfte keiner anderen Begründung für seine Überzeugung als des Wortes Christi: „Das ist mein Leib, das ist mein Blut." Aber er wollte mit diesen Beispielen die rationalen Argumente der Gegner aus dem Felde schlagen. Ihnen gegenüber kannte er eine tiefere Evidenz: die offenkundigen Wunder innerhalb der natürlichen Welt. Sie waren für ihn so überwältigend, daß kein Grund bestand, an den Wundern zu zweifeln, für die Gott selbst sich mit seinem Wort verbürgt. Dieser Zweifel hing für ihn mit der Blindheit für die natürlichen Wunder zusammen. „Es fehlet den Leuten nichts, denn daß sie keine Kreatur recht angesehen haben."[90] „Solltest du ein Körnlein auf dem Feld ausforschen, du solltest dich verwundern, daß du stürbest."[91] Und doch sind alle natürlichen

---

86 Ebd. 487,13 ff. 488,13 ff.   87 Ebd. 488,21 f.28 f.
88 Plotin, Enneaden, übers. v. Harder, VI, 4, 92. E. Metzke, Sakrament und Metaphysik. Eine Lutherstudie über das Verhältnis des christlichen Denkens zum Leiblich-Materiellen (1948), in: ders., Coincidentia oppositorum. Ges. Studien zur Philosophiegeschichte (Witten 1961), 195, Anm. 159. G. Bruno, Ges. Werke, übers. v. L. Kuhlenbeck, Bd. 2 (Leipzig 1904), 40. H. Bornkamm, Renaissancemystik, Luther und Böhme, in: Luther, 167 ff.
89 WA 19; 489,12 ff.20 ff.
90 Ebd. 487,25 f.
91 Ebd. 496,11 ff. Zu Luthers Staunen über die Wunder der Natur vgl. H. Bornkamm, Das Bild der Natur, in: ders., Luthers geistige Welt, 187 ff.

und leiblichen Wunder – einschließlich der realen Gegenwart Christi im Abendmahl – viel geringer als das innere, daß Christus in unser Herz kommt. „Denn es viel großer ist, daß er durch den Glauben ins Herz kommt, denn daß er im Brot ist. Ja, er braucht eben des Brots oder Sakraments umb des Glaubens willen." Wenn wir das bedenken, so brauchen wir nicht soviel vom Wunder im Sakrament zu reden. Denn vor der Vernunft kann man nur sagen, daß kein Mensch von sich aus glauben könnte. Wohl aber können uns die leiblichen Wunder ein Hinweis auf dieses größte Geheimnis sein. „Er behält also die kleinen Wunder, daß er uns dadurch der großern erinnere."[92] Weil aber die Menschen so oft keine Augen für Gottes Werke haben, verstehen sie auch Gottes Wort nicht. Darin ist auch der andere Einwand begründet, es sei nicht nötig, daß Leib und Blut Christi im Abendmahl gereicht würden. „Willst du nu Gott meistern, was not und nicht not sei . . .?" „Was Gott fur notig ansiehet, wer bist du, daß du tharst (wagst) dargegen reden?" Dann kann man ebenso Gott auch vorwerfen, daß er Christus auf die Welt gesandt hat: „Du hattest Sünd, Tod, Teufel und alles in deiner Gewalt. Was war es nutz oder not, daß du dein Sohn herabsendest, ließest ihn so greulich (be)handlen und sterben? Hättest doch ihn wohl kunden lassen droben bleiben; hätte dich nicht mehr denn ein Wort gekostet, so wäre Sund und Tod vertilget mit dem Teufel. Denn du bist ja allmächtig."[93] In diesen Predigten verbinden sich zwei elementare Züge von Luthers Empfinden und Denken: das Staunen über die Geheimnisse von Gottes Schöpfermacht und die Ehrfurcht vor dem Wort Gottes, das der Mensch nicht in Zweifel ziehen darf. Die Abendmahlsfrage ist für ihn weit mehr als eine exegetische Frage. Seine Gegner zerfallen für ihn in „grobe grammatische Schwärmer", die dem Text ausweichen, und in „subtile philosophische Schwärmer", die mit ihren Vernunfteinwänden die Wunder Gottes aus dem Wege räumen[94].

Mit dieser doppelten Argumentation überschritt Luther den Rahmen des bisherigen Streitgesprächs, das seit Hoen und Karlstadt von der exegetischen Frage nach dem Sinn der Einsetzungsworte beherrscht war. Vor ihm hatte schon Oekolampad die Frage des Wunders im Abendmahl aufgeworfen, allerdings bewußt nicht gegen Luther, sondern, um keinen Streit zwischen Zeitgenossen daraus zu machen, gegen Petrus Lombardus. Dieser hatte sich in seinen Sentenzen gegen die „Häresie" gewandt, der Leib Christi sei nur in signo im Sakrament und werde nur so gegessen. Oekolampad unterschied zwischen den unerforschlichen „Mysterien" oder Sakramenten (Geburt, Auferstehung Christi, Prädestination u. a.) und den von der Kirche verwalteten, die für die Erweckung und das Bekennen des Glaubens bestimmt seien. „Wunder" sei nur, was in der heiligen Schrift als solches gerühmt werde[95].

[92] WA 19; 493,25 f. 24 f.
[93] Ebd. 494,15–495,21; bes. 494,23 f. 495,13.16 ff.   [94] Ebd. 498,29 f. 36.
[95] Staehelin, Lebenswerk Oekolampads, 278 nach: De genuina verborum Dei ‚Hoc est corpus meum' iuxta vetustissimos autores expositione liber (1525). Lomb. sent. IV dist. 10.

Für Luther war das angesichts der Wunder Gottes in der Natur eine unerlaubte Einschränkung des Wunderbegriffs. Für Oekolampad dagegen war Luthers Anschauung schlechthin absurd. Er empfand Luthers „Sermon", den er sofort nach Erscheinen im Oktober 1526 in die Hand bekam, als ein „kindisches Büchlein"[96]. Einer Erwiderung war er zunächst überhoben, da er eben erst auf Luthers Vorrede zum schwäbischen Syngramma eine „Billiche Antwurt" erteilt hatte. Er hatte darin Luther aufgefordert, doch gegen ihn und andere Kritiker zu schreiben: „Wann der recht, wahr Geist dich jetzt zur Zeit nit hätt verlassen und wisset du etwas uns zu Gutem dienend, du wurdest es nit verhalten."[97] Das war, ohne daß er seine Meinung aufgab, versöhnlich gemeint, aber für Luther ein Stachel mehr, seinen Kritikern endlich umfassend zu antworten. Melanchthon, der in der Sache auf Luthers Seite stand, hatte sich aus dem Streit herausgehalten und nur in einer kurzen, offenbar für den kurfürstlichen Hof bestimmten Niederschrift über den biblischen Charakter der Lehre von der Realpräsenz geurteilt: „Nu sind diese Wort vom Nachtmahl nicht wider andere Schrift, ob sie schon der Vernunft fremd sind."[98] Er hatte zwar vorübergehend daran gedacht, auf Oekolampads gegen das schwäbische Syngramma gerichtete Genuina expositio zu antworten, aber dann doch davon Abstand genommen[99]. Wie sehr man nach dem Angriff von mehreren Seiten auf ein Wort Luthers wartete, zeigt ein ermunternder Zuruf des jungen Landgrafen Philipp von Hessen, der die theologischen Streitfragen mit lebhaftem Interesse verfolgte, zumal er soeben in den Vorbereitungen für die Reformation seines Landes durch die Homberger Synode begriffen war und sich dabei noch ganz den sächsischen Reformatoren verpflichtet fühlte: „Vergeßt des Zwingels nit und Oecolampadii nit, laßt was wider den neuen Irrsal ausgehen; habt Ihr was gemacht, so schickt mir's."[100] In den Kreisen der süddeutschen Kritiker Luthers rätselte man über sein Verstummen. „Von Luther ist nichts zu sehen. Nachdem er mit Drohungen und Schmähungen nichts erreicht hat, scheint er sich in Schweigen zu hüllen", schrieb Capito an Zwingli[101].

Inzwischen hatte sich Martin Bucer, der führende Kopf der Straßburger, die auf seiten der Schweizer und in enger Verbindung mit Zürich und Basel standen, ein paar bedenkliche Streiche erlaubt. Um sich etwas zu verdienen, hatte er Bugenhagen gebeten, dessen mit einer rühmenden Vorrede Luthers

[96] An Zwingli 13. Okt. 1526, Zwingli, Sämtl. Werke, Bd. 8, 735,2.

[97] Staehelin, Lebenswerk Oekolampads, 311.

[98] CR 1, 760. Nach Maurer, Melanchthon, Bd. 2, 500 nicht mit dem CR auf den 9. Okt. 1525, sondern in den Frühsommer 1526 zu datieren. Melanchthon hatte schon früher während der Kontroverse mit Karlstadt mehrfach erklärt: Wenn er nicht durch eine sichere Offenbarung belehrt werde, werde er nicht von den Schriftworten weichen, 12. u. 23. Jan. 1525 an Oekolampad und Thomas Blaurer. Suppl. Mel. 6/1, 275f. 277f. MBW 370.372.

[99] W. Neuser, Abendmahlslehre Melanchthons (s. o. S. 436, Anm. 40), 246ff.

[100] Anfang Sept. 1526, WAB 4; 114,72ff.

[101] 26. Sept. 1526, Zwingli, Sämtl. Werke, Bd. 8, 725,13f.

erschienenen lateinischen Psalmenkommentar[102] ins Deutsche übersetzen zu dürfen. Die ihm großzügig erteilte Erlaubnis, mit dem Text so umzugehen, wie es ihm „für unsere guten Deutschen geraten erscheint"[103], benutzte er dazu, in seine Übersetzung an mehreren Stellen seine von den Wittenbergern abweichende Abendmahlslehre einzutragen. Bugenhagen wurde erst ein halbes Jahr nach Erscheinen darauf aufmerksam, als ihm ein Augsburger Nachdruck einer einzelnen Psalmauslegung (Psalm 111) in die Hand kam, in dessen Titel auf die rechte, „verständlich" (das hieß für den Augsburger Drukker Philipp Ulhart: zwinglianisch) gegebene Erklärung des Abendmahls besonders hingewiesen wurde. In einer kleinen Schrift stellte Bugenhagen die Sache sofort richtig, in aller Ruhe, aber entschieden. Er habe sich doch oft genug zur Abendmahlsfrage geäußert und dadurch Gegenschriften der „Sakramentarier" hervorgerufen. „Wie konnte mein Übersetzer das ignorieren?" „Warum suchte er, wo es gar nicht nötig war, die Gelegenheit, seine Lehre, als wäre sie die meine, einzuschmuggeln, um so meinen Namen und das Amt des mir von Gott anvertrauten Wortes zu beflecken und den Gläubigen verdächtig zu machen?"[104] Bucers corriger la fortune[105] war für Bugenhagen doppelt ärgerlich, weil sein Kommentar dem Kurfürsten gewidmet und mit Vorreden Luthers und Melanchthons versehen war und damit auch in der entstellten Form als eine Bekundung der Wittenberger Theologie im ganzen erschien.

Die Empörung in Wittenberg wurde dadurch verstärkt, daß Bucer sich auch Luther gegenüber eine ähnliche, wenn auch nicht ebenso gravierende Eigenmächtigkeit leistete. Er fügte in den 4. Band von Luthers Postille, von der er schon drei Bände zu Luthers Zufriedenheit übersetzt hatte, eine Reihe von Stücken ein, in denen er gegen Luthers Sakramentslehre Stellung nahm.

---

[102] S. o. S. 246.

[103] „Also unbeschränkter Kredit" (Köhler, Zwingli und Luther, Bd. 1, 354); aber doch natürlich nur als Freiheit der Formulierung für das Verständnis deutscher Leser. Ein Beispiel für Bucers „Übersetzung" (Anführungszeichen von Köhler) ebd. 357ff. Vgl. auch F. Blanke in Zwingli, Sämtl. Werke, Bd. 5, 576, Anm. 1.

[104] Oratio Joannis Bugenhagii Pomerani, quod ipsius non sit opinio illa de eucharistia, quae in psalterio sub nomine eius Germanice translato legitur (Wittenberg 1526, zwei Nachdrucke 1527, sonst bisher nicht wieder gedruckt). Geisenhof, Bibliotheca Bugenhagiana (s. Anm. 54), 25ff. H.-G. Leder, Bugenhagen-Literatur, in: Johann Bugenhagen. Beiträge zu seinem 400. Todestag (s. o. S. 242, Anm. 73), 133. Ich zitiere nach der auf dem Originaldruck beruhenden Inhaltsangabe von Köhler, Zwingli und Luther, Bd. 1, 360ff. – Sacramentarii oder Significatistae (WA 19; 472,1 u. ö.) sind Spitznamen der Wittenberger für die Bestreiter der Lehre von der Realpräsenz.

[105] (Bugenhagen), „dessen Psalter ich mit Wahrheit besudelt habe", so ironisierte Bucer selbst sein Vorgehen. An Zwingli 9. Juli 1526, Zwingli, Sämtl. Werke, Bd. 8, 651,17f. Der Anstifter war offenbar Pellikan, der in der Druckerei von Petri in Basel arbeitete, wo die Übersetzung erschien. Bucer nannte ihn Zwingli gegenüber: Huius mei peccati authorem (ebd. 652,3), unterließ es aber doch, sich öffentlich auf ihn herauszureden. Köhler, Zwingli und Luther, Bd. 1, 355.

Es handelte sich nicht um eine Verfälschung wie gegenüber Bugenhagen, aber doch um eine ohne Luthers Wissen in dessen eigenes Werk eingetragene Gegenmeinung. Als Luther diese Zusätze in dem fertigen Band vorfand, schrieb er im September 1526 an den Drucker Johannes Herwagen in Straßburg einen Brief, in dem er noch einmal seine Zufriedenheit mit Bucers Übersetzungskunst aussprach, sich aber scharf gegen die „giftigen Bemerkungen" verwahrte, mit denen dieser jetzt im letzten Band sein Werk „kreuzige"[106]. Luther betonte nochmals, daß an den mehrfach in großen Lettern wiederholten Einsetzungsworten ‚Hoc est corpus meum' sein Gewissen hänge, und verlangte von dem Drucker, daß er bei einer Neuauflage des Bandes seinen Brief mit abdrucke. Wie nicht anders zu erwarten, wurde der Brief in Straßburg rasch bekannt, so daß Bucer gezwungen war, bald darauf zu antworten. Er tat es, ohne die Fehler einzusehen, die er sich Bugenhagen und Luther gegenüber hatte zuschulden kommen lassen, obwohl Capito ihn gewarnt hatte[107]. Neben den Bucer-Händeln gab es noch einen seltsamen Angriff mit verdecktem Visier, bei dem der Zürcher Leo Jud unter einem Pseudonym nachweisen wollte, daß Erasmus und Luther einst dasselbe wie Zwingli vom Sakrament gelehrt hätten. Er forderte sie auf, sich wieder zu ihrer eigenen besseren Anschauung zu bekennen[108]. Luther bekam also von mehreren Seiten zu hören, was er sich selbst immer stärker sagte, daß er den Gegnern antworten müsse und es nicht länger Bugenhagen, den Schwaben oder anderen Freunden überlassen dürfe. Dabei meinte er, er habe doch schon genug geschrieben und auch mit der Zustimmung zum Syngramma Suevicum seine Meinung deutlich genug bekannt[109]. Man mag die Absichten Bucers oder Juds in Rechnung stellen, Luther vor der Öffentlichkeit in einem besseren Lichte erscheinen zu lassen oder ihn gar selbst zur Einsicht zu bringen, – es waren doch krumme Wege. Die Atmosphäre war dadurch vergiftet, noch ehe die große Auseinandersetzung zwischen den Wittenbergern und den Schweizern samt ihren süddeutschen Freunden ausbrach[110].

---

[106] WA 19; 471,9ff. 22f. Luther wiederholte seine Klage über Bucers Vorgehen – bei erneuter Anerkennung seiner Übersetzergabe – in der Schrift „Daß diese Worte ‚Das ist mein Leib etc.' noch feststehen" (1527). Ihn ärgerte besonders, daß seine Postille, „mein allerbestes Buch, das ich je gemacht habe", nun dazu dienen mußte, die Lehre der Gegner weiter auszubreiten, als sie durch deren eigene Schriften gekommen wäre (WA 23; 279,13ff.).

[107] Zwingli, Sämtl. Werke, Bd. 8, 725,1ff. Köhler, Zwingli und Luther, Bd. 1, 355. 367.

[108] Des Hochgelehrten Erasmi von Roterdam und Doctor Luthers maynung vom Nachtmal unsers Herren Jesu Christi, neuerlich außgangen auff den XVIII. tag Apprellens (1526). Jud nannte sich Ludovikus Leopoldi, Pfarrer zu Leberau. WA 19; 463f. Köhler, Zwingli und Luther, Bd. 1, 143. Er gab seinen Namen erst in einer zweiten, gegen eine Erwiderung von Erasmus gerichteten Schrift bekannt. Dieser hatte sich heftig dagegen gewehrt, von den Zwinglianern in Anspruch genommen und mit Luther in einem Atem genannt zu werden. Durch beides sah er seine kirchliche Zuverlässigkeit angetastet (ebd. 146ff.).

[109] An Herwagen WA 19; 472,6ff. Luthers Vorrede zum Syngramma o. S. 459.

[110] Das ausführliche Plädoyer, das Köhler, Zwingli und Luther, Bd. 1, 364ff. zugunsten Bucers hält, dient höchstens dazu, seine Gründe besser zu verstehen, nicht zu einer Entschuldi-

Durch Luthers Zögern kam es schließlich dazu, daß die beiden wichtigsten Gegner, Zwingli und er, fast zur selben Zeit hervortraten. Zwingli hatte sich bisher aus dem Streit herausgehalten. Aber die Freunde, voran die beiden Wortführer, Bucer und Oekolampad, hatten ihn schon seit längerer Zeit bedrängt. Am 28. Juli 1526 wandte sich Bucer an Oekolampad mit einem Brief, der zur Weitergabe an Zwingli bestimmt war. Anknüpfend an die beigefügte Vorrede Luthers zum Schwäbischen Syngramma[111] schrieb Bucer: ,,Ich wünschte, Zwingli veröffentlichte ein Schriftchen in deutscher Sprache, in dem er Luther freundlich (amice), aber ernst ermahnte, sich nicht selbst zu viel zuzutrauen und anzuerkennen, daß er in dieser Frage von keinem guten Geist geleitet wird.‘‘[112] Während Zwingli noch zögerte, folgte aus Straßburg und Basel ein kleines Trommelfeuer von Aufforderungen, bis zur Frühjahrsmesse 1527 etwas gegen Luther herauszubringen[113]. Rechtzeitig zu diesem Termin erschien das Buch. Es entsprach schon im Titel dem Wunsche Bucers: Amica exegesis, id est: expositio eucharistiae negocii ad Martinum Lutherum[114]. Die Tonart der persönlichen Anrede, mit der Zwingli sich im Vorwort und immer wieder in langen Textstücken an Luther wandte, machte es diesem freilich nicht ganz leicht, das freundliche Motiv zu würdigen. Sie war ein Zusammenklang zweier verschiedener Elemente. Einerseits erging Zwingli sich in allerlei Bildern von Krieg und Sieg, den er mit voller Gewißheit für sich erwartete. ,, So oft ich den Gegenstand überdachte, schien mir nichts offenkundiger, nichts sicherer den Sieg zu bringen‘‘, hieß es in den ersten Zeilen der Schrift[115]. ,,Siegen, siegen wird ohne Zweifel unsere Meinung; aber gegen deinen Widerstand wird der Sieg mühsam sein‘‘, redete er am Schluß Luther an, verbunden mit dem gut gemeinten, aber nicht gerade glücklichen Zuspruch: ,,Es ist menschlich, sich zu irren, zu straucheln, sich zu täuschen. Oder meinst du, daß dir etwas Menschliches fremd ist? Also sag doch bei dir: Wie, wenn ich mich vergessen habe?‘‘[116] Andererseits aber überschüttete er ihn mit panegyrischen Redensarten und verglich ihn nach Humanistenweise mit Helden der Vorzeit: Diomedes, Jonathan, David, Herkules[117]. Zugleich hielt er ihm freilich vor, worin er – Zwingli – ihn schon Jahre vor Luthers Auftreten aus eigener Erkenntnis überholt habe: Luther glaube noch immer an die Schlüsselgewalt, d.h. an die Absolution in der

---

gung. Luthers hartes Wort insignis perfidia (WA 19; 471,25) gilt nur seinem Verhalten gegen Bugenhagen, das ja auch sein schlimmeres Stück war.

[111] S. o. S. 459.

[112] Zwingli, Sämtl. Werke, Bd. 8, 647,2ff. Köhler, Zwingli und Luther, Bd. 1, 462.

[113] Aufzählung der Briefe bis zum 28. Feb. 1527 in: Zwingli, Sämtl. Werke, Bd. 5, 549.

[114] Freundliche Darlegung, d.h. Erläuterung des Abendmahlsproblems an Martin Luther, ebd. 548ff.

[115] Ebd. 562,10.

[116] Ebd. 750,30ff. 751,2ff.

[117] Ebd. 613,12ff. 722,2ff. 723,1ff. Vgl. F. Blanke, Zu Zwinglis Vorrede an Luther in der Schrift ,,Amica Exegesis‘‘ 1527, in: Zwingliana 5 (1930), 185ff.

Beichte, an die Fürbitte der Heiligen und an das Fegefeuer. Zwingli habe aber aus Friedensliebe diese Unterschiede, ebenso auch ihre verschiedene Auffassung des Abendmahls, nicht zur Sprache gebracht, um nicht in den Schein zu geraten, er wolle gegen die Autorität eines solchen Mannes anschreien wie eine Gans gegen den Schwan. Aber Luther möge bedenken, wie viel edler Zwingli damit gehandelt habe als er mit seinen heftigen Angriffen auf gute und gelehrte Männer. ,,Sieh, wem die Friedensliebe tiefer im Herzen sitzt!"[118] Daß er mit dieser Mischung von Lobpreisungen und Überlegenheitsgefühl bei Luther nichts gewinnen würde, war vorauszusehen. In der Sache bestand seine Schrift aus einer Verteidigung der von Luther, vor allem in dem Brief an Herwagen, angegriffenen Freunde Bucer und Jud und in einer ausgiebigen Begründung seiner Auffassung der Einsetzung und des Sinns des Abendmahls. Die Einsetzungsworte erläutert er nun mit dem wohl von Oekolampad gelernten Begriff des Tropus[119]. Aber es genügt nicht, ihn allein zu verstehen; man muß die Sache verstehen. Die Front, gegen die Zwingli seinen Angriff richtet, sind in erster Linie die Unterzeichner des Syngramma Suevicum, also vor allem Brenz. ,,Sie irren vollständig, wenn sie meinen, daß durch das Wort die Sache selbst oder der Glaube an die Sache gegeben wird . . . Denn auch nach dem Hören des Wortes geht niemand als Glaubender davon, wenn er nicht gezogen wird durch den Hauch des Geistes."[120] Käme es auf das Empfangen des Leibes Christi an, so wäre der Glaube für ungenügend erklärt. Zwingli hält damit Luther zwei Grundaussagen seiner eigenen Theologie entgegen, die bei der Lehre von der leibhaften Gegenwart Christi im Abendmahl auf dem Spiele stehen: der heilige Geist und das sola fide. Nur durch sie ist die Gegenwart Gottes zu erfahren[121].

Zugleich aber schlug er noch ein neues Thema an, das von nun an zum Hauptgegenstand der Auseinandersetzung werden sollte: die Gegenwart Christi als christologische Aussage. Aus der Gottheit Christi ist nicht die Allgegenwart seines Leibes zu folgern. Vielmehr sind seine göttliche und seine leibliche Natur ihrem Wesen nach zu scheiden. Mit Hilfe eines zweiten rhetorischen Schemas, das er aus Plutarch übernimmt, der Alloiosis oder permutatio, will er deutlich machen, daß von den göttlichen und den menschlichen Eigenschaften Christi wechselweise gesprochen werden kann, ohne daß damit die Unterscheidung seiner beiden Naturen aufgehoben wird[122]. Er meint, damit an die communicatio idiomatum (Gemeinsamkeit der Eigenschaften) Christi anzuknüpfen, die von den alten Theologen gelehrt worden sei. Aber durch die Begründung auf den allgemeinen rhetorischen

[118] Zwingli, Sämtl. Werke, Bd. 5, 712,25–721,3; bes. 721,2f. Dazu dort die eingehenden Nachweise von F. Blanke, worin Zwingli die Auffassungen Luthers von der Absolution, der Fürbitte der Heiligen und dem Fegefeuer mißverstanden hat.
[119] S. o. S. 452.
[120] Zwingli, Sämtl. Werke, Bd. 5, 591,5.7f.; vgl. 590,5ff.
[121] Ebd. 591,20ff. 564,6ff.
[122] Ebd. 679,6ff.

Topos machte er aus einer Sachaussage einen Sprachgebrauch. Er nannte ihn selbst später eine „Sittendichtung . . ., da man einem einen Sitten andichtet, den er von Natur nit hat"[123]. Damit wird aber die der einen oder anderen Natur eigentümliche Beschaffenheit nicht aufgehoben. Der menschliche Leib verlangt immer einen Raum. So ist also auch der auferstandene Christus nach seiner Menschlichkeit wieder an einen Ort entrückt worden, an dem er sich schon vor seiner Geburt befand: zur Rechten Gottes. So hat es Petrus am Pfingsttage der Gemeinde gepredigt. Und so haben es die Jünger bei der Himmelfahrt und der des Martyriums gewürdigte Zeuge Stephanus sehen dürfen: „Siehe, ich sehe die Himmel geöffnet und den Sohn Gottes zur Rechten Gottes stehen" (Apg. 7,56). Von dort wird er einst als Richter wiederkommen[124]. Aber Luthers Meinung, daß Christi Leib im Abendmahl empfangen werde, scheitert nicht nur an diesen Zeugnissen der Jünger, sondern auch an seiner eigenen Zusage: „Ich will euch zu mir nehmen, und wo ich bin, sollt ihr auch sein" (Joh. 14,3). Das würde ja dann bedeuten: Wenn Christus nach seiner Menschheit überall gegenwärtig ist, müssen auch die Erwählten überall sein. „Mich wundert, daß jene Christusesser (die Lutheraner) nicht vor Christophorus, der länger ist als der Koloß von Rhodos, zurückschrecken."[125] Solche Züge einer billigen Ironie mischten sich in Zwinglis Kritik mit grammatischen und exegetischen Einwänden und mit einem massiven Realismus in der Himmelsvorstellung: ein Komplex von Motiven, der Luther zu einer vielseitigen Auseinandersetzung herausforderte. Überdies hatte Zwingli der Sendung seines Buches an Luther noch einen besonderen Brief vom 1. April 1527 hinzugefügt, der die Abhandlung und den ihr als Vorrede dienenden Brief vom 28. Februar an Schärfe weit übertraf[126]. Er bezog sich darin auf einen – uns nicht erhaltenen – Brief Luthers an den Landgrafen, nun „müsse der Kampf mit dem Schwert ausgetragen werden". Wenn das Zitat stimmt, so ist damit nicht das Richtschwert, sondern die obrigkeitliche Gewalt gemeint, die einen einheitlichen Gottesdienst im Lande schaffen sollte[127]. Zwinglis Brief war ein Gemisch von harten Vorwürfen

---

[123] Daß diese Worte Jesu Christi . . . (1527) (s. u. S. 475). Mit Sittendichtung übersetzt Zwingli den rhetorischen Terminus ἠθολογία oder ἠθοποιία, Sämtl. Werke, Bd. 5, 938,6 ff.; vgl. ebd. 685,19. Dazu Loofs, Dogmengeschichte (s. Anm. 25), 815. Ritschl. Dogmengeschichte, Bd. 3 (s. o. S. 189, Anm. 68), 65 f.

[124] Zwingli, Sämtl. Werke, Bd. 5, 695,3–697,9, bes. 696,2 f.

[125] Ebd., 686,12 ff.

[126] Zur Vorrede s. Anm. 117. Text des Briefes vom 1. Apr. WAB 4; 184–187 und Zwingli, Sämtl. Werke, Bd. 9 (1925), 78 ff. Dazu Köhler, Zwingli und Luther, Bd. 1, 490 f. G. W. Locher, Die theologische und politische Bedeutung des Abendmahlsstreites im Licht von Zwinglis Briefen, in: Zwingliana 13 (1971), 285 ff. WAB 4; 185,23 ff. Zwingli, Sämtl. Werke, Bd. 9, 79,20 ff.

[127] Nach dem o. S. 463 genannten Brief des Landgrafen von Anfang September haben die Wittenberger ihm geraten, „zweispaltige Prediger nit zu leiden", WAB 4; 113,10 f. mit Anm. Das richtet sich aber gegen den katholischen Gottesdienst, nicht gegen die von Wittenberg abweichende Abendmahlslehre. Derselbe Vorwurf Zwinglis findet sich auch in Zwingli, Sämtl.

(Raserei, Vermessenheit, Grausamkeit)[128] und ungeschicktem Zureden: ,,,Manchmal schläft auch der große Homer.' So bist auch du, glaube ich, schon lange an den Punkt des ‚Erkenne dich selbst' gekommen, damit du siehst, daß du vieles nicht weißt . . . Sag dir doch in dieser Frage: Wie, wenn ich etwa hierin nicht alles richtig und klar verstanden habe?"[129] Wenn noch etwas zu verderben war, so hatte Zwingli es mit diesem Brief verdorben. Luther berichtete einer Reihe von Freunden über den ,,anmaßenden", ,,verleumderischen" Brief. Eine Zeitlang machte er bei ihnen die Runde. Auch Melanchthon schrieb: Zwingli, Oekolampad und Bucer behandelten diese eine Frage in ihren zahlreichen Schriften so, ,,als trügen die anderen Glaubenslehren nichts zur Frömmigkeit bei". Zwingli habe zudem noch einen Drohbrief an Luther geschrieben[130].

Im gleichen Monat wie Zwinglis Amica exegesis erschien auch Luthers erste umfassende Schrift allein zur Abendmahlskontroverse: ,,Daß diese Worte Christi: ‚Das ist mein Leib etc.' noch feststehen. Wider die Schwarmgeister"[131]. Sie richtet sich in erster Linie noch gegen Oekolampad, der sich ja früher als Zwingli ausführlich zum Thema geäußert hatte. Dieser wird nur gelegentlich aufgrund kleinerer Schriften erwähnt. Die umfangreiche Behandlung in seinem De vera et falsa religione commentarius (1525) wird nicht genannt, offenbar auch nicht benutzt[132]. Mehr als jede andere Abendmahlsschrift Luthers verdeutlicht sein Buch, wie fest diese neu auftauchende Frage für ihn mit den Problemen seiner Anfänge zusammenhing. Hatte er es einst, ,,da wir sahen, daß die Schrift unter der Bank lag"[133], damit zu tun, daß die Kirche die Bibel für ungenügend erklärte und durch Auslegungen der Konzilien und Kirchenväter ergänzen wollte, so führen jetzt auch seine neuen Gegner andere Autoritäten (Kirchenväter und Rhetoriker) ins Feld. Sie spielen damit, so meint er, ohne es zu ahnen, des Teufels Spiel. Er wird dort nicht

---

Werke, Bd. 5,737,21ff. 752,15ff. (mit den Anmerkungen F. Blankes zu beiden Stellen); vgl. auch u. S. 475. Zwingli hat seine Schrift dem Landgrafen erst am 18. Juni 1527 mit einem Begleitbrief übersandt, ohne gegen ihn oder Luther Beschwerde zu erheben, ebd. 796f.

[128] Furor, audacia, crudelitas, WAB 4; 185,28.35.

[129] Ebd. 185,41ff.

[130] Nachweise von O. Clemen ebd. 184. Melanchthon an Spalatin 4. Mai 1527, CR 1, 865. MBW 539.

[131] WA 23; 64–282 (Handschrift), 65–283 (Druck). In: ,,Wider die himmlischen Propheten" 460 war das Abendmahl (im Verständnis Karlstadts) eine Teilfrage. Der Sermon von 1526 (s. o. S. 460) war nur ein Predigtdruck.

[132] Gegen Köhler, Zwingli und Luther, Bd. 1, 494. Unter den Nachweisen von W. Walther WA 23; 284ff. findet sie sich nicht. Hätte Luther die ausführlichen Darlegungen Zwinglis über die Eucharistie gelesen, so hätte er sich nicht so einseitig mit Oekolampad auseinandergesetzt. Die Nennung Zwinglis in Luthers Brief an die Straßburger vom 5. Nov. 1525 ist nicht mit Köhler in: Zwingli, Sämtl. Werke, Bd. 3, 592 auf den Commentarius, sondern mit Köhlers späterer Angabe (Zwingli und Luther, Bd. 1, 185) und Clemen (WAB 3; 602,9, Anm. 4) auf die Schrift ,,Vom Tauf" zu beziehen.

[133] WA 23; 69,10f.

aufhören, wo sie meinen, stehenbleiben zu können, sondern er wird „fortfahren und mehr Artikel angreifen, wie er schon funkelt mit den Augen, daß die Taufe, Erbsünde, Christus nichts sei"[134]. Sie denken, „der Teufel sei dieweile zu Babylon oder schlafe neben ihnen wie ein Hund auf eim Polster". Der Teufel aber ist ein „Tausendkünstler"[135]. Er ist der eigentliche Gegner, den Luther im Auge hat. Er hofft dabei nicht etwa, die Schwärmer selbst bekehren zu können. Auch Christus hat keinen Hohenpriester bekehrt, kein Prophet einen falschen Propheten, Paulus keinen falschen Apostel, die Kirchenväter keine Ketzerhäupter. Wie sie, so kann auch er den „Schwärmermeistern" höchstens „etliche ihrer Schüler abreißen oder je die Einfältigen und Schwachen stärken und fur ihrem Gift bewahren"[136]. Das ist der Horizont der Kirchen- und Ketzergeschichte, in dem er seine Aufgabe sieht. Sein Thema darin ist die Wahrheit der Schrift, ja eigentlich ein einziger Spruch Christi: „Das ist mein Leib."[137] Luther kann dazu nichts anderes sagen, als was er im bisherigen Streit immer gesagt hatte: Wer „ist" versteht als „bedeutet" und „Leib" als „Zeichen des Leibes", muß das entweder aus dem Kontext („dem Text desselbigen Orts") oder einem „Artikel des Glaubens", d. h. einer anderen unbestrittenen Glaubensaussage, beweisen[138]. Gegenüber diesen beiden Beweisgründen gibt es keinen Einspruch aus allgemeinen rhetorischen oder hermeneutischen Prinzipien, wie Oekolampad und Zwingli ihn geltend gemacht hatten. Luther blieb damit auf der Basis, von der aus er den römischen Sakramenten bis auf das Abendmahl und die Taufe ihre biblische Grundlage bestritten hatte. In De captivitate Babylonica hatte er als Regel aufgestellt, daß den Worten Gottes keine Gewalt angetan werden dürfe: Sie müßten, wenn nicht unzweideutig ein Umstand dazu zwinge, „nicht anders als nach der Grammatik und in eigentlicher Bedeutung" verstanden werden[139]. Das galt für ihn auch jetzt: Grammatik gegen die Tropen der Rhetorik, die anderswo gebraucht werden mochten, hier aber nicht maßgebend sind. Weil Wort und Sache für ihn feststanden und nicht ohne Umdeutungen beseitigt werden konnten, war es ihm nicht möglich, auf die Friedensangebote der Gegner einzugehen. Es war für ihn keine untergeordnete Frage, über die man sich nicht zu streiten brauchte. Und im übrigen hätten seit Karlstadt sie ihn, nicht er sie angegriffen[140].

Blieb Luther bei der Auslegung der Abendmahlstexte in der Verteidigung, so ging er gegen die nichtexegetischen Argumente der Gegner, gegen das, was er ihre „subtile, philosophische Schwärmerei" genannt hatte[141], zum Angriff

[134] Ebd. 69,28 ff.
[135] Ebd. 71,20 f.24 f.
[136] Ebd. 75,3 ff.21 ff.
[137] Ebd. 75,35 ff. 87,22 ff.
[138] Ebd. 91,33 ff. 93,25 ff.
[139] WA 6; 509,11 ff.
[140] WA 23; 79,19 ff.30 ff. 81,31 ff.   [141] S. o. S. 462.

über. Ihre kindliche Vorstellung, daß Christus „zur rechten Hand Gottes" sitze und dort auch von Erleuchteten gesehen worden sei, beantwortete er mit einigen der großartigsten sprachlichen Ausbrüche, die wir von ihm haben: „Die Schrift aber lehret uns, daß Gottes rechte Hand nicht sei ein sonderlicher Ort, da ein Leib solle oder müge sein, als auf einem gulden Stuhl, sondern sei die allmächtige Gewalt Gotts, welche zugleich nirgend sein kann und doch an allen Orten sein muß . . . Denn Gott ists, der alle Dinge schafft, wirkt und erhält durch seine allmächtige Gewalt und rechte Hand, wie unser Glaube bekennet. Denn er schickt keine Amtleute oder Engel aus, wenn er etwas schaffet oder erhält, sondern solchs alles ist seiner göttlichen Gewalt selbs eigen Werk . . . Darum muß er ja in einer iglichen Kreatur in ihrem Allerinwendigsten, Auswendigsten, umb und umb, durch und durch, unten und oben, vorn und hinten selbs da sein, daß nichts Gegenwärtigers noch Innerlichers sein kann in allen Kreaturen denn Gott selbs mit seiner Gewalt."[142] Luther bedient sich nicht der ihm an sich ja bekannten Sprache der Mystiker, um die Allerfüllung der Welt durch Gott auszumalen. Sondern er benutzt die Zeugnisse, welche ihm die Bibel dafür gibt (Ps. 139,9f. Jer. 23,24. Apg. 17,27f. Röm. 11,36). Und was er ausspricht, ist kein Pantheismus. Sondern es ist die dem Denken unbegreifliche Allgegenwart Gottes in seiner Allmacht[143]. „Denn wie kann doch hie Vernunft leiden, daß die göttliche Majestät so klein sei, daß sie in eim Körnlein, an eim Körnlein, über eim Körnlein, durch ein Körnlein, inwendig und auswendig, gegenwärtig und wesentlich sei, und, ob's wohl ein ein(z)ige Majestät ist, dennoch ganz in einem iglichen besonder, der so unzählig viel sind, sein kann? Denn er macht ja ein iglich Körnlin besonders in allen Stucken, inwendig und allenthalben. So

---

[142] WA 23; 133,19ff.30ff. 134,3ff. Ähnliche Stellen ebd. 137,8ff.31ff. 143,10ff. 151,1ff.

[143] Dazu Graß, Abendmahlslehre (s. Anm. 10), 63ff. Es wäre nur ratsam, auch nicht von „pantheisierenden Abschnitten der Abendmahlsschriften" (64) zu sprechen. Ebenso trifft das Schema Transzendenz-Immanenz – Th. Harnack, Luthers Theologie mit besonderer Beziehung auf seine Versöhnungs- und Erlösungslehre, Bd. 1 (1862; neue Ausg. München 1927), 140, zit. Graß, Abendmahlslehre, 64ff. – die Anschauung Luthers nicht. So urteilt auch Peters, Realpräsenz (s. Anm. 10), 77. Luther geht es um die Verbindung von Allgegenwart und schaffender Personalität Gottes. Es ist damit nicht verwehrt, Luther „philosophisch zu befragen", wie es Metzke, Sakrament und Metaphysik (s. Anm. 88), 161 getan hat. Metzke zielt nicht auf die Auflösung der theologischen Ausführungen Luthers und ihre Verwandlung in philosophische Aussagen, sondern auf zwei konkrete Punkte: 1) darauf, daß Luther auf seine Weise eine Frage in Bewegung bringt, die zu einem Kernthema auch der neuzeitlichen Metaphysik wurde, „wie nämlich Gott und der Geist in der Raumwirklichkeit gegenwärtig sein können" (194); 2) darauf, daß Luthers Aussagen die Grenze der Metaphysik deutlich machen. „So ist Luthers Theologie des Sakraments gerade dadurch philosophisch, daß sie die Metaphysik zur Umkehr ruft und den Menschen an die Grenze erinnert, an der er nur noch schlechthin Empfangender ist mit seinem ganzen ungeteilten Dasein, mit Mund und Herz, mit Seele und Leib" (204). Auch Luther selbst sah hier im Rahmen der Theologie philosophische Fragen: einmal infolge der „subtilen, philosophischen Schwärmerei" seiner Gegner (s. o. S. 462), dann in den philosophischen Kategorien der scholastischen Gotteslehre, die er aber erst in seiner späteren Schrift „Vom Abendmahl" (1528) ausdrücklich in die Diskussion einführte (s. u. S. 485).

muß ja seine Gewalt daselbs allenthalben in und an dem Körnlein sein. . .
Denn er machts alles alleine. Wiederumb, daß auch dieselbig Majestät so groß
ist, daß sie weder diese Welt noch eitel tausend Welt mag umbfahen und sagen: Siehe, da ist er."[144] Das Schlüsselwort, um das es in der Auseinandersetzung geht, ist die biblische Formel ,,die rechte Hand Gottes". Sie bezeichnet
im Alten Testament die allgegenwärtige, schaffende, schützende oder stra-
fende Macht Gottes; im Neuen die Erhöhung Christi zur Majestät Gottes,
d. h. die Teilnahme an seiner Herrschaft, an der Spendung des heiligen Geistes oder auch die Vollmacht, uns vor ihm zu vertreten[145]. Es ist für Luther
aus diesem Grundverständnis unmöglich, in der Rechten Gottes einen Ort zu
sehen, der sich von anderen Orten, also z. B. dem Abendmahlstisch mit den
eucharistischen Elementen, unterscheidet. Gottes rechte Hand ist, wo sie in
Erscheinung tritt, schöpferisch, sei es in der Natur, der Weltgeschichte oder
in Wort und Sakrament, die den neuen Menschen schaffen. Zu den ,,subti-
len", nicht aus der Schrift entnommenen Einwänden gehört auch der: Es sei
wider Gottes Ehre, daß er in der Gestalt Christi in die Abendmahlsspeise ein-
gehe. Das entspricht nach Luther der heidnischen Kritik gegenüber den altkirchlichen Vätern: Es sei eines Gottes unwürdig, menschlich geboren und
gekreuzigt zu werden. Seine Gegner verstehen den umfassenden Sinn von
Inkarnation nicht. ,,Unsers Gottes Ehre ist die, so er sich um unsertwillen
aufs Allertiefste heruntergibt, ins Fleisch, ins Brot, in unsern Mund, Herz
und Schoß und dazu um unsertwillen leidet, daß er unehrlich (ehrlos) behandelt wird, beide auf dem Kreuz und Altar, wie S. Paulus sagt, 1.Kor. 11, daß
etliche unwürdig essen von diesem Brot. Leidet er doch ohne Unterlaß, daß
vor seinen göttlichen Augen sein Wort, sein Werk und alles, was er hat, verfolgt, gelästert, geschändet und mißbraucht wird, und sitzt dennoch in seinen
Ehren."[146] Diese Verbindung von allmächtigem Schaffen und Einwohnen
Gottes in allem, was uns seine Gnade vermittelt, bildet den Hintergrund für
Christi Gegenwart im Sakrament, die er selbst verheißen hat. Theologie im
umfassendsten und Exegese im wörtlichsten Sinn geben Luther die Sicherheit, mit der er für sein Verständnis der Abendmahlsworte eintritt.

In dieser sicheren Position machte ihm auch der Gegenangriff, den die
Schweizer, Zwingli und im Anschluß an ihn Oekolampad, mit der Stelle Joh.
6,63 (,,Fleisch ist nichts nütze") für ihre Auslegung der Abendmahlsworte
führten, keinen Eindruck[147]. Seit der Auseinandersetzung mit dem römi-

---

[144] WA 23; 137,8 ff.17 ff.

[145] AT: vor allem in den Psalmen (20,7; 44,4; 45,5; 63,9; 77,11 u. a.), 2.Mose 15,6.12; Hiob
40,14; Jes. 41,10; 66,2; Jeremia 23,24; Klagelieder 2,3 f. u. ö. NT: Matth. 22,44 (Parr.); Kol. 3,1;
1.Petr. 3,22; Apg. 2,33; Röm. 8,34.

[146] WA 23; 157,30 ff. vgl. 8 ff.

[147] Zwingli, Ad Matthaeum Alberum de coena domini epistola, Sämtl. Werke, Bd. 3,
336,29–342,10. Über die Anfänge des Gedankens bei Zwingli, z. T. unter Anregung durch
Hoen, und den Beginn der Kontroverse vgl. Gollwitzer, Auslegung von Joh. 6 (s. Anm. 37),
143 ff. Zu Oekolampad vgl. Staehelin, Lebenswerk Oekolampads, 281 f.

schen Verständnis der Eucharistie in De captivitate Babylonica war er überzeugt, daß das ganze Kapitel Joh. 6 nicht vom Altarsakrament handelt, sondern vom Glauben als dem ,,geistlichen und lebendigen Essen" des fleischgewordenen Wortes. Also kann – so folgerte er damals – die Verweigerung des Kelchs an die Laien nicht damit begründet werden, daß Christus sich in Joh. 6 nur als das lebendige Brot und nicht als den lebendigen Kelch bezeichnet habe[148]. Jetzt wurde der einheitliche Sinn des Kapitels für ihn zum hermeneutischen Schlüssel für Vers 63, das wichtigste exegetische Argument seiner Gegner. Der Vers sagt nichts über die Frage der Realpräsenz Christi im Abendmahl, sondern nur darüber, daß der ohne Glauben empfangene Leib Christi nichts nützt, nicht anders, als es beim Worte Christi auch ist[149].

Neben den Fragen der Gottesanschauung und den exegetischen Problemen stellt Luther sich in dieser Schrift – wie sonst nicht wieder – auch dem Aufgebot an Zitaten aus den Kirchenvätern, die Oekolampad in seiner Genuina expositio gesammelt hatte[150]. Luther schickt seiner Antwort voraus, daß er ihm eigentlich die Waffe mit einem Streich aus der Hand schlagen könnte: Bei keinem der Väter finde sich die negative Aussage, auf die es seinen Gegnern ankommt, daß im Abendmahl nur Brot und Wein, nicht aber Leib und Blut Christi vorhanden sei[151]. Trotzdem nimmt er am Schluß des Buches die Diskussion über die wichtigsten Väterstellen noch auf. Es ist eine mühsame Debatte von Zitat zu Zitat, hinter der kein ausgeglichenes Bild der behandelten Autoren steht. Das gilt vor allem für Augustin, dessen Urteil Luther natürlich besonders viel wert war. Während die moderne dogmengeschichtliche Forschung, jedenfalls die protestantische, bei ihm ein leibhaftes Genießen des Gottmenschen Christus verneint[152], hat Luther die durchge-

---

[148] S. o. S. 446. WA 6; 499,22 ff. 502,7 ff. 26 ff. Luther wendet sich damit gegen die Argumentation seines Gegners, des Leipziger Franziskaners Alveldt. Auch das Tridentinische Konzil bezog sich später zur Frage der Kelchverweigerung auf Stellen aus Joh. 6. Sess. XXI,1.

[149] Die Schwierigkeiten in der Exegese des Kapitels sucht man heute durch die Annahme zu lösen, daß der Text nur in überarbeiteter Gestalt vorliegt, und zwar entweder als Bearbeitung eines vorjohanneischen Textes durch den Verfasser des Evangeliums oder in einer späteren kirchlichen Redaktion im Sinne der von Ignatius von Antiochia vertretenen Auffassung des Herrenmahles. Vgl. die Aufsätze von G. Bornkamm, Die eucharistische Rede im Johannes-Evangelium, in: ders., Geschichte und Glaube, Bd. 1. Ges. Aufs., Bd. 3 (München 1968), 60 ff. und: Vorjohanneische Tradition oder nachjohanneische Bearbeitung in der eucharistischen Rede des Johannes 6 ?, in: ebd., Bd. 2. Ges. Aufs., Bd. 4 (1971), 51 ff. Er vertritt die zweite Lösung. Unabhängig davon gilt sein Urteil: ,,Luther hatte somit Zwingli gegenüber, für den 6,63 ein Kernsatz seiner Abendmahlslehre war, recht, wenn er die Beziehung der σάρξ hier auf das Herrenmahl bestritt. Auch haben schon Bugenhagen und das Schwäbische Syngramma gegen Zwingli caro durchaus richtig im Sinne von sensus carnalis verstanden" (Verweis auf Gollwitzer, Auslegung von Joh. 6 [s. Anm. 147]) Ges. Aufs., Bd. 3, 65, Anm. 20.

[150] S. Anm. 95.

[151] WA 23; 129,4 ff.

[152] Vgl. Loofs, Dogmengeschichte, 5. Aufl., hg. v. K. Aland, Bd. 2 (Tübingen 1953): ,,An einen Genuß des ,wahren Leibes und Blutes Christi' ist auch bei den Gläubigen – geschweige denn bei den Ungläubigen – in keiner dieser Vorstellungsreihen (Augustins) gedacht . . . Den-

hende Spiritualität der augustinischen Sakramentslehre noch nicht erkannt und sich von unechten Worten oder falschen Schlüssen täuschen lassen[153]. Leichter gelang es ihm, die Aussagen der voraugustinischen Väter für seine Auffassung anzuführen[154]. Aus ihnen, speziell der Lehre des Irenaeus und Hilarius, konnte er am deutlichsten den doppelten „Nutzen" begründen, der uns im Empfang des Leibes Christi zuteil wird. „Isset man ihn geistlich durchs Wort, so bleibt er geistlich in uns in der Seele. Isset man ihn leiblich, so bleibt er leiblich in uns und wir in ihm. Wie man ihn isset, so bleibt er in uns und wir in ihm. Denn er wird nicht verdaut noch verwandelt, sondern verwandelt ohne Unterlaß uns, die Seele in Gerechtigkeit, den Leib in Unsterblichkeit. So haben die Väter von dem leiblichen Essen geredt."[155] Die Klammer, welche diesen anthropologischen Dualismus zusammenhält, ist der Glaube. Das Essen des Leibes im Brot stärkt auch die Seele, „daß sie gläubt, es sei Christus' Leib, das der Mund isset, und haftet also der Glaube an dem Leibe, der im Brot ist. Nu ist das nicht unnütze, sondern seliglich, was den Glauben hebt, trägt und heftet (festmacht)."[156] Nicht das Essen einer übernatürlichen Speise an sich, sondern der Glaube an die damit verbundene Verheißung führt zum ewigen Leben. Damit ist der eschatologische Kreis geschlossen. Deutlicher konnte er nicht sagen, warum ihm soviel an der Wirklichkeit des Abendmahlsgeschehens lag und die Auflösung in die Sprache eines bloßen Gleichnisses so unheilvoll erschien[157].

Die Abendmahlsfrage ist durch den Streit ganz ein innerreformatorisches

---

noch redet Augustin sehr oft scheinbar realistisch von einem Essen des Leibes Christi." Er konnte „ ‚realistisch' reden, ohne realistisch zu denken" (327 f.). Ebenso Seeberg, Dogmengeschichte (s. Anm. 24), Bd. 2, 459 ff.

[153] Luthers Mißverständnis ist dadurch begreiflicher, daß er seinen Hauptbeleg für ein realistisches Sakramentsverständnis Augustins einem Zitat im Corpus iuris canonici (III dist. II c. 32, s. WA 23; 211,1 f.) entnimmt, das sich in Augustins Werken nicht nachweisen läßt: „Sacramentum est invisibilis gratiae visibilis forma" (die Stelle, die am ähnlichsten lautet, steht ep. 105, ad Donatistas 3, MPL 33,401: „Si autem malum est, operatur per illum Deus visibilem Sacramenti formam; ipse autem donet invisibilem gratiam"). Vgl. Hoffmann, Abendmahlskontroverse (s. Anm. 44). Diese Auffassung, forma (oder figura) meine die äußere Gestalt einer unsichtbaren Realität, findet Luther auch in zwei Tertullian-Stellen (Adversus Marcionem IV, 103 und De resurrectione 8. Hoffmann, 155 f.). Der Begriff der Figur sei vieldeutig, „ein Dunkel- und Wankelwort". Es bedeutet hier nicht, wie Oekolampad meint, Ausschmückung, rhetorische Figur, sondern ist mathematice zu verstehen als Form oder Gestalt, das Brot hier also als die äußere, sichtbare Gestalt des Leibes Christi. WA 23; 219,11 ff.

[154] Irenaeus, Cyprian, Hilarius von Poitiers. WA 23; 229,21–241,34. Dazu im einzelnen Hoffmann, Abendmahlskontroverse (s. Anm. 153), 152 ff.

[155] WA 23; 255,24 ff.

[156] Ebd. 259,1 ff.

[157] Die Beziehung auf die Unsterblichkeit kommt erst in dieser Schrift bei Luther vor und später nur noch selten. Graß, Abendmahlslehre (s. Anm. 10), 106 f. zählt nur noch zwei weitere Stellen. Sie war hier besonders angebracht, da die Gegner den Nutzen des genossenen Leibes Christi in Zweifel gezogen hatten (so mit Recht Graß), vielleicht auch, weil er damit verdeutlichen konnte, wie hoch auch er das spirituelle Moment, den Glauben, einschätzte.

Thema geworden. Beziehungen auf die scholastische Theologie kommen nicht vor; sie spielen erst später wieder eine begrenzte Rolle[158]. Nur die Transsubstantiation wird einmal mit leichter Hand beiseite geschoben: Es „bedarf hier nicht einiger Transsubstantiation oder Verwandlung in seinen Leib". Theorien darüber sind unnötig; es geht um eine ganz einfache Aussage. Sie darf nicht nach räumlichen Analogien („wie Brot im Korbe oder Wein im Becher") mißverstanden werden. Es handelt sich um die reine Identität. „Daß aber die Väter und wir zuweilen so reden: ‚Christus Leib ist im Brot', geschieht einfältiger Meinung darumb, daß unser Glaube will bekennen, daß Christus Leib da sei. Sonst mugen wir wohl leiden, man sage, er sei im Brot, er sei das Brot, er sei, da das Brot ist, oder wie man will. Uber Worten wollen wir nicht zanken, alleine daß der Sinn da bleibe, daß nicht schlecht (nur) Brot sei, was wir im Abendmahl Christi essen, sondern der Leib Christi."[159] Allerdings, es ist eine Identität unter veränderten Vorzeichen. „Sein Fleisch ist nicht aus Fleisch noch fleischlich, sondern geistlich. Darumb kann es nicht verzehret, verdäuet, verwandelt werden, denn es ist unvergänglich wie alles, was aus dem Geist ist, und ist eine Speise gar und ganz ander Art denn die vergängliche Speise. Vergängliche Speise verwandelt sich in den Leib, der sie isset. Diese Speise wiederumb (dagegen) wandelt den, der sie isset, in sich und macht ihn ihr selbs gleich, geistlich, lebendig und ewig, wie sie ist, als (wie) er sagt: ‚Dies ist das Brot vom Himmel, das der Welt Leben gibt'" (Joh. 6,33)[160]. So nachdrücklich Luther hier aussprach, daß auch er die Wirkung des Abendmahls geistlich, durch den Glauben vermittelt, dachte, so reichte diese Berührung doch nicht aus, um die Kluft zwischen ihm und seinen Gegnern zu überbrücken. Die Identität selbst, das „ist" (nicht „bedeutet"), stand unüberwindbar zwischen ihnen.

Der Streit konnte mit den beiden Büchern Zwinglis und Luthers nicht beendet sein. Da sie gleichzeitig erschienen, waren sie nicht aufeinander bezogen, sie bildeten nur die Voraussetzungen des eigentlichen Dialogs. Wie scharf er werden würde, zeigte sich an dem zugespitzten Titel der Gegenschrift, die Zwingli sofort nach dem Erscheinen von Luthers Schrift in Angriff nahm: „Daß diese Wort Jesu Christi ‚Das ist mein Leichnam, der für euch hingeben wird' ewiglich den alten, einigen Sinn haben werden, und M. Luther mit seinem letzten Buch seinen und des Papsts Sinn gar nit gelehrt und bewährt (bewiesen) hat. Huldrych Zwingli christenlich Antwort."[161] Den härtesten Schlag versetzte Zwingli durch die Behauptung der Überschrift: Luther lehre dasselbe wie der Papst. Nach den beiden bisherigen großen Darlegungen im De vera ac falsa religione commentarius (1525) und der Amica

---

[158] S. u. S. 485.
[159] WA 23; 145,16 ff. 26 ff.
[160] Ebd. 203,23 ff.
[161] Zwingli, Sämtl. Werke, Bd. 5, 805.

exegesis (1527) war es die erste umfangreiche deutsche Abendmahlsschrift Zwinglis. Sie wandte sich also an ein breites Publikum, unter ihm aber – und das war das Ungewöhnliche – in erster Linie an Luthers Landesherrn Kurfürst Johann, dem er die Schrift widmete; nicht ohne Bauernstolz auf seine einfache Schreibweise statt der höfischen Anreden, über die er sich lustig machte. Er verklagte Luther bei ihm, daß dieser „nit allein über die Schnur christenlichs Geists und Liebe haut, sunder auch die Gschrift vermeint mit sines Namens Glantz in einen uneigenlichen Sinn zu dringen und fahen (zu fangen)"; z. B. mit seiner Auslegung von Joh. 6,63[162]. Er bat den Kurfürsten, sich nicht zu einem Verbot der „schwärmerischen" Lehre bewegen zu lassen[163].

Der publizistische Charakter der unter dem Drängen der Freunde rasch hingeworfenen Schrift macht erklärlich, daß ihr theologischer Neuertrag gering ist. In der Abwehr von Luthers Angriff suchte Zwingli Schlag um Schlag seine Überlegenheit zu erweisen. Manchmal ging die Argumentation im Kampflärm unter. „Es wird hie Gottes Wort Oberhand gewünnen, nit Schwermer, Tüfel, Schalck, Kätzer, Mörder, Ufrürer, Gleißner oder Hüchler, – trotz, potz, plotz, Blitz, Donner, po, pu, pa, plump"[164]: Worte aus Luthers Schriften, Begleitmusik von Zwingli. Die Huldigungen, die er Luther in der Amica exegesis dargebracht hatte[165], sind so gut wie verschwunden; dafür sind die Hinweise auf seine Fehler und Rückständigkeiten, z. B. in der Schonung der Bilder, verstärkt[166]. Ironisch erklärt Zwingli, er und seine Freunde machten sich nichts aus dem von Luther gegen sie aufgewirbelten Staub: „Wir sind ihn gewohnt in (vom) Abbrechen der Götzen und Altäre, die man, wie du lehrst, wohl haben könne, damit man um so besser lerne, auf beiden Knieen zu hinken"[167] (d. h. sie nicht anzubeten und doch beizubehalten).

Zwinglis Bemerkungen zur Sache beschränken sich im wesentlichen auf zwei Themen. 1) Er stützt seine symbolische Deutung der Einsetzungsworte mit einer großen Anzahl von Stellen, in denen das Erlösungswerk Christi nicht an das Essen und Trinken seines Leibes und Blutes, sondern an das Wirken des „Trösters", des heiligen Geistes, und an das Hören, Glauben, das Gedenken an sein Blutvergießen, an seinen Tod und seine Auferstehung geknüpft ist. Dieses geistige Geschehen kann auch mit dem Bilde des Paulus vom Pflanzen gesagt werden: „Sind wir der Glichnus[168] des Tods Christi

---

[162] Ebd. 806,13 ff. 808,6 ff.
[163] Ebd. 807,2. Anspielung auf den angeblichen Brief Luthers an Landgraf Philipp, s. o. S. 468. Dazu F. Blanke ebd. 807, Anm. 5. 752, Anm. 2. 849, Anm. 21.
[164] Ebd. 811,10 ff.
[165] S. o. S. 466.
[166] Zwingli, Sämtl. Werke, Bd. 5, 821,16 ff. Zusammenfassend ebd. 824,15 ff.
[167] Ebd. 857,17 ff.
[168] Tō homoiōmati, similitudini (Vulg.), Gleichheit seines Todes (durch die Taufe), vgl. Theo-

eingepflanzet, so werden wir auch der Urstände (Auferstehung) eingepflanzet sein" (Röm. 6,5). Er wendet sich damit gegen Luthers Verbindung von Abendmahl und Unsterblichkeit. „Wir dir wellend zu verstohn geben, daß alles, das du dem leiblichen Essen zulegst, mit Gottes Wort allein der Gnad oder Geist Gottes wird zugelegt, also ist auch die Urstände (Auferstehung) des Leibs."[169] Er traf damit freilich das Thema nicht, Luthers Einspruch gegen die signifikative Deutung der Einsetzungsworte, für die Zwingli sich wie bisher auf den Tropusbegriff und erneut auf den Brief des Honius bezog. Den habe ihm Gott gesandt, allerdings nicht als ersten Anstoß, sondern als Bestätigung seines schon gewonnenen Verständnisses und als Hilfe, die Worte den Einfältigen verständlich auszulegen[170].

2) Wenn die Fronten hier also unverändert standen, so verstärkte Zwingli die seine an einer Stelle, auf die Luther noch nicht hatte eingehen können. Erst in seiner jüngsten, Luther noch unbekannten Schrift hatte Zwingli das christologische Problem in der Abendmahlsfrage mit dem plutarchischen Redeschema der Alloiosis (des Wechsels) oder Heterosis (Veränderung) zu lösen versucht[171]. Es setzt eine strenge Geschiedenheit der beiden Naturen Christi voraus, die nur eine uneigentlich rhetorische Übertragung der Eigenschaften der göttlichen Natur auf die menschliche und umgekehrt erlaubt. Da Luther statt dessen die Einheit der Person Christi mit ihren beiden Naturen vertrat und seinem Abendmahlsverständnis zugrunde legte, griff Zwingli ihn mit wachsender Schärfe an. „Du schreist zur Tür herein: ‚Gottes rechte Hand ist allenthalb. Christus ist zur rechten Hand Gottes, also ist auch der Leichnam (Leib) Christi allenthalb.' Sieh, wie schön du schließest! Wer hat dich so hübsch gelehrt, zu zwirbeln und zweien (in- und auseinanderzudrehen) in den beiden Naturen Christi, daß du vor dem Einfältigen mit so falschem Schein gleich (ebenso) willst auf die menschliche Natur hinführen, was auch der göttlichen, ja allein der göttlichen ist?" „Siehst du, wie du dich nit schämst, falsche Syllogismos[172] zu machen? Das kommt allein daher: Du kannst gaukeln, aber nit subtil, und darumb ziehst du auf der Dorfkirchweih herum, betrügst die, welche zuhören."[173] Hier stießen zwei Grundtendenzen der altkirchlichen Christologie, eine dyophysitische und eine monophysitische, noch einmal in vereinfachter Form aufeinander. Zwingli vertrat die dyophysitische Lösung im Rahmen der tradierten Christologie des Chalcedonense, freilich mit der einschneidenden Veränderung, daß er die darin ge-

---

logisches Wörterbuch zum Neuen Testament, hg. v. Gerhard Kittel, Bd. 5 (Stuttgart 1966), 191 ff.

[169] Zwingli, Sämtl. Werke, Bd. 5, 898,18 ff. 899,9 ff.

[170] Ebd., 907,9 ff.

[171] S. o. S. 122.

[172] Schlüsse.

[173] Zwingli, Sämtl. Werke, Bd. 5, 930,23 ff. 932,27 ff. Im Original beseflest (= betrügt), grobes Wort aus der Bettlersprache.

lehrte Einheit der Person Christi nur mit Figuren der antiken Rhetorik auszudrücken vermochte. Sie boten sich ihm, dem gebildeten Humanisten, als
Aushilfe aus den alten Schwierigkeiten der klassischen Christologie an. Er
verlor damit aber den theologischen Zusammenhang in seinen Aussagen über
die Person Christi, die Verbindung seiner Eigenschaften (communicatio
idiomatum), an der auf seine Weise auch ihm gelegen war[174].

Die Debatte über die Kirchenväter führte Zwingli, darin weniger bewandert als Oekolampad, nur mit unbedeutenden Bemerkungen weiter. Neu
aber brachte er den großen Ketzer Marcion ins Spiel. ,,Luther wehr! Marcion
will dir in (den) Garten!"[175] Luther hatte im Anschluß an Joh. 3,13 (,,Nie-
mand fährt gen Himmel denn der herabgefahren ist, des Menschen Sohn,
der im Himmel ist") gesagt: Christi Leib sei zugleich im Himmel und auf Erden, ja an allen Enden. ,,Denn er ist durch seine Verklärung nicht ein ander
Person worden, sondern wie vorhin so auch hernach allenthalben gegenwärtig." Er habe im Himmel keine Mängel an seinem Leibe gehabt[176]. Zwingli
folgert, dann sei Christi Leib auch auf Erden leidensunfähig gewesen. ,,Und
dann hat Marcion recht, er habe einen dichten (erdichteten), unliedenbaren
Leichnam (leidensunfähigen Leib) gehabt." ,,Dann seid gottwillkommen,
Marcion und Marciönin!" Ist Christi Leib hier leidensfähig, so muß er es
auch im Himmel sein, oder es sind zwei Leiber. ,,Sag dann an, ob Maria auch
den droben geboren hab oder wie er hinaufgekommen sei."[177] In kapitalem
Mißverständnis übertrug er auf Luther den Doketismus Marcions, wie er ihn
aus Tertullians grimmiger Polemik kannte[178].

---

[174] Eine ausführliche Untersuchung über die Christologie Zwinglis fehlt. Von G. W. Locher,
Die Theologie Zwinglis im Lichte seiner Christologie, ist bisher nur Bd. 1: Die Gotteslehre (Zürich 1952) erschienen. Ch. Gestrich, Zwingli als Theologe. Glaube und Geist beim Züricher Reformator (Zürich, Stuttgart 1967) und G. W. Locher, Huldrych Zwingli in neuer Sicht (Stuttgart
1969) streifen das Thema nur. Die scharfsinnigste Darstellung findet sich noch immer bei E. Zel-
ler (dem Schüler Ferdinand Christian Baurs und späteren Meister der ,,Philosophie der Griechen"), Das theologische System Zwinglis dargestellt (Tübingen 1853). Er bringt den Gegensatz
in der Auffassung der Naturen Christi bei Zwingli und Luther auf die drastische Formel: ,,Wir
haben uns die Verknüpfung beider (nach Zwingli) nur nach Analogie einer mechanischen, nicht
einer chemischen Verbindung zu denken" (82). Zwingli benutzt den Gegensatz von Leib und
Geist oder das Bild des Kastens und seines Inhalts: ,,Der Kasten, in dem das Manna aufbewahrt
wird, ist Christi Menschheit, in der die Gottheit, die das Brot des Lebens ist, aufbewahrt wird.
Denn Christus ist nach seiner Gottheit die Speise der Seele; Christi Leib aber ist zur Rechten
Gottes erhöht worden", In Exodum annotationum particula (1527), Sämtl. Werke, Bd. 5,
374,24 ff. Das Gefäß von Ex. 16,33 ist nach Zwingli eine Antizipation der Lade, ebd. 374,10 ff.
Luther brauchte dagegen immer wieder das Bild des feurigen Eisens. Es sind gewiß nur massive
Bilder, aber sie sagen etwas über die undefinierbaren Grundintuitionen beider aus. Vgl. auch
Ritschl, Dogmengeschichte (s. o. S. 189, Anm. 68), Bd. 3, 117 ff.
[175] Zwingli, Sämtl. Werke, Bd. 5, 941,24 ff.
[176] Zitat aus WA 23; 147,28 ff., dazu Zwingli, Sämtl. Werke, Bd. 5, 940 f.
[177] Zwingli, Sämtl. Werke, Bd. 5, 941,24–942,7, bes. 941,26 f. 942,6 f. Marcion und Marciönin ist ein bloßer rhetorischer Triller.
[178] Tertullian, De carne Christi 1–2 und an anderen Stellen.

Am Schluß seines Buches stellt Zwingli noch einmal Luthers Irrtümer in kurzen Thesen zusammen: „1. Der Leichnam Christi sei gleichsam der göttlichen Natur (gleichwie die göttliche Natur) allenthalb. – 2. Christus zeige sich uns in diesem Sakrament, daß wir wissen, wo wir ihn finden sollen. – 3. Christus' Leib, leiblich gegessen, nehme die Sünd dahin. – 4. Christus' Fleisch sei ein ganz geistlich Fleisch. – 5. Christus' Fleisch, leiblich gegessen, erhalte unseren Leib zur Urstände (Auferstehung). – 6. Christus' Leib, leiblich gegessen, gebe oder mehre den Glauben. (Das) wird alles von dir wider Gottes Wort geredet."[179] Damit war das Schwergewicht der Auseinandersetzung von der exegetischen Frage, der Deutung der Einsetzungsworte, auf die christologischen und soteriologischen Probleme verlagert worden. Um so ernster und umfassender wurde dadurch die Differenz.

Es dauerte lange, bis Luther auf Zwinglis Schrift antworten konnte; zunächst einmal, weil er sie merkwürdig spät erhielt. Während man sich in Straßburg schon Anfang Juli 1527 daran begeisterte, traf das ihm von Zwingli angekündigte Buch erst am 10. November bei ihm ein. Er hatte wenigstens in einem geliehenen Exemplar schon zu lesen begonnen. Zudem war er selbst in einer bedrängten Situation. Die Verhandlungen über die Durchführung der Visitation, lange eigene Krankheit, Sorgen um die Familie während der in Wittenberg herrschenden Pest und um seine Frau, die einer Geburt entgegensah, lasteten schwer auf ihm[180]. Trotzdem teilte er seit Ende November 1527 mehreren Freunden mit, daß er antworten werde, und kündigte am 14. Dezember das Erscheinen seiner Gegenschrift zur Frankfurter Frühjahrsmesse 1528 an[181].

Luthers umfangreiches Buch „Vom Abendmahl Christi. Bekenntnis" ist nicht sehr glücklich komponiert. Er hat es zwar in drei deutlich unterschiedene Teile geteilt: „Erstlich, die Unsern warnen mit Anzeigung, wie gar nicht dieser Schwärmergeist auf meine Gründe geantwortet habe. Zum andern, die Sprüche handeln, so von dem heiligen Sakrament lehren. Zum dritten, bekennen alle Artikel meines Glaubens wider diese und alle andere neue Ketzerei, damit sie nicht dermaleins oder nach meinem Tode rühmen möchten, der Luther hätte es mit ihnen gehalten, wie sie schon in etlichen Stücken getan haben."[182] Es waren nicht nur drei Teile von ganz verschiedener Län-

---

[179] Zwingli, Sämtl. Werke, Bd. 5, 976,11–977,6. Zwingli schloß dann nach humanistischer Weise mit einem Namensscherz: „Gott geb dir der Wahrheit und in (deiner selbst) Erkenntnis, daß du Luther (lauter) bliebest, nit λούτριον (schmutziges Waschwasser) werdest"; zugleich eine kleine Koketterie mit der Kenntnis dieses in der griechischen Literatur nur dreimal belegten Wortes. Vgl. F. Blanke ebd., 977, Anm. 5.

[180] Zur Visitation s. o. S. 433 ff., über Krankheit und häusliche Sorge s. u. S. 496 ff.

[181] Ankündigungen seit 22. Nov. 1527, vgl. WA 26; 245 f. Frankfurter Messe zuerst 14. Dez. an Hausmann, endgültig 25. Feb. 1528 an Link; erste Notiz über den Druck 5. Feb. an Spalatin, WAB 4; 300,21. 388,11. 376,8 f. Vgl. WA 26; 244–246. Köhler, Zwingli und Luther, Bd. 1, 558 ff.

[182] WA 26; 262,19 ff.

ge, der letzte ein formuliertes Bekenntnis von wenigen Seiten[183]. Sondern auch die beiden ersten Teile griffen notwendig oft ineinander über. Dazu kam, daß er sich getrennt gegen verschiedene Gegner wandte, die dasselbe oder ähnlich lehrten (Zwingli, Oekolampad, Schwenckfeld und Wyclif), so daß er auch dadurch zu Wiederholungen gezwungen war. Es bietet sich also wie in so vielen Schriften Luthers kein Gedankengang an, dem man folgen könnte. Wohl aber treten aus den sich überschneidenden Linien die beiden Themenkomplexe hervor, die sich in der bisherigen Kontroverse als Kernprobleme herauskristallisiert hatten: die hermeneutische und die christologische Frage.

Die hermeneutische Frage enthält mehr als das von Oekolampad und Zwingli in die Diskussion eingeführte Problem: die Deutung der Abendmahlsworte durch den rhetorischen Begriff des Tropus[184]. Er bildet zwar auch hier zunächst das beherrschende Thema. Luther verwirft ihn keineswegs grundsätzlich. Die biblische und christliche Sprache bedient sich ja selbst solcher Übertragungen: „Maria ist eine Morgenröte, Christus eine Frucht des Leibes; der Teufel ist ein Gott der Welt; der Papst ist Judas; St. Augustin ist Paulus; St. Bernhard ist eine Taube." Aber der zweite Aussagebegriff hebt das Subjekt nicht auf; es handelt sich nur um eine Metapher, ein „neues Wort", welches das erste nicht verändert. Die deutsche Sprache verdeutlicht die in einem solchen Vergleich enthaltene Unterscheidung gern durch ein zugesetztes Adjektiv: „Luther ist Huß, Luther ist ein anderer Huß, Luther ist ein rechter Huß, Luther ist ein neuer Huß." Damit spricht man sein wirkliches Wesen aus, nicht einen beliebigen Vergleich. „Denn es klappt noch klinget nicht, wenn ich sage: Luther bedeutet Huß, sondern: Er ist ein Huß. Vom Wesen redet man in solchen Sprüchen, was einer sei und nicht, was er bedeute."[185] Es handelt sich also um einen stilistischen Kunstgriff, das wahre Wesen durch einen Vergleich aus einem anderen Bereich auszudrücken, wie es Horaz, an den Luther sich hier hält, gerühmt hat: Dixeris egregiè / notum si callida verbum / reddiderit iunctura novum („Man spricht trefflich, wenn man ein bekanntes Wort durch eine sinnreiche Verknüpfung zu einem neuen macht")[186]. Es entsteht also zwischen nur Verglichenem keine Identität: „Vocabulum simplex et metaphoricum sind nicht ein, sondern zwei Wort". Vom Leibe Christi, der für uns gegeben ist, kann demnach nur so geredet werden, wie er ist, von seiner sichtbaren Gestalt, nicht meta-

---

[183] I: ebd. 262–445. II: ebd. 445–498. III: ebd. 499–509.
[184] S. o. S. 452. In der Literatur über Luthers Auffassung des Abendmahls und der Realpräsenz Christi fehlt, wie schon Ebeling, Evangelienauslegung (s. o. S. 209, Anm. 15), 332, Anm. 260 bemerkt hat, eine Behandlung der Kontroverse unter dem Gesichtspunkt der Hermeneutik beider Seiten. Er gibt S. 332–344 eine knappe, dankenswerte Skizze.
[185] WA 26; 273,2ff. 19ff. 274,1ff. 19ff.
[186] Luther übersetzt: „Gar fein ists geredt, wenn du ein gemein Wort kannst wohl verneuen," ebd. 274,19f. 22ff. 272,23ff.

phorisch. „Weil er denn sichtbarlich für uns gegeben, so kann er nirgend sein, er sei denn sichtbarlich da.“[187] Luther kehrte also den Beweis seiner Gegner um: Vom Leibe Christi tropisch, figürlich sprechen und seine gegenwärtige Realität leugnen, heißt gerade nicht von ihm sprechen. Darauf beruht Luthers Bildbegriff überhaupt, wie er ihn hier erweiternd verdeutlicht. Auch das Abbild trägt das Urbild real in sich. Von einer goldenen, silbernen oder hölzernen Rose sagt man nicht nur: Das bedeutet eine Rose, sondern: Das ist eine Rose. So verschieden der Stoff sein mag, „das Wesen“ ist doch dasselbe. „Ja, wie wollt ein (Be)deuten da sein, das nicht zuvor ein Wesen hätte?“ Man muß also zwei Rosen denken, „die beide den Namen Rose mit Wahrheit führen: Eine, die bedeute, die andere, die bedeutet werde“[188]. Luther will damit nicht etwa einen abstrakten Beweis für die Gegenwart des Leibes Christi im Abendmahl führen, sondern die falsche Anwendung des Tropusbegriffs durch Oekolampad und Zwingli zurückweisen. Recht verstanden setzt der Tropus immer einen Realbezug auf das vorgegebene „Wesen“ voraus. „Denn es ist eine gewisse Regel in allen Sprachen: Wo das Wörtlin ‚Ist‘ (das ist mein Leib) in einer Rede geführt wird, da redet man gewißlich vom Wesen desselbigen Dinges und nicht von seinem (Be)deuten.“[189] Die Auslegung der Abendmahlsworte hängt nicht von Möglichkeiten der antiken Rhetorik ab, sondern von den Aussagen der Bibel und dem Glaubenszusammenhang, in dem sie stehen.

Die Auffassung der Bibel verdeutlichte Luther durch einen eingehenden Vergleich der Abendmahlsberichte der drei Synoptiker und des Apostels Paulus[190]. Er geht an diese noch heute umstrittenen Textprobleme natürlich mit anderen Voraussetzungen heran als die moderne Forschung. Er kennt keine verschiedenartigen handschriftlichen Überlieferungen: Kurztext und Langtext bei Lukas, sondern nur diesen, der in der Vulgata und in der griechischen Ausgabe des Erasmus vorlag und sich auch heute wieder als der bessere behauptet hat[191]. Und er konnte nicht daran denken, die aramäische Vorform der Worte Jesu zu rekonstruieren. Immerhin ging er bei Lukas: „Dieser Becher ist das Neue Testament in meinem Blut“ auf den hebräischen Sprachgebrauch zurück (in = durch = um . . . willen), bei Markus und Matthäus auf den griechischen: „Das ist mein Blut des Neuen Testaments.“[192] Beides bedeutet dasselbe. Der lukanische Text, der sich ebenso bei Paulus findet, spricht vom realen Blut Christi, nicht durch ein Gleichnis, einen Tropus. Das

---

[187] Ebd. 277,23 f. 281,10 f.
[188] Ebd. 383,22 ff.33 f. 385,16 f.
[189] Ebd. 383,19 ff.
[190] Ebd. 448–498.
[191] Vgl. E. Schweizer, Abendmahl im Neuen Testament, in: RGG, Bd. 1 (1957), 14 f. G. Bornkamm, Herrenmahl und Kirche bei Paulus, in: ders., Studien zu Antike und Urchristentum. Ges. Aufs., Bd. 2 (München 1959), 138 ff., bes. 150 ff.
[192] WA 26; 464,28 ff. 465,12 ff.30 ff.

verbürgt auch die Realität der Aussage bei den anderen Evangelisten, „weil es einerlei Blut ist, davon sie alle vier reden". „Also halten Matthäus und Markus das Wort ‚neue(s) Testament' fest, rein und einfältig ohn allen Tropus. Lukas und Paulus halten das Wort ‚Blut' rein und einfältig ohn allen Tropus."[193] Es geht Luther nicht nur um die grammatische Frage, sondern um die Realität, die darin ausgesprochen wird, die Wirklichkeit des hier gestifteten neuen Bundes. „Denn ‚neue(s) Testament' ist Verheißung, ja viel mehr Schenkung der Gnaden und Vergebung der Sunden. Das ist das recht Euangelion . . . Darumb wer von diesem Becher trinkt, der trinkt wahrhaftig das rechte Blut Christi und die Vergebung der Sunden oder den Geist Christi, welche in und mit dem Becher empfangen werden, und wird hie nicht eine ledige (bloße) Figur oder Zeichen des neuen Testaments oder des Bluts Christi empfangen."[194] Die Realitätsaussagen stützen sich gegenseitig. Das Leibliche ist kein Zauberstück oder beliebiges Wunder, sondern es hat einen geistlichen Sinn. Das Geistliche ist etwas Reales, das dem Glaubenden immer wieder in der Feier des Sakraments dargeboten wird. Einen stützenden Hinweis entnimmt Luther auch aus dem Ablauf der Feier, wie nach seiner Meinung allein Lukas (22,14–20) ihn richtig bietet. Im Passamahl trinkt Christus nach seinen eigenen Worten zum letzten Mal vom Gewächs des Weinstocks. Also kann er bei dem darauf folgenden „neuen Abendmahl" nicht gewöhnlichen Wein getrunken haben. Es ist nicht Luthers eigentlicher Beweis. Auf mögliche Einwände, die er sich selbst formuliert, reagiert er etwas unwirsch: „Wie, wenn ein Narr mehr fragen könnte denn zehn Weise antworten?" Er kann sich schließlich nur darauf zurückziehen: „Ist's nicht Weinstocks Gewächs, so kann's nichts anders sein denn Christus' Blut, lauts seiner Wort: ‚Das ist mein Blut'."[195] Das ist also zuletzt doch sein alleiniges hermeneutisches Fundament.

Mit dem rechten hermeneutischen Verständnis der Abendmahlsworte hängt auch das ihrer Wirkung zusammen. Zwingli hatte bestritten, daß durch das Abendmahl die Vergebung der Sünden gewährt werden könne: „Christus hat mit seinem Blutvergießen zufriedengestellt alles im Himmel und Erden, nit mit Essengeben sines Leichnams und Blutes leiblich . . . Daraus nun folgt, daß im leiblichen Essen die gläubig Konszientz nit Nachlassung der Sünd findt."[196] Das traf nicht nur die exegetische Schale, sondern den Kern von Luthers Abendmahlsverständnis, ja mehr: den universalen Sinn des Wirkens Christi. Gewiß – das lehrte auch Luther –, ohne Glauben gibt das Abendmahl keine Vergebung. Aber es hieße Christus „verstümmeln . . ., daß der Sunden Vergebung ihm allein als dem gekreuzigten zugeeignet soll

---

[193] Ebd. 477,21 f.34 ff.
[194] Ebd. 468,32 ff.39 ff.
[195] Ebd. 460,11–461,40. 461,41–462,29; bes. 462,19 f.28 f.
[196] Zwingli, „Das diese Wort ‚Das ist mein Leib' . . .", Sämtl. Werke, Bd. 5, 895,26 ff. 896,5 ff.

werden"[197]. Zwingli weiß nicht, „daß meritum Christi und distributio meriti zwei Ding sind". Damit würde die Erlösung auf den Kreuzigungsakt beschränkt. „Aber wir wissen, daß Christus einmal fur uns gestorben ist, und solch Sterben austeilet er durch Predigen, Täufen, Geist, Lesen, Glauben, Essen und, wie er will, wo er ist und was er tut."[198] Während Zwingli den Ton auf das dankbare Gedenken an die im Abendmahl symbolhaft vergegenwärtigte Erlösungstat Christi und das Bemühen um das tägliche Absterben gegenüber allem Bösen legte, war für Luther in all diesen Vermittlungen der Vergebung, auch der leibhaften des Abendmahls, Christus selbst gegenwärtig. Das ist der spirituelle Zusammenhang, in dem für ihn die scheinbar so massive Vorstellung vom Empfang des Leibes und Blutes Christi steht. „Darumb sagen wir, im Abendmahl sei Vergebung der Sunden nicht des Essens halben oder daß Christus daselbs der Sunden Vergebung verdiene oder erwerbe, sondern des Worts halben, dadurch er solche erworbene Vergebung unter uns austeilet und spricht: ‚Das ist mein Leib, der fur euch gegeben wird.' Hie hörest du, daß wir den Leib als fur uns gegeben essen und solchs hören und gläuben im Essen, drumb wird Vergebunge der Sunden da ausgeteilet, die am Kreuz doch erlanget ist."[199]

Neben der Exegese der Einsetzungsworte hatte Zwingli schon mehrmals eine bestimmte christologische Lehrmeinung zum wesentlichen Schlüssel des Abendmahlsverständnisses gemacht[200]. Dadurch war Luther gezwungen, seine eigene Anschauung auch zu diesem Problemkreis ausführlicher zu entfalten. Er umschließt sowohl die Person Christi wie die Erlösung durch ihn. Während Zwingli die Unterscheidung der beiden Naturen einschärfte, lag Luther alles an ihrer personalen Einheit, ohne daß dadurch die eine oder die andere Seite ihre Realität verliert. „Weil Gottheit und Menschheit in Christo eine Person ist, so gibt die Schrift umb solcher personlicher Einickeit willen auch der Gottheit alles, was der Menschheit widerfähret und wiederumb."[201] Als „grobes Gleichnis" dafür benutzte er unsere menschliche Struktur: „Die Menschheit ist näher vereiniget mit Gott, denn unser Haut mit unserm Fleische, ja näher denn Leib und Seele. Nu so lange der Mensch lebt und gesund, ist Haut und Fleisch, Leib und Seele also gar ein Ding und Person, daß sie nicht mugen zutrennet werden."[202] Als möglichen sprachlogischen Ausdruck für diese Einheit des Unterschiedenen in der Person läßt Luther auch seinerseits einen Tropus zu, den er aus seiner Schulgrammatik des Donatus kannte. Ihn hätte er bei Zwingli nicht beanstandet: „Weil er ja so gerne troppet: Warum bleibt er nicht bei dem alten tropo, den die Schrift und die alle

---

[197] WA 26; 292,32 ff. 293,20 ff.
[198] Ebd. 294,23 f. 295,34 ff.
[199] Ebd. 294,30 ff.
[200] S. o. S. 467 f. 477 ff.
[201] WA 26; 321,21 ff.
[202] Ebd. 333,11 ff.

Lehrer bisher haben hie gebraucht? Nämlich Synekdoche, als (z.B.): Christus ist gestorben nach der Menschheit etc.‟[203] Luther beschäftigte sich mit dieser Redeform in einem kleinen Exkurs De praedicatione identica (Über die Identitätsaussage), nach der es nicht möglich sei, „daß zweierlei Wesen ein Ding sei oder daß ein Wesen das ander sei‟. Davon macht sowohl die Bibel wie der Redegebrauch aller Sprachen Ausnahmen. Nach der Bibel sind Vater, Sohn und heiliger Geist nicht drei Götter, sondern ein Gott. Christus ist eine Person aus zwei Naturen[204]. Dieser „persönlichen‟ Einheit entspricht die „sakramentliche‟ von Brot und Leib Christi[205]. Und im gewöhnlichen Sprachgebrauch kann man von einem Beutel sagen: „Das sind hundert Gulden‟, oder von einem Faß: „Das ist Rheinwein.‟[206] Luther folgte damit den Regeln der vom frühen Mittelalter übernommenen antiken Grammatik, wonach das Ganze nicht nur nach einem Teil, sondern auch nach einer an ihm vollzogenen Verwandlung bezeichnet werden konnte. So hatte Beda im Anschluß an die Tradition des Tyconius und Augustins in seiner Schrift De schematis et tropis in der Bibelsprache Beispiele der Synekdoche festgestellt (etwa: Verbum dei caro factum est) und sie der biblischen Hermeneutik des Mittelaltes weitergegeben[207].

Was Luther an Zwingli vor allem bekämpft, ist die Uneigentlichkeit seiner christologischen Aussagen. Er versteht die Zusammengehörigkeit der beiden Naturen als bloße Redefigur, als plutarchische Alloiosis, nicht als wirkliche Einheit. Das zerreißt die Ganzheit des Christus und macht ihn als Erlöser zunichte. „Denn wenn ich das gläube, daß allein die menschliche Natur fur mich gelitten hat, so ist mir der Christus ein schlechter Heiland, so bedarf er wohl selbs eines Heilands.‟[208] „Ob nu hie die alte Wettermacherin Frau Vernunft, der Alloiosis Großmutter, sagen würde: Ja, die Gottheit kann nicht leiden noch sterben, sollst du antworten: Das ist wahr. Aber dennoch, weil Gottheit und Menschheit in Christo eine Person ist, so gibt die Schrift umb solcher personlicher Einickeit willen auch der Gottheit alles, was der Menschheit widerfähret und wiederumb.‟[209] Es geht Luther dabei um zweierlei: um die wirkliche Personalität Christi, die nicht auf zwei übertragene Redeweisen verteilt werden kann; und um die Wirklichkeit Gottes, der über-

---

[203] Ebd. 322,30 ff.

[204] Ebd. 437–445. 440,11 f.21 ff.

[205] Ebd. 441,1. 442,23 ff.

[206] Ebd. 444,1 ff.

[207] E. R. Curtius, Europäische Literatur und lateinisches Mittelalter (Bern 1948), 55. Für den Gebrauch des Teils für das Ganze bringt Curtius das Beispiel: „Wenn ich sage ‚Eintritt eine Mark pro Kopf‘ (statt ‚pro Person‘), so bediene ich mich einer Synekdoche‟ (52); Hinweise bei Krause, Kleine Propheten, 206. Gegen eine falsche Anwendung der Synekdoche hatte sich Luther in der Auseinandersetzung mit Latomus gewandt, der mit ihrer Hilfe den Satz „Alle Menschen sind unrein‟ ausgelegt hatte: „Ein Teil der Menschen ist unrein‟ (s. o. S. 171).

[208] WA 26; 319,37 ff.

[209] Ebd. 321,19 ff.

all ist, wie in der ganzen Welt so auch im Menschen Jesus Christus. Um das zu verdeutlichen, greift er auf drei scholastische Definitionen von Gegenwärtigkeit zurück: 1) eine leiblich-greifbare wie die eines Körpers, der ein ihm entsprechendes Maß von Luft verdrängt; 2) eine leibhafte, aber unbegreifbare wie der Körper des Auferstandenen, der durch verschlossene Türen ging; 3) eine übernatürliche, göttliche, die hier und überall sein kann[210]. An allen drei Formen von Wirklichkeit hat Christus Anteil. „Denn du mußt dies Wesen Christi, so (weil) er mit Gott eine Person ist, gar weit, weit außer den Kreaturen setzen, so weit als Gott draußen ist, wiederumb so tief und nahe in alle Kreatur setzen, als Gott drinnen ist. Denn er ist ein unzertrennete Person mit Gotte. Wo Gott ist, da muß er auch sein, oder unser Glaube ist falsch."[211] Aber nicht nur der Glaube ist falsch. Luther geht noch einen für ihn sehr bezeichnenden Schritt weiter. Auch unsere Augen sind blind für die Wunder der Natur. In Kristallen oder Edelsteinen wie dem Opal gibt es Fünklein oder Flammen, Wölklein oder Bläslein, die man mitten durch den Stein hindurch ganz vorn sieht, wie man ihn auch wendet. „Ich rede jetzt nicht aus der Schrift; es gilt Denkens." „Siehe, da ist Christus Leib wahrhaftig im Brot, gleich wie ich sage: Siehe, da ist das Fünklin gleich vorn an im Kristall."[212] Oder er erinnert an Valla, der das Geheimnis des Christus in der Eucharistie mit der Stimme eines einzelnen Predigers verglichen hatte, die in Tausende von Ohren eingehen kann[213]. Das sind für Luther nicht nur Gleichnisse, sondern dem Tun Gottes in der Natur und seinem Wirken durch den Christus im Sakrament liegen die gleichen Gesetze zugrunde. So kann man ein Geheimnis aus dem anderen deuten. Darum bilden noch einmal wie in Luthers früherer Abendmahlsschrift die eindringlichsten Aussagen über Gottes Immanenz in der Schöpfung den Hintergrund für die Gegenwart des Gottmenschen Christus im Abendmahl. „Nichts ist so klein, Gott ist noch kleiner, nichts ist so groß, Gott ist noch größer, nichts ist so kurz, Gott ist noch kürzer, nichts ist so lang, Gott ist noch länger, nichts ist so breit, Gott ist noch breiter, nichts ist so schmal, Gott ist noch schmäler, und so fort an ist's ein unaussprechlich Wesen uber und außer allem, das man nennen oder denken kann."[214] So sind auch für den Gottessohn nach seiner „übernatürlichen" Existenz und für uns unbegreiflichen Identität mit dem Vater alle Raumgrenzen aufgehoben, „daß ihm alle Kreaturen so durchläuftig (durchdringbar) und gegenwärtig sind wie einem andern Körper seine leibliche Stätt oder Ort"[215]. So wenig wie in der Frage nach dem freien Willen die allgemein

---

[210] Ebd. 327,20–329,27. Vgl. dazu o. S. 461.

[211] Ebd. 335,29–336,19. 335,29ff. 336,15ff.

[212] Ebd. 337,9–20.

[213] Lorenzo Valla, Sermo de Mysterio eucharistiae, in: Lactantii opera (Venet. 1521), WA 26; 337,32ff., 656.

[214] Ebd. 339,39ff. Dazu s. o. S. 471.

[215] Ebd. 330,26ff.

einsichtige omnipotentia generalis Gottes von der biblischen Frage nach Freiheit oder Unfreiheit des Menschen zu trennen ist, so wenig ist die sakramentale Gegenwart Christi abzulösen von dem, was auch das rechte Nachdenken über Gott sagen muß, daß er „ein ubernatürlich, unerforschlich Wesen (sei), das zugleich in eim iglichen Körnlin ganz und gar und dennoch in allen und uber allen und außer allen Kreaturn sei"[216].

Auf dem, was Luther ausführlich gegen seine Kritiker als hermeneutisches und christologisches Fundament seiner Anschauung entwickelt, beruht das, was für ihn die Frucht des Abendmahls bildet. Er hat es gegen Ende seiner Schrift kurz formuliert: „Wer von diesem Becher trinkt, der trinkt wahrhaftig das rechte Blut Christi und die Vergebung der Sunden oder den Geist Christi, welche in und mit dem Becher empfangen werden, und wird hier nicht eine ledige (bloße) Figur oder Zeichen des Neuen Testaments oder des Bluts Christi empfangen. Denn das gebuhrt den Juden im alten Testament."[217] Damit machte er noch einmal deutlich, wohin die Verfechter der bloß signifikativen Abendmahlslehre zu rechnen seien: Sie waren aus der Zeit der Gegenwärtigkeit Christi in den Zustand seiner Erwartung und der Vorausbildung seines Erlösungswerkes in allerlei Zeichen und Andeutungen wie im alten Bunde zurückgefallen.

Wieviel Luther an dieser umfassendsten Abrechnung mit seinen Widersachern in der Abendmahlsfrage gelegen war, zeigt sich am deutlichsten darin, daß er ihr einen weit über das Thema hinausführenden Schluß anhängte: ein ausführliches Bekenntnis seines gesamten Glaubens, das wichtigste und schönste, das wir von ihm haben[218]. Er dachte dabei nicht nur an die Gegenwart, sondern hatte seinen Tod im Auge, damit sich nicht später einmal Irrlehrer auf ihn beriefen, wie es jetzt schon die „Sakraments und Taufs Schwärmer" angefangen hätten, und man vielleicht irgendwann einmal sagen würde: Wenn Luther heute lebte, würde er diesen oder jenen Artikel anders lehren. „Dawider sage ich itzt als denn und denn als itzt, daß ich von Gotts Gnaden alle diese Artikel habe aufs fleißigst bedacht, durch die Schrift und wieder herdurch oftmals gezogen und so gewiß dieselbigen wollt verfechten, als ich itzt habe das Sakrament des Altars verfochten."[219] Mit dem Vorausblick auf das jüngste Gericht und mit seiner Kenntnis des Satans, der sogar Gottes Wort verkehren könne, wieviel mehr das seine, bekräftigte er, wie ernst es ihm sei. Er wählt für sein Testament die feierliche Form des trinitarischen Bekenntnisses, in die er kunstvoll auch die Streitfragen einbaut, um die es ihm in seiner Zeit gegangen ist. Aus Abschnitt I, dem „hohen Artikel der göttlichen Majestät", erwächst in Kürze das Ganze: die drei unterschiedli-

---

[216] Ebd. 339,34ff. Zur omnipotentia generalis s. Anm. 143.
[217] Ebd. 468,39ff. Zu Luthers Verständnis der alttestamentlichen „Sakramente" vgl. H. Bornkamm, Luther und das Alte Testament, 154ff.
[218] WA 26; 499–509.
[219] Ebd. 499,25ff.

chen Personen, die doch „ein einiger, natürlicher, wahrhaftiger Gott" sind, der Schöpfer Himmels und der Erden[220]. Abschnitt II enthält die Gottmenschheit Christi und das auf ihr beruhende Erlösungswerk, zugleich aber ausführlich auch alles, womit man ihm im Laufe der Kirchengeschichte Abbruch getan hat: mit der Lehre der alten und neuen Pelagianer (Erasmus), welche die Erbsünde leugnen, und den Ordensregeln der Klöster und Stifte, durch die man Seligkeit zu erlangen glaubte. Diesen falschen, selbsterdachten, angeblich Gott wohlgefälligen Ständen stellt er die drei wirklich von Gott eingesetzten „rechten Stifte" gegenüber: Priester- (Pfarr-)amt, Ehestand und Obrigkeit, mit denen Gott seine Welt ordnet, über sie hinaus aber „den gemeinen Orden der christlichen Liebe", in dem man „einem jeglichen Dürftigen mit allerlei Wohltat dienet". Aber dennoch sind diese gottgewollten Stände und Dienste kein Weg zur Seligkeit. „Sondern (es) bleibt der einzige Weg über diese alle, nämlich der Glaube an Jesum Christum."[221] So wie Luther hier aus dem Erlösungswerk Christi im Gegensatz zu den falschen, selbstgemachten Formen eines Gnadenlebens die gottgeschaffenen Lebensstände und den sie umfassenden und überragenden Liebesdienst entfaltet, so übersetzt er auch im III. Abschnitt, dem Glauben an den heiligen Geist, die Dreieinigkeit in Leben. Er macht aus dem Lehrstück ein Geschehen, die Geschichte Gottes mit der Menschheit. Sie besteht in einem dreifachen Sichgeben Gottes: „Der Vater gibt sich uns mit Himmel und Erden samt allen Kreaturen, daß sie dienen und nütze sein müssen." Aber wir haben selbst durch die Sünden diese Gaben verdunkelt und mißbraucht. „Darumb hat darnach der Sohn sich selbs auch uns gegeben, alle seine Werk, Leiden, Weisheit und Gerechtigkeit geschenkt und uns dem Vater versühnet, damit wir wieder lebendig und gerecht auch den Vater mit seinen Gaben erkennen und haben möchten." Aber diese Gnade würde uns nichts nützen, wenn sie nicht zu uns gebracht würde. „So kommt der heilig Geist und gibt sich auch uns ganz und gar. Der lehret uns solche Wohltat Christi, uns erzeigt, erkennen, hilft sie empfahen und behalten, nützlich brauchen und austeilen, mehren und fördern."[222] Er tut das ebenso innerlich, unmittelbar wie äußerlich: durch die Predigt des Evangeliums, die Taufe und das Sakrament des Altars[223]. Daraus ergibt sich, was die Kirche ist: nicht eine abgegrenzte Organisation, sondern „die Gemeine und Zahl oder Versammlung aller Christen in aller Welt, die einzige Braut Christi und sein geistlicher Leib". Er allein ist ihr Haupt, nicht die Bischöfe oder Pfarrer. Sie sind nur ihre Diener, Freunde, Aufseher und Pfleger. Die Kirche lebt nicht nur in der römischen Kirche, sondern unter Papst, Türken, Persern, Tataren und allenthalben, „zerstreuet . . . leiblich, aber versammelt geistlich in einem Euangelio und Glauben unter ein Haupt,

[220] Ebd. 500,10ff.
[221] Ebd. 504,23ff. 505,11f.16f.
[222] Ebd. 505,38–506,7.
[223] Ebd. 506,7ff.

das Jesus Christus ist". Sie hat nur einen Besitz: „Wo sie ist, da ist Vergebung der Sünden."[224] Die römische Kirche hat diesen unvergleichlichen Schatz aber vielfach mißbraucht: durch Ablaß, immer wiederholte Seelmessen für die Toten in dem von ihr erfundenen Fegefeuer, Heiligenanrufung und den schlimmsten aller Greuel, „die Messe, so für ein Opfer oder gut Werk gepredigt und verkauft wird", wovon jetzt die Stifter und Klöster leben. Man soll darum von ihnen lassen. Dagegen sind Glocken, Meßgewänder, Kirchenschmuck unbedenklich, auch Bilder aus der Schrift und Historie sehr nützlich, doch frei und ins Belieben gestellt. „Denn ich's mit den Bilderstürmern nicht halte."[225]

„Das ist mein Glaube, denn also gläuben alle rechten Christen, und also lehret uns die heilige Schrift." Und sollte er, wovor Gott ihn behüte, „aus Anfechtung und Todesnöten" etwas anderes sagen, „so soll es doch nichts sein und will hiemit offentlich bekennet haben, daß es unrecht und vom Teufel eingegeben sei"[226]. Es ist kein Zufall, daß Luther seine große Abendmahlsschrift mit dem feierlichen Testament dieses Glaubensbekenntnisses geschlossen hat. Keine Auseinandersetzung hatte ihn bisher so tief getroffen.

---

[224] Ebd. 506,30ff. 507,7.
[225] Ebd. 508,30f. 509,12.
[226] Ebd. 509,19ff.

XX. Persönliches Leben und Arbeit an der Bibel (1526–1529)

(Krankheit, Pest in Wittenberg, Familie, Universität)

Luther war von Natur ein zwar sensibler, aber gesunder Mann von ungewöhnlicher Leistungsfähigkeit. Weder aus seiner Jugend noch aus seiner Klosterzeit sind uns, obwohl er später so viel daraus erzählte, nennenswerte Erkrankungen bezeugt. Die an sich schon strengen Anforderungen des Klosterlebens, das Fasten und Frieren, die er weit über das gebotene Maß erfüllte, haben ihn zwar zeitweilig erschöpft und schlaflos gemacht, aber seiner Gesundheit keinen ernstlichen Schaden getan[1]. Die lange Wanderung nach Rom und zurück (1510/11), die größtenteils zu Fuß unternommene, ihn sehr ermüdende Reise zum Augustiner-Kapitel nach Heidelberg im April 1518, die Fußwanderung nach Augsburg zum Gespräch mit dem Kardinal Cajetan (Oktober 1518) und den Heimritt mit einem harten Traber, den er in übler Erinnerung behielt, hat er gut überstanden. Ernstliche Klagen über sein körperliches Befinden hören wir das erste Mal von der Wartburg: eine schon von Worms mitgebrachte hartnäckige Verstopfung, verständlich genug bei diesem Übergang von äußerster Anspannung zu erzwungener Ruhe, bei dem ihm zunächst auferlegten Stubenarrest und der ungewohnten schweren Kost[2]. Vielleicht hat Luther sich damals durch dieses ungesunde Leben auch die Anfänge zu seinem späteren Steinleiden zugezogen[3]. In den Jahren nach seiner Rückkehr von der Wartburg scheint er im übrigen organisch gesund gewesen zu sein. Wohl aber konnte es geschehen, daß er unter der Last der Arbeit oder auch der ihn quälenden Grübeleien und Anfechtungen in physische Erschöpfung verfiel. So fanden ihn eines Tages mehrere Freunde, die ihn besuchen wollten, in seiner Stube eingeschlossen und sahen ihn durch ein

---

[1] Mehr besagen auch die von O. Scheel, Dokumente zu Luthers Entwicklung (bis 1519), 2. Aufl. (Tübingen 1929), 353 gesammelten Erinnerungsberichte nicht. Die beste Übersicht gibt noch immer mit ausführlichen Quellenstücken F. Küchenmeister, Dr. Martin Luther's Krankengeschichte (Leipzig 1881). So urteilt auch P. J. Reiter, Martin Luthers Umwelt, Charakter und Psychose sowie die Bedeutung dieser Faktoren für seine Entwicklung und Lehre, Bd. 2: Luthers Persönlichkeit, Seelenleben und Krankheiten (Kopenhagen 1941), 18. 79, der selbst nur die psychische Geschichte und den charakterologischen Typus untersucht. Dazu s. u. S. 493. Kürzerer, medizinischer Überblick auch bei W. Ebstein, Dr. Martin Luthers Krankheiten und deren Einfluß auf seinen körperlichen und geistigen Zustand (Stuttgart 1908).

[2] S. o. S. 24.

[3] Küchenmeister, Luther's Krankheitsgeschichte (s. Anm. 1), 41. Reiter, Luthers Umwelt (s. Anm. 1), Bd. 2, 32.

Loch in der Tür ohnmächtig am Boden liegen. Sie erbrachen die Tür, gaben ihm etwas zu essen und fingen an zu musizieren. Darauf vergingen ihm seine Schwermut und Traurigkeit, und er fing an mitzusingen. Er bat sie, ihn wieder zu besuchen, vor allem, wenn sie Lust zum Musizieren hätten. „Denn der Teufel sei insonderheit der Musik, dadurch der Mensch fröhlich werde, sehr feind und sehe nichts Liebers, dann wie er den Menschen könne durch Schwermut und Traurigkeit ubereilen und in Zagen und Zweifeln fuhren."[4]

Das Steinleiden und die Anfälle von Schwermut waren die beiden Plagen, die Luther nicht wieder los wurde. Ratzeberger berichtet dramatisch noch von einem neuen, äußerst schmerzhaften Steinanfall im Juni 1526. Als die besorgte Katharina ihm etwas zu essen bringen wollte, gleich was er sich wünschte, wählte er zu ihrem Schrecken einen Brathering mit kalten Erbsen und Senf. Auch seine beiden ärztlichen Kollegen Augustinus Schurff und Melchior Fendius waren außer sich, als sie ihn bei dieser Mahlzeit fanden. Aber die selbstgewählte, ungewöhnliche Speise tat ihm gut; der Stein ging ab. Als die beiden Mediziner ihn am nächsten Tage wieder am Krankenbett besuchen wollten, fanden sie ihn bereits in seiner Stube über den Büchern[5]. Das Leiden blieb freilich. In seiner schlimmsten Form quälte es ihn während des Konvents in Schmalkalden im Februar 1537. Weil es dort keine Apotheke und Arzneien gab, mußte Luther abtransportiert werden. Die gefrorenen, holprigen Bergwege brachten ihm dann die erste, entscheidende Erleichterung[6].

Weit schwerer noch als die leiblichen Erkrankungen, so sehr sie ihn quälten, waren die leib-seelischen Leiden, durch die er sich im Jahre 1527 an den Rand der Verzweiflung und des Todes gebracht fühlte. Vorzeichen, die bei seiner Arbeitsfülle nicht verwunderlich waren, hatte es immer schon einmal gegeben: Schwindel, Kopfschmerzen und vor allem einen heftigen Anfall von Präkordialangst, der aber mit einem Hausmittel schnell vertrieben werden

---

[4] Die handschriftliche Geschichte Ratzebergers über Luther und seine Zeit, hg. v. Ch. G. Neudecker (Jena 1850), 58 f., zit. Küchenmeister, Luther's Krankengeschichte, 43 f. Ratzeberger (oder Ratzenberger), der offenbar nicht Augenzeuge, aber mit Luther eng bekannt war, studierte von 1516 bis etwa 1525 in Wittenberg. Er war später Stadtarzt in Brandenburg (wohl auch Arzt der evangelisch gesinnten Kurfürstin Elisabeth), auf Luthers Empfehlung Leibarzt des Grafen Albrecht von Mansfeld, seit 1538 des Kurfürsten Johann Friedrich. Nach Luthers Tode wurde er einer der Vormünder seiner Kinder. Über Ratzeberger vgl. Th. Kolde, Art. Matthäus Ratzeberger, in: RE Bd. 16 (1905), 471 f. H. Volz, Art. Ratzeberger, Matthäus, in: RGG Bd. 5 (1961), 802. Der Vorgang fiel wohl in das Ende des Jahres 1523 oder in das Jahr 1524, keinesfalls in eine frühere Zeit, da der erst am 24. Aug. 1523 immatrikulierte Lukas Edemberger dabei erwähnt wird. Köstlin, Martin Luther. Sein Leben und seine Schriften, 5. Aufl., hg. v. G. Kawerau (Berlin 1903), Bd. 1, 727 f. 795 f.

[5] Bericht von Ratzeberger (Neudecker, 61 ff.) bei Küchenmeister, Luther's Krankengeschichte (s. Anm. 1), 51 f. und Reiter, Luthers Umwelt (s. Anm. 1), Bd. 2, 32 ff.

[6] Quellen und medizinische Erläuterung bei Küchenmeister, Luther's Krankengeschichte (s. Anm. 1), 78 ff. und Reiter, Luthers Umwelt (s. Anm. 1), Bd. 2, 37 ff.

konnte[7]. Am 6. Juli 1527 überkam ihn eine schwere Erschöpfung, über die er selbst an Spalatin berichtete: „Vorgestern bin ich von einer plötzlichen Ohnmacht so ergriffen worden, daß ich verzweifelte und völlig unter den Händen meiner Frau und der Freunde zu vergehen meinte; so ganz war ich mit einem Mal aller Kräfte beraubt. Aber der Herr erbarmte sich meiner und stellte mich bald wieder her."[8] Die Freunde Jonas und Bugenhagen haben über den erschreckenden Vorfall Berichte geschrieben, die zusammen ein anschauliches Ganzes ergeben. In der Frühe des 6. Juli hatte ihn eine schwere Verzweiflung überkommen, „wie man sie oft in den Psalmen liest"[9] (schrieb Jonas). Luther ließ seinen Seelsorger Bugenhagen rufen, beichtete und empfing die Absolution. Seine körperlichen Empfindungen beschrieb er als ein heftiges Rauschen von Meereswogen, das nicht von innen, sondern von außen zu kommen schien[10]. Über Mittag erholte er sich so weit, daß er der Einladung einiger Adelsherren in ein Gasthaus nachkommen und Jonas in seinem Garten besuchen konnte. Er lud ihn sogar mit seiner Frau zum Abendessen ein. Als Jonas kam, fand er ihn sehr schwach. Eine Ohnmacht befiel ihn, so daß er Jonas bat, ihn mit Wasser zu übergießen[11]. Im Bett fing er bald zu beten an, teils deutsch, teils lateinisch. Er beklagte, wie so manchmal, daß er nicht gewürdigt worden sei, für seinen Herrn Christus sein Blut zu vergießen. Dann wandte er sich an seine Freunde: Wenn die lügenfreudige Welt behaupten würde, daß er in der Todesstunde seine Lehre widerrufen habe, so sollten sie seine Zeugen dafür sein, daß er recht, nach dem Worte Gottes und seinem Amt, vom Glauben, der Liebe, dem Kreuz und den Sakramenten gelehrt habe. Viele hätten ihm seine Heftigkeit in der Auseinandersetzung mit den Gegnern vorgeworfen; aber er sei nie so heftig gewesen, daß er es jetzt bereue. Er habe, ob maßvoll oder heftig, niemandes Verderben gesucht, sondern das Heil aller, auch seiner Gegner[12]. Auch die nachfolgenden Gespräche mit seiner Frau, den Freunden und dem Arzt Dr. Schurff, von denen Jonas einiges aufgezeichnet hat, standen im Schatten des Todes, den er erwartete. „Mein allerliebste Käthe, ich bitte dich, so es Gottes Will ist, daß du dich Gottes Willen ergebst. Du bist mein, du wollest das ja gewiß behalten und nach Gottes Wort dich richten."[13] Er fragte auch nach seinem kleinen Sohn:

---

[7] Über diesen Anfall berichtet Luther am 13. Jan. 1527 Spalatin, nicht ohne Stolz, daß er sich mit diesem bei den Ärzten kaum bekannten Mittel (aqua cardui benedicti, Benediktenkarde) selbst geholfen habe, WAB 4; 160,17ff. Am 22. April mußte er wegen eines Schwindelanfalls die Predigt abbrechen. WA 23; 670f.

[8] 10. Juli 1527 an Spalatin, WAB 4; 221,8ff.

[9] Der Bericht des Jonas ist von Cordatus in seine Tischredensammlung aufgenommen worden, WATR 3; Nr. 2922a u. b; 80ff. (andere Lesarten dazu WA 48; 525,24ff.). Cordatus hat ihn in eine Erzählung Luthers umstilisiert (WATR 3; 80, Anm. 3). Die Berichte von Jonas und Bugenhagen sind früh ineinandergearbeitet worden (auch deutsch von Küchenmeister, Luther's Krankengeschichte [s. Anm. 1], 54ff.).

[10] WATR 3; Nr. 2922b; 82,22ff.

[11] Ebd. 86,22ff.

[12] Ebd. 83,3–30.   [13] Ebd. 89,8ff.

„Wo ist denn mein allerliebstes Hänschen?" und sagte, als er ihm gebracht wurde: „O du gutes, armes Kindlein! Nun, ich befehle mein allerliebste Käthe und dich meinem allerliebsten und frommen Gott. Ihr habet nix. Der Gott aber, welcher der Vater der Waisen und der Richter (Rechtsbeistand) der Witwen ist, wird euch wohl verwahren und ernähren."[14] Mit Hilfe von schweißtreibenden Mitteln, erwärmten Kissen und Medikamenten[15], die Dr. Schurff verordnet hatte, überwand Luther in der Nacht die Schwäche. Aber er wußte, wie ernst es gewesen war. Jonas erzählt: „Am nächsten Tage sagte mir der Doktor: ‚Ich muß den Tag merken. Ich bin gestern zur Schule gewesen.' Und er sagte auch, daß die geistliche Anfechtung doppelt so groß gewesen sei wie die körperliche Krankheit, die am Abend gefolgt sei."[16]

So blieb es noch einige Wochen. Das Schlimmste war nicht die Benommenheit des Kopfes, die ihm eine Zeitlang das Lesen und Schreiben unmöglich machte[17], sondern der Aufruhr in der Seele. An Melanchthon, der sich auf Visitationsreise in der Gegend von Jena befand, schrieb er am 2. August: „Ich bin mehr als die ganze Woche so im Tod und in der Hölle hin- und hergeworfen worden, daß ich jetzt noch am ganzen Körper mitgenommen bin und an allen Gliedern zittere. Ich habe Christus ganz verloren und wurde von den Fluten und Stürmen der Verzweiflung und der Gotteslästerung geschüttelt. Aber von den Gebeten der Heiligen[18] bewegt, hat Gott begonnen, sich meiner zu erbarmen, und meine Seele aus der tiefsten Hölle herausgerissen. Laß auch du nicht ab, für mich zu beten, wie auch ich für dich. Ich glaube, daß mein Kampf auch anderen dient."[19] Das gleiche schrieb er am 21. August an Agricola mit dem Dank für die Fürbitten der Eislebener Gemeinde: „Meine Hoffnung ist, daß mein Kampf vielen dient, obwohl es kein Übel gibt, das meine Sünden nicht verdient hätten. Mein Leben aber besteht darin, daß ich weiß und mich rühme, daß ich das Wort Christi lauter und rein zum Heil vieler gelehrt habe. Das entflammt den Satan, daß er mich zugleich mit dem Wort umbringen und verderben will. Daher kommt es, daß ich von den Tyrannen der Welt zwar nichts zu leiden habe, während andere für Christus getötet und verbrannt wurden und zugrunde gehen, ich aber um so mehr von dem Fürsten der Welt im Geist erleide."[20] So werden ihm die geistlichen Anfechtungen dieser Wochen zur Hilfe in der großen, immer wieder ausgesprochenen Anfechtung seines Lebens, warum er nicht gewürdigt sei, wie andere

---

[14] Ebd. 90,7 ff. Z. 10 nach dem Text im Apparat.

[15] Ebd. 88,23 ff.

[16] Ebd. 90,22 ff.

[17] An Hausmann 13. Juli 1527, WAB 4; 222,13 f.

[18] = der gläubigen Freunde. Die Heiligenverehrung im Sinne der Kirche teilt Luther seit langem nicht mehr. Vgl. o. S. 190 f. R. Lansemann, Die Heiligentage, besonders die Marien-, Apostel- und Engeltage in der Reformationszeit, in: Beihefte zur MGKK, Sonderbd. 1: Das Heilige und die Form (1939), 83 ff.

[19] WAB 4; 226,8 ff.

[20] An Agricola 21. Aug. 1527, ebd. 235,2 f. 12 ff.

für Christus zu leiden und zu sterben. Er kann sich dabei als den zweiten Hiob verstehen, den Gott durch seine Plagen zu einem Zeichen gesetzt hat[21]. So schreibt er in diesem Brief an Agricola und noch zwei Monate später an Amsdorf: ,,Satan hat gebeten, ihm einen neuen Hiob zu geben (Hiob 2,6) und einen Petrus, um ihn durchzusieben mit seinen Brüdern (Luk. 22,31). Aber Christus wird ihm in Gnaden antworten: ,Schone seine Seele' (Hiob 2,6) und mir sagen: ,Ich bin deine Rettung' (Ps. 35,3). So hoffe ich auch noch, daß er meinen Sünden nicht ewig zurnen wird.''[22]

Es reicht nicht aus, diese seelischen Leidenserfahrungen mit dem dehnbaren Begriff der Geisteskrankheit zu bezeichnen, wie man ihn auch im gegebenen Falle diagnostizieren mag, als ,,manisch-depressive Psychose'' oder ,,Melancholie mit leicht agitiertem Gepräge''[23]. Manische Phasen sind freilich bei Luther weder für diese noch für andere Perioden nachweisbar. Und Melancholie und Depression waren zu allen Zeiten der Tribut, den viele große Geister für ihre denkerischen oder künstlerischen Schöpfungen haben zahlen müssen. ,,Solche Charaktere gehören denn auch in keiner Weise sich selber an: sie sind die Riesengeburten der ahnungsvollen Schmerzen einer ganzen Menschheit und sind Schlangentöter von Geburt an und allein von Gottes Gnaden.'' So schrieb der katholische Pfarrer Joseph Sprißler über Luther, dem wir eine der schönsten Würdigungen seiner Gestalt aus dem 19. Jahrhundert verdanken. Er erinnerte zum Verständnis von Luthers unerhörter Leidenschaft an das Seneca-Wort: Nullum unquam magnum ingenium sine admixtione furiae fuit (Nie hat es einen großen Geist ohne Beimischung von Raserei gegeben)[24]. Die Verbindung von Leidenschaft und Schmerzen wird nur wirklich anschaulich, wenn man Luthers Individualität und die jeweilige historische Situation genau in den Blick nimmt. Was ihn quält, ist nicht so sehr sein eigenes Ungenügen. Unter den Gebeten, die Jonas am Tage des schweren Ohnmachtsanfalls aufgezeichnet hat, befindet sich das folgende: ,,O du mein allerliebster Gott und Vater, du hast viel tausend teure, edle Gaben vor viel tausend anderen mir gegeben; wär es dein Wille, ich wollt (ihrer) ja gern noch zu Ehren und Nutz deines Volks brauchen. Aber es ge-

---

[21] Ebd. 235,10.

[22] 1. Nov. 1527, ebd. 275,1 ff.

[23] Reiter, Luthers Umwelt (s. Anm. 1), Bd. 2, 98 ff. 566. Es trifft nicht zu, daß der ,,schwerste Melancholieanfall seines Lebens'' von 1527–1528 in ,,eine ungewöhnlich ruhige Zeit'' (100) gefallen sei, in der es ganz an ,,nachweisbaren, psychologisch verständlichen Gründen'' gefehlt habe (567). Auch wenn man von den Nachwirkungen des Bauernkrieges und des Erasmus-Streites absieht, so waren es immerhin die Jahre der ihn stark beschäftigenden Visitationsprobleme (s. o. S. 431 ff.), der heftigen Auseinandersetzungen innerhalb seines Freundeskreises um die Frage des Gesetzes (s. o. S. 155 ff.) und des großen Abendmahlstreits. Und im übrigen ist es nicht unverständlich, daß die davor liegenden außerordentlichen Erregungen und Anstrengungen der Jahre 1525/26 sich noch bemerkbar machten.

[24] J. Sprißler, Rez. G. Pfizer, Martin Luthers Leben (Stuttgart 1836), in: FBTK 12 (1837), 92 ff., zit. H. Bornkamm, Luther im Spiegel der deutschen Geistesgeschichte, 86. 340. 342.

schehe dein Wille, damit du verherrlicht werdest, sei es durch mein Leben oder durch meinen Tod.“[25] Luther war seit Jahren schwer überarbeitet. Ihm waren weniger nach eigener Wahl als durch die Sache, die ihn ergriffen hatte, immer neue Aufgaben und Gegner zugewachsen. Er brannte darauf, seinen Angreifern (Karlstadt, Müntzer, Erasmus, Zwingli und seinen Genossen) Zug um Zug zu entgegnen. Jetzt waren es die Kritiker seiner Abendmahlslehre. „Ich sehne mich, den Sakramentierern zu antworten, aber wenn ich nicht geistig stärker werde, kann ich nichts tun“, schrieb er an Amsdorf[26]. Ihn quälte seine Hiob-Situation, in der Gott es dem Teufel erlaubte, ihm mit Anfechtungen zuzusetzen. Die härteste, daß andere für die von ihm in die Welt gebrachte Sache den Märtyrertod starben, hat ihn in diesen Jahren und Monaten immer wieder bedrückt: die Brüsseler Märtyrer (1523), Heinrich von Zütphen, der Bremer Prediger, der im Dezember 1524 ermordet wurde, die Prediger Georg Winkler von Halle (April 1527) und Leonhard Kaiser in Schärding am Inn (August 1527). Die ausführlichen Nachrufe, die er diesen beiden Märtyrern im Herbst 1527 widmete, sind ein Kontext zu den vielen Schilderungen seiner Satanskämpfe in dieser Zeit. In Erinnerung an den ihm aus seiner Wittenberger Studienzeit (1525/26) wohlbekannten Leonhard Kaiser schrieb er: „Ach, Herr Gott, daß ich so wirdig wäre gewesen oder noch sein möchte solchs Bekenntnis und Tods. Was bin ich? Was tu ich? Wie schäme ich mich, wenn ich diese Geschichte lese, daß ich desgleichen nicht längest (wiewohl zehen mal mehr fur der Welt verdienet) auch zu leiden bin wirdig worden. Wohlan mein Gott, solls so sein, so sei es also, dein Will geschehe.“[27]

Aus dem Empfinden der göttlichen Auszeichnung dieser Märtyrer verfaßte er inmitten seiner inneren Nöte im Herbst 1527 eine ausführliche Trostschrift an die verwaiste Gemeinde Georg Winklers in Halle. Er klagte nicht mit ihr, sondern rief sie zu Trost und zur wahren Freude auf: „Christus hat ihn wirdig gemacht, umb seins Worts und Wahrheit willen zu sterben.“ Ihr Prediger würde selbst heute nicht mehr tauschen wollen: „Wo ihr mich lieb hättet, so wurdet ihr euch freilich freuen, daß ich mit der Weise bin hindurchkommen vom Tod zum Leben. Denn was ist in diesem Leben Sichers, heute stehet einer, morgen liegt er, heute gläubt einer recht, morgen fället er in Irrtum, heute hofft einer, morgen verzweifelt einer. Wie gar viel feiner Leute fallen itzt täglich in der Schwärmer Irrtum; wie viel wird ihr noch fallen durch dieselbigen und andere kunftige Rotten.“[28] Es ist Luthers eigene melancholische Lebensbetrachtung, die er hier dem Ermordeten in den Mund

[25] WATR 3; Nr. 2922b; 89,15 ff.
[26] 1. Nov. 1527, WAB 4; 275,9 f.
[27] Von Herrn Lenhard Keiser zu Baiern verbrannt, WA 23; 474,15 ff.
[28] Tröstung an die Christen zu Halle (1527), ebd. 423,8 ff.11 ff. Daß er in der Schrift seine eigene Krankheit erwähnt, ist nicht verwunderlich (Reiter, Luthers Umwelt [s. Anm. 1], Bd. 2, 103). Er begründet damit die Verspätung seiner Schrift (WA 23; 403,10 ff.).

legt; aber nicht die Melancholie einer Krankheitsphase, sondern die, mit der er die Welt und das Leben immer angesehen hat. Der größte Trost, den es im Blick auf diese betrübliche Welt gibt, ist der, daß Gott in ihr auserwählte Menschen für das Evangelium leben und sterben läßt: so den treuen Prediger ihrer Gemeinde, der, soviel er wisse, umgebracht worden sei, weil er den rechten Sakramentsgebrauch (unter beiderlei Gestalt) lehrte. Luther mahnt darum die Gemeinde in Erinnerung an ihn, der Wahrheit und nicht der Gewohnheit (der Kelchversagung) zu folgen, und gibt dafür ausführliche Beweise aus der Bibel und dem Kirchenrecht[29]. Gott bekennt sich zu seinem besonderen Wahrheitszeugen dadurch, daß er ihn früh aus dieser bösen Welt wegnimmt. ,,Er ist in der Kurz vollkommen wurden und hat damit viel Jahre ausgericht. Denn seine Seele gefiel Gott.‘‘[30] Und zugleich hat der gewaltsame Tod solcher Zeugen seine Vorbedeutung. ,,Denn es ist ein gewiß Zeichen, daß ein groß Unglück furhanden ist, das uber die Welt gehen soll, aus welchem Gott die Seinen zuvor erausreißet, daß sie nicht drinnen ergriffen, vielleicht auch mit den Gottlosen mochten fallen und verloren werden.‘‘ Es wird ein großer Jammer über Deutschland kommen, der damit begonnen hat, daß die Rottengeister die Herzen voneinander trennen. ,,Darnach wird folgen auch die leibliche Uneinigkeit und Krieg, auf daß erfullet werde, was der Satan durch den Müntzer zum Vorspiel und Vorlauft anfing.‘‘[31]

Es dauert noch Monate, bis in den Briefen an die Freunde die Erwähnung seiner Anfechtungen verstummt. Er klagt nicht mehr über körperliche Behinderungen[32], sondern über den inneren Widerstand des Satans, der ihn nicht zum Schreiben gegen die Schwärmer kommen lassen, sondern in die Hölle holen möchte. Aber er schreibe soeben noch gegen sie mit seinem Glaubensbekenntnis in der Schrift ,,Vom Abendmahl‘‘ (22. November 1527)[33]. ,,So werde ich zwischen den beiden gegnerischen Fürsten (Christus und dem Satan) hin und her gerissen und elend zerrieben‘‘ (29? November 1527)[34]. ,,Ich bin noch nicht von meiner Anfechtung befreit und will auch nicht befreit werden, wenn es der Herrlichkeit Gottes, meines liebsten Erlösers, dient‘‘ (14. Dezember 1527)[35]. Am 31. Dezember schreibt er einen kurzen Bericht über die Situation in Wittenberg an Jakob Propst in Bremen:

---

[29] Ebd. 411,10–423,5.

[30] Ebd. 425,23 ff. nach Weisheit Salom. 4,10–18.

[31] Ebd. 427,1–20, bes. 3 ff. 18 ff.

[32] Der Brief an Jonas vom 6. Jan. 1528 (ebd. 342) bezieht sich nicht, wie Reiter, Luthers Umwelt, Bd. 2, 107 meint, auf ein neues Hämorrhoidalleiden Luthers. Sondern er gibt Auskunft auf die Anfrage nach dem Verlauf und der Behandlung eines Jahre zurückliegenden Anfalls dieses Leidens. Jonas hatte ihn am 3. Jan. im Interesse seines Freundes Michael Meienburg danach gefragt, WAB 4; 342,15 ff., dazu ebd. 324,78 ff. Noch am 29. Dez. 1527 hatte Luther an ihn geschrieben: ,,Ich bin körperlich gesund‘‘, ebd. 307,14.

[33] Ebd. 284,10 ff. Außerdem kann er melden, daß er seine Sacharja-Auslegung fast fertig hat (zu ihr s. o. S. 224 ff.). Über das Glaubensbekenntnis in der Abendmahlsschrift s. o. S. 486 ff.

[34] Ebd. 289,10.

[35] Ebd. 299,13 ff.

„Wir sind alle gesund außer Luther selbst, der leiblich gesund ist, aber äußerlich von der ganzen Welt, innerlich vom Teufel und allen seinen Engeln zu leiden hat."[36] Und noch eindringlicher am 1. Januar 1528 an Gerhard Wiskamp im Fraterhause zu Herford, der ihm einen Trostbrief zu seinen inneren Kämpfen, über die er offenbar genau unterrichtet war, geschrieben hatte: „In der Tat, diese Anfechtung ist die weitaus schwerste. Sie ist mir von Jugend auf nicht unbekannt, aber daß sie sich so steigern würde, hätte ich nicht erwartet. Aber Christus hat bisher gesiegt, obwohl er einen hält, der an einem ganz dünnen Faden hängt. Ich befehle mich deinem und der Brüder Gebet. Ich habe andere retten können und kann mich selbst nicht retten (Matth. 27,42). Gepriesen sei mein Christus, auch mitten in Verzweiflung, Tod und Lästerung, der uns ein Wiedersehen geben möge in seinem Reich. Inzwischen aber sind wir gewiß, daß wir ihm bei seinem Wort und Werk dienen. Freilich sind wir dadurch nicht gerechtfertigt, sondern unnütze Knechte. Und doch besteht darin unser Ruhm, daß wir auch in der Welt im Sinne Christi gelebt und unser früheres schlechtes Leben vergessen haben. Uns bleibt nur, daß Christus unser Leben und unsere Gerechtigkeit ist (Ach, wie unerreichbar und unbekannt ist es dem Fleisch, verborgen in Gott!)."[37] Der Brief ist einer der aufschlußreichsten aus diesen Monaten. Luther konnte bei dem Empfänger, den er mit ungewöhnlicher Wärme anredete (Suo in Christo fratri charissimo . . . servo dei fideli[38]), in besonderem Maße Verständnis erwarten für das, was ihn bewegte. Die ernsten Brüder aus dem Herforder Hause der „Brüder vom gemeinsamen Leben" wußten etwas von den Anfechtungen der mönchischen Religiosität. Sie hatten den Weg zu Luthers Verständnis des Evangeliums gefunden und ihre Christusfrömmigkeit mit eingebracht. So konnte er einem von ihnen, der ihm innerlich nahestand, am ehesten darstellen, was ihn anfocht: ihre gemeinsame Vergangenheit („unser früheres schlechtes Leben") und seine jetzige Seelennot – und das, was sein Trost war, wenn er es auch nicht mit Händen greifen konnte. Endlich lichtet sich das Dunkel: „Mein Satan ist mir auf euer Gebet hin etwas erträglicher geworden", schreibt er am 25. Februar 1528 an Wenzeslaus Link in Nürnberg, fügt jedoch hinzu: „Fahre aber fort und höre nicht auf, für uns alle zu beten."[39] „Mein Satan" erinnert noch immer an Hiob. Luther hat nicht nur Tiefen der stummen Depression, sondern zumeist Anfechtungen durch ein Gegenüber erlebt, dem Gott erlaubt hatte, ihn zu versuchen.

In demselben Brief konnte er auch das Ende schwerer Sorgen melden, die

---

[36] Ebd. 313,10ff.

[37] Ebd. 319,5ff. Schluß nach Kol. 3,3. Das Bild vom Faden auch in dem Brief an Jonas vom 29. Dez. 1527 (s. Anm. 32). Zu Wiskamp vgl. R. Stupperich, Luther und das Fraterhaus in Herford, in: Geist und Geschichte der Reformation. Fschr. Hanns Rückert (Berlin 1966), 219ff.

[38] Vgl. auch seinen Brief an Wiskamp vom 2. Sept. 1529, WAB 4; 243,1: servo Dei fidelissimo.

[39] Ebd. 387,8f.

ihn neben den inneren Kämpfen bedrückt hatten. „Wir sind durch Gottes Gnade von der Pest befreit worden." Sie war seit dem Spätsommer 1527 in Wittenberg umgegangen und auch in seinen Freundeskreis eingedrungen. Es habe ihn fast vernichtet, schreibt er am 4. November 1527, daß die Frau des Diakonus Rörer eine Totgeburt zur Welt brachte und kurz danach selbst starb[40]. Sein Haus war zum Hospital geworden. Die Frau des Arztes Augustin Schurff und die Schwägerin Karlstadts Margaretha von Mochau, die in seinem Hause Aufnahme gefunden hatten, erkrankten, und er sorgte sich sehr um seine vor einer Niederkunft stehende Frau und sein Söhnchen[41]. Für ihn brachte die Epidemie eine Vereinsamung. Die Universität war seit dem 15. August nach Jena übergesiedelt. Luther hatte die Aufforderung des Kurfürsten, er solle sich mit seiner Familie ebenfalls dorthin begeben, abgelehnt[42]. Dafür zog Bugenhagen mit seiner Familie zu ihm, „nicht so sehr seinet- als meinetwegen . . ., damit er Gesell in meiner Einsamkeit ist", wie Luther später an Hausmann schrieb[43]. Die Seuche gab Luther auch den Anstoß, auf eine Frage zu antworten, welche seit langem an ihn gestellt war: „Ob man vor dem Sterben fliehen möge (dürfe)." Um eine Äußerung dazu hatte Johann Heß im Namen der evangelischen Pfarrer von Breslau gebeten, wo die Pest schon im Jahre 1525 geherrscht hatte. Luther entschuldigte sich für seine verspätete Antwort mit seiner Krankheit: „Gott der Allmächtige hat mich etliche Zeit her in der Zucht und Staupe so hart gehalten, daß nicht viel Lesens noch Schreibens hat bei mir sein mügen."[44] Aber nun war es auch eine Wittenberger Frage geworden; das hat zur Entschiedenheit und Lebendigkeit der kleinen Schrift beigetragen. Er unterscheidet, wer vor einer Seuche fliehen darf und wer nicht. Ausharren müssen Prediger, Amtspersonen, die für die Ordnung einer Stadt nötig sind (Bürgermeister, Richter, Amtsärzte, Polizei), Nachbarn, wenn Kranke sonst keine Hilfe haben[45]. Anderen steht es frei: „Denn Sterben und Tod zu fliehen und das Leben zu retten ist natürlich von Gott eingepflanzt und nicht verboten."[46] Er fordert aus frischer Erfahrung, die Städte sollten Krankenhäuser bauen, „daß nicht ein iglicher Bürger in seinem Hause mußt ein Spital halten". „Wo nu das Sterben hinkommet, da solen wir do bleiben, uns rusten und trosten" und uns nicht

---

[40] Ebd. 276,3 ff.

[41] An Amsdorf 1. Nov. 1527, ebd. 275,12 ff. Über Margaretha von Mochau s. ebd. 37, Anm. 1.

[42] Friedensburg, Geschichte Univ. Wittenberg, 177 f. Nach einem dort (178, Anm. 1) erwähnten Bericht der Universität an den Hof soll ein Fremder die Seuche eingeschleppt haben. Kurfürst Johann an Luther 10. Aug. 1527, WAB 4; 227 f. Luthers Antwort ist nicht erhalten. Nach vier Wochen hielt er die Gerüchte über die Pest für stark übertrieben. An Spalatin 13. Sept. 1527, ebd. 247,17 ff.

[43] 7. Nov. 1527, ebd. 277,15 f.

[44] WA 23; 323 ff. 339,9 ff.

[45] Ebd. 341,31–345,23.

[46] Ebd. 347,6 f.

vor den Kranken grauen[47]. Es ist Sünde gegen Gott, Arznei zu verachten und mit ansteckenden Kranken zu zechen und zu spielen. „Sondern brauche der Erznei, nimm zu dir, was dich helfen kann, räuchere Haus, Hof und Gassen, meide auch Person und Stätt, da dein Nähester dein nichts bedarf . . . und stelle dich als einer, der ein gemein Feur gerne wollt helfen dämpfen."[48] Im Druck fügte er in die Schrift noch einen Abschnitt ein, der über ihr Thema hinausging, ihm aber sehr am Herzen lag: die Anlage von Friedhöfen außerhalb der Städte. Er trat für die ihm bekannte und durch die Bibel bezeugte Sitte der Antike nicht aus hygienischen Gründen ein – die überließ er den Ärzten –, sondern um der inneren Sammlung willen[49]. „Unser Kirchhof, was ist er?" Es gibt keinen unruhigeren und ungepflegteren Ort als die Friedhöfe mitten in der Stadt, auf die eine Menge von Gassen und Haustüren hinführen und über die man Tag und Nacht hinwegläuft und das Vieh treibt. Wie soll man da an Tod und Auferstehung denken? „Aber wenn das Begräbnis draußen auf einem gesonderten, stillen Ort läge, da niemand durch noch drauf liefe, so wäre es gar geistlich, ehrlich und heilig anzusehen und künnte auch zugericht werden, daß es zur Andacht reizte die, so drauf gehen wollten."[50] Luther löste sich auch hier von einer tief verwurzelten mittelalterlichen Sitte. Der Friedhof des Mittelalters versammelte die Toten mit den Lebenden um die Kirche, so daß die Verstorbenen gleichsam noch am Gottesdienst teilnehmen konnten, soweit besonders Bevorzugte nicht überhaupt in der Kirche bestattet wurden. Es war ein furchtbarer Gedanke, nicht in geweihter Erde bestattet zu sein. Durch die Benediktion der Kirchhöfe durfte man sich vor unreinen Geistern bewahrt wissen[51]. Luther denkt nicht von den Toten, sondern von den Lebenden aus. Das Wesentliche eines Friedhofs ist nicht die geweihte Erde, sondern die stumme Predigt des Todes und der Ewigkeit.

Luther hatte während der Pestzeit seine Familie bei sich behalten, und selbst wenn er es gewünscht hätte, wäre die mutige Katharina sicher nicht darauf eingegangen, das Haus zu verlassen. Sie hätte nun auch das erste Kind mit sich nehmen müssen: den am 7. Juni 1526 geborenen Johannes. Luther berichtete glücklich an seinen Verwandten Dr. Johann Rühel in Eisleben, „daß mir meine liebe Kethe von großer Gotts Gnaden einen Hansen Luther bracht hat gestern umb zwei, da der Tag am Kalender Dat heißt". Das entsprach der Tagesbezeichnung im mittelalterlichen Kalender[52], hatte für

---

[47] Ebd. 355,19 ff.24 ff.

[48] Ebd. 363,30 ff. 365,23 ff.

[49] Ärzte: ebd. 373,30 ff. Biblische Beispiele: Luk. 7,12. Joh. 19,41. 1.Mose 23,9, ebd. 375,11 ff.

[50] Ebd. 377,1–19, bes. 1.14 ff. „ehrlich" = ehrbar, würdig.

[51] H. Derwein, Geschichte des christlichen Friedhofs in Deutschland (Frankfurt 1931), 30 ff. 94 ff.; zu Luther ebd. 58 f. 80. K. Peiter, Der evangelische Friedhof von der Reformation bis zur Romantik (theol. Diss. Berlin 1969; Mschr.). Referat in: ThLZ 95 (1970), 951 f.

[52] WAB 4; 87,7 ff. Nach dem sog. Cisiojanus-Kalender, in dem für jeden Monat aus Heili-

Luther aber gewiß zugleich den Sinn eines Dankwortes (er gibt). Rörer taufte ihn noch am Tage der Geburt, Bugenhagen hielt ihn über die Taufe. Der Name war nicht nur der Name seines Taufpaten, sondern zugleich der Name von Luthers Vater, der sich so sehr die Verheiratung seines Sohnes gewünscht hatte. Auch daran, vielleicht zuerst daran, wird Luther gedacht haben. Sein Glück über das gesunde, kräftig heranwachsende Kind spricht aus manchen Briefen der nächsten Zeit. „Johannes meus Lutherulus . . . cum matre sua" sagt öfters Dank für die Glückwünsche zu seiner Geburt[53]. „Mein Johannelus ist fröhlich und kräftig und ein tüchtiger Esser und Trinker, Gott sei Dank."[54] Am 10. Dezember 1527 wurde ihm eine Tochter, Elisabeth, geboren. Er war glücklich, daß er Kind und Mutter gesund, wenn diese auch erschöpft, vorfand, als er morgens von der Vorlesung nach Hause kam[55]. Zugleich war er von einer anderen Sorge befreit. Nach Aussage der Ärzte war die Pest in Wittenberg erloschen; es gab seit einer Woche keinen Kranken mehr[56]. Nur er selbst war noch nicht von seiner Anfechtung befreit und empfahl sich darum wie so oft dem Gebet der Freunde[57]. Schon im ersten Lebensjahr, am 3. August 1528, wurde die kleine Elisabeth den Eltern wieder genommen; für Luther ein unerwarteter, tiefer Schmerz. „Merkwürdig, was für ein trauerndes, fast weibisches Herz es mir hinterlassen hat; so sehr bin ich von Jammer erfüllt. Ich hätte nie vorher geglaubt, daß ein Vaterherz so weich gegenüber seinen Kindern sein kann."[58] Um so dankbarer war er, daß ihnen am 4. Mai 1529 wieder eine Tochter, Magdalena, geboren wurde, und zwar nach einer leichten Geburt, wie er nach allen Seiten glücklich berichtete[59].

Die durch die Pest verursachte Verlegung der Universität im August 1527 unterbrach Luthers Vorlesungstätigkeit nicht. Er führte sie vor dem zurückgebliebenen Häuflein von Studenten weiter. Wir müssen hier etwas zurückgreifen. Luther war, nachdem er die Auslegung der Kleinen Propheten im Frühjahr 1526 beendet hatte[60], seit dem 30. Juni 1526 zu dem Ecclesiastes (dem „Prediger" Salomo) übergegangen, der sich, so sehr er ihn faszinierte, als ein recht schwieriger Stoff erwies. „Er hat keine Lust und Geduld für eine Vorlesung", schrieb Luther am 28. August 1526 und noch am 14. Oktober:

---

gennamen oder ihren Anfängen je zwei Hexameter und eine Silbe als metrische, aber sinnlose Gedächtnishilfe zusammengefügt waren. H. Grotefend, Taschenbuch der Zeitrechnung des deutschen Mittelalters und der Neuzeit, 9. Aufl. (Hannover 1948), 20.
[53] 3. Juli 1526, WAB 4; 99,1. Vgl. auch ebd. 117,13 f. 310,14. Zu Luthers Vater und seinem Drängen auf die Heirat des Sohnes s. o. S. 357.
[54] 10. Juni 1527 (?), ebd. 210,14 f.
[55] An Jonas 10. Dez., ebd. 294,1 ff. An Spalatin 13. Dez., ebd. 298,15 f.
[56] Ebd. 298,17 f. An Hausmann 14. Dez., ebd. 299,7 ff.
[57] An Hausmann 14. Dez. 1527 und Jonas 29. Dez., ebd. 299,13 ff. 307,14 ff.
[58] 5. Aug. 1528 an Hausmann, ebd. 511,4 ff.
[59] 5. Mai an Amsdorf, 6. Mai an Link und Jonas, WAB 5; 62,8 f. 63,4 ff.
[60] WA 13; XXXIII.

„Der Prediger Salomo macht mir viel Mühe, als wolle er nicht über sich lesen lassen, aber er muß."[61] Bis zum 7. November brachte er die Vorlesung mit einiger Not zu Ende, nachdem er im September schon einmal für ein paar Wochen die Waffen gestreckt hatte („die Kommentare helfen uns nichts"). Er nahm die Arbeit jedoch wieder auf und war dann über das Gelingen glücklich. Noch nach zwei Jahren schrieb er, daß er „noch nie kein Buch so gerne hätte lassen trucken als meinen Ecclesiasten, den ich hie zu Wittenberg gelesen habe durch Gottis Genad". Aber er trat zurück, als er hörte, daß Johannes Brenz einen Kommentar herausgeben wollte, „welchem ich auch von Herzen weichen wollte, wenn mein Ecclesiastes schon angefangen wäre". Dieser in einer Vorrede zu dessen Werk ausgesprochene Verzicht war der schönste Ausdruck, den er seiner Hochachtung für den Verfasser des Syngramma Suevicum geben konnte[62]. Erst 1532 haben Wittenberger Freunde den unerfüllten Wunsch Luthers verwirklicht und aufgrund von Nachschriften, von denen die vorzügliche Rörers noch erhalten ist, seine Vorlesung zum Druck gebracht. Luther hat nur ein Vorwort hinzugefügt, das aber seine Auffassung des Salomonischen Buches prägnant ausspricht. Es handelt nicht von der Weltverachtung, wie man es oft mißverstanden und zur Begründung des weltflüchtigen Mönchtums verwandt hat. Sondern man sollte es „die Politik oder Ökonomie Salomos" nennen: nicht weil es Gesetze für Staats- und Familienleben enthält, sondern weil es den Politiker oder Hausherrn in Unglücksfällen tröstet und in der Geduld bestärkt[63]. Diesen aufrichtenden Ton hatte er schon bei seiner Übersetzung des Buches herausgehört und in der Vorrede dazu 1524 anklingen lassen. Die vom „Prediger" so eindringlich gelehrte Vergeblichkeit des menschlichen Tuns macht ihn zu einem willkommenen Bundesgenossen gegen Erasmus. „Dies Buch sollt billig den Titel haben, daß es wider den freien Willen geschrieben wäre, denn es alles dahin zeucht, daß aller Menschen Rat, Anschläge und Furnehmen umbsonst und vergeblich sind und immer anders hinausgehet, denn wir wöllen und denken, auf daß er uns lerne gelassen stehen und Gott lassen alleine alle Ding, uber unser, wider und ohn unser Wissen und Rat, tun."[64] Man versteht, warum Luther gerade jetzt so gern seinen Kommentar dazu herausgebracht hätte.

---

[61] 14. Okt. an Hausmann, WAB 4; 122,6ff. Vgl. auch 28. Aug. an Link, ebd. 110,12ff.: Ego Ecclesiasten lego mire invitum et impatientem lectionis. Zu Luthers Verständnis des Predigers Salomo vgl. H. Bornkamm, Luther und das Alte Testament, 13f. Der dort (14, Anm. 1) ausgesprochene Wunsch einer besonderen Untersuchung ist ertragreich erfüllt worden durch E. Wölfel, Luther und die Skepsis. Eine Studie zur Kohelet-Exegese Luthers (München 1958).

[62] Die Vorrede (1528) ist an den Verleger von Brenz, Johann Setzer in Hagenau, gerichtet, WA 26; 1.12. Benzing, Lutherbibliographie, Nr. 2525. Zum Syngramma Suevicum s. o. S. 457.

[63] WA 20; 7,29ff. 8,19ff. Über das Aufkommen dieser „politischen Deutung" des Buches bei Luther (seit 1521) s. Wölfel, Luther und die Skepsis (s. Anm. 61), 256.

[64] WADB 10/2; 104,24ff. H. Bornkamm, Bibelvorreden, 65. Vgl. auch WA 20; 58,7.25. Luther schrieb diese Bemerkung wohl genau in der Zeit, als das Buch des Erasmus nach Wittenberg kam, WADB 10/2; 104, Anm. 2.

Aber auch sonst war die Verbindung von Lebensweisheit und Gottvertrauen, die er im „Prediger" fand, sehr nach seinem Sinn. Keiner seiner anderen Kommentare ist so voll von Sprichworten, die er zur Erklärung heranzieht oder im Text aufdeckt. Manche seiner Erläuterungen tragen selbst den Charakter von Sentenzen, z. B. zu Kap. 6,7 („Das Auge kann sich nicht satt sehen"): „Auch das Herz ist wie Quecksilber, niemand kann's haben (halten), wo es hinstehe."[65] Zu den Erfahrungen, die der Text ausspricht, bringt er eine große Zahl von Beispielen aus der antiken Poesie und Geschichte. Für die Enttäuschungen, welche Staatsmänner auch bei bestem Können und Bemühen erleiden, nennt er Cicero und Demosthenes, Caesar, Lykurg, Augustus[66]. Und mit welchen Hoffnungen wurden Heliogabal und Commodus erwartet! Aber der eine degenerierte zu einer Bestie und der andere zu einem Incommodus, zu einem zweiten Nero[67]. Ebenso gern wendet er den catalogus vanitatum und der Lebenserfahrungen, den er im „Prediger" findet, auf seine Zeit an. Er fügt Worte seines verstorbenen weisen Kurfürsten in ihn ein: „Je länger ich regier, je weniger ich regieren kann" (verstehe ich zu regieren). Oder: „Wem soll ich doch vertrauen?"[68] Für seine eigenen Sorgen und Kämpfe findet Luther eine besonders hilfreiche Weisung in Kap. 5,7: „Es ist noch ein hoher Hüter über den Hohen, und sind noch Höher(e) über die beiden." Das wird ihm zum Trost gegenüber den „Sakramentierern und Sekten", mit denen er sich abquält. Ihm bleibt nur zu sagen: „Ich überlasse die Sache Gott, in dessen Händen alles liegt." „Ein jeglicher hat seinen Richter."[69]

Luther versteht das Buch nicht als ein Buch der Skepsis, sondern als ein Buch gegen sie, als ein Buch der Weisheit: der Anleitung zur Nüchternheit, zur Selbstbescheidung und zum Gottvertrauen. Die Vorrede zu seiner Übersetzung (1524) hatte er in dem Wort Christi zusammengefaßt: „‚Sorget nicht fur den morgend Tag, denn der morgend Tag wird sein selbst Sorge haben. Es ist genug, daß ein iglich Tag sein Ubel hat.' Dieser Spruch ist die Glosse und Inhalt dieses Buchs. Sorgen fur uns gehört Gott zu. Unser Sorgen fehlt doch und gibt eitel verlorene Mühe."[70] Und seine Vorlesung von 1526 leitete Luther damit ein, daß der Verfasser des Buches die Güter der Schöpfung nicht als eitel und verachtenswert ansehe. Vielmehr sind Gold und Reichtum, Obrigkeit und Frauen göttliche Geschenke, die uns erfreuen und zur Hilfe dienen sollen. Nicht die Gaben sind eitel, sondern das Herz des Menschen, das sich mit nichts zufrieden gibt[71].

---

[65] WA 20; 115,8 ff. 30 ff.

[66] Ebd. 29,2. 46,4 ff. 50,12 ff. 18. 51,19. Dazu Wölfel, Luther und die Skepsis (s. Anm. 61), 263 f.

[67] WA 20; 84,8 f. 27 ff.

[68] Ebd. 67,10 ff. 23 ff. Friedrich als Beispiel auch ebd. 40,14 ff. 35 ff. 51,13 f. 181,2 ff. 20 ff. Catalogus vanitatum, ebd. 96,36.13.

[69] Ebd. 98,12 ff. 98,29–99,26, bes. 99,2 ff.

[70] WADB 10/2; 106,12 ff. H. Bornkamm, Bibelvorreden, 65 f. Fehlt (bei Luther „feilt") = geht fehl.   [71] WA 20; 10,9 ff. 26 ff. 11,12 ff.

Nachdem er die Vorlesung über den „Prediger Salomo" abgeschlossen hatte, dachte Luther zunächst daran, die Auslegung der Propheten fortzusetzen; er stand sowieso in seiner Arbeit an der Bibelübersetzung bei ihnen. Im Mai 1527 sprach er die Absicht aus, eine Vorlesung über Jesaja zu halten[72]. Er hat sie aber wohl im Sommer nicht mehr begonnen, da er nach einigen Voranzeichen ernstlich im Juli erkrankte[73]. Der Abzug der meisten Studenten nach Jena veranlaßte ihn dann offenbar, zunächst eine weniger umfangreiche Schrift, den 1. Johannesbrief, zu wählen[74]. Wie hoch er diese „rechtschaffene apostolische Epistel" schätzte, hatte er schon in der Vorrede aus der Übersetzung des Neuen Testaments von 1522 ausgesprochen: Sie „behält uns auf rechter Mittelstraße, daß wir durch den Glauben fromm und der Sünde los werden und darnach auch, wenn wir nun fromm sind, gute Werke und Liebe um Gottis willen üben, frei ohne alles Gesuch"[75]. Um der Bekundung dieser eigentlichen Christusbotschaft willen hatte er das Johannesevangelium, „das eine zarte rechte Hauptevangelium", den drei andern weit vorgezogen und mit ihm den 1. Johannesbrief zu den „rechten und edelsten Büchern des Neuen Testaments" gerechnet[76]. Denn „dieser Brief trägt Art und Stil (filum et stylum) des Johannes und ist die an Trost allerreichste Epistel, die ein unruhiges Herz trösten kann"[77]. Von der Vorlesung ist zwar kein ausgearbeitetes Manuskript erhalten, aber einige Präparationen (in Abschrift) und mehrere Nachschriften, vor allem eine von Rörer[78]. Luther las über den 1. Johannesbrief mit großen Erwartungen: Gott „setzt uns hin, damit wir erfahren, wie mächtig sein Wort ist und mehr kann als Sünde und Tod . . . Da wir vom Tod, der Sünde, den Häretikern angegriffen werden, habe ich mir vorgenommen, diese Epistel zu behandeln, damit wir uns gegenseitig trösten und gegen den leidigen Teufel beten . . . Und wir haben die Verheißung: Wo zwei oder drei (versammelt sind) . . . So hoffen wir, daß, wenn ich im Namen Gottes rede und ihr hört, der Herr gegenwärtig ist, wie ja auch der Satan."[79] Die Vorlesung bildet den Hintergrund der sorgenvollen Monate des Herbstes 1527. Luther fand in dem Brief Antwort auf die wichtigsten Fragen, mit denen es die reformatorische Verkündigung damals zu tun hatte. Den drastischen Worten, mit denen der Brief einsetzt („Das da von Anfang war, das wir gehört haben, das wir gesehen haben mit unsern Augen, das wir be-

---

[72] Ca. 4. Mai 1527 an Wenzeslaus Link, WAB 4; 198,9f.

[73] S. o. S. 490ff.

[74] 19. Aug. bis 7. Nov. 1527, WA 20; 599. 794. Die geplante Jesaja-Vorlesung begann er erst im Mai 1528; s. u. S. 509.

[75] WADB 7; 326,2f.22. H. Bornkamm, Bibelvorreden, 175. Gesuch = Streben nach Lohn.

[76] Vorrede (1522), WADB 6; 10,25f.7f.29ff. H. Bornkamm, Bibelvorreden, 140.

[77] WA 20; 600,1f.

[78] Präparationen zu Kap. 1, 2 und 5: WA 48; 313–323. Nachschrift von Rörer, WA 20; 592–801; über andere s. ebd. 592–598. Vgl. auch die Notiz WA 25; 522. – Bei den Zitaten ist zu bedenken, daß sie zumeist aus der abkürzenden Nachschrift stammen.

[79] WA 20; 599,5ff.

schaut haben und unsere Hände betastet haben, vom Wort des Lebens . . .''), entnimmt er die ganze Wahrheit über die Person Christi. ,,Eine einfältigere Redeweise habe ich nie gehört, und doch ist eine so gewaltige Majestät darin verborgen, daß sie unbegreiflich ist. Es ist, als stammele er, und doch ist die ganze Majestät damit verbunden. Kein Apostel sonst hat sich einer so einfältigen Rede bedient.''[80] Mit ihr wird uns Christus in seinen beiden Naturen als ganze Person und als ,,Wort des Lebens'' dargeboten. ,,Ich weiß von keinem anderen Gott als in dieser Menschlichkeit.''[81] Damit war das Problem des Abendmahls berührt. Im Sakrament des Altars fühlen wir Brot und Wein und im Herzen Christus selbst mit Leib und Blut[82]. Die Erkenntnis Christi – die ,,Summe unserer Religion''[83] –, wie der 1.Johannesbrief sie bietet, löst auch die Frage, die zwischen Luther samt den Seinen und der römischen Kirche steht. ,,Christus ist die Sühne für unsere Sünden, ja nicht nur für unsere, sondern für die der ganzen Welt'' (2,2). Das sind ,,wahre Blitzschläge gegen den Papst und die Mönche''. Wie viele Fürsprecher, ,,Genugtuer'' (satisfactores) und Sühnewerke hat sich die Kirche gesucht, voran Maria, die Mittlerin (mediatrix virgo)! Das Johannes-Wort bestätigt das Recht, aus dem Mönchtum auszutreten. ,,Sie nennen uns geflüchtete Mönche. Wir sind gezwungen herauszugehen, denn sie wollen solche Predigt von uns nicht hören. Ich bin gezwungen, vom Papst abzufallen . . . Christus verlangt nicht Versöhnung, sondern er ist selbst die Versöhnung.''[84] ,,Christus ist nicht so, wie wir ihn uns vorstellen, daß wir ihn mit Messen versöhnen und seine Mutter zu ihm schicken müssen.'' ,,Das ist ein herrlicher, goldener Text'', sagt Luther zum Anfang des zweiten Kapitels des Briefes[85]. Wie gegen den Sühnegedanken wendet sich nach Luther der 1.Johannesbrief aber auch gegen die Unterschätzung der Sünde. Das heißt für ihn: gegen Zwingli. ,,Zwingli will die Erbsünde abschwächen und nennt sie nur einen Mangel.''[86] Gerade weil die Sünde ernst genommen werden muß, ist es so tröstlich, daß Christus gekommen ist, um die Werke des Teufels zu zerstören. ,,Einmal hat er den immerwährenden Konflikt getragen, aber es muß ständig gekämpft werden.''[87] Wenn gesagt worden ist, daß der 1.Johannesbrief ,,zum ersten Male in der Kirchengeschichte thematisch das Motiv des simul iustus, simul peccator'' entfaltet habe[88], so war eben dies der Trost, den Luther aus dem in Kap. 3,7ff. geschilderten Kampf zwischen Christus und dem Teufel entnahm. Der Christ ist wie nach Röm. 7 ein duplex homo. An Christus glauben heißt: aus

---

[80] Ebd. 601,10ff.   [81] Ebd. 605,1ff.9.

[82] Ebd. 606,8f.   [83] Ebd. 640,16.

[84] Ebd. 637,21–638,9.   [85] Ebd. 636,6ff.

[86] Ebd. 621,8.

[87] Etwas frei; bei Rörer wörtlich: ,,Ein trostlicher Spruch: Venit dissolvere, per quem iugem conflictum intelligit: semel tulit, sed semper conflictandum'', ebd. 705,9ff.

[88] E. Käsemann, Ketzer und Zeuge. Zum johanneischen Verfasserproblem, in: ZThK 48 (1951), 306; wieder abgedr. in: ders., Exegetische Versuche und Besinnungen, Bd. 1, 2. Aufl. (Göttingen 1960), 182.

Gott geboren sein. „Weil er in dieser Geburt steht, kann er versucht, aber nicht bezwungen werden. Und wenn er einmal fällt, so kehrt die Geburt zurück, (wenn) er zum Glauben zurückkehrt."[89] Nicht die moralische Anstrengung, sondern der Glaube ist also der immer neue Ursprung des Lebens aus Gott. Das setzt aber voraus, daß wir wissen, was Sünde ist. „Die Natur der Sünde zu verstehen, ist eine sehr schwere Sache." Der Christ hat schwerere Sünden, als die Mönche meinen, die ständig nur von Unkeuschheitssünden reden. Sünde ist, nicht an Christus und das neue Leben aus ihm zu glauben. Darum ist es das stärkste Heilmittel gegen die Sünde, über das Wort Gottes nachzudenken[90]. Beide Gegner – die Irrlehrer der päpstlichen Kirche und die Zwinglianer – sind einander sehr ähnlich. Beider Irrtum liegt in der Christologie: Sie lehren doketisch und leugnen die wahre Menschheit Christi. Und sie verstehen weder den Unterschied von Rechtfertigung und Heiligung noch ihre Zusammengehörigkeit und damit den unaufhörlichen Prozeß im Leben des Gläubigen: „Die Vergebung geschieht plötzlich, die Reinigung allmählich, von Tag zu Tag. Denn wir werden geheiligt, und es gibt kein Ende der Rechtfertigung, der Heiligung, ehe wir zu Asche werden."[91]

Von diesen Grundgedanken des Briefes aus ergibt sich im weitesten Sinne die Gleichheit der Situation: bei Johannes der Kampf gegen die christologischen Irrlehrer, bei ihm der Kampf gegen die Feinde des recht verstandenen Evangeliums: Mönche, Sakramentskritiker, Zwingli und die „Schwärmer" aller Art. In beiden Fällen berufen sich die Gegner auf das Kernwort des Briefes, „daß Gott Licht ist und in ihm ist keine Finsternis". Das sagt Johannes der Welt ins Gesicht: „Also ist die ganze Welt in Dunkel und Irrtum, stell her alle Gelehrten, Weisen, Könige." Und gerade sie, „die Mönche und Weisen usw., schreiten in ihrer Meinung daher und halten sie für Licht und wissen nicht, daß sie vor Gott Finsternis ist"[92]. So kennt er es auch von den Schwärmern seiner Zeit. Sie denken: „Wir sind Söhne des Lichts und voll des heiligen Geistes."[93] Diese Überzeugung macht sie so gehässig („Wer im Licht ist und seinen Bruder haßt . . ." 1. Joh. 4,9) und unbelehrbar: „Ein Häretiker läßt sich nicht bekehren."[94] Diese Hartnäckigkeit der Häresien veranlaßt

---

[89] Zu 1. Joh. 5,18 WA 20; 798,17 ff. 27 ff. 799,2 f.

[90] Ebd. 629,5–12, bes. 8.

[91] Ebd. 603–606. 613,13 f. 627,12 ff.: Eine offenbar von Rörer ziemlich exakt nachgeschriebene Formulierung Luthers: Remissio fit subito, emundatio fit paulatim de die in diem, quia sanctificamur et non finis iustificandi, sanctificandi, nisi redigamur in cineres. W. v. Loewenich, Luther und das johanneische Christentum (München 1935), 33 f. hat schon auf sie hingewiesen. Zu der doppelten Irrlehre, gegen die sich der 1. Johannesbrief wendet, vgl. H. Braun, Literar-Analyse und theologische Schichtung im ersten Johannesbrief, in: ZThK 48 (1951), 287 ff; wieder abgedr. in: ders., Ges. Studien zum Neuen Testament und seiner Umwelt, 2. Aufl. (Tübingen 1967), 210 ff.

[92] WA 20; 725,7–729,3. 612,13 ff.

[93] Ebd. 616,5 f. Vgl. auch 614,14 ff.

[94] Ebd. 649,14–650,17.7.

Luther, sich der Frage zu stellen, ob er und die Seinen nicht selbst an ihnen schuldig sind. ,,Uns gibt man Schuld (an allem), was Übles in der Welt geschieht: Aufstand, Rotten usw. . . . Wenn der Papst im Regiment geblieben wäre, (wäre es nicht dazu gekommen)." Er antwortet entschieden: Nein. Auch Christus ist aus der Mitte seines eigenen Häufleins verraten worden: ,,Wäre Judas nicht da gewesen, so wäre er nicht gekreuzigt worden. So haben auch wir einen Judas unter uns, der uns zerstreut hat. Darum werden wir beschuldigt." Er meint natürlich in erster Linie Müntzer. Aber gerade ihm gegenüber kann er sich trösten wie der Verfasser des ersten Johannesbriefes: ,,Sie sind von uns ausgegangen . . ., aber sie sind nicht von uns."[95] Ja, Luther bekennt: ,,Ich habe oft gedacht, ob es besser gewesen wäre, das Papsttum zu bewahren, als so viel Aufruhr zu sehen. Aber es ist besser, einige aus den Klauen des Teufels zu reißen, als daß alle untergehen."[96]

Der Blick auf das Zeitgeschehen ist nicht zu trennen vom Blick auf das Ende. ,,Kinder, es ist die letzte Stunde" (1.Joh. 2,18). Luther gesteht, daß ihm die Stelle viel Kopfzerbrechen gemacht hat. Wenn man, wie es oft geschieht, 1500 Jahre für das Reich Christi ansetzt, so hat es kaum kürzer gedauert als das Reich Moses. Aber diese Rechnung stimmt nicht. ,,Die letzte Stunde heißt nicht nach der Kürze der Zeit, sondern nach der Qualität der Lehre . . . Es ist keine andere Lehre mehr zu erwarten als die, welche Christus und die Apostel gebracht haben. Auf sie folgt die Offenbarung Christi." Mose sah noch auf einen ,,kommenden Tag" voraus, auf den Tag Christi. Wenn aber Christi Lehre untergeht, so kommt das Ende, die Ernte. Darum ,,ist es zum Erschrecken, die Sekten inmitten der reinen Lehre aufgehen zu sehen"[97].

Der Titusbrief, den Luther nach dem 1.Johannesbrief vom 11. November bis zum 13. Dezember 1527 auslegte, gab ihm Gelegenheit, das Thema sogleich noch einmal zu variieren[98]. Wieder gesteht er: ,,Gott sei gelobt, daß er mir nicht geoffenbart hat, daß so viel Häresien folgen würden: Ich hätte nicht angefangen."[99] Dem pastoralen Charakter des Briefs entsprechend, hat er nun das künftige Amt seiner Studenten und das Leben in der Gemeinde vor Augen. Es geht ihm hier vor allem um die Fragen von Gebot und Gewissen. Die vielen jüdischen Menschengebote, denen sie in den Gemeinden noch begegnen werden, müssen notwendig in Gewissensnöte führen[100]. Darum

---

[95] Ebd. 673,9–674,9, bes. 673,9f.15f. 674,8f. (Die auf Jakob Propst zurückzuführende Überlieferung (= P; ebd. 594. 597) ergänzt ,Müntzer', ebd. 674,32). 708,13. 673,17f., vgl. 1.Joh. 2,19.

[96] Ebd. 674,36ff.

[97] Ebd. 667,12–668,17.

[98] Auch zu dieser Vorlesung besitzen wir außer der Nachschrift Rörers (WA 25; 6–69) Abschriften von Luthers Präparationen (WA 48; 305–312), aus denen hübsch abzulesen ist, wo Luther geändert oder extemporiert hat (s. ebd. die Vergleiche in den Anmerkungen).

[99] WA 25; 10,18f., extemporiert.

[100] Ebd. 36,30ff.

möchte er den Satz: „Den Reinen ist alles rein" (1,15) mit goldenen Buchstaben schreiben. „Dieser einzigartige Text ist ein Donnersturm gegen all die Strohhaufen menschlicher Traditionen, gegen das Papstrecht, die Dekrete der Konzilien, welche den Priestern die Ehe als unrein verboten haben . . . Den Reinen ist die Ehe rein." „Rein sind die, welche den rechten Glauben haben, die an Christus glauben und wissen, daß sie durch nichts befleckt werden."[101] Luther macht dabei sehr anschaulich, daß das Gewissen gleichsam das letzte Glied eines logischen Schlusses ist, dessen Obersatz (maior) eine allgemein menschliche Wahrheit ausspricht: Man muß immer die Sünde meiden; Untersatz (minor): In der Fastenzeit Fleisch essen, ist Sünde; Schluß des Gewissens: Also darf ich jetzt kein Fleisch essen. Es kommt also nicht auf den abstrakten Obersatz, sondern auf die konkrete Meinung, den Untersatz, an. „Wenn wir die minor (den Untersatz) erhalten, so haben wir den Schluß frei."[102] Eines der sprachlogischen Spiele, wie sie sich bei Luther öfters finden: aber zugleich für seine Studenten eine drastische Belehrung über die Abhängigkeit des Gewissens von Meinungen, deren Wahrheit geprüft werden muß. Die Angaben von Titus 2 über die verschiedenen Stände in der Gemeinde benutzt er zu einer kleinen konkreten Ethik unter dem Gesichtspunkt des Anstoßes, den andere an ihnen nehmen können. Dann sagen die Leute: „Sind das Christen? Was kompt Guts aus der Lehre?"[103] Aber er korrigiert zugleich die übliche Unterweisung, die Christus als Vorbild und Gesetzgeber darstellte, worüber die Hauptsache vergessen wurde, daß er sich für uns gegeben hat und wir dadurch im Glauben zu neuen Menschen werden können[104]. Das 3. Kapitel, das von der Obrigkeit handelt, nimmt Luther nicht nur zum Anlaß, mit dem Text zum Gehorsam zu mahnen. Sondern er schärft beiden Seiten die von ihm oft gepriesene Kunst der Epikie, des Maßhaltens, ein, die er im Prediger Salomo so meisterhaft geschildert fand[105]. Ihm ist aus dem Herzen gesprochen, was er hier als ein Sprichwort zitiert, das Kaiser Friedrich III. gern gebraucht habe: Qui nescit dissimulare, non potest imperare[106]. Am Titusbrief erfreut ihn der kräftige Ton, mit dem der Apostel die Prediger ermahnt, die Zusammengehörigkeit von Glauben und Tun einzuprägen, „wie man einen Pfahl in die Erde (schlägt)"[107]. Er faßt den Ertrag seiner lebendigen, frischen Vorlesung zusammen: „Wir haben hier einen

---

[101] Ebd. 37,1ff.26f., extemporiert.
[102] Ebd. 39,18ff.25f. In seinen Präparationen benutzte Luther den Satz: „Die Mönchskutte ablegen, ist Sünde." Weil das aber nicht alle seine Hörer anging, wählte er in der Vorlesung das alle betreffende Beispiel des Fastens, WA 48; 310,2ff.
[103] WA 25; 46,31.
[104] Ebd. 53,4–54,18.
[105] Ebd. 59,1–60,7.
[106] „Wer nicht übersehen (oder überhören) kann, der kann nicht regieren", ebd. 59,21. So auch in den Präparationen zum Titus-Brief, WA 48; 311, Anm. 15. Dort weitere Belegstellen.
[107] Zu Tit. 3,8. WA 25; 67,6ff.12f.

Brief, so voll von bester Lehre und Mahnungen, daß es fast nichts in der Kirche gibt, was darin nicht behandelt ist."[108] Er bekräftigte damit sein Urteil aus der Vorrede zum Brief in der Übersetzung des Neuen Testaments von 1522: „Das ist eine kurze Epistel, aber ein Ausbund christlicher Lehre, darinnen allerlei so meisterlich verfasset ist, was einem Christen not ist zu wissen und zu leben."[109]

Unmittelbar anschließend an den Titusbrief las Luther noch vom 15. bis zum 18. Dezember 1527 über den Brief des Apostels Paulus an Philemon[110]. Rörers genaue Nachschrift läßt noch die Wärme spüren, mit der Luther bei der Sache war: nicht nur um der kleinen Historie vom entlaufenen Sklaven Onesimus willen, die dahinter steht, sondern weil sich daran etwas von der Anwendung des Glaubens auf das Leben anschaulich machen ließ. „Obwohl der Brief rein privat und familiär ist, konnte Paulus ihn nicht ungeschrieben lassen, denn er prägt damit die allgemeine Lehre von Christus ein, und zwar für das Privatleben." Er enthält so wunderbare Stellen, wie man sie bei Cicero nicht findet. „Die müssen wir genau betrachten, um zu sehen: Nichts darf man so bedeutungslos nennen, daß Christus nicht darin wäre."[111] Luther rühmt die stilistischen Feinheiten des Briefes, vor allem die Höflichkeit des Paulus. Er gibt jedem seinen Titel: Philemon, den Wohltäter der Gemeinde, nennt er seinen „Helfer"; den Bischof Archippos seinen „Mitstreiter". „Das tät der Papst nimmermehr." „Das ist heilige Schmeichelei."[112] Sie ist freilich besonderer Art: „Ein Christenmensch kann nicht schmeicheln, denn er sieht den Bruder nicht als Fleisch und Blut, sondern als Christusgläubigen."[113] So kann er unbedenklich von Herz zu Herzen den andern bitten oder rühmen und ihm danken. Paulus tut es immer wieder; jeder seiner Briefe beginnt damit[114]. Das fließt aus der Gemeinschaft des Glaubens. Sie ist nicht nur geistlich. „Der Leib, den du hast, den hab ich, auch ich . . . Der Leib ist verteilt in dem Brot; du und ich haben ihn."[115] Und besonders erfreut ihn, daß Paulus (V.6) so eindringlich vom Wachstum des Glaubens spricht. „Es ist die Hauptsache bei den Christen, daß sie in der Erkenntnis Jesu wachsen . . . Die Schwärmer meinen, daß sie nach dem Hören des Wortes alles wissen, gleichsam voll des heiligen Geistes."[116] Er schloß die Vorlesung über den geliebten kleinen Brief, dem er schon in der Vorrede in der Übersetzung des Neuen Testaments von 1522 seine besondere Zuneigung bekundet hatte („Denn wir sind alle seine Onesimi, so wir gläuben"[117]), mit

[108] Ebd. 69,10f.
[109] Verfasset = zusammengefaßt, WADB 7; 284,3ff. H. Bornkamm, Bibelvorreden, 171.
[110] WA 25; 69–78. Zur Datierung ebd. 2.
[111] Ebd. 69,27ff. 70,2f.
[112] Ebd. 71,11ff.19f.
[113] Ebd. 78,3ff.
[114] Ebd. 71,30ff.
[115] Ebd. 72,25ff. [116] Ebd. 73,3ff.
[117] Entlaufene, aber noch immer dem Herrn gehörende Sklaven, WADB 7; 292,15f.

den Worten: „So haben wir diesen Privatbrief, aus dem viel zu lernen ist: wie man Brüder rühmen darf, nämlich um der Kirche ein Vorbild zu geben. Wir sollen ja die Gestrauchelten heilen, die Verirrten zurechtbringen. Denn das Reich Christi ist ein Reich der Barmherzigkeit und Gnade."[118]

Kurz vor Weihnachten 1527 hatte Luther mit dem Philemonbrief abgeschlossen. Mit dem Beginn des neues Jahres besserten sich die Verhältnisse an der Universität. Die Pest galt als erloschen. Luther schrieb schon am 29. Dezember einen spöttelnden Brief an Justus Jonas, der in Nordhausen Zuflucht genommen hatte: „Du bist noch nicht heimgekehrt, mein Jonas, das wundert mich. Denn die Pest ist vollkommen gestorben und begraben; so könntest du doch wenigstens die Geplagten besuchen, natürlich auf unsere Kosten." Die Geflüchteten kämen in Scharen zurück, die Bürger fast alle. Der Rat werde morgen, die Universität binnen kurzem wieder da sein, wie Melanchthon berichte[119]. Das war aber noch blinder Alarm; erst Ende März war es so weit[120]. Luther las vom 13. Januar bis zum 30. März 25 Stunden über den 1. Timotheusbrief, ein recht ausführliches Pensum für die sechs Kapitel des Briefes. Wir besitzen sie wieder in der Nachschrift des unermüdlichen Georg Rörer. Er führte sie neben seinen Amtspflichten als Diakonus an der Stadtkirche bis zum Ende durch, obwohl Luther und Bugenhagen dem Erschöpften eine Erholung empfohlen hatten. Er lehnte sie ab: Er wolle nicht fortgehen, ehe Luther die letzte Hand an den 1. Timotheus-Brief gelegt habe[121]. In der Zeit des Bemühens um neue Kirchenordnungen und der Auseinandersetzung mit den „Schwärmern" (den Spiritualisten und Gegnern in der Abendmahlsfrage) konnte Luther kein neutestamentlicher Brief gelegener kommen als die Anweisung des Paulus an seinen Schüler Timotheus für seine Gemeindearbeit. „Es ist kein Lehrbrief, er kämpft nicht dafür, ein Fundament zu legen, sondern er errichtet und ordnet nur die Kirche und hört doch nicht auf, zwischendurch Grundfragen einzufügen."[122] So wie Timotheus gegen die unberufenen Lehrer vorgeht, deren Verkündigung kein Fundament im Evangelium hat, so verdeutlicht Luther den Zusammenhang von Gesetz und Evangelium. Das Gesetz fordert ein reines Herz. Das empfangen wir nur vom Evangelium. Es allein lehrt und schenkt uns den Glauben an die Barmherzigkeit Gottes und durch ihn ein gutes Gewissen[123]. Das Gesetz ist also nicht zu verwerfen, sondern im rechten Sinne, im Blick auf das Evange-

---

[118] WA 25; 78,26ff.

[119] WAB 4; 307,1ff.

[120] Rörer meldet es Ende März an Stephan Roth in Zwickau, daß die Universität zurückgekehrt sei und Melanchthon bald kommen werde, abgedr. G. Buchwald, Zur Wittenberger Stadt- und Universitätsgeschichte in der Reformationszeit. Briefe an Stephan Roth in Zwickau (Leipzig 1893), 29.

[121] WA 26; 1. Brief Rörers vom 26. Feb. 1528 an den Zwickauer Stadtschreiber Stephan Roth, abgedr. Buchwald, Wittenberger Stadt- und Universitätsgeschichte (s. Anm. 120), 24.

[122] WA 26; 4,10ff.

[123] Ebd. 10,28–11,14.

lium hin und von ihm her, zu „gebrauchen". Dieses Stichwort aus 1.Tim. 1,8 (Bona est lex, si quis ea legitime utatur) benutzt Luther zu einer Auseinandersetzung mit seinen Gegnern, den „Pseudopropheten". Sie werfen ihm vor: Warum bekämpfst du uns? Wir lehren keine Menschenweisheit. Aber das ist, antwortet Luther, nicht der Gegensatz zwischen ihnen und ihm. Sondern es geht um die Unterscheidung zwischen den Heilsfakten und ihrem „Gebrauch". Was Paulus hier vom rechten Gebrauch des Gesetzes sagt, gilt auch vom Verständnis der Erlösung, die uns im Evangelium angeboten wird. Die „falschen Propheten" sagen: Erlösung (usus redemptionis) geschieht nur am Kreuz durch das Sterben Christi. Man darf sie nirgend sonst, auch nicht im Abendmahl, suchen. Aber sie vergessen, daß sie durch Predigt und Sakrament vermittelt und vom Glauben in Gebrauch genommen werden muß. Mit dieser Unterscheidung von Faktum und Gebrauch gewinnt Luther eine methodische Regel für die Auseinandersetzung über die Sakramentsfrage[124].

Erst nachdem die Universität zurückgekehrt war und Luther mehrere kurze Reisen zu Verhandlungen in Torgau, Altenburg und Weimar gemacht hatte, konnte er seinen Plan, eine Jesaja-Vorlesung zu halten, endlich verwirklichen. Am 18. Mai 1528 begann und am 22. Februar 1530 beendete er die 150 Vorlesungsstunden, die er über den Propheten hielt[125]. Jesaja ist der einzige unter den großen Propheten, den er im Kolleg behandelt hat. Gewiß zunächst darum, weil er den kommenden Christus und sein Reich bei ihm mehr als bei allen anderen angekündigt fand. Zwar tun das alle Propheten, „doch einer mehr denn der ander, einer reichlicher denn der ander, Jesaja aber uber sie alle am meisten und reichlichsten". So sprach er es in der Vor-

---

[124] Ebd. 13,17–15,35. 13,2.28 ff. 14,3 f. Mit usus in bezug auf das Sakrament meint Luther den Akt der gläubigen Aneignung, nicht den aus dem Sakramentsgenuß entspringenden „Nutzen", wie es in der systematisch aufgliedernden Abendmahlslehre der späteren lutherischen Theologie geschieht. Dazu Gollwitzer, Coena Domini (s. o. S. 453, Anm. 51), 97 ff. Graß, Abendmahlslehre (s. o. S. 445, Anm. 10), 110 f.

[125] D. Thyen, Untersuchungen zu Luthers Jesaja-Vorlesung (theol. Diss. Heidelberg 1964; Mschr. Zusammenfassung der Ergebnisse in der Selbstanzeige in: ThLZ 90 [1965] 710 f.) hat die in der WA vertretene Datierung (Beginn im Juli 1527, Unterbrechung durch die Verlegung der Universität nach Jena im August, Wiederbeginn noch vor Advent 1527, vgl. WA 25; 79 und WA 31/2; VIII) mit Recht in Zweifel gezogen. Der in der WA 25; 79 zur Stützung benutzte Brief Bugenhagens (Vogt, Bugenhagen-BW [s. o. S. 242, Anm. 73], 71 f.) stammt nicht aus dem Sommer, sondern aus dem November 1527, da Bugenhagen in Luthers Hause wohnt (s. o. S. 497). Die WA 31/2; 28, Anm. 1 zur Datierung herangezogene Wendung: et sanctum adventum ist nicht auf die Adventszeit, sondern auf den künftigen adventus gloriosus Christi zu beziehen (statt sanctum ist wohl secundum adventum zu lesen). Thyen hat auch die schwer durchschaubaren Quellenverhältnisse (zwei stark voneinander verschiedene Bearbeitungen von Veit Dietrich WA 25 und eine später gefundene Nachschrift von Lauterbach WA 31/2) geklärt und durch Untersuchung von Luthers Hilfsmitteln erschlossen. Vgl. dazu H.-W. Krumwiede, Usus legum et usus historiarum. Die Hermeneutik der Theologia crucis nach Luthers Auslegung von Jesaja 13, in: KuD 8 (1962), 238 f., der die Ergebnisse Thyens bereits benutzt hat. Ein Neudruck der Vorlesung wäre dringend erwünscht. Das Material dazu ist durch die Arbeit von Thyen schon in weitem Maße zusammengetragen.

rede zu seiner Übersetzung des Jesaja-Buches aus, die – von Melanchthon durchgesehen – im Herbst 1528 erschien und seiner Auslegung als Vorarbeit zugute kam[126]. Aber neben der messianischen Weissagung vernachlässigte Luther die historische Sachauslegung nicht. Auch in der Vorrede seiner Jesaja-Übersetzung sprach er aus: „Es ist vonnöten, so man die Weissagung verstehen will, daß man wisse, wie es im Lande gestanden, die Sachen drinne gelegen sind gewesen, wes die Leute gesinnet gewesen oder für Anschläge gehabt haben, mit oder gegen ihre Nachbar, Freunde und Feinde, und sonderlich wie sie sich in ihrem Lande gegen Gott und gegen die Propheten in seinem Wort und Gottesdienst oder Abgötterei gehalten haben."[127] So machte er in seiner Vorrede Angaben über die geographische Lage des Landes, über die historische Situation in der Zeit Jesajas und über den Widerspruch, den er in seinem Volke fand[128]. Hier, in der Gestalt, der Botschaft und dem Schicksal des Propheten, lag der Kern seiner Auslegung, nicht in der allegorischen Ausdeutung seiner Visionen, über die es in der Scholastik viele Meinungsverschiedenheiten gegeben hatte. In diesem reformatorischen Interesse an der Prophetie und dem Verhalten der Menschen ihr gegenüber war ihm Bugenhagen schon in einer Vorlesung des Jahres 1523/4 vorangegangen, die nur durch eine Nachschrift von Stephan Roth erhalten und nicht gedruckt ist[129]. Bugenhagen wandte hier exegetisch an, was er theologisch von Luther gelernt hatte. Seine Vorlesung lag aber Luther offenbar nicht vor. Dagegen benutzte er gern die von ihm und Bugenhagen lebhaft begrüßte Jesaja-Auslegung Oekolampads, die aufgrund einer 1523/4 gehaltenen Vorlesung im Jahre 1525 erschienen war. Oekolampad war ein gerühmter Hebraist. In seiner Vorlesung hatte er als einer der ersten den hebräischen Text zugrunde gelegt, ihn lateinisch erklärt und den Ertrag für zahlreiche Zuhörer aus der Bürgerschaft deutsch zusammengefaßt[130]. Auch Luther schätzte ihn als sprachenkundigen Mann von hohem Ansehen, dessen Übergang zu den „Schwarmgeistern" er darum besonders bedauerte[131]. Er wird seinen Kommentar, ohne daß es sich immer nachweisen läßt, als Anregung oder Korrektur benutzt haben, wahrscheinlich auch schon für seine ebenfalls hauptsächlich auf dem hebräischen Text und der Vulgata beruhende deutsche Übersetzung, die der Vorlesung voranging[132]. Eine gewisse, manchmal überschätzte Hilfe bei seiner Ver-

---

[126] Vorrede Luthers in WADB 11/1; 18,33 ff. H. Bornkamm, Bibelvorreden, 75–80. 77. Melanchthon am 15. Juni 1528 an Camerarius über die Durchsicht der Übersetzung, CR 1, 983. Zur Datierung Suppl. Mel. 6/1, 427. MBW 693.
[127] WADB 11/1; 16,21 ff. H. Bornkamm, Bibelvorreden, 75.
[128] WADB 11/1; 16 ff. H. Bornkamm, Bibelvorreden, 75 ff.
[129] Zu Bugenhagens Vorlesung s. Thyen, Untersuchungen (s. Anm. 124), 105 f. 287. 115^x. Thyen bringt aus ihr im Anhang Nr. 5 einen Abdruck der Auslegung von Jesaja Kap. 6 mit Bemerkungen über seine Auslegungsmethode (83^x ff.).
[130] Staehelin, Lebenswerk Oekolampads, 189 ff.
[131] Brief an Gerbel 26. Apr. 1526, WAB 4; 63,4 ff.
[132] Beispiele bei Thyen, Untersuchungen (s. Anm. 124), 107 ff.

deutschung erfuhr Luther auch von der 1527 in Worms erschienenen Übersetzung „Alle Propheten, nach Hebraischer Sprach verdeutscht", die von den beiden Täuferführern Ludwig Hätzer und Hans Denck stammte[133]. Den Übersetzungsproblemen wird in der Vorlesung eine Fülle von theologischen Fragen hinzugefügt, zu denen der Text Anlaß gibt. So bilden sich Schwerpunkte: z.B. das Verhältnis von Gesetz und Evangelium, Verheißung und Erfüllung (mit einer Überwindung der Frage nach einem historisch nachweisbaren Erfolg der Weissagung zu Jes. 9,1–6); eine eindringliche Darlegung von analogia fidei und Wort und Zeichen (zu Jes. 6). Nicht Jesajas Vision ist das Wunder, sondern das innere Geschehen: die Gnadenerfahrung der Herrlichkeit Gottes durch den Glauben. Sie ist die gnädige mortificatio des Menschen analog dem Sterben durch das Gesetz. Und das Reinigen der Lippen durch die glühende Kohle des Seraphen ist ein wirkendes Zeichen wie die Sakramente[134]. Luther benutzt das gewaltige Bild dieser Vision, wie er sagt, „gern" dazu, den Studenten, die er sonst zur historischen Auslegung erzogen hatte, einmal ein Beispiel gesicherter Allegorese zu geben[135]. Er deutet den über dem Tempel thronenden Herrn auf Christus und seine Kirche, aber nicht, wie es in den überlieferten Allegorien beliebt war, auf ihre Einrichtungen, sondern die Seraphen auf die Apostel und Prediger, den Rauch auf den erschrockenen Lobgesang des dreifachen „Heilig", die glühende Kohle auf das Evangelium der Vergebung, die das Herz entzündet und erfüllt. Luther verwendet hier die Allegorese, die er nur selten noch gebraucht, als Bildmaterial, mit dem gerade dem einfachen Menschen die Wahrheiten des Evangeliums eingeprägt werden können. Die Allegorie kann einen homiletischen Wert haben, während zur Sache die Historie, der Text selbst, das erste und entscheidende Wort hat[136]. Zur „Historie" gehört bei den Propheten die Weissagung als das Wort, das ihnen im besonderen eigen ist. Sie muß immer vom Gegenwärtigen ausgehen und von da aus den Blick in die Zukunft richten. Ihre Verkündigung ist daher geschichtlich, das heißt zugleich: gesättigt mit Erfahrung, an der sich Gottes Walten in Gnade und Gericht ablesen läßt. Daran bemißt sich auch die Möglichkeit sinnvoller Allegorie. Luther

---

[133] Vgl. H. Volz, Hat Luther bei seiner Prophetenübersetzung die „Wormser Propheten" von 1527 benutzt?, WADB 11/2; XCIII–CXXXIII. Dort die ältere Literatur. Die „Wormser" stützten sich ihrerseits für Jesaja stark auf den Kommentar Oekolampads, den auch Luther benutzt. Vgl. Thyen, Untersuchungen (s. Anm. 124), 133 f.

[134] WA 31/2; 49,30–51,14. Thyen, Untersuchungen, 124[x] ff. hat am Beispiel des Kapitels Jesaja 6 durch eine Rekonstruktion des Vorlesungstextes aus den Nachschriften einmal zu zeigen versucht, was sich durch planmäßige Ausschöpfung der Quellen für den lebendigen Eindruck von Luthers Auslegung gewinnen läßt. Zum Vergleich hat er dasselbe Kapitel in der Behandlung durch Bugenhagen untersucht (82[x] ff.).

[135] WA 25; 113 f. 113,14. WA 31/2; 53 f.

[136] So begründet Luther ausführlich in der Vorrede zu dem Druck der Vorlesung von 1532 die gelegentliche Anwendung der Allegorese im Gegensatz zu dem allgemeinen Allegorisieren des Hieronymus, WA 25; 88,30 ff.

verdeutlicht das auf eine sehr persönliche Weise: „Wenn unerfahrene Geister auf Allegorien verfallen, so können sie den sicheren Sinn der Schrift nicht fassen. Wenn mich die Sache mit dem Papst nicht am einfachen Text der Bibel festgehalten hätte, wäre ich ein ebenso nutzloser Allegorienschwätzer geworden wie Sankt Hieronymus und Origenes. Denn diese figürliche Redeweise hat gewisse Verführungen, denen sich die Geister schwer entziehen können. Ihr aber hütet euch, belehrt durch mein Beispiel, und folgt der schlichten Geschichte und dem bloßen Text. Dann wird es dazu kommen, daß ihr ohne Gefahr auch Allegorie anwenden könnt, wie wir ja Paulus auch des Schmuckes halber die Allegorie verwenden sehen."[137] Aber es geht dabei nicht nur um Schmuck. Luther gibt der Allegorie, wenn man schon mit ihr spielen will, einen noch tieferen Sinn, indem man sie auf Gesetz und Evangelium bezieht. So verstanden können Cyrus, der dem gewaltigen Babylon seinen Schrecken für die Juden nahm, oder der Türke heute zum „Gesetz" werden: „ein grausamer und mächtiger Feind, der aufsteht wider das stolze Bewußtsein der Selbstgerechten, die sich auf ihre eigenen Verdienste verlassen"[138]. Für die, welche auf Gott vertrauen, ist das eine gute Botschaft, so wie die Zerstörung des päpstlichen Babylon an der Leerung der Klöster sichtbar wird[139]. Allein Jakob und Israel, die Glaubenden, werden befreit. „Die gequälten Gewissen werden aufgerichtet, sie haben die Tyrannei des Papstes erkannt, die anderen verehren ihn wie den Herrscher von Babylon. Das sind meine Allegorien, die ich beweisen kann, die uns das Wesen von Gesetz und Evangelium andeuten."[140] Diese „Allegorien" beruhen auf wahren geschichtlichen Geschehnissen, Gestalten und Mächten. Cajetan, so erzählt Luther als Beispiel, hatte sie verkannt, als er ihm in Augsburg 1518 entgegenhielt: „,Was kümmert den Papst Deutschland?' So groß war die Sicherheit, und doch fing es schon an zu stürzen und stürzte."[141] Hier liegt bei Luther der Sinn von aller Befragung der Geschichte: Hic historiarum usus est, quod docent conscientias[142]. Darunter ist nicht nur das Gewissen im Sinn des heu-

---

[137] Ebd. 142,27 ff. Zum theologischen Hintergrund von Luthers Geschichtsauffassung in der Jesaja-Vorlesung vgl. den aufschlußreichen Aufsatz von Krumwiede, Usus legum (s. Anm. 125).

[138] WA 25; 142,34 ff.   [139] Ebd. 142,42 ff.

[140] Ebd. 143,4 ff.

[141] Ebd. 142,23 ff. Luther zitiert diese Äußerungen Cajetans in seinen Tischreden öfter; u. a. WATR 4; Nr. 4120; 146,32 ff. Nr. 4488; 340,17 f. WATR 5; Nr. 6459; 674,2.

[142] WA 25; 142,11 f. R. Wittram hat diesen Satz seinem Buche: Das Interesse an der Geschichte. Kleine Vandenhoeck-Reihe Nr. 59–61 (Göttingen 1958) als Motto vorangestellt, ohne ihn zu einer theologischen oder geschichtsphilosophischen Theorie zu machen. Mit conscientia ist im Zusammenhang dieser Auslegung das Vertrauen zur helfenden Macht Gottes gemeint, die sich an geschichtlichen Ereignissen – hier an dem durch Jesaja geweissagten Fall Babels – ablesen läßt. Es bedeutet, sich daran ein Herz zu Gott zu fassen, auch wenn er verborgen zu sein scheint. So verstanden, kann sich eine rechte conscientia das historische Geschehen auch mit Hilfe einer ausmalenden Allegorie zum Bewußtsein bringen, wie es Paulus manchmal getan hat. WA 25; 142,25–33. Vgl. dazu Krumwiede, Usus legum (s. Anm. 125), 253 ff.

tigen Sprachgebrauchs verstanden, obwohl Luther sehr oft von den Beispielen der Geschichte spricht, aus denen wir zu lernen haben. Sondern er meint das Wissen des Ich um sich selbst, sowohl im Blick auf die eigene Schuld und Gottes Gesetz als auch im Blick auf Gottes Hilfe und Vergebung für den, der auf ihn traut. Luther hat nicht zufällig diese Hinweise für den Umgang des Glaubenden mit der Geschichte bei der Auslegung dieses unvergleichlich geschichtsbewußten Propheten gegeben. Wie Luther aus Jesajas Geschichtsbewußtsein für das eigene und für seine Zeit lernt, gehört mit zu dem besonderen Ertrag dieser kraftvollen, neben anderen zu wenig gewürdigten Vorlesung.

XXI. Politische und pädagogische
Schriften (1527–1530)

Nach den Kriegen zwischen Karl V. und Frankreich seit 1521, die mit dem Siege des Kaisers in der gewaltigen Schlacht von Pavia[1] (1525) ihren Abschluß gefunden hatten, und nach den zahlreichen Gefechten zwischen Fürsten und Bauern war Ende des Jahres 1525 eine gewisse politische Windstille im Reich eingetreten. Aber diese Kriege hatten Fragen hinterlassen, die an Luther herangetragen wurden. Besonders dringlich und persönlich geschah es von seiten des von ihm hochgeschätzten Kriegsobersten Assa von Kram, der in französischen, kursächsischen und später in kaiserlichen Diensten stand und durch Feldzüge in Italien und Dänemark und durch die Metzelei unter den Bauern bei Frankenhausen beunruhigende Eindrücke vom Kriegshandwerk gewonnen hatte. Er hatte mit Luther zum ersten Mal bei der Erbhuldigung des neuen Kurfürsten Johann in Wittenberg (13.–16. Juli 1525) ein Gespräch über den „Stande der Kriegsleute" und „mancherlei Stücke, so das Gewissen betreffend," geführt und ihn um eine Schrift darüber gebeten[2]. Luther kam nicht sogleich dazu, versprach sie aber wiederum bei einer neuen Begegnung (wohl im Januar 1526). Aber erst im Herbst konnte er sie in Druck geben und am 1. Januar 1527 erste Stücke davon verschicken. Diese Verzögerung kam der Schrift zugute. Sie wuchs über die erbetene Behandlung der Gewissensfragen hinaus – die sich freilich noch im Titel niederschlug „Ob Kriegsleute auch in seligem (d. h. gottwohlgefälligem) Stande sein können" – zu einer neuen, höchst wichtigen Behandlung der Probleme von Obrigkeit und Recht[3].

Das Gewissensproblem umklammert das Ganze. Am Anfang wird die Aufgabe des Kriegsmanns als ein „Amt" oder „Stand" wie der Richterstand oder der Ehestand in die Reihe der gottgestifteten Stände eingereiht[4]. Richtig verstanden und ausgeübt, dient das Kriegsamt der von Gott dem weltlichen Regiment aufgetragenen Ausübung der Gerechtigkeit[5]. Und am Ende werden vier spezifische Gewissensfragen des Soldaten ausführlich behandelt: 1)

---

[1] Vgl. die Schilderung von Ranke, Deutsche Geschichte (s. o. S. 48, Anm. 106), Bd. 2, 240 ff.
[2] Wichtigste Notizen über Kram WAB 4; 144. O. Hahne, Asche von Cramm, ein Kriegsmann der Reformationszeit und Martin Luther, in: Jb. d. Braunschweigischen Geschichtsvereins 2/6 (1934), 5 ff. Zur Erbhuldigung vgl. G. Buchwald, Lutherana (s. o. S. 85, Anm. 57), 74. Erinnerung Luthers an das Gespräch: Auslegung des 101. Psalms (1534/5), WA 51; 236,26 ff.
[3] WA 19; 623–662.
[4] Ebd. 624,18 ff. 626,28 ff.
[5] Ebd. 629,15 ff.

Darf er Sold nehmen? Weil es ein rechtes Amt ist, mit Maßen ja. 2) Wie, wenn der Herr einen ungerechten Krieg führt? Wenn man das sicher weiß, soll man Gott mehr fürchten als Menschen und dem Herrn nicht folgen. Wenn man es nicht sicher weiß, soll man der Gehorsamspflicht genügen und seinem Herrn das Beste zutrauen. 3) Darf der Landsknecht mehr als nur einem Herrn dienen? So gut, wie ein Handwerker für mehrere Auftraggeber arbeitet. Denn auch der Kriegsdienst ist ein ehrlicher Beruf. Und wenn sie gegeneinander Krieg führen? Dann soll er dem folgen, der im Recht ist, nicht dem, der ihm mehr verspricht. 4) Ehrgeiz und Geldgier sind für den Soldaten unlautere Motive. Er muß handeln aus der Gewißheit, daß er seinem Herrn in einer guten Sache hilft[6].

Umrahmt von diesen Berufsfragen des Soldaten behandelt Luther die Frage nach dem Kriege selbst. Auch sie ist per definitionem ein ethisches Thema: ,,Was ist Krieg anders denn Unrecht und Böses strafen? Warumb kriegt man, denn daß man Friede und Gehorsam haben will?"[7] An dieser für die Menschheit unerläßlichen Funktion muß man die Aufgabe des Krieges messen, so wahr es ist, daß er eine große Plage bedeutet. ,,Aber man sollt auch daneben ansehen, wieviel mal größer die Plage ist, der man mit Kriegen wehrt. Ja, wenn die Leute frum wären und gerne Friede hielten, so wäre Kriegen die größte Plage auf Erden. Wo rechenstu aber hin, daß die Welt böse ist, die Leute nicht wollen Friede halten, rauben, stehlen, töten, Weib und Kind schänden, Ehre und Gut nehmen? Solchem gemeinen aller Welt Unfriede, dafur kein Mensch bleiben künnte, muß der kleine Unfriede, der do Krieg oder Schwert heißt, steuren."[8] Hier handelt, recht verstanden, Gottes, nicht des Menschen Hand, genauso wie im Strafrecht bis zur Todesstrafe. Darum muß man das ,,Amt" des Krieges ansehen ,,mit männlichen Augen, warumb es so würget und greulich tut". Daß dieser Dienst an Recht und Frieden ohne Not und aus Mutwillen mißbraucht werden kann, ,,das ist nicht des Amts, sondern der Person Schuld"[9]. Aus diesem Verständnis des Krieges als Rechtsfall ergibt sich, daß Luther ihn kasuistisch behandelt. Er unterscheidet drei Kriegsmöglichkeiten, und zwar nicht nach bestimmten Ausgangssituationen (Besitztiteln, Rechtsansprüchen, Übergriffen u.a.), sondern nach dem staatsrechtlichen Verhältnis der Partner zueinander: gleich wider gleich, Oberperson gegen ihre Unterperson, Unterperson gegen ihre Oberperson[10].

Es lag nahe, daß er mit dem Letzten, dem Aufruhr, anfing[11]. Er begrün-

---

[6] Ebd. 653,15–658,34.1.   [7] Ebd. 625,23 ff.
[8] Ebd. 626,15 ff.12 ff.   [9] Ebd. 627,1 ff.
[10] Ebd. 632,25 ff.
[11] So nahe es zu liegen scheint, so gibt es doch nicht genügend Anlaß, um die Schrift ,,Luthers vierte Bauernschrift" zu nennen. So der Titel des Aufsatzes von F. Lau in: Antwort aus der Geschichte. Beobachtungen und Erwägungen zum geschichtlichen Bild der Kirche. Fschr. W. Dreß, hg. v. W. Sommer u. H. Ruppel (Berlin 1971), 84 ff. Gewiß ist es bedeutsam, daß Luther

dete sein Nein dazu noch einmal ausführlicher und ausgeglichener, als es in der Hitze des Bauernkrieges geschehen war. Einerseits plädiert er auf mildernde Umstände für solche, die damals aus Zwang mitgezogen seien. Und für die, welche es in guter Absicht oder gar mit Wissen ihrer Oberherrn taten, um Schlimmstes zu verhüten, hat er sogar Worte der Anerkennung[12]. Er mahnt damit die Obrigkeiten, daß strengstes Recht zu größtem Unrecht werden kann. Neben dem Recht steht nach alter griechischer und römischer Weisheit die Forderung der Billigkeit (epieikeia, aequitas): „Also müssen und sollen alle Rechte, welche auf die Tat (einen Tatbestand) gestellet sein, der Billigkeit als der Meisterin unterworfen sein."[13] Andererseits warnt er aber im selben Augenblick davor, daß die Billigkeit mißbraucht werden kann. Es gibt eine List, die Tag und Nacht grübelt, „wie sie unter dem Namen und Schein der Billigkeit zu Markt komme und sich verkäufe, damit das Recht zunichte werde"[14]. So haben die Bauern ihren Aufstand oft damit begründet, daß die Herren das Evangelium nicht predigen lassen wollen. Das heißt aber Unrecht mit Unrecht vergelten. Vielmehr: „Wo ein Fürst oder Herr das Euangelion nicht will leiden, da gehe man in ein ander Furstentum, da es gepredigt wird, wie Christus spricht: ‚Verfolgen sie euch in einer Stadt, so fliehet in die andere.'"[15] Es war die von Luther immer vertretene Bereitschaft zur Auswanderung, die später als erstes Stück eines Toleranzrechts in den Augsburger Religionsfrieden eingebracht wurde[16]. Andere Begründungen dafür, daß man Herrscher stürzen dürfe – man müsse Wahnsinnige beseitigen (aber ein Tyrann ist noch kein Wahnsinniger), die geschichtlichen Vorbilder der Schweizer und jüngst der Dänen, die ihren König Christian II. vertrieben hatten –, schiebt er energisch beiseite: „Mein Grund und Ursach allein dies ist, daß Gott spricht: ‚Die Rache ist mein, ich will vergelten.'"[17] Und Gott hat genug Mittel, einen Tyrannen zu strafen: durch jähen Tod, Aufstand der Unchristen, deren sich Gott sehr wohl auch bedienen kann, oder durch Gegner im Kriege[18]. Umgekehrt ist auch nicht gesagt, daß durch Aufruhr die Dinge besser werden. „Oberkeit ändern und Oberkeit bessern sind zwei Ding, so weit voneinander als Himmel und Erden." Alles in allem: Wer ein gutes Gewissen haben will, vergreife sich darum nicht an der Obrigkeit[19]. Das gilt für jede Art von „Unterpersonen", nicht etwa nur für die

---

hier für die bloßen Mitläufer der Bauernaufstände eintritt. Aber es ist doch ein Nebenmotiv. Die wesentliche Absicht der Schrift kommt in dieser Bezeichnung nicht zur Geltung.

[12] WA 19; 630,16ff. 631,26ff.

[13] Ebd. 632,20f.

[14] Ebd. 633,16f.

[15] Ebd. 634,15ff. Matth. 10,23.

[16] Vgl. H. Bornkamm, Der Augsburger Religionsfriede (1555); ders., Das Problem der Toleranz im 16. Jahrhundert, beides in: ders., Das Jahrhundert der Reformation, 249. 288. M. Hekkel, Art. Augsburger Religionsfriede, in: EStL (1966), 91ff.

[17] WA 19; 634,18–636,6. 636,5f.

[18] Ebd. 637,20–639,3.   [19] Ebd. 639,22f. 640,6ff.

Bauern, sondern ebenso für „Bürger, Edel (Adel), Herrn, Grafen und Fürsten. Denn diese alle haben auch Oberherrn und sind Unterperson eines andern."[20] Es geht für Luther um ein Rechtsproblem, nicht um ein spezielles Standesproblem. Diesmal waren es zufällig die Bauern, die sich gegen die von Gott gebotene Ordnung vergingen. Wären sie es nicht gewesen, so wettet er, daß es zu einem Adels- oder Fürstenaufstand gekommen wäre, der mit der gleichen Strenge hätte bestraft werden müssen. „Aber nu die Baurn drein gefallen sind, müssen sie allein schwarz sein, gehen Adel und Fürsten fein davon, wischen das Maul, sind schön und haben nie nichts Böses getan."[21] Ein neuerliches Beispiel für das Unrecht des Aufruhrs gegen einen Herrscher beschäftigte ihn besonders: die Vertreibung Christians II. von Dänemark durch die mit Lübeck verbündeten Adelsstände. Das lag nicht nur daran, daß er den König in Wittenberg kennengelernt hatte[22]. Er nahm nicht persönlich für ihn Partei. Im Gegenteil: Er ließ es ausdrücklich offen, ob der König etwa Unrecht gehabt habe. Doch danach wird Gott die Aufrührer nicht fragen. „Sondern so wird er fragen: Ihr Herrn zu Dänemark und zu Lübeck! Wer hat solche Rache und Strafe euch befohlen zu tun? Hab ich's euch befohlen oder Kaiser oder Oberherr? So legt Briefe und Siegel auf und beweiset es!"[23] Denn Recht oder Unrecht haben oder ausüben, ist zweierlei. Das eine kann bei jedermann der Fall sein. „Aber Recht und Unrecht geben und austeilen, das ist des, der uber Recht und Unrecht Herr ist, wilcher ist Gott alleine, der es der Oberkeit an seiner Statt befiehlet. Drumb soll sich's niemand unterwinden, er sei denn gewiß, daß er's von Gott oder von seiner Dienerin, der Oberkeit, Befehl habe."[24]

Hier stößt man auf die Rechtsstruktur, die nach Luther die menschliche Gesellschaft zusammenhält. Ausführlicher entwickelt er sie noch für die umgekehrte Frage, ob die „Oberperson" gegen die „Unterperson" Krieg führen darf. Er beantwortet sie mit einer Staffelung seines Obrigkeitsbegriffs, wie sie sich in einem so knappen Schema bei ihm sonst nicht findet. Jede menschliche Instanz ist zugleich „Einzelperson" gegenüber einer höheren Person und „gemeine Person" gegenüber unter ihr stehenden Personen. Der Kaiser ist Einzelperson vor Gott, gegenüber den Untertanen aber „gemeine Person", d.h. „so viel mal Kaiser, als er unter ihm hat". Ebenso steht der

---

[20] Ebd. 643,15 ff.

[21] Ebd. 643,17–644,8. Schwarz sein = den schwarzen Peter behalten.

[22] Ebd. 641,3 ff. Zu Christians II. Aufenthalt in Wittenberg s. o. S. 256 ff. Über die Gründe der Vertreibung des Königs vgl. G. Ritter, Die Neugestaltung Europas im 16. Jahrhundert (Berlin 1950), 152 ff. E. Hassinger, Das Werden des neuzeitlichen Europa 1300–1600 (Braunschweig 1959), 162 ff. A. E. Imhof, Grundzüge der nordischen Geschichte (Darmstadt 1970), 82 (Literaturangabe ebd. 227 f.).

[23] WA 19; 641,14 ff. Luther gab damit auch dem Feldobersten Assa von Kram etwas zu bedenken, der im Dienste des vom Adel zum Gegenkönig ausgerufenen Herzogs Friedrich von Schleswig-Holstein gestanden hatte.

[24] Ebd. 641,22 ff.

Fürst als einzelner unter dem Kaiser und als „gemeine Person", als vervielfältigte Autorität, über seinen Untertanen. Auf keiner Stufe darf sich die „einzelne" Person gegen die „gemeine", die höhere, stellen. Sämtliche Instanzen sind nach oben hin „aller Oberkeit ausgezogen (entkleidet)", nach unten hin „mit aller Oberkeit gezieret". Daraus ergibt sich, „daß also zuletzt alle Oberkeit hinauf zu Gott komme, des sie alleine ist. Denn er ist der Kaiser, Fürst, Grafe, Edel(mann), Richter und alles und teilet sie aus, wie er will, gegen die Untertanen und hebt sie wiederumb auf gegen sich selbst."[25] Diese Verbindung von Verantwortung nach oben und Autorität nach unten trägt nach Luther das Rechtsgefüge, die Ordnung und den Frieden der Welt. Weil in jedem Amt letztlich Gott steckt, wäre es gut, wenn jede obrigkeitliche Person Christ wäre. Aber das ist selten; „ein Fürst ist Wildbret im Himmel", wie Luther oft mit einem Sprichwort sagt. Dann muß er wenigstens „recht und wohl tun nach äußerlicher Ordnung Gottes"[26]. Von ihr erfährt er genügend durch die Vernunft, die Luther hier wie andernorts, sogar gegenüber Erasmus[27], gern ins Feld führt. Gott selbst warnt ihn dadurch, „daß andere Leute auch Fäuste haben und jenseits des Berges auch Leute sind". Begreift er das, so wird er das Schwert in der Scheide lassen. „Ein vernünftiger Fürst siehet nicht sich selbs an." Er achtet nur darauf, ob seine Untertanen angegriffen werden, und gibt nichts auf drohende Worte[28]. Das gilt vor allem für den Kriegsfall gleich gegen gleich. Luther zitiert dazu einen Ausspruch seines verstorbenen klugen Kurfürsten Friedrich, der auf Beleidigungen, bei denen andere zehnmal zu den Waffen gegriffen hätten, sein Messer stecken gelassen und gute Worte gegeben habe. „Da er drumb angeredt ward, warumb er sich so ließe pochen (herausfordern), antwortet er: Ich will nicht anheben. Muß ich aber kriegen, so sollst du sehen, das Aufhören soll bei mir stehen."[29] Zu den Vernunftgründen gehören auch die Erfahrungsweisheiten der Griechen und Römer, die doch nichts von dem wahren Gott wußten. „Das Wort ‚non putassem', ‚Ich hätt's nicht gemeinet', halten sie für das schändlichst Wort, so ein Kriegsmann reden kunnt."[30] Und schließlich wußten sie ja auch etwas von einer höheren Macht, die bei dem Risiko eines Krieges mit im Spiel ist. „Warumb sollten wir das nicht unserm Gott tun, das die Römer, die allergrößten Kriegsleute auf Erden, haben ihrem Abgott, dem Glück, getan, für welchem sie sich furchten; und wo sie es nicht taten, gar fährlich stritten oder gar ubel geschlagen wurden?"[31]

[25] Ebd. 652,25–653,8.
[26] Ebd. 648,20ff. K. F. W. Wander, Sprichwörter-Lexikon, Bd. 1 (Leipzig 1867), 1288, Nr. 119.
[27] S. o. S. 380f.
[28] WA 19; 649,4ff.
[29] Ebd. 646,17ff.24ff. Zu „pochen" vgl. Pochspiel.
[30] Ebd. 650,18ff. Scipio Africanus bei Valerius Maximus VII, 2,2. Cicero, De officiis I, 23,81.
[31] WA 19; 651,13ff. Fährlich = gewagt.

Es sind Gründe des Gottvertrauens und der Vernunft, mit denen Luther vor dem Kriege warnt. Und es sind Gründe des gottgesetzten Rechts, mit denen er den Krieg in begrenztem Maße, als Verteidigung gegen den Aufruhr oder gegen den Angriff von außen, rechtfertigt. Voraussetzung dafür aber ist, daß der Soldatenstand ein ehrenwerter, von Gott angeordneter Stand ist, der auch dem Christen wohl ansteht, ja in dem gerade er sich bewähren kann. Darum legt er am Schluß dem Anführer eine Vermahnung und dem Soldaten ein Gebet vor der Schlacht in den Mund, um ihn in seinem Dienst gewiß zu machen, aber zugleich von allem kriegerischen Ehrgeiz allein auf den Trost durch den Erlösungstod Christi hinzuführen[32].

In der Schrift über die Kriegsleute steckte zugleich der Keim einer zweiten, die einen Sonderfall des Krieges betraf: den Türkenkrieg. Er habe auch über ihn etwas sagen wollen, weil er nahegerückt sei. ,,Aber weil der Türk wieder heim ist – (Sultan Soliman war sofort nach der siegreichen Schlacht gegen die Ungarn bei Mohacs vom 29. August 1526 wieder umgekehrt) – und unser Deutschen nu nicht mehr darnach fragen, ist's noch nicht Zeit, davon zu schreiben.``[33] Zwar hatte Luther die Schreckensnachricht vom Tode des ungarischen Königs Ludwig unter die Vorboten des nahenden Jüngsten Tages gerechnet und dessen evangelisch gesinnter Witwe Maria, einer Schwester Kaiser Karls V., als Zeichen seiner Anteilnahme seine Auslegung von ,,Vier tröstlichen Psalmen`` gewidmet[34]. Aber das Thema des Türkenkrieges selbst ließ er noch zwei Jahre ruhen. Er hätte freilich längst Anlaß gehabt, es aufzugreifen. Schon vor zehn Jahren hatte er in den Resolutionen zu den Ablaßthesen (1518) mit einer kurzen Äußerung dazu Aufsehen, ja Empörung erregt. Zu seiner 5. These, der Papst wolle nur die Strafen erlassen, die er selbst nach eigenem Ermessen oder nach dem kanonischen Recht auferlegt habe, hatte er erklärt: Die meisten Großen in der Kirche träumten von nichts anderem als dem Türkenkrieg, also davon, ,,nicht gegen die Sünden, sondern gegen die Sündenrute zu kämpfen und Gott zu widerstreiten, der, wie er sagt (Jes. 10,5), durch diese Rute unsere Sünden heimsucht, weil wir es nicht selbst tun``[35]. Die Bannandrohungsbulle Exsurge Domine (1520) verurteilte diesen Satz in der Formulierung: ,,Gegen die Türken kämpfen heißt gegen Gott kämpfen, der durch sie unsere Sünden heimsucht.``[36] In dieser entstellten Form wurde der Satz Luthers durch die Bulle weithin bekannt und begreifli-

---

[32] Ebd. 658,21 ff. 661,9 ff.

[33] Ebd. 662,9 ff.15 ff. Zur Schlacht bei Mohacz s. Ranke, Deutsche Geschichte (s. o. S. 48, Anm. 106), Bd. 2, 323 ff.

[34] Brief an Spalatin 19. Sept. 1526, WAB 4;118,10 ff. Widmungsbrief an Maria von Ungarn, WA 19; 552 f.

[35] WA 1; 535,29 ff.

[36] C. Mirbt/K. Aland, Quellen zur Geschichte des Papsttums und des römischen Katholizismus, 6. völlig neu bearb. Aufl. (Tübingen 1967), Nr. 789, S. 507 (Nr. 34). H. Denzinger/A. Schönmetzer, Enchiridion Symbolorum Definitionum et Declarationum de rebus fidei et morum, 34. Aufl. (Freiburg 1967), Nr. (774) 1484, S. 361 (Nr. 34).

cherweise in der Flugschriftenliteratur zum Türkenkrieg heftig angegriffen, so zuletzt noch von dem durch die Ereignisse in Ungarn besonders berührten Wiener Humanisten Johannes Cuspinian. Er nannte aufgrund seiner Eindrücke in Buda Luther „den einzigen unter den Menschen ohne menschliches Gefühl, der außerhalb menschlicher Sitte stehe, einen Stein mehr als einen Menschen"[37].

Freunde Luthers hatten ihn darum schon seit langem – nach seiner Angabe wenigstens schon vor fünf Jahren – zu einer ausführlichen Äußerung über die Türkenkriegsfrage aufgefordert. Er mußte sich dabei gegen Mißverständnisse auch in den eigenen Reihen wenden, „weil etliche ungeschickte Prediger bei uns Deutschen sind (als ich leider höre), die dem Pobel einbilden, man solle und musse nicht wider die Türken kriegen, etliche aber auch so toll sind, daß sie lehren, es zieme auch keinem Christen, das weltlich Schwert zu fuhren oder zu regieren"[38]. Luther hatte seine einstige These noch mehrmals bekräftigt, zugleich aber deutlicher gemacht, was er damit treffen wollte: den Krieg auf päpstliches Geheiß und um des Glaubens und der Kirche willen. Er bekämpfte den von neuem ausgerufenen Kreuzzug, der als Bußleistung empfohlen und mit Ablässen von Sündenstrafen angepriesen wurde. Damit hatte er den Türkenkrieg nicht ablehnen, sondern von falschen Motiven reinigen wollen. Es kommt darauf an, daß man den Angriff der Türken auf die Christenheit als Warnung und Strafe versteht. „Gott fragt nit nach Kreuzen, Ablaß, Streiten. Er will ein gut (reines) Leben haben." Es muß seinen Zorn hervorrufen, wenn die Christenheit auf Veranlassung der Päpste „heilige" Kriege führt, um sich von ihrer Versündigung gegen diese Forderung eines „guten Lebens" loszukaufen. Darum, so Luther voll bitterer Ironie, verläuft ja auch der Krieg gegen den Türken so „glücklich": „Wo er vorhin eine Meile gehabt, hat er nu hundert Meilen Land!"[39] Damit meldet sich ein zweites Motiv für die Ablehnung der religiösen Begründung des Krieges gegen die Türken: Sie kann, wenn man Gott in Rechnung setzt, nur zum Scheitern der Kriegsabsicht führen. Die Verschmelzung der beiden Elemente in der mittelalterlichen Kreuzzugsidee, des „geistlichen" und des politischen, muß aufgelöst werden. Nicht so, daß das religiöse verschwindet, sondern so, daß jedes nach seinem Sinn verstanden und geübt wird. Der als Kreuzzug verstandene Türkenkrieg wird für Luther zu einem der bedeutsamsten Gegenbeispiele für die Unterscheidung der beiden „Reiche", des Glaubenslebens und

[37] In seiner Oratio protreptica, die nach dem Tode König Ludwigs zum neuen Türkenkrieg aufrief. Vgl. die Zusammenstellung der Türkenkriegsliteratur von F. Cohrs, WA 30/2; 107,10ff.

[38] In der Widmung der Schrift „Vom Kriege wider die Türken" an Landgraf Philipp von Hessen (9. Okt. 1528), WA 30/2; 107,10ff.

[39] Grund und Ursach aller Artikel, so durch die römische Bulle unrechtlich verdammt sind (1521), WA 7; 443,28ff. Vgl. schon Assertio omnium articulorum M. Lutheri per bullam Leonis X. novissimam damnatorum (1520), ebd. 140f. W. Maurer, Von der Freiheit eines Christenmenschen (Göttingen 1949), 128f. weist darauf hin, daß Luther die Türkenkriegsfrage schon kurz vorher in seiner Psalmenvorlesung behandelt hat.

des politisch-kriegerischen Handelns. Unterscheidung, aber nicht Scheidung, im Gegenteil: So sehr beides verschieden ist, so sehr gehört es zusammen. Um aus dem Wirrwarr der Motive herauszuführen, gibt Luther in der Schrift, mit der er den Türkenkrieg nun endlich zum Thema machte, eine anschauliche Personalisierung. Zu einer wirksamen Abwehr der Türken gehören zwei ,,Männer": Christianus und Kaiser Carolus[40].

Der erste ,,Mann", der Christ oder der Haufen der Christen, muß das für den Sieg Wichtigste tun: Er muß vor dem Kriege und im Kriege, aber nicht durch den Krieg für seine Sünde und seinen Unglauben Buße leisten und im Gebet des eigenen Herzens oder im Gottesdienst (nicht durch das äußere Getue von Prozessionen) Gott um Hilfe anrufen. Nur damit kann er ,,Gott die Rute aus der Hand nehmen". Die Christen und die Kirche sind allein zu dem geistlichen Kriege aufgerufen, der zwischen Gott und dem Teufel als dem Gott, der den Türken hilft, geführt wird[41]. Der Teufel ist es auch, der sie veranlaßt, den christlichen Glauben und Gottesdienst in ihrem Lande zu unterdrücken. Dabei geht er so raffiniert zu Werke, daß allerlei in ihrer Religion an die christliche erinnert. Ja, der Koran ist überhaupt aus heidnischen, jüdischen und christlichen Stücken zusammengeflickt. Und manche ihrer besonderen Lehren finden auch bei Christen Beifall: die Leugnung der Gottheit Christi, die Ablehnung der abgestuften Obrigkeiten (bei ihnen gilt nur der Sultan) und des Ehestandes (durch die Vielweiberei, in der Kirche durch den Zölibat)[42]. Die Christen können sich auch nicht etwa auf eine sittliche Überlegenheit berufen, die ihnen ein Recht zum Kampf gegen die Türken gäbe. Luther will gern glauben, daß die Türken, wie man sagt, gegeneinander treu und freundlich sind und sich befleißigen, die Wahrheit zu sagen. Es mag wohl sein, daß sie darin viele Christen übertreffen[43]. Mehr bedeutet es noch, daß sie mit dem Ruf zu ihrem Gott ,,Allah, Allah" in die Schlacht gehen, den er mit dem hebräischen Eloha in Zusammenhang bringt. Der Teufel ist ja auch ein Gott und wird bei dem päpstlichen Kriegsvolk mit dem Schlachtgeschrei ,,Ecclesia, Ecclesia" angerufen, ,,ja freilich des Teufels Ecclesia"[44]. Es geht also im Letzten um einen Gebets- und Geisteskrieg, der im eigenen Herzen ausgefochten werden muß. Wenn der Christianus diesen nicht führt, wird das Schwert allein gegen die Türken wenig ausrichten[45].

Der ,,andere Mann", der wider die Türken zu streiten hat und unter dessen ,,Gebot, Panier und Namen" allein mit den Waffen gekämpft werden

---

[40] Vom Kriege wider die Türken, WA 30/2; 116,23 f., ,,oder wer der Kaiser ist" (ebd. 129,18).– Die Verbindung mit dem Zwei-Reiche-Gedanken ist gut durchgeführt in der von E. Vogelsang angeregten Dissertation von R. Lind, Luthers Stellung zum Kreuz- und Türkenkrieg (theol. Diss. Gießen 1940). Leider fehlt sie in dem bisher letzten, nützlichen Überblick von H. Buchanan, Luther and the Turks 1519–1529, in: ARG 47 (1956), 145 ff.

[41] WA 30/2; 116,28.34. 117,21 ff. 118,22 ff. 120,10 ff.

[42] Ebd. 120,25 ff. 121,30 ff. 123,19 ff. 126,21 ff. 129,1 ff.

[43] Ebd. 127,19 ff.

[44] Ebd. 128,8 ff.17.   [45] Ebd. 129,6 ff.10.

darf, ist der Kaiser, und zwar nur als Herrscher, nicht als „das Häupt der Christenheit noch Beschirmer des Euangelion oder des Glaubens". „Des Kaisers Schwert hat nichts zu schaffen mit dem Glauben, es gehört in leibliche, weltliche Sachen."[46] Damit durchbricht Luther die mittelalterliche Kaiseridee ebenso wie die mittelalterliche Kirchenidee. Bisher hat die Kirche mit Kreuzpredigt, Ablaß und Verleihung des Kreuzeszeichens zum Krieg gegen die Türken aufgerufen und durch ihre Legaten auf den Reichstagen den Kaiser an seine Pflicht als „Vogt der Kirche und Beschirmer des Glaubens" gemahnt. Luther entwirft statt dessen eine ausführliche Rede, wie ein Legat sie in diesem Fall halten sollte. Sie beginnt: „Liebe Herrn, Kaiser und Fürsten! Wollt ihr Kaiser und Fürsten sein, so tut als Kaiser und Fürsten, oder der Turke wird's euch lehren durch Gotts Zorn und Ungnade. Deutschland oder Kaisertum ist euch von Gott gegeben und befohlen, daß ihr's schutzen, regieren, raten und helfen sollt und nicht allein sollt, sondern auch müsset bei Verlierung euer Seelen Seligkeit und göttlicher Hulden und Gnaden." Ihr Amt ist, dafür zu sorgen, daß ihre Untertanen nicht von den Türken geplagt, weggeführt, geplündert, gewürgt und verkauft werden[47]. Statt dessen nehmen die Fürsten sich auf den Reichstagen Luthers Sache vor und Fragen wie die, „ob man Fleisch in den Fasten essen und die Nonnen Männer nehmen mügen (dürfen) und dergleichen, davon euch nichts ist befohlen zu handeln"[48]. Der Zweck der Legatenrede müßte sein, daß der Kaiser ebenso wie der einfache Mann ihre Pflichten neu erkennen. „Der Kaiser müßte sich selbs wahrlich mit andern Augen ansehen, denn bisher geschehen. Und du müßtest sein Panier auch mit andern Augen ansehen." Auf ihm steht geschrieben, was gemeinhin überlesen wird: „Schütze die Frommen, strafe die Bösen." Das Gewissen des Kaisers und der Fürsten müßte darüber erschrecken. Aber sie brauchen davor auch angesichts der türkischen Macht nicht zu verzagen. „Denn Gott befiehlet noch gebeut niemand etwas aus eigenem Rat oder Kraft zu tun, sondern er will auch mit im Spiel sein und gefurchtet sein."[49] „Wenn diese zwei Stücke da sind, Gottes Gebot und unsere Demut, so hat's keine Gefahr noch Not."[50]

[46] WA 30/2; 129,17ff. 130,27f. 131,8f.

[47] Ebd. 133,9ff. Luther trifft sich in dem Protest gegen die führende Rolle des Papstes statt des Kaisers im Türkenkrieg mit Ulrich von Hutten. Dieser hatte sich schon 1518 in einer Flugschrift an die deutschen Fürsten heftig dagegen gewendet und sogar gehofft, sie auf dem Augsburger Reichstag von 1518 vortragen zu können. Sie war für ihn ein Teil seines Kampfes gegen den Fiskalismus der Kurie, die auch bei dieser Gelegenheit das deutsche Volk aussaugen wolle. Ad principes Germanos, ut bellum Turcis inferant, exhortatoria, Böcking, Hutten Opera (s. o. S. 305, Anm. 22), Bd. 5, 98ff. Ob Luther sie gekannt hat, ist nicht sicher. Dazu WA 30/2; 90f. Bei dem Legaten denkt Luther vermutlich vor allem an eine berühmte Rede, die Cajetan auf diesem Augsburger Reichstag hielt. Dazu Ranke, Deutsche Geschichte (s. o. S. 48, Anm. 106), Bd. 1, 233ff. Die Rede des Nuntius auf dem 2. Speyerer Reichstag 1529, auf die im WA-Revisionsnachtrag 30/2 (1967) verwiesen wird, konnte Luther noch nicht kennen.

[48] Ebd. 134,3ff.

[49] Ebd. 134,19ff. 135,17f.   [50] Ebd. 136,6f.

Der Türkenkrieg ist also kein kirchliches, sondern ein weltliches Unternehmen. Darum muß der einzelne Streiter den unsichtbaren Kampf gegen die Verkehrung des Krieges in einen Kreuzzug mitkämpfen und das Papsttum „seines Irrtums und bösen Wesens halben" mit Gebet und Gottes Wort frisch angreifen[51]. Wenn der unselige päpstliche Kreuzzugsgedanke überwunden ist, so kommen die politisch-militärischen Erfordernisse zu ihrem vollen Recht: Schutz von Frieden und Reich, Unterordnung der Fürsten unter den Kaiser statt ehrgeiziger Einzelaktionen von Fürsten gegen die Türken und ausreichende Rüstung. Mit 30 000 Mann, meint Luther, ist nichts zu erreichen. Wenn man mit 50–60 000 Mann anfängt, muß man noch mindestens ebensoviel in Reserve haben[52]. Man darf nicht, „wie bisher geschehen, einzelne Könige und Fürsten hinan lassen ziehen, gestern den König zu Hungern (Ungarn), heute den König zu Polen, morgen den König zu Behemen, bis sie der Türke einen nach dem andern auffresse und nichts damit ausgericht würd, denn daß man unser Volk verrät und auf die Fleischbank opfert und unnützlich Blut vergeußt"[53].

Wenige Monate, nachdem Luthers im Oktober 1528 begonnene, lange in der Druckerei verbummelte Schrift im April 1529 endlich erschienen war[54], bekam seine Sorge neue Nahrung. „Es heißt zuverlässig, daß der Türke mit einem ungeheuren Heer in Ungarn ist", schrieb er am 10. Juli aus Wittenberg[55]. Und auf der Rückreise vom Marburger Religionsgespräch erfuhren er und Melanchthon am 17. Oktober in Torgau, daß Wien von den Türken hart belagert werde[56]. Er sah darin den verdienten Zorn Gottes über Deutschland und begab sich sofort daran, in einer „Heerpredigt wider den Türken" zur Buße und zum Widerstand aufzurufen. Auch die schnell eintreffende Nachricht, daß die Türken von Wien abgezogen seien, machte ihn, so glücklich er darüber war, in seinem Plan nicht irre[57]. Denn der Türkenkrieg war ihm schon seit längerer Zeit in weit größere Dimensionen gerückt: Die Weissagungen vom Einfall des Gog und Magog in das Land Israel (Ez. 38 u. 39) und von dem Reich des vierten Tieres nach der Prophezeiung Daniels (7,23 ff.) schienen ihm darin erfüllt[58]. Er konnte auch bereits eine Schrift von Melanchthon und Jonas zu dieser Frage ankündigen, die Anfang Dezember 1529 erschien[59]. Außerdem fahndete Luther jetzt dringend bei Myconius in

---

[51] Ebd. 143,12 ff.
[52] Ebd. 145,13 ff.27 ff. 146,7 ff.
[53] Ebd. 147,13 ff.   [54] Ebd. 96 f. Dazu WAB 5; 19, Anm. 9.
[55] An Jakob Propst in Bremen, WAB 5; 111,16.
[56] Erregter Brief Luthers an Amsdorf vom 19. Okt. 1529, WAB 5; 163,4 ff. Gleichzeitige Briefe Melanchthons vom 17. Okt. 1529 an F. Myconius, CR 1, 1108. MBW 833 und an E. Schnepf, CR 4, 971. MBW 834. Eine erste, unsichere Nachricht erhielt Luther vielleicht schon etwas früher, WAB 5; 164, Anm. 6. S. u. S. 577.
[57] An Hausmann 20. u. 26. Okt., an Amsdorf 27. Okt., an Link 28. Okt. 1529, WAB 5; 164 f. 166 f. 170.
[58] Ebd. 166,14. 167,17. 170,21.
[59] Ebd. 167, Anm. 2. WAB 13; 116 (zu WAB 5; 167, Anm. 2). WADB 11/2; XXX f.

Gotha nach Prophezeiungen eines geheimnisvollen, „im Bann gestorbenen" Mönches (des Franziskaners Johannes Hilten), von dem Mykonius ihm bei der Durchreise der Wittenberger in Eisenach erzählt hatte. Hilten hatte einen Danielkommentar geschrieben, von dem sich Melanchthon Auszüge für einen eigenen Kommentar zu dem Propheten machte[60].

Die „Heerpredigt wider den Türken", die Ende 1529 erschien, zeigte schon im Titel den Schritt über die erste Schrift hinaus. Aus der Erörterung des Problems wurde ein leidenschaftlicher Aufruf. Luther knüpfte in gewissem Sinne noch an die Doppelseitigkeit der ersten, den Christianus und Carolus, an. Denn er teilt die „Heerpredigt" in zwei Stücke: „zuerst die Gewissen unterrichten, darnach auch die Faust vermahnen"[61]. Das Neue dabei ist die absolute Chronologie, in die er den geschichtlichen Augenblick stellte. Jetzt ist die eschatologische Situation gekommen, die der Prophet Daniel vorausgesagt hat. Das vierte Weltreich, das Daniel in dem vierten Tier seiner Vision dargestellt sah (Dan. 7,23 ff.), ist für Luther nach der auf Josephus zurückgehenden, christlich-mittelalterlichen Tradition das römische Reich. Die zehn Hörner des Tieres, nach Daniel zehn Könige (7,7 ff.), bedeuten die zehn Länder, die „zum römischen Kaisertum gehört" haben. Das kleine Horn, das zwischen ihnen aufwuchs und drei Hörner wegriß, kann nur das mohammedanische Türkenreich sein, das Ägypten, Asien und schließlich Griechenland dem römischen Reich abgewonnen hat. Die Augen, die auf diesem Horn sitzen, deuten auf den Koran; sein Maul, das greuliche Dinge redet, auf die Lästerungen Mahomets gegen Christus[62]. Der siegreiche Streit dieses Horns findet aber bald sein Ende, und zwar innerhalb des römischen Reiches. „Denn das ist beschlossen: Weil das römisch Kaisertum das letzte ist, kann der Türke nimmer so mächtig werden, als das römisch Reich gewesen ist. Sonst würden nicht vier, sondern funf Kaisertum auf Erden kommen." Daniel hat auch das Ende des Türkenreichs schon geweissagt: „daß des Horns Krieg und Sieg soll währen, bis der Alte komme und setze sich zu Gericht (Dan. 7,9)". Wann das geschehen wird, weiß niemand. Aber Chri-

---

[60] Luther aus Torgau an Myconius 17. Okt. 1529, WAB 5; 162. Dessen Antwort 2. Dez., ebd. 190 ff. Über J. Hilten († um 1500) s. die Artikel von P. Wolff, in: RE Bd. 8 (1900), 78 ff., E. Barnikol, in: RGG Bd. 3 (1959), 327 und G. May, in: LThK Bd. 5 (1960), 351. Scheel, Martin Luther, Bd. 1, 2. Aufl. (1917), 114 ff. H. Volz, Beiträge zu Melanchthons und Calvins Auslegung des Propheten Daniel, in: ZKG 67 (1955/56), 93 ff., bes. 111 ff. Seine Nachforschungen in der Vatikanischen Bibliothek haben ergeben, daß sich Hiltens von Melanchthon benutzter Danielkommentar dort nicht erhalten hat (ebd. 115). Von Melanchtons Danielkommentar ist 1529 nur die Vorrede erschienen. Sie ist an König Ferdinand gerichtet. Die Annahme von J. Kühn, Die Geschichte des Speyrer Reichstags 1529, SVRG 146 (Leipzig 1929), 94 ff., daß Melanchthon darin die Politik des Landgrafen Philipp bekämpfe, ist von Köhler, Zwingli und Luther, Bd. 2, 21 und Volz, Beiträge, 101. 107 ff. überzeugend bezweifelt worden. Nach Volz (109) hat Melanchthon möglicherweise später bei seiner Danielauslegung von 1543 auf sein 1529 ungedruckt gebliebenes Manuskript zurückgegriffen.
[61] WA 30/2; 161,30 f.
[62] Ebd. 166,1 ff.26 f.30 ff. 168,15 ff.23 ff.

stus hat Anzeichen gegeben, aus denen man entnehmen kann, daß der jüngste Tag nahe ist. Bald wird sich die Weissagung am Türken erfüllen. „Was er in Hungern (Ungarn) und deutschen Landen tut, das wird das letzte Gekrätze und Geräufe sein, das er mit den Unsern und die Unsern mit ihm haben werden." Mehr wird er nicht erobern. „Denn Daniel gibt ihm drei Hörner und nicht mehr. Zwackt und reißet er etwas den Grenzen und Nachbarn abe, das sei sein Schlaftrunk zu guter Nacht."[63] Luther glaubt so fest an den Zusammenbruch des Türkenreichs, daß er ihn zu den Zeichen des bevorstehenden Weltendes rechnet. Der Türke ist gewiß „der letzte und ärgeste Zorn des Teufels wider Christum, damit er dem Faß den Boden ausstößet". „So können wir sicherlich weissagen, daß der jüngste Tag müsse für der Tür sein."[64]

Luther setzt an die Stelle des Kreuzzugs den eschatologischen Krieg. Darin liegt eine tiefgreifende Verwandlung der Motive. Die Verheißung für den Kreuzfahrer lag in der Tilgung seiner Sünden, auch wenn er lebend heimkehrte. Nach Luther bleibt dagegen der Christ in jedem Falle allein auf seinen Glauben an die Vergebung um Christi willen angewiesen. Aber er darf für den Fall des Todes ein gutes Gewissen haben, da er nach Gottes Gebot im Gehorsam seiner Obrigkeit stirbt. Jeden anderen Tod – und einmal müssen wir alle sterben – „stirbst du allein für dich selbst"[65]. Hier aber stirbt der Christ mit vielen anderen „Heiligen" wie einst der Märtyrer in der Nachfolge Christi. Denn „Christus will und muß hie auf Erden leiden, schwach sein und sich töten lassen, auf daß sein Reich eilend gemehrt und voll werde. Denn sein Reich ist nicht leiblich auf Erden. Darumb ist sein Streit am stärkisten, wenn viel Leiden da ist und viel Märterer werden."[66] Luther versteht den Tod des Christen im Türkenkrieg weder mittelalterlich als Verdiensttod und Sühnetod noch antik als heroischen Tod, sondern als Nachfolgetod, geläutert durch das sola gratia.

Der Türkenkrieg selbst bleibt damit, obwohl er zu den Zeichen der Endzeit gehört, ein weltlicher Krieg im Dienst der Obrigkeit und zum Schutz des Landes. Davon redet der zweite Teil der „Heerpredigt": Die Vermahnung der Faust[67]. „Ich wollt wünschen . . ., daß alle Deutschen so gesinnet wären, daß sich kein Flecklin noch Dörflin plundern noch wegführen ließen vom Türken, sondern, wenn's zu solchem Ernst und Not käme, daß sich wehrete, was sich wehren kunnt, jung und alt, Mann und Weib, Knecht und Magd, bis daß sie alle erwürget würden, dazu selbs Haus und Hof abbrenneten und alles verderbeten." „Denn ich acht kein Häuslin so geringe, wo man sich draus wehren wollte, die Feinde müßten Haar drüber lassen."[68] Luther versetzt sich auch in die Lage der Kriegsgefangenen. Sie sollen sich bei der

[63] Ebd. 166,13ff. 170,30f. 171,18ff.27ff. 172,2ff.
[64] Ebd. 162,19f. 171,20f.
[65] Ebd. 176,2f.
[66] Ebd. 178,30ff.
[67] Ebd. 181,3ff.   [68] Ebd. 183,17ff. 184,17f.

Arbeit oder auf der Lagerstätte die zehn Gebote, das Vaterunser und das Glaubensbekenntnis aufsagen. Wenn sie dabei auf den Christus-Artikel kommen, sollen sie mit dem Daumen auf einen Finger drücken oder sich ein Zeichen mit Hand oder Fuß geben. „Denn an dem Artikel liegt dein Leben und Seligkeit."[69]

Wie sehr Luther von dem so offenkundigen Sinn der geschichtlichen Stunde ergriffen war, wird daran deutlich, daß er seine bis zum Propheten Jesaja gediehene Übersetzung des Alten Testaments unterbrach und statt der im Kanon folgenden Propheten Jeremia und Hesekiel die Übersetzung des Buches Daniel (1530) in Angriff nahm. „Die Welt läuft und eilet so trefflich sehr zu ihrem Ende, daß mir oft starke Gedanken einfallen, als sollte der jüngste Tag eher daher brechen, denn wir die heilige Schrift gar aus verdeutschen kunnten."[70] Außerdem gab er in der Vorrede zur Übersetzung, der mit Abstand längsten aller seiner Vorreden, ausführliche historische Erläuterungen zum ganzen Buch, weit über das Schema der vier Reiche (Dan. 7) hinaus[71].

Luthers Stellung zum Türkenkrieg ist eines der eindrücklichsten Beispiele dafür, daß er auf der Scheide zwischen den Zeiten stand, auf der sich in unterschiedlicher Weise die Linien kreuzten. Einerseits machte er dem mittelalterlichen Krieg um Christi willen, dem Kreuzzug als einem religiösen, sühnenden Dienst, ein Ende. Der Kampf gegen die vordringenden Türken ist vielmehr wie jeder andere Krieg nach politischem, modernem Verständnis ein rein weltlicher Schutz des Landes und seiner Leute. Andererseits aber gehört er nach dem überlieferten biblischen Weltverständnis in den Plan Gottes, den uns die Weissagungen begnadeter Propheten durch gewisse Zeichen ankündigen. In der Deutung dieser Zeichen ist Luther mit der ganzen Christenheit von der Bibel an (Offenb. 13) über das Mittelalter bis zu seiner Zeit verbunden.

Die großen Fragen, die an Luther in diesen Jahren (1526–1529) herangetragen wurden: Abendmahlsstreit, Krieg und Türkenkrieg, hatten neben Krankheit und der täglichen Arbeit auf Kanzel und Katheder einen schon lange erwogenen literarischen Lieblingsplan Luthers beiseite geschoben: einen Jugend- und Gemeindeunterricht in Gestalt eines Katechismus. Er hatte seit 1518 mehrfach über Stücke des altkirchlich-mittelalterlichen Katechumenenunterrichts gepredigt[72]. Und bei der inneren Erneuerung der Gemein-

---

[69] Ebd. 185,18ff. 186,1–28, bes. 27f.

[70] Widmungsbrief zur Erstausgabe der Daniel-Übersetzung für Kurprinz Johann Friedrich (1530), WADB 11/2; 381,4ff. XXXVIII.

[71] Ebd. 1–48. Dazu H. Volz ebd. XL–L und ders., Neue Beiträge zu Luthers Bibelübersetzung. Luthers Arbeiten am Propheten Daniel, in: BGDS(T) 77 (1955), 393ff.

[72] Übersicht über Katechismuspredigten Luthers seit 1518, WA 22; LXXXV–LXXXVIII. Zum Katechismusunterricht des Mittelalters F. Cohrs, Art. Katechismen und Katechismusunterricht, in: RE Bd. 10 (1901), 136ff. Ders., Art. Katechismen Luthers, in: ebd. Bd. 23 (1913),

den lag ihm eine gute Unterweisung an Hand eines der Jugend verständlichen Buches sehr am Herzen. Schon im Januar 1525 hatte er mit Hausmann, der ihn besuchte, über den Plan gesprochen und ihm am 2. Februar nach Zwickau berichtet, Jonas und Agricola seien mit der Abfassung eines Catechismus puerorum beauftragt worden. Damit wird der für den Unterricht gebräuchliche Begriff zum ersten Mal als Buchtitel greifbar[73]. Jonas und Agricola führten den Auftrag aber nicht aus[74]. Und auch Luther, der die Aufgabe selbst übernahm, verschob sie zunächst noch. Sie wurde offenbar für ihn ein Teil des größeren Visitations- und Erneuerungswerkes, an dem er gemeinsam mit Melanchthon arbeitete[75]. Erst drei Jahre später kam er wenigstens zu einer Vorarbeit. In Vertretung des zur Ordnung von Kirche und Schulen nach Braunschweig und Hamburg beurlaubten Bugenhagen, zu dessen Stadtpfarramt die seit 1523 eingeführten Katechismuspredigten gehörten, hielt Luther im Mai, September und November/Dezember 1528 drei Reihen solcher Predigten. In lockerer Folge behandelte er darin alle Stücke des Katechismus zwei- oder dreimal. Nachschriften dieser Predigten – denn er selbst hatte kein ausgearbeitetes Konzept – lieferten ihm zwar noch nicht den Entwurf eines Buches, wohl aber reiches Material und eine Fülle von Formulierungen dafür. Daraus entstand ein Geflecht, dessen Fäden sich genau verfolgen lassen[76]. Aus dem Predigtbuch wurde ein Katechismus, wie Luther ihn in einem Brief an den Braunschweiger Pfarrer Martin Görlitz vom 15. Januar 1529 charakterisierte: „Ich bin augenblicklich damit beschäftigt, einen Katechismus für die rohen Heiden zu schaffen."[77] Die Formulierung verrät den Zusammenhang mit den Erfahrungen bei der Visitation, an der Luther auf Anordnung des Kurfürsten mitwirkte[78]. Im April 1529 erschien der „Deutsch Catechismus" Luthers. Er erhielt zum Unterschied von dem ihm unmittelbar folgenden „Kleinen Katechismus" in Nachdrucken seit 1541 den Titel „Der Große Katechismus". Der „Kleine Katechismus" wurde als das eigentliche Lehrmaterial zuerst in Plakatform herausgegeben, als Buch, mit Holzschnitten versehen, im Mai 1529[79]. Wie eng das Katechismuspro-

744 ff. J. Hofinger, Art. Katechismus, in: LThK Bd. 6 (1961), 46. H. W. Surkau, Art. Katechismus, in: RGG Bd. 3 (1959), 1181 f. F. Cohrs, Die Evangelischen Katechismusversuche vor Luthers Enchiridion, 5 Bde., MGP 20–23. 39 (Berlin 1900–1907).

[73] WAB 3; 431,12. Der Auftrag an Jonas und Agricola nochmals erwähnt an Hausmann 26. März 1525, ebd. 462,5.

[74] Über ihre Verhinderung ebd. 432. Enders, Luther-BW, Bd. 5, 115 f.

[75] WAB 3; 582, Anm. 7. WA 30/1; 457.

[76] J. Meyer, Luthers Großer Katechismus, QGP 12 (Leipzig 1914) macht sie durch verschiedene Drucktypen sichtbar.

[77] WAB 5; 5,22.

[78] Verfügung vom 25. Juli 1528, WAB 4; 505 ff. Über die Schwierigkeiten der Visitation vgl. das Schreiben der Kommission vom 9. Jan. 1529, WAB 5; 3 f.

[79] Ausführliche Druckgeschichte beider Katechismen in WA 30/1; 499 ff. 666 ff. Die Titel bei Benzing, Lutherbibliographie, 298 ff. 303 ff. Beste geschichtliche Einleitung: J. Meyer, Historischer Kommentar zu Luthers Kleinem Katechismus (Gütersloh 1929). Lebendige Würdigung:

blem mit der Visitation zusammenhing, sieht man einmal daraus, daß der „Unterricht der Visitatoren" (1528) z. T. selbst ein Katechismus höherer Ordnung war (als Anleitung der Prediger durch die Visitatoren), andererseits daraus, daß sein Verfasser Melanchthon auch schon begonnen hatte, einen Katechismus zu schreiben. Als Luther dann auf der breiten Basis seiner Katechismuspredigten ans Werk ging, stellte er seine Arbeit ein[80].

Es hängt wohl mit der Entstehung aus Predigten zusammen, daß Luthers Katechismen keine Schulbücher geworden sind: schon gar nicht der Große, der für die Lektüre und Selbstbildung des Pfarrers, des Lehrers, der Eltern oder überhaupt des Christen bestimmt war. Aber auch der Kleine ist, obwohl er in Frageform gehalten ist, kein bloßes Abfragebuch. Das „Du" ist zumeist das Du zwischen Gott und dem Menschen, das Du des Gebots und des Gebets oder das Du des Predigers gegenüber seinen Hörern, das eine gemeinsame Erkenntnis erzeugen will. Er unterscheidet sich damit z. B. vom Heidelberger Katechismus, wo es für gewöhnlich das „Du" des Lehrers gegenüber dem Schüler ist. Die Gemeinsamkeit der Partner wird immer wieder auch durch das „Wir" hergestellt, das „Wir" der Schuld oder der Begnadung. Durch diesen vielseitigen, das Evangelium widerspiegelnden Gebrauch des „Du" und „Wir" erhält der Große Katechismus die Eindringlichkeit eines nicht nur fordernden, sondern tröstlichen Erbauungsbuches mit einer Fülle schönster, einfachster Formulierungen aus Luthers Theologie. Aus dem ersten Gebot, genauer dem Verbot, andere Götter zu haben, erwächst keine Strafandrohung, sondern eine eindringliche Zusage: „Was heißt ein Gott haben, oder was ist Gott? Antwort: Ein Gott heißet das, dazu man sich versehen soll alles Guten und Zuflucht haben in allen Nöten. Also daß ein Gott haben nichts anders ist, denn ihm von Herzen trauen und gläuben, wie ich oft gesagt habe, daß alleine das Trauen und Gläuben des Herzens machet beide, Gott und Abegott. Ist der Glaube und Vertrauen recht, so ist auch dein Gott recht, und wiederümb, wo das Vertrauen falsch und unrecht ist, da ist auch der rechte Gott nicht. Denn die zwei gehören zuhaufe (zusammen), Glaube und Gott. Worauf du nu (sage ich) dein Herz hängest und verlässest, das ist eigentlich dein Gott."[81] Es ist ein Meistergriff, wie Luther hier nicht die Abstraktion einer Gotteslehre zu Hilfe nimmt, sondern den Menschen an sein existentielles Wissen erinnert, daß er ohne einen tiefsten Grund von Vertrauen nicht leben kann. Geld, Klugheit, Macht, Kunst, Ehre können diese Funktion eines Gottes haben[82]. Damit trifft Luther sofort auf die Sache, um die es bei Gott geht. Das zeigt sich auch an den Göttern oder

---

P. Wernle, Der evangelische Glaube nach den Hauptschriften der Reformatoren, Bd. 1: Luther (Tübingen 1918), 214 ff.

[80] Zum Unterricht der Visitatoren s. o. S. 439. Von Melanchthons Katechismusversuch hat sich nur ein Fragment über die ersten drei Gebote erhalten, Suppl. Mel. 5/1, XXV ff. 78 ff.

[81] WA 30/1; 132,34 ff.

[82] WA 30/1; 133,22 ff. 35 ff.

dem Gottesdienst der Heiden. Er arbeitet nicht mit religionsgeschichtlichen Analogien, sondern er beruft sich auf ein unüberhörbares Verlangen und Wissen des Menschen, an das mit dem ersten Gebot appelliert wird, um ihm die wirkliche Antwort dafür anzubieten. Daß sie der Phantasie und den Wünschen des Menschen widerstreiten kann, ist ein Zeichen ihrer Wahrheit. Luther will damit den Gott der Bibel nicht beweisen, sondern den Menschen an sich selbst erinnern. Er kann ohne Hilfe in seinen Nöten nicht leben und schafft sich darum Garanten seines Vertrauens. Ludwig Feuerbach hat diese und ähnliche Worte Luthers als Stützen für seine Meinung benutzt, daß Gott nur ein illusionäres Spiegelbild des Menschen sei[83]. Er trifft sich dabei aber nur mit Luthers Kritik der Götzen, nicht mit seinem Hinweis auf den Gott, der dem Vertrauenshunger des Menschen antwortet, allerdings souverän, ohne sich nach menschlichen Erwartungen zu richten und seine Hilfe mit anderen Helfern, z. B. den Heiligen oder dem Mammon, zu teilen[84]. Gott verlangt die völlige Zuwendung des Menschen, er sucht sein Herz. „Das heißet ihn aber gefasset, wenn ihn das Herz ergreifet und an ihm hanget. Mit dem Herzen aber an ihm hangen ist nichts anders, denn sich gänzlich auf ihn verlassen. Darümb will er uns von allem andern abwenden, das außer ihm ist, und zu sich ziehen, weil er das einige, ewige Gut ist."[85] Luther verbindet im ersten Gebot die universale Begründung der Gottesfrage im Menschenherzen mit der Ausschließlichkeit der Antwort, die der Gott der Bibel und Vater Jesu Christi darauf gibt.

Was im ersten Gebot zusammengefaßt ist, macht Luther zur Quelle des ganzen Katechismus und des in ihm dargestellten Christenlebens. Das gilt von den weltlichen Zusammenhängen, in denen wir stehen. „Denn unsere Eltern und alle Oberkeit, dazu ein iglicher gegen seinen Nähisten, haben den Befehl, daß sie uns allerlei Gutes tuen sollen, also daß wir's nicht von ihnen, sondern durch sie von Gott empfahen. Denn die Kreaturen sind nur Hand, Rohre und Mittel, dadurch Gott alles gibt, wie er der Mutter Brüste und Milch gibt, dem Kinde zu reichen, Korn und allerlei Gewächs aus der Erden zur Nahrung, welcher Güter keine Kreatur keines selbs machen kann."[86] Es

---

[83] Vgl. H. Bornkamm, Luther im Spiegel der deutschen Geistesgeschichte, 89ff. 299ff. J. Wallmann, Ludwig Feuerbach und die theologische Tradition, in: ZThK 67 (1970), 65ff. Mit besonderem Bezug auf das erste Gebot: G. Ebeling, Luther. Einführung in sein Denken (Tübingen 1964), 289ff. Ausführlicher, auf dem Hintergrund von Hegel und Feuerbach, ders., „Was heißt ein Gott haben oder was ist Gott?" Bemerkungen zu Luthers Auslegung des ersten Gebots im Großen Katechismus. In: Wort und Glaube. Beiträge zur Fundamentaltheologie und zur Lehre von Gott, Bd. 2 (Tübingen 1969), 287ff. Zu Feuerbachs Schrift „Das Wesen des Glaubens im Sinne Luthers" (1844; Ndr. Darmstadt 1970) vgl. die Analyse von O. Bayer, Gegen Gott für den Menschen. Zu Feuerbachs Lutherrezeption, in: ZThK 69 (1972), 34ff. und H.-W. Krumwiede, Die Wahrheit Gottes und die Wirklichkeit des Menschen, in: Luther (1973), H. 1, 78ff.
[84] WA 30/1; 134,26ff.
[85] Ebd. 134,22ff.
[86] Ebd. 136,6ff. Also = und zwar so.

gilt ebenso von den geistlichen Gütern, deren wir bedürfen. Im Katechismus folgt darum auf die Gebote „billich der Glaube, der uns fürlegt alles, was wir von Gott erwarten und empfahen mussen und (aufs kürzeste zu reden) ihn ganz und gar erkennen lehret. Welchs eben dazu dienen soll, daß wir dasselbige tuen können, so wir lauts der zehen Gepot tuen sollen."[87] Und noch einmal wird beim dritten Stück des Katechismus, dem Vaterunser, daran angeknüpft: „. . . daß man Gott immerdar in Ohren liege, rufe und bitte, daß er den Glauben und Erfüllung der zehen Gepot uns gebe, erhalte und mehre und alles, was uns im Wege liegt und daran hindert, hinwegräume"[88]. Durch diese ständige Rückbeziehung der übrigen Hauptstücke des Katechismus auf das erste Gebot hat Luther dem Katechismus im ganzen eine Zusammengehörigkeit von Gebot und Verheißung, Gesetz und Evangelium gegeben, die aus so verschiedenen Stücken eine Einheit macht[89].

Besonders eindringlich spricht Luther von dieser Einheit in den Katechismusstücken über die Sakramente. Hier handelt es sich ja nicht wie in den anderen Abschnitten um konkrete Dinge, die der Mensch tun, beten oder bekennen soll, sondern um Handlungen, die in sich selbst keinen Sinn haben, sondern ihn allein aus dieser Verbindung von Gebot und Verheißung erhalten. So bei der Taufe: „Das ist der Kern in dem Wasser: Gottes Wort oder Gepot und Gottes Namen, welcher Schatz größer und edler ist denn Himmel und Erde." Eben die Verbindung des an sich wertlosen Elements mit dem Namen Gottes macht den Wert und Sinn der Taufe aus. „Denn lauter (bloßes) Wasser künnte solchs nicht tun, aber das Wort tuet's, und daß . . . Gottes Name darinne ist. Wo aber Gottes Name ist, da muß auch Leben und Seligkeit sein, daß es wohl ein göttlich, selig, fruchtbarlich und gnadenreich Wasser heißet."[90] Diese von Gott angeordnete und angebotene Verbindung kann nur der Glaube ergreifen. „Der Glaube macht die Person allein würdig, das heilsame, göttliche Wasser nützlich zu empfahen."[91] Das Tun bei der Taufe hat keinen Sinn aus sich selbst, auch nicht aus einem Symbolcharakter, sondern aus der von Gott damit verbundenen Zusage. Durch sie wird es eingebettet ins Evangelium. „Das Herz muß es gläuben. Also siehst du klar, daß da kein Werk ist, von uns getan, sondern ein Schatz, den er uns gibt und der Glaube ergreifet, so wohl als der Herr Christus am Kreuz nicht ein Werk ist, sondern ein Schatz, im Wort gefasset und uns furgetragen und durch den Glauben empfangen."[92] Diesen Schatz hat Gott durch den Taufbefehl des Auferstandenen der Christenheit als Gottes Gebot für alle Welt anvertraut

---

[87] Ebd. 182,20ff.

[88] Ebd. 193,8ff.

[89] Vgl. zum inneren Zusammenhang des Großen Katechismus K. Bornkamm, Das Verständnis christlicher Unterweisung in den Katechismen von Erasmus und Luther, in: ZThK 65 (1968), 204ff.

[90] WA 30/1; 214,5f. 215,15ff.

[91] Ebd. 216,10f. 215,36f. [92] Ebd. 216,30ff.

(Matth. 28,19. Mark. 16,16). Das Gleiche gilt für die Worte Christi im Abendmahl „Das tut zu meinem Gedächtnis“. „Das sind Wort, die uns heißen und befehlen, dadurch denen, so Christen wollen sein, aufgelegt ist, das Sakrament zu genießen.“[93] Das ist kein Gesetz mit Ausführungsbestimmungen über die Häufigkeit des Abendmahlsempfangs. Gott will nicht zwingen, sondern das Gewissen wachmachen. „Solch Gepot sollt' dich je bewegen, in dich selbs zu schlagen und zu denken: Siehe, was bin ich fur ein Christen? Wäre ich's, so würde ich mich je ein wenig sehnen nach dem, was mein Herr befohlen hat zu tuen.“[94] Auch dieses Gebot dient ja nur der Zusage: „gegeben . . ., vergossen zur Vergebung der Sünden“. „Also hast du von Gottes wegen beide, des Herrn Christi Gebot und Verheißung. Zudem soll dich deinethalben treiben dein eigene Not, so dir auf dem Hals liegt, umb welcher willen solch Gebieten, Locken und Verheißen geschicht.“[95]

Die innige Verbindung von Gebot und Verheißung bildet den tragenden Grund von Luthers Großem Katechismus. Er ist, nicht nur dank vieler sprachlicher Schönheiten, sondern dank seines in immer neuen Variationen durchgehaltenen Themas eines seiner größten Kunstwerke. Dieser Vorarbeit ist ein zweites, der Kleine Katechismus, entsprungen. Liegt die Meisterschaft des Großen in der Fülle und Lebendigkeit, mit der die eine Sache des Glaubens zur Sprache gebracht wird, so liegt sie hier in der Präzision, mit der sie faßbar und dem Gedächtnis eingeprägt wird. Ohne die erste Verarbeitung seiner Predigten im Großen Katechismus wäre es nicht zu dieser auskristallisierten Form gekommen. Hier ist kein Wort überflüssig. Nur selten wiederholt Luther sich, und wenn, dann aus spürbarem Grunde. Das zeigt die immer gleiche, eindringliche Intonation bei der Erklärung der Gebote: „Wir sollen Gott fürchten und lieben . . .“, oder die Fülle dessen, was das „tägliche Brot“ in der vierten Bitte des Vaterunsers umschließt, oder auch die hinreißende Folge von Doppelgriffen, mit denen er zum ersten Artikel des Glaubensbekenntnisses die Vaterschaft Gottes preist (Leib und Seel, Vernunft und alle Sinne, Kleider und Schuh, Haus und Hof . . .). Der Kleine Katechismus war weniger ein Schul- als ein Hausbuch. Der Sprecher, der die Fragen stellt, die Gebete vorspricht und abhört, ist der Hausvater; in den beiden schon 1529 für die Lateinschulen geschaffenen Übersetzungen der paedagogus. Durch eine Reihe von Stücken, die dem überlieferten Bestand hinzugefügt wurden, erhält der Katechismus zugleich den Charakter einer Einübung in ein persönliches Gebetsleben mit Morgen-, Abend- und Tischgebeten und eine Haustafel mit Bibelsprüchen für die öffentlichen Stände (Pfarrer, Obrigkeit), die Glieder der Familie, das Gesinde und die Gemeinde im ganzen.

Sehr schnell bekam der Kleine Katechismus auch einen bescheidenen litur-

---

[93] Ebd. 228,8 ff.
[94] Ebd. 228,32 ff. [95] Ebd. 230,24 ff. 231,14 ff.

gischer Charakter. Die Drucker der ersten Buchausgaben fügten ihm zwei gottesdienstliche Formulare bei, die Luther bereits selbständig hatte erscheinen lassen, und zwar für die beiden liturgischen Handlungen, welche die Familie angingen: Trauung und Taufe[96]. Ein deutsches Taufbüchlein hatte Luther schon 1523 im Anschluß an seine erste vorsichtige Gottesdienstreform („Von Ordnung Gottesdiensts in der Gemeinde")[97] erscheinen lassen. Es war eine nur um wenige Stücke verkürzte Übersetzung der römischen Taufliturgie, bei der er noch einen großen Teil der äußerlichen Zeremonien beibehalten hatte (Anblasen, Salz auf den Mund, Speichel auf Nase und Ohren, Salbung von Brust und Schultern mit Öl, Übergabe einer Kerze)[98]. Luther hatte es – wie oft bei seinen zögernden Gottesdienständerungen – mit der Rücksicht auf die schwachen Gewissen begründet, „daß sie nicht klagen, ich wolle ein neue Taufe einsetzen und, die bisher getauft sind, tadeln, als die nicht recht getauft wären"[99]. Dieses konservative Verfahren hatte viel Kritik bei seinen Anhängern gefunden. So entschloß er sich, nachdem durch die Einführung der Deutschen Messe ein viel wichtigerer Schritt zur Reform des Gottesdienstes getan worden war, 1526 sein Taufbüchlein „aufs neue zugerichtet" herauszugeben, von einer Reihe weiterer symbolischer Handlungen befreit[100]. In dieser Gestalt wurde es dem Kleinen Katechismus zugefügt und damit in jedes Haus getragen. Das Gleiche geschah mit seinem „Traubüchlein für die einfältigen Pfarrherrn", das unmittelbar nach seinem separaten Erscheinen (1529) in die Buchausgabe des Kleinen Katechismus aufgenommen wurde[101].

Unter den Stücken der Katechismen standen einige so sehr in der öffentlichen Erörterung, daß sie allmählich eine besondere theologische Behandlung erforderten. Neben dem Abendmahl, dem beherrschenden Thema dieser Jahre, meldete sich jetzt auch die Frage der Taufe, die zum zweiten großen Streitgegenstand innerhalb der reformatorischen Bewegung werden sollte. Nachdem die Zwickauer Propheten Storch, Müntzer und ihre Anhänger aus Luthers unmittelbarem Gesichtskreis in Kursachsen verschwunden waren, hatte er von der Ausbreitung der Anabaptisten, wie sie nach der bei ihnen üblichen Wiedertaufpraxis hießen, zwar noch oft mit wachsender Sorge gehört, aber keinen unmittelbaren Anlaß gehabt, sich mit ihnen auseinanderzusetzen. Er wurde ihm dadurch gegeben, daß im Jahre 1528 zwei ungenannte, in katholischem (herzoglich sächsischem) Gebiet lebende Pfarrer sich mit der Bitte um ein klärendes Wort an ihn wandten[102]. Obwohl er noch in der gro-

---

[96] Ebd. 669–671.
[98] WA 12; 42–46. 47,21 ff.
[99] Ebd. 48,19 ff.
[100] WA 19; 537–541. Dort 531: kritische Äußerungen über die Ausgabe von 1523.
[101] WA 30/3; 74–80.
[102] Von der Wiedertaufe an zwei Pfarrherrn. Ein Brief Mart. Luther (1528), WA 26; 144–174. Luther nennt ihre Namen nicht, spricht sie aber als Papisten an, denen zu Liebe er selbst ein Pa-

[97] S. o. S. 125.

ßen Abendmahlsschrift steckte, gab er ihnen rasch und ausführlich Antwort. Die Anfrage kam ihm offenbar nicht ungelegen, da er nicht auf eine ihm vorliegende Täuferschrift zu antworten, sondern sich allein zur Sache zu äußern hatte[103]. Er konnte dabei zugleich einen falschen Schein abwehren, in den er dadurch geraten war, daß Balthasar Hubmaier eine mißverstandene Äußerung von ihm unter den Kronzeugnissen für die täuferische Lehre aufgeführt hatte[104]. Luther geht eines der täuferischen Argumente nach dem andern in Ruhe durch. Sie fragen: Woher weiß man, daß man als Kind getauft ist? Antwort: Woher weiß ich, daß dieser Mann und diese Frau meine Eltern sind? Woher weiß ich, daß dieser Fürst meine Obrigkeit ist, der ich gehorchen muß? Ich bin auf das Zeugnis anderer und für die Gehorsamspflicht auf das Gebot des Wortes Gottes angewiesen. So weiß man auch durch das Zeugnis anderer Christen von seiner Taufe[105]. Und wenn die Täufer sich auf das Bibelwort beziehen: „Wer da gläubt und getauft wird, der soll selig werden", so ist damit nicht gemeint, daß der Glaube vor der Taufe da sein muß. Wann ist man denn seines Glaubens gewiß? „Wer die Taufe will grunden auf den Glauben der Täuflinge, der muß (darf) nimmer keinen Menschen täufen." Und wenn man ihn hundertmal tauft, weiß man doch kein Mal, ob er glaubt[106]. Die Datierung der Taufe nach dem Glauben macht aus dem Glauben ein Werk. „Wahr ist's, daß man gläuben soll zur Taufe, aber auf den Glauben soll man sich nicht täufen lassen."[107] Hier steht die Gewißheit für das ganze Leben auf dem Spiele. Auch der erwachsene Mensch kann nur sagen: „Wenn ich auf sein Gepot getauft bin, so weiß ich, daß ich getauft bin. Wenn ich auf meinen Glauben getauft wurde, sollt ich morgen wohl ungetauft funden werden, wenn mir der Glaube entfiele oder ich angefochten würde, als hätte ich gestern nicht recht gegläubt."[108] Dieses Argument, daß der Mensch nicht auf seinen Glauben, sondern nur auf Gottes Gebot getauft wird, begegnet im Großen Katechismus mit einem besonderen Akzent.

---

pist werden will, indem er sich zu dem christlichen Gut bekennt, das auch in der Papstkirche bewahrt worden ist: heilige Schrift, Taufe, Altarsakrament, Schlüssel zur Vergebung der Sünde (Beichte und Absolution), Predigtamt und Katechismus mit Vaterunser, Geboten und Glaubensbekenntnis; ebd. 145,16ff. 146,27ff. 147,13ff.

[103] Es handelt sich auch nicht um eine bestimmte Schrift Balthasar Hubmaiers, den er einmal kurz erwähnt (s. Anm. 104). Luther spricht von der täuferischen Lehre, so wie er sie kennt, ohne im einzelnen zitieren zu wollen. Das ist zu der wichtigen Behandlung der Schrift Luthers durch F. Lau anzumerken: Luther und Balthasar Hubmaier, in: Humanitas – Christianitas. Fschr. W. v. Loewenich (Witten 1968), 63 ff. (vgl. dort 65).

[104] Der uralten und gar neuen Lehrer Urteil, daß man die jungen „Kindlein nit taufen solle, bis sie im Glauben underricht sind" (1526). Balthasar Hubmaier, Schriften, hg. v. G. Westin u. T. Bergsten, QFRG 29 (= QGT 9) (Gütersloh 1962), 233. Die Schrift ist eine reine Quellensammlung, darunter ein falsch verstandenes, gekürztes Zitat aus Luthers „Sermon von dem neuen Testament, das ist von der heiligen Messe" (1520), WA 6; 363,11–19.

[105] WA 26; 149,9ff. 151,21ff. 152,1ff. 153,31ff.

[106] Ebd. 154,1–25, bes. 2f.22f.

[107] Ebd. 164,39ff. 162,17ff.   [108] Ebd. 165,17–28, bes. 24ff.

Luther zweifelt auch dort nicht an der Möglichkeit des Kinderglaubens. Aber er macht deutlich, daß das Kind, das noch nichts davon spürt, damit in derselben Situation vor Gott steht wie oft auch der Erwachsene. Auch er ist manchmal seines Glaubens ungewiß und soll doch auf Gottes Wort und Gebot zum Abendmahl kommen. „Also tun wir nu auch mit der Kindertaufe: Das Kind tragen wir herzu der Meinung und Hoffnung, daß es gläube, und bitten, daß ihm Gott den Glauben gebe. Aber darauf täufen wir's nicht, sondern allein darauf, daß Gott befohlen hat."[109]

Halten also die Gründe gegen die Kindertaufe nicht stand, so ist andererseits die Geschichte der Kirche ein mächtiges Zeugnis für sie. Denn die Kindertaufe besteht seit den Tagen der Apostel. Wäre sie falsch, so hätte es seit mehr als tausend Jahren keine Taufe und keine Kirche gegeben. Und wenn der alte Bund auf das Zeichen der Beschneidung begründet war, „so muß viel mehr dieser neue Bund und Zeichen so kräftig sein und zu Gottes Volk machen die, so es annehmen"[110]. Soviel Luther gegen die Wiedertäufer vorzubringen hat, so sind sie ihm doch lieber als „die Sakramenter", die Gegner im Abendmahlsstreit. Denn diese lehnen das Sakrament und damit – so folgert er, obwohl sie es nicht sagen, – auch die Taufe ganz ab. „Aber diese machen sie neu. Da ist doch noch Hülfe und Rat, daß sie zurecht kommen mugen."[111] Und er wendet sich mit Nachdruck dagegen, daß man sie mit Gewalt bekämpft. „Doch ist's nicht recht, und ist mir wahrlich leid, daß man solche elende Leute so jämmerlich ermordet, verbrennet und greulich umbbringt. Man sollt ja einen iglichen glauben lassen, was er wollt. Gläubet er unrecht, so hat er gnug Strafen an dem ewigen Feur in der Hellen. Warumb will man sie denn auch noch zeitlich martern, so ferne sie allein im Glauben irren und nicht daneben aufruhrisch oder sonst der Öberkeit widerstreben? Lieber Gott, wie bald ist's geschehen, daß einer irre wird oder dem Teufel in Strick fället? Mit der Schrift und Gottes Wort sollt man ihnen wehren und widerstehen. Mit Feur wird man wenig ausrichten."[112] Das ist noch ein Wort des Verzichts auf Gewalt, den Luther von Anfang an bis in diese Jahre festgehalten hat, ehe für ihn die Gefahr der Zerstörung des öffentlichen Friedens und der staatlichen Ordnung bedrohlich in den Vordergrund rückte[113]. Um ihretwillen unterzeichnete er dann 1531, wenn auch schweren Herzens, ein von Melanchthon entworfenes Gutachten der Wittenberger theologischen Fakul-

---

[109] WA 30/1; 219,21 ff. K. Brinkel, Die Lehre Luthers von der fides infantium bei der Kindertaufe, ThA 7 (Berlin 1958), dazu die Kritik von P. Althaus, in: ThLZ 84 (1959), 866 und ders., Die Theologie Martin Luthers (Gütersloh 1962), 311 ff. L. Grönvik, Die Taufe in der Theologie Martin Luthers, in: AAbo.H 36 (1968), 154 ff.

[110] WA 26; 169,22 ff. 166,22 ff. 168,27 ff.

[111] Ebd. 173,17 ff.28 f.

[112] Ebd. 145,22 ff.

[113] Vgl. dazu seinen „Brief an die Fürsten zu Sachsen von dem aufrührischen Geist" (1524), s. o. S. 145 ff.

tät, daß die Anwendung der Todesstrafe gegen Wiedertäufer erlaubt sei[114].
Luther sah seine Schrift „Von der Wiedertaufe" (1528) als ein Präludium und
eine Herausforderung an die Täufer an. Vielleicht würde einer von ihren
Führern darauf antworten und ihn zu einer gründlicheren Behandlung des
Themas reizen[115]. Da aber keiner antwortete und Luther im eigenen Lande
keinen Anlaß hatte, noch einmal darauf einzugehen, ist diese indirekte, über
die beiden Fragesteller hinweg geführte Auseinandersetzung seine ausführ-
lichste Äußerung zu der anderswo so brennenden Frage geblieben.

Im Katechismusjahr wandte Luther sich noch einem besonders schwierigen Kapitel der Volkspädagogik zu, das ihn schon vielfach beschäftigt hatte:
den Fragen des Eherechts. Auch sie wurden von zwei Pfarrern an ihn herangetragen. Im September 1529 war er an der Arbeit. Aber erst gegen Ende des
Jahres, das ihm noch die Marburger Verhandlungen und andere Aufgaben
brachte, wurde er mit der Schrift „Von Ehesachen" fertig, so daß sie Anfang
1530 erscheinen konnte[116]. Er erlebte mit den Anfragen wieder die von ihm
bitter beklagte Situation, daß die mittelalterliche Kirche diese Probleme in
weitem Maß an sich gezogen hatte. „Mir grauet auch vor dem Exempel des
Bapsts, welcher auch sich am ersten in dies Spiel gemenget und solche weltliche Sachen zu sich gerissen hat." Er warnte deshalb dringend davor, daß die
Pfarrer sich auch jetzt wieder mit Fragen des Eherechts belasten ließen.
„Denn wo wir beginnen, Richter in Ehesachen zu werden, so hat uns das
Kammrad (das Schwungrad der Mühle) bei dem Ärmel ergriffen und wird
uns fortreißen."[117] Darum unterschied er – wie schon in der Schrift „Vom
ehelichen Leben" (1522)[118] – scharf zwischen Rechts- und Gewissensfragen.
„Regiere, wer da soll oder will. Ich will die Gewissen berichten (unterrichten) und trosten, so viel ich raten kann."[119] Freilich handelte es sich dabei zunächst um die Gewissen von Oberherren, welche von den beiden Pfarrern
und durch sie von ihm Rat begehrten.

Die Gewissensfragen waren damit zugleich Rechtsfragen. Luthers Antwort beschränkte sich auf das zentrale Rechtsproblem, wodurch die Ehe begründet werde. Daran vornehmlich hingen die Gewissensfragen der Ehe-
schließenden, der Eltern und Eherichter. Es gab ja noch keine formalisierte
Ehegesetzgebung, sondern nur rivalisierende weltlich-rechtliche und kirchliche Auffassungen, zwischen denen er seinen eigenen Weg suchte. Er ging da-

---

[114] Brief an Kurfürst Johann Ende Okt. 1531, WAB 6; 222 f. Das gesamte Gutachten ist abgedruckt, aber fälschlich auf das Jahr 1541 datiert in CR 4, 740. Beste knappe Übersicht über
Luthers Stellung zur Ketzerfrage von W. Köhler, Mennonitisches Lexikon, Bd. 2 (Frankfurt,
Weierhof 1937), 703 ff. Kurz mit neuerer Literatur H. Bornkamm, Art. Toleranz, in: RGG Bd.
6 (1962), 937 ff. sowie ders., Das Problem der Toleranz im 16. Jahrhundert, in: ders., Das Jahrhundert der Reformation, 268 ff.
[115] An Spalatin 5. Feb. 1528, WAB 4; 376,3 ff. Weitere Briefstellen WA 26; 138 f.
[116] WA 30/3; 198 f.
[117] Ebd. 205,27 ff. 206,1 ff.
[118] S. o. S. 104 ff.   [119] WA 30/3; 206,31 f.

von aus, daß die Ehe ein göttlicher Stand öffentlich-weltlichen Charakters ist. Sie wird begründet durch das Verlöbnis, das aber der öffentlichen Bekundung und der Bestätigung durch die Eltern bedarf[120]. Diese Grundauffassung entwickelt er in fünf knappen Thesen. 1) „Heimliche Verlöbnisse sollen schlecht(hin) keine Ehe stiften."[121] Daß die Ehe öffentlich geschlossen werden muß, entspricht sowohl dem überlieferten wie dem heidnisch-natürlichen Recht wie der Billigkeit, welche die Eltern für das Aufziehen ihres Kindes geltend machen können[122]. Aber es ist auch tiefer begründet in der Art, wie Gott handelt. Er hat nicht umsonst gesagt: „Alle Sachen sollen bestehen in (auf) zwei oder dreier Munde" (Matth. 18,16). Nur dadurch können die Eheleute gewiß werden, daß Gott sie zusammengefügt hat (Matth. 19,6) und nicht sie sich selbst. „Wer einen Gott hat ohne sein Wort, der hat keinen Gott. Denn der rechte Gott hat unser Leben, Wesen, Stand, Ampt, Reden, Tun, Lassen, Leiden und alles in sein Wort gefasset."[123] Das Zusammensprechen der Brautleute vor der Tür der Kirche, das Luther auch in seinem „Traubüchlein" vorsah, ist also ein Akt der Bekanntmachung der von ihnen geschlossenen Ehe als eines öffentlichen Standes, nicht seine Begründung. Ihr folgte in der Kirche die Unterweisung der Eheleute für alles, was dieser Stand an Liebespflicht, Kreuz und Trost umfaßte, und Fürbitte unter dem Gestus des Segens[124]. Aus dem öffentlichen Charakter des Eheschlusses entspringen von selbst die übrigen Thesen, die Luther vertritt: 2) „Heimlich Verlöbnis sollt dem offentlichen weichen."[125] 3) „Unter zweien offentlichen Verlöbnissen sollt das ander dem ersten weichen und gestraft werden."[126] 4) Ein öffentlich verlobtes Mädchen ist als Ehefrau anzusehen, wer sie verführt, als Ehebrecher[127]. 5) Erzwungene Verlöbnisse gelten nichts. Damit soll den Kindern Schutz gegen die Eltern gewährt werden, wenn diese sie gegen ihren Willen zu einer Ehe zwingen wollen; aber auch umgekehrt: wenn die Eltern einem Mädchen die Ehe verwehren, um es als billige Magd im Hause zu halten, es also nicht zur Ehe, sondern „von der Ehe zwingen". Ebenso ist es aber Unrecht, wenn Kinder einem Heiratsvorschlag, der nach guter Leute Zeugnis nicht väterlichem Mutwillen, sondern väterlicher Treue entspringt, nicht folgen, sondern von einer „tollen Jugendliebe" nicht lassen wollen[128].

---

[120] Dazu jetzt R. Kirstein, Die Entwicklung der Sponsalienlehre und der Lehre vom Eheschluß in der deutschen protestantischen Eherechtslehre bis zu J. H. Böhmer, Bonner rechtswiss. Abh. 72 (Bonn 1966). Aus der älteren Literatur vor allem: R. Sohm, Das Recht der Eheschließung aus dem deutschen und canonischen Recht geschichtlich entwickelt (Weimar 1875). S. Reicke, Geschichtliche Grundlagen des deutschen Eheschließungsrechts, in: Weltliche und kirchliche Eheschließung, hg. v. H. Dombois u. F. K. Schumann. Glaube und Forschung, Bd. 6 (Witten 1953), 27ff. H. Dombois, Kirche und Eherecht. Studien und Abhandlungen 1953–1972 (Stuttgart 1974).

[121] WA 30/3; 207,2.

[122] Ebd. 208,20ff.

[123] Ebd. 207,18ff. 213,34ff.

[124] Traubüchlein ebd. 77–80.

[125] Von Ehesachen ebd. 207,4. 217ff.

[126] Ebd. 207,6f. 224ff.

[127] Ebd. 207,9f. 230ff.

[128] Ebd. 207,12. 240,6ff.

Das sind nach beiden Seiten hin die Gewissensfragen, in denen die Pfarrer mit gutem Rat, wenn auch nicht mit Rechtsbefugnis, etwas tun können. Für die Ehescheidung läßt Luther als einzigen Grund (nach Matth. 19,9) den Ehebruch gelten, „wiewohl, wo man's tun kann, daß man sie versühne und beieinander behalte, ist gar viel besser"[129]. Über allen einzelnen Fragen aber steht der Grundsatz, daß das Recht seine Grenze am Gewissen hat. „Wo du findest, daß sich ein Verwirren im Gewissen will heben über dem Recht, da reiß getrost durchs Recht wie ein Muhlstein durch ein Spinnweb und tu, als wäre da nie kein Recht geboren. Und ob du es äußerlich fur der Welt nicht zureißen kannst, so laß es fahren und zureiß es im Gewissen. Es ist besser, Leib und Gut im Recht verwirret lassen denn das Gewissen und die Seele."[130]

---

[129] Ebd. 241,2–17, bes. 16f.
[130] Ebd. 247,18ff. Ein von Luther mehrfach gebrauchtes Sprichwort, WA 9; 285,25f. WA 36; 275,1. Wander, Sprichwörter-Lexikon (s. Anm. 26), Bd. 4 (1876), 723. Nicht in Luthers Sprichwörtersammlung, WA 51; 645ff.

XXII. Reichspolitik und Protestation
(1526–1529)

Was sich seit Luthers Rückkehr von der Wartburg in Deutschland ereignet hatte: die Ausbreitung seiner Lehre in weiten Reichsgebieten unter der Verantwortung von Landesfürsten und Stadträten – ein Strom von evangelischer Literatur, vor allem seiner eigenen, durch Reichsgesetz verbotenen Schriften – zahlreiche Austritte aus den Klöstern und dem Priesterstande – neue Gottesdienstformen unter Absage an die römische Messe –, das alles und was sonst zu der allgemein sichtbaren Umwälzung gehörte, vollzog sich, während noch immer das Wormser Edikt von 1521 galt.

Die Reichsstände hatten auf den Nürnberger Reichstagen von 1523/4 seine ausdrückliche Erneuerung zu verhindern oder aufzuschieben gewußt[1]. Der Kaiser war seit langem fern, sein Stellvertreter, Erzherzog Ferdinand, in die Probleme seiner eigenen osthabsburgischen Politik verwickelt, der Papst zu dem oft geforderten Konzil nicht zu bewegen. Weithin war die Saat der reformatorischen Bewegung aufgegangen, wo ihr nicht streng katholische Landesherrn widerstanden. Zuerst hatten sich Ferdinand, die Bayernherzöge und einige süddeutsche Bischöfe im Sommer 1524 in Regensburg zu einem Bündnis zusammengeschlossen, das auf der Verabredung zur strengen Durchführung des Wormser Edikts beruhte[2]. Ihnen waren, durch den Bauernkrieg aufgeschreckt, im Juli 1525 einige norddeutsche katholische Fürsten (Herzog Georg von Sachsen, die Kurfürsten von Brandenburg und Mainz und die Herzöge von Braunschweig-Wolfenbüttel) mit einem in Dessau verabredeten Bündnis gefolgt. Erst im Februar 1526 schlossen demgegenüber Landgraf Philipp von Hessen, von dem die Anregung ausging, und Kurfürst Johann von Sachsen in Gotha und Torgau einen Bund (ratifiziert am 2. Mai), dem bald eine Reihe kleinerer Territorien (Braunschweig-Lüneburg und Braunschweig-Grubenhagen, Mecklenburg, Mansfeld und die Stadt Magdeburg) beitraten[3]. Darüber hinaus plante der Landgraf auch schon, die großen süddeutschen Städte, die evangelisch geworden waren oder zu werden anfingen (Straßburg, Nürnberg, Augsburg, Ulm), und ähnliche mittel- und norddeutsche und den Sechsstädtebund der Lausitz[4] dafür zu gewinnen. Luther

---

[1] S. o. S. 265f. 275f.

[2] Quellen dazu in: Acta Reformationis Catholicae Ecclesiam Germaniae concernentia saeculi XVI., hg. v. G. Pfeilschifter, Bd. 1 (Regensburg 1959), Abschn. VI.

[3] S. o. S. 281. W. Friedensburg, Zur Vorgeschichte des Gotha-Torgauischen Bündnisses der Evangelischen 1525–1526 (Marburg 1884).

[4] Bund zum Selbstschutz der Städte: Bautzen, Kamenz, Löbau, Zittau, Görlitz, Lauban.

war an diesen Bündnisplänen unbeteiligt. Er hatte schon am 11. Januar 1525 dem Grafen Albrecht von Mansfeld auf die Frage, ob ein Bündnis erlaubt sei, eine salomonische Antwort gegeben: Einen Bund gegen die Obrigkeit zu schließen und sich selbst zu rächen und zu wehren, sei unerlaubt (Röm. 13,1. 1.Petr. 2,13 und Röm. 12,19). Dagegen ein Bündnis nicht gegen einen bestimmten Gegner, sondern „auf freien ungenannten Unfall" einzugehen, halte er nicht für unbillig. Das könne auf die Gegner schon abschreckend wirken. So seien bisher die Fürsten zu Sachsen „ganz still gesessen". Und sie hätten sich nach seiner Meinung in der Tat auch für die Sache des Evangeliums nicht wehren dürfen. „Dennoch ist der Schein da blieben, als werden und wollten sie sich wehren." Damit hat Gott die Tyrannen eingeschüchtert. „Wer weiß, wo wir gläuben und Gott bitten, E. G. (Euer Gnaden) werde auch noch eine Scheu sein, es sei durch Schein eines Bunds oder sonst[5], daß sie nicht werden so trotzig sein zu tun, als sie dräuen. Der Bogen trifft nicht alles, darauf er zielet, ja trifft's selten."[6] Diese Politik war am Bild der friedlichen Festigkeit Kurfürst Friedrichs abgelesen. Hinter ihr stand die Überzeugung, die Luther schon Ulrich von Hutten gegenüber vertreten hatte: „Ich möchte nicht, daß mit Gewalt und Mord für das Evangelium gestritten wird . . . Durch das Wort ist die Welt überwunden, die Kirche gerettet worden, durch das Wort wird sie auch wiederhergestellt werden."[7]

Aus den fruchtlosen Verhandlungen der Nürnberger Reichstage war aber ein im Reichstagsabschied vom 18. April 1524 enthaltener Plan in Erinnerung geblieben, der zeitweilig beiden Seiten als Ausweg erschien: eine „gemeine Versammlung teutscher Nation" auf den St. Martinstag (11. November) 1524 nach Speyer einzuberufen und über die neue Lehre, an der auch „das gut neben dem bosen nit undergetruckt" werden sollte, und über die Gravamina gegen die römische Kirche zu verhandeln[8]. Das letzte Wort zu den Kirchenfragen über diese Versammlung hinaus sollte dann ein allgemeines Konzil haben[9]. Sowohl der päpstliche Legat auf dem Reichstag Campegio wie die

---

Kötzschke u. H. Kretzschmar, Sächsische Geschichte. Bd. 1: Vor- und Frühgeschichte, Mittelalter und Reformationszeit (Dresden 1935), 146f.

[5] Sonstwie.

[6] WAB 3; 416,56–79. Datierung des Briefes nach WAB 13; 70.

[7] WAB 2; 249,12ff. (nach einem Brief an Spalatin vom 16. Jan. 1521).

[8] Zur Vorgeschichte und Geschichte des Speyrer Reichstags: W. Friedensburg, Der Reichstag zu Speier 1526 im Zusammenhang der politischen und kirchlichen Entwicklung Deutschlands im Reformationszeitalter (Berlin 1887). Ders., Die Reformation und der Speierer Reichstag von 1526, in: LuJ 8 (1926), 120ff. Gegen die Formulierung „das gut . . ." erhob der päpstliche Legat Campegio Bedenken, RTA Bd. 4, 604,9. G. Müller, Die römische Kurie und die Reformation 1523–1534, QFRG 38 (Gütersloh 1969), 23.

[9] Der Charakter der geplanten Versammlung läßt sich schwer definieren. H. Jedin, Geschichte des Konzils von Trient, Bd. 1: Der Kampf um das Konzil (Freiburg 1949), der S. 526, Anm. 75 auf die Schwierigkeit hinweist, benutzt den Begriff „Nationalkonzil", obwohl er von kaiserlicher Seite abgelehnt wurde. Der übliche Begriff „Nationalversammlung" läßt den kirchlich autorisierten Charakter, den sie neben ihrem reichspolitischen Ursprung tragen sollte, nicht

Kardinäle der Kurie lehnten den Vorschlag des Reichstagsabschieds scharf ab, insbesondere natürlich, daß es an der lutherischen Bewegung etwas Gutes geben könne. Die Sache erledigte sich zur hohen Zufriedenheit von Papst und Kurie damit, daß Karl V. von Burgos aus am 15. Juli 1524 die geplante Speyrer Versammlung verbot und die Beachtung des Wormser Edikts einschärfte[10].

In die Verhandlungen über ein evangelisches Bündnis war Luther begreiflicherweise nicht hineingezogen worden. Nur zu einem wichtigen Punkt der Vorbereitung wurde seine Mitarbeit erbeten. Nachdem der Bauernaufstand, der sich ja zu einem guten Teil auch gegen die Pfaffen richtete, glücklich abgeschlagen war, hatte das Mainzer Domkapitel energische Schritte eingeleitet, um die Stellung der Geistlichen zu festigen. Auf einer Versammlung von Abgeordneten aus allen Kapiteln der Mainzer Kirchenprovinz wurde die Beseitigung aller „lutherischen Prediger", denen der Aufruhr ja vor allem zur Last gelegt wurde, gefordert und die Wiederherstellung der geistlichen Jurisdiktion und die Bezahlung des „Zehnten" eingeschärft. Zugleich wurden Gesandtschaften an den Kaiser und den Papst beschlossen und mit eingehenden Instruktionen ausgerüstet[11]. Landgraf Philipp und Kurfürst Johann beschlossen darauf nach einem Vorschlag ihrer Räte, Luther um eine öffentliche Stellungnahme zu diesem Mainzer „Ratschlag" zu bitten. Sie befürchteten, daß das Mainzer Vorgehen in anderen Territorien Schule machen könnte. Als der beste Weg, das zu verhindern, erschien beiden Fürsten und ihren Beratern, ihn niedriger zu hängen. In einer Flugschrift „Wider den rechten Auffrurischen verretherschen und Mordischen radtschlag der ganczen Meinczischen pfafferey unterricht und warnunge" veröffentlichte Luther daher das Dokument und versah es mit ironischen Glossen und sachlichem Widerspruch[12]. Eins sei darin vergessen: Daß der geistliche Stand seit langem und überall seines Lebens und seiner Lehre wegen verachtet gewesen sei[13]. Und was ihn selbst als Ketzer und Aufrührer betraf, so sprach er „mit Freuden" aus: „Ich bin zu Worms nit verdampt durch Reichsurteil als ein Ketzer." Es sei kein einmütiges und unterschriebenes Urteil aller Stände gegen ihn ergangen. Sondern ein Rat der Bischöfe und einiger Fürsten hätten den Kaiser für ihre Zwecke mißbraucht. Deshalb sei das Edikt auch ohne Wirkung geblieben und in Nürnberg gemildert worden, weil es die Gewissen nicht ertragen

---

erkennen. Am genauesten trifft wohl die etwas umständliche Formulierung von K. Brandi „Reichsversammlung in Kirchensachen", Deutsche Reformation und Gegenreformation, Bd. 1: Die deutsche Reformation (Leipzig 1927), 140. Da sie nicht zustande kam, ist eine Klärung nicht eingetreten. Die nationale Teilversammlung ist dann in der Verschleppung des Konzils bis zum Jahre 1545 mit untergegangen.

[10] W. Friedensburg, Aktenstücke über das Verhalten der Römischen Kurie zur Reformation 1524 und 1531, QFIAB 3 (Tübingen 1900), 1 ff. G. Müller, Römische Kurie (s. Anm. 8), 22 ff.

[11] WA 19; 252 ff. Text des Ratschlags ebd. 264–273.

[12] Ebd. 260–275,6.

[13] Ebd. 274,1–275,6.

konnten[14]. Und schließlich: Das Evangelium wird als Ursache allen Aufruhrs angeprangert. Nun, dann müßte ja in Wittenberg, wo er sei und lehre, der Aufruhr am größten gewesen sein. Aber man könne doch mit Händen greifen, „daß hie zu Wittenberg und wo ich predige kein Aufruhr ist gewesen und noch von Gottes Gnaden so stille als an keinem Ort in der Welt"[15]. Außerdem zeigten die Schrift von weltlicher Obrigkeit und die Bitterkeit Müntzers gegen ihn deutlich, daß er nichts mit dem Aufruhr zu tun hatte[16]. Der Aufruhr ist ja überhaupt nicht in Hessen oder Kursachsen entstanden, sondern aus Franken über den Thüringer Wald und von Mühlhausen aus, das Reichsstadt war, in das Territorium Herzog Georgs gekommen[17]. Die beiden Fürsten, die Luther zu der Schrift ermuntert hatten, bekamen, während sie schon in Druck war, etwas Sorge vor dem eigenen Mut und Luthers Temperament. Sie fürchteten, daß Herzog Georg dadurch verletzt werden könnte. Er hatte sich mit gewohnter Findigkeit in der Tat eine Abschrift von ihr zu beschaffen gewußt und sein Mißfallen angekündigt, wenn die Schrift erschiene. Darum beauftragten die Fürsten Luthers Wittenberger Kollegen Hieronymus Schurff und Melanchthon, mit ihm zu sprechen, damit er sich und ihnen keinen Tadel zuziehe, „auch kegen unsern Vettern, Herzog Jorgen, zu keinem unfreundlichem Willen gereiche"[18].

Luther hatte zudem eben erst eine eigene Auseinandersetzung mit Herzog Georg gehabt, die das Verhältnis zwischen ihnen auf eine nicht unwürdige Weise klarlegte. Luther hatte in einem Brief vom 21. Dezember 1525 im Bewußtsein, daß es vielleicht bald einmal zu spät sein könne, den Herzog gebeten, seine ungnädige Gesinnung zu ändern und von der Verfolgung seiner Lehre abzulassen, und zwar nicht nur um Luthers, sondern um seiner selbst willen. Christus wird auf die Dauer seine Gemeinde, wenn sie ein geringes, armes Häuflein wäre, in Schutz nehmen. „So stunde es darauf, daß (es) E.F.G. (Euer Fürstl. Gnaden) nit wohl gelingen sollt. Denn wir wissen, was uns Christus hat zugesagt, das wird er halten. Und mochte vielleicht E.F.G. inne werden, daß nicht ein gleich Ding sei, wider den Muntzer und wider den Luther streben." Er meinte sich damit nicht als Person, sondern als bescheidenes Werkzeug seiner Sache. „Denn Gott hat auch einmal durch eine Eselin geredt."[19] Herzog Georg hatte sofort am 28. Dezember 1525 ausführlich geantwortet. Er stellte seinen durch Luthers Vorgehen verletzten „alten Adam" zurück und bekannte, daß er früher seine Schriften nicht ungern gele-

[14] Ebd. 276,19–28, bes. 19f.
[15] Ebd. 278,2ff.
[16] Ebd. 278,10–29.
[17] Ebd. 279,11ff.
[18] Beglaubigungsschreiben vom 9. Apr. 1526 an die beiden Beauftragten, WAB 4; 45f., bes. 46,9f.
[19] WAB 3; 643,72ff. 642,44f. Er gab damit offen zu, daß er den Brief auf Anregung anderer (es waren Edelleute aus dem Herzogtum Sachsen) geschrieben habe, ebd. 642,14f. 637.

sen habe[20]. Aber „die Frucht, die machen uns ein großen Grau und Abschau deiner Lehre"[21]: die Begünstigung der Böhmen, das Auslaufen aus den Klöstern, das Wirken von Karlstadt und anderen, die Luther „auf den schlipperigen Berg gefuhrt, do sein sie geglitten ahn Underloß"[22]. Das Evangelium, das er „unter der Bank hervorgezogen" habe, sei schuld am Aufruhr der Bauern[23]. Von den Propheten und Lehrern der Bibel sei keiner ein Apostat gewesen[24]. Auf das Gebet oder Verfluchen in Luthers Versammlungen gebe er nichts. „Denn wir wissen, daß Gott haßt die Versammlung deiner Apostaten." Und er drohte schließlich offen: „Wir wissen auch wohl, daß Luther nicht Montzer ist. Daß Gott Muntzer umb sein Bosheit durch uns gestraft, das kann er Luthern auch wohl tun. Wir wollen uns auch als ein unwirdig Gezau gerne darzu nach seinem Willen gebrauchen lassen."[25] Schließlich forderte er ihn auf, von allen seinen Verfehlungen gegen die Kirche umzukehren. „Die christlich Kirch schleußt nicht den Schoß dem Wiederkommenden."[26] Gott werde es ihm mit Lohn und Seligkeit vergelten. Und er selbst werde sich bemühen, beim Kaiser Gnade für ihn zu erlangen[27]. Der Briefwechsel der beiden Gegner, von denen jeder eine hohe Autorität in die Waage zu werfen hatte – der eine den geistigen Rang, den er sich in der deutschen Öffentlichkeit erworben hatte, der andere seine fürstliche Stellung –, war eine Sensation. Das zeigen die schnellen Drucke, die davon erschienen, teils mit Luther, teils mit dem Herzog an erster Stelle[28]. Es ging beiden Seiten um die Kirche – Luther um ihre Erneuerung, dem Herzog um ihre Bewahrung – und um die öffentliche Ordnung. Luther fürchtete für sie, wenn die Zusagen einer geordneten Erörterung der Religionsfrage im Reich nicht erfüllt würden. Der Herzog sah, auch wenn er zwischen Luther und Müntzer unterschied, in den Aufruhrbewegungen die Frucht von Luthers ketzerischer Aussaat. Darum bekannte er sich drohend dazu, einmal als Werkzeug Gottes gegen Luther wie einst gegen Müntzer zu dienen[29]. In der gespannten Situation gegenüber Herzog Georg kam Luther ohne Zögern dem Wunsch des

---

[20] Der Brief des Herzogs ebd. 646–651. 647,55ff. 648,82ff.

[21] Ebd. 649,139f.

[22] Ebd. 648,87ff. 649,109f.

[23] Ebd. 649,133ff.

[24] Ebd. 650,152ff.

[25] Ebd. 650,169ff. Gezau = Gezähe, Werkzeug.

[26] Ebd. 650,180f.

[27] Ebd. 651,208ff.

[28] Aufzählung der 14 Drucke von 1526 (darunter zwei niederdeutscher) bei Benzing, Lutherbibliographie, Nr. 2376–2389.

[29] Zu ihrem Verhältnis vgl. O. Voßler, Herzog Georg der Bärtige und seine Ablehnung Luthers, in: HZ 184 (1957), 272ff. Ich stimme seinen abgewogenen Ausführungen durchaus zu, würde den Gegensatz aber nicht auf den „Widerstreit des religiösen und des ethischen Menschen" (291) zurückführen. Die Wurzel liegt in einer grundlegenden, damals noch schwer zu bewältigenden Verschiedenheit der Religiosität.

Kurfürsten nach, ihm die Flugschrift gegen den Mainzischen Ratschlag, soweit sie gedruckt sei, zu senden und die Arbeit daran einzustellen[30].

Herzog Georg suchte aber noch auf andere Weise, Einfluß auf die Luthersache zu gewinnen. Er schlug im März 1526 Kurfürst Johann vor, er solle dem Dessauer Bund beitreten und dort die Angelegenheit gemeinsam behandeln lassen. Vom Kurfürsten befragt, warnte Luther dringend vor einer solchen Vermengung. „Daraus denn folgen würde, daß die Furstentum in einander gewirret und geflochten wurden, daß ein iglicher wollte in beiden Furstentum Rat und Meister sein ... Denn es hie aufs höhest zu besehen ist, daß die beide Furstentum aufs allerungemengetest bleiben, weil die täglich Erfahrung lehret, was Muhe sich begeben, daß sie nicht allenthalben sind aufs lauterste gesondert und abgeteilet.“[31]

Nachdem der Plan der außerordentlichen Speyrer Versammlung am Verbot des Kaisers gescheitert war, drängte sein Stellvertreter, Erzherzog Ferdinand, wieder auf den normalen Weg eines neuen Reichstages. Er wünschte, ihn diesmal in einem Gebiet abzuhalten, das von Reformation und Bauernaufstand weniger als Nürnberg oder die Rheinstädte berührt war. Der Kaiser berief daraufhin den Reichstag zum 11. November 1525 nach Augsburg[32]. Das Echo darauf war kläglich. Den wenigen Fürsten und Gesandten, die erschienen waren, blieb nichts anderes übrig, als den Reichstag abzubrechen und auf den 1. Mai 1526 wieder nach Speyer zu vertagen. Auch diesmal erschien der Kaiser nicht, obwohl Ferdinand darauf drängte. Trotz des glänzenden Sieges bei Pavia (24. Februar 1525), der König Franz I. zu seinem Gefangenen machte, meinte Karl V., den Süden nicht verlassen zu können. Das war nicht unbegründet. Nach Frankreich zurückgekehrt, erklärte Franz I. sich von den Bedingungen des Madrider Friedens frei. Und am 22. Mai 1526 schloß er in seinem Geburtsschloß Cognac mit Papst Clemens VII., der Republik Venedig und den Sforza in Mailand die „Heilige Liga“ gegen Spanien. Ende März hatte Erzherzog Ferdinand erfahren, daß es ganz ungewiß sei, ob und wann der Kaiser zum Reichstage würde kommen können. So beeilten auch er und nach seinem Vorbild andere Fürsten sich nicht, in Speyer zu erscheinen. Erst am 25. Juni konnte der Reichstag eröffnet werden. Er wurde in drei Kurien (Kurfürsten, Fürsten, Städte) eingeteilt, die durch eine Proposition des Kaisers ihr Beratungsprogramm erhielten. An der Spitze stand die Frage, wie man es mit der Kirche und den Glaubensangelegenheiten bis zu einem freien Konzil halten solle[33]. Das war der wichtigste Gegenstand des

---

[30] Briefe von Mitte April und 23. April 1526, WAB 4; 54. 62. Die Auflage wurde eingestampft. Ebd. 62, Anm. 1. WA 19; 255.

[31] 15. Mai 1526, WAB 4; 78,14 ff. Dazu die Instruktion Georgs für eine Gesandtschaft an den Kurfürsten, ebd. 79, Anm. 1. Geß, Akten, Bd. 2, 500 ff.

[32] Zum Augsburger Reichstag s. Friedensburg, Gotha-Torgauer Bündnis (s. Anm. 3), 64 ff.

[33] Wortlaut bei Friedensburg, Reichstag zu Speier (s. Anm. 8), 523 ff., dazu 217 ff.

Reichstages. Deshalb hatte Ferdinand vom Kaiser eine Geheiminstruktion[34] erhalten: Wenn die Religionsdebatte eine Entwicklung nehme, die den Absichten des Kaisers widerspreche, solle er jede weitere Verhandlung abbrechen. Der Kaiser wolle nach Italien reisen und mit dem Papst über ein allgemeines Konzil sprechen, das die Ketzerei ausrotten und alle Mißstände und Beschwerden behandeln solle. Dann werde er nach Deutschland kommen und seine Pflicht als christlicher Kaiser erfüllen. Bis dahin solle der Reichstag nichts beschließen, was dem Herkommen, der Lehre und Ordnung der Kirche zuwider sei. Ein Konzil werde dann eine einhellige christliche Reformation vornehmen. Aus partikularen Abmachungen entstehe nur Verwirrung und Ungehorsam[35].

Die drei Kurien des Reichstags, vor allem die der Städte, hatten die Kirchenfrage so energisch in Angriff genommen und so viele Reformwünsche zur Sprache gebracht, daß Erzherzog Ferdinand schon bei der ersten Sitzung des „Großen Ausschusses", in dem Vertreter aller Kurien saßen, am 2. August seine Geheiminstruktion bekanntgab. Die Empörung darüber war groß. Man beriet in den Kurien und einigte sich schließlich auf eine von der Kurfürstenkurie vorgeschlagene Formulierung: Man berate vorläufig über die Türkenfrage, werde aber bei der Beratung der kirchlichen Angelegenheiten sich der Instruktion erinnern, „und ein jeder Stand in diesen Dingen sich so erzeigen, wie er es gegen Gott, auch Kaiser und Reich werde verantworten können"[36]. Diese Formel war schwer zu beanstanden. Sie zieht sich durch weitere Erklärungen bis in den Reichstagsabschied vom 27. August 1526: „Demnach haben wir (die kaiserlichen Kommissare), auch Kurfürsten, Fürsten und Stände des Reichs und derselben Botschaften uns jetzo allhie auf diesem Reichstag einmütiglich verglichen und vereiniget, mittler Zeit des concilii oder Nationalversammlung . . . mit unsern Untertanen ein jeglicher in Sachen, so das Edict durch Kaiserliche Majestät auf dem Reichstage zu Worms gehalten ausgangen belangen möchten, für sich also zu leben, zu regieren und zu halten, wie ein jeder solches gegen Gott und Kaiserliche Majestät hoffet und vertraut zu verantworten."[37] Diese Worte enthalten nicht, wie Ranke formuliert hat, „die gesetzliche Grundlage der Ausbildung der deutschen Landeskirchen"[38]. Ihr juristischer Kern ist der Widerspruch gegen einen kaiserlichen Absolutismus, wie er in der Geheiminstruktion an Erzherzog Ferdinand steckte. Sie sind kein Freibrief zur Einführung der Reformation, son-

---

[34] Ebd. 371 ff.

[35] Ebd. und ders., Reformation (s. Anm. 8), 188 ff. 195.

[36] Ders., Reformation (s. Anm. 8), 183.

[37] Ders., Reichstag zu Speier (s. Anm. 8), 379. 462 ff.; ders., Reformation (s. Anm. 8), 187 f.

[38] Ranke, Deutsche Geschichte (s. o. S. 48 Anm. 106), Bd. 2, 290. Friedensburg, Reformation (s. Anm. 8), 195 lehnt Rankes Deutung mit Recht ab. Aber wenn er die Erklärung nur als eine unverfängliche Vertagungsformel ansieht, so wird der Spielraum nicht deutlich, den die Reichsstände dem Kaiser gegenüber nicht nur jetzt, sondern auch im Blick auf später für ihre eigene Verantwortung in Anspruch nahmen.

dern ein Vorbehalt gegen die Unterdrückung der religiösen Bewegung durch das Strafgesetz des Wormser Edikts, das vom Kaiser als Waffe im geistigen Ringen gewählt worden war. Der Reichstagsabschied von Speyer bedeutete keine prinzipielle Toleranz, wohl aber ein Bekenntnis zur Freiheit der zunächst Verantwortlichen, der Landesherren und Stadträte, den evangelisch Gesinnten Schutz zu gewähren.

Damit war die Religionsfrage im Reich vorläufig zum Stillstand gekommen. Eine vom Reichstag beschlossene Gesandtschaft des Speyrer Reichstages war noch im Mai des nächsten Jahres nicht abgegangen. Das lag nicht nur an der Schwierigkeit der Sache oder böser Absicht, sondern auch daran, daß sich eine andere Angelegenheit in den Vordergrund des Geschehens geschoben hatte: die Türkengefahr, die schon zwei Tage nach dem Reichstagsabschied durch die unglückliche Schlacht bei Mohacs und den Tod König Ludwigs von Ungarn am 29. August 1526[39] unmittelbar zu den Grenzen des Reiches vorstieß. Erzherzog Ferdinand, der zu Ludwigs Nachfolger gewählt worden war, mußte seine Kraft zunächst von den Reichsaufgaben auf seine neuen Interessen verlagern. Zwei neue Reichstage, die vom Reichsregiment im Herbst 1526 nach Eßlingen einberufene Fürstenversammlung und der schwach besuchte vom Mai 1527 in Regensburg, waren ganz von der Türkengefahr beherrscht[40]. Während dieser Pause innerhalb der großen Religionspolitik verschärften sich die Gegensätze. Beide Seiten rechneten mit der Möglichkeit, daß es zu einer gewaltsamen Lösung kommen könne. In dieser Situation erhielt der aktivste unter den evangelischen Fürsten, Landgraf Philipp von Hessen, geheime Warnungen, daß man bei den katholischen Ständen Pläne zu einem gewaltsamen Vorgehen gegen die lutherisch gesinnten schmiedete. Die ersten Nachrichten kamen aus vertrauenerweckender Quelle, der Umgebung seines Schwiegervaters, Herzog Georgs von Sachsen, von dessen Vizekanzler und geheimem Rat Otto von Pack[41]. Der Landgraf konnte nicht ahnen, daß er einem gewiegten, äußerst geldbedürftigen Gauner zum Opfer fiel, wenn er ihm geheimnisvolle Andeutungen abnahm, daß katholische Reichsstände zu scharfem Vorgehen auf dem nächsten Reichstage zusammen mit dem Kaiser gegen die evangelischen Fürsten entschlossen seien. Philipp glaubte an diese Mitteilungen um so mehr, als sie seinen eigenen Befürchtungen entsprachen. Außerdem machte Pack ihm vertrauliche Eröffnungen über ein gegen die evangelischen Reichsstände gerichtetes Bündnis,

---

[39] S. o. S. 519.

[40] Friedensburg, Reichstag zu Speier (s. Anm. 8), 470ff. J. Kühn, Die Geschichte des Speyrer Reichstags 1529, SVRG 146 (Leipzig 1929), 20ff.

[41] W. Friedensburg, Art. Otto v. Pack, in: ADB Bd. 25 (1887), 60ff. WAB 5; 10f. Über die mit ihm verbundenen Ereignisse grundlegend: K. Dülfer, Die Packschen Händel. Darstellung und Quellen, VHKHW 24/3 (Marburg 1958). Aus der älteren Literatur vor allem: J. Kühn, Landgraf Philipp von Hessen. Der politische Sinn der sogenannten Packschen Händel. In: Staat und Persönlichkeit. Fschr. E. Brandenburg (Leipzig 1928), 107ff.

545

das König Ferdinand mit Herzog Georg von Sachsen, den Herzögen von Bayern, den Kurfürsten von Brandenburg und Mainz und einer Reihe von geistlichen Fürstentümern am 15. Mai 1527 in Breslau geschlossen habe[42]. Um sicher zu gehen, wünschte der Landgraf bei einer Begegnung in Dresden im Februar 1528, das Original zu sehen, wie Pack ihm versprochen hatte. Pack legte ihm aber nur eine mit herzoglich-sächsischen Siegeln versehene, angeblich „glaubhafte Kopie" vor, die für Herzog Georg hergestellt sei. In der Meinung, daß sie im Text dem Original entspreche, ließ Philipp sie für sich abschreiben. Was er in der von Pack frei fabrizierten Urkunde zu lesen bekam, war besorgniserregend genug. Nach der endgültigen Festigung der Herrschaft König Ferdinands in Ungarn wollten die Breslauer Bundesgenossen sich gegen die Fürsten und Städte wenden, die den Lutheranern Schutz gewährten. Ihre Territorien sollten verteilt, Luther und alle abtrünnigen Geistlichen, Mönche und Nonnen sollten auf ein vom Kaiser aus Spanien kommendes Mandat hin ausgeliefert werden. Wenn die lutherischen Landesherren sich weigerten, sollte zu einem von Ferdinand drei Monate vorher bestimmten Termin der Angriff von allen Mitgliedern des Breslauer Bündnisses gleichzeitig eröffnet werden[43]. Landgraf Philipp und Kurfürst Johann einigten sich auf diese bedrohlichen Nachrichten hin, die sie als Wahrheit ansahen, über Schritte zur Verteidigung. Am 9. März 1528 schlossen sie in Weimar einen Bündnisvertrag, der die Stärke der beiderseitigen Truppenkontingente und ihre Vereinigung spätestens auf den 1. Juni 1528 festlegte. Dann wollten sie über den Kriegsplan näher beraten[44].

Um sein Gewissen zu sichern, erbat Kurfürst Johann von Luther eine Äußerung zu dem Weimarer Bündnis. Daraus entwickelte sich ein denkwürdiger Meinungsaustausch über den gerechten oder ungerechten Krieg. Luther antwortete umgehend und ausführlich; so bewegte ihn die Frage[45]. Daß der Kurfürst sich gegen andere Fürsten, die ihn angreifen, wehren und seine Untertanen beschützen dürfe, machte er kurz ab: Das ist selbstverständlich, denn sie haben kein Recht über ihn. Aber wie, wenn sie sich auf einen kaiserlichen Befehl berufen? Dann soll er es nicht glauben, sondern sich an die vom Kaiser gemachten Zusagen, sein gnädiger Herr zu sein, halten. Auf das Wormser Edikt kann man sich gegen ihn nicht berufen. Es ist kein von den Reichsständen bewilligtes Gesetz, ja nicht einmal ein Mandat des Reiches und des Kaisers, sondern der Pfaffen, dazu auf den Reichstagen von Nürnberg und Speyer aufgehoben. Auf jeden Fall hat der Kurfürst die Möglich-

---

[42] Über den Breslauer Fürstentag vgl. Kühn, Philipp von Hessen (s. Anm. 41), 108 ff.
[43] Dülfer, Die Packschen Händel (s. Anm. 41) 61 ff.
[44] Der Weimarer Vertrag vom 9. März 1528 ist (mit einem Ergänzungsvertrag vom 2. Mai) gedruckt von G. Mentz, Zur Geschichte der Packschen Händel, in: ARG 1 (1903), 172 ff., bes. 174 ff. Dazu Dülfer, Die Packschen Händel (s. Anm. 41), 74 ff.
[45] An Kanzler Brück 28. März 1528, WAB 4; 421–424. Zum Folgenden bis zum Mai 1528 vgl. Dülfer, Die Packschen Händel (s. Anm. 41), 163 ff. (Die Gutachten der Reformatoren).

keit, gegen gewaltsames Vorgehen der anderen Fürsten zu appellieren und zu protestieren[46]. „Angreifen aber und mit Krieg solchem Rat der Fürsten zuvorkommen wollen, ist in keinem Weg zu raten, sondern aufs allerhöhest zu meiden. Denn da stehet Gottes Wort: ‚Wer das Schwert nimmet, der soll durchs Schwert umbkommen.'" „Kein größer Schande könnte dem Evangelio geschehen; denn hieraus würde nicht ein Bauernaufruhr, sondern ein Fürstenaufruhr, die Deutschland zu Boden verderben würde, welches auch der Satan gern sähe."[47] Luther faßte sogar die Möglichkeit ins Auge, daß der Landgraf nicht in den Verzicht auf einen Angriffskrieg einwilligen würde. Dann sei der Kurfürst „nicht schuldig zu halten des Verbündnis; denn man muß Gott gehorsam sein mehr denn Menschen"[48].

Landgraf Philipp, dem der Kurfürst das Gutachten Luthers zugeschickt hatte, antwortete zunächst mit dem Einwand, daß Luther offenbar nicht genau unterrichtet sei. Er beteuerte noch einmal, daß er den Breslauer Bündnisvertrag gelesen habe und demnächst im Original zu bekommen hoffe[49]. Er befürchtete danach ernstlich, daß Gottes Wort unterdrückt, viele Leute verjagt oder gehängt, die Prediger vertrieben werden würden. Daraus leitete er das Recht zu Präventivmaßnahmen ab. „Ich frag aber Martinum gutiger Meinung, ob's besser sei, daß wir das Haus brennen lassen und löschen, oder ob's besser sei, dem Feuer zu wehren, daß es nit brenne?" Und wenn die Obrigkeit ihre Untertanen schützen soll, „so frage ich nu, ob ich mein Untertan schutzen soll tot oder lebendig, verjagt oder unverjagt? Soll ich sie tot schutzen, so hulf sie mein Schutzen gar nichts."[50] Außerdem würden die Feinde die Landsknechte, welche der Kurfürst und er jetzt noch hätten, und sichere Plätze in die Hand bekommen. Luther werde das für Überlegungen der Vernunft erklären. „Aber er muß dennocht auch darneben bekennen, daß uns Gott darumb Vernunft und Nachdenken geben hat, daß wir sie sollen zu unsern Untertanen auch gebrauchen." Und auch Luthers Ratschlag sei „nit gar ohn Vernunft und weltlich Weisheit"[51]. Besonders entschieden wies er Luthers Wort vom „Fürstenaufruhr" zurück; es handele sich um bloße Notwehr. Aber er wolle es ihm verzeihen; ebenso auch, daß er den Bruch des Bündnisses durch den Kurfürsten als erlaubt bezeichnet habe[52]. Immerhin erklärte Philipp sich zu einem Treffen mit König Ferdinand und seinen Breslauer Bundesgenossen bereit, bei dem eine friedliche Regelung und eine Si-

---

[46] WAB 4; 423,56 ff. In Weimar verabredeten im März die Fürsten, durch eine Gesandtschaft an den Kaiser und entsprechende Schreiben an das Reichsregiment, das Reichskammergericht und den Schwäbischen Bund ihre Beschwerden über die katholischen Stände vorzutragen und ihre Vorsichtsmaßnahmen zu rechtfertigen. Dülfer, Die Packschen Händel (s. Anm. 41), 78.

[47] WAB 4; 423,64 ff. 83 ff.

[48] Ebd. 423,87 f.

[49] 12. Apr. 1528, ebd. 425,1 ff.

[50] Ebd. 425,11 ff. 426,22 ff. 35 ff. 427,83 ff.

[51] Ebd. 427,62 ff. 69 f.

[52] Ebd. 427,94 ff. 428,98 ff. 130 ff.

cherung für die freie Predigt in den evangelischen Territorien beraten werden sollte[53].

Auf den Brief des Landgrafen hin lud Kurfürst Johann zu einer neuen Zusammenkunft am 28. April 1528 in Weimar ein, an der auch Luther und Melanchthon teilnehmen sollten. Beide verfaßten dort gemeinsam eine Antwort auf die Erklärung Philipps[54]. Sie hielten daran fest, daß keinesfalls ein Angriff von evangelischer Seite geführt werden dürfe; man müsse vor allem nach Mitteln zur Verständigung suchen. Die Logik des Landgrafen, daß man einem zu erwartenden Angriff zuvorkommen müsse, weil es sonst zu spät sei, lehnten sie ab. ,,Solchs zu raten und untertäniglich anzuzeigen, zwingt uns unser Gewissen. Denn wir uns trefflich (sehr) besorgen, der Satan versuche uns mit dieser Anfechtung, ob er mocht aus uns neue und ärger Muntzer und Pfeyffer[55] machen. Es ist gar ein unträglich Ding umb ein Gewissen fur Gott, so zum Blutvergießen Rat und Hulfe tut, so man doch nicht gewiß ist, daß Gott geheißen oder erlaubt habe etc. Nu kann man wohl gewiß sein, daß Gott heiße dem Kriege oder Aufruhr wehren und die Untertanen schutze. Aber Krieg anfahen und andere angreifen kann man nicht gewiß sein, daß Gott gefalle. Sondern vielmehr ist's gewiß, daß ihm nicht gefalle.'' Man sollte darum mit den Gegnern durch Mittelsleute verhandeln. Wenn sie sich nicht zum Frieden bereit erklärten, so sei das eine Fehdeansage. ,,Alsdenn ist's Zeit, sich zu wehren und schirmen.''[56] Die Fürsten ließen sich von den Bedenken der Reformatoren überzeugen und änderten daraufhin den Weimarer Vertrag ab: Der Angriff von ihrer Seite sollte unterbleiben, der Kaiser zuerst um ein Friedensgebot und die katholischen Gegner um friedliches Verhalten ersucht werden. Die Reformatoren fügten noch hinzu: Man solle jetzt noch kein Kriegsvolk versammeln, es ließe sich dann doch nicht still halten; man solle andere Reichsstände um Vermittlung bitten und die Sache vor den Reichstag bringen[57]. Der Widerstand der Reformatoren – nach Luther und Melanchthon hatte sich auch Bugenhagen geäußert – hat die evangelischen Fürsten vor den Folgen der Unbesonnenheit des Landgrafen bewahrt. Luther und Melanchthon konnten mit Recht ihre Freude bekunden, als sie erfuhren, daß das Reichsregiment bereits in einem Mandat vom 16. April unter Androhung schwerer Strafen ein Friedensgebot erlassen hatte. Sie warnten dringend davor, es zu mißachten, und scheuten sich nicht, dem Kurfürsten Anfang Mai zu erklären, sie würden, obwohl es sie ,,ewiglich jammern'' würde, in diesem Falle das Land des Kurfürsten, der sie ernährt und be-

[53] Ebd. 429,141 ff.
[54] Ebd. 430 ff.
[55] Heinrich Pfeiffer, mit Müntzer Führer des Aufstands in Mühlhausen; s. o. S. 160 ff.
[56] WAB 4; 432,39 ff.56.
[57] Ebd. 433 ff. Das dort abgedruckte Gutachten besteht aus zwei Teilen; die Zusätze der Reformatoren sind gesondert numeriert. Dülfer, Die Packschen Händel (s. Anm. 41), 106. WAB 4; 434.

schirmt habe, verlassen[58]. In einer Reihe von Briefen beschworen sie ihn, die
Gelegenheit zum Friedensschluß nicht zu versäumen oder durch hohe Forderungen von Kostenerstattungen zu vernichten[59].

Luther bezweifelte dabei die Mitteilungen Packs über das Breslauer Bündnis keineswegs[60]. Im Gegenteil, gerade weil er sie ernst nahm, wandte er sich
so scharf gegen Philipps Plan eines Präventivkriegs. In einer Schrift gegen den
Bischof von Meißen, der den Empfang des Abendmahls unter beiderlei Gestalt verboten hatte, sprach er andeutend von „verräterischen Anschlägen
und Bündnissen" gegen die „lutherischen Fürsten"[61]. Und in einem Brief
vom 14. Juni 1528 an seinen Freund Wenzeslaus Link in Nürnberg wandte er
sich scharf gegen die Versuche Herzog Georgs, das Bündnis abzuleugnen[62].
Der Brief wurde dem Herzog auf unbekanntem Wege in die Hand gespielt und
erregte begreiflicherweise seinen heftigen Zorn, da er wußte, daß das
Breslauer Bündnis eine Erfindung Packs war, während Luther an die Echtheit der Urkunde glaubte. Luther hielt „den Bauern", seinen „Erzfeind",
für den Verfasser[63]. Der Herzog sandte einen Boten an Luther, er solle diesem umgehend eine schriftliche Äußerung mitgeben, ob er den in Abschrift
beiliegenden Brief an Link geschrieben habe, damit er sich danach richten
könnte[64]. Luther verbat sich kurzerhand, daß der Herzog ihn wie einen Be-
diensteten oder Gefangenen behandele, der auf seine Befehle warten müsse.
Er möge ihn mit solchen Zetteln oder Abschriften unbehelligt lassen. Er
werde sich bei den Leuten, die ihm solche Zettel „zugericht und gereicht"
hätten und ihm näher stünden als Luther, besser und ohne sein Zutun erkundigen können, von wem der Brief sei[65]. Herzog Georg wandte sich daraufhin
an Kurfürst Johann und verlangte von ihm, er solle Luther zu einer anderen
Antwort veranlassen[66]. Auf die Bemühung des Kurfürsten hin erklärte Luther in einem Brief vom 25. November, daß er es bei seiner ersten Antwort an
Georg bleiben lassen wolle. Nachdem der Kurfürst mit Luthers Einver-

[58] WAB 4; 448,4ff. 449,50ff.
[59] Ebd. 449,67ff. 451. 452f.
[60] Noch in einem Tischgespräch vom 23. April 1538 erzählte er, daß Pack ihn überzeugt habe,
WATR 3; Nr. 3850; 658,37f.
[61] Ein Bericht an einen guten Freund von beider Gestalt des Sakraments aufs Bischofs zu Meißen Mandat, WA 26; 563,19.
[62] WAB 4; 483f.
[63] An Joh. Heß 13. oder 14. Juni 1528, ebd. 480,10ff. An Link 14. Juni 1528, ebd. 497,25ff.
„Bauer" griechischer Spitzname für Herzog Georg.
[64] 28. Okt. 1528, ebd. 593f.
[65] 31. Okt. 1528, ebd. 596. Auch abgedr. in Luthers unten genannter Schrift „Von heimlichen und gestohlen Briefen" (1529), WA 30/2; 25. Damit ist nicht gesagt, daß er den Brief als
Fälschung hinstellen will, gegen WAB 4; 596, Anm. 3. Dazu äußert er sich nicht, sondern er
weist die herrische Tonart Georgs zurück. Er soll ihn mit solchen Anfragen verschonen und sich
an seine Gewährsleute halten.
[66] Kurfürst Johann an Luther 2. Dez. 1528, WAB 4; 619. Kanzler Brück an Luther 4. Dez.
1528, ebd. 620.

ständnis in diesem Brief einige geringe Änderungen angebracht hatte, sandte er ihn am 4. Dezember an Herzog Georg ab. Dieser hatte nun in der Tat aus Nürnberg eine Bestätigung erhalten, daß Luthers Brief an Link echt sei. Er gab daraufhin sofort eine kleine Flugschrift in einer Auflage von 8000 Exemplaren heraus, in der er sowohl Pack anklagte, daß er das Breslauer Bündnis erfunden habe, wie Luther, daß er Herzog Georg und die anderen angeblichen Bündnisgenossen deshalb öffentlich und privat angegriffen habe. Herzog Georg sandte Kurfürst Johann eine größere Anzahl, damit sie angeschlagen würden. Der Kurfürst wiederholte darauf seine Bitte an Georg, ihm mit Sachen, die Luther beträfen, zu verschonen, erlaubte dem herzoglichen Boten aber, die Flugschrift anzuschlagen, wo er wolle. Und Luther, der von der bevorstehenden Schrift Georgs wußte, schrieb dem Kurfürsten am 31. Dezember 1528, er möge sich seinetwegen keine Sorgen machen. Vielmehr solle er sich erbieten, Luther vor Gericht zu stellen. Er wolle lieber seinen Hals daran setzen, als daß der Kurfürst auch nur um Haaresbreite in Gefahr geriete[67].

Ehe die Flugschrift Herzog Georgs in den Buchhandel kam, erhielt Luther bereits ein Exemplar. So konnte er in großer Eile eine Antwort schreiben, die schon zusammen mit der Schrift Herzog Georgs bei der Neujahrsmesse 1529 vorlag[68]. Der Titel „Von heimlichen und gestohlen Briefen, samt einem Psalm ausgelegt, wider Herzog Georgen zu Sachsen" zeigt schon an, worauf er zielte: „Was tut mein lieber Herzog George? Er nimpt nicht allein meine heimlich gestohlene Briefe an, die ihm nicht gebühren zu haben (der Brief an Link), welches ich noch leiden künnte. Sondern poltert und stolzet daher und fordert sie von mir selbs und will bei mir ein Herr über meine heimliche Briefe sein, so er doch nicht eines Hellers Wert uber mich leiblich herrscht." Darüber hinaus verlange er noch die Mithilfe von Kurfürst Johann, dem Rat von Nürnberg und Wenzeslaus Link, daß sie ihm Luthers Geständnis oder das Original seines Briefs besorgten[69]. Lag ihm zunächst daran, das unwürdige Vorgehen Herzog Georgs aufzudecken, so wollte er doch zugleich sein Verhältnis zu ihm im ganzen klarstellen. Es ist das Verhältnis einer ehrlichen Feindschaft. „Summa: offentlich halte und weiß ich, daß Herzog George meiner Lehre Todfeind ist. Das bekennet er mit Freuden und will des Ehre und Ruhm haben, wie er denn hat. So weiß ich fur mich, daß meine Lehre Gottes Wort und Euangelion ist. Das leuket (leugnet) er und ist auch gehalten fur der Welt also, wie er leuket. Draus muß folgen, daß er nichts Guts von mir gedenkt und ich mich widderumb keines Guts zu ihm versehen kann."[70] Und doch gibt es Brücken über die Feindschaft hinweg. Obwohl der Herzog sein Feind ist, denkt er nicht daran, ihm oder anderen solchen Oberherrn zu fluchen. „Sondern ich weiß, daß man sie segenen und fur sie

---

[67] Ebd. 629,20ff.
[69] Ebd. 31,11–27.

[68] WA 30/2; 10.
[70] Ebd. 39,12ff.

beten soll, sie (be)dürfen's auch wohl."[71] Ebenso bleibt den Evangelischen auch das Recht zur Bitte an Herzog Georg und seinen Anhang, „sie wollten einmal aufhören und unser Lehre mit Frieden lassen". Dabei beruft Luther sich auf den Abschied des Reichstages von Speyer 1526[72]. Bei alledem stehe dem Herzog auch der Weg des Rechts offen. Luther respektiert den Herzog nicht als seinen Herrn, aber als seinen Ankläger und Widersacher[73]. Um den Horizont aufzudecken, in dem sein Kampf mit dem Herzog sich abspielt, schließt er die kleine Schrift mit einer Meditation über den 7. Psalm. In ihm findet er alles wieder, was ihn jetzt bewegt: Gott als den Richter über seine Feinde, aber auch über ihn selbst; seine Gegner, die ihn zerreißen möchten wie die Löwen (V.3), oder die, welche mit Unglück für ihn und die Seinen schwanger gehen. Aber sie werden eine Fehlgeburt zur Welt bringen und in die Grube, die sie graben, selbst hineinfallen (V.15ff.). Mit einem Gebet der Stärke und Zuversicht schließt er die kleine Streitschrift ab: „Laßt doch sehen, was der Teufel sampt seinen Wüterichen und Buben könne ausrichten. Der Friede ist ja bei uns. Sie aber wollen nicht Friede haben. Wohlan, so haben sie Unruge und was dieser Psalm dräuet."[74]

Luther erhielt für seine Schrift einen unerwarteten Beifall: einen Brief von Pack, den der Landgraf nach langen Verhandlungen über das fehlende Originaldokument im Mai 1528 in Haft genommen hatte, um sich des wichtigen Zeugen zu versichern[75]. Pack schrieb jetzt einen überschwenglich freundschaftlichen Brief an Luther, offenbar beflügelt von dem Bewußtsein, nun mit ihm in Herzog Georg einen gemeinsamen Gegner zu haben. Er verband Luthers Sache mit der seinen: „Du wirst in Kürze die offene und wirkliche Wahrheit und zugleich meine Unschuld zu sehen bekommen." Er habe nie einen Menschen täuschen, geschweige denn Krieg und Aufruhr anstiften wollen[76]. Luther ahnte nicht, was für ein zweifelhafter Bundesgenosse Pack war, dessen angeblichen Enthüllungen er ebenso vertraut hatte wie Landgraf Philipp. Im übrigen aber fand er offenbar mit seiner Streitschrift wenig Zustimmung. Ein Brief Amsdorfs war eine Ausnahme, die ihm wohltat[77]. Den meisten war wohl sein Ton einem so mächtigen Fürsten gegenüber zu scharf. Er unterließ es dann auch, dem Herzog noch einmal zu antworten[78]. Die Packschen Händel entwickelten sich schließlich zu einer Tragödie für ihren Urheber. Es war zunächst ein Glück für ihn, daß er sich im Gewahrsam Philipps befand, der ihm das Leben zugesichert hatte und die Forderungen Her-

[71] Ebd. 40,29f.
[72] Ebd. 41,17, 43,11ff.
[73] Ebd. 42,11ff.
[74] Ebd. 44,3–48,8. 48,5ff.
[75] Dülfer, Die Packschen Händel (s. Anm. 41), 133ff.
[76] Kassel 23. Jan. 1529, WAB 5; 11,7ff.
[77] 12. Feb. 1529, ebd. 17,1ff.
[78] Ebd. 17,5 (auch Z. 9). 28,5.

zog Georgs und seiner Bundesgenossen, ihn auszuliefern, ablehnte. Philipp wollte nicht wortbrüchig an ihm werden und konnte ihn zur Entschuldigung seines eigenen Verhaltens gebrauchen. Als sich beide Seiten, die Gruppen um Herzog Georg und um Landgraf Philipp, nicht über ein Verfahren gegen Pack einigen konnten, ließ der Landgraf ihn kurzerhand frei, nachdem er Urfehde geschworen und versprochen hatte, sich einer neuen rechtlichen Verhandlung zu stellen. Pack fand keine sichere Zuflucht mehr. Überall folgten ihm die Auslieferungsanträge Herzog Georgs. Man erzählte sich sogar, daß ihm von Kurfürst Johann und Luther Unterkunft in Wittenberg angeboten sei. Der Kanzler Brück wies dieses Gerede mit Spott zurück: Man wisse doch wohl, daß der Kurfürst Dr. Martin Luther „noch nie zum Präsidenten seiner Kurfürstl. Gnaden Gerichts" verordnet habe[79]. Nach langen Irrwegen wurde Pack 1536 in den Niederlanden aufgegriffen und auf Verlangen Herzog Georgs vor das Gericht der Königin Maria, einer Schwester Karls V., gestellt. Nachdem er unter der Folter gestanden hatte, das Breslauer Bündnis erfunden zu haben, wurde er am 8. Februar zum Tode verurteilt und sofort hingerichtet[80].

Daß durch einen geldgierigen Urkundenfälscher Wirrungen entstehen konnten, die nahe an den Ausbruch eines Krieges führten, zeigt die politischen Spannungen an, die über dem Reich lagen. Sie erhöhten sich dadurch, daß die beiden wichtigsten Träger der Reichsgewalt, der Kaiser und sein Bruder Ferdinand, in außenpolitischen Verwicklungen steckten, die sie nicht zu schnellem Handeln in der Kirchenfrage kommen ließen. Luther wußte von diesen Dingen natürlich nur vom Hörensagen. Am 10. Dezember 1527 faßte er in einem Briefe an Justus Jonas sein Wissen zusammen: „Bei uns geht das Gerücht, daß der Kaiser sich mit dem Papst und dem Franzosen ausgesöhnt hat und daß der Engländer und die Venezianer darin eingeschlossen sind. Der Türke soll einen gewaltigen Heereszug planen, ungewiß ob nach Apulien oder nach Ungarn. Wenn nach Ungarn, dann wird er sicherlich Deutschland in Angst versetzen und Ferdinand in die Flucht jagen."[81] Man war also in großen Zügen unterrichtet. Der Papst, der im Mai 1527 vor den plündernden kaiserlichen Landsknechten in die Engelsburg geflüchtet war, durfte mit stillschweigender Duldung des Kaisers entwischen und wurde durch einen in Barcelona am 26. November 1527 geschlossenen Vertrag wieder in sein Amt und in die Herrschaft über seinen weltlichen Besitz eingesetzt. Er versprach dafür die Einberufung des Konzils. Damit wurden für kurze Zeit auch die Forderungen von Frankreich und England befriedigt, die sich nach langem Streit miteinander verbündeten. Am Anfang des Jahres 1528 kam es schon zu ihrer gemeinsamen Kriegserklärung gegen den Kaiser. Damit wurde Karl V. wieder auf längere Zeit durch den Kampf um Italien gefesselt. In wechselvol-

---

[79] H. Becker, Zur Geschichte der Packschen Händel, in: ARG 8 (1910/11), 400 f.
[80] Dülfer, Die Packschen Händel (s. Anm. 41), 162.
[81] WAB 4; 295,57 ff.

lem Ringen gelang es schließlich, Frankreich aus Italien zu vertreiben. Der „Damenfriede" von Cambrai (5. August 1529), der durch die Vermittlung von Karls Tante Margareta, der Statthalterin der Niederlande, und Luise von Savoyen, der Mutter Franz' I., zustande kam, machte schließlich dem langen Ringen ein Ende.

In den Jahren davor sah Karl V. keine Möglichkeit, zur Regelung der Religionsfrage und anderer Reichsprobleme nach Deutschland zu kommen, obwohl sein Bruder Ferdinand ihn seit langem dazu drängte. Dieser stand unter der Last schwerer politischer Aufgaben. Nachdem ihm schon die böhmische Königswürde nach dem Tode seines in der Schlacht bei Mohacs gefallenen Schwagers übertragen worden war, fiel ihm bald auch dessen ungarisches Erbe zu. Er wurde am Ende des Jahres 1526 zum König gekrönt, allerdings zunächst gegen einen kurz zuvor gewählten Gegenkönig, den Woiwoden von Siebenbürgern Johann Zápolya. Es gelang ihm, diesen zu verjagen und auch – am 3. November 1527 – die ungarische Krone zu erwerben. Damit stand er unter dem unmittelbaren Druck des angriffslustigen türkischen Nachbarn. Er bedurfte in dieser Lage der Rückendeckung aus dem Reich: sowohl der Lösung der religiösen Frage, die jederzeit zu offenen Konflikten zwischen Reichsständen führen konnte, wie auch der finanziellen Türkenhilfe. Ein für das Frühjahr 1527 von ihm als Statthalter des Kaisers einberufener Reichstag kam nicht zustande; er konnte ihn nicht einmal selbst besuchen. Der für das Frühjahr 1528 erneut angesetzte Reichstag wurde vom Kaiser ohne Wissen seines Bruders und des Reichsregiments abgesagt und erst auf den 21. Februar 1529 neu nach Speyer einberufen. Gleichzeitig teilte er aber mit, daß er mit Rücksicht auf die französische Gefahr nicht werde teilnehmen können[82].

Damit stand der Reichstag von Anfang an unter der Spannung zwischen den politischen Interessen der beiden habsburgischen Brüder. König Ferdinand brauchte den Reichstag dringend, Karl V. konnte ihn nicht gebrauchen, wenigstens jetzt nicht. Er wollte zuerst den Frieden mit England und Frankreich und die Sicherheit seiner Herrschaft in Italien wiederherstellen. So konnte ihm nichts daran liegen, die Gegensätze im Reich durch schroffes Vorgehen zu verschärfen. Da der Reichstag aber nicht mehr zu vermeiden war, suchte er ihn zu verzögern und die Gegensätze abzumildern. Ein glücklicher Zufall spielte Ferdinand den Ball zu, mit dem er die Verhandlungen des Reichstags in seinem Sinn in Gang bringen konnte. Als er den Reichstag eröffnen wollte, fehlte noch die übliche Proposition, welche die Verhandlungsgegenstände bestimmte und die Meinung des Kaisers dazu kundtat. Wie sich erst viel später herausstellte, war das Schiff mit den kaiserlichen Boten und Urkunden wochenlang durch Stürme am Auslaufen aus dem spanischen Hafen verhindert worden[83]. Ferdinand nutzte die Verlegenheit, um dem

---

[82] RTA Bd. 7/2, 1073 ff. Dazu Kühn, Speyrer Reichstag (s. Anm. 40), 23 f.

[83] J. Kühn, Wer trägt die Verantwortung an der Entstehung des politischen Protestantismus?

Reichstag die von ihm gewünschte Richtung zu geben. Er ließ eine Formulierung seiner eigenen politischen Wünsche als Proposition für die Arbeit des Reichstags verlesen[84]. Sie gab sich zwar nicht als eine Willenserklärung des Kaisers selbst, sondern nur des Statthalters und der bestellten Kommissare. Aber sie erweckte den Anschein, als ob sie im unmittelbaren Auftrage des Kaisers spreche. Ihr Kernpunkt ist die Verknüpfung der Türkengefahr mit der Religionsfrage. Ohne inneren Frieden gibt es keine Verteidigung der Christenheit gegen die Türken. Ferdinands Proposition lockte: Wenn man jetzt den religiösen Streit begrabe, werde in einem oder anderthalb Jahren ein Generalkonzil, dem der Papst dem Kaiser gegenüber zugestimmt habe, oder mindestens eine Nationalversammlung gehalten werden[85]. Und zugleich drohte sie: Wenn sich einer der Reichsstände dem „fremden Glauben oder den neuen Sekten" ergebe, werde er es mit dem Verlust seiner Regalien, Lehen und Freiheiten und den in den kaiserlichen Mandaten angekündigten Strafen zu büßen haben und des Reiches Acht und Aberacht verfallen[86]. Damit tauchte der Schatten des Wormser Edikts wieder auf. Und zugleich wurde der Hoffnungsschimmer des Speyrer Reichstags von 1526 ausgelöscht, man werde es mit dem Edikt so halten, „wie ein jeder solchs gegen Gott und Kaiserliche Majestät hoffet und vertraut zu verantworten"[87]. Scharf wurde jetzt in der Proposition dagegen erklärt: „So hebt ihr Kais. Maj. angezeigten Artikel, wie der in gedachtem Abschied begriffen ist, hiemit auf, kassiert und vernicht denselben jetzo als dann und dann jetzo, alles aus kaisl. Machtvollkommenheit." Das waren Worte Ferdinands, nicht des Kaisers. Aber die Drohrede schloß, daß sie aus „sonderem der Kais. Maj. Befehl" ergangen sei[88].

Der Eindruck der Proposition war im ersten Augenblick erschreckend. „Ganz furchtbar" nannte Melanchthon sie in einem Briefe, den er noch am Tage der Verlesung an Camerarius schrieb. Er hoffe, Christus werde die Pläne der kriegslüsternen Völker zunichte machen. Kurfürst Johann schrieb an seinen Sohn, sie sei „in aller Wahrheit ein solch schwer Mandat, als ich und alle Stände noch nie erfahren haben"[89]. Unter den protestantischen Ständen erhob sich in steigendem Maße der Verdacht, die Proposition sei untergeschoben. Aber auch der von den Reichsständen eingesetzte Große Ausschuß, in dem die katholischen Stände überwogen, drängte den Kaiser, für

In: Kultur- und Universalgeschichte. Fschr. W. Götz (Leipzig, Berlin 1927), 215 ff. Ders., Speyrer Reichstag (s. Anm. 40), 59 ff.

[84] Die unechte Proposition wurde am 15. März verlesen. Text RTA Bd. 7/2, 1128 ff. Dazu Kühn, Speyrer Reichstag (s. Anm. 40), 60 ff.

[85] RTA Bd. 7/2, 1132,20 ff. 1133,10 ff.

[86] Ebd. 1133,22–1134,9.

[87] S. o. S. 544.

[88] RTA Bd. 7/2, 1134,17–1135,9.

[89] 15. März 1529, CR 1, 1039. MBW 760. Melanchthon steigert es, indem er es griechisch sagt. Kühn, Speyrer Reichstag (s. Anm. 40), 65.

ein Generalkonzil einzutreten, das in 1–1¹/₂ Jahren auf deutschem Boden gehalten werden sollte, „damit die teutsche Nation in den heiligen christlichen Glauben vereinigt und der schwebend Zwiespalt erörtert werden möge"[90]. Der Beschluß vom Speyrer Reichstag 1526, es mit dem Wormser Edikt zu halten, wie jeder es vor Gott und dem Kaiser verantworten zu können meine, habe „in einen großen Mißverstand und zu Entschuldigung allerlei erschrocklichen neuen Lehren und Sekten" geführt[91]. Die schweizerisch-oberdeutsche Abendmahlslehre solle verboten, die Messe nirgends abgeschafft und niemand „noch dazu noch davon gedrungen werden"[92]. Damit wurden für die evangelischen Stände zwei Gefahren sichtbar: 1) ein unsicherer Stillstand in der Religionsfrage, bei dem sie auf ihren Vorbehalt von 1526 gegen das Wormser Edikt verzichten müßten und dafür nur eine ungewisse Aussicht auf ein Konzil erhielten. In einer eingehenden Analyse des vom Großen Ausschuß beschlossenen Bedenkens warnten die sächsischen und hessischen Räte dringend. Wenn die evangelischen Reichsstände das annähmen, seien sie „vor Gott daran schuldig . . ., daß nun hinfurter bis zum Concilio das Evangelion an keinem Ort weiter sollte angenommen werden"[93]. Außerdem müßten die Mißbräuche und Gerichtszwänge der alten Kirche wieder zugelassen werden, was nur zu Unruhe und Empörung führen könne[94]. 2) Der Streit der Lutheraner und der Zwinglianer um das Abendmahl war zu einer Sache der Reichspolitik geworden. Die lutherischen Stände waren dadurch gezwungen, ihre Stellung zu der Abendmahlslehre Zwinglis, Oekolampads und ihrer Anhänger zu klären.

Zunächst mußte noch der Reichstag abgeschlossen werden. Das maßgebende Dokument dafür, aus dem man die Meinung des Kaisers zu hören meinte, war noch immer die Proposition König Ferdinands. Bei den Evangelischen setzte sich immer stärker die Überzeugung durch, daß man sie nicht unbeantwortet lassen durfte. Den ersten Anstoß gab der temperamentvolle Johann Agricola, den Kurfürst Johann in Erinnerung an die starke Wirkung seiner Predigten auf dem ersten Speyrer Reichstag von 1526 mitgebracht hatte[95]. Auch diesmal bewährte er sich wieder. Es wurde berichtet, er habe am 26. März vor 5000 Zuhörern gepredigt; sicher eine erhebliche Übertreibung, aber sie gibt ungefähr einen Maßstab[96]. Er forderte nun auch, daß der Proposition, welche die Erklärung der evangelischen Stände vom Speyrer Reichstag

---

[90] RTA Bd. 7/2, 1141,33.   [91] Ebd. 1142,11ff.18ff.
[92] Ebd. 1142,31ff.
[93] Gutachten, verlesen vor den evangelischen Ständen am 1. Apr. 1526, ebd. 1205–1213. Zitate ebd. 1207,27ff.
[94] Ebd. 1210,1ff.
[95] An Graf Albert von Mansfeld 29. Jan. 1529, RTA Bd. 7/1, 496. Zu Agricola s. o. S. 250f.
[96] Beilage zu einem Bericht des kursächsischen Rats von Minkewitz an Herzog Johann Friedrich vom 26. März 1529, RTA Bd. 7/1, 609 (Nr. 1947, s. S. 958). Kühn, Speyrer Reichstag (s. Anm. 40), 88ff.

von 1526 kassierte, öffentlich widersprochen werden müsse. „Darumb wer hie schweigt und williget also mit seim Schweigen in das Wormser Edikt, der hilft die Unschuldigen verdammen, welche der rechten Lehre anhängig sein."[97] Zugleich entstand in den Kreisen der evangelischen Städte und der fürstlichen Räte der Plan einer Protestation gegen die Proposition und gegen die Art, wie in der Erklärung des Großen Ausschusses das Wormser Edikt als Reichsrecht behandelt wurde[98]. Eine ausführliche Verlesung der Protestation ließ König Ferdinand in der Sitzung des Reichstags vom 19. April 1529 nicht zu, sondern er entfernte sich mit den kaiserlichen Kommissaren aus dem Saal, als die Fürsten sie vortragen lassen wollten. So ließen die Protestanten – ein Name, den sie sich nun erwarben, – ihre Erklärung vor dem Rest des Reichstages verlesen. Sie begründeten sie in knapper, der geschichtlichen Stunde angemessener Würde als ein öffentliches Zeugnis vor Gott, gegründet auf sein Wort, ihr Seelenheil und auf die im Speyrer Reichstagsabschied ausgesprochene Verantwortung vor ihrem Gewissen und dem Kaiser[99]. Da der Statthalter des Kaisers sie nicht angehört hatte, verließen sie damit den Reichstag. Die evangelischen Städte schlossen sich unter der Führung Straßburgs der Protestation der Fürsten an[100].

Luther hatte lange vergeblich auf Nachrichten vom Reichstag gewartet. Anfangs hatte er sich hoffnungsvoll geäußert: „Für den Reichstag habe ich gute Hoffnung. Und auch das Konzil kann nicht viel Schaden anrichten, wenn es zustande kommt, obwohl mir das weder wahrscheinlich noch glaubhaft erscheint."[101] Wochenlang wußten die Freunde nichts zu berichten. Eintönig heißt es in Luthers Briefen: Nichts Neues, noch nichts Neues, nichts Sicheres, bis er am 6. Mai die Summe ziehen muß: „Der Reichstag ist wieder zu Ende, aber fast ohne Frucht, es sei denn daß die Christusgeißler und Seelentyrannen ihre Wut nicht auskosten konnten. Es genügt uns, das vom Herrn erlangt zu haben. Denn von dem Konzil, über das man redet, ist nichts zu hoffen."[102] Der negative Ausgang des Reichstags beunruhigte ihn nicht sonderlich. Viel größere Sorge bereitete ihm eine Nachricht, die der am

[97] RTA Bd. 7/2, 1136f. 1137,2ff. Kühn, Speyrer Reichstag (s. Anm. 40), 85, Anm. 1.
[98] Kühn, Speyrer Reichstag (s. Anm. 40), 81ff.
[99] „Wir protestieren und bezeugen hiemit öffentlich vor Gott, unserem einigen Erschaffer, Erhalter, Erlöser und Seligmacher, der . . . allein unser aller Herzen erforscht und erkennt, auch demnach recht richten wird, auch vor allen Menschen und Kreaturen, daß wir für uns, die Unsern und aller männiglichs halben in alle Handlung und vermeint Abschied, so wie vorberuhrt in gemel(de)ten oder andern Sachen wider Gott, sein heilig Wort, unser aller Seelen Heil und gut Gewissen, auch wider den vorigen angezogen(en)Speyrischen Reichsabschied furgenommen, beschlossen und gemacht werden, nicht gehellen (zustimmen) noch willigen, sondern aus vorgesatzten und andern redlichen, gegrundten Ursachen fur nicht und unpündig halten." RTA 7/2, 1286,16ff. Die Appellation und Protestation der evangelischen Stände auf dem Reichstage zu Speier 1529, hg. v. J. Ney, QGP 5 (Halle 1906. Ndr. Darmstadt 1967), 74f.
[100] Zum Ablauf des Geschehens am 19. April Kühn, Speyrer Reichstag (s. Anm. 40), 188ff.
[101] An Amsdorf 15. März 1529, WAB 5; 40,8f.
[102] An Link 6. Mai 1529, ebd. 62,10ff.

14. Mai erschöpft heimkehrende[103] Melanchthon mitbrachte: Der Landgraf habe mit einigen Städten ein neues Bündnis geschlossen. In Erinnerung an die Weimarer Bündnisverhandlungen vom Jahr zuvor, die sich glücklicherweise noch zerschlagen hatten, gab Luther die Nachricht sofort am 22. Mai an Kurfürst Johann weiter und bat ihn, er möge sich nicht in das „Bundmachen" Philipps „flechten und binden lassen". Er begründete seine Warnung dreifach: 1) Solche Bündnisse entstünden nicht aus Vertrauen zu Gott, sondern aus menschlichem Witz. Sie hätten nur Gegenbündnisse zur Folge, die sonst vielleicht nicht entstünden. Im übrigen sei der Landgraf ein unruhiger junger Fürst, der – wie sich im vorigen Jahr gezeigt habe – schnell von der Verteidigung zum Angriff übergehe. 2) Das Allerärgste sei, daß man in einem solchen Bündnis Genossen haben müsse – die oberdeutschen Städte –, „so wider Gott und das Sakrament streben". 3) Gott habe im Alten Testament immer „solch Bündnis menschlicher Hilfe verdampt" und zum Vertrauen auf seine Hilfe gemahnt. Und noch einmal: „Dem Landgrafen, so einmal so schwerlich gefeihlet, will nicht so zu trauen sein, sonderlich, weil desselbigen bisher keine Änderung noch einige Reu oder Leid dafur gespürt ist."[104] Die gleichen Bedenken hat Luther etwa zwei Monate später, offenbar auf eine Rückfrage des Kurfürsten, etwas präzisiert und erweitert, noch einmal im Namen der Wittenberger Theologen vorgetragen. Sie leiten schon über zu der Verflechtung von Bekenntnis und Bündnis in der Politik der lutherisch gesinnten Reichsstände, die in der Entstehung begriffen war[105].

---

[103] Ebd. 61, Anm. 3.
[104] Ebd. 76f. Luther verweist auf Jes. 7. 8. 30 und andere biblische Stellen.
[105] Ebd. 78–81. Dazu H. v. Schubert, Bekenntnisbildung und Religionspolitik 1529/30 (1524–1534). Untersuchungen und Texte (Gotha 1910), 54 f.

XXIII. Bekenntnis und Bündnis (1529/30)

(Schwabacher Artikel, Marburger Gespräch)

Bei den Überlegungen auf evangelischer Seite über ein gemeinsames Handeln gegenüber der Kirchenpolitik des Reiches und der altkirchlich gesinnten Reichsstände hatte sich die Abendmahlsfrage als trennendes Hindernis erwiesen. Daraus ergaben sich Anregungen für ein Vorgehen in doppelter Richtung: einerseits der Versuch, den innerprotestantischen Gegensatz durch theologische Gespräche zu überwinden; andererseits ein festerer Zusammenschluß der einen oder der anderen Seite im Rahmen ihrer Überzeugung. Das eine war der Weg des Landgrafen Philipp und der oberdeutschen Städte, soweit sie Zwingli und den Schweizern nahestanden, das andere der Kursachsens und anderer lutherisch gesinnter Landesherrn und Städte. Der Landgraf war in beiden Richtungen aktiv und deshalb bemüht, Luther und die Wittenberger Theologen auch für seine Ausgleichsbemühungen zu gewinnen.

Die Lutheraner kamen schneller zum Ziele. Sie hatten in den Wittenberger, Nürnberger, Fränkisch-Brandenburgischen und anderen süddeutschen Theologen eine fest geschlossene Gruppe, die eine Verbrüderung mit den Zwinglianern und ihren oberdeutschen Anhängern, ebenso auch eine politische Koalition gegen den Kaiser und die altgläubigen Reichsstände scharf ablehnten. Wohl aber fertigten sie am 27. Mai 1529 mit Wissen des Landgrafen eine Appellationsgesandtschaft an den Kaiser nach Spanien ab, die ihm die Protestation gegen den Speyrer Reichstagsabschied vortragen sollte[1]. Im Falle, daß der Kaiser und die altgläubigen Stände zum Kriege rüsten sollten, hatten Sachsen und Hessen mit Straßburg, Nürnberg und Ulm noch am Tage des Reichstagsabschieds (22. April 1529) sich gegenseitige militärische oder wenigstens finanzielle Hilfe versprochen. Für eine endgültige Regelung dieses noch ungenauen ,,Verständnisses" wurde eine Zusammenkunft in Rotach am 6. Juni beschlossen[2]. Auf ihr waren Gesandte der gleichen Stände und auch des Landgrafen versammelt[3]. Markgraf Georg drängte, wie es auch

---

[1] Brief des Kurfürsten Johann an den Landgrafen vom 17. Mai 1529, Abschied für die Gesandtschaft vom 27. Mai, abgedr.: Die Abschiede der Bündnis- und Bekenntnistage protestierender Fürsten und Städte zwischen den Reichstagen von Speyer und Augsburg 1529–1530. Mit archivalischen Beilagen hg. v. E. Fabian (Tübingen 1960), 22 ff. – Zur Protestation s. o. S. 555 f.

[2] Text des ,,Verständnisses" bei H. v. Schubert, Bekenntnisbildung (s. o. S. 557, Anm. 105), 138 ff., sowie RTA 7/2, 1321 ff. (s. auch ebd. 818 ff.). Dazu J. Kühn, Speyrer Reichstag (s. o. S. 545, Anm. 40), 233 ff. – Rotach (Rottach) die damalige Namensform, heute Rodach (b. Coburg).

[3] Fabian, Abschiede (s. Anm. 1), 29 f. 34.

seine fränkischen Theologen getan hatten, auf ein gemeinsames Glaubensbekenntnis als Grundlage eines Bündnisses. Man kam in Rotach nicht weiter, als am 8. Juni ein erneutes Treffen auf den 24. August nach Schwabach anzuberaumen. Es wurde auf sächsisches Verlangen nochmals auf den 16. Oktober vertagt[4]. Dadurch erhielten die Wittenberger Theologen die Zeit, eine Handreichung für die theologische Abklärung der Bündnisverwandten sowohl gegenüber der alten Kirche wie den schweizerisch-oberdeutschen Gruppen zu schaffen. Den Auftrag dafür hatten sie schon im Dezember 1528 von Kurfürst Johann erhalten[5]. Die Anregung dazu war ebenfalls von Markgraf Georg bei einem Treffen auf der Coburg am 24. Oktober 1528 ausgegangen oder letztlich von dem großen, alten Freiherrn Hans von Schwarzenberg, der gefordert hatte, die beiden Fürsten und andere evangelische Stände sollten sich „ihrs Tuns und Lassens halben einer einhelligen Meinung in Gottes Wort gegrundet vergleichen, auch dermaßen bei einander bestehen, daß der Widerteil nit sprechen muge, daß sie selbst miteinander irrig, spältig oder geteilt sein"[6]. Die Vertagung der Rotacher Beratungen auf Ende August nach Schwabach gab wohl den geplanten Schlußtermin und jedenfalls in der Forschung den Namen für die Glaubensartikel der Wittenberger. Die nochmalige Vertagung der Schwabacher Beratungen machte es möglich, im einzelnen weiter daran zu arbeiten und auch die noch nicht beschlossenen „Schwabacher Artikel" bei der Ausarbeitung der „Marburger Artikel" zu benutzen[7].

Die „Schwabacher Artikel" sind kein klassisches Bekenntnis im altkirchlichen Sinn, sondern – auf trinitarischem Fundament aufgebaut (Art. 1–3) – eine Besinnung über die mit der Reformation aufgebrochenen Glaubensprobleme der Christenheit: Sünde, Rechtfertigung nicht durch gute Werke, sondern durch den Glauben (4–6). Ihn zu erlangen, ist das Predigtamt mit den äußeren Zeichen, den Sakramenten (Taufe und Abendmahl), von Gott gegeben (7–9). Ihre Elemente, Brot und Wein wie auch das Taufwasser, „bringen auch den Glauben, üben auch denselben bei allen denen, so solches Sakraments begehren und nicht dawider handeln" (10). Die Beichte soll ebenso wie die Sakramente und das Evangelium nicht aufgezwungen werden (11). Die Kirche, die nicht an äußere Formen und an Personen gebunden ist, wird erhalten bleiben, bis Christus am Ende der Tage wiederkommen wird zum Gericht. Bis dahin soll die Obrigkeit in Ehren gehalten werden. Denn sie ist beauftragt, Ordnung und Gerechtigkeit zu wahren (12–14). Verbot der Priesterehe, von Fleisch und Speisen, das Klosterleben und sonstige Gelübde, durch die man Gnade und Seligkeit sucht, sind Teufelslehre; die Messe als Opfer und Werk ist abzutun, das Abendmahl in beiderlei Gestalt zu reichen; „einem itlichen auf seinen Glauben und zu seiner eigenen Notdurft" (15–16).

[3] Fabian, Abschiede (s. Anm. 1), 29f. 34.   [4] Ebd. 32.
[5] v. Schubert, Bekenntnisbildung (s. o. S. 557, Anm. 105), 86. 88.
[6] Ebd. 83. Zu Schwarzenberg s. o. S. 107, Anm. 13.
[7] S. u. S. 575f.

Ebenso sind kirchliche Zeremonien, die dem Wort Gottes widerstreiten, abzutun, die andern freizugeben, „derselbigen zu gebrauchen oder nicht, nach der Lieb, damit man nicht ohne Ursach leichtfertige Ergernus gebe oder gemeinen Fried ohne Not betrube"[8]. Die „Schwabacher Artikel" dienen nicht der Klärung innerevangelischer Probleme, sondern sie wollen die Abweichungen von der römischen Kirche auf sachliche Weise und ohne unnötige Schärfe begründen.

Inzwischen hatten die Bemühungen des Landgrafen, die Spannungen zwischen den evangelischen Lagern durch ein gründliches theologisches Gespräch zu überwinden, die Versuche der Lutheraner, für ihre Anhänger ein gemeinsames Bekenntnis zu schaffen, überholt. Schon in einem Brief vom Juni 1529 hatte er Luther und Melanchthon gebeten, zu einer Unterredung mit Oekolampad und den Seinen um Michaelis nach Marburg zu kommen[9]. Der Kurfürst, dessen Vermittlung Philipp offenbar in Anspruch genommen hatte, ermahnte Luther „zu gut der Sachen gute Antwort zu geben, ob Gott geben wollt seine Gnade, daß solch Zwiespalt unter uns des Sakraments mocht weggetan werden"[10]. Luther rühmte in seinem Schreiben an den Landgrafen vom 23. Juni 1529 dessen ernste und wohlgemeinte Absicht. Er bekannte aber zugleich sein Mißbehagen, daß die oberdeutschen Partner den Weg über Philipp gesucht hätten, statt sich unmittelbar an die Wittenberger zu wenden. Sie hätten dadurch, daß sie einen so großen Fürsten für sich gewonnen hätten, kundtun wollen, daß an ihrer Lehre nichts zu tadeln sei. „Und werden uns also durch E.F.G. Namen mit Unglimpf beschweren, als hätten wir nicht Lust zu Friede und Wahrheit."[11] Er bat den Landgrafen, zu erforschen, ob die Gegner irgend etwas von ihrer Meinung aufzugeben bereit seien. Denn wenn beide Teile mit dem Vorsatz kämen, nichts nachzugeben, sei das Zusammentreffen umsonst. Er selbst freilich könne nicht weichen, da er gewiß sei, „daß sie irren, nachdem ich ihren Grund auch gesehen"[12]. „So wäre es denn besser, man hätts lassen stehen und gehen, wie es itzt stehet und gehet. Denn kurz, ich kann mich nichts Guts zu dem Teufel versehen, er stelle sich, wie hübsch er immer wolle."[13] Trotzdem erklärte er sich bereit, zu kommen, wenn er es auch für „einen verlornen (als ich sorge), vielleicht auch uns fährlichen Dienst" halte[14]. In einem Bedenken, das zugleich für die übrigen Wittenberger sprach, wiederholte und erweiterte Luther Ende

---

[8] WA 30/3; 81–91. Zit. nach Revisionsnachtrag (1970), 18 ff. Die Augsburgische Konfession im deutschen und lateinischen Text mit Erklärung des Inhalts und Beifügung der Hauptquellen, hg. v. H. H. Wendt (Halle 1927), 137 ff.

[9] Der Brief des Landgrafen ist verloren, die Antwort Luthers im Entwurf (WAB 5; 104 f.) und – vielleicht nach Vorlage beim kurfürstlichen Hof – im Original (ebd. 101 f.) erhalten. Der Unterschied zwischen beiden Fassungen wird von Köhler, Zwingli und Luther, Bd. 2, 50 f. überschätzt. Die von ihm zitierten Schärfen finden sich fast alle auch im Original.

[10] WAB 5; 101,9 f.

[11] Ebd. 101,23 f.   [12] Ebd. 102,34 ff.42 f.

[13] Ebd. 102,47 ff.   [14] Ebd. 101,15 f.

Juli/Anfang August noch einmal seine Warnungen vor den Bündnisplänen Philipps. Er hatte sie schon am 22. Mai dem Kurfürsten vorgetragen[15], fügte aber jetzt noch einige Überlegungen über die besondere Bedenklichkeit gerade dieses Bündnisses hinzu. Falls sie einen Bund mit den Sakramentsketzern machten, müßten sie auch deren Lehre und sogar ihre Änderungen am Gottesdienst mit verteidigen: „Auch beschweren sie die Sachen selbs damit allzusehr, daß sie ohn alle Not vom Sakrament so ganz und gar alle Zeremonien abtun und machen eine schlechte Kollation draus, welchs wir nicht wohl glimpflich konnen verantworten."[16] Er ging dabei auch auf Gegengründe ein, vor allem: Der Bund betreffe nicht die Lehre, sondern richte sich gegen die Bedrohung durch äußere Gewalt. Luther antwortete: „Das hält nicht, denn man weiß, daß uns der Widerteil umb keiner Ursachen willen angreifen will denn umb der Lehre willen." Man darf sich auch nicht darauf verlassen, daß die zweifelhaften Bundesgenossen „sich auf Erkenntnis erbieten" (in Aussicht stellen, zur Erkenntnis zu kommen). Und er wies erneut darauf hin, daß man das dann gerechterweise auch selbst erklären müsse. Aber das hieße, „also gleich mit ihnen von unserm gewissen Erkenntnis auf ihren Zweifel oder ungewissen Wahn fallen. Das wäre denn mehr denn halb, wo nicht gar (ganz), unsern Glauben verleugnet."[17]

So war der Versuch, das Bündnis zwischen den Lutheranern und den Oberdeutschen kurzerhand und ohne theologische Klärung zu schließen, gescheitert. Hier setzte der Plan des Landgrafen ein, durch ein Gespräch der wichtigsten Sprecher beider Seiten das fehlende Fundament zu schaffen. Anfang Juli versandte er aus seinem Schloß Friedewald offizielle Einladungsschreiben an Luther und Melanchthon, Zwingli in Zürich, Oekolampad in Basel, Jakob Sturm, den Stättmeister von Straßburg (mit Bucer und einem weiteren Prediger), Andreas Osiander in Nürnberg. Als die eigentlichen

---

[15] „Erstlich ist das gewiß, daß solch Bündnis nicht aus Gott, noch aus Trauen zu Gott geschieht, sondern aus menschlicher Witze, und menschliche Hülfe allein zu suchen, darauf zu trotzen, welchs keinen guten Grund hat und dazu kein gute Frucht bringen mag, angesehen, daß solch Bündnis unnötig ist, denn der Papisten Haufen nicht so viel vermag, noch so viel Herzens hat, daß sie sollten etwas anfahen, und hat Gott allbereit uns gegen sie mit guter Mauren seiner Macht verwahret. So schafft auch solch Bündnis nicht mehr, denn daß der Widerteil verursacht wird, auch Bündnis zu machen . . . Zudem ist das zu besorgen und vielleicht allzu gewiß, daß der Landgraf, wo er solch Bündnis gistift, nachdem er ein unruig junger Fürst ist, möcht nicht stille halten, sondern, wie fur dem Jahr geschah, etwa eine Ursache finden, nicht allein zu schützen, sondern anzugreifen; und ist ja nicht göttlich, daß wir uns so stellen, so doch uns noch niemand jagt noch sucht." Ebd. 76,20–77,34. Ein weiteres Zitat aus diesem Brief s. u. S. 580, Anm. 105.
[16] Ebd. 79,33 ff. 41 ff., bes. 80,61 ff. – „Schlechte (schlichte) Kollation": einfache Mahlzeit in Klöstern an Fasttagen vor der Lesung. A. Sturm, Art. Collatio, in: LThK Bd. 2 (1931), 1012 f. – „Glimpflich": mit Anstand. – Zur Datierung v. Schubert, Bekenntnisbildung (s. o. S. 557, Anm. 105), 54 f.
[17] Zu den Gegengründen WAB 5; 80,65 ff. Über Luthers Gutachten auch Köhler, Zwingli und Luther, Bd. 2, 41 ff.

561

Disputanten sollten sich die beiden Wittenberger, Luther und Melanchthon, und die beiden Schweizer, Zwingli und Oekolampad, gegenüberstehen[18]. Als Markgraf Georg von Brandenburg-Ansbach von diesen Einladungen hörte, bat er darum, noch Johannes Brenz aus Schwäbisch-Hall hinzuzuziehen. Er hatte sich durch die Auseinandersetzung mit Oekolampad im Syngramma Suevicum bei den Lutheranern einen guten Namen gemacht[19].

Ende September 1529 trafen die Gesprächsteilnehmer in Marburg ein; beide Seiten mit einem Gefolge von Anhängern. Zwingli kam als erster (am 28.) mit einem kleineren, Luther (am 30.) mit einem etwas größeren. Aus der näheren Umgebung strömten noch weitere Zuhörer oder wenigstens Zuschauer herbei[20]. Unter ihnen befand sich auch Herzog Ulrich von Württemberg, der 1519 durch den Schwäbischen Bund aus seinem Lande vertrieben und 1526 vom Landgrafen aufgenommen worden war. Philipp hatte am Gelingen des von ihm angeregten, ungewöhnlichen Gesprächs wesentlichen Anteil[21]. Durch seine Gastfreundschaft, die Verbindung von lockeren Anregungen für den Ablauf und seine Zurückhaltung bei den ersten Sachgesprächen sorgte er für eine entspannte Atmosphäre. Bevor die große und öffentliche Diskussion begann, ließ er die Wortführer der beiden Seiten sich zunächst unter vier Augen aneinander herantasten; und zwar nicht sofort die beiden temperamentvollen Hauptgestalten, sondern Luther und Oekolampad, Zwingli und Melanchthon. Der Landgraf hoffte, daß bei diesen intimen Unterredungen vielleicht gewisse Friedensmöglichkeiten sichtbar würden. Nur er selbst hörte zeitweilig zu und mahnte zu freundlichem Gespräch[22]. Das war freilich ein dehnbarer Begriff. Luther meinte, ihm gerecht geworden zu sein[23]. Oekolampad dagegen hatte das Gefühl, nochmals einem Eck in die Hände gefallen zu sein[24]. Über den Inhalt des Gesprächs gibt es nur eine ver-

---

[18] WAB 5; 108 f. – Zwingli, Sämtl. Werke, Bd. 10 (1929), 185 ff. Nr. 868 (mit einem Schreiben an den Rat von Zürich). – Oekolampad: durch Vermittlung von Jakob Sturm in Straßburg. Staehelin, Briefe und Akten Oekolampads, Bd. 2, 335 ff. – J. Sturm, Politische Korrespondenz der Stadt Straßburg, Bd. 1, Nr. 632. – Osiander: Urkunden aus der Reformationszeit (die Jahre 1521–1567 umfassend, vorwiegend aus der politischen Korrespondenz Philipps von Hessen), hg. v. Ch. G. Neudecker (Kassel 1836), 108 ff. Die Briefe sind jeweils auf die Empfänger abgetönt und enthalten Vorschläge für den sichersten Reiseweg. Übersicht über sie und die Antworten bei Köhler, Zwingli und Luther, Bd. 2, 51 ff.

[19] Neudecker, Urkunden (s. Anm. 18), 96 f. Zum Syngramma Suevicum s. o. S. 457 ff.

[20] Über die Reisewege und die Zusammensetzung s. Köhler, Zwingli und Luther, Bd. 2, 63 ff.

[21] Texte und Berichte WA 30/3; 92 ff., dazu Revisionsnachtrag, 22 ff. Gute Auslese bei May, Marburger Religionsgespräch. Köhler, Marburger Religionsgespräch. Eingehende Schilderung und Beurteilung bei Köhler, Zwingli und Luther, Bd. 2, 66 ff. Weitere Literatur s. May, Marburger Religionsgespräch, 9 ff.

[22] Köhler, Zwingli und Luther, Bd. 2, 76 ff. F. Blanke, in: Zwingli, Sämtl. Werke, Bd. 6/2 (1968), 491. Belegstellen über die Marburger Gespräche auch bei Staehelin, Briefe und Akten Oekolampads, Bd. 2, 367 ff.

[23] Luther an Joh. Agricola 12. Okt. 1529, WAB 5; 160,9 ff.

[24] So berichtete Zwingli mit der Bitte um Diskretion an Vadian 20. Okt. 1529. Zwingli,

schwommene Bemerkung Melanchthons: „D. Luther hat Oecolampadio vorgehalten viel Artikel, davon er etliche zum Teil unrecht geschrieben, zum Teil beschwerliche Reden erschollen, daß mehr und größer Irrtum zu besorgen.“[25]

Das Gespräch zwischen Zwingli und Melanchthon dauerte doppelt so lange (sechs Stunden). Hier war die Situation einfacher. Die beiden standen sich nicht so schroff gegenüber wie Luther und Zwingli mit seinen Anhängern und konnten so unbefangen miteinander disputieren, daß bei jedem das befriedigende Gefühl entstand, den Gegner in gewissen Punkten zum Rückzug veranlaßt zu haben. Das zeigen die kurzen Berichte, die sie unmittelbar danach niederschrieben. Melanchthon berichtet an Kurfürst Johann, die Wittenberger hätten ihren Partnern vorgehalten, daß es eine Reihe von sträflich falschen Punkten in ihrer Lehre gebe: Zwingli und die Seinen hätten die Erbsünde geleugnet, nur äußere Verfehlungen als Sünde anerkannt, den Geist vom Wort und Sakrament getrennt und die Gerechtigkeit nicht im Glauben, sondern in den auf ihn folgenden Werken gesehen. Aber sie hätten sich belehren lassen. „Je mehr sie davon höreten, je baß es ihnen gefiel, und sind in allen diesen Stücken gewichen, wiewohl sie vor öffentlich anders geschrieben.“[26] Zwingli seinerseits setzte ein knappes Protokoll auf, das auch Melanchthon durchsah und in einigem verbesserte. Das hinderte Zwingli nicht, in einem Briefe an Vadian seine Niederschrift folgendermaßen zu begründen: „Da Melanchthon äußerst schlüpfrig ist und wie ein Proteus sich in alles mögliche verwandelte, zwang er mich, mit Hilfe des Federhalters statt Salzes meine Hand zu bewaffnen und zu trocknen, um den Zähnefletschenden und nach wer weiß was für Flucht- und Schlupfwegen Suchenden besser festzuhalten.“[27] Im Unterschied von Melanchthons Brief an den Kurfürsten greift Zwingli in seinem Protokoll nur zwei Themen aus der Unterredung auf, an denen ihm besonders lag: Wort und Sakrament. Melanchthon habe ihm zugestimmt: „Worte können nichts anderes als bezeichnen (Verba nihil aliud posse quam significare).“ Ebenso hätten sie übereingestimmt: „Der

---

Sämtl. Werke, Bd. 10, 316. May, Marburger Religionsgespräch, 80. Oekolampad spielte auf die Disputation von Baden im Aargau (1526) an.

[25] An Herzog Heinrich von Sachsen, wohl Anf. Okt. 1529, CR 1, 1103. Der Vergleich mit dem folgenden, viel genaueren Bericht Melanchthons über sein eigenes Gespräch mit Zwingli zeigt nur, daß er über die Verhandlung zwischen Luther und Oekolampad nichts als dessen Eindruck wiedergibt. – Daß Luther seine eigene Argumentation Brenz auf dessen Befragen ausführlich vorgetragen hat (Köhler, Zwingli und Luther, Bd. 2, 77f.), ist nicht sehr wahrscheinlich. Nach den Anecdota Brentiana. Ungedruckte Briefe und Bedenken von Johannes Brenz. Ges. u. hg. v. Th. Pressel (Tübingen 1868), 69f. ohne Begründung abgedr. WA 30/3; 153 f.

[26] CR 1, 1099. Köhler, Marburger Religionsgespräch, 45. Ders., Zwingli und Luther, Bd. 2, 78ff.

[27] Das Protokoll: Zwingli, Sämtl. Werke, Bd. 6/2, 507ff. (mit gründlicher Einleitung von F. Blanke), Köhler, Marburger Religionsgespräch, 40ff. May, Marburger Religionsgespräch, 31f. – Brief an Vadian 20. Okt. 1529, Zwingli, Sämtl. Werke, Bd. 10, 316,9ff. (dazu Blanke in: ebd. Bd. 6/2, 491f.). May, 80f.

Geist wirkt in uns die Rechtfertigung mittels des Wortes. Das Wort ist aber nicht material zu verstehen, sondern als gepredigtes und verstandenes Wort; das heißt: als Sinn und Mark des Wortes (verbum praedicatum et intellectum, hoc est: mens et medulla verbi)." Obwohl Melanchthon der geistigen Auffassung des Wortes im Sakrament bei Zwingli soweit wie möglich entgegenkam, hielt er doch an Lutherschen Auslegungen fest, denen Zwingli nicht folgen konnte: Christus gab seinen Leib „auf verborgene Weise" zum Essen. Zwingli erklärte das für schriftwidrig; Melanchthon erklärte, man dürfe „ohne zwingendes Zeugnis der Schrift nicht von dem eigentlichen Sinn der Worte abweichen". Christi Leib sei nicht an einen Ort gebunden, sondern „über alle Himmel hinaufgefahren, damit er alles erfülle" (Eph. 4,10). Der Auferstandene könne überall, wo er wolle, sein[28]. Melanchthon hatte einige Berührungen mit Zwingli zugestanden, ohne sich doch im Entscheidenden von der Seite Luthers abdrängen zu lassen. Es war durchaus ehrlich, wenn er mehrmals sagte: „Glaub mir, lieber Zwingli, wenn ich eurer Meinung beitreten könnte, würde ich es gern und ohne Scheu tun."[29]

Am Samstag, dem 2. Oktober, um 6 Uhr begann das Hauptgespräch. Zwingli hatte sich eine allgemeine Diskussion zwischen allen Theologen und sonstigen Gästen, die zu diesem Anlaß gekommen waren, gewünscht. Luther hatte sich für einen begrenzten Kreis von Disputanten ausgesprochen und fand dafür die Zustimmung des Landgrafen und Herzog Ulrichs von Württemberg samt ihren Räten. Das Gespräch sollte vor den Fürsten und Vertretern von Reichsständen zwischen den Gelehrten der Universitäten Marburg und Wittenberg und anderen Sachkundigen stattfinden. Die Zahl der Anwesenden wird zwischen 24 und 50 bis 60 beziffert und schwankte bei den einzelnen Sitzungen[30]. Der landgräfliche Kanzler Johann Feige eröffnete die Disputation. Er dankte den Gesprächsteilnehmern dafür, daß sie die mühsame Reise nach Marburg gemacht hätten, und bat sie im Namen seines Fürsten, ihre Affekte hinter sich zu lassen und allein „Gottes Ehr, gemeiner Christen Nutz und brüderliche Einigkeit" zu suchen[31]. Dann erteilte er zuerst Luther das Wort. Dieser wandte sich zunächst an den Landgrafen: Er sei überzeugt, daß er das Gespräch in der besten Absicht einberufen habe. Noch vor zwei Jahren habe er – Luther – es abgelehnt, weil genug darüber geschrieben sei und es für keine Seite neue Argumente gebe. Er habe seine Meinung ausgesprochen und werde sie bis an sein Lebensende nicht ändern. Erst auf die vom Landgrafen aufgrund des Speyrer Reichstages gegebenen Anregun-

[28] Zwingli, Sämtl. Werke, Bd. 6/2, 507,3ff. 508,12–509,12. Dazu dort die Erläuterungen von Blanke. May, Marburger Religionsgespräch, 31f. Köhler, Marburger Religionsgespräch, 40ff.

[29] Bericht von Hedio. May, Marburger Religionsgespräch, 17.

[30] 12 (nach Zwinglis Brief an Vadian, 20. Okt.), „höchstens 50 oder 60" (Brenz an Schradinus, 14. Nov.). May, Marburger Religionsgespräch, 80.82. Köhler, Zwingli und Luther, Bd. 2, 84.

[31] Berichte Osianders und Hedios. May, Marburger Religionsgespräch, 17. Köhler, Religionsgespräch, 52.

gen habe er zugestimmt. Er werde sich gern am Gespräch beteiligen und seine Meinung, die ganz fest stehe, vertreten. Luther machte aber darauf aufmerksam, daß es neben dem Abendmahl noch andere Differenzen gegenüber den Kirchen von Zürich, Basel und Straßburg gebe. Er nannte die Auffassungen von der Trinitätslehre, den zwei Naturen Christi, der Erbsünde, der Taufe, der Rechtfertigung (allein durch den Glauben oder auch z. T. aus eigenem Bemühen?), dem Predigtamt, dem Fegefeuer[32]. Wenn darüber und vielleicht noch über einige andere Glaubensfragen keine Übereinstimmung bestehe, werde eine Verhandlung allein über das Abendmahl fruchtlos sein.

Die Gegenpartei bestritt hier ernstliche Differenzen. Zwingli verwies auf sein Gespräch mit Melanchthon und auf gedruckte Äußerungen und drängte auf die Abendmahlsverhandlung. Luther hatte sie nicht ablehnen, aber auf den weiteren Horizont hinweisen wollen, in dem sie stand. Die Fragen, die er nannte, waren schon öffentlich zur Sprache gekommen. Er meinte, sie dürften darum bei dem Marburger Gespräch nicht unerwähnt bleiben: schon „damit man daheim nicht sage, er habe das Maul nicht dörfen auftun". Wenn die Gegenseite nicht über diese Themen reden wolle, so begnüge er sich, zu betonen, daß er darin nicht mit ihnen übereinstimme, aber gern über das Abendmahl disputieren werde[33]. Allerdings könne es dabei nicht um Vernunftargumente gehen, sondern um Beweise aus der heiligen Schrift. Als Zeichen dafür schrieb er die Kernstelle, um die es ging: „Hoc est corpus meum" mit Kreide vor sich auf den Tisch und deckte die Samtdecke darüber[34]. Die Kritik an Luthers realistischer Auffassung der Stelle vertrat zunächst wieder Oekolampad[35]. Seine Hauptwaffe war, wie schon in der früheren literarischen Kontroverse[36], die Auseinandersetzung Christi mit den Juden (Joh. 6), vor allem der Satz: „Das Fleisch ist nichts nütze" (6,63). Es handele sich bei dem Abendmahlswort also um eine bildliche Aussage wie so oft in den Reden Christi (Fels, Weinstock, Same)[37]. Luther lehnte ein solches Doppel-

[32] Vgl. dazu den theologisch besonders ergiebigen Bericht eines – offenbar lutherisch gesinnten – Anonymus, May, Marburger Religionsgespräch, 41. Er ist vermutlich von einem Teilnehmer aufgrund eigener Notizen später ausgearbeitet worden, ebd., 40ff. sowie WA 30/3; 110–143. Über seinen Wert s. Köhler, Marburger Religionsgespräch, 3.

[33] Das kleine Präludium wird von zwei Teilnehmern in ihren Berichten bezeugt, von dem Straßburger Hedio und einem Ungenannten, der offenbar der lutherischen Seite angehört. Köhler, Marburger Religionsgespräch, 43ff. 55. May, Marburger Religionsgespräch, 17. 40ff. – Köhler, Zwingli und Luther, Bd. 2, 86 bezweifelt die Echtheit der deutschen Worte zu Unrecht. Nicht nur der Klang ist überzeugend, sondern auch der Hinweis auf die Breite der seit Jahren geführten Diskussionen zwischen Luther und den Oberdeutschen, von denen sich die Sakramentsfrage nicht isolieren ließ.

[34] Nach den Berichten von Zwinglis Begleitern Rudolf Collin und Osiander. Köhler, Marburger Religionsgespräch, 57. May, Marburger Religionsgespräch, 33. 52. Luther hat sich wahrscheinlich der lateinischen Form bedient; die deutsche erscheint in Osianders Bericht an den Nürnberger Rat.

[35] May, Marburger Religionsgespräch, 18ff. Köhler, Marburger Religionsgespräch, 57ff.

[36] S. o. S. 472f.

[37] May, Marburger Religionsgespräch, 18f. Köhler, Marburger Religionsgespräch, 57f.

verständnis der Worte Christi ab, auch wenn es von einem Theologen wie Augustin vertreten werde, den Oekolampad zitiert hatte. Gott kann, wenn er will, auch in leiblicher Speise geistliche Gaben schenken: im Predigtwort, in der Taufe, im Sakrament. Ja: „Ich würde Mist essen, wenn er es verlangte. Ein Knecht grübelt nicht über den Willen seines Herrn."[38]

Damit hatte sich das Gespräch festgelaufen. Luther blieb beim Text der Einsetzungsworte, Oekolampad bei der Notwendigkeit, sie geistlich-bildlich auszulegen. Zwingli, der nun eingriff, erklärte Luthers Meinung schlechtweg für ein Vorurteil und argumentierte wieder mit Joh. 6,63 („Das Fleisch ist nichts nütze")[39]. Luther erwiderte, indem er Zwingli sein eigenes Vorurteil, daß Gott uns nichts Unfaßbares zumute, entgegenhielt. Sind die Jungfrauengeburt, die Sündenvergebung nicht ebenso unfaßbar wie die leibhaftige Gegenwart Christi im Sakrament? „Wenn wir seine Wege wüßten, so wäre er nicht unfaßbar, er, der Wunderbare!"[40] Wenn Zwingli beim Abendmahl eine übertragene Aussage, einen Tropus, annehme, warum dann nicht auch bei den Worten: „Er ist aufgestiegen in den Himmel?"[41] Das Hin und Her der Argumente, die aus ähnlichen Voraussetzungen kamen, wurde immer heftiger. Zwingli – etwas übermütig: „Ihr werdet mir anders singen" – griff wiederum zu seiner Hauptwaffe Joh. 6,63. Luther wehrte ab, der Spruch habe nichts mit dem Abendmahl zu tun. Zwingli ließ sich seine Kernstelle nicht nehmen: „Der locus bricht euch den Hals ab." Luther parierte: „Rühmet nicht zu sehr, die Hälse brechen nicht also. Ihr seid in Hessen, nicht in der Schweiz. Der Leib Christi ist Tod, Gift und Teufel denen, die ihn unwürdig essen. Tod, Gefängnis und anderes sind schlimme Dinge; und doch, wenn das Wort hinzukommt, sind sie heilsam." So wird durch die Verbindung mit dem Wort der Leib Christi im höchsten Maße nütze, wenn er im Sakrament gereicht und im Glauben empfangen wird[42]. Damit schlug Luther Zwingli das „nichts nütze" der Johannes-Stelle aus der Hand. Osiander hielt in seinem Bericht an den Nürnberger Rat befriedigt das Ergebnis fest: „Also ist uber diesem Spruch (Joh. 6,63) der halbe Tag zugepracht und nach männiglichs Urteil durch Luthern erstritten, auch bei der andern Partei, daß der Spruch nichts zur Sachen diene und sie nichts darmit beweisen können."[43]

Am Nachmittag des 2. Oktober suchte Zwingli seinen Gegner mit einer Stelle aus dessen eigener Fastenpostille von 1525 zu widerlegen. Luther hatte dort freilich nicht von Joh. 6 und vom Abendmahl gesprochen, vielmehr da-

[38] May, Marburger Religionsgespräch, 19. Köhler, Marburger Religionsgespräch, 64.

[39] May, Marburger Religionsgespräch, 20 ff. Köhler, Marburger Religionsgespräch, 13, 66 ff.

[40] May, Marburger Religionsgespräch, 21. Köhler, Marburger Religionsgespräch, 15.

[41] May, Marburger Religionsgespräch, 23. Köhler, Marburger Religionsgespräch, 18. 74.

[42] Köhler, Marburger Religionsgespräch, 19 ff. Quellen dazu ebd. 75 ff. Knappe Zusammenfassung Hedios bei May, Marburger Religionsgespräch, 23.

[43] Bericht Osianders bei May, Marburger Religionsgespräch, 52 f.

von, daß Gott uns nicht allein durch das Brot ernährt, sondern durch die Wachstumskräfte, die er ihm mitgibt. Die Materie und der physiologische Vorgang sind zu unterscheiden. „Also nähret er uns durchs Brot äußerlich, aber inwendig gibt er alleine das Gedeihen und Dauen, wilchs nicht kann das Brot geben."[44] So kommt im Abendmahl das „Nützen" durch den Glauben zustande. Das gleiche gilt für Luther von der Formulierung Melanchthons, die Zwingli jetzt aus dem Vorgespräch heranzog: „Worte können nur bezeichnen."[45] Das ist sprachlogisch richtig. Aber das menschliche Wort ist (bloßer) „Laut" (vox), der vergeht, wer ihn auch spricht. Auch „Kaiser Maximilian ist gestorben". „Aber wir fügen hinzu: Wenn etwas gesagt wird durch die hohe Majestät, dann geschieht das nicht aus unserer, sondern aus göttlicher Kraft." „Wir müssen unser Reden und Gottes Befehl unterscheiden lernen."[46] Was wissen wir überhaupt von dem Glauben der Menschen, welche die Worte im Sakrament sprechen? „Wir können nicht verhindern, daß ein böser Priester das Sakrament spendet." Zwingli fuhr auf: „Dann sag auch noch, daß Gottlose es tun!" Luther zeigte ihm die Schlinge, in der er sich verfangen hatte: „Dann dürft ihr euch weder taufen lassen noch das Wort hören noch das Abendmahl empfangen. Denn ihr wißt ja nicht, ob der Priester es aufrichtig meint." Nach seiner Sicht war Zwingli damit unter die Wiedertäufer und Donatisten geraten[47]. Luther hatte keine Freude an diesem Streit auf einem Nebenschauplatz. „Philipp, sag du auch etwas. Ich bin sehr müde." Aber Melanchthon schwieg weiterhin.

Statt dessen erhielt Zwingli Unterstützung durch Oekolampad, wenn auch nicht gerade glücklich. Er erklärte, das Wort Christi im Gespräch mit Nikodemus: „Wenn einer nicht wiedergeboren ist, so kann er das Reich Gottes nicht sehen" (Joh. 3,3) mache das Essen des Leibes Christi im Sakrament unnötig. Luther erwiderte: Eben zum rechten Essen sind Glaube und Wiedergeburt nötig. Das ist kein Widerspruch. Die gleiche Logik wandte Oekolampad mit den Stellen Joh. 16,7 und Röm. 8,11 an, in denen unsere Hoffnung auf das Weggehen und die Auferweckung Christi gegründet werde. Man dürfe sie also nicht auf den sakramentalen Leib beziehen. Luther erwiderte: „Das tun wir auch nicht. Denn der Glaube schaut auf diesen hier gegenwärtigen Leib und auf den im Himmel." „Ich bekenne mich zu dem Christus im Himmel und dem im Sakrament."[48] Zur Abwehr des Verdachts, daß er den Leib nicht ernst nehme, führte er bekenntnishaft aus: „Wenn ihr das Fleisch

---

[44] WA 17/2; 19ff. 26ff. (Verdauen).

[45] S. o. S. 563.

[46] Nach dem Bericht Hedios May, Marburger Religionsgespräch, 24. Köhler, Marburger Religionsgespräch, 21f. 80f.

[47] Donatismus: Bewegung in der nordafrikanischen Kirche des 4. Jahrhunderts. Sie erklärte die Sakramentsspendung und andere Amtshandlungen durch Priester, die Todsünde begangen hatten, für ungültig. Luther erinnerte damit an die Lehre Augustins, auf den sich in anderem Zusammenhang (s. u. S. 570) seine Gesprächspartner beriefen.

[48] May, Marburger Religionsgespräch, 25. Köhler, Marburger Religionsgespräch, 24f.

für unnütz haltet, so mögt ihr das meinetwegen tun. Wir stützen uns auf das Wort Gottes. Das Wort aber sagt erstens: Christus hat einen Leib – das glaube ich. Ferner: Dieser Leib ist zum Himmel aufgestiegen und sitzt zur Rechten des Vaters – das glaube ich auch. Es sagt sodann: Dieser Leib ist im Abendmahl und wird uns zu essen gegeben – das glaube ich auch, weil mein Herr Jesus Christus das leicht tun kann, wenn er will. Und daß er es will, bezeugt er in seinen Worten, auf die ich fest vertrauen werde, bis er selbst durch sein eigenes Wort das Gegenteil sagt."[49]

Oekolampad antwortete mit dem Einwand, der den Gegensatz am massivsten zum Ausdruck brachte: Ein Körper kann immer nur an einem Ort sein. Luther lehnte solche mathematischen Argumente rundweg ab. Er sei zwar bereit, zu gegebener Zeit mit ihm über Mathematik zu disputieren. Er wies auch darauf hin, daß er sich selbst dazu geäußert habe, aber sie hätten es nicht verstanden. Jetzt geht es aber um Schriftzeugnisse. Oekolampad brachte sofort eines bei. Christus habe gesagt: „Arme habt ihr allezeit bei euch" – also ihn selbst nach seiner Menschlichkeit nicht. Er kann darum nicht leiblich im Abendmahl zugegen sein. Luther erwiderte, das sei das einzige von allen seinen Argumenten, das einen gewissen Schein für sich habe. Aber es enthalte doch einen bestimmten, klaren Sinn: Christus wird nicht so anwesend sein, daß er unserer Dienste bedürfe. Er hat uns statt dessen die Armen gegeben, damit wir ihnen in seinem Namen Gutes erweisen können[50]. Oekolampad suchte Luther dabei zu behaften, daß auch er eine rhetorische Figur: zwar nicht den Tropus (die Bildrede), aber wohl die Synekdoche (den Teil für das Ganze) verwende. Luther erwiderte: Das sei zweierlei. Die Synekdoche ist in keiner Sprache entbehrlich: „Bring mein Schwert" bedeutet: Schwert mit der Scheide. „Bring eine Kanne" bedeutet: Kanne mit Bier. Dagegen hebt die Metapher, der Tropus, den Inhalt auf. Die Synekdoche sagt: „Das ist da, und in dem ist's": die Taube und in ihr der heilige Geist (Matth. 3,16; Joh. 1,33), das Brot und in ihm der Leib Christi[51]. Luther war die grammatische Diskussion leid. Er wandte sich nochmals an Melanchthon: „Antwortet ihr, dann ich hab mich müd gewaschen."[52] Aber Melanchthon griff wiederum nicht ein.

Zwingli führte das Gespräch von den Fragen der grammatischen Logik, in denen es sich verfangen hatte, weiter zu einem christologischen Argument: Nach dem neutestamentlichen Zeugnis sei Christus in menschlicher Gestalt

---

[49] Aus dem Bericht des Anonymus (s. Anm. 32), May, Marburger Religionsgespräch, 46. Köhler, Marburger Religionsgespräch, 25 f. 90.

[50] May, Marburger Religionsgespräch, 25 f. 46 f. Köhler, Marburger Religionsgespräch, 26 ff. 91 ff. Luther bezieht sich auf „Vom Abendmahl Christi" (1528), WA 26; 241 ff.

[51] May, Marburger Religionsgespräch, 26. 46. Nach den Berichten des Anonymus und Collins stammt der Einwand von Zwingli. May, 47. Köhler, Marburger Religionsgespräch, 96. Zur Synekdoche s. o. S. 452, Anm. 49.

[52] May, Marburger Religionsgespräch, 26 (aus dem Bericht des Straßburgers Hedio). Köhler, Marburger Religionsgespräch, 28. 96.

erschienen (Röm. 8.3. Phil. 2,6 ff.)[53], „in allen Stücken seinen Brüdern gleich, doch ohne Sünde" (Hebr. 4,15). „Er hatte also eine begrenzte Menschlichkeit." So habe auch Augustin gesagt: „Ist Christi Leib droben, so muß er auch an einem Orte sein."[54] Luther dagegen halte den Leib Christi für allgegenwärtig und unbegrenzt. Christus aber ist an einem Orte und kann nicht an vielen sein[55]. Luther lehnte diese Logik ab: Es geht bei den zitierten Stellen um die Ähnlichkeit Christi mit der Leiblichkeit seiner Menschenbrüder, nicht um eine Begrenzung seiner Macht. Gott kann schaffen, daß der Leib Christi an einem Ort und nicht an einem Ort ist[56]. Zwingli wollte das nicht leugnen, aber er verlangte den Beweis dafür, daß Gott gerade im Abendmahl den Leib Christi gegenwärtig mache. Nach der heiligen Schrift sei er in der Krippe, dem Tempel, der Wüste, im Grab, zur Rechten des Vaters. Warum dann im Abendmahl als besonderem Ort[57]? Luther schlug die Samtdecke zurück und zeigte auf seine Beweisstelle: Hoc est corpus meum. „Dieweil der Text meines Herrn Christi allda stehet . . ., so kann ich wahrlich nit vorüber, sondern muß bekennen und gläuben, daß der Leib Christi da sei."[58] Zwingli sprang auf: „Also setzet auch Ihr, Herr Doktor, den Leib Christi räumlich im Abendmahl. Ihr sagt ja: ‚Der Leib Christi muß da sein.' Da, da! Da ist sicherlich ein Adverbium des Ortes." Luther erwiderte, er habe einfach die Worte Christi wiedergegeben und habe nicht an solche Fangfragen gedacht. Ein Adverb des Ortes schließe er wie alle Mathematik aus dem Abendmahlstext völlig aus. Die Worte lauten: Hoc (non: ibi) est corpus meum. Ob räumlich oder außerräumlich, wolle er lieber nicht wissen als wissen. Gott habe ja noch nichts darüber offenbart, und kein Mensch könne das beweisen[59]. Damit endete das Gespräch des 2. Oktober.

Am Morgen des 3. Oktober, eines Sonntags, wurde die Diskussion durch Zwingli an derselben Stelle wieder aufgenommen, wo sie abgebrochen worden war. Es gab keine bloße Wiederholung, sondern in der Zwischenzeit hat-

[53] Zwingli zitierte die Stellen griechisch. Luther antwortete: „Leset Teutsch oder Latein, nit Griechisch." Zwingli entschuldigte sich – vielleicht mit ein wenig humanistischem Selbstgefühl („stichelnde Ironie" Köhler, Zwingli und Luther, Bd. 2, 106 ist zuviel gesagt): Er bediene sich „seit 12 Jahren des griechischen Neuen Testaments", das lateinische habe er „nur einmal gelesen" (d. h. durchgelesen). Luther meinte, „daß vor dieser Corona das Griechische nicht am Platze sei" (ebd.). Die Zensur, die H. Dibbelt, Hatte Luthers Verdeutschung des Neuen Testaments den griechischen Text zur Grundlage?, in: ARG 38 (1941), 318 f. ihm hierzu wegen mangelhafter Kenntnisse des Griechischen erteilt, ist fehl am Platze. Zu der Kritik Dibbelts an Luthers Übersetzung des Neuen Testaments vgl. H. Bornkamm, Die Vorlagen zu Luthers Übersetzung des Neuen Testaments, in: ThLZ 72 (1947), 23 ff. Auszug daraus in: ders., Luther, 65 ff. Martin Luther, Die gantze Heilige Schrifft Deudsch. Wittenberg 1545 (s. o. S. 81, Anm. 45), 52*.

[54] May, Marburger Religionsgespräch, 38. Köhler, Marburger Religionsgespräch, 32. 110.

[55] May, Marburger Religionsgespräch, 38. Köhler. Marburger Religionsgespräch, 30. 102.

[56] May, Marburger Religionsgespräch, 27. Köhler, Marburger Religionsgespräch, 32. 110.

[57] May, Marburger Religionsgespräch, 54. Köhler, Marburger Religionsgespräch, 30. 104.

[58] May, Marburger Religionsgespräch, 48. Köhler, Marburger Religionsgespräch, 31. 105.

[59] May, Marburger Religionsgespräch, 48. Köhler, Marburger Religionsgespräch, 31. 106.

ten beide Seiten ihre Auffassung geklärt. Zwingli griff noch einmal auf die Formeln aus dem Philipperbrief (Kap. 2,6ff.) zurück: μορφή, σχῆμα (Gestalt), die er breit exegesierte. Er folgerte aus diesen dort räumlich beschriebenen Begriffen: „Es (der Leib Christi) muß je ein Raum haben und räumlich da sein." Luther war inzwischen über die bloße kategorische Ablehnung der Mathematik hinaus zu einer Begründung dafür gekommen. Auch das Weltall ist nicht an einem Ort (Machina mundi non est in loco)[60]. Oder nach dem besonders ausführlichen Bericht Osianders: „Sie fragten, wo Gott je ein Leib hätt sonder Statt gesetzt oder ent(er)halten? Darauf antwortet Luther: Den allergrößten Leib, darin all ander Leib begriffen sein, nämlich die ganze Welt, enthält Gott ohn ein Statt. Darum hat die Welt kein Statt, darin sie ist." „Darzu schwiegen sie all still."[61] Luther berief sich dabei auch auf die Lehre der Scholastiker[62]. Das trug ihm eine spöttische Bemerkung Zwinglis ein: „Es staht üch, H. Doktor, nit wohl an, daß ihr zu den Sophisten fliehen müssend." Damit kehre er sich wieder zu den Zwiebeln der Ägypter (4. Mose 11,5)[63]. Luther überhörte offenbar den Spott und griff wieder auf seine Grundstelle zurück: „Das ist mein Leib." Ebenso hielt er gegenüber zwei Augustinzitaten, die Zwingli dafür einbrachte, daß Körper räumlich umgrenzt seien, daran fest, daß Gott diese allgemeine Regel durchbrechen und Körper außerhalb jedes Raumes erhalten könne[64]. Es berührte ihn nicht, daß Zwingli einwandte, er schließe aus einer Möglichkeit auf ein Sein. Luther konnte den Vorwurf der petitio principii abweisen, da die Gegenwart Christi im Sakrament ihm durch das Einsetzungswort unabhängig begründet war. Zum selben Ergebnis führte auch eine Diskussion über einige Stellen aus Augustin und Fulgentius. Wesentlich waren nicht abweichende Auslegungen, die Luther z. T. zu den beiden Vätern entwickelte, sondern die Generalregel: „Wenn die Väter sprechen, müssen sie nach dem Maßstab der Schrift verstanden werden."[65] Für die Zuhörer war die sich über den ganzen Sonntag hinziehende Auseinandersetzung über die Kirchenväterstellen offenbar recht ermüdend. Osiander berichtete jedenfalls dem Nürnberger Rat: „Darüber höreten wir ihne schier den ganzen Tag zu, bis sie es suchten, lasen und verteuschten, weliches gar langweilig zu hören war."[66]

---

[60] May, Marburger Religionsgespräch, 48 f. 27. Köhler, Marburger Religionsgespräch, 107 ff.

[61] May, Marburger Religionsgespräch, 54. Köhler, Marburger Religionsgespräch, 108 f.

[62] May, Marburger Religionsgespräch, 38. Köhler, Marburger Religionsgespräch, 107 f.

[63] Nach einem Satz aus dem Bericht Heinrich Utingers (dazu WA 30/3; 101), der sich auf eine Aufzeichnung Zwinglis stützt. Vgl. dazu J. Staedtke, Eine neue Version des sogenannten Utinger-Berichtes vom Marburger Religionsgespräch 1529, in: Zwingliana 10 (1955), 210 ff. Es handelt sich um eine Niederschrift von der Hand Heinrich Bullingers (bei ihm „Ziböllen", bei Utinger „Zwifel". Vgl. Köhler, Marburger Religionsgespräch, 107).

[64] May, Marburger Religionsgespräch, 49f. Köhler, Marburger Religionsgespräch, 32. 110.

[65] May, Marburger Religionsgespräch, 28. Köhler, Marburger Religionsgespräch, 34. 117. Die Regel wird auf oberdeutscher Seite (Hedio) als regula Lutheri (May, 28), von lutherischer (Anonymus) als regula Augustini bezeichnet (ebd. 50).

[66] May, Marburger Religionsgespräch, 55.

Auch bei den Gesprächspartnern setzte sich das Empfinden durch, daß man so nicht weiter kam. Nach einem nochmaligen kurzen Geplänkel schlug Oekolampad vor, das Gespräch abzubrechen. Luther ging, ohne in der Sache einzulenken, darauf ein und bestätigte ihnen, daß sie es ernst gemeint hätten: „Wir wissen's allzu wohl, daß ihr groß Ursach gehabt, es ist aber die Sach nichts dester besser."[67] Der landgräfliche Kanzler Feige redete beiden Seiten noch gütlich zu, sie sollten Mittel und Wege finden, einig zu werden. Luther antwortete auf den gut gemeinten Rat: „Ich weiß kein ander Mittel, denn daß sie Gottes Wort die Ehr geben und glauben mit uns."[68] Nachdem sich auch die Zwinglianer noch einmal zu ihrer Sache bekannt hatten, endete das Gespräch in freundlichen Tönen. Luther empfahl seine Gegner Gott und seinem Urteil und dankte Oekolampad dafür, daß er ihre Sache nicht bitter, sondern freundschaftlich vertreten habe. Er dankte auch Zwingli, wenn er auch manchmal schärfer gewesen sei, und bat ihn um Entschuldigung, wenn er selbst scharf gegen ihn geworden sei, er sei ja selbst auch Fleisch und Blut. Zwingli war zu Tränen gerührt und sagte, er wisse in Italien und Frankreich niemanden, dem er lieber begegne als Luther. Luther, dem diese Freundschaftsbeteuerung wohl zu weit ging, antwortete: „Bittet Gott, daß ihr zur Einsicht kommt." Oekolampad erwiderte: „Bittet auch ihr, ihr habt es ebenso nötig."[69]

Nachdem die Diskussion auf diese Weise abgeschlossen war, brachte der Straßburger Stättmeister Jakob Sturm noch ein anderes Thema zur Sprache, über das Osiander am ausführlichsten berichtet: „Er wäre geschickt, darob zu sein, daß der Zwiespalt vom Sakrament hingelegt wurde etc. Nun wäre er ausgezogen der Meinung, als wäre es nur umb einen strittigen Artikel zu tun, so wollten sich dero mehr finden, und wann er die potschaft sollt heimpringen, so wurde er übel bestehen etc., begehret er seiner Prediger Lehre zu hören und zu zeugen, wo sie recht oder unrecht lehreten."[70] Was werde man im Rat von Straßburg, der ihn mit zwei Predigern entsandt habe, sagen, wenn er statt einer Irrlehre zwei mit nach Hause brächte[71]? Darauf wurde Bucer das Wort gegeben. „Er berichtete im wesentlichen über unsere Lehre von der Trinität, von Christus, von der Rechtfertigung, von der Taufe u. a. Und er bat darauf den Dr. Luther um ein Zeugnis. Das verweigerte dieser ihm und sagte etwa Folgendes: Es geht mich nichts an, was ihr in Straßburg lehrt. Ich will nicht euer Lehrer sein. Ihr habt meine Schriften und mein Bekenntnis.

[67] May, Marburger Religionsgespräch, 56. Köhler, Marburger Religionsgespräch, 36.
[68] May, Marburger Religionsgespräch, 56. Köhler, Marburger Religionsgespräch, 37.
[69] May, Marburger Religionsgespräch, 28 f. Köhler, Marburger Religionsgespräch, 36 f. 125 ff. Bei Osiander fehlen die friedlichen Worte Luthers (May, 56. Köhler, 125).
[70] May, Marburger Religionsgespräch, 56. Nach dem Bericht Hedios spielt Sturm auf eine Äußerung Luthers über die Straßburger Trinitätslehre an, ebd. 29. Köhler, Marburger Religionsgespräch, 37. Dazu s. o. S. 565.
[71] May, Marburger Religionsgespräch, 29. (Bericht Hedios).

Darauf fragte Bucer ihn, ob er sein Bruder sein wolle oder ob er nach seiner Meinung irre, damit er sich bessern könne. Das lehnte er ab und empfahl uns dem Urteil Gottes."[72] Zu diesem Bericht Hedios fügt Osiander noch eine schärfere Äußerung Luthers hinzu: ,,Ich bin euer Herr nicht, euer Richter nicht, euer Lehrer auch nicht, so reimet sich unser Geist und Euer Geist nichts zusammen. Sondern ist offenbar, daß wir nicht einerlei Geist haben. Denn das kann nicht einerlei Geist sein, da man an einem Ort die Wort Christi einfältiglich glaubt und am andern denselben Glauben tadelt, widerficht, lügstraft und mit allerlei frevlen Lästerworten antastet. Darumb, wie ich gesagt hab, befehlen wir euch dem Urteil Gottes. Lehret, wie ihr's vor Gott wöllt verantwurten."[73]

Es ist kein Zufall, daß sich die schärfste Äußerung Luthers in Marburg nicht gegen Zwingli, sondern gegen Bucer richtete. Er fand am Ende der Marburger Tage das Urteil bestätigt, das er schon bei der ersten Begegnung lächelnd und mit erhobenem Finger ausgesprochen hatte: ,,Du bist ein Schlingel."[74] Jetzt, nachdem sich die Kluft zwischen ihnen aufgetan hatte, versuchte Bucer, sie zu überspringen, indem er um ein theologisches Leumundszeugnis und eine Anerkennung als Bruder bat. Luther lehnte ab. Er konnte in dieser Situation nur so antworten, daß der Unterschied nicht verdeckt oder verharmlost wurde.

Es war das Verdienst des Landgrafen, daß das festgefahrene Gespräch fortgeführt wurde. Noch am Abend des 3. Oktober beauftragte er beide Seiten, über das nachzudenken, worin man einig sei[75]. Daraus entstand ein vermutlich von Osiander stammender Entwurf für eine Abschlußformel, die unter den Namen von Luther und Oekolampad ergehen sollte[76]. Sie enthielt 1) eine weitgehende Gemeinsamkeit: ,,Wir bekennen, daß aus vermög dieser Wort ,Das ist mein Lib, das ist mein Blut' der Leib und das Blut Christi wahrhaftiglich, das ist substantive et essentialiter, non autem quantitative vel localiter im Nachtmal gegenwärtig sei und gegeben werd." 2) Beide Seiten sollen bekennen, worin sie ihr Gegenüber mißverstanden haben. Die Lutheraner: Sie hätten gemeint, ,,daß unsere lieben Herren und Brüder Oekolampadius,

[72] May, Marburger Religionsgespräch, 29. Köhler, Marburger Religionsgespräch, 129.

[73] May, Marburger Religionsgespräch, 56f. Köhler, Marburger Religionsgespräch, 129.

[74] Tu es nequam (Bericht Hedios), May, Marburger Religionsgespräch, 15. Wahrscheinlich spielen bei Luther die Erinnerungen an die Vorgänge von 1526 mit; s. o. S. 463ff.

[75] Dazu vor allem die Berichte von Osiander und Brenz. May, Marburger Religionsgespräch, 57. 84. Köhler, Marburger Religionsgespräch, 132f.

[76] May, Marburger Religionsgespräch, 66, Anm. Köhler, Zwingli und Luther, Bd. 2, 116. Die bei Osiander auch sonst vorkommende scholastische Begrifflichkeit (vgl. ebd. Bd. 1, 577f.) spricht eher für ihn als für Melanchthon, den Graß, Abendmahlslehre (s. o. S. 445, Anm. 10), 127, Anm. 1 in Erwägung zieht. Anderer Art ist die kurze Formel, die W. H. Neuser, Eine unbekannte Unionsformel Melanchthons vom Marburger Religionsgespräch 1529, in: ThLZ 21 (1965), 181ff. behandelt hat. Vgl. auch ders., Abendmahlslehre Melanchthons (s. o. S. 436, Anm. 40), 308ff.

Zwinglius und die Ihren die wahre Gegenwärtigkeit des Libs und Bluts gänzlich verwerfen". Die Schweizer: Sie hätten bisher gemeint, daß Luther Melanchthon und die Ihren lehren, „daß der Leib Christi und Blut sei in dem Nachtmahl quantitative vel qualitative vel localiter fleischlichen Gedanken nach". 3) Beide Seiten sollen deutlich machen, gegen wen sie sich in Wirklichkeit abgrenzen. Luther: nicht gegen Oekolampad und Zwingli, „sunder wider diejenigen, so gänzlich die Gegenwärtigkeit des Libs im Nachtmahl verleugnen". Oekolampad: „wider diejenigen, so Christi Leib und Blut großlicher und stattlicher Weis und Imagination in das Brot und Wein setzen"[77]. Die Formel versuche, durch eine Differenzierung der leiblichen Gegenwart Christi und Aussagen des gegenseitigen Einlenkens eine sachliche Gemeinsamkeit herbeizuführen. Aber das war unmöglich. Die „substantielle und essentielle Gegenwart des Leibes Christi" überforderte die Schweizer. Selbst wenn sie einen Ausgleich mit ihren früheren theologischen Erklärungen hätten herstellen können, so doch nicht mit den einfachen Glaubensaussagen, in denen sie ihre Gemeinden erzogen hatten[78].

Statt einer zweifelhaften Einigungsformel fand man schließlich eine Erklärung, die neben dem Gemeinsamen auch das Trennende offen aussprach: die 15 „Marburger Artikel", die Luther am 4. Oktober auf Wunsch des Landgrafen verfaßte. Mit glücklicher Hand baute er die abschließende Aussage nicht nur auf dem akuten Problem, über das in diesen Tagen verhandelt worden war, sondern auf breiter Basis auf. Die durchnumerierten Artikel lassen sich in vier Gruppen zusammenfassen: I. Lehren, die „von ganzer christlicher Kirchen in der Welt" gemäß dem Nicänischen Konzil und Glaubensbekenntnis vertreten werden: Schöpfung, Dreieinheit Gottes, Jungfrauengeburt, Person Christi, Erbsünde, Erlösungswerk (Art. 1–5). – II. Gesamtevangelische Lehren: Ablehnung des Verdienstgedankens, Glaube als Gabe und als Gerechtigkeit vor Gott durch die Predigt des Evangeliums, Taufe, „gute Werke" als Wirkung des heiligen Geistes, Beichte („ungezwungen und frei"; Art. 6–11). – III. Gegen täuferische Anschauungen werden christlicher Dienst in der Obrigkeit und Kindertaufe bejaht (12–14). – IV. Im letzten Artikel (15) wird die Abendmahlsfrage behandelt, zuerst das Gemeinsame: „Zum funfzehnten gläuben und halten wir alle von dem Nachtmahle unsers lieben Herrn Jesu Christi, daß man bede Gestalt nach der Insatzung Christi prauchen solle, daß auch das Sakrament des Altars sei ein Sakrament des wahren Leibs und Pluts Jesu Christi und die geistliche Nießung desselben

---

[77] May, Marburger Religionsgespräch, 66. Köhler, Marburger Religionsgespräch, 131 f. „Stattlich": nachdrücklich (massiv).

[78] Köhler, Marburger Religionsgespräch, 137. So urteilte auch Bucer (5. Aug. 1534) gegenüber Ambrosius Blarer. Briefwechsel der Brüder Ambrosius und Thomas Blaurer 1509–1548, hg. v. T. Schiess, Bd. 1 (Freiburg 1908), 518. May, Marburger Religionsgespräch, 66, Anm. 326. Die Formel hat später als angeblich Luthersche Aussage bei dem Abschluß der Württembergischen Konkordie von 1534 eine Rolle gespielt. v. Schubert, Bekenntnisbildung (s. o. S. 557, Anm. 105), 103 ff.

Leibs und Pluts einem jeden Christen furnemblich vonnoten, desgleichen der Brauch des Sakraments wie das Wort von Gott dem Allmächtigen gegeben und geordnet sei, damit die schwachen Gewissen zu gläuben zu bewegen durch den heiligen Geist." – Erst dann folgt das Thema von Marburg: „Und wiewohl aber wir uns, ob der wahr Leib und Plut Christi leiblich im Brot und Wein sei, dißer Zeit nicht vergleicht haben, so soll doch ein Teil gegen den andern christliche Liebe, sofern jedes Gewissen immer leiden kann, erzeigen und bede Teil Gott den Allmächtigen fleißig bitten, daß er uns durch seinen Geist den rechten Verstand bestätigen wolle. Amen." Unterschrieben waren die Artikel von: Martinus Luther, Justus Jonas, Philippus Melanchthon, Andreas Osiander, Stephanus Agricola, Joannes Brentius, Joannes Oecolampadius, Huldrychus Zuinglius, Martinus Bucerus, Caspar Hedio[79]. Die gegenseitige Versicherung christlicher Liebe war auf besonderen Wunsch des Landgrafen in das Bekenntnis eingefügt worden[80].

So gewiß die Marburger Artikel keine „Konkordie" waren[81], so boten sie doch das höchste Maß des Gemeinsamen, das nach so gründlicher Erörterung des trennenden Problems möglich war. Die Frage der Realpräsenz Christi in den Elementen war eingeordnet in den geistlichen Sinn des Sakraments. Das war mehr als der Brudername, auf den vor allem Bucer gedrängt hatte. Er hätte viel weniger ausgesagt als die sorgsame Aufrechnung dessen, was gemeinsam war und was offen bleiben mußte. So deutete Luther es auch in einem Brief, den er noch am selben Tag an seine Frau schrieb: „Gnad und Friede in Christo. Lieber Herr Käth! Wisset, daß unser freundlich Gespräch zu Marburg ein Ende hat, und seind fast in allen Stücken eins, ohne daß die Widerteil wollten eitel Brot im Abendmahl behalten und Christum geistlich darinnen gegenwärtig bekennen. Heute handelt der Landgraf, ob wir könnten eins werden oder doch gleichwohl, so wir uneins blieben, dennoch Brüder und Christus Glieder unter einander uns halten. Da arbeit der Landgraf heftig. Aber wir wollen des Brüdern und Glieders nicht, friedlich und guts wollen wir wohl." Er gab Käthe zugleich noch einen Auftrag, der bei seiner lateinkundigen Frau gut aufgehoben war und auch ihr eigenes Interesse

[79] May, Marburger Religionsgespräch, 67 ff. WA 30/3; 160–171. 169,5–170,15.

[80] So berichtete Bucer am 18. Okt. 1529 an Ambrosius Blarer. Schiess, Blarer-BW (s. Anm. 78), Bd. 1, 197. Vgl. WA 30/3; 42 (Revisionsnachtrag).

[81] Eine unglückliche Formulierung Köhlers: „Die Marburger Artikel sind im besten Wortsinne eine Konkordie" (Zwingli und Luther, Bd. 2, 127) hat zu der Gegenfrage von S. Hausammann geführt: Die Marburger Artikel – eine echte Konkordie?, in: ZKG 77 (1966), 288 ff. Eine „echte" sicherlich nicht, aber eine pragmatische, eine Übereinkunft, in der man die Hauptstreitpunkte ausklammerte und die Gemeinsamkeit in anderen Fragen aussprach, ohne sie näher zu begründen. Vermutungen über die Gründe für Änderungen in einzelnen Artikeln bei Köhler (119 ff.) und Hausammann (294 ff.). Auch eine ausführliche Unterhaltung zwischen Bucer und Justus Jonas „über die bedeutendsten Themen: Trinität, Erbsünde usw." beurteilt Jonas im gleichen Sinne: Concordavimus tantum relicto articulo eucharistiae, in quo non concordatum est. 4. Okt. an Wilhelm Reifenstein. May, Marburger Religionsgespräch, 75.

wachrufen mußte: „Sage dem Herrn Pommer, daß die besten Argument seind gewesen des Zwinglii, daß corpus non potest esse sine loco, ergo Christi corpus non est in pane, des Oecolampadii: Dies Sacramentum est signum corporis Christi. Ich achte, Gott habe sie verblendet, daß sie nichts haben müssen furbringen."[82]

Die Marburger Artikel sind eine Umarbeitung der sog. Schwabacher[83]. Luther hat nicht nur Stücke weggelassen, die für den jetzigen Zweck, den Abschluß des Gesprächs mit den Schweizern und Oberdeutschen, unnötig waren (Kirche, Zölibat und biblische Belegstellen). Sondern er hat die Texte auch gekürzt, von Polemik befreit, populärer und seelsorgerlicher gefaßt. Der Blick ist stärker auf die Gemeinden gerichtet, denen die Teilnehmer am Marburger Gespräch ihr Ergebnis verständlich machen mußten[84]. Die Marburger Artikel sind dadurch ein Meisterwerk unter den Bekenntnissen lutherischen Ursprungs geworden.

Die Glaubenssubstanz, die Luther im „Ich" seines Bekenntnisses in der Schrift „Vom Abendmahl" (1528)[85], dem Ursprung der evangelischen Bekenntnisbildung, ausgesprochen hatte, kehrte jetzt im „Wir" der gemeinsamen Artikel wieder. Luther hatte den Oberdeutschen und Schweizern die Zustimmung dadurch erleichtert, daß er bei der Umarbeitung der Schwabacher Artikel gewisse Schärfen vermied, die an Differenzen rühren konnten: z. B. in der Lehre von den zwei Naturen Christi, von der Erbsünde, von der Kirche, von der Taufe. Andererseits betonte er Abgrenzungen gegenüber der römischen Kirche, in denen die protestantischen Gruppen einig waren[86]. Die Vereinfachung und Konzentration auf das Wichtigste erleichterte es beiden Seiten, zu beteuern, daß sie von ihrer Lehre nichts aufgegeben hätten. Das führte nach den heftigen Debatten der Tage auch zu Äußerungen eines gewissen Triumphes, daß die andere Seite in manchen Punkten zurückgewichen sei. Die einzige Frage, die in Marburg durchdiskutiert worden war, blieb um des Friedens willen ausgespart. Nur über das antirömische Verständis dieses Sakraments hatte man sich geeinigt. Der Landgraf hatte damit zwar nicht das

---

[82] 4. Okt. 1529, WAB 5; 154. May, Marburger Religionsgespräch, 72. Zu Käthes Lateinkenntnissen WATR 4; Nr. 4860; 559,11 ff. WATR 5; Nr. 5567; 247,9 f. Pommer = Bugenhagen.

[83] S. o. S. 559.

[84] Diese Rücksicht vermuteten die Wittenberger mehrfach für die Schweizer und Oberdeutschen: Luther an Propst 1. Juni 1530, WAB 5; 340; Melanchthon an Fr. Burkhard 8. Okt. 1529, MSA 7/2, 105 f. MBW 828. Briefe und Akten zu der Geschichte des Religionsgespräches zu Marburg 1529 und des Reichstages zu Augsburg 1530, hg. F. W. Schirrmacher (Gotha 1876), 376; Bucer an Ambrosius Blarer, 5. Aug. 1534. Zusammengestellt von May, Marburger Religionsgespräch, 76, Anm. 413; die Rücksichten sind aber nicht schlechthin politisch zu nennen.

[85] S. o. S. 486 ff.

[86] Einzelheiten in der Übersicht bei Köhler, Zwingli und Luther, Bd. 2, 119 ff. und F. Blanke in seiner Einleitung zu den Notae Zwinglii, anhand deren er am 24. Okt. 1529 im Großmünster in Zürich seine Unterschrift unter die Marburger Artikel begründete. Zwingli, Sämtl. Werke, Bd. 6/2, 532 ff.

Ziel einer Einigung, aber eine noble und christliche Besiegelung des in aller Wahrhaftigkeit offen gelegten Verhältnisses erreicht[87].

Einen friedlichen Schluß setzte auch Luther. Er predigte am Dienstag, dem 5. Oktober, vormittags zum Abschied in Marburg, ohne mit einem Wort auf die dort verhandelten Streitfragen einzugehen. Sondern er wählte die Perikope von der Heilung des Gichtbrüchigen (Matth. 9,1–8), die das große gemeinsame Thema der evangelischen Kirchen enthielt: „Sei getrost, mein Sohn, deine Sünden sind dir vergeben; die summa evangelii." Und er sprach sein Motiv dafür deutlich aus: „Ich halte diese Predigt um so lieber, damit ihr die Übereinstimmung unserer Lehre mit der Lehre eurer Prediger seht."[88] Das war auf keine besonderen Gruppen bezogen, sondern sollte das in jedem Falle Verbindende bezeugen. In einem Brief an Johann Agricola vom 12. Oktober 1529 faßte er seine Eindrücke noch einmal zusammen: „In summa, es sind ungeschickte und im Disputieren unerfahrene Leute. Obwohl sie spürten, daß ihre Argumente nicht schlüssig waren, wollten sie doch in dem einen Punkt, der Gegenwart des Leibes Christi, nicht weichen, und zwar, wie wir meinen, mehr aus Furcht und Scheu als aus bösem Willen. In allen anderen Fragen haben sie nachgegeben, wie du aus dem veröffentlichten Papier sehen wirst. Schließlich baten sie uns, daß wir sie wenigstens als Brüder anerkennen möchten, das forderte auch der Fürst nachdrücklich. Aber das konnte ihnen nicht zugestanden werden. Wir haben uns aber die Hand des Friedens und der Liebe gegeben, daß inzwischen die bitteren Schriften und Worte ruhen und beide Seiten ihre Meinung vertreten sollen, ohne Schmähung, wenn auch nicht ohne Verteidigung und Widerlegung."[89] In diesen abgewogenen Worten ist das Ergebnis von Marburg dargestellt: keine Lehreinheit, aber ein Ende des erbitterten Lehrstreits, keine mißverständliche Brüderlichkeit, sondern ein ebenso aufrichtiges wie nobles Verhalten zueinander. Politisch und im Spiegel der Öffentlichkeit gesehen war damit zwar keine Bündnisgrundlage geschaffen, aber das beiseite gelassen, was jeweils den Partner belastete: der Radikalismus und das Häretische der Zwinglianer[90] und umgekehrt der katholisierend erscheinende Sakramentalismus der Lutheraner. Beide Seiten hatten sich neben der breit entfalteten Gemeinsamkeit von den Belastungen des anderen Teils frei gehalten.

[87] S. Anm. 81.

[88] Ut videatis concordiam doctrinae nostrae cum doctrina praedicatorum vestrorum. Nach einer von Andreas Poach gefertigten Kopie der von Rörer stammenden Nachschrift der Predigt. WA 27; XIII, 1. WA 29; 564,9f. Sie erschien 1530 in deutscher Ausarbeitung. Dazu Köhler, Zwingli und Luther, Bd. 2, 130f.

[89] WAB 5; 160,12ff. Der erste Druck der Artikel erschien in Marburg Anfang Okt. 1529. WA 30/3; 102. Einen weniger ergiebigen, dafür schärferen Brief schrieb Melanchthon am gleichen Tage an Agricola, CR 1, 1107f. MSA 7/2, 106ff. MBW 829.

[90] Eine Reihe von Häresien Zwinglis nennt Melanchthon in seinem Brief (etwa vom 17. Okt.) an Herzog Heinrich von Sachsen, CR 1, 1102ff. MSA 7/2, 119ff. MBW 832. Ähnlich, etwa gleichzeitig, an Kurprinz Johann Friedrich, CR 1, 1099ff. MSA 7/2, 112ff. MBW 831. In allen drei Briefen unterstrich Melanchthon die Unmöglichkeit des Brudernamens.

Da die Verhandlungen in Marburg nicht zur Verständigung in der entscheidenden Frage, der Abendmahlslehre, geführt hatten, blieb den lutherisch gesinnten Fürsten und Städten nichts anderes übrig, als an die Beratungen und Pläne aus dem Sommer nach der Rotacher Zusammenkunft anzuknüpfen[91]. Noch ehe das Marburger Gespräch beendet war, erhielt Luther schon einen Brief des Kurfürsten Johann vom 28. September, er solle nach Abschluß sofort und auf kürzestem Wege zusammen mit Melanchthon und Jonas, aber ohne die übrigen Wittenberger, zu ihm nach Schleiz (im Vogtland) kommen. Falls er ihn nicht mehr antreffe, werde er Nachricht finden, wohin er ihm folgen solle[92]. In dem Schlußbericht aus Marburg vom 4. Oktober unterrichtete Luther seine Frau von der Verzögerung seiner Heimkehr[93]. Er erreichte den Kurfürsten unterwegs nicht mehr, sondern erst am 16. Oktober in Torgau. Am 18. Oktober kehrte er nach dem langen Ritt von Marburg her erschöpft heim, wie von Satans Engel mit Fäusten geschlagen (2.Kor. 12,7), voll Zweifel, ob er noch lebend und gesund die Seinen wiedersehen werde. Vor allem aber beunruhigte ihn die unterwegs empfangene Nachricht, daß die Türken mit aller Macht Wien belagerten. Er konnte darin nur eine eiserne Rute gegen die schreckliche Gottlosigkeit und Undankbarkeit der Zeit sehen[94]. Schon am 20. Oktober meditierte er über seine „Heerpredigt wider den Türken" und machte sich sofort an die Arbeit[95].

Das Ergebnis von Marburg wurde sehr bald einer strengen Probe unterworfen. Was bedeutete es angesichts der immer stärker drängenden Frage, ob die beiden im Glauben unterschiedenen Gruppen der Reichsstände, die in Speyer gemeinsam protestiert hatten, sich gegen etwaige Aktionen des Kaisers verbünden sollten? Der Rückblick auf die Marburger Begegnung war in Wittenberg nicht unbefriedigend. „Es freut mich", schrieb Luther am 27. Oktober 1529 an Amsdorf nach Magdeburg, „daß du dich so über unsere Marburger Synode freust. Sie war zwar dem Anschein nach klein, aber in der Sache selbst ertragreich." Luther hatte eine Deutung dafür, die über die menschliche Leistung hinaus höhere Zusammenhänge sah: „Das haben die Gebete der Frommen bewirkt, daß sie (die Gegner) so verwirrt und frostig wurden und sich unterwarfen."[96] „Genug und übergenug haben sie sich gedemütigt und die Bruderschaft mit uns erstrebt."[97] Schon am 20. Oktober schrieb er an Hausmann: „Es sind Artikel herausgegeben worden, bei denen sie unverhofft große Zugeständnisse gemacht haben; sie waren sehr demütig

---

[91] S. o. S. 559f.   [92] WAB 5; 152f.
[93] Ebd. 154,10f.
[94] Brief an Amsdorf vom 19. Okt. 1529, ebd. 163,4ff.; an Link 28. Okt., ebd. 170,13ff. Heimkehr am 18. Okt. auch nach W. Schmitt, Luthers Reise zum Marburger Religionsgespräch, in: ARG 28 (1931), 280.
[95] WAB 5; 164,7. 166,6. Dazu o. S. 523ff.
[96] Ebd. 167,1ff.
[97] Am 28. Okt. an Link in Nürnberg, ebd. 170,3f. Vgl. auch ebd. 160,7. 165,14.

und bescheiden."[98] Aber das war bestenfalls ein atmosphärischer, noch kein praktikabler Ertrag. Wie immer sah der Landgraf das politische Problem am schärfsten. Er instruierte seine Gesandten zum Schwabacher Tag (16.–19. Oktober) mit zwei Hauptmotiven: 1) Gott habe es in Marburg so gefügt, „daß die Gelahrten aller Artikul einträchtiglich und christenlich und wohl miteinander gescheiden seint, daß man sieht, daß die Irrung in den Hauptstucken unsers Glaubens, wie man vor gemeint hat, nicht ist". Beide Seiten seien „auch in der Nießung des Sakraments einig". Der Streit hänge allein an der „leiblichen, wesentlichen Gegenwärtigkeit des Leibes unseres Herrn Jesu Christi. So hat Luther auch nit geleugnet, daß Christus nicht da sei localis, wie in einer Stadt. Dorumb so ist der Zwiespalt nit gar so weit von ein(ander) noch so groß, so were es jo zu erbarmen, weil sie in allen Stucken unsern christlichen Glauben, die Lieb des Nehsten und die Seligkeit angehende, einig seint, daß wir uns sollten also von ihnen scheiden." 2) Die versammelten Räte möchten bedenken, „was aus der Trennung Unrats entstehen mucht . . . Dann es stehet zu besorgen, sollt man mit den Oberländern ausmachen und die besten Kriegsleut droben ganz zu Boden dämpfen, die der Meinung seind, wurde uns wenig Nutz bringen."[99] Die süddeutschen Landsknechtskontingente sprachen ein deutliches Wort für eine Verbindung mit den Oberländern.

Das Problem des Widerstandes gegen den Kaiser war auch in Kursachsen schon vor Jahren diskutiert worden, längst ehe die Differenzen in der Abendmahlsfrage die mangelnde Einheit auf der evangelischen Seite offenbart hatten. Nachdem von Papst Hadrian VI. um die Jahreswende 1522/23 durch den Legaten Chieregati auf dem Reichstag zu Nürnberg die Durchführung des Wormser Edikts gefordert worden war, hatte Kurfürst Friedrich der Weise die Wittenberger Theologen beauftragt, Gutachten über die Berechtigung des Widerstandes gegen den Kaiser zu erstatten. Luther, Melanchthon, Amsdorf und Bugenhagen kamen dem kurfürstlichen Ersuchen nach, jeder auf seine Weise[100].

Luther erinnerte daran, daß der Kurfürst sich immer als einen Laien erklärt habe, der in dieser Glaubensfrage kein Urteil fällen wolle und könne, aber als Laie bereit sei, der Wahrheit zu folgen, wenn sie sich durchgesetzt habe. Er kann also für die evangelische Sache nicht Krieg führen, sondern muß der kai-

[98] Ebd. 165,13 f.

[99] Instruktion für die nach Schwabach entsandten Räte Siegmund von Boineburg und Georg Kolmatzsch (Hagenau 11. Okt. 1529). Fabian, Abschiede (s. Anm. 1), 90. v. Schubert, Bekenntnisbildung (s. o. S. 557, Anm. 105), 119.

[100] WAB 12; 35–45 (mit ausführlicher Einleitung von H. Volz). Die Texte auch in der gut kommentierten Ausgabe von H. Scheible, Widerstandsrecht, dort ausführliches Literaturverzeichnis. Aus der älteren Literatur vgl. bes. K. Müller, Luthers Äußerungen über das Recht des bewaffneten Widerstandes gegen den Kaiser, SBAW.PPH 8 (München 1915). Neuerdings vor allem: H. Dörries, Luther und das Widerstandsrecht, in: ders., Wort und Stunde, Bd. 3 (Göttingen 1970), 195 ff.

serlichen Gewalt weichen; der Kaiser darf im kurfürstlichen Gebiet verhaften und verfolgen, wen er will. „Denn er ist nach übereinstimmendem Spruch Gottes und der Menschen, seien sie auch gottlos, sein Herr." „Wenn er (der Kurfürst) aber trotzdem zu den Waffen greifen will, um diese Sache zu schützen, so muß er zuerst öffentlich das Recht der Sache bekennen und seine frühere Neutralität widerrufen. Er dürfe dann nicht deshalb Krieg beginnen, weil es sich um seine Untertanen handelt, sondern wie ein Fremder, der Fremden aus einem fremden Lande zu Hilfe kommt." Er könnte das nur tun, wenn er durch unvergleichbaren Geist und Glauben berufen wird. „Sonst muß er dem höheren Schwert vollständig weichen und mit den Christen, zu denen er sich bekennt, sterben."[101] Es ist bedeutsam, daß Luther Recht und Pflicht des Fürsten zum Widerstand gegen seinen Oberherrn, den Kaiser, nicht nur auf seinen Glauben begründet, vielmehr auf seine allgemeine Hilfspflicht, die er nicht nur Untertanen, sondern auch Fremden gegenüber wahrnehmen müßte. Nur die Abwehr eines gleichrangigen Gegners kann nach dem üblichen Kriegsrecht verlaufen (zuerst Friedensangebot an den Angreifer, dann nötigenfalls Widerstand)[102]. Die übrigen Gutachten vom Februar 1523 weichen in verschiedener Hinsicht von dem Luthers ab: Melanchthon in Richtung auf ein schärferes Nein zum Widerstand gegen den Kaiser, Bugenhagen und Amsdorf in Richtung auf ein Ja[103].

Die von Kurfürst Friedrich 1523 in Gang gesetzte Diskussion der Bündnis- und Widerstandsfrage wirkte sich vollständig erst in der sechs Jahre späteren, viel ernsteren Situation nach dem Speyrer Reichstag aus[104]. Das Ja zum Widerstand gegen den Kaiser wurde nun durch den Landgrafen nicht mehr nur grundsätzlich, sondern politisch und mit allen realen Folgen verfochten. Schon das war – dazu mit den Erinnerungen an die Packschen Händel – für Luther Grund genug, mit aller Entschiedenheit von dem Vertrauen auf Waffen und Bündnis abzuraten. Bald nach dem Schluß des Speyrer Reichstags warnte er am 22. Mai Kurfürst Johann vor Philipp „mit seinem Bundmachen". „Unser Herr Christus, der bisher E. K. F. G. ohne den Landgrafen, ja wider den Landgrafen, wunderlich geholfen hat, wird wohl weiter helfen und raten." Das Allerärgste sei – er schrieb etwa 5 Monate vor Marburg –, „daß wir in solchem Bündnis die müssen haben, so wider Gott und das Sakrament streben als die mutwilligen Feinde Gottes und seines Worts, dadurch wir müssen alle ihre Untugend und Lästerung auf uns laden, teilhaftig machen und verfechten, daß fürwahr kein fährlicher Bund möcht furgenommen wer-

---

[101] WAB 12; 39,3 ff. Scheible, Widerstandsrecht, 17.

[102] WAB 12; 40,15 ff.

[103] Texte ebd. 41–45. Scheible, Widerstandsrecht, 17 ff. Dazu Dörries, Luther und das Widerstandsrecht (s. Anm. 100), 199 ff. Zu Melanchthon vgl. auch Maurer, Melanchthon, Bd. 2, 450. 587.

[104] Den Präventivkrieg als solchen – nicht gegen den Kaiser – hatte Luther auch während der Packschen Händel in einem Brief an den Kanzler Brück vom 28. März 1528 scharf abgelehnt, WAB 4; 423,64 ff. Scheible, Widerstandsrecht, 22. Dazu s. o. S. 546 f.

den, das Evangelium zu schänden und zu dämpfen, dazu uns mit Leib und Seele verdammen; das sucht der Teufel leider."[105] Das Recht auf Widerstand gegen den Kaiser war das Jahr 1529 hindurch das große politische Thema für die Evangelischen. Vom September bis November sind drei umfassende Gutachten dazu erhalten. Das früheste war die Antwort Bugenhagens vom 29. September 1529 auf Fragen, die ihm der Kanzler Brück im Auftrage des Kurfürsten vorgelegt hatte. Die erste, ob man sich mit denen, "die das Sakrament Christi vorleugnen und nach Vormahnung sich nicht bessern", in ein Bündnis einlassen dürfe, war noch ziemlich einfach zu beantworten: äußerstenfalls so, daß man sich von ihrem Irrtum deutlich trennt, sonst wäre es eine unbezweifelbare Verleugnung des Wortes Christi[106]. Die andere Frage war: Ob man dem Kaiser mit Gewalt widerstehen dürfe, "wenn er mit Gewalt wollte uns überziehen umb Gotts Wortes willen"[107]. Bugenhagen reflektiert von der Autorität, die er dem Kaiser einräumt, auf die Oberherrschaft Gottes, dem er untergeordnet ist. "Hie bekenne man frei, daß sie ungerecht tut, und hat in sulchen Sachen von Gott kein Befehl, daß wir sie auch dazu nicht erkennen fur unsere Ubericheit." An dieser Stelle beginnen das Recht und die Pflicht des Unterherrn. Er muß denken: "Wohlan, vorlesset ein ander seine ordenliche Gewalt Gotts, so will ich sie nicht vorlassen. Ich kann es fur Gott nicht vorantworten, daß ich die Schafe dem Wulfe ubergebe."[108] Entschiedener als angekündigt beantwortet Bugenhagen die ihm gestellte Frage. So wie der Prediger die sündige Obrigkeit mit dem Wort strafen muß, so muß ein Fürst seine Untertanen gegen einen ungerechten, mörderischen Oberherrn schützen. "Ich habe Gotts Wort, der hat Gotts Schwert, beides wehret dem Bösen nach Gotts Befehle und Ordenung." Bugenhagen verstand sein Gutachten nicht als eine öffentliche Erklärung, sondern als einen Beichtrat für den Kurfürsten und bat ihn deshalb, es geheim zu halten[109]. Sein Schreiben ist ein aufschlußreiches Dokument für das Ende der sakralen Kaiseridee des Mittelalters und das Recht und die Pflicht jeder Art von legitimer Obrigkeit, neben der auch der Prediger – wenn man will, der Hofprediger – seine Verantwortung hat.

Gegenüber dem konkreten, die Pflicht jedes Standes abwägenden Gutachten Bugenhagens ist das des Nürnberger Ratsschreibers Lazarus Spengler von geradezu quäkerischer Einlinigkeit. "Summa summarum, Christen gepuret nicht zu rechten oder zu fechten, sondern Ubels, Gewalt und Unrecht zu leiden, wie wohl nit darein zu bewilligen oder das zu billichen."[110] Für den juristischen Denker steckt im Widerstand aber auch etwas, was "wider das na-

[105] WAB 5; 76,17. 77,35 ff. 44 ff. Scheible, Widerstandsrecht, 24. Vgl. auch das Zitat aus diesem Brief o. S. 561, Anm. 15.
[106] Scheible, Widerstandsrecht, 25.
[107] Ebd. 26.
[108] Ebd. 27 zu 10., 28 zu 13.
[109] Ebd. 29. Dazu v. Schubert, Bekenntnisbildung (s. o. S. 557, Anm. 105), 219 f.
[110] Vor 15. November 1529. Scheible, Widerstandsrecht, 35.

turlich Recht und Billicheit ist, welchs sagt: Niemand soll sein selbs Richter sein, und wer widerschlecht, ist ungerecht."[111] Anders steht es bei einem Angriff der Türken oder sonst einer äußeren Macht. Da kann man sich „mit einem freien, unerschrocken Gewissen" verteidigen. „Aber wider den Kaiser hat solchs mit nichten statt. Dann dieses Falls ist Nurmberg (das er wiederholt als Beispiel nennt) kein Oberkeit mehr, sonder wie ein andere einzelige privata persona und ohn Mittel des Kaisers Untertan." Niemand kann leugnen, daß der Kaiser ein Oberherr über das mitten im Reich gelegene Nürnberg ist, das ihm Gehorsam geschworen hat. „Daß auch Nurmberg ein Oberkeit ist und mit einem sondern Regiment als ein Stadt über die Ihrn versehen, das hat sie nit von ihr selbs oder ohn ein Mittel, sonder von einem romischen Kaiser, des Amtleut und Verwalter sie sein."[112] Und ebenso wendet sich der Jurist gegen eine Argumentation wie die Bugenhagens: „Und ist ein unfuglich, ungeschickt Argument: Darumb daß der Kaiser auch ein Herrn über ihme im Himmel hat, darumb sind die von Nurmberg nit des Kaisers Untertan, sonder pleiben ein Oberkeit." Gott ist gewiß der Herrscher über die Welt, aber soll es darum keine Obrigkeit auf Erden geben? „Und was wurd der Kaiser im Reich fur ein Regiment behalten? Wer wurd ihn fur ein Herrn und Obern erkennen?"[113]

Was der Christ im Juristenstande, Lazarus Spengler, so eindringlich dargelegt hatte, konnte Johann Brenz, der angesehene Reformator von Schwäbisch-Hall, sich ohne Zögern zu eigen machen. Markgraf Georg von Brandenburg-Ansbach hatte ihm das Gutachten Spenglers zugesandt und um sein Urteil gebeten. Brenz fügte nur ein paar originelle Begründungen hinzu. Was haben wir im Bauernkrieg vertreten? „Als wenig die Bauren in der vergangenen Aufruhr mit gutem Gewissen sich wider ihre Oberkeit gewältiglich mit dem Schwert haben widersetzen künden, ob ihnen wohl zu Zeiten manniche Unbilligkeit von ihrer Oberkeit begegnet war, als wenig möcht ein Fürst oder Städtrat des römischen Reichs wider kaiserliche Mt. in gutem Gewissen und fröhlicher Anrufung göttlicher Hilf mit gewältigem Schwert widerstreben, obschon k. Mt. ein unbilligs, es sei in zeitlichen oder ewigen Gütern, Fürnehmen hätt." So wenig man in solchem Widerstand der Hilfe Gottes sicher sein kann, so wenig auch des Beistands der Menschen. „Dann es geht mit dem christenlichen Glauben also zu, daß in einem Land oder Stadt allweg der wenigst und geringst Teil recht Christen seien. Die andern und der größte Hauf glauben der Gewohnheit nach, und so lang kein Gefahr darauf steht." „Zudem, so ein widerkriegender Fürst oder Stadt von dem Kaiser mit dem Schwert uberwunden (würde), würde er oder sie nit als ein Christ, sonder als ein Aufrührer uberwunden."[114] Man darf sich auch nicht auf den Kampf der Israeliten gegen die mesopotamischen Könige berufen. Das ist kein Vergleich

[111] Ebd. 34.   [112] Ebd. 36.
[113] Ebd. 37.   [114] Ebd. 41.

mit dem römischen Reich. „Dann das Volk Israel ware von Gott den ehgenannten Königen nit als einer ordenlichen Oberkeit, sonder als einem Züchtiger eins sündigen Volks zur Straf eine Zeitlang ergeben." „Aber unser Herrgott hat die Glieder und die Ständ des römischen Reichs dem Kaiser nit als einem unordenlichen Züchtiger der Sünd und als einem gewaltigen Straßenräuber, sonder als einer ordenlichen Oberkeit underworfen." Alle Reichsstände, die er als mittlere Stände zwischen dem Kaiser als dem obersten und den untersten definiert, sind also Untertanen des Kaisers und „in den Sprüchen der heiligen Schrift den Undertonen zugehörig begriffen"[115].

Nachdem der Schwabacher Tag daran gescheitert war, daß die Oberdeutschen die ihnen nicht rechtzeitig vorgelegten Schwabacher Artikel abgelehnt hatten, wurde eine neue Beratung auf den 15. Dezember 1529 nach Schmalkalden einberufen, aber auf den 28. November vorverlegt. Grund dafür war die alarmierende Nachricht, daß der Kaiser die Gesandtschaft der protestierenden Reichsstände gefangen gesetzt hatte. Sie verbreitete sich schnell, trug aber auch nichts dazu bei, die Neigung zum Widerstand gegen den Kaiser anzufachen[116]. Für die Schmalkaldener Tagung hatte der kursächsische Kanzler Brück auf Befehl des Kurfürsten mit Hilfe der Wittenberger Theologen ein Gutachten über die entscheidende Frage ausgearbeitet: „Ursachen, warumb man sich mit den Schwärmern nit in Verständnus noch ander Handlung zu Beschutzung ihrs Irrsals geben soll."[117] Das Aktenstück ging zunächst geschickt von den Gründen für eine Bejahung der Frage, also von den Argumenten des Landgrafen, aus: Da sie unbefangen und ausführlich genannt wurden, erhielten die Gegengründe gegen das Bündnis ein doppeltes Gewicht. Sie werden etwa dreimal so lang entwickelt. Das Marburger Gespräch wird mehrfach als ein gescheitertes und nicht zur wahren Einheit führendes Unternehmen bezeichnet. Das Bündnis darauf zu begründen, würde gegen

---

[115] Ebd. 42. Die drei Stände, ebd. 40 f. Es gibt noch einige Bedenken ähnlichen Inhalts von Brenz. v. Schubert, Bekenntnisbildung (s. o. S. 557, Anm. 105), 198. 206. Dörries, Luther und das Widerstandsrecht (s. Anm. 100), 207.

[116] Über die Appellationsgesandtschaft s. o. S. 558. Die Nachricht war übertrieben. Es handelte sich um einen Hausarrest in ihrer Augsburger Herberge und ein Verbot, an ihre Herren zu schreiben. Durch den zu spät informierten Nürnberger Gesandten Michael von Kaden kam die Sache schon nach wenigen Tagen (am 24. Okt.) dem Nürnberger Rat zur Kenntnis; er unterrichtete sofort die Verbündeten. v. Schubert, Bekenntnisbildung (s. o. S. 557, Anm. 105), 188 ff. W. Steglich, Die Stellung der evangelischen Reichsstände und Reichsstädte zu Karl V. zwischen Protestation und Konfession 1529/30. Ein Beitrag zur Vorgeschichte des Augsburgischen Glaubensbekenntnisses, in: ARG 62 (1971), 174 f. RTA 8/1; 164–177. Zu der Verstimmung des Kaisers trug auch bei, daß Kaden ihm die reformatorisch gesinnte Somme chrestienne des Franz Lambert von Avignon (über ihn s. o. S. 252 ff.), die noch dazu Karl V. gewidmet war, überreicht hatte. Der Landgraf teilte dem Kaiser erst nachträglich mit, daß Kaden nicht aus eigenem Antrieb, sondern in seinem Auftrag gehandelt habe. Zu der Schrift vgl. G. Müller, Lambert von Avignon (s. o. S. 252, Anm. 107), 86 ff. Dort 130 f. auch der Entwurf für das Schreiben des Landgrafen an den Kaiser (Okt. oder Nov. 1529).

[117] Abgedr. v. Schubert, Bekenntnisbildung (s. o. S. 557, Anm. 105), 144 ff. Die Überschrift stammt von dem Brandenburg-Ansbachischen Kanzler Vogler. Irrsal = Irrtum.

den Rechtssatz verstoßen, daß man „ziemlicher und zugelassener Mittel und nicht verbotener brauche"[118]. Oder anders: „Sollten wir sie in unser Gemeinschaft ziehen, so wäre es eben als viel, als hätten wir eine Maus in die Tasche gesetzt." Sollte es zur Auseinandersetzung über diese Fragen etwa auf einem freien Konzil kommen, so „würden sie uns den Lohn geben und am härtesten und ufs spitzigst wider uns sein und (es) uns alsdann ergehen nach dem Sprichwort des Bapstes: Die Maus in der Tasche, die Schlange am Busen etc. lohnen ihren Wirten schlecht; und wurden uns unsere Gewissen verurteilen, daß wir Gottes Feinden, die wider sein helles Wort strebten, zu ihrem Irrtumb Stärkung gegeben hätten."[119] Das scharfe Gutachten wird eher von Brück als von Luther oder anderen Wittenberger Theologen stammen[120]. Es ist aus der Situation nach dem Marburger Gespräch entsprungen, das die beiden Seiten verschieden beurteilten und auf verschiedene Weise politisch, d. h. im Blick auf die Frage des Bündnisses gegen den Kaiser, auslegten: der Landgraf als gegebene Voraussetzung dafür, Brück, Vogler und andere lutherische Juristen als Warnung dagegen.

Die innere Voraussetzung für ein Bündnis wäre eine Übereinkunft in den strittigen Glaubensfragen gewesen. Die Marburger Artikel kamen als Dokument dafür nicht in Frage. Sie waren das Ergebnis eines rein theologischen Gesprächs und hatten das entscheidende Thema, die Frage der Abendmahlselemente, offen gelassen. Das Kriterium für die Möglichkeit eines Zusammengehens lag in dem Schwabacher Bekenntnis, das die Lutheraner jetzt erst in Schmalkalden ihren möglichen süddeutschen Partnern vorsichtig dosiert zur Kenntnis brachten. Entscheidend war ein Gespräch zwischen den wichtigsten Politikern, den Kanzlern Sachsens und Brandenburg-Ansbachs, Brück und Vogler, und dem Straßburger Stättmeister Jakob Sturm. Der bedeutende und theologisch hochgebildete Sturm war die wichtigste Gestalt auf oberdeutscher Seite. Er hatte zudem ein ausführliches, noch niemandem bekanntes Gutachten des ihm befreundeten Bucer über die Schwabacher Artikel zur Hand[121]. Hätte Luther es gekannt, so hätte er sich wohl in seinem Urteil über den „Schlingel" bestätigt gefühlt[122]. Bucers allzu einfacher Rat war, „wo es je sein konnte, daß die Artikel alle mit biblischen Worten und auf das klarest und kürzest gefaßt würden". Damit würde die Einheit gefördert und keinem Irrtum das Fenster aufgetan[123]. Der kluge Ulmer Prediger Konrad Sam machte dazu auf der ihm übergebenen Abschrift spitze Bemer-

---

[118] Ebd. 149.

[119] Ebd. 151.

[120] Brück nahm Vogler gegenüber in einem Brief vom 4. Dez. 1529 in Anspruch: „daß ich das ‚Vorstentnus' (das Bündnis gegen den Kaiser und die altgläubigen Stände) habe ausgelöscht". Fabian, Abschiede (s. Anm. 1), 105.

[121] Stupperich, Bucer Dt. Schriften (s. o. S. 322, Anm. 28), Bd. 3, 442 ff. Dazu v. Schubert, Bekenntnisbildung (s. o. S. 557, Anm. 105), 167 ff. Köhler, Zwingli und Luther, Bd. 2, 173 ff.

[122] S. o. S. 572.

[123] Stupperich, Bucer Dt. Schriften (s. o. S. 322, Anm. 28), Bd. 3, 443,16 ff.

kungen: „Aus diesem allem sieht man klar, wie B. abgefallen und nu selbs ohne Schrift alle Ding verdunkelt." Oder zu Bucers Kritik am Begriff der drei göttlichen Personen: „Das wollt viel zu arianisch sein. Ich halt es da mit Lutherus, ohnangesehen aller Juden, die sich dran ärgern."[124] Bucer verteidigte Zwingli gegen eine Formulierung, daß Erbsünde eigentlich nur ein Gebrechen, nicht wahrhaft Sünde sei[125]. Er betonte, daß Gott uns nicht nur den Glauben anrechnet, sondern erwartet und hilft, daß wir Gutes tun. Gnade und Geist Gottes sind nicht, wie die Schwabacher Artikel zu eng sagen, an das mündliche Wort, das Evangelium, gebunden[126]. Der Spiritualismus, den Bucer vertritt, kommt natürlich am stärksten zu Worte in der Sakramentsfrage. „Das man aber will dringen zu glauben, daß der wahr Leib und das wahr Blut im Brot und Wein sei, geschicht ohne Geschrift."[127] In einer langen Ausführung zum 10. Schwabacher Artikel grenzte er sich ebenso gegen die Transsubstantiation „der Päpstler" wie gegen Luther ab[128]. Schließlich möchte Bucer der Beichte den Schein nehmen, als handele es sich um eine göttliche „Absolution und Urteil los werden", wie die Schwabacher Artikel gesagt hatten. Die Beichte ist wichtig um des Trostes aus dem Worte Gottes willen, den aber jeder Bruder aussprechen kann, der im göttlichen Wort unterrichtet ist[129]. Über die restlichen Artikel (12–17) äußerte sich Bucer nicht mehr, obwohl es wichtig sei, wenn „solch gewaltige Oberkeiten" sich in der christlichen Lehre verbinden wollten. Dafür gilt: „Man soll jedes Glaubens hoch verschonen und in keines Menschen Dienstbarkeit dringen." Schließlich wiederholt er seinen Rat: „Das Schierest (Beste) wäre, ohn Artikel sich schlechts ob dem Wort Gottes, wie das inhalt (enthält) Alt und Neu Testament, verbunden, doch alle Vorteil hingenommen[130], daß man nit wolle hernach etlich Irrtumb des Sakraments halb oder andere, als neben dem Wort Gottes furgenommen, zu Wort haben[131] und zurucktreten, so es ans Treffen ging, so man doch ob solichem allem kein Gefahr zu (er)warten hat, dann von Feinden gemeins Glaubens."[132]

Der Zwiespalt im Blick auf die Schwabacher Artikel, für die Bucers Gutachten das wichtigste Dokument ist, brachte auch die Verhandlungen über ein Bündnis und die Gesandschaft an den Kaiser zum Erliegen. Zu einem neuen, auf den 6. Januar 1530 angesetzten Zusammentreffen in Nürnberg ließ Kurfürst Johann nur diejenigen einladen, die „der reinen Lehre verwandt"[133] waren, d. h. den Schwabacher Artikeln zustimmten. Die Vertreter

---

124 Ebd. 444, Anm. 8 u. 12.   125 Ebd. 452,9 ff.
126 Art. 7, ebd. 457,11 ff.
127 = Ist nicht in der Schrift begründet. Art. 10, ebd. 462,12 f.
128 Ebd. 464,4 ff.
129 Ebd. 468,10 ff.
130 Doch unter Ausschluß aller Vorbehalte.
131 Zum Vorwand nehmen.
132 Ebd. 468,23 ff.
133 v. Schubert, Bekenntnisbildung (s. o. S. 557, Anm. 105), 132, Anm. 1.

des Markgrafen von Brandenburg-Ansbach erhoben Bedenken gegen diese Engigkeit, zumal es hier nur um einen Friedensappell an den Kaiser gehe, wagten aber nicht, sich vom sächsischen Bundesgenossen zu trennen[134]. Die Scheidung der lutherischen und der oberdeutschen Stände auf dem kommenden Reichstag von Augsburg zeichnete sich schon ab.

[134] Ebd. 133 ff.

XXIV. Reichstag und Konfession
von Augsburg (1530)

Der heranrückende Reichstag und drohende Anzeichen für das, was man von ihm erwarten mußte – wie z. B. die Behandlung der Appellationsgesandtschaft –, erweckten von neuem die Frage nach dem Recht des Widerstandes gegen den Kaiser[1]. Kurfürst Johann bat Luther in einem Brief aus Torgau vom 27. Januar 1530 um sein Urteil darüber. Er unterrichtete ihn zugleich über die zwei widersprüchlichen Gutachten, die er erhalten hatte: 1) das bejahende von Bugenhagen, den er befragt hatte, während Luther sich in Marburg befand[2]. Bugenhagen stellte Oberherrn (wie den Kaiser) und Unterherrn (die Fürsten) unter das gleiche Gebot: die Schutzpflicht gegenüber ihren Untertanen. Er ging von dem unteilbaren Begriff der Obrigkeit aus und schlug damit den Gegner mit seiner eigenen Waffe. Der Kurfürst hatte daraus mit Recht entnommen, „als sollt man die Untertanen in solchem Fall zu schützen auch schuldig sein“[3]. 2) aber hatte der Kurfürst von dem entgegengesetzten Gutachten des Nürnberger Ratsschreibers Lazarus Spengler Kenntnis erhalten, das jeden gewaltsamen Widerstand gegen den Kaiser in Religionsfragen ablehnte, ja ein aus dem Verzicht auf Widerstand folgendes Verderben mit dem Glanz des Martyriums umgab. Er zitierte dafür sogar ein Wort von Kurfürst Johann selbst: Gegen Angriffe eines andern Fürsten, die unter dem Schein oder auch wegen des Evangeliums erfolgen, „gegen den will ich mich mit Gottes Hilf wehren, so stark ich bin. Kompt aber der Kaiser, mich anzugreifen, der ist mein Herr, gegen den muß ich Geduld haben, und wie kann mir ein ehrlicher Verderben begegnen dann von des Wortes wegen.“[4] Außerdem hatte der kurfürstliche Kanzler Christian Beyer, der am 6. Januar zu den Verhandlungen in Nürnberg gewesen war, seinem Herrn berichtet, daß Wenzeslaus Link (in Nürnberg) und Brenz (in Schwäbisch-Hall) ebenfalls den Widerstand ablehnten, daß dagegen der Nürnberger Osiander dafür eintrat[5]. In diesem Zwiespalt zwischen den Gutachten und Meinungen erbat sich der Kurfürst binnen drei Wochen einen „ordentlichen Ratschlag“[6].

---

[1] Zur früheren Diskussion s. o. S. 578 f.

[2] S. o. S. 580 f.

[3] WAB 5; 224,16 f.

[4] Zu dem umfangreichen Gutachten Spenglers (vor dem 15. Nov. 1529) s. o. S. 580 f.

[5] WAB 5; 224,19 ff. und Anm. 3.

[6] Ebd. 224,39 ff. „Ordentlicher Ratschlag“: eine ausführliche Aufzeichnung von dem, „was ihr in dem allen bedenken und bewegen werdet, das göttlich, christlich, billig und recht ist“.

Damit gab er zugleich zu erkennen, daß ihm ein Schreiben, das Luther auf Veranlassung des Landgrafen von Hessen am 24. Dezember 1529 in dieser Frage an ihn gerichtet hatte, nicht genügte. Luther hatte sich damals darauf beschränkt, daß es noch nicht an der Zeit sei, gegen den Kaiser zu rüsten und zu Felde zu ziehen, ehe „tätliche Gewalt und unvermeidliche Not" vorliege, d. h. ehe dieser selbst sich durch Mandate oder Reichsacht gegen die Fürsten unfriedlich erzeigt habe. Man müsse auf Gott vertrauen, in dessen Hand „des Königs Herze" stehe (Sprüche 21,1). Wenn der Kaiser ruhig bliebe, so würde man durch Proklamierung des Widerstandsrechts nur den Vorwurf des Unfriedens auf sich und Schmach auf das Evangelium ziehen[7].

Der Inhalt seiner neuen Auskunft war Luther nicht nur durch die bereits vorliegenden Gutachten von Bugenhagen und Spengler vorgezeichnet, sondern auch durch die präzise Frage des Kurfürsten, ob er einen Bruch der Frankfurter Wahlkapitulation des Kaisers, die Fürsten bei ihren Rechten zu lassen und nicht mit Gewalt zu überziehen, hinnehmen müsse[8]. Dem Verlangen des Kurfürsten entsprechend, beriet er sich mit Jonas, Bugenhagen und Melanchthon und erteilte am 6. März die erbetene Antwort. Sie klärte die Frage, indem sie zwischen weltlichem Recht und christlichem Verhalten unterschied. Nach weltlichem Recht darf man sich vielleicht gegen einen Kaiser zur Wehr setzen, namentlich wenn er sich eidlich verpflichtet hat, niemanden mit Gewalt anzugreifen und jeden bei seiner Freiheit zu belassen[9]. Aber für den Christen, „nach der Schrift", gibt es kein solches Widerstandsrecht. „Sondern ein Christ soll Gewalt und Unrecht leiden, sonderlich von seiner Oberkeit." Auch der sündige Kaiser bleibt Obrigkeit, gegen die nur die zuständigen Instanzen vorgehen können. Luther unterscheidet „Sünde" und „Strafe" als Anlaß zum Widerstand. „Sünde hebt Oberkeit und Gehorsam nicht auf. Aber die Strafe hebet sie auf, das ist, wenn das Reich und die Kurfürsten einträchtiglich den Kaiser absetzten, daß er nimmer Kaiser wäre."[10] Luther will den politischen Mißbrauch der Glaubensfrage verhindern. Weder soll der Glaube sich hinter dem Schutz der weltlichen Macht verstecken, noch diese ihn als Anlaß und Waffe im Kampf gegen eine höhere Instanz verwenden. „Ein jeglicher (Christ) soll alsdenn fur sich selbs stehen und seinen Glauben erhalten mit Darstreckung seines Leibs und Lebens und nicht den Fursten mit in die Fahr ziehen oder mit Schutz suchen beschweren." Und für die Fürsten gilt: „Darumb acht ich, es sei fur dem Garn gefi-

---

[7] Ebd. 209,35.16. 210,70 ff. Dazu H. Dörries, Luther und das Widerstandsrecht (s. o. S. 578, Anm. 100), 215 ff. Er macht – wie Clemen WAB 5; 249 – gegen K. Müller, Luthers Äußerungen über das Recht des bewaffneten Widerstands gegen den Kaiser (s. o. S. 578, Anm. 100), mit Recht geltend, daß von einer berechtigten Gegenwehr, z. B. nach einer Achterklärung, hier noch keine Rede ist.

[8] WAB 5; 224,29 ff.

[9] Ebd. 258,7 ff. Scheible, Widerstandsrecht, 60.

[10] WAB 5; 258,13 ff. 259,38 ff. Scheible, Widerstandsrecht, 60 f.

schet[11], so man umb Verteidigung willen des Evangeli sich wider die Oberkeit legt, und (ist) gewißlich ein rechter Mißglaube, der Gotte nicht vertrauet, daß er uns ohn unser Witze und Macht wohl mehr Weise zu schützen und zu helfen wisse."[12] Und schließlich muß man bedenken: Wer sich wider den Kaiser erhebt, muß bereit sein, selbst Kaiser zu werden, und die Angriffe der Rivalen ertragen. ,,Welch ein unaussprechlich Morden und Jammer da werden sollt, daß ein Fürst lieber sollt drei Furstentum verlieren, ja lieber dreimal tot sein, denn solchs Jammers Ursach sein oder dazu helfen oder bewilligen. Denn wie kunnt's ein Gewissen ertragen?"[13] Luther kannte seinen Kurfürsten und wußte, daß er ihm zumuten konnte, eher sein Land dem Kaiser preiszugeben als um des Glaubens willen Blut zu vergießen[14]. Wenn der Kaiser aber die Fürsten zwingen will, ihre Untertanen, die dem Evangelium anhängen, zu verjagen oder zu töten, dann ,,gehets auch an ihren eigen Glauben. Da sollen sie dem Kaiser nicht gehorchen, auf daß sie nicht drein bewilligen, mithelfen und sich solcher Missetat teilhaftig machen."[15]

Noch ehe der Kurfürst auf Luthers Ratschlag geantwortet hatte, erhielt er das kaiserliche Ausschreiben zum Reichstag, der am 8. April in Augsburg eröffnet werden sollte. Er unterrichtete sofort am 14. März Luther, Jonas, Bugenhagen und Melanchthon davon und bereitete sie auf die Aufgabe vor, die ihnen zufallen würde. Der Reichstag solle dazu dienen, wie er aus dem Ausschreiben zitierte, ,,eins itzlichen Gutbedunken, Opinion und Meinung zwuschen den Ständen selbst in Lieb und Gutigkeit zu horen, zu vorstehen und zu erwägen, dieselbigen Zwiespaltung zu einer einigen christlichen Wahrheit zu brengen und zu vorgleichen."[16]

Am kursächsischen Hof faßte man Hoffnung, daß ,,vielleicht solcher Reichstag an eins Concilii oder Nationalversammlung Statt gehalten will werden". Darum müsse man sich über die Fragen des Glaubens und der äußeren Kirchenbräuche, um die es ging, völlig klar werden, auch darüber, ,,wie weit wir und andere Stände, so die reine Lehre bei ihnen angenommen und zugelassen, mit Gott, Gewissen und gutem Fug, auch ahn beschwerlich Ärgernis, Handlung leiden mugen und konnen"[17]. Um darauf vorbereitet zu sein, bat der Kurfürst die Wittenberger, alle andere Arbeit beiseite zu lassen, sich für diese Fragen zu rüsten und am Sonntag Okuli (20. März) nach Tor-

---

[11] WAB 5; 260,90. Scheible, Widerstandsrecht, 62. Fur dem Garn gefischet: bei Luther: unrecht gehandelt, ,,Gewalt für Recht gebraucht", s. den Brief an Kanzler Brück vom 28. März 1528, WAB 4; 423,82.
[12] WAB 5; 259,69ff. ,,Witze" = Weisheit. Scheible, Widerstandsrecht, 62.
[13] WAB 5; 260,103ff.110ff. Scheible, Widerstandsrecht, 63.
[14] WAB 5; 260,75ff. Scheible, Widerstandsrecht, 62.
[15] WAB 5; 259,73ff. 260,77ff. Scheible, Widerstandsrecht, 62.
[16] WAB 5; 264,14ff. Förstemann, Urkundenbuch, 8. 61ff. Das Ausschreiben des Kaisers an Kurfürst Johann von Sachsen war formuliert und unterzeichnet von dem kaiserlichen Geheimsekretär Alexander Schweiß und seinem Vizekanzler Balthasar Merklin aus Waldkirch, ebd. 9.
[17] WAB 5; 264,29ff. Handlung leiden = mit sich reden lassen, nachgeben.

gau zu kommen. Zugleich teilte er ihnen mit, daß er, wenn es so weit sei, Luther, Jonas, Melanchthon, dazu auch Spalatin und Agricola, den er als Prediger von den beiden Speyerer Reichstagen her schätzte, bis Coburg mitnehmen wolle. Wenn das Verfahren auf dem Reichstag geklärt sei, wolle er sie nach Augsburg holen lassen, mit Ausnahme Luthers, der später Bescheid bekommen werde[18]. Am 3. April reisten die Wittenberger nach Torgau ab und am folgenden Tage nach Coburg weiter, wo sie am Ostersonnabend, dem 16. April, ankamen und Luther noch predigte. Hier erreichten ihn sofort allerlei Neuigkeiten, zumal so lange der Kurfürst noch auf der Coburg weilte. Luther gab sie, von anderen Aufgaben befreit, so rasch wie möglich an die daheim wartenden Freunde weiter: Der Kaiser sei noch in Mantua und werde bis über Ostern (17./18. April) dort bleiben. Der Papst sei erzürnt über den Kaiser, weil er sich in die kirchlichen Angelegenheiten einmische und die Parteien selbst hören wolle, statt, wie gehofft, Scharfrichter gegen die Häretiker zu werden und alles wieder in seinen früheren Zustand zu bringen[19]. Sogar ein Augenzeuge jüngster Ereignisse am kaiserlichen Hof war zugleich mit Luther auf der Burg eingetroffen: der Nürnberger Gesandte Michael von Kaden, der die Behandlung der Appellationsgesandtschaft und die Kaiserkrönung Karls V. in Bologna miterlebt hatte und nach kurzer Haft glücklich entkommen war. Er erzählte, daß der Papst bei der Krönung dem Kaiser erklärt habe, wie peinlich ihm sein Fußkuß sei, aber das Zeremoniell erfordere ihn nun einmal[20].

Daß Luther nach Anordnung des Kurfürsten auf der Coburg bleiben sollte, während die anderen zum Reichstag weiterreisen könnten, leuchtete ihm nicht ein[21]. Nicht einmal nach Nürnberg dürfe er mit den Freunden Jonas, Melanchthon, Spalatin und Agricola kommen, schrieb er; wie gern wäre er als Fünfter dabei! Er machte sich einen scherzhaften Grund zurecht: Vielleicht liege es an der Gegend, deren Sprache nicht alle fünf Sinne beieinander habe, sondern nur vier; „schmecken" bedeute zweierlei: schmecken und riechen[22]. So schaute er sich wenigstens in seinem Domizil, der Veste, in die er in der Nacht vom 23. zum 24. April übergesiedelt war[23], genauer um. „Nichts fehlt, was zur Einsamkeit gehört", schrieb er am 24. April an Melanchthon. „Das höchste Haus, das die Burg überragt, gehört ganz uns, und uns sind die Schlüssel zu jeder Art von Konklave übergeben. Mehr als dreißig

[18] Ebd. 264,32–265,64. Der Kurfürst drängte die Wittenberger am 21. März noch einmal, zu kommen und ihre Bücher mitzubringen; er brauche auch noch für andere Sachen ihren Rat, ebd. 269.

[19] An Hausmann 18. Apr. 1530, ebd. 277,7 ff.

[20] Luther an Amsdorf 18. Apr., ebd. 275,7 ff. Zu Kaden ebd. 276, Anm. 4. H. v. Schubert, Luther auf der Koburg, in: LuJ 12 (1930), 113 f.; zu seinem Bericht über die Appellationsgesandtschaft s. o. S. 582, Anm. 116.

[21] An Hausmann 18. Apr., WAB 5; 277,17 f.

[22] An Eobanus Hessus in Nürnberg 23. Apr., ebd. 283,4 ff.

[23] Vgl. H. Rückert in seiner Ausgabe der Briefe Luthers, BoA 6, 252.

Mann, sagt man, verzehren hier ihr Brot, davon zwölf Nachtwachen und zwei spähende Trompeter auf den verschiedenen Türmen. Aber was soll das? Ich habe halt nichts anderes zu schreiben. Am Abend wird hoffentlich der Kastner oder der Schösser kommen, dann werden wir vielleicht Neues hören.“[24] Aber die Einsamkeit hatte schon Pläne in ihm erweckt, mit denen er den Brief eröffnete: „Wir sind endlich auf unserem Sinai angekommen, liebster Philipp, aber wir werden ein Zion aus diesem Sinai machen und drei Hütten hier bauen, dem Psalter eine, den Propheten eine und dem Aesop eine[25]; aber das ist etwas Zeitliches. Es ist ein überaus reizender und für Studien sehr geeigneter Ort; nur eure Abwesenheit betrübt mich.“[26] Und woran er sich erquickte, zeigte auch die Ortsangabe für den Brief: „Aus dem Reich der Vögel“, die er von nun an beibehielt[27]. Noch am gleichen Tage beschrieb er Justus Jonas und Spalatin das „Gekecke“ der Dohlen, das von 4 Uhr morgens an den Sturm und die Wolken ununterbrochen durchtöne, als den Reichstag, den er hier eher erreicht habe als sie den ihrigen in Augsburg[28]. „Da sieht man die stolzen Könige, Herzöge und andere Reichsmagnaten, die sich eifrig für ihre Angelegenheiten und Nachkommen einsetzen und mit unermüdlicher Stimme ihre Dekrete und Dogmen durch die Luft schmettern. Schließlich bewegen sie sich ja auch nicht in jenen höfischen Spelunken und Höhlen, die man ohne viel Grund Paläste nennt. Oder vielmehr: Sie sind nicht darin eingeschlossen, sondern unter freiem Himmel, daß ihnen der Himmel zur getäfelten Decke wird und die grünen Bäume ihr weiter, bunter Fußboden und die Wände zugleich die Grenzen der Erde sind.“ Sie verachten den albernen Luxus mit Gold und Seide, haben ein und dieselbe Art und Kleidung, musizieren unisono, doch mit fröhlichem Unterschied der alten und jungen Stimmen. „Ihren Kaiser habe ich noch nicht gesehen und gehört.“ „Wir sitzen hier mit großem Vergnügen als untätige Zuschauer und Zuhörer ihres Reichstags.“[29] „Nun genug des Scherzes, eines ernsten und notwendigen Scherzes, der mir die anstürmenden Gedanken vertreiben würde, wenn er sie nur vertriebe!“[30] Bald darauf erklingt in einem Brief an seine Wittenberger „Tischgesellen“ ein fröhlicherer Ton: „Heute haben wir die erste Nachtigall gehöret; denn sie hat dem April nicht wöllen trauen. Es ist bisher eitel köst-

---

[24] WAB 5; 286,19 ff.
[25] Wie die Jünger in der Geschichte von der Verklärung Jesu, Matth. 17,4. – In Psalmos vigintiquinque priores et sequentes aliquot enarrationes breves (1530), WA 31/1; 263–383. Sie wurden Veit Dietrich auf der Coburg von Luther diktiert und erst von dessen Erben 1559 zum Druck gebracht. – Zur Prophetenübersetzung WADB 11/2; LV f. Der Plan einer Übersetzung der Fabeln des Aesop taucht hier zum ersten Male auf. Die sechzehn von ihm auf der Coburg fertiggestellten Stücke sind erst 1557 gedruckt worden, WA 50; 432 ff.
[26] WAB 5; 285,3 ff.
[27] Ebd. 286,27 f.
[28] Ebd. 289,5. 290,5 ff.
[29] Ebd. 291,10 ff. 28 f.
[30] Ebd. 291,44 ff.

lich Wetter gewest, hat noch nie geregnet, außer gestern ein wenig." Datiert: „Aus dem Reichstag der Malztürken, den 28. April, Anno 1530."[31]

Zu den selbstgewählten Arbeiten, mit denen er sich in seiner Einsamkeit beschäftigte[32], kamen bald auch Beiträge für den Augsburger Reichstag. Der erste war eine Flugschrift „An die ganze Geistlichkeit zu Augsburg versammlet auf den Reichstag Anno 1530. Vermahnung Martini Luther."[33] Damit verschaffte Luther sich selbst das Gehör, das man ihm nicht gewährt hatte, und zwar bei den eigentlich Verantwortlichen, den Männern der Kirche, nicht bei den Politikern. Am 12. Mai sandte er sein Manuskript in die Druckerei nach Wittenberg. Anfang Juni brachte ein Buchhändler die ersten 500 Stück nach Augsburg, die, wie Jonas berichtete, „sofort ihre Käufer fanden". Darunter seien auch viele Gegner, die wissen wollten, was Luther nun auf die für ihn sicherlich erschreckende Nachricht von der Ankunft des Kaisers schreibe[34]. Jonas selbst war von dieser „unerwarteten, wunderbaren und kraftvollen Apologie" beglückt. „Ich zweifle nicht, daß der Herr durch dich in diesem Büchlein gesprochen hat."[35]

Die voraussichtliche Entgegnung, daß er kein Recht habe, zu diesen Angelegenheiten des Reichstages das Wort zu nehmen, schiebt Luther mit einem eindrucksvollen Rückblick auf die 10 Jahre beiseite, in denen diese Fragen nun schon auf Reichstagen und auf andere Weise verhandelt worden sind: „mit so viel Ratschlahen, mit so viel Tücken und Praktiken, mit so viel Vertröstung und Hoffnung, ja auch mit Gewalt und Zorn, mit Mord und Straf, daß ich mein Wunder und Jammer an euch gesehen, (den)noch hat's nirgend dahin gewollt, da ihr's gern hin hättet"[36]. Er erinnert an den Gang der Ereig-

---

[31] Ebd. 295,1f. Noch ein paar Tage zuvor (am 24. April) hatte er beklagt, daß noch niemand von ihnen eine Nachtigall gehört habe, wohl aber den Kuckuck in der Pracht seiner herrlichen Stimme. An Jonas, ebd. 289,16f. – Ich teile die Zweifel nicht, die Otto Clemen an der Echtheit dieses Briefs (ebd. 292f.) geäußert hat. Der Brief an die Tischgesellen ist kein Selbstplagiat, sondern eine deutsche Wiedergabe dessen, was die lateinischen Briefe an Jonas und Spalatin enthalten hatten, für einen Kreis, der vermutlich zum Teil („und anderen zu Wittenberg sämptlich und sonderlich") des Lateinischen nicht kundig war. Zur Adresse, die ebd. 293 fehlt, vgl. WAB 13; 127. H. Rückert, der in seiner Ausgabe der Briefe (BoA 6, 259) der Kritik Clemens zugestimmt hatte, ließ in der zweiten Auflage die Echtheitsfrage in suspenso (ebd. 454). – „Malztürken" unbekanntes Wort, in Grimms Deutschem Wörterbuch, Bd. 6 (1885), 1517 nur mit dieser Stelle belegt; wohl eigene Bildung Luthers nach dem vorher beschriebenen Kampf der Vögel, „wie ritterlich sie schwänzen, den Schnabel wischen und die Wehr stürzen (ausstrecken), daß sie siegen und Ehre einlegen wider Korn und Malz", WAB 5; 294,32ff.
[32] Brief an Link vom 8. Mai; wieder Propheten, Psalmen und Äsop, WAB 5; 309,9ff. Ähnlich an Melanchthon 12. Mai, ebd. 316,7ff. Eine Übersicht über Luthers Schriften in diesen Wochen gibt ein Brief von Veit Dietrich, der Luther wie nach Marburg so jetzt nach Coburg begleitete, vom 8. Juni 1530 an den Propst Hektor Poemer in Nürnberg. Veröffentlicht von O. Mathes, 10 Briefe aus den Jahren 1523–1590 aus dem Besitz Johann Valentin Andreäs, in: BWKG 60/61 (1960/61), 27f.
[33] WA 30/2; 268–356.
[34] Jonas an Luther aus Augsburg 13. Juni, WAB 5; 361,1ff.
[35] Ebd. 362,22f. 361,14f.   [36] WA 30/2; 271,24ff.

nisse: Ein Reichstag zu Speyer wurde „mit so herrlicher tröstlicher Hoffnung" ausgeschrieben und „schimpflich und schändlich" wieder abgesagt. „Da kam auch flugs darauf die Rute, nämlich der Muntzer mit der Aufruhr und gab euch einen Schilling, den ihr noch nicht uberwunden habt und wir leider noch großern Schaden davon haben."[37] Und er verweist darauf, „daß des Müntzers Geist auch noch lebt" und bei ihrer harten Haltung gegen die Reformation leicht wieder ausbrechen kann. Ja, mehr: „So wisset ihr auch, wie treulich und fest wir gehalten haben wider alle Rottengeister. Und wenn ich rühmen dürft, so wollt ich schier sagen, wir wären eur Schutzherren gewest und sei unser Geschäft, daß ihr bisher seid blieben, was ihr noch seid."[38] Und wenn man ihm entgegnet: „Ja, das ist alles dein Schuld, du hast's angefangen, und das sind deiner Lehre Früchte", so müsse er das hinnehmen, obwohl unter ihnen viele seien, die wissen, daß das nicht wahr ist. „Habt ihr aber vergessen, daß der deutsch Adel zu Worms bei vierhundert Stücken Kaiserlicher Majestät fürtrug, darin sie sich beklagten von der geistlichen Beschweret[39] und sagten frei heraus: Wo Kaiserliche Majestät nicht wollt solchs abschaffen, so wollten sie es selbs tun, denn sie künntens nicht länger leiden."[40] Er erinnert auch daran, wieviel Zustimmung zu seinem Kampf gegen den Ablaß und die vielbeklagte Ausbreitung des Mönchtums er gefunden habe. Vor allem den Anfang seiner Lehre, den Kampf gegen den Ablaß, bringt er noch einmal mit 15 scharfen Thesen in Erinnerung[41]. „Welcher ist aber unter euch allen, der für solch erschreckliche Greuel je einmal Buße getan, je einmal geseufzet oder je ein Auge naß gemacht hätte? Ja, ihr wollt itzt als die Verstockten, Unpußfertigen nie kein Übels getan haben, kompt nu daher gen Augsburg und beredet uns, der heilige Geist sei bei euch und werde durch euch (die ihr euer Lebtage nichts bei der Christenheit denn Schaden getan habt) große Dinge ausrichten und darnach flugs gen Himmel führen mit allen solchen ungebüßeten, dazu verteidingten Greueln, als müßte er euer froh werden, daß ihr eurn Gott Bauch so herrlich gedienet und seine Kirche so jämmerlich verwüstet habt. Darum habt ihr auch kein Glück, sollet auch keins mehr haben, ihr bußet denn und bessert euch . . . Also stund und gieng es, ehe meine Lehre kam, in dem Stücke. Daß nu nicht mehr so steht, ist

[37] Ebd. 274,16f.19ff. Vgl. die Ankündigung einer gemeinen Versammlung deutscher Nation in Speyer und eines Konzils durch den Reichstagsabschied von Nürnberg (18. Apr. 1524) und die Absage durch den Kaiser, s. o. S. 276. 279. Luther erinnert daran, daß der Bauernkrieg zuerst in den klösterlichen und anderen kirchlichen Gebieten Süddeutschlands ausgebrochen ist. Dazu auch Revisionsnachtrag WA 30/2; 274,1ff. – Schilling = Reihe von Schlägen.

[38] WA 30/2; 276,15ff.22ff. Die „Rottengeister" bezogen die Straßburger auf sich und urteilten deshalb scharf über die „gehässige" Schrift, mit der Luther dem Kaiser und den Fürsten schmeicheln wolle und sich alles zuschreibe. Bucer an Zwingli, Zwingli, Sämtl. Werke, Bd. 9 (1925), 617f. 623.

[39] Gravamina, Beschwerung, Belastung.

[40] WA 30/2; 277,22ff.33ff.

[41] Ebd. 281–284.

Schuld meines aufrührischen Evangelii."[42] In diesem Zorn, in dem ein Stück Verwandtschaft mit Savonarola lebt, fährt Luther fort, die schlimmsten Mißbräuche des Klerus anzuklagen: die Beichtbriefe, die er Butterbriefe nannte, weil sie erlaubten, in der Fastenzeit Verbotenes zu essen und andere Vorschriften zu erleichtern oder, so oft man will, von Strafe und Schuld loszusprechen[43]. Es ist ein doppeltes geistliches Verbrechen: „Gerade als hätte Gott solche Stücke alle nicht vorhin (von vornherein) durchs Euangelion aller Welt frei geschenkt oder als hätte es Gott verboten und sie wären die Riesen, die Gottes Gebot möchten (könnten) umb Geld verkäufen."[44] Was die Kirche aus der Beichte gemacht hat, hält Luther „für der größten Plagen eine auf Erden", „damit ihr aller Welt Gewissen verwirret, so viel Seelen verzweifeln gemacht und aller Menschen Glauben an Christo geschwächt und gedämpft habt. Denn ihr habt uns gar nichts vom Trost der Absolution gesagt, welche das Hauptstück und das Beste in der Beicht ist, die auch den Glauben und Vertrauen an Christo stärket. Sondern ein Werk habt ihr daraus gemacht, mit Geboten durch Gewalt erzwungen von den unwilligen Herzen, euer Tyrannei zu stärken, und darnach ängsten, martern und geißeln lassen mit Erzählung aller Sünden, das ist: mit unmöglicher Arbeit Ruhe und Friede des Herzen ewiglich verstöret. Wann wollt ihr aber solche Seelen alle herwieder bringen und den mordlichen, grundlosen Schaden erstatten?"[45]

Der Kern dieser Verkehrung der Beichtpraxis ist das grundlegende Mißverständnis der Buße. „Das ist die Grundsuppe und die Hölle selbst. Und wenn man euch alle Greuel vergeben und schenken wollte, so kann man euch doch dies Stück nimmermehr vergeben. Dies Stück hat die Hölle gefüllet und das Reich Christi greulicher verstöret, denn der Türk oder die ganze Welt immer mehr (jemals) tun kann. Denn so habt ihr uns gelehret, daß man solle durch unser Werk genugtun für die Sunde, auch gegen Gott. Und das heißet die Sunde gebüßet . . . Was ist nu das anders gesagt: du mußt für deine Sunde genugtun, denn so viel: du mußt Christum verleugnen, deine Taufe widderrufen, das Euangelion lästern, Gott Lügen strafen, die Vergebung der Sunde nicht gläuben, Christus Blut und Tod mit Füßen treten, den heiligen Geist schänden, durch dich selbs mit solchen Tugenden gen Himmel fahren? Ach, wo sind hie Zungen und Stimmen, die hie von mügen (können) genugsam reden?"[46] Aus diesem Grundmißverständnis von Buße sind all die Greuel entstanden, mit denen man seine Heiligkeit erweisen wollte: Stiftungen von

---

[42] Ebd. 285,28ff.

[43] Freie Wahl eines Beichtvaters mit erweiterten Vollmachten, Befreiung von Ehehindernissen u. a. H. Schauerte, Art. Beichtbriefe, in: LThK Bd. 2 (1958), 125f. Sie wurden auch in den Gravamina der deutschen Nation auf den Reichstagen von Worms (1521), Nürnberg (1523) und jetzt wieder in Augsburg zur Sprache gebracht.

[44] WA 30/2; 286,27ff.

[45] Ebd. 287,24ff.

[46] Ebd. 288,22ff. Mügen = können.

Klöstern und Messen im Blick auf das Fegefeuer, Wallfahrten, Heiligendienst, Kreuzprozessionen und viel anderes. „Denn wie ists anders müglich?
Wenn sich ein Gewissen auf seine Werk soll setzen und bauen, so sitzt es auf
einem losen Sande, der reitet und rieset immerfort und muß Werk suchen
immer eins nach dem andern, je länger je mehr, bis man zuletzt den Toten
Münchkappen anzog, darin sie sollten gen Himmel fahren. Lieber Herr
Gott, wie sollten arme Gewissen tun? Sie mußten auf Werk bauen, darum
mußten sie auch so jämmerlich suchen und erhaschen, was sie finden kunnten, und in solche tiefe Torheit fallen."[47] Luther zählt dann eine lange Reihe
von Mißbräuchen auf, welche die päpstliche Kirche in die Welt gebracht hat:
„Kaufmessen" und Wallfahrten nach mancherlei Orten und Heiligen-Kir-
chen, die gegen früher „wie ein Wolkenbruch" heruntergestürzt sind und
viel Geld bringen[48]. Man hat den Kirchenbann mißbraucht, um Schulden
und Zinsen einzutreiben[49].

Schließlich bietet Luther den geistlichen Fürsten eine Art von umgekehrter
Säkularisation an: nicht einen Verzicht auf ihre weltlichen Ämter, sondern
auf ihr geistliches Amt. Sie können und wollen ihr Bischofsamt ja doch nicht
wahrnehmen mit Predigen und Zuspruch an die Gewissen. „So laßt uns doch
euer Ampt, das ihr schuldig seid, ausrichten. Gebt uns das Euangelion frei zu
lehren und laßt uns dem armen Volk (das frumm zu sein begehrt) dienen.
Verfolget und wehret doch dem nicht, das ihr nicht kunnt und doch schuldig
seid und andere fur euch tun wollen."[50] Andererseits wollen er und die Seinen dafür eintreten, daß die bischöflichen Fürsten bleiben und ihre Güter behalten, was ihnen Hussiten und Wiclefiten immer bestritten haben. Es soll
ihnen nichts davon genommen werden. „Wir bitten euch ja nicht mehr, haben auch nie anders gebeten denn ums frei Euangelion", auch nicht um eine
Bezahlung. „Euer Ampt wollen wir ausrichten, selbst wollen wir uns, ohne
euer Kost, nähren. Euch wollen wir helfen bleiben, wie ihr seid; dazu raten,
daß ihr Uberhand (Regierungsgewalt) habt und drein sehet, daß recht zugehe."[51] Um keinen Zweifel zu lassen, was für Änderungen es nach seiner Meinung in der Kirche geben müsse, stellt er zwei lange Listen auf über „die
Stücke, so nötig sind in der rechten christlichen Kirchen zu handeln"[52] und
über „die Stücke, so in der gleißenden Kirchen in Übung und Brauch sind
gewest"[53]. Daß die Kirche unter reformatorischen Händen eine andere Gestalt und einen anderen Geist bekommen würde, verbarg er bei seinem Angebot einer Zusammenarbeit nicht. Darum erinnerte er an ein Vorbild, dem die

[47] Ebd. 290,22 ff. Reitet und rieset = hebt und senkt sich. Vgl. Revisionsnachtrag z. St.
[48] Ebd. 293 ff. 295,27 ff.
[49] Ebd. 310,30 ff.
[50] Ebd. 340,23 ff.
[51] Ebd. 341,33 ff. 343,17 ff.
[52] Ebd. 345,10 ff.
[53] Ebd. 347,9 ff.

auf dem Reichstag versammelten Geistlichen sich nicht würden entziehen können: Papst Hadrian VI., der durch seinen Legaten auf dem Nürnberger Reichstag am 3. Januar 1523 so offen die Schäden der Kirche bekannt und sich zu Besserung erboten habe. „Warum wollt ihr euch denn, solchs zu bekennen, schämen und dazu noch steif auf eurem Stolz beharren, nichts weichen noch räumen, sondern alles mit Gewalt haben, ungeacht, ob Besserung oder Ärgerung draus folget?"[54] Er schließt dann mit Schwurformeln, die den Ernst seiner „Vermahnung" bezeugen sollen: „Euer Blut sei auf eurem Kopf. Wir sind und wollen unschuldig sein an eurem Blut und Verdammnis, als die wir euch euer Missetat gnugsam angezeigt, treulich vermahnet zur Buße, herzlich gebeten und zu allem, das zu Frieden dienet, aufs höchst erboten und nichts anders gesucht noch begehrt denn den einigen Trost unser Seelen, das freie, reine Euangelion, also daß wir mit gutem Gewissen rühmen mügen, der Mangel sei an uns nicht gewesen. Aber der Gott des Friedens und des Trostes gebe euch seinen Geist, der euch weise und führe zu aller Wahrheit durch unsern lieben Herrn Jesum Christum. Dem sei Lob und Dank für alle seine unaussprechliche Gnade und Gaben in Ewigkeit."[55] Ein Humanist, der im Dienste des Legaten Campegio stand und von ihm mit einer lateinischen Übersetzung der Schrift Luthers beauftragt wurde, schrieb an einen Freund: „Sie ist eine Summe des ganzen Lutheranismus. Wenn du den ganzen Luther sehen willst, müßtest du sie dir kaufen."[56]

Es war Luther eine Erlösung, daß er Melanchthon am 12. Mai nach Augsburg melden konnte, er habe die „Vermahnung" abgeschlossen und das Manuskript zum Druck nach Wittenberg geschickt. Außerdem habe er die zwei Kapitel des Propheten Ezechiel 38 und 39 über den Gog, der ihn als Weissagung auf die Türken und Mohammed schon länger beschäftigte, übersetzt; sie seien ebenfalls im Druck. Nun habe er sich an die Übersetzung der Propheten gemacht, die er bis Pfingsten (5. Juni) abzuschließen hoffe. Dann solle die Übertragung des Aesop und anderes folgen[57]. Freilich bekam er auch die Folgen dieses stürmischen Eifers, mit dem er sich seine Einsamkeit vertrieb, zu spüren. Er wäre schon weiter mit seinen Plänen: „Aber der alte, äußere Mensch ist so ruiniert, daß er den Ansturm des neuen, inneren weder ertragen noch ihm Folge leisten kann." Vor Klingen und Donner im Kopf sei er zwei Tage lang fast ohnmächtig geworden, und drei Tage habe er fast keinen Buchstaben ansehen können[58]. „Es will's nicht mehr tun, sehe ich wohl, die

---

[54] Ebd. 354,32 ff.
[55] Ebd. 355,29 ff.
[56] Daniel Mauch 21. Juni 1530, ebd. 238. Dazu Revisionsnachtrag ebd. 66. Zu Mauch vgl. A. Naegele, Aus dem Leben eines fahrenden Scholaren im Zeitalter des Humanismus und der Reformation, in: RQ 25 (1911), zu dem Brief ebd. 204*.
[57] WAB 5; 316,6 ff. Seine steigende Erregung über die Türken hatte er Melanchthon schon am 24. April bekannt, ebd. 285,7 ff. Die Ezechiel-Auslegung WA 30/2; 223–236.
[58] Luther an Melanchthon 12. Mai 1530, WAB 5; 316,11 ff.

Jahr treten hinzu." Den Humor hatte er freilich noch nicht verloren. Er fuhr fort: „Caput meum factum est capitulum, perget vero et fiet paragraphus, tandem periodus."[59] Er entschuldigt sich damit auch bei Melanchthon für sein Schweigen: „An dem Tage, als dein Brief aus Nürnberg kam, hatte der Satan seine Gesandtschaft bei mir."[60]

In seiner Einsamkeit und Unruhe war ihm die Verbindung zu den ihm nahestehenden Menschen eine Erquickung. „Charissimo fratri, Christophoro fortissimo et fidelissimo" war sein Brief an Melanchthon mit ungewohnter Wärme adressiert[61]. Zur Entspannung gehörte auch, daß er mit ihnen scherzen konnte. Agricola schrieb ihm aus Augsburg, daß sie auf der Reise dorthin den Saalfelder Pfarrer Kaspar Aquila mit einem Traum Melanchthons von der Verwandlung eines Adlers in eine Katze geneckt hätten. Luther antwortete mit einem anderen Scherz: Er habe auf der Kloake ein Blatt mit einem dreistimmigen Satz gefunden, den er verbessert, vierstimmig gemacht und mit einem Text versehen habe. Den wolle er mit einem Brief von ihnen, daß es sich um eine Komposition zur Begrüßung des Kaisers in Augsburg handele, an den Kapellmeister Georg Rörer in Wittenberg schicken und damit die von ihm beanspruchte Autorität in musikalischen Fragen widerlegen[62].

Neben dem Scherz stand die Trauer, die er mit den Freunden aus der Ferne teilte. Justus Jonas hatte einen drei Tage alten Sohn wieder verloren. Luther bat Melanchthon, es ihm möglichst schonend zu sagen[63], und schrieb ihm bald auch selbst einen Trostbrief voll tiefem Mitgefühl. Er wies ihn an den Frieden, „der höher ist als alles Empfinden" (Phil. 4,7), und öffnete dem Freund sein eigenes bedrücktes Herz. „Ich bin ein lästiger und ungeeigneter Tröster. Denn ich bin selbst nicht reich an Frühlingsgedanken und Blütengefühlen, wie ich sie dir wünschte und du sie brauchtest. Auch mich verbrennt oft der Wind und die Schwüle, so daß ich dieser unserer dürren und durstigen Landschaft ähnlich bin"[64] – ein für ihn sehr bezeichnendes Beispiel, die Natur mit den Erlebnissen der Seele mitsprechen zu lassen. Luther tröstet den Freund auch damit, daß er nicht allein leidet, sondern viele Genossen hat. Er soll dabei die väterliche Erziehung nicht übersehen: „Es gibt eine Zeit der Freude und eine Zeit der Trauer: Die eine nehmen wir gern an; aber auch die andere dürfen wir nicht zurückweisen. Der Herr Jesus, der dein Söhnlein zu sich genommen hat und besser für ihn sorgen wird als du, tröste und stärke dich."[65]

Die Muße auf der Coburg gab Luther Gelegenheit zu reicher persönlicher

[59] Mein Kopf ist ein Köpfchen (Kapitel) geworden und wird so fortfahren und ein Paragraph, schließlich ein Satz (Periode) werden, ebd. 316,16ff.
[60] Ebd. 317,20ff.
[61] Ebd. 316,1f.
[62] 15. Mai, ebd. 320,6ff. Dazu Rückert BoA 6, 265f.
[63] 15. Mai 1530, WAB 5; 318.
[64] 19. Mai 1530, ebd. 323,1ff.
[65] Ebd. 324,22ff.

Korrespondenz aller Art: Dank an seine Frau für ein Bild seines einjährigen Lenchen samt Vorschlägen, wie sie es allmählich entwöhnen sollte, und zwar nach dem guten Rat seiner treuen Anhängerin Argula von Grumbach, die ihn besucht hatte[66]; Anteilnahme für Wenzeslaus Link in Nürnberg, der eine Tochter verloren hatte[67]. Ihn selbst traf in diesen Tagen tiefster Schmerz, die Nachricht vom Tode seines Vaters. Er teilte sie sofort den nächsten Freunden in Briefen mit, die sein Verhältnis zu ihm ins hellste Licht setzen: an Link in seinem Trostbrief zu seinem eigenen Verlust und noch am selben Tage (5. Juni) an Melanchthon mit dem schönsten Bekenntnis, das wir über sein Verhältnis zu seinem Vater haben[68]. Ein reizendes Zeugnis seiner Freude an seinem Sohne Hänschen, über den er Gutes von dessen Lehrer gehört hatte, bildet das Gegenstück in diesen Tagen der Einsamkeit; er malte ihm den himmlischen Garten als Lohn für fromme Kinder vor Augen[69].

Die persönlichen Freuden und Schmerzen erfüllten Luther um so mehr, als er sich nach Berichten aus Augsburg sehnte[70]. Seine Freunde hatten recht darin, daß sie seine Unruhe unbegründet fanden[71]. Es hatte sich noch nichts Wesentliches ereignet. Erst am 21. Juni konnten sie die Ankunft des Kaisers melden; mehr als Stimmungsbilder konnten auch jetzt noch nicht gegeben werden[72]. Erst vom Tage der Übergabe des Glaubensbekenntnisses, dem 25. Juni, erhielt Luther genauere Kunde, und zwar zunächst vom Kurfürsten selbst. Johann war unzufrieden damit, daß der Kaiser die Predigt des Evangeliums in der Stadt nicht zulassen wollte, sondern nur die Verlesung des Evangeliums. „Also muß unser Herr Gott auf diesem Reichstag stillschweigen." Aber er konnte wenigstens berichten, daß das vorbereitete Bekenntnis zu seinem Recht kommen werde, indem es im Palast des Kaisers und in seiner

---

[66] 5. Juni 1530, ebd. 347f. Über Argula von Grumbach s. RGG Bd. 2 (1958), 1889, dort auch Literatur. – Die Freude Luthers über das Bild Lenchens, das Luther sich an die Wand hängte, bezeugte auch Veit Dietrich in seinem Brief vom 19. Juni an Katharina Luther. Enders, Luther-BW, Bd. 8, 12f.

[67] WAB 5; 349,5ff.

[68] „Heute schrieb mir Hans Reinicke (Luthers Mansfelder Jugendfreund, der ihn noch vor wenigen Tagen ahnungslos besucht hatte, vgl. ebd. 346,1), daß mein allerliebster Vater Hans Luther der Ältere am Sonntag Exaudi zur ersten Stunde aus diesem Leben geschieden ist. Sein Tod hat mich tief in Trauer gestürzt, denn ich gedenke nicht nur der natürlichen Bande, sondern auch der süßesten Liebe. Denn durch ihn hat mir Gott gegeben, was ich bin und was ich habe. Und wenn es mich auch tröstet, daß er schreibt, er sei gefaßt im Glauben an Christus sanft entschlafen, so hat doch das Erbarmen und das Gedenken an den innigsten Umgang mit ihm mein Herz so erschüttert, daß ich den Tod kaum je so verabscheut habe", ebd. 351,20ff. Daß Luther sich bei der Nachricht ausweinte und im Psalter Trost suchte, berichtet auch Veit Dietrich (s. Anm. 66; Enders, Luther-BW, Bd. 8, 13). Über das Verhältnis des jungen Luther zu seinem Vater vgl. H. Bornkamm, Luther und sein Vater, in: ders., Luther, 11ff.

[69] An Hänschen 19. Juni, WAB 5; 377f.

[70] An Zwilling in Torgau 19. Juni 1530, ebd. 381f.

[71] Melanchthon 25. Juni, ebd. 386,1ff. MSA 7/2, 179ff. MBW 937. Jonas 25. Juni, WAB 5; 388,1ff. Melanchthon 26. Juni, ebd. 396,2ff. MSA 7/2, 184ff. MBW 940.

[72] Osiander 21. Juni, WAB 5; 383f. Jonas 25. Juni, ebd. 391ff.

Gegenwart vorgelesen werden sollte[73]. Die Ausarbeitung dieses Bekenntnisses – auf der Grundlage der Torgauer Artikel – war, da sie unter den Augen des Kurfürsten und anderer protestierender Stände geschehen sollte, Melanchthon übertragen worden. Luther war mit ihr sehr zufrieden. Schon am 15. Mai hatte er von der Coburg an Kurfürst Johann geschrieben: „Ich hab M. Philipsen Apologia uberlesen, die gefellet mir fast (sehr) wohl, und weis nichts dran zu bessern noch endern, wurde sich auch nicht schicken; denn ich so sanfft und leise nicht tretten kann."[74] Der hier anklingende Vorwurf schränkte sein positives Urteil über den Inhalt des Bekenntnisses nicht ein. Mehrere Wochen später, als die Confessio Augustana bereits vor dem Kaiser verlesen worden war, schrieb Luther sein lobendes Urteil auch an Melanchthon selbst: „Ich habe gestern deine Apologie wieder gründlich im Ganzen gelesen; sie gefällt mir außerordentlich."[75] Am Tage nach der Übergabe an den Kaiser, am 26. Juni, hatte Melanchthon Luther den Text geschickt: Nach seiner Meinung sei er scharf genug. Aber in einigen Fragen, mit denen die Gegner nicht einverstanden sein würden, bat er um Luthers Rat, worin sie nachgeben könnten; vor allem über das Abendmahl unter beiderlei Gestalt, die Priesterehe, die Privatmessen. Luther erteilte ihn unverblümt: „Ich habe eure Apologie erhalten und wundere mich, was du damit willst, wenn du fragst, was und wieviel man den Päpstlichen nachgeben solle. Was den Kurfürsten anlangt, so ist das eine andere Frage, was und wieviel er zugestehen dürfe, wenn ihm Gefahr droht. Für meine Person ist in dieser Apologie mehr als genug nachgegeben. Wenn sie die ablehnen, so weiß ich nicht, was ich noch nachgeben kann, wenn ich nicht klarere Gründe und Schriftstellen von ihnen zu sehen bekomme als bisher. Ich gehe Tag und Nacht mit der Sache um, denke darüber nach, wälze sie hin und her, disputiere und durchlaufe die ganze Schrift. Und dabei wächst mir ständig das Zutrauen zu unserer Lehre, und ich werde immer gewisser, daß ich mir (wenn Gott will) nu nichts mehr werd nehmen lassen, es gehe drüber, wie es wolle."[76]

Luthers Kritik richtete sich nicht gegen den Inhalt des Bekenntnisses. Nur an Melanchthon selbst hat er etwas auszusetzen: „Du irrst und versündigst dich an einem Punkte, nämlich daß du dich gegen die heilige Schrift vergehst." Wenn Christus darauf hinweist, daß von ihm gesagt wird: „Wir wollen nicht, daß dieser über uns herrsche" (Luk. 19,14), und wenn er der Eckstein ist, den die Bauleute verworfen haben (Ps. 118,22) – wie kann Melanchthon dann etwas anderes erwarten, als mit ihm verworfen zu werden? Das ist

---

[73] Kurfürst Johann an Luther 25. Juni, ebd. 395,22f. 43ff.
[74] Ebd. 319,5ff.
[75] Ebd. 435,4ff.
[76] Melanchthon an Luther, ebd. 397,15ff. Privatmessen: ohne Kommunikanten aus der Gemeinde. – Luther an Melanchthon 29. Juni, ebd. 405,17ff. Dazu die Erläuterungen von H. Rückert, Luther und der Reichstag zu Augsburg. Glossen zu drei Briefen Luthers von der Coburg, in: DTh 3 (1936), 67ff. Wiederabgedr. in: ders., Vorträge u. Aufs. (s. o. S. 172, Anm. 24), 108ff.

doch immer die Lage Christi und seiner Jünger gewesen und wird es immer sein![77] Luther tadelt Melanchthons Bekenntnis durchaus nicht, sondern seine bedrückte Deutung der Lage, in der die Evangelischen sich befinden. Er will Melanchthon Mut und Freude an der Bekennersituation machen, wie er selbst sie empfindet. „Ich bin überaus glücklich, diese Stunde erlebt zu haben, in der Christus durch seine Bekenner solchen Ranges in einer so großen Versammlung öffentlich durch ein ganz herrliches Bekenntnis verkündigt worden ist" – so schrieb Luther an Freunde daheim, um ihnen etwas von seiner Zuversicht mitzuteilen.[78] Denen an der Front in Augsburg, die den Streit ausfechten und die rechten Entscheidungen treffen mußten, sprach er immer wieder guten Mut zu; allein vom 27.–30. Juni haben wir neun Briefe an sie. An ihrer Widerstandskraft hatte er seinen redlichen Anteil. Seine Hauptsorge galt Melanchthon. Er schrieb daher an Agricola: „Ermahne den Philippus, daß er das Opfer des zerschlagenen Herzens (Ps. 51,19) in Maßen hält, damit nicht schließlich die Mittel, länger zu opfern, ausgehen."[79] Seine Briefe wimmeln von ermutigenden biblischen Worten und Beispielen, von ernsten und humorvollen Zurechtweisungen, mit denen er Melanchthon seine Ängste zu nehmen versuchte. „Ich hasse mit Leidenschaft deine elenden Sorgen, von denen du, wie du schreibst, verzehrt wirst, weil sie dein Herz so beherrschen. Das kommt nicht von der Größe der Sache, sondern von der Größe unseres Unglaubens. Die Sache war viel größer bei Huß und vielen anderen als bei uns." „Ich beschwöre dich, der du in allen anderen Dingen ein Streiter bist, auch gegen dich selbst zu streiten, deinen ärgsten Feind, der du dem Satan so viele Waffen lieferst ... Ich bete wahrhaftig für dich inständig und bedaure, daß du hartnäckiger Sorgen-Blutegel meine Gebete auf diese Weise unwirksam machst. Ich bin, was die Sache betrifft (ob aus Dummheit oder Geist, mag Christus sehen), nicht sehr beunruhigt, sondern voll größerer Hoffnung, als ich je erhofft hatte."[80]

Einen ungewöhnlichen Blick in die Tiefen, aus denen Luther seine Zuversicht schöpfte und diese entscheidungsschweren Wochen bestand, gewährt uns eine briefliche Schilderung seines jungen Freundes und Helfers Veit Dietrich, der ihn einmal unbemerkt beim Beten antraf: „Kein Tag vergeht, ohne daß er nicht wenigstens drei Stunden, und noch dazu solche, die zum Arbei-

---

[77] WAB 5; 435,5ff. Die beste Deutung von Luthers Beurteilung der Augustana und der Skrupel Melanchthons hat Rückert (s. Anm. 76) gegeben. Er hat gegen v. Schubert, Luther auf der Koburg (s. Anm. 20), und danach Clemen in WAB 5; 436, Anm. 4 deutlich gemacht, daß Luther nicht die Augustana kritisiert, sondern die Sorgen Melanchthons (3. Juli).

[78] An Cordatus in Zwickau vom 6. Juli, Luthers glücklichstes Wort über das Bekenntnis und die Bekenntnissituation in Augsburg (Mihi vehementer placet vixisse in hanc horam, qua Christus per suos tantos confessores in tanto consensu publice est praedicatus confessione pulcherrima), WAB 5; 442,12ff.

[79] 30. Juni, ebd. 416,22ff.

[80] An Melanchthon 27. Juni, ebd. 399,6ff. Melanchthon sauge überall Sorgen in sich hinein wie der Blutegel Blut, ebd. 400,20f.25ff.

ten am geeignetsten sind, zum Beten verwendet. Einmal widerfuhr es mir, daß ich ihn beten hörte. O mein Gott, welche Geisteskraft, welche Glaubenskraft war in diesen Worten. Die Ehrfurcht, mit der er etwas erbittet, zeigt, daß er sich bewußt ist, mit Gott zu reden, die Hoffnung und der Glaube verraten das Gefühl, mit dem Vater und einem Freund im Gespräch zu sein. Ich weiß, sagte er, du bist unser Vater und Gott. Ich bin darum gewiß, mit dem Verfolger deiner Kinder wirst du ein Ende machen. Wirst du das nicht tun, so befindest du dich mit uns zusammen in derselben Gefahr[81]. Deine Sache ist diese ganze Angelegenheit; wir sind nur gezwungenermaßen dazu gekommen; du mußt verteidigen usw. Etwa mit diesen Worten hörte ich ihn damals, von ferne stehend, mit lauter Stimme beten. Auch mir entbrannte das Herz in einzigartiger Ergriffenheit, als er so vertraut, so ernst, so ehrfürchtig mit Gott sprach, und beim Beten so auf die Verheißungen aus den Psalmen pochte, als einer, der gewiß ist, daß alles, was er bittet, auch eintreffen wird.“[82]

Luthers Arbeitskraft gehörte in diesen Wochen den literarischen Vorhaben, die er sich für die Zeit seines Asyls vorgenommen hatte. Veit Dietrich gab am 8. Juli einen bewundernden Bericht über das, was Luther schon geschrieben oder unter der Feder habe[83]. „Der Doktor hat in der Einsiedelei, in der auch ich verborgen bin, das Büchlein an die Bischöfe auf dem Reichstag geschrieben, das schon veröffentlicht ist[84]. Er übersetzt den Jeremia und hat gestern das 6. Buch des Ezechiel abgeschlossen. Er hat auch eine lange Erläuterung des Psalmes Confitemini (Ps. 118) verfaßt, den Eoban Hessus in lateinische Verse übertragen hatte. Er hat sie unserem Herrn Abt Friedrich gewidmet; sie wird bald veröffentlicht werden[85]. Gestern hat er ein Buch über das Fegefeuer nach Wittenberg geschickt. Er hat sich nämlich vorgenommen, von neuem einen Katalog der Irrtümer aufzustellen, welche die Päpstlichen bisher gelehrt haben. Jetzt beschäftigt er sich schon mit einem wichtigen Sermon (Traktat), in dem er die Deutschen zum Studium der Wissenschaften ermahnt, damit die Schulen nicht so einfrieren; er hat ihn schon etwa zur Hälfte abgeschlossen[86]. Den Ezechiel und diesen Sermon hat er unter den Händen. Wenn er sie abgeschlossen hat, wird er, glaube ich, ein Büchlein über die Rechtfertigung schreiben. Darin wird er alles zusammenfassen, was

---

[81] Lies: tuum periculum (statt: tum periculum)

[82] An Melanchthon 30. Juni, CR 2, 159.

[83] Brief Dietrichs an Propst Dr. Hektor Poemer in Nürnberg. Abgedr. Mathes, 10 Briefe (s. Anm. 32), 27f. Ich bringe den an nicht leicht zugänglicher Stelle gedruckten Bericht etwas gekürzt und übersetzt.

[84] Die Vermahnung an die Geistlichen.

[85] In seinem Dankbrief an Hessus schrieb Luther am 20. Aug.: „Ich lese sie mit Freuden und dankbar immer wieder“, WAB 5; 549,4. Luthers Auslegung des „schönen Confitemini“ mit der Nachdichtung von Hessus WA 31/1; 43ff. – Friedrich Pistorius, Abt zu St. Ilgen.

[86] Widerruf vom Fegefeuer, WA 30/2; 367–390. Eine Predigt, daß man Kinder zur Schulen halten solle (1530), ebd. 517–588 (mit einer Vorrede von Lazarus Spengler). Luther kündigte Melanchthon die Schrift schon am 5. Juli an, WAB 5; 439,5f.

die Papisten von der Werkgerechtigkeit gegen die Glaubensgerechtigkeit vorbringen. Es ist ein Werk, das es wahrlich verdiente, der Nachwelt überliefert zu werden, wie fast alles von ihm. Eine Zusammenfassung hat er vor fast zwei Monaten entworfen. Und es fehlt fast nichts als Ruhe zum Schreiben. Aber davon hat er bei so großen Aufgaben und schlechter Gesundheit so gut wie nichts." Wichtige Vorarbeiten Luthers zu der Schrift über die Rechtfertigung haben sich, vor allem dank der Bemühungen Veit Dietrichs, erhalten. Zu einer Ausarbeitung über dieses große Thema ist Luther auch später nicht mehr gekommen[87].

Mit der intensiven literarischen Arbeit versuchte Luther, sich die Sorgen zu erleichtern, die ihn im Gedanken an die Augsburger Verhandlungen, von deren unmittelbarer Teilnahme er ausgeschlossen war, bedrückten. Trotz seiner Zustimmung hatte er die Schwächen des Augsburger Bekenntnisses von Anfang an nicht übersehen und sprach sie immer deutlicher aus. Schon am 21. Juli schrieb er an Jonas, den Mitarbeiter Melanchthons: ,,Satan lebt noch und spürt sehr wohl, daß eure Apologie leise tritt und die Artikel vom Fegefeuer, vom Heiligenkult und vor allem vom Papst als Antichrist verschweigt."[88] Und es ging Luther vollends zu weit, daß Melanchthon ihm am 22. August schrieb: ,,Mit den Lehrfragen steht es so: Eck spöttelte über das Wort ,sola'; wenn wir sagen, ,daß die Menschen allein durch den Glauben gerechtfertigt werden', verurteilt er es aber nicht, sondern sagte, die Unverständigen würden dadurch verwirrt. Denn ich hatte ihn zu dem Geständnis gezwungen, daß wir mit Recht dem Glauben die Gerechtigkeit beigelegt hätten."[89] Luther antwortete am 26. August recht deutlich: ,,Du schreibst, Eck sei von dir zu dem Geständnis gezwungen worden, daß wir durch den Glauben gerechtfertigt werden. Hättest du ihn doch nicht gezwungen, zu lügen! Nun ja, Eck erklärt sich für die Glaubensgerechtigkeit, und nebenbei verteidigt er alle Verdammungen des Papsttums, tötet, verfolgt, verurteilt er die Bekenner dieser Lehre und bereut nichts, sondern macht so weiter. Genau so macht es die ganze Partei der Gegner. Und mit diesen sucht ihr (wenn Christus einverstanden ist) nach Bedingungen einer Konkordie und arbeitet doch umsonst, solange sie bei irgendeinem Anlaß Beifall finden, mit dem sie uns zudecken."[90]

Das etwa war der cantus firmus der Warnungen, die der besorgte Luther den Freunden für die Verhandlungen über etwaige Annäherungen zwischen beiden Seiten, die in Augsburg in Gang gekommen waren, zurief. Er sah, daß die Gegner die Freunde vom Wort weglocken wollten. Und doch befürchtete

[87] Zuerst aus einem Veit-Dietrich-Codex veröffentlicht von G. Berbig, Acta Comiciarum Augustae (Halle 1907). Danach WA 30/2; 652–676.
[88] WAB 5; 496,7ff.
[89] Ebd. 555,6ff. CR 2, 299f. MSA 7/2, 266ff. MBW 1036. Spalatin urteilt nüchterner über die Erklärung Ecks, WAB 5; 556, Anm. 3–5.
[90] Ebd. 577,11ff.

er nicht, daß sie etwas erreichen würden. „Denn wenn ihr das Eine festhaltet, daß ihr nichts gegen das Evangelium zugestehen werdet oder zugestanden habt, was bedeuten dann ihre Anschläge? . . . Und sei es, daß ihr offenkundig – ihr werdet es mit Christi Hilfe nicht tun – etwas gegen das Evangelium zugestanden haben solltet und sie den Adler in einen Sack gesteckt haben, dann wird, zweifele nicht, der Luther kommen und den Adler herrlich befreien . . . Der Luther ist frei, frei wohl auch der Makedonier (Landgraf Philipp) . . . Seid tapfer und handelt männlich. Es hat nicht Not, wenn sie mit blinden Griffen umgehen."[91]

Luther erhielt immer wieder besorgte Klagen, daß die evangelischen Unterhändler in Augsburg, vor allem Melanchthon, zu nachgiebig seien. Er nahm sie mit Gelassenheit entgegen. Dem warnenden Lazarus Spengler in Nürnberg antwortete er: „Ich hab schon einmal drauf geschrieben und schreibe itzt abermal, hoffe auch, es solle nicht Not haben. Denn ob sich Christus gleich ein wenig würde schwach stellen, ist er darumb nicht vom Stuhl gestoßen." Die Entscheidungen liegen nicht allein bei Menschen, sondern bei Gott und in dem Bündnis, das er mit ihm geschlossen hat. Das gab ihm Ruhe. „Ich habe die Sache Gott befohlen und achte auch, ich hab sie so fein in meiner Hand behalten, daß mir kein Mensch etwas drinnen vergeben werde noch verwahrlosen könne, so lange Christus und ich eines bleiben." Selbst wenn, was er nicht glaube, zuviel nachgegeben sei, so sei die Sache nicht verloren. Dann werde ein neuer Schriftenkrieg angefangen, der die Gegner überzeugen werde, daß sie unredlich gehandelt haben[92].

Je länger die Verhandlungen dauerten, um so ruhiger wurde Luther. Er hatte seine und seiner Freunde Sache seinem Herrn, Christus, anvertraut und war gewiß, daß dieser sie als die seine angenommen hatte. Auch hatten die Freunde in Augsburg das Evangelium nicht verleugnet, sondern in der Confessio bekannt. Es war kein Verhandlungsgegenstand mehr und konnte es nach diesem Bekenntnis auch nicht mehr werden. Luther fühlte sich an die verwandte Situation auf dem Reichstag von Worms erinnert, in der er sich ebenfalls von vornherein an das Evangelium gebunden hatte[93]. Der Akt, in dem diese bekenntnismäßige Selbstbindung geschah, war einst in Worms sein

---

[91] An Spalatin 28. Aug., WAB 5; 582,8 ff. – Blind = versteckt. – Philipp von Hessen hatte in der Nacht vom 6./7. Aug. heimlich Augsburg verlassen. Luther fügte hinzu, daß er das nicht gewünscht habe, „damit es Weisheit gegen Hinterlist gäbe", und vergleicht ihn mit dem flüchtigen Ismael, der gegen jedermann stand (manus eius contra omnes et manus omnium contra eum, Gen. 16,11 f.). Dazu H. Grundmann, Landgraf Philipp von Hessen auf dem Augsburger Reichstag 1530, SVRG 176 (Gütersloh 1959), 49 ff. Luther hatte die Nachricht durch einen Brief Melanchthons vom 8. Aug. erhalten, WAB 5; 541 f. MSA 7/2, 254 ff. MBW 1017. – Am 29. Aug. schrieb ihm der Landgraf selbst aus seinem Schloß Friedewald. Er beklagte sich in dem Brief über „Philippi Melanchthonis Kleinmutigkeit"; sie sei daran schuld, „daß sich die Sache so seltsam zugetragen", WAB 5; 600,5 f.

[92] 28. Aug., ebd. 587,3 ff.

[93] An Jonas 28. Aug., ebd. 586,9 ff. Vgl. auch an Melanchthon 9. Juli, ebd. 456,3 ff.

feierliches, auf die heilige Schrift und überzeugende Gründe gestütztes Einzelbekenntnis vor dem Kaiser und den Reichsständen. Jetzt in Augsburg war es die Übergabe des Glaubensbekenntnisses, das in den 21 Artikeln des ersten Teils der Confessio Augustana enthalten war. Diese fundamentale Erklärung, in der sich die versammelten evangelischen Fürsten und Städte samt einer großen Zahl ungenannter Theologen verbunden hatten, war unwiderruflich und durch Erklärungen einzelner in späteren Verhandlungen nicht aufzuheben. Dadurch waren auch die praktischen, formellen, rechtlichen Fragen und Traditionen, zu denen man sich im zweiten Teil bekannte, nach ihrem Glaubenssinn normiert. Neue Abmachungen außerhalb des Bekenntnisses konnten nichts an der Bekenntnissubstanz ändern. Darin lag der „Furbehalt des Evangelii", die exceptio evangelii, die Luther bei den Seinen in der Auseinandersetzung mit der altgläubigen Kirche und ihren politischen Vertretern nachdrücklich in Erinnerung brachte[94].

(Hier bricht das Manuskript ab.)

---

[94] Ebd. 587,15. Die Bedeutung dieses „Vorbehalts des Evangeliums" ist von Rückert, Luther und der Reichstag zu Augsburg (s. Anm. 77), 132 ff. erstmals herausgearbeitet worden.

Abgekürzt zitierte Quellen und Literatur

I. Quellen

1. Werke

Luther

D. Martin Luthers Werke. Kritische Gesamtausgabe (Weimar 1883 ff.; zit. Abt. Werke: WA; Abt. Briefe: WAB; Abt. Tischreden: WATR; Abt. Deutsche Bibel: WADB)
Martin Luther, Sämtliche Werke (Erlangen 1826 ff.; zit. EA)
Luthers Werke in Auswahl, hg. v. O. Clemen (Bonn 1912 ff.; zit. BoA)
Martin Luther, Ausgewählte Werke, hg. v. H. H. Borchert u. G. Merz (München 1951 ff.; zit. MA)
D. Martin Luthers Briefwechsel, hg. v. E. L. Enders (Frankfurt a. M. 1884 ff.; zit. Enders, Luther-BW)
Martin Luthers Vorreden zur Bibel, hg. v. H. Bornkamm (Hamburg 1967; zit. Bornkamm, Bibelvorreden)

Erasmus

Desiderii Erasmi Roterodami Opera omnia, ed. J. Clericus (Leiden 1703 ff., Neudruck Hildesheim 1961/62)
Opus epistolarum Des. Erasmi Roterodami, ed. P. S. Allen u. a. (Oxford 1906 ff.; zit. Allen)

Melanchthon

Philippi Melanchthonis Opera, ed. C. G. Bretschneider u. H. E. Bindseil (Halle 1834 ff. Corpus Reformatorum Vol. I ff.; zit. CR)
Supplementa Melanchthoniana, hg. v. Melanchthon-Kommission des VRG (Leipzig 1910 ff., Neudruck Frankfurt a. M. 1968; zit. Suppl. Mel.)
Melanchthons Werke in Auswahl, hg: v. R. Stupperich (Gütersloh 1951 ff., zit. MSA)
Melanchthons Briefwechsel. Kritische und kommentierte Gesamtausgabe, hg. v. H. Scheible, Bd. 1: Regesten 1–1169 (1514–1530) (Stuttgart 1977; zit. MBW)

Müntzer

Thomas Müntzer, Schriften und Briefe. Kritische Gesamtausgabe, hg. v. G. Franz, QFRG XXXIII (Gütersloh 1968; zit. Müntzer)

Zwingli

Huldreich Zwinglis sämtliche Werke, ed. E. Egli, G. Finster u. a. (Berlin 1905 ff. Corpus Reformatorum Vol. LXXVIII ff.)

2. Quellensammlungen

Akten zur Geschichte des Bauernkrieges in Mitteldeutschland
Bd. 1/1, hg. v. O. Merx (Leipzig 1923, Neudruck Aalen 1964; zit. Merx, Quellen)
Bd. 1/2, hg. v. G. Franz (Leipzig 1934, Neudruck Aalen 1964; zit. Franz, Quellen)
Bd. 2, hg. v. W. Fuchs unter Mitarbeit v. G. Franz (Jena 1942, Neudruck Aalen 1964; zit. Fuchs, Quellen)

K. E. Förstemann, Urkundenbuch zur Geschichte des Reichstages zu Augsburg im Jahre 1530, 2 Bde. (Halle 1833 ff., Neudruck Hildesheim 1966; zit. Förstemann, Urkundenbuch)

K. E. Förstemann, Neues Urkundenbuch zur Geschichte der evangelischen Kirchen-Reformation, Bd. 1 (Hamburg 1842; zit. Förstemann, Neues Urkundenbuch)

W. Friedensburg, Urkundenbuch der Universität Wittenberg, 2 Bde. (Magdeburg 1926 f.)

F. Geß, Akten und Briefe zur Kirchenpolitik Herzog Georgs von Sachsen, 2 Bde. (Leipzig 1905 ff.)

W. Köhler, Das Marburger Religionsgespräch 1529. Versuch einer Rekonstruktion, SVRG 148 (Leipzig 1929)

G. May, Das Marburger Religionsgespräch 1529, TKTG 13 (Gütersloh 1970)

N. Müller, Die Wittenberger Bewegung 1521 und 1522, 2. Aufl. (Leipzig 1911)

Deutsche Reichstagsakten. Jüngere Reihe, hg. v. d. Hist. Kommission bei der Bayerischen Akademie der Wissenschaften (Gotha 1893 ff., 2. Aufl. Göttingen 1962 ff.; zit. RTA)

H. Scheible, Das Widerstandsrecht als Problem der deutschen Protestanten 1523–1546, TKTG 10 (Gütersloh 1969)

E. Sehling, Die evangelischen Kirchenordnungen des XVI. Jahrhunderts (Leipzig 1902 ff.)

E. Staehelin, Briefe und Akten zum Leben Oekolampads, Bd. 2: 1527–1593, QFRG XIX (Leipzig 1934)

K. Schottenloher, Bibliographie der deutschen Geschichte im Zeitalter der Glaubensspaltung 1517–1585 (Leipzig 1933 ff.)

E. Wülcker / H. Virck, Des Kursächsischen Rathes Hans von der Planitz Berichte aus dem Reichsregiment in Nürnberg 1521–1523 (Leipzig 1899)

II. Literatur

H. Barge, Andreas Bodenstein von Karlstadt, 2 Bde. (Leipzig 1905)

J. Benzing, Lutherbibliographie. Verzeichnis der gedruckten Schriften Martin Luthers bis zu dessen Tod (Baden-Baden 1966)

H. Bornkamm, Luther und das Alte Testament (Tübingen 1948)

H. Bornkamm, Luthers geistige Welt, 4. Aufl. (Gütersloh 1960)

H. Bornkamm, Das Jahrhundert der Reformation. Gestalten und Kräfte, 2. Aufl. (Göttingen 1966)

H. Bornkamm, Luthers Lehre von den zwei Reichen im Zusammenhang seiner Theologie, 3. Aufl. (Gütersloh 1969)

H. Bornkamm, Luther im Spiegel der deutschen Geistesgeschichte, 2. Aufl. (Göttingen 1970)

H. Bornkamm, Luther. Gestalt und Wirkungen, SVRG 188 (Gütersloh 1975)

W. Elliger, Thomas Müntzer. Leben und Werk (Göttingen 1975)

G. Franz, Der deutsche Bauernkrieg, 4. Aufl. (Darmstadt 1956)

W. Friedensburg, Geschichte der Universität Wittenberg, 2 Bde. (Magdeburg 1926 ff.)

P. Kirn, Friedrich der Weise und die Kirche. Seine Kirchenpolitik vor und nach Luthers Hervortreten im Jahre 1517 (Leipzig, Berlin 1926)

W. Köhler, Zwingli und Luther. Ihr Streit über das Abendmahl nach seinen politischen und religiösen Beziehungen, Bd. 2, QFRG 7 (hg. v. E. Kohlmeyer und H. Bornkamm, Gütersloh 1953)

G. Krause, Studien zu Luthers Auslegung der kleinen Propheten (Tübingen 1962; zit. Krause, Kleine Propheten)

W. Maurer, Der junge Melanchthon zwischen Humanismus und Reformation, Bd. 2: Der Theologe (Göttingen 1969)

K. Müller, Luther und Karlstadt. Stücke aus ihrem gegenseitigen Verhältnis untersucht (Tübingen 1907)

K. Müller, Kirche, Gemeinde und Obrigkeit nach Luther (Tübingen 1910)

E. Staehelin, Das theologische Lebenswerk Johannes Oekolampads, QFRG 21 (Leipzig 1939)

Abkürzungsverzeichnis

AAAbo.H	Acta Academiae Aboensis. Ser. A. Humaniora
ADB	Allgemeine Deutsche Biographie, hg. durch die Historische Commission bei der Königl. Akademie der Wissenschaften, 55 Bde. u. Reg.-Bd. (Leipzig 1875–1912)
AGP	Arbeiten zur Geschichte des Pietismus
AGTL	Arbeiten zur Geschichte und Theologie des Luthertums
AHKBAW	Abhandlungen der historischen Klasse der Königl. bayerischen Akademie der Wissenschaften, München
AÖG	Archiv für österreichische Geschichte
ARG	Archiv für Reformationsgeschichte
Aug(L)	Augustiniana (Leuven)
BBGW	Basler Beiträge zur Geschichtswissenschaft
BDK	Bibel und deutsche Kultur
BGDS(T)	Beiträge zur Geschichte der deutschen Sprache und Literatur (Tübingen)
BGLRK	Beiträge zur Geschichte und Lehre der reformierten Kirchen
BHTh	Beiträge zur historischen Theologie
BKS	Die Bekenntnisschriften der evangelisch-lutherischen Kirche, hg. im Gedenkjahr der Augsburgischen Konfession 1930, 7. Aufl. (Göttingen 1976)
BÖT	Beiträge zur ökumenischen Theologie
BPfK	Blätter für pfälzische Kirchengeschichte
BSHPF	Bulletin de la société de l'histoire du protestantisme français
BSKG	Beiträge zur sächsischen Kirchengeschichte
BThKG	Beiträge zur thüringischen Kirchengeschichte
BWKG	Blätter für württembergische Kirchengeschichte
CC	Corpus Catholicorum
CR	Corpus Reformatorum
CS	Corpus Schwenckfeldianorum
DTh	Deutsche Theologie. Monatsschrift für die deutsche evangelische Kirche
DVfLG	Deutsche Vierteljahresschrift für Literaturwissenschaft und Geistesgeschichte
EStL	Evangelisches Staatslexikon, hg. v. H. Kunst und S. Grundmann (Berlin 1966)
FBTK	Freimüthige Blätter über Theologie und Kirchenthum
FGLP	Forschungen zur Geschichte und Lehre des Protestantismus
FKDG	Forschungen zur Kirchen- und Dogmengeschichte
FKGG	Forschungen zur Kirchen- und Geistesgeschichte
GGA	Göttingische gelehrte Anzeigen
GUA	Göteborgs universitets årsskrift
HarzZ	Harz-Zeitschrift
HdJb	Heidelberger Jahrbücher
HV	Historische Vierteljahrsschrift
HZ	Historische Zeitschrift

JBrKG	Jahrbuch für brandenburgische Kirchengeschichte
JLH	Jahrbuch für Liturgik und Hymnologie
JNS	Jahrbuch für Nationalökonomie und Statistik
KiKonf	Kirche und Konfession
KuD	Kerygma und Dogma
LuJ	Luther-Jahrbuch
LThK	Lexikon für Theologie und Kirche, hg. v. Michael Buchberger u.a., 10 Bde., 2. Aufl. (Freiburg 1957–1965)
MGKK	Monatsschrift für Gottesdienst und kirchliche Kunst
MGP	Monumenta Germaniae paedagogica
MPL	Patrologia Latina, hg. v. J. P. Migne, 217 Bde. und 4 Reg.-Bde. (Paris 1878–1890)
NASG	Neues Archiv für sächsische Geschichte und Altertumskunde
NKZ	Neue kirchliche Zeitschrift
ODW	Ostdeutsche Wissenschaft
QFIAB	Quellen und Forschungen aus italienischen Archiven und Bibliotheken
QFRG	Quellen und Forschungen zur Reformationsgeschichte
QGP	Quellenschriften zur Geschichte des Protestantismus
QGT	Quellen zur Geschichte der Täufer
QODKG	Quellenhefte zur ostdeutschen und osteuropäischen Kirchengeschichte
RE	Realencyklopädie für protestantische Theologie und Kirche, hg. v. A. Hauck, 24 Bde., 3. Aufl. (Leipzig 1896–1913)
RGG	Die Religion in Geschichte und Gegenwart, hg. v. K. Galling, 5 Bde. u. Reg.-Bd., 3. Aufl. (Tübingen 1957–1965)
RGST	Reformationsgeschichtliche Studien und Texte
RKW	Repertorium für Kunstwissenschaft
RQ	Römische Quartalsschrift für christliche Altertumskunde
RSGG	Recht und Staat in Geschichte und Gegenwart
SBAW.PPH	Sitzungsberichte der bayerischen Akademie der Wissenschaften – Philosophisch-philologisch-historische Klasse
SDG	Sowjetsystem und Demokratische Gesellschaft. Eine vergleichende Enzyklopädie, hg. v. C. D. Kernig, 6 Bde. u. Extrabd.: Die kommunistischen Parteien der Welt (Freiburg, Basel, Wien 1966–1972)
SHAW.PH	Sitzungsberichte der Heidelberger Akademie der Wissenschaften – Philosophisch-historische Klasse
SKGNS	Studien zur Kirchengeschichte Niedersachsens
SMGV	Schriftenreihe des mennonitischen Geschichtsvereins
SVRG	Schriften des Vereins für Reformationsgeschichte
ThA	Theologische Arbeiten
ThStKr	Theologische Studien und Kritiken
TKTG	Texte zur Kirchen- und Theologiegeschichte
TThZ	Trierer theologische Zeitschrift
ThZ	Theologische Zeitschrift
VHKHW	Veröffentlichungen der historischen Kommission für Hessen und Waldeck
VLG	Veröffentlichungen der Luthergesellschaft
ZHTh	Zeitschrift für historische Theologie
ZHVG	Zeitschrift des Harz-Vereins für Geschichte und Altertumskunde

ZKG   Zeitschrift für Kirchengeschichte
ZThK   Zeitschrift für Theologie und Kirche
ZVKGS Zeitschrift des Vereins für Kirchengeschichte der Provinz Sachsen

Personenregister

Verweise auf Personen, die auf der betreffenden Seite ausschließlich in den Anmerkungen genannt werden, sind *kursiv* gesetzt. Aus den Anmerkungen wurden die Stellen aufgenommen, in denen Informationen über die jeweilige Person gegeben werden. Nicht aufgenommen sind die Namen aus Buchtiteln, Briefabsender und Adressaten.

Agricola, Johann 238, 250–252, 254, *354*, 436–439, 459, 492f., 527, 555, 576, 589, 596, 599

Agricola, Stephan 574

Alber, Matthäus 311, 450–452

Albrecht von Brandenburg (Erzbischof von Mainz und Magdeburg) 30–33, 44f., 49f., 78, 96f., *250*, 266, 281, 286, 306, 334, 358f., *364*, 428, 538, 546

Albrecht von Brandenburg-Ansbach (Hochmeister des Deutschen Ritterordens, Herzog von Preußen) 256, 262, 282–290, 292–298, 334, *335*, *355*, 359, *361*, 428

Albrecht von Mansfeld 42, 94, 233, 267f., 333, 338, 341, *490*, 539

Aleander, Hieronymus 29, 98, 303f.

Alemann, Ave *355*

Alexander de Villa Dei *173*

Althamer, Andreas 460

Alveldt, Augustinus *473*

Amandus, Johannes 293f.

Ambrosius 265

Amsdorf, Nikolaus von 45, 57, 122, 133, 231, 244, 247f., 254f., 343, *355*, 356–358, 360, 493f., 551, 577–579

Apel, Johann 360

Aquila, Kaspar 596

Aristoteles 58, 175, 179, 196

Arius 440

Armstorff, Paul von 92

Augustin 22f., 107, 111, 130, *153*, 199, 240, 248, 265, 300, 380, *381*, 383, 451f., 473f., 480, 484, 566, *567*, 569f.

Augustus 501

Aurogallus, Matthäus 66, 85, *229*

Axt, Basilius 355

Bach, Johann Sebastian 54

Barnim von Pommern 94

Baumgartner, Hieronymus 77, 355–357

Beda Venerabilis 484

Ber, Ludwig *240*, 312

Berlepsch, Hans von 15f., 30, 332

Bernhard von Clairvaux 130, 383, 480

Bernhardi, Bartholomäus 27f., 59, *354*

Besler, Georg 95

Bessarion 129

Beyer, Christian *364*, *406*, 586

Biel, Gabriel 388

Billikan, Theobald 460

Blarer, Ambrosius *573*f.

Böheim, Hans 316

Bogislaw X. von Pommern *180*, 242, 255

Boineburg, Siegmund von *578*

Bonaventura 59

Bonifatius 99

Bora, Katharina von s. Luther, Katharina

Borrhaus, Martin (Cellarius) 78

Botzheim, Johann von *304*, *307*

Brenz, Johannes 457f., 467, 500, 562, *563*f., *572*, 574, 581, *582*, 586

Brießmann, Johann *287*, 290–294, *343*, 353

Brisger, Eberhard 228, *229*, 365

Brück, Gregor 35, *92*, 147, 552, *579*, 580, 582f.

Brunfels, Otto *317*

Bruno 228, *229*

Bruno, Giordano 461

Bucer, Martin 74, 76, 92, *273*, 306, *322*, 422, 463–467, 469, 561, 571f., *573*, 574, 583f., *592*

Buchwald, Georg *207*

Bugenhagen, Johann 19, 29, 122, 124, 206, 217, 242–247, 251, 254, 321, 344, *354*,

611

Ortsregister

Verweise auf Anmerkungen sind *kursiv* gesetzt.

Verzeichnis der besprochenen Lutherschriften

(Hans-Jürgen Dohmeier)

Die Nummer der ersten Spalte bezieht sich auf: K. Aland, Hilfsbuch zum Lutherstudium, 3. neubearb. u. erw. Aufl. (Witten 1970). Die eingeklammerte Nummer der zweiten Spalte bezieht sich auf: G. Kawerau, Luthers Schriften nach der Reihenfolge der Jahre verzeichnet, mit Nachweis ihres Fundortes in den jetzt gebräuchlichen Ausgaben, 2. von O. Clemen durchgesehene Aufl., SVR 47, Heft 2 (Leipzig 1929).

1517

263	(25)	Disputatio contra scholasticam theologiam. Thesen für Franz Günther. WA 1; 224–228	59

1519

655	(80)	Ein Sermon von dem hochwürdigen Sakrament des heiligen wahren Leichnams Christi und von den Bruderschaften. WA 2; 742–758	444–445
778	(82)	[Kleiner] Sermon von dem Wucher. WA 6; 3–8	64

1520

779	(93)	[Großer] Sermon von dem Wucher. WA 6; 36–60	64
508	(100)	Ad schedulam inhibitionis sub nomine episcopi Misnensis editam super sermone de sacramento eucharistiae M. Lutheri Augustiniani responsio. WA 6; 144–153	27
140	(102)	Condemnatio doctrinalis librorum M. Lutheri per quosdam magistros nostros Lovanienses et Colonienses facta. Responsio Lutheriana ad eandem damnationem. WA 6; 174–180, 181–195	21
502	(106)	Ein Sermon von dem Neuen Testament, das ist von der heiligen Messe. WA 6; 353–378	445–446
7	(108)	An den christlichen Adel deutscher Nation von des christlichen Standes Besserung. WA 6; 404–469	27. 28. 49. 64

1521

9	(137)	(Lat. Adventspostille) Enarrationes epistolarum et evangeliorum, quas postillas vocant D. M. Lutheri. WA 7; 463–537	41